Ludwig der Bayer (1314–1347)
Reich und Herrschaft im Wandel

Ludwig der Bayer (1314–1347)
Reich und Herrschaft im Wandel

Herausgegeben im Auftrag des Arbeitskreises
Stadtgeschichte München von
Hubertus Seibert

SCHNELL | STEINER

Kofinanziert aus Mitteln des an der Akademie der Wissenschaften und der Literatur | Mainz angesiedelten Vorhabens „Regesta Imperii (Quellen zur Reichsgeschichte), Regesten Ludwigs des Bayern und Friedrichs des Schönen", das von der Bundesrepublik Deutschland und dem Land Bayern gefördert wird.

Bayerische Einigung e.V.
Bayerische Volksstiftung

Abbildung der vorderen Umschlagseite: Die 1328 angefertigte neue Goldbulle zeigt auf der Vorderseite Kaiser Ludwig den Bayern, der auf dem Rücken zweier Löwen thront. Foto: Stadtarchiv München, Zimelia Nr. 65.

Bibliografische Information der Deutschen Nationalbibliothek:
Die Deutsche Nationalbibliothek verzeichnet diese Publikation in der Deutschen Nationalbibliografie; detaillierte bibliografische Daten sind im Internet über <http://dnb.dnb.de> abrufbar.

1. Auflage 2014

Umschlaggestaltung: Anna Braungart, Tübingen
Satz: typegerecht, Berlin
Druck: Erhardi Druck GmbH, Regensburg

ISBN 978-3-7954-2757-3

Weitere Informationen zum Verlagsprogramm erhalten Sie unter:
www.schnell-und-steiner.de

Inhalt

II. Herrschaftspraxis und Repräsentation

III. Öffentlichkeit und Öffentliche Meinung

IV. Erinnerung und Mythos

Vorwort

Am 20. Oktober 2014 jährt sich die Wahl des ersten Wittelsbachers, Ludwigs des Bayern (1314–1347), auf den deutschen Königsthron zum 700. Mal. Dieses bedeutende Ereignis war und ist für den Arbeitskreis Stadtgeschichte München Anlass und Verpflichtung zugleich, Ludwigs Person und Herrschaft als König und Kaiser wissenschaftlich durch mehrere hochkarätige Veranstaltungen zu würdigen und wieder stärker im öffentlichen Geschichtsbewusstsein zu verankern.

Der Arbeitskreis Stadtgeschichte München – 2006 anlässlich des 850. Stadtjubiläums Münchens (2008) gegründet – vereint alle wichtigen Institutionen, die die mittelalterliche Geschichte Bayerns und Münchens erforschen: das Historische Seminar und das Leopold-Wenger-Institut für Rechtsgeschichte der Ludwig-Maximilians-Universität München (LMU), die Kommission für bayerische Landesgeschichte, die Generaldirektion der staatlichen Archive Bayerns, das Bayerische Hauptstaatsarchiv, das Stadtarchiv München, das Bayerische Nationalmuseum und das Stadtmuseum München.

Den Reigen der Veranstaltungen zum Thronjubiläum Ludwigs des Bayern eröffnete die Internationale wissenschaftliche Tagung „Ludwig der Bayer (1314–1347). Reich und Herrschaft im Wandel" vom 9. bis 11. Oktober 2012 im Historischen Kolleg in München. Der Fokus der Tagung, die der Arbeitskreis in Kooperation mit der Kommission für bayerische Landesgeschichte sowie mit Unterstützung des Hauses der bayerischen Geschichte veranstaltete, lag auf den tiefgreifenden Veränderungen und vielfältigen Neuansätzen in Reich, Verfassung und Herrschaftspraxis Ludwigs des Bayern, die die Referentinnen und Referenten aus Deutschland, Frankreich, Österreich und der Schweiz aus einem reichsspezifischen oder landesgeschichtlichen Blickwinkel und in historisch vergleichender Perspektive untersuchten.

Mehr als hundert Fachvertreter aus Geschichtswissenschaft, Archäologie, Mediävistik, Kunst- und Rechtsgeschichte diskutierten über die Person und Herrschaft Ludwigs des Bayern unter vier Leitthemen: Kaisertum, Reich, Verfassung (I), Herrschaftspraxis und Repräsentation (II), Öffentlichkeit und Öffentliche Meinung (III) sowie Erinnerung und Mythos (IV).

Die Vorträge der Münchner Tagung und der öffentliche Abendvortrag von Michael Menzel (in Kooperation mit dem Historischen Verein von Oberbayern) bilden den Grundstock für die – zum Teil erheblich erweiterten – Beiträge dieses Bandes.

Die zeitnahe Veröffentlichung der Ergebnisse dieser anregenden und erkenntnisreichen Tagung in gedruckter Form erfüllt die Mitglieder des Arbeitskreises Stadtgeschichte München und den Herausgeber mit Freude und Dankbarkeit. Ein besonderer Dank gebührt allen, die zum Gelingen dieses Gemeinschaftswerkes mit Rat und Tat beigetragen haben. Zunächst danke ich namens des Arbeitskreises allen Autorinnen und Autoren für ihr Vertrauen und ihre instruktiven Beiträge. Darüber hinaus danke ich der Moderatorin und den Moderatoren der Tagung, Prof. Dr. Christine Reinle (Gießen), Prof. Dr. Hans-Georg Hermann (München), Prof. Dr. Jörg Peltzer (Heidelberg) und vor allem Prof. Dr. Dieter J. Weiß (München), der auch die Schlussdiskussion mit den einleitenden Statements der Professoren Hans-Georg Hermann (München), Michael Menzel (Berlin), Jörg Peltzer (Heidelberg) und Eva Schlotheuber (Düsseldorf) leitete.

Die gute Zusammenarbeit mit Dr. Simone Buckreus und Dr. Albrecht Weiland vom Verlag Schnell & Steiner in Regensburg hat den erfolgreichen Abschluss des Buches entscheidend gefördert. Das Register fertigten die studentischen Hilfskräfte Johannes Dill, Claudia Hefter, Astrid Riedler-Pohlers und Maximilian Stuprich an.

Doch erst die großzügige Förderung durch das Haus Wittelsbach und verschiedene Institutionen ermöglichte die Tagung und die Publikation. Namhafte Zuschüsse zur Durchführung der Konferenz gewährten S.K.H. Herzog Franz von Bayern, das Historische Seminar der LMU München, die Münchener Universitätsgesellschaft und die Bayerische Einigung e.V. Für ihre erheblichen Druckkostenzuschüsse danke ich S.K.H. Herzog Franz von Bayern, der Bayern-Pfalz-Stiftung, der Akademie der Wissenschaften und der Literatur | Mainz und der Bayerischen Einigung e.V., ohne die das Buch in dieser Form nicht erschienen wäre. Last but not least sei dem vormaligen Leiter des Stadtarchivs München, Dr. Richard Bauer, gedankt, auf dessen Anregung sich der Arbeitskreis schon 2009 Ludwigs des Bayern annahm und annimmt.

München, im Februar 2014 Hubertus Seibert

Ludwig der Bayer (1314–1347)
Reich und Herrschaft im Wandel – eine Einführung

Hubertus Seibert

Im elften Buch seiner volkssprachigen Weltchronik kommt Giovanni Villani, der weitgereiste Florentiner Gesandte und Kaufmann, ausführlich auf den Romzug und die Kaiserkrönung Ludwigs des Bayern im Jahre 1328 zu sprechen: „So wurde Ludwig der Bayer vom römischen Volk zum Kaiser und König der Römer gekrönt, zur Schmach und Schande des Papstes und der römischen Kirche und unter Hintansetzung jeder Ehrfurcht vor der heiligen Kirche. Und man vergegenwärtige sich, wie groß die Überheblichkeit dieses verfluchten Bayern war. Denn in keiner älteren oder neueren Chronik habe ich gefunden, dass irgendein anderer christlicher Kaiser sich jemals habe von anderen als vom Papst oder dessen Legaten krönen lassen (...).“[1]

Ein papstfreies, gleichsam säkular fundiertes Kaisertum, über das Villani sich so erregt, ist keineswegs die einzige umstürzende Neuerung, die zeitnahe Chroniken in der Regierungszeit Ludwigs des Bayern notierten und entsprechend kommentierten. Für ähnlich großes Aufsehen bei Zeitgenossen und Nachwelt sorgte bereits das im Jahre 1325 errichtete Doppelkönigtum von Ludwig dem Bayern und seinem einstigen habsburgischen Thronrivalen Friedrich dem Schönen[2]. Die neuartige Idee eines doppelten Königs, deren beider Körper sich gleichsam zu einem Herrscher verein-

---

1 Der zur Eröffnung der Tagung am 9. Oktober 2012 vorgetragene Text wurde für den Druck leicht überarbeitet und um die nötigen Quellennachweise und Anmerkungen ergänzt. Giovanni Villani, Nuova Cronica. Edizione critica a cura di Giuseppe PORTA (Biblioteca di scrittori italiani), 3 Bde., Parma 1990–1991, hier Bd. II (Libri IX–XI), lib. 11 cap. 56, S. 586: *In questo modo fu coronato a imperadore e re de'Romani Lodovico detto Bavero per lo popolo di Roma, a grande dispetto e onta del papa e della Chiesa di Roma, non guardando niuna reverenza di santa Chiesa. E nota che presunzione fu quella del detto dannato Bavero, che non troverrai per nulla cronica antica o novella che nullo imperadore cristiano mai si facesse coronare se non al papa o a suo legato (...).* Die Übersetzung folgt: Aus der Chronik des Giovanni Villani Zehntes Buch, in: Geschichte Ludwigs des Bayern, Bd. II: Italienische Quellen des 14. Jahrhunderts. Nach der Übersetzung von Walter Friedensburg neu bearbeitet und herausgegeben von Christian LOHMER, Essen 1987, S. 118.

2 Roland PAULER, Friedrich der Schöne als Garant der Herrschaft Ludwigs des Bayern in Deutschland, in: Zeitschrift für bayerische Landesgeschichte 61 (1998), S. 645–662; Marie-Luise HECKMANN, Das Doppelkönigtum Friedrichs des Schönen und Ludwigs des Bayern (1325–1327). Vertrag, Vollzug und Deutung im 14. Jahrhundert, in: Mitteilungen des Instituts für österreichische Geschichtsforschung 109 (2001), S. 53–81; Claudia GARNIER, Der doppelte König. Zur Visualisierung einer neuen Herrschaftskonzeption im 14. Jahrhundert, in: Frühmittelalterliche Studien 44 (2010, ersch. 2011), S. 265–290; vgl. ferner die Beiträge von Gerald SCHWEDLER und Claudia GARNIER in diesem Band.

ten, hat der Chronist des Klosters Fürstenfeld bei München so verstanden: „Sie (also Ludwig und Friedrich), die einander auf das heftigste befehdeten, ließen nach Gottes verborgenem Ratschluss von ihrem Zwiespalt ab, verbündeten sich aufs engste miteinander mit einem Schwur auf die hochheilige Hostie, dass künftig zwischen ihnen nur ein Wille (*unum nolle et unum velle*) bestehe. Und um ihrer Freundschaft noch größere Festigkeit zu verleihen, (...) beschlossen sie deshalb, selbst wenn alle, außer allein Gott, widerstrebten, das römische Reich einmütig und ausgestattet mit gleicher Gewalt zu lenken (*Romanum imperium pari potencia gubernare*), die Widerspenstigen zu beugen und die Friedensstörer auf jede Weise zu zerschmettern."[3]

Betrachten wir noch ein drittes Beispiel! Kein Vorgang scheint die kontroverse Beurteilung von Ludwigs Person und Herrschaft bis heute so herauszufordern und zu rechtfertigen wie seine jahrzehntelange Auseinandersetzung mit der Kurie. Dieser zum „letzten Kampf"[4] zwischen Kaisertum und Papsttum im Mittelalter stilisierte Konflikt[5] überschattete nahezu Ludwigs gesamte Regierungszeit von 1323/24 bis zu seinem Tod 1347 – im Kirchenbann. Der fehlende Ausgleich mit der Kurie habe

---

3 Chronica de gestis principum, in: Bayerische Chroniken des XIV. Jahrhunderts, ed. Georg LEIDINGER (MGH Scriptores rer. Germ. 19), Hannover 1918, S. 1–104, hier S. 104 Z. 5–14. Die Übersetzung folgt: Die Fürstenfelder Chronik von den Taten der Fürsten (1273–1326), in: Geschichte Ludwigs des Bayern, Bd. I: Bayerische Chroniken des 14. Jahrhunderts. Nach der Übersetzung von Walter Friedensburg neu bearbeitet und herausgegeben von Christian LOHMER, Essen 1987, S. 150f.

4 Hilary Seton OFFLER, Empire and papacy: the last struggle, in: Transactions of the Royal Historical Society Fifth series 6 (1956), S. 21–47, ND in: ders., Church and Crown in the Fourteenth Century. Studies in European History and Political Thought, ed. by A. I. DOYLE (Variorum Collected Studies 692), Aldershot u.a. 2000, Nr. II; Michael MENZEL, Ludwig der Bayer. Der letzte Kampf zwischen Kaisertum und Papsttum, in: Die Herrscher Bayerns. 25 historische Portraits von Tassilo III. bis Ludwig III., hg. von Alois SCHMID/Katharina WEIGAND, München [2]2006, S. 106–117 u. 395.

5 Hermann Otto SCHWÖBEL, Der diplomatische Kampf zwischen Ludwig dem Bayern und der römischen Kurie im Rahmen des kanonischen Absolutionsprozesses 1330–1346 (Quellen und Studien zur Verfassungsgeschichte des Deutschen Reiches in Mittelalter und Neuzeit 10), Weimar 1968; Alois SCHÜTZ, Die Prokuratorien und Instruktionen Ludwigs des Bayern für die Kurie (1331–1345). Ein Beitrag zu seinem Absolutionsprozeß (Münchener Historische Studien. Abteilung Geschichtl. Hilfswissenschaften 11), Kallmünz 1973; Martin KAUFHOLD, Gladius spiritualis. Das päpstliche Interdikt über Deutschland in der Regierungszeit Ludwigs des Bayern (1324–1347) (Heidelberger Abhandlungen zur Mittleren und Neueren Geschichte 6), Heidelberg 1994; Jürgen MIETHKE, Der Kampf Ludwigs des Bayern mit Papst und avignonesischer Kurie in seiner Bedeutung für die deutsche Geschichte, in: Kaiser Ludwig der Bayer. Konflikte, Weichenstellungen und Wahrnehmung seiner Herrschaft, hg. von Hermann NEHLSEN/Hans-Georg HERMANN (Quellen und Forschungen aus dem Gebiet der Geschichte NF 22), Paderborn u.a. 2002, S. 39–74; zuletzt mit prozessrechtlichem Fokus Diethelm BÖTTCHER, Johannes XXII., Ludwig der Bayer und die *monitio canonica*, in: Zeitschrift der Savigny-Stiftung für Rechtsgeschichte Kanon. Abt. 96 (2010), S. 314–349.

zudem, darin waren sich Zeitgenossen[6] und Nachwelt[7] einig, das Reich in eine Krise gestürzt, aus der erst sein Nachfolger Karl IV. den Weg gewiesen habe.

Eine derartige Interpretation verkennt jedoch das eigentliche Ergebnis und die vielleicht bemerkenswerteste Konsequenz dieses letzten Ringens zwischen Kaiser und Papst: die Ausbildung eines neuen Reichsbewusstseins, das König, Fürsten, Klerus und Städte vereinte und gemeinschaftsstiftend war[8]. Das Reich fand sich gerade in den vermeintlichen Krisenjahren zwischen 1337 und 1346 verstärkt in einem neuen, imperial fundierten und antipäpstlich fokussierten Bewusstsein[9] und Selbstverständnis zusammen – unter energischer Betonung seiner Rechte[10]. Diese neue Form der Selbstvergewisserung manifestierte sich im gemeinsamen Kampf gegen das päpstliche Interdikt und in der strikten Wahrung der Interessen des Reiches.

Allen drei hier vorgestellten Beispielen ist vor allem eines gemeinsam: sie zeugen von grundlegenden Veränderungen und markanten Neuansätzen in ganz unterschiedlichen Bereichen, die Ludwigs Regierungszeit deutlich von der seiner königlichen Amtsvorgänger und seines luxemburgischen Nachfolgers abheben und unterscheiden.

---

6 Die Chronik Johanns von Winterthur, hg. von Friedrich Baethgen (MGH Scriptores rer. Germ. NS 3), Hannover 1923, S. 224 Z. 10–18: *Discordia enim inter illa capita* (sc. Kaiser und Papst) *duo per multa annorum curricula durata seminarium malorum innumerabilium ministravit*, S. 226 Z. 30–35 u. 229 Z. 4–6; Liber de rebus memorabilioribus sive chronicon Henrici de Hervordia, ed. August Potthast, Göttingen 1859, S. 271; Konrad v. Megenberg, Klagelied der Kirche über Deutschland (Planctus ecclesiae in Germaniam), bearb. von Horst Kusch, Darmstadt 1956, cap. 42, S. 72 v. 802–804 u. cap. 46, S. 80 v. 897f.
Bei aller Würdigung von Ludwigs Person und Verdiensten brandmarkte Albertinus Mussato Ludwigs geringe Ehrfurcht gegenüber Papst und römischer Kirche. Den skandalösen Höhepunkt von Ludwigs Politik der Bestellung von Gegenpapst (*antipapam*) und Gegenkardinälen sah er darin: Ludwig habe zugelassen, „dass eine Art Puppe des Papstes Johannes' XXII. aus Stroh angefertigt und diese dann als Sinnbild für den Papst selbst zum Feuertod verurteilt und verbrannt worden sei", Albertinus Mussato, Ludovicus Bavarus 1327–1329, ed. Johann Friedrich Böhmer, Fontes rerum Germanicarum. Geschichtsquellen Deutschlands, Bd. 1, Stuttgart 1843, S. 170–189, hier S. 189.

7 Carl Müller, Der Kampf Ludwigs des Baiern mit der römischen Curie, 2 Bde., Tübingen 1879–1880; Richard Moeller, Ludwig der Bayer und die Kurie im Kampf um das Reich (Historische Studien 116), Berlin 1914; Karl Kroll, Der Streit Ludwigs des Bayern mit Johann XXII. in seiner Bedeutung für das Verhältnis von Kirche und Staat, Diss. Münster 1952.

8 Aufschlussreiche und bequem zugängliche Quellen dafür in: Kaiser, Volk und Avignon. Ausgewählte Quellen zur antikurialen Bewegung in Deutschland in der ersten Hälfte des 14. Jahrhunderts, hg. von Otto Berthold (Leipziger Übersetzungen und Abhandlungen zum Mittelalter A 3), Berlin 1960, bes. Nr. 8, 41–43, 46, 48, 50, 62, 64; dazu Ernst Schubert, Ludwig der Bayer im Widerstreit der öffentlichen Meinung seiner Zeit, in: Nehlsen/Hermann, Ludwig der Bayer (wie Anm. 5), S. 163–197, bes. S. 182–187 u. 193; Kaufhold, Gladius (wie Anm. 5), S. 210–221 u. 237–247.

9 Menzel, Ludwig (wie Anm. 4), S. 112 u. 114f.; das zweimalige Angebot Ludwigs eines Amtsverzichts, 1326 und 1333/34, diente als taktisches Mittel, um die Fürsten zum Schulterschluss zu zwingen, und förderte die Solidarisierung seitens der Untertanen; Heinz Thomas, Kaiser Ludwigs Verzicht auf das römische Königtum, in: Zeitschrift für Historische Forschung 12 (1985), S. 1–10.

10 Schubert, Ludwig (wie Anm. 8), S. 195–197.

Die ältere – und primär an ‚staatlichen' Kriterien[11] ausgerichtete – Forschung hat diesen Befund offenbar viel zu wenig reflektiert oder gar weitergehende Schlüsse für die – allzu statisch gesehene – Struktur und Ordnung des Reiches gezogen. Sie deutete Ludwigs Herrschaft, wie überhaupt die „vorkarolinische" Zeit bis 1347, vorrangig als historisches Intermezzo zwischen der hochmittelalterlichen ‚Kaiserherrlichkeit' der Staufer[12] und dem Hausmachtkönigtum europäischen Zuschnitts Karls IV.[13] In Anbetracht einer vermeintlich offenkundigen Stagnation in Politik und Reichsverfassung erkannte sie diesem Zeitabschnitt allenfalls den Status einer Übergangszeit ohne jedes eigenständige Profil zu[14].

Die in der jüngeren Forschung zu Recht geübte Kritik[15] an diesem Forschungskonstrukt unterstreicht die Notwendigkeit einer neuerlichen Untersuchung und kritischen Würdigung der Zeit bis 1347. Sind die genannten Veränderungen Indizien für einen generellen Wandel in zentralen Bereichen wie Herrschaft, Recht und Gesellschaft? Welche Prozesse, Faktoren, Vorstellungen und Werte generierten politisch-herrschaftlichen Wandel, prägten ihn und trieben ihn an?

Ludwigs Bedeutung für die deutsche Geschichte liegt für Jürgen Miethke u.a. in seiner Integrationsfähigkeit, „wichtige Kräfte, vor allem die Kurfürsten, in seine Verteidigungslinien einzubeziehen". Er habe entscheidende „Weichen gestellt, die für die Richtung der künftigen Entwicklung noch lange bestimmend blieben"[16]. Michael Menzel deutet die tiefgreifenden Veränderungen und neuen bahnbrechenden

---

11 Stellvertretend für die etatistische Sicht der älteren Forschung, die die staatliche Durchdringung („Verstaatung") des Reiches zu den vorrangigsten Zielen Ludwigs rechnete, Heinz ANGERMEIER, Kaiser Ludwig der Bayer und das deutsche 14. Jahrhundert, in: Wittelsbach und Bayern I/1: Die Zeit der frühen Herzöge. Von Otto I. zu Ludwig dem Bayern. Beiträge zur Bayerischen Geschichte und Kunst 1180–1350, hg. von Hubert GLASER, München 1980, S. 369–378, bes. S. 372 u. 378 (Zitat).

12 Knut GÖRICH, Die Staufer. Herrscher und Reich, München ³2011, S. 9–18: „Entdeckung und Neuentdeckung der Staufer"; Frank REXROTH, Meistererzählungen und die Praxis der Geschichtsschreibung. Eine Skizze zur Einführung, in: Meistererzählungen vom Mittelalter, hg. von dems. (Historische Zeitschrift Beiheft 46), München 2007, S. 1–22.

13 Peter MORAW, Von offener Verfassung zu gestalteter Verdichtung. Das Reich im späten Mittelalter. 1250 bis 1490 (Propyläen Geschichte Deutschlands 3), Berlin 1985, S. 240–256: „Höhe und Scheitern des hegemonialen Königtums: Karl IV. und die Anfänge Wenzels (1346–1400)"; Malte PRIETZEL, Das Heilige Römische Reich im Spätmittelalter, 2. Aufl. Darmstadt 2010, S. 68–86: „Hegemoniales Königtum: Karl IV.".

14 Franz-Reiner ERKENS, *Sol iusticie* und *regis regum vicarius*. Ludwig der Bayer als ‚Priester der Gerechtigkeit', in: Zeitschrift für bayerische Landesgeschichte 66 (2003), S. 795–818, hier S. 796f.

15 Heinz THOMAS, Ludwig der Bayer (1282–1347). Kaiser und Ketzer, Regensburg u.a. 1993, bes. S. 9–11; ERKENS, *Sol iusticie* (wie Anm. 14), S. 796f.; Martin KINTZINGER, Herbst des Mittelalters? Das römisch-deutsche Reich im späten Mittelalter (1308–1437), in: Heiliges Römisches Reich deutscher Nation 962 bis 1806. Von Otto dem Großen bis zum Ausgang des Mittelalters. Essays, hg. von Matthias PUHLE/Claus-Peter HASSE, Dresden 2006, S. 289–297, bes. S. 289f. u. 293f.; zuletzt Michael MENZEL, Die Zeit der Entwürfe 1273–1347 (Gebhardt Handbuch der deutschen Geschichte 7a), 10. Aufl. Stuttgart 2012, S. 11f., 190f., 285f. u. passim.

16 MIETHKE, Kampf (wie Anm. 5), S. 74.

Ideen in Reich, Verfassung und Gesellschaft als das einzigartige Signum der von 1273 bis 1347 reichenden Epoche. Diese „Zeit der Entwürfe“ – so der prägnante Titel seiner kürzlich erschienenen Darstellung – sieht er vor allem durch einen vielfältigen Aufbruch in ganz unterschiedlichen Gebieten bestimmt: „Überall wurde Altes aufgegriffen, neu und oft sogar sehr kühn überformt, doch fast nichts davon wurde abgeschlossen, das meiste blieb als Entwurf stehen.“[17]

Diese methodischen Überlegungen und weiterführenden Erkenntnisse greifen die Beiträge dieses Bandes vielfach auf und suchen sie für die Regierungszeit Ludwigs des Bayern fruchtbar zu machen. Das historische Konzept „Wandel“[18] wird dabei erstmals konsequent auf die Herrschaft Ludwigs des Bayern angewandt und in so elementaren Bereichen wie Politik, Herrschaft und Verfassung erprobt und überprüft. Erklärtes Ziel ist es, das spezifische, ja eigene Profil seiner Regierungszeit mit Hilfe neuer methodischer Zugänge zu bestimmen und im Kontext der bayerischen, deutschen und europäischen Entwicklung des 14. Jahrhunderts zu verorten.

Die gemeinsame Suche der Beiträger dieses Bandes nach potenziellen Umbrüchen, markanten Innovationen und neuen, wegweisenden Entwicklungen unter Ludwig dem Bayern setzt in vier Kernbereichen an: Kaisertum, Reich und Verfassung (I), Herrschaftspraxis und Repräsentation (II), Öffentlichkeit und öffentliche Meinung (III) sowie Erinnerung und Mythos (IV).

I

Peter Moraw hat die tiefgreifenden Veränderungen, die das Reich, seine Verfassung und Glieder im späten Mittelalter erfassten und durchliefen, als umfassenden Prozess von „offener Verfassung zu gestalteter Verdichtung“[19] gedeutet. Das Ordnungsgefüge des Reiches und seine Verfassung wurden dabei auf neue politische, rechtliche und institutionelle Grundlagen gestellt. An die Stelle alter, destabilisierter Ordnungssysteme traten neue politische und gesellschaftliche Ordnungskonzepte und wurden bislang unbekannte Verfahrensformen im Reich etabliert[20], die nachhaltige Impulse auf ganz unterschiedlichen Ebenen setzten. Strukturelle Wandlungen, neuartige For-

---

17 Menzel, Zeit der Entwürfe (wie Anm. 15), S. 11 f. (Zitat S. 11) u. 284–286.

18 Zu den methodischen Grundlagen und Voraussetzungen Jürgen Miethke/Klaus Schreiner, Innenansichten einer sich wandelnden Gesellschaft. Vorbemerkungen zur Fragestellung und zu Ergebnissen von zwei Tagungen über die Wahrnehmung sozialen Wandels im Mittelalter, in: Sozialer Wandel im Mittelalter. Wahrnehmungsformen, Erklärungsmuster, Regelungsmechanismen, hg. von Jürgen Miethke/Klaus Schreiner, Sigmaringen 1994.

19 So der Haupttitel seiner klassischen Darstellung, Moraw, Verfassung (wie Anm. 13).

20 Kintzinger, Herbst (wie Anm. 15), S. 290.

men der politischen Entscheidungsfindung[21] und Willensbildung[22] und die Durchsetzung zukunftsweisender Elemente – insbesondere der Präeminenz der Kurfürsten als Säulen des Reiches[23] oder der Ausformung des künftigen Reichstages[24] – sowie wirkmächtiger Rechtsprinzipien wie die Mehrheitswahl[25] verliehen dem Reich und seiner Verfassungsordnung ein vielfach neues Gesicht.

Die Umsetzung dieses tiefgreifenden Wandlungsprozesses, der schon vor 1350 entscheidende Weichenstellungen erfuhr, seine Akteure und deren handlungsleitende Motive werfen bis heute viele Fragen auf. Welchen Platz nimmt die Regierungszeit Ludwigs des Bayern in diesem Prozess zunehmender Verdichtung der Strukturen

---

21 Zum Kurverein als neuer Form der Einung und des vertraglichen Bündnisses der Kurfürsten jetzt Hans-Jürgen BECKER, Kurverein, in: Handwörterbuch der deutschen Rechtsgeschichte 2. Aufl., 18. Lieferung, Berlin 2013, Sp. 361–365; zum Kurverein von Rhens 1338, MGH Constitutiones et acta publica imperatorum et regum. Tomus VII,1. Dokumente zur Geschichte des Deutschen Reiches und seiner Verfassung 1336–1339, bearb. von Michael MENZEL, Wiesbaden 2014, Nr. 448; Armin WOLF, Die Vereinigung des Kurfürstenkollegs. Zur *Reformacio sacri status imperii* bei der Königserhebung Albrechts von Österreich im Jahre 1298, in: Im Spannungsfeld von Recht und Ritual. Soziale Kommunikation in Mittelalter und Früher Neuzeit, hg. von Heinz DUCHHARDT/Gert MELVILLE (Norm und Struktur 7), Köln u.a. 1997, S. 305–371; Martin KAUFHOLD, Die Rhythmen politischer Reform im späten Mittelalter. Institutioneller Wandel in Deutschland, England und an der Kurie 1198–1400 im Vergleich (Mittelalter-Forschungen 23), Ostfildern 2008, S. 205f. u. 209f.

22 „Zur Konsensherrschaft mit den Fürsten als elementares Herrschaftsmuster" des 14. Jahrhunderts Bernd SCHNEIDMÜLLER, Kaiser Ludwig IV. Imperiale Herrschaft und reichsfürstlicher Konsens, in: Zeitschrift für historische Forschung 40 (2013), S. 369–392, bes. S. 371–376 u. 385f.

23 Zur kurfürstlichen „Präeminenz und Exklusivität gegenüber wahl-funktionellen Konkurrenten" Paul-Joachim HEINIG, *Solide bases imperii et columpne immobiles?* Die geistlichen Kurfürsten und der Reichsepiskopat um die Mitte des 14. Jahrhunderts, in: Die Goldene Bulle. Politik – Wahrnehmung – Rezeption, Bd. 1, hg. von Ulrike HOHENSEE u.a. (Berichte und Abhandlungen Sonderbd. 12), Berlin 2009, S. 65–91, hier S. 68–72, Zitat S. 71; ferner Ernst SCHUBERT, Die Stellung der Kurfürsten in der spätmittelalterlichen Reichsverfassung, in: Jahrbuch für westdeutsche Landesgeschichte 1 (1975), S. 97–128, bes. S. 111–119: „Das sogenannte Rhenser Weistum und der Kurverein von 1338"; Hans-Dieter HOMANN, Kurkolleg und Königtum im Thronstreit von 1314–1330 (Miscellanea Bavarica Monacensia 56), München 1974; zuletzt Alexander BEGERT, Die Entstehung und Entwicklung des Kurkollegs. Von den Anfängen bis zum frühen 15. Jahrhundert (Schriften zur Verfassungsgeschichte 81), Berlin 2010.

24 Thomas Michael MARTIN, Auf dem Weg zum Reichstag. Studien zum Wandel der deutschen Zentralgewalt 1314–1410 (Schriften der Historischen Kommission bei der Bayerischen Akademie der Wissenschaften 44), Göttingen 1993; Gabriele ANNAS, Hoftag, Gemeiner Tag, Reichstag. Studien zur strukturellen Entwicklung deutscher Reichsversammlungen des späten Mittelalters (1349–1471) (Schriften der Historischen Kommission bei der Bayerischen Akademie der Wissenschaften 68), 2 Bde., Göttingen 2004; Deutscher Königshof, Hoftag und Reichstag im späteren Mittelalter, hg. von Peter MORAW (Vorträge und Forschungen 48), Stuttgart 2002.

25 Zuletzt umfassend Egon FLAIG, Die Mehrheitsentscheidung. Entstehung und kulturelle Dynamik, Paderborn 2013, bes. S. 143f.; Werner HEUN, Entstehungsvoraussetzungen des Mehrheitsprinzips, in: Genesis und Dynamiken der Mehrheitsentscheidung, hg. von Egon FLAIG unter Mitarbeit von Elisabeth MÜLLER-LUCKNER (Schriften des Historischen Kollegs Kolloquien 85), München 2013, S. 21–42, bes. S. 24f., 32f. u. 37–40; Michael MENZEL, Feindliche Übernahme. Die ludovicianischen Züge der Goldenen Bulle, in: HOHENSEE, Goldene Bulle (wie Anm. 21), S. 39–63, hier S. 55–61; BEGERT, Entstehung (wie Anm. 21), S. 162 u. 183–185.

und der „Formierung der Reichsverfassung"[26] ein? Welche konkreten lang- und kurzfristigen Folgen zeitigte der Konflikt Ludwigs mit der Kurie für die bestehende verfassungsmäßige Struktur des Reiches und dessen Rechtsordnung? Welchen Anteil nahmen Kurfürsten, Fürsten und Städte an dem Prozess wachsender Säkularisierung und allmählicher Emanzipation des Reichs von jeglicher kirchlicher Legitimierung?

Die Beiträge der ersten Sektion beleuchten die theoretischen und rechtlichen Grundlagen königlich-kaiserlicher Herrschaft im späten Mittelalter, diskutieren die zeitgenössischen Bilder und Vorstellungen von einem idealen Herrscher im Europa des 14. Jahrhunderts und analysieren neue verfassungsmäßige Formen und Legitimationsstrategien von Königtum und Kaisertum.

Franz-Reiner Erkens[27] geht der Frage nach, ob die traditionellen Vorstellungen vom Kaiser als Erwähltem und religiös legitimiertem Sachwalter Gottes im herrschaftstheoretischen Diskurs des späten Mittelalters[28] entsprechende Veränderungen erfuhren. Als Materialbasis dienen ihm die Schriften fünf führender Vertreter der nichtpapalen Sicht: Engelbert von Admont, Dante Alighieri, Marsilius von Padua, Wilhelm von Ockham und Lupold von Bebenburg. Während die theoretische Diskussion über Herrscher und Reich in der Zeit Ludwigs des Bayern eine bemerkenswerte Differenziertheit von Einzelpositionen auszeichnet, stimmten doch alle befragten Theoretiker – so Erkens – in der gemeinsamen Vorstellung von der Gotterwähltheit und Universalität kaiserlicher Herrschaft überein. Ihre theoretische Reflexion steigerte sich zuweilen bis zu praktischer Beratung der politischen Akteure, wohingegen ihnen aber jegliche tiefergehende Wirkung auf das Denken und Handeln Ludwigs des Bayern abzusprechen sei.

Susanne Lepsius verdeutlicht am Beispiel des Bologneser Juristen Cinus von Pistoia[29], welch fundamentale Beiträge die Legisten des 13./14. Jahrhunderts zum öffentlich-rechtlichen Diskurs über die Stellung von Kaiser und Papst und über die Amtsbefugnisse des Herrschers leisteten. In seinen beiden römisch-rechtlichen Hauptwerken, der Codex-Lectura und dem Digestenkommentar, erörtert Cinus – in enger argumentativer Anlehnung an den bolognesischen Rechtsunterricht und kritischer Auseinandersetzung mit den Kanonisten und der französischen öffent-

26 Martin KAUFHOLD, Entscheidungsstrukturen in Dynastie und Reich des 14. Jahrhunderts. Ein Versuch zur Formierung der Reichsverfassung am Beispiel der Wittelsbacher, in: Zeitschrift der Savigny-Stiftung für Rechtsgeschichte Germanist. Abt. 120 (2003), S. 126–149.

27 Franz-Reiner ERKENS, Herrscher- und Herrschaftsidee nach herrschaftstheoretischen Äußerungen des 14. Jahrhunderts, S. 29–61.

28 Dazu jetzt Andreas KOSUCH, Abbild und Stellvertreter Gottes. Der König in herrschaftstheoretischen Schriften des späten Mittelalters (Passauer Historische Forschungen 17), Köln u.a. 2011; zur Legitimation von Autorität als Kernanliegen der politischen und staatsrechtlichen Theoretiker des 14. Jahrhunderts Joseph CANNING, Ideas of Power in the Late Middle Ages (1296–1417), Cambridge 2011, bes. S. 81–164.

29 Susanne LEPSIUS, Kaiser und König, Reich und Herrschaft bei Cinus von Pistoia (~ 1270–1336), S. 63–95.

lich-rechtlichen Schule (Jacques de Revigny, Pierre Belleperche) – die umfangreichen Herrschaftskompetenzen und Reservatrechte des (künftigen) Kaisers: wie die Legitimierung unehelicher Kinder, die Aufhebung der Infamie sowie das kaiserliche Besteuerungs- und Gesetzgebungsrecht. Zentrale Positionen des Cinus' wie die Vorstellung von der gottunmittelbaren Einsetzung von Kaiser und Papst und die bereits dem römischen König und künftigen Kaiser übertragenen wichtigen Amtsbefugnisse begegnen bei Lupold von Bebenburg wieder, der sie in seinem politiktheoretischen Traktat „Tractatus de iuribus regni et imperii"[30] zugunsten Ludwigs des Bayern erfolgreich anwendete.

Jean-Marie Moeglin[31] legt dar, mit welchen Strategien die Herrscher Europas die offenkundig strukturelle Krise des Königtums im Verhältnis zu den Getreuen bzw. Untertanen zu bewältigen suchten. Gegenüber den in England, Frankreich und im Königreich Neapel propagierten zeitgenössischen Leitbildern eines ritterlichen, frommen oder weisen Königs inszenierte sich Ludwig der Bayer als kaiserliche Majestät und Herr der Welt. Dafür griff er die von seinen Amtsvorgängern ererbte „Rhetorik der Macht" auf und passte sie den politischen Verhältnissen im Reich an.

Jörg Schwarz[32] wählt für die Untersuchung der in der Forschung bis heute kontrovers diskutierten „papstfreien" Kaiserkrönung[33] Ludwigs im Januar 1328 einen neuen Zugang. Durch seine prosopographische Analyse des engen Verhältnisses Ludwigs zu den stadtrömischen Adelsfamilien der Colonna, Capocci, Sant'Eustachio und Savelli erhält die auffällige Mitwirkung der Römer an der feierlichen Zeremonie nunmehr viel schärfere Konturen. Das von Sciarra Colonna, dem Dreh- und Angelpunkt der Kooperation mit Ludwig, initiierte Bündnis der römischen Baronalfamilien mit der popolaren Seite bildete eine unverzichtbare Voraussetzung für Ludwigs Herrschaft in und über Rom. Die Kaiserkrönung erscheint somit als Teil einer Ereignisfolge, die sich von der Akklamation der Römer auf dem Kapitol über die Krönung Ludwigs in St. Peter bis hin zum Abschluss der Feierlichkeiten auf dem Kapitol erstreckte.

Gerald Schwedler[34] bietet eine neue Deutung des in der mittelalterlichen Reichsgeschichte singulären, neuen Verfassungskonstrukts des Doppelkönigtums, das der

---

30 Lupold von Bebenburg, Tractatus de iuribus regni et imperii, in: Politische Schriften des Lupold von Bebenburg, hg. von Jürgen Miethke/Christoph Flüeler (MGH Staatsschriften des späteren Mittelalters 4), Hannover 2004, S. 235–409.

31 Jean-Marie Moeglin, Der ideale Herrscher. Ludwigs Kaisertum im europäischen Vergleich (1320–1350), S. 97–117.

32 Jörg Schwarz, Abkehr vom päpstlichen Krönungsanspruch. Die Kaiserkrönung Ludwigs des Bayern und der römische Adel, S. 119–146.

33 Zuletzt Frank Godthardt, Marsilius von Padua und der Romzug Ludwigs des Bayern. Politische Theorie und politisches Handeln (Nova Mediaevalia. Quellen und Studien zum europäischen Mittelalter 6), Göttingen 2011, bes. S. 236–311; Schneidmüller, Kaiser (wie Anm. 22), S. 376–381.

34 Gerald Schwedler, Bayern und Österreich auf dem Thron vereint. Das Prinzip der gesamten Hand als Verfassungsinnovation für das Doppelkönigtum von 1325, S. 147–166.

Münchner Vertrag vom September 1325[35] zwischen Ludwig dem Bayern und Friedrich dem Schönen begründete. Durch eine eingehende Interpretation des Vertragstextes erweist Schwedler die im Lehnsrecht verankerte und als Modell in der adligen Lebenswelt vielfach bewährte Vorstellung der „gesamten Hand" als das über weite Strecken formgebende Prinzip für die Abfassung des Münchner Vertrags.

II

Herrschaft und Repräsentation unterlagen im Mittelalter vielfach einem Prozess stetigen Wandels. Ob diese Prämisse auch für die Vorgänge im Reich Ludwigs des Bayern zutrifft, wird exemplarisch an drei Feldern überprüft: an Ludwigs bislang nur unzureichend erforschter personalen Herrschaftspraxis, am königlichen Hof als sozialem System und kulturellem Vorbild und an den Orten, Formen und Medien herrschaftlicher Repräsentation und herrscherlicher Selbstinszenierung.

Eine Untersuchung der Möglichkeiten, Koordinaten und Grenzen königlichen Handelns[36] hat bei den Erwartungen und Herausforderungen anzusetzen, mit denen Ludwig der Bayer konfrontiert wurde. Sie hat seine politischen Handlungsstrategien zu analysieren, mit denen er hierauf reagierte und mit denen er seinen Geboten und Ansprüchen Geltung verschaffte und sie durchsetzte. Welche Handlungsspielräume und Gestaltungsmöglichkeiten besaß Ludwig, um auf Herausforderungen seiner Reichsglieder an sein Königtum zu reagieren?

Der mittelalterliche König übte seine Herrschaft bis weit ins 14. Jahrhundert praktisch als ein ambulantes Gewerbe aus, da er weder über eine feste Residenz noch gar Hauptstadt verfügte. Hat sich – so ist zu fragen – an dieser personellen, hochmobilen Herrschaftspraxis unter Ludwig dem Bayern entscheidendes verändert?

Neue Zugänge zur politisch-herrschaftlichen Praxis eröffnen die Einbeziehung des Raums[37], dessen singuläre Bedeutung für die königliche Machtentfaltung und Herrschaftsrepräsentation viel zu lange unterschätzt wurde, und die Beachtung sym-

---

35 MGH Constitutiones et acta publica imperatorum et regum, Bd. 6, 1, ed. Jakob Schwalm, Hannover 1914–1927, Nr. 105 S. 72–75.

36 Oliver Auge, Handlungsspielräume fürstlicher Politik im Mittelalter. Der südliche Ostseeraum von der Mitte des 12. Jahrhunderts bis in die Reformationszeit (Mittelalter-Forschungen 28), Ostfildern 2009, S. 7–9, bes. S. 7: Vieles im Handeln des Königs „war eben nicht Plan, sondern Entwicklung, nicht geplante Aktion, sondern – im besten Falle durchdachte – Reaktion …".

37 Susanne Rau, Räume: Konzepte, Wahrnehmungen, Nutzungen (Historische Einführungen 14), Frankfurt a. M. 2013 mit umfangreicher Bibliographie, S. 197–230; Gerd Schwerhoff, Öffentliche Räume und politische Kultur in der frühneuzeitlichen Stadt. Eine Skizze am Beispiel der Reichsstadt Köln, in: Interaktion und Herrschaft. Die Politik der frühneuzeitlichen Stadt, hg. von Rudolf Schlögl (Historische Kulturwissenschaft 5), Konstanz 2004, S. 113–136, hier S. 117 Anm. 14 versteht Raum „als ein durch soziale Interaktions- und Kommunikationsprozesse mit Bedeutung" aufgeladener geographischer ‚Ort'.

bolisch-ritueller Formen der Kommunikation und politischen Inszenierung. Welche Rolle spielten ritualisierte öffentliche Versammlungen, symbolische Handlungen – wie Friedensschlüsse, Bündnisse oder Herrscheradventus – und Medien wie Urkunden oder Siegel bei der Inszenierung und Durchsetzung von Herrschaft vor Ort?

Politisch-herrschaftliche Beziehungen wurden nach Einschätzung von Claudia Garnier[38] im späten Mittelalter zumeist auf einer doppelten Ebene kommuniziert: in Urkundenform durch das Medium der Sprache bzw. Schrift und durch Inszenierung in nonverbalen, symbolischen Akten. An markanten Ereignissen im Verhältnis zwischen Ludwig dem Bayern und Friedrich dem Schönen zeigt sie auf, welch hoher Stellenwert der inszenierten Politik als integraler Bestandteil politischen Handelns zukam. Beide Herrscher bedienten sich dezidiert symbolischer Zeichen und Gesten, um den nach Gammelsdorf (1313) und Mühldorf (1322) zwischen ihnen gestifteten Frieden zu visualisieren und das in Trausnitz und München 1325 geschlossene gegenseitige Bündnis zu inszenieren.

Hans-Joachim Hecker[39] verortet das königliche Privileg in den Kontext der ludovizianischen Herrschaftspraxis der ersten Hälfte des 14. Jahrhunderts. Anhand aussagekräftiger Beispiele diskutiert er die rechtliche Dimension und potentielle Rechtsfolge (Bindewirkung, Geltung, Widerruf, Entzug) des Privilegs als Rechtsinstitut, das Ludwig gezielt zur Sicherung seiner Herrschaft vor Ort und zur Steuerung politischen Verhaltens seiner Untertanen einsetzte.

Unter Auswertung neuer, bislang nicht beachteter schriftlicher[40] Quellen aus dem niederbayerischen Kloster Aldersbach arbeitet Bernhard Lübbers[41] die zentrale Bedeutung der Schlacht bei Gammelsdorf (Nov. 1313) als Meilenstein auf dem Weg Ludwigs zur römisch-deutschen Königswürde heraus. Der Sieg über die vernichtend geschlagenen niederbayerischen Adligen und ihre habsburgischen Verbündeten sicherte Ludwig, dem Herzog von Oberbayern, die Vormundschaft über die niederbayerischen Vettern und verstärkte seinen politischen Einfluss im Südosten. Darüber hinaus steigerte der Erfolg Ludwigs Bekanntheit und Prestige im Reich und erhob ihn zu einem potentiellen Kandidaten für die bevorstehende Königswahl.

Vier Beiträge geben Antworten auf die Frage, auf welche Institutionen, Akteure und Instrumente Ludwig zur Erfassung territorialer Räume und zu ihrer strukturellen Verdichtung zurückgriff. Dabei fällt nicht nur Licht auf die Rolle bedeutender

---

38 Claudia GARNIER, Inszenierte Politik. Symbolische Kommunikation während der Herrschaft Ludwigs des Bayern am Beispiel von Bündnis- und Friedenschlüssen, S. 169–190.

39 Hans-Joachim HECKER, Herrschaft und Privileg bei Ludwig dem Bayern, S. 191–204.

40 Archäologische Relikte der Schlacht sind – ungeachtet eines entsprechenden Hinweises in der Chronik des Veit Arnpeck – bis heute nicht gefunden worden, LÜBBERS, Briga (wie Anm. 41), S. 221 Anm. 90.

41 Bernhard LÜBBERS, *Briga enim principum, que ex nulla causa sumpsit exordium* ... Die Schlacht bei Gammelsdorf am 9. November 1313. Historisches Geschehen und Nachwirken, S. 205–236. Dieser grundlegende Beitrag wurde zusätzlich in den Band aufgenommen.

Fürstentümer und dem Reich benachbarter Souveräne, sondern auch die in der bisherigen Forschung nur punktuell untersuchte politische Bedeutung der Städte[42] für die Herrschaft Ludwigs wird an zwei repräsentativen Beispielen beleuchtet.

Michael Menzel[43] erweist Ludwig als europäisch denkenden Lenker des Imperiums, der im Norden des Reiches ein neuartiges Konzept politischer Neuordnung – jenseits aller bloßen Hausmachtinteressen – betrieb. Dieses den Osten und Westen der nördlichen Reichshälfte gleichermaßen erfassende Gesamtkonzept basierte auf drei Säulen: auf der Etablierung dynastischer Präsenz durch Heirat (mit Dänemark, Schlesien, Meißen, Holland), der Rangerhöhung und rechtlichen Verpflichtung von Territorialfürsten (Pommern-Stettin, Jülich, Geldern) und auf der Anbindung benachbarter Souveräne (Hochmeister des Deutschen Ordens, Könige von England und Frankreich), die Ludwig politisch zu dominieren und für die Interessen des Reiches zu instrumentalisieren trachtete. Ludwigs politische Neustrukturierung wirkte teilweise über seinen Tod hinaus und bestimmte die Verhältnisse im Nordwesten Europas noch bis weit ins 15. Jahrhundert.

Hieran knüpfen die Ausführungen von Doris Bulach[44] unmittelbar an. Sie ergründet, wie Ludwig die Herrschaft des Reiches in den Gebieten des Nordostens organisierte, die entweder – wie Pommern – dem Reich unterstanden, deren staatsrechtliche Zugehörigkeit wie der Deutschordensstaat strittig war oder die – wie Polen und Litauen – nicht zum Reich gehörten. Die erstrebte höhere Reichspräsenz im Nordosten und die Neuorganisation der Reichsherrschaft in diesem Raum suchte Ludwig durch dynastische Verbindungen (mit Schlesien, Meißen, Dänemark) zu verwirklichen, die von politischen Bündnissen (mit Polen) und weitreichenden Privilegierungen (für Pommern-Stettin und den Deutschen Orden) flankiert wurden.

Michael Stephan[45] sieht die rasante Entwicklung Münchens und ihre singuläre Stellung unter den herzoglichen Städten Bayerns im 13./14. Jahrhundert vorrangig

---

42 Im Überblick Pankraz FRIED, Die Städtepolitik Kaiser Ludwigs des Bayern, in: Zeitschrift für bayerische Landesgeschichte 60 (1997), S. 105–114; ferner Fritz TRAUTZ, Ludwig der Bayer und die schwäbischen Reichsstädte, in: Bausteine zur geschichtlichen Landeskunde von Baden-Württemberg, hg. von Günther HASELIER, Stuttgart 1979, S. 203–219; Johann SCHMUCK, Ludwig der Bayer und die Reichsstadt Regensburg. Der Kampf um die Stadtherrschaft im späten Mittelalter (Regensburger Studien und Quellen zur Kulturgeschichte 4), Regensburg 1997; Jörg BAUER, Die Stellung der südwestdeutschen Reichsstädte im Konflikt zwischen Kaiser Ludwig dem Bayern und dem Papsttum, Diss. Erlangen 2003; Bernhard BRENNER, Ludwig der Bayer – Ein Motor für die Urbanisierung Ostschwabens? Zu den Auswirkungen herrscherlicher Städtepolitik auf die Entwicklung der schwäbischen Städtelandschaft im ausgehenden Mittelalter (Materialien zur Geschichte des Bayerischen Schwaben 27), Augsburg 2005.

43 Michael MENZEL, Europas bayerische Jahre. Eine Skizze zum Nordosten und -westen des Reiches im 14. und 15. Jahrhundert, S. 237–262.

44 Doris BULACH, Organisieren von Herrschaft im späten Mittelalter: Ludwig der Bayer und der Nordosten des Reiches, S. 263–283.

45 Michael STEPHAN, Metropolis Bavariae? – Die Bedeutung Münchens für Ludwig den Bayern, S. 285–300.

auf drei Faktoren gegründet: auf die hohe Wirtschafts- und Finanzkraft als Salzhandelsmetropole und Handelszentrum, seine wichtigen Privilegien und Rechte (Stadtrechte von 1294 und 1340) und auf seine herrschaftliche Bedeutung als Standort herzoglicher Ämter und Institutionen. Ludwig entsprach durchaus dem Wunsch von Rat und Gemeinde nach (begrenzter) politischer Autonomie und herrschaftlicher Partizipation, doch blieb München stets eine landesherrliche Stadt, die zu keiner Zeit zum „Zentrum des Reiches“ aufstieg.

Die vier seit 1285 in einem Bund zusammengeschlossenen Reichsstädte Frankfurt, Gelnhausen, Friedberg und Wetzlar nahmen im Reich Ludwigs des Bayern eine absolute Sonderstellung ein, wie Sigrid Oehler-Klein[46] eindrucksvoll darlegt. In vielen Urkunden Ludwigs begegnen sie als Einheit, die sich vor allem in gemeinsamer Steuerzahlung sowie gleichgearteten militärischen und politischen Interessen manifestierte. Durch die Verleihung bedeutender materieller Vorrechte, den Abschluss von Bündnissen und die Übertragung wichtiger judikativer und exekutiver Kompetenzen formte Ludwig sie zu der dominierenden Kraft in der Wetterau, die den Frieden sicherte und die öffentliche Ordnung im Raum gestaltete. Ab 1344 band Ludwig sie zudem verstärkt in seine strategische Politik gegen die luxemburgisch-päpstliche Allianz ein.

Die jüngere Forschung hat den herrscherlichen Hof des späten Mittelalters vor allem als Ort kaiserlicher Selbstdarstellung, als höchste Entscheidungs- und Legitimationsinstanz sowie als Kommunikations- und Nachrichtenzentrum gedeutet und ihm die Rolle eines sozialen Systems und kulturellen Vorbildes für die Akkumulation und den Austausch von Wissen zugesprochen.[47] Inwieweit hat der bislang wenig erforschte Hof Ludwigs des Bayern diesen vielfältigen Herausforderungen entsprochen? Wer konstituierte den Hof, und wie funktionierte er?

Für die Analyse zentraler Aspekte des Hofes Ludwigs des Bayern – der Kommunikationszentrale des Reiches – wählt Mirjam Eisenzimmer[48] zwei unterschiedliche

---

46 Sigrid OEHLER-KLEIN, Gestaltung von öffentlichem Raum und Ordnung in der Regierungszeit Ludwigs des Bayern. Interaktionen zwischen den vier Reichsstädten der Wetterau und der Krone, S. 301–330.

47 Grundlegend: Höfe und Residenzen im spätmittelalterlichen Reich. Ein dynastisch-topographisches Handbuch, 7 Teilbände, hg. von Werner PARAVICINI, bearb. von Jan HIRSCHBIEGEL und Jörg WETTLAUFER (Residenzenforschung 15, 1–4), Ostfildern 2003–2012; darin v. a. Walter ZIEGLER, Wittelsbach, in: ebda., Bd. 1, 1: Dynastien und Höfe, S. 218–225; Wilhelm STÖRMER, Ludwig IV. der Bayer (1314–47), in: ebda., S. 295–304; Oliver AUGE/Karl-Heinz SPIESS, Hof und Herrscher, in: ebda., Bd. 2, 1: Begriffe, S. 3–15; ferner Reinhardt BUTZ/Lars-Arne DANNENBERG, Überlegungen zu Theoriebildungen des Hofes, in: Hof und Theorie. Annäherungen an ein historisches Phänomen, hg. von Reinhardt BUTZ/Jan HIRSCHBIEGEL/Dietmar WILLOWEIT (Norm und Struktur 22), Köln u. a. 2004, S. 1–41.

48 Mirjam EISENZIMMER, Der herrscherliche Hof als Nachrichten- und Kommunikationszentrum, S. 331–359.

Zugänge. Zunächst untersucht sie die vielfältigen Anstrengungen, gewählten Mittel und Wege städtischer Bittsteller, um an das Ohr des reisenden Herrschers zu gelangen. Zu den unerlässlichen Voraussetzungen für einen erfolgversprechenden Versuch – ohne Gewähr – gehörten ein schriftlicher Geleitschutz, glaubwürdige Boten und erfahrene Gesandten, prominente Fürsprecher und Geschenke sowie verschiedene Abgaben. Ludwig selbst kommunizierte mit seinen Reichsgliedern und Untertanen auf schriftlicher und mündlicher Ebene, auf Reichsversammlungen, Hoftagen und Kriegszügen, und er bediente sich dazu qualifizierter (und gelehrter) Berater[49], Notare und Gesandter.

Gab es am Hof Ludwigs des Bayern eine gemeinsamen stilistischen Idealen und Leitbildern verpflichtete ‚Hofkunst'? Robert Suckale hat diese Frage im Rahmen einer Gesamtdarstellung der Epoche Ludwigs[50], die gleichermaßen auf große Zustimmung wie auf Kritik[51] stieß, mit einem klaren Ja beantwortet. Er deutete den kaiserlichen Hof als stilbildendes künstlerisches Zentrum, das nach einer dezidierten Außenwirkung vor allem durch Skulpturen und deren Stil strebte. Suckale stützte sein Postulat einer ‚Hofkunst' vorrangig auf 22 künstlerische Arbeiten aus München (Anger-Madonna; Christophoruskonsole), Augsburg (Chorportal; Madonna in der Marienkapelle), Nürnberg (Figuren u. Apostelzyklus in St. Jakob), Frankfurt, Wilten, Karlstadt (Christusstatue), Lich (Grabmal in der Stiftskirche), Eberbach (Grabmal in der Klosterkirche), Esslingen (Tympanon der Marienkirche), Rottweil (Skulpturen im Kapellenturm) und Schernfeld.

Matthias Weniger unterzieht die Thesen Suckales einer erneuten vor allem stilkritischen Überprüfung[52], die bei der Gestaltung der Figuren, ihren Gesichtern und Gewändern sowie der Behandlung der Oberflächen ansetzt. Die untersuchten Kunstwerke weist er mehreren überaus heterogenen Stilgruppen zu, von denen sich sehr unterschiedliche Verbindungen zum Kaiserhof aufzeigen ließen. Während er dafür plädiert, eher von Stilparallelen statt – wie Suckale – von Werkstattgemeinschaften zu sprechen, spricht er dem Stil selbst in der Epoche Ludwigs jede verlässliche historische Aussage ab.

---

49 Wegweisend Jürgen Miethke, Wirkungen politischer Theorie auf die Praxis der Politik im Römischen Reich des 14. Jahrhunderts. Gelehrte Politikberatung am Hofe Ludwigs des Bayern, in: Political Thought and the Realities of Power in the Middle Ages. Politisches Denken und die Wirklichkeit der Macht im Mittelalter, hg. von Joseph Canning/Otto Gerhard Oexle (Veröffentlichungen des Max-Planck-Instituts für Geschichte 147), Göttingen 1998, S. 173–210.

50 Robert Suckale, Die Hofkunst Kaiser Ludwigs des Bayern, München 1993.

51 Vgl. stellvertretend die kritische Rezension von Andreas Köstler, in: Kunst-Chronik 48 (1995), S. 288–291.

52 Matthias Weniger, Kunst und Hofkunst unter Ludwig dem Bayern, S. 361–384.

III

Zu den besonderen Kennzeichen des 14. Jahrhunderts gehört die Entstehung einer repräsentativen Öffentlichkeit und ‚Öffentlichen Meinung' – vor allem in den Städten[53]. Herrscherliche Entscheidungen und kirchliche Dekrete wurden gezielter als je zuvor schriftlich fixiert und öffentlich verbreitet. Sie waren an einen größeren, oft quantifizierbaren Adressatenkreis gerichtet, schürten bewusst Stimmung, beeinflussten die politische Meinungsbildung und beanspruchten größtmögliche Wirkung und Gültigkeit. Vielfach konstituierten sie einen öffentlichen Raum, in dem politische Entscheidungen und akademische Lehrmeinungen diskutiert und bewertet wurden. Insbesondere zwei Fragen drängen sich auf: Wie und von wem wurde im Zeitalter Ludwigs des Bayern Öffentlichkeit hergestellt, und wie wurde sie politisch instrumentalisiert? Wie und wo konstituierte und artikulierte sich ‚Öffentliche Meinung' im Zeitalter von Kirchenbann und Interdikt?

Eva Schlotheuber[54] untersucht die im Zeitalter Ludwigs des Bayern öffentlich geführte Kontroverse zwischen Kaiser- und Papstanhängern über die jeweiligen Zuständigkeiten und Rechte, die zunehmend auch die Person des Herrschers und seine intellektuellen Fähigkeiten zur Ausübung seines Amtes einbezog. Im Fall Ludwigs des Bayern wurde im öffentlichen Diskurs erstmals die Frage nach der Gelehrtheit und Bildung des Königs aufgeworfen, als dieser sich mit dem Papst auf eine öffentlich ausgetragene Kontroverse um seine Rechtgläubigkeit einließ. In der Folge gewannen die Erziehung und Bildung des künftigen Königs gegenüber den traditionellen Eigenschaften wie der körperlichen Beschaffenheit und der Sorge um den gemeinsamen Nutzen erheblich an Bedeutung und stiegen folgerichtig zu unverzichtbaren Voraussetzungen für die Vergabe und Ausübung des königlichen Amtes auf.

Georg Strack[55] analysiert Aufbau, argumentative Gestaltung und Funktion der im öffentlichen Konsistorium vorgetragenen, in brieflicher Form fixierten und vielfach überlieferten Ansprachen Papst Clemens' VI. (1342–1352) gegen Ludwig den Bayern und dessen Mainzer Parteigänger, Erzbischof Heinrich III. von Virneburg. Die in ihrer Wirkung bislang unterschätzten Predigten erweisen sich als ein vielschichtiges, rituelle und deliberative Elemente integrierendes Medium der politischen Kommu-

---

53 Grundlegend SCHUBERT, Ludwig (wie Anm. 8), S. 165–186 u. 189–196; Martin KAUFHOLD, Öffentlichkeit im politischen Konflikt: Die Publikation der kurialen Prozesse gegen Ludwig den Bayern in Salzburg, in: Zeitschrift für Historische Forschung 22 (1995), S. 435–454, hier S. 435–438 u. 450–454, u.a. zu den „Foren der Öffentlichkeit in den Städten" (452); ferner Alois SCHÜTZ, Ein mächtiger Adler. Zur 725. Wiederkehr der Geburt Ludwig des Bayern, Fürstenfelds großem Förderer (Veröffentlichung der Kester-Haeusler-Stiftung), Fürstenfeldbruck 2007, S. 19, 21 u. 28.

54 Eva SCHLOTHEUBER, Öffentliche Diskurse über die Bildung des Königs. Die Herrscherpersönlichkeit Ludwigs des Bayern im Spiegel der zeitgenössischen Chronistik, S. 387–412.

55 Georg STRACK, Doppelzüngige Phrasendrescherei? Die Konsistorialansprachen Papst Clemens' VI. gegen Ludwig den Bayern, S. 413–433.

nikation zwischen Kaisertum und Papsttum. Ein kirchenrechtlich gebotenes Ritual performativ ausgestaltend, erlauben sie aufschlussreiche Einblicke in ihre jeweilige kommunikative und symbolisch-repräsentative Funktion.

IV

Der Kampf, den Ludwig der Bayer zeit seines Lebens um seine Fama und Memoria[56] führte, hat zahlreiche Spuren hinterlassen, die bis in die Gegenwart reichen. Anhänger wie Gegner, Zeitgenossen wie Nachwelt haben seiner Person und Regierung in je eigenen Formen gedacht und ihre Erinnerung zu unterschiedlichen Bildern geformt, die bis heute nachwirken. Dem liturgischen Gedenken in Form von Stiftung, Jahrtag, Fürbitte und Gebet ist das säkulare Gedächtnis in Literatur, Kunst und Architektur an die Seite zu stellen. Welcher Formen, Wege und Medien der Erinnerung bediente sich die Nachwelt, und wie setzte sie diese politisch ein? Auf welchen Vorstellungen, Motiven, Normen und Werten basierten die modernen Geschichtsbilder von Ludwig dem Bayern, wie veränderten sie sich?

Martin Kaufhold[57] diskutiert den ambivalenten Umgang der Kirche mit dem gebannten und toten Kaiser, der zwischen dem päpstlichen Anspruch auf alleinige Erteilung der Absolution und der Verhinderung jeglicher Memoria für den Exkommunizierten schwankte. Erst nach vier Generationen erlaubte die Kurie eine allmähliche Neubewertung des toten Kaisers, die der spezifischen Dynamik der zeitgenössischen Traditionsbildung geschuldet war. Papst Martin V. beschied 1430 das Ansuchen der bayerischen Herzöge, die um die Lösung aus der Infamie der Nachkommenschaft eines Ketzers gebeten hatten, positiv.

Karl Borromäus Murr[58] deutet die öffentliche Erinnerung an Ludwig IV. in Deutschland und in Bayern[59] in der Moderne als Prozess der kontinuierlichen Säkularisierung seines Gedächtnisses, das sich sukzessiv aus dem Kontext einer religiösen

56 Michael Menzel, Die Memoria Kaiser Ludwigs des Bayern, in: Auxilia historica. Festschrift Peter Acht, hg. von Walter Koch/Alois Schmid (Schriftenreihe zur bayerischen Landesgeschichte 132), München 2001, S. 247–283; Gerald Schwedler, „dampnate memorie Ludovici de Bavaria" – Erinnerungsvernichtung als metaphorische Waffe im Konflikt zwischen der Kurie und Kaiser Ludwig dem Bayern (mit Edition), in: Sterben über den Tod hinaus. Politische, soziale und religiöse Ausgrenzung in vormodernen Gesellschaften, hg. von Claudia Garnier/Johannes Schnocks (Religion und Politik 3), Würzburg 2012, S. 165–201.

57 Martin Kaufhold, Vergessen und Erinnern. Das Verhältnis der Kirche zum gebannten Kaiser Ludwig im späten Mittelalter, S. 437–449.

58 Karl Borromäus Murr, Das Ringen um den mittelalterlichen Kaiser. Rezeptionen Ludwigs des Bayern in Deutschland in der Neuzeit, S. 451–494.

59 Karl Borromäus Murr, Das Mittelalter in der Moderne. Die öffentliche Erinnerung an Kaiser Ludwig den Bayern im Königreich Bayern (Schriftenreihe zur bayerischen Landesgeschichte 156), München 2008.

Memoria befreite. Die politische Indienstnahme Ludwigs durch seine wittelsbachischen Nachfahren, den fürstlichen Hof, die Wissenschaft, Geschichtsschreibung und Dichtung des 18./19. Jahrhunderts sowie durch das Bürgertum war stets interessengeleitet und standortgebunden. Als Identitätsstifter und historische Argumentationsfigur verkörperte Ludwig vielfältige Rollen und wurde für unterschiedliche Zwecke ideologisch vereinnahmt: für den Ruhm der Kaiserherrlichkeit des Hauses Wittelsbach und zur Sicherung seiner Kaiserfähigkeit, als Symbol einer antipäpstlichen und antiösterreichischen Haltung, für die historische Legitimation des Königreichs Bayern, zur Förderung eines bayerischen Patriotismus sowie als Vorreiter der bürgerlichen Emanzipation und Schöpfer einer wechselseitigen Treueverpflichtung zwischen Fürst und Volk.

Diese Betrachtungen vertieft der Beitrag von Markus T. Huber[60] in dem wichtigen Bereich der bildenden Kunst. Er beleuchtet die spezifische Erinnerungskultur um Ludwig IV., die sich in der Errichtung zahlreicher Bau- und Kunstdenkmäler seit dem 15. Jahrhundert ausdrückte. An Kunstprojekten aus München (die spätgotische Rotmarmortumba und das frühbarocke Grabmal Ludwigs im Hochchor der Frauenkirche; das bronzene Reiterstandbild von Hans Wimmer im Hofgraben von 1967), Fürstenfeld (die als repräsentatives Stiftergrabmal angelegte hölzerne Tumba von 1525/30; das 1766 errichtete hölzerne Stifterbildnis von Roman A. Boos) und Puch (der als Denkmal aufgestellte marmorne Obelisk von 1808/09) illustriert er sechs Jahrhunderte sich wandelnder Erinnerungskultur. Je nach Auftraggeber hatten die Denkmäler sehr unterschiedliche politische und dynastische Funktionen zu erfüllen. Während die bayerischen Herzöge Albrecht IV. und Maximilian I. auf diese Weise auf die dynastische Einheit und die Kaiserwürdigkeit des Hauses Wittelsbach abhoben, erhofften sich Abt und Konvent von Fürstenfeld durch die Rückbesinnung auf ihren kaiserlichen Wohltäter in Zeiten der Krise materielle Förderung und Schutz vor Aufhebung ihres Klosters durch dessen fürstliche Nachfahren.

60 Markus T. HUBER, Die Vereinnahmung Ludwigs des Bayern durch die Nachwelt. Memoria und Repräsentation am Beispiel Münchens und der Abtei Fürstenfeld, S. 495–525.

I. Kaisertum, Reich, Verfassung

Herrscher- und Herrschaftsidee nach herrschaftstheoretischen Äußerungen des 14. Jahrhunderts

Franz-Reiner Erkens

Ulrich von Hehl zum 65. Geburtstag

Die Betrachtung der spätmittelalterlichen Herrschaftsidee zeigt, eingebettet in eine äußerst vielschichtige sowie sich von Reich zu Reich und von Königtum zu Königtum verändernde Herrschaftspraxis, einen schier unentwirrbaren Knäuel unterschiedlichster Vorstellungen, praktischer Handlungsmaximen und theoretischer Positionen, die kaum auf einen gemeinsamen Nenner zu bringen sind[1] und trotzdem auf einen überschaubaren Kreis philosophischer, theologischer und juristischer Autoritäten und somit auf eine handvoll, immer wieder angeführter, aber auch unterschiedlich gedeuteter Grundpositionen zurückgehen. Zu diesen zählen die paulinische, im bibelfesten Mittelalter natürlich allseits bekannte Lehre von der Rückführung jeglicher Herrschaft auf Gott,[2] die augustinische Vorstellung von Herrschaft als Folge der menschlichen Sündhaftigkeit[3] (die gelegentlich wie etwa von Gregor VII. gesteigert werden konnte zu der Behauptung eines diabolischen Ursprungs der weltlichen Herrschaft[4]) und die seit der Mitte des 13. Jahrhunderts rezipierte Soziallehre des Aristoteles,[5] vor allem dessen Verständnis vom Menschen als eines *animal sociale*,

---

1 Vgl. dazu jetzt Bernd SCHNEIDMÜLLER, Grenzerfahrung und monarchische Ordnung. Europa 1200–1500, München 2011, S. 111–171.

2 Vgl. Werner AFFELDT, Die weltliche Gewalt in der Paulus-Exegese. Röm. 13, 1–7 in den Römerbriefkommentaren der lateinischen Kirche bis zum Ende des 13. Jahrhunderts (Forschungen zur Kirchen- und Dogmengeschichte 22), Göttingen 1969.

3 Vgl. dazu Wolfgang STÜRNER, Peccatum et Potestas. Der Sündenfall und die Entstehung der herrscherlichen Gewalt im mittelalterlichen Staatsdenken (Beiträge zur Geschichte und Quellenkunde des Mittelalters 11), Sigmaringen 1987, bes. S. 38–125.

4 Vgl. Franz-Reiner ERKENS, Der *pia Dei ordinatione rex* und die Krise sakral legitimierter Königsherrschaft in spätsalisch-frühstaufischer Zeit, in: Vom Umbruch zur Erneuerung? Das 11. und beginnende 12. Jahrhundert – Positionen der Forschung, hg. von Jörg JARNUT/Matthias WEMHOFF (Mittelalter-Studien 13), München 2006, S. 71–101, bes. S. 81.

5 Vgl. Martin GRABMANN, Studien über den Einfluß der aristotelischen Philosophie auf die mittelalterlichen Theorien über das Verhältnis von Kirche und Staat (Sitzungsberichte d. bayer. Akad. d. Wiss., Phil.-hist. Abt. 1934/2), München 1934; ders., Die mittelalterlichen Kommentare zur *Politik* des Aristoteles (Sitzungsberichte d. bayer. Akad. d. Wiss., Phil.-hist. Abt. 1941/II 10), München 1941 [beide nachgedruckt in: Martin GRABMANN, Gesammelte Akademieabhandlungen (Münchener Universitätsschriften, Fachbereich Katholische Theologie NF 25), Paderborn 1979, Bd. I, S. 809–965 und Bd. II, S. 1725–1800]; Christoph FLÜELER, Rezeption und Interpretation der aristotelischen *Politica* im späten Mittelalter (Bochumer Studien zur Philosophie 19 1/2), 2 Bde., Amsterdam 1992, etwa S. 29, und STÜRNER, Peccatum (wie Anm. 3), Kap. VI und VII, sowie zu Spezialaspekten Vasileios SYROS,

das, weil unvollkommen und mängelbehaftet, zur Verwirklichung seiner Anlagen die Gemeinschaft braucht und daher nach Bildung von Staatswesen strebt. Die Vorstellung vom Herrscher hat sich dabei über Jahrhunderte entwickelt und ist in manchen ihrer Grundzüge trotzdem recht stabil geblieben.[6] Zu ihrem Kernbestand gehört etwa, in welcher Variation auch immer, die Idee der Gerechtigkeit,[7] also die bereits im Alten Orient nachweisbare Verpflichtung des Herrschers zur Rechtswahrung und -sicherung,[8] die im Mittelalter in der Lehre vom *rex iustus* ihren Ausdruck fand.[9] Daneben spielte die Idee von einem besonderen Nahverhältnis des Herrschers zu numinosen Kräften eine variantenreiche, ebenfalls bis in den Alten Orient und das pharaonische Ägypten zurückverfolgbare Rolle, die dem als Sohn, Stellvertreter oder Sachwalter einer Gottheit agierenden König ebenso eine (erst seit der Aufklärung verblassende) religiöse Dimension verlieh wie der vermeintlich von Gott herrührenden Institution des Königtums.

Auch die christlichen Herrscher des Mittelalters, seien es Könige oder Kaiser, standen, natürlich unter den Bedingungen des christlichen Glaubens und der sich entfaltenden kirchlichen Lehre, in dieser Vorstellungstradition, die im lateinischen Abendland zu einer eigenen Ausgestaltung gelangte, da sich hier ein an Konflikten zunehmend reicher werdender Dualismus der beiden universalen Gewalten Kaisertum und Papsttum und gleichzeitig eine bunte Vielfalt unterschiedlicher Monarchien entwickelte. Besondere Schwierigkeiten ergaben sich im Verlauf dieser Entwicklung bei der Bestimmung des Zuordnungsverhältnisses von weltlicher und geistlicher Gewalt, etwa bei der Abgrenzung der königlich-kaiserlichen von der päpstlichen Verantwortlichkeit für die christliche Gemeinschaft, oder beim Verständnis vom je eige-

---

Die Rezeption der aristotelischen politischen Philosophie bei Marsilius von Padua. Eine Untersuchung zur ersten Diktion des *Defensor pacis* (Studies in Medieval and Reformation Traditions 134), Leiden 2007; Jürgen MIETHKE, Politische Theorie in der Krise der Zeit. Aspekte der Aristotelesrezeption im früheren 14. Jahrhundert, in: Institutionen und Geschichte. Theoretische Aspekte und mittelalterliche Befunde, hg. von Gert MELVILLE (Norm und Struktur 1), Köln/Wien 1992, S. 157–186, und Georg WIELAND, Die Rezeption der aristotelischen „Politik" und die Entwicklung des Staatsgedankens im späten Mittelalter: am Beispiel des Thomas von Aquin und des Marsilius von Padua, in: Rechts- und Sozialphilosophie des Mittelalters, hg. von dems./Erhard MOCK (Salzburger Schriften zur Rechts-, Staats- und Sozialphilosophie 12), Frankfurt a.M. 1990, S. 67–81.

6 Vgl. Franz-Reiner ERKENS, Herrschersakralität im Mittelalter. Von den Anfängen bis zum Investiturstreit, Stuttgart 2006.

7 Vgl. Franz-Reiner ERKENS, König, in: Handwörterbuch zur deutschen Rechtsgeschichte, Bd. 3 (2013, 17. Lieferung), S. 2019–2034, bes. Sp. 2022, 2025, 2026 u. 2028.

8 Vgl. etwa Wolfram VON SODEN, Einführung in die Altorientalistik, Darmstadt ²1992, S. 61 f.

9 Vgl. ERKENS, Herrschersakralität (wie Anm. 6), S. 90–102 und zum folgenden S. 27–88 sowie 215–225, und bes. zum *rex iustus* Hans Hubert ANTON, Fürstenspiegel und Herrscherethos in der Karolingerzeit (Bonner Historische Forschungen 32), Bonn 1968, etwa S. 55, 58, 68, 79, und ders., Pseudo-Cyprian. De duodecim abusivis saeculi und sein Einfluß auf den Kontinent, insbesondere auf die karolingischen Fürstenspiegel, in: Die Iren und Europa im frühen Mittelalter, hg. von Heinz LÖWE, Bd. II, Stuttgart 1982, S. 568–617, bes. S. 572, 588 f., 615.

nen Rang der Herrscher, bei der Frage also, ob Kaiser und Papst gleichrangig waren oder ob es eine Überordnung gab, aber auch bei dem Problem der Gleichrangigkeit von Königen und Kaisern. Die genannten Schwierigkeiten bilden zwar nur einen kleinen Ausschnitt aus der Wirklichkeit eines facettenreichen und vielschichtigen Entwicklungsprozesses, gehörten aber gelegentlich in den größeren Zusammenhang gravierender Konflikte, durch welche die Reichsgeschichte beeinflusst wurde und die Verfassungsverhältnisse spürbare Impulse empfingen, weswegen sie bis heute eine besondere Beachtung verdienen.

I

Über viele Jahrhunderte hinweg zog sich dabei die Entwicklung der angesprochenen Rangverhältnisse, und die verschiedenen Vorstellungen, welche über diese gelegentlich formuliert worden sind, entsprachen sich keinesfalls immer, wie auch der theoretisch erhobene Anspruch nicht unbedingt deckungsgleich gewesen sein muss mit der historischen Wirklichkeit. Die bereits gegen Ende des 5. Jahrhunderts von Papst Gelasius I. formulierte Zweigewaltenlehre etwa[10], die eine Gleich- und Aufeinanderzuordnung von *regnum* und *sacerdotium* postulierte, traf bis in das 11. Jahrhundert hinein auf die faktische Präponderanz des Kaisertums und danach auf eine zunehmende Hierokratisierungstendenz des Papsttums, die 1302 in des Papstes Bonifaz VIII. berühmter Bulle *Unam sanctam* ihren vielleicht bekanntesten und durch die konzise Zusammenfassung längst entwickelter Gedanken wohl auch am meisten gesteigerten Ausdruck fand.[11] Die gelasianische Lehre dürfte daher (wenn überhaupt) nur selten die Wirklichkeit beschrieben und viel häufiger als Argument gedient haben, um die wirkliche oder drohende Unterordnung zunächst des Priester-

10 Vgl. Migne PL 59, Paris 1847, Sp. 41–47, bes. Sp. 42, und die Teiledition in: Quellen zur Geschichte des Papsttums und des römischen Katholizismus, Bd. I: Von den Anfängen bis zum Tridentinum, hg. von Carl Mirbt/Kurt Aland,Tübingen [6]1967, S. 222 Nr. 462.

11 *Unam Sanctam*, ed. Georges Digard u. a., Les registres de Boniface VIII, Tom. 3, Paris 1906, S. 888 Nr. 5382, mit Übersetzung in: Dante Alighieri. Monarchia, hg. von Ruedi Imbach/Christoph Flüeler, Stuttgart 1989, S. 348–355; vgl. dazu allg. Henning Ottmann, Geschichte des politischen Denkens, Bd. 2/2. Das Mittelalter, Stuttgart 2004, S. 225 f., und speziell Jürgen Miethke, Politiktheorie im Mittelalter. Von Thomas von Aquin bis Wilhelm von Ockham, Tübingen 2008 [Neuauflage von: De potestate papae – Die päpstliche Amtskompetenz im Widerstreit der politischen Theorie von Thomas von Aquin bis Wilhelm von Ockham, Tübingen 2000], S. 51–55; Karl Ubl, Die Genese der Bulle *Unam sanctam*: Anlass, Vorlagen, Intention, in: Politische Reflexion in der Welt des späten Mittelalters / Political Thought in the Age of Scholasticism. Essays in honour of Jürgen Miethke, hg. von Martin Kaufhold (Studies in Medieval and Reformation Traditions 103), Leiden/Boston 2004, S. 129–149; Walter Ullmann, Die Bulle Unam Sanctam: Rückblick und Ausblick, in: Römische Historische Mitteilungen 16 (1974), S. 45–77 [ND in: ders., Scholarship and Politics in the Middle Ages (Collected Studies Series 72), London 1978], sowie neuestens Klaus Herbers, Geschichte des Papsttums im Mittelalter, Darmstadt 2012, S. 217–223, bes. S. 220 f.

tums und dann der weltlichen Gewalt abzuwenden. Außerdem konnten, denn ‚leicht beieinander wohnen die Gedanken', unterschiedliche Ansichten lange problemlos nebeneinander existieren und erst, wenn die Sachen ‚hart im Raume' aneinanderstießen, in konkreten Konfliktsituationen also, zum Streit der Theorien führen, zur Formulierung prinzipieller Positionen oder zu deren Fortentwicklung. Die harte Auseinandersetzung ist mithin oft zum Vater des zukunftsträchtigen Fortschritts auf der Ebene der Theorie geworden, dienten theoretische Erörterungen doch in der Regel zur Untermauerung handfester Ansprüche.[12] Der Investiturstreit etwa, ausgefochten nicht nur mit dem Schwert, sondern auch mit der Feder, hat zu einer verstärkten Klärung der ideellen Grundlagen des Königtums und zugleich zu einer spürbaren Entflechtung der ursprünglich stärker verwobenen weltlichen und geistlichen Sphären geführt.[13]

Trotz dieser Entwicklung aber bewirkte dieses Ringen um die rechte Ordnung der Welt und um die Führung der Christenheit keine Entsakralisierung von Königtum, Reich und Herrschaft, wie wiederholt behauptet worden ist,[14] sondern setzte lediglich einen Prozess in Gang, der ganz allgemein Veränderungen innerhalb des Vorstellungshorizontes der Herrschersakralität sowie vor allem deren prinzipielle Ablehnung in manchen, jedoch nicht in allen kirchlichen Kreisen herbeiführte.[15] Allerdings wirkte sich diese grundsätzliche Ablehnung sehr unterschiedlich auf die

---

12 Vgl. etwa Jürgen MIETHKE, Johannes Quidort von Paris: *De regia potestate et papali*. Anlaß und Charakter einer Streitschrift, in: Prague papers on history of international relations, Prague 2000, S. 15–31, bes. S. 19 u. 23f.

13 Vgl. etwa ERKENS, Herrschersakralität (wie Anm. 6), Kap. VII 2; ders., Der *pia Dei ordinatione rex* (wie Anm. 4), S. 99; Tilman STRUVE, Die Entwicklung der organologischen Staatsauffassung im Mittelalter (Monographien zur Geschichte des Mittelalters 16), Stuttgart 1978, S. 98–107, bes. S. 106; ders., Die Stellung des Königtums in der politischen Theorie der Salierzeit, in: Die Salier und das Reich, hg. von Stefan WEINFURTER, Bd. 3: Gesellschaftlicher und ideengeschichtlicher Wandel im Reich der Salier, Sigmaringen ²1992, S. 217–244, bes. S. 217, und Ludger KÖRNTGEN, „Sakrales Königtum" und „Entsakralisierung" in der Polemik um Heinrich IV., in: Heinrich IV., hg. von Gerd ALTHOFF (Vorträge und Forschungen 69), Ostfildern 2009, S. 127–160, bes. S. 138–152, der zu Recht darauf hinweist, dass in der Polemik der Streitschriften aus den Jahrzehnten um 1100 manche Positionen erstmals formuliert oder traditionelle Ansichten zugespitzt bzw. in verschärfter Form vorgetragen wurden (wobei sie – gerade in ihrer Zuspitzung – situationsbezogen zu deuten seien, was natürlich richtig ist; trotzdem enthalten sie aber auch situationsunabhängige Grundvorstellungen, die zwar nicht bis auf das Jota genau zu erfassen sind, aber doch eine gewisse Allgemeingültigkeit besessen haben).

14 Vgl. Anton MAYER-PFANNHOLZ, Die Wende von Canossa. Eine Studie zum Sacrum Imperium, in: Canossa als Wende. Ausgewählte Aufsätze zur neueren Forschung, hg. von Hellmuth KÄMPF (Wege der Forschung 12), Darmstadt 1976, S. 1–26 [erstmals in: Hochland 30 (1932/33), S. 385–404].

15 Vgl. ERKENS, Herrschersakralität (wie Anm. 6), S. 213f. und 223ff.; ders., Der *pia Dei ordinatione rex* (wie Anm. 4), S. 98–101; ders., Konvergenz und Divergenz politischer und religiöser Herrschaft, in: WBG-Weltgeschichte. Eine globale Geschichte von den Anfängen bis ins 21. Jahrhundert, Bd. III: Weltdeutungen und Weltreligionen. 600–1500, hg. von Johannes FRIED/Ernst-Dieter HEHL, Darmstadt 2010, S. 279–305, bes. S. 286–301, sowie Ernst-Dieter HEHL, König – Kaiser – Papst. Gedankliche Kategorien eines Konflikts, in: Salisches Kaisertum und neues Europa. Die Zeit Heinrichs IV.

kuriale Einstellung gegenüber den einzelnen Monarchien Europas aus; hierbei waltete, je nach Tradition und politischer Erfordernis, ein deutlicher Pragmatismus, der trotz Festhaltens an herrschaftstheoretischen Grundsatzpositionen ein weitreichendes Entgegenkommen ermöglichte. In England und Frankreich konnte die Herrschersakralität daher erst nach dem Investiturstreit zur vollen Blüte gelangen und fand schließlich sogar das sich seit dem 12. Jahrhundert entwickelnde Thaumaturgentum der Könige nach langer Zurückhaltung kirchliche Akzeptanz;[16] und auch die christlichen Herrscher Skandinaviens besaßen zumindest im 12. und 13. Jahrhundert noch eine sakrale Dimension,[17] die in dieser Form wohl kaum mehr möglich gewesen wäre in Zentraleuropa. Vieles konnte offenbar geduldet werden, solange es nicht zum Konflikt kam, wobei sich natürlich auch die Frage stellt, was von der jeweils anderen theoretischen Position überhaupt bekannt gewesen ist, solange es nicht zum konfliktbefeuerten Disput gekommen war. Da die Kaiser des späteren Mittelalters jedoch in der Tradition einer konfliktgesättigten Geschichte des Reiches standen und zugleich als Beherrscher Italiens ebenso wie als Repräsentanten der zweiten Universalgewalt fortwährend wie Rivalen der Päpste erschienen (und dies zeitweilig auch waren), bestand zwischen diesen beiden Gewalten immer genügend Reibungsfläche, die zu Auseinandersetzungen und heftigen Diskussionen über das Rangverhältnis zwischen ihnen führte. Papsttum wie Kaisertum fanden daher über diese Konflikte und die aus ihnen erwachsenden Reflexionen zu einem je eigenen Selbstverständnis.[18]

Während hier die Fähigkeit zur Toleranz daher gering und die Schwelle zum Streit niedrig und leicht überschreitbar gewesen ist, zeigt die Problematik des Rangverhältnisses zwischen dem römisch-deutschen Kaiser und den Monarchen Europas ein anderes Bild.[19] Natürlich wurde entsprechend der antiken Tradition das Kaisertum im Reich als universal begriffen, konnte der *imperator* in vollmundigen Äußerungen als *dominus mundi* apostrophiert werden, begründete gerade diese Position die Son-

---

und Heinrichs V., hg. von Bernd Schneidmüller/Stefan Weinfurter, Darmstadt 2007, S. 7–26, bes. S. 24f. Siehe dazu den Exkurs S. 59–61.

16 Vgl. Erkens, Herrschersakralität (wie Anm. 6), S. 18–24; ders., Konvergenz und Divergenz (wie Anm. 15), S. 290f., und Joachim Ehlers, Der wundertätige König in der monarchischen Theorie des Früh- und Hochmittelalters, in: Reich, Regionen und Europa in Mittelalter und Neuzeit. Festschrift für Peter Moraw, hg. von Paul-Joachim Heinig u.a. (Historische Forschungen 67), Berlin 2000, S. 3–19.

17 Vgl. Erkens, Konvergenz und Divergenz (wie Anm. 15), S. 289f., und ders., Vicarius Christi – sacratissimus legislator – sacra majestas. Religiöse Herrschaftslegitimierung im Mittelalter, in: Zeitschrift der Savigny-Stiftung für Rechtsgeschichte Kanon. Abt. 89 (2003), S. 1–55, bes. S. 33 Anm. 140, sowie Sven Bagge, The Political Thought of the King's Mirror (Medieval Scandinavia Supplements 3), Odense 1987, etwa S. 210–219.

18 Vgl. Jürgen Miethke, Kaiser und Papst im Spätmittelalter. Zu den Ausgleichsbemühungen zwischen Ludwig dem Bayern und der Kurie in Avignon, in: Zeitschrift für Historische Forschung 10 (1983), S. 421–446, bes. S. 423.

19 Vgl. dazu allg. Bernd Schneidmüller, Die Kaiser im Mittelalter. Von Karl dem Großen bis Maximilian I., München 2006.

derstellung des Imperiums etwa als Wahlmonarchie[20] und zum Teil die konfliktträchtige Rivalität mit dem Papsttum, aber in der politischen Praxis spielte im Verhältnis zu den übrigen Herrschern Europas die Vorstellung von einer Universalmonarchie kaum eine Rolle;[21] und als Heinrich VII. sie am Beginn des 14. Jahrhunderts einmal unüberhörbar europaweit verkündete und sie scheinbar Wirklichkeit werden las-

20 Vgl. etwa Ottonis et Rahewini Gesta Friderici I. imperatoris, hg. von Georg WAITZ/Bernhard VON SIMSON, MGH SS rer. Germ. [46], Hannover ^{3}1912, S. 103 (II 1: *nam id iuris Romani imperii apex, videlicet non per sanguinis propaginem descendere, sed per principum electionem reges creare, sibi tamquam ex singulari vendicat prerogativa* [vgl. dazu jetzt Roman DEUTINGER, Imperiale Konzepte in der hofnahen Historiographie der Barbarossazeit, in: Staufisches Kaisertum im 12. Jahrhundert. Konzepte – Netzwerke – Politische Praxis, hg. von Stefan BURKHARDT u. a., Regensburg 2010, S. 25–39, bes. S. 32]); Alexander von Roes, Memoriale de prerogativa Romani imperii c. 24 und Notitia seculi c. 16, hg. von Herbert GRUNDMANN/Hermann HEIMPEL, Alexander von Roes. Schriften (MGH Staatsschriften des späteren Mittelalters I 1), Stuttgart 1958, S. 124 (*non enim convenit sanctuarium dei, id est regnum ecclesie, iure hereditario possideri*) u. 164 (*quod ad sacerdotium et regnum ecclesie catholice, que utraque tanquam dei sanctuarium iure hereditario possideri non convenit*) Yconomica, hg. von Sabine KRÜGER, Die Werke des Konrad von Megenberg (MGH Staatschriften des späteren Mittelalters III 1–3), Stuttgart 1973–1984, hier Bd. II, S. 8 f. (liber II, tract. 1 c. 4, in dem der Vorzug der Wahl bei der Thronfolge freilich nur allgemein und ohne direkten Bezug zur Kaiserwürde betont wird; zu der Diskussion über den Vorzug von Wahl- oder Erbmonarchie vgl. Gert MELVILLE, Vorfahren und Vorgänger. Spätmittelalterliche Genealogien als dynastische Legitimation von Herrschaft, in: Die Familie als sozialer und historischer Verband. Untersuchungen zum Spätmittelalter und zur Frühen Neuzeit, hg. von Peter-Johannes SCHULER, Sigmaringen 1987, S. 203–309, bes. S. 255 ff.); Bartolus de Sassoferrato, Tractatus de regimine civitatis II, ed. Diego QUAGLIONI, Politica e Diritto nel Trecento Italiano. Il "De tyranno" di Bartolo da Sassoferrato (1314–1357). Con l'edizione critica dei trattati "De Guelphis et Gebellinis", "De regimine civitatis" e "De tyranno" (Il pensiero politico, Biblioteca 11), o. O. 1983, S. 149–170, hier: S. 166 ([...] *nota, quod regimen quod est per electionem est magis divinum, quam illud quod est per successionem* [...]; dazu Andreas KOSUCH, Abbild und Stellvertreter Gottes. Der König in herrschaftstheoretischen Schriften des späten Mittelalters [Passauer Historische Forschungen 17], Köln 2011, S. 223) Peter von Andlau, Libellus de cesarea monarchia I 2, hg. von Rainer A. MÜLLER, Peter von Andlau. Kaiser und Reich (Bibliothek des deutschen Staatsdenkens 8), Frankfurt a. M. 1998, S. 174 (*fuit* [...] *ordinatum, ut tante potestatis fastigium, quod non debetur sanguini sed virtuti, non per viam successionis sed electionis procederet, ut dignissimus habeatur ad dignitatem imperii gubernandam*) sowie Friedrich ANDRAE, Das Kaisertum in der juristischen Staatstheorie des 15. Jahrhundert. Ein Beitrag zur Geschichte der „Kaiseridee" im späten Mittelalter, Diss. (masch.) Göttingen 1951, S. 9, 21, 44, 82; Franz-Reiner ERKENS, Teilung und Einheit, Wahlmonarchie und Erbkönigtum: Vom Wandel gelebter Normen, in: Verfassungsänderungen, hg. von Helmut NEUHAUS (Beihefte zu „Der Staat" 20), Berlin 2012, S. 9–34, bes. S. 31, und SCHNEIDMÜLLER, Grenzerfahrung (wie Anm. 1), S. 152 f.

21 Vgl. Franz-Reiner ERKENS, Anmerkungen über die Sakralität des Reiches im späteren Mittelalter, in: Wege und Spuren. Verbindungen zwischen Bildung, Wissenschaft, Kultur, Geschichte und Politik. Festschrift für Joachim-Felix Leonhard, hg. von Helmut KNÜPPEL u. a. (Schriftenreihe des Wilhelm-Fraenger-Instituts Potsdam 10), Berlin 2007, S. 223–239, bes. S. 229 (und die dort in Anm. 27 verzeichnete Literatur), sowie jetzt auch Stefan BURKHARDT, Barbarossa, Frankreich und die Weltherrschaft, in: ders. u. a., Imperiale Konzepte (wie Anm. 20), S. 133–158, der den missverständlichen Begriff „Weltherrschaft" durch „Hegemonie" (S. 152) ersetzen möchte (wobei der Terminus „Vorrang" vielleicht noch angemessener ist).

sen wollte, traf er auf allseitige Ablehnung[22] und den energischen Widerspruch des französischen Königs Philipp IV., der darauf hinwies, in weltlichen Angelegenheiten keine höhere Gewalt über sich zu haben, wobei er sich auf die im 13. Jahrhundert entwickelte, von den Päpsten akzeptierte Lehre stützte, nach welcher – in der populärsten Formulierung – der König Kaiser in seinem Reich sei (*rex est imperator in regno suo*)[23]. Danach hat kein Kaiser mehr versucht, mit dem Weltgeltungsanspruch zu argumentieren.

Ein solch im Grunde entspanntes Verhältnis zwischen theoretischer Höhe und praktischer Herrschaftsausübung wie im zwischenstaatlichen Bereich war – wie gesagt – aufgrund vielfältiger Vorprägungen zumeist nicht möglich zwischen der kaiserlichen und der päpstlichen Autorität, auch wenn der nüchterne Pragmatismus eines Karl IV. und dessen Fähigkeit, Streitpunkte auszuklammern und zu verschleiern, beachtliche Erfolge gegenüber dem Papsttum selbst auf ideologisch höchst umstrittenem Gebiet ermöglichten.[24] Doch blieb dies im Mittelalter die Ausnahme, die wohl nur ermöglicht worden ist durch die besondere Persönlichkeit des luxemburgischen Herrschers und vielleicht durch die Erfahrung des heftigen, in seiner Form letzten und für das Kaisertum nicht gewinnbaren Streites zwischen Ludwig dem Bayern, dem Vorgänger in der Reichsherrschaft, und den in Avignon residierenden Päpsten. Auch wenn dieser von Seiten der Päpste mit unbeugsamer Härte und von dem Wittelsbacher mit bedenklichen Mitteln geführte Kampf um wichtige Rechte des Reiches (etwa um die Gültigkeit der kurfürstlichen Wahl, den Anspruch des geweihten Königs auf die Kaiserkrone und die Gleichrangigkeit von Kaiser- und Papsttum) keinesfalls zum Triumph der ludovizianischen Maximalforderungen füh-

22 MGH Constitutiones IV 2, hg. von Jacob Schwalm, Hannover/Leipzig 1909–1911, S. 801 Nr. 801 (1312 Juni 29: Krönungsenzyklika Heinrichs VII.: […] *universi homines distincti regnis et provinciis separati uni principi monarche subessent, quatinus eo consurgeret machina mundi preclarior, quo ab uno Deo suo factore progrediens sub uno principe moderata et in se pacis ac unitatis augmenta susciperet et in unum Deum et dominum per amoris gressum et devote fidei stabilimenta rediret.*), 812 Nr. 811 (1312 Juni/Aug.: Antwort Philipps IV. von Frankreich mit Betonung der eigenen Souveränität), 814 Nr. 812 (1313 April 30: lakonische Antwort Edwards III. von England); vgl. Jürgen Miethke, Politisches Denken und monarchische Theorie. Das Kaisertum als supranationale Institution im späteren Mittelalter, in: Ansätze und Diskontinuität deutscher Nationsbildung im Mittelalter, hg. von Joachim Ehlers (Nationes 8), Sigmaringen 1989, S. 121–144, bes. S. 137; Othmar Hageneder, Weltherrschaft im Mittelalter, in: Mitteilungen des Instituts für österreichische Geschichtsforschung 93 (1985), S. 257–278, bes. S. 272f., sowie Malte Heidemann, Heinrich VII. Kaiseridee im Spannungsfeld von staufischer Universalherrschaft und frühneuzeitlicher Partikularautonomie (Studien zu den Luxemburgern und ihrer Zeit 11), Warendorf 2008, S. 169–184 und 340.

23 Vgl. Helmut G. Walther, Imperiales Königtum, Konziliarismus und Volkssouveränität. Studien zu den Grenzen des mittelalterlichen Souveränitätsgedankens, München 1976, S. 78–85, und Miethke, Politisches Denken (wie Anm. 22), S. 126.

24 Vgl. Jürgen Miethke, Die päpstliche Kurie des 14. Jahrhunderts und die „Goldene Bulle" Kaiser Karls IV. von 1356, in: Papstgeschichte und Landesgeschichte. Festschrift für Hermann Jakobs zum 65. Geburtstag, hg. von Joachim Dahlhaus u.a. (Beihefte zum Archiv für Kulturgeschichte 39), Köln 1995, S. 437–450.

ren konnte, so war er doch wiederum auch eine Etappe der bereits angesprochenen Selbstfindung beider universaler Gewalten im Konflikt miteinander,[25] in dessen Verlauf die Federn gewetzt, alte Ansichten neu formuliert oder fortentwickelt, aber ebenfalls völlig neue Ansichten artikuliert wurden[26] und in dem es zu wichtigen, von Karl IV. schließlich aufgegriffenen Klärungen des Reichsrechts, nicht zuletzt des Königswahlrechtes kam.

Angesichts dieser Entwicklung stellt sich natürlich die Frage, ob sich während des letzten großen Konfliktes zwischen Kaiser und Papst und im Verlauf der kontrovers geführten Debatte über das Verhältnis zwischen den beiden Universalgewalten etwas an den theoretischen Ansichten über die herrscherliche Position veränderte, ob die traditionellen Vorstellungen vom Kaiser als eines gotterwählten und religiös legitimierten Sachwalters der himmlischen Majestät Modifizierungen erfuhren. Dabei können die Äußerungen der Vertreter des papalistischen Standpunktes, der sog. Hierokraten[27], weitgehend unbeachtet bleiben, da für diese, unabhängig von Varian-

25 Vgl. Anm. 18.

26 Etwa von Jean Quidort (zu diesem vgl. Johannes Quidort von Paris. Über königliche und päpstliche Gewalt [De regia potestate et papali]. Textkritische Edition mit deutscher Übersetzung von Fritz BLEIENSTEIN [Frankfurter Studien zur Wissenschaft von der Politik IV], Stuttgart 1969; Thomas J. RENNA, The populus in John of Paris' Theory of Monarchy, in: Tijdschrift voor Rechtsgeschiedenis 42 [1974], S. 243–268 [zum Königtum bes. S. 245]; MIETHKE, Politiktheorie [wie Anm. 11], S. 116–126; ders., Johannes Quidort [wie Anm. 12], S. 15–31; ders., Die Legitimität der politischen Ordnung im Spätmittelalter: Theorien des frühen 14. Jahrhunderts [Aegidius Romanus, Johannes Quidort, Wilhelm von Ockham], in: Historia philosophiae medii aevi, hg. von Burkhard MOJSISCH/Olaf PLUTA, Bd. II, Amsterdam 1991, S. 643–674, bes. S. 649–653 u. 657–664; Karl UBL/Lars VINX, Kirche. Arbeit und Eigentum bei Johannes Quidort von Paris, O. P. [† 1306], in: Text – Schrift – Codex. Quellenkundliche Arbeiten aus dem Institut für Geschichtsforschung, hg. von Christoph EGGER/Herwig WEIGL [Mitteilungen des Instituts für österreichische Geschichtsforschung Ergbd. 35], Wien 2000, S. 304–339; STÜRNER, Peccatum [wie Anm. 3], S. 196ff.; Karl UBL, Johannes Quidorts Weg zur Sozialphilosophie, in: Francia 30/1 [2003], S. 43–72), Marsilius von Padua (zu diesem vgl. STÜRNER, Peccatum [wie Anm. 3], S. 202–207; MIETHKE, Politiktheorie [wie oben], S. 204–247; Hermann SEGALL, Der „Defensor pacis" des Marsilius von Padua. Grundfragen der Interpretation [Historische Forschungen 2], Wiesbaden 1959 [der das bei Marsilius wirkende kommunale Vorbild betont]; Michael LÖFFELBERGER, Marsilius von Padua. Das Verhältnis zwischen Kirche und Staat im „defensor pacis" [Schriften zur Rechtsgeschichte 57], Berlin 1992 [zur Lebensgeschichte S. 15–18]), Wilhelm von Ockham (zu diesem vgl. Volker LEPPIN, Wilhelm von Ockham. Gelehrter, Streiter, Bettelmönch, Darmstadt 2003, bes. Kap. VIII 4; Jürgen MIETHKE, Die Legitimität der politischen Ordnung [wie oben], S. 666–673; ders., Die Anfänge des säkularisierten Staates in der politischen Theorie des späten Mittelalters, in: Entstehen und Wandel verfassungsrechtlichen Denkens, hg. von Reinhard MUSSGNUNG [Beihefte zu „Der Staat" 11], Berlin 1996, S. 7–43, bes. S. 37–41; ders., Ockhams Weg zur Sozialphilosophie, Berlin 1969, bes. Kap. 1; ders., Politiktheorie [wie Anm. 11], S. 272–295; STÜRNER, Peccatum [wie Anm. 3], S. 227–234) oder Lupold von Bebenburg (zu diesem vgl. unten Anm. 80 sowie die Kap. I–III der Einleitung zu der in Anm. 29 angeführten Edition).

27 Zu dem Begriff (und der ihn ergänzenden Bezeichnung „Dualisten") vgl. Jürgen MIETHKE, Geschichtsprozeß und zeitgenössisches Bewusstsein – Die Theorie des monarchischen Papats im hohen und späteren Mittelalter, in: Historische Zeitschrift 226 (1978), S. 564–599, bes. S. 580, sowie ders., Kirchenstruktur und Staatstheorien im Zeitalter der Scholastik, in: Ordnungskonfigurationen im ho-

ten im Detail, die Unterordnung des Herrschers unter das Papsttum feststand und Bonifaz VIII. die Superiorität des Nachfolgers Petri in seiner Bulle *Unam sanctam* prägnant[28] verkündet hat. Vorrangig interessieren hier vielmehr die Verfechter einer nichtpapalen Sicht, und von diesen sollen Engelbert von Admont, Dante Alighieri, Marsilius von Padua, Wilhelm von Ockham und Lupold von Bebenburg befragt werden.[29] Natürlich besaßen die Genannten keine identische Anschauung, eine solche ist ohnehin niemals und am allerwenigsten in einem Kreis von Gelehrten so unterschiedlicher Herkunft und Prägung zu erwarten, aber eingebettet in allgemeine und traditionelle Vorstellungen verband sie doch ihr Verständnis von einem unabhängigen, dem Papsttum nicht untergeordneten Kaisertum. Bei der Betrachtung dieses Verständnisses geht es im Folgenden freilich weniger um die Erfassung der bereits wiederholt erörterten[30] je besonderen philosophischen Positionen und des Fort-

hen Mittelalter, hg. von Bernd Schneidmüller/Stefan Weinfurter (Vorträge und Forschungen 64), Ostfildern 2006, S. 127–151, bes. S. 145 f. Allg. vgl. auch Alfons M. Stickler, Imperator vicarius Papae. Die Lehre der französisch-deutschen Dekretistenschule des 12. und 13. Jahrhunderts über die Beziehungen zwischen Papst und Kaiser, in: Mitteilungen des Instituts für österreichische Geschichtsforschung 62 (1954), S. 165–212, der den hierokratischen Anspruch aus kanonistischer Perspektive als deutlich eingeengt beschreibt.

28 Vgl. Anm. 11.

29 Folgende Werke werden dazu herangezogen: Engelbert von Admont, De regimine principum, hg. von Johannes Georg Theophil Hufnagel, Regensburg 1725; ders., De ortu et fine Romani imperii, hg. von Melchior Goldast, Politica Imperialia, Frankfurt a. M. 1614, S. 754–773 (künftig ediert von Herbert Schneider u. a. [MGH Staatsschriften des späteren Mittelalters I 3], dem an dieser Stelle für bereitwillig gewährte Auskunft und Hilfe gedankt sei); Dante Alighieri, Convivio, hg. von Cesare Vasoli/Domenico de Robertis, Dante Alighieri. Opere minori I 2 (La Letteratura Italiana. Storia e Testi Vol. 5, Tomo I, Parte II), Mailand/Neapel 1988; ders., Monarchia, hg. von Pier Giorgio Ricci, Opere 5, Verona 1965, mit Übersetzung hg. von Ruedi Imbach/Christoph Flüeler (wie Anm. 11); Marsilius von Padua, Defensor Pacis, hg. von Richard Scholz (MGH Fontes iuris Germanici antiqui 7), Hannover 1932, mit Übersetzung hg. von Horst Kusch, Marsilius von Padua. Der Verteidiger des Friedens (Leipziger Übersetzungen und Abhandlungen zum Mittelalter, Reihe A 2/I–II), Berlin 1958; Wilhelm von Ockham, Breviloquium de principatu tyrannico, hg. von Hilary S. Offler, William Ockham Opera Politica IV (Auctores britannici medii aevi 14), Oxford 1997, S. 97–260; ders., De imperatorum et pontificum potestate, hg. von Offler (ebd.) S. 279–355; ders., Octo quaestiones de potestate pape, hg. von Hilary S. Offler, Guillelmi de Ockham Opera Politica I, Manchester ²1974, S. 15–217; ders., Dialogus, hg. von Melchior Goldast, Monarchia S. Romani Imperii, Bd. 2, Frankfurt a. M. 1614 [ND Graz 1960], S. 394–957, in Auswahl übersetzt von Jürgen Miethke, Wilhelm von Ockham. Dialogus (Bibliothek klassischer Texte), Darmstadt 1994; Politische Schriften des Lupold von Bebenburg, hg. von Jürgen Miethke/Christoph Flüeler (MGH Staatsschriften des späteren Mittelalters IV), Hannover 2004 (S. 233–409: Tractatus de iuribus regni et imperii; S. 411–505: Libellus de zelo christiane religionis; S. 507–524: Ritmaticum querulosum et lamentosum dictamen de modernis cursibus et defectibus); Konrad von Megenberg, De translacione Romani imperii, hg. von Richard Scholz, Unbekannte kirchenpolitische Streitschriften aus der Zeit Ludwigs des Bayern (1327–1354), 2 Bde. (Bibliothek des Kgl. Preuß. Historischen Instituts in Rom 9/10), Rom 1911–1914, hier: Bd. II, S. 249–345.

30 Vgl. Miethke, Politiktheorie (wie Anm. 11); ders., Politische Theorien im Mittelalter, in: Politische Theorien von der Antike bis zur Gegenwart, hg. von Hans-Joachim Lieber (Studien zur Geschichte und Politik, Schriftenreihe 299), Bonn 1991, S. 47–156; ders., Die Anfänge des säkularisierten Staates

schritts im spätmittelalterlichen Diskurs der politischen Theorie, sondern schlicht um die Frage, inwieweit es einen gemeinsamen Wurzelgrund für dieses Gedankengut gibt und wie sehr tradierte Auffassungen weiter gewirkt haben.

II

Auffallend ist dabei zunächst die ungebrochene Kontinuität der begrifflichen Charakterisierung der weltlichen Herrscher. Obwohl sich die Päpste seit Innozenz III. ausdrücklich als Stellvertreter Christi begriffen[31] und seither papalistisch gesinnte Schriftsteller die Bezeichnung *vicarius Christi*, die zuvor im Wechsel mit *vicarius Dei* jahrhundertelang nahezu selbstverständlich den Monarchen und namentlich den Kaisern beigelegt worden war,[32] allein noch für die Nachfolger Petri reservierten[33], betrachteten die Verteidiger der herrscherlichen Position die Könige und Kaiser trotzdem weiterhin als irdische Stellvertreter und Sachwalter Gottes. Dieses Festhalten an der Tradition ist freilich nicht ohne einschränkende Modifizierungen möglich gewesen. War die nahezu unstrittige Vorstellung vom Herrscher als eines Gottesvikars in Spätantike und Frühmittelalter offenbar noch kaum durchdacht und wenig differenziert, hatten doch keine frühen Grundsatzkonflikte einen Anlass zur differenzierenden Reflexion geboten oder zu spekulativen Erörterun-

---

(wie Anm. 26), passim; Karl UBL, Engelbert von Admont. Ein Gelehrter im Spannungsfeld von Aristotelismus und christlicher Überlieferung (Mitteilungen des Instituts für österreichische Geschichtsforschung Ergbd. 37), München 2000, Kap. 3 („Politische Theorie") (zu Engelbert speziell vgl. auch Andreas POSCH, Die staats- und kirchenpolitische Stellung Engelberts von Admont, Paderborn 1920; Ottokar MENZEL, Bemerkungen zur Staatslehre Engelberts von Admont und ihrer Wirkung, in: Corona Quernea. Festgabe Karl Strecker zum 80. Geburtstag dargebracht, hg. von Edmund E. STENGEL [Schriften des Reichsinstituts für ältere deutsche Geschichtskunde 6], Leipzig 1941, S. 390–408; Marlis HAMM, Engelbert von Admont als Staatstheoretiker, in: Studien und Mitteilungen zur Geschichte des Benediktiner-Ordens und seiner Zweige 85 [1974], S. 343–495; Erna BUSCHMANN, Rex inquantum rex. Versuch über den Sinngehalt und geschichtlichen Stellenwert eines Topos in „De regimine principum" des Engelbert von Admont, in: Methoden in Wissenschaft und Kunst des Mittelalters, hg. von Albert ZIMMERMANN [Miscellanea Mediaevalia 7], Berlin 1970, S. 303–333); KOSUCH, Abbild (wie Anm. 20), Kap. III 1.

31 Vgl. Jürgen MIETHKE, Der Weltanspruch des Papstes im späteren Mittelalter. Die politische Theorie der Traktate De potestate Papae, in: Pipers Handbuch der politischen Ideen, Bd. II, München 1993, S. 351–445, bes. S. 359, sowie allg. Michele MACCARRONE, Il sovrano „vicarius Dei" nell'alto medio evo, in: La regalità sacra. Contributi al tema del'VIII congresso internazionale di Storia delle religioni (Roma, Aprile 1955), Leiden 1959, S. 581–594, und ders., Vicarius Christi. Storia del titolo papale (Lateranum NS an. 18, N. 1–4), Roma 1952. Zuvor hatte etwa schon Bernhard von Clairvaux (De consideratione ad Eugenium papam, in: Bernhard von Clairvaux. Sämtliche Werke lateinisch/deutsch, hg. von Gerhard B. WINKLER, Bd. I, Innsbruck 1990, S. 626–827, hier S. 772 [VII.23]) den Papst als Stellvertreter Christi bezeichnet; vgl. HERBERS, Geschichte des Papsttums (wie Anm. 11), S. 161.

32 Vgl. ERKENS, Vicarius Christi (wie Anm. 17), S. 12 f.

33 Vgl. etwa KOSUCH, Abbild (wie Anm. 20), S. 124 f.

gen geführt, so bewirkte die kirchliche Entwicklung seit den Reformpäpsten des 11. und 12. Jahrhunderts eine deutlichere Scheidung des geistlichen vom weltlichen Bereich, die keine indifferente Zuschreibung einer irdischen Sachwalterschaft Gottes an die Monarchen mehr zuließ. Die strikten Papalisten verwarfen eine solche monarchische Position völlig oder ließen sie allenfalls nur dann zu, wenn sie als päpstlich vermittelt gelten konnte. Die Theoretiker der weltlichen Gewalt jedoch begannen zu betonen, dass sich die Stellvertretungsaufgabe der Herrscher allein auf den weltlichen Bereich beziehe, dass das monarchische Vikariat *in temporalibus* gelte. Es waren – nach Vorläufern in der Kanonistik – Nikolaus von Lyra († 1349), John Wyclif († 1384) und der Verfasser des „Somnium viridarii", die diese Begrenzung für die Könige hervorhoben,[34] aber sie galt auch für den Kaiser, wie im 15. Jahrhundert Aeneas Silvius Piccolomini sowie etliche Legisten bezeugen;[35] und wenn Marsilius von Padua und Baldus de Ubaldis – Philosoph also wie Jurist – ohne ausdrückliche Einschränkung vom Kaiser als *vicarius Dei* sprechen, dann verdeutlicht der jeweilige Zusammenhang, in dem dies geschieht, doch, dass allein eine Sachwalterschaft im weltlichen Bereich gemeint ist. Marsilius etwa erklärt, der Herrscher sei Stellvertreter und Diener Gottes (*Dei vicarius seu minister*) und in dieser Eigenschaft nicht auf unbestimmte Weise mit der Stellvertretung betraut, sondern hauptsächlich als Vollstrecker von Strafen gegen die Übeltäter in der Welt,[36] und Baldus bezeichnet eben nicht nur den Kaiser, sondern auch den Papst, diesen natürlich mit einem gewissen Vorrang, und die übrigen Könige als Gottes Vikare.[37]

Das Verständnis vom Monarchen als einem irdischen Sachwalter Gottes, das sich auch in den Charakterisierungen von König und Kaiser als Diener oder Abbild Gottes spiegelt[38] und das natürlich von den Herrschern – selbstverständlich auch von Ludwig dem Bayern, dem *regis regum Iesu Christi vicarius*[39] – geteilt und gelegentlich geäußert wurde,[40] die Idee einer vikarialen Herrscherstellung also war im späte-

34 Vgl. zu Wyclif Erkens, Vicarius Christi (wie Anm. 17), S. 26 mit Anm. 111, zum *Somnium* Kosuch, Abbild (wie Anm. 20), S. 230 mit Anm. 864 sowie (zu Huguccio und Hostiensis, den Kanonisten des späten 12. und des 13. Jahrhunderts, und ihrer Lehre vom Herrscher als Gottesvikar in weltlichen Angelegenheiten) S. 124ff.

35 Vgl. Erkens, Vicarius Christi (wie Anm. 17), S. 26 mit Anm. 112 (zu Aeneas Silvius), und Andrae, Das Kaisertum (wie Anm. 20), S. 65 und 65 (im II. Teil = Apparat) Anm. 48 (wo die Belege angeführt sind).

36 Defensor Pacis (wie Anm. 29) II xxx 5: *Dei enim minister est. Ecce vicarium Dei, non qualemcumque, sed coactivum malorum in hoc seculo.*

37 Vgl. Kosuch, Abbild (wie Anm. 20), S. 226f. mit Anm. 855.

38 Vgl. Erkens, Vicarius Christi (wie Anm. 17), S. 28–31 (zu den Herrschern als *imago dei*), und Kosuch, Abbild (wie Anm. 20), S. 202f. (zur vikarialen Bedeutung der Bezeichnung *minister dei*).

39 Urkunde Ludwigs des Bayern vom 10. April 1331, zit. bei Erkens, Vicarius Christi (wie Anm. 17), S. 26 Anm. 107.

40 Vgl. etwa die Ausführungen Karls IV. im 2. Kapitel von dessen Autobiographie, hg. von Eugen Hillenbrand, Vita Caroli quarti, Stuttgart 1979, S. 74; aber auch die in Anm. 39 belegte Charakterisierung darf wohl in diesem Sinne verstanden werden. Für Heinrich VII. vgl. die Krönungsenzyklika

ren Mittelalter noch weit verbreitet und prägte das Verständnis von der weltlichen Herrschaft sehr deutlich, wenn auch in differenzierter Form, insofern dem Papst seine Vikariatsstellung im geistlichen Bereich in der Regel nicht bestritten wurde[41] und der römische Bischof wie von Petrus Johannis Olivi († 1296) sogar als der einzige umfassende Christusvikar[42] begriffen werden konnte, dem Baldus de Ubaldis aufgrund des bekannten geistlichen Vorrangs auch einen Vorrang gegenüber den weltlichen Stellvertretern Gottes einräumte[43] (während andererseits ein so scharfer Kritiker der päpstlichen Vollgewalt wie Marsilius von Padua das päpstliche Christusvikariat in seiner Bedeutung sehr minderte und auf die Stufe einer allen Bischöfen zukommenden Christusstellvertreterschaft hinabdrückte[44]). Differenziert war die Vorstellung vom Christusvikariat allerdings nicht nur hinsichtlich der weltlichen und geistlichen Zuständigkeit, sondern auch innerhalb des weltlichen Bereichs, in welchem nicht allein der Kaiser, der Vertreter der zweiten Universalgewalt, als Gottesvikar galt, sondern in dem alle Könige diese Stellung in ihren Reichen einnahmen. In der Praxis waren damit alle Herrscher gleichgestellt, in der Theorie jedoch konnte dem Kaiser gelegentlich trotzdem eine gewisse Sonderstellung eingeräumt werden.[45]

Noch eine weitere Bezeichnung, die Nähe zu Gott signalisiert und auf die göttliche Allmacht verweist und die im späten Mittelalter daher auch auf den Papst bezogen wurde,[46] ist den Herrschern zur gleichen Zeit ebenfalls nicht vorenthalten worden, denn als *deus in terris* galt etwa den großen Juristen Accursius, Bartolus de Sassoferrato und Baldus de Ubaldis der Kaiser.[47]. Doch lässt es sich im Einzel-

„in forma minori" (MGH Const. IV 2 Nr. 802 [hier S. 804: ..., *divina cooperante clementia per eos, ad quos spectat, in Romanorum regem futurum imperatorem rite et concorditer electi, ...*], sowie dazu HEIDEMANN, Heinrich VII. [wie Anm. 22], S. 170–173).

41 Vgl. etwa Jean Quidort, De regia poestate c. 18 (wie Anm. 26) S. 164: *papa qui est Christi vicarius in spiritualibus.*

42 Vgl. MACCARRONE, Vicarius Christi (wie Anm. 31), S. 146 (wo Olivis Diktum zitiert wird: [...] *papa est eius* [= Christi] *vicarius universalis et immediatus* [...]), und Ludwig HÖDL, Die Lehre des Petrus Johannis Olivi O.F.M. von der Universalgewalt des Papstes. Eine dogmengeschichtliche Abhandlung auf Grund von edierten und unedierten Texten (Mitteilungen des Grabmann-Instituts der Universität München 1), München 1958, S. 11–22, sowie allg. Merio SCATTOLA, Eine interkonfessionelle Debatte. Wie die spanische Spätscholastik die politische Theologie des Mittelalters mit der Hilfe des Aristoteles revidierte, in: Politischer Aristotelismus und Religion in Mittelalter und Früher Neuzeit, hg. von Alexander FIDORA u. a., Berlin 2007, S. 139–161, bes. S. 146 f.

43 Vgl. KOSUCH, Abbild (wie Anm. 20), S. 227.

44 Vgl. ebd., S. 203, sowie Defensor Pacis (wie Anm. 29) II xxviii 19.

45 Etwa durch Baldus de Ubaldis: Vgl. dazu KOSUCH, Abbild (wie Anm. 20), S. 226 f.

46 Vgl. MIETHKE, Politisches Denken und monarchische Theorie (wie Anm. 24), S. 123, sowie ders., Ockhams Weg zur Sozialphilosophie (wie Anm. 26), S. 411 f. Anm. 255.

47 Vgl. ERKENS, Vicarius Christi (wie Anm. 17), S. 31 f. mit Anm. 132 u. 133, sowie KOSUCH, Abbild (wie Anm. 20), S. 223 u. 224. Auch Johannes Branchazolus weist darauf hin, dass der Kaiser auf Erden wie Gott sei (De principio et origine et potencia imperatoris et pape, ed. Edmund E. STENGEL, Nova Alamanniae, Bd. 1, Berlin 1921, S. 44 Nr. 90, hier S. 46 [I 2]: *sicut deus est in terra*); vgl. dazu HEIDEMANN, Heinrich VII. (wie Anm. 22), S. 213–220, bes. S. 213. Der Bischof von Lincoln, John

nen natürlich kaum sagen, welche konkrete Vorstellung sich hinter solchen Floskeln verbarg. Mit Sicherheit aber sollten sie immer und ebenso wie der seit der Mitte des 8. Jahrhunderts in Herrscherurkunden übliche Hinweis auf die Gnade Gottes, aus der heraus die Herrschaft ausgeübt werde,[48] den unmittelbaren Gottesbezug der weltlichen Herrschaft unterstreichen.

Natürlich wurde auch die von den Hierokraten verworfene Gottunmittelbarkeit des weltlichen Herrschers hartnäckig verteidigt, denn ohne sie wären alle hochtönenden Verkündigungen vom monarchischen *deus in terris* und *vicarius Christi* nur hohle Phrase und leeres Gerede geblieben. Bereits die römisch-deutschen Könige und Kaiser hatten daher nach den sakralen Einbußen von Canossa, die freilich kein Ende ihrer Sakralität bedeuteten, verstärkt begonnen, ihr Gottesgnadentum zu betonen;[49] und die übrigen Monarchen Europas, die von den ideellen und herrschaftlichen Fol-

---

Russell, hätte gleiches erklärt, wenn er 1483 dazu gekommen wäre, seine für die nicht stattgefundene Krönung des Prinzen Edward bereits ausgearbeitete Rede zu halten: Vgl. John Watts, Henry VI and the Politics of Kingship, Cambridge 1996, S. 19 mit Anm. 26, und S. B. Chrimes, English Constitutional Ideas in the Fifteenth Century, Cambridge 1936, S. 168–178, hier S. 173 (der König ist *quasi deus noster in terris*).

48 Vgl. Erkens, Vicarius Christi (wie Anm. 17), S. 11 f.

49 Vgl. Erkens, Der *pia Dei ordinatione rex* (wie Anm. 4), S. 85 ff. – Der Entsakralisierungsprozess zog sich im übrigen lange hin und ist u. a. davon bestimmt gewesen, dass die religiöse Legitimierung der Herrscher zunehmend auf den weltlichen Bereich eingegrenzt wurde (vgl. Anm. 34 u. 35) und sich gleichzeitig die Ansichten über die Herrschaftsbegründung ausdifferenzierten – etwa durch die Vorstellung, dass für diese Gott nur noch als *causa remota* wirksam wurde (vgl. die folgenden Ausführungen bes. von Anm. 57 an), wie dies offenbar auch für Engelbert von Admont galt (Tractatus de providentia Dei II 1, ed. Bernhard Pez, Bibliotheca Ascetica, Bd. VI, Regensburg 1724, S. 50–150, hier S. 99 f., wo es auf S. 100 heißt: *Unde etiam patet, quod, sicut Deus providet rebus mundanis mediante instinctu naturae rebus naturalibus insito: ita providet rebus humanis mediante instinctu justitiae indito hominibus* […], nachdem schon im ersten Satz des Prooemiums – auf S. 51 – über die *providentia divina* kategorisch festgestellt worden ist, dass durch sie *Mundus et ea, quae sunt et fiunt in Mundo, reguntur, et gubernantur a Deo* […]; vgl. Posch, Die staats- und kirchenpolitische Stellung Engelberts [wie Anm. 30], S. 43; Hamm, Engelbert von Admont [wie Anm. 30], S. 374), der im übrigen mit Blick auf den Herrscher zwischen einer Privat- und einer Königsmoral unterschied (vgl. Erna Buschmann, Ministerium Dei – idoneitas. Um ihre Deutung aus den mittelalterlichen Fürstenspiegeln, in: Historisches Jahrbuch 82 [1963], S. 70–102, bes. S. 86 f.; dies., Rex inquantum rex [wie Anm. 30], S. 311–331; Karl Ubl, Engelbert von Admont. Forschungsbericht 1970–1995, in: Zeitschrift des Historischen Vereins für Steiermark 87 [1996], S. 15–39, bes. S. 32]), was vor dem Hintergrund der bislang geforderten Integrität von persönlicher und ‚amtlicher' Lebensführung sicherlich zukunftsweisend gewesen ist, aber, auch wenn die Existenz von Staatswesen nun hauptsächlich mit aristotelischer Argumentation erklärt wird, wohl kaum bedeutete, dass der Herrscher keine sakrale Dimension mehr besaß, bleibt er doch von Gott erwählt (De reg. princ. I 11 [wie Anm. 29] S. 29: *Unus Deus et verus, qui est in coelis, eligit et constituit Reges in terris, quibus circa regimen hominum quasi providentiae suae partem commisit*; vgl. Hamm, S. 376 f.) und diesem unmittelbar verantwortlich (vgl. Hamm, S. 395), gilt er doch weiterhin gleichsam als *deus terrester* (De reg. princ. I 11[wie Anm. 29], S. 29: *Reges* […] *honorandi sunt et colendi tanquam Dii terrestres*) und wie ein Gott auf Erden (De reg. I 5 [wie Anm. 29] S. 17: *non est jam civis vel pars civitatis, sed sicut Deum inter homines aestimandum est*), und hatte das Imperium und damit auch der Kaiser weiterhin eine heilsgeschichtliche Aufgabe zu erfüllen (vgl. Hamm, S. 408 f.; Ubl, S. 34f).

gen des heftigen Ringens zwischen den späten Saliern und den Reformpäpsten weniger stark betroffen waren und in deren Reichen, wie das Beispiel der anglonormannischen und französischen Historiographie lehrt,[50] die das Imperium erschütternden Ereignisse des Investiturstreits nur sehr selektiv zur Kenntnis genommen worden waren, taten es ihnen angesichts des hierokratischen Aufstiegs des hochmittelalterlichen Papsttums[51] gleich. Bei der theoretischen Begründung dieser Gottunmittelbarkeit zeigt sich schließlich ein Reichtum an keinesfalls deckungsgleichen Ansichten, eine Vielfalt, die auf mehrere Ursachen zurückgeführt werden kann: auf die unterschiedlichen Traditionen, von denen die einzelnen, kaum von identischen Interessen geleiteten Autoren geprägt waren, auf den Umstand, dass bei den Reflexionen nicht allein das Verhältnis von weltlicher und geistlicher Gewalt zu berücksichtigen war, sondern auch jenes von König- und Kaisertum sowie von Erb- und Wahlmonarchie, und nicht zuletzt auch darauf, dass bei der Herleitung der Herrschaft auf die realen Verfassungsverhältnisse geachtet worden ist. Die nuancenreiche Differenziertheit, die dadurch entsteht, verdeutlicht eindrucksvoll, wie vielgestaltig die Ideenwelt vom Königtum gewesen ist, und zeigt zugleich doch auch den gemeinsamen und damit verbindenden Wurzelgrund der einzelnen Äußerungen, der sich ebenfalls in der traditionellen Begrifflichkeit widerspiegelt.

Gemeinsam war natürlich allen dualistischen Vorstellungen die durch den Römerbrief verkündete Herleitung jeglicher Herrschaft von Gott (auch wenn die Rezeption der aristotelischen Soziallehre es ermöglichte, die Entstehung von Königreichen aus menschlichen Notwendigkeiten zu erklären, und von juristischer Seite ein Unterschied zwischen dem von Christus legitimierten *imperium* und den übrigen *regna* gemacht werden konnte[52]). Trotzdem gingen die Ansichten über die konkrete Mitwirkung Gottes bei der Bestellung eines Herrschers spürbar auseinander und bildeten ein breites Spektrum. Dieses reichte von der tiefe Wurzeln besitzenden, im 14. Jahrhundert jedoch bereits archaisch anmutenden Meinung, Gott erwähle den Herrscher direkt, bis hin zu der in die Zukunft weisenden Ansicht, das Volk treffe die Auswahl. Vertreten wurden diese divergierenden Anschauungen von den Trägern klingender Namen, von dem Florentiner Exulanten und Dichterphilosophen

---

50 Vgl. Rudolf SCHIEFFER, Worms, Rom und Canossa (1076/77) in zeitgenössischer Wahrnehmung, in: Historische Zeitschrift 292 (2011), S. 593–612, bes. S. 607–611.

51 Vgl. dazu MIETHKE, Geschichtsprozeß (wie Anm. 27), S. 567–595, aber zur praktischen Seite dieses Aufstiegs auch Rudolf SCHIEFFER, Die päpstliche Kurie als internationaler Treffpunkt des Mittelalters, in: Aus der Frühzeit europäischer Diplomatie. Zum geistlichen und weltlichen Gesandtschaftswesen vom 12. bis zum 15. Jahrhundert, hg. von Claudia ZEY/Claudia MÄRTL, Zürich 2008, S. 23–39, sowie ders., Papsttum und neue Königreiche im 11./12. Jahrhundert, in: Päpstliche Herrschaft im Mittelalter. Funktionsweisen – Strategien – Darstellungsformen, hg. von Stefan WEINFURTER, Ostfildern 2012, S. 69–80.

52 Vgl. KOSUCH, Abbild (wie Anm. 20), S. 227, sowie Joseph CANNING, The political thought of Baldus de Ubaldis (Cambridge studies in medieval life and thought, fourth series 6), Cambridge 1987, S. 28.

Dante Alighieri, der in Gott den einzigen Wähler des Kaisers und in den Kurfürsten lediglich die Verkünder des göttlichen Willens sah,[53] und Marsilius von Padua[54], dem nachdrücklichsten Bekämpfer der päpstlichen Vollgewalt,[55] in dem manche einen Verkünder der Volkssouveränität[56] erblickten. Doch verlief auch für den Autor des „Defensor pacis" eine Herrschereinsetzung nicht ohne Gott; allerdings wirkte nach seiner Meinung der Schöpfer aller Dinge dabei nur noch als *causa remota* aus dem Hintergrund[57], insofern, wie Thomas von Aquin lehrt,[58] Gott seine Schöpfung als un-

---

53 Dante, Monarchia (wie Anm. 29) III xv 13: *Quod si ita est, solus eligit Deus, solus ipse confirmat, cum superiorem non habeat. Ex quo haberi potest ulterius quod nec isti qui nunc, nec alii cuiuscunque modi dicti fuerint 'electores', sic dicendi sunt : quin potius 'denuntiatores' divine providentie sunt habendi.* Vgl. auch Dante, Convivio IV iv 9 (wie Anm. 29) S. 558 sowie zu dieser Ansicht Ottmann, Geschichte des politischen Denkens 2/2 (wie Anm. 11), S. 232–256, bes. 241–244; Stürner, Peccatum (wie Anm. 3), S. 200ff.; Kosuch, Abbild (wie Anm. 20), S. 187–193, bes. S. 191, und Ubl, Engelbert von Admont (wie Anm. 30), S. 150–155, bes. S. 152ff., sowie Dirk Lüddecke, Dantes *Monarchia* als politische Theologie, in: Der Staat 37 (1998), S. 347–370, und Peter Herde, Dante als Sozialphilosoph, in: Mock/Wieland, Rechts- und Sozialphilosophie (wie Anm. 5), S. 83–102.

54 Defensor pacis (wie Anm. 29) I xv 2. Zu Marsilius und seiner Auffassung vgl. Johannes Haller, Zur Lebensgeschichte Marsiglios von Padua, in: ders., Abhandlungen zur Geschichte des Mittelalters, Stuttgart 1944, S. 335–368 [erstmals in: Zeitschrift für Kirchengeschichte 48 (1929), S. 166–197]; Stürner, Peccatum (wie Anm. 3), S. 202–207; Ottmann, Geschichte des politischen Denkens 2/2 (wie Anm. 11), S. 261–273; Kosuch, Abbild (wie Anm. 20), S. 193–203, bes. S. 197 ff.; Ubl, Engelbert von Admont (wie Anm. 30), S. 74 u. 212ff., und Jürgen Miethke, Marsilius von Padua. Die politische Philosophie eines lateinischen Aristotelikers des 14. Jahrhunderts, in: Lebenslehren und Weltentwürfe im Übergang vom Mittelalter zur Neuzeit. Politik – Bildung – Naturkunde – Theologie, hg. von Hartmut Boockmann u.a. (Abhandlungen d. Akad. d. Wiss. in Göttingen, Philol.-Hist. Kl. 3. Folge 179), Göttingen 1989, S. 52–76, sowie ders., Die Anfänge des säkularisierten Staates (wie Anm. 26), S. 33–37.

55 Vgl. Ottmann, Geschichte des politischen Denkens 2/2 (wie Anm. 11), S. 260.

56 Vgl. etwa Otto von Gierke, Das deutsche Genossenschaftsrecht, Bd. 3. Die Staats- und Korporationslehre des Altertums und des Mittelalters und ihre Aufnahme in Deutschland, Berlin 1881, S. 578ff.; Christian Vogel, Zur Rolle der Beherrschten in der mittelalterlichen Herrschaftslegitimation (Studia Humaniora 45), Düsseldorf 2011, S. 195; dazu skeptisch Friedrich Prinz, Marsilius von Padua, in: Zeitschrift für bayerische Landesgeschichte 39 (1976), S. 39–77, der auf S. 61 darauf hinweist, dass Volk für Marsilius „kein fundamentaldemokratischer Begriff" sei, und Ottmann, Geschichte des politischen Denkens 2/2 (wie Anm. 11), S. 261, sowie allg. Struve, Die Entwicklung der organologischen Staatsauffassung (wie Anm. 13), S. 260–288, bes. S. 286f., und prinzipiell zum Souveränitätsgedanken Francesco Maiolo, Medieval Sovereignity. Marsilius of Padua and Bartolus of Saxoferrato, Delft 2007.

57 Defensor pacis (wie Anm. 29) I ix 2: *Alia vero est principatuum institucio, que scilicet ab humana mente immediate provenit, licet a Deo tamquam a causa remota, qui omnem principatum terrenum eciam concedit,* [...], *quod tamen non est immediate semper, quinimo ut in pluribus et ubique quasi hos statuit per hominum mentes, quibus talis institucionis concessit arbitrium.* Vgl. auch II xxx 4: [...] *princeps iudex coactivus existens in hoc seculo Dei ordinacione, quamvis immediate humani legislatoris aut alterius cuiusvis humane voluntatis institucione,* [...].

58 Vgl. die Summa theologiae. Pars Prima et Prima Secundae cura et studio Petri Caramello, Turin 1986, S. 489f. (I–I qu. 103 a. 6), die auch ediert ist als 8. Band der ‚deutsche(n) Thomas-Ausgabe', Heidelberg u.a. 1951, S. 19–22 (und S. 412ff.), und die Summa contra Gentiles libri quattuor, hg. übersetzt und mit Anmerkungen versehen von Karl Albert/Paulus Engelhadt unter Mitarbeit

bewegter Beweger und *causa prima* nur mittelbar lenkt, und zwar durch von ihm mit inneren Prinzipien versehenen *causae secundae*, im Falle der Staatswesen also durch die Menschen, denen der Trieb zum gesellschaftlichen Zusammenschluss und damit zur Staatenbildung innewohnt, die jedoch den dabei zu verwirklichenden Zweck des Gemeinwohls aufgrund ihres freien, aber vernunftgeleiteten Willens, mithin ihres inneren Prinzips, auf verschiedene Weise erreichen können, etwa durch die Wahl unterschiedlicher Herrschaftsformen, aber eben auch durch die Wahl der Herrscher. Daher war auch noch nach spätmittelalterlicher Anschauung die göttliche Mitwirkung bei der Auswahl von Herrschern unumstritten, nur konnte sie je nach eigenem Standpunkt irgendwo zwischen den beiden Extremen ‚direkte Wahl' und ‚indirektes Wirken als *causa remota*' verankert, also maximal oder eher verhalten sein.

Thomas von Aquin etwa, auf den sich wegen der ausgeglichenen Ambivalenz seiner niemals voll ausformulierten Herrschaftstheorie und trotz der von ihm natürlich prinzipiell vertretenen Prävalenz des Papsttums alle Seiten, Hierokraten wie Dualisten, beziehen konnten,[59] sah bei der Herrscherberufung, was lange zu wenig beachtet wurde,[60] in Gott wohl nicht nur eine *causa remota*, denn für ihn steht der Herrscher als Diener und Vollstrecker (*executor et minister*) des göttlichen Willens an der Stelle Gottes (*loco dei*) auf Erden[61]; für den Aquinaten gab es also eine enge Verbindung zwischen weltlicher und göttlicher Herrschaft, zwischen göttlichem Auftraggeber und irdischem Sachwalter, bei dessen Auswahl Gott die Menschen möglicherweise nicht einfach nur als *causa secunda* akzeptierte, sondern auch selbst Impulse gab und im Sinne der sog. Konkurslehre, der Lehre vom Zusammenwirken zweier Ursachen, die *causa immediata* gewesen ist – eindeutig zu entscheiden ist dies freilich nicht.[62] Deutlicher als bei dem *doctor angelicus*, der sich ja niemals zentral mit herrschaftstheoretischen Fragen auseinandergesetzt hat und vieles in der Schwebe

---

von Leo Dümpelmann, Darmstadt ³2009, S. 286–293 (III 69), sowie dazu Kosuch, Abbild (wie Anm. 20), S. 146f.

59 Vgl. zu dem Aquinaten und seiner Herrschaftstheorie Struve, Die Entwicklung der organologischen Staatsauffassung (wie Anm. 13), S. 150–165; Stürner, Peccatum (wie Anm. 3), S. 189–192; Ottmann, Geschichte des politischen Denkens 2/2 (wie Anm. 11), S. 203–221, bes. S. 205–210; Kosuch, Abbild (wie Anm. 20), S. 141–154; Jakob Hans Josef Schneider, Thomas von Aquin und die Grundlegung der politischen Philosophie in „De Regno", in: Mock/Wieland, Rechts- und Sozialphilosophie (wie Anm. 5), S. 47–66; Miethke, Die Anfänge des säkularisierten Staates (wie Anm. 26), hier bes. S. 24f., sowie ders., Johannes Quidort (wie Anm. 12), S. 28f., und Franz-Martin Schmölz, Recht und Politik bei Thomas von Aquin, in: Mock/Wieland, Rechts- und Sozialphilosophie (wie Anm. 5), S. 29–45 (der bei Thomas „eine … ausgeprägte Vorliebe für die demokratische Regierungsform" [S. 34] feststellt).

60 Vgl. dazu wie zum folgenden Kosuch, Abbild (wie Anm. 20), S. 150ff.

61 Divi Thomae Aquinatis De regimine principum ad regem Cypri I 11/12, hg. von Joseph Mathis, Turin ²1971, S. 15f. (bes. S. 16 [I 12]: […] *ut, loco dei, iudicium regno exerceat;* […]).

62 Vgl. Kosuch, Abbild (wie Anm. 20), S. 150, der auch ausdrücklich darauf hinweist, dass „im herrschaftstheoretischen Kontext ebenso wenig expressis verbis herauszulesen" ist, ob der Aquinate in Gott die *causa remota* oder die *causa immediata* bei der Herrschaftsbegründung sieht.

ließ, sind diese Zusammenhänge beim *doctor singularis et invincibilis*, bei Wilhelm von Ockham, zu erkennen. Nach dessen Verständnis wählen zwar die Menschen den Herrscher, verleiht diesem aber allein Gott die Gewalt zum Herrschen, weshalb die Monarchen nach dem Antritt ihrer Herrschaft nur noch von Gott abhängen und das Volk sich ihrem Willen zu beugen hat[63] (auch wenn unter gewissen Voraussetzungen eine Herrscherabsetzung als legitim erachtet wird[64]). *A deo sed per homines* werde die Wahl vollzogen[65], erklärt der englische Theoretiker aus dem Franziskanerorden bündig, wobei es hinsichtlich des menschlichen Anteils zwei verschiedene Möglichkeiten gebe, von denen eine, der Ockham allerdings nicht zuneigte, den Wählern lediglich die Verwirklichung des göttlichen Willens belässt,[66] während die andere zusätzlich die Übertragung einiger zeitlicher Rechte umfasst[67]. Gleichgültig jedoch, welche der beiden Varianten man akzeptiert: Ockham begriff Gott bei den Herrschererhebungen seiner Zeit[68] weder als allein handelnd noch als *causa remota*.

Die durch den theoretischen Diskurs vorangetriebene Differenzierung der im Kern über Jahrhunderte hinweg recht konstanten Vorstellung von einer göttlichen Beteiligung an der Herrschererhebung, von dem Wirken Gottes und der Mitwirkung des Volkes bei der Auswahl eines Herrschers ist einerseits natürlich eine Folge des allgemeinen akademischen Fortschritts gewesen, der seit dem Hochmittelalter greifbar ist, und andererseits eine Konsequenz der politischen Diversifizierung Europas. Keine der geäußerten Meinungen wurde jedoch allgemeinverbindlich, konnte dies allerdings auch gar nicht werden, da die einzelnen Äußerungen – abgesehen davon, dass sie von ausgeprägten Individualisten stammten – aus je konkreten Situationen heraus formuliert wurden und auf bestimmte Verhältnisse Rücksicht nahmen; der (bevor er seit 1302 als glühender Verfechter der päpstlichen Vollgewalt auftrat) in

63 Octo Quaestiones 2 c. 3 (wie Anm. 29), S. 72 ([...] *electores tamen illi sibi potestatem suam non tribuunt, sed solus Deus* [...]), vgl. dazu auch die wohl nicht von Ockham stammenden, aber wahrscheinlich von ihm neben anderen beeinflussten Allegationes de potestate imperiali II, hg. von Hilary S. OFFLER, Opera politica IV (wie Anm. 29), S. 367–444, hier S. 396 ([...] *imperatoris potestas est immediate a solo Deo* [...]).

64 Vgl. KOSUCH, Abbild (wie Anm. 20), S. 219, sowie Mario GRIGNASCHI, L'elezione del „rex Romanorum semper augustus“ nel „Defensor pacis“ di Marsiglio da Padova, in: Rivista Storica Italiana 65 (1953), S. 410–435, bes. S. 415f.

65 III Dialogus II i 26 (wie Anm. 29), S. 899 und dazu Breviloquium IV 3 (wie Anm. 29) S. 200; vgl. dazu KOSUCH, Abbild (wie Anm. 20), S. 213–220; Wilhelm KÖLMEL, „A Deo sed per homines“. Zur Begründung der Staatsgewalt im Ordnungsverständnis des Mittelalters, in: Franziskanische Studien 48 (1966), S. 308–335, bes. S. 332f.

66 Vgl. etwa Octo Quaestiones II 5 (wie Anm. 29), S. 75: [...], *ita celebrata electione imperatoris eligentes nichil conferunt sibi, sed ipso consentiente, omnem proprietatem, quae propria est imperatoriae dignitati, et potestatem sibi confert solus Deus.*

67 Ebd. II 6 (= S. 76 ff.).

68 Octo quaestiones V 6 (wie Anm. 29), S. 158 f.: [...] *principatus regalis humanitus institutus, cuiusmodi est omnis principatus, qui etiam inpraesentiarum habetur, pendeat et procedeat ex ordinatione humana, quae ex causa rationabiliter variari potest,* [...].

Paris tätige Augustinereremit Aegidius Romanus etwa hatte bei seinen Reflexionen über das *regimen principum* die französische Erbmonarchie vor Augen und stellte daher die erbliche Weitergabe der Herrschaft über die Wahl,[69] während Autoren aus dem Reich die Wahl höher schätzten als den Erbgang,[70] wenn sie über die beste Begründung einer neuen Herrschaft nachdachten (wobei freilich die konkreten Wahlmodalitäten, modern gesprochen: die realen Verfassungsstrukturen, meist nicht erörtert werden). Trotz aller Nuancierungen jedoch blieb genügend gemeinsames Gedankengut erhalten, und zentrale Einsichten, die etwa mit Blick auf das Königtum gewonnen wurden, waren ebenso auf das Kaisertum übertragbar wie umgekehrt Aussagen, die bei der Erörterung der Kaiserwürde formuliert wurden, auch für die Königsherrschaft gelten konnten. Argumentiert etwa Wilhelm von Ockham vom Kaisertum her, so spricht er doch häufig genug von *imperatores vel reges* und verdeutlicht damit die Allgemeingültigkeit seiner Aussage;[71] und bei den übrigen Theoretikern ist es meist nicht anders.[72] Vor allem die Vorstellung vom Herrscher als Erwähltem und Sachwalter Gottes stellte eine verbindende Gemeinsamkeit in der Welt der Herrschaftstheorie dar. Allerdings ist dieser Aspekt niemals zentral erörtert, sondern meistens nur eher beiläufig erwähnt worden; doch deutet gerade diese Beiläufigkeit auf die Allgemeingültigkeit einer wohl an vielen Schattierungen reichen und auch außerhalb des theoretischen Diskurses existierenden Ansicht hin.

Natürlich gibt es neben den deutlichen Gemeinsamkeiten und den impliziten Übertragbarkeiten auch Besonderheiten, Spezifika, die den einzelnen Herrschaften ein eigenes Gepräge verliehen. Als Gottesvikar konnte, wenn auch gelegentlich mit unterschiedlicher Begründung,[73] jeder Monarch charakterisiert werden, als universal jedoch galt im weltlichen Bereich allein die Kaiserwürde. Die Betonung des Kaisertums als Universalgewalt und damit verbunden die Hervorhebung des Anspruchs auf die Weltherrschaft war daher ein solches Spezifikum, dem die Abwehr der kai-

69 De regimine principum libri III, Rom 1607 [ND Aalen 1967], S. 461–465 (II. pars lib. III c. 5), bes. S. 461 (wo es aber auch heißt: *Absolute ergo loquendo, melius est Principem praestituendum esse per electionem, quam per haereditatem.*); vgl. dazu MELVILLE, Vorfahren und Vorgänger (wie Anm. 20), S. 257f., zu Aegidius allg. vgl. auch KOSUCH, Abbild (wie Anm. 20), S. 155–163, und ERKENS, Vicarius Christi (wie Anm. 17), S. 29f. mit Anm. 126.

70 Vgl. Anm. 20.

71 Vgl. KOSUCH, Abbild (wie Anm. 20), S. 219 mit Anm. 826.

72 Vgl. allg. dazu KOSUCH, Abbild (wie Anm. 20), S. 231, und etwa das Somnium viridarii, hg. von François CHATILLON/Marion SCHNERB-LIÈVRE (Revue du Moyen Age Latin 22), Strasbourg 1966, in dem Feststellungen gleichermaßen auf Kaiser und König bezogen werden, wie z.B. S. 123 (I 163: [...] *nec Imperator nec Rex habet* [...]); noch deutlicher wird dies in der französischen Adaption dieses Werks: Le Songe du Vergier, hg. von Marion SCHNERB-LIÈVRE, 2 Bde., Paris 1982, in dem sich der zitierte Sachverhalt ebenfalls findet (I 128 [S. 209]), in dem aber auch Äußerungen, die in der lateinischen Fassung allein auf den Kaiser bezogen sind (etwa Somnium II 15 [S. 151]), auch auf alle Könige ausgedehnt werden: S. 13 (II 15).

73 Vgl. Anm. 45.

serlichen Oberhoheit als Merkmal der europäischen Herrscher, besonders jedoch des französischen Königs[74] entsprach. Allerdings klafften Theorie und Wirklichkeit des imperialen Weltherrschaftsanspruches weit auseinander, ja, im Grunde war dieser Anspruch eine rein theoretische Angelegenheit und seine Verwirklichung ist, wie bereits erwähnt, bestenfalls ein einziges Mal versucht worden.[75] Ansonsten sind die Verfechter der kaiserlichen Weltherrschaft zumeist damit beschäftigt gewesen zu erklären, warum diese Weltherrschaft nicht wirklich existierte, und dabei zu erörtern, inwieweit die bestehende Wirklichkeit, die Souveränität der europäischen Monarchien, rechtens und akzeptabel war.[76] Die Kaiserrealität spiegelt sich mithin in den theoretischen Diskursen häufig in eigentümlich gebrochener Weise, wobei sich die *dominus mundi*-Charakterisierung des *imperator*[77] als reine Stilisierung, als ein pures Theoriegebilde erweist; denn in Wahrheit ist die vollmundige Bezeichnung des Kai-

---

74 Vgl. etwa Jean Quidort, De regia potestate c. 3 (wie Anm. 26), S. 82f. (bes. S. 83 mit der Feststellung: *Non est ergo sic necesse mundum regi per unum in temporalibus* […]), oder das Somnium viridarii (wie Anm. 72), S. 68 und dessen französische Übertragung Le Songe du Vergier (wie Anm. 72), S. 51 (I 36[15]: *La seignorie, donques, de l'Impereur, qui vout avoir la monarchie du monde seür touz Roys et seigneurs terriens, fust contre l'ordonance de Dieu, qui avoit ja lez seignories du moinde divisees entre Roys, princes, dux et aultres seigneurs terrians*), und zu diesem Kosuch, Abbild (wie Anm. 20), S. 230ff., sowie grundsätzlich auch oben Anm. 23 und Ubl, Engelbert von Admont (wie Anm. 30), S. 148f.; Kurt-Ulrich Jäschke, Zu universalen und regionalen Reichskonzeptionen beim Tode Kaiser Heinrichs VII., in: Festschrift für Berent Schwineköper. Zu seinem siebzigsten Geburtstag, hg. von Helmut Maurer/Hans Patze, Sigmaringen 1982, S. 415–435.

75 Vgl. Anm. 22 sowie Ubl, Engelbert von Admont (wie Anm. 30), S. 141–147, bes. S. 146, wo mit Bezug auf Adolf Dieckmann, Weltkaisertum und „Districtus Imperii" bei Kaiser Heinrich VII. Untersuchungen über die Reichsherrschaft und Reichspolitik im Zeitalter Heinrichs VII., Diss. (masch.) Göttingen 1956, S. 98ff., zu Recht darauf hingewiesen wird, dass Heinrich VII. Robert von Neapel trotz aller Weltherrschaftsrhetorik als Vasall des Reiches, der dieser als Graf der Provence gewesen ist, vor sein Gericht geladen hat. Diese Gerichtsladung kann daher allenfalls in einem übertragenen, kaum jedoch in einem konkreten Sinne als Folge der von Heinrich VII. beanspruchten Stellung eines *dominus mundi* sein. Vgl. dazu jetzt auch Heidemann, Heinrich VII. (wie Anm. 22), S. 227–246, der auf das Schwanken der Argumente Heinrichs VII. hinweist, aber ebenfalls im Lehnrecht einen Argumentationsstrang sieht.

76 Vgl. etwa Engelbert von Admont, De ortu c. 18 u. 23 (wie Anm. 29), S. 768 u. 772 (dazu Ubl, Engelbert von Admont [wie Anm. 30], S. 161f., und ders., Die Rechte des Kaisers in der Theorie deutscher Gelehrter des 14. Jahrhunderts [Engelbert von Admont, Lupold von Bebenburg, Konrad von Megenberg], in: Konrad von Megenberg [1309–1374] und sein Werk. Das Wissen der Zeit, hg. von Claudia Märtl u. a. [Zeitschrift für bayerische Landesgeschichte Beiheft 31], München 2006, S. 353–387, hier S. 361f.), Lupold von Bebenburg, Tractatus de iuribus regni et imperii 15 (wie Anm. 29), S. 382–392 (vgl. dazu Ubl, Die Rechte des Kaisers, S. 372f.), Wilhelm von Ockham, III Dialogus II i 1–14 sowie ii 5–15 (wie Anm. 29), S. 871–883 u. 904–922, bes. etwa S. 906ff. (c. 6 und 7) (vgl. dazu Ubl, Engelbert von Admont [wie Anm. 30], S. 162f.), Konrad von Megenberg, De translacione c. 21 u. 18 (wie Anm. 29), S. 315 u. 308 (*imperator de iure et reges de consuetudine*) (vgl. dazu Ubl, Die Rechte des Kaisers, S. 380f.), aber auch Baldus de Ubaldis (vgl. Kosuch, Abbild [wie Anm. 20], S. 226f.).

77 Vgl. etwa die von Ubl, Engelbert von Admont (wie Anm. 30), S. 147 mit Anm. 498; Kosuch, Abbild (wie Anm. 20), S. 222 u. 224, und Ernst Schubert, König und Reich. Studien zur spätmittelalterlichen deutschen Verfassungsgeschichte (Veröffentlichungen des Max-Planck-Instituts für Geschichte 63), Göttingen 1979, S. 210ff., angeführten Belege.

sers als „Herr der Welt" lediglich ein schmückendes Beiwort der höchsten weltlichen Würde und ansonsten ohne jeden Realitätsgehalt gewesen.

Trotz ihrer fiktionalen Dimension zeitigte die fortwährende Behauptung des imperialen Weltherrschaftsanspruches Wirkungen – auf der Ebene der Theorie durch die erwähnte Entwicklung der Souveränitätslehre der Könige, auf der politischen Ebene durch die Zementierung des ideellen Gegensatzes zum Papsttum. Während die erste Entwicklung, da sie die Sphäre der Theorie praktisch nie verließ, kaum Folgen für die realen Machtkonstellationen hatte und eher zur prophylaktischen Abwehr möglicher Konsequenzen der Rezeption des römischen, die kaiserliche Weltherrschaft betonenden Rechts diente,[78] ist die zweite wiederholt und gerade während der Regierungszeit Ludwigs des Bayern spürbar gewesen. Der kaiserliche Universalismus konkurrierte mit der (im lateinischen Europa deutlich realer wirkenden[79]) Universalgewalt des Papstes und verquickte sich dabei immer wieder mit konkreten Herrschaftskonflikten vornehmlich in Italien. Solange der imperiale Anspruch aufrechterhalten wurde, konnten diese Auseinandersetzungen, wie wiederholt geschehen, zum Prinzipienstreit eskalieren und dadurch zu heftigen Erschütterungen führen – die traditionelle Vorstellung vom Kaiser als Beherrscher der Welt war jedoch fest in der Mentalität der Reichstheoretiker verankert, wie selbst der fortschrittliche Versuch einer Definierung der kaiserlichen Herrschaftsgewalt durch Lupold von Bebenburg lehrt.

Lupold,[80] dessen Ansichten nicht zuletzt im Zeichen des Konfliktes zwischen Ludwig dem Bayern und den Päpsten Gestalt angenommen haben, hat sich im Gegensatz zu den übrigen Theoretikern verstärkt mit den realen Verfassungsverhältnissen beschäftigt und nichts Geringeres versucht, als der Rhenser Erklärung des

---

78 Vgl. Ubl, Engelbert von Admont (wie Anm. 30), S. 142.

79 Vgl. dazu Schieffer, Die päpstliche Kurie als internationaler Treffpunkt (wie Anm. 51), und ders., Das Papsttum als Autorität für die europäische Ordnung des Hochmittelalters, in: Schneidmüller/Weinfurter, Salisches Kaisertum (wie Anm. 15), S. 47–63, sowie zur theoretischen Begründung der überragenden Stellung des Papstes Karl Ubl, Der Mehrwert der päpstlichen Schlüsselgewalt und die Tradition des heiligen Clemens, in: Die Bibel als Argument. Voraussetzungen und Folgen biblizistischer Herrschaftslegitimation in der Vormoderne, hg. von Andreas Pečar/Kai Trampedach (Historische Zeitschrift Beihefte [NF] 43), München 2007, S. 189–217.

80 Zu dessen Leben und Wirken vgl. neben der ausführlichen Einleitung zu der Edition der politischen Schriften Lupolds von Bebenburg (wie Anm. 29, S. 1–148) auch Jürgen Miethke, Mittelalterliche Politiktheorie. Vier Entwürfe des Hoch- und Spätmittelalters (Würzburger Vorträge zur Rechtsphilosophie, Rechtstheorie und Rechtssoziologie 35), Baden-Baden 2007, S. 33–40; ders., Die Anfänge des säkularisierten Staates (wie Anm. 26), S. 42f.; ders., Der Weltanspruch des Papstes (wie Anm. 31), S. 418; Erik Wolf, Grosse Rechtsdenker der deutschen Geistesgeschichte, Tübingen [4]1963, S. 30–58 (Lupold von Bebenburg); Ottmann, Geschichte des politischen Denkens 2/2 (wie Anm. 11), S. 288f., und Rolf Most, Der Reichsgedanke des Lupold von Bebenburg, in: Deutsches Archiv 4 (1941), S. 444–485.

Jahres 1338 eine theoretisch vertiefte Grundlage zu schaffen[81] und dabei sowohl das Verhältnis zwischen Kaisertum und Papsttum sowie zwischen den Beherrschern des Reiches und den europäischen Königen zu bestimmen als auch den Unterschied zu erfassen zwischen der Gewalt des römisch-deutschen Königs als *imperator futurus* und derjenigen des gekrönten Kaisers. Dass er das Kaisertum dabei als unabhängig vom Papsttum begriff,[82] versteht sich natürlich von selbst und braucht hier nicht weiter beachtet zu werden; Aufmerksamkeit verlangt hingegen sein Versuch, die Relation zwischen königlicher und kaiserlicher Gewalt zu klären, wobei er mit Blick auf die europäischen Königreiche in gewisser Weise eine – weitgehende, aber nicht völlige – Egalisierung der kaiserlichen Sonderstellung anstrebte. Er reklamierte nämlich offenkundig für den (künftigen) Kaiser die Souveränität der europäischen Könige, die sich in dem bereits erwähnten Grundsatz ausdrückte, dass ein König in seinem Reich die kaiserliche Gewalt besitze und in weltlichen Angelegenheiten niemanden über sich habe.[83] Diese Gleichstellung schuf einerseits eine höhere Sicherheit vor päpstlichen Ansprüchen auf Überordnung und bedeutete andererseits die Anerkennung aller Monarchien im bestehenden Herrschaftssystem Europas als in gleichem Maße souverän sowie den weitgehenden Verzicht auf die Idee der imperialen Weltherrschaft.[84] Völlig negieren ließ sich die lange Tradition des kaiserlichen Universalismus allerdings nicht.

Doch schrumpfte der imperiale Vorrang in Lupolds Sicht zusammen auf eine handvoll von Sonderrechten,[85] von Reservatrechten, die der ‚Weltenherrscher' erst nach seiner Krönung zum Kaiser ohne regionale Einschränkung ausüben durfte, während ihm alle übrigen Herrschaftsrechte bereits seit der Erhebung zum König zustanden.[86] Diese *iura reservata* – die Legitimierung von Bastarden, die Wiederehrbarmachung von für ehrlos Erklärten, der Erlass von Gesetzen, die Ernennung

81 Vgl. Politische Schriften (wie Anm. 29), S. 41 u. 113 ff. sowie Miethke, Mittelalterliche Politiktheorie (wie Anm. 80), S. 36 f. – Die Rhenser Kurfürstenerklärung vom 16. Juli 1338 (das sog. „Rhenser Weistum") ist am leichtesten zugänglich und mit Übersetzung ediert in: Quellen zur Verfassungsgeschichte des römisch-deutschen Reiches im Spätmittelalter (1250–1500), hg. von Lorenz Weinrich (Freiherr vom Stein-Gedächtnisausgabe 33), Darmstadt 1983, S. 287 Nr. 88.

82 Politische Schriften (wie Anm. 29): Tractatus c. 8, 9, 12, 13, 16 und Libellus c. 7 sowie S. 121 f. u. 130 f.

83 Vgl. Politische Schriften (wie Anm. 29), S. 105, 111 f. u. 115; Ubl, Die Rechte des Kaisers (wie Anm. 76), S. 368, sowie zu dem erwähnten Grundsatz oben Anm. 23. – Bereits Jean Quidort, De regia potestate c. 10 (wie Anm. 26), S. 106, hatte bei allem Bemühen, die Unabhängigkeit der französischen Monarchen zu betonen, hervorgehoben, daß der Kaiser *in temporalibus* niemanden, auch nicht den Papst über sich habe (*Et maior est imperator in temporalibus non habens super se superiorem sicut papa in spiritualibus*); vgl. dazu Struve, Die Entwicklung der organologischen Staatsauffassung (wie Anm. 13), S. 241–256, bes. S. 250.

84 Vgl. Politische Schriften (wie Anm. 29), S. 118 f.; Ubl, Die Rechte des Kaisers (wie Anm. 76), S. 368.

85 Vgl. dazu wie zum folgenden Politische Schriften (wie Anm. 29), S. 117–122; Most, Der Reichsgedanke (wie Anm. 80), S. 444–485.

86 Tractatus c. 7 (wie Anm. 29) S. 302^{11-23} u. 305^{4-16}.

kaiserlicher Notare[87] – besaß der Kaiser freilich nicht allein, vielmehr durften alle Könige sie in ihren Reichen ausüben,[88] dem gekrönten Kaiser jedoch standen sie darüber hinaus uneingeschränkt, also auch in fremden Herrschaftsgebieten, zu. Allerdings schuf dieser Anspruch nur noch ein schwaches Anrecht auf universale Bedeutung, denn er musste, wie Lupold selbst einsah,[89] reine Theorie bleiben angesichts der – modern gesprochen – europäischen Verfassungswirklichkeit seiner Zeit. Das von dem Bebenburger in seiner Theorie verkündete „Weltkaisertum" besaß keine Chance auf Verwirklichung; selbst in seinem Gedankengebäude vermochte Lupold nicht die Kluft zu schließen zwischen der Idee vom „Weltkaiser" und der Realität des kaiserlichen Alltags. Trotzdem erfüllte diese Idee – ob von Lupold so gewollt oder nicht, bleibe dahingestellt – eine wichtige Funktion, diente sie doch dazu, die Tradition des universalen Kaisertums nicht völlig abreißen zu lassen, sondern diese, um es anderes zu wenden, trotz aller Reduzierung fortzusetzen, da es für die kaiserlich gesinnten Dualisten, einschließlich wohl des ansonsten recht nüchtern denkenden Lupold, unmöglich gewesen ist, gänzlich auf die Vorstellung vom imperialen Universalismus zu verzichten. Wie undenkbar ein solcher Verzicht gewesen ist, lehrt allein schon die Haltung der übrigen Herrschaftstheoretiker imperialer Couleur.

Marsilius von Padua äußerte sich zwar nicht dezidiert zu dem Problem der kaiserlichen Weltherrschaft;[90] aber für Dante, der deshalb auch als ein Prophet der Vergangenheit charakterisiert worden ist,[91] für den Florentiner Exulanten erscheint die universale Herrschaft des Kaisers als einzige Möglichkeit, den Frieden, der die Voraussetzung für die zeitliche Glückseligkeit darstellt und um den es dem Dichterphilosophen vorrangig ging, überhaupt wahren zu können.[92] Für Engelbert von Ad-

---

87 Ebd., S. 302^{20-23} (c. 7) u. 340^{8-10} (c. 11).

88 Ebd., S. 305^{4-27} (c. 7).

89 Ebd., S. 338 (c. 11: *Sed credo, quod post coronacionem imperialem ea de iure concedere possit iuxta ea, que dicam in sequenti opposicione. Et licet forte de facto talia privilegia non reciperentur vel admitterentur, tamen admittenda essent, cum contra obedienciam, ad quam tenentur imperatori alii reges, non videatur currere prescripcio, ut iam dicam.*) u. S. 388^{17-27} (c. 15).

90 Vgl. Ottmann, Geschichte des politischen Denkens 2/2 (wie Anm. 11), S. 273. Frank Godthardt, Marsilius von Padua und der Romzug Ludwigs des Bayern. Politische Theorie und politisches Handeln (Nova Mediaevalia. Quellen und Studien zum europäischen Mittelalter 6), Göttingen 2011, S. 137–140, weist auf die Vorbehalte des Marsilius gegenüber einer kaiserlichen Universalmonarchie hin und spricht sogar von einem „nicht-universellen Kaisertum".

91 Vgl. Alois Dempf, Sacrum Imperium. Geschichts- und Staatsphilosophie des Mittelalters und der politischen Renaissance, Darmstadt ^{4}1973, S. 481 („Dante ist prophète du passé, er hat ein vergangenes Ideal, ..."), und dazu Ottmann, Geschichte des politischen Denkens 2/2 (wie Anm. 11), S. 255, sowie zu Dantes Konservativismus allg. Jacques Goudet, La politique de Dante, Lyon 1981, S. 183 f. – Zum Nachwirken Dantes allg. vgl. Johannes Helmrath, Dante, in: Die Welt des Mittelalters. Erinnerungsorte eines Jahrtausends, hg. von Johannes Fried/Olaf B. Rader, München 2011, S. 209–231.

92 Dante, Convivio IV iv 4 (wie Anm. 29), S. 552 ff. und Dante, De Mon. (wie Anm. 29) I iv 2 (*Unde manifestum est quod pax universalis est optimum eorum que ad nostram beatitudinem ordinantur.*) u. 5 (*Ex hiis ergo que declarata sunt patet per quod melius, ymo per quod optime genus humanum*

mont, der einen eigenen Traktat zur Begründung der weltlichen Universalherrschaft schrieb,[93] und die Juristen[94] Bartolus de Sassoferrato und Baldus de Ubaldis bildete die Idee der Weltmonarchie ebenfalls einen festen Bestandteil ihres Weltbildes. Und selbst für Konrad von Megenberg, der grundsätzlich die hierokratische Überordnung des Papstes über den Kaiser vertrat,[95] stand der weltherrschaftliche Vorrang des Kaisers vor den Königen Europas außer Zweifel.[96] Natürlich ist der Kaiser auch in späterer Zeit noch als *dominus mundi* betrachtet worden;[97] und sogar Wilhelm von Ockham, mit dem Lupold offenkundig in gedanklichem Austausch stand und der zudem auf einige Ansichten des deutschen Geistlichen ablehnend reagierte,[98] hat die Reduzierung des imperialen Universalismus nicht akzeptiert, wie seine zwar ambivalenten, aber letztlich doch eindeutigen Erörterungen zeigen, nach denen es in der Regel (von der es freilich Ausnahmen gibt) zuträglich sein soll, wenn die Menschen einem einzigen Weltkaiser unterworfen sind.[99] Daher sind die Kurfürsten für den Franziskaner auch nicht nur Repräsentanten der Einwohner des Imperiums in den Grenzen der *tria regna* Deutschland, Italien und Burgund, sondern der gesamten Welt, wählen sie den Kaiser in Stellvertretung (*vice*) für *omnes principes et populum*

pertingit ad opus proprium ; [...] *est pax universalis* [...]) sowie I v 9 und 10 (*Et sic patet quod ad bene esse mundi necesse est Monarchiam esse sive Imperium*; vgl. Ubl, Engelbert von Admont (wie Anm. 30), S. 150ff., sowie allg. Struve, Die Entwicklung der organologischen Staatsauffassung (wie Anm. 13), S. 211–222.

93 De ortu c. 15–18 (wie Anm. 29), S. 763–769 (bes. die Feststellung auf S. 767 in c. 18: [...] *dicimus, quod melius & iustius est, semperque erit, quamdiu secundum provisum a Deo cursum rerum mundi ipsi Deo placuerit, omnia regna & omnes reges subesse uni imperio & imperatori Christiano,* [...]); vgl. Herbert Schneider, Der Antichrist im Doppelpack. Zur Rezeption Engelberts von Admont (†1331) in Sammelhandschriften des 15. Jahrhunderts, in: Segno e Testo 2 (2004: Il codice miscellaneo. Tipologie e funzioni), S. 409–427, bes. S. 410–419; Ubl, Engelbert von Admont (wie Anm. 30), S. 155–160, und ders., Die Rechte des Kaisers (wie Anm. 77), S. 362ff., sowie Struve, Die Entwicklung der organologischen Staatsauffassung (wie Anm. 13), S. 196–210; Posch, Die staats- und kirchenpolitische Stellung Engelberts (wie Anm. 30), Kap. VIII; Hamm, Engelbert von Admont (wie Anm. 30), S. 424–437.

94 Vgl. Kosuch, Abbild (wie Anm. 20), S. 222 u. 224, sowie Helmuth G. Walther, Die Legitimität der Herrschaftsordnung bei Bartolus von Sassoferrato und Baldus de Ubaldis, in: Mock/Wieland, Rechts- und Sozialphilosophie (wie Anm. 5), S. 115–139, bes. S. 121 mit Anm. 32 u. 33.

95 De translacione c. 11–19 (wie Anm. 29), S. 283–312; vgl. Ubl, Die Rechte des Kaisers (wie Anm. 76), S. 377 u. 381f.

96 De translacione c. 18 (wie Anm. 29), S. 307 ([...] *ex generali auctoritate imperium omnibus regnis et provinciis dominetur*); vgl. Ubl, Die Rechte des Kaisers (wie Anm. 76), S. 383.

97 Vgl. die Beispiele, die Schubert, König und Reich (wie Anm. 77), S. 210, anführt.

98 Vgl. Politische Schriften (wie Anm. 29), S. 42 u. 120 mit Anm. 421 u. 422, sowie Eva Luise Wittneben, Lupold von Bebenburg und Wilhelm von Ockham im Dialog über die Rechte am Römischen Reich des Spätmittelalters, in: Deutsches Archiv 53 (1997), S. 567–586.

99 Vgl. etwa das 1. Buch des zweiten Traktats im dritten Teil des Dialogus (wie Anm. 29), S. 889 (sic!)–902 (bis!), aber etwa auch III Dialogus II ii 20 und dazu wie zum folgenden Ubl, Engelbert von Admont (wie Anm. 30), S. 162–168, bes. S. 163; Ottmann, Geschichte des politischen Denkens 2/2 (wie Anm. 11), S. 285.

Germaniae, Italiae, Indiae, Africae, Graeciae et aliarum provinciarum, que de iure imperio Romanorum sunt subiectae.[100]

Die theoretische Diskussion über Herrschaft und Reich zeigt mithin in der Zeit Ludwigs des Bayern eine beachtliche Differenziertheit von Einzelpositionen und zugleich als verbindendes Fundament der einzelnen Diskussionsbeiträge den gemeinsamen Wurzelgrund des Gedankengutes. Weiterhin und grundsätzlich galt der Kaiser, der *minister dei* und *vicarius Christi in temporalibus*, als von Gott erwählt und seine Herrschaft als universal. Trotz aller Versuche der Anpassung im Allgemeinen und auch trotz des besonderen Aggiornamentos eines Lupold von Bebenburg erwies sich die imperiale Tradition, in der das Reich und seine Beherrscher standen, als unvermindert wirksam in der Vorstellungswelt des 14. Jahrhunderts. Dies kann angesichts der Dauerhaftigkeit von bewusstseinsprägenden Ideen nicht überraschen – und schon gar nicht dann, wenn zusätzlich bedacht wird, dass sich der besondere Rang des Kaisers gerade aus altehrwürdigem Gedankengut ergab und der *imperator augustus* – anders als die englischen und französischen Könige – keine Entwicklung zu einem besondere religiöse Legitimität verleihenden Thaumaturgentum durchlief. Die ideelle Legitimation des Kaisers, die sakrale Dimension seiner Würde speiste sich vielmehr allein aus der imperialen Tradition, die deshalb unverzichtbar blieb, solange weltliche Herrschaft in einem religiösen Kontext stand.

Mit beigetragen zu dem fortwirkenden Bewusstsein von der Besonderheit des Kaisertums und der Kaiserwürde hat natürlich auch die heilsgeschichtliche Dimension, die dem Reich seit der Spätantike zugemessen wurde und die nicht zuletzt in der Vorstellung gründete, das Imperium Romanum sei das in der Bibel erwähnte *katéchon*, das das Weltende aufhaltende Element.[101] Erstmals 1157, offiziell und beständig allerdings erst seit der Mitte des 13. Jahrhunderts wurde das Reich als *sacer*, als heilig, bezeichnet[102] und offenbar auch entsprechend begriffen, worauf zumindest die etwa zur selben Zeit vermehrt einsetzende Produktion von Handschriften über die Endzeitprophetien und das Kommen des Antichrist sowie die verstärkte Rezeption dieser Thematik hindeuten.[103] Das Weltende ist zwar in der Regel nicht Gegenstand der

100 Octo quaestiones VIII 4 (wie Anm. 29), S. 188.

101 Vgl. ERKENS, Anmerkungen zur Sakralität des Reiches (wie Anm. 21), S. 227f.

102 Vgl. ebd., S. 235f.

103 Vgl. ebd., S. 228f. mit Anm. 30, und zur Handschriftenproduktion bes. Hannes MÖHRING, Der Weltkaiser der Endzeit. Entstehung, Wandel und Wirkung einer tausendjährigen Weissagung (Mittelalter-Forschungen 3), Stuttgart 2000, S. 321–368, bes. S. 322 (zur Verbreitung der Handschriften im Reich nördlich der Alpen) u. 325 (zum Anstieg der Handschriftenproduktion im 13. und 14. und – am intensivsten – im 15. Jahrhundert); zur Rezeption vgl. Josef ADAMEK, Vom römischen Endreich der mittelalterlichen Bibelerklärung, Diss. München 1938, bes. S. 104–126. Nicht unwichtig ist in diesem Zusammenhang auch die Beobachtung von SCHNEIDER, Der Antichrist im Doppelpack (wie Anm. 93), S. 419–427, bes. S. 420f., dass im 15. Jahrhundert nicht nur Engelberts Traktat De ortu (vgl. Anm. 29) dreiundzwanzigmal abgeschrieben worden ist, sondern dass die letzten vier Kapitel dieser Schrift, die sich mit des römischen Reiches Ende und dem Antichrist befassen,

spätmittelalterlichen Herrschaftstheorie gewesen, wohl aber der gelehrten Reflexion, wie etwa Engelberts von Admont Schrift über Anfang und Ende des römischen Reiches oder Jean Quidorts Abhandlung „De Antichristo et fine mundi" lehrt;[104] vor allem wurde es jedoch in historiographischen Schriften thematisiert oder war in diesen zumindest präsent etwa durch die Charakterisierung des römischen Reichs als des letzten Weltreichs wie z. B. in der vielgelesenen Chronik des Martin von Troppau.[105] Lupold von Bebenburg zeigte sich ebenfalls mit diesem Gedankengut vertraut, als er in seinem „Ritmaticum" erklärte, dass der Antichrist nicht geboren werde, solange das römische Reich bestehe.[106] Zweifellos sind der vermutete Verlauf des Weltendes und vor allem die Funktion, die das Reich dabei zu erfüllen hatte, in vielen Köpfen präsent gewesen und haben das Bewusstsein von der Bedeutung des Imperiums und seines Beherrschers mitgeprägt. Schon allein deshalb wäre ein völliger Verzicht auf die universale Geltung des Kaisertums im späten Mittelalter nur schwer vorstellbar gewesen. Doch führt diese Feststellung zu der Frage, ob die Kaiser und Reich betreffenden Reflexionen gelehrter Theoretiker aus der ersten Hälfte des 14. Jahrhunderts unmittelbare Wirkung zeigten und das politische Handeln Ludwigs des Bayern beeinflussten, und zwar über die traditionellen Grundanschauungen von der Kaiserwürde hinaus.

III

Das Nachdenken über die kaiserliche Herrschaft ist zwar zweifellos von dem großen Konflikt Ludwigs des Bayern mit den Päpsten befeuert worden, hat aber auf diesen in der Praxis kaum eingewirkt. Natürlich konnten die geäußerten Gedanken ganz allgemein weiterwirken und den theoretischen Diskurs noch lange beflügeln;[107]

---

wiederholt auch gesondert kopiert worden sind, wodurch natürlich das besondere Interesse an dem Weltende und dem Kommen des Antichrist ebenfalls deutlich wird.

104 Vgl. Anm. 29 (De ortu c. 20–24) und Ubl, Engelbert von Admont (wie Anm. 30), S. 158 f.; Adamek, Vom römischen Endreich (wie Anm. 103), S. 107 f.; Posch, Die staats- und kirchenpolitische Stellung Engelberts (wie Anm. 30), Kap. X; Hamm, Engelbert von Admont (wie Anm. 30), S. 450–469, sowie zu Quidort Möhring, Der Weltkaiser (wie Anm. 103), S. 338.

105 Vgl. Martini Oppaviensis Chronicon pontificum et imperatorum, hg. von Ludwig Weiland, MGH SS 22, Hannover 1872, S. 377–475, hier S. 398[1], und dazu wie allg. Erkens, Anmerkungen zur Sakralität des Reiches (wie Anm. 21), S. 236.

106 Ritmaticum V. 113–116 (wie Anm. 29), S. 520, und dazu Adamek, Vom römischen Endreich (wie Anm. 103), S. 111 f.

107 Zur Rezeption Ockhams vgl. Miethke, Politiktheorie (wie Anm. 11), S. 258 f. (zum Nachwirken der theologischen Werke) u. 276 (zum Nachwirken der herrschaftstheoretischen Werke), zu derjenigen von Dante und Marsilius (der von seinen unmittelbaren Kontrahenten offenbar kaum gelesen worden ist, vgl. ebd., S. 234), vgl. ebd., S. 160, zu Quidorts Nachwirken vgl. ebd., S. 116, zur Anzahl der überlieferten Handschriften ebd., S. 312 f. (Ockham), 315 f. (Quidort) u. 316 (Marsilius), und allg. vgl. auch ders., Das „Jubeljahr" Bonifaz' VIII.: päpstlicher Anspruch auf Weltgeltung, in: Das

zweifellos gab es auch eine enge Korrelation zwischen dem Rhenser Weistum von 1338 und dem Traktat Lupolds von Bebenburg, aber dessen Schrift selbst stellte eine Reaktion auf die Erklärung der Kurfürsten dar und gab nicht den Anstoß zu ihr; vielmehr untermauerte sie vor allem das, was in Rhens bereits verkündet worden war.[108] Und selbstverständlich haben die vom Papst verfolgten Franziskaner ebenso wie Marsilius von Padua ihre Federn in den Dienst des Wittelsbachers gestellt,[109] sogar – wie die Gutachten des Marsilius und des Wilhelm von Ockham über die kaiserliche Ehescheidungskompetenz[110] zeigen – in durchaus prekären Angelegenheiten wie der Scheidungsaffaire der Margarethe Maultasch.[111] Für die Asylanten,

Jahrtausend im Spiegel seiner Jahrhundertwenden, hg. von Lothar GALL, Berlin 1999, S. 137–175, bes. S. 148 f., und zur Rezeption Engelberts von Admont (nicht zuletzt durch Enea Silvio Piccolomini) vgl. Heinrich SCHMIDINGER, Romana Regia Potestas. Staats- und Reichsdenken bei Engelbert von Admont und Enea Silvio Piccolomini, in: Patriarch im Abendland. Beiträge zur Geschichte des Papsttums, Roms und Aquileias im Mittelalter. Ausgewählte Aufsätze von Heinrich Schmidinger. Festgabe zu seinem 70. Geburtstag, hg. von Heinz DOPSCH u. a., Salzburg 1986, S. 247–274, bes. S. 255 f. (erstmals in: Vorträge der Aeneas-Silvius-Stiftung an der Universität Basel 13 [1978], S. 16–24).

108 Vgl. Anm. 81.

109 Von ihren Gedanken und z.T. auch von ihren Worten geprägt waren etwa die Sachsenhausener Appellation (ed. Jakob SCHWALM, MGH Constitutiones V, Hannover/Leipzig 1919–1913, Nr. 909 u. 910; vgl. dazu Eva Luise WITTNEBEN, Bonagratia von Bergamo. Franziskanerjurist und Wortführer seines Ordens im Streit mit Papst Johannes XXII. [Studies in Medieval and Reformation Thought 90], Leiden/Boston 2003, S. 229–253) und das Manifest ‚Fidem catholicam' (ed. Hans-Jürgen BECKER, Das Mandat „Fidem catholicam" Ludwigs des Bayern von 1338, in: Deutsches Archiv 26 (1970), S. 454–512, hier S. 496–512; vgl. dazu ebd., S. 474 f. u. 482, aber auch – stärker relativierend – ders., Das Kaisertum Ludwigs des Bayern, in: Kaiser Ludwig der Bayer. Konflikte, Weichenstellungen und Wahrnehmung seiner Herrschaft, hg. von Hermann NEHLSEN/Hans-Georg HERMANN (Quellen und Forschungen aus dem Gebiet der Geschichte NF 22), Paderborn 2002, S. 119–138, bes. S. 130, sowie Hilary Seton OFFLER, Zum Verfasser der ‚Allegaciones de potestate imperiali' [1938], in: Deutsches Archiv 42 [1986], S. 555–619, bes. S. 555).

110 Das Scheidungsgutachten von Marsilius ist ediert von Carlo PINCIN, Marsilio (Pubblicazzioni dell'Istituto di Scienze Politiche dell'Università di Torino 17), Torino 1967, S. 268–283 Anhang Nr. 8C, dasjenige Wilhelms von Ockham von OFFLER, Opera politica I (wie Anm. 29), S. 278–286.

111 Zu dieser und ihren Hintergründen vgl. allg. Ulrike WEGENER, Die Eheangelegenheit der Margarethe von Tirol. Überlegungen zur politischen und kulturhistorischen Bedeutung des Tiroler Eheskandals, Berlin 1996, sowie bes. Jürgen MIETHKE, Die Eheaffäre der Margarete „Maultasch", Gräfin von Tirol (1341/1342). Ein Beispiel hochadliger Familienpolitik im Spätmittelalter, in: Päpste, Pilger, Pönitentiare. Festschrift für Ludwig Schmugge zum 65. Geburtstag, hg. von Andreas MEYER u. a.,Tübingen 2004, S. 353–391 (der auf S. 380 f. auch auf die Überlegungen von Heinz THOMAS, Ludwig der Bayer [1282–1347]. Kaiser und Ketzer, Regensburg 1993, S. 332 f., eingeht und auf S. 379 beide für Ludwig im Ergebnis positiven, in der Argumentation aber unterschiedlichen Gutachten behandelt, aber auch darauf hinweist, dass die Ehe wohl nicht geschieden, sondern für inexistent erklärt worden ist [vgl. S. 384 ff.]); ders., Wirkungen politischer Theorie auf die Praxis der Politik im Römischen Reich des 14. Jahrhunderts. Gelehrte Politikberatung am Hofe Ludwigs des Bayern, in: Political Thought and the Relations of Power in the Middle Ages / Politisches Denken und die Wirklichkeit der Macht im Mittelalter, hg. von Joseph CANNING/Otto Gerhard OEXLE (Veröffentlichungen des Max-Planck-Instituts für Geschichte 147), Göttingen 1998, S. 173–210, bes. S. 197 ff.; SYROS, Die Rezeption (wie Anm. 5), S. 26 f.; Hermann NEHLSEN, Die Rolle Ludwigs des Bayern

die zwar von Ludwig dem Bayern in den kaiserlichen Schutz aufgenommen worden sind, die sich aber trotzdem nicht sicher sein konnten, niemals auf dem Altar eines angestrebten Ausgleichs mit dem Papst geopfert zu werden,[112] für die Exulanten im Umkreis des Wittelsbachers galt dasselbe wie für abhängige Künstler: Sie hatten das Lied desjenigen zu singen, dessen Brot sie aßen. Ihre theoretische Reflexion steigerte sich dabei aber nicht nur gelegentlich zu praktischer Beratung der politischen Akteure[113] bei wichtigen Handlungen wie wohl bei der merkwürdigen, möglicherweise von Vorstellungen des Marsilius und sicher von Entscheidungen der Römer, des *populus Romanus* bestimmten Kaiserkrönung Ludwigs am 17. Januar 1328,[114] sondern sie

---

und seiner Berater Marsilius von Padua und Wilhelm von Ockham im Tiroler Ehekonflikt, in: ders./Hermann, Kaiser Ludwig der Bayer (wie Anm. 109), S. 285–328, bes. S. 301–311; Leppin, Wilhelm von Ockham (wie Anm. 26), S. 264ff., und ders., Papst, Kaiser und Ehedispens. Zur rechtlichen und politischen Problematik der Eheaffaire Margarete Maultasch, in: Christlicher Glaube und weltliche Herrschaft. Zum Gedenken an Günther Wartenberg, hg. von Michael Beyer u.a. (Arbeiten zur Kirchen- und Theologiegeschichte 24), Leipzig 2008, S. 155–165, bes. S. 160f. (zur Argumentation des Marsilius von Padua) u. 162–165 (zur Argumentation Wilhelms von Ockham).

112 Vgl. Miethke Politiktheorie (wie Anm. 11), S. 226ff. mit Anm. 690; ders., Wirkungen (wie Anm. 111), S. 180–183 mit Anm. 19 sowie S. 187 u. 190; Syros, Die Rezeption (wie Anm. 5), S. 20f. – Dass die ins Exil getriebenen Papstgegner und kaiserlichen Schutzbefohlenen zumindest Gegenstand der gescheiterten Ausgleichsverhandlungen Ludwigs mit Avignon waren, wird etwa durch die schriftliche Vollmacht vom 28. Oktober 1336 für die Aussöhnungsverhandlung mit Papst Benedikt XII. bezeugt: Vatikanische Akten zur deutschen Geschichte in der Zeit Kaiser Ludwigs des Bayern, bearb. von Sigmund von Riezler, Innsbruck 1891, Nr. 1841 (S. 639ff. u. 642).

113 Vgl. dazu auch die grundsätzliche Feststellung von Jürgen Miethke, Practical intentions of scolasticism: the example of political theory, in: Universities and Schooling in Medieval Society, hg. von dems./William J. Courtenay (Education and Society in the Middle Ages and Renaissance 10), Leiden 2000, S. 211–228, bes. S. 222, der die politische Theorie nicht nur als eine Sache des philosophischen Nachdenkens, sondern auch der praktischen Politikberatung begreift. Dagegen vgl. Michael Menzel, Die Zeit der Entwürfe. 1273–1347 [[10]Gebhardt. Handbuch der deutschen Geschichte 7a], Stuttgart 2012, S. 171f.

114 Vgl. Miethke, Politiktheorie (wie Anm. 11), S. 229–332; ders., Wirkungen (wie Anm. 111), S. 184ff.; ders., Marsilius von Padua (wie Anm. 54), S. 75; ders., Der Kampf Ludwigs des Bayern mit Papst und avignonesischer Kurie in seiner Bedeutung für die deutsche Geschichte, in: Nehlsen/Hermann, Kaiser Ludwig der Bayer (wie Anm. 109), S. 39–74, bes. S. 62f.; Syrios, Die Rezeption (wie Anm. 5), S. 23; Thomas, Ludwig der Bayer (wie Anm. 111), S. 206ff.; Heike Johanna Mierau, Kaiser und Papst im Mittelalter, Köln 2010, S. 123; Becker, Das Kaisertum Ludwigs des Bayern (wie Anm. 109), S. 122f. u. 131 ff.; Rudolf Schieffer, Otto Imperator – In der Mitte von 2000 Jahren Kaisertum, in: Kaisertum im ersten Jahrtausend. Wissenschaftlicher Begleitband zur Landesausstellung „Otto der Große und das Römische Reich. Kaisertum von der Antike zum Mittelalter", hg. von Hartmut Leppin u.a., Regensburg 2012, S. 355–374, bes. S. 371f., sowie Michael Menzel, Imperiales Beben. Ludwig der Bayer, Italien und der Papst, in: Bayern und Italien. Kontinuität und Wandel ihrer traditionellen Beziehungen, hg. von Hans-Michael Körner/Florian Schuller, Lindenberg im Allgäu 2010, S. 72–87, bes. S. 81f., und ders., Weltstadt mit Geist? Marsilius von Padua, Michael von Cesena, Bonagratia von Bergamo und Wilhelm von Ockham in München, ebd., S. 88–102, bes. S. 96, dessen (vgl. dazu jetzt auch ders., Die Zeit der Entwürfe [wie Anm. 113], S. 170–174 u. 176) Charakterisierung der Kaisererhebung Ludwigs als „laikal begründet (..)" und „ganz laikal gestaltet" allein schon deshalb missverständlich ist, weil an der Königswahl ebenso wie an der Kaiserkrönung Geistliche handelnd beteiligt waren. Darüber hinaus gründete die kaiserliche Herrschaft letztlich

traten auch direkt in den Dienst des Wittelsbachers: Heinrich von Thalheim etwa 1328 als Ludwigs Reisekanzler in Italien, Johannes von Jandun als kaiserlicher *consiliarius*, dem das Bistum Ferrara anstelle eines päpstlichen Parteigängers übertragen wurde, und Marsilius von Padua als kaiserlicher Sachwalter in Rom,[115] als der er vielleicht Einfluss genommen hat auf die Gestaltung der Kaiserkrönung. Aber auch aus solcher, letztlich nicht dauerhafter Tätigkeit ergab sich keine tiefergreifende Beeinflussung der traditionellen Vorstellungswelt Ludwigs des Bayern, der zwar bis zum Ende seine Hand schützend über die zu ihm geflohenen Papstgegner hielt, aber keinem von diesen einen anhaltenden Einfluss einräumte,[116] sondern sie je nach Nützlichkeitserwägungen in seinem Konflikt mit dem Papsttum heranzog und sie als Mittel seiner Taktik einsetzte oder beiseite legte, gerade so, wie es ihm oder seinen Beratern gutdünkte.

Wenn man auch nicht das harte Urteil eines Sigmund Riezler teilen muss, nach welchem Ludwig der Bayer an „Geist und Charakter so unbedeutend" gewesen ist, „daß ihm jede nachhaltige Einwirkung auf den Gang der Ereignisse versagt bleiben mußte"[117], so wird die Annahme doch kaum fehlgehen, dass der Wittelsbacher wenig an den hochgeistigen Debatten und Erörterungen der europäischen Geistesgrößen an seinem Hof interessiert gewesen ist, fehlte ihm doch – anders als seinem Nachfolger[118] – jegliches Interesse etwa an theologischen Subtilitäten, war er doch, wie er

---

im Willen Gottes, weswegen ja auch die Gottunmittelbarkeit betont wird; und die kirchliche Weihe durch Salbung und Krönung ist keinesfalls ein reiner Formalakt gewesen, vollzogen allein aufgrund einer langen Tradition, auf den man im Grunde auch hätte verzichten können. Die Negation papaler Ansprüche, die ja von Seiten des Reichs auch schon früher nicht akzeptiert worden sind, bedeutete daher kaum eine Laisierung der Herrschaftsvorstellung im geläufigen Wortsinne. Zu den Vorgängen in Rom vgl. jetzt auch die weiterführenden Überlegungen von GODTHARDT, Marsilius (wie Anm. 90), Kap. 5, sowie Bernd SCHNEIDMÜLLER, Kaiser Ludwig IV. Imperiale Herrschaft und reichsfürstlicher Konsens, in: Zeitschrift für Historische Forschung 40 (2013), S. 369–392, hier S. 377ff.

115 Vgl. MIETHKE, Wirkungen (wie Anm. 111), S. 192 (Heinrich von Thalheim), 185 (Johannes von Jandun) u. 184 (Marsilius), sowie GODTHARDT, Marsilius (wie Anm. 90), S. 313–320 (zum *vicariatus* des Marsilius) u. 403–410 (zu Johannes von Jandun).

116 Vgl. zu dem Wechsel der verschiedenen Einflüsse an Ludwigs Hof MIETHKE, Wirkungen (wie Anm. 111), S. 184–194.

117 Sigmund RIEZLER, Die literarischen Widersacher der Päpste zur Zeit Ludwig des Baiers, Leipzig 1874, S. 296; vgl. dazu die bereits aufwertenden Bemerkungen von Richard SCHOLZ, Politische und weltanschauliche Kämpfe um den Reichsgedanken am Hofe Ludwigs des Bayern, in: Zeitschrift für deutsche Geisteswiss. 1 (1938/39), S. 298–316, bes. S. 300. Allg. zur Persönlichkeit des Bayern vgl. THOMAS, Ludwig der Bayer (wie Anm. 111), S. 384–391.

118 Vgl. etwa das Urteil von Hermann HEIMPEL, Königlicher Weihnachtsdienst auf den Konzilien von Konstanz und Basel, in: Tradition als historische Kraft. Interdisziplinäre Forschungen zur Geschichte des früheren Mittelalters, hg. von Norbert KAMP/Joachim WOLLASCH, Berlin 1982, S. 388–411, hier S. 401, und dazu Franz-Reiner ERKENS, *Sol iusticie* und *regis regum vicarius*. Ludwig der Bayer als ‚Priester der Gerechtigkeit', in: Zeitschrift für bayerische Landesgeschichte 66 (2003), S. 795–818, bes. S. 796f., sowie grundsätzlich Fidel RÄDLE, Karl IV. als lateinischer Autor, in: Kaiser

selbst vor dem Papst erklären ließ, nur wie ein unbedarfter Ritter: unerfahren in den Raffinessen schriftlicher Erörterungen.[119] Daher werden – selbst wenn diese Selbsteinschätzung eine Untertreibung aus diplomatischen Gründen gewesen sein sollte – Ludwigs persönliche Ansichten auch kaum von den argumentativen Feinheiten und den besonderen, in die Zukunft weisenden Gedankengängen seiner Intellektuellenschar geformt worden sein. Der Wittelsbacher wollte von dieser hauptsächlich, wie entsprechende Einlassungen gegenüber Benedikt XII. zeigen,[120] zugkräftige Argumentationshilfen im geistigen Ringen mit dem Papsttum um die Rechte von Kaiser und Reich; die Durchsetzung irgendeiner speziellen Theorie hingegen war ebenso wenig sein Ziel wie er diesen Theorien prägenden Einfluss auf seine persönlichen Anschauungen von Herrschaft und Reich gewährte.

Da die Intellektuellen europäischen Ranges weniger als Vertreter bestimmter Theorien für Ludwig von Interesse waren denn als Kampfinstrumente wider den Papst, war der Kaiser wohl auch weniger interessiert an dem speziell Neuen der Gedankengebäude seiner, wie es einmal – die Sache nicht wirklich treffend, daher falsche Vorstellungen weckend und missverständlich – formuliert worden ist: „geistlichen Hofakademie“[121]. Wichtiger für ihn dürfte vielmehr die Verteidigung traditioneller, aber in ganz Europa verbreiteter[122] Vorstellungen gewesen sein, die er selbst teilte und die auch in seinen eigenen Dokumenten Spuren hinterließen:[123] die Erwählung

Karl IV. Staatsmann und Mäzen, hg. von Ferdinand Seibt, München 1978, S. 253–260, und Franz Machilek, Privatfrömmigkeit und Staatsfrömmigkeit, ebd., S. 87–101, bes. S. 87f.

119 Vgl. die Vollmacht vom 28. Okt. 1336 (wie Anm. 112), S. 639: [...] *item quod sicut miles, scripturarum et litterrarum subtilitatum ignari,* [...]; vgl. auch ebd., S. 640: [...] *sicut miles et laycus credebamus* [...].

120 Vgl. mit Bezug auf die Minoriten ebd., S. 640: [...] *item ut cum supradictis litteratis nos contra litteratos defensare in iuribus nostris et imperii;* [...] und ebd. bezogen auf Marsilius und Johannes von Jandun: [...] *item quod expresse, quod de eorum opinionibus et scripturis nolebamus nos intromittere, in quantum essent contra fidem et ecclesie determinationem, sed si aliqua dicerent vel scirent, que essent pro defensione iuris imperii, illis volebamus uti;* [...].

121 Vgl. Karl Bosl, Die „Geistliche Hofakademie“ Kaiser Ludwigs des Bayern im alten Franziskanerkloster zu München, in: Der Mönch im Wappen. Aus Geschichte und Gegenwart des katholischen München, München 1960, S. 97–129, und zu Recht kritisch dazu Miethke, Wirkungen (wie Anm. 111), S. 175f.; Leppin, Wilhelm von Ockham (wie Anm. 26), S. 197–200 (der auf S. 200 von einem „intellektuellen Milieu“ spricht, das sich in München herausgebildet hatte), sowie Menzel, Weltstadt mit Geist? (wie Anm. 114), S. 99 („Von der sogenannten ‚Hofakademie‘ bleibt nicht viel übrig. ... Ein geistiges Zentrum der damaligen Welt war München allenfalls durch die traurige Exilsituation“ der papstkritischen Intellektuellen.).

122 Vgl. Erkens, Vicarius Christi (wie Anm. 17), S. 21–34.

123 Auf die Erwählung bzw. Übertragung der Herrschaft durch Gott wird etwa in Ludwigs Urkunde hingewiesen, mit welcher Johannes von Jandun das Bistum Ferrara übertragen wurde (ed. Jakob Schwalm, MGH Constitutiones VI 1, Hannover 1914–1927, Nr. 444 [hier S. 366] = Vatikanische Akten [wie Anm. 112], Nr. 1004 [hier S. 375]: *Altitudo divitiarum sapientie Dei cuncta disponentis sic nobis orbem terrarum et que in eo sunt gubernandi comisit,* [...]; ähnlich etwa auch in MGH Const. VI 1 Nr. 436 [S. 344]), als *vicarius Christi* erscheint er 1331 (vgl. Erkens, *Sol iusticie* [wie Anm. 117], S. 818 u. dazu 816ff.).

des Kaisers durch Gott und das herrscherliche Gottesvikariat *in temporalibus* (während die Nähe des Herrscheramtes zum Priestertum, für die offenbar gerade unter dem gebannten Wittelsbacher neue Ausdrucksformen entstanden,[124] in den theoretischen Schriften gattungsbedingt nicht behandelt worden ist). Nicht allein, aber doch auch wegen des vorrangigen Einsatzes in akuten Konfliktfällen wird es verständlich, warum keine der zukunftweisenden Theorien aus dem wittelsbachischen Umfeld die zeitgenössische Herrschaftsvorstellung unmittelbar und trotz gelegentlicher Anwendung in konkreten Situationen nachhaltig zu beeinflussen vermochte. Die Kerngedanken der verschiedenen Erörterungen blieben vielmehr und zumeist für lange Zeit der theoretischen Sphäre verhaftet – mit der bezeichnenden Ausnahme des bebenburgischen Traktats, da dieser im Zusammenhang des Rhenser Kurvereins von der (modern gesprochen) Verfassungswirklichkeit ausging und dieser den theoretischen Unterbau schaffen wollte.

Die Charakterisierung des Kaisers nach westeuropäischem Vorbild als *imperator in regno suo*[125] bedeutete dabei nicht nur eine Angleichung von imperialer Herrscheridee und kaiserlicher Herrschaftswirklichkeit und ließ nicht allein die universale Dimension des Kaisertums schwinden, sondern sie ist zugleich Teil eines Prozesses der longue durée gewesen, einer langen Entwicklung, durch welche die Vermittlung der Kaiserwürde unabhängig vom Papsttum werden konnte,[126] wie es im 16. Jahrhundert Brauch geworden ist, nachdem es im späten Mittelalter zu langen Phasen ganz ohne in Rom gekrönten oder – wie unter Ludwig dem Bayern – ohne allseits anerkannten Kaiser gekommen war, zu nichtkaiserlichen Herrschern also, denen jedoch, wie Lupold lehrte und wohl viele glaubten, trotzdem die vollen Rechte eines Kaisers zustanden. Nach den Vorstellungen der 1338 in Rhens versammelten Kurfürsten, nach Ludwigs Kaisergesetz „Licet iuris", nach Lupolds Traktat, aber auch nach der 1356 von Ludwigs Gegenspieler Karl IV. erlassenen Goldenen Bulle bedurfte der römisch-deutsche Herrscher (außer für wenige und letztlich unbedeutende Spezialrechte) zur Erfüllung der imperialen Aufgaben keines päpstlichen Rechtsaktes,[127] wenn es auch noch mehr als anderthalb Jahrhunderte dauern sollte, bis diese Rechtsauffassung völlig mit der politischen Wirklichkeit übereinstimmte und auch die Führung des Kaisertitels nicht mehr von einer Handlung des Papstes abhing. Für die grundsätzliche Formung dieser Vorstellung ist die konfliktgeladene Epoche Ludwigs des Bayern ganz offensichtlich von erheblicher Bedeutung gewesen, wobei von dem, was in ihr

124 Vgl. ERKENS, *Sol iusticie* (wie Anm. 117), S. 808–815, sowie allg. ders., Heißer Sommer, geistliche Gewänder und königliche Siegel: Von der Herrschersakralität im späten Mittelalter, in: Lectiones eruditi extraneorum in facultate philosophica Universitatis Carolinae Pragenses factae 6 (2003), S. 29–44, bes. S. 39.

125 Vgl. oben bei Anm. 80.

126 Vgl. SCHIEFFER, Otto Imperator (wie Anm. 114), S. 373.

127 Vgl. BECKER, Das Kaisertum Ludwigs des Bayern (wie Anm. 109), S. 126ff. u. 135–138, sowie MIETHKE, Wirkungen (wie Anm. 111), S. 200–207 u. 209f.

in verfassungsrechtlicher Hinsicht gedacht und diskutiert worden ist, offenbar dasjenige die beste Chance auf Verwirklichung hatte, das an erlebter Wirklichkeit bereits genügend in sich aufgenommen hatte.

Exkurs: Anmerkung über die Vorstellung einer Entsakralisierung durch die „Wende von Canossa"

Auch Körntgen, „Sakrales Königtum" (wie Anm. 13), und Hartmut Hoffmann, Canossa – eine Wende?, in: Deutsches Archiv 66 (2010), S. 535–568, etwa S. 566 und 568, lehnen, wenn auch aus unterschiedlichen Perspektiven, die Vorstellung einer Entsakralisierung durch die ‚Wende von Canossa' ab, wobei Hoffmann (S. 548f. u. 553f.) aber wohl zu Unrecht die Aufgabe des Herrschers allein auf weltliche Ziele beschränkt sieht und eine königliche Verantwortung für das ‚Heil' der ihm anvertrauten Menschen jenseits der Sicherung von Recht und Wohlstand, jenseits der Sorge „für das materielle Wohlergehen des Volkes (einschließlich der Kirche)" (S. 548) als inexistent betrachtet. Freilich wird diese offenbar an modernen Vorstellungen geschulte, in klare Worte gefasste Meinung nicht begründet, sondern lediglich behauptet (vgl. etwa S. 549). Die Frage nach der religiösen Verantwortung des Herrschers ist allerdings nicht leicht (und hier auch nicht restlos) zu beantworten; man kann sich einer Antwort zudem auch nur in epochenübergreifender Zusammenschau und nicht allein punktuell nähern: Dass Karls des Großen Herrschaft „eine geistliche Dimension" besaß, ist selbst Hoffmann (S. 552) geneigt zuzugestehen, dass die priesterliche Verantwortung des Königs während des Investiturstreits diskutiert wurde, ist offenkundig (vgl. dazu Körntgen, „Sakrales Königtum", S. 149f., dessen Versuch einer Relativierung des Verständnisses der königlichen Sazerdotalität freilich nicht nachvollziehbar ist). Die um 1100 formulierte Ansicht des Normannischen Anonymus (Karl Pellens, Die Texte des Normannischen Anonymus, unter Konsultation der Teilausgaben von H. Böhmer, H. Scherrinsky und G. H. Williams neu aus der Handschrift 415 des Corpus Christi College Cambridge herausgegeben [Veröffentlichungen des Instituts für Europäische Geschichte Mainz 42], Wiesbaden 1966, S. 129–161, wo es auf S. 160 über den Herrscher, den *christus Domini*, der kein Laie ist [vgl. S. 161], heißt: *Unde et anima salvare et peccatis hominum propiciari, ut sanctificentur, videtur esse idoneus.*) ist zwar offenkundig eine zugespitzte Sondermeinung, bezeugt aber doch immerhin die Existenz der Vorstellung von einer sazerdotalen Dimension des Königs. Selbst noch im späteren Mittelalter finden sich Spuren dieser Vorstellung, die offenbar von manchen geteilt wurde.

Thomas von Aquin etwa – vgl. z.B. Wieland, Die Rezeption der aristotelischen „Politik" (wie Anm. 5), S. 70 (Staatliche Gewalt als „Heilmittel für unsere Sünden" besitzt „heilsgeschichtliche Bedeutung"); Schneider, Thomas von Aquin (wie Anm. 59), (S. 61: „der gute Regent hat für die Vervollkommnung dessen zu sorgen, das als notwendige Bedingung der vollkommenen Glückseligkeit dem Menschen zu tun aufgegeben ist, nämlich ein gutes, der Tugend gemäßes Leben zu führen, dessen letztes Ziel in der Anschauung Gottes begründet liegt") – weist auf die zentrale Aufgabe des Königs hin, die Menschen zu einem tugendhaften Leben zu bringen, da dieses als Endziel jeglicher Gemeinschaft von Menschen die Voraussetzung für das jenseitige Ziel, die Anschauung Gottes in himmlischer Glückseligkeit, bilde, die allerdings nicht allein aus menschlicher und königlicher Kraft erreicht werden könne, sondern eines göttlichen Anteils und dadurch eines dem König übergeordneten Tätigwerdens der Priester bedürfe (De reg. princ. I 14, ed. MATHIS [wie Anm. 61] S. 17 f.); ungeachtet dieser Einschränkung fiel dem König mithin eine wichtige Funktion bei der Sorge um die Seele der Menschen zu – denn (I 15 = S. 18 f.): *Quia igitur vitae, qua in praesenti bene vivimus, finis est beatitudo coelestis, ad regis officium pertinet ea ratione vitam multitudinis bonam procurare, secundum quod congruit ad coelestem beatitudinem consequendam, ut scilicet ea praecipiat, quae ad coelestem beatitudinem ducunt, et eorum contraria, secundum quod fuerit possibile, interdicat.* In diesem allgemeinen Sinne wirkte der Herrscher also bei der Seelsorge mit. Quidort weist in De regia potestate c. 17 (wie Anm. 26) S. 157 ebenfalls darauf hin, dass die von Gott stammende Gewalt des Königs, des *minister Dei* (vgl. etwa ebd., S. 112 f. [c. 10]), eben auch eine *potestas spiritualis* sei und der *cura animarum* diene, insofern sie den Menschen tugendhaft (vgl. dazu auch ebd., S. 78 [c. 2]) machen soll (*Primo quia supponit quod potestas regalis sit corporalis et non spiritualis, et quod habeat curam corporum et non animarum, quod falsum est cum, [...], ordinetur ad bonum commune civium non quodcumque, sed quod est vivere secundum virtutem, [...], quod intentio legislatoris est homines facere bonos et inducere ad virtutem, [...], sic legislator melior est medico, quia legislator habet curam animarum, medicus corporum.*). Raoul de Presles, Advokat aus dem Gelehrtenkreis um Karl V. (1364–1380), sah zwei Generationen später ebenfalls den König verantwortlich für das Seelenheil seiner Untertanen; vgl. Shulamith SHAHAR, Traduction et Commentaire de la „Cité de Dieu" par un penseur politique sous Charles V, in: L'information historique 39 (1977), S. 46–51, bes. S. 48. Die von dem Pisaner Juristen Johannes Branchazolus (zu dessen Gutachten vgl. HEIDEMANN, Heinrich VII. [wie Anm. 22], S. 213–220) im früheren 14. Jahrhundert geäußerte Ansicht, der Kaiser sei das Haupt der Kirche (De principio et origine et potencia imperatoris et pape, ed. STENGEL, Nova Alamanniae [wie Anm. 47], S. 49 [II 3]: *Dominatur in spiritualibus et divinis, quoniam rex est omnium rerum, etiam divinarum ..., cum capud sit ecclesie, ...*), dürfte neben anderem auch diese Verantwortung zumindest in einem allgemeinen Sinne meinen. Und noch in der zweiten Hälfte des 15. Jahrhunderts spricht Peter von Andlau von der seelsorgerischen Verpflichtung des Herrschers, wenn er die „ewige Glückseligkeit" der Untertanen als Hauptaufgabe des Princeps bezeichnet (Libellus de cesarea monarchia I 2 [wie Anm. 20], S. 30: *Finis vero quem princeps principaliter in se et subditis intendere debet, eterna est beatitudo, que perfectissimum bonum est. Sunt namque atque dicuntur mundi rectores Dei cooperatores, et ut instrumenta principalis agentis.*), vgl. Stürner, Peccatum (wie Anm. 3), S. 256. Schließlich konnten auch Reichsfürsten eine geistliche Verantwortung für ihre Untertanen beanspruchen, wie das Beispiel des Habsburgers Rudolfs IV., des Stifters, lehrt; vgl. dazu Alexander Sauter, Fürstliche Herrschaftsrepräsentation. Die Habsburger im 14. Jahrhundert (Mittelalter-Forschungen 12), Ostfildern 2003, S. 187 und 311 Nr. 38 (Urkunde vom 13. Mai 1357 über die Stiftung einer Kapelle in der Wiener Burg: [...] *darumb zimt wol fürstliche wirdehait*, [...], *daz si solich unwizzentlich Volch* [...] *darzu nöte und bringe*, [...] *daz si hinzu geweiset werden von der irrung in vichlichen unerchantnuzze, und chomen auf den Weg der Warheit, also daz si begreiffen die gnade göttlicher Vernunft*, [...]).

Die religiöse Verantwortung der Könige und Kaiser ist begrifflich nicht leicht zu fassen, sie als ‚sazerdotal' zu begreifen und dem Herrscher ‚Sazerdotalität' zuzuschreiben, kann natürlich missverstanden werden (vgl. Körntgen, „Sakrales Königtum", S. 149 mit Anm. 85), aber dieser Terminus ist auch auf nichtchristliche Verhältnisse anwendbar, dient daher der Vergleichbarkeit und ist bislang offenbar noch durch keinen treffenderen Ausdruck ersetzbar. Sazerdotalität darf freilich nicht gleichgesetzt werden mit einer Klerikalisierung des Kaisers, die im späteren Mittelalter gelegentlich greifbar ist, wie in den spätmittelalterlichen Ordines für die Kaiserkrönung, nach welchen der Konsekrator dem zu weihenden Kaiser eine *mitram clericalem* aufs Haupt setzt, bevor die eigentliche Krönung geschieht (vgl. Weinrich, Quellen zur Verfassungsgeschichte (wie Anm. 81), Nr. 77 § 23 [S. 248], und vor allem Reinhard Elze, Die Ordines für die Weihe und Krönung des Kaisers und der Kaiserin [MGH Fontes iuris Germanici antiqui 9], Hannover 1960, S. 66 Nr. 23, 77 Nr. 24, 95 Nr. 28, 127 Nr. 30, 131 Nr. 21, 136 Nr. 24 und 143 Nr. 29).

Kaiser und König, Reich und Herrschaft bei Cinus de Pistoia (um 1270–1336)

Susanne Lepsius

I. Problemstellung und Kontext:

In der Zeit König Ludwigs und seiner sich zuspitzenden Auseinandersetzungen mit Papst Johannes XXII. entstanden maßgebliche Beiträge zur politischen Theorie auf deutschem Boden, deren Autoren sich als geschulter Theologe (Wilhelm von Ockham, ca. 1285–1349), als ausgebildeter Mediziner (Marsilius von Padua, zw. 1275/90–1342/3) und als Kanonist (Lupold von Bebenburg, um 1300–1363) an der damals aktuellen theoretischen wie polemischen Debatte beteiligten. Mangels einer eigenen Politikwissenschaft an den mittelalterlichen Universitäten war es also das begriffliche Instrumentarium des vor allem an den sog. höheren Fakultäten (Theologie, Jurisprudenz, Medizin) gelehrten Stoffs, der von diesen Autoren für die politischen Debatten nutzbar gemacht wurde und diesen eine besondere Schärfe verlieh.[1] Der „Tractatus de iuribus regni et imperii"[2] des Würzburger Domkanonikers und späteren Bamberger Bischofs Lupold von Bebenburg bietet einen besonders interessanten Beitrag zu dieser Debatte. Sein publizistischer Traktat dürfte um 1339, also ein Jahr nach der berühmten gemeinsamen Erklärung der Kurfürsten bei Rhens, im Wesentlichen fertiggestellt gewesen sein,[3] und weist inhaltlich so weitgehende Übereinstimmungen

---

1 Jürgen Miethke nachträglich zum 75. Geburtstag gewidmet.
Es fand dabei eine publizistische Debatte der Autoren untereinander statt, wie man wohl auch von einer unmittelbaren Vertrautheit König Ludwigs jedenfalls mit den wichtigsten Thesen des „Defensor pacis" (Marsilius), des „Dialogus" (Wilhelm von Ockham) und des „Tractatus de iuribus regni et imperii" (Lupold von Bebenburg) wird ausgehen dürfen. Von einer „Hofakademie" Ludwigs des Bayern, wie noch Karl Bosl es tat, möchte der maßgebliche Autor zur spätmittelalterlichen politischen Theorie, Jürgen Miethke, dagegen nicht sprechen, vgl. zur Wirkungsweise und -möglichkeit politischer Theorie im Spätmittelalter: Jürgen Miethke, Das Publikum politischer Theorie im 14. Jahrhundert. Zur Einführung, in: Das Publikum politischer Theorie im 14. Jahrhundert (Schriften des Historischen Kollegs, Kolloquien, 21), hg. von Jürgen Miethke u. Arnold Bühler (Mitarb.), München 1992, S. 1–23, bes. S. 1–7, Fn. 9 (gg. den Begriff der „Hofakademie") und öfter.

2 Die maßgebliche kritische Edition ist Lupold von Bebenburg, Tractatus de iuribus regni et imperii, in: Politische Schriften des Lupold von Bebenburg, hg. von Jürgen Miethke/Christoph Flüeler (MGH Staatsschriften des späteren Mittelalters 4), Hannover 2004, S. 235–409. Eine Ausgabe mit deutscher Übersetzung des Textes bietet Lupold von Bebenburg, De iuribus regni et imperii/Über die Rechte von Kaiser und Reich, hg. von Jürgen Miethke/Alexander Sauter, München 2005.

3 Spätere Nachträge, welche die kritische Edition nachweist, dürften nicht unbedingt von Lupold selbst stammen, enthalten dagegen keine zusätzlichen Allegationen aus dem gelehrten Recht, weshalb sie im Folgenden nicht herangezogen werden, vgl. Jürgen Miethke, Einleitung, in: Politische Schriften

mit dieser politischen Erklärung auf, [4] dass man von einer unmittelbaren intellektuellen Einwirkung Lupolds auf die Erklärung des Rhenser Kurvereins wird ausgehen dürfen. In Rhens und in Lupolds Traktat wurde klar formuliert, dass allein die Wahl der Kurfürsten – gegebenenfalls selbst im Falle einer zwiespältigen Wahl wie sie 1314 mit der Doppelwahl von Ludwig von Bayern und Friedrich von Österreich vollzogen war – einem römisch-deutschen König vollständige Herrschaftsrechte vermittelte. Endgültig durchsetzen sollte sich diese Position dann in der Goldenen Bulle (1356, also bereits in der Herrschaftszeit Kaiser Karls IV.), in welcher der Papst keine Erwähnung mehr fand und die als ältestes sog. Reichsgrundgesetz[5] die Verfassungswirklichkeit des Alten Reichs bis 1803/06 prägen sollte. In Rhens wurden damit die von Innozenz III. bis hin zu Johannes XXII. ausformulierten Ansprüche der Päpste zurückgewiesen, zum einen schon die Person des Kandidaten für die Königswahl approbieren zu dürfen, weil der gewählte König schließlich später vom Papst zum Kaiser zu krönen (*in imperatorem promovendus*) war, wie zum anderen auch der Anspruch, im Falle eines ungeeigneten, jedoch gewählten Kandidaten das *imperium* für vakant zu erklären und für sich selbst das Reichsvikariat in Anspruch zu nehmen, wie dies Johannes XXII. ab 1317 tat und entsprechend päpstliche Vikare in Italien einsetzte.[6] Da weder Wahlanzeige noch Approbation bei der im Übrigen zwiespältigen Wahl Ludwigs erfolgt waren und auch nach Ende der Vakanz des Stuhls Petri nicht angemessen nachgeholt worden waren, setzte Papst Johannes XXII. König Ludwig IV. nicht nur von seinem Amt als König, sondern auch als Herzog von Oberbayern ab. Hinfort bezeichnete ihn die päpstliche Kanzlei mehr oder weniger konsequent als „Ludovicus Bavarus", zu deutsch „Ludwig den Bayern".

---

des Lupold von Bebenburg, hg. von Jürgen MIETHKE/Christoph FLÜELER (MGH Staatsschriften des späteren Mittelalters 4), Hannover 2004, S. 1–148, Überlieferung, S. 185–190.

4 MIETHKE, Einleitung (wie Anm. 1), bes. S. 41, 113–120; noch bis 1346 fügte Lupold Nachträge zu dem im wesentlichen abgeschlossenen Text an, vgl. Jürgen MIETHKE, Nachwort: Lupold von Bebenburg: Kanonistisches Staatsdenken in der Krise des Reichs im 14. Jahrhundert, in: Lupold von Bebenburg – Tractatus de iuribus regni et imperii/Über die Rechte von Kaiser und Reich (Bibliothek des Deutschen Staatsdenkens 14), hg. von Jürgen MIETHKE, München 2005, S. 280–328, S. 282.

5 Heinz MOHNHAUPT, Art. Leges fundamentales, in: Enzyklopädie der Neuzeit, Bd. VII, Darmstadt 2008, S. 748–751.

6 MIETHKE, Einleitung (wie Anm. 1), S. 77f.

Aufgrund seines Studiums des kanonischen Rechts in Bologna um 1316–1324, das er mit dem *doctor decretorum* abschloss,[7] wird Lupold als Kanonist wahrgenommen,[8] obwohl bereits das Stellenregister zur Edition seines Traktats eine stattliche Anzahl von römischrechtlichen Belegen nachweist.[9] Kein Student des kanonischen Rechts konnte jedoch ohne ein Mindestmaß von römischrechtlichen Kenntnissen[10] auskommen. Im Folgenden soll daher ein Überblick über die zeitgenössischen Aussagen der

7 Als Student des Kirchenrechts war Lupold jedenfalls nachweislich 1316/17 und 1321/22 in Bologna immatrikuliert und ist erst 1325 wieder in Deutschland nachweisbar, vgl. Miethke, Einleitung (wie Anm. 1), S. 3. Bereits während seiner Studienzeit dürfte er Verbindungen zu weiteren, später in der Zeit Ludwigs des Bayern wichtigen Akteuren der Reichspolitik geknüpft haben, beispielsweise zu Marquard von Randeck (Kanzler Ludwigs ab 1338), Johannes Unterschopf (Dekan des Mainzer Domkapitels), Otto von Donauwörth (Mitunterzeichner der Nürnberger und Sachsenhäuser Appellationen Ludwigs gegen Papst Johannes XXII.), oder auch zum Burggrafen Friedrich von Nürnberg und bei Hermann von Lichtenberg (Kanzler Ludwigs seit 1317). Zum Netzwerk der deutschen Bologneser Rechtsstudenten Anfang des 14. Jahrhunderts und ihren späteren Karrieren als Bischöfen und Reichsfürsten in Deutschland in der Regierungszeit Ludwigs und darüber hinaus, s. Miethke, Einleitung (wie Anm. 1), S. 6–11. Den *doctor decretorum* erlangte Lupold von Bebenburg wohl 1323/24 unter Johannes Andreae, vgl. hierzu die in der deutschen Historiographie zu Lupold von Bebenburg seit Barisch nur unzureichend berücksichtigten italienischen Forschungsbefunde, jetzt: Paolo Nardi, L'insegnamento superiore a Siena nei secoli XI–XIV. Tentativi e realizzazioni dalle origini alla fondazione dello studio generale (Orbis academicus VI.: Saggi e documenti per la storia dell'università di Siena 2), Mailand 1996, S. 143.

8 Jürgen Miethke, Kanonistik und Prolegomena zu einem deutschen Staatsrecht: Lupold von Bebenburg und Peter von Andlau im Vergleich, in: Science politique et droit public dans les facultés de droit européennes (XIIIe–XVIIIe siècle) (Studien zur europäischen Rechtsgeschichte 229), hg. von Jacques Krynen/Michael Stolleis, Frankfurt a. M. 2008, S. 125–141, bes. S. 127–133; Jürgen Miethke, Das römisch-deutsche Reich in der Kanonistik. Die Wahrnehmung seiner Verfassung im Spätmittelalter, in: Gli inizi del diritto pubblico, 3: Verso la costruzione del diritto pubblico tra medioevo e modernità/Die Anfänge des öffentlichen Rechts, 3: Auf dem Wege zur Etablierung des öffentlichen Rechts zwischen Mittelalter und Moderne (Annali dell'Istituto storico italo-germanico in Trento/Jahrbuch des italienisch-deutschen historischen Instituts in Trient, Contributi/Beiträge 25), hg. von Gerhard Dilcher/Diego Quaglioni, Bologna 2011, S. 111–145, 118–129; Jürgen Miethke, Macht und Recht im 14. Jahrhundert. Der Entwurf eines deutschen Staatsrechts: Lupold von Bebenburg († 1363), in: Dimensionen institutioneller Macht. Fallstudien von der Antike bis zur Gegenwart, hg. von Gert Melville/Karl-Siegbert Rehberg, Köln u. a. 2012, S. 19–47, 37–44.

9 Lupold von Bebenburg, Tractatus de iuribus regni et imperii (wie Anm. 2), S. 543–545.

10 Vgl. Friedrich Merzbacher, Die Parömie Legista sine canonibus parum valet, canonista sine legibus nihil, in: ders., Recht – Staat – Kirche. Ausgewählte Aufsätze (Forschungen zur kirchlichen Rechtsgeschichte 18), hg. von Gerhard Köbler u. a., Wien u. a. 1989, S. 403–410. Nach den Statuten von Bologna aus dem Jahr 1317 musste ein Kanonist sechs Jahre kanonisches Recht studiert haben, um ein *canonista simplex* zu werden, wobei sich die Studiendauer im kanonischen Recht auf vier Jahre reduzieren konnte, soweit man fünf Jahre römisches, also Zivilrecht, studiert hatte. Um den Grad eines *doctor legum* zu erlangen, war vor den jeweiligen Prüfungen eine Studiendauer von acht Jahren vorgeschrieben, die um ein Jahr verkürzt werden konnte, wenn man drei Jahre kanonisches Recht studiert hatte. Vgl. Heinrich Denifle, Die Statuten der Juristen-Universität Bologna vom J. 1317–1347, und deren Verhältnis zu jenen Paduas, Perugias, Florenz, in: Archiv für Litteratur- und Kirchengeschichte des Mittelalters 3 (1887), S. 196–397, c. 55, S. 329. Die beiden juristischen Studiengebiete waren also von vornherein wechselseitig durchlässig und komplementär zu verstehen.

Juristen des römischen Rechts, der sog. Legisten, zu den Fragen von Königswahl und Approbation und den Herrschaftsrechten von Königen und Kaiser gegeben werden, um so mögliche Einflüsse und Parallelen zur Argumentation von Lupold aufzudecken. Hieraus ergibt sich, dass er nicht ausschließlich darauf angewiesen war, seine kanonistischen Quellen „gegen ihren Strich zu bürsten"[11]. Zugleich soll herausgearbeitet und aufgezeigt werden, dass nicht nur die Kanonisten im Mittelalter zentrale Beiträge zum Verständnis sogenannter „öffentlich-rechtlicher" Probleme des gesellschaftlichen Lebens leisteten, sondern auch die Legisten, die sich keinesfalls ausschließlich im Sinne einer Arbeitsteilung mit den Kanonisten auf die privat- und vertragsrechtlichen Fragen beschränkten.[12]

Zwar galt das Studium des römischen Rechts in Bologna als langwieriger und anspruchsvoller als dasjenige des kanonischen Rechts,[13] dennoch blickten die an Aristoteles geschulten Theologen und Artisten in dieser spätmittelalterlichen Politikdebattenkultur gewöhnlich herablassend auf die Legisten nieder. Aegidius Romanus ging soweit, sie als *quasi idiotae politici* zu bezeichnen.[14] Auch das römische Recht bot jedoch eine Fülle von klassischen Anknüpfungspunkten, um Fragen der Stellung von Kaiser und Papst, der Amtsführungsbefugnisse und Kompetenzen der Herrscher, die Bindung an die Gesetze und vieles mehr zu erörtern; diese Anknüpfungspunkte sollen in Auszügen im Folgenden anhand eines zeitgenössischen Autoren – des Lupold von Bebenburg, – wie auch von Kaiser Ludwig vorgestellt werden.

---

11 Hierauf hat eindrucksvoll MIETHKE, Nachwort: Lupold von Bebenburg (wie Anm. 4), S. 282 hingewiesen und neben der virtuosen Handhabung der kanonistischen Quellen durch Lupold stets auch auf die Bedeutung des historischen Arguments in seiner Argumentation und damit auf die zahlreichen chronikalischen Quellen hingewiesen, die er verwendete, s. MIETHKE, Einleitung (wie Anm. 1), S. 116–118.

12 Symptomatisch insoweit die Wahrnehmung von MIETHKE, Nachwort: Lupold von Bebenburg (wie Anm. 4), S. 287f.

13 Hermann LANGE/Maximiliane KRIECHBAUM, Römisches Recht im Mittelalter. Bd. 2: Die Kommentatoren, München 2007, S. 30, 65.

14 Zum rivalisierenden Führungsanspruch der Fakultäten in dieser Debatte: Miethke, Das Römischdeutsche Reich in der Kanonistik (wie Anm. 7), S. 112–117, und Fn. 5 zu den Legisten als *quasi idiotae politici*. Der Wissenschaftlichkeitsgehalt einer Disziplin bemaß sich also danach, wie umfangreich Aristoteles' Werke und Kategorien rezipiert worden waren, vgl. hierzu für den Schüler des Cinus: Susanne Lepsius, Juristische Theoriebildung und philosophische Kategorien. Bemerkungen zur Arbeitsweise des Bartolus von Sassoferrato, in: Politische Reflexion in der Welt des späten Mittelalters/Political Thought in the Age of Scholasticism (Studies in Medieval and Reformation Traditions CIII), hg. von Martin KAUFHOLD, Leiden/Boston 2004, S. 287–304.

II. Cinus de Pistoia:

Diesen Fragen anhand der Aussagen des Cinus de Pistoia nachzugehen erscheint besonders vielversprechend, weil Cinus unmittelbarer Zeitzeuge der Herrschaft von Kaiser Heinrich VII. wie auch König Ludwigs des Bayern war und maßgebliche Kommentare zum römischen Recht in dieser Zeit verfasst hat.

1. Lebenslauf

Cinus wurde als Sohn eines Notars aus der altangesehenen Familie der Sinibuldi um 1270 in Pistoia geboren. Von 1292 bis 1301 studierte er römisches Recht in Bologna, wo er 1297 und 1299 als *licentiatus* nachweisbar ist und wohl schon erste Vorlesungen abhielt; vermutlich strebte er damit bereits eine außerordentliche Professur *de sero* an. 1302 kehrte er nach Pistoia zurück, wurde jedoch als Angehöriger der Fraktion der Neri und trotz seiner Ehe mit einer Frau aus einer Familie der Bianchi verbannt und blieb von 1303–1306 exiliert. Erst danach war er wieder in seiner Vaterstadt juristisch tätig und ist als Anwalt, als Zeuge in verschiedenen Rechtsgeschäften und als beisitzender Richter eines Podestà nachweisbar. Während des Italienzugs von Heinrich VII. wechselte er auf die diplomatische Bühne der großen Politik, indem er Ludwig von Savoyen als Ratgeber begleitete und zusammen mit diesem im Gefolge König Heinrichs nach Rom für dessen Kaiserkrönung zog, wo er bis 1312 beim kaiserlichen Hofstaat blieb. Er begleitete Heinrich VII. nach dessen Krönung zum Kaiser nach Pisa und dürfte dort auch dessen Tod erlebt haben. Nachdem sich der kaiserliche Hof in Pisa aufgelöst hatte, kehrte Cinus nach Bologna zurück, wo er vermutlich in dem ruhigen Kloster S. Vittore seinen großen Codex-Kommentar fertigstellte oder auch erst verfasste, dem er seinen hauptsächlichen juristischen Ruhm verdankt.[15] Im Jahr 1314 wurde er dann im Alter von rund 44 Jahren auch feierlich promoviert, wobei es sich nur noch um eine formale Zeremonie handelte, denn die eigentlichen juristischen Prüfungsleistungen hatte er schon rund ein Jahrzehnt zuvor für den Erwerb des Lizenziatentitels erbracht.[16] Ob er in diesen Jahren auch Vorle-

15 Zu Leben und Werk von Cinus de Pistoia ausführlich Kriechbaum , in: Lange/Kriechbaum, Römisches Recht im Mittelalter II (wie Anm. 13), S. 632–656, die allerdings meint, Cinus habe die Codex-Lectura noch in Rom oder gar in Neapel verfasst. Die italienische Historiographie hält dagegen das Kloster S. Vittore vor den Toren Bolognas für den Entstehungsort, vgl. Paola Maffei, Cino Sinibuldi da Pistoia (Pistoia, 1270 ca. – ivi, 24 dicembre 1336), in: Dizionario biografico dei giuristi italiani (XII–XX secolo), hg. von Italo Birocchi u. a., Bologna 2013, S. 543–546, 544.

16 Zu den Prüfungsanforderungen der Promotion und den damit verbundenen Ehren und Privilegien jüngst am Beispiel von Bartolus von Sassoferrato, einem Schüler, u. a. von Cinus de Pistoia: Elisabeth Schneider, Le statut du docteur chez Bartole de Saxoferrato, in: Droit et Cultures. Revue internationale interdisciplinaire Orient/Occident. L‹enseignement du droit (2010), S. 91–135. Im Überblick

sungen in Bologna abhielt, so dass einige der etwas älteren deutschen Rechtsstudenten, die Lupold während seines Studiums in Bologna kennenlernte, ihn dort hören konnten, ist nicht belegt, lässt sich jedoch auch nicht völlig ausschließen. In der ersten Jahreshälfte 1315 war Cinus beisitzender Richter (Assessor) des bologneser Podestà in Siena, 1317 Assessor in Siena, bis er seit Ende 1319 bis Juli 1321 durchgängig in den Marken, in Macerata und Camerino, als Assessor des Rektors der Marken, des Markgrafen Amelius de Lautrec, tätig war.[17] Letzerer war ein enger Vertrauter Papst Johannes' XXII. Von dort wurde Cinus durch Vertreter der Stadt Siena an die dortige hohe Schule abgeworben, die in diesen Jahren eine erste Blüte erfuhr, weil es gelang, einige weitere bologneser Professoren abzuwerben, die im Streit ausgezogen waren.[18] Zur Gruppe der aus Bologna ausgezogenen Professoren und Studenten gehörte auch ein „Lupold aus Franken", der in Siena nachweisbar ist und bei dem es sich höchstwahrscheinlich um Lupold von Bebenburg, handelte.[19] Dieser wurde 1322 zum Rektor der Vereinigung der ultramontanen Studenten in Siena gewählt, verwaltete Siegel, Kasse und Urkunden der ausgewanderten Bologneser Studenten, kehrte jedoch nach einem Jahr nach Bologna zurück, wo er 1323/24 unter Johannes Andreae zum *doctor decretorum* promoviert wurde.[20]

Cinus von Pistoia hingegen lehrte als ordentlicher Professor des römischen Rechts an der Universität Siena von 1321–1326 und schließlich in Perugia von 1326 bis zu seinem Tod, kurzzeitig unterbrochen durch eine Lehrtätigkeit an der Universität Neapel (1330/31). Cinus vertrat somit den Typus des laikalen Juristen, der eine Familie hatte, zwischen politischen Funktionen überwiegend im Auftrag einer Kommune und professoralem Amt wechselte und sich wie viele seiner Generation[21] – beispiels-

---

anhand der Statuten verschiedener italienischer Universitäten auch LANGE/KRIECHBAUM, Römisches Recht im Mittelalter II (wie Anm. 13), S. 63–71.

17 Pier Luigi FALASCHI, ›Ut vidimus in Marchia‹. Divagazoni su Cino da Pistoia e il suo soggiorno nelle Marche (Pubblicazioni della Facolta di Giurisprudenza dell'Università di Camerino 22), Camerino 1987, S. 31–38.

18 LANGE/KRIECHBAUM, Römisches Recht im Mittelalter II (wie Anm. 13), S. 85. Zu den Anfängen der Universität Siena vor der offiziellen Privilegierung als *studium generale* durch Kaiser Karl IV. vgl. etwa Ennio CORTESE, Il diritto nella storia medievale, vol. II: Il basso medioevo, Rom 1995, S. 414 f. Die Namen der nach Siena übersiedelten Professoren nennt Heinrich DENIFLE, Die Entstehung der Universitäten des Mittelalters bis 1400, Berlin 1885, S. 439 Fn. 898.

19 LANGE/KRIECHBAUM, Römisches Recht im Mittelalter II (wie Anm. 13), S. 85 („Lupold aus Franken", mit Verweis auf Davidsohn, Geschichte der Stadt Florenz IV/3, S. 136) und S. 992 (Registereintrag als „Lupold von Bebenburg"). Robert DAVIDSOHN, Geschichte von Florenz IV: Die Frühzeit der Florentiner Kultur, Berlin 1927, S. 136 f., der als Begründung für die Rückkehr der ausgezogenen Studenten nach Bologna anführt, diese hätten nicht in Siena bleiben wollen, als es der Stadt Siena nicht gelang, eine Privilegierung als *studium generale* zu erlangen.

20 NARDI, L'insegnamento superiore a Siena (wie Anm. 7), S. 141–143.

21 Zur Generation dieser laikalen Intellektuellen vgl. Emanuele COCCIA/Sylvain PIRON, Poésie, sciences et politique –une génération d‹intellectuels italiens (1290–1330), in: Revue de synthèse 129, 6e série (2008), S. 549–586, 569–572. Eine Parallele zwischen Cinus‹ Vermittlungsleistung zwischen französischer Literatur und Autoren nach Italien auf dem Gebiet der Jurisprudenz (neuer dialektischer

weise wie Dante Alighieri (ca. 1265–1321), dem er mehrere Sonette widmete, und der seinerseits in seiner „Monarchia" (um 1308–1310) eine eigene politische Theorie eines Weltkaisertums entwarf – eine Befriedung der erbitterten kommunalen Auseinandersetzungen von dem in Italien weilenden Heinrich VII. erhoffte.

Lupold dürfte also spätestens aus der Sieneser Zeit Cinus persönlich gekannt haben und hatte auch schon in seiner Bologneser Studienzeit die Möglichkeit, dessen Codex-Kommentar zu studieren, der bei den dortigen Buchhändlern als Standardwerk vorhanden war.[22] Lupold dürfte daher mit einigen inhaltlichen Positionen des Cinus vertraut gewesen sein, selbst dann, wenn er nicht schon Cinus in den Jahren seines Bologneser Studiums als Dozent gehört haben sollte. Cinus' Codex-*lectura* stand bei den Zeitgenossen in höchstem Ansehen. Sie war rasch auch an den anderen italienischen Universitäten ausweislich der Kataloge der *stationarii* verfügbar und setzte sich als Standardwerk gegenüber Werken von Cinus' zeitgenössischen römischrechtlichen Kollegen Jacobus de Arena und Jacobus Buttrigarius durch.[23] Selbst der päpstliche Rektor des Herzogtums Spoleto sandte ein besonders schön illuminiertes Exemplar dieses Kommentars im Jahr 1334 an die päpstliche Bibliothek, wo es sich heute noch im Kernbestand der vatikanischen Bibliothek befindet.[24]

2. *Werke*

Schon zeitgenössisch aber auch in seiner Wirkungsgeschichte das einflussreichste Werk des Cinus ist seine Codex-*lectura*. In dieser vertrat er, wie mehrfach in der Forschungsliteratur unterstrichen wurde,[25] einen sehr kaiserfreundlichen, ghibellinischen Standpunkt. Diese inhaltliche Positionierung passt damit zu seiner Ratgebertätigkeit im Gefolge Kaiser Heinrichs VII. Seine markanten, teilweise auch polemischen antikirchlichen Äußerungen hinderten jedoch weder seine Doktorpromotion im notorisch guelfischen Bologna, noch seine Karriere als beisitzender Richter bei der weltlichen Verwaltung der päpstlichen Besitzungen in den Marken.[26] Später in

Argumentationsstil) wie der Dichtung (dolce stilo nuovo, der von der Troubadourliteratur beeinflusst war) zieht ausdrücklich: Vincenzo Libertini, Cino da Pistoia, 1974, S. 39f.

22 Denifle, Statuten der Juristen-Universität Bologna (wie Anm. 10), S. 302.

23 Giovanna Murano, Opere diffuse par exemplar e pecia, Turnhoult 2005, S. 333f.

24 Gennaro Mario Monti, Cino da Pistoia giurista (Biblioteca di Coltura Letteraria 1), Castello 1924, S. 78–80, der die Handschrift Città del Vaticano, BAV, lat. 2593 mit dem Exemplar identifiziert, das vom Rektor des Herzogtums Spoleto an die römische Kurie, die damals in Avignon residierte, übersandt wurde.

25 Luigi Chiappelli, Vita e opere giuridiche di Cino da Pistoia con molti documenti inediti, Pistoia 1881, S. 73–104; Guido Astuti, Cino da Pistoia e la giurisprudenza del suo tempo (Atti dei Convegni Lincei 18), Rom 1976, S. 129–152, bes. S. 145f.

26 Dies verzeichnet schon mit gewisser Verwunderung Falaschi, ‚Ut vidimus in Marchia' (wie Anm. 17), S. 165–169; s. auch Cortese, Il diritto nella storia medievale II (wie Anm. 18), S. 412 und

seinem Leben soll er dann einen politischen Schwenk zu einer deutlich papstfreundlicheren Haltung vollzogen haben, was man durch seine unterschiedlichen Tätigkeiten stets in guelfisch geprägten Städten und Diensten in der Forschung erläutert, bzw. hierfür die Tatsache anführt, dass seine Heimatstadt Pistoia mit anderen verbündeten Städten der Toscana ein Bündnis *contra damnatum Ludovicum olim ducem Bavariae*, also gegen den exkommunizierten Ludwig, früheren Herzog von Bayern, ableitet,[27] weshalb er als aus dem Exil in seine Heimatstadt Zurückgekehrter diese Politik unterstützt haben soll. Ob aus diesen äußeren, biographischen Tatsachen ohne weiteres auf eine Änderung seiner inhaltlichen Positionen zu schließen ist,[28] erscheint mir fraglich, denn immerhin wurde ja ein Exemplar seines an mehreren Stellen eindeutig kirchenkritischen Codexkommentars vom päpstlichen Verwalter des Herzogtums Spoleto selbst an die päpstliche Bibliothek übersandt. Womöglich fielen die wenigen politisch brisanten Passagen im Codexkommentar auch für Parteigänger und Funktionäre des Papstes weniger ins Gewicht als die überragende Qualität seiner zivilrechtlichen Ausführungen. Schließlich wurde für einen radikalen politischen Schwenk des Cinus vom Kaiseranhänger unter Heinrich VII. zum Gegner König Ludwigs ins Feld geführt, dass er in seinem wesentlich kürzeren, nur fragmentarisch erhaltenen Digestenkommentar in einer ungedruckt gebliebenen überarbeiteten Version aus seinen letzten Lebensjahren eine papstfreundliche Interpretation der konstantinischen Schenkung vorgenommen habe[29] und an anderer Stelle, die noch zu analysieren sein wird, eine hierokratische Zuspitzung vorgenommen habe.[30] Für unsere Fragestellung ist jedoch im Auge zu behalten, dass der Digestenkommentar des Cinus schon zeitgenössisch keine prägende Wirkung im Universitätsumfeld entfaltete[31] und ein eventueller späterer Schwenk in den politischen Affiliationen wie er für die Zeitläufte typisch gewesen sein dürfte, von dem spätestens 1325 nach

---

neuerdings auch Mario Ascheri, Cino da Pistoia giurista: le ragioni del successo, in: La Pistoia comunale nel contesto toscano ed europeo (secoli XIII–XIV), hg. von Piero Gualtieri, Pistoia 2008, S. 211–222, S. 218 f.

27 Lange/Kriechbaum, Römisches Recht im Mittelalter II (wie Anm. 13), S. 640.

28 Dies scheint jedoch Falaschi, ‚Ut vidimus in Marchia' (wie Anm. 17), S. 187–192 anzunehmen.

29 Domenico Maffei, Il Pensiero di Cino da Pistoia sulla Donazione di Costantino, le sue fonti e il dissenso finale di Dante, in: Die Bedeutung der Wörter: Studien zur europäischen Rechtsgeschichte. Festschrift für Sten Gagnér zum 70. Geburtstag, hg. von Michael Stolleis u. a., München 1991, S. 237–247, S. 242 f., neuerdings auch Cortese, Il diritto nella storia medievale II (wie Anm. 18), S. 412 Fn. 57.

30 Domenico Maffei, La »Lectura super digesto veteri« di Cino da Pistoia. Studio sui mss Savigny 22 e Urb. lat. 172 (Quaderni di «Studi senesi» 10), Mailand 1963, S. 52 f.

31 Jedenfalls wurde er nicht als eines der Werke verzeichnet, die als Standardtexte von den Bologneser *stationarii* vorrätig gehalten wurden, wie sich aus dem Fehlen entsprechender Einträge bei Murano, Opere diffuse (wie Anm. 23), S. 333 f. ergibt. Spätere Bezugnahmen etwa durch Baldus de Ubaldis auf die *lectura per viam additionis des Cinus* verzeichnet hingegen Eduard Maurits Meijers, L'Enseignement du droit dans trois universités du XIIIe siècle, in: Etudes d'Histoire du droit, tom. 3: Le droit romain au moyen âge, hg. von Robert Feenstra/Hermann Frederik Wilhelm David Fi-

Deutschland zurückgekehrten Lupold von Bebenburg wahrscheinlich nicht mehr wahrgenommen werden konnte. Daher wird im Folgenden eine Analyse des Codexkommentars und des gedruckten, älteren Digestenkommentars im Mittelpunkt stehen und somit den Stand von Cinus' Überlegungen skizzieren, den auch Lupold von Bebenburg während seines Studiums in Italien kennengelernt haben dürfte. Auszuschließen scheint mir, dass Lupold sich später, als aktiver Jurist im Dienste der Würzburger Diözese, in Deutschland mit den neuesten juristischen Texten, die in Italien entstanden, vertraut machen konnte. Eine bislang offene Frage ist schließlich, mit welcher Handbibliothek zum römischen Recht Lupold in Deutschland arbeiten konnte. Seine eigene Bibliothek scheint nicht erhalten zu sein.[32]

Bei der Auswertung der publizistisch einschlägigen Positionen des Cinus soll schließlich auch beleuchtet werden, welchen Stellenwert Bezüge auf kanonistische Belegstellen einerseits und auf die neueren französischen Autoren Jacques de Revigny und Pierre Belleperche in seinem Argumentationsgang einnahmen, um so die Eigenständigkeit seiner Gedankengänge bestimmen zu können. Denn die Kanonisten hatten, beispielsweise in ihren Kommentaren zu den berühmten Bullen „Venerabilem" (X 1.6.34) und „Per venerabilem" (X 4.17.13) und „Ad Apostolice" (VI 2.14.2), wichtige Grundsätze der politischen Theorie, der Machtbefugnisse des gewählten Königs, des päpstlichen Examinations- und Approbationsrechts und päpstlichen Absetzungsrechts eines Königs, aber auch zum Korporationsrecht geprägt;[33] diese übersetzten die französischen Juristen teilweise in den weltlichen Kontext der sich zentralisierenden Königsherrschaft in Frankreich.[34] Wenn Cinus, wie teilweise miss-

---

scher, Leiden 1959, S. 3–208, S. 60 Fn. 228; Maffei, La »Lectura super digesto veteri« di Cino da Pistoia (wie Anm. 30), S. 19f. (vor allem bei Baldus de Ubaldis).

32 Freundliche briefliche Auskunft von Prof. Dr. Jürgen Miethke vom 12. Januar 2014. Ausweislich der gedruckten Bibliothekskataloge von Würzburg und Bamberg scheint Lupold jedenfalls den Dombibliotheken seiner Wirkungsstätten keine römischrechtlichen Handschriften vermacht zu haben, wie dies zahlreiche deutsche Bischöfe des 15. Jahrhunderts mit ihren legistischen Studientexten, die sie von ihrem Studienaufenthalt in Italien mitgebracht hatten, tun sollten. Das einzige vollständige, heute in einer deutschen Bibliothek nachgewiesene Exemplar einer Codex-Lectura des Cinus de Pistoia befindet sich in Trier (Trier UB, 856 gr 2°), zu dessen Erzbischof Balduin Lupold von Bebenburg enge Beziehungen hatte, denn Lupold widmete ihm seinen „Tractatus de iuribus regni et imperii". Diese Handschrift scheint jedoch erst durch einen Ankauf in Italien im Jahr 1388, also nach Lupolds Tod, nach Trier gelangt zu sein. Vgl. Gottfried Kentenich, Beschreibendes Verzeichnis der Stadtbibliothek zu Trier, 9. Heft: Die juristischen Handschriften, Trier 1919, S. 9, und kann damit nicht aus dem Nachlass des Lupold von Bebenburg stammen.

33 Miethke, Nachwort: Lupold von Bebenburg (wie Anm. 4), S. 291–310.

34 Zur öffentlichrechtlich geprägten Rechtsschule von Toulouse, s. Kees Bezemer, Pierre de Belleperche. An early attempt to make public law a separate branch of legal science, in: Science politique et droit public dans les facultés de droit européennes (Studien zur europäischen Rechtsgeschichte 229), hg. von Jacques Krynen/Michael Stolleis, Frankfurt a. M. 2008, S. 41–48. Für die späteren Einheits- und Unteilbarkeitsvorstellungen des französischen *regnum*, die aus der Parömie „rex in regno suo est imperator" abgeleitet wurden, s. Jacques Krynen, L'empire du roi. Idées et croyances politiques en France XIIIe–XVe siècle (Bibliothèque des Histoires), Paris 1993, S. 403–408.

billigend bemerkt wird, kaum eigenständige Positionen vertrat und bis zu Dreiviertel seiner Meinungen von Jacques de Revigny und Pierre Belleperche stammen sollen,[35] lassen gerade die Fragen, in denen sich Cinus mit dem Kaisertum unter ghibellinischen Vorzeichen beschäftigte, insoweit durchaus originelle Ansätze vermuten. Trotz der für einen Legisten dieser Zeit bereits ungewöhnlich zahlreichen direkten Belegstellen aus dem kanonischen Recht,[36] dürfte aufgrund von Cinus' notorisch kritischer Haltung gegenüber der Kirche und ihren Vertretern bis hin zum Papst zwischen seinen inhaltlichen Positionen in der Codex-Kommentierung und der bloßen Zahl der kanonistischen Entlehnungen bzw. Argumenten zu unterscheiden sein. Mit umgekehrtem Vorzeichen würde sein Argumentationsstil demjenigen von Lupold in seinem Traktat über die Herrschaftsrechte von König und Kaiser entsprechen, der seinerseits auf breiter kanonistischer Grundlage eine weitgehende Eigenständigkeit königlich-kaiserlicher Herrschaftsbefugnisse im Reich auch ohne vorherige päpstliche Approbation vertrat und somit den *imperator* zum *rex in imperio suo* machen sollte (s. unten bei Fn. 102).

3. *Aussagen zu zentralen Fragen von Herrschaft und Politik*

In einer umfangreichen Kommentierung, die auch im Aufbau an eine schulmäßige *quaestio disputata* erinnert, setzte sich Cinus von Pistoia mit der Frage der Herrschaftsbefugnisse des Kaisers im Zeitraum nach der Wahl zum König und vor der Krönung zum Kaiser durch den Papst auseinander. Cinus erörterte diese Fragen anhand eines Textes, der in der bologneser Schultradition vor allem die Frage aufgeworfen hatte, ob der römisch-deutsche Kaiser der Herr der Welt (*dominus mundi*) sei und als solcher auch auf das Eigentum seiner Untertanen zugreifen könne. Hier schloss sich Cinus der einschränkenden Auffassung an, wie sie sich in Bologna etabliert hatte, nämlich dass der Kaiser nur im übertragenen Sinne, nämlich im Hinblick auf die Verwaltung (*gubernatio*) und Jurisdiktionsbefugnisse der Herr der Welt sei,

35 So bei CORTESE, Il diritto nella storia medievale II (wie Anm. 18), S. 412 („in molti punti ne saccheggiò le opere"). Unterschiedlich gesehen wird, wie umfangreich Cinus sich aus erster Hand über die Ansichten der französischen Juristen informieren konnte. Dass er nur die Werke des Pierre Belleperche vollständig vor Augen hatte und die Kommentare des Jacques de Revigny wohl nur vermittelt über eine Repetionen-Sammlung zur Kenntnis nehmen konnte, war der Ausgangspunkt von MEIJERS, L'Enseignement du droit dans trois universités (wie Anm. 31), S. 116. Neuerdings geht Bezemer davon aus, Cinus habe sowohl die Kommentare des Jacques de Revigny wie diejenigen des Pierre Belleperche besessen. Er kommt auch zu einer positiveren Einschätzung von Cinus, weil dieser durch sein getreuliches Zitieren viele ältere Ansichten und Literaturstellen vermittelt habe, die ansonsten unbekannt geblieben wären, Kees BEZEMER, Word for word (or not). On the track of the Orleans sources of Cinus‹ lecture on the Code, in: Tijdschrift voor rechtsgeschiedenis 68 (2000), S. 433–454.

36 LANGE/KRIECHBAUM, Römisches Recht im Mittelalter II (wie Anm. 13), S. 209–212 differenziert zur unterschiedlichen Verbreitung kanonistischer Rechtskenntnisse bei den Legisten.

nicht jedoch Eigentum (*dominium*) im privatrechtlichen Sinne über alle Dinge ausüben könne.[37] Im Anschluss warf Cinus als neue Frage auf, die nicht durch die zugrunde liegende römischrechtliche Ausgangsstelle geboten schien, uns aber mitten in den mittelalterlichen Approbationsstreit um 1300 hineinführt, ob der Kaiser schon vor seiner Krönung nichteheliche Kinder legitimieren könne und Privilegien erteilen könne.[38] Zunächst führte Cinus ausführlich eine konzise Übersicht über mögliche Argumente gegen solche Rechte des noch nicht gekrönten Kaisers an, in denen er sich ausführlich mit der von den zeitgenössischen Kanonisten für die Begründung eines päpstlichen Examinations- und Approbationsrechts stets herangezogenen Bulle „Venerabilem" (X 1.6.34) auseinandersetzte.[39] Den Gegnern einer unmittelbaren vollständigen Amtsausübung des gewählten Königs schreibt Cinus daneben auch einige römischrechtliche Argumente zu. So könne der dreigestufte Amtsantritt eines neuen Kaisers, der aus Wahl, päpstlicher Bestätigung und Amtsantritt bestehe, mit der aus drei Schritten bestehenden Einsetzung eines Soldaten (Wahl, Gürtung und Kennzeichnung durch Brandmale) wie sogar auch mit dem natürlichen Lauf der Dinge verglichen werden. Denn auch nach der Natur handele es sich bei Zeugung, Heranwachsen im Mutterleib und Geburt um drei unterschiedliche, zeitlich streng aufeinander folgende formative Momente. Erst durch die Krönung seitens des Papstes empfange der König den neuen Titel eines Kaisers, so dass festzuhalten bleibe,

---

37 Die Ausgangsstelle ist l. Bene a Zenone, Cod. De quadrienni praescriptione (Cod. 7.37.3). Zum Schulenstreit schon bei den Glossatoren zur Zeit Kaiser Friedrich I., s. Kenneth Pennington, The Prince and the Law, 1200–1600. Sovereignty and Rights in the Western Legal Tradition, Berkeley u. a. 1993, S. 11–18. Zur unterschiedlichen Rezeption unter anderem dieser Passage bei den französischen Juristen s. auch Susanne Lepsius, «Iurisdictio» und «districtus» bei Jacques de Révigny. Die Auseinandersetzung der französischen Legistik mit einem staufischen Herrschaftskonzept, in: Gli inizi del diritto pubblico, 2: Da Federico I a Federico II/ Die Anfänge des öffentlichen Rechts, 2: Von Friedrich Barbarossa zu Friedrich II. (Annali dell'Istituto storico italo-germanico in Trento; Jahrbuch des italienisch-deutschen historischen Instituts in Trient, Contributi/Beiträge, 21), hg. von Gerhard Dilcher/Diego Quaglioni, Bologna/Berlin 2008, S. 247–274, bes. S. 257–266.

38 Für die im Folgenden zitierten Passagen wurde die am einfachsten zugängliche Druckausgabe Lectura Cyni Pistoriensis In Codicem et aliquot titulos primi Pandectorum, Frankfurt a. M.: apud Ioannem Feyerabendt, impensis Sigismundi Feyerabendts 1578 Turin: Bottega d'Erasmo 1964 (Opera iuridica rariora XXI), hier zu Cod. 7.37.3, fol. 445vb–446vb, verwendet, abgekürzt bei den editorischen Bemerkungen als „D". Ebd. fol. 445vb no. 5: *Secundo solet quaeri, nunquid Imperator ante coronationem suam possit legitimare et privilegia concedere?* An kritischen Stellen habe ich die Lesungen kontrolliert mit den Handschriften Oxford, All Souls 57, fol. 261v–2262rb, abgekürzt als „Ox" und Reims, BM 823, fol. 240v–241, abgekürzt als „R".

39 Ausführlicher mit dieser Stelle setzten sich bislang Chiappelli, Vita e opere di Cino da Pistoia (wie Anm. 25), S. 83 f., und Helmut G. Walther, Imperiales Königtum, Konziliarismus und Volkssouveränität. Studien zu den Grenzen des mittelalterlichen Souveränitätsgedankens, München 1976, S. 124 f. auseinander, der jedoch nicht den dialektischen Quaestionenstil des Cinus bei seiner Analyse berücksichtigt.

der König habe keine Amtsführungsbefugnis im Hinblick auf die Dinge, die einen Herrn der Welt ausmachen.[40]

Diesen Argumenten der Kanonisten setzte Cinus sodann seine eigene Auffassung mit einem massiven *econtra videtur* entgegen. Schon aufgrund seiner Wahl zum Kaiser – die Terminologie ist hier besonders beachtlich, weil nicht von einer Wahl zum König, sondern sogleich zum Kaiser die Rede ist – habe der Kaiser alle Rechte des Kaisertums, und der König der Römer besitze alle Rechte des Kaisertums (*iura imperii*).[41] Andererseits sei auch der Kaiser ein König und besitze daher bereits mit der Wahl die Jurisdiktionsbefugnisse.[42] Zur Absicherung seines Ergebnisses zieht Cinus zwei signifikante Vergleiche: Einerseits sei der gewählte Kaiser mit einem Propst zu vergleichen, der die *respublica* und alle schwachen Einzelpersonen und diejenigen Menschen verteidigen müsse, die sich nicht zu helfen wissen. Diese müsse er verteidigen wie ein Ehemann seine Frau verteidige. Durch die Kaiserkrönung erlange er nur noch den Titel eines Kaisers.[43] Cinus zieht somit einen Vergleich zum Zivil- und Familienrecht, wonach ein Ehemann beispielsweise die eingebrachte Mitgift seiner Ehefrau zu verwalten habe oder für diese vor Gericht aufzutreten habe.[44] In diesem

40 Cinus von Pistoia, Commentaria in Codicem (wie Anm. 38), zu Cod. 7.37.3, fol. 446ra: *Ita Rex antequam coronetur per Papam, nihil ex his, quae ad principem mundi spectant, agit. [...] Praeterea ex coronatione et consecratione facta per Papam, nomen Imperatoris obtinetur et antea Rex appellatur, [X 1.6.34; Dig. 23. c. 1] [...] sic in coronatione plenitudo est imperatoriae potestatis < potestatis Ox, R; maiestatis D>, quae plenitudo requiritur in legitimatione spuriorum, cum ea sit iure prohibita [...] ergo et Papa per consecrationem et coronationem dare intelligitur imperialem iurisdictionem, cum nomine. Ergo ante non et si non habet, non potest legittimare cum hic <hic | hoc Ox>. [...] Praeterea consecratio et coronatio aliquid addere debent [Dig. 33.8; Dig. 30.1.109].*

41 Cinus de Pistoia, Commentaria in Codicem (wie Anm. 38), ad Cod. 7.37.3, fol. 446b, Z. 32f.

42 *Nam cum per electionem iurisdictionem habeat nec dicitur quod habet imperatoriam scientiam <scientiam Ox, R; statim D> cum imperator electus est, ut patet extra de re. iud., ad Aposto. in fi., li. VI [VI. 2.14.2], nec obstat quod rex appelletur et non imperator, quia <et non imperator quia: R, Ox; om. D> et imperator rex dicitur, ut in epistola Inter claras [Cod. 1.1.8], ut supra patet in hac l. ibi quantum inter privatam fortunam et regale culmen [Cod. 7.37.3.1b] etc. et supra ne quis vela regia [Cod. 2.15(16).2] et patet de iure fisci, l. 3 [recte: Cod. 10.1.4] quod est ibi in litera Regis etc.*

43 *Econtra videtur quod sic, quia ex electione Imperatoris et acceptatione <Ox; acceptilatione R; acceptione D> electionis, Reipublicae iam praepositus negari non potest et eum ius consecutum esse, sicut consensu mutuo fit matrimonium [...] et bona est comparatio illius corporalis matrimonii ad istud intellectuale, quia sicut maritus defensor uxoris dicitur, ut institu. de iniur. § patitur [Inst. 1.4.4.2], ita et Imperator Reipublicae et singulorum et maxime eorum qui nequeunt se iuvare, ut [Dig. 5.2.31; Cod. 7.36; A. 2.2.1; Dig. 26.6; A. 6.2.ep; A. 8.1 ep.; Cod. 10.32(31)], sic etiam fit procurator ex consensu mutuo [...] et sic ex mutuo consensu eligentium et electi fit quis hypomnemathographus [...] Cum ergo ex electione principum iure totius Romanorum <iure totius Romanorum: R; Romanorum om. Ox | vitae totius Romani D> populi eligentium et consensu et acceptatione ius ei quaeratur et Romanorum rebus praepositus habeatur, quod patet quia Rex Romanorum dicitur merito et tunc iura sortitur imperii, quia ex <rex D> quo rebus Romanorum praepositus est, imperi iura habet, ut in Authen. ut praepo. <praepos. D> nomen Imperatoris [A. 5.3]....*

44 Fragen des Ehegüterrechts und der Vermögensverwaltung der Ehefrau durch ihren Mann gehörten zu den wichtigsten Rechtsgebieten, mit denen die gelehrten italienischen Juristen in ihrer täglichen Beratungspraxis konfrontiert waren, vgl. etwa Thomas KUEHN, Law, Family, and Women. Toward

Vergleich könnte Cinus auch eine Anspielung auf das im Mittelalter jedermann bekannte Bild des Bischofs, der mit seiner Diözese verheiratet sei, beabsichtigt haben. Überdies und andererseits, so fährt Cinus sogleich fort, sei der römische König mit dem Papst zu vergleichen, weil auch dieser allein durch seine Wahl alle *iura pontificatus* erlange und sogleich die volle *iurisdictio* ausüben könne. Beide, Kaiser wie Papst, empfingen die Amtsführungsbefugnis (*executio*) von niemandem Höheren, allein die *infula* als Kennzeichen des Amtes fehlten noch und würden durch die jeweiligen Krönungen später verliehen werden.[45] Abschließend verknüpfte Cinus zwei klassische Stellen des römischen Rechts, die üblicherweise für eine streng absolutistische Herrschaftsauffassung des Monarchen herangezogen wurden, nämlich die „lex Digna vox" und die „lex Regia", um allein die Wahl durch den *populus* bzw. die *principes* für ausreichend zu erklären, damit der *princeps* die vollständige *iurisdictio* erlange und Privilegien erteilen und uneheliche Kinder legitimieren könne.[46] Dass die (Kur) fürsten zur Wahl berechtigt seien, ergebe sich bereits aus der Bulle „Venerabilem" (X 1.6.34)[47] und „Ad apostolicae" (VI. 2.14.2), also aus den Stellen, die von ihrem Entstehungskontext her, aber auch ihrer späteren Verwendung in der kurialen Lehre genau das Gegenteil belegen sollten, nämlich das Approbationsrecht des Papstes und ein Absetzungsrecht des Papstes gegenüber rechtsbrüchigen Herrschern, ursprünglich Friedrich II.[48] Nachdem er so in streng symmetrischem Aufbau jeweils zwei der schärfsten Pfeile aus dem römischrechtlichen wie dem kanonistischen Köcher in gleicher Zielrichtung, nämlich zur Rechtfertigung kaiserlicher Befugnisse bereits

---

a Legal Anthropology of Renaissance Italy, Chicago/London 1991, oder anhand eines Einzelfalls schlaglichtartig Susanne Lepsius, Die Ehe, die Mitgift und der Tod, in: Fälle aus der Rechtsgeschichte (Juristische Fall-Lösungen), hg. von Ulrich Falk u.a., München 2008, S. 129–146.

45 *Nec obstat quod hic dicitur de infulis, quia ihil dicitur hic, quod princeps non obtineat iurisdictionem antequam imperiales infulas sumat, licet praecipiat lgem istam retrotrahi ad tempus illud. Pistoia, Commentaria in Codicem (wie Anm. 40), ad Cod. 7.37.3, fol. 446ra.*

46 *Sed electo a populo per l. Regiam [Cod. 1.17.1.7, Cod. 6.23.3, Dig. 1.4.1, Inst. 1.2.6] omne ius utriusque potestas competit merito et electo a principibus competit, ut ff. de orig. iur. l. 2 § deinde [Dig. 1.2.2.6] et supra de veteri iure enuc. l. 1 § si quidem [Cod. 1.17.1.7]. Et sic cum eadem iurisdictione fungatur, quia Iustinianus lege non tenetur, ut l. Digna vox [Cod. 1.14.4].* Cinus von Pistoia, Commentaria in Codicem (wie Anm. 38), ad Cod. 7.37.3, fol. 446vb.

47 Im Verlaufe der *quaestio* setzt sich der Autor mehrfach mit der Bulle „Venerabilem" in unterschiedlichen Zusammenhängen, sowohl auf der pro- wie der contra-Seite der Argumentation auseinander. Im Druck steht fälschlich an diesen Stellen durchweg „Per venerabilem". Ein Abgleich mit zwei der mir zugänglichen Handschriften der Codex-Lectura des Cinus (Reims, BM 823, fol. 240v–241r und Oxford All Souls 57, fol. 261v–262r) ergab, dass in der handschriftlichen Überlieferung konsistent „Venerabilem" zitiert worden ist.

48 *Item cum superiorem non habeat, executionem a nemine respicit, sed a Deo qui eum eligit. Solutio cum princeps vice populi eligatur ab his, ad quos spectat electio de iure, ut dicto c. Venerabilem <c. Venerabilem R, Ox| Per venerabilem D> et c. Ad Apostolicae [VI. 2.14.2]. Eiusdem est potestatis et vigoris electionis, ab eis facta de principe, cuius erat electio facta a populo, ut infra de adop. l. 3 et argu. ff. si quis caus. l. 1 § si quidem.* Cinus von Pistoia, Commentaria in Codicem (wie Anm. 38), ad Cod. 7.37.3, fol. 446vb.

mit der Wahl zum König, abgeschossen hatte, bekannte Cinus abschließend, sich mit allen vorangegangenen Überlegungen nur der Position des Bologneser Professoren Jacobus de Arena († um 1296) angeschlossen zu haben, der all dies bereits in einer öffentlichen *quaestio disputata* dargelegt habe. Cinus machte sich dessen Meinung jedenfalls zu eigen und bezichtigte alle, zu irren, die vertraten, der gewählte Monarch sei (nur) der König Deutschlands und eben noch nicht der römische Kaiser und Weltherrscher.[49] Ob sich Cinus hinter die Autorität eines verstorbenen, höchst angesehenen Bologneser Professoren nur zurückziehen wollte oder ob er tatsächlich eine solche *quaestio* des Jacobus de Arena als Vorlage wörtlich übernahm, muss derzeit offen bleiben, weil dessen *quaestio* zur Rolle der Wahl und der Befugnisse des Kaisers bislang noch nicht ermittelt werden konnte.[50] Falls es sich bei der gesamten Passage tatsächlich um eine von Cinus wörtlich inserierte *quaestio* des Jacobus de Arena handeln sollte, würde dies auch erklären, warum die erst in den Jahren um 1300 von Papst Bonifaz VIII. konsistent zusammengeführten Ansprüche des Papstes auf Bestätigung und Approbation des gewählten Königs noch keine Rolle spielten. Denn Jacobus de Arena war bereits 1297/98 verstorben.[51]

Auf die Kommentarstelle des Jacobus de Arena/Cynus de Pistoia bezieht sich ausdrücklich auch Lupold von Bebenburg, der in seinem 11. Kapitel Einwände seiner kanonistischen Gegner widerlegen möchte, die sich auf Cod. 7.37.3 berufen könnten. Lupold verweist hierzu auf die Legisten, insbesondere auf Cinus de Pistoia, der alle Einwände der Kanonisten aus römischrechtlicher Sicht bereits widerlegt habe. Ein wenig habe das Problem auch schon Guillelmus Durantis in seinem „Speculum iudiciale“ behandelt.[52] Die Widerlegung der Argumente seiner Gegner hat hier für Lu-

49 *Et sic patet, quod iurisdictionem habet legitimandi et privilegium concedendi, cum iurisdictionem et potestatem imperialem obtineat, ut ex supradictis liquet, secundum Jacob[um] de Are[na] cuius fuit praedicta disputatio et solutio, quam hic inserere placuit, contra illos, qui Regem Alemanniae, ante coronam Romae sumendam, Romanum principem mundi dominum non fatentur, errantes.* Cinus von Pistoia, Commentaria in Codicem (wie Anm. 38), ad Cod. 7.37.3, fol. 445vb aE.

50 Weder findet sich eine entsprechende Aussage des Jacobus de Arena in: Jacobi de Arena Parmensis commentarii in universum ius civile, Lyon: expensis Hugonis a Porta, typis Stephani Ruffini et Ioannis Ausulti 1541 (Opera iuridica rariora, XVI) an der einschlägigen Stelle Cod. 7.37.3, fol. 45rb, noch konnte ich eine *quaestio* des Jacobus de Arena zu genau diesem Titel im zentralen Werk zu den juristischen Quaestionen um 1300 identifizieren: Manlio Bellomo, Quaestiones in iure civili disputatae. Didattica e prassi colta nel sistema del diritto comune fra duecento e trecento (Fonti per la storia dell'Italia medievale 31), Rom 2008, möglicherweise ist jedoch eine seltene Quaestion des Johannes d'Antella gemeint, dazu s.u. Fn. 60.

51 Zu Jacobus de Arena vgl. Lange/Kriechbaum, Römisches Recht im Mittelalter II (wie Anm. 13), S. 435–444, sowie nun Diego Quaglioni, Iacobo d'Arena († 1297/98), in: Dizionario biografico dei giuristi italiani (wie Anm. 15), S. 1099–1101.

52 Lupold von Bebenburg, Tractatus de iuribus regni et imperii (wie Anm. 2), c. 11, S. 337: *Ad hanc opposicionem salvo semper maiorum meorum iudicio dico, quicquid in hoc sit tenendum de iure civili, quod determinacioni dominorum legistarum relinquo, qui de hoc tractant in preallegata l. Bene a Zenone, et maxime dominus Cynus de Pistorio, de quo eciam aliquid tractat Wilhelmus in speculo de rescripti presentatione § fin. versu 'Item quod est obtemptum'.*

pold, der im Folgenden mit historischen Beispielen argumentiert, den Zweck, seine zuvor in c. 7 aufgestellte Behauptung zu festigen, dass nämlich der gewählte König der Römer schon vor seiner Krönung durch den Papst alle *iura imperii* ausüben könne, die sich auf das *imperium* im Sinne von Karl dem Großen beziehen, also Deutschland, Burgund und Italien. Diese *iura reservata*, wie Lupold sie bezeichnet, bestehen vor allem in der Legitimierung unehelicher Kinder, in der Begnadigung Infamierter und der Ernennung von Notaren.[53] Bezüglich der kaiserlichen Reservatrechte ist Lupold nicht ganz konsistent, da er an anderer Stelle auch das Erteilen von Privilegien darunter fasst.[54] Durch die Krönung durch den Papst könne der Kaiser dann auch für die Gebiete jenseits des Imperium endlich alle kaiserlichen Rechte ausüben, nämlich Uneheliche mit Wirkung für den weltlichen Bereich legitimieren, Infamierte wieder in ihren Rechtszustand einsetzen und Gesetze erlassen.[55]

Es scheint durchaus denkbar, dass Lupold nicht zuletzt aufgrund seiner wahrscheinlichen Begegnung mit Cinus de Pistoia in seiner Studienzeit in der Tat einen Text von Cinus' Codex-Kommentierung vor Augen hatte und sich von dessen ausführlicheren Argumenten leiten ließ. Hinzu kommt noch, dass Cinus als die große Autorität für den römischrechtlichen Standpunkt auch von Johannes Andreae (um 1270–1348),[56] dem Generationsgefährten des Cinus von Pistoia und Doktorvater Lupolds, eingeführt wurde. Dass Lupold Cinus nur indirekt, nämlich vermittelt über Guillelmus Durantis gekannt haben soll,[57] scheint mir hingegen kaum überzeugend. Denn die fraglichen Ausführungen des Guillelmus Durantis (um 1230–1296),[58] in denen dieser sich mit den Befugnissen des gewählten Königs auseinander setzte, der noch nicht zum Kaiser gekrönt war, erwähnen Cinus nicht. Durantis war bereits verstorben, bevor Cinus' Codex-*lectura* fertig gestellt war. Für Guillelmus Durantis ist der Ausgangspunkt ein anderer historischer Kontext, nämlich die Frage, ob König

53 Lupold von Bebenburg, Tractatus de iuribus regni et imperii (wie Anm. 2), c. 7, S. 302: *Quaedam vero alia est potestas exercendi actus imperatori de iure reservatos, que consistit in legittimandis illegittimis quoad temporalia, in restituendis infamibus ad famam, in creandis tabellionibus et in similibus.* Hierfür führt Lupold Kommentierungen von Innozenz IV. und Hostiensis zu X 2.22.15 an.

54 Lupold von Bebenburg, Tractatus de iuribus regni et imperii (wie Anm. 2), c. 11, S. 337 Z. 16, S. 338 Z. 1: *[...] ex consuetudine [...] poterit rex nondum coronatus in imperatorem dare privilegia.*

55 Lupold von Bebenburg, Tractatus de iuribus regni et imperii (wie Anm. 2), c. 11, S. 340 Z. 3–10: *Dico enim salvo semper iudicio saniori, quod imperator post unctionem et coronacionem huiusmodi consequitur potestatem imperialem in omnibus regnis et provinciis presertim occidentalibus, quae non erant sub potestate Karoli magni ante tempus translacionis predicte et que adhuc non sunt sub potestate imperii de facto, ita, quod potes in eius spurios legittimare quoad temporalia, infames ad famam restituere, leges condere et hiis similia facere, que de iure sunt solis imperatoribus reservata.*

56 Susanne Lepsius, Johannes Andreae (um 1270–1348), in: Handwörterbuch zur deutschen Rechtsgeschichte Bd. II, Berlin ²2012, Sp. 1378–1379.

57 So die Editoren beim fraglichen Cynus-Zitat des Lupold von Bebenburg, vgl. Lupold von Bebenburg, Tractatus de iuribus regni et imperii (wie Anm. 2), c. 11, S. 337 Fn. 511.

58 Susanne Lepsius, Durantis, Guilelmus (um 1230–1296), in: Handwörterbuch zur deutschen Rechtsgeschichte Bd. I, Berlin ²2008, Sp. 1168–1170.

Rudolf von Habsburg vor seiner Kaiserkrönung die Stadt Bologna und die Romagna den Päpsten schenken konnte.[59] Möglicherweise war diese Rechtsfrage auch der Anlass für die Bologneser Doktoren in der Generation des Jacobus de Arena, sich mit dieser Frage auseinanderzusetzen; deren Überlegungen hätten in der *quaestio disputata* gemündet, von der Cinus sagte, er habe sie in seinen Kommentar inseriert. Zu dieser *quaestio disputata* wüsste man gerne Näheres.[60] Denn sie verlief quer zu den prima facie zu unterstellenden Frontlinien, dass die Legisten eher kaiserfreundlich und ghibellinisch argumentierten und die Kanonisten vorrangig den papalen Standpunkt vertraten. Zweifellos im Interesse der Kurie hätte hier nämlich liegen müssen, die Gültigkeit eines königlichen Privilegs bereits vor der Kaiserkrönung des erst gewählten römischen Königs zu befürworten.

Das „Speculum iudiciale" kann jedoch von Johannes Andreae erst nach 1339 in diesen Punkten glossiert worden sein,[61] weil er in seinen mitabgedruckten Glossen

59 Guilelmi Durantis Speculum Iuris, Basel: Ambrosium et Aurelium Frobenios fratres 1574, ND Aalen: Scientia 1975, p. II, 1: De rescripti presentatione, S. 422b, an der Stelle, die Lupold eingeführt hatte (s.o. Anm. 55), dass auch Durantis ein wenig sich dazu geäußert habe: *Item quod obtentum est ab Imperatore non dum coronato vel infulato, ut Cod. de quadr. prae. l. fi. in fine [Cod. 7.37.3] [...] Et dies coronationis dicitur ortus imperii, ut Cod. de fer. l. fi. [Cod. 3.12.9(11)] Et sunt hic arg. quod donatio de civitate Bononie et suo districtu et de tota Romandiola facta ecclesiae Romanae per dominum Rodulphum regem Alemannie nondum coronatum in Imperatorem, non tenet [...] argumenta quod valeat rescriptum et praedicta donatio, ff. de off. procons. observare in fi. [Dig. 1.16.16]. Imperator enim ex sola Principum electione etiam ante confirmationem aliquam, verus est Imperator et consequitur ius administrandi.* Der Kirchenmann Durantis schien im Folgenden jedoch der Meinung zu sein, dass Bologna schon von alters her, nämlich aufgrund der Schenkungen Pippins und Karls des Großen rechtmäßig zum Kirchenstaat gehöre, so dass der ungekrönte Rudolf mit der sog. Schenkung ohnehin nur eine deklarative Handlung vorgenommen habe. Im Anschluss zitiert auch schon Durantis, allerdings ohne nähere ausführliche Argumentation, ebenfalls die Gegenmeinung bestimmter Leute (*quidam*), die meinten, der Kaiser (sic! S.L.) könne schon vor der Kaiserkrönung ohne Nachteil für das Reich Emanzipationen vornehmen, Tutoren und Kuratoren einsetzen, Notare ernennen und alles tun, was zur freiwilligen Gerichtsbarkeit gehöre, vgl. Durantis, ebd., S. 423a.

60 Möglicherweise in diesen Kontext gehörte die – allerdings auf den ersten Blick politisch wesentlich weniger brisante, weil es sich nur um die Legitimation (eines unehelichen Kindes) und nicht um die Schenkung von Bologna samt der Romagna an die römische Kirche handelte, – *quaestio* des Johannes de Antella: *Queritur an valeat privilegium legitimationis datum a rege Romanorum antequam coronetur a papa,* die in der erhaltenen Handschrift den Zusatz trug: *nota sollempnem et arduam quaestionem.* Die Identifikation verdankt sich Manlio Bellomo, I fatti e il diritto. Tra le certezze e i dubbi dei giuristi medievali (secoli XIII–XIV) (I libri di Erice, 27), Rom 2000, S. 56, 220. Allerdings konnte ich ebensowenig wie Bellomo bislang den genauen Text dieser *quaestio* konsultieren, weil er nur in einer, schwer konsultierbaren Handschrift Cordoba, BC 108, fol. 79ra–va, vorzuliegen scheint, s. auch BELLOMO, ebd., S. 52 Fn. 96 zu den Schwierigkeiten, diese Handschrift jedenfalls in Mikrofilmform einzusehen. Deren Analyse muss daher einer eigenen späteren Untersuchung vorbehalten bleiben. BELLOMO, Quaestiones in iure civili disputatae (wie Anm. 50), S. 601 korrigiert den Autorennamen der *quaestio* dann zu: Giovanni de Ancillis bzw. Giovanni de Ausillis.

61 Vincenzo COLLI, Lo Speculum Iudiciale di Guillaume Durand: codice d'autore ed edizione universitaria, in: Juristische Buchproduktion im Mittelalter, hg. von VINCENZO COLLI (Studien zur europäischen Rechtsgeschichte 156), Frankfurt a. M. 2002, S. 517–566; VINCENZO COLLI, A proposito di

auf den mittlerweile erschienenen „Tractatus de iuribus regni et imperii" seines Schülers Lupold von Bebenburg affirmativ Bezug nahm und dessen Auffassung zu teilen schien, dass die Kurfürsten als Kollegium und nicht als Einzelne wählten. Zudem sprach Johannes Andreae in seiner Glossierung ausdrücklich eine Entscheidung der deutschen Fürsten an, bei der es sich sehr wahrscheinlich um das Weistum von Rhens handelte, und identifizierte die ungenannten *quidam* des Durantis mit einer *quaestio disputata* des Jacobus de Arena, die Cinus wörtlich in seinen Kommentar zu Cod. 7.37.3 für den legistischen Standpunkt übernommen habe.[62] Der Stand der politiktheoretischen Auseinandersetzungen nördlich der Alpen wurde also auch in Bologna rezipiert.

Die folgenden Ausführungen des Cinus von Pistoia erlauben einen Einblick in den theoretischen Rahmen, anhand dessen die römisch-rechtlich geschulten Juristen zentrale Fragen des Verfassungslebens erörterten. Falls Lupold von Bebenburg also doch direkt mit der Codex-Lectura des Cinus gearbeitet haben sollte, könnte er die jeweiligen Aussagen des Cinus für die Stellen des römischen Rechts vor Augen gehabt haben, die er zitiert, ohne ausdrücklich an anderer Stelle seines Tractatus Cinus zu erwähnen. Ausgewählt wurden solche Textpassagen bei Cinus, die die zentralen *sedes materiae* des römischen Rechts für öffentlichrechtliche Fragen boten.[63]

Während Cinus in der vorgestellten Passage vor allem die Erteilung von Privilegien und die Legitimierung unehelicher Kinder als die typischen Vorrechte des Kaisers ausmacht, die auch schon der gewählte König der Römer ausüben dürfe, erörtert er an anderer Stelle zusätzlich die Aufhebung der Infamie und damit die Wiedereinsetzung in den vorherigen Rechtszustand. Dieses kaiserliche Vorrecht führt er darauf zurück, der Kaiser habe wie ein Arzt für das Wohlergehen und das Seelenheil seiner

---

autografi e codici d'autore dei giuristi medievali (sec. XII–XIV), in: Iuris Historiae: Liber amicorum Gero Dolezalek, hg. von Vincenzo Colli/Emanuele Conte, Berkeley 2008, S. 213–247.

62 Johannes Andreae, gl. „electione" zu Durantis, Speculum Iuris (wie Anm. 59), p. II, 1, S. 422b: *quam faciunt ut singuli, non ut collegium, secundum Hostiensem ut scripsi in c. Venerabilem § quod autem super ver. vel voluerint. Hoc autem improbat Lupoldus per me iam dudum doctoratus, in suo tractatu de iuribus regni et Imperatorii Romanorum, c. vi et c. vii tractat materiam huius vers.* Es folgt eine vergleichsweise ausführliche Paraphrase der Aussagen des Lupold. Zu diesem Passus bei Johannes Andreae auch schon Miethke, Einleitung (wie Anm. 1), S. 4. Die *quaestio* des Jacobus de Arena, deren Übernahme durch Cinus und möglicherweise das Weistum von Rhens spricht Johannes Andreae gleich im Anschluss an: Johannes Andreae, gl. „l. ii": *Vide quod no. in cle. de iureiu. Romani ad fi in glo. 'Romanos', ubi etiam inducitur quaestio Ja. de Arena quam ad literam posuit Cy, C. de quadr. prae. l. Bene a Zenone et est quaestio, an Imperator ante coronationem legittimare possit et privilegia concedere? […] Ad principale dictum Jac. vide quod scripsi de verbo. sig. 'super quibusdam', super verb. 'regum' et in c. Venerabilem super verbo 'iusto', ubi posui dictum Hostiensis de principibus Alemanniae pronuntiantibus et tenentibus concorditer quod in Imperatorem electus habebat omnem imperialem potestatem.*

63 Eine Auswahl solcher öffentlich-rechtlicher Textstellen des römischen Rechts in lateinisch-englischer Übersetzung ist in Vorbereitung für einen kommentierten Quellensammelband zum Fortleben des römischen Rechts im Mittelalter, hg. von A.B. Sirks.

Untertanen Sorge zu tragen und der göttlichen Milde nachzueifern. Cinus wählt damit ein Bild, das eher in die Vorstellungswelt kirchlicher Herrschaftsausübung deutet.[64] Sodann legt Cinus, wie es durchgängig für seinen Codex-Kommentar typisch ist, eine strikte Zweiteilung zwischen weltlicher und kirchlicher Einflusssphäre zugrunde. Denn die Aufhebung der Infamie müsse, um im weltlichen Forum anerkannt zu werden, vom Kaiser und nicht vom Papst vorgenommen werden, der dies nur für die *spiritualia* bzw. das *patrimonium Petri*, also den weltlichen Besitz der Päpste, vornehmen könne. Für Cinus scheint eine Analogie der Aufhebung der Infamie mit der Königserhebung nahezuliegen, die eigentlich auch nur vom Kaiser vorgenommen werden kann. Denn sogleich im Anschluss führte er aus, der erstgeborene Sohn eines Grafen, der erst später vom Papst zum König erhoben worden sei, wie dies beim erstgeborenen Sohn Karls von Anjou der Fall war, habe gegenüber einem Bruder, der erst während der Königsherrschaft seines Vaters geboren worden sei, kein Erstgeburtsrecht im Königreich Sizilien, sondern der später geborene Königssohn samt der Linie seiner Nachfahren sei im Hinblick auf das Königreich als Erstgeborener zu betrachten.[65] Zur Zeit des Cinus war die Frage auch von tagesaktueller Bedeutung, denn der Enkel Karls I. von Neapel-Anjou, König Robert von Neapel, erwies sich als ein Gegenspieler gegen die kaiserlichen Interessen, so dass ihm von Kaiser Heinrich VII. während seines Italienaufenthalts als abtrünniger Vassall ein lehensrechtlicher Prozess gemacht wurde.[66]

Das Besteuerungsrecht des Kaisers erörtert Cinus in den Anfangsteilen seines Codex-Kommentars im Zusammenhang mit den Hand-, Spann- und Fuhrdiensten (*angaria, parangaria, plaustrum*), die man dem Kaiser bei seiner Ankunft schuldete.

---

64 Cinus von Pistoia, Commentaria in Codicem (wie Anm. 38), *ad l. Imperialis benevolentia, cod. De nuptiis (Cod. 5.4.24),* fol. 294a no. 2–4: *Nota ex l. ista, quod Imperatoris proprium est, subiectorum commoda perquirere et eis infirmis animam menderi, quia sanis non est opus medico. Secundo nota quod Imperator debet et vult Dei clementiam imitari et quia parcitur sibi a Deo, parcere vult subditis. [...] Tertio nota quod remittit infamiam.*

65 Cinus von Pistoia, Commentaria in Codicem (wie Anm. 38), ad Cod. 5.4.24, fol. 294ra no. 11ae, 12: *Nam foro nostro, etiam si remitteretur sibi per papam, non prodesset, nisi a solo principe infamia remittatur. Tertio collige argumentum quod non potest dici filius Regis, qui natus est antequam pater esset Rex. Unde pone in Rege Carolo, dum erat comes Provinciae, procreavit filium, postea debellato et convicto Rege Manfredo factus est Rex Siciliae per Ecclesiam: hoc acto, ut primogenitus esset Rex, deinde suscepit alios filios. Quaeritur quis debeat succedere in regno, utrum primogenitus, natus ante regnum adeptum, an primogenitus natus post adeptionem regni? Et videtur, quod filius susceptus post regnum debeat succedere, quia dignitas annexa regno, non transit ad filios, quaesitos ante regni adeptionem, nec regia dignitas transit ad eos, ut hic. Et cave quia pono in illo, qui non erat Rex ante, nec filius Regis illius regni. Nam si tu poneres, quod ipse esset filus Regis, tunc filii eius nepotes ad Regem haberent et dignitatem Regiam et succederet primogentius patri natus etiam antequam esset Rex, contra ff. de pe. l. Mortis § iste [Cod. 4.48.6,* zweifelhafte §-Angabe, S.L.]. *Sed dic, ut ff. de cur. l. 2 in filiis [Dig. 42.7.2].*

66 S. dazu, ohne auf die Frage der Erbfolgeberechtigung Roberts von Neapel einzugehen, Kenneth PENNINGTON, Henry VII and Robert of Naples, in: Das Publikum politischer Theorie im 14. Jahrhundert, hg. von Jürgen MIETHKE/Arnold BÜHLER (Schriften des Historischen Kollegs, Kolloquien 21), München 1992, S. 81–92.

Im römischen Recht waren die üblichen *sedes materiae* für diese Fragen die Stellen Cod. 10.16. und Cod. 10.49, die Cinus jedoch nicht mehr kommentierte, denn sein Codex-Kommentar umfasst nur die Bücher 1 bis 9, also den Teil des Codex, der in den großen Hauptvorlesungen zum römischen Recht bevorzugt behandelt wurde. Nachdem er sich mit der unklaren definitorischen Einordnung und Abgrenzung der Dienste als persönliche Verpflichtungen oder Reallasten auseinander gesetzt hatte, die schon die Glosse beschäftigt hatte, ging Cinus auf die um 1300 aktuelleren Fragen ein, nämlich die Frage, ob der Kaiser auch Güter der Kirche zu diesen Diensten heranziehen dürfe. In diesen Stellen setzte sich Cinus nun ausführlich mit Jacques de Revigny und Pierre Belleperche auseinander,[67] was vor dem Hintergrund, dass König Philipp IV. von Frankreich erbitterte Auseinandersetzungen mit Papst Bonifaz VIII. um die Besteuerung des Klerus für die Kriegführung gegen England geführt hatte,[68] auch naheliegend ist. Cinus zeigt sich wohl bewandert auch mit den Entwicklungen des Kirchenrechts, indem er die Extravagante Papst Benedikts XI. zitiert, die dem König ein Besteuerungsrecht kirchlichen Besitzes nur nach vorheriger Zustimmung des Papstes gestattete. Pierre Belleperche hatte den Kaiser darauf verwiesen, für seine Kriegsführung zunächst auf eigene Mittel zurückzugreifen, bevor er Untertanen belastete, und auch im Falle der Besteuerung diese unbedingt gleichmäßig zu besteuern. Cinus hielt es demgegenüber im Falle übergeordneter Notwendigkeit durchaus für zulässig, dass der Kaiser auch auf Kirchengut die *angaria* und *parangaria* legen könne

67 An dieser Stelle wie auch im Folgenden muss ein detaillierter Abgleich mit den Ansichten de Jacobus de Ravanis und des Petrus Bellapertica zum Besteuerungsrecht des *princeps*, und damit in ihrem Kontext, des französischen Königs, aus Zeit- und Platzgründen unterbleiben. Es wird daher im Rahmen dieses Beitrags ausschließlich analysiert, inwieweit Cinus selbst sich auf seine französischen Vorgänger und Lehrer bezog oder auch von diesen abgrenzte. Ob dies tatsächlich den Auffassungen dieser französischen Juristen entsprach, bleibt einer separaten Untersuchung vorbehalten, zumal die Auffassungen von Jacques de Revigny und Pierre Belleperche weitgehend aus der handschriftlichen Überlieferung rekonstruiert werden müssen. Den maßgeblichen Ausgangspunkt zur handschriftlichen Überlieferung der zentralen Werke beider französischen Juristen bilden dabei die Untersuchungen von Kees Bezemer, vgl. C.H. Bezemer, Les répétitions de Jacques de Révigny. Recherches sur la répétition comme forme d'enseignement juridique et comme genre littéraire, suivies d‹un inventaire des textes (Rechtshistorische Studies, 13), Leiden 1987; Kees Bezemer, What Jacques saw. Thirteenth century France through the eyes of Jacques de Revigny, professor of law at Orleans (Studien zur europäischen Rechtsgeschichte, 99), Frankfurt a.M. 1997; ders., Pierre de Belleperche. Portrait of a legal puritan (Studien zur europäischen Rechtsgeschichte 194), Frankfurt a.M. 2005.

68 Die Auseinandersetzungen des französischen Königs Philipps IV. von Frankreich, der seine Herrschaft mit Unterstützung römischrechtlich geschulter Juristen ausbaute und vertiefte, mit Papst Bonifaz VIII. um 1300 standen in der Schärfe der Rechtsstandpunkte den später folgenden Auseinandersetzungen König Ludwigs mit Papst Johannes XXII. und Benedikt XII. nicht nach. Vgl. zu den Hintergründen der königlichen Finanzpolitik und den einschlägigen päpstlichen Bullen „Clericis laicos" (1296) sowie „Ausculta Filii" (1301) T.S.R. Boase, Boniface VIII (Makers of the Middle Ages), London 1933, S. 131–156, 301–309; Jürgen Miethke, Philipp IV. (1295–1314), in: Die französischen Könige des Mittelalters.Von Odo bis Karl VIII. 888–1498, hg. von Joachim Ehlers u.a., München [2]2006, S. 184–210, bes. S. 198–202.

und dass dies zur Not dem Grunde nach auch ohne Zustimmung des Papstes möglich sein müsse; jedoch sei gegebenenfalls im Anschluss Schadensersatz zu leisten.[69]

In einer Zeit der aufblühenden weltlichen Gesetzgebung um 1300 setzte sich Cinus auch mit dem Gesetzgebungsrecht auseinander. Zwar ging er davon aus, dass keine weltlichen Gesetze gegen die Freiheiten und Verbürgungen der Kirche erlassen werden dürften. Gegen einen möglichen weitergehenden kurialen Anspruch, dass die weltlichen Gesetze generell gegenüber den *canones* zurück zu stehen hätten, schloss er sich jedoch der Position des Pierre Belleperche an, welcher betont hatte, dass Papst und Kaiser als gleichermaßen von Gott eingesetzte Herrscher für ihren jeweiligen Bereich ein *statutum*, eine Rechtsetzung vornehmen könnten, so dass keine der beiden Universalmächte die Statuten des anderen beseitigen bzw. außer Kraft setzen könne. Cinus fügt nun an, dass die Kanonisten, insbesondere Hostiensis, sich gegen eine derartige Gottesunmittelbarkeit beider Gewalten ausgesprochen habe. Ob diese Meinungen tatsächlich so geäußert wurden oder richtig sein könnten, lässt er ausdrücklich dahin stehen, weil er sich nicht weiter um die Auffassungen der Kanonisten kümmern wolle. Schließlich dürfe zwar kein Gesetz durch einen weltlichen Herrscher gegen die Freiheiten der Kirche erlassen werden, sehr wohl sei dies jedoch möglich, wenn sich ein Gesetz nur faktisch, wie man heute sagen würde, gegen die Kirche auswirke.[70]

Mit der rein innerweltlichen Kompetenzverteilung bei der Gesetzgebung setzt sich Cinus mit einem klassischen Topos auseinander, in dem es um Fragen der Gesetzgebung und authentische Interpretation der erlassenen Gesetze durch den Kaiser ging. Zu der Frage, ob es allein dem Kaiser (*soli imperatori*) zukomme, Gesetze zu

---

69 Cinus von Pistoia, Commentaria in Codicem (wie Anm. 38), *ad l. Neminem, cod. De sacrosanc. eccl.* [Cod. 1.2.11], fol. 4vb no. 2: *Potest ergo Respublica vel Imperator capere res Ecclesiae in adventu suo et eas angariare et parangariare, hoc dicit hec lex [...] tamen quando non potest praemunire se, dicit Jacob. Quod potest tunc capere etiam res Ecclesiae, dum tamen hoc faciat de licentia Papae, de quo dic ut in extravaganti Benedicti. Circa hanc quaestionem dicit Petrus quod quando Imperator vult movere guerram non debet istud facere cum praeiudicio subditorum sed prius debet expendere aurum suum [...] non tamen debet expendere totum, sed alqiud residui sibi reservare [...] Videtur etiam quod si propter moram periculum incurreret, quod possit etiam accipere res Ecclesiae, inconsulto Papa, arg. ff. de oper. no. nun., l. de Pupillo § si quis tuos [Dig. 39.1.5.13] debet tamen postea facere resarciri damnum, ut dictum est.*

70 Cinus von Pistoia, Commentaria in Codicem (wie Anm. 38), *ad l. Cassam et irrita, Cod. De sacrosanc. eccl.,* *Cod. 1.2.12, fol. 6ra no. 1–4: *Nota quod statuta et consuetudines contra libertates Ecclesiae factae et faciendae non valent. Item nota quod leges succumbunt canonibus ut hic [...] Quod verum est secundum Petrum quantum ad causas spirituales, alias cum Papa et Imperator aeque principaliter sint constituti a Deo, statutum unius non tollit statutum alterius, ut [A. 1.6 pr, A. 6.3pr]. Hoc non concedunt canonistae, scilicet quod ambo principaliter a Deo processerint, ut [X 2.1.13; X 1.9.1]. Et ad praemissa iura responditur ibi per Hostiensem in apparatu suo, quae si vera sint, valeant, aliter non intromitto. [...] Solutio: ibi loquitur in alio casu, nam aliud est fieri contra libertatem Ecclesiae et aliud contra Ecclesiam. Primum non potest fieri [...] et hoc aliud sic valet [...] licet enim hoc sit contra Ecclesiam, tamen valet.*

erlassen,[71] erörterte Cinus breit die unterschiedlichen Auffassungen, die hierzu seit den ersten Glossatoren vertreten worden waren und auch noch von den sogenannten *doctores moderni* kontrovers beurteilt würden. Die Auslegungsdifferenzen kreisten demnach vor allem um das Verständnis des Wortes *soli*: Durfte allein und exklusiv der Kaiser Gesetze erlassen, bedurfte er hierzu nicht des Senats oder des römischen Volkes? Im Hintergrund stand auch hierfür die sog. „lex Regia" und die Frage, ob das römische Volk seine Gewalt unwiderruflich und vollständig auf den Kaiser übertragen hatte und somit keinerlei Gesetzgebungsbefugnisse beim Volk verblieben seien.[72] Man konnte *solus* aber auch mit Pierre Belleperche so verstehen, führte Cinus aus, dass nur der Kaiser als Einzelperson Gesetze erlassen könne, während andere, also Senat oder Volk, mehrere seien – und zu mehreren, so mag man folgern, durchaus nach wie vor Gesetze erlassen könne. Cinus grenzt sich von dieser Auffassung seines französischen Gewährsmanns markant ab, weil dieser nicht erkenne, dass Volk wie Senat zwar aus mehreren Personen bestünden, jedoch richtigerweise wie eine Einheit aufzufassen sein.[73] Korporationsrechtliche Vorstellungen liegen nahe, wobei Cinus nicht vor dem kanonistisch besetzten Begriff der *universitas* in diesem Kontext zurückschreckt und ausführt, Kaiser und Volk bildeten zusammen die *universitas* des Reichs, weshalb zwar das Volk ohne den Kaiser als seinem Haupt keine Gesetze erlassen könne, dieser jedoch durchaus ohne das Volk. Der Kaiser könne aber auch, wenn es ihm beliebe, zusammen mit Senat und mit dem Volk oder dem Rat seiner Getreuen gemeinsam Gesetze verabschieden.[74] Der Senat könne nach wie vor auch

---

71 Die Ausgangsstelle im römischen Recht war Cod. 1.14.12.3 und lautete: *Definimus autem omnem imperatoris legum interpretationem sive in precibus sive in iudiciis sive alio quocumque modo factam ratam et indubitatam haberi. Si enim in praesenti leges condere soli imperatori concessum est, et leges interpretari solum dignum imperio esse oportet.*

72 Cinus von Pistoia, Commentaria in Codicem (wie Anm. 38) *ad l. Si imperialis, Cod. De legibus et constitut. princ.*, Cod. 1.14.12.3, fol. 29ra no. 4: *De hoc fuerunt dissensiones apud nostros antiquos patres, quae etiam et hodie vigent apud Modernos. Dixit Ioannes, quod non potest hodie populus Romanus facere legem et hoc tenet Hostiensis extra de constitut c. fin. [X 1.2.11], in summa sua. Hugolinus dixit contrarium, glossa approbat opinionem Ioannis in d. l. <Non> ambigitur [Dig. 1.3.9]. Quidam Moderni tenent cum Hugolinum et probant inter alia argumenta nam certum est quod Ulpianus fuit tempore, quo erat concessa imperatoribus potestas condendi leges, ut ff. de orig. iur l. ult. [Dig. 1.2.2] parte et tamen Ulpianus dicit Senatum 'posse' facere legem, non dicit 'potuisse'.*

73 Cinus von Pistoia, Commentaria in Codicem (wie Anm. 38) *ad l. Si imperialis, Cod. De legibus et constitut. princ.*, Cod. 1.14.12.3, fol. 29ra no. 4: […] *vel secundum Petrum dicendum est, quod litera 'soli' exponatur sic, quod nullus alius existens solus potest facere legem, nisi Imperator. Hoc non placet mihi, quia licet populus sint plures, tamen pro uno reputatur. Praetera et Senatus potest esse in in uno.*

74 Cinus von Pistoia, Commentaria in Codicem (wie Anm. 38) *ad l. Si imperialis, Cod. De legibus et constitut. princ.*, Cod. 1.14.12.3, fol. 29rb: […] *et tunc ponitur, quod nullus existens solus potest facere legem, sed solus populus non, quia cum Imperator sit caput imperii, ut ff. ad legem Rodi. de iac. l. Deprecatio [Dig. 14.2.9], populus quantum ad regimen imperii, nihil sine eo facere potest, quia universitas sine capite suo nihil agit [Inst. 1.2.4, Cod. 10.32(31).2] ipse autem solus potest facere, ut hic, et cum populo et cum Senatu et cum concilio procerum […]. Non tamen est est necessarium quod cum concilio faciat, quod probat illa littera 'humanum', ut supra dixi.*

noch Gesetze erlassen, aber nur wenn dies nicht dem Willen des Herrschers widerspreche.[75] Von der Gesetzgebungsmacht des römischen Volkes hält Cinus hingegen nicht besonders viel. Selbst wenn dieses de facto – also wohl ohne dazu befugt zu sein – ein Gesetz oder eine Gewohnheit erlassen sollte, würde dies ohnehin nicht außerhalb Roms greifen.[76] Mit dieser abschließenden Bemerkung zum Problem wird deutlich, welche Schwierigkeiten sich Cinus stellten, das römische Volk im Sinne des stadtrömischen Volkes, wie er es während seines fast zweijährigen Aufenthaltes in Rom im Gefolge Kaiser Heinrichs VII. erlebt hatte, als repräsentativ für das Reich in seiner Gesamtheit aufzufassen. Im Ergebnis lehnte er dies rundheraus ab.

In der Rechtsquellenhierarchie deutlich unterhalb des allgemeinen Gesetzes sind Reskripte und Privilegien anzusiedeln, zu denen sich Cinus ebenfalls breit äußerte. In diesem Kontext ging es nicht um die Frage, ob die kaiserliche Macht durch andere Rechtsetzungsorgane gebunden war, sondern darum, ob ein Kaiser vom allgemeinen Recht durch Einzelrechtsauskünfte wie Reskripte bzw. Einzelfallbegünstigungen wie Privilegien,[77] abweichen könne oder ob er und ggfs. wie weit er an das Recht gebunden sei. Ihm zufolge unterscheiden sich beide kaiserlichen Rechtsakte teilweise im Stil, in jedem Fall könne man sie aber durch die Form, die Cinus als *doctrina facti* bezeichnet, genau auseinander halten: Während Reskripte mit einem Hanffaden ausgestellt würden, fände man an Privilegien einen Seidenfaden.[78] Hieran ist bemerkenswert, dass die Unterscheidung verschiedener Rechtsakte im Hinblick auf die Befestigungsschnüre für die angehängten großen Bullen und Siegel bislang nur für die päpstliche Kanzlei bekannt ist.[79] Es bleibt also offen, ob Cinus hier die Stile der

75 Cinus von Pistoia, Commentaria in Codicem (wie Anm. 38) *ad l. Si imperialis, Cod. De legibus et constitut. princ.*, Cod. 1.14.12.3, fol. 29rb: […] *vel dicendum est quod senatus potest facere legem, non tamen contrariam legi Principis, sicut et praefectus.*

76 Cinus von Pistoia, Commentaria in Codicem (wie Anm. 38) *ad l. Si imperialis, Cod. De legibus et constitut. princ.*, Cod. 1.14.12.3, fol. 29rb aE: *De his opinionibus tene, quae magis tibi placet, quia ego non curo. Nam si populus Romanus faceret legem vel consuetudinem de facto, scio quod non servaretur extra urbem.*

77 Als Definition setzte er dabei die grundlegende Definition des Irnerius voraus, wonach Reskripte Präzisierungen der allgemeinen Observanz in bestimmten Rechtsfällen vornähmen, wohingegen Privilegien ausdrücklich gegen oder außerhalb des allgemeinen Rechts stünden und als ein privates Gesetz aufzufassen seien: *Videamus lecturam Irnerii, quae fuit ut haec lex intelligatur in rescriptis, non in privilegiis. Differentia enim est inter ea, quia rescripta continent iuris communis observantiam, privilegia sunt contra ius, ut extra ius, quia privilegium est privata lex, ut ff. ad Municipa. leg. I i, in fi. [Dig. 50.1.1 aE].* Siehe Cinus von Pistoia, Commentaria in Codicem (wie Anm. 38), *ad l. Rescripta, cod. de precibus imperatori offerendis*, Cod. 1.19.7, fol. 35vb no. 2 aE.

78 Cinus von Pistoia, Commentaria in Codicem (wie Anm. 38), ebd., fol. 35vb no. 4: […] *ubi non est stilus diversus, cognoscetur per doctrinam facti, videlicet, quia rescripta dantur cum filo canapis, privilegia vero cum filo serico.*

79 In der päpstlichen Kanzlei findet sich seit dem 12. Jahrhundert eine Unterscheidung zwischen Bullen (mit Seidenschnur: *litterae cum serico*) und einfachen Privilegien (mit Hanfschnur, als Breven bezeichnet: *litterae cum filo canapis*), vgl. zum Ganzen etwa: Die archivalischen Quellen. Mit einer Einführung in die Historischen Hilfswissenschaften, hg. von Friedrich BECK/Eckart HENNING, Köln u. a.

Kanzleien der beiden mittelalterlichen Universalmächte verwechselte, oder ob er – durchaus aufgrund eigener Anschauung der Urkundenpraxis während seiner fast zweijährigen Anstellung im Gefolge Kaiser Heinrichs VII. in Rom – eine verlässliche Quelle für eine außergewöhnlich differenzierte Urkundenpraxis der Kanzlei Kaiser Heinrichs VII. darstellt, die sich während ihres Aufenthaltes in Rom womöglich von den päpstlichen Formen beeinflussen ließ.

Nach einer sehr ausführlichen Auseinandersetzung mit den Positionen der Bologneser Professoren wie auch der französischen Autoren baut Cinus seine *quaestio* danach auf, ob der Kaiser mit seinem Reskript von den natürlichen Rechten, vom göttlichen Recht bzw. vom Völkergemeinrecht (*ius gentium*) abweichen könne. Laut Jacques de Revigny und Pierre Belleperche könne der Kaiser mit einem guten Grund auch vom Naturrecht abweichen und beispielsweise verfügen, dass Kriegsgefangene versklavt werden dürften, um den Missbrauch zu verhindern, dass sie sofort getötet würden. Der gute Grund besteht nach Cinus also darin, das größere Übel nämlich Tötung aller Gefangenen durch ein Reskript zu verhindern. Auch vom göttlichen Recht dürfe der Kaiser abweichen, solange sein Reskript keinen offensichtlichen Fehler aufweise, weil ein kaiserliches Reskript entsprechend dem Urteil eines Richters streng zu befolgen sei. Da der Kaiser nur Gott unterstehe und der Richter immerhin dem Kaiser, seien die kaiserlichen Reskripte gültig, solange sie das göttliche Recht interpretieren oder derogieren. Wenn dagegen gegen das göttliche Recht verstoßen, dies durch das Reskript also abrogiert werden solle, müsse man zunächst einen Grund dafür verlangen. Aber auch wenn dieser vorliege, könne der Kaiser nicht in allen Fällen durch Reskript vom göttlichen Recht abweichen, beispielsweise könne auch der Kaiser nicht in einem Reskript die Ehe mit der eigenen Mutter für zulässig erklären.[80] Trotz dieser Einhegung kaiserlicher Machtfülle lockert Cinus dann jedoch seine vergleichsweise präzisen Begrenzungen, indem er auf der prozessualen wie auf der Beweisebene dem Kaiser entgegenkommt: Da der *princeps* oberhalb des Gesetzes stehe und nur seinem Gewissen gemäß urteile, werde unwiderleglich vermutet, dass er nicht korrumpierbar sei, wie schon Jacques de Revigny ausgeführt hatte. Anders als ein Richter, der innerhalb seines richterlichen

---

2012, S. 32b. Frau Kollegin, Prof. Dr. Irmgard Fees, München verdanke ich den Hinweis, dass eine vergleichbare Unterscheidung zwischen wichtigen und weniger einschneidenden Rechtsakten je nach Verwendung von verschiedenen Befestigungsschnüren für die Siegel im Hinblick auf die kaiserliche Kanzlei nicht bekannt ist.

80 Cinus von Pistoia, Commentaria in Codicem (wie Anm. 38), *l. Rescripta contra ius, Cod. de pe. imp.*, ad Cod. 1.19.7, fol. 36rb no. 10: *Tertio quaero nunquid Imperator potest rescribere contra iura divina? [...] ecce sicut Imperator est subiectus Deo sic et quilibet iudex est subiectus sibi. Sed sententia lata per iudicem, si quidem feratur non expresso errore in sententia valet, ergo idem in rescripto principis [...] in ista quaestione distinguendum est: aut Imperator scribit ad interpretationem legis divinae et sic ei derogando et tunc potest [...] aut vult scribere contra legem divinam abrogando eam et tunc refert: aut rescribit super his quae non possunt procedere causa subsistente [...] aut rescribit contra legem divinam, in eo quod [fol. 36va] potest causa subsistente procedere.*

Auftrags handele, und somit *lex animata in terris* sei, hält Cinus für den Herrscher fest, er sündige, wenn er ohne einen rechtlichen Grund handele.[81] Die Möglichkeit, dass der Fürst sündigen könne, zieht Cinus schließlich für seine dritte Fallgruppe in Betracht, nämlich ob der Kaiser durch Reskript vom *ius gentium* abweichen könne. Anders als bestimmte Gegenstimmen, die alle Rechtsinstitute, die durch das Völkergemeinrecht eingeführt wurden, für unveränderlich und damit dem herrscherlichen Zugriffsrecht entzogen betrachteten, hält Cinus beispielsweise auch das Eigentum durch Zivilrecht und damit durch kaiserliche Reskripte für veränderlich. Der Kaiser sei das verkörperte Zivilrecht und könne mit den Mitteln des Zivilrechts auch in vor-zivilrechtliche, nämlich gemeinrechtliche, Institute wie das Eigentum eingreifen und dies durch Verjährungs- und Ersitzungsregelungen oder durch Enteignungen zwar nicht als materielles Recht aufheben, aber doch den Rechtsschutz durch Abschneiden von Klagemöglichkeiten entziehen. Cinus scheint im Folgenden diese als gefährlich eingestufte Rechtsfrage der ultramontanen Doktoren abzumildern, indem er darauf verweist, dass alle herrscherlichen Maßnahmen dieser Art stets mit einem guten Grund geschehen müssten, der wiederum zunächst grundsätzlich als widerlegliche Vermutung zugunsten des Kaisers zu unterstellen sei. Andernfalls sündige der Kaiser.[82] Cinus eröffnet mit diesen Überlegungen einerseits einen sehr weiten Handlungsraum für rechtliche Einzelhandlungen des Kaisers, die in weitem Umfang auch von höherrangigem Recht abweichen können. Der letzte Zufluchtspunkt in seinen abgestuften Überlegungen stellt jedoch die Möglichkeit dar, dass der Kaiser sündigen könnte, insbesondere wenn er ohne guten rechtlichen Grund handele.[83] Für einen

---

81 Cinus von Pistoia, Commentaria in Codicem (wie Anm. 38), *l. Precibus contra ius, Cod. de pe. imp.*, ad Cod. 1.19.7, fol. 36va no. 11: [...] *tamen praesumendum est, quod causa subsit et sententia sua semper iusta, unde ab eo non appellatur et princeps est supra legem, adeo secundum conscientiam suam iudicare potest, quia semper praesumitur incorruptibilis. Et est praesumptio pro eo, quod facit quod iuste faciat, ita quod non admittitur probatio in contrarium, secundum Jacobum de Ravanis. Verumtamen si verum est, non subesse causam negari non potest, quod princeps peccat. Tamen iudex qui iudicat secundum eius mandatum non peccat, cum ipse sit lex animata in terris, ut in Auth. De consulibus [A. 4.3].*

82 Cinus von Pistoia, Commentaria in Codicem (wie Anm. 38), *l. Precibus contra ius, Cod. de pe. imp.*, ad Cod. 1.19.7, fol. 36vb no. 12 aA & aE: *Quarto quaero, nunquid Imperator potest rescribere contra ius gentium? [...] Sine dubio si Imperator potest mihi tollere actionem, poterit etiam mihi tollere officium magistratus, cum ipsi magistratus de iure civili sint, ut patet in eadem l. 2. Ista quaestio periculosa est et in ea distinguunt sic praedicti Doctores ultramontani: Aut Imperator vult mihi auferre rem meam cum causa rationabili aut sine causa, ipso casu potest [...] et probatur a iure usucapionis, quae aufert dominium ex causa, ne dominia rerum sint in incerto ut [Inst. 2.6.pr; Dig. 41.3.1] cum sit ipsa lex civilis animata, ut [A. 4.3]. Secundo casu, scilicet, quando vult mihi tollere dominium rei meae, sine aliqua causa de mundo, si quaeratur utrum possit de facto? Non est dubium. Sed utrum possit de iure et de potestate sibi per iura concessa, in veritatem non possit [...] negari tamen non potest quod si mihi rem meam auferat sine causa quod ipse peccat.*

83 Bei der Interpretation dieser Stelle durch PENNINGTON, The Prince and the Law (wie Anm. 37), S. 128–132 kommt der Aspekt der faktischen Möglichkeiten für den Kaiser, ohne Grund vom Recht abzuweichen, einerseits und der Beurteilung dieses Verhaltens als Sünde andererseits meines Erachtens zu kurz.

mittelalterlichen Juristen war damit auch klar, auch wenn Cinus es nicht deutlich formulierte, dass über die Frage des Vorliegens einer Sünde die Zuständigkeit des Papstes *ratione peccati* gegeben war. Auf der Ebene des einfachen Zivilrechts stellte sich Cinus schließlich an anderer Stelle die Folgefrage, ob der Kaiser hier durch Reskript oder Privileg vom allgemeinen Recht abweichen könne, und ob er dabei ausdrücklich erwähnen müsse, von welchem Gesetz er abweiche. Cinus schilderte zunächst die Meinung einiger Bologneser Doktoren, wie des Jacobus Balduinus, die hierzu in zahlreichen Bildern und Metaphern, die direkt dem römischen Recht entnommen waren, vertreten hatten, der Kaiser müsse ausdrücklich das spezifische Gesetz benennen, von dem er abweichen wolle. Gerade weil der Kaiser alles Recht in seiner Brust trage und der Vater aller Gesetze sei, müsse er ausdrücklich vom Gesetz derogieren.[84] Die französischen Autoren, insbesondere Pierre Belleperche, dem sich Cinus hier im Ergebnis anschließt, hatten dagegen vertreten, eine generelle salvatorische Klausel „ohne dass ein Gesetz entgegenstehe“ müsse als ausreichend erachtet werden, weil der Kaiser im Allgemeininteresse und nicht wie ein Erblasser im Eigeninteresse handele.[85]

Auch in der ersten Fassung seines Digestenkommentars, die wohl schon fertiggestellt war, als Lupold von Bebenburg in Bologna studierte, beschäftigte sich Cinus an mehreren Stellen mit Fragen, die die Herrschaftsgewalt des Kaisers bzw. Fragen des öffentlichen Rechts betrafen. Erneut waren eigentumsrechtliche Fragen der Aufhänger für ihn, um zu fragen, ob man in den Zeiten, in denen das Reich vakant war, gegeneinander Krieg führen dürfe, weil es keinen oberen Richter gäbe. Cinus hielt dies in engen Grenzen für möglich, jedoch nur soweit es sich um Gewaltmaßnahmen zur Selbstverteidigung handelte, nicht mit dem Ziel eines Besitz- und Eigentumserwerbs. Cinus lehnte explizit die Meinung einiger Kanonisten, die er namentlich nicht spezifizierte, ab, die vertraten, bei Vakanz des Kaisertums träte die Kirche an die Stelle des Kaisers. Dies sei schon deswegen unrichtig, weil Reich und Papsttum

84 Cinus von Pistoia, Commentaria in Codicem (wie Anm. 38), *l. Omnes, cod. Si contra ius vel publ.*, Cod. 1.22.6, fol. 38vb no. 2: *Iacobus Balduini de Bononia dicit contrarium et arguit sic: Voluntas principis lex est, in Auth. De consulibus [A. 4.3.] et princeps habet omnia iura in pectore suo, ut l. Omnium [Cod. 6.23.19...] sic in Imperatore, quantumcunque praesumatur omnia iura scire, tamen ex quo est lex derogatoria, non potest eam tollere, nisi expresse faciat mentionem de ea. [...]* <no. 3> *Dicitur quod oporteat nominare, quia Imperator est pater legum et pater nominatim exhaeredare debet.*

85 Cinus von Pistoia, Commentaria in Codicem (wie Anm. 38), *l. Omnes, cod. Si contra ius vel publ.*, Cod. 1.22.6, fol. 38vb no. 3: [...] *dico quod sufficit si dicat 'non obstante lege aliqua' per l. ff. de lib. et posth. l. Titius [Dig. 28.2.25].* Dagegen hatte Belleperche deutlich davor gewarnt, mit zivilrechtlichen Analogien, bspw. zu einem Erblasser in seinem Testament, Bestimmtheitsanforderungen an die herrscherliche Rechtsetzung aufzustellen. Die Fälle seien schon deswegen nicht vergleichbar, weil der Herrscher im Interesse der Untertanen Reskripte erlasse, während ein Testator vor allem im Eigeninteresse Vermächtnisse einsetze, vgl. Bezemer, An early attempt (wie Anm. 34), S. 44f.

gleichermaßen unmittelbar von Gott herrührten.[86] An dieser Stelle greift Cinus nicht auf die etwa im „Decretum Gratiani“ verankerte Zweischwerterlehre zurück, sondern führte zwei römischrechtliche Belegstelle an (A. 1.6.1; A. 1.4.1). Zudem sei es unpraktisch, die weit entfernte Kirche in diesen Fällen aufzusuchen. Dies sei mit hohen Kosten verbunden und berge zudem aufgrund der langwierigen Reise- und Prozessdauer Gefahren.[87] Falls Cinus mit diesem Beispielsfall auf seine unmittelbare Gegenwart Bezug nahm, könnte er entweder an die Einsetzung Roberts von Anjou als Vikar für Italien im Jahr 1314, also nach dem Tod Heinrichs VII., durch Papst Clemens V. gedacht haben,[88] oder bereits die frühen Auseinandersetzungen zu Beginn des Papats von Johannes XXII. im Auge gehabt haben. Denn Papst Johannes XXII. argumentierte, das Reich sei aufgrund der Doppelwahl von Ludwig von Bayern und Friedrich von Österreich vakant. Damit müsste diese Passage bei Cinus vor der Einsetzung päpstlicher Vikare in Italien und vor der einschlägigen päpstlichen Konstitution „Si fratrum“ aus dem Frühjahr 1317,[89] also ungefähr zwischen 1314 und 1316, entstanden sein. Hierfür könnte sprechen, dass Cinus anders als sonst in seinen Argumentationsgängen so vorsichtig ist, keine konkreten Namen zu benennen. Weder führt er Hostiensis oder Innozenz IV. als seine sonst üblichen kanonistischen Gewährsmänner an, noch nennt er die *quidam qui de imperio* namentlich. Erst in den späten 1320er und 30er Jahren scheint Cinus seine diesbezügliche Meinung geändert zu haben, und nun statt einer Eigenständigkeit beider Gewalten die heilsnotwendige

86 Cinus von Pistoia, Commentaria in Codicem (wie Anm. 38), *ad l. Ex hoc iure, ff. de iustitia et iure,* Dig. 1.1.5, fol. 642va no. 3 aE: *Et per hoc dicunt quidam quod qui sunt de imperio, vacante eo possunt ad invicem debellare, quia non est superioris copia et recursus. Sed Canonistae dicunt quod vacante imperio succedit Ecclesia, arg. supra de ap. l. Imperatores § si magistratus, quod non videtur verum quia imperium non est a Papa, sed pariter procedit, una cum sacerdotio a Deo, ut in Aut. quo. op § 1 [A. 1.6.1] et de fide instru. <recte: de fideiussor. ?S.L.>, § 1 [A. 1.4.1].* Den Vorrang des Kaisertums vor allen anderen weltlichen Mächten betont dagegen CHIAPPELLI, Vita e opere di Cino da Pistoia (wie Anm. 25), S. 78–82, der S. 88 Fn. 60 eine Stelle bei Johannes Andreae, also dem Fakultätskollegen des Cinus, anführt, wo Johannes sich für das Reichsvikariat in Fällen der Sedisvakanz ausgesprochen hatte.

87 Cinus von Pistoia, Commentaria in Codicem (wie Anm. 38), *ad l. Ex hoc iure, ff. de iustitia et iure,* Dig. 1.1.5, fol. 642va no. 4: *[…] supposito quod hoc esset verum, scilicet ut vacante imperio succedet Ecclesia, quia consulere Ecclesiam est laboriosum et non potest fieri sine pecunia, maxime per longinquos, posset dici idem, ratione periculi quod est in mora […] Breviter tamen dicendum est quod in defectum superioris, ad defensionem personae vel rerum, potest bellum fieri, non ad acquisitionem et in istis licitis bellis intelligitur ista lex.*

88 So FALASCHI, ‚Ut vidimus in Marchia‘ (wie Anm. 17), S. 166 zu den Städten, die Robert von Anjou als päpstlichen Vikar anerkannten, ähnlich auch ASCHERI, Cino da Pistoia (wie Anm. 26), S. 218.

89 Zur Einsetzung von Vikaren in Italien durch Papst Johannes XXII. Zu der noch von Clemens V. im Jahr 1314 vorgenommenen Einsetzung von Robert von Anjou als Reichsvikar von Italien während der Zeit nach dem Tod Kaiser Heinrichs VII., s. MIETHKE, Einleitung (wie Anm. 1), S. 77; zum mit Gesetzeskraft formulierten Anspruch Papst Johannes’ XXII., bei Vakanz des *imperium* selbst das Reichsvikariat zu übernehmen, ebd., S. 77 und MIETHKE, Nachwort: Lupold von Bebenburg (wie Anm. 4), S. 305 f.

Unterordnung des Kaisers unter den Papst vertreten zu haben,[90] was durchaus Anklänge an die Bulle „Unam Sanctam" von Papst Bonifaz VIII. erkennen lässt.

Am deutlichsten geht hingegen aus der ursprünglichen Fassung dieser Passage eine deutliche Kritik an der langwierigen und kostenintensiven Prozessführung an der damals in Avignon, also aus italienischer Sicht weit entfernten, Kurie hervor. Diese durchaus als zeittypisch einzustufende Kirchenkritik kulminiert in einer anderen Kommentierung des Cinus. In der zu kommentierenden Ausgangsstelle des römischen Rechts war es darum gegangen, dass ein Sklave namens Barbarius irrtümlich zum Prätor gewählt worden war, weil man nicht erkannt hatte, dass er ein Sklave war und somit eigentlich amtsunfähig. Dieser Barbarius ergriff verschiedene Verwaltungsmaßnahmen und fällte Urteile, deren Wirksamkeit fraglich war. Cinus nahm den Fall zum Anlass, nicht um darüber zu reflektieren, welche mittelalterlichen Ämter dem antiken Prätorenamt entsprochen haben könnten,[91] sondern um zum einen festzuhalten, dass der gemeinsame Irrtum dennoch Recht entstehen lassen könne, dass also die Amtshandlungen des Barbarius rechtsgültig bleiben müssten. Vor allem aber nutzte Cinus das Rechtsproblem, um über die Umstände von Wahlen nachzudenken. Aus offenem Ehrgeiz ein Amt anzustreben, das einem nicht zustehe, sei letztlich ebenso verwerflich wie dafür Geld zu bezahlen. Lediglich ein verborgener Ehrgeiz, etwa durch seine Qualifikationen und besonderen Verdienste ein Amt anzustreben, sei von einigen, denen er sich jedoch nicht anschließen möchte, hinnehmbar.[92] Insbesondere an der römischen Kurie herrsche jene Form des Ehrgeizes und der Simonie vor und jeder wisse, dass die hohen Verwaltungsämter im Kirchenstaat, in der Romagna wie in den Marken, nur durch Ämterkauf vergeben würden.[93]

90 Cinus von Pistoia, Lectura nova *ad l. Ex hoc iure* Dig. 1.1.5: *Et per hoc dicunt quidam quod qui sunt de imperio, eo vacante possunt ad invicem debellare, quia non est superioris copia nec recursus. Set canoniste dicunt quod vacante imperio succidit ecclesia et sic papa tenet locum Imperatoris , extra de foro competentiae c. licet [X 2.2.10] et ar. de appellacionibus, l. Imperatores [Dig. 49.1.2]: quod quidam non concesserunt, quorum fuit opynio quod Imperium non pendeat a sacerdocio set pariter processerunt, ut in [Aut. 1.6 pr]. Set durum est contra stimullum calcitrare. Nam oportet hodie credere ad salutem quod Imperium processerit a celo non immediate set inmediante sacerdocio, ut delatum et statutum est.* Maffei, La „Lectura super digesto veteri" di Cino da Pistoia (wie Anm. 30), S. 53.

91 Dieser Gesichtspunkt stand für andere Kommentatoren bei der Auseinandersetzung mit der Frage im Vordergrund, vgl. Susanne Lepsius, Prätor und Prokonsul – Übersetzungsleistungen und Neuschöpfungen der mittelalterlichen Legisten im Umgang mit den römischen Ämtern, in: Science politique et droit public dans les facultés de droit européennes (XIIIe–XVIIIe siècle), hg. von Jacques Krynen/Michael Stolleis (Studien zur europäischen Rechtsgeschichte 229), Frankfurt a. M. 2008, S. 223–250

92 Cinus von Pistoia, Commentaria in Codicem (wie Anm. 38), *l. Barbarius, ff. de officio praetoris*, Dig. 1.14.3, S. 660a no. 10: *Quarti dicunt, quod non licet petere dignitatem. Verum est, per verba expressa, sed tacite per bonos mores et per digna merita sic, ut infra ad l. Iul. re. l. ultima [Dig. 48.11.9]. Certe hic qui ostendit se bene morigeratum, non proprie petit, sed hic loqueretur de illo, qui proprie petivit et sic ista solutio nulla est.*

93 Cinus von Pistoia, Commentaria in Codicem (wie Anm. 38), *l. Barbarius, ff. de officio praetoris*, Dig. 1.14.3, S. 660a no. 10aEc11: *[...] et de hoc gaudent symoniaci curiales dicentes quod in curia Ro-*

Diese besonders markante Ablehnung der Herrschafts- und Verwaltungspraxis der zeitgenössischen Kurie *in temporalibus* scheint Cinus jedoch später – anders als die ersten Titel im ersten Buch der Digesten – nicht mehr überarbeitet zu haben, so dass diese Position auf Dauer diejenige blieb, mit der er politisch als Ghibelline identifiziert wurde.[94]

III. Parallelen im Werk von Lupold von Bebenburg:

Auch wenn die eingangs genauer analysierte Stelle *l. Bene a Zenone* (Cod. 7.37.7) die einzige bleiben sollte, die Lupold von Bebenburg in seinem „Tractatus de iuribus regni et imperii" mit einem wörtlichen Verweis auf Cinus de Pistoia zitieren sollte,[95] so finden sich zu manchen seiner Überlegungen einige weitere Ähnlichkeiten, die auch schon Cinus de Pistoia in seinem Codex-Kommentar und in seiner frühen Kommentierung des ersten Teils der Digesten angestellt hatte. Zunächst sticht bereits beim Zitationsstil ins Auge, dass Lupold und Cinus sich ausgiebig und kritisch mit den maßgeblichen kanonistischen Autoren auseinandersetzten, die die kuriale Position geprägt hatten, insbesondere mit Hostiensis und Innozenz IV. Dagegen fällt die Auseinandersetzung mit den zeitgenössischen Kanonisten, insbesondere mit Johannes Andreae, bei beiden erheblich knapper aus. Spezifisch für Lupold scheint dagegen die extensive Nutzung von chronikalischen Quellen, um seine Argumente mit historischen Beispielsfällen sozusagen als Präjudizien abzusichern. Auch kanonistische Quellen zieht er nicht immer vorrangig für deren juristischen Gehalt heran;

mana non committitur symonia, quia non vendicat ibidem locum sibi ambitio. Sed certe sicut videtur, lupanarii et tonsores et totus mundus Romae et in Romana curia viget omnis ambitus et omnis symonia. Veruntamen quia Romae traduntur magistratus per principem, l. i infra ad l. Iuliam ambitus, illius lator praesumpsit sic, quod princeps nec gratia neque pretio impartiretur honores. Ebd., S. 661 no. 12: *[...] aut est dignitas temporalis et tunc refert: aut petitur clandestine precibus vel pecunia et non licet, ut [Dig. 48.14.1] aut palam et tunc de iure isto licebat, ut l. i § sed et si quis, infra de poli. [Dig. 50.12.1.6], De iure novo subdistinguendum est. Nam aut dignitas cui non est iurisdictio annexa, verbi gratia quod sit advocatus, tunc licet [...] aut habet iurisdictionem annexam, verbi gratia quod sit Praetor et magistratus et tunc nec clam nec palam licet, quia lex praesupponit quod Rempublicam gravaret [...]. Hoc male servat curia Romana, quae vendit praesidatus suos, in quibus Iustitia est, propterea venalis, sic videmus in ducatu Marchiae et Romandiole.*

94 Ausweislich der Aufstellung bei MAFFEI, La »Lectura super digesto veteri« di Cino da Pistoia (wie Anm. 30), S. 60–64 sind in der sog. jüngeren Digestenlectura des Cinus lediglich Dig. 1.1.1 bis Dig. 1.8.11 enthalten, wobei im Einzelnen zu klären bleibt, wie maßgeblich die Überarbeitungen im Einzelnen waren. Zu weiteren kurienkritischen Passagen im Werk des Cinus s. auch FALASCHI, ‚Ut vidimus in Marchia' (wie Anm. 17), S. 161–164.

95 S.o. Fn. 52.

manches Mal tut er dies, um in erster Linie ein weiteres historisches Argument zu gewinnen, das jedoch nicht im Focus des damaligen kirchlichen Normgebers stand.[96]

Auch für Lupold ist ein zentrales Anliegen, die Herrschaftstitel des gewählten römischen Königs unmittelbar aufgrund der Wahl seitens der Kurfürsten zu bestimmen, aber auch von den zusätzlich hinzutretenden weiteren Rechten abzugrenzen, die ihm erst aufgrund der Kaiserkrönung durch den Papst zukommen. Lupold entwickelt, anders als Cinus, ein differenziertes System geographisch konzentrischer Herrschaftskreise, im innersten ausgehend von den Befugnissen als König Deutschlands, dann als römischer König und schließlich als Kaiser. Während die Befugnisse als König Deutschlands und als König der Römer unmittelbar durch die Wahl seitens der Kurfürsten und Krönung durch den Erzbischof von Köln erlangt würden und sich auf das Gebiet des Imperium, also Deutschland, Burgund und Italien erstreckten, könne der Kaiser aufgrund seiner Krönung und Salbung zum Kaiser durch den Papst auch in den Gebieten außerhalb des Reichs,[97] etwa in Frankreich oder Sizilien die kaiserlichen Prärogativrechte ausüben. Vor und nach der Salbung und Krönung zum Kaiser durch den Papst handele es sich um die Ausübung (*administratio*) der sog. *iura reservata*, der kaiserlichen Reservatrechte – ein Ausdruck, den anscheinend erst Lupold geprägt hat und der sich nicht bei Cinus findet. Die tatsächlichen Amtsbefugnisse, die dem römischen König allein aufgrund seiner Wahl zukommen, bestehen bei Lupold von Bebenburg zum Einen in der Legitimierung unehelicher Kinder, die durch die Legitimierung vom „Makel" ihrer Geburt geheilt werden, was vor allem im Hinblick auf ihre dadurch ermöglichte legitime Erbberechtigung nach ihrem natürlichen Vater, aber auch als Voraussetzung für das Bekleiden von Ämtern essentiell war. Zum anderen kann nach Lupold auch nur der Kaiser die Infamie als einschneidende Nebenfolge einer strafrechtlichen Verurteilung aufheben. Beide konkreten Anwendungsfälle finden sich auch bei Cinus de Pistoia in seiner Kommentierung von *l. Bene a Zenone*. Neu kommt bei Lupold dann die Berechtigung des gewählten König und Kaisers hinzu, Notare mit universalem öffentlichen Glauben zu bestallen.[98] Dieser herrscherlicher Kompetenztitel findet sich soweit ersichtlich nicht bei den römischrechtlichen Autoren. Vielmehr dürfte sich Lupold bei der Bestallung von Notaren mit öffentlichem Glauben an kirchlichen Modellen orientiert haben. Besonders bemerkenswert hierbei ist, dass König Ludwig im Jahre 1327 die

96 Beispielsweise Lupold von Bebenburg, De iuribus regni et imperii/Über die Rechte von Kaiser und Reich (wie Anm. 2), c. 5, S. 97; c. 12, S. 205.

97 Lupold von Bebenburg, De iuribus regni et imperii/Über die Rechte von Kaiser und Reich (wie Anm. 2), c. 7, S. 118, c. 11, S. 168.

98 Lupold von Bebenburg, De iuribus regni et imperii/Über die Rechte von Kaiser und Reich (wie Anm. 2), c. 7, S. 110: *Quedam vero alia est potestas exercendi actus imperatori de iure reservatos, que consistit in legittimandis illegitiimis quo ad temporalia, in restituendis infamibus ad famam, in creandis tabelleonibus et in similibus de quibus aliquid notatur per Innocencium et Hostiensem Extra de fide instrumentorum.*

soweit derzeit bekannte erste Bestallung von öffentlichen Notaren vorgesehen hatte, indem er Graf Berthold von Henneberg das Recht verlieh, sechs Notare zu ernennen. Ludwig scheint sich seiner Sache als noch nicht gesalbter und durch den Papst gekrönter Kaiser jedoch nicht ganz sicher gewesen zu sein, weshalb er dieses Privileg nach seiner Kaiserkrönung im Jahr 1329 erneuerte und dann die Berechtigung zur Ernennung von Notaren zugunsten von Graf Berthold auf 10 Personen erweiterte.[99] Bei diesem speziellen kaiserlichen Reservatrecht dürfte auch die Möglichkeit eine nicht unmaßgebliche Rolle gespielt haben, anlässlich der Privilegierung erhebliche Einnahmen zugunsten des notorisch einnahmeschwachen Kaisers zu erzielen. Als viertes und letztes kaiserliches Reservatrecht nennt Lupold schließlich das Recht des Kaisers, neue Gesetze zu erlassen. Diesen Punkt führt Lupold nicht weiter aus und ist auch insofern inkonsistent, als er das Gesetzgebungsrecht nur ein einziges Mal als kaiserliches Reservatrecht nennt, an anderer Stelle jedoch nicht anführt.[100] Während die allerorten in Europa seit dem 12. Jahrhundert aufblühende Gesetzgebung in der Forschung stärker als ein Instrument des Ausbaus der Landesherrschaft interpretiert wird,[101] bleibt Lupold in dieser Frage merkwürdig blass. Soweit es um die Gesetzgebung für das Imperium Romanum durch den gewählten König und Kaiser geht, würde dies der generellen Tendenz des Lupold entsprechen, dem von den Kurfürsten gewählten König und Kaiser jedenfalls die Rechte zuzusprechen, die die übrigen europäischen Könige als Landesherren ebenfalls seit dem Hochmittelalter praktizierten. Auch in puncto der Gesetzgebung würde Lupold dann den *imperator* als *rex in*

99 Die Privilegierung Graf Bertholds VII. von Henneberg-Schleusigen umfasste bezeichnenderweise neben dem Ernennungsrecht für Notare auch die Legitimierung unehelicher Kinder, vgl. Regesta Imperii [VII], H. 7 n. 253 vom 15.3.1327. Eine Erneuerung des Privilegs erfolgte dann am 27.3.1328 in der Peterskirche zu Rom, vgl. RI, S. 59 Nr. 972. Ich danke vielmals Frau Magdalena Weileder, M.A. für diesen wichtigen Hinweis auf die ersten in Deutschland nachweisbaren Bestallungen von *notarii publici* durch den Kaiser in der Herrschaftszeit König Ludwigs des Bayern.

100 Keine Nennung des Gesetzgebungsrechts c. 7, S. 110 (s.o. Anm. 98), sowie in c. 7, S. 116 (beim Vergleich der kaiserlichen Amtsbefugnisse mit denjenigen der anderen europäischen Könige, die aufgrund unverdenklicher Gewohnheit allerdings de facto die kaiserlichen Rechte ausübten): *tamen consuetudo generalis est omnium regnorum occidentalium a tempore, cuius contrarii non est memoria hominum hactenus observata, quod reges ipsorum in suis regnis et quo ad suos subditos exercent actus reservatos a iure imperatori; merum enim et mixtum imperium in suis regnis exercent [...] infames eciam in eisdem suis regnis ad famam restituunt, tabelliones creant, vectigalia recipiunt et concedunt et hiis similia.* Nennung zusätzlich des Gesetzgebungsrechts dann in: c. 11, S. 170: *Dico enim salvo semper iudicio saniori quo imperator post unctionem et coronacionem huiusmodi consequitur potestatem imperialem in omnibus regnis et provinciis presertim occidentalibus, que non erant sub potestate Karoli magni ante tempus translacionis predicte et que adhuc non sunt sub potetate imperii de facto, ita quod potest in eius spurios legittimare quo ad temporalia, infames ad famam restituere, leges condere et similia facere, que de iure sunt solis imperatoribus reservata.*

101 Klassisch zum ideengeschichtlichen Hintergrund: Sten Gagnér, Studien zur Ideengeschichte der Gesetzgebung, Stockholm 1960; neuerdings vor allem Armin Wolf, Gesetzgebung in Europa 1100–1500. Zur Entstehung der Territorialstaaten, München 1996.

imperio suo auffassen.[102] Dagegen finden sich bei Lupold keinerlei Reflexionen zum Gesetzgebungsverfahren im Einzelnen, ob der Kaiser allein oder nur gemeinsam mit dem Volk neue Gesetze erlassen könne, wie dies Cinus sehr ausgiebig beschäftigt hatte.[103] Soweit ein solches Gesetzgebungsrecht des römischen Volkes in Betracht kommt, stößt sich Lupold von Bebenburg, vergleichbar wie Cinus, daran, dass das stadtrömische Volk seiner Zeit keine Kompetenz habe, an der universal gültigen kaiserlichen Gesetzgebung mitzuwirken und damit vor allen Völkern den Vorrang zu gewinnen. Lupold zieht maßgeblich die gleiche römischrechtliche Ausgangsstelle (Cod. 1.14.12.3) für das Gesetzgebungsrecht heran, die auch Cinus für seine entsprechenden Ausführungen benutzt hatte. Dabei kommt er aber zu einer anderen Lösung und nimmt eine erweiternde Interpretation dessen vor, was das römische Volk sei: Für das Gesetzgebungsrecht des universalen Kaisertums habe gegebenenfalls auch nur das gesamte Volk, das dem Kaiser untersteht, dieses Gesetzgebungsrecht, das insbesondere in Zeiten des vakanten Kaiserthrons sozusagen aktiviert werde.[104] Cinus hatte dagegen vor allem die Möglichkeit ausschließlicher Gesetzgebung durch den Kaiser betont und dem stadtrömischen Volk allenfalls die Möglichkeit zugesprochen, eigenes Gewohnheitsrecht zu begründen, das jedoch keine Wirkungen außerhalb von Rom entfalten konnte.[105] Angesichts der allem Anschein nach stärker konsensual angelegten Herrschaftspraxis im Reich nördlich der Alpen dürften die stärker proto-absolutistisch angelegten juristischen Ausführungen, wie sie etwas die französischen Juristen angestellt hatten und die dann von Cinus von Pistoia in den italienischen Diskurs vermittelt worden waren, nicht im Fokus eines kaiserlichen Parteigängers gestanden haben. Nicht besonders ausgearbeitet ist bei Lupold, wie weitgehend man sich das Gesetzgebungsrecht des Kaisers nach seiner Krönung durch den Papst vorzustellen hat. Denn wenn das ohnehin allgemeingültige Gesetz konsequent von Lupold dem gekrönten Kaiser auch für die Gebiete jenseits des Imperium, also universal, zugesprochen worden wäre, hätte dies fraglos als ein massiver Eingriff, gerade auch durch den Geltungsvorrang des kaiserlichen Gesetzes vor dem landesherrlichen Gesetz, in die sich als unabhängig auffassenden neuen Königreiche angesehen werden müssen.

---

102 Walther, Imperiales Königtum (wie Anm. 39), S. 228; Miethke, Nachwort: Lupold von Bebenburg (wie Anm. 4), S. 314. Beide zur Begriffsneuprägung *imperator est rex in imperio suo.*

103 S.o. Fn. 74.

104 Lupold von Bebenburg, De iuribus regni et imperii/Über die Rechte von Kaiser und Reich (wie Anm. 2), c. 12, S. 198: *Posset tamen satis probabiliter dici, quod populus Romanus sumendo ipsum non tantum pro populo civitatis Romane sed pro toto populo imperio Romano subiecto, [...] eciam hodie habeat presertim vacante imperio potestatem leges condendi ac imperium ex causa racionabili de una gente ad aliam transferendi, cum talis populus maior ipso principe fore videatur, iuxta ea, que dicam infra c. XVII.*

105 S.o. Fn. 76.

In Bezug auf die Rechtsquellenhierarchie von *iura naturalia, ius gentium, ius civile* finden sich bei Lupold ähnlich wie bei Cinus Überlegungen dazu, dass die Rechte, die auf Naturrechtsebene anzusiedeln sind, grundsätzlich unveränderlich und damit auch dem herrscherlichen Gesetzgebungszugriff entzogen sind; der Kaiser jedoch könne beispielsweise durch einfache Gesetze in die nähere Bestimmungen in das eigentlich unveränderliche Eigentumsrecht durch Verjährungs- bzw. Ersitzungsregeln eingreifen.[106]

Auch in einem weiteren und letzten Punkt ähneln sich die Positionen von Lupold von Bebenburg und Cinus de Pistoia: Beide vertreten, Kaiser und Papst seien jeweils unmittelbar von Gott eingesetzt und berufen sich für diese These nicht auf die weit verbreitete Zweischwerterlehre in der kaiserlichen Auslegung, sondern ziehen andere juristische Quellen heran.[107] Gerade bei diesem Punkt blieb es nicht bei gelehrter Schreibstubenpolemik, sondern es findet sich ein realer politischer Niederschlag in der Formulierung des Kaisergesetzes „Licet iuris" aus dem gleichen Jahr 1338[108] wie das Kurfürstenweistum von Rhens.

IV. Zusammenfassung und Ausblick:

Ausgangspunkt für die vorliegende Analyse der politischen, öffentlichrechtlichen Überlegungen bei Cinus de Pistoia war die Beobachtung, dass eine zentrale Textstelle in seinem Codex-Kommentar zu den Amtsbefugnissen des von den Kurfürsten gewählten, jedoch noch nicht vom Papst zum Kaiser gekrönten Herrschers mit wörtlichem Nachweis von Lupold von Bebenburg in seinem „Tractatus de iuribus regni et imperii" zitiert worden war. Zum Argumentationsarsenal eines in Bologna ausgebildeten Juristen und in Diensten der Reichskirche stehenden Kirchenmannes konnten also auch römischrechtliche Belege einschließlich der Aussagen der zeitgenössischen Legisten dienen. Die originären Gedanken des Lupold müssen also nicht ausschließlich auf ein „Gegen-den-Strich-Lesen" kanonistischer Standpunkte zurückgeführt werden, sondern könnten sich auch bei legistischen Beispielen zu-

106 Lupold von Bebenburg, De iuribus regni et imperii/Über die Rechte von Kaiser und Reich (wie Anm. 2), c. 8, S. 126.

107 Vgl. Lupold von Bebenburg, De iuribus regni et imperii/Über die Rechte von Kaiser und Reich (wie Anm. 2), c. 9, S. 139–141 (in deutlicher Abgrenzung zur papalistischen Auslegung der Zweischwerterlehre), c. 10, S. 146, 148, sowie Lupold, c. 12, S. 180: *Ad hanc opposicionem sequendo illam opinionem, de qua supra dictum est in c. IXo, scilicet quod iurisdictiones ecclesiastica et secularis sint distincte et quod utraque immediate sit a deo, diceremus quod nec illa nec quecumque alia constitucio iuris canonici possit iuribus regni et imperii in aliquo preiudicium generare;* bei Cinus s.o. Fn. 48, 70, 86.

108 Quellen zur Verfassungsgeschichte des Römisch–Deutschen Reichs im Spätmittelalter (1250–1550), hg. von LORENZ WEINRICH, Darmstadt 1983, S. 290–293.

mindest inspiriert haben, auch wenn keine weiteren wörtlichen Zitate von Cinus de Pistoia aus dessen Codex-*lectura* und der ersten Fassung der Digestenlectura bei Lupold vorliegen. Manches, was von Cinus breit erörtert worden war, etwa das Alleingesetzgebungsrecht des Kaisers oder auch die Frage der rechtlichen Wirksamkeit eines auf unredliche Weise erlangten Reskripts oder Privilegs, behandelte Lupold in seinem Traktat hingegen nicht.

Umgekehrt scheint Cinus de Pistoia, wenn er Fragen von Kaiser, Reich und Herrschaft im Spätmittelalter anhand seiner römischrechtlichen Quellen erörterte, sich weniger eng an seine ansonsten maßgeblichen Gewährsmänner der französischen öffentlichrechtlichen Schule der Jurisprudenz, also an Jacques de Revigny und Pierre Belleperche gehalten zu haben, als ihm dies in der Forschungsliteratur üblicherweise unterstellt wird. An den Stellen, an denen er beide Autoren ausdrücklich zitierte, setzte er sich streckenweise sehr kritisch mit ihnen auseinander. Für andere Fragen, etwa den Herrschaftsbefugnissen des gewählten, jedoch noch nicht zum Kaiser gekrönten Königs verwendete er ausschließlich Argumente aus dem inner-bologneser Rechtsunterricht wie schlagend am Beispiel der noch nicht eindeutig identifizierten *quaestio* des Johannes d'Antella deutlich wurde. Er scheint damit sehr genau die Quellen und Autoren ausgewählt zu haben, die für die spezifisch italienische Position um das Jahr 1300 hilfreich waren. Diese Situation war gekennzeichnet durch eine Gemengelage vielfältig überlappender örtlicher Interessen, einem nach wie vor bestehenden Bedürfnis sich von der Ankunft eines neuen Kaisers inneritalienische Befriedung zu erhoffen, einer akuten Unzufriedenheit mit Ämterkäuflichkeit von Kirchenämtern an der in Avignon abwesenden Kurie, sowie auch mit schlechter Administration der weltlichen Besitztümer des *patrimonium Petri* vor Ort. Im Falle des Cinus scheint es eine besondere Volte der Geschichte zu sein, dass sein Leser Lupold von Bebenburg einige seiner frühen ghibellinischen Argumente erfolgreich in dem ersten deutschen politiktheoretischen Traktat zugunsten von Ludwig von Bayern verwendete. Denn das tatsächliche Miterleben des Romzugs Ludwigs einschließlich seiner ungewöhnlichen Kaiserkrönung scheinen bei Cinus hingegen einen Schwenk in den politischen Loyalitäten hin zum Papst ausgelöst zu haben, aufgrund dessen er dann auch die Anfangskapitel seines Digestenkommentars in eine deutlich papst- und kurienfreundlichere Sicht umgearbeitet zu haben scheint.

Der ideale Herrscher
Ludwigs Kaisertum im europäischen Vergleich (1320–1350)

Jean-Marie Moeglin

In den Jahren um 1350 verfasste Jean le Bel, Domherr der Kathedrale von Lüttich und Mitglied einer der mächtigen Familien der dortigen städtischen Elite, eine Chronik der Ereignisse seiner Zeit, die „Vrayes Chroniques."[1] Jean le Bel gehört zu dem neuen Typ der Chronisten, die seit Anfang des 13. Jahrhunderts die Volkssprache benutzten und sich an ein vorwiegend adeliges Publikum wandten. Sie erzählten spannende Geschichten von Kreuzzügen, Kriegen der Könige untereinander und sonstigen aufsehenerregenden Ereignissen, die zu ihrer Zeit geschehen waren. Nicht zuletzt ging es ihnen darum, die *memoria* an die ruhmreichen oder schändlichen Taten ihrer Zeitgenossen wach zu halten.

Das Thema von Jean le Bel ist die Geschichte der Großtaten des englischen Königs Eduards III. bzw. der Anfänge des Krieges, den man später den Hundertjährigen Krieg genannt hat, also die Zeit von ca. 1330 bis ca. 1350.

Traut man einem Zeitgenossen und Mitbürger von Jean le Bel, Jean d'Outremeuse, dem Verfasser des „Myreur des histors"[2], hatte ein bedeutender Dynast aus der Gegend, Johann von Beaumont (†11. März 1356), gegen 1350 Jean le Bel zum Schreiben seiner Chronik veranlasst. Er war der jüngere Sohn des Grafen Johann II. von Hennegau.[3] Johann von Beaumont hatte der Königin Isabella von England die entscheidende Hilfe zuteil werden lassen, als sie ihren Ehemann, König Eduard II. von England, stürzte. Er hatte auch seine Nichte Philippa mit dem neuen König von England, Eduard III., verheiratet. Philippas Schwester Margarethe wiederum hatte 1324 den römischen König Ludwig den Bayern geheiratet. Damit war also Ludwig auch ein Neffe Johanns von Beaumont geworden, der außerdem König Philipp VI. von Frankreich zum Schwager hatte.

---

* Für nicht nur sprachliche Verbesserungen dieses Textes bin ich meinem Kollegen und Freund Dr. Herbert Schneider (MGH, München) zu großem Dank verpflichtet.

1 Chronique de Jean le Bel, hg. von Jules VIARD/Édouard DÉPREZ (Société de l'histoire de France), 2 Bde., Paris 1904–1905.

2 Ly myreur des histors, hg. von Charles Joseph Adolphe BORGNET/Stanislas BORMANS (Collection de chroniques belges inédites), 7 Bde., Brüssel 1864–1887, Bd. 6, S. CLXI; s. auch VIARD/DEPREZ, Chronique de Jean le Bel (wie Anm. 1), S. VIIIff.

3 Vgl. Sybrand Allard WALLER ZEPER, Jan van Henegouwen Heer van Beaumont, Bijdrage tot de Geschiedenis der Nederlander in de Ferste Helft der Veertiende Eeuw, Den Haag 1914.

Johann von Beaumont hatte Jean le Bel gebeten, eine wahrhaftige Erzählung der Ereignisse zu liefern, um die Lügen einiger höchst tendenziöser Berichte zu korrigieren; er sollte die reine Wahrheit schreiben, ohne jede Parteinahme für irgendeine Seite und ohne fälschliche Zuschreibung verdienstvoller oder schandhafter Taten an irgend jemanden. Dass er tatsächlich danach gehandelt hätte, wird man eher bezweifeln dürfen.

Wie dem auch sei, der Leser weiß sehr schnell, was Jean le Bel von diesem oder jenem Fürsten hielt. Wie Bernard Guenée nachgewiesen hat, griff Jean le Bel dabei auf ein sehr einfaches und kohärentes System zurück, um seine Meinung auszudrücken: Er versah systematisch alle königlichen und fürstlichen Akteure der Geschichte mit einem Prädikat, das dem Leser von vornherein angab, in welche Kategorie dieser Fürst einzuordnen war.[4]

So wird Eduard III. nach – aber nicht vor – dem gelungenen Staatsstreich gegen Mortimer der „noble roi Edouard" („der edle König Eduard") genannt. Eduard sei nämlich der perfekte Ritter gewesen, der dem von Jean le Bel geschätzten Modell vom Herrscher am besten entsprach; darauf werde ich zurückkommen. König Philipp VI. von Frankreich hingegen bekam kein Prädikat, und dies aus einem einfachen Grund, den Jean le Bel in einer erstaunlich deutlichen Passage seiner Chronik dem Leser verrät: Er verdiene es nicht, weil es sich bei ihm um einen recht schlechten Herrscher handele, der immer auf böse Berater gehört, sein Land mit Steuern und Geldabgaben fast zugrunde gerichtet habe, falsche Münzen habe prägen lassen und seine Krieger nicht bezahlt habe. Ein solcher Fürst verdiene in gar keinem Fall die Liebe seiner Getreuen bzw. Untertanen, schreibt Jean le Bel, und man müsse nicht überrascht sein, dass das einst so glorreiche Königreich Frankreich jetzt dem Untergang so nahe stünde.[5] Es gab allerdings noch einen anderen König, dem Jean le Bel viel Lob zollte: Johann der Blinde, König von Böhmen. Johann, *le plus gentil roy qui oncques fut, ce fut le noble, courtois et large roy de Bohême* („der edelste König, den man je fand, das war der König von Böhmen");[6] er wurde noch häufiger als Eduard III. le *gentil roy* genannt, oder auch der „noble roi de Boheme", manchmal sogar „le très noble roi de Boheme" („der sehr edle König von Böhmen").

Wie steht es aber mit Ludwig dem Bayern? Sicher war Ludwig im beginnenden Hundertjährigen Krieg kein Akteur vom selben Rang wie Eduard III., Philipp VI. oder auch Johann der Blinde. Unbedeutend war aber seine Rolle sicherlich nicht; außerdem war Ludwig, wie gesagt, der Neffe Johanns von Beaumont, und schließlich war Lüttich ein Reichsbistum. Dennoch erwähnt Jean le Bel Ludwig kaum; sogar

4 Bernard GUENÉE, Jean le Bel et le noble roi Edouard, in: Relations, échanges, transferts en Occident au cours des derniers siècles du Moyen Âge. Hommage à Werner Paravicini, hg. von dems./Jean-Marie MOEGLIN, Paris 2010, S. 301–309.

5 VIARD/DÉPREZ, Chronique de Jean le Bel (wie Anm. 1), Bd. II, S. 65–67.

6 Ebd., Bd. I, S. 33 f.; s. auch Bd. II, S. 108, 183.

seinen Namen scheint er nur mit Mühe schreiben gekonnt zu haben. Er ist nur „der Kaiser" bei den Schilderungen der Kämpfe der Magnaten der Niederlande mit Eduard III.; ebenso bei der knappen (und irreführenden) Beschreibung, wie Ludwig das Reichsvikariat an Eduard III. verlieh. Erst als Ludwig stirbt, wird sein Name ausdrücklich genannt. Dieses Schweigen sagt viel aus: Ludwig entsprach in keiner Weise dem Modell des guten Herrschers, genau so wenig wie etwa Philipp VI. Dies kommt klar zum Ausdruck bei der Erwähnung des plötzlichen Todes von Ludwig. Jean schreibt: „im Jahre 1345 starb der Kaiser Ludwig von Bayern, und sofort schaffte der edelste König, den man je gekannt hat, der König von Böhmen", usw.[7] In dieser Gegenüberstellung ist alles gesagt.

Dies führt mich zu meinem eigentlichen Thema. Es geht mir darum, die Konstruktion des Bildes vom König im Europa des 14. Jahrhunderts in seiner politischen Funktion zu untersuchen. Die Darstellung des Königs, wie wir sie in den Quellen finden, führt uns nie zum König als dem Menschen, der er wirklich war, sondern nur zu dem Bild, das er selbst und seine Umgebung bzw. seine Widersacher zeichnen wollten; und dieses Bild bzw. diese sich widersprechenden Bilder sind geformt nach gewissen Leitbildern, anhand derer sich die Zeitgenossen das Handeln eines Königs vorstellen konnten bzw. sollten.

Keiner der Könige des zweiten Viertels des 14. Jahrhunderts – sei es Ludwig der Bayer, Eduard III., Philipp VI., oder auch Robert von Neapel – konnte sich bei seinem Regierungsantritt auf eine unumstrittene Legitimität berufen. Darüber hinaus glaube ich, so etwas wie eine strukturelle Krise königlicher Macht in dieser Periode diagnostizieren zu können. Dabei ging es um das Verhältnis zwischen dem König als Herrscher und seinen Getreuen bzw. Untertanen. Die konsensuale Herrschaft war ein politisches Modell, das sich vom 11. bis zum 13. Jahrhundert in der Herrschaftspraxis alles in allem bewährt hatte, jedenfalls in den Königreichen nördlich der Alpen.[8] Dieses Modell wurde aber durch die strukturelle Entwicklung der Territorialstaaten vom 13. bis zum 14. Jahrhundert zunehmend in Frage gestellt. Durch die harte Hand, mit der bestimmte Könige ihren Willen durchzusetzen bzw. zu inszenieren versuchten, zogen sie den Vorwurf auf sich, zu *reges crudeles*, d.h. Tyrannen, geworden zu sein. Dieser Vorwurf traf Könige wie Eduard II. von England ebenso wie auch Adolf von Nassau und Albrecht von Habsburg, Philipp VI. von Frankreich

7 Ebd., Bd. I, S. 221: *L'an de grace mil CCCXLV trespassa l'empereur Loys de Baviere, et tantost pourchassa aprez luy le plus noble roy qui fut le roy de Boheme ...* .

8 Zu diesem Begriff s. Bernd Schneidmüller, Konsensuale Herrschaft. Ein Essay über Formen und Konzepte politischer Ordnung im Mittelalter, in: Reich, Regionen und Europa in Mittelalter und Neuzeit. Festschrift für Peter Moraw, hg. von Paul-Joachim Heinig u.a. (Historische Forschungen 67), Berlin 2000, S. 53–88.

wie seinen Sohn Johann den Guten, und noch mehr den kastilischen König Peter I. mit dem bezeichnenden Beinamen „der Grausame“[9].

Sich als *rex crudelis* zu profilieren, war also möglicherweise eine Versuchung bei einigen Herrschern der ersten Hälfte des 14. Jahrhunderts, wenn sie mit Widerständen bzw. Rebellionen konfrontiert waren. Das war aber auf lange Sicht ganz sicher keine Lösung, um die strukturelle Krise des Königtums im Verhältnis zu den Getreuen bzw. Untertanen zu bewältigen.

Um das getrübte Verhältnis zwischen dem König und seinen Untertanen zu klären, musste man sich auf andere, neue Bilder von einem idealen König berufen. Und tatsächlich standen verschiedene solcher Bilder zur Verfügung und konnten sozusagen aktiviert werden. Ich möchte nach dieser langen Einführung in einem ersten Schritt zeigen, welche Idealtypen es waren, auf die Herrscher wie Eduard III., Philipp VI. und Robert von Neapel zurückgegriffen haben, um dann in einem zweiten Schritt zu untersuchen, wie Ludwig der Bayer sich zu diesen möglichen Modellen gestellt hat, bzw. zu prüfen, inwieweit er selbst befähigt war, ein eigenes Profil zu definieren.

I

Vielleicht der konsequenteste Versuch eines neuen Modells vom idealen König – und dies führt zu Jean le Bel zurück – ist beim „edlen König“ Eduard III. zu beobachten. Er wurde unternommen in der Absicht, wieder einen Ausgleich zu finden in dem unter Eduard II. und Mortimer in die Krise geratenen Verhältnis zwischen König und Adligen; das geschah unter Rückgriff auf das Modell des ritterlichen Königs.[10]

Eduard III. knüpfte an seinen Großvater Eduard I. an, als er sich als neuer König Artus darstellen ließ. Beim Dunstable-Turnier 1334 trug er die Wappen der arturischen Figur Lionel, und sein zweiter Sohn sollte 1338 auch diesen Namen erhalten. Im Januar 1344 veranstaltete er eine große Tafelrunde in Windsor mit dem expliziten Ziel, den Hof des Königs Artus wiederaufzurichten. Das wurde begleitet von dem Versuch, einen großen Ritterorden zu gründen; des Weiteren plante er in Windsor bedeutende Baumaßnahmen und ließ sie zum Teil auch ausführen.[11] Am 10. Juni

9 S. dazu Jean-Marie Moeglin, „Rex crudelis“ – Über die Natur und die Formen der Gewalt der Könige vom 11. zum 14. Jahrhundert (Frankreich, Reich, England), in: Gewalt in der politischen Kultur des Mittelalters, hg. von Martin Kintzinger/Frank Rexroth/Jörg Rogge (Vorträge und Forschungen, Reichenau, 29. September –2. Oktober 2009), im Druck.

10 Zur Bedeutung des ritterlichen Modells für das englische Königtum s. zuletzt Maurice Hugh Keen, Chivalry and English Kingship in the Later Middle Ages, in: War, government and aristocracy in the British Isles, ed. by Chris Given-Wilson/Ann Kettle/Len Scales, Woodbridge 2008, S. 250–266.

11 Vgl. Julian Munby/Richard Barber/Richard Brown, Edward III's round table at Windsor, Woodbridge (Suffolk), 2007. Vgl. auch Juliet Vale, Arthur in English Society, in: The Arthur of the Eng-

1345 gab er die Erlaubnis, nach dem Grab des Josef von Arimathäa im Kloster Glastonbury zu suchen.[12] Dieser arturische Akzent prägte auch den von Eduard III. entwickelten Diskurs, um seinen Krieg gegen Philipp VI. und für die Rückgabe seiner französischen Krone zu legitimieren.[13] Jean le Bel ist derjenige, der den *proeu et gentil roy Edowart* ausdrücklich als zweiten König Artus präsentierte, und dies gerade in jenem Moment der Erzählung, wo sich der englische König nach der Unterwerfung der Schotten entschieden in sein großes Unternehmen um die französische Krone stürzte.[14]

In den gleichen Rahmen fügt sich die Gründung des Hosenbandordens ein, wahrscheinlich im Frühling bzw. im Sommer 1348, auch wenn dabei Artus zugunsten des Heiligen Georg etwas in den Hintergrund geraten ist. Es ging immer noch darum, den französischen Krieg als einen von den adeligsten und tapfersten Rittern gegen den Tyrannen Philipp VI. geführten Krieg darzustellen.[15]

Allgemeiner betrachtet verweisen das Verhalten und der Diskurs Eduards auf eine ritterliche Kultur der Herausforderung und der „Prouesse“[16]. Die häufigen Turniere,

---

lish: the Arthurian legend in medieval English life and literature, ed. by William Raymond Johnston Barron (Arthurian literature in the middle ages; 2), Cardiff ²2001, S. 185–196.

12 Thomas Rymer, Foedera, conventiones, litterae et cujuscumque generis acta publica ..., hg. von A. Clarke/F. Holbrooke, 4 Bde., London 1816–1869, Bd. III, 1, S. 44.

13 S. dazu Jean-Marie Moeglin, Récrire l'histoire de la Guerre de Cent ans – Une relecture historique et historiographique du traité de Troyes (21 mai 1420), in: Revue Historique 314 (2012), S. 887–919.

14 Viard/Déprez, Chronique de Jean le Bel (wie Anm. 1), Bd. I, S. 118f.: *Et puis il se parti et revint en Angleterre, et tint souvent grandes festes et grandes courts où tous les barons et les seigneurs du pays s‹assembloient; et souvent tint grandes festes, tournoys, joustes et assemblées de dames, par quoy il acquist si grande grace envers tous que chascun disoit que c‹estoit le second roy Artus [....] Il estoit si amé et si honnouré partout des petis et des grands par la grande noblesse des faitz et des parolles lesquelles estoient en luy, et pour le tres grand cueur et les grandes festes et grandes assemblées de dames et de damoiselles, que chascun disoit que c‹estoit le roy Artus.*

15 Vgl. Maurice Keen, Chivalry, New Haven/London 1984, S. 184. Vgl. auch Malcolm Vale, War and Chivalry. Warfare and Aristocratic Culture in England, France and Burgundy at the End of the Middle Ages, London 1981. Zum Hosenbandorden vgl. Yves Renouard, L'Ordre de la Jarretière et l'Ordre de l'Étoile. Etude sur la genèse des ordres laïcs de chevalerie et sur le développement progressif de leur caractère national, in: Le Moyen Âge 55 (1949), S. 281–300; Jonathan Dacre Boulton D'Arcy, The knights of the crown: The monarchical orders of knighthood in later medieval Europe 1325–1520, Woodbridge/Suffolk 1987, hier S. 96–166; Hugh Collins, The Order of the Garter, 1348–1461, in: Chivalry and Politics in Later Medieval England, Courts, counties and the capital in the later Middle Ages, ed. by Diana E.S. Dunn, Stroud/New York 1996, S. 155–180; Hugh E. L. Collins, The Order of the Garter 1348–1461: chivalry and politics in late medieval England, Oxford [u.a.] 2000.

16 Vgl. zuletzt Claude Gauvard, Le défi aux derniers siècles du Moyen Âge: une pratique entre guerre et vengeance, in: Guenée/Moeglin, Relations, échanges et transferts en Occident (wie Anm.4), S. 383–405; s. auch Michel Margue, Les „vœux sur les oiseaux“. Mutations d'un rite d'intégration entre mémoire chevaleresque et actualité politique, in: ebd., S. 343–381.

die er während der ersten zwanzig Jahre seines Königtums veranstaltete, sind ein klarer Ausdruck davon.[17]

Jedenfalls gelang es Eduard III. während der 1340er Jahre weitgehend, die Aristokratie seines Königreichs hinter sich zu sammeln und sie dazu zu bringen, den Profiten eines siegreichen Krieges nachzujagen, wie auch Gelegenheiten zu suchen, sich Ruhm zu erwerben. Ob die Figur des Ritter-Königs auch ein mögliches Modell für Ludwig den Bayern bot, werden wir später erörtern müssen.

Für einen König wie Philipp VI. war sie jedenfalls keine wirkliche Option. Trotz seines Sieges gegen die Flamen in der Schlacht bei Cassel 1328 am Anfang seines Königtums hat er nie wirklich versucht, dem englischen König in diesem Bereich Konkurrenz zu machen. Allerdings darf man dabei nicht verschweigen, dass dies nicht für seinen Sohn, den künftigen König Johann den Guten, galt. Der hat später durchaus versucht, Eduard III. auf diesem propagandistischen Felde herauszufordern. Erst als er 1350 König wurde, konnte er seinen Stern-Orden gründen – nach einem vergeblichen Versuch im Jahre 1344.[18]

Philipp VI. favorisierte dagegen die Figur des frommen Königs, der die Kirche fördert und schützt. Die Idee eines direkten Bandes zwischen Gott und den Königen war ein selbstverständliches Merkmal aller christlichen Herrscher. Dennoch hatten nicht alle dieselben Möglichkeiten, dieses Thema auszubauen. Spätestens ab dem 12. Jahrhundert hatte sich das französische Königtum in dieser Hinsicht einen Vorsprung gesichert.[19] Nachdem es die Figur des französischen Königs als Beschützer der legitimen Päpste gegen die Ketzer und Feinde der Kirche geprägt bzw. durchgesetzt hatte, war es dabei, eine „königliche Religion" im eigentlichen Sinne zu entwickeln.[20] Schon mit Philipp dem Schönen begann sich das Bild vom *rex christianissimus* in einen Topos der königlichen Propaganda zu verwandeln.[21] Die Goldmünzen Philipps VI. mit der Darstellung des Erzengels Michael, der über den Drachen siegt, sind typisch für die damalige königliche Propaganda und für das Bild des den Glauben schützenden Königs.[22] Philipp stellte sich damit in die direkte Nachfolge seines Vorfahren, des Heiligen Ludwig, auf dessen Vorbild er in einigen feierlichen Urkun-

17 Vgl. Juliet VALE, Eduard III and chivalry, Chivalric Society and its Context, 1270–1350, Woodbridge 1982, S. 57–75, 172–174.

18 Vgl. BOULTON D'ARCY, The knights of the crown (wie Anm. 15), S. 167–210.

19 S. dazu zuletzt Georg JOSTKLEIGREWE, Das Bild des Anderen. Entstehung und Wirkung deutsch-französischer Fremdbilder in der volksprachlichen Literatur und Historiographie des 12. bis 14. Jahrhunderts, Berlin 2008, speziell S. 315–318, sowie Dominique BARTHÉLEMY, Nouvelle histoire des Capétiens, Paris 2012, S. 299 ff.

20 Vgl. Jacques KRYNEN, Idéal du Prince et pouvoir royal en France à la fin du Moyen Âge (1380–1440), Paris 1981; Colette BEAUNE, Naissance de la Nation France, Paris 1985.

21 Vgl. Mireille CHAZAN, Guillaume de Nangis et la translation de l'Empire aux rois de France, in: Saint-Denis et la royauté – études offertes à Bernard Guenée, travaux réunis par Françoise AUTRAND/Claude GAUVARD/Jean-Marie MOEGLIN, Paris 1999, S. 463–480, hier S. 466–468.

22 Vgl. BEAUNE, Naissance de la Nation France (wie Anm. 20), S. 193.

den am Anfang seines Königtums auch ausdrücklich verweist. Wie sein Ahn, wolle auch er, Philipp, den Kampf gegen die Ketzer weiterführen,[23] und – als Einziger unter den französischen Königen des Spätmittelalters – dem Heiligen Ludwig in seinem entschiedenen Kampf gegen Gotteslästerung folgen.[24]

Das spezifische Merkmal Philipps, mit dem er offensichtlich sein Legitimitätsdefizit bemänteln wollte, stellt aber der Kreuzzugsgedanke dar. Nachdem er 1331 in Betracht gezogen hatte, gegen die Heiden in Spanien zu kämpfen, ging er dazu über, einen Kreuzzug ins Heilige Land zu planen.[25] Das Programm vom König, der gegen die Heiden einen Kreuzzug anführt, wurde zum Leitthema der königlichen Propaganda, bevor dann der englische Krieg den französischen König zwang, darauf zu verzichten. Die Schuld am Scheitern eines Kreuzzuges wollte der französische König aber weiterhin dem englischen in die Schuhe schieben.[26]

---

23 Vgl. Ordonnances des rois de France de la troisième race, Bd. II, Paris 1729, November 1329, S. 41: „lesquelles clauses le devant dit Inquisiteur a supplié et requis humblement par nous estre renouvellées et confirmées. Et nous voulans et entendans la besoigne de sainte foy catholique et dudit office de l'Inquisition, de tout nostre pouvoir, promovoir et adrecier, et parfaitement, Dieu aidant, ensuivre les bonnes voies et les bons faits de nosdits Encesseurs, et especialment de sainte mémoire nostre Seigneur Saint Loys, mandons et commandons à tous ducs ... “; ebd., S. 41: *Philippus Dei gratia Francorum rex: notum facimus universis, tam praesentibus quam futuris, quod nos progenitorum nostrorum, et praecipue Beati Ludovici sancta memoriae, Francorum Regum, vestigiis inhaerere volentes, ac favente Domino, totis affectibus cupientes, ut catholicae et orthodoxae fidei negotium, ac inquisitionis officium contra hereticam pravitatem, ad Dei gloriam et dictae fidei augmentum, nostris temporibus prosperetur, necnon ut heretica praesidia de nostri regni finibus et partibus universis facilius valeant aboleri; considerantes praefati Beati Ludovici statutum, quod incipit* ..... Andere Berufungen auf den Heiligen Ludwig kommen in den häufigen Erlassen über den Kurs der Währung vor, vgl. Beaune, Naissance de la nation France (Anm. 20), S. 142f.

24 Ebd., S. 48, 12. März 1329, vgl. dazu Corinne Leveleux-Texeira, La parole interdite. Le blasphème dans la France médiévale (XIIIe–XVIe siècles). Du péché au crime, Paris 2001, S. 313.

25 Vgl. Joseph Delaville le Roulx, La France en Orient au XIVe siècle: Expéditions du maréchal Boucicaut, Paris 1885, speziell S. 86–102; Jules Viard, Les projets de croisade de Philippe VI de Valois, in: Bibliothèque de l'Ecole des Chartes 97 (1936), S. 305–316; Norman Housley, The later crusades: 1274–1580; from Lyons to Alcazar, Oxford u.a. 1992, S. 33–36; Christopher J. Tyerman, Philip VI and the recovery of the Holy Land, in: English Historical Review 100 (1985), S. 25–52; Antony Leopold, How to recover the Holy Land: the crusade proposals of the late thirteenth and early fourteenth centuries, Aldershot u.a. 2000, speziell S. 40–46, 165–168, 192–196.

26 Eduard III. hatte auf die Forderung Philipps, ihn auf den Kreuzzug zu begleiten, positiv geantwortet; zu diesem Anlass wurde ihm eine von einem gewissen Roger de Stanegrave verfasste Kreuzzugsschrift gewidmet. Einigen späteren Beteuerungen zum Trotz dachte aber Eduard nicht wirklich an einen Kreuzzug; vgl. dazu Projets de croisade (v. 1290–v. 1330), hg. von Jacques Paviot (Documents relatifs à l'histoire des croisades 20), Paris 2008; Tyerman, Philip VI (wie Anm. 25), S. 47. Dass immerhin das Kreuzzugsthema in England sehr lebendig geblieben war, zeigt das vor kurzem erschienene Buch von Timothy Guard, Chivalry, Kingship and Crusade – The English Experience in the Fourteenth Century, Woodbridge 2013, zu Eduard III. s. S. 41–43.

Eine dritte mögliche Denkfigur war die des weisen Königs. Dieses Modell wurde vor allem durch König Robert von Neapel (1309–1343) verkörpert.[27] Die Tugend der *sapientia* zeichnete traditionell alle Könige aus, indem damit auf das direkte Band zwischen den Königen und Gott verwiesen wurde. Ohne diesen traditionellen Inhalt zu verlieren, erhielt die Idee während der letzten Jahrhunderte des Mittelalters einen zusätzlichen Sinn: Der weise König wird jetzt derjenige, der sich mit Gelehrten wie mit Büchern umgibt, möglicherweise sogar selbst befähigt ist, Werke zu schreiben bzw. in die göttlichen Geheimnisse Einblick zu erhalten.[28] Auf der iberischen Halbinsel erschien diese zwar nicht völlig neue, aber immerhin erneuerte Figur des weisen Königs mit Sancho VI. „el Sabio“ von Navarra (1150–1194) und vor allem mit Alfons X. „el Sabio“ von Kastilien (1252–1284).[29]

In der ersten Hälfte des 14. Jahrhunderts tritt dann vor allem König Robert von Neapel in diese Reihe. Der Franziskaner Wilhelm von Sarzano vergleicht ihn in seinem Werk „De excellentia principatus regis“ um 1325 explizit mit Salomon: *quasi alter Solomon sapientissimus, domum Dei edificans, regnabit pacifice*.[30] Kurz nach dem Tod des Königs weist der Verfasser der „Cronaca di Partenope“ auf eine weitverbreitete Meinung hin, indem er schreibt, Robert sei *lo piu savio omo in sapienza che fosse in terra da lo tempo di Salamone* gewesen.[31] So groß war seine Weisheit, dass selbst Petrarca im März 1341 sich von ihm prüfen lassen wollte, bevor er nach Rom ging, um die Krone eines *poeta laureatus* zu erhalten,[32] und auch Boccaccio wird ihn den „weisesten König seit Salomon“ nennen.[33]

Robert verkörpert das Ideal des wie Salomon tief in die göttliche Weisheit eindringenden Königs, der sogar nicht zögert, die den Laien eigentlich strikt verbotene Rolle eines Predigers zu übernehmen. Anlässlich des durch die Thesen Papst Johan-

---

27 Vgl. Jean-Paul Boyer, Ecce rex tuus: le roi et le royaume dans les sermons de Robert de Naples, in: Revue Mabillon. Nouvelle série 6 (1995), S. 101–136; Jean-Paul Boyer, *Sapientis est ordinare*: la monarchie de Sicile-Naples et Thomas d'Aquin (de Charles Ier à Robert), in: Formation intellectuelle et culture du clergé dans les territoires angevins, sous la direction de Marie-Madeleine de Cevins/Jean-Michel Matz, Rom 2005, S. 277–312, hier S. 298 f.; Samantha Kelly, The New Solomon: Robert of Naples (1309–1343) and Fourteenth-Century Kingship (The medieval mediterranean 48), Leiden u. a. 2003. Vgl. auch Bernard Ribémont, Le sage et juste roi Salomon dans la littérature médiévale, in: Le roi, fontaine de justice, hg. von Jean-Patrice Boudet/Silvère Menegaldo/Bernard Ribémont, Paris 2011, S. 29–54.

28 Vgl. Jean-Patrice Boudet, Le modèle du roi sage aux XIIIe et XIVe siècles: Salomon, Alphonse X et Charles V, in: Revue Historique 310 (2008), S. 545–566.

29 Vgl. Adeline Rucquoi, De los reyes que no son taumaturgos: los fundamentos de la realeza en España, in: Rex, Sapientia, Nobilitas – Estudios sobre la Peninsula ibérica medieval, Granada 2006, S. 9–45, speziell S. 30–32.

30 Zitiert in Kelly, The new Solomon (wie Anm. 27), S. 273 Anm. 105.

31 Zitiert von Boyer, Rex tuus (wie Anm. 27), S. 102.

32 Vgl. Michel Hébert, Le règne de Robert d'Anjou, in: Les princes angevins du XIIIe au XVe siècle; un destin européen, hg. von Noël-Yves Tonnerre, Rennes 2003, S. 99–116, hier S. 108.

33 Ebd.

nes' XXII. über die *visio beatifica* verursachten Skandals verfasste er einen Traktat, den er Papst Benedikt XII. zuschickte. Der König sei der *minister Dei*, der seine Untertanen unter dem Zeichen der göttlichen Weisheit führe und die Kirche schütze.[34] Dabei ging es nicht nur um das Bild, das der König von sich zeichnen will, sondern auch um eine zu diesem Ideal des weisen Königs passende Regierungspraxis, wie Samantha Kelly nachgewiesen hat.

Um was es letztlich ging, war die Fähigkeit des Königs, an der göttlichen Weisheit teilzuhaben, um das Gemeinwohl zu erkennen und durchzusetzen. So predigte Robert, indem er wörtlich Thomas von Aquin zitierte: „die allgemeinen Reichtümer dürfen nicht dem König zugesprochen werden, sondern müssen für das Wohl und Heil aller und des Staates verwendet werden."[35] Im Interesse des Gemeinwohls sollte der Bund zwischen König und Untertanen neu gegründet werden.

Dieses Modell des weisen Königs hatte eine brillante Zukunft vor sich; nach dem Tod Roberts wurde es glänzend von König Karl V. von Frankreich[36] und von Kaiser Karl IV.[37] verkörpert.

II

Hat Ludwig der Bayer, dessen Legitimität bekanntlich nicht besser, eher vielleicht schlechter gesichert war als die der soeben erwähnten Könige, versucht, eine dieser Leitbilder zu übernehmen, oder hat er einen anderen Weg gesucht?

Sich als einen treuen Sohn der Kirche darzustellen, hat Ludwig in der Tat versucht, als er sich mit Papst Benedikt XII. versöhnen wollte. So ließ er am 3. November 1336 den Papst wissen, er sei der *devotus filius vester et verus athleta et defensor fidei catholice et apostolice sedis propugnator*.[38] Dies sollte und konnte aber nichts anderes als eine Episode bleiben. Es ist klar, dass der von Ludwig geführte Kampf zur Verteidigung seines Königtums im Reich ihm nur wenige Möglichkeiten ließ, sich als Anführer eines Kreuzzugs gegen die Heiden zu profilieren. Zwar hatte er wiede-

34 Robert von Neapel konnte sich übrigens auf seinen Großonkel, den Heiligen Ludwig, sowie auf seinen eigenen 1317 heiliggesprochenen Bruder Ludwig (1274–1297) berufen. Die angiovinischen Herrscher waren die ersten Könige in Frankreich, die den Ritus des königlichen Adventus unter einem Baldachin (‚Himmel') praktiziert haben, dazu Noël Coulet, Les entrées solennelles en Provence au XIVe siècle. Aperçus nouveaux sur les entrées royales française au bas Moyen Âge, in: Ethnologie française 7 (1977), S. 63–82.

35 *Publice diuitie non debent regi appropriari, set gregi dispensari, id est communi utilitati et saluti ac publice rei*, zitiert von Boyer, Rex tuus (wie Anm. 27), S. 127.

36 Über Karl V. als weisen König vgl. Boudet, Le modèle du roi sage (wie Anm. 28), mit weiteren Literaturangaben.

37 Über Karl IV. als weisen König, s. zuletzt Eva Schlotheuber, Der weise König: Herrschaftskonzeption und Vermittlungsstrategien Kaiser Karls IV. (†1378), in: Hémecht 63 (2011), S. 265–279.

38 Vatikanische Akten zur deutschen Geschichte, hg. von Sigmund Riezler, Innsbruck 1891, Nr. 1843.

rum im Jahre 1336 während seiner Verhandlungen mit dem Papst versprochen, zum Kreuzzug als Buße für seine Sünden aufzubrechen; das war allerdings kaum ernst gemeint,[39] und seine Kritiker haben ihm das auch vorgeworfen.[40]

Und das Modell des weisen Königs? Hätte Ludwig nicht dieses Leitbild stilisieren lassen können, nachdem er an seinem Hof einige der scharfsinnigsten Denker seiner Zeit aufgenommen hatte? Diese Option bot sich deswegen kaum an, weil seine Orthodoxie in Frage stand und er sie mühsam verteidigen musste. Wie dem auch sei, Ludwig selbst hat auf dieses Modell ausdrücklich verzichtet, indem er sich während seiner Verhandlungen mit dem Papst als *rex illitteratus* definiert hat, der von einem seiner gelehrten Notare hinterlistig getäuscht worden sei. Er sei nur, sagte er, „ein einfacher Ritter, der von den Subtilitäten der heiligen Schrift und den Wissenschaften nichts wisse; er sei nur vom Ruf der Gelehrten an seinem Hof als den besten Theologen ihrer Zeit beeindruckt gewesen und habe deswegen ihren Thesen zugestimmt". Sich in die Sachen des Glaubens einzumischen, sei nicht seine Absicht; in diesem Bereich wolle er jetzt dem Papst volles Vertrauen gewähren![41] Spätestens 1336 hatte

39 *Ad obligandum nos et nostra, quod nomine satisfactionis, pene et amende ac penitentie per nos commissorum effectualiter assummemus passagium ultramarinum, prout vestre sanctitati videbitur expedire*, Brief vom 28. Oktober 1336 in: RIEZLER, Vatikanische Akten (wie Anm. 38), Nr. 1841, S. 642.

40 S. z.B. Chronica Iohannis Vitodurani, hg. von Friedrich BAETHGEN (MGH SS rer. Germ. N.S. 3), Berlin 1924, S. 182: Während die spanischen Könige über die Heiden ruhmreich siegen, lehnt Ludwig ab, auf den Hilferuf der vom Sturm der Ungläubigen bedrohten Könige von Polen und Ungarn zu antworten, vgl. dazu Ralf MITSCH, Die Bündnispolitik Kaiser Ludwigs des Bayern 1337/38 bis 1341 in der Sicht ausgewählter Geschichtsschreiber, in: Auswärtige Politik und internationale Beziehungen im Mittelalter (13. bis 16. Jahrhundert), hg. von Dieter BERG/Martin KINTZINGER/Pierre MONNET, Bochum 2002, S. 371–413, hier S. 391, 400f.

41 RIEZLER, Vatikanische Akten (wie Anm. 38), Nr. 1841, S. 639: *... quod sicut miles, scripturarum et litterarum subtilitatum ignari, quia dicebantur meliores magistri theologie et fratres religiosi, non credentes nos aliquid contra fidem facere, appellationi eorum consensimus et ei adherebamus et ipsam pro defensione nostra et iurium nostrorum et imperii interposuimus; item quod nec extunc nec exnunc consentiebamus nec credebamus nec consentimus nec credimus dictis et opinionibus eorum, nisi in quantum essent et sunt conformia fidei catholice et determinationi ecclesie; [...] item quod ipsos recepimus sub nostro dominio, quia boni clerici et magistri literati dicebantur; item quod multa dicebant pro iure nostro servando et iuribus imperii conservandis, quibus, in quantum ius imperii tangebant, sicut miles et laycus credebamus; item cum cum supradictis litteratis nos possemus contra litteratos defensare in iuribus nostris et imperii; item quod ipsorum predicationes, diffamationes et blasphemias, in quantum erant contra fidem et ecclesie determinationem et contra bonos mores, non approbamus nec approbabamus, sed reprobamus et reprobare intendimus, sed huiusmodi predicationes approbabamus, in quantum iura imperii et honorem nostrum tangebant. [...] Item quod reperitur, quod notarius, qui hoc fecit, scilicet Ulricus Gwidonis, malitiose et in vindictam contra nos dicendo se per nos fuisse lesum, istam appellationem de consilio aliquorum volentium talem divisionem seminare, quod nunquam valeret eam aliquis reparare, fieri procuravit et hoc confessus est in morte, ut a pluribus asseritur; item quod illa non credidimus neque credimus fore vera, in quantum sunt contra fidem et ecclesie determinationem, nec subtilitates ibidem contentas nec illos articulos intelleximus, cum miles et talium ignari existamus; item quod de plasphemiis et falsis ibidem positis dolemus, quod ibi posita fuerunt et publicata*. In der deutschen Fassung: *Und daz wir als ein ritter, der unwizzent ist der buochstaben und der geschrift subtilitet und darumb daz man sprach, daz di selben parfuezz geistlich bruoder und*

Ludwig also darauf verzichtet, sich als ein weiser König nach dem Modell des Robert von Neapel darzustellen.

Dagegen scheint Ludwig sehr wohl danach gestrebt haben, sich als ein Ritter-König in Szene zu setzen.[42] Die Gründung des Stifts Ettal ist dafür nicht der einzige, aber doch ein herausragender Hinweis.[43] Ohne auf die alte, mehrfach widerlegte These von der Gründung Ettals im Stile einer Tafelrunde arturischer Prägung eingehen zu wollen, möchte ich doch auf einige auffallende Gemeinsamkeiten hinweisen, die zwischen der Ettaler Gründung und der fast zeitgleichen Gründung von Ritterorden durch westliche Herrscher, dem Hosenbandorden des englischen Königs Eduard III. und dem Sternorden des französischen Königs Johann des Guten, bestehen. In Ettal wie bei diesen beiden Orden findet nämlich eine doppelte Gründung statt: die eines Ritterordens und die eines Kanonikerverbands, wobei die gestiftete Kirche als zentraler Ort des Ordens vorgesehen war. Zu Grunde lag jeweils dieselbe Leitidee, die übrigens auch bei den Ordensstiftungen des Raymundus Lullus oder der Birgitta von Schweden begegnete; es ging darum, das ritterliche Ideal zu fördern und es zugleich in den Dienst am König und am Gemeinwohl zu stellen.[44] Bei diesen neuen Ordensgründungen ist die Verbindung zum König zentral; von der Befreiung des Heiligen Lands durch eine Gottesritterschaft ist kaum noch die Rede. Die Ordensritter haben das Gemeinwohl unter dem König bzw. dem Fürsten zu verteidigen. Für Ludwig als Ritter-König könnten noch andere Hinweise ins Feld geführt

di besten maister waeren der heiligen geschrifft .... (Sigmund Riezler, Die literarischen Widersacher der Päpste zur Zeit Ludwig des Baiers, Leipzig 1874, S. 315). Zur Haltung des Kaisers in dieser Sache s. Helmut Bansa, Studien zur Kanzlei Kaiser Ludwigs des Bayern vom Tag der Wahl bis zur Rückkehr aus Italien (1314–1329), München 1968, S. 239f., auch Heinz Thomas, Ludwig der Bayer – Kaiser und Ketzer, Graz/Wien/Köln 1993, S. 166f.

42 Friedrich Barbarossa hatte schon versucht, die Allianz der Ritterschaft und des Kaisertums zu fördern, vgl. Josef Fleckenstein, Friedrich Barbarossa und das Rittertum. Zur Bedeutung der großen Mainzer Hoftage von 1184 und 1188, in: Festschrift Hermann Heimpel, Bd. 2, Göttingen 1972, S. 1023–1041.

43 Zur Ettaler Gründung s. zuletzt die Notiz von Holger Kruse in: Ritterorden und Adelsgesellschaften im spätmittelalterlichen Deutschland. Ein systematisches Verzeichnis, hg. von dems./Werner Paravicini/Andreas Ranft (Kieler Werkstücke, Reihe D: Beiträge zur europäischen Geschichte des Spätmittelalters 1), Frankfurt a.M. u.a. 1991, S. 44–50, sowie Maria Schierling, Das Kloster der Minne, Edition und Untersuchung, Göppingen 1980; Heinz Thomas, Ettal, Neuhausen und anderes: Neues zum Lohengrin, in: bickelwort und wildiu maere. Festschrift für Eberhard Nellmann zum 65 . Geburtstag, hg. von Dorothee Lindemann/Bernd Volkmann/Klaus-Peter Wegera, Göppingen 1995, S. 340–353.

44 Der „Libre del Orde de Cavalieria" von Ramon Lull wies schon den neuen Rittern die Aufgabe zu, den Fürsten bei der Regierung des Reiches beizustehen, königliche Ämter zu übernehmen sowie die Verbrecher zu bestrafen. Die Heilige Birgitta von Schweden machte einen vergleichbaren Vorstoß, um eine christliche Ritterschaft zu definieren, vgl. Tore Nyberg, Der Birgittenorden als Beispiel einer Neugründung im Zeitalter der Ordensreformen, in: Reformbemühungen und Observanzbestrebungen im spätmittelalterlichen Ordenswesen, hg. von Kaspar Elm, Berlin 1989, S. 373–396. Es handelt sich um die Gründung eines besonderen *ordo* für Ritter im Dienste des Königs, S. 149–151.

werden, z. B. die Redaktion des Lohengrin, wenn man den Datierungsvorschlag von Heinz Thomas annimmt,[45] oder die erhaltenen Fragmente des Gedichts „Ludwig der Bayer",[46] oder auch einige Äußerungen im „Planctus ecclesiae in Germaniam" des Konrad von Megenberg.[47] Und schließlich war Ludwig aus zwei entscheidenden Schlachten als Sieger hervorgegangen. Dieses Bild Ludwigs als Ritter-König ist nun aber sicherlich schwer ins Wanken geraten durch seine passive und wenig ruhmreiche Rolle am Anfang des Hundertjährigen Krieges. Dafür hat er übrigens herben Tadel von Chronisten wie Matthias von Neuenburg, Johannes von Viktring oder Johannes von Winterthur geerntet.[48] Eduard III. war der perfekte Ritter-König, Ludwig nicht.

Nun war aber Ludwig König der Römer und ab 1328 Kaiser. Trotz aller erbitterten Auseinandersetzungen um die (bestrittene) Notwendigkeit eines Kaisers für die Ordnung der Welt in Frankreich und Neapel am Anfang des 14. Jahrhunderts,[49] behielt der kaiserliche Titel sein großes Prestige; nach diesem kaiserlichen Titel haben bekanntlich die französischen Könige im ersten Drittel des 14. Jahrhunderts vergeblich gestrebt.[50] Die natürliche Option, die sich Ludwig bot, bestand also wie schon für Heinrich VII. vor ihm darin, sich als Kaiser und Herr der Welt zu profilieren. Schon nach Mühldorf 1322 und noch viel deutlicher nach der Kaiserkrönung 1328 sieht man, wie Ludwig seine kaiserliche Macht inszenierte.[51] Freilich konnte Ludwig dabei nicht als origineller Erfinder auftreten, sondern nur als ein Fortsetzer.

Ludwig betonte die Gottesunmittelbarkeit seiner Macht; man beobachtet während seines Königtums, um Franz-Reiner Erkens zu zitieren, „eine sich intensivierende Zurschaustellung der sazerdotal getönten Herrschersakralität"[52], selbst wenn dies im traditionellen Rahmen eines priestergleichen Auftretens und Erscheinens des

45 Vgl. Heinz THOMAS, Der Lohengrin, eine politische Dichtung der Zeit Ludwigs des Bayern, in: Rheinische Vierteljahrsblätter 37 (1973), S. 152–190; ders., Paläographische Tücken: zur Datierung des Lohengrin, in: Zeitschrift für deutsche Philologie 114 (1995), S. 110–116.

46 S. zuletzt Ingeborg GLIER, Art. ‚Ludwig der Bayer', in: Die deutsche Literatur des Mittelalters – Verfasserlexikon V (1985), Sp. 991–993.

47 Konrad von Megenberg, Klagelied der Kirche über Deutschland (Planctus ecclesiae in Germaniam), bearb. von Horst KUSCH, Berlin 1956, S. 78: *Milicie summa, virtutum florida gemma, / Armorum dominus, cunctis tractando benignus.*

48 Vgl. dazu MITSCH, Bündnispolitik Kaiser Ludwigs des Bayern (wie Anm. 40), S. 390.

49 Vgl. dazu Mireille CHAZAN, L'Empire et l'histoire universelle de Sigebert de Gembloux à Jean de Saint-Victor (XIIe–XIVe siècle), Paris 1999; Malte HEIDEMANN, Heinrich VII. (1308–1313) – Kaiseridee im Spannungsfeld von staufischer Universalherrschaft und frühneuzeitlicher Partikularautonomie, Warendorf 2008.

50 Vgl. zuletzt Jean-Marie MOEGLIN, Deutsch-Französische Geschichte – 1214 bis 1500, Band 2: Kaisertum und allerchristlicher König, 1214 bis 1500, Darmstadt 2010.

51 S. BANSA, Studien (wie Anm. 41), S. 67 f.; auch Christa FISCHER, Studien zu den Arengen in den Urkunden Kaiser Ludwigs des Bayern (1314–1347). Beiträge zu Sprache und Stil (Münchener historische Studien. Abt. Geschichtliche Hilfswissenschaften 22), Kallmünz 1987, S. 24 f.

52 Vgl Franz-Reiner ERKENS, *Sol iusticie* und *regis regum vicarius* – Ludwig der Bayer als 'Priester der Gerechtigkeit', in: Zeitschrift für bayerische Landesgeschichte 66 (2003), S. 798–818, hier S. 808.

Kaisers bei gewissen Gelegenheiten geschah.[53] Das Hervorheben der kaiserlichen Souveränität im Bereich der Gesetzgebung und Gerichtsbarkeit weist bei Ludwig keine wirklich neuen Akzente auf. So ist die Berufung auf die „plenitudo potestatis imperialis" keine Neuigkeit des Zeitalters der spätmittelalterlichen Könige; belegt ist sie schon in den Diplomen der Ottonen.[54] Vor kurzem hat man auf die Bedeutung der Formel „ex certa scientia" in Kombination mit der Beteuerung der *plenitudo potestatis* des Kaisers bzw. des Königs hingewiesen.[55] Damit wäre die Absolutheit der kaiserlichen Macht im Bereich des Rechts und der Gesetzgebung besonders hervorgehoben worden. Mehrere Urkunden Ludwigs, oft von erheblicher politischer Bedeutung, beinhalten diese Formeln.[56] Folgt man Jacques Krynen, hätten die Kö-

53 Es handelt sich um eine „faßbare Intensivierung einer Zurschaustellung herrscherlicher Sazerdotalität"; der Kaiser „als oberster Rechts- und Friedenswahrer, der allein Gott verantwortlich ist" (Erkens, ebd., S. 814).

54 Entgegen den Beteuerungen von Ernst Schubert, König und Reich – Studien zur spätmittelalterlichen deutschen Verfassungsgeschichte (Veröffentlichungen des Max-Planck-Instituts für Geschichte 63), Göttingen 1979, S. 128–139, hier S. 129: „Wenn auch bereits in staufischer Zeit unter Friedrich II. der Kaiser die plenitudo potestatis für sich in Anspruch nahm, so bildete sich doch erst im Spätmittelalter die Adaption dieser Rechtsbehauptung durch das Königtum korrespondierend zu ihrer Verwendung in der papalistischen Doktrin aus".

55 Jacques Krynen, „De nostre certaine science ..." – Remarques sur l'absolutisme législatif, in: Renaissance du pouvoir legislatif et genèse de l'état, hg. von André Gouron/Albert Rigaudière (Publication de la Société d'histoire du droit et des institutions des anciens pays de droit écrit 3), Montpellier 1988, S. 131–144; Othmar Hageneder, Die Rechtskraft spätmittelalterlicher Papst- und Herrscherurkunden „ex certa scientia", „non obstantibus" und „propter importunitatem petentium", in: Papsturkunde und europäisches Urkundenwesen, hg. von Peter Herde/Hermann Jakobs, Köln u.a. 1999, S. 401–429; ders., Probleme des päpstlichen Kirchenregiments im hohen Mittelalter (ex certa scientia, non obstante, Registerführung), in: Lectiones eruditorum extraneorum in Facultate philosophica Universitatis Carolinae Pragensis factae, Bd. 4, Prag 1995, S. 49–77, speziell S. 71–76.

56 In Verbindung mit *de plenitudine potestatis* bzw. *imperiali auctoritate* scheinen die Belege von *ex certa scientia* relativ selten vor dem römischen Feldzug geblieben zu sein, am 3. Mai 1322 zugunsten von Frédérico Scaliger, MGH Const. V, Nr. 653, S. 516–517, hier S. 517: *confirmantes de plenitudine regie potestatis ac ex certa sciencia ...* ; sie mehren sich dann erheblich, besonders ab der römischen Krönung, so z.B. am 23. Oktober 1327 zugunsten des Grafen von Claromonte: *ex certa scientia et de plenitudine nostre regie maiestatis* (MGH Const. VI, 1, Nr. 360, S. 263); am 17. November 1327 anlässlich der Stiftung des Herzogtums Lucca: *de plenitudine potestatis ex certa scientia* (MGH Const. VI, 1, Nr. 362, S. 269); am 14. März 1328, zugunsten von Castruccio: *ex certa scientia de plenitudine potestatis* (MGH Const. VI, 1, Nr. 415 S. 317); am 27. März 1328 zugunsten des Markgrafen Friedrich von Meißen: *ex certa scientia ... de plenitudine imperatorie potestatis* (MGH Const. VI, 1, Nr. 417, S. 318); am gleichen Tag zugunsten der Kommune Urbino: *ex certa scientia ... de imperiali providentia* (MGH Const. VI, 1, Nr. 418, S. 321); am 2. Dezember 1328: *imperiali autoritate ex certa scientia* (MGH Const. VI, 1, Nr. 524, S. 433); am 7. Oktober 1328 zugunsten der Grafen von Löwenstein: *ex certa scientia ... imperiali autoritate* (MGH Const. VI, 1, Nr. 498, S. 410); am 24. November 1328: *imperiali auctoritate et ex certa scientia* (MGH Const. VI, 1, Nr. 519, S. 427); am 26. November 1328: *imperiali auctoritate et ex certa scientia* (MGH Const. VI, 1, Nr. 521, S. 429); am gleichen Tag: *imperiali auctoritate concedimus et ex certa scientia indulgemus* (MGH Const. VI, 1, Nr. 522, S. 430); am 12. April 1329, zugunsten der Stadt Pontremoli: *de nostre plenitudine potestatis ex certa scientia revocamus, cassamus ...* (MGH Const. VI, 1, Nr. 567, S. 471); am 4. Januar 1330 zugunsten der Stadt Heilbronn: *ex certa scientia confirmamus ... de nostre imperatorie plenitudine potestatis* (MGH Const.

nige von Frankreich möglicherweise erst 1303 auf diese Assoziation zurückgegriffen.[57] Ob dies tatsächlich erst so spät geschah, soll hier dahingestellt bleiben; was die römisch-deutschen Kaiser betrifft, gibt es jedenfalls viel frühere Belege: schon in Diplomen Heinrichs II. im Jahre 1014[58] und auch danach.[59] Man könnte also höchstens von einer Systematisierung der Benutzung dieser Formel sprechen. Die einzige wirkliche Neuigkeit, die ich in einem Diplom von Ludwig finden konnte, steht in einem deutschen Diplom, in dem er sich *bi unser kunglichen eren und trûwen* verpflichtet.[60] Die Kurfürsten werden auch danach, zum ersten Mal 1338 im Rhenser Kurverein, *bei unseren fürstlichen Ehren* schwören.[61]

Betrachten wir jetzt den Diskurs der Diplome Ludwigs und besonders der Arengen. Schon Helmut Bansa hat darauf hingewiesen, dass die „Rhetorik der Macht", die darin zum Ausdruck kommt, in vielem die seiner Vorgänger weiterführt,[62] und vor kurzem erst hat man den immensen europäischen Einfluss genauer untersucht, den Petrus de Vinea mit der ihm zugewiesenen Briefsammlung und andere mit ihr verwandten *Summae dictaminis* ausgeübt haben.[63] Dabei hat Benoît Grévin anschau-

VI, 1, Nr. 772, S. 569); am 13. April 1331: *ex certa nostra scientia confirmamus, approbamus et iterum de novo concedimus de plenitudine imperatoris potestatis* (Helmut BANSA, Die Register der Kanzlei Ludwigs des Bayern – Darstellung und Edition, München 1971, S. 388–390).

57 KRYNEN, „De nostre certaine science ..." (wie Anm. 55), S. 134.

58 *Ex certa scientia et de plenitudine imperatorie potestatis penitus derogantes ...* (MGH Diplomata III, Nr. 288, S. 350). Das Diplom ist allerdings in einer gefälschten Fassung erhalten.

59 In einem Deperditum von Heinrich IV. in 1095 stand vielleicht die Formel *imperiali auctoritate ex certa scientia* (MGH Diplomata IV, 2, Nr. 449, S. 606). Sie kommt jedenfalls in einem Diplom Friedrich Barbarossas vom 13. März 1164 vor: *de nostre imperialis Romanorum potestatis plenitudine et ex certa scientia investimus* (MGH Diplomata X, 4, Nr. 1068, S. 382). Bei Friedrich II. kommt sie auch vor, z. B. im September 1239 in dem Aufforderungsbrief an den Grafen von Provence, sich vor dem kaiserlichen Hof zu rechtfertigen: *quod si facere contempseris, velut tuum recognoscendo et confitendo reatum, te tanquam infidelem nostrum ab omni honore et dignitate de plenitudine potestatis ex certa scientia et imperiali auctoritate privabimus* (MGH Const. II, Nr. 222, S. 306). In den Diplomen König Wilhelms von Holland kommt es auch mehrmals vor.

60 Landfrieden vom 22. Juni 1317 (MGH Const. V, Nr. 421, S. 355); wiederum am 18.–19. Oktober 1317 (... *bi unsern kuniclichen triuwen und eren ...* (MGH Const. V, Nr. 457–458, S. 377). Öfters scheint sich der Herrscher „bei seiner königlichen Treue" zu verpflichten, so schon König Albrecht I. am 18. August 1305: ...*in regia fide nostra* (MGH Const. IV, 1, Nr. 202, S. 172); Ludwig der Bayer am 20. Februar 1327: ... *pei unsern chuniclichen trewen* (MGH Const. VI, 1, Nr. 247–248, S. 162), am 14. Februar 1328: ... *per imperialem fidem nostram* (MGH Const. VI, 1, Nr. 403–404, S. 305), am 14. April 1328: ... *unser chaiserliche triwe* ... (MGH Const. VI, 1, Nr. 433, S. 341); am 3. oder 10. April 1331: ... *bey unsern cheserlichen triwen* (BANSA, Register [wie Anm. 56], Nr. 549, S. 393, und MGH Const. VI, 2, S. 29).

61 Vgl. dazu Jean-Marie MOEGLIN, Fürstliche Ehre und verletzte Ehre der Fürsten im spätmittelalterlichen deutschen Reich, in: Verletzte Ehre – Ehrkonflikte in Gesellschaften des Mittelalters und der frühen Neuzeit, hg. von Klaus SCHREINER/Gerd SCHWERHOFF, Köln/Weimar/Wien 1995, S. 77–91.

62 BANSA, Studien zur Kanzlei (wie Anm. 41), S. 66. Vgl. auch FISCHER, Studien (wie Anm. 51).

63 Nach Vorarbeiten von Hans Martin Schaller s. jetzt das grundlegende Werk von Benoît GRÉVIN, Rhétorique du pouvoir médiéval – les lettres de Pierre de la Vigne et la formation du langage politique européen (XIIIe–XVe siècle), Paris/Rom 2008.

lich gezeigt, dass der Rekurs Ludwigs auf diese Rhetorik zweierlei beinhaltete: einerseits das stilistische Vorbild wie schon bei den Vorgängern Rudolf von Habsburg und Heinrich VII. sowie bei den westeuropäischen Kollegen Eduard I. und Eduard III. von England, Philipp IV. und Philipp VI. von Frankreich, andererseits wie schon bei den Vorgängern im Reich sozusagen die Speicherung der Reichsrechte im sprachlichen „Gedächtnis"; Ludwig hat sogar die Formeln der Petrus de Vinea-Briefe als wirksame Waffe gegen den Papst benutzt.[64]

Darüber hinaus wäre es wichtig, genauer zu untersuchen, inwiefern Ludwig bzw. seine Kanzlei im Stande gewesen sind, diese ererbte „Rhetorik der Macht" den konkreten politischen Bedingungen der Machtausübung im Reich in ihrer Zeit anzupassen, und ob dabei andere Akzente als bei den Vorgängern gesetzt wurden. Freilich ist eine solche Studie beim heutigen Stand der Edition der Akten Ludwigs des Bayern nicht machbar. Vielleicht lassen sich immerhin vorsichtig einige Hypothesen formulieren.

Die Fortführung der Tradition einer „Rhetorik der Macht" und ihre Anpassung an die politischen Bedürfnisse und den Status der politischen Partner lässt sich anschaulich anhand des Diploms vom 17. November 1327 illustrieren, in dem Ludwig den Castruccio Castracani mit dem neuen Herzogtum Lucca *de plenitudine postestatis ex certa sciencia* belehnt.[65] (Siehe S. 112.)

Der erste Teil des Diploms übernimmt die Arenga der beiden ersten Urkunden des 29. Mai 1324 zugunsten desselben Castruccio. Diese hatten übrigens einige Formeln (*in suis fidelibus dona multiplicans* ...) übernommen aus den Briefen, in denen Papst Clemens V. die kaiserliche Krönung Heinrichs VII. versprochen hatte.[66] Der zweite Teil der Arenga schreibt dann das feierliche Diplom aus, mit dem Friedrich II. im Juni 1245 Herzog Friedrich von Österreich in den königlichen Rang hätte erheben sollen: *de fulgore throni cesarei, velut ex sole radii* ....[67] Es ist durchaus möglich, ja sogar wahrscheinlich, dass der Notar dabei direkt auf ein Exemplar der „Summa dictaminis" des Petrus de Vinea zurückgegriffen hat. Möglich wäre aber auch, dass Ludwigs Kanzlei diese Arenga Friedrichs II. über die Benutzung eines Diploms Heinrichs VII. vom 25. Juli 1310 gekannt hat, in dem Berthold von Henneberg in den Fürstenrang erhoben wurde: *Tanto laudabilius imperiale sceptrum extollitur, de cuius throni fulgore velud ex solis radio prodeunt dignitates* ....[68] Am 15. Februar 1328 wurde die gleiche Arenga in einem neuen Diplom zugunsten Castruccios übernommen.[69]

---

64 Vgl. Grévin, Rhétorique du pouvoir (wie Anm. 63), speziell S. 693–707.

65 Zur Erhebung selbst s. Thomas, Ludwig der Bayer (wie Anm. 41), S. 201–203.

66 MGH Const. IV, 1, Nr. 435, S. 377f.

67 Vgl. Grévin, Rhétorique du pouvoir (wie Anm. 63), S. 693; Fischer, Studien (wie Anm. 51), S. 129f.

68 MGH Const. IV, 1, Nr. 404, S. 352. Zur Benutzung der Summa des Petrus de Vinea in diesem Diplom s. Grévin, Rhétorique du pouvoir (wie Anm. 63), S. 672.

69 MGH Const. VI, 1, Nr. 401, S. 300f.

MGH Const. VI, 1, Nr. 362, S. 269

Regie liberalitatis clementia in suis fidelibus dona multiplicans illis precipue consuevit assurgere larga manu, qui per pugnam continuam in rebelles pro exaltacione corone singulares triumphos et nomen laudabile sunt sortiti. Sane cum veraciter sciamus experiencia nobis existente magistra, **te precipuum** et strennuum **in partibus Italie pro sacro imperio pugilem extitisse nulli parcendo oneri, periculo vel labori ac iusticia tua et cum probitate victos de hostibus devotos pro imperio tenuisse et devios infideles ad fidem gratiosis meritis invitasse,** *tantoque magis imperiale sceptrum extollitur, tanto cura regiminis a sollicitudinibus* et laboribus *relevatur, quanto* fideles ipsius *in circuitu imperii circumspicit digniores,* et *de fulgore throni cesarei veluti ex sole radii sic certe prodeunt dignitates, ut prime lucis integritas minorati luminis non senciat detrimenta. Hac igitur consideracione commoniti, qui celesti providencia Romani imperi moderamur habenas ac solii nostri decus tam veterum dignitatum a ornatibus confovemus quam novis honoribus ampliamus,* et volentes premissorum obtentu extollere nomen tuum et te prerogativa speciali magnifice honorare, ***de plenitudine potestatis*** ex certa scientia et de consilio nostrorum principum et baronum civitates Luce, Pistorii, Wulterrarum et Lune cum omnibus et singulis castris, villis, terris et locis sitis in diocesibus ipsarum et cum omnibus earum et cuiusque earum pertinentiis, territoriis et iurisdicionibus quibuscumque ad nomen ducale presentibus transferentes et volentes sub uno dignitatis vocabulo contineri ducatus videlicet Lucanus, te ipsius ducatus ducem et vexilliferum nostrum et sacri Romani imperii ubilibet de premisse nostre potestatis plenitudine et principali munificentia promovemus …

MGH Const. V, S. 764 f.

Regie liberalitatis clementia in suis fidelibus gratiarum dona multiplicans, illis precipue consuevit assurgere larga manu , qui per pugnam continuam in rebelles pro exaltatione corone singulares a triumphos et nomen laudabile sunt sortiti. Sane cum veraciter sciamus te precipuum in partibus Italie pro sacro imperio pugilem extitisse nulli parcendo periculo , oneri vel labori ac iustitia tua et animi probitate victos de hostibus devotos pro imperio tenuisse ac devios infideles ad fidem gratiosis meritis invitasse, volentes premissorum obtentu extollere nomen tuum et te prerogativa spetiali magnifice honorare …

Const. II, S. 360

de fulgore throni cesarei, velut ex sole radii, sic cetere prodeunt dignitates, ut prime lucis integritas minorati luminis non sentiat detrimenta tantoque magis imperiale sceptrum extollitur et tanto cura regiminis solicitudinibus revelatur, quanto tribunal ipsius **digniores in circuitu circumspicit** consimiles regiones. **Hac igitur consideratione commoniti qui celesti providentia Romani imperii moderamur habenas, solii nostri decus tam veterum dignitatum ornatibus confovemus quam novis honoribus ampliamus.** Tuis igitur, devotissime princeps noster, supplicationibus favorabiliter inclinati nec minus ad exaltationem honoris sacri imperii nostri respectum habentes, de infrascriptorum principum nostrorum consilio, videlicet …. de potestatis nostre plenitudine et magnificencia promovemus in regem …

Als aber wenig später am 11. November 1329 Ludwig ein Reichsvikariat an Ludwig Gonzaga von Mantua verlieh, wurde nur der erste Teil der Castruccio-Arenga verwendet.[70] Offensichtlich wusste man einen Unterschied zu machen zwischen einer Erhebung zu einem Reichsvikar und einem Herzog.[71] Und als Ludwig am 1. Januar 1330 in Trient den Grafen Berthold von Henneberg erneut in den Rang eines Reichsfürsten beförderte,[72] übernahm er natürlich das vorherige, schon erwähnte Diplom Heinrichs VII.[73] Erstaunlicherweise lässt aber Ludwigs Diplom den Teil *de throni fulgore* aus. An seiner Stelle steht dafür ein ziemlich banaler Text, der sich damit begnügt, die Präambel eines früheren Privilegs zugunsten desselben Grafen von Henneberg vom 11. Juli 1315 abzuschreiben: *digna consideratio laudabilium meritorum spectabilis viri Bertoldi comitis de Hennemberg, consiliarii et fidelis nostri dilecti, pro quibus persona sua merito meruit honorari, necnon plurium obsequiorum inspectio, que idem nobis et imperio fideliter et constanter impendit hactenus et impendere poterit in futurum, regalem inducunt excellentiam ad promovendum ea frequentius, que sibi et suis commodum afferunt et honorem ...*.[74] Für die Erhebung des Grafen Reinald von Geldern zum Herzog am 19. März 1339 greift Ludwig aber auf den fulminanten Anfang der Arenga Friedrichs II. zurück: *de fulgore throni cesarei ...*.[75]

Anhand dieser Arenga sieht man also, wie der Diskurs der Kanzlei Ludwigs ganze Bauelemente früherer Kaiserurkunden bzw. des Petrus de Vinea übernommen hat. Die Notare Ludwigs strengten sich also offensichtlich nicht besonders an, den Wortlaut ihrer Modelle stilistisch zu überarbeiten; dafür aber achteten sie genau auf eine dem Rang des Empfängers und der Bedeutung des Anlasses angemessene Formel.

Die nun zu betrachtende Formel *Cum enim omnis gloria seu potencia principis in subditorum consistat solidata fortunis ...*.[76] zielt auf eine andere Art von Empfängern. Ludwig hat diesen Satz in mehreren Arengen verwendet; dabei steht er aber wiederum in einer langen Tradition. Die ersten mir bekannten Belege kommen nämlich

---

70 MGH Const. VI, 1, Nr. 660, S. 557.

71 Karl IV. wird danach denselben ersten Teil der Arenga mindestens zweimal übernehmen, das erste Mal in einem am 6. März 1349 zugunsten Ludwigs Gonzaga ausgestellten Diplom (MGH Const. IX, Nr. 206, S. 159), das zweite Mal in einem am 28. April 1349 zugunsten der Stadt Konstanz ausgestellten Diplom, mit der er ein Diplom Heinrichs VII. erneuert (MGH Const. IX, Nr. 249, S. 193).

72 MGH Const. VI, 1, Nr. 671, S. 566.

73 MGH Const. IV, 1, Nr. 404, S. 352.

74 MGH Const. V, Nr. 300, S. 260.

75 Dazu Fischer, Studien (wie Anm. 51), S. 129.

76 Die ganze Arenga lautet: *Totiens regie celsitudinis sceptrum extollitur altius et ipsius status solidatur solidius, quotiens fidelium devotorum vota benigne respiciuntur affectu et ad ipsorum iura et libertates servandas et commoditates augendas gratiosa portectio principis invenitur. Cum enim omnis gloria sive potentia ...* Zu dieser Arenga s. Arengenverzeichnis zu den Königs- und Kaiserurkunden von den Merowingern bis Heinrich VI., zusammengestellt von Friedrich Hausmann/Alfred Gawlik (Monumenta Germaniae Historica Hilfsmittel 9), München 1987, Nr. 3820, u. Friedrich Hausmann, Die Urkunden Konrads III. und seines Sohnes Heinrich (MGH Diplomata 4, Diplomata regum et imperatorum Germaniae 9), Wien/Köln/Graz 1969, Nr. 275.

in Diplomen vor, die Rudolf von Habsburg 1273–1274, kurz nach seiner Königserhebung, zugunsten der Stifte bzw. Klöster Essen,[77] Sankt Maximin vor Trier,[78] Sankt Adalbert von Aachen[79] und Walkenried[80] ausstellte. Am 27. Oktober 1273 beim Hoftag von Aachen hatte Rudolf unter Berufung auf denselben Satz auch die Privilegien des Herzogs von Brabant bestätigt.[81] Adolf von Nassau verwendete 1293 dieselbe Formel zugunsten einer Frankfurter Stiftskirche,[82] ebenso in Privilegien zugunsten von Stadtbürgern, etwa für die Bürger von Besançon im großen Privileg vom 22. September 1296,[83] oder die von Kaiserswerth am 17. Juni 1297[84]. Albrecht I. setzte die Formel am 29. August 1298 zugunsten der Bürger von Köln ein,[85] Heinrich VII. dieselbe Arenga in seiner Bestätigung der Rechte der Stadt Speyer am 7. März 1309[86] und am 5. Juli 1309 in der Urkunde für die Bürger von Regensburg.[87] Am Anfang seiner Kaiserfahrt machte er dann von dieser Formel massiv Gebrauch zugunsten der lombardischen Kommunen: so für Asti am 15. Nov. 1310,[88] Mailand am 20. März 1311,[89] Albenga am 5. April 1311.[90] Parallel dazu übernahm man die Formel zwei Mal ins – wahrscheinlich bald nach 1310 verfasste – so genannte Baumgartenberger Formelbuch; ein erstes Mal unter den drei unter dem Titel *de liberalitate superiorum*

77 Vgl. Urkundenbuch für die Geschichte des Niederrheins…, hg. von Theodor Lacomblet, Bd. II, Düsseldorf 1840, Nr. 643, S. 376

78 Historia succincta Hospitalis S. Elisabethae, London 1786, S. 73–75.

79 Christian Quix, Geschichte der Stadt Aachen, mit einem Codex diplomaticus Aquensis, Bd. I, 2, Aachen 1840, Nr. 218, S. 146.

80 Vgl. Das Baumgartenberger Formelbuch, hg. von Hermann Baerwald (Fontes rerum Austriacarum – II. Abteilung, 25), Wien 1866, S. 352 f.

81 Jean Rousset, Recueil historique d'actes, négociations, mémoires et traités, Bd. XX, Amsterdam 1752, S. 419–421.

82 Johann Friedrich Böhmer, Codex diplomaticus moenofrancfurtanus, Bd. I, Frankfurt am Main 1836, S. 281.

83 MGH Const. III, Nr. 565, S. 529–530 (Bestätigung des Privilegs von Albrecht I. am 7. Mai 1307, MGH Const. IV, 1, Nr. 221, S. 189).

84 Vgl. Heinrich Kelleter, Urkundenbücher der geistlichen Stiftungen des Niederrheins, Bd. I. Stift Kaiserswerth, Bonn 1904, Nr. 91 (Vidimus), S. 121 f.

85 Lacomblet, Urkundenbuch für die Geschichte des Niederrheins (wie Anm. 77), Nr. 1003, S. 591.

86 Vgl. Urkundenbuch zur Geschichte der Bischöfe zu Speyer, hg. von Franz Xaver Remling, Bd. I (Aeltere Urkunden), Mainz 1852, S. 461, Nr. 488; zitiert von Fischer, Studien (wie Anm. 51), S. 33, 126.

87 Monumenta Boica 53, München 1912, S. 127, Nr. 247; zitiert von Fischer, Studien (wie Anm. 51), S. 131.

88 MGH Const. IV, 1, Nr. 469, S. 417 f.

89 Jean Dumont, Corps universel diplomatique du droit des gens, Amsterdam/Den Haag 1726, Bd. I, Nr. 621, S. 363.

90 Mémoires touchant la supériorité impériale sur les villes de Gênes et de S. Remo, Bd. II, Regensburg 1768, S. 37 f.

ad subditos gesammelten Formeln,[91] ein zweites Mal als Beispiel eines vom König einem Abt erteilten Brief in der Form der oben erwähnten Urkunde Rudolfs von Habsburg für den Abt des Klosters Walkenried.[92] Friedrich der Schöne[93] verwendete diese Formel gleichermaßen. Ludwig der Bayer griff, wie gesagt, oft auf dieselbe Arenga zurück. So bestätigt er am 4. Dezember 1314 die Privilegien von Köln,[94] am 21. Dezember 1314 die von Mainz,[95] am 23. Dezember die von Oppenheim,[96] am 4. Januar 1315 die Privilegien der Bürger von Speyer und der Bürger von Worms,[97] am 5. Januar 1315 die von Nürnberg,[98] am 20. Januar 1315 die von Augsburg,[99] und am 12. September 1332 wollte er auf dieselbe Weise die Privilegien von Regensburg bestätigen.[100] Am 9. Januar 1316 tauchte dieselbe Formel zugunsten der Bürger von Augsburg auf, dieses Mal aber mit einer Änderung im ersten Teil der Arenga[101] – ein

91 Das Baumgartenberger Formelbuch (wie Anm. 80), S. 96: *Cum omnis gloria seu potencia principatus in subditorum consistat precipue solidata fortunis, decet et expedit, ut quilibet in quacunque preminencia constitutus subiectis sit in oportunitatibus quibuslibet facilis et in gracia liberalis.*

92 Vgl. Anm. 80.

93 Der Gegenkönig Friedrich der Schöne hat sie auch benutzt, am 1. August 1317 zugunsten des Grafen von Geldern (MGH Const. V, Nr. 451, S. 373), am 4. April 1320 zugunsten von Castruccio Castracani (MGH Const. V, Nr. 570, S. 458) sowie am 15. Oktober 1326 zugunsten der Bürger von Erfurt (Johann Friedrich Baumann, Voluntarium Imperii consortium …, Frankfurt/Leipzig 1735, S. 78 f.).

94 Zitiert von Fischer, Studien (wie Anm. 51), S. 130 Anm. 201.

95 Ebd.

96 Ebd.

97 MGH Const. V, Nr. 190, S. 174 f.: *Totiens regie celsitudinis sceptrum extollitur altius et ipsius status solidius sublimatur, quotiens fidelium devotorum vota benigno respiciuntur affectu et ad ipsorum iura et libertates servandas et commoditates augendas graciosa protectio principis invenitur. Cum enim omnis gloria sive potentia principatus in subditorum precipue consistat solidata fortunis, expediens arbitramur et congruum, ut simus subiectis et in iustitia faciles et in gratia liberales. Noverit igitur presens etas et futuri temporis successura posteritas, quod nos integre fidei puritatem, qua prudentes viri .. cives Spirenses fideles nostri dilecti erga nos et imperium hactenus claruerunt, gratiosius attendentes, considerantes quoque benignius, quam grata nobis et imperio impenderunt obsequia et adhuc impendere poterunt gratiora, devotis eorum supplicationibus motu benignitatis solite gratulabundius annuentes et hoc nichilominus digna consideratione pre oculis collocantes, quod in civitate Spirensi in ecclesia Virginis gloriose divorum imperatorum, imperatricum et regum Romanorum illustrium predecessorum nostrorum corpora requiescunt, omnia privilegia et iura omnesque libertates et gratias, quas a sancte memorie summis pontificibus et a divis imperatoribus et regibus Romanorum illustribus nostris antecessoribus et ab episcopis iidem cives habent et usque ad hec tempora habuerunt, necnon ipsorum iudicia et consuetudines approbamus, confirmamus et presentis scripti patrocinio communimus ….* Schreiber der Urkunde war Johann Certamen, der wohl schon im Dienste Heinrichs VII. gewesen war, dazu Bansa, Studien (wie Anm. 41), S. 115–121, Fischer, Studien (wie Anm. 51), S. 126.

98 Zitiert von Fischer, Studien (wie Anm. 51), S. 130 Anm. 201.

99 Ebd.; die Urkunde ist ediert bei Bansa, Register 1 (wie Anm. 56), S. 137, Nr. 136.

100 Ebd., MGH Const. VI, 2, Nr. 346, S. 248.

101 MGH Const. V, Nr. 341, S. 287: *Si fidei merita et devota fidelium obsequia, qui pro honoribus imperii se et sua exponere et labores sufferre sedulos non formidant, largifluis nostre benificencie premiis conpensamus, ex hoc non solum ceteri ad nos et sacrum imperium devocionis et fidei suscipiunt incrementum, sed etiam status noster et imperii ad meliora sublimatur et dirigitur salubriter ad maiora.*

Privileg, das am 24. Oktober 1329 erneut bestätigt wurde.[102] Ludwig reihte sich also in eine Entwicklung ein, die schon bei seinen Vorgängern Adolf von Nassau, Albrecht I. und Heinrich VII. angelegt war, vor allem in den Städteprivilegien. Dass dies mehr als ein Zufall ist, wird man vermuten dürfen; beweisen lässt es sich nicht.

Der Diskurs Ludwigs bzw. seiner Kanzlei steht also in einer langen Tradition, die auf die italienischen „Summae dictaminis" des 13. Jahrhunderts zurückführen ist und darüber hinaus den Diskurs über die kaiserliche Majestät seit den Ottonen weiterführt. Man betonte ständig die *devota obsequia* der Untertanen, welchen die *innata clementia* des Herrschers entspreche; man verwies auf die Dienste, welche die Getreuen bzw. Untertanen dem Herrscher *intrepide* geleistet, auf die *praemia*, die sie dafür bekommen hätten und die aus ihnen *ex devotis devotiores*, *ex fidelis fideliores* gemacht hätten. Der Erfindungsreichtum der jeweiligen Kanzlei scheint ab der zweiten Hälfte des 13. Jahrhunderts und zumindest bis zum 15. Jahrhundert äußerst begrenzt gewesen zu sein; er bestand lediglich in stilistischen Variationen überlieferter Formeln und in der Fähigkeit, überkommene Wörter und Sätze neu zu kombinieren. Höchstens einige wenige Formeln könnten neu sein, etwa in den Urkunden Ludwigs die *magnalitas operum* der Untertanen des Kaisers[103] oder die *imperatoria claritas* des Herrschers.[104] Von einem neuen Diskurs kann aber überhaupt nicht die Rede sein. Wie seine Vorgänger verweist Ludwig mit Nachdruck auf die kaiserliche Gnade, die sich großzügig auf die verdienten Untertanen ergießt, Untertanen, die sich freigebig und selbstlos für das Reich mühen und die dann demütig zum kaiserlichen Thron kommen, um Rechte und Privilegien zu erhalten. Der Kaiser hört gnädig auf ihre Bitten, nicht weil er dazu verpflichtet wäre, sondern weil er weiß, dass er damit das ihm von Gott aufgetragene Amt ehrt und auch den Eifer seiner Untertanen, ihm noch besser zu dienen, fördert.

Dass die jeweiligen Herrscher der zweiten Hälfte des 13. Jahrhunderts und der ersten Hälfte des 14. Jahrhunderts diesen überkommenen Diskurs an die jeweiligen politischen Verhältnisse und an ihre eigenen politischen Zielsetzungen angepasst haben, darf zwar vermutet werden, könnte aber nur auf der Basis einer Studie über die gesamte schriftliche Produktion wirklich nachgewiesen werden.

Cum enim omnis gloria seu potencia principis in subditorum consistat solidata fortunis, expediens arbitramur et congruum ut simus subiectis in iusticia faciles et in gracia liberales. Noverit igitur presens etas et futuri temporis successura posteritas ... .

102 MGH Const. VI, 1, Nr. 655, S. 553. Zu dieser Arenga s. Fischer, Studien (wie Anm. 51), S. 34.

103 So im Diplom des 16. Juni 1329 für Vigevano (MGH Const. VI, 1, Nr. 590, S. 492) sowie im Diplom des 14. August 1338, das die Herzöge von Mecklenburg in den Fürstenrang erhebt (Otto Heinemann, Die kaiserlichen Lehnsurkunden für die Herzoge von Pommern, in: Baltische Studien NF 3 [1899], S. 161–185, hier S. 162).

104 So am 4. Januar 1330 für Heilbronn.

Vergleicht man aber diesen kaiserlichen Diskurs mit dem König Philipps VI. von Frankreich in den Präambeln seiner „ordonnances“[105], fällt auf, dass der kaiserliche Diskurs den Untertanen eine aktive Rolle zuweist, die man bei Philipp nicht findet. Im französischen Reich antwortet der König auf die Bitten seiner Untertanen, wie es dem Gemeinwohl entspricht, das letztlich nur er zu beurteilen imstande ist, auch wenn er den Rat seiner Getreuen sucht; im Deutschen Reich antwortet der Kaiser auf die Bitten seiner Untertanen, weil es dem Gemeinwohl entspricht, aber auch weil dies ihre Bereitschaft, ihm und dem Reich zu dienen, weiter anspornt.

Ludwig hat sich auch um die Visualisierung dieses Diskurses durch Bilder bemüht, und dies dank der illuminierten Initialen, die vor allem, aber nicht nur, vom Notar Leonhard von München hergestellt wurden.[106] Die von Leonhard ausgefertigten Urkunden betreffen alle wichtige Akte, in denen die Vermittlung der kaiserlichen Gnade inszeniert wurde. Knapp die Hälfte besteht aus Bestätigungen Ludwigs von Urkunden seiner Vorgänger, der Kaiser und römischen Könige; die anderen sind meistens Lehensübertragungen oder Fürstenerhebungen. Ihm ging es aber nicht einfach um das Bild des Königs, wie es bei den französischen Königen der Fall zu sein scheint,[107] sondern um das Bild des Königs im Verbund mit seinen Untertanen bzw. Getreuen. Dabei ist freilich nicht zu übersehen, dass der Kaiser nicht auf dieselbe Weise mit den Dortmunder Bürgern, einem Grafen, den er in den Fürstenrang erhob, dem Großmeister des Deutschen Ordens oder dem mächtigen Kurfürsten Balduin von Trier umging.

Als „Ritter-König“ konnte Ludwig nicht mit Eduard III. konkurrieren; als „allerchristlicher König“ nicht mit dem französischen König und als „weiser König“ nicht mit Robert von Neapel. Dennoch blieb er die höchste Verkörperung der kaiserlichen Majestät. Die westeuropäischen Könige hatten zwar auch auf die neue, von Petrus de Vinea und seinen Kollegen erfundene „Rhetorik der Macht“ zurückzugreifen gewusst. Als König der Römer bzw. Kaiser hatten aber die deutschen Könige ihnen gegenüber einen deutlichen Vorteil,[108] wenn es um die Übernahme dieses Macht-Diskurses und seine Anpassung an die politischen Verhältnisse im Deutschen Reich ging.

---

105 Ordonnances des rois de France de la troisième race (wie Anm. 23).

106 Vgl. Christa Wrede, Leonhard von München, der Meister der Prunkurkunden Kaiser Ludwigs des Bayern, Kallmünz 1980.

107 Vgl. dazu grundlegend Ghislain Brunel, Images du pouvoir royal. Les chartes décorées des Archives nationales XIIIe–XVe siècle (mit einem Beitrag von Olivier Guyotjeannin), Paris 2005.

108 S. dazu Stefan Weinfurter, Ludwig der Bayer und sein Koblenzer Programm von 1338, in: Nassauische Annalen 123 (2012), S. 55–79, speziell S. 76 f.; vgl. auch Alois Schmid, Das Motiv des Adlers bei Ludwig dem Bayern, in: Studien zur bayerischen Landesgeschichtsschreibung in Mittelalter und Neuzeit – Festgabe für Andreas Kraus zum 90. Geburtstag, hg. von dems./Ludwig Holzfurtner (Zeitschrift für bayerische Landesgeschichte Beiheft 41), München 2012, S. 151–183.

Abkehr vom päpstlichen Krönungsanspruch
Die Kaiserkrönung Ludwigs des Bayern und der römische Adel

Jörg Schwarz

In der politischen Biographie Ludwigs nimmt die Zeit von Januar bis August 1328, die „der Bayer" im Rahmen seines dreijährigen Italienzugs weitgehend in Rom verbracht hat[1], eine besondere Stellung ein. Es kam in dieser Zeit zu der vielbeachteten „papstfreien" Kaiserkrönung vom 17. Januar 1328. Auch die Wahl des Gegenpapstes Nikolaus' V. und die Kaiserweihe Ludwigs durch Nikolaus gehören in diesen Zeitraum. Hinzu kommen zahlreiche andere diplomatische und politische Aktivitäten, öffentliche Demonstrationen und Inszenierungen, die im Wesentlichen der Stärkung der eigenen Position im Streit mit der Kurie sowie der Stabilisierung seines Aufenthaltes in der Ewigen Stadt dienen sollten. Im Ganzen erweisen sich die sieben römischen Monate, die mit einem von Schmäh- und Spottrufen der Römer begleiteten Auszug im Sommer 1328 abrupt zu Ende gingen, in der Biographie Ludwigs als eine politisch hoch aufgeladene Zeit, in der sich sowohl spezifische Bedingungen der Herrschaft Ludwigs wie auch das im Laufe vom Hoch- zum Spätmittelalter sich wandelnde Verhältnis des Kaisertums zu den Römern spiegeln[2].

---

1 Zum Italienzug Ludwigs des Bayern, als dessen auslösendes Moment die Hilfeersuchen italienischer Mächte im Umfeld der Politik des Herrn von Lucca, Castruccio Castracani, der einst Vikar Friedrichs des Schönen gewesen war und nach der Schlacht von Mühldorf 1322 von Ludwig in diesem Amt bestätigt worden ist, zu sehen ist, im forschungsorientierten Überblick jetzt Michael Menzel, Die Zeit der Entwürfe 1273–1347 (Gebhardt, Handbuch der deutschen Geschichte 7a), 10. völlig neu bearb. Aufl., Stuttgart 2012, S. 169–176; ausführlich Heinz Thomas, Ludwig der Bayer (1282–1347). Kaiser und Ketzer, Graz u. a. 1993, S. 193–225; Martin Berg, Der Italienzug Ludwigs des Bayern, in: Quellen und Forschungen aus italienischen Archiven und Bibliotheken 67 (1987), S. 142–197; Roland Pauler, Die deutschen Könige und Italien im 14. Jahrhundert. Von Heinrich VII. bis Karl IV., Darmstadt 1997, S. 144–164; Frank Godthardt, Marsilius von Padua und der Romzug Ludwigs des Bayern. Zum Verhältnis von politischer Theorie und politischem Handeln (Nova mediaevalia. Quellen und Studien zum europäischen Mittelalter 6), Göttingen 2009, bes. Kapitel 5: Der Romzug Ludwigs des Bayern: Auf dem Weg zur Kaiserkrönung, S. 189ff. Das Werk von Godthardt ist jetzt grundlegend für alle Fragen der Diskussion um die Beratung bei Ludwigs Kaiserkrönung durch Marsilius von Padua, die hier als solche nicht zur Debatte steht; zur Verbindung Wilhelms von Ockham mit Ludwig nach wie vor grundlegend Jürgen Miethke, Ockhams Weg zur Sozialphilosophie, Berlin 1969, S. 417ff.

2 Zum Verhältnis Kaisertum–Römer im Hochmittelalter jetzt grundlegend Jürgen Petersohn, Kaisertum und Rom in spätsalischer und staufischer Zeit. Romidee und Rompolitik von Heinrich V. bis Friedrich II. (MGH Schriften 62), Hannover 2010, Kapitel 1, 5–7, 11–13, 15–19; wertvolle, grundsätzliche Klärungen der Begrifflichkeiten „mittelalterliches Kaisertum" und „Rom" bzw. „Römer" ebd., S. 1–6.

Obwohl das Kaisertum Ludwigs des Bayern schon lange im Interesse der Forschung steht, ist eine genauere, auf Untersuchung des Verhältnisses Ludwigs zum römischen Adel in seiner Gesamtheit beruhende Analyse bislang unterblieben. Ebenso haben vice versa die konkreten Vorstellungen, Erwartungen und Instrumentalisierungen Ludwigs durch den römischen Adel bislang kaum ausreichend Beachtung gefunden. An erster Stelle steht hier die Präsentation der Ergebnisse einer prosopographischen Analyse des Verhältnisses zwischen Ludwig und dem römischen Adel. Auf der Basis dieser Ergebnisse steht dann an zentraler Stelle eine nochmalige Untersuchung der Kaiserkrönung vom Januar 1328, in der vor allem nach den genauen Anteilen des römischen Adels in Vorbereitung und Ablauf der Zeremonie gefragt werden soll. Der Aufsatz schließt mit einem Blick auf die berühmte Romdarstellung der Kaiserbulle Ludwigs des Bayern.

I. Beziehungsgeflechte: Ludwig der Bayer und der römische Adel

Als der 1314 zum römisch-deutschen König gewählte und (seit dem 31. Mai 1327) zum König der Lombarden gekrönte, bereits seit vier Jahren (von Papst Johannes XXII.) gebannte Ludwig Anfang 1328 mit seinem Heer[3] durch die Porta del Popolo in Rom einzog[4], betrat er eine Stadt, deren spezifisches Aussehen bereits mehr als einen Historiker zu einer Beschreibung gereizt hat[5]. Mag vieles, was mit Rom und den Römern im Mittelalter zu tun hat, einfach nur topisch sein[6], seit dem Weggang der Päpste nach Avignon haben Infrastruktur und Urbanität im Vergleich zur vor-

3 Die Eskorte, mit der Ludwig im Januar 1327 nach Trient gereist war, hatte zunächst nur etwa hundert Reiter umfasst (beim Eintreffen in Rom hatte Ludwig etwa 4000 Krieger bei sich). Begleitet wurde Ludwig von seinem Kanzler Hermann von Lichtenberg, Herzog Ludwig von Teck, Herzog Heinrich von Kärnten, den Grafen Friedrich und Ludwig von Oettingen sowie dem Magister Marsilius von Padua. Etwas später hinzu kamen Burggraf Friedrich von Nürnberg, Berthold von Neuffen und der Deutschordenskomtur Konrad von Gundelfingen; vgl. Thomas, Ludwig (wie Anm. 1), S. 194. Maßgeblich unterstützt von Galeazzo Visconti von Mailand und seinen Brüdern wurde der definitive Beschluss zum Romzug ca. Februar 1327 gefasst. Ludwig hoffte mit der Autorität eines gekrönten Kaisers in Oberitalien für Ordnung sorgen zu können, was vor allem in einem Eingreifen gegen Cangrande von Verona hätte bestehen sollen.

4 Ludwig hatte, nachdem er von Viterbo am 5. Januar 1328 aufgebrochen war, Rom am 7. Januar erreicht. Die Unterbringung des königlichen Hofes erfolgte bei S. Maria Maggiore; vgl. Eugenio Duprè Theseider, Roma dal comune di popolo alla signoria pontificia (1252–1377) (Storia di Roma 11), Bologna 1952, S. 463.

5 Pietro Fedele, Aspetti di Roma nel Trecento, Roma 1923; Arnold Esch, Bonifaz IX. und der Kirchenstaat (Bibliothek des Deutschen Historischen Instituts in Rom 29), Tübingen 1969, S. 299 ff.; Gustav Seibt, Anonimo Romano. Geschichtsschreibung in Rom an der Schwelle zur Renaissance, Stuttgart 1992, S. 89; Matthias Thumser, Rom und der römische Adel in der späten Stauferzeit (Bibliothek des Deutschen Historischen Instituts in Rom 81), Tübingen 1995, S. 1.

6 Josef Benzinger, Invectiva in Romam. Romkritik im Mittelalter vom 9. bis zum 12. Jahrhundert (Historische Studien 404), Lübeck u. a. 1968.

herigen Zeit noch einmal drastisch abgenommen. „Die stummen, entkernten Zeugen einer erbarmungslos ruhmreichen Vorwelt"[7] haben immer schon in einem krassen Gegensatz zu der im Tiberbogen und im Dorf um den Lateran zusammengedrängten Bevölkerung gestanden[8]. Doch nachdem unter Papst Clemens V. die Kurie von Rom nach Avignon verlagert worden war[9], lässt sich noch einmal ein deutlicher Niedergang von geregelter Normensetzung und funktionierender Verwaltung ausmachen.

Im Einzelnen wäre sicherlich zu überprüfen, inwiefern bestimmte Elemente zeitgenössischer Charakterisierungen Roms – staubige Gassen, Unrat auf den Straßen, Dickicht und Wald innerhalb der Mauern – nicht ähnlichen historiographischen Strategien entsprungen sind wie etwa die diffamierenden Berichte über die spätmittelalterliche Stadt nördlich der Alpen[10]. Dennoch ist festzuhalten, dass nicht nur größere städtebauliche Maßnahmen, wie sie für das römische Hochmittelalter[11] und dann wieder für das Quattrocento zu verzeichnen sind[12], im Trecento so gut wie ganz fehlen. Ausnahmen bestätigen nur die Regel. Offensichtlich war – von punktuellen Maßnahmen abgesehen – niemand da, der den Kampf gegen überwuchernde Pfade[13], morschende Balken oder bröckelndes Mauerwerk auf sich nehmen wollte. Im Ganzen stimmt es sicherlich: „Es war eine elende Stadt mit ihren Trümmerpfaden und Viehtriften, die während des Großen Schismas um 1400 einen absoluten Tiefpunkt erreichte und nur Hohn oder Mitleid weckte"[14].

---

7 Seibt, Anonimo (wie Anm. 5), S. 89.

8 Hierzu Petersohn, Kaisertum (wie Anm. 2), S. 1f.

9 Karl-August Fink, Die Päpste in Avignon, in: Handbuch der Kirchengeschichte, Bd. 3: Die mittelalterliche Kirche, hg. von Hubert Jedin, Freiburg u.a. 1968, S. 365–412, hier S. 371.

10 Vgl. zur nordalpinen Stadt Gerhard Fouquet, Bauen für die Stadt. Finanzen, Organisation und Arbeit in kommunalen Baubetrieben des Spätmittelalters. Eine vergleichende Studie vornehmlich zwischen den Städten Basel und Marburg, Köln u.a. 1999, S. 3ff.

11 Vgl. Richard Krautheimer, Rom. Schicksal einer Stadt 312–1308. Aus dem Englischen übertragen von Toni Kienlechner und Ulrich Hoffmann, München 1987, S. 181–254, bes. S. 256; Peter Cornelius Claussen, Renovatio Romae. Erneuerungsphasen römischer Architektur im 11. und 12. Jahrhundert, in: Rom im hohen Mittelalter. Studien zu den Romvorstellungen und zur Rompolitik vom 10. bis zum 12. Jahrhundert, Reinhard Elze zur Vollendung seines siebzigsten Lebensjahres gewidmet, hg. von Bernhard Schimmelpfennig/Ludwig Schmugge, Sigmaringen 1993, S. 87–125; Petersohn, Kaisertum (wie Anm. 2), S. 80–82.

12 Vgl. Massimo Miglio, Niccolò V, in: Enciclopedia dei Papi 2 (Niccolò I, santo, Sisto IV), hg. von Massimo Bray, Rom 2000, S. 644–658; Arnold Esch, Wege nach Rom. Annäherungen aus zehn Jahrhunderten, München 2003, S. 44–65, bes. S. 50.

13 Gegen Ende des 14. Jahrhunderts hielt Bonifaz IX. die Instandsetzung der via maior, die das Kapitol mit dem Dorf um den Lateran verband, für dringend notwendig, „weil diese Straße sonst noch gefährlicher wird und letztlich ganz verschwindet" (*nisi celeriter provideatur totalem deveniat ad ruinam et quod … dicta strata verisimiliter periculsior efficeretur et quasi dissolveretur in totum*); Esch, Bonifaz IX. (wie Anm. 5), S. 209.

14 Arnold Esch, Rom, A. Grundzüge der Stadtgeschichte, in: Der Neue Pauly. Enzyklopädie der Antike. Rezeptions- und Wissenschaftsgeschichte Bd. 15/2, hg. von Manfred Landfester/Hubert Cancik/Helmut Schneider, Stuttgart/Weimar 2002, Sp. 841–863, hier Sp. 846.

Das „Avignonesische Exil“ mochte durch längere Aufenthalte der Päpste des 13. Jahrhunderts in Orvieto, Perugia, Viterbo oder Anagni gedanklich vorbereitet worden sein; dennoch ist es wahr, dass es einen Unterschied bedeutet, ob die Päpste zwischen ihren Festungen in Mittelitalien hin- und herzogen oder ob sie sich im Süden Frankreichs aufhielten[15]. Es fehlte Rom durch den Weggang der Päpste ein maßgeblicher politischer Ordnungsfaktor[16], und durch den abnehmenden Petentenverkehr gingen wichtige wirtschaftliche Einnahmequellen drastisch zurück.

Wer durch das Vakuum nach oben drängte, war ungeachtet anderer sozialer Umwälzungen freilich weniger die Kommune[17], sondern der ebenso in Rom wie auf seinen *castelli* in der Campagna verwurzelte, in sich mehrfach differenzierte, letztlich hier wie anderswo vielfach noch ohne feste Abschließung existierende, ebenso anpassungsfähige wie zum Teil untereinander bis auf den Tod verfeindete römische Adel[18]. In einem dezidiert gegen die Kommune gerichteten Akt hatten sich der Orsini-Papst Nikolaus III. und die römische Nobilität 1278 verbündet[19]. Wie sahen die Beziehungen Ludwigs zu diesen Verbänden im Einzelnen aus?

Vor allen anderen ist jenes Adelsgeschlecht zu nennen, dessen Name wohl von dem an den Albaner Bergen gelegenen Kastell abstammt und das im Hoch- und Spätmittelalter durch seine zahlreichen Besitzungen – unter denen die oberhalb des Sacco-Tals gelegene Stadt Palestrina herausragt – und die große Schar seiner Klienten

15 Fink, Päpste (wie Anm. 9), S. 371.

16 Zur Bedeutung der Kirche für die Aufrechterhaltung weltlicher Aufgaben im mittelalterlichen Rom Esch, Rom (wie Anm. 14), hier Sp. 841.

17 Zur römischen Kommune, die sich in den 40er Jahren des 12. Jahrhunderts im Kampf gegen das Papsttum konstituiert und sich seither mehrfach gewandelt hatte, Laura Moscati, Alle origini delle comune Romano. Economia, società, istituzioni (Quaderni di Clio 1), Rom 1980, S. 175 ff.; Ferdinand Opll, Stadt und Reich im 12. Jahrhundert (1125–1190) (Forschungen zur Kaiser- und Papstgeschichte des Mittelalters, Beihefte zu J. F. Böhmer, Regesta Imperii 6), Wien u. a. 1986, S. 418 f.; Krautheimer, Rom (wie Anm. 11), S. 218 ff.; Ingrid Baumgärtner, Rombeherrschung und Romerneuerung. Die römische Kommune im 12. Jahrhundert, in: Quellen und Forschungen aus italienischen Archiven und Bibliotheken 69 (1989), S. 27–79; Knut Schulz, „Denn sie lieben die Freiheit so sehr…“. Kommunale Aufstände und Entstehung des europäischen Bürgertums im Hochmittelalter, 2. Aufl. Darmstadt 1995, S. 133–161; Thumser, Rom (wie Anm. 5), S. 7–10; ders., Die frühe römische Kommune und die staufischen Herrscher in der Briefsammlung Wibalds von Stablo, in: Deutsches Archiv 57 (2001), S. 111–147; Esch, Rom (wie Anm. 14), Sp. 842; Romedio Schmitz-Esser, Erneuerung aus eigener Kraft? Die Entstehung der Römischen Kommune im 12. Jahrhundert, in: Rom – Nabel der Welt. Macht, Glaube, Kultur von der Antike bis heute, hg. von Jochen Johrendt/Romedio Schmitz-Esser, Darmstadt 2010, S. 67–85; Petersohn, Kaisertum (wie Anm. 2), S. 80–109.

18 Zum römischen Adel im Hochmittelalter Thumser, Rom (wie Anm. 5); Sandro Carocci, Baroni di Roma. Dominazioni signorili e lignaggi aristocratici nel duecento e nel primo trecento (Collection de l'École française de Rome 181), Rome 1993; zu den Besonderheiten des römischen Adels im Spätmittelalter ders., Una nobilità bipartita, in: Bulletino dell'Istituto Storico Italiano per il Medio Evo 95 (1989), S. 71–122; jetzt vor allem auch Jean-Claude Maire Vigueur, L'altra Roma. Una storia dei romani all'epoca dei communi (secoli XII–XIV), traduzione di Paola Garbini, Torino 2011.

19 Duprè Theseider, Roma (wie Anm. 4), S. 171 ff.; Seibt, Anonimo (wie Anm. 5), S. 90.

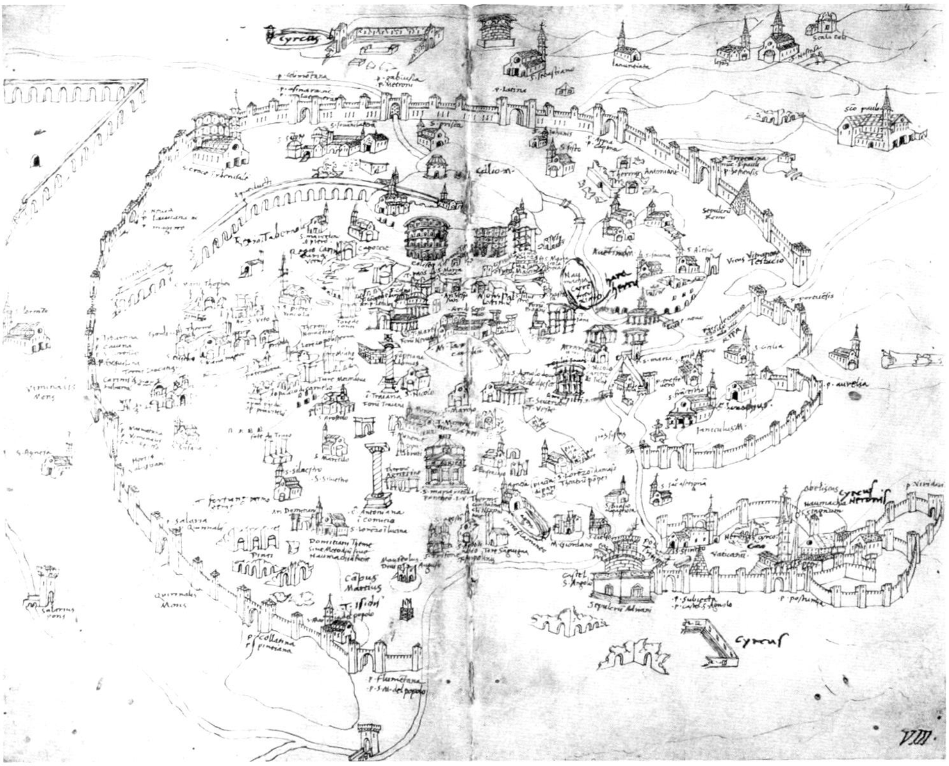

Von Januar bis August 1328 hielt sich Ludwig in der Ewigen Stadt auf. Der 1474 entstandene Rom-Plan von Alessandro Strozzi ist der erste Plan der Urbs von antiquarischem Anspruch. Im Vordergrund die ummauerte Leostadt mit St. Peter in der Mitte, links die Engelsburg. (Foto: Bibliotheca Laurenziana Cod. Redi 77, fol. 7v–8r).

stets einen maßgeblichen Einfluss auf die Angelegenheiten Roms, des Kirchenstaats, aber auch weit darüber hinaus genommen hat: die Colonna[20].

In Rom selbst hatte die Familie[21], die möglicherweise, wenn auch nicht letztlich gesichert, mit dem berühmten Verband der Tuskulaner zusammenhängt, im III. Rione (also „Stadtteil"), der etwa den Südteil des ehemaligen Marsfeldes um die Piazza San Silvestro und den Palazzo Montecitorio umfasst, ihre Schwerpunkte. Zur Zeit des Romzugs Heinrichs VII. 1312 waren die Colonna die stärksten Verbündeten des

20 Zu den Colonna im hohen Mittelalter im Überblick Thumser, Rom (wie Anm. 5), S. 66–75; Petersohn, Kaisertum (wie Anm. 2), S. 168 f., 170, 220.

21 Vgl. allerdings auch Thumser, Rom (wie Anm. 5), S. 75 mit dem Hinweis auf den römischen Senator Giovanni Colonna im Zusammenhang mit der Inhaftierung Konradins 1268.

Luxemburgers[22]. Es war kaum zufällig das von diesen beherrschte Viertel, durch das Heinrich VII. nach seinem – wie später auch Ludwig – Einzug durch die Porta del Popolo zum Lateran ziehen und von hier aus seine Vorstöße in das Häuser- und Straßengewirr des Tiberbogens wagen konnte[23].

Der um etwa 1270 geborene Sciarra (eigentlich Giacomo) Colonna[24], der sich durch das berühmte Attentat auf Bonifaz VIII. vom September 1303 unauslöschlich in die Geschichte des mittelalterlichen Papsttums eingegraben hat[25], steht an der Spitze aller Kontakte römischer Adliger mit Ludwig dem Bayern. Während in der Frage der deutschen Doppelwahl nach dem Tod Heinrichs sich die Orsini, die großen Gegner der Colonna, zu Friedrich von Österreich bekannten[26], haben sich die Colonna ebenso rasch Ludwig zugewandt wie dieser sich der ghibellinischen Tradition der Familie bewusst wurde. Bereits im ersten Jahr der Regierung Ludwigs prasselte ein regelrechter Privilegiensegen auf die Colonna herab; die Familie erhielt das Recht, Münzen zu schlagen, Legitimationen vorzunehmen und Notare zu ernennen[27]. Auch auf kirchlichem Bereich wurden die Beziehungen im Rahmen von *do ut des*-Geschäften rasch konkretisiert und verfestigt[28].

---

22 In der spezifischen Konstellation der italienischen Politik der Zeit bedeutete das einen erbitterten Konflikt mit den Orsini, die ihren Rückhalt bei König Robert von Neapel (1309–1343), dem Feind Heinrichs, fanden; Ferdinand GREGOROVIUS, Geschichte der Stadt Rom im Mittelalter vom V. bis zum XVI. Jahrhundert, hg. von Waldemar KAMPF, Bd. II, Tübingen 1978, S. 600; Andreas REHBERG, Kirche und Macht im römischen Trecento. Die Colonna und ihre Klientel auf dem kurialen Pfründemarkt (1278–1378), Tübingen 1999, S. 63 f.

23 GREGOROVIUS, Geschichte (wie Anm. 22), S. 603.

24 Zu Sciarra Colonna biographisch Daniel WALEY, Colonna, Giacomo, detto Sciarra, in: Dizionario biografico degli Italiani 27 (1982), S. 314–316; Fiorella SIMONI BALIS-CREMA, Colonna, Giacomo, in: Lexikon des Mittelalters 3 (1986), Sp. 55; zu Sciarra in allen Krönungszusammenhängen GODTHARDT, Marsilius (wie Anm. 1), S.271 ff.

25 Vgl. dazu Joachim EHLERS, Die Kapetinger, Stuttgart u. a. 2000, S. 203 ff.; Johannes HALLER, Das Papsttum. Idee und Wirklichkeit, Bd. 5: Der Einsturz, Stuttgart 1965, S. 154–159; Kaspar ELM, Das Attentat von Anagni. Der Überfall auf Papst Bonifaz VIII. am 7. September 1303, in: Das Attentat in der Geschichte, hg. von Alexander DEMANDT, Köln 1996, S. 108–124, S. 111 ff.; Martin KAUFHOLD, Wendepunkte des Mittelalters, Ostfildern 2004, S. 144–151; André VAUCHEZ, Konzeptionen von Kirche, in: Geschichte des Christentums, Bd. 6, hg. von Michel MOLLAT DU JOURDIN/André VAUCHEZ, bearbeitet von Bernhard SCHIMMELPFENNIG, Freiburg 1991, Sonderausgabe 2007, S. 264–314, speziell S. 268 f.; zu Anagni und den Caetani vgl. REHBERG, Kirche (wie Anm. 22), S. 339–345; Horst FUHRMANN, Die Päpste. Von Petrus zu Johannes Paul II., München 1998, S. 148 ff.

26 Ins Auge zu fassen ist dabei vor allem das Verhalten des Kardinals Napoleone Orsini, vgl. Ludwig MOHLER, Die Kardinäle Jakob und Peter Colonna. Ein Beitrag zur Geschichte des Zeitalters Bonifaz VIII. (Quellen und Forschungen aus dem Gebiet der Geschichte 17), Paderborn 1914, S. 193 ff.; REHBERG, Kirche (wie Anm. 22), S. 64 f.

27 Vgl. WALEY, Colonna (wie Anm. 24), S. 315.

28 Vor allem Kardinal Pietro Colonna schlug sich alsbald auf die Seite Ludwigs; im Gegenzug bestätigte Ludwig dem Colonna (*amico nostro karissimo*) in Anerkennung der Verdienste, die er und sein Haus sich unter Opfern um das Reich erworben hatten, 1315 zwei Schenkungen, die ihm das Domkapitel von Valence gemacht hatte; REHBERG, Kirche (wie Anm. 22), S. 64 f. mit weiteren Beispielen.

Wann und wie Sciarra, der sich 1327 zum Capitano del popolo wählen ließ[29], erstmals vom Erscheinen Ludwigs in Italien erfahren hat, wissen wir nicht – sicher jedoch nicht lange nachdem der Bayer im Januar 1327 in Trient erschienen und mit Planungen über das weitere Vorgehen beschäftigt war[30]. Das Fundament, auf das Sciarras Beziehungen mit Ludwig aufbaute, ist ein Bündnis mit den Familien der Savelli, Sant'Eustachio, Capocci und Annibaldi von der Jahresmitte 1327. Wesentlich für die Stabilität des Bündnisses erscheint dabei die Tatsache, dass es – wie wir aus der Chronik des sogenannten Anonimo Romano, einer historiographischen Quelle des 14. Jahrhunderts von ebenso großem dokumentarischem wie literarischem Wert[31], erfahren – Sciarra gelungen war, neben Teilen des Adels auch die städtische Miliz und die Popolaren – also vereinfacht ausgedrückt den politischen Schutzverband der Bürger Roms mit ihren zunftmäßigen Genossenschaften und Bannerführern – auf seine Seite zu ziehen[32]. Der Blick auf die Stadt als Ganzes lässt erkennen, dass es sieben von insgesamt neun Rioni waren, die sich zu Sciarra bekannt haben, darunter mehrheitlich solche Viertel, die von den sogenannten „Baronalfamilien", also dem großen, grundbesitzenden Adel, den klassischen Feudalfamilien Latiums wie eben den Colonna, den Savelli, den Conti und anderen kontrolliert worden sind[33]. Keine Macht zu gewinnen war für die Partei Sciarras über die Rioni am Tiberknie und in Trastevere, die offensichtlich fest in Händen der Orsini blieben[34]. Das Bild unterscheidet sich also nicht unwesentlich von der Situation, wie sie Heinrich VII. im Mai 1312 vorgefunden hatte. Große Teile der Stadt müssen damals – um ein in der Oberitalienforschung etabliertes Bild aufzunehmen – einem „Schachbrett" geglichen haben[35].

Sciarra war der unbestrittene Kopf des Bündnisses. Eng hatte er sein Schicksal mit dem des Bayern verbunden. Mehrfach wurde dies für die Öffentlichkeit aus Fürsten

29 Zum Amt des Capitano del popolo, das in den italienischen Städten des Mittelalters eingerichtet wurde, um die Macht des Adels auszutarieren, vgl. Maire Vigueur, Roma (wie Anm. 18), S. 148 ff.

30 Möglicherweise auch er erst, als der Bayer Mitte Januar 1327 nach Trient gekommen war; vgl. das Schreiben Papst Johannes' XXII. vom 15. Mai 1327, in dem er Sciarra zur Opposition gegen Ludwig aufforderte; Vatikanische Akten zur deutschen Geschichte in der Zeit Kaiser Ludwigs des Bayern, hg. von Sigmund von Riezler, Innsbruck 1891, S. 328.

31 Zum Anonimo im Überblick Massimo Miglio, Anonimus Romanus, in: Lexikon des Mittelalters 1 (1980), Sp. 67; umfassend und mit eindringlicher Interpretation Seibt, Anonimo (wie Anm. 5).

32 Anonimo Romano, Cronica, ed. Guiseppe Porta, Milano 1979, S. 12ff.

33 Rehberg, Kirche (wie Anm. 22), S. 269.

34 Anonimo Romano, Cronica (wie Anm. 32), S. 15, Z. 80ff.

35 Die Ghibellinen unter Sciarra und Stefano Colonna hatten 1312 beim Einzug Heinrichs in die Stadt die Viertel Monti, den Lateran, S. Maria Maggiore, das Pantheon, das Mausoleum des Augustus, die Porta del Popolo und Ponte Molle gehalten; das Kapitol und der Torre delle Milizie waren in Besitz der ehemaligen Vikare Ludwigs, des Riccardo Orsini und Giovanni Annibaldi, die eine unentschiedene Position einnahmen. Die Colonna hielten ihren „Riesenturm", die Annibaldi das Colosseum, den Aventin und den Turm S. Marco, die Frangipani den Palatin, die Savelli das Theater des Marcellus; vgl. Gregorovius, Rom (wie Anm. 22), S. 604.

und Römern eindrucksvoll demonstriert. Sicher präsidierte er dem römischen Parlament, das sich am 11. Januar 1328 auf Befehl und in Gegenwart Ludwigs auf dem Kapitol[36] versammelt hatte und diesen zu ihrem „Herrn" (*nostro signore*) und zum „König der Römer" (*re de' Romani*) ausrief[37] sowie diesem anschließend als Senator und Capitano del popolo die Signorie Roms auf ein ganzes Jahr verlieh[38].

Im Rahmen der Kaiserkrönung Ludwigs eine Woche später führte er zusammen mit anderen das Pferd des Königs von S. Maria Maggiore nach St. Peter – problemlos war der für Heinrich VII. 1312 völlig utopische Weg über den Tiber vorbei an der Engelsburg und durch die Gassen der Leonina möglich. Offensichtlich hatten die Orsini und ihre Verbündeten hier ihre ganze Macht verloren. Als mutmaßlicher Pfalzgraf des Lateran bewahrte Sciarra vor und nach der Krönungsfeier die Krone auf[39]. Anfang Februar wurde er gemeinsam mit Jacopo Savelli von Ludwig zum Senator ernannt. Als Ludwig im August 1328 unter Druck Rom verließ, musste auch Sciarra fliehen. Nur ein Jahr später ist er, wohl noch vor Mitte September, an unbekanntem Ort gestorben[40].

Wie schwierig es ist, römische Adelsfamilien als Ganzes – und sei es auch nur phasenweise – mit simplen Etiketten wie „prokaiserlich" oder „antipäpstlich" zu versehen, zeigt sich kaum irgendwo besser als im Falle der Colonna zur Zeit Ludwigs des Bayern. Definitiv lässt sich sagen, dass sich die Familie spätestens 1327/28 gespalten hatte. Während Sciarra damals konsequent dem folgte, was man als „popolare", also pro-zünftische Tradition seiner Familie bezeichnet hat, wandte sich sein Bruder Stefano von dieser Ausrichtung ab und kooperierte mit den ‚antipopolar' eingestell-

---

36 Zum Kapitol, dem kleinsten, aber durch seine Rezeption vielleicht symbolträchtigsten der klassischen „sieben Hügel" Roms im Altertum im Überblick Reinhard Förtsch, Capitolium, in: Der neue Pauly 2 (1997), Sp. 973; A. Hermann, Capitolium, in: Reallexikon für Antike und Christentum 2 (1954), Sp. 847–861; Filippo Coarelli, Rom. Ein archäologischer Führer, übersetzt von Agnes Allroggen-Bedel und Michaela Heisenberger, Mainz 2000, S. 44ff., S. 372 (mit Lit.); zum Kapitol im Mittelalter Herbert Siebenhüner, Das Kapitol in Rom. Idee und Gestalt, Verona 1980; Krautheimer, Rom (wie Anm. 11), siehe das Orts- und Sachverzeichnis, s.v. Hügel, Kapitolinischer; Esch, Rom (wie Anm. 14), Sp. 845, 856f.; Jürgen Petersohn, Capitolium conscendimus. Kaiser Heinrich V. und Rom (Sitzungsberichte der Wissenschaftlichen Gesellschaft an der Johann Wolfgang Goethe-Universität Frankfurt am Main 47), Stuttgart 2009, S. 24–27; ders., Kaisertum (wie Anm. 2), Register, Orte, s.v. Kapitol (Capitolium), kapitolinischer Hügel, bes. S. 28; für die Rezeption erhellend Fernande Hölscher, Das Capitol – das Haupt der Welt, in: Erinnerungsorte der Antike. Die römische Welt, hg. von Elke Stein-Hölkeskamp/Karl-Joachim Hölkeskamp, München 2006, S. 75–99.

37 Giovanni Villani, Nuova Cronica, ed. Giuseppe Porta, 3 Bde., Parma 1991, hier lib. XI, cap. 55; zu dieser Stelle ausführlich unten; Duprè Theseider, Roma (wie Anm. 4), S. 463, erwähnt Sciarra unter den Anwesenden namentlich, freilich ohne dafür einen expliziten Quellenbeleg zu bringen.

38 Gregorovius, Geschichte (wie Anm. 22), S. 644.

39 Thomas, Ludwig (wie Anm. 1), S. 207 zu Sciarra als lateranensischer Pfalzgraf. Zu dieser Würde grundsätzlich Eduard Eichmann, Die Kaiserkrönung im Abendland. Ein Beitrag zur Geistesgeschichte des Mittelalters, 2 Bde., Würzburg 1942, hier Bd. 2, S. 234–236.

40 „*Morì in località ignota qualche settimana più tardi, con ogni probablità prima del 10 sett. 1328.*" Waley, Colonna (wie Anm. 24), S. 315.

ten Orsini[41]. Sichtbarer Ausdruck der Kooperation war dabei die Tatsache, dass im Rahmen einer Zeremonie, die im Januar 1327 in der Kirche S. Maria in Aracoeli stattfand, sowohl der *syndicus* Stefano Colonna als auch sein Kollege Poncello aus dem Hause der Orsini durch das Volk die Ritterwürde erhielten, indem sie durch die Vertreter der Stadtteile in Rosenwasser gebadet wurden[42].

Die Machtgrundlagen von Stefano und Poncello erwiesen sich als äußerst brüchig; bereits zur Jahresmitte wurden beide aus Rom vertrieben[43]. Sciarra hat nachfolgend am römischen Hof Ludwigs die Rolle des „ersten Mannes"[44] gespielt. Stefano hingegen blieb in dieser Zeit konsequenterweise auf seinem Kastell in Palestrina sitzen. Sein gleichnamiger Sohn wiederum war in Ludwigs römischer Zeit wohl dessen stärkster Feind: Alleine, möglicherweise sogar mit Unterstützung von Truppen Roberts von Neapel, fiel er um den 10. März in die Stadt ein; es kam zu heftigen, an Heinrich VII. erinnernden Kämpfen, von denen die für gewöhnlich gut informierten, wenn auch nicht immer alles verstehenden aragonesischen Gesandten berichten[45].

Nicht ohne nennenswerte Unterstützung durch erhebliche Teile der römischen Bevölkerung, deren genaue Zusammensetzung freilich unklar bleibt, nahm Stefano in der Stadt seit März eine Art Vorreiterrolle in der Agitation gegen Ludwig ein[46]. Auch wenn sich Ludwig aus der Umklammerung zunächst wieder befreien konnte, erscheint dessen römischer Aufenthalt dadurch deutlich ‚zweigeteilt'. Für das definitive Ende des Aufenthaltes im August sorgte Stefano wiederum in Zusammenarbeit mit den Orsini[47].

41 Vgl. REHBERG, Kirche (wie Anm. 22), S. 269.

42 *Questi doi baroni fuoro fatti cavalieri per lo puopolo de Roma, bagnati de acqua rosata per il vintiotti Buoni Uomini in Santa Maria de Arucielo.* Anonimo Romano, Cronica (wie Anm. 32), S. 11, Z. 34 f.; dazu REHBERG, Kirche (wie Anm. 22), S. 265 f.

43 *Populus Romanus noviter expulit omnes nobiles de urbe et etiam sindicos Ponxellum de Urcinis et Sthefanum de Columpna.* Acta Aragonensia. Quellen zur deutschen, italienischen, französischen, spanischen, zur Kirchen- und Kulturgeschichte aus der diplomatischen Korrespondenz Jaymes II. (1291–1327), ed. Heinrich FINKE, Bd. 1, Berlin 1908, S. 431, Nr. 287; vgl. REHBERG, Kirche (wie Anm. 22), S. 267.

44 GREGOROVIUS, Geschichte (wie Anm. 22), S. 650.

45 *Nova, que percepimus per litteras, quas habemus die X. presentis mensis Marcii sunt infrascripta nova, videlicet, quod die III. presentis mensis Stephanus de Columpna cum IIIm militum de felici gente serenissimi principis domini regis Roberti intravit Urbem prescito per plures ex populo Romanorum. In quo introitu maximum et durum prelium fuit inter ipsos ex una parte et gentem damnati Bavari ex altera ...* FINKE, Acta (wie Anm. 43), S. 436, Nr. 291. Die Unterstützung der Aktion durch Robert, dem Papst Johannes XXII. mit den Titeln „Senator und Kapitän" die Regierung der Stadt Rom übertragen hatte, RIEZLER, Vatikanische Akten (wie Anm. 30), S. 12, Nr. 24, wird von Finke angezweifelt.

46 GREGOROVIUS, Geschichte (wie Anm. 22), S. 650.

47 *... nobiles viri, Stephanus de Columpna miles et Bertholdus de Filiis Ursi urbem intraverunt eandem ...*; RIEZLER, Vatikanische Akten (wie Anm. 30), S. 396 f., Nr. 1075 (Papst Johannes XXII. an König Philipp von Frankreich).

Auf profilierte Weise erst im frühen 13. Jahrhundert in Erscheinung getreten[48], tauchen die Capocci in einer Beziehung zu Ludwig dem Bayern zumindest meinen Beobachtungen zufolge nur ein einziges Mal auf – allerdings wesentlich. Folgt man wiederum dem Bericht des Anonimo, dann waren Tebaldo di Sant'Eustachio und Buccio di Processo Capocci zwei der Bündnispartner des Capitano del popolo Sciarra Colonna vom August 1327, als es darum ging, den König nach Rom einzuladen, wo dieser ein halbes Jahr später auch eintraf[49]. In den zeitgenössischen Aufzeichnungen über die nachfolgenden Ereignisse taucht ihr Name freilich nicht mehr explizit auf, sondern wird sich nur noch hinter den allgemeinen Bezeichnungen für ‚die Großen' verbergen.

Bereits im 12. Jahrhundert haben die Sant'Eustachio eine nicht unwichtige Rolle innerhalb des römischen Adels in Rom gespielt. Zur Zeit Ludwigs wird ihr damaliges Haupt Tebaldo vom Florentiner Chronisten Giovanni Villani explizit zu jenen gerechnet, die den beiden capitani del popolo, Sciarra Colonna und Jacopo Savelli, zur Seite gestanden haben. Konsequenterweise verzeichnet wiederum der „Anonimo" Tebaldo als einen der zwei Bündnispartner Sciarras vom August 1327[50].

Ohne in die allerobersten Ränge hineinzureichen, lassen sich die di Vico, die in der Umgebung Roms große Güter besaßen, die Stadt selbst aber offensichtlich weder bewohnt noch verwaltet haben, seit der Mitte des 12. Jahrhunderts als profilierte Familie erkennen[51]. Seit der Barbarossazeit – vielleicht sogar ein wenig früher noch – befand sich die Würde des Stadtpräfekten, die im Mittelalter am ehesten mit der eines Funktionärs im Bereich der Jurisdiktion gleichgesetzt werden könnte, als erblicher Titel in ihrem Besitz[52]. In die lange Geschichte, mit welcher dieses Amt mit der Familie di Vico verbunden war, gehört auch der Berührungspunkt zu Ludwig dem Bayern. Als am Morgen des 17. Januar 1328 Ludwig von S. Maria Maggiore nach St. Peter zog, trug der Präfekt Manfredo di Vico, auf den sich schon Heinrich VII. stützen konnte, das entblößte Schwert[53].

---

48 Zu den frühen Capocci im Überblick Thumser, Rom (wie Anm. 5), S. 52–64.

49 Anonimo Romano, Cronica (wie Anm. 32), S. 12 ff. (Zitat S. 14); vgl. Rehberg, Kirche (wie Anm. 22), S. 269.

50 Anonimo Romano, Cronica (wie Anm. 32), S. 12 ff. (Zitat S. 14); vgl. Rehberg, Kirche (wie Anm. 22), S. 269.

51 Zur Familie di Vico Thumser, Rom (wie Anm. 5), S. 9, 23, 46, 225, 238; Petersohn, Kaisertum (wie Anm. 2), bes. S. 168 mit Anm. 27, 170, 175 f., 303.

52 Einen *praefectus urbi* hat es bekanntlich bereits in der Antike gegeben; vgl. zum Amt im 12. Jahrhundert Jürgen Petersohn, Kaiser, Papst und praefectura Urbis zwischen Alexander III. und Innocenz III. Probleme der Besetzung und Chronologie der römischen Präfektur im letzten Viertel des 12. Jahrhunderts, in: Quellen und Forschungen aus italienischen Archiven und Bibliotheken 60 (1980), S. 157–188.

53 Gregorovius, Geschichte (wie Anm. 22), S. 603 (zu Heinrich VII.), 645 (zu Ludwig dem Bayern); zu Manfredi di Vico in unseren Zusammenhängen jetzt vor allem Godthardt, Marsilius (wie Anm. 1), S. 276 ff.

Auch wenn es schwierig ist, die Geschichte dieser Familie über die 60er Jahre hinaus zurückzuverfolgen, werden die Savelli zu den bedeutendsten Adelsgeschlechtern Roms in der zweiten Hälfte des 13. Jahrhunderts gerechnet[54]. Wo liegen die Schnittmengen mit dem Romaufenthalt Ludwigs des Bayern? Gemeinsam mit Sciarra Colonna und Pietro de Montenoro von den Annibaldi führte Jacopo Savelli als Krönungssyndikus das Pferd Ludwigs, das diesen nach St. Peter brachte[55]. Im Februar 1328 ernannte Ludwig Jacopo zum Senator – wie am selben Tag Sciarra Colonna auch[56]. Offensichtlich reagierte Ludwig mit dieser Ernennung darauf, dass der Condottiere und Herzog von Lucca, Castruccio Castracani, kurz zuvor mit seinen 500 Reitern und 1000 Bogenschützen Rom im Groll verlassen hatte und eine Stabilisierung seiner Position von daher dringend angeraten schien[57]. Der offensichtlich scharfe Gegensatz, in dem Jacopo zum popolo stand, führte in der Zeit nach Ludwigs Abzug zu seiner Vertreibung[58].

Bis in die 70er Jahre des 12. Jahrhunderts zurückzuverfolgen[59], scheint die Geschichte der Familie im Hochmittelalter von einer so starken Zerrissenheit geprägt, die es unmöglich macht, auch nur in Ansätzen einheitliche Positionen oder bestimmte Leitfiguren zu erkennen[60]. 1312 nahmen die Annibaldi gegenüber Heinrich eine zunächst unentschiedene Position ein; nur mühsam und unter Vorbehalten konnten sie dazu gebracht werden, sich dem Luxemburger zu unterwerfen. Betrachtet man die Zeit Ludwigs des Bayern, so ist zunächst an das Bündnis um Sciarra Colonna vom August 1327 zu erinnern, an dem Pietro de Montenero beteiligt war. Dieser war es auch, der zu den Krönungssyndici des 17. Januar gehörte, die, wie bereits beschrieben, das Pferd des Königs nach St. Peter führten[61].

54 Ein Luca Savelli setzte sich in den 30er Jahren des 13. Jahrhunderts als römischer Senator im Kampf gegen Papst Gregor IX. für die Freiheit der römischen Kommune ein; Thumser, Rom (wie Anm. 5), S. 193 ff. 1285 ist ein Mitglied der Familie, Giacomo, zur Papstwürde gelangt (Honorius IV.; 1285–1287); zu Papst Honorius IV. im Überblick F. Guglielmi, Honorius IV., in: Vatikan Lexikon, hg. von Niccolò Del Re, dt. Bearb. von Elmar Bordfeld, Augsburg 1998, S. 308. Heiratsfähigkeit mit den Orsini lässt die Savelli spätestens seit dieser Zeit zur Spitzengruppe des römischen Adels zählen; vgl. Thumser, Rom (wie Anm. 5), S. 196.

55 Gregorovius, Geschichte (wie Anm. 22), S. 645.

56 Gregorovius, Geschichte (wie Anm. 22), S. 647.

57 Zu Castruccio, der bis dahin sicherlich einer der stärksten Stützen des Romzugs Ludwigs gewesen ist, im Überblick Michele Luzzati, Castracani, Castruccio, in: Dizionario biografico degli Italiani 22 (1979), S. 200–210; Raul Manselli, Castracani, Castruccio, in: Lexikon des Mittelalters 2 (1983), Sp. 1564 f.

58 Seibt, Anonimo (wie Anm. 5), S. 92.

59 Als namengebender Stammvater gilt ein Mann mit dem Namen Anibaldus, der 1171 als Senator fungierte und zwölf Jahre später Besitz in Rom an die Kirche S. Maria in Via Late verkauft hat; Thumser, Rom (wie Anm. 5), S. 28.

60 Thumser, Rom (wie Anm. 5), S. 42.

61 Gregorovius, Geschichte (wie Anm. 22), S. 645.

Zusammenfassend lässt sich sagen, dass sich – wie aus der Analyse eindeutig hervorgeht – die Colonna als der Dreh- und Angelpunkt der Kooperation mit Ludwig erweisen, die frühzeitig, ja geradezu von Anbeginn der Herrschaft Ludwigs vorbereitet war, unter Beachtung freilich der gegnerischen Position Stefanos seit 1327. Im Vergleich zur Dominanz der Familie, namentlich der Gestalt Sciarras, erscheinen alle anderen nur als Zubringer, ja fast als Mitläufer. Wesentlich erscheint, dass im Unterschied zur Zeit Heinrichs VII. die Familien der Savelli und Annibaldi von Anfang an auf die pro-königliche Seite gebracht werden konnten, so dass sich zahlreiche Probleme, mit denen der Luxemburger zu tun hatte, nicht stellten. Weiterhin wesentlich erscheint die von Sciarra in die Wege geleitete Verschränkung der Baronalfamilien mit der popolaren Seite, die ein (zumindest zeitweise) tragfähiges Fundament schuf, auf dem die Herrschaft Ludwigs in der Stadt aufbauen konnte.

II. Die Kaiserkrönung Ludwigs des Bayern vom 17. Januar 1328 und der römische Adel

Unter der Vielzahl von Problemen, die Ludwig der Bayer bis auf den heutigen Tag der Geschichtswissenschaft bereitet, stellt seine am 17. Januar 1328 in Rom erworbene Kaiserwürde eine besondere Herausforderung dar. Vereinfacht gesagt geht es dabei um die Frage, wie stark bei der Kaiserkrönung Ludwigs hergebrachte Normen durchbrochen und neue, womöglich zukunftsweisende Konzepte zur Anwendung gekommen sind. Wiederum vereinfacht ausgedrückt kann dabei – nachdem sich die große Streitfrage einer Inspirierung des Vorgangs durch die Ideen eines Marsilius von Padua durch die Forschung abgeklärt hat – das Lager derjenigen, die der Meinung anhängen, es sei hier im Wesentlichen alles nach dem Muster der Kaiserkrönung Heinrichs VII. von 1312 verlaufen[62], von jenen unterschieden werden, die aufgrund der Tatsache, dass Ludwig auf die Mitwirkung des Papstes augenscheinlich ganz verzichtete und sich stattdessen allein auf den Willen der deutschen und oberitalienischen Fürsten sowie des stadtrömischen Adels gestützt hat, der Meinung sind, dass hierbei das Modell eines „säkularen“ Kaisertums zum Vorschein gekommen sei[63].

62 Zur Diskussion um die Ideen des Marsilius und ihre Einwirkung auf die Besonderheiten der römischen Krönung umfassend Godthardt, Marsilius (wie Anm. 1), bes. S. 301 ff.; das Lager derjenigen, die meinen, alles sei nach dem Muster von 1312 verlaufen, ist gut abgebildet durch Thomas, Ludwig (wie Anm. 1), S. 208. Zu Romzug und Kaiserkrönung Heinrichs VII. allgemein Duprè Theseider, Roma (wie Anm. 4), S. 396 ff.; Johannes Haller, Papsttum. Idee und Wirklichkeit, Bd. 5, Stuttgart 1953, S. 251 ff.; Guillaume Mollat, Les Papes d'Avignon, Paris [10]1964, S. 322 ff.; Pauler, Könige (wie Anm. 1), S. 57 ff.; Rehberg, Kirche (wie Anm. 22), S. 258.

63 Michael Menzel, Imperiales Beben: Ludwig der Bayer, Italien und der Papst, in: Bayern und Italien. Kontinuität und Wandel ihrer traditionellen Bindungen, hg. von Hans-Michael Körner/Florian Schuller, Lindenberg 2010, S. 72–82.

Die besondere Schwierigkeit in der Interpretation des Vorgangs besteht sicherlich in der eher dürftigen Quellenlage, die ein „Protokoll" oder objektivere Aufzeichnungen vermissen lässt, sondern hauptsächlich aus einem Schreiben Castruccios an das Stadtregiment von Pisa unter dem Datum des Krönungstages sowie einer Reihe von chronikalischen Schilderungen besteht[64], unter denen der Florentiner Giovanni Villani nicht nur wegen seiner Ausführlichkeit, sondern auch aufgrund von „politischem Urteil, Weltkenntnis, Nachrichtenverbindungen" als der „bedeutendste Chronist des italienischen Trecento" herausragt[65].

Nach den Informationen dieser Quellen stellen sich die Ereignisse um die Kaiserkrönung etwa wie folgt dar: Am frühen Morgen des 17. Januar 1328 – einem Sonntag – zogen Ludwig und seine Frau an der Spitze des Krönungszuges von S. Maria Maggiore zu St. Peter. Neben dem Personenkreis aus dem römischen Adel gehörten zum Zug zweiundfünfzig Mitglieder eines Rates aus den Vierteln und Zünften der Stadt; Villani (XI, 56) bezeichnet sie dezidiert als die „Vertreter des römischen Volkes".

Vor Ludwig schritt ein „gelehrter Jurist", der das „Reichsgesetz" (*l'ordine dello 'imperio*) trug[66]. Zur Krönung selbst, die unmittelbar nach dem Einzug in St. Peter in die Wege geleitet wurde, bemerkt Villani ausdrücklich, dass bei ihr „alles nach der gewohnten Ordnung verlaufen sei" (*E non trovando niuno difetto*) – abgesehen allerdings von der Weihe durch den Papst und der Unterstützung des Zeremoniells durch einen legitimen Pfalzgrafen. Anstelle des Papstes oder der Kardinäle, so Villani weiter, hätten die Bischöfe von Venedig und von Aleria Ludwig zum Kaiser geweiht;

---

64 ... *venit Romam, ubi a Romanis civibus gratanter receptus contra voluntatem pape coronatus est in imperatorem.* Johannes von Winterthur, Chronik, ed. Friedrich Baethgen (MGH Scriptores rer. German. N.S. 3), Berlin 1924, S. 86; *Anno Domini MCCCXXVI. predictus Ludwicus non obstantibus processibus pape intravit Ytaliam cum paucis armatis primo, deinde cum adiutorio rectorum quorundam tunc Ytalie, videlicet Canis de Verona, Galeacii predicti de Mediolano, Castrucci de Lucca, episcoporum Castellani de Veneciis et Aretinensis ac suorum, collectis et supervenientibus multis stipendiariis cum potentia transivit Ytaliam, obsedit civitatem Pysanum et venit ad urbem Romanam, ubi receptus est benivole a populo Romano et per illos Romanos nobiles et principaliter a Serra de Columpna supra nominato.* Die Chronik Heinrichs Taube von Selbach mit den von ihm verfassten Biographien Eichstätter Bischöfe, ed. Harry Bresslau (MGH Scriptores rer. German. N.S. 1), Berlin 1922, S. 23 f.

65 Villani, Nuova Cronica (wie Anm. 37); die Zitate von Seibt, Anonimo (wie Anm. 5), S. 120; zum Autor und seinem Werk weiterhin M. Luzzati, Villani, Giovanni, in: Lexikon des Mittelalters 8 (1997), Sp. 1678 f.; Maria Elisabeth Franke, Kaiser Heinrich VII. im Spiegel der Historiographie. Eine faktenkritische und quellenkundliche Untersuchung ausgewählter Geschichtsschreiber der ersten Hälfte des 14. Jahrhunderts (Forschungen zur Kaiser- und Papstgeschichte des Mittelalters; Beihefte zu J. F. Böhmer, Regesta Imperii 9), Köln u. a. 1992, S. 133 ff.; Franca Ragone, Giovanni Villani e i suoi continuatori: la scrittura delle cronache a Firenze nel Trecento, Rom 1998; Verena Gebhard, Die Nuova Cronica des Giovanni Villani (Bib. Apost. Vat., ms. Chigi L.VIII.296). Verbildlichung von Geschichte im spätmittelalterlichen Florenz, München 2007.

66 Thomas, Ludwig (wie Anm. 1), S. 207, vermutet dahinter den „Codex Iustiniani"; zum Codex im Mittelalter vgl. F. C. von Savigny, Geschichte des römischen Rechts im Mittelalter, 7 Bde., Berlin 1834–1851, v. a. Bd. 4–5, passim; zum gesamten Hintergrund Charles Homer Haskins, The Renaissance of the Twelfth Century, Cambridge 1927, S. 193 ff.

anstelle des aus der Stadt entwichenen Pfalzgrafen (*il quale s'era cessato di Roma*)[67], der dem Kaiser in der Regel beim Empfang des Chrysam und der Krone assistiere, habe Ludwig dessen Würde an den Herzog von Lucca verliehen.

Wie kommt es, dass in Wissenschaft und populärer Geschichtsauffassung so hartnäckig die Meinung vertreten werden konnte, Ludwig sei von Sciarra als dem Repräsentanten des römischen Volkes realiter die Krone aufs Haupt gesetzt worden? Zurückzuführen ist das wohl im Wesentlichen auf das Schreiben Castruccios, der dem Pisaner Stadtregiment tatsächlich verkündet hat, der Kaiser und die Kaiserin seien in der Basilika des hl. Petrus nach antikem Ritus durch das römische Volk (*per Romanum populum iuxta ritum antiquum*) mit dem kaiserlichen Diadem gekrönt worden[68].

Auch wenn die propagandistische Intention des Schreibens evident ist, kann die Nachricht nicht einfach verworfen werden. Das Schreiben liefert – zentral für alles Weitere – auch die Information, dass Castruccio erst *nach* der Kaiserkrönung mit der Pfalzgrafschaft des Lateran ausgezeichnet worden ist. Mit dieser Würde verbunden – so Castruccio – sei das Vorrecht, den künftigen Kaiser zur Weihe zu geleiten und die Krone vor und nach der Krönungsfeier aufzubewahren. Auch wenn ein argumentum e silentio nie befriedigen kann, schließe ich mich an dieser Stelle dezidiert der Meinung von Heinz Thomas an, es sei völlig undenkbar, dass der notorisch eitle, ja egomane Castruccio, wenn er selbst das Pfalzgrafenamt versehen hätte, dies in seinem Brief nicht erwähnt hätte[69]. In der Tat ist – wiederum Thomas zufolge – nur an Sciarra Colonna zu denken, wenn es darum geht, eine Person ausfindig zu machen, die das damals vakante Pfalzgrafenamt hat ausfüllen können. Nicht der Ansicht von Thomas bin ich freilich, wenn er meint, dass sich die Kaiserkrönung Ludwigs nicht grundsätzlich von denen seiner Vorgänger unterschieden habe[70]. Zwei wesentliche Punkte sprechen dagegen.

Erstens: Wie sehr der Ablauf der Kaiserkrönung in vielerlei Hinsicht tatsächlich der Heinrichs VII. von 1312 gleichen mag, sollte nicht übersehen werden, dass es sich bei den beiden Koronatoren eben nicht wie im Falle Heinrichs um von der Kirche offiziell beauftragte Kardinallegaten, sondern um exkommunizierte Bischöfe gehan-

---

67 Dabei handelt es sich um Benedetto Caetani, sicherlich aus dem Clan der Familie Papst Bonifaz' VIII.; vgl. Theodor Ernst Mommsen, Castruccio e l'impero, in: Castruccio Castracani degli Antelminelli (Miscellanea di studi storichi), Lucca 1933, S. 33–45, hier S. 28.

68 *Quapropter fidelitate vestre ad iocundidatis cumulum nunciamus, quod serenissimus princeps et dominus noster, dominus Ludovicus divina favente clemencia Romanorum imperator et semper augustus et inclita Romanorum imperatrix isto dominico mane per Romanum populum iuxta ritum antiquum in basilica beati Petri de urbe cum mirifice veneracionis et honorificientie cultu imperiali sunt diademate coronati ...;* ed. Eduard Winkelmann, Acta imperii inedita saeculi XIII et XIV. Urkunden und Briefe zur Geschichte des Kaiserreichs und des Königreichs Sizilien, Bd. 2: In den Jahren 1200 bis 1400, Innsbruck 1885, S. 794 f., Nr. 1131, hier S. 794; zum Hintergrund Theodor Ernst Mommsen, Castruccio e l'impero, in: Medieval and Renaissance Studies, New York 1959, S. 19–32.

69 Thomas, Ludwig (wie Anm. 1), S. 207.

70 Thomas, Ludwig (wie Anm. 1), S. 208.

delt hat. Diese vollzogen schließlich einen Akt, in dem sie schwerlich als Dispensatoren der Würde, sondern lediglich als „Exekutoren" eines bereits zuvor gefassten Beschlusses in Erscheinung getreten sind. Das Kaisertum Ludwigs des Bayern vom 17. Januar 1328 beruhte insofern nicht auf Vergabe oder – zumindest das war bis dahin conditio sine qua non – Mitwirkung des Papsttums, sondern stand allein auf den drei Säulen: deutsche Fürsten – italienische Fürsten – Römer[71].

Zweitens: Die auffällige Mitwirkung der Römer am Kaisertum Ludwigs kann in meinen Augen nicht allein dadurch erklärt werden, dass ihre Rolle durch die Abwesenheit der Kurie „zwangsläufig stärker" (H. Thomas) hervortreten musste[72]. Die Tatsache, dass am 11. Januar 1328 Ludwig auf dem Kapitol von einer Volksversammlung zum „Herrn" und zum „König der Römer" ausgerufen wurde, darf dabei ebenso wenig beiseite geschoben werden wie der Umstand, dass der Zug nach der Krönung eben nicht zum Lateran, sondern zum Kapitol ging, wo die Feierlichkeiten abschlossen[73]. Die Akklamation auf dem Kapitol vom 11. Januar 1328 kann zwar keineswegs – wie in der älteren Forschung zu finden – als „Ausrufung zum Kaiser" verstanden werden[74]; gleichwohl sollte der Akt ebenso das Bündnis zwischen den Römern und Ludwig sichtbar werden lassen wie den Willen der Römer bekunden, sich Ludwig als ihrem Herrn unterzuordnen.

Der Festzug nach der Krönung zum Lateran, dem *sacrum palatium* des Papstes, ist zum vorerst letzten Mal bei Heinrich III. 1046 bezeugt[75]. Das ganze Hochmittel-

71 So dezidiert Menzel, Beben (wie Anm. 63), S. 81; ähnlich auch Volker Leppin, Wilhelm von Ockham. Gelehrter, Streiter, Bettelmönch, 2. Aufl. Darmstadt 2012, S. 184f.

72 Thomas, Ludwig (wie Anm. 1), S. 206–208.

73 Zur Volksversammlung (auf dem Kapitol) im Hochmittelalter Petersohn, Kaisertum (wie Anm. 2), S. 91: „Hier tagte, zusammengerufen durch den Klang der Hörner und einer Glocke sowie durch den Ausruf eines Herolds, die öffentliche Volksversammlung"; zur Versammlung vom 11. Januar 1328 jetzt vor allem Godthardt, Marsilius (wie Anm. 1), S. 230ff.; zum Zug von St. Peter nach dem Kapitol am 17. Januar 1328 berichtet Villani, Cronica (wie Anm. 37), lib. XI, cap. 56, S. 586, dass Ludwig und sein Gefolge nach dem Abschluss der Handlungen in St. Peter aufgebrochen und „nach dem Platze Santa Maria dell'Aracoeli", wo das Krönungsmahl bereitet gewesen sei, gezogen. Sicher ist damit das Kapitol gemeint, die Kirche S. Maria dell'Aracoeli befindet sich direkt am Abhang des Kapitols; zu dieser Kirche Krautheimer, Rom (wie Anm. 11), Orts- und Sachverzeichnis, s.v.

74 So Eichmann, Kaiserkrönung 1 (wie Anm. 39), S. 301. Für eine solche Interpretation bietet der Quellenbericht Villanis keinerlei Spielraum: ... *e il lunidì vegnente salì in Campidoglio, e fece uno grande parlamento, ove fu tutto il popolo di Roma, ch'amava la sua signoria, e degli altri; e in quello il vescovo d'Ellera dell'ordine degli agostini disse la parola per lui con belle autoritadi, ringraziando il popolo di Roma dell'onore che gli aveano fatto, dicendo e promettendo com'egli avea intenzione di mantenergli e innalzargli, e di mettere il popolo di Roma in ogni buono stato, onde a' Romani piacque molto, gridando: „Viva, viva il nostro signore e re de' Romani!". E nel detto parlamento s'ordinò la sua coronazione la domenica vegnente, e nel detto parlamento il popolo di Roma il feciono sanatore e capitano del popolo per un anno.* Villani, Cronica (wie Anm. 37), lib. XI, cap. 56, S. 586.

75 Vgl. Eichmann, Kaiserkrönung 1 (wie Anm. 39), S. 23; zum Festzug im Mittelalter als solchem, der (noch ohne den Hintergrund der Kaiserkrönung) bereits in der Vita Hadriani (772–795) erwähnt und der im Rahmen der Kaisergeschichte erstmals für die Festkrönung Ludwigs II. 872 bezeugt ist ebd., S. 32–40.

alter über hat es ihn nicht gegeben, weil die Lage in Rom einfach viel zu unsicher war. Bei Heinrich VII. 1312 (wie auch schon bei Lothar III. 1133) ergab er wenig Sinn, weil die Krönung selbst im Lateran stattfand[76]. Er scheint aber insofern eine nicht unerhebliche Symbolik besessen zu haben, als er bei den – von Ludwig aus gesehen – drei noch verbleibenden römischen Kaiserkrönungen des Spätmittelalters (Karl IV., Sigmund von Luxemburg und Friedrich III.) unter vergleichsweise friedlichen Rahmenbedingungen wieder konsequent durchgeführt wurde; bei Karl IV. auch ohne Anwesenheit des Papstes in Rom[77]. Wenn der Festzug Ludwigs 1328 also gezielt zum Kapitol geführt wurde, um hier seinen Abschluss zu finden, so sollte dies auch demonstrieren, wer hinter dem Kaisertum Ludwigs stand und auf wen sich dieses stützte. Nicht ohne Grund hat Villani direkt im Anschluss an seine Schilderung der Ereignisse auf dem Kapitol seinen Bericht über die Krönung als Ganzes abgeschlossen mit der Bemerkung: *In questo modo fu coronato, a imperadore e re de' Romani Lodovico detto Bavero per lo popolo di Roma*[78].

Die Rolle der Römer bei der Kaiserkrönung hatte unter Ludwig dem Bayern eine neue, so bisher nicht gekannte Dimension erfahren. Zwar hatten die Römer seit der Wiederherstellung des Senats 1143/44 den römisch-deutschen König nicht nur wiederholt förmlich nach Rom eingeladen, sondern diesem auch dezidiert angeboten, die Kaiserkrone aus ihren Händen in Empfang zu nehmen. Nicht mehr der Papst, sondern der römische Senat sollte der Koronator des Kaisers sein; in enger Verbindung von Untertanenschaft und maßgeblicher Beteiligung an einer künftigen Weltherrschaft hatte die Senatsbewegung die Legitimation ihrer Existenz gesucht[79]. Auch wenn es in den 60er Jahren des 12. Jahrhunderts zu einer Anerkennung des römischen Senats durch das Kaisertum gekommen ist[80], haben sich die Kaiserkrönungen

---

76 Beide kehrten sie nach der Krönung in den Lateran zurück, wo sie Wohnungen bezogen hatten; vgl. Eichmann, Kaiserkrönung 1 (wie Anm. 39), S. 38.

77 Eichmann, Kaiserkrönung 1 (wie Anm. 39), S. 33–40.

78 Villani, Cronica II (wie Anm. 37), S. 586.

79 „Schlüsseldokument" (M. Thumser) in dieser Hinsicht ist das auf die Mitte des Jahres 1149 zu setzende Schreiben an den staufischen König Konrad III.; ed. Philipp Jaffé, Wibaldi epistolae, in: Monumenta Corbeiensia (Bibliotheca rerum Germanicarum 1), Berlin 1864, S. 332 ff., Nr. 214; ed. Franco Bartoloni, Codice diplomatico del Senato Romano al MCXLIV al MCCCXLVII 1 (Fonti per la storia d'Italia 87), Roma 1948, S. 3 ff.; ed. Franz-Josef Schmale, Otto von Freising, Gesta Friderici I, 30 (Ausgewählte Quellen zur deutschen Geschichte des Mittelalters 17), Darmstadt 1965, S. 182 ff. Zu diesem Schreiben ausführlich Matthias Thumser, Die frühe römische Kommune und die staufischen Herrscher in der Briefsammlung Wibalds von Stablo, in: Deutsches Archiv 57 (2001), S. 111–148, mit Lit., das Zitat S. 126; Jörg Schwarz, Herrscher- und Reichstitel bei Kaisertum und Papsttum im 12. und 13. Jahrhundert (Forschungen zur Kaiser- und Papstgeschichte des Mittelalters; Beihefte zu J. F. Böhmer, Regesta Imperii 22), Köln u. a. 2003, S. 71 ff.; zuletzt Petersohn, Kaisertum (wie Anm. 2), S. 98 ff.

80 Vgl. Jürgen Petersohn, Der Vertrag des römischen Senats mit Papst Clemens III. (1188) und das Pactum Friedrich Barbarossas mit den Römern (1167), in: Mitteilungen des Instituts für Österreichische Geschichtsforschung 82 (1974), S. 289–337; ders., Kaisertum (wie Anm. 2), Kapitel 12.

der mittleren und späten Stauferzeit auf eine eher herkömmliche Weise gestaltet[81]: Es blieb – bei allen unterschiedlichen Interpretation des Erwerbs dieser Würde[82] – beim alten Rollenspiel von römisch-deutschem König und Papst.

Wenn sich die Kaiserkrönung Heinrichs VII. 1312 – die erste nach zweiundneunzig Jahren überhaupt – im „Spannungsfeld von Tradition und Improvisation" bewegt haben soll[83], so gilt dies in vielerlei Hinsicht für Ludwig den Bayern auch. Dazu trug neben der unvermindert fortdauernden Abwesenheit des Papstes in Rom, die sozusagen eine ‚klassische' Kaiserkrönung kategorisch ausschloss, auch die Tatsache bei, dass die politischen Konstellationen, die der Urbs in der Zeit um 1312 aufgeprägt wurden, noch in den späten 20er Jahren, zur Zeit der Ankunft Ludwigs, im Wesentlichen ihre Gültigkeit hatten: die Colonna, durch Privilegien früh an Ludwig gebunden, als Kern der kaiserlichen Partei, unterstützt von den Savelli; auf der anderen Seite, als erprobte Gegenspieler, die Orsini, insofern aber geschwächt, als sie nicht mehr – wie noch bei Heinrich – den Zugang zu St. Peter blockieren konnten.

Hinzu kommt, dass mit der Durchsetzung der popularen Richtung innerhalb des Familienverbandes der Colonna – wie sie sich in der Wahl Sciarras zum Capitano del popolo beispielhaft dokumentiert – alle Voraussetzungen gegeben waren, eine Kaiserkrönung zu inszenieren, die das römische „Volk", nicht nur eine exklusive Oberschicht, als Handelnde in Erscheinung treten lassen konnte; durchaus ließ sich dabei an ältere Vorstellungen der Senatsbewegung aus dem 12. Jahrhundert, deren Persistenz durch das Archiv auf dem Kapitol gesichert ist[84], anknüpfen.

Das Geschehen vom 17. Januar 1328 lässt sich dabei schwerlich als isolierter Akt interpretieren, sondern nur begreifen, wenn man es als Teil einer Ereignisfolge sieht, die sich von der Akklamation auf dem Kapitol über die Kaiserkrönung in St. Pe-

81 Zur Krönung Heinrichs VI. 1191 Peter CSENDES, Heinrich VI. (Gestalten des Mittelalters und der Renaissance), Darmstadt 1993, S. 93ff.; zur Kaiserkrönung Ottos IV. 1208 Bernd Ulrich HUCKER, Otto IV. – Ein Leben zwischen dem englischen Königshof und der Braunschweiger Pfalz (1175/76–1218), in: Otto IV. Traum vom welfischen Kaisertum, hg. von Bernd Ulrich HUCKER/Stefanie HAHN/Hans-Jürgen DERDA, Petersberg 2009, S. 15–26, bes. S. 25; zur Kaiserkrönung Friedrichs II. 1220 Stefan WEINFURTER, Das Reich im Mittelalter. Kleine deutsche Geschichte von 500 bis 1500, München 2008, S. 169f.; Olaf B. RADER, Friedrich II. Der Sizilianer auf dem Kaiserthron. Eine Biographie, München 2010, S. 116ff.

82 Vgl. nur die Diskussion in der (später ins Kirchenrecht eingegangenen) Dekretale „Venerabilem" von 1202, einem (in der vom Thronstreitregister überlieferten Form) an den Herzog Berthold V. von Zähringen gerichteten Schreiben, in dem Papst Innocenz III. das Recht für sich beanspruchte, in die Königswahl einzugreifen und einen geeigneten Kandidaten zu prüfen, was eine Art päpstliches Approbationsrecht für die Person des Kaisers statuierte; Regestum Innocentii III papae super negotio Romani imperii, ed. Friedrich KEMPF S. J. (Miscellanea historiae pontificiae 12), Roma 1947, Nr. 62, S. 166–176.

83 Knut GÖRICH, Die Kaiserkrönung Heinrichs VII. Tradition und Improvisation (Vortrag im Rahmen der Tagung „Rom 1312. Die Kaiserkrönung Heinrichs VII. und die Folgen. Die Luxemburger als Herrscherdynastie von gesamteuropäischer Bedeutung" vom 2.–5. Oktober 2012 in Rom; erscheint in dem von Peter THORAU und Sabine PEHNT herausgegebenen Tagungsband).

84 Zum Archiv auf dem Kapitol Paul Fridolin KEHR, Italia Pontificia, Bd. I: Roma, Berlin 1906, S. 179.

ter bis hin zum Abschluss der Feierlichkeiten wiederum auf dem Kapitol erstreckt, jenem Ort, den die römische Kommune seit dem 12. Jahrhundert politisch und baulich ins Zentrum der Stadt gerückt hatte. Nach einer – zumindest so viel wir wissen können – Art „Dornröschenschlaf" im frühen Mittelalter hatte das Kapitol durch die Bildung der römischen Kommune im 12. Jahrhundert überhaupt erst wieder neu an Bedeutung gewonnen – und, wenn man in Rechnung stellt, dass die primäre Funktion des Hügels im Altertum im kultisch-sakralen Bereich gelegen hatte, war er als Ort der Politik jetzt bedeutsamer als je zuvor. Aus der räumlichen Umverteilung der römischen Bevölkerung, die in den Jahrhunderten zwischen dem Ende des antiken römischen Reiches und dem hohen Mittelalter stattgefunden hatte, zog die römische Kommune ihre Konsequenzen. Mit allen seinen Fassaden drehte sich das Kapitol um 180 Grad, „statt (wie Jupiter Capitolinus- und Juno Moneta-Tempel und noch die Kirche S. Maria in Aracoeli in ihrer frühmittelalterlichen Orientierung) auf das nun vereinsamende Forum Romanum fortan auf die neue Siedlungskonzentration im Tiberbogen blickend." (Arnold Esch)[85]. In einem eingängigen Bild hat Adalbert Erler das Kapitol im politisch-topographischen Gefüge des (hoch- und spät)mittelalterlichen Rom als „Magnetberg" bezeichnet[86]. Auch 1328 – um im Bilde zu bleiben – zog dieser Berg die Kräfte an, war, wie irrtümlich auch immer verstanden, der Kommune mit ihrer „intoxication with antiquity"[87] Sinnbild der politischen Macht des alten Rom, der realen römischen Weltherrschaft von einst. Das haben – wie sehr sich die jeweilige gedankliche Aneignung unterschieden haben mag – viele gewusst, vom Salier Heinrich V.[88] über die römischen Revolutionäre des 12. Jahrhunderts[89] über Heinrich VII.[90] über Cola di Rienzo[91] bis hin zu Mussolini[92]. Keineswegs soll

85 Esch, Rom (wie Anm. 14), Sp. 846.

86 Adalbert Erler, Lupa, Lex und Reiterstandbild im Mittelalterlichen Rom: eine rechtsgeschichtliche Studie (Sitzungsberichte der Wissenschaftlichen Gesellschaft an der Johann Wolfgang Goethe-Universität Frankfurt am Main 10, 4), Wiesbaden 1972, S. 139.

87 Robert Louis Benson, Political *Renovatio*: Two Models from Roman Antiquity, in: Renaissance and Renewal in the Twelfth Century, hg.von dems./Giles Constable, Oxford 1982, S. 339–386, hier S. 369.

88 Petersohn, Capitolium (wie Anm. 73), S. 1 ff.; ders., Kaisertum (wie Anm. 2), S. 28 ff.

89 Vgl. nur Petersohn, Kaisertum (wie Anm. 2), S. 91: „Räumliches Bindeglied von Senat und Volk war das Kapitol als ‚rechter Ort' politischen Handelns der Kommune."

90 Die sogenannte „Bilderchronik des Romzugs Heinrichs VII.", eine im Auftrag Balduins von Luxemburg, des Erzbischofs von Trier und jüngeren Bruder Heinrichs vermutlich um 1340 angefertigte und aus 37 Pergamentblättern bestehende Handschrift, zeigt auf folio 22 (oberes Bild), wie König Heinrich VII. auf dem Kapitol Gericht hielt und den Grafen Ludwig von Savoyen zum Senator ernannte oder genauer: bestätigte. Die Überschrift des Bildes: *Rex facit senatore[m] [e]t iusticias Rome i[n] capitolio sedens*. Der Weg zur Kaiserkrone. Der Romzug Heinrichs VII. in der Darstellung Erzbischof Balduins von Trier, hg. von Michel Margue/Michel Pauly/Wolfgang Schmid, Trier 2009, S. 76 f.

91 Man denke an den Akt vom 20. Mai 1347, in dem Cola sich – und dem päpstlichen Vikar Raimund von Orvieto – durch eine Volksversammlung auf dem Kapitol die umfassenden Herrschaftsrechte in der Stadt hatte übertragen lassen; vgl. nur Seibt, Anonimo (wie Anm. 5), S. 106.

92 Vgl. Volker Reinhardt, Rom. Ein illustrierter Führer durch die Geschichte, München 1999, S. 270–274; zum ideologischen Hintergrund aufschlussreich Frank Vollmer, Die politische Kultur des

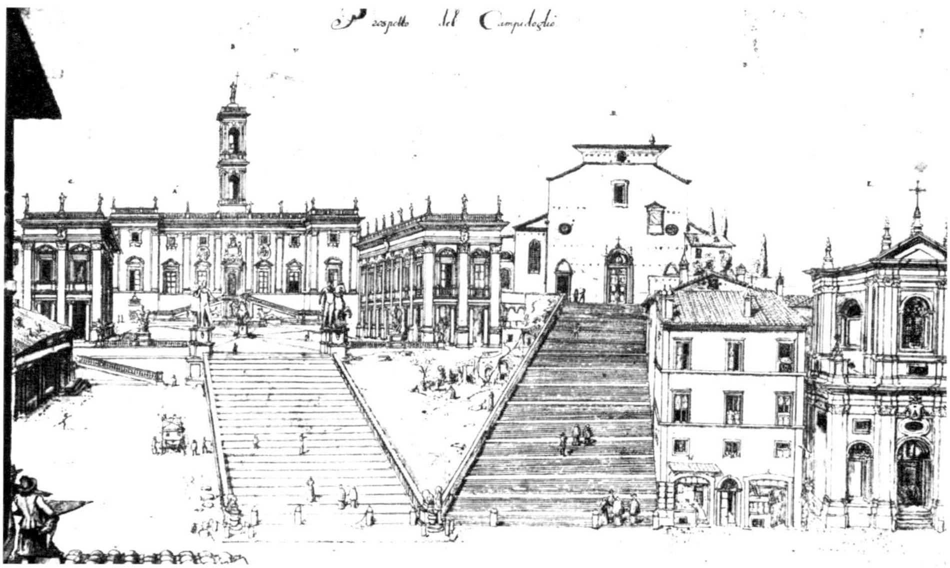

Das Kapitol spielt für alle römischen Erneuerungsbewegungen des Mittelalters eine zentrale Rolle. Auch im Rahmen des Romaufenthaltes Ludwigs ist dem Kapitolshügel eine wichtige Rolle beizumessen. Der Stich von Lievin Cruyl (1665) zeigt den mit der Hinzufügung des Palazzo Nuovo vollständig umgestalteten Kapitolsplatz. Links davon die von Franziskanern im 13. Jahrhundert errichtete Kirche S. Maria in Aracoeli und die große Freitreppe, die zu ihrem Eingang führt.

es darum gehen, die Legende von einer Krönung Ludwigs des Bayern durch Sciarra Colonna wiederzubeleben; doch es hieße wesentliche Voraussetzungen und Bedingungen des Kaisertums Ludwigs zu leugnen, wollte man die Rolle der Römer lediglich auf die Funktion eines Lückenbüßers reduzieren. An dem „imperialen Beben" das die Herrschaft Ludwigs in Italien, aber auch außerhalb auslöste, hatten die Römer einen wesentlichen Anteil[93].

Faschismus. Stätten der totalitären Diktatur in Italien, Köln u. a. 2007, Kapitel G: Konsens: Der Romkult im Faschismus, S. 555 ff.

93 Teil des „Bebens" war auch das nachdrückliche Ringen Papst Johannes' XXII. um die Römer; vgl. dazu die Ermächtigung des Kardinallegaten Johann von S. Theodoro, die Suspension des über der Stadt Rom liegenden Interdikts bis zum kommenden Pfingstfest (1329 Juni 12) zu verlängern durch Johannes XXII. vom 1. März 1328; ed. Carl ERDMANN, Vatikanische Analekten zur Geschichte Ludwigs des Bayern, in: Archivalische Zeitschrift 41 (1932), S. 1–47, hier S. 14, Nr. 32. Einschlägig auch die Ermächtigung durch denselben an den tuszischen Legaten, einzelne Römer, die sich beim Aufenthalt Ludwigs des Bayern in Rom mitschuldig gemacht haben, zu absolvieren, sobald die Kommune ihre Unterwerfung ratifiziert habe; ebd, S. 23, Nr. 44; dazu auch Augustin THEINER, Codex diplomaticus dominii temporalis S. sedis, Bd. I, Frankfurt a.M. 1964, S. 570–573, Nr. 746.

Dass sich Ludwig zu Pfingsten 1328 von dem am 12. Mai 1328 durch das Volk und den Klerus von Rom zum Papst (Nikolaus V.) gewählten Franziskaner Pietro Rainalducci noch einmal mit allem Pomp zum Kaiser weihen ließ[94], steht keineswegs in so schroffem Gegensatz zum Krönungsakt vom Januar wie es zunächst den Anschein haben mag. Es ging weder um die Aufhebung eines defizitär empfundenen Vorgangs noch um irgendeine Form der ‚Nachbesserung'. Es ging – im Nachgang der förmlichen Absetzung Papst Johannes XXII. vom 18. April 1328 – um die Aufwertung einer „Kreatur"[95], die einer solchen Aufwertung nachhaltig bedurfte. An seiner Auffassung, dass der Papst nur noch „Liturge", aber nicht mehr der Begründer des Kaisertums sein durfte, hatte sich nichts geändert[96].

III. Romkaiser? Die Romdarstellung der Kaiserbulle Ludwigs des Bayern

Verweist die bekannte Romdarstellung der Kaiserbulle Ludwigs des Bayern – jenseits der Ereignisse vom 17. Januar 1328 – auf eine besondere Beziehung des Wittelsbachers zur Stadt Rom? War Ludwig bzw. die (wie man auch für den Wittelsbacher besser sagen sollte) „Chiffre Ludwig"[97] gar ein „Romkaiser"[98]?

Die Architekturdarstellung auf der Rückseite der Kaiserbullen geht bis zu Karl dem Großen (768–814) zurück[99]. Auf Karls Kaiserbullen tritt erstmals ein Gebäude

94 Zur Person des im dritten Viertel des 13. Jahrhunderts in Corvaro in den Abbruzzen geborenen Pietro Rainalducci vgl. J. N. D. KELLY, Reclams Lexikon der Päpste. Aus dem Englischen übersetzt von Hans-Christian Oeser, Stuttgart 1986, S. 233f.; Ludwig VONES, Nikolaus V., in: Lexikon für Theologie u. Kirche 7 (1998), Sp. 865.

95 Zur Absetzung Johannes XXII. vgl. MIETHKE, Ockham (wie Anm. 1), S. 419; GODTHARDT, Marsilius (wie Anm. 1), S. 320ff.; von Zeitgenossen wurde Nikolaus spöttisch als Ludwigs „Idol" – von lat. *idolum*, d.h. Gespenst, Götze, Götzenbild – bezeichnet; KELLY, Lexikon (wie Anm. 94), S. 234.

96 Zur Deutung MENZEL, Beben (wie Anm. 63), S. 82.

97 Jürgen PETERSOHN, Friedrich Barbarossa und Rom, in: Friedrich Barbarossa. Handlungsspielräume und Wirkungsweisen des staufischen Kaisers, hg. von Alfred HAVERKAMP (Vorträge und Forschungen 40), Sigmaringen 1992, S. 129–146, hier S. 144; ders., Kaisertum (wie Anm. 2), S. 349 redet von der „Chiffre Barbarossa" für die „Ursache aller politischen Äußerungen, Maßnahmen und Zielsetzungen, die die Quellen mit seinem Namen verbinden und hinter denen, auch wenn Entscheidungsbildung und Ausführung kollektiv und anonym erfolgten, doch in der Regel der initiative und verantwortende Wille des Kaisers gestanden haben dürfte."

98 Der Begriff „Romkaiser" wird in Interpretation des sog. Römerbriefes Heinrichs V. von 1111 und der in einem weiteren, aus dem Jahr 1117 stammenden Brief desselben an seinen Vertrauten in Deutschland, Bischof Hartwig von Regensburg, geschilderten Kapitolsbesteigung des Kaisers (1117) von PETERSOHN, Kaisertum (wie Anm. 2), S. 29 dezidiert für Heinrich V. angewandt; zum Brief an Hartwig und der im Brief geschilderten Besteigung des Kapitols ders., Capitolium (wie Anm. 36), S. 22ff.

99 Vgl. Wilhelm ERBEN, Rombilder auf kaiserlichen und päpstlichen Siegeln des Mittelalters (Veröff. d. Hist. Seminars d. Univ. Graz 7), Graz 1931, S. 23ff., 46ff.; JÜRGEN PETERSOHN, Heinrich Raspe und die Apostelhäupter oder: Die Kosten der Rompolitik Kaiser Friedrichs II. (Sitzungsberichte der

auf, das mit der Unterschrift *Roma* versehen ist; die Umschrift lautet RENOVATIO ROMAN. IMP.[100] Nach einer Entwicklung von der Karolinger- bis in die späte Ottonenzeit, die eine Anzahl von Brüchen und individuellen Sonderwegen aufzuweisen scheint[101], kehrte der erste Salierkaiser Konrad II. (1024–1039) zur Architekturdarstellung zurück, die nun die Beischrift AVREA ROMA trägt[102]. Auch die seither bleibende und auch außerhalb der Diplomatik vielzitierte Devise ROMA CAPUT MVNDI REGIT ORBIS FRENA ROTVNDI weist die Kaiserbulle Konrads II. auf[103]. Das Architekturbild gleicht unter den Saliern „eher einem Kirchenmodell“[104]. Meist ist es umschlossen von einer Stadtmauer, in der ein Tor geöffnet ist. Vielleicht schon nach Vorbildern Heinrichs IV. und Heinrichs V. entwickelt sich das Architekturbild unter Lothar III. zu einer fünftürmigen, kompakten Stadtansicht weiter. Die von 1152–1155 von Friedrich Barbarossa gebrauchte königliche Goldbulle stellt, wiewohl sie sich in ihrer grundsätzlichen Thematik an traditionelle Muster hielt, einen Markstein dar: Die bisherige abstrakt-idealistische Stadtansicht wurde zu einer „realistisch konzipierten Romdarstellung“ fortgeführt[105]. Die Goldbulle Friedrichs I., angefertigt durch maßgebliche Vermittlung Wibalds von Stablo (1098–1158)[106], von einem begabten maasländischem Goldschmied, zeigt die Verbindung eines Monarchenbildes mit einer konkreten Romdarstellung[107]. Sie symbolisiere, wie vor kurzem gesagt wurde, zum einen den Status des Kaisers als „Herr der Stadt Rom“; zum

---

Wissenschaftlichen Gesellschaft an der Johann Wolfgang Goethe-Universität Frankfurt am Main, Bd. XL, Nr. 3), Stuttgart 2002, S. 66.

100 Erben, Rombilder (wie Anm. 99), S. 25 ff.; Petersohn, Heinrich Raspe (wie Anm. 99), S. 66.

101 Mit Einzelheiten hierzu Petersohn, Heinrich Raspe (wie Anm. 99), S. 66 f.

102 Petersohn, Heinrich Raspe (wie Anm. 99), S. 66. Dazu ebd., S. 92 Abb. 6 die Wiedergabe der zweiten Kaiserbulle Konrads II. mit Vorder- und Rückseite unter Verwendung der Vorlage: W. J. Heyberger, Codex probationum diplomaticus zu J. N. I. C. Lorber v. Störchen, Landes-Hoheit des kayserlichen Bis- und Fürstenthums Bamberg über ... Fürth, Bamberg 1774, Probationes diplomaticae Nr. 23.

103 Petersohn, Heinrich Raspe (wie Anm. 99), S. 66. Zur Interpretation und Einordnung der Devise ferner hilfreich Carl Erdmann, Das Ottonische Reich als Imperium Romanum, in: Deutsches Archiv 6 (1943), S. 412–441; wieder in: ders., Ottonische Studien, Darmstadt 1968; Herwig Wolfram, Konrad II. 996–1039. Kaiser dreier Reiche, München 2000, S. 357; Stefan Weinfurter, Das Jahrhundert der Salier (1024–1125), Ostfildern 2004, S. 40; ders., Reich (wie Anm. 81), S. 85 f.

104 Petersohn, Heinrich Raspe (wie Anm. 99), S. 67.

105 Petersohn, Heinrich Raspe (wie Anm. 99), S. 67; dazu ebd., S. 92 Abb. 7; die Wiedergabe der zweiten Kaiserbulle Friedrichs I. mit Vorder- und Rückseite unter Verwendung der Vorlage: Heyberger, Codex probationum (wie Anm. 102), Probationes diplomaticae Nr. 60.

106 Zu Wibald, seit 1131 Abt von Stablo, der schon am 2. Italienzug Lothars III. teilgenommen hatte und später zum engsten Beraterkreis König Konrads III. und, zumindest in der Anfangszeit, Friedrichs I. gehört hatte, im Überblick Timothy Reuter, Wibald, in: Verfasserlexikon 10 (1999), Sp. 979–981; Das Briefbuch Abt Wibalds von Stablo und Corvey, nach Vorarbeiten von Heinz Zatschek und Timothy Reuter, hg. von Martina Hartmann (MGH, Die Briefe der deutschen Kaiserzeit 9), Teil 1, Hannover 2012, S. IX–XI.

107 Petersohn, Kaisertum (wie Anm. 2), S. 345.

anderen aber habe sie die Kaiserwürde aus der Verfügung über jene legitimiert[108]. In ihrer individuellen künstlerischen Formgebung, vor allem aber durch die Aufnahme des Kolosseums[109] in das Rombild habe das Goldsiegel Friedrichs I. den Anspruch verkündet, dass sich seine Hoheit nicht auf eine schemenhafte Idee, sondern auf das reale Rom mit seinen aus der Antike in die Gegenwart hineinreichenden Zeugnissen beziehe[110]. Ohne Weiteres lässt sich der Aussagegehalt der Bulle in der realen Politik des Kaisers wiederfinden. Und so konnte – schon 1992 – mit Recht gesagt werden: „Rom und Rompolitik waren für ihn (sc. Barbarossa) nicht beliebig ein- und absetzbare Themen seiner Tagespolitik; sie zählten zu den Grundlagen seines Kaiserverständnisses. Die Art, wie er sie aufnahm und zu verwirklichen suchte, ist Teil seiner historischen Erscheinung."[111]

Es gab indessen keine direkte Fortsetzung – in der Rompolitik nicht und bei den Siegeln auch nicht. Heinrich VI., Otto IV., Friedrich II. und Heinrich VII. verwendeten unterschiedliche Stadtabbreviaturen, die als „idealistisch-brakteatenhaft" bezeichnet wurden[112]. Die „Romseite" der Königsbulle Heinrich Raspes[113], die die „fortifikatorische Unrealistik der Bauten zu bizarrer Phantastik" (J. Petersohn) stei-

108 Ebd.

109 Zum zwischen 72 und 80 n. Chr. errichteten Kolosseum (*Amphitheatrum Novum* oder *Amphitheatrum Flavium*) im Altertum Frank Kolb, Rom. Die Geschichte der Stadt in der Antike, München 1995, S. 482–484; Herman Bengtson, Die Flavier. Vespasian – Titus – Domitian. Geschichte eines römischen Kaiserhauses, München 1979, S. 103 f.; Karl Christ, Geschichte der römischen Kaiserzeit von Augustus bis zu Konstantin, München 1988, S. 256; zum Kolosseum im Mittelalter, das im Hochmittelalter zumindest zu großen Teilen im Machtbereich der römischen Adelsfamilie der Frangipani lag und an das ein Palast angebaut war, Krautheimer, Rom (wie Anm. 11), Orts- und Sachverzeichnis s. v.; Harald Keller, Die Kunstlandschaften Italiens. Erster Band: Toskana – Florenz – Siena – Umbrien – Rom, Ausgabe Frankfurt am Main/Leipzig 1994, S. 474; zum Kolosseum im konkreten Kontext der Politik von Kaisertum und Römern im Mittelalter Thumser, Rom (wie Anm. 5), S. 110; Petersohn, Kaisertum (wie Anm. 2), Register, Orte, s. v.; zum hohen Symbolgehalt im Mittelalter vor allem Esch, Rom (wie Anm. 14), Sp. 860 f. mit Charakterisierung als „Weltgebäude". Dazu auch noch einmal bes. der bei Keller, Kunstlandschaften (wie oben), S. 474 zitierte (wenn auch dezidiert nicht-römische, vielleicht irische) Pilgerspruch um 700: *Quamdiu stat Colisaeus, stat et Roma./Quando cadet Colisaeus, cadet et Roma./Quando cadet Roma, cadet et mundus.* Vor allem zur Rezeptionsgeschichte erhellend Ulrich Sinn, Das Colosseum – der Tod des Gladiators, in: Stein-Hölkeskamp/Hölkeskamp, Erinnerungsorte (wie Anm. 36), S. 419–437.

110 Petersohn, Kaisertum (wie Anm. 2), S. 345.

111 Petersohn, Friedrich Barbarossa (wie Anm. 97), S. 144.

112 Petersohn, Heinrich Raspe (wie Anm. 99), S. 67. Die Einreihung Friedrichs II. ist nur dann möglich, wenn man die Königszeit ausklammert: Die erste Königsbulle zeigt ein „strenges, einfaches" Torbild; Petersohn, ebd.

113 Zu Heinrich Raspe, der am 25. Mai 1246 von einer Gruppe stauferfeindlicher Großer in Anwesenheit eines päpstlichen Legaten zum König gewählt wurde, im Überblick Hans Martin Schaller, Heinrich Raspe, in: Neue Deutsche Biographie 8 (1969), S. 334–336; ausführlich Matthias Werner, Reichsfürst zwischen Mainz und Meißen. Heinrich Raspe als Landgraf von Thüringen, in: Heinrich Raspe – Landgraf von Thüringen und römischer König (1227–1247). Fürsten, König und Reich in spätstaufischer Zeit, hg. von dems. (Jenaer Beiträge zur Geschichte 3), Frankfurt am Main u. a. 2003, S. 125–272.

Die besonderen Bedingungen der Kaiserkrönung Ludwigs vom 17. Januar 1328 vermochte die Kanzlei in klare Formen zu gießen: Das zeigt deutlich die Rückseite seiner um 1327/28 in Italien angefertigten Kaiserbulle, die die Stadt Rom mit einer fast schon photographischen Genauigkeit abbildet und auf der Heidnisches und Christliches verschmelzen.

gerte, weist die Häupter der Apostelfürsten Petrus und Paulus auf[114] – sicherlich kein persönliches Bekenntnis des letzten Ludowingers, sondern Bekundung einer politischen Botschaft des Papsttums, die er zu akzeptieren hatte[115].

Dezidiert wurde der Grundgedanke der Siegeldarstellung Barbarossas – Rom als reale Stadt zu zeigen – zwei Jahrhunderte später von Ludwig dem Bayern aufgegriffen. Das zeigt deutlich die Rückseite seiner um 1327/1328 angefertigten Kaiserbulle, die die Stadt mit einer fast schon photographischen Genauigkeit abbildet[116]. Auf der

114 Petersohn, Heinrich Raspe (wie Anm. 99), S. 67. Abbildung der Königsbulle Heinrich Raspes (1246) mit Vorder- und Rückseite (Staatsarchiv Würzburg, Würzburger Urkunden 1340, ehem. München, Kaiserselekt 777) ebd., S. 90 Abb. 1.

115 Petersohn, Heinrich Raspe (wie Anm. 99), S. 87.

116 Zu dieser Bulle bislang Robert Suckale, Die Hofkunst im 14. Jahrhundert, in: Heiliges Römisches Reich Deutscher Nation 962 bis 1806. Von Otto dem Großen bis zum Ausgang des Mittelalters. Essays, hg. von Matthias Puhle/Claus-Peter Hasse (29. Ausstellung des Europarats in Magdeburg und Berlin und Landesausstellung Sachsen-Anhalt), Dresden 2006, S. 323–335, hier S. 326, Abb. 5; Wolfgang Jahn, Urkunde, in: Verbündet – verfeindet – verschwägert. Bayern und Österreich, hg.

Vorderseite der Bulle ist ein Herrscher zu sehen, der auf einem Thron sitzt, der von zwei Löwen gebildet wird. Die Krone, die der Herrscher trägt, besitzt einen Doppelbügel. Die Umschrift weist den Herrscher aus: LVDOVICUS QUARTVS DEI GRACIA ROMANORUM IMPERATOR SEMPER AVGVSTVS. Wichtiger aber als die Vorderseite, die eine eigene Interpretation verdiente, soll für uns die Rückseite sein, die – wie es seit den Tagen Konrads II. Tradition geworden war – die altbekannte Umschrift zeigt: ROMA CAPVT MUNDI REGIT ORBIS FRENA ROTVNDI.

Weit mehr noch als das Siegel Friedrichs I. bietet die Bullenrückseite Ludwigs eine realistisch konzipierte Romdarstellung in Vogelperspektive – vorstellbar ist ein Blick auf die Stadt etwa vom Monte Mario aus. Zu sehen ist – etwas oberhalb der Mitte – das Kolosseum[117], schräg links darunter das im Mittelalter zur Kirche verwandelte Pantheon[118]; daneben der Torre delle Milizie[119] und – am Rande der hier wohl nur angedeuteten Mauer – die Mark-Aurel-Säule[120]; dahinter der Lateran, der Sitz der Päpste als Bischöfe von Rom[121]; dazu ein (nicht näher identifizierbarer) Tri-

von dems./Evamaria Brockhoff, Bd. 1, Augsburg 2012, S. 186 f., Nr. 119; Rainer Kahsnitz, Goldbulle Kaiser Ludwigs des Bayern, in: Wittelsbach und Bayern, Bd. I: Die Zeit der frühen Herzöge. Von Otto I. zu Ludwig dem Bayern. Beiträge zur Bayerischen Geschichte und Kunst 1180–1350, hg. von Hubert Glaser, München/Zürich 1980, S. 216 f., Tafel Nr. 10.

117 Zum Kolosseum im Mittelalter vgl. bereits oben Anm. 109.

118 Zum unter Kaiser Hadrian etwa 119/125 n. Chr. errichteten Pantheon, das zu Beginn des 7. Jahrhunderts (13. Mai 609) in eine christliche Kirche umgewandelt wurde (*Sancta Maria ad Martyres*) im Altertum Coarelli, Rom (wie Anm. 36), S. 280–284; Christ, Geschichte (wie Anm. 109), S. 556 f.; zum Gebäude im Mittelalter Krautheimer, Rom (wie Anm. 11), Orts- und Sachverzeichnis, s. v.; Esch, Rom (wie Anm. 14), Sp. 860, dort eindringliche Schilderung der „Exorzierung“ des antiken Tempels („durch Wagenladungen von Märtyrergebeinen“).

119 Zum Torre delle Milizie, einem befestigten Turm zwischen den Traiansmärkten und den Kaiserforen, der vermutlich um 1200 errichtet wurde und der nachfolgend von den Familien der Annibaldi, di Vico und den Caetani in Besitz gehalten wurde, wobei der stärkste Ausbau, rivalisierend mit der Engelsburg als der stärksten Verteidigungsanlage ganz Roms, wohl unter den Caetani erfolgte Krautheimer, Rom (wie Anm. 11), Orts- und Sachverzeichnis, s. v., bes. S. 176 f., wo die Bedeutung des Komplexes namentlich im hohen Mittelalter dargelegt wird. Zur Zeit des Romzugs Heinrichs VII. war der Torre, nachdem er von den Truppen Heinrichs eingenommen wurde, eine der stärksten Bastionen des Königs, der hier Wohnung bezog; vgl. Gregorovius, Geschichte (wie Anm. 22), S. 604 ff.

120 Zur nach dem Vorbild der etwa 80 Jahre älteren Traianssäule errichteten Mark-Aurel-Säule, deren vollständiger antiker Name *Columna Centenaria Divorum Marci et Faustinae* lautet, die zu Ehren des römischen Kaisers Mark Aurel (161–180) errichtet wurde und die noch heute an ihrem ursprünglichen Platz auf der nach ihr benannten Piazza Colonna in Rom steht, im Altertum Coraelli, Rom (wie Anm. 36), S. 78, 294; zur Säule im Mittelalter Krautheimer, Rom (wie Anm. 11), Orts- und Sachverzeichnis s. v. 1119 wurde der Besitz der Säule durch S. Silvestro in Capite in schlichten Worten als das Besitzrecht des Klosters an der Säule wie an der zugehörigen Kapelle und ihren Einkünften bestätigt; ebd., S. 220. In seiner Charakterisierung des „Disabitato und des Lateran“ bezeichnet sie Krautheimer als ein „hochgeschätztes Besitzstück“ der Colonna, ebd., S. 342; zur Restaurierung der Säule unter Papst Sixtus V. (1585–1590) Esch, Rom (wie Anm. 14), Sp. 856.

121 Zum Lateran Krautheimer, Rom (wie Anm. 11), Orts- und Sachverzeichnis s. v.

umphbogen[122] sowie die Cestius-Pyramide[123]; das Ganze zerteilt durch den Tiber (zu sehen ist selbst die Tiberinsel mit ihren beiden Brücken, dem Pons Cestius und dem Pons Fabricius)[124], auf der anderen Seite die Engelsburg[125] und St. Peter[126] und ganz offensichtlich sogar S. Maria in Trastevere[127], die älteste Marienkirche Roms; ganz unten am Bild deutlich erkennbar ein Stück der Aurelianischen Mauer[128]. An

---

122 Zu denken ist an den Bogen des Septimius Severus auf dem Forum Romanum, vgl. Coarelli, Rom (wie Anm. 36), S. 75f.) oder an den Titus-Bogen ebd., vgl. Coarelli, Rom (wie Anm. 36), S. 104ff., Abb. ebd., S. 107, oder an den Constantins-Bogen; vgl. Coarelli, Rom (wie Anm. 36), S. 126f., 180, 185, 194, 293; Christ, Geschichte (wie Anm. 109), S. 738, 741, 759, 764.

123 Zur Pyramide des Cestius, dem Prätor des Jahres 43 v. Chr., der, antik-heidnischen Bestattungsritualen gemäß, sein Grabmal außerhalb der damaligen Urbs in exponierter Lage an der Via Ostiensis errichtet hat Coarelli, Rom (wie Anm. 36), S. 25, 35, 257, 334, 346; Kolb, Rom (wie Anm. 109), S. 274; Esch, Rom (wie Anm. 14), Sp. 856.

124 Zur Tiberinsel Coarelli, Rom (wie Anm. 36), S. 334–338; Kolb, Rom (wie Anm. 109), Personen- und Sachregister s. v., bes. S. 210f.; zur Insel im Mittelalter Krautheimer, Rom (wie Anm. 11), Orts- und Sachverzeichnis s. v.; wichtig auch – inklusive der Geschichte der Brücken – Esch, Rom (wie Anm. 14), Sp. 851. Auf der Insel befindet sich – dort, wo in der Antike ein im Jahr 289 v. Chr. geweihter Tempel des Äskulap zu finden war – die Kirche San Bartolomeo all'Isola. Die dem hl. Adalbert von Prag gewidmete Kirche sowie ein Kloster (S. Bartolomeo) wurden um das Jahr 1000 im Auftrag Kaiser Ottos III. errichtet; vgl. Knut Görich, Otto III. Romanus Saxonicus et Italicus. Kaiserliche Rompolitik und sächsische Historiographie (Historische Forschungen 18), Sigmaringen 1993, S. 247, 265. Am 6. August 1167 – kurz vor Ausbruch der verheerenden Ruhrepidemie – hat Kaiser Friedrich I. auf dem Monte Mario eine Urkunde für S. Bartolomeo ausgestellt: Er beurkundete, um allen Zweiflern gegenüberzutreten, aufgrund der Einsichtnahme in die Annalen seiner Vorgänger, dass Kaiser Otto die Gebeine des hl. Bartholomäus von Benevent auf die Tiberinsel in Rom übertragen habe, und bestätigt der Bartholomäuskirche, die dem Reich gehöre, ihre Besitzungen; MGH DF I. 534.

125 Zur Engelsburg (*Castel Sant'Angelo*), dem ursprünglich als Mausoleum für Kaiser Hadrian (†138) und seine Nachfolger errichteten und später von den Päpsten zur Burg umgebauten Gebäudekomplex, im Altertum Kolb, Rom (wie Anm. 109), S. 382, 661; im Mittelalter Krautheimer, Rom (wie Anm. 11), Orts- und Sachverzeichnis s. v.; zur Engelsburg als Schutz- und Trutzburg der Päpste vgl. nur Richard Bünemann, Robert Guiskard 1015–1085. Ein Normanne erobert Süditalien, Köln u. a. 1997, S. 138ff.

126 Zu St. Peter, der Grabeskirche des Apostelfürsten Petrus, im Überblick Krautheimer, Rom (wie Anm. 11), Orts- und Sachverzeichnis s. v. Seit den Tagen Karls des Großen war St. Peter die klassische Kaiserkrönungsstätte; vgl. nur Peter Classen, Karl der Große, das Papsttum und Byzanz. Die Begründung des karolingischen Kaisertums. Nach dem Handexemplar des Verfassers hg. von Horst Fuhrmann/Claudia Märtl (Beiträge zur Geschichte und Quellenkunde des Mittelalters 9), Sigmaringen 1988, S. 62ff.; zum Aussehen der Kirche im Mittelalter Fuhrmann, Päpste (wie Anm. 25), S. 102 Abb. 71.

127 Zur Kirche S. Maria in Trastevere (wohl errichtet zur Mitte des 4. Jahrhunderts), die mit dem davorliegenden Platz das Zentrum des Viertels Trastevere bildet, Krautheimer, Rom (wie Anm. 11), Orts- und Sachverzeichnis s. v.; bemerkenswert der Umbau der Kirche im 12. Jahrhundert (ca. 1130–1140) unter bewusster Verwendung von antiken und frühchristlichen Spolien; vgl. Esch, Rom (wie Anm. 14), Sp. 854.

128 Zur Aurelianischen Mauer, der bedeutendsten, noch heute (eindrucksvoll besonders das Stück bei der Porta S. Sebastiano) stellenweise gut erhaltenen Stadtmauer von Rom, deren erste Bauphase unter Kaiser Aurelian (270–275) begonnen und die unter Kaiser Probus (276–282) zum Abschluss gebracht wurde, in der Antike Kolb, Rom (wie Anm. 109), Personen- und Sachregister, s. v.; Christ,

prominentester Stelle aber, direkt im Zentrum des Bildes, befindet sich das Kapitol als Ort der weltlichen Stadtherrschaft mit dem Senatorenpalast[129] – jene „Stätte der römischen Ruinenlandschaft, die das Herzstück des seit dem 12. Jahrhundert aufblühenden kommunalen Selbstverständnisses“ gebildet hatte[130].

Die Bulle wirkt fast wie eine ins Bildliche übersetzte Beschreibung der Stadt in der Tradition der „Mirabilia Urbis Romae“, deren älteste, vor September 1143 abgeschlossene Fassung möglicherweise dem Kanoniker Benedikt von St. Peter zuzuschreiben ist[131]. Nicht ohne Grund wurde die Bulle im großen Rom-Buch Richard Krautheimers an das Ende des Kapitels über „Die erneute Wiedergeburt Roms: Das 12. Jahrhundert“ gestellt: als Beweis des Aufgehens des heidnischen Rom im christlichen[132].

Welche Aussagen über die Bulle lassen sich noch gewinnen? Wie ist diese – vor dem Hintergrund unseres Themas – zu interpretieren? Inwiefern kann Ludwig für den ostentativen Rom-Kult, den die Rückseite der Bulle betreibt, verantwortlich gemacht werden? Die älteste Urkunde Ludwigs mit Goldbulle stammt vom 7. Februar 1328[133] – drei Wochen nach der Kaiserkrönung. Es wird vermutet, dass die beiden Seiten der Bulle bereits einige Wochen zuvor, also etwa um die Jahreswende 1327/28, angefertigt worden sind[134]. Insgesamt 48 Goldbullen Ludwigs, die sich alle auf die „Kaiserjahre“ erstrecken, sind aus seiner Regierungszeit erhalten. Allein in den Jahren 1328/29 hat Ludwig während seines Aufenthaltes in Italien noch mindestens 25 Urkunden mit Goldbullen ausgestellt[135].

Angenommen werden darf also ein in dieser Form geplanter, im Rahmen des Romzugs erfolgter Entwurf der Bulle für die Kaiserkrönung vom 17. Januar – zumindest in dem Sinne, dass mit der Kaiserkrönung die „Freigabe“ der Bulle, das Recht ihrer Verwendung in der Kanzlei eingeläutet werden konnte. Konzeption der Bulle und

---

Geschichte (wie Anm. 109), S. 648, 676; zur Mauer im Mittelalter Esch, Rom (wie Anm. 14), Sp. 851; Krautheimer, Rom (wie Anm. 11), Orts- und Sachverzeichnis, s. v., bes. S. 76, 80 (zur Geschichte der byzantinischen Restaurierungen); zur Mauer epochenübergreifend jetzt umfassend Hendrik W. Dey, The Aurelian Wall and the Refashioning of Imperial Rome. AD 271–855, Cambridge 2011.

129 Zum Senatorenpalast auf dem Kapitol Carlo Pietrangeli, Il Palazzo Senatorio del Medioevo, in: Capitolium 35 (1960), S. 3–19, Abb. 9 mit Rekonstruktion des Bauzustands kurz nach 1303; ders., I Palazzi Capitolini nel Medioevo, in: Capitolium 39 (1964), S. 191–194.

130 Petersohn, Kaisertum (wie Anm. 2), S. 29.

131 Mirabilia urbis Romae (Codice topografico della città di Roma 3), hg. von Roberto Valentini/Guiseppe Zucchetti (Fonti 90), Roma 1946, S. 17–65. Zu Entstehungsgeschichte und Verfasserschaft ebd., S. 3 ff.; Petersohn, Kaisertum (wie Anm. 2), S. 46–49; zu den Mirabilia weiterhin aufschlussreich Haskins, Renaissance (wie Anm. 66), S. 121; Esch, Rom (wie Anm. 14), Sp. 861 f. („nicht einfach eine Textgattung, sondern eine Sehweise“).

132 Krautheimer, Rom (wie Anm. 11), S. 224 f.

133 Bayerisches Hauptstaatsarchiv, Kaiser-Ludwig-Selekt 1263; vgl. Kahsnitz, Goldbulle (wie Anm. 116), S. 216.

134 Kahsnitz, Goldbulle (wie Anm. 116), S. 216.

135 Ebd.

römische Kaiserkrönung stehen also in einem engen zeitlichen und sachlichen Zusammenhang. Eine Verantwortlichkeit Ludwigs für die Gestaltung des Siegels lässt sich nicht belegen. Gewiss darf aber vorausgesetzt werden, dass der Konstrukteur bzw. der Ideengeber des Siegels über Details der Kooperation Ludwigs mit den Römern eingeweiht war und der „Rom-Kult" mit den Besonderheiten des Kaisertums Ludwigs in Verbindung steht. Belegbar ist auch eine bevorzugte Verwendung der Bulle für italienische Empfänger[136].

Weiterreichende Ableitungen aus der Bulle über den Stellenwert Roms im längerfristigen politischen Handeln Ludwigs zu ziehen, erscheint freilich wenig ratsam. Um einen „Romkaiser"[137] hat es sich bei Ludwig sicherlich nicht gehandelt. Auch die Bulle ist kein Zeugnis dafür. Wenn der Stempelschneider und der Meister der Bulle identisch sind[138] – wofür in der Tat einiges spricht –, dann hat Ludwig der Bayer ebenso schon wie sein Vorgänger, Heinrich VII., die Schaffung seines Kaisersiegels „einem italienischen Künstler" anvertraut[139]. Die Romdarstellung der Bulle – in ihren Details wie in ihrem Gesamtanspruch – verweist eher nach Italien als nach Deutschland; sie gehört weit mehr in die Welt der Ghibellinen als in die des Königtums des Wittelsbachers. Ludwig war – das wertet ihn nicht ab, aber es charakterisiert seine Vorgehensweise – gehetzt und deswegen findig; im ghibellinischen Italien fand er ideale Helfer für seine Politik.

Wir fassen die Ergebnisse der Untersuchung an dieser Stelle kurz zusammen: Im Beziehungsgeflecht des römischen Adels, dem permanenten, auch im 14. Jahrhundert noch nicht zur Ruhe gekommenen „Gebrodel der Geschlechter- und Popolarenkämpfe"[140], erweisen sich – an ältere, bis in die Zeit Heinrichs VII. zurückreichende Traditionen der Zusammenarbeit mit dem römisch-deutschen Königtum anknüpfend – die Colonna als der Dreh- und Angelpunkt der Kooperation mit Ludwig. Wesentlich bei allem erscheint die von Sciarra Colonna gezielt in die Wege geleitete Verschränkung der römischen Baronalfamilien mit der popolaren Seite. Auf diesem Fundament vermochte Ludwig seine Herrschaft in der Stadt von Januar bis August 1328 aufzubauen. Bereits die Kaiserkrönung vom 17. Januar, in der maßgeblich Sciarra hervortritt, während die (gebannten) Bischöfe lediglich die Weihehandlungen verrichteten, stand unter diesen Prämissen. Die Weihe des Bayern durch den

136 Was man sich aber auch nicht zu exklusiv vorstellen darf, denn auch für Empfänger weit abseits vom italienischen Raum ist die Bulle „eingesetzt" worden: Am 17. November 1345 urkundet Ludwig der Bayer mit der Goldbulle für die Stadt Passau und bestätigt dem Rat und den Bürgern für die bislang geleisteten Dienste alle Rechte und Freiheiten, die sie von seinen Vorgängern erhalten haben; vgl. Jahn, Urkunde (wie Anm. 116), S. 186f.

137 Vgl. bereits oben Anm. 98.

138 Rainer Kahsnitz, Die Siegel Kaiser Ludwigs des Bayern, in: Glaser, Wittelsbach und Bayern (wie Anm. 116), S. 214–216, hier S. 215.

139 Ebd.

140 Petersohn, Capitolium (wie Anm. 36), S. 9.

Gegenpapst Nikolaus sollte den Vorgang als solchen nicht ersetzen. Die Rückseite der Goldbulle Ludwigs betreibt, über ältere Romdarstellungen und kaiserliche Siegel deutlich hinausgehend, einen regelrechten „Romkult“. Sie verschmolz Heidnisches und Christliches, gab ein Bild Roms als Ganzes, so wie es in der Siegelsprache noch nie dargestellt wurde, und steht mit Sicherheit mit den besonderen Bedingungen der Kaiserkrönung Ludwigs vom 17. Januar 1328 in Verbindung.

Bayern und Österreich auf dem Thron vereint

Das Prinzip der gesamten Hand als Verfassungsinnovation für das Doppelkönigtum von 1325

Gerald Schwedler

Es war nicht vorgesehen, dass es im römisch-deutschen Reich zwei Könige gab. Als jedoch nach dem Tod Kaiser Heinrichs VII. sowohl Herzog Ludwig von Wittelsbach als auch Herzog Friedrich von Habsburg im Jahre 1314 zu römischen Königen gewählt und gekrönt wurden, und nicht bereit waren, auf die Königswürde zu verzichten, existierte kein politischer, juristischer oder gar publizistischer Mechanismus, den *verus rex* zu bestimmen und die Einherrschaft – Monarchia – wiederherzustellen. Am 28. September 1322 fiel zwar bei Ampfing bzw. Mühldorf eine militärische Entscheidung durch den Sieg der wittelsbachischen Partei. Friedrich wurde gefangengenommen und befand sich damit in der Gewalt Ludwigs. Dadurch waren die Machtverhältnisse geklärt, doch noch nicht gelöst, wie künftig das Verhältnis der beiden Gewählten und Gekrönten zueinander zu gestalten war. So kam es im weiteren Verlauf zu zahlreichen Verhandlungen und der für Habsburg unannehmbaren Trausnitzer Sühne am 13. März 1325. Nachverhandlungen führten am 9. September 1325 zur so genannten Münchner Einung, die neben einem Ausgleich der zwei Dynastien auch ein für das mittelalterliche Reich außergewöhnliches Verfassungskonstrukt eines Doppelkönigtums vorsah.[1]

Im Folgenden geht es um eine Neubewertung dieses Doppelkönigtums. Dabei wird zunächst auf dessen Wahrnehmung durch die Zeitgenossen sowie auf die Interpretation in der bisherigen Forschung eingegangen. Danach wird das Vertragswerk detailliert analysiert und im Kontext des juristischen Modells der Gesamthand gedeutet.

1 München 1325 September 5, Original: Wien, Haus-, Hof- und Staatsarchiv, AUR 1325 IX 5; Edition MGH Constitutiones et acta publica imperatorum et regum, Bd. VI, 1, hg. von Jakob Schwalm, Hannover 1914–1927, S. 72–75, Nr. 105 (mit Angabe weiterer Druckorte); Regest: Regesten Kaiser Ludwigs des Bayern (1314–1347). Nach Archiven und Bibliotheken geordnet, Heft 8: Österreich, bearb. von Johannes Wetzel, Köln u. a. 2008, Nr. 107 sowie Heft 7: Ober- und Niederbayern, bearb. von Michael Menzel, Köln u. a. 2003, Nr. 234; die lateinischen Fassungen sind neuzeitliche Rückübersetzungen, so z. B. Johannes Cuspinian, Austria, Frankfurt/Main 1601, S. 46.

I. Wahrnehmung des Doppelkönigtums

Das wohl eindringlichste Bild im Zusammenhang mit dem Vertrag von München vom Umgang der ehemaligen Kontrahenten Ludwig und Friedrich miteinander zeichnet Peter von Zittau in der Königsaaler Chronik. Als Abt des Zisterzienserklosters Königsaal, Zbraslav, das etwa 15 km moldauaufwärts von Prag lag, war er über das Geschehen seiner Zeit gut informiert.[2] Seine Schilderung der Ereignisse im Zusammenhang der Münchner Einung bleibt oberflächlich und vermittelt so einen Eindruck von Unklarheit, die im Reich bezüglich dieses Doppelkönigtums herrschte:

„Ludwig, König der Römer, erkannte, dass er durch die päpstlichen Prozesse und Urteile Schaden erlitten hatte, dass er Mangel an Geld litt und täglich auch drängende Kämpfe aushalten musste, so begann er bei sich und mit wenigen anderen über die Befreiung Friedrichs, seines Gefangenen und Gegenspielers nachzusinnen. Daher reiste Ludwig selbst am Fest des Heiligen Georgs (23. April 1325) zu Friedrich in die Burg, in der jener gefangen gehalten wurde und die Trausnitz genannt wurde, was „unvermutet (unfassbar)" heißt, und suchte ihn dort, wie man sagt, unvermutet auf; und ich weiß nicht auf welche Art und mit welchen Schriftstücken oder durch welche Traktate und Vermittler, doch waren alle erstaunt, selbst Friedrich, der bis zum dritten Jahr gefangen war, dass er von seinen Fesseln befreit wurde. Es gab weder Bekräftigungen als Zeichen eines Bündnisses und der Freundschaft an Ludwig noch wurden über diese Eintracht Briefe veröffentlicht. Bis heute sind die beiden Fürsten, die sich Könige nennen, gemeinsam, essen, trinken und schlafen gemeinsam und sind in ihren Worten des Friedens einig; eine sehr unübliche Ehe vereinbarten sie unter ihren Kindern, es nahm nämlich der Sohn Ludwigs die Tochter Friedrichs, doch steht fest, dass die Kinder jener im dritten Grad der Blutsverwandtschaft stehen. Es ist auch wundersam in den Ohren aller Völker, dass sich jeder der beiden bis heute als König der Römer schreibt und mit Namen nennt."[3]

---

2 Peter von Zittau arbeitete während seiner Zeit als Abt von 1316–1339 an der Fortsetzung der bereits bestehenden Königsaaler Chronik. Zu Peter von Zittau vgl. Jana NECHUTOVÁ, Die lateinische Literatur des Mittelalters in Böhmen, Köln 2007, S. 154–160.

3 Peter von Zittau/Petra Žitavského kronika zbraslavská, Chronicon Aulae Regiae, in: Fontes rerum Bohemicarum, hg. von Josef EMLER, Bd. 4, Prag 1885, S. 3–337, hier S. 272–274, vgl. auch Die Königsaaler Geschichtsquellen. Mit den Zusätzen und der Fortsetzung des Domherrn Franz von Prag, hg. von Johann LOSERTH (Fontes rerum Austriacarum. Scriptores 8), Wien 1875, ND London/New York 1970, S. 433: *Lodowicus, Romanorum rex, Bawarie dux, cernens, quod contra se frequenter gravarentur papales processus et sentencie, paciensque defectum pecunie, sustinens quoque instancias cottidiane pugne cepit intra se cum paucis de liberacione Friderici sui captivi et adversarii cogitare. Igitur in festo beati Georgii idem Lodowicus ad Fridericum in castro captivitatis, quod Truysnicht, id est inopinabile, dicitur, inopinabiliter venit, et nescio quibus modis, quibus formis, seu quibus tractatibus intervenientibus, cunctis admirantibus ipse Fridericus, qui usque ad tercium annum captus fuerat, est a vinculis absolutus. Non fuerunt alique municiones in signum federis et amicicie Lodowico date, nec super hac concordia sunt litere publicate. Simul usque hodie hii duo principes, qui se nominant reges, comedunt, bibunt et*

Durch seine Wortwahl gibt Peter von Zittau seine Ablehnung zu verstehen. Zunächst stellt er Ludwig als einen durch die Umstände Getriebenen dar, der mit seinen Ratgebern auf die überraschende Lösung eines Doppelkönigtums kam. Mit dem Wortspiel um den Namen der Burg Trausnitz/*Truysnicht*, das er als *inopinabile*, also „unvermutet/unfassbar“ übersetzt, leitet er seine eigenwillige Interpretation der friedlichen Einung der Könige ein. Damit greift er sein schon für die Schlacht bei Mühldorf gebrauchtes Bonmot auf, mit dem er geradezu hämisch die Niederlage Habsburgs festhält. Der Burgname „Trausnitz“ solle die Österreicher und *alii quam plures* mahnen, die sie sich des Sieges allzu sicher gewesen wären, zu viel gewagt und dann eben verloren hätten.[4] Tatsächlich war der Name „Wage es nicht (mich anzugreifen)“ für Trausnitz im Tal schon für das 13. Jahrhundert bezeugt.[5] Weshalb Peter von Zittau die Warnung sich nicht zu trauen als *inopinabile* übersetzt, ist weder durch die von ihm verwendeten weiteren Belege für das Wort noch durch seine anekdotische Erklärung gedeckt.[6] Umso auffälliger wird diese Umdeutung des Burgnamens als Mahnung, dass dem Wagnis, also der habsburgischen Hybris, die demütigende Strafe folge. Die antihabsburgische Tendenz fügt sich in die in der Königsaaler Chronik häufig anzutreffende Absicht, gerade Friedrich unglaubwürdig erscheinen zu lassen, ein. Die Chronik ist jedoch auch als literarisches Werk zu bewerten – über weite Teile ist sie in Hexametern verfasst. Die metaphorischen und topischen Zuspitzungen sowie die moralischen und emotionalen Wertungen entsprechen damit durchaus der Textsorte.[7] Jüngst konnte nachgezeichnet werden, auf welche geschickte Weise Peter von Zittau die Berichte seiner Augenzeugen passagenweise überarbeitete und übertreibend oder entstellend neu schrieb.[8] Bei der Nachricht über eine persönliche

---

simul dormiunt et in verbis pacificis unum sunt; matrimonium satis inconsuetum hii inter suos pueros statuerunt; duxit enim filius Lodowici filiam Friderici, licet hii pueri sint in tercia consanguinitatis linea constituti. Est autem hoc admirabile in auribus omnium populorum, quod uterque usque hodie regem se scribit et nominat Romanorum. (Übersetzung G.S.)

4 Peter von Zittau (wie Anm. 3), S. 272–274: *Et quodam forte presagio hoc castrum tali nomine Truisnicht, quod interpretatur inopinabile, vocatum est, eo quod Australes et alii quam plures de ipsorum victoria quasi certi fuerant et terras adversariorum veluti iam captorum inter se quodam distribucionis funiculo ante inicium prelii diviserunt, nescientes scriptum: Quod varii sunt eventus bellorum, et quod de celo victoria est.*

5 Lexikon bayerischer Ortsnamen: Herkunft und Bedeutung, hg. von Wolf-Armin von Reitzenstein, 2. Aufl. München 1991, S. 279. Für philologische Hilfe danke ich Dr. Martin Graf, Zürich.

6 Die meisten Verwendungen des Wortes *inopinabile* in seinem Werk lassen die Übersetzung als „unerwartet, unverhofft“, in einigen Fällen sogar als „unglaubwürdig, falsch“ zu: z.B.: *rumor inopinatus*, Peter von Zittau (wie Anm. 3), Buch I, cap. 110; Buch II, cap. 10, oder das Wortpaar *inopinatus et ingratus* (I, 106; I, 110), *mirabilis et inopinabilis* (II, 6).

7 Volker Honemann, Peter von Zittau als Literat, in: Deutsche Literatur des Mittelalters in Böhmen und über Böhmen, Bd. 2, Hamburg 2004, S. 145–159, insb. S. 152f.; Nechutová, Die lateinische Literatur (wie Anm. 2), S. 154–160.

8 Marie Bláhová, Dílna středověkého historika (Způsob práce Petra Žitavského), in: Piśmiennictwo Czech i Polski w średniowieczu i we wczesnej epoce nowożytnej, cur. A. Barciaka/W. Iwańczaka,

Begegnung Ludwigs und Friedrichs auf der Trausnitz am Georgstag 1325 handelt es sich um eine Falschmeldung.[9] Für die Deutung des überspitzten Bildes einer wittelsbachisch-habsburgischen Einigung ist nicht unbedeutend, dass sich Peter als einziger Autor im Spätmittelalter die beiden Kontrahenten im Bett vorstellt. Mit einem geschickten Satzanschluss, *matrimonium satis inconsuetum,* stellt er einen Bezug her zwischen den beiden Königen, die gemeinsam essen, trinken und schlafen, und der offensichtlich illegitimen, weil inzestuösen Ehe ihrer Kinder. Er insinuiert gewissermaßen ein weiteres symbolisches, aber verwerfliches gemeinsames Bett. Insgesamt dürfte in jenem Bild von den zwei Königen in einem Bett weniger eine Symbolisierung von friedlicher Einheit ersonnen worden sein, als vielmehr eine Karikatur von geordneter Herrschaft. Mit dem Bild des gemeinsamen Bettes zur Demonstration von Freundschaft nutzte Peter eine kulturell verankerte Vorstellung und unterstellte es Ludwig und Friedrich. Damit schuf er einen Mythos, der so überzeugend wirken konnte, weil er eng an die Vorstellungen friedlicher Männerpaare nach kriegerischen Auseinandersetzungen der Vergangenheit oder Literatur anschloss.[10]

Der Zittauer Abt verschaffte mit dieser Gegendarstellung zu einer monarchischen Einherrschaft einem allgemeinen Unwohlsein im Reich Ausdruck, dass es sich bei dem Doppelkönigtum im Münchner Vertrag um etwas gänzlich Unerhörtes handelte. Schon im Neuen Testament ist die Rede von der Unmöglichkeit zweier Herren. In Matthäus 6,24 heißt es: „Niemand kann zwei Herren dienen: entweder er wird den einen hassen und den anderen lieben, oder er wird dem einen anhangen und den andern verachten.“[11] Im 13. Jahrhundert wurde diese Formulierung verwendet, um Unklarheiten in Lehensverhältnissen zu eliminieren.[12] In den Überlegungen des zeitgenössischen theoretischen politischen Denkens stieß die Vorstellung einer Anführerzweiheit auf grundsätzliche Ablehnung. Kein Theoretiker des späteren Mittelalters konnte so weit gehen, ein Weltbild zu entwerfen, in dem Zweiherrschaft

---

Katowice 2006, S. 11–33; nicht zugänglich war mir: Ivan HLAVÁCEK, Kronika zbraslavská, listiny a diplomatika, Problémy dějin historiografie, Bd. 1, Praha 1983, S. 125–142.

9 Bruno WILHELM, Die Verhandlungen Ludwigs des Bayern mit Friedrich von Österreich in den Jahren 1325–1326 und die deutsche Erzählung über den „Streit zu Mühldorf“; in: Mitteilungen des Instituts für Österreichische Geschichtsforschung 42 (1927), S. 23–63, hier insb. S. 60f.

10 Vgl. dazu Christoph H. F. MEYER, Freunde, Feinde, Fehde: Funktionen kollektiver Gewalt im Frühmittelalter, in: Hoheitliches Strafen in der Spätantike und im frühen Mittelalter, hg. von Jürgen WEITZEL, Köln 2002, S. 211–266, hier insb. S. 234–236.

11 Vgl. dazu die zweite Nennung bei Lukas 16,13. Klaus VAN EICKELS, Wo man im Mittelalter zwei Herren dienen konnte – und welche Folgen dies hatte, in: Die Macht des Königs. Herrschaft in Europa vom Frühmittelalter bis in die Neuzeit, hg. von Bernhard JUSSEN, München 2005, S. 165–178.

12 Matthew Paris, Chronica majora, 7 Bde., hg. von Henry Richards LUARD, London 1872–1884, hier Bd. 4, S. 288 zu 1244: *Circa dierum illorum curricula, rex Francorum Parisius convocatos omnes ultramarinos, qui terras habuerunt in Anglia sic est affatus: ‚Quicumque in regno meo conversatur habens terras in Anglia, cum nequeat quis competenter duobus dominis servire, vel penitus mihi vel regi Angliae inde parabiliter adhereat‘.*

ein Gemeinwesen zusammenhalten konnte. Das Staatsdenken blieb vom Leitbild der pyramidal-monarchischen Strukturierung der Gesellschaft geprägt.[13] Daher ist es kaum verwunderlich, dass bedeutende intellektuelle Exponenten wie der Theologe Thomas von Aquin, der Dichter und Philosoph Dante Alighieri oder auch Aegidius Romanus als Schüler von Thomas von Aquin nicht ernsthaft nach einer Alternative für die Einherrschaft als der besten Herrschaftsform suchten. [14] In der Bulle „Unam Sanctam" vom 18. November 1302 rekurriert Papst Bonifaz VIII. auf das Bild der zweiköpfigen Herrschaft als einer von Monstern (*duo capita, quasi monstrum*), um zwingend das einheitliche ekklesiologische Modell gegen Unabhängigkeiten in den sich bildenden Staaten (insb. Frankreich) zu verteidigen.[15] Und in den Fällen, bei denen man dualistische Ordnungskonzepte für denkbar erachtete, blieb eine Doppelherrschaft innerhalb einer Monarchie undenkbar: lediglich eine Trennung in eine geistliche und weltliche Sphäre oder aber in einzelne *regna* war möglich. Kaiser und Papst sollten hierbei einmütig herrschen, ihre Einflussbereiche indes klar getrennt bleiben. Am pointiertesten formulierte dies der politische Philosoph Wilhelm von Ockham. Er verglich die Herrschaft von zwei Personen mit dem Bild des Monsters mit zwei Köpfen. Bei natürlichen Körpern sei eine Zweiköpfigkeit widernatürlich. Hingegen sei das Vorhandensein mehrerer Köpfe in der spirituellen Sphäre eher denkbar.[16]

Insgesamt war in der mittelalterlichen Politiktheorie ein Doppelkönigtum also nicht vorgesehen. Bicephale Anführerkonstrukte verwiesen daher in die Richtung

---

13 Jochen Martin/Hans K. Schulze/Hans Boldt, Artikel „Monarchie", in: Geschichtliche Grundbegriffe. Lexikon zur politisch-sozialen Sprache in Deutschland, Band IV, 1978, S. 133–214, hier insb. S. 166f.; vgl. ebenso allgemein Tilman Struve, Die Entwicklung der organologischen Staatsauffassung im Mittelalter (Monographien zur Geschichte des Mittelalters 16), Stuttgart 1978, insb. S. 303–305.

14 Jürgen Miethke, Politiktheorie im Mittelalter. Von Thomas von Aquin bis Wilhelm von Ockham, Tübingen 2008, insb. S. 35f. (Thomas von Aquin); 157–159 (Dante); 288 (Wilhelm von Ockham); vgl. dazu auch Claudia Garnier, Der doppelte König. Zur Visualisierung einer neuen Herrschaftskonzeption im 14. Jahrhundert, in: Frühmittelalterliche Studien 44 (2010), S. 265–290, hier S. 278-282.

15 Bulle „Unam Sanctam" (18. November 1302), in: Ecclesia et Status, hg. von I.B. Lo Grasso, 2. Aufl. Roma 1952, S. 211–213: *Igitur ecclesiae unius et unicae unum corpus, unum caput, non duo capita, quasi monstrum, Christus videlicet et Christi vicarius, Petrus, Petrique successor, dicente Domino ipsi Petro: Pasce oves meas.* Karl Ubl, Die Genese der Bulle „Unam sanctam": Anlass, Vorlagen, Intention, in: Politische Reflexion in der Welt des späten Mittelalters = Political thought in the age of scholasticism: Essays in honour of Jürgen Miethke, hg. von Martin Kaufhold, Leiden u.a. 2004, S. 129–149; Jürgen Miethke, „Unam Sanctam", in: Lexikon für Theologie und Kirche 10 (2001), Sp. 375.

16 Ockham, Guilelmus / William of Ockham, Dialogus: part 2; part 3, tract 1, hg. von John Kilcullen u.a., Oxford 2011, S. 162: *Magister: ... Quamvis ergo corpus naturale esset monstruosum si haberet duo capita corporalia vel plura, quia unum non est caput alterius, tamen unum corpus mysticum potest habere plura capita spiritualia quorum unum sit sub alio, nec hoc est monstruosum sed naturale, etiam multis expediens et decorum.* Diese Edition erscheint auch online als work-in-progress (http://www.britac.ac.uk/pubs/dialogus/31d2Cor.html).

der mythologischen Vorgeschichte. Beispielsweise waren als Vorläuferpaare die Dioscuren Castor und Pollux,[17] aber auch Romulus und Remus oder die Anführerzweiheiten der Spartaner, Alemannen und Vandalen denkbar.[18] Inwieweit derartiges historisches Wissen im Spätmittelalter für das Münchner Doppelkönigtum zur Verfügung stand, wäre im Einzelfall nachzuweisen. Materielle Anknüpfungen lassen sich im Vertragstext nicht nachweisen. Ebensowenig dürfte das römisch konsularische Amtsmodell mit zwei Herrschern über das Imperium modellbildend gewesen sein, da diese nach ihrer Amtsausübung wieder abzudanken hatten. Mit den Vorstellungen vom Wandel einer Person durch Krönung, Salbung und der damit erfolgten Überhöhung war dies nicht vereinbar. Auch das Modell des spätantiken bzw. byzantinischen Doppelkaisertums deckt sich kaum mit dem im Münchner Vertrag geschilderten Profil der beiden Herrscher.

Ohne klares politiktheoretisches Modell und ohne direktes historisches oder mythisches Vorbild musste der kühne Plan einer Doppelanführerschaft die Zeitgenossen im Reich bewegen. Reaktionen reichten von neugierigem Verstehen-Wollen bis hin zum ablehnenden Negieren. Vor allem merkten Chronisten an, es handle sich um eine geheim verhandelte Angelegenheit, um etwas Inoffizielles.[19] Johannes von Winterthur verbannte das Konstrukt beispielsweise aus dem Bereich des Öffentlichen, indem er betonte, das Bündnis habe *omni homine absente et excluso* den Charakter einer Intrige.[20] Schärfere Worte findet der Chronist Heinrich Taube von Selbach, der ein solches Bündnis als *occulte* bezeichnet und damit noch weiter ins Licht des Verbotenen stellt.[21]

Mehr noch als die Zeitgenossen regte dieser Versuch einer Innovation der Reichsverfassung durch die außergewöhnliche Konstruktion einer Doppelspitze zahlreiche Forscher dazu an, sich intensiv mit dem wittelsbachisch-habsburgischen, „verfassungsrechtlich höchst merkwürdigen Ausgleich"[22] im September 1325 auseinanderzusetzen und ihn aus unterschiedlicher Perspektive zu untersuchen. Meist behandeln die Darstellungen zur politischen Geschichte Ludwigs und Friedrichs diese

---

17 Norbert WAGNER, Dioskuren, Jungmannschaften und Doppelkönigtum, in: Zeitschrift für deutsche Philologie 79 (1960), S. 1–17 u. 225–247.

18 Helmut CASTRITIUS, Das vandalische Doppelkönigtum und seine ideell-religiösen Grundlagen, in: Das Reich der Vandalen und seine (Vor-)Geschichten, hg. von Guido BERNDT/Roland STEINACHER, Wien 2008, S. 79–86.

19 Ausführliche Bewertung des historiographischen Echos bei Michael MENZEL, Quellen zu Ludwig dem Bayern, in: Zeitschrift für bayerische Landesgeschichte 60 (1997), S. 71–82; HECKMANN, Doppelkönigtum (wie Anm. 29).

20 Johann von Winterthur, Chronica, hg. von Friedrich BAETHGEN (MGH Scriptores rerum Germanicarum NS 3), Berlin 1924, S. 82 f.

21 Heinrich Taube von Selbach, Chronica, hg. von Harry BRESSLAU (MGH Scriptores rerum Germanicarum NS 1), Berlin 1922, S. 35: *Anno undecimo Ludwicus solus exclusis omnibus consiliariis suis occulte tractavit et confederavit se cum eodem Friderico capto.*

22 MIETHKE, Politiktheorie im Mittelalter (wie Anm. 14), S. 225.

außergewöhnliche Doppelherrschaft nur am Rande.[23] Die nach wie vor präziseste Analyse des Münchner Vertrags erfolgte durch Wilhelm Preger.[24] Er untersuchte unter stark politik- und rechtsgeschichtlicher Fragestellung, inwieweit der Vertrag ein Winkelzug gewesen sein konnte, der für Ludwig den Zweck hatte, den gegenüber dem Papsttum verloren gegangenen Spielraum zurückzugewinnen, und der damit vielmehr ein Signal nach außen (Avignon und Paris) als nach innen sein sollte. Die Forschung folgte in der Regel dieser Auffassung, dass der Münchner Vertrag bei all seiner Innovativität eine geschickte aber nie ernst gemeinte Irreführung von Seiten der Wittelsbacher war. Sie sollte sowohl den päpstlichen Anspruch berücksichtigen, über die Vergabe der römisch-deutschen Krone entscheiden zu können, als auch die französischen Versuche kontrollieren, die römisch-deutsche Krone und damit die Aussicht auf das Kaisertum zu erlangen. Dauerhaft habe Ludwig das Teilen der Herrschaft mit Friedrich nicht wirklich beabsichtigt.[25] Anders interpretierte Michael Menzel die Aktivitäten dieses Jahres. Er sah vor allem – ausgehend von der Wirkung – den Akt von München als eine „nach innen befriedende, verbindende und nach außen antipäpstlich wirkende Neuformierung der Reichsherrschaft."[26] Die kurfürstliche Perspektive untersuchte Hans-Dieter Homann und kam zum Schluss, dass das Doppelkönigtum ein wittelsbachisch-habsburgischer Alleingang war und daher von den Mitgliedern des Kurkollegs als inakzeptabel abgelehnt wurde.[27] Im Licht der vormodernen Beziehungen unter Männern diente das Beispiel von Peter von Zittau gar als Beweis für homoerotische Praxis.[28]

---

23 Heinz Thomas, Ludwig der Bayer (1282–1347). Kaiser und Ketzer, Regensburg 1993, S. 172f.; Michael Menzel, Die Zeit der Entwürfe 1273–1347 (Gebhardt Handbuch der Deutschen Geschichte, Bd. 7a, 10. Aufl.), Stuttgart 2012, S. 167f.; Alphons Lhotsky, Geschichte Österreichs, Wien 1967, S. 290f.; Alois Niederstätter, Die Herrschaft Österreich. Fürst und Land im Spätmittelalter (1278–1411) (Österreichische Geschichte), Wien 2001, S. 128f.; Kathrin Kininger, „Gemeinsames Königtum", in: Ausstellungskatalog Verbündet, verfeindet, verschwägert: Bayern und Österreich, hg. von Wolfgang Jahn/Evamaria Brockhoff, Bd. 1, Stuttgart 2012, S. 180; Roland Pauler, Friedrich der Schöne als Garant der Herrschaft Ludwigs des Bayern in Deutschland, in: Zeitschrift für bayerische Landesgeschichte 61 (1998), S. 645–662, bes. S. 657.

24 Wilhelm Preger, Die Verträge Ludwigs des Baiern mit Friedrich dem Schönen in den Jahren 1325 und 1326. Mit J. H. Reinkens' Auszügen aus Urkunden des vatikanischen Archivs von 1325–1334, in: Abhandlungen der Historischen Klasse der Königlich-Bayerischen Akademie der Wissenschaften Bd. 17, 1, München 1883, S. 103–338; zum Autor: Victor Michels, „Preger, Johann Wilhelm", in: Allgemeine Deutsche Biographie 53 (1907), S. 107–113.

25 Wilhelm, Die Verhandlungen Ludwigs des Bayern (wie Anm. 9), S. 23–63.

26 Michael Menzel, Ludwig der Bayer (1314–1347) und Friedrich der Schöne (1314–1330), in: Die deutschen Herrscher des Mittelalters. Historische Portraits von Heinrich I. bis Maximilian I. (919–1519), hg. von Bernd Schneidmüller/Stefan Weinfurter, München 2003, S. 393–407, hier S. 397.

27 Hans-Dieter Homann, Kurkolleg und Königtum im Thronstreit von 1314–1330 (Miscellanea Bavarica Monacensia 56. Neue Schriftenreihe des Stadtarchivs 75), München 1974, S. 217–225.

28 Bernd-Ulrich Hergemöller, Sodom und Gomorrha: zur Alltagswirklichkeit und Verfolgung Homosexueller im Mittelalter, 2. überarb. Aufl. Hamburg 2000, S. 90–92.

Ausführlich setzte sich 2001 Marie-Luise Heckmann mit den Quellen des Münchner Vertrags auseinander.[29] Sie stellte zunächst fest, dass im Vertrag keine direkten Anleihen aus anderen Verfassungsdokumenten erfolgt waren und keine mythologischen bzw. historischen Vorbilder verarbeitet wurden. Auch legte das verhaltene Echo der Zeitgenossen nahe, dass nicht mit einem bekannten Schema gerechnet wurde. Doch blieb die Herkunft des Innovationsschubs Doppelkönigtum für die Reichsverfassung weiterhin unerklärt. Auch der Ansatz, den Münchner Vertrag im Rahmen der Regelungen für den Ablauf eines Herrschertreffens auf dessen Rechts-, Symbol- und Realitätsgehalt zu untersuchen, gewissermaßen den Vertrag durch das Zeremoniell zu entschlüsseln, konnte einen Ursprung des männlichen Königspaares an der Spitze des Reichs nicht plausibel machen.[30] Denn obwohl Ludwig der Bayer und sein Hof die Fähigkeit, symbolisches Handeln im Sinne des König- bzw. Kaisertums in das eigene Zeremonialprogramm zu integrieren, überaus geschickt nutzten, blieben die Erfindung, die symbolische Aufladung und das rasche Scheitern des Doppelkönigtums im weiteren Verlauf ein Problem, das mit einer symbolischen Erklärung nicht zu deuten war. Der Interpretation des Doppelkönigtums als Ausdruck wittelsbachischen Zeremonialschaffens folgte zuletzt Claudia Garnier 2011, die insbesondere für die Tage in München feststellte, dass eine enorme Dichte an Darstellung von Tugenden und Konzepten wie *amicitia*, *fraternitas* und *unanimitas* erfolgt sei.[31] Damit werde der äußere, symbolisch zeremonielle Rahmen des Münchner Vertrags, also das gemeinsame Essen, die gemeinsame Messe bzw. die gemeinsame Einnahme der Kommunion, in den Zusammenhang der politischen Ereignisse eingebettet und Vorbilder eben nicht mehr in der Konstruktion einer Doppelkönigsspitze, sondern in abstrakteren Modellen wie *amicitia*, *fraternitas* und *unanimitas* gefunden. All dies führt jedoch nicht merklich über die Einschätzung von Peter Moraw hinaus, dass München eine einmalige und nicht wiederholbare Verfassungskonstruktion „ohne Vorbild und Nachwirkung" im Reich sei. Betrachtet man die juristischen Regelungen für das römisch-deutsche Doppelkönigtum im Vergleich mit anderen Monarchien auf europäischer Ebene, so bleibt das Vertragswerk von München noch singulärer und erscheint umso einzigartiger. In der Forschung ist es nach wie vor unverstanden. Will man sich damit jedoch nicht zufrieden geben, so müsste die Erklärung von Innovativität und Ausformung des Münchner Doppelkönigtums außerhalb der Modelle der Reichsverfassung oder gar der Usancen in anderen Königreichen zu suchen

29 Marie-Luise HECKMANN, Das Doppelkönigtum Friedrichs des Schönen und Ludwigs des Bayern (1325–1327). Vertrag, Vollzug und Deutung im 14. Jahrhundert, in: Mitteilungen des Instituts für Österreichische Geschichtsforschung 109 (2001), S. 53–81.

30 Gerald SCHWEDLER, Herrschertreffen des Spätmittelalters. Formen – Rituale – Wirkungen (Mittelalter-Forschungen 21), Ostfildern 2008, S. 233–237.

31 GARNIER, Der doppelte König (wie Anm. 14); Karl-Friedrich KRIEGER, Die Habsburger im Mittelalter. Von Rudolf I. bis Friedrich III., Stuttgart u. a. 1994, S. 114–120.

sein. Im Folgenden ist daher für die Erklärung des Doppelkönigtums im Münchner Vertrag ein neues Modell vorzustellen. Wie zu zeigen ist, dürfte die im Lehnrecht verankerte Vorstellung der „gesamten Hand" über weite Strecken das formgebende Prinzip für die Abfassung des Münchner Vertrags gewesen sein. Eine intensivere Beschäftigung mit dem Vertragstext selbst führt darauf hin.

II. Das Doppelkönigtum festlegen

Wenden wir uns zunächst dem Text vom 5. September 1325 im Detail zu. Erhalten ist die Pergamenturkunde in der Ausfertigung für Friedrich den Schönen, sie liegt heute im Österreichischen Staatsarchiv (Haus-, Hof- und Staatsarchiv).[32]

Die Urkunde zieren die jeweiligen Siegel der Könige, Ludwigs heraldisch rechts, Friedrichs heraldisch links.[33] Ein bayerisches Exemplar ist so weit bekannt nicht erhalten. Für das Haus Wittelsbach dürfte ein solches Dokument der Rangminderung seiner monarchischen Königsstellung kein Interesse gehabt haben. Vorstufen oder Konzepte zum Münchner Vertrag sind keine bekannt.

Der Vertragstext wurde vom Editor Jakob Schwalm im Constitutiones-Band in 12 Artikel unterteilt.[34] Artikel 1 lautet: *Wir Ludowich und Friderich von Gots gnaden Romische chunige ze allen zeiten merer dez riches tůn chůnt allen die disen brief sehent oder horent lesen, daz* [wir...] *uns mit ein ander verainet und verbunden haben .[...]* Weiter heißt es: *daz wir daz Romische riche, darcž wir bede erwelt und geweihet sein, mit allen seinen wirden, eren, rechten, læuten und gůten und swaz ez hat und darcž gehőrt uber al die werlt mit ein ander glich als ein persone, einem nicht baz dann dem andern, ietwederm mer noch minre, besitzen, haben, pflegn und handeln sullen.* Das Vertragswerk wird mit der Feststellung eröffnet, dass beide Könige in allen Würden, Ehren und Rechten des Reichs als *ein ander glich als ein persone* handeln und gleiche Ehren genießen sollen. Abgeschlossen wird dieser programmatische Artikel 1 mit der lapidaren Forderung, dass sich beide Könige gegenseitig unterstützen sollten.

Darüber hinausgehende Präzisierungen der Formulierung *glich als ein persone* folgen nicht. Zu Recht wurde in der Forschung dieser Passus als salvatorische Klausel gedeutet, mit der die Verfasser das Prinzip der Monarchie nicht infrage stellen

---

32 Abbildung zuletzt in: Jahn/Brockhoff, Katalog zur Landesausstellung (wie Anm. 23), Bd. 1, Nr. 113, S. 180.

33 Die beiden gleich großen Siegel sind abgebildet bei Otto Posse, Die Siegel der deutschen Kaiser und Könige von 751–1806 und 1871–1913, Vol. 1–5, Dresden 1909–1913, Siegel Ludwigs Bd. 1, Tafel 50, 5; Siegel Friedrichs Tafel 53, 5.

34 München 1325 September 5, MGH Constitutiones VI, 1 (wie Anm. 1), S. 72.

Der Vertrag von München, 5. Sept. 1325, in der Ausfertigung für Friedrich den Schönen

wollten.[35] Zwei Körper, zwei Naturen sollten an der unangefochtenen Stelle der *einen* Person an der Spitze stehen.[36] In diesem Sinne verdeutlicht die vage Formulierung *glich als ein persone* eine allein an dieser Stelle zu findende Auffassung, man verstoße mit dem Vertrag von München gegen das bekannte und bewährte Prinzip des monarchischen Regierens. Hinzu kommt jedoch noch ein weiteres: Bei dem Begriff *persone* handelt es sich um ein Lehnwort, das auf das Lateinische „persona" (Person, Identität, Rang, Würde) zurückgeht.[37] Doch in mittelhochdeutschen Rechtstexten kommt der Begriff erst im späten 13. Jahrhundert vor. Die hierzu herangezogenen Belegstellen aus dem „Corpus der altdeutschen Originalurkunden bis

35 HECKMANN, Das Doppelkönigtum (wie Anm. 29), S. 60f.

36 Vgl. dazu GARNIER, Der doppelte König (wie Anm. 14), S. 274f.

37 J[an] F[rederik] NIERMEYER, Mediae latinitatis lexicon minus, 2. Aufl., hg. von Co VAN DE KIEFT, Leiden 2002 mit 17 Bedeutungen für „persona", S. 1030–1032; Hans RHEINFELDER, Das Wort „persona": Geschichte seiner Bedeutung mit besonderer Berücksichtigung des französischen und italienischen Mittelalters, Halle a. d. Saale 1928.

zum Jahr 1300" verweisen alle auf einen spezifischen Gebrauch in Bezug auf Besitz, der einer bestimmten Anzahl von „Personen" zusteht. [38] Hierauf wird noch zurückzukommen sein.

Artikel 2 beschreibt das Verhältnis der Könige untereinander. Beide sollen als erwählte und geweihte Könige innerhalb des römische Reichs gleiche Ehren *genießen ze strazzen, ze chirchen und an aller stat.* Ebenso sollen sie sich *bede romische chunige und merer des riches schriben und nennen.* Es handelt sich also um die erste Aussage über das gleichberechtigte zeremonielle Auftreten und die gleichberechtigte Führung des königlichen Namens.[39] Darauf folgt unmittelbar die Forderung, die beiden Könige hätten sich gegenseitig im Schriftverkehr „Bruder" zu nennen und den Namen des anderen jeweils voranzustellen.[40] In gemeinsamen Urkunden sollte *der heute, der morgen*, also die Namen alternierend an erster Stelle genannt werden. Des Weiteren sollten Entscheidungen, die in Abwesenheit des anderen getroffen werden, immer in beider Namen erfolgen. Hierzu wurde bestimmt, dass beide sich zwei neue, gleiche Siegel anfertigen lassen, auf den *ietwederm unser beder namen gegraben,* also beide Namen eingraviert sein sollen. Dabei solle jeweils der eine den Urkunden des anderen voranstehen, *unde sullen die insigel glicher groezze, forme und buochstab sein.*[41]

In den darauffolgenden Artikeln werden die Vorschriften für die gemeinsame Regierung der Doppelkönige festgehalten. Die bedeutende Materie wird nun jedoch wesentlich kürzer und oberflächlicher abgehandelt. Artikel 3 bestimmt die Vergabe von großen Reichslehen, also Königreichen, Fürstentümern oder Grafschaften, die *bede mit einander leihen* sollen. Kleinere weltliche und geistliche Lehen können von jedem einzelnen und unter Anerkennung durch den anderen vergeben werden, wobei der Lehenseid beiden geschworen werden solle. Während also zunächst die Regelungen für Namensverwendung und Kanzleigebrauch überaus ausführlich sind, bleiben gerade bei den wichtigen Akten wie der Lehensvergabe die meisten Fragen offen. Über die aufwändige Logistik, die ein gemeinsames Auftreten am selben Ort erforderte oder die Zusammenlegung von Hoftagen bedeutete, wurde kein Wort verloren. Auch Artikel 4, eine Mahnung, Reichsgut nicht zu veräußern, ist kurz gehalten. Artikel 5 behandelt in allgemeiner Form den Zug eines der Könige in die Wel-

38 Wörterbuch der mittelhochdeutschen Urkundensprache auf der Grundlage des „Corpus der altdeutschen Originalurkunden bis zum Jahr 1300", hg. von Bettina Kirschstein/Ursula Schulze, Berlin 1986–2010, 3 Bde., Bd. 2, S. 1371 (33 Belege bis 1300), mit Erstbeleg von „Person" in einer deutschsprachigen Urkunde um 1290, *deu ſchol man vnter dreu perſon gar gleich teiln* (Corpus der altdeutschen Originalurkunden bis zum Jahr 1300, Nr. 1172, onlineversion: http://urts55.uni-trier.de/cgi-bin/iCorpus/CorpusIndex.tcl).

39 Schwedler, Herrschertreffen (wie Anm. 30), S. 233–235.

40 Zur Interpretation der „Brüderlichkeit" vgl. Heckmann, Das Doppelkönigtum (wie Anm. 29), S. 61, Garnier, Der doppelte König (wie Anm. 14), S. 270f.

41 Die beiden Siegel hängen immer noch an, zu Abbildungen vgl. Posse, Siegel (wie Anm. 33).

schen Lande, bei denen sich die Könige Vollmacht und gegenseitige Anerkennung als Stellvertreter geben sollen.[42] Tatsächlich war damit bereits klar Ludwigs Romzug gemeint. Sobald dieser die Kaiserkrone erlangte, war damit der Münchner Vertrag wertlos. Artikel 6 legt nun fest, zunächst allgemein, dass jeder die vom anderen getroffenen Entscheidungen bestätigen solle. Von Beiden getroffene Entscheidungen seien uneingeschränkt gültig. Doch ein Nachsatz macht klar, dass es auch Fälle gab, die der Präzisierung bedurften: die von Ludwig seinem Sohn, Markgraf Ludwig von Brandenburg, und seinem Schwiegersohn, Markgraf (Friedrich II.) von Meißen, erteilten Belehnungen wurden ausdrücklich als gültig in den Münchner Vertrag aufgenommen. Damit sollte das Haus Wittelsbach im Reichsgefüge verankert und dessen zweite Kurstimme festgeschrieben werden.[43] Artikel 7 bestimmt, dass das Reichsgut des einen auch dem anderen *undertenich* gemacht werden solle und dass man gegen Ungehorsame gemeinsam vorgehen wolle. Artikel 8 bestimmt, dass die beiden Könige ein gemeinsames, ungeteiltes Hofgericht unterhalten sollen, wobei sich Hofrichter und Hofschreiber halb- oder vierteljährlich abwechselnd bei dem einen oder anderen aufhalten sollten. Prozessrechtlich wird vorgeschrieben, dass ein vor dem einen begonnener Prozess vor dem anderen beendigt werden könne. Die bisher zwischen ihren Anhängern gefällten Urteile sollen gültig bleiben, hingegen die jeweils von einem gefällten Urteile gegen Anhänger des anderen ungültig sein. Auch hier ist keinerlei Durchdringung der Materie festzustellen, wie sie in Artikel 2 bezüglich der Nomenklatur und Kanzleiregeln erfolgte. Diese Regelungen sind keinesfalls schlüssig, sollte das Ziel prozessrechtlich eine widerspruchsfreie und kontinuierliche Arbeit des Hofgerichts gewesen sein. Vielmehr scheint hier jedoch ein Prinzip umschrieben zu werden, dass Urteile, die von beiden gutgeheißen werden, gültig seien. Zwischen beiden strittige Angelegenheiten würden daher keine Rechtskraft erhalten können. Ein derartiges Vetorecht erzwingt geradezu gemeinschaftliches Handeln. Artikel 9 ist gewissermaßen der letzte dispositive Artikel und bestimmt, dass beide in ihrer rechtlichen Natur *gliches gewaltes und herschaft* haben sollen. Es folgt die Anordnung, dass sich beide zugleich einem jeden Feind (*ez sei pfaffe oder leye*), der dem Reich Schaden zufüge, widersetzen sollen. Freilich ist hiermit unausgesprochen Papst Johannes XXII. (1316–1334) gemeint, der somit prominent am Ende der Regelungen für das Doppelkönigtum berücksichtigt wird.

Darauf folgen die Artikel, die die Formalien des Vertragsabschlusses darlegen. In Artikel 10 wird beschrieben, wie beide in Gegenwart ihrer Beichtväter den Vertragstext durch Eide bestätigt hatten. Artikel 11 bestätigt die Besiegelung durch beider Siegel und hält in einer sonst gänzlich unüblichen Formulierung fest, dass die

42 HECKMANN, Das Doppelkönigtum (wie Anm. 29), S. 59.

43 Zu dieser Politik vgl. Michael MENZEL, Die Wittelsbacher Hausmachterweiterungen in Brandenburg, Tirol und Holland, in: Deutsches Archiv für Erforschung des Mittelalters 61 (2005), S. 103–159.

Urkunde erneut ausgestellt würde, sobald die neuen Siegel *schirest gegraben werdent.* Artikel 12 nennt die Zeugen, unter denen sich bedeutende Namen, aber keine Reichsfürsten befinden.[44] Diese Gruppe herausragender Funktionsträger, die für die Häuser Wittelsbach und Habsburg Dienst leisteten, spiegelt auch das geistige Umfeld wider, in dem das Münchner Doppelkönigtum seine Wurzeln hat.

III. Modelle des Vertrags von München

Einleitend konnte dargelegt werden, dass es für das Doppelkönigtum kein Modell auf europäischer Ebene gab bzw. dafür bislang keine materielle Vertragsvorlage gefunden werden konnte. Doch auch auf der Ebene der herzoglichen Politik gibt es keine vergleichbaren Modelle, die zu einem eindeutigen schriftlichen Niederschlag geführt hätten. Ein Blick in die bayerisch-wittelsbachischen Regelungen der geteilten Herzogtümer erweist dies. Die mehrfachen Teilungen Bayerns und der Pfalz wurden vertraglich exakt geregelt, bisweilen mit der Festlegung der einzelnen Gerichtsbarkeiten. Die zeitlich nah beieinander liegenden, bedeutenden Teilungsverträge von 1310 und 1329 kommen in allen Regelungen ohne gemeinschaftlich zu verfügende Güter und Rechte aus. Im Gegenteil, Gemeinschaftsverwaltung wird so weit wie möglich ausgeklammert. Selbst wenn es beispielsweise 1310 darum geht, das Ansehen des Herzogtums durch die Teilnahme an einem Feldzug im Namen des Reichs zu erhalten, so wird nur einer der beiden Herzoge diese Aufgabe wahrnehmen, jedoch Oberbayern und Niederbayern teilen sich die Kosten gleichermaßen.[45] Die Hofhaltungen sollen penibel getrennt werden.[46] Und auch im berühmten Hausvertrag von Pavia 1329 wurden vor allem Güter geteilt, und die gemeinsam besessene Kurstimme sollte zwischen den beiden Linien alternierend und nicht gemeinschaftlich ausgeübt werden.[47] Das Haus Wittelsbach barg in der herzoglichen Praxis somit auch kein Modell für ein gemeinsames Wirken.

---

44 Graf Berthold von Henneberg, Burggraf Friedrich von Nürnberg, Bruder Konrad von Gundelfingen, Meister des Deutschen Ordens in deutschen Landen, Hermann von Lichtenberg, Kanzler, Meister Ulrich Wild, Protonotar Ludwigs, Dietrich von Pillichsdorf, Hans Truchsess von Diessenhofen, Weigand von Trausnitz, Bruder Konrad, Prior von München, und Bruder Gottfried, Prior zu Mauerbach in Allerheiligental, die beiden Beichtväter der Könige.

45 Teilung von Oberbayern 1310, Art. 12, in: Wittelsbacher Hausverträge des späten Mittelalters: die haus- und staatsrechtlichen Urkunden der Wittelsbacher von 1310, 1329, 1392/93, 1410 und 1472, bearb. von Rudolf Heinrich et al., hg. von Hans Rall (Schriftenreihe zur bayerischen Landesgeschichte 71), München 1987, S. 151 f.

46 Ebd., Art. 13, S. 152. Interessant bleibt die unentschiedene Haltung gegenüber Regensburg, das beide Herzoge stets nutzen dürfen, Art. 6, S. 139.

47 Hausvertrag von Pavia, Pavia 1329, Art. 9b, in: Rall, Wittelsbacher Hausverträge (wie Anm. 45), S. 93 f.

Wie bei der Analyse der einzelnen Artikel festgestellt werden konnte, vermeidet der Münchner Vertrag jegliche Anknüpfung an die im 14. Jahrhundert virulenten Überlegungen bezüglich der Herleitung monarchischer Herrschaft, Fragen des guten Regierens, der Legitimation des Amtes oder auch der Herrschaftsgewalt. Die zwei Könige erscheinen in Artikel 1 unmittelbar als Gewählte und Gekrönte. Sie werden als Könige adressiert, und sie sollen sich selbst als Könige adressieren, wobei der Name des adressierten Königs vor den eigenen Namen zu setzen ist. Zudem ist festzustellen, dass Grenzen der königlichen Macht bewusst oder unbewusst im Unklaren belassen werden, insbesondere die nach klarer Definition verlangende Abgrenzung der Machtbereiche der beiden Könige untereinander. In keinem Fall werden Konsequenzen dargestellt, was geschehen solle, wenn beispielsweise eine Belehnung von Fahnlehen nicht gemeinsam erfolgen konnte, wenn ein Rechtsurteil vom anderen nicht anerkannt werden solle, oder wenn einer der beiden begänne, Reichsgut zu verschleudern. Aus diesem bewussten Aussparen vieler neuralgischer Punkte, die im Doppelkönigtum der Klärung bedürfen, kann zu Recht abgeleitet werden, dass dem Vertragswerk die Strategie unterliegt, es sei auf den ersten Blick schlüssig und funktionsfähig. Es geht um die Aufzeichnung von Minimalpositionen, die einen kurzfristigen politischen Frieden zwischen Wittelsbach und Habsburg ermöglichte, nicht um einen Entwurf zur Behebung von Verfassungsmängeln. Auch der völlige Verzicht auf die Anknüpfung an theoretische Diskurse und die Theoriefeindlichkeit verweisen auf die pragmatische Ausrichtung des Vertragsunternehmens.

Hinweise auf den Wirkradius der Vertragsredaktoren bzw. der Gruppe, die sich wohl am meisten durchsetzen konnte, ergeben sich aus den im Vertrag überdurchschnittlich repräsentierten geregelten Lebensbereichen. Dazu ist in Erinnerung zu rufen, dass gerade im ersten beiderseits promittiven Abschnitt, Artikel 2, einige Aspekte geschrieben werden, die mit dem Kanzleiwesen zu tun haben bzw. sich aus der Praxis einer Kanzlei unmittelbar ableiten. Es lässt sich geradezu ein Fragenkatalog verfolgen, den ein Verfasser abarbeitet, wenn in der Kanzlei ein diplomatisches Schreiben aufgesetzt werden soll. Denn zu den wichtigsten Fragen bei der Konzeption und Ausfertigung eines Schreibens zählt die Positionierung der Anrede, der genauen Formulierung der Anrede sowie die Art und Weise der Besiegelung. Alle drei Fragen werden im Münchner Vertrag exakt geregelt.[48] Während also einerseits die Größe von Siegelbuchstaben detailversessen und formalistisch normiert wird, bleiben andere vitale Aspekte gänzlich ausgeklammert. Zu erwähnen wären beispielsweise das Münzwesen, das Gesandtschaftswesen, die Kommunikation mit Fürsten und Städten, Positionen bei militärischen Aufgeboten oder Ähnliches.

48 Zu Diktat und Eingangsformeln bei den Urkunden in der Kanzlei für Ludwig den Bayern vgl. Helmut BANSA, Studien zur Kanzlei Kaiser Ludwigs des Bayern vom Tag der Wahl bis zur Rückkehr aus Italien (1314–1329), Kallmünz 1968, S. 31–41.

Kann man nun daraus ableiten, dass die als Zeugen aufgeführten Kanzleibeamten wie Ulrich Wild, Protonotar Kaiser Ludwigs des Bayern, oder der Kanzler Hermann von Lichtenberg, maßgeblich an der Ausgestaltung des Vertrags beteiligt waren? Immerhin, Meister Ulrich war ein langjährig bewährter Vertrauter Ludwigs, der bereits 1324 die Sachsenhäuser Appellation redigierte und unterzeichnete. Er wurde posthum von Ludwig dem Bayern beschuldigt, er habe aus persönlichem Groll in die Sachsenhäuser Appellation Passagen eingefügt, die dieser nie autorisiert habe, die aber 1335 die Aussöhnung des Kaisers mit dem Papst behindern würden.[49]

Spricht sehr viel für eine maßgebliche Mitgestaltung des Münchner Vertrags durch den Kanzler, so waren doch auch die übrigen Zeugen nicht zufällige Gäste auf der Münchner Veranstaltung im September 1325. Graf Berthold von Henneberg und auch Burggraf Friedrich IV. von Nürnberg begleiteten schon lange den wittelsbachisch-habsburgischen Streit. Denn Berthold von Henneberg agierte schon kurz nach der erfolgten Doppelwahl 1314 als neutraler Vermittler, versiert in meißnischen und brandenburgischen Angelegenheiten. Als engster Vertrauter der luxemburgischen Partei war er der ideale Vermittler zwischen Ludwig und Friedrich. Über die Jahre hinweg nahm er immer wieder eine dezidiert neutrale Position ein und ließ sich weder von bayerischen noch österreichischen Geschenken vereinnahmen, wie es bereits Wilhelm Füsslein ausführlich dargelegte.[50] So mag einer der Gründe für die konsequente Ausgeglichenheit des Vertrags im Ausgleichsstreben des Hennebergers zu suchen sein. Sicherlich ist ihm und dem Kanzler Ulrich Wild der größte Anteil an der Ausarbeitung der Vereinbarungen zuzuschreiben. Weitere Beteiligungen sind nicht so klar einzelnen Personen zuzuweisen. Inwieweit sich beispielsweise militärisch-diplomatisch versierte Adlige wie der österreichische Feldmarschall Dietrich von Pillichsdorf[51] oder Burggraf Friedrich von Nürnberg,[52] die sich beide als Kontrahenten in der Schlacht gegenüberstanden, einbrachten, ist unklar. Auch lässt sich eine überdurchschnittliche Einflussnahme Konrads von Gundelfingen, Hermanns von Lichtenberg, Hans Truchsess von Diessenhofen, Weigands von Trausnitz – dem Kerkermeister Friedrichs – nicht klar identifizieren. Die Mitwirkung der beiden

49 Zu Ulrich Wild vgl. Bansa, Studien zur Kanzlei (wie Anm. 48), S. 239–242; Ludwig erteilte 1336 seinen Gesandten an die Kurie, die zu Rekonziliationsverhandlungen entsandt wurden, die Vollmacht zu versichern, dass die Appellation von 1324 durch den Kanzleibeamten Ulrich Wild aus bösem Willen und aus Rache gegen den Kaiser abgefasst wurde, den Gegensatz zwischen Kaiser und Papst zu vertiefen. Dazu Thomas, Ludwig der Bayer (wie Anm. 23), S. 166f. Abgedr. in: Vatikanische Akten zur deutschen Geschichte in der Zeit Kaiser Ludwigs des Bayern, hg. von Sigmund Riezler, Innsbruck 1891, Nr. 1841, S. 637–644.

50 Wilhelm Füsslein, Berthold VII., Graf von Henneberg. Ein Beitrag zur Reichsgeschichte des 14. Jahrhunderts. Mit einem Urkundenanhang. (Um den bisher unveröffentlichten 2. Teil erweiterter Nachdruck der Ausgabe 1905), Köln/Wien 1983, insb. S. 280–285.

51 Nicht zugänglich war mir: Gottfried Edmund Friess, Dietrich der Marschall von Pilichdorf, in: XV. Programm des k. k. Ober-Gymnasiums der Benedictiner zu Seitenstetten, Linz 1881, S. 3–44.

52 Günther Schuhmann, „Friedrich IV.", in: Neue Deutsche Biographie 5 (1961), S. 522f.

Beichtväter, Bruder Konrad, Prior von München, und Bruder Gottfried, Prior zu Mauerbach in Allerheiligental, dürfte sich stark auf die liturgische Gestaltung der Versöhnungsfeierlichkeiten konzentriert haben.[53]

Aus dieser exklusiven Hinzuziehung diplomatisch-niederadliger Fachkompetenz ergibt sich die am weitesten gehende Schlussfolgerung. Bei den Beteiligten handelte sich um Dienstleute. Diese lebten im Spannungsverhältnis zwischen der eigenen Familie und dem dortigen, bisweilen dörflichen Lebensumfeld sowie den durchaus internationalen Aufgaben für die großen Königsdynastien wie die Wittelsbacher und Habsburger. Aus diesem Umfeld stammt sicherlich auch das konkrete Modell, nach dem das ludovizianisch-friderizianische Doppelkönigtum gebildet worden sein durfte, das Gesamthandprinzip. Jüngst bewertete Susanne Lepsius diesen Rechtskomplex und schied einen unumstrittenen mittelalterlichen Kernbestand an Rechtshandlungen und Auffassungen von einer Überhöhung im 19. Jahrhundert, sowie einer zeitgenössischen Anwendung als fehlkonstruiertes Modell der „Gesellschaft bürgerlichen Rechts" und der Erbengemeinschaft durch ein BGH-Urteil von 2001.[54]

Zunächst stellt sich die Frage, welcher Art die Vorstellungen für das Gesamthandprinzip bei den Zeitgenossen der 1320er Jahre waren. Freilich kann im Folgenden kein Bild der konkreten rechtlichen Anwendung für juristische Gesamtberechtigung für das beginnende 14. Jahrhundert gezeichnet werden, was zu Recht als Desiderat angemahnt wird.[55] Zunächst wird man Fälle der ritterlichen Ganerbenschaft insbesondere für unteilbare Burgherrschaften oder Rechte zum engeren Kreis rechnen müssen und im weiteren auch bäuerliche „Gemeinderschaften" und Formen der ehelichen Gütergemeinschaft wie nicht zuletzt bestimmter Kaufmannszusammenschlüsse.[56] Im positiven Recht lassen sich Festlegungen zu gesamthänderischer Gesamtberechtigung Mehrerer konkret im Sachsenspiegel Eikes von Repgow festmachen. In Landrecht I,12 wird der Übergang von Gut an eine Erbengemeinschaft mehrerer *lude* geregelt, also eine implizite Vergemeinschaftung aufgrund eines bestimmten Zweckvermögens.[57] In Lehnrecht 32 wird der Lehnsempfang *gesameter hand* bestimmt und dabei festgelegt, dass eben die Belehnung dadurch erfolgen solle, dass die Lehnsmänner

53 Schreiben der beiden Beichtväter: MGH Constitutiones VI, 1 (wie Anm. 1), Nr. 101, S. 69f.

54 Susanne LEPSIUS, Art. Gesamthand, gesamte Hand, in: Handwörterbuch zur deutschen Rechtsgeschichte Bd. 2, 2. Aufl. Berlin 2012, Sp. 264–269; vgl. dazu Ulrike SEIF, Die Gesamthand als Konstruktion der Germanistik, in: Zeitschrift der Savigny-Stiftung für Rechtsgeschichte. Germ. Abt. 118 (2001), S. 302–320.

55 LEPSIUS, Gesamthand (wie Anm. 54), Sp. 264.

56 Gerhard BUCHDA, Geschichte und Kritik der deutschen Gesamthandlehre, Marburg 1936 (ND 1970), S. 15 sowie 168–170.

57 Sachsenspiegel, Landrecht I, 12, ed. Karl August ECKHARDT, Das Landrecht des Sachsenspiegels. 2. Bearbeitung (MGH Fontes iuris Germanici antiqui N.S. 1), Göttingen 1955, S. 81: *Swar brudere oder andere lude er gut to samene hebbet, verhoget se dat mit erer kost oder mit erme denste, de vrome is er aller gemene; dat selve is de scade.*

„ihre vereinigten Hände in die des Herren legen.“[58] Damit sind die Gesamthänder in einer Lebens- und Rechtsgemeinschaft verbunden, gleichermaßen verantwortlich (gleiche *gewere*), und keiner könne ohne die Übrigen wirksam über das Gut verfügen. Wenn einer ohne Nachkommen sterbe, so verbleibe das Lehen den Überlebenden ohne erneute Verleihung. Wie aktuell die Festlegungen des Sachsenspiegels waren, lässt sich durch ihre ständigen Neuabschriften und auch Glossierungen im 14. Jahrhundert, insbesondere an denen Johanns von Buch, erkennen.[59] Dennoch dürfte die konkrete Sachsenspiegelpassage nicht die materielle Grundlage für die Bildung des gesamthänderisch verwalteten Reichs durch zwei Personen gewesen sein, da keine klaren Anknüpfungspunkte auszumachen sind.

Trotz eines positiv nicht genauer bestimmbaren lehnrechtlichen Hintergrunds für das Gesamthandprinzip im Münchner Vertrag ergeben viele Bestimmungen ein schlüssigeres Bild, behält man sich ein einfach gestaltetes Grundmodell in Anlehnung an den Sachsenspiegel vor Augen. Zunächst ermöglichte das Gesamthandprinzip, dass alles, was unter dem Begriff des Reichs zu verstehen war, konsequent als gesamthänderisch zu verwaltendes Gut zusammenzufassen war. Damit würde das unüberschaubare Bündel an Rechten, Besitzungen und Einkünften, die dem Reich zukamen, in das Modell der gemeinschaftlichen Verwaltung von ererbten, unteilbaren Territorien und Rechten aus dem fürstlichen Rechtsleben übertragen. Im Vertrag vom 5. September 1325 wird entsprechend stets betont, dass keiner alleine über das Ganze, aber auch nicht ohne Widerspruch des Anderen über den eigenen Teil verfügen könne. Daraus resultiert das Verbot, dass ohne Mitwirkung – *consensus* – des Anderen keine Verfügungen und Entscheidungen getroffen werden können. Das gilt sowohl für das Verfügen über Reichsgut (Art. 4) wie auch für die Ausübung hoheitlicher Aufgaben wie die Leitung des Hofgerichts (Art. 8).[60] Die in Artikel 3 geregelten Belehnungen, die *bede mit einander* zumindest bei den bedeutenden Fällen praktizieren sollten, ist gewissermaßen eine Umkehrung des Bildes der gesamten Hand. Denn hier wird nicht mit zwei Händen empfangen, sondern mit zwei Händen vergeben. Artikel 7 scheint in diesem Sinne die klarste Aussage über eine vorgestellte gesamthänderische Verwaltung des Reichsguts zu sein, denn es wird verlangt, dass

58 Sachsenspiegel, Lehnrecht 32, ed. Karl August Eckhardt, Das Lehnrecht des Sachsenspiegels. 2. Bearbeitung (MGH Fontes iuris Germanici antiqui N.S. 2), Göttingen 1955, S. 55: *Men mach vele bruderen en gut lien, of se it mit gesameder hant untvan unde gelike were dar an hebben. Willen aver se sek sceden mit deme gude , se delet it under sek ane des herren orlof, swo se willet. Swen aver se sek delet (hebben) , er nen hevet recht an des anderen gude, of de andere stirft, eme ne si anderweide dat gedinge dar an gelegen.*

59 Glossen zum Sachsenspiegel-Landrecht. Buch'sche Glosse, hg. von Frank-Michael Kaufmann (MGH Fontes iuris Germanici antiqui N.S. 7), Hannover 2002, S. 198–200; dazu Bernd Kannowski, Die Umgestaltung des Sachsenspiegelrechts durch die Buch'sche Glosse (MGH Schriften 56), Hannover 2007, S. 446f.; Johann von Buchs Deutung von I, 12 erfolgte unter Zuhilfenahme des römischen Rechts nach 1325, jedoch vor 1355, dazu Kannowski, S. 61f.

60 Münchner Einung, München 1325 September 5, MGH Const. VI, 1 (wie Anm. 1), Art. 8, S. 73.

jeder dem anderen das Reichsgut *udertenich* machen solle, also eine Homogenisierung des gemeinsamen Gutes betreiben solle. Dadurch würde eine Entflechtung von häufig verquickten dynastischen und königlichen Interessenssphären erfolgen. Artikel 9, der letzte dispositive Artikel vor dem Eschatokoll, ist also nicht bloß ein unverständliches Anhängsel, sondern logischer Schlusspunkt eines durchdacht dargestellten gesamthänderischen Modells: Beide Könige sollten *gliches gewaltes und herschaft sein.* Im Sachsenspiegel sollte dies als Besitz der gleichen *gewere* bezeichnet werden. Damit wurde die gleichwertige Teilhaberschaft am Reich gerade auch gegen die ungleichwertigen politischen Voraussetzungen der beiden festgeschrieben. Mit gleichem Einsatz waren gemeinsames Eigentum, Rechte und Ansprüche also nur folgerichtig auch gegen jedermann zu verteidigen. Abgeschlossen wird der dispositive Teil mit der Formulierung, dass dabei *bede [...] als ein man* vorgehen sollten. Dies führt einerseits zurück zu Artikel 1, in dem das Bild von der Einmütigkeit der beiden *als ein persone* eingeführt wurde. Andererseits bleibt damit gleichzeitig die Interpretation offen, dass beide männlich – also ritterlich – gegen jeden Feind vorgehen wollen.

Das besondere Kennzeichen des Gesamthandmodells ist, dass diese Rechtsform nicht römischrechtlichen Korporationsvorstellungen entspricht. Vielmehr nimmt es eine Form zwischen der Teilhabergesellschaft (jeder ist nur für einen bestimmten Bestandteil, die Einlage, haftbar) und der Rechtsform der *universitas* (es ist eine selbstständige juristische Person, die nach innen Organe ausbildet und nach außen unteilbar auftritt) ein. Legistische Formen der Korporationslehre[61] wurden ebenso übergangen wie auch kanonistische Modelle, die von einer Idee der ungeteilten *unitas,* wenn nicht sogar *unanimitas* ausgingen.[62] Anlehnungen an römisches Recht oder Kirchenrecht finden sich also nicht. Dies verwundert auch nicht, denn bei der Vorbereitung oder als Zeugen des Münchner Vertrags sind keine Juristen nachweisbar. Am stärksten wiegt jedoch, dass die Integration des am römischen Recht geschulten Rechtsdenkens an jenem Gesamthandmodell per se nicht möglich war.

Ebenso inkompatibel wie die römischrechtlichen Modelle von Teilhabe waren auch Modelle mit einer Teilhabe am Reich durch die Kurfürsten. Die Formierung des Reichsgutes unter zwei Königen als Gesamthänder klammert jedes Anrecht auf Mitsprache der Kurfürsten in Reichsangelegenheiten aus. Gerade diese übergangenen Rechte der Kurfürsten sollten der Ansatzpunkt werden, die im Münchner Vertrag entwickelte Korporationstheorie des Reichs aus den Angeln zu heben. Auch wenn durchaus Initiativen nachweisbar sind, dass sowohl Ludwig als auch Friedrich

---

61 Zu den legistischen Theorien: Helmut G. WALTHER, Die Gegner Ockhams: Zur Korporationslehre der mittelalterlichen Legisten, in: Politische Institutionen im gesellschaftlichen Umbruch. Ideengeschichtliche Beiträge, hg. von Gerhard GÖHLER et al., Opladen 1990, S. 113–139.

62 Auguste DUMAS, „Personnes morales", in: Dictionnaire de droit canonique 6, Sp. 1359–1420, insb. Sp. 1381 f.

versucht hatten, die Kurfürsten davon zu überzeugen,[63] so blieben doch sämtliche Versuche, den Vertrag in die Tat umzusetzen, im Ansatz stecken. Aus Sicht der Kurfürsten durfte das Doppelkönigtum kein Erfolg werden, wenn sie ihre eigenen Rechte nicht geschmälert wissen wollten.

Befund

Es lässt sich also festhalten, dass die Normen gegenüber den allgemein gehaltenen Aussagen über eine gemeinsame Herrschaftspraxis zentraler Aspekt des Vertrages sind, doch auch der Führung von Siegeln, der gegenseitigen Stellvertretung, ja sogar dem gegenseitig zu zollenden Gruß wurden Abschnitte gewidmet. Doch die penible Klärung der Rechtstitel und Kanzleigebräuche im Text des Vertrags stand im besonderen Gegensatz zum Lauf der Ereignisse. Schon bei der Begegnung von Ludwig und Friedrich in Ulm im Januar 1326 kam es zu Auseinandersetzungen, und es zeigte sich, dass noch keine Anstalten für die Implementierung der Vereinbarungen getroffen worden waren.[64] Spätestens mit Ludwigs Kaiserkrönung in Rom waren die Regelungen ohne Belang, denn die kaiserliche Autorität überstrahlte jegliche Kompromissfindung. Zur Anwendung kamen die innovativen Überlegungen zur gemeinsamen Ausübung von Königsherrschaft also nie.

Stellt man nun die Frage nach den strukturellen Veränderungen des 14. Jahrhunderts in den Vordergrund der Untersuchung, so wird man unter den unterschiedlichen Impulsen und Neuanfängen sicherlich auch diejenigen Ansätze zu bewerten haben, die sich nicht als geschichtswirksame Änderung durchsetzten, sondern als Lösungswege unbegangen blieben. Dies gilt insbesondere für den Einungsvertrag vom 5. September 1325, in dem zwischen Ludwig von Wittelsbach und Friedrich dem Schönen von Habsburg die Form des Doppelkönigtums festgelegt wurde.

Insgesamt hat sich gezeigt, dass die Verfassungsinnovation des Doppelkönigtums stark von administrativ-reichsfürstlichem Denken geprägt war. Die in der Regel abgelehnte Idee, ein Reich durch zwei Herrscher zugleich regieren zu lassen, wurde von Verwaltungsfachleuten des niederen Adels zu einem integrativen Modell entwickelt, das vor allem die Lösung des bayerisch-österreichischen Konflikts vor Augen hatte. Mythologische Vorbilder wie die Doppelanführerschaften bei Volksstämmen (Romulus und Remus, Alemannen, Wandalen etc.) spielten dabei keine Rolle und wurden in keiner Weise berücksichtigt. Ebenso wurden sämtliche Vorbehalte, die theoretische Denker von Staatsvorstellungen des hohen und späten Mittelalters geltend machten, ausgeklammert. In politischer Theorie versierte Juristen sind weder

63 Vgl. dazu ausführlich Homann, Kurkolleg (wie Anm. 27), S. 222–225.
64 Heckmann, Das Doppelkönigtum (wie Anm. 29), S. 80.

für die Vorverhandlungen noch bei den Zeugen auszumachen. Vielmehr entsprach es der politischen Alltagswelt des Dienstadels, auch komplexe Güterverhältnisse mit dem Modell der Gesamthand zu organisieren. Damit schiebt sich ein Modell der adeligen Lebenswelt in die Reichsverfassung. So konnte es kommen, dass das gesamte Heilige römische Reich gesamthänderisch geradezu wie eine geerbte Burg verwaltet werden sollte. Der durchaus geschickte Winkelzug, die beiden Könige juristisch *als ein person* zu rechnen, beließ das Reich oberflächlich als Monarchie, doch vermochte er das Problem nicht zu lösen, dass die beiden Könige auch zwei Willen besaßen. Das Handeln beider *als ein person* musste jedes Mal aufs Neue als Willensentscheidung vollzogen werden und konnte somit rasch aus der Monarchie eine gespaltene Monarchie machen. Insofern ist das Infragestellen des dogmatischen Leitbilds der monarchischen Einherrschaft, die das gesamte Mittelalter vorherrschte, gegen die Vorstellungen der Zeitgenossen als außerordentlich mutiger Schritt zu sehen. Mit diesem Schritt wird auch das historisch gewachsene, unklare Verhältnis geordnet, als zwei Fürsten zum römisch-deutschen König gewählt und gekrönt wurden und beide noch nach dem Schlachtentscheid am Leben geblieben waren. Somit erscheint uns das Doppelkönigtum des Jahres 1325 auch als Versuch einer Sinnstiftung im Nachhinein.

Wenn letztlich Zeitdruck und politischer Erfolgsdruck zu keiner ausgewogenen und durchdachten Ausgestaltung des Verfassungswerks führten, und vor allem Ludwig der Bayer das Projekt unter dem Druck von außen bei der nächsten Gelegenheit wieder fallen ließ, ist den Vertragsvätern dennoch ein kreativer Lösungsweg zu attestieren. Ihr pragmatischer und unaufgeregter, ja schon fast uninspirierter und schnörkelloser Vorstoß, die Anomalie von zwei Königen in das Kräftespiel der Parteien des einen Reichs einzubinden, um damit ein Problem der Tagespolitik zu bewältigen – wenn auch nur retardierend –, bleibt eine beeindruckende Leistung.

II. Herrschaftspraxis und Repräsentation

Inszenierte Politik

Symbolische Kommunikation während der Herrschaft Ludwigs des Bayern am Beispiel von Bündnis- und Friedensschlüssen

Claudia Garnier

Im Oktober des Jahres 1328 begegneten sich zwei Herrschaftsträger, die in der Regierungszeit Ludwigs des Bayern eine zentrale Rolle spielten: der Habsburger Friedrich der Schöne und der Luxemburger Johann von Böhmen. Beide trafen sich, um Friedensverhandlungen in Angriff zu nehmen.[1] Nach Auskunft des Zisterzienserabts Johann von Viktring scheiterten die geplanten Gespräche jedoch bereits an der Begrüßung beider Akteure: „Der König von Böhmen kam Friedrich mit abgezogener Kappe bei seiner Ankunft entgegen, um ihm seine Verehrung zu bezeigen, während Friedrich nur langsam, indem er den Hut nur ein klein wenig lüftete, die Begrüßung zu erwidern schien. Hierdurch aber erachtete sich König Johann beleidigt und hob die Zusammenkunft auf, indem er erklärte, er sei eines Kaisers Sohn und selbst König und wisse nicht, wer von beiden dem anderen vorzugehen habe."[2]

Das Verhalten Friedrichs des Schönen stellte weitaus mehr als einen unachtsamen Fauxpas dar. Denn wer dem anderen weiter entgegenkam, wer seine Kopfbedeckung höher hob oder sogar ganz abnahm, ehrte sein Gegenüber und erkannte mit dem

---

1 Der Böhmenkönig hatte zuvor in innerdynastischen Konflikten der Wittelsbacher Friedrichs jüngeren Bruder, Otto den Fröhlichen, unterstützt. Der Streit hatte sich an den Ansprüchen des jüngeren Bruders entfacht, der eine adäquate Beteiligung an der Landesherrschaft eingefordert hatte. Im Zuge der Einigung mit seinem jüngeren Bruder suchte Friedrich der Schöne auch den Ausgleich mit Johann dem Blinden. Dazu Karl-Friedrich Krieger, Die Habsburger. Von Rudolf I. bis Friedrich III., Stuttgart/Berlin/Köln 1994, S. 128f. Zu Johann dem Blinden vgl. Johann der Blinde. Graf von Luxemburg, König von Böhmen. 1296–1346, hg. von Michel Pauly (Publ. du CLUDEM 14), Luxemburg 1997; Ivan Hlaváček, Johann von Luxemburg und Ludwig IV. von Bayern, in: Kaiser Ludwig der Bayer. Konflikte, Weichenstellungen und Wahrnehmung seiner Herrschaft, hg. von Hermann Nehlsen/Hans-Georg Hermann (Quellen und Forschungen aus dem Gebiet der Geschichte NF 22), Paderborn u.a. 2002, S. 139–161.

2 Johann von Viktring, Liber certarum historiarum, hg. von Fedor Schneider (MGH Scriptores rerum Germanicarum 36), Hannover/Leipzig 1909/10, lib. V, cap. 7, S. 134: *Rex Bohemorum in occursum Friderici detracto capucio, ut reverenciam faceret venienti, processit; Fridericus lento, pileo ad modicum elevato, obviacionis vicem rependere videbatur. Quo facto rex Iohannes arbitrans se contemptum placiti diem solvit, dicens se imperatoris filium et regem, nesciens, quis eorum alteri esset preferendus.* Übersetzung nach: Das Buch gewisser Geschichten von Abt Johann von Victring, übers. von Walter Friedensburg (Geschichtsschreiber der deutschen Vorzeit 86), Leipzig 1888, S. 226f. Zu Johann von Viktring vgl. Alphons Lhotsky, Quellenkunde zur mittelalterlichen Geschichte Österreichs (MIÖG Erg.-Bd. 19), Graz/Köln 1963, S. 292ff.; Urban Bassi/Margit Kampter, Studien zur Geschichtsschreibung Johannes von Viktring (Das Kärntner Landesarchiv 22), Klagenfurt 1997.

rituellen zugleich den politischen Vorrang an. Indem der Habsburger dem ihm entgegeneilenden Böhmenkönig gleichwertige Formen der Ehrerbietung *(reverentia)* versagte, zwang er ihm ein hierarchisches Verhältnis gewissermaßen auf.[3] Johann von Böhmen hingegen dürfte eine Begegnung auf Augenhöhe intendiert haben. Denn als Sohn Heinrichs VII., der im Gegensatz zu den königlichen Vorfahren des Habsburgers sogar den Kaisertitel getragen hatte, stellte sich Johann mit seinem Verhandlungspartner mindestens auf eine Stufe. Für Friedrich den Schönen präsentierte sich die Situation hingegen völlig anders. Als römisch-deutscher König beharrte er gegenüber dem Böhmen auf seinem Vorrang und machte dies bei der Begrüßung durch unterlassene Formen der Ehrerbietung unmissverständlich deutlich. Auf diese Weise visualisierten beide Akteure durch Haltung und Bewegung ihre Standpunkte, die so unvereinbar waren, dass die in Angriff genommenen Friedensgespräche noch vor dem eigentlichen Beginn scheiterten.

Beim modernen Zuhörer mag der Grund für die missglückten Verhandlungen auf den ersten Blick Befremden auslösen. Doch in der Logik eines Historiographen des 14. Jahrhunderts stellte ein solcher Konflikt weitaus mehr als einen Streit um äußerliche Förmlichkeiten oder vermeintlich bedeutungslose Gesten von Ehre und Wertschätzung dar. Denn diese Akte symbolischer Kommunikation waren keine Elemente inhaltsleerer Repräsentation, sondern sie brachten Informationen und Aussagen zum Ausdruck, sie visualisierten einen Standpunkt, zeigten Konsens wie Dissens an. Gerade in vormodernen Gesellschaften wurden derartige Akte nicht als Abbild des politischen Gefüges gewertet, sondern sie begründeten seine Strukturen. Wirklichkeit und Inszenierung bedingten nicht nur einander, sondern sie waren deckungsgleich. „Inszenierte Politik" ist daher nicht als Gegensatz zur „realen Politik" zu begreifen, sondern als wesentlicher Bestandteil politischen Handelns zu verstehen.[4]

---

3 Zum Konzept der Ehre in der Politik der Vormoderne vgl. allgemein die Sammelbände: Verletzte Ehre. Ehrkonflikte in Gesellschaften des Mittelalters und der Frühen Neuzeit, hg. von Klaus Schreiner/Gerd Schwerhoff (Norm und Struktur 5), Köln u.a. 1995; Ehrkonzepte in der Frühen Neuzeit, hg. von Sibylle Backmann u.a. (Colloquia Augustana 8), Berlin 1998; sowie Knut Görich, Die Ehre Friedrich Barbarossas. Kommunikation, Konflikt und politisches Handeln im 12. Jahrhundert, Darmstadt 2001.

4 Zur Bedeutung der Ritualkultur vgl. Formen und Funktionen öffentlicher Kommunikation im Mittelalter, hg. von Gerd Althoff (Vorträge und Forschungen), Stuttgart 2001; ders., Die Macht der Rituale. Symbolik und Herrschaft im Mittelalter, Darmstadt 2003; Zeichen – Rituale – Werte. Internationales Kolloquium des Sonderforschungsbereichs 496 an der Westfälischen Wilhelms-Universität Münster (Tagung des SFB in Münster. 22.–25. Mai 2002), hg. von dems. (Symbolische Kommunikation und gesellschaftliche Wertesysteme. Schriftenreihe des SFB 496 3), Münster 2004; Geschichtswissenschaft und „performative turn". Ritual, Inszenierung und Performanz vom Mittelalter bis zur Neuzeit, hg. von Jürgen Martschukat/Steffen Patzold (Norm und Struktur 19), Köln/Weimar/Wien 2003; Ritualdynamik. Kulturübergreifende Studien zur Theorie und Geschichte rituellen Handelns, hg. von Dietrich Harth/Gerrit Jasper Schenk, Heidelberg 2004; Die Welt der Rituale. Von der Antike bis heute, hg. von Claus Ambos u.a., Darmstadt 2005; Theorizing Rituals: Issues, Topics, Approaches, Concepts, hg. von Jens Kreinath/Jan Snoek/Michael Stausberg, Leiden/Boston 2006; Spektakel

Der Terminus Inszenierung soll im Folgenden vor allem in seinem technischen Sinne verstanden werden als Erstellungsmodus von Aufführungen. Als solcher wurde er in den Theaterwissenschaften der 1920er Jahre entwickelt und bezeichnete das In-Szene-Setzen von Texten und Dramen, die durch die Auswahl von Personal und Material für die Aufführung auf der Bühne transformiert wurden.[5] Doch im Gegensatz zur Inszenierung im Theater, die sich im fiktionalen Rahmen bewegt, besaß die „inszenierte Politik" einen festen Platz in der politischen und sozialen Wirklichkeit. Der Adressat – oder das Publikum in der Sprache des Theaters – war die Öffentlichkeit, die durch die Darbietung über entsprechende Sachverhalte in Kenntnis gesetzt wurde.[6] Allerdings ist in Rechnung zu stellen, dass *die* Öffentlichkeit nicht existierte, sondern unterschiedliche Foren auszumachen sind: Zu nennen sind der adlig-höfische Bereich, dem auch die politischen Funktionsträger zuzurechnen sind, ebenso wie die Öffentlichkeit der Experten, die sich im gelehrten Diskurs niederschlug oder auch die Öffentlichkeit der einfachen Bevölkerung. Obwohl durchaus Schnittmengen existierten, sind die primären Adressaten der „inszenierten Politik" in erster Linie im höfisch-adligen Bereich zu verorten.[7]

Dem Phänomen der „inszenierten Politik" geht der folgende Beitrag am Beispiel der Bündnis- und Friedensschlüsse während der Regierungszeit Ludwigs des Bayern nach. Dieser Schwerpunkt ist bewusst ausgewählt, denn gerade in den konfliktreichen Jahren des Doppelkönigtums visualisierten Zeichen und Gesten immer wieder den temporären Frieden oder inszenierten gemeinsame Absprachen. Die Ausführungen nehmen zunächst wichtige Etappen der Beziehung zwischen dem Wittelsbacher und Habsburger in den Blick: die Schlacht von Gammelsdorf, die im Jahr 1313 noch vor der Doppelwahl stattfand und nach der sich beide Protagonisten durch zeichenhaftes Handeln auf einen Ausgleich verständigten. Ebenso brachten Ludwig und

---

der Macht. Rituale im alten Europa 800–1800. Katalog der Ausstellung im Kulturhistorischen Museum Magdeburg, hg. von Barbara STOLLBERG-RILINGER u.a., Darmstadt 2008; Das Ursprüngliche und das Neue. Zur Dynamik ritueller Prozesse in Geschichte und Gegenwart, hg. von Burkard DÜCKER (Performanzen 13), Münster 2008; Barbara STOLLBERG-RILINGER, Der Kaisers alte Kleider. Verfassungsgeschichte und Symbolsprache des Alten Reichs, München 2008; Bild und Ritual. Visuelle Kulturen in historischer Perspektive, hg. von Claus AMBOS, Darmstadt 2010.

5 Erika FISCHER-LICHTE, Performance, Inszenierung, Ritual. Zur Klärung kulturwissenschaftlicher Schlüsselbegriffe, in: MARTSCHUKAT/PATZOLD, Geschichtswissenschaft und „Performative Turn" (wie Anm. 4), S. 33–54.

6 Allgemein zum Problem der Öffentlichkeit im Mittelalter: Bernd THUM, Öffentlichkeit und Kommunikation im Mittelalter, in: Höfische Repräsentation. Das Zeremoniell und die Zeichen, hg. von Hedda RAGOTZKY/Horst WENZEL, Tübingen 1990, S. 65–87; Alfred HAVERKAMP, „... an die große Glocke hängen." Über Öffentlichkeit im Mittelalter, in: Jahrbuch des Historischen Kollegs 1995/96, S. 71–112; Martin KAUFHOLD, Öffentlichkeit im politischen Konflikt. Die Publikation der kurialen Prozesse gegen Ludwig den Bayern in Salzburg, in: Zeitschrift für Historische Forschung 22 (1995), S. 435–454.

7 Zu den Kreisen der Öffentlichkeit und ihren Schnittmengen in der Zeit Ludwigs des Bayern vgl. Ernst SCHUBERT, Ludwig der Bayer im Widerstreit der öffentlichen Meinung seiner Zeit, in: NEHLSEN/HERMANN, Kaiser Ludwig der Bayer (wie Anm. 1), S. 163–197, bes. S. 175ff.

Friedrich in der „Trausnitzer Sühne“ (1325) ihren neu gefundenen Konsens durch demonstrative Akte zum Ausdruck. Schließlich steht der sogenannte „Münchener Vertrag“ (1325) im Fokus, in dem sich die beiden Opponenten auf eine gleichberechtigte Doppelherrschaft verständigten. Welche Bedeutung den symbolischen Interaktionsformen zukommt, welche Dynamiken sie entwickelten und an welche Grenzen sie stießen – dies sind zentrale Fragen, die nicht nur die Regierungszeit Ludwigs des Bayern betreffen, sondern die allgemein den Stellenwert „inszenierter Politik“ im Spätmittelalter dokumentieren.

Signa amicabilia: Der Frieden von 1313

Ein zentraler Friedensvertrag, den Ludwig der Bayer und Friedrich der Schöne schlossen, datiert noch vor der Doppelwahl. Im Jahr 1313 lieferten sich der Wittelsbacher und Anhänger der Habsburger in der Nähe des oberbayerischen Gammelsdorf bewaffnete Auseinandersetzungen, bei denen um dynastische und erbrechtliche Fragen gerungen wurde.[8] Zur Disposition stand die Vormundschaft über die niederbayerischen Herzöge. Nach dem Sieg des Wittelsbachers fanden sich Ludwig und Friedrich der Schöne zu persönlichen Friedensverhandlungen in Salzburg ein. Die Darstellung der Gespräche, der Verlauf und die Formen des Friedensschlusses unterscheiden sich aus habsburgischer wie aus wittelsbachischer Perspektive fundamental. Die „Chronica Ludovici“ beschreibt den Hergang wie folgt: „Als nun (…) die erlauchten Herzöge Ludwig und Friedrich einander von Angesicht zu Angesicht erblickten, umarmten und küssten sie sich so stürmisch, fassten größte Zuneigung zueinander und gaben derselben, indem sie sich beide als Enkel des ruhmreichen König Rudolf bekannten, öffentlichen Ausdruck. Da gab es nun große Freude und Ruhm auf beiden Seiten, und es kam zwischen ihnen Frieden und Eintracht. Ein prächtiges Festgelage, von den Klängen fröhlicher Musik und lautem Juchzen belebt, vereinte die Versöhnten (…) Zugleich schwor man sich zu, dass keiner unter ihnen den anderen durch Wort oder Tat verletze, sie sich vielmehr allzeit gegen jedermann verteidigen wollten.“[9]

---

8 Max SPINDLER/Andreas KRAUS, Der Aufstieg Ludwigs IV., in: Das Alte Bayern. Der Territorialstaat vom Ausgang des 12. Jahrhunderts bis zum Ausgang des 18. Jahrhunderts, hg. von Max SPINDLER/Andreas KRAUS (Handbuch der bayerischen Geschichte, Bd. 2), München ²1988, S. 139 ff.; Heinz THOMAS, Ludwig der Bayer (1282–1347). Kaiser und Ketzer, Graz u. a. 1993, S. 39 ff.; Malte PRIETZEL, Kriegführung im Mittelalter. Handlungen, Erinnerungen, Bedeutungen, Paderborn u. a. 2006, S. 298 ff.

9 Chronica Ludovici imperatoris quarti, in: Bayerische Chroniken des XIV. Jahrhunderts, hg. von Georg LEIDINGER (MGH Scriptores rerum Germanicarum 19), Hannover/Leipzig 1918, S. 124: *Ubi se invicem incliti duces Ludwicus et Fridricus facie ad faciem viderant, in oscula et amplexus amicabiles ruunt et quasi se super modum ad invicem diligunt, se ambos incliti regis Ruedolfi nepotes cognoscunt, signa amicabilia mutuo ostendunt. Ibi demonstrata sunt magna gaudia, ibi multa gloria, ibi inter utrosque*

Als ernst zu nehmende Quelle für die Geschichte des Wittelsbachers hat man der „Chronica Ludovici" traditionell jegliche Anerkennung versagt. Entsprechend vernichtend fällt auch das Urteil der älteren Forschung aus, wie es etwa Georg Leidinger zum Ausdruck bringt, wenn er von „legendenhaftem Ton" und „hohlem Pathos" spricht und dem Werk allenfalls „salbungsvolle Phrasen", jedoch keinerlei historisch verwertbare Substanz attestiert.[10] Doch das Bemühen des unbekannten Verfassers um plastische Darstellungsformen verleiht der „Chronica Ludovici" eine Bedeutung, die jenseits fakten- und ereignisgeschichtlicher Fragestellungen liegt. Stellt man in Rechnung, dass historiographische Texte die Funktion besaßen, den Lesern und Zuhörern einen Standpunkt überzeugend zu präsentieren, gewinnt die Beschreibung eine ganz eigene Bedeutung. Aus dieser Perspektive fungierten die Formen inszenierter Politik als Projektionsfläche, um dem Leser oder Zuhörer den Friedens- und Bündnisschluss möglichst anschaulich zu präsentieren. Wollte der Chronist glaubhaft wirken, so musste er sich zur Illustration seiner Aussagen zumindest bekannter und vertrauter Handlungsmuster bedienen. Die Umarmungen und Küsse versteht der Chronist als Zeichen demonstrativer Freundschaft (*signa amicabilia*).[11] Das gemeinsame Mahl, das mit aller Heiterkeit und Ausgelassenheit begangen wurde, besaß nach Auskunft der „Chronica Ludovici" die Funktion, *pax et concordia* zu bekräftigen.[12] Schließlich dokumentierten die wechselseitigen Eide (*iuramenta peracta*), dass sich beide zu Hilfe und Unterstützung verpflichtet hatten.

---

facta et pax et concordia. O quam sollempne factum est ibi captivis gaudium! O quam magnum convivium et organa letancium et virtus et tripudium! (...) Ibi iuramenta peracta, ne quis eorum alium umquam verbo vel facto offenderet, sed semper se contra omnem hominem defenderet. Übersetzung nach: Das Leben Kaiser Ludwigs, in: Quellen zur Geschichte Kaiser Ludwigs des Baiern, übers. von Walter Friedensburg (Geschichtsschreiber der deutschen Vorzeit 81), Leipzig 1883, S. 107f.

10 Georg Leidinger, Chronica Ludovici imperatoris quarti. Einleitung, in: Bayerische Chroniken des XIV. Jahrhunderts, hg. von dems. (MGH Scriptores rerum Germanicarum 19), Hannover/Leipzig 1918, S. 105–118, Zitat S. 110.

11 Zum Kuss als Symbol von Frieden und Gemeinschaft vgl. Nicolas James Perella, The kiss sacred and profane. An interpretative history of kiss symbolism and related religio-erotic themes, Berkeley/Los Angeles 1969, S. 58ff.; Willem Frijhoff, The kiss sacred and profane: Reflections on a cross-cultural confrontation, in: A cultural history of gesture. From antiquity to the present day, hg. von Jan Bremmer/Herman Roodenburg, Cambridge 1991, S. 210–236; Klaus Schreiner, „Er küsse mich mit dem Kuss seines Mundes" (*Osculetur me osculo oris sui*, Cant. 1,1), in: Ragotzky/Wenzel, Höfische Repräsentation (wie Anm. 6), S. 89–132; Yannick Carré, Le baiser sur la bouche au moyen âge: rites, symbols, méntalités, à travers les textes et les images, XIe–XVe siècles, Paris 1993, S. 163ff.; Klaus van Eickels, Kuss und Kinngriff, Umarmung und verschränkte Hände. Zeichen personaler Bindung und ihre Funktion in der symbolischen Kommunikation des Mittelalters, in: Martschukat/Patzold, Geschichtswissenschaft und „performative turn" (wie Anm. 4), S. 134–159; Thomas Richter, Instrumenta pacis: Der Kuss von Bildwerken und Reliquien im Friedensritus der Heiligen Messe, in: Riten, Gesten, Zeremonien. Gesellschaftliche Symbolik in Mittelalter und Früher Neuzeit, hg. von Edgar Bierende/Sven Bretfeld/Klaus Oschema, Berlin/New York 2008, S. 117–139.

12 Zum Bedeutung des Mahls als Element der Friedensstiftung Gerd Althoff, Der frieden-, bündnis- und gemeinschaftsstiftende Charakter des Mahles im früheren Mittelalter, in: Essen und Trinken in Mittelalter und Neuzeit, hg. von Irmgard Bitsch u.a., Sigmaringen 1987, S. 13–25; Gerhard Fou-

Die Struktur des Textes bedient sich hier einer kaum zufälligen Abfolge der Friedensstiftung und ihrer Inszenierung. Im ersten Schritt zeigen die zu Beginn des Treffens geäußerten Freundschaftsbekundungen die Bereitschaft zum Frieden an; in einem zweiten Schritt wird das positive Einvernehmen durch ein Festgelage mit Musik und Gesang der höfischen Öffentlichkeit präsentiert. Durch ihre Teilnahme beim Mahl werden gleichzeitig auch die jeweiligen politischen Funktionsträger auf den Frieden verpflichtet, so dass die Freundschaft der beiden Protagonisten auf ein breiteres personelles Fundament gestellt wird. In einem dritten und letzten Schritt wird die Übereinkunft durch die Zusage militärischer Unterstützung konkretisiert und durch einen Eid abgesichert. Die ausführliche Schilderung der Friedens- und Freundschaftsbekundungen und die Tatsache, dass sich beide versprachen, sich weder durch Worte noch durch Taten zu verletzen, gewinnt vor dem weiteren Verlauf der Ereignisse eine zentrale Bedeutung. Denn kurze Zeit später zerbrach die politische Allianz, da ein Teil der Kurfürsten am 19. Oktober 1314 Friedrich den Schönen vor den Toren Frankfurts zum König erhob und am Folgetag die übrigen Königswähler in der Mainmetropole Ludwig den Bayern als neuen Herrscher bestimmten.[13] Trotz öffentlicher Akte von Frieden und Freundschaft, trotz eidlich bekundeter Bündnispartnerschaft ließ sich Friedrich ebenfalls zum König wählen, so dass er in der Darstellung der „Chronica Ludovici" nicht nur als politischer Gegner, sondern sogar als Eid- und Vertragsbrüchiger erscheint. Seine Herrschaft – so die wittelsbachische Sicht – basiert damit auf Betrug an seinem einstigen Freund und Bundesgenossen Ludwig.

Ganz ähnlicher Darstellungs- und Argumentationsmuster bedient sich auch die habsburgische Seite. Der Kronzeuge ist in diesem Falle der eben bereits zitierte Johann von Viktring, der seine Chronik wohl auf Anregung Herzog Albrechts II. verfasste. Zumindest richtet Johann die Vorrede seines „Liber certarum historiarum" an Albrecht, als dessen Kaplan er zu Beginn der 1340er Jahre begegnet. In seiner Chronik bringt der Zisterzienser die Wertschätzung für seine Landesherren deutlich zum Ausdruck, so dass seine Darstellung Friedrich den Schönen vom Vorwurf des Eid- und Vertragsbruchs salviert.[14] Ganz im Gegenteil: Für ihn ist der Wittelsbacher der Protagonist der Doppelwahl von 1314. Ähnlich wie die „Chronica Ludovici" setzt auch die Schilderung des Zisterzienserabts mit der Schlacht bei Gammelsdorf und dem folgenden Ausgleich ein. Nach den Kämpfen seien Friedrich und Ludwig

QUET, Das Festmahl in den oberdeutschen Städten des Spätmittelalters. Zu Form, Funktion und Bedeutung öffentlichen Konsums, in: Archiv für Kulturgeschichte 74 (1992), S. 83–123; Die öffentliche Tafel. Tafelzeremoniell in Europa 1300–1900, hg. von Evelyn PETERS, Wolfsratshausen 2002.

13 Zur Doppelwahl von 1314 Michael MENZEL, Ludwig der Bayer (1314–1347) und Friedrich der Schöne (1314–1330), in: Die deutschen Herrscher des Mittelalters. Historische Porträts von Heinrich I. bis Maximilian I. (919–1519), hg. von Bernd SCHNEIDMÜLLER/Stefan WEINFURTER, München 2003, S. 393–407.

14 Zu Verfasser und Werk vgl. oben Anm. 2.

zu Friedensverhandlungen nach Salzburg gereist. Hier hätten sie jedoch nicht nur über territoriale Fragen verhandelt, sondern auch über die Thronfolge im Reich gesprochen. „Am festgesetzten Tage kamen dann Friedrich und Ludwig in Salzburg zusammen, und hier wurde auch, während sie auf ein und demselben Lager ruhten, zwischen ihnen von dem Königtum gesprochen, so zwar das Friedrich Ludwig zuredete, er möge sich um dasselbe bewerben, worauf Ludwig erwiderte, er könne wegen der Geringfügigkeit seiner Mittel nicht als Bewerber auftreten; dagegen sei Friedrich selbst reich und mächtig und werde alles, was dazu gehöre, aufs beste erfüllen können, auch würde er, Ludwig, sich mit Hab und Gut treu und eifrig seinen Wünschen darbieten. (...) Und so ward Freundschaft zwischen ihnen geschlossen und sie trennten sich in bestem Einvernehmen."[15]

In diesem Fall dient das gemeinsame Lager als Signal des Friedens. Das Ruhen *in uno lecto* garantierte durch die Abgeschiedenheit nicht nur eine vertrauliche Atmosphäre, sondern es fungierte als Zeichen persönlicher Nähe und bedingungslosen Vertrauens. Friedrich und Ludwig verständigten sich demnach zunächst unter vier Augen auf ihr Vorgehen in der Thronfrage. Dabei habe Friedrich seinem Vetter sogar die Kandidatur angetragen. Erst nachdem der Wittelsbacher seinen Verzicht erklärt und seine Unterstützung zugesichert habe, habe sich Friedrich als Thronprätendent zur Verfügung gestellt. Nach Johann von Viktring habe Friedrich anschließend vor allem im Vertrauen auf Ludwigs „feste Freundschaft" (*amicicia firmata*) im Reich um Unterstützung geworben.[16] Doch der Wittelsbacher sei schnell den Überredungskünsten der habsburgischen Gegner erlegen, die ihn ebenfalls zur Kandidatur aufgefordert hätten. Ihr Plan habe nicht zuletzt deshalb Ludwigs Zustimmung gefunden, da er „erwog, dass niemand ihm näher stehe als er sich selbst."[17] Das vertraute Einvernehmen brach, aus den Freunden wurden politische Gegner. Der weitere Verlauf der Ereignisse, die zur Doppelwahl von 1314 führten, ist wohlbekannt.

Nicht nur in diesem Fall, sondern auch an anderen Stellen illustriert Johann von Viktring den vertrauten Umgang seiner Protagonisten mit dem Hinweis auf ihre Freundschaft. So berichtet er, dass Herzog Otto III. von Niederbayern den Markgrafen Wilhelm von Jülich in die *familiaritas* eines Zeltgenossen aufgenommen habe. Zudem habe er dem Markgrafen erlaubt, auf Kriegszügen und Turnieren seine Helm-

15 Johann von Viktring, Liber certarum historiarum (wie Anm. 2), lib. IV, cap. 9, S. 59: *(...) condicta die Fridericus et Ludewicus conveniunt in Salczpurga, ubi dum cubarent simul in uno lecto, de regno et sermo habitus inter eos, ita quod Fridericus Ludewico, ut super hoc intenderet, persuaderet, Ludewicus eciam propter suarum facultatum maciem se non posse intendere responderet, ipse autem dives et potens omnia ad hec spectancia affluencius adimpleret, se quoque ad ipsum rebus et persona in eius conplacenciam sedulum exhiberet (...). (...) et facta amicicia delectabiliter ab invicem discesserunt.* Übersetzung nach: Das Buch gewisser Geschichten (wie Anm. 2), S. 185.

16 Johann von Viktring, Liber certarum historiarum (wie Anm. 2), lib. VI, cap. 10, S. 61.

17 Ebd., S. 62: *(...) nullum sibi germaniorem estimans quam se ipsum (...).* Übersetzung nach: Das Buch gewisser Geschichten (wie Anm. 2), S. 188.

zierde zu tragen.[18] Nicht zufällig wählte man mit dem Helmschmuck den Teil der spätmittelalterlichen Kriegsrüstung, der in besonderer Art und Weise Identität und Status seines Trägers zum Ausdruck brachte. So ist in diesem Zusammenhang etwa an die Helmschauen auf den Turnieren des Spätmittelalters zu erinnern, bei denen durch die Begutachtung der Helmzierden die Eignung der Teilnehmer überprüft wurde. Dabei wurde nicht nur die dynastische Provenienz der Turnieranwärter begutachtet, sondern zur Disposition stand ebenfalls die Frage, ob sie bisher ein dem adlig-höfischen Verhaltenscodex konformes Verhalten an den Tag gelegt hatten.[19] Eine identische Helmzier als äußeres Zeichen der *amicitia* bot sich daher in besonderer Weise an.

Eine analoge Funktion erfüllte auch gleiche Kleidung, die das Einvernehmen sichtbar zum Ausdruck brachte. Dieser Zeichen bediente sich etwa Karl IV., als er Wilhelm von Jülich zum Dank für seinen Einsatz in den Verhandlungen mit der englischen Krone als besonderen Freund auszeichnete und ihm gestattete, dieselbe Kleidung zu tragen.[20] In diesem Falle waren die königlichen Gewänder zum einen ein Mittel der Distinktion, die den Markgrafen von den übrigen höfischen Funktionsträgern abhoben. Zum anderen diente die Konformität des Gewandes einem ähnlichen Zweck wie das Kämpfen mit der gemeinsamen Helmzierde: Identische äußere Zeichen demonstrierten innere Verbundenheit.

Als kurzes Zwischenfazit ist an dieser Stelle zu betonen, dass sich die Darstellung des wittelsbachischen Chronisten und des habsburgerfreundlichen Johann von Viktring in gewisser Hinsicht gleichen. Wenn auch beide Historiographen über unterschiedliche Formen inszenierter Freundschaft im Vorfeld der Wahl von 1314 berichten, so verfolgten diese Zeichen in der argumentativen Logik ein vergleichbares Ziel. Die plastische Beschreibung der Bündnispartnerschaft ließ den folgenden Bruch der Absprachen umso dramatischer erscheinen. Am Ende konnte so der eigene Protagonist vom Vorwurf befreit werden, durch die Doppelherrschaft Zwietracht im

18 Ebd., lib. VI, cap. 4, S. 199: *Quem dux Otto sibi in familiaritatem militaris contubernii conbinavit geleeque sue decus, quod pinnam sive zimeram vel glareotam dicunt, in bellis, tornetis et hastiludiis utendum contradidit (...).* Übersetzung nach: Das Buch gewisser Geschichten (wie Anm. 2), S. 259.

19 Zu den Helmschauen auf den Turnieren des Spätmittelalters vgl. Andreas Ranft, Adelsgesellschaften. Gruppenbildung und Genossenschaft im spätmittelalterlichen Reich (Kieler Historische Studien 38), Sigmaringen 1994, S. 108, 135.

20 In einem entsprechenden Diplom verkündete Karl IV. Folgendes: *(...) dorumb nemen und empfahen wir in* (i.e. Markgraf Wilhelm von Jülich) *ze eyme besundirn frunde und ze eyme sundirlichen heymelichen und innewendigem rate und wellen von unsirn kunglichen gnaden, daz er unsir cleyder in gleicher Gestalt als wir si haben ze unserm leibe mit uns tragen und haben sol (...).* (MGH Constitutiones et acta publica imperatorum et regum, Bd. 9, bearb. von Margarete Kühn, Weimar 1974–1983, Nr. 164, S. 128). Zur identischen Kleidung als Ausdruck innerer Verbundenheit vgl. Elke Brüggen, Kleidung und Mode in der höfischen Epik des 12. und 13. Jahrhunderts (Euphorion. Beihefte 13), Heidelberg 1989, S. 124 ff.; Jan Keupp, Die Wahl des Gewandes. Mode, Macht und Möglichkeitssinn in Gesellschaft und Politik des Mittelalters (Mittelalter-Forschungen 33), Stuttgart 2010, S. 164 ff.

Reich gesät zu haben, wenn auch die Zuschreibung der Schuld je nach parteiischem Standpunkt unterschiedlich ausfällt.

Es verwundert daher kaum, dass Formen „inszenierter Politik" auch bei der Schilderung der Doppelwahl von 1314 und den anschließenden Krönungen als Exempel dienten, um den politischen Gegner gezielt zu desavouieren. So beschreibt die „Chronica Ludovici" nach der Doppelwahl von 1314 ausführlich die Krönung des Wittelsbachers in der Aachener Marienkirche *cum gloria et honore*. Der Verfasser widmet sich nicht nur den einzelnen solemnen Akten, sondern betont gleichzeitig die Rechtmäßigkeit der Erhebung: *ibi debito loco et debita corona (...) coronatur.*[21] Dieser Schilderung folgt die Darstellung der „Krönung" des Habsburgers. Er sei auf einem Feld bei Bonn gewählt und in Ermangelung eines würdigen Krönungsorts kurzerhand auf einem Fass zum König erhoben worden. Als sei diese Inthronisation nicht unwürdig genug, fügt der Chronist an, dass der Habsburger bei dieser Prozedur ins Fass gefallen sei, ohne sich dabei ernsthaft zu verletzen.[22] In ähnlicher Art und Weise beschreibt der bayerische Chronist drei Jahrzehnte später – dieser chronologische Vorgriff sei an dieser Stelle erlaubt – die Erhebung Karls IV. zum Gegenkönig. Die Wahl des Luxemburgers verlegt er dabei auf ein Schiff auf dem Rhein. Mit den Worten *Vivat rex* sei Karl als König proklamiert worden, allerdings sei in diesem Augenblick das aufgerichtete Banner versehentlich in den Rhein gefallen. Alle Versuche, die Fahne wieder aus dem Wasser zu ziehen, seien gescheitert.[23]

Die Vorstellung eines Königs, der ins Fass fällt, oder eines Banners, das vor aller Augen im Rhein versinkt, mag bei den Lesern und Zuhörern Belustigung hervorgerufen haben. Doch es wäre sicherlich verfehlt, diesen Erzählungen vorrangig das Bemühen des Verfassers um Effekte oder Komik zuschreiben zu wollen. In der narrativen Logik des Textes erfüllen diese Episoden einen ganz anderen Zweck. Der

---

21 Chronica Ludovici (wie Anm. 9), S. 125.

22 Chronica Ludovici (wie Anm. 9), S. 126: *Secunda pars electorum, quod non est auditum a finibus seculorum, vocant ducem Fridricum ad unam civitatem, que dicitur Pung, et coronatur ibi in campo super uno dolio, et proclamatur in regem. Cecidit in dolio, quod non multum doleo.* Der habsburgerfreundliche Johann von Viktring verweist darauf, dass Friedrich der Schöne vom rechtmäßigen Koronator, dem Kölner Erzbischof, gekrönt worden sei und betont damit dessen Legitimität. Ebenso vermerkt er, dass die Tatsache, dass Friedrich nicht am rechten Ort gekrönt worden sei, seine rechtmäßige Herrschaft nicht infrage stelle, und zählt andere Herrscher auf, denen ebenfalls die Erhebung in Aachen versagt war. Johann von Viktring, Liber certarum historiarum (wie Anm. 2), lib. V, cap. 1, S. 105 f.: *Fridericus autem in ecclesia beati Cassii in civitate predicta Bunensi ab Heinrico episcopo Coloniensi coronatur et rex rite electus, iustus, potens, sapiens et abilis proclamatur. (...) Sed nec multum abusivum fuit, licet videretur de eo, quod in loco debito Fridericus non extitit coronatus (...).*

23 Chronica Ludovici (wie Anm. 9), S. 137: (...) *quia in civitate alias elegi non poterat, in aquis Reni in navigio proclamaretur. Et erecto vexillo dum proclamatum est: 'Vivat rex!' infelici fortuna dilapsum est in aquas Reni, et quamvis omnes ad arripiendum festinarent, nullus eorum apprehendere valens, et sic inter manus omnium dimersum est in profundum. Quod videtur presagium futuri mali vel periculi. Coronari etiam in debito loco non poterat, sed ducitur in Pung et ibi coronatur, et ab illis: "Vivat rex!" proclamatur.*

Verfasser der „Chronica Ludovici" spielt bewusst mit dem Scheitern „inszenierter Politik". Die fehlgeschlagene Inszenierung stellt die politischen Gegner Ludwigs des Bayern nicht nur gezielt bloß, sondern sie dient gleichzeitig auch als Nachweis für die Unrechtmäßigkeit ihres Unterfangens. So wie der Akt der Krönung in Aachen die Legitimität des Wittelsbachers zum Ausdruck brachte, so symbolisierten die Missgeschicke bei der Erhebung seiner Gegner deren rechtloses Vorgehen und präfigurierten damit die unheilvolle Spaltung des Reichs.

Die „Trausnitzer Sühne" (1325)

Die beschriebenen Formen inszenierter Politik begegnen während der Doppelherrschaft Ludwigs des Bayern und Friedrichs des Schönen auch in anderen Zusammenhängen. So wurde auch die sogenannte „Trausnitzer Sühne" im März 1325 durch demonstrative Akte des Friedens besiegelt. Nach der Doppelwahl waren die Auseinandersetzungen der beiden Thronprätendenten im Jahr 1322 in der Schlacht von Mühldorf eskaliert. Ludwig der Bayer gewann die militärische Oberhand und nahm seinen Gegner auf der oberpfälzischen Burg Trausnitz in Haft. Trotz des Sieges geriet er jedoch an einer anderen Front zunehmend unter Druck: Am 23. März 1324 verkündete Johannes XXII. die Exkommunikation.[24] Auch der Widerstand im Reich war längst nicht gebrochen, denn vor allem die Brüder seines gefangenen Thronrivalen widersetzten sich weiterhin der wittelsbachischen Herrschaft. Der päpstliche Bann bot ihnen dabei eine willkommene Legitimationsbasis.[25]

In dieser bedrohlichen Situation entschloss sich Ludwig zum Ausgleich mit seinem Gegner. Er entließ Friedrich ohne Lösegeldzahlung in Freiheit, allerdings musste dieser im Gegenzug auch im Namen seiner Brüder die Herrschaft des Wittelsbachers anerkennen. Die beiden ehemaligen Kontrahenten sicherten sich anschließend gegenseitige Hilfe gegen jedermann zu, insbesondere hatten die Habsburger Ludwig

24 Diethelm BÖTTCHER, Johannes XXII., Ludwig der Bayer und die *monitio canonica*, in: Zeitschrift der Savigny-Stiftung für Rechtsgeschichte Kanon. Abt. 96 (2010), S. 314–349; Michael MENZEL, Imperiales Beben. Ludwig der Bayer, Italien und der Papst, in: Bayern und Italien. Kontinuität und Wandel ihrer traditionellen Bindungen. Vorträge der „Historischen Woche"der Katholischen Akademie in Bayern vom 17. bis 20. Februar 2010 in München, hg. von Hans-Michael KÖRNER, Lindenberg 2010, S. 72–87; Gerald SCHWEDLER, „dampnate memorie Ludovici de Bavaria". Erinnerungsvernichtung als metaphorische Waffe im Konflikt zwischen der Kurie und Kaiser Ludwig dem Bayern, in: Sterben über den Tod hinaus. Politische, soziale und religiöse Ausgrenzung in vormodernen Gesellschaften, hg. von Claudia GARNIER/Johannes SCHNOCKS, Würzburg 2012, S. 165–201. Zu den Folgen vgl. THOMAS, Ludwig der Bayer (wie Anm. 8), S. 163 ff.; Martin KAUFHOLD, Gladius spiritualis. Das päpstliche Interdikt über Deutschland in der Regierungszeit Ludwigs des Bayern (1324–1347) (Heidelberger Abhandlungen zur Mittleren und Neueren Geschichte NF 6), Heidelberg 1994.

25 KRIEGER, Die Habsburger (wie Anm. 1), S. 124 ff.

gegen den Papst und seine Anhänger zu unterstützen.[26] Das Abkommen wurde zusätzlich durch dynastische Absprachen ergänzt, indem sich Ludwig und Friedrich auf die Verlobung ihrer Kinder verständigten: Ludwigs Sohn Stephan sollte mit Friedrichs Tochter Elisabeth vermählt werden.[27]

Als Vermittler des Friedens fungierten der wittelsbachische Rat Berthold von Henneberg und der österreichische Marschall Dietrich von Pillichsdorf.[28] Sie waren es auch, die anschließend über die Absprachen eine entsprechende Urkunde aufsetzten. Darüber hinaus inszenierten Ludwig und Friedrich ihren Frieden, indem sie sich demonstrativer Zeichen und Gesten bedienten, die Johann von Viktring wie folgt schildert: „Der Prior begeht ein Amt der heiligen Messe und stärkt beide, indem er sie mit ein und derselben Hostie communicieren läßt, und versöhnt mit einem Eid und Friedenskuss Friedrich mit Ludwig (...). Als das ausgeführt war, traten beide in engster Freundschaft so nahe, wie einst Jonathan und David."[29] Ähnlich beschreiben die bayerischen Historiographen den Hergang. Die „Chronica Ludovici" erwähnt, dass der Frieden *super corpus dominicum* geschlossen worden sei,[30] während die „Chronica de ducibus Bavariae" das gemeinsame Abendmahl als Zeichen der Freundschaft und Bürgschaft für die wechselseitigen Versprechen interpretiert: „Aber als der edle Fürst Ludwig den Oesterreicher eine Zeitlang gefangen gehalten hatte, gab er demselben schließlich, ohne ihm Geld, Burgen, Städte, Vesten oder

---

26 Regesta Habsburgica I, 3. Die Regesten der Herzöge von Österreich sowie Friedrichs des Schönen als deutschen Königs von 1314–1330, bearb. von Lothar Gross, Innsbruck 1904/1924, Nr. 1511; MGH Constitutiones et acta publica imperatorum et regum, Bd. 6, 1, hg. von Jakob Schwalm, Hannover 1914–1927, Nr. 29, S. 18 ff., cap. 9, S. 20: *Ez sol auch der chunig und seine chinder und die hertzogen alle fumfe von Osterreich ewiclich bei ein ander beliben und ein ander beholfen sein in allen sachen wider aller mængelich ( ).* Cap. 4, S. 18: *Si sullen auch alle fumfe sich zů dem chunige verbinden ewiclich bei im und seinen chindern ze beliben und in ze helfen wider aller mængelich, swie si genant sein, pfaffen und leyen und mit namen wider den der sich babest nennet und alle seine helfer und gůnner, di wile er wider den chunich und daz riche ist.*

27 Ebd., cap. 6, S. 19.

28 Zur Rolle Bertholds von Henneberg vgl. Wilhelm Füsslein, Berthold VII. Graf von Henneberg. Ein Beitrag zur Reichsgeschichte des XIV. Jahrhunderts. Mit einem Urkundenanhang, um den bisher unveröffentlichten 2. Teil erweiterter Nachdruck der Ausgabe von 1905 aus dem Nachlaß hg. und eingel. von Eckhart Henning (Mitteldeutsche Forschungen. Sonderreihe. Quellen und Darstellungen in Nachdrucken 3), Wien 1983, S. 281 ff.; Ernst Schubert, Berthold VII. (der Weise) von Henneberg, in: Fränkische Lebensbilder, Bd. 5, hg. von Gerhard Pfeiffer, Würzburg 1973, S. 1–22, S. 17 f.

29 Johann von Viktring, Liber certarum historiarum (wie Anm. 2), lib. V, cap. 5, S. 125: *Officium sacre misse prior celebrat et ambos sacra communione de una hostia corroborat, sacramento Fridericum Ludewico ac pacis osculo conciliat (...). Quibus peractis sic sibi invicem conglutiantur sicut conglutinantur sicut quondam Ionathas atque Davit.* Übersetzung nach: Das Buch gewisser Geschichten (wie Anm. 2), S. 216.

30 Chronica Ludovici (wie Anm. 9), S. 129: *Post hoc locavit eum in Trausennicht castrum usque in quartum annum, quod omnibus est notum. Ibi pacificavit regem Ludwicus super corpus dominicum, iuravit Fridericus, resignavit regnum et dedit se in famulum et nunc et imperpetuum, ut amodo nunquam excederet et hunc pro rege recoleret. (...) Et sic ambo sumpserunt corpus dominicum, et dimisit Fridricum liberum abire in locum suum. (...) Et sic facta inter eos concordia (...).*

Länder abzunehmen, als ein großmütiger Fürst die Freiheit zurück, wobei er sich für den Verzicht auf die Regierung und das Treugelöbnis und Freundschaftsversprechen keine andere Bürgschaft ausbedang, als das beide zugleich, zum Zeichen und zur Bekräftigung ihres Freundschaftsbundes, mit einander das Sakrament des Fleisches und des Blutes des Herrn nahmen, zum Heil dem, der die Abrede halten werde, aber dem Uebertreter derselben zum Gericht."[31]

Das gemeinsame Abendmahl transportierte unterschiedliche Informationen. Zunächst ist auf den Zeitpunkt der Sühne, nämlich den Gründonnerstag, hinzuweisen. Unmittelbar drängt sich die Analogie zum neutestamentlichen Vorbild auf. Gerade das Abendmahl besitzt für die christliche Gesellschaft eine zentrale Funktion, ist es doch jene Handlung, mit der Christus die dauerhafte Gemeinschaft für sein Gedenken stiftete.[32] Als verbindendes und integrierendes Element fungierte hier die Speisegemeinschaft. In diesem Zusammenhang ist auch auf den Konnex zwischen dem Abendmahl und dem vorchristlichen Totenmahl hinzuweisen. Im antik-heidnischen Kult spielte das Totenmahl am Grab eine zentrale Rolle, da durch die imaginierte Anwesenheit des Toten die Lebenden und Verstorbenen eine soziale Einheit bildeten. Das Totenmahl wurde im frühen Christentum zwar durch die Verlesung der Namen der Verstorbenen während der Eucharistie ersetzt. Doch der gemeinschaftsstiftende und -stabilisierende Charakter des Totenmahls wurde damit weiterhin aufrechterhalten, allerdings wurde die Speisegemeinschaft nun in den liturgischen Bereich transferiert.[33]

Durch das Teilen der Hostie während der „Trausnitzer Sühne" wurde Gott als Zeuge der vertraglichen Absprache angerufen. Dies ist insofern eine vertraute Denkfigur, da Eide und Versprechen auf sakrale Gegenstände zu den wohl konventionellsten rechtssymbolischen Handlungen des Mittelalters zählen. Diese Funktion übernahm in der „Trausnitzer Sühne" die Hostie, wenn sie – so der Wortlaut der

31 Chronica de ducibus Bavariae, in: Bayerische Chroniken des XIV. Jahrhunderts, hg. von Georg Leidinger (MGH Scriptores rerum Germanicarum 19), Hannover/Leipzig 1918, S. 157: *Nobilis autem princeps Ludwicus cum Australem aliquamdiu in captivitate tenuisset, tandem eum sine omni pecuniarum, castrorum, civitatum, municionum ac terrarum exaccione more liberalis principis pristine reddidit libertati, nullam super regni abrenunciacione et super promisse fidei et amicicie confirmacione aliam requirens caucionem, nisi quod in signum et robur tante inter eos contracte amicicie deberent simul in uno loco [sumere] corporis et sangwinis Domini sacramenta servanti fidem in salutem, sed in iudicium transgressori.* Übersetzung: Chronik von den Herzögen von Bayern, in: Quellen zur Geschichte Kaiser Ludwigs des Baiern, übers. von Walter Friedensburg (Geschichtsschreiber der deutschen Vorzeit 81), Leipzig 1883, S. 93 f.

32 Lk 22,19; 1 Kor 11,24.

33 Theodor Klauser, Die Cathedra im Totenkult der heidnischen und christlichen Antike (Liturgiewissenschaftliche Quellen und Forschungen 21), Münster/W. 1927, der die enge Verbindung des antik-heidnischen und des christlichen Totenkults präsentiert. Hier bes. S. 53 ff. die Darstellung des Totenmahls; Alfons Kirchgässner, Abendmahl und Totenmahl, in: Liturgisches Jahrbuch 11 (1961), S. 34–38.

„Chronica de ducibus Bavariae" – „zum Heil dem, der die Abrede halten werde, aber dem Uebertreter derselben zum Gericht" geteilt wurde.[34] Schließlich ist nicht zu vergessen, dass der Wittelsbacher zu diesem Zeitpunkt bereits exkommuniziert war. Aus der Perspektive des kanonischen Rechts war daher weder der Priester befugt, in Ludwigs Anwesenheit das Abendmahl zu spenden, noch durfte ein anderer Christ Gemeinschaft mit ihm pflegen. Denn integrativer Bestandteil der Exkommunikation war nicht nur der Ausschluss von allen sakramentalen Handlungen, sondern auch ein Kontakt- und Verkehrsverbot, das allen Christen bis zur Absolution des Delinquenten auferlegt war.[35] So bringt das „Decretum Gratiani" die Folgen einer Exkommunikation in der Mitte des 12. Jahrhunderts so einfach wie prägnant auf den Punkt: *Cum excommunicatis nolite communicare*.[36] Der Terminus *excommunicatio* stellt das Gegenteil von *communio/communicatio* dar. Der Begriff *communicatio* ist in diesem Zusammenhang nicht auf die moderne Wortbedeutung im Sinne des Informationsaustauschs zu reduzieren, sondern er umschreibt alle Handlungen, die Gemeinschaft, wechselseitigen Kontakt und soziale Bindungen zum Ausdruck bringen. Analog zu dieser Wortbedeutung wurde das Interaktionsverbot mit einem Exkommunizierten dadurch symbolisiert, dass die übrigen Christen mit dem Ausgeschlossenen weder essen noch trinken durften.[37] Der Ausschluss des Exkommunizierten aus der Speisegemeinschaft demonstrierte daher nicht nur seine religiöse, sondern ebenso seine soziale Isolation.[38]

---

34 Vgl. oben Anm. 31.

35 Wilhelm Rees, Exkommunikation, in: Lexikon für Theologie und Kirche 3, hg. von Walter Kasper u.a., Freiburg u.a. ³1995, Sp. 1119f.; Peter Welten/Claus-Hunno Hunzinger/Clemens Thoma/Georg May/Christoph Link, Bann, in: Theologische Realenzyklopädie, Bd. 5, Berlin/New York 1980, S. 159–190; Paul Hinschius, Das Kirchenrecht der Katholiken und Protestanten in Deutschland, Bd. 4, Berlin 1888, S. 691ff.; Bd. 5, Berlin 1895, S. 1ff.; Cyrille Vogel, Buße und Exkommunikation in der Alten Kirche im Mittelalter. Ein historischer Überblick, in: Concilium 11 (1975), S. 44–52; Willibald Maria Plöchl, Geschichte des Kirchenrechts, Bd. 2: Das Kirchenrecht der abendländischen Christenheit 1055–1517, Wien/München 1955, S. 329ff.; Elisabeth Vodola, Excommunication in the Middle Ages, Berkeley u.a. 1986; Roger E. Reynolds, Rites of Separation and Reconciliation in the Early Middle Ages, in: Segni e riti nella chiesa altomedievale occidentale (Settimane di Studio del Centro italiano di studi sull'Alto Medioevo 32), Spoleto 1987, S. 405–437; Wilhelm Rees, Die Strafgewalt der Kirche. Das geltende kirchliche Recht – dargestellt auf der Grundlage seiner Entwicklungsgeschichte (Kanonistische Studien und Texte 41), Augsburg 1993.

36 Decretum Gratiani, in: Corpus iuris canonici 1, hg. von Emil Friedberg, Leipzig 1879, C. XI, q. III, c. 24, Sp. 651: *Hec sententia excommunicatio uocatur, quia a communione corporis et sanguinis Christi notatum prohibet ... . Qua sententia non separatur quis a consortio fidelium. Est et alia sententia, que anathema uocatur, qua quisque separatur quis a consortio fidelium, de qua supra : „Cum excommunicatis nolite communicare."* Vgl. auch ebd. C. III, q. IV, c. 12, Sp. 514: *Unde datur intelligi, quod anathematizati intelligendi sunt non simpliciter a fraterna societate omnino separati, sed a corpore Christi (quod est ecclesia).*

37 Decretum Gratiani (wie Anm. 36), C. XI, q. III, c. 17, Sp. 647: *... nec cum eis in oratione, aut cibo, uel potu, aut osculo communicet, nec Aue eis dicat ... .*

38 Die Grundlage für diese Sanktionsmaßnahmen findet sich im Matthäusevangelium (Mt 18,15–18). Wer sich eines Fehlverhaltens schuldig gemacht und trotz zweimaliger Ermahnung unter vier Augen

In der „Trausnitzer Sühne" versagten nicht nur Ludwig der Bayer und seine Anhänger dem Papst ihre Anerkennung, indem sie die mit einer Exkommunikation verbundenen Auflagen ignorierten. Gleiches brachte auch Friedrich der Schöne zum Ausdruck, wenn er gemeinsam mit dem Wittelsbacher an der Kommunion teilnahm. Aus der Perspektive des Kirchenrechts war das Vergehen des Habsburgers ein Doppeltes: So empfing er gemeinsam mit dem Bayern zum einen das Sakrament der Eucharistie; zum anderen hielt er die untersagte (Speise-)Gemeinschaft aufrecht. Schließlich ist auf das Datum des Friedensschlusses hinzuweisen. Der Gründonnerstag besaß nicht nur im Kontext der Eucharistie eine traditionsstiftende Funktion, sondern er galt aus diesem Grund im Kirchenjahr auch als der Tag, an dem die öffentlich Büßenden wieder in die Gemeinschaft zurückgeführt wurden.[39] Bringt man nun das gemeinsame Abendmahl in Verbindung mit dem von den Vermittlern aufgesetzten Sühnevertrag, so erfüllte diese Handlung noch einen weiteren Zweck: Indem Friedrich der Schöne seine Parteinahme demonstrativ zum Ausdruck brachte, setzte er unmittelbar nach dem Abschluss des Vertrags seine Versprechen um, den Wittelsbacher gegen jedermann, besonders gegen den Papst, zu unterstützen.

Der in Trausnitz geschlossene Friede wurde also auf einer doppelten Ebene kommuniziert: zum einen in Urkundenform durch das Medium der Sprache bzw. Schrift, zum anderen durch die Inszenierung in non-verbalen, symbolischen Akten. Dies weist auf einen weiteren, für das Thema des vorliegenden Beitrags zentralen Aspekt hin: die Frage nach dem Verhältnis symbolischen Handelns zu Formen schriftlicher Kommunikation. Wie das Beispiel der „Trausnitzer Sühne" zeigt, ergänzten sich symbolische und schriftliche Interaktion. Durch die Abfassung einer Sühne- oder Friedensurkunde wurde die Inszenierung des Friedens keineswegs hinfällig. Ganz im Gegenteil – sie blieb weiterhin integrativer Bestandteil der Übereinkunft. Dies dokumentiert für die Regierungszeit Ludwigs des Bayern ein weiterer Vertrag, der wohl zu den unkonventionellsten Verfassungsdokumenten des 14. Jahrhunderts zählt: der „Münchener Vertrag".

---

und nochmaliger Zurechtweisung im Beisein der gesamten Gemeinde keine Besserung erkennen lässt, soll wie ein „Heide und Zöllner" behandelt, d.h. der christlichen Kommunität verwiesen werden. Ausführlich Walter DOSKOCIL, Der Bann in der Urkirche. Eine rechtsgeschichtliche Untersuchung (Münchener Theologische Studien III/11), München 1958, S. 30ff. Eine ähnliche Vorstellung der Zurechtweisung, die eine Besserung des Delinquenten zum Ziel hat, ist in den Paulusbriefen zu fassen. Hier findet sich nicht nur der Ausschluss aus der Tischgemeinschaft, sondern ebenso die Möglichkeit der Reintegration (1 Kor 5,9–11; 2 Thess 3,14; 2 Kor 2,5–11; 2 Thess 3,6–15).

39 Hermann Joseph SCHMITZ, Die Bußbücher und die Bußdisciplin der Kirche, Mainz 1883, S. 72ff.

Der „Münchener Vertrag“ (1325)

Die historische Forschung hat den „Münchener Vertrag“ bisher vor allem nach seiner Rolle für die verfassungsgeschichtliche Entwicklung des Reichs bewertet. Aus dieser Perspektive fiel die Bilanz zumeist negativ aus, da dem dort verankerten Ordnungskonzept jegliche Relevanz abgesprochen wurde.[40] In den bisherigen Studien zum „Münchener Vertrag“ wurde zwar immer wieder vermerkt, wie wichtig seinen Verfassern die Symbolisierung der neuen Herrschaftsordnung war.[41] Doch erst die ritualgeschichtlich orientierte historische Forschung der letzten Jahre hat diese Aspekte ausführlicher gewürdigt.[42]

Die Bedeutung inszenierter Politik stellt insofern ein zentrales Element des Münchener Vertrags dar, da die Visualisierung eines gleichberechtigten Doppelkönigtums Ausdruck eines ernsthaften Bemühens der Akteure war, ihre Beziehungen auf ein einvernehmliches Fundament zu stellen. Welcher performativen Akte sie sich dabei bedienten, ist eine Frage, der sich nachzugehen lohnt. Diese Sichtweise drängt sich unabhängig von der tatsächlichen Umsetzung des Vertrags schon allein deshalb auf, da sich die ersten inhaltlichen Verfügungen des Vertrags mit den Fragen der Herrschaftsrepräsentation auseinandersetzen.

Zunächst sagten sich Ludwig und Friedrich zu, *mit ein ander glich als ein persone* zu handeln.[43] Die metaphorische Vereinigung zu einer gemeinsamen physischen

---

40 Für Peter Moraw etwa waren die Übereinkünfte von Trausnitz und München ein Ausgleich „in einer ganz persönlichen Verfassungskonstruktion, die weder Vorbild noch Nachwirkungen hatte.“ Peter Moraw, Von offener Verfassung zu gestalteter Verdichtung. Das Reich im späten Mittelalter, Berlin 1985, S. 231. In erster Linie wurde der „Münchener Vertrag“ als strategischer Zug von Seiten des Wittelsbachers gewertet. Michael Menzel interpretiert die „Trausnitzer Sühne“ und den „Münchener Vertrag“ als einen kalkulierten Schritt Ludwigs des Bayern gegen den Papst. Durch das Bündnis mit den Habsburgern entzog er der Kurie wichtige Einflussmöglichkeiten und milderte so Konsequenzen seiner Exkommunikation (Menzel, Ludwig der Bayer und Friedrich der Schöne [wie Anm. 13] S. 397). Roland Pauler bewertet die Abkommen des Jahre 1325 aus der Perspektive der Italienpolitik. Von diesem Standpunkt aus betrachtet, stabilisierte ein Habsburgischer Mitkönig als „Platzhalter“ die Herrschaft im Reich nördlich der Alpen, so dass Ludwig freie Hand für seine südalpinen Aktivitäten erlangte (Roland Pauler, Friedrich der Schöne als Garant der Herrschaft Ludwigs des Bayern in Deutschland, in: Zeitschrift für bayerische Landesgeschichte 61 (1998), S. 645–662, bes. S. 657).

41 So betont Michael Menzel, „protokollarische Fragen bis ins Detail geregelt wurden.“ (Menzel, Ludwig der Bayer und Friedrich der Schöne [wie Anm. 13] S. 397). Auch Heinz Thomas unterstreicht die gefundenen „Regeln für die Lösung von protokollarischen Problemen, die es bis dahin noch nie gegeben hatte.“ (Thomas, Ludwig der Bayer [wie Anm. 8], S. 173).

42 Gerald Schwedler, Herrschertreffen des Spätmittelalters. Formen – Rituale – Wirkungen (Mittelalter-Forschungen 21), Ostfildern 2008, S. 233 ff.; Claudia Garnier, Der doppelte König. Zur Visualisierung einer neuen Herrschaftskonzeption im 14. Jahrhundert, in: Frühmittelalterliche Studien 44 (2010), S. 265–290.

43 MGH Const. 6, 1 (wie Anm. 26), Nr. 105, cap. 1, S. 72: (...) *daz wir daz Romische riche, darcz(o) wir bede erwelt und geweihet sein, mit allen seinen wirden, eren, rechten laæuten und gůten und swaz ez hat und darcz(o) geho(e)rt uber al die werlt mit ein ander glich als ein persone, einem nicht baz dann dem andern, ietwederm mer noch minre, besitzen, haben, pflegn und handeln sullen.*

Existenz ist keine neue Vorstellung, sie bedient sich neutestamentlicher Vorbilder. Bereits in der Apostelgeschichte begegnet die Umschreibung *cor unum et anima una*, um die spirituelle Verbundenheit der Gläubigen auszudrücken.[44] Von dieser Wurzel ausgehend, begegnet die Formel seit Augustinus auch im allgemeinen Diskurs über Freundschaft.[45] Doch nicht nur persönlich-emotionale Bindungen, sondern auch Bündnisse wurden im gesamten Mittelalter mit dem Begriff der *amicitia* codiert.[46] Obwohl diese Allianzen politische oder militärische Unterstützung fixierten, adaptierten sie die Semantik spiritueller Freundschaft und brachten die Verbundenheit der Partner ebenfalls durch diese Wendung zum Ausdruck. Eine solche zweckrationale Bündnispartnerschaft liegt auch im „Münchener Vertrag" vor, denn Ludwig und Friedrich versprachen sich zunächst ganz allgemein wechselseitige Treue, Unterstützung und Rat gegen jedermann.[47] An späterer Stelle wird dies ergänzt durch den Hinweis, man wolle sich in Konflikten verhalten *als ein man*.[48] Der hinter diesen Formulierungen stehende Vorstellungshorizont ist durchaus vergleichbar mit dem oben diskutierten Tragen gemeinsamer Kleidung oder einer ähnlichen Helmzierde: Durch identisches Äußeres wird die innere Übereinstimmung zum Ausdruck gebracht. Im „Münchener Vertrag" erreicht diese Symmetrie in Form und Verhalten ihren Kulminationspunkt, indem nicht nur materielle Gegenstände wie das Gewand oder die Rüstung, sondern auch die Personen selbst zur Deckungsgleichheit gebracht werden.

Die Vorstellung, dass zwei Herrscher gewissermaßen in einer Person verschmelzen, besaß ebenfalls eine legitimierende Funktion. So war für Staatstheoretiker des

---

44 Apg 4,32.

45 James McEvoy, „Anima una et cor unum." Friendship and Spiritual Unity in Augustine, in: Recherches de Théologie ancienne et médiévale 53 (1986), S. 40–92.

46 Gerd Althoff, Verwandte, Freunde und Getreue. Zum politischen Stellenwert der Gruppenbindung im frühen Mittelalter, Darmstadt 1990; ders., Amicitiae und pacta. Bündnis, Einung, Politik und Gebetsgedenken im beginnenden 10. Jahrhundert (Schriften der MGH 37), Hannover 1992; Verena Epp, Amicitia. Zur Geschichte personaler, sozialer, politischer und geistlicher Beziehungen im früheren Mittelalter (Monographien zur Geschichte des Mittelalters 44), Stuttgart 1999; Friendship in Medieval Europe, hg. von Julian Haseldine, Phoenix Mill u. a. 1999; für die Zeit des Spätmittelalters: Claudia Garnier, Amicus amicis — inimicus inimicis. Politische Freundschaft und fürstliche Netzwerke im 13. Jahrhundert (Monographien zur Geschichte des Mittelalters 46), Stuttgart 2000; Klaus Oschema, Freundschaft und Nähe im spätmittelalterlichen Burgund. Studien zum Spannungsfeld von Emotion und Institution (Norm und Struktur 26), Dresden 2006; Freundschaft oder „amitié"? Ein politisch-soziales Konzept der Vormoderne im zwischensprachlichen Vergleich (15.–17. Jahrhundert), hg. von dems. (Zeitschrift für Historische Forschung Beih. 40), S. 23–34.

47 MGH Const. 6, 1 (wie Anm. 26), Nr. 105, cap. 1, S. 72: *Und sullen uns mit ein ander beholfen sein mit staeter triwe, mit ræten, mit arbeit, mit vleizzicheit, mit reden und werchen und mit allen und an allen sachen, als verre uns leip und gůt weret wider aller maenniclich.*

48 MGH Const. 6, 1 (wie Anm. 26), Nr. 105, cap. 9, S. 74: *Und sullen uns bede setzen als ein man, ob man wider uns oder wider unser einen mit geistlichen oder wertlichen sachen, ez sei pfaffe oder leye ichtes icht handeln oder tůn wolt oder vor gehandelt oder getan hett uns oder dem riche zů geverde oder ze schaden, swerherley weis daz ist.*

14. Jahrhunderts die monarchische Herrschaft zwar nicht die einzige, jedoch die sinnvollste politische Ordnungsform. Das verbreitete organologische Staatsmodell lieferte hier entsprechende Argumentationshilfen: Da mehrere Häupter als Ausweis physischer Degeneration galten, haftete auch geteilter politischer Herrschaft der Makel der Widernatürlichkeit an.[49] Doch die Doppelherrschaft widersprach aus dieser Perspektive nicht nur den natürlichen Grundlagen, sondern sie gefährdete auch die für politisches Handeln unverzichtbare *unitas*.[50] Entsprechend attestierten die Zeitgenossen der Doppelwahl des Jahres 1314 destruktive Auswirkungen auf die politische Ordnung. Stellvertretend sei hier die Stimme des unbekannten Mönchs von Fürstenfeld angeführt, der in der „Chronica de gestis principum" die Doppelspitze des Reichs als Störung von *pax* und *ordo* interpretiert: „Als dergestalt zwei Könige erwählt und gekrönt worden waren, hörte jede Ordnung auf, und der Friede ward aller Orten gestört; das römische Reich schien, auf die Spitze des Schwertes gestellt, aus den Fugen gehen zu sollen."[51] Aus dieser Perspektive bewältigte die Verschmelzung beider Könige zu einer Person nicht nur das Legitimationsdefizit der Doppelherrschaft, sondern sie schuf gleichzeitig auch die notwendigen Grundlagen für einmütiges Handeln. Ergänzt wurde dieses Konzept durch die Vorstellung einer imaginierten Bruderschaft: *Wir sullen (...) uns bru(e)der heizzen und schriben an ein ander und auch als bru(e)der haben.*[52] Zwar bestanden ohnehin bereits verwandtschaftliche Bindungen, da Ludwig der Bayer und Friedrich der Schöne Vettern waren. Diese wurden jedoch durch die Vorstellung der Bruderschaft intensiviert.[53]

---

49 Tilman Struve, Die Entwicklung der organologischen Staatsauffassung im Mittelalter (Monographien zur Geschichte des Mittelalters 16), Stuttgart 1978. Für den Franziskaner Wilhelm von Ockham waren Körper mit mehreren Häuptern gar Monstern gleichzusetzen, so dass gleiches Verdikt für Regierungsformen galt, die auf den Schultern mehrerer Anführer ruhten. Wilhelm von Ockham, Dialogus, in: Monarchia S. Romani imperii, hg. von Melchior Goldast, Bd. 2, Frankfurt 1614, ND Graz 1960, lib. III, 1,2, cap. 1, S. 788: *Nam vni corpori expedit vnum caput habere, corpus enim sine capite imperfectum esse dinoscitur, cum principaliori membro sit orbatum. Corpus vero habens capita duo vel plura, monstruosum esse videtur (...).*

50 So formulierte Aegidius Romanus: *(...) optima est autem monarchia siue gubernatio vnius Regis, eo quod ibi perfectior vnitas reseruetur.* Aegidius Romanus, De regimine principum libri III, hg. von Hieronymus Samaritanius, Rom 1607, ND Aalen 1967, pars II, lib. III, cap. 3, S. 456ff. (Zitat S. 458).

51 Chronica de gestis principum, in: Bayerische Chroniken des XIV. Jahrhunderts, hg. von Georg Leidinger (MGH Scriptores rerum Germanicarum 19), Hannover/Leipzig 1918, S. 80: *Igitur creatis et coronatis duobus regibus confuso ordine fiebat ubique permaxima pacis turbacio. Nam Romanum imperium tunc in summo preliorum discrimine sorduit et erravit (...).* Übersetzung nach: Chronik des Mönchs von Fürstenfeld, in: Quellen zur Geschichte Kaiser Ludwigs des Baiern, übers. von Walter Friedensburg (Geschichtsschreiber der deutschen Vorzeit 81), Leipzig 1883, S. 62.

52 MGH Const. 6, 1 (wie Anm. 26), Nr. 105, cap. 2, S. 73.

53 Klaus van Eickels, Der Bruder als Freund und Gefährte. „Fraternitas" als Konzept personaler Bindung im Mittelalter, in: Die Familie in der Gesellschaft des Mittelalters, hg. von Karl-Heinz Spiess (Vorträge und Forschungen 71), Ostfildern 2009, S. 195–222; Klaus Oschema, Das Motiv der Blutsbrüderschaft. Ein Ritual zwischen Antike, Mittelalter und Gegenwart, in: Bierende u. a., Riten, Gesten, Zeremonien (wie Anm. 11), S. 41–71; Gerhard Dilcher, An den Ursprüngen der Normbil-

Obwohl also keine direkten konzeptionellen Vorlagen für eine königliche Doppelherrschaft existierten, bediente sich der „Münchener Vertrag“ vertrauter Vorstellungsmuster, die in anderen Zusammenhängen eine verlässliche Grundlage friedlicher Koexistenz schufen.

Problematischer hingegen war die Inszenierung der ungewöhnlichen politischen Ordnung, denn die mittelalterliche Herrschaftsrepräsentation zielte in der Regel auf die Exklusivität des königlichen Ranges ab. Dies galt bereits für die Krönung und Salbung beim Amtsantritt, da sowohl die Insignien als auch der Karlsthron in Aachen für einen König und nicht für mehrere Repräsentanten konzipiert waren. Eine Doppelkrönung kam nicht in Betracht, denn sie hätte einen der beiden Könige rituell bevorzugt. Daher legten die Verfasser des „Münchener Vertrags“ einen Pragmatismus an den Tag, der wohl weniger inhaltlich zu erklären ist, sondern eher aus der Not geboren war. Eine erneute Krönung wurde nicht für nötig erachtet, da beide Könige – so die Diktion der Urkunde – bereits gewählt und geweiht worden seien.[54] Allein – diese Feststellung kaschiert die Tatsache, dass beide Herrscher zwar gekrönt waren, jedoch jeweils mit legitimatorischen Defiziten. Ludwig der Bayer hatte die Krone am traditionellen Krönungsort, jedoch aus der Hand der Erzbischöfe von Mainz und Trier erhalten. Friedrich der Schöne war vom rechtmäßigen Koronator geweiht und hatte die echten Insignien erhalten. Doch seine Erhebung fand in Bonn statt, entbehrte also der notwendigen Örtlichkeit.[55]

Andere Verfügungen des „Münchener Vertrags“ hingegen bemühen sich redlich um die Inszenierung der Doppelspitze. So beschloss man: *Wir sullen auch gliche ere haben ze strazzen, ze chirchen und an aller stat (…).*[56] Mit diesen knappen Worten wird die Sitz- und Prozessionsordnung bei den Zusammenkünften auf Reichsebene angesprochen, die eine Generation später in der Goldenen Bulle fixiert werden sollte. In der Goldenen Bulle von 1356/57 präsentieren die Akte der Herrschaftsrepräsentation zum einen den König als Zentrum der politischen Ordnung, zum anderen setzten sie auch die Interaktion zwischen der monarchischen Spitze und den Kurfürsten

dung. Verwandtschaft und Bruderschaft als Modelle gewillkürter Rechtsformen, in: Verwandtschaft, Freundschaft, Bruderschaft. Soziale Lebens- und Kommunikationsformen im Mittelalter. Akten des 12. Symposiums des Mediävistenverbandes vom 19. bis 22. März 2007 in Trier, hg. von Gerhard Krieger, Berlin 2009, S. 37–55.

54 MGH Const. 6, 1 (wie Anm. 26), Nr. 105, cap. 1, S. 72: *(…) darcz(o) wir bede erwelt und geweihet sein (…).*

55 Mathias von Neuenburg, Chronica, hg. von Adolf Hofmeister (MGH Scriptores rerum Germanicarum NS 4), Berlin [2]1955, cap. 38, S. 98 f.: *Fueruntque Ludowicus Aquisgrani a Moguntino et Treverensi in loco quo debuit, set non a quo debuit, Fridericus vero in Bunna a Coloniensi, a quo debuit, set non in loco quo debuit, coronati.* Vgl. auch Alexander Markschies, Ludwig IV., der Bayer (1314–1347). Krone und Krönungen, in: Krönungen. Könige in Aachen. Geschichte und Mythos. Katalog der Ausstellung in zwei Bänden, hg. von Mario Kramp, Bd. 2, Mainz 2000, S. 469–476. Siehe dazu auch oben, S. 177.

56 MGH Const. 6, 1 (wie Anm. 26), Nr. 105, cap. 2, S. 73.

als „Säulen des Reichs“ in Szene. So saß der König beim Festmahl an einer erhöhten Tafel, während die Kurfürsten ihre Ehrendienste vollzogen. Ähnliche Regularien galten auch bei Reichsversammlungen. Hier existierte eine feste Sitzfolge, die genau regelte, wer rechts oder links, näher oder weiter entfernt vom Herrscher saß. Gleiches wurde in der Prozessionsordnung festgelegt. Diese Verfügungen waren jedoch darauf angelegt, dass ein Zentrum existierte, um das sich das Ensemble der politischen Funktionsträger gruppierte.[57] Wie aber ein solches Modell auf zwei Herrscher zugeschnitten werden sollte, klammert der Münchener Vertrag aus. Er beschränkt sich auf unbestimmte Formulierungen, die in ihrer praktischen Umsetzung Platz für vielerlei Gestaltungsmöglichkeiten ließen.

Ebenso nahm der „Münchener Vertrag“ die Ausgestaltung des Belehnungsakts in den Blick. Die so genannten großen Lehen sollten nur von beiden gemeinsam, die übrigen konnten von einem König allein übertragen werden.[58] In jedem Fall hatte der Vasall seinen Lehnseid auf beide Herrscher abzulegen. Erfolgte die Lehnsinvestitur nur durch einen Herrscher, so hatte der Vasall die Zeremonie bei der nächsten Gelegenheit vor demjenigen, der nicht anwesend war, zu wiederholen.[59] Da sich die feierlichen Belehnungsakte vor allem im ausgehenden Mittelalter zu immer prunkvolleren Akten der Herrschaftsinszenierung entwickelten, nimmt der Münchener Vertrag hier einen entscheidenden Aspekt in den Blick.[60] In der Investitur fand die Beziehung der beteiligten Partner ihren symbolischen Ausdruck, denn sie inszenierte die Unterordnung des Vasallen und seine Abhängigkeit von der Huld und Gnade des Herrn. Daher leuchtet es unmittelbar ein, dass die Inhaber der „großen Lehen“ – also die Reichfürsten – beiden Herrschern gleichzeitig huldigen sollten. Die

57 Dazu ausführlich Bernd SCHNEIDMÜLLER, Inszenierungen und Rituale des spätmittelalterlichen Reichs. Die Goldene Bulle von 1356 in westeuropäischen Vergleichen, in: Die Goldene Bulle. Politik, Wahrnehmung, Rezeption, hg. von Ulrike HOHENSEE u. a. (Berlin-Brandenburgische Akademie der Wissenschaften. Berichte und Abhandlungen, Sonderbd.), Berlin 2009, S. 261–297; ders., Das spätmittelalterliche Imperium als lebendes Bild. Ritualentwürfe der „Goldenen Bulle“ von 1356, in: AMBOS, Bild und Ritual (wie Anm. 4), S. 210–228.

58 MGH Const. 6, 1 (wie Anm. 26), Nr. 105, cap. 3, S. 73: *Swaz grozzer lehen als chunichriche, furstentům, grafschaft, herschaft und die anders grozze lehen seint dem riche ledich werdent, die sullen wir bede mit ein ander leihen und einer an den andern nicht.*

59 MGH Const. 6, 1 (wie Anm. 26), Nr. 105, cap. 3, S. 73: *Und nach wertlichen lehen die ledich werdent swelher die under uns leihet, der sol den ayt nach den lehen næmen, daz uns beden gesworn werde und der fu(e)r gesetzet an dem ayde, der nicht engagen ist, und sol er den lehenman zů dem andern wisen, so er schirest zů im chůmen mach, daz er si auch von im enphahe. Sam ist ob ein geistlicher oder wertlicher furste, prelate oder herre, der seine lehen von dem riche naemen sol, von unserm einem enphienge, der sol den ayt von im naemen und in zů dem andern wisen, als vor geschriben stet.*

60 Dazu ausführlich Karl-Heinz SPIESS, Kommunikationsformen im Hochadel am Königshof im Spätmittelalter, in: ALTHOFF, Formen und Funktionen öffentlicher Kommunikation (wie Anm. 4), S. 261–290; ders., Das Lehnswesen in Deutschland im hohen und späten Mittelalter (Historisches Seminar NF 13), Idstein 2002, S. 39; Gerd ALTHOFF/Barbara STOLLBERG-RILINGER, Rituale der Macht in Mittelalter und Früher Neuzeit, in: Die neue Kraft der Rituale, hg. von Axel MICHAELS, Heidelberg 2007, S. 141–177.

Verfügungen allerdings lassen wiederum offen, wie eine solche Doppelhuldigung in der Praxis zu erfolgen hatte. Welchem König sollte zuerst der Eid geleistet werden? Aus wessen Hand empfing der Vasall Fahne oder Zepter, die das übertragene Lehen symbolisierten?

Schließlich trifft der „Münchener Vertrag" eine weitere Entscheidung, die ebenfalls der Inszenierung der Doppelherrschaft verpflichtet ist. Beide Könige wollten neue Siegel erstellen lassen. Zwar sollte jeder sein eigenes Siegel führen, jedoch sollten sie gleicher Form und Größe sein. Ebenso musste der Name des Mitkönigs ebenfalls erscheinen, und zwar jeweils vor dem eigenen Namen.[61] Der Franziskaner Johann von Winterthur betont bei seiner kurzen Beschreibung der Doppelherrschaft, dass beide zusammen gesiegelt hätten – offensichtlich galt ihm dies als Ausdruck eines gemeinsam praktizierten Königtums.[62]

Der „Münchener Vertrag" dokumentiert zwar eine ernsthafte Suche nach Formen und Techniken der Inszenierung der friedlichen Koexistenz. In der Praxis stieß das ambitionierte Vorhaben jedoch schnell an Grenzen. Denn während sich die Präsentation von Frieden und Freundschaft tradierter Muster bedienen konnte, indem Brüderlichkeit und Seelenverwandtschaft der Akteure betont wurden, war die Inszenierung einer gleichberechtigten Doppelherrschaft weitaus schwieriger. So werden im „Münchener Vertrag" zwar sämtliche damit verbundene Fragen aufgeworfen, doch praktisch umsetzbare Handlungsanweisungen liefern die Verfügungen nur bedingt. Die fehlenden Möglichkeiten einer inszenierten Doppelherrschaft werden durch allgemein gehaltene und unbestimmte Verfügungen kaschiert.

Fazit

Die in den Blick genommenen Friedens- und Bündnisschlüsse haben gezeigt, dass ein Koordinatensystem unterschiedlicher zeichenhafter Handlungen existierte, in dem sich politische Funktionsträger des 14. Jahrhunderts bewegten. Es bestand ein Set an konventionellen Verhaltensmustern, die Frieden und Freundschaft zum Ausdruck brachten. Dies zeigen etwa Szenen der Begrüßung, bei denen sich die Akteure im Gleichklang bewegten: Man kam einander entgegen, stieg gemeinsam vom Pferd ab und reichte sich gleichzeitig die Hände zum Gruß oder legte identische Formen

61 MGH Const 6, 1 (wie Anm. 26), Nr. 105, cap. 2, S. 73: *Wir sullen zwei niwe insigel machen, in den ietwederm unser beder namen gegraben sein und in unserm chunig Ludowiges insigel sol chunig Frideriches name vorsten, alsam in unserm chunig Frider(iches) insigel sol chunig Ludowiges name vor steen, unde sullen die insigel glicher gro(e)zze, forme und bůchstab sein.*

62 Johann von Winterthur, Chronica, hg. von Friedrich BAETHGEN (MGH Scriptores rerum Germanicarum NS 3), Berlin 1924, S. 83: *Post illa vero pacta et colloquia uterque sibi nomen regale ascripsit publice et sigillo regio utebatur, ut fertur.*

der Ehrerbietung an den Tag. Das Sitzen auf gleicher Höhe präsentierte ebenfalls ein Verhältnis auf Augenhöhe. Allgemein könnte man formulieren, dass symmetrische Beziehungen durch synchrone Bewegungen präsentiert wurden. Dabei erschlossen sich den Akteuren zwar unterschiedliche Kombinationsmöglichkeiten, aber trotz dieser Varianzen bewegten sich die Formen „inszenierter Politik“ in einem eng gesteckten Rahmen.

Die beschriebenen Zeichen waren keine bloßen Äußerlichkeiten, sondern Ausdruck verbindlicher Absprachen. Die Tatsache, dass man sich bewährter Interaktionsmuster bediente, schuf damit ein hohes Maß an Verfahrenssicherheit und Verlässlichkeit. Wie in vielen anderen Bereichen politischer Kommunikation bedienten sich die Akteure oftmals alt- oder neutestamentlicher Vorbilder, deren Autorität ein tragfähiges Fundament für die intendierte Verbindlichkeit herstellte. Zu nennen sind die Speisegemeinschaft, die schließlich im Sakrament des Abendmahls kulminierte, oder der Kuss als Zeichen von Frieden und Freundschaft. Dies umfasste ebenso Analogiebildungen zu bekannten biblischen Freundespaaren, wie etwa David und Jonathan im ersten Buch Samuel. Traditionsgeschichtlich findet sich hier nicht nur ein Muster für die freundschaftliche Verbundenheit selbst, sondern auch für ihre performativen Ausdruckweisen in Form von Eid und Kuss.[63] Einen ähnlichen Modellcharakter besaß die Vorstellung, dass positives Einvernehmen durch die spirituelle wie physische Verschmelzung zu einer Person imaginiert werden konnte.

Sobald sich die Akteure jedoch in einem größeren politischen Rahmen bewegten und nicht nur ihre wechselseitige Beziehung, sondern auch ihr Verhältnis zu anderen politischen Funktionsträgern demonstrierten, war eine solche Inszenierung beinahe unmöglich. Konsequenterweise konnte der logische Widerspruch, der bereits im Begriff „monarchische Doppelherrschaft“ angelegt ist, auch in der Inszenierungspraxis nicht aufgelöst werden. So werden im „Münchner Vertrag“ zwar sämtliche Fragen der Präsentation der neuen Ordnung aufgeworfen, indem die Krönung, die Sitz- und Prozessionsordnung und die Belehnungsakte in den Blick genommen werden. Doch konkrete Vorstellungen oder Anleitungen für die Umsetzung einer „inszenierten Doppelherrschaft“ entwickelt der „Münchener Vertrag“ nicht. Aus dieser Perspektive bereiteten Ludwig dem Bayern und seinem österreichischen Kontrahenten die Visualisierung von Friedensschlüssen und Freundschaftsabkommen vergleichsweise geringe Probleme. Das In-Szene-Setzen einer institutionalisierten Doppelherrschaft hingegen kannte keinerlei Vorbilder. Daher nimmt es kaum Wunder, dass die „Doppelkönige“ ihr neues Herrschaftskonzept auf überaus konventionelle Weise präsentierten. Nach dem Abschluss des „Münchener Vertrags“ – so der Königsaaler

63 1 Sam 20, besonders 20,17 (Eid) und 20,41. (Kuss). Vgl. dazu auch Esther Wipfler, *Amicitia* in der Kunst des Mittelalters – Die Personifikation und ihre Rezeption, in: Freundschaft. Motive und Bedeutungen, hg. von Sybille Appuhn-Radtke/Esther Wipfler (Veröffentlichungen des Zentralinstituts für Kunstgeschichte 19), München 2006, S. 155–179, S. 158ff.

Zisterzienserabt Peter von Zittau – zeigten Ludwig und Friedrich friedliches Einvernehmen, indem sie miteinander speisten, tranken und das Bett teilten. Die Inszenierung der Doppelherrschaft reduzierte sich am Ende auf die Präsentation von *pax* und *amicitia*. Aus dieser Perspektive ist der „Münchener Vertrag" nicht als Verfassungsvision ehemaliger politischer Kontrahenten zu werten, sondern als überaus konventioneller Friedensvertrag, der sich vertrauter Formen „inszenierter Politik" bediente.

Herrschaft und Privileg bei Ludwig dem Bayern

Hans-Joachim Hecker

Im Festsaal des Landsberger Rathauses befindet sich das 1879 fertiggestellte Wandgemälde „Kaiser Ludwig der Bayer verleiht der Stadt Landsberg die Münchner Stadtrechte“ von Eduard Schwoiser. Das Kaufbeurer Rathaus erhielt 1891 ein Ölgemälde von Ludwig Herterich mit der Abbildung eines kaiserlichen Herolds, der die Verleihung der Stadtrechte und Freiheiten überbringt. In Murnau wurde von Herterich an der Rathausfassade ein Fresko angebracht, das an die Marktrechtsverleihung durch Ludwig den Bayern erinnert. Anselm von Feuerbach war 1877 der Schöpfer eines monumentalen Bildes „Kaiser Ludwig der Bayer erteilt Nürnberger Bürgern Privilegien“, das die Nürnberger Handelskammer für ihren Sitzungssaal in Auftrag gegeben hatte.[1] Das Bild nimmt wohl Bezug auf die bekannte Verleihung von Handelsprivilegien im Jahr 1332.[2] Es soll hier nicht auf die Wirkungsgeschichte Ludwigs des Bayern im späten 19. Jahrhundert im Königreich Bayern eingegangen werden. Doch kann eines konstatiert werden: Ludwig der Bayer war als Privilegiengeber den Zeitgenossen des späten 19. Jahrhunderts nicht fremd und die verliehenen Privilegien wurden positiv registriert, während der Begriff Privileg heute in der politischen Diskussion durchweg negativ besetzt ist.

Wie sieht nun die heutige wissenschaftliche Bestandsaufnahme zum mittelalterlichen Privileg aus? Hermann Krause konstatierte in seinem 1984 erschienenen Artikel „Privileg (mittelalterlich)“ im Handwörterbuch zur deutschen Rechtsgeschichte knapp, dass eine zusammenfassende Darstellung fehle.[3] Diesen Befund bestätigte Karl Kroeschell im Band 1 seiner Deutschen Rechtsgeschichte auch noch in der 2008 erschienenen Auflage.[4] Die beiden Bände von 1997 und 1999 „Das Privileg im europäischen Vergleich“, hervorgegangen aus zwei Tagungen des Max-Planck-Instituts für europäische Rechtsgeschichte in Frankfurt am Main, behandeln schwerpunkt-

---

1 Karl Borromäus Murr, Das Mittelalter in der Moderne. Die öffentliche Erinnerung an Kaiser Ludwig den Bayern im Königreich Bayern, München 2008, S. 448–455; zu Feuerbach siehe Doris H. Lehmann, Historienmalerei in Wien, Köln/Weimar/Wien 2011, S. 186–193.

2 Lehmann (wie Anm. 1), S. 188.

3 Hermann Krause, Privileg, mittelalterlich, in: Handwörterbuch zur deutschen Rechtsgeschichte, Bd. 3, 1984, Sp. 1999–2005.

4 Karl Kroeschell, Deutsche Rechtsgeschichte, Bd. 1, 13. Aufl., Köln/Weimar/Wien 2008, S. 157.

mäßig die Neuzeit.[5] Für das spätere Mittelalter hat Hermann Krause in seinem Buch „Kaiserrecht und Rezeption“ von 1952[6] und in dem Aufsatz „Dauer und Vergänglichkeit im mittelalterlichen Recht“ von 1958[7] auch das Spätmittelalter mitbehandelt. Der Rechtshistoriker und Archivar Heinz Lieberich ging in seiner Abhandlung „Ludwig der Bayer als Gesetzgeber“ von 1959 auch auf die Privilegien ein.[8] In jüngerer Zeit hat Martin Schennach für die Tiroler Verhältnisse im 14. und 15. Jahrhundert das Verhältnis von Privileg und Gesetz, ein nahezu klassisches rechtshistorisches Thema, wieder aufgegriffen.[9] Für das kirchliche Recht ist immer noch grundlegend Dominikus Lindners Arbeit von 1917 über die Lehre vom Privileg nach Gratian und den Glossatoren.[10] Richard Potz hat im Band 1 von „Das Privileg im historischen Vergleich“ mit dem Aufsatz „Zur kanonistischen Privilegientheorie“[11] das Thema wieder intensiver behandelt.

Für die folgenden Ausführungen wird die Definition von Hermann Krause zu Grunde gelegt, wonach das Privileg ein „begünstigender Herrschaftsakt für einen Einzelempfänger“ ist.[12] Dieser begünstigende Herrschaftsakt stand naturgemäß in einem Spannungsverhältnis zu allgemeinen Regelungen. Das auf Isidor von Sevilla zurückgehende Gegensatzpaar von *leges privatae* (den Privilegien) und *leges publicae* wurde im 13. Jahrhundert abgelöst, bzw. ergänzt durch die Gegenüberstellung von *concessio iuris singularis* und *ius commune*, bzw. *privilegium* und *lex generalis*. Der Bedeutungsgehalt von *singularis* umfasste dabei mehr das Besondere als Ausnahme, war also nicht unbedingt auf die Einzelfallregelung, sondern auf die Ausnahme von der allgemeinen Regel abgestellt. Die Kanonistik hatte zwischenzeitlich herausgearbeitet, die Befugnis der Privilegienerteilung aus der päpstlichen Befugnis des Erlasses von Gesetzen abzuleiten. Im Folgenden wurde ein differenzierendes System entwickelt, das die entstandenen rechtlichen Probleme, nämlich der Wirksamkeit, insbesondere bei Kollision mit entgegenstehenden Privilegien, der Geltungsdauer und der Beendigung der Privilegien, vor allem beim Widerruf, lösen sollte.[13] Von

5 Das Privileg im europäischen Vergleich, hg. von Barbara DÖLEMEYER/Heinz MOHNHAUPT, 2 Bde., Frankfurt am Main 1997, 1999.

6 Hermann KRAUSE, Kaiserrecht und Rezeption, Heidelberg 1952.

7 Hermann KRAUSE, Dauer und Vergänglichkeit im mittelalterlichen Recht, in: Zeitschrift der Savigny-Stiftung Germ. Abt. 75 (1958), S. 206–251.

8 Heinz LIEBERICH, Kaiser Ludwig der Bayer als Gesetzgeber, in: Zeitschrift der Savigny-Stiftung Germ. Abt. 76 (1959), S. 173–245, zum Privileg S. 183–188.

9 Martin SCHENNACH, Gesetz und Herrschaft. Die Entstehung des Gesetzgebungsstaates am Beispiel Tirol, Köln 2010.

10 Dominikus LINDNER, Die Lehre vom Privileg nach Gratian und den Glossatoren des Corpus iuris canonici, Regensburg 1917.

11 Richard POTZ, Zur kanonistischen Privilegientheorie, in: DÖLEMEYER/MOHNHAUPT (wie Anm. 5), S. 13–67.

12 KRAUSE, Privileg (wie Anm. 3), Sp. 1999.

13 Ebd., Sp. 2001 f.

anderen Rechtsübertragungen unterschied sich das Privileg dadurch, dass es vornehmlich Berechtigungen verlieh, die darauf ausgerichtet waren, ein bestimmtes Handeln oder Unterlassen von Dritten zu fordern oder umgekehrt ein von Dritten oder gerade vom Privilegiengeber gefordertes Handeln rechtmäßig verweigern zu dürfen. Das Privileg wurde in allen Bereichen eingesetzt, in der hohen Politik wie auch im alltäglichen Leben. Entsprechend weit gefächert waren auch die in den Privilegien geregelten Materien. Sie reichten von sog. Staatsgrundgesetzen wie der „Confoederatio cum principibus ecclesiasticis“ und dem „Statutum in favorem principum“, die Sammelprivilegien für einen größeren Adressatenkreis waren und, wie Arno Buschmann es formuliert hat, „ihrer Substanz nach als Normativprivilegien betrachtet werden müssen“[14], bis zur Steuerbefreiung für einen einzelnen Hof eines Heilbronner Bürgers auf der anderen Seite.[15] Man kann auch größere Privilegiengruppen bilden: Stadtrechtsprivilegien, Gerichtsstandsprivilegien, Unverpfändbarkeitsprivilegien u. a., die sich am Regelungsgegenstand orientieren.

Der Stellenwert, den in rechtlicher und wirtschaftlicher Sicht die Privilegien für den Empfänger, etwa für eine Stadt, bedeuteten, kommt dann deutlich zum Ausdruck, wenn der mögliche Verlust drohte. An einem Beispiel der Stadt Straßburg lässt sich dies zeigen. Für 1324 ist der Entwurf eines Schreibens der Stadt an Papst Johannes XXII. überliefert, in dem begründet wird, warum in Straßburg das Mandat des Papstes gegen Ludwig nicht bekannt gegeben werde.[16] Ludwigs Machtposition in der Umgebung der Stadt sei sehr stark, die Stadtbevölkerung selber in der Königsfrage gespalten, weshalb der Straßburger Bischof letztlich auf die Bekanntmachung verzichtete. Denn, so die Stadt, eine Publikation des päpstlichen Mandats könnte König Ludwig erzürnen und neben anderen Maßnahmen könnte er ... *sibi sumere materiam et occasionem revocandi privilegia* .... Diese Privilegien habe die Stadt von den römischen Königen und Kaisern wegen besonderer Aufwendungen, besonders schwerer Mühen und willkommener Dienste erworben. Sehr deutlich wird hier auf die Gegenleistung für die Privilegien abgestellt, so dass für den gedachten Empfänger des Schreibens, Papst Johannes XXII., der potentielle Schaden der Stadt bei einem Widerruf der Privilegien durch Ludwig besonders deutlich geworden wäre. Weiter wurde argumentiert, dass durch die Publikation des Mandats dem Papst überhaupt

14 Arno Buschmann, Privilegien in der Verfassung des Heiligen Römischen Reiches im Hochmittelalter, in: Dölemeyer/Mohnhaupt, Bd. 2 (wie Anm. 5), S. 30f.

15 Regesten Kaiser Ludwigs des Bayern (1314–1347) nach Archiven und Bibliotheken geordnet, hg. von Peter Acht/Michael Menzel, bisher Bd. 1–9, Köln/Weimar/Wien 1991–2012 (im folgenden RLdB mit Heftzählung); hier RLdB, Heft 1, Nr. 71.

16 Kaiser, Volk und Avignon. Ausgewählte Quellen zur antikurialen Bewegung in Deutschland in der ersten Hälfte des 14. Jahrhunderts, hg. von Otto Berthold, Berlin 1960, S. 120–125; dazu Yuko Egawa, Stadtherrschaft und Gemeinde in Straßburg vom Beginn des 13. Jahrhunderts bis zum schwarzen Tod (1349), Trier 2007, S. 199f.

kein Nutzen entstünde, der Stadt aber große Nachteile, u. a. eben durch den Verlust ihrer Privilegien.

Einer Absicherung des Privilegienempfängers gegen einen möglichen Widerruf begegnen wir in zwei Urkunden, die Ludwig 1323 für Ulm und Esslingen ausgestellt hat. Der Ablauf stellte sich bei Esslingen folgendermaßen dar. Am 4. Juli 1323 bestätigte Ludwig in Nürnberg den vor ihm erschienenen Bürgern von Esslingen alle von römischen Kaisern und Königen erteilten Privilegien, Rechte, Freiheiten, Immunitäten und Gnaden.[17] Die Stadt war zwischenzeitlich auf Seiten Friedrichs gewesen. Zwei Tage später erhielten die Esslinger eine Urkunde, in der Ludwig die Esslinger wieder in seine Huld und Gnade aufnimmt. Es heißt dort: ... *daz wir den bescheiden laeuten den purgern ze Ezzelingen unser hulde und gnade gaentzlich geben haben und auch geben, dar umb daz si bis her mit dem hertzogen von Oesterrich wider uns gewesen sint und um alle sache.*[18] Bei Ulm war die zeitliche Folge gerade umgekehrt: Am 27. Mai 1323 nimmt Ludwig die Bürger Ulms, die ebenfalls vorher auf Seiten Friedrichs gestanden hatten, in seine Huld und Gnade auf *um alle sache, die bisher geschehen sint.*[19] Einen Tag später erteilt er den Ulmern die Bestätigung aller erteilten Privilegien, Rechte, Gnaden und Freiheiten.[20] Die zweite Reihenfolge scheint logischer, erst die Wiederaufnahme in die Huld, dann die Privilegienbestätigung. Doch warum war überhaupt die Wiederaufnahme in die Huld geboten? Anscheinend war die bloße Privilegienbestätigung nicht ausreichend. Man mag hier vielleicht in der Aufnahme in Huld[21] und Gnade[22] eine Geste des Herrschers sehen, mit der er auf einer politischen Ebene das wiederhergestellte gute Verhältnis zu den beiden Reichsstädten nach außen kundtun wollte. Dieser Faktor ist sicher auch zu berücksichtigen. Doch sind beide Urkunden zunächst von erheblicher rechtlicher Relevanz.[23] Hierzu muss auf die Lehre vom Widerruf der Privilegien bei den Kanonisten zurückgegriffen werden. Danach konnte grundsätzlich der Privilegiengeber ein von ihm erteiltes Privileg widerrufen. Allerdings bedurfte es eines Grundes, einer *causa*, um das Recht des Widerrufs ausüben zu dürfen. Dabei sollte es sich um „gerechte Gründe unter Wahrung der Billigkeit" handeln. Dies konnte unter Umständen auch das bloße öf-

17 RLdB, Heft 1, Nr. 46; MGH Const. V, Nr. 757.

18 RLdB, Heft 1, Nr. 47.

19 RLdB, Heft 1, Nr. 41; MGH Const. V, Nr. 747.

20 RLdB, Heft 1, Nr. 42.

21 Zur Huld siehe Gerd ALTHOFF, Huld. Überlegungen zu einem Zentralbegriff der mittelalterlichen Herrschaftsordnung, in: Frühmittelalterliche Studien 25 (1991), S. 259–282; Bernhard DIESTELKAMP, Hulde, in: Handwörterbuch zur deutschen Rechtsgeschichte, 2. Aufl., Bd. 2, Berlin 2012, Sp. 155–157; ders., Huldeverlust, ebd. Sp. 1157–1159; für die ältere Zeit Rudolf KÖSTLER, Huldentzug als Strafe. Eine kirchenrechtliche Untersuchung, Stuttgart 1910, S. 35–45.

22 Zum Entzug von Gnade und Huld im mittelalterlichen Recht Hermann KRAUSE, Gnade, in: Handwörterbuch zur deutschen Rechtsgeschichte, Bd. 1, 1971, Sp. 1716.

23 So Fritz TRAUTZ, Ludwig der Bayer und die schwäbischen Reichsstädte, in: Bausteine zu einer geschichtlichen Landeskunde, Stuttgart 1979, S. 207.

fentliche Wohl, die *salus publica*, sein.[24] Es galt der Grundsatz: „Der Privilegiengeber soll ein Privileg nicht ohne Grund widerrufen.“ [25] Für diese Einschränkung der Befugnis des Privilegiengebers führte z. B. Hostiensis als Begründung an, dass im Privileg auch ein „stillschweigender Vertrag“ enthalten sei, der wie jeder Vertrag von beiden Seiten eingehalten werden müsse.[26] Der Widerruf enthielt dann auch ein Element der Kündigung. Damit war für den Privilegiengeber eine Bindungswirkung begründet. Diese Bindungswirkung entfiel, wenn die Begünstigten, hier Esslingen und Ulm, sich gegen den Privilegiengeber, hier König Ludwig, durch die Unterstützung Friedrichs auflehnten. Die *causa* für einen Widerruf lag vor. Mit der (Wieder) Aufnahme der beiden Städte in die Huld und Gnade war aber diese *causa* für den Widerruf hinfällig geworden. Ludwig sprach hiermit einen Verzicht aus, die alten und auch jetzt wieder bestätigten Privilegien der beiden Städte wegen derer Unterstützung Friedrichs zu widerrufen. Mit dem Wegfall des Grundes war auch sein Recht des Privilegienwiderrufs weggefallen, gemäß dem Grundsatz *cessante causa cessat lex*.[27] Die Aufnahme in die Huld und Gnade und die Bestätigung der Privilegien stehen also bei den genannten Fällen Ulm und Esslingen nicht nur in einem engen zeitlichen, sondern auch in einem engen rechtlichen Zusammenhang. Die Bürger von Ulm wurden 1331 noch einmal in die Gnade und Huld aufgenommen, da sie ihre vorherigen Vergehen gegen Kaiser und Reich aufgegeben hätten.[28]

Ein Beispiel, bei dem es unklar ist, ob ein Widerruf vorliegt, und bei dem ein Ausgleich zwischen zwei wichtigen Städten, Regensburg und Nürnberg, gefunden werden musste, finden wir im Jahr 1316. Ludwig hatte ein Privileg für Nürnberg ausgestellt, in dem Nürnberg das Recht zugestanden worden war, auch Regensburger Bürger zu pfänden.[29] Dieses Privileg zu Gunsten Nürnbergs erklärte Ludwig am 17. Juli 1316 auf Beschwerden der Regensburger mit einer lateinischen und zwei Tage später am 19. Juli mit einer deutschen Urkunde für ungültig. In der Literatur wird vom Widerruf des für Nürnberg erteilten Privilegs gesprochen.[30] Ludwig erklärte, *daz wir wellen von rechter wisse, daz der brief den die … von Nueremberg uomb phantuong gen den … von Regenspuorch von unsern wegen habent, dehain krafft*

24 Potz, Privilegientheorie (wie Anm. 11), S. 56.

25 Lindner, Privileg (wie Anm. 10), S. 122.

26 Ebd., S. 123.

27 Dazu Hermann Krause, Cessante causa cessat lex, in: Zeitschrift der Savigny-Stiftung Kan. Abt. 77 (1960), S. 81–111; zur Anwendung des Prinzips auf Einzelakte S. 89 f.

28 MGH Const. VI, 2, Fasc. 1 Nr. 31.

29 Dazu Johann Schmuck, Ludwig der Bayer und die Reichsstadt Regensburg. Der Kampf um die Stadtherrschaft im späten Mittelalter, Regensburg 1987, S. 337.

30 Schmuck, Ludwig der Bayer (wie Anm. 29), S. 158; Helmut Bansa, Studien zur Kanzlei Ludwigs des Bayern vom Tag der Wahl bis zur Rückkehr aus Italien (1314–1329), Kallmünz 1968 verwendet wechselnd die Begriffe „Ungültigkeitserkärung“ (S. 13) und „Widerruf“ (S. 133).

noch macht habe, wann er anders geschriben ist, dann wir in schreiben hiezzen.[31] Pfändungen, die bereits erfolgt seien, sollen ungültig sein, d. h. die Ungültigkeit sollte ex tunc erfolgen. Was auch immer hier geschehen ist, ein Widerruf im strengen Sinn liegt wohl nicht vor, da nicht auf die Unkenntnis eines entgegenstehenden älteren Privilegs abgestellt wurde, so dass auch die Frage der Kollision entgegenstehender Privilegien nicht zu lösen war. Wie behalf man sich also? Interessanterweise weicht die lateinische Fassung,[32] die zeitlich vorausging, von der deutschen Fassung ab. Sie enthält eine Arenga.[33] In dieser heißt es: *Veritatem rerum gestarum erroribus iuxta sacrarum legum sancciones non convenit viciari.* Die Wahrheit der Geschehnisse bleibt gemäß der heiligen Gesetze von Irrtümern unberührt, lautet dieser Obersatz, aus dem die konkrete Entscheidung der Kassation des Privilegs abgeleitet wird. Die Privilegierung zu Gunsten Nürnbergs, *in qua error expresse compertus est,* sei, so Ludwig, *preter nostram scientiam data fuit,* .... Der Hinweis auf das fehlende Wissen Ludwigs, der nicht als bloße Formel abgetan werden sollte, ist deshalb wichtig, weil bei der Lehre von der Verdrängung früherer Privilegien durch spätere es entscheidend war, ob beim Privilegiengeber eine Kenntnis der anderen älteren Rechte vorlag. Hatte er in bewusster Kenntnis älterer Rechte inzwischen gegenteilig verfügt, galt die neue Verfügung. Lag diese Kenntnis nicht vor, was bei Privilegien vermutet wurde, weil man deren genaue Kenntnis dem Herrscher nicht zumuten wollte, im Gegensatz zu Gesetzen, konnte ein früheres Recht nicht durch ein jüngeres derogiert werden. Dieser Gedanke der rechtserheblichen Unkenntnis wurde hier offensichtlich aufgegriffen. Diese Unkenntnis Ludwigs von der für Regensburg nachteiligen Belastung befreite ihn von einer Nürnberg gegenüber womöglich bestehenden Bindungswirkung. Die lateinische Ausfertigung liefert mit ihren Hinweisen auf den Irrtum und das fehlende Wissen Ludwigs eine wesentlich juristischer formulierte Fassung als die deutsche Ausfertigung. Dies ergibt sich auch daraus, dass die Arenga der lateinischen Urkunde ein den Digesten entnommenes Zitat enthält. In Dig. 1, 18, 6, 1 (im Abschnitt über das Amt des Provinzstatthalters, nicht bei Dig. 18, 1, 9, wo beim Kaufrecht der Irrtum behandelt wird) wird eine Äußerung Ulpians aus dem 1. Buch seiner Rechtsansichten wiedergegeben: *Veritas erroribus gestarum non vitiatur.* Wegen der etwas anderen Wortstellung, *gestarum* steht nach *erroribus*, wird die Stelle folgendermaßen übersetzt:[34] „Die wahre Sachlage wird durch Irrtümer bei der Protokol-

31 MGH Const. V Nr. 367. Das strittige ursprüngliche Privileg zu Gunsten Nürnbergs ist nicht überliefert, RLdB, Heft 9, Nr. 56.

32 MGH Const. V Nr. 366.

33 Dazu Christa Fischer, Studien zu den Arengen in den Urkunden Kaiser Ludwigs des Bayern (1314–1347). Beiträge zu Sprache und Stil, Kallmünz 1987, S. 16, 20; Bansa, Studien (wie Anm. 30), S. 93 hält den lateinischen Text für den primären.

34 Corpus Iuris Civilis. Text und Übersetzung, hg. von Okko Behrends/Rolf Knütel u. a., Bd. II, Heidelberg 1995, S. 161.

lierung nicht beeinflußt." Die Bestimmung steht im Zusammenhang der Pflichten der Provinzstatthalter, ungesetzliche Zwangseintreibungen u.Ä. zu verhindern. Die Arenga unserer Urkunde ist noch um die Berufung auf die *sacrae leges* erweitert und verstärkt worden. Natürlich ging es hier um politische Entscheidungen. Gemeiner schreibt dazu in seiner Regensburger Chronik über die beschwerdeführenden Bürger Regensburgs, dass diese großenteils Gläubiger Ludwigs gewesen seien.[35] Doch für Nürnberg, dem Ludwig wieder etwas entziehen musste, wollte man doch eine rechtlich nachvollziehbare Begründung liefern und berief sich auf die Autorität des römischen Rechts. Auch zog man die Grundsätze der Widerrufslehre heran, zumindest was die Unkenntnis betraf, auch wenn die Unkenntnis sich lediglich auf die Ausfertigung des Textes durch die Kanzlei bezog.[36]

Ein Fall des Widerrufs, weil die vorherigen entgegenstehenden Verfügungen dem Kaiser unbekannt waren, ist der 1333 erfolgte Widerruf des an Utz und Heinrich die Guten von Biberach verliehenen Privilegs der Steuerfreiheit für ihre Güter.[37] Die Bürger von Biberach hatten den Kaiser *geinnret und underwiset*, dass diese Güter durchaus steuerpflichtig seien und *des wir in vormals och unser brief daruber gegeben haben ....*" Demgemäß erfolgte der Widerruf des zu Gunsten von Utz und Heinrich den Guten erteilten späteren Privilegs.[38]

Eines Widerrufs bedurfte es nicht, wenn der Verlust des Privilegs ipso facto, also allein durch die Handlung des Privilegienempfängers eintrat. Diese Rechtsfolge ist wohl dem kirchlichen Recht entnommen worden. Dort kam sie in Betracht, wenn Geistliche von Laien in ihren Rechten verletzt wurden, was eine Exkommunikation ipso facto nach sich zog.[39] Der Verlust der Privilegien ipso facto ist in Ludwigs Traktat „Fidem catholicam" ausgesprochen, wenn es dort am Ende heißt, dass denen, die es wagen, dem Befehl zuwider zu handeln, alle Lehen, alle Gunsterweisungen, Privilegien und Freiheiten und Immunitäten, die Ludwig und seine Vorgänger bewilligt haben, von jetzt an entzogen werden.[40] Noch schärfer ist es im „Licet iuris" formuliert. Nicht nur das Handeln, sondern auch das Behaupten, Äußern, Zustim-

---

35 Carl Theodor Gemeiner, Reichsstadt Regensburgische Chronik, Bd. 1, Regensburg 1800, S. 497. Ob hier tatsächlich eine „grobe Fahrlässigkeit der Kanzlei" vorgelegen hat, wie es Bansa, Studien (wie Anm. 30), S. 133 vermutet oder ob eine Schutzbehauptung gebraucht wurde, um die Kassation des Privilegs rechtlich abzusichern, muss offen bleiben.

36 Bansa, Studien (wie Anm. 30) und Fischer (wie Anm. 33) nennen die Digestenstelle nicht. Zum Begriff *sacrae leges* siehe Krause, Kaiserrecht (wie Anm. 6), S. 50.

37 MGH Const. VI, 2, Fasc. 3, Nr. 392.

38 Die politische Bedeutung des Privilegienwiderrufs zeigt sich auch in Art. 13 der Goldenen Bulle *De revocacione privilegiorum*.

39 Lotte Kéry, Gottesfurcht und irdische Strafe. Der Beitrag des mittelalterlichen Kirchenrechts zur Entstehung des öffentlichen Strafrechts, Köln/Weimar/Wien 2006, S. 601.

40 Hans-Jürgen Becker, Das Mandat „Fidem catholicam" Ludwigs des Bayern von 1338, in: Deutsches Archiv für Erforschung des Mittelalters 26 (1970), S. 501.

men u. Ä. wird sanktioniert. Von den auch in „Fidem catholicam" genannten Lehen, Freiheiten und anderen Rechte heißt es: *... ex nunc privamus...* und: *et ipso iure et facto decernimus esse privatos.*[41] Diese strenge Rechtsfolge hängt damit zusammen, dass die Vergehen hier als *crimen laesae maiestatis*[42] qualifiziert wurden, bei dem die Strafe ipso facto verwirkt wurde. Direktes Vorbild für das ipso-facto-Prinzip könnte das von Heinrich VII. erlassene Gesetz gegen Majestätsverbrechen „Declaratio quis sint rebellis"[43] gewesen sein, in dem es heißt: *... quod acta prava malorum potius quam verba sententiarum ipsos faciunt pena condignos, ...* Immerhin wurde dieses Gesetz zusammen mit dem zugleich erlassenen Gesetz „Ad reprimenda" in das Corpus Civilis aufgenommen. Kaiser Karl IV. bewirkte eine Kommentierung durch Bartolus in den Jahren 1354 bis 1357.[44]

Privilegienentzug war im Zusammenhang mit der Acht möglich. Bei den Auseinandersetzungen zwischen der Stadt Mainz und der Mainzer Geistlichkeit verhängte Ludwig 1332 die Acht über die Stadt.[45] Zusätzlich wurde festgesetzt, *waz friheyd die vorgenanten von Meintz heten von dem gestift und capi[ttel von] Meintz biz her behabt, ez weren brief daruber gegeben oder niht, die solten sie verlorn han und furbaz me khein recht dar ane han.*[46] Bei der Entlassung aus der Acht im August 1332 wurde die Stadt von Ludwig wieder *aller irr eren und fryheit wider in gantzes wesen* eingesetzt.[47]

Bei Unklarheiten konnte es geboten sein, das Privileg auszulegen. In der Kanonistik bestand Einigkeit darüber, dass ein Privileg als Ausnahmevorschrift nicht durch

---

41 Lorenz Weinrich, Quellen zur Verfassungsgeschichte des römisch-deutschen Reiches im Spätmittelalter (1250–1500), Darmstadt 1983, S. 292; zur Bedeutung von „Fidem catholicam" und „Licet iuris" Stefan Weinfurter, Ludwig der Bayer und sein Koblenzer Programm von 1338, in: Nassauische Annalen 123 (2012), S. 55–79, zum „crimen laesae maiestatis" S. 66.

42 Auf diese Qualifizierung weist auch hin Martin Kaufhold, Gladius spiritualis. Das päpstliche Interdikt über Deutschland in der Regierungszeit Ludwigs des Bayern (1324–1347), Heidelberg 1994, S. 227. In den Konstitutionen von Melfi galt das ipso-facto-Prinzip nicht, es bedurfte eines Gerichtsverfahrens, um die Strafe festzustellen; dazu Christoph Ulrich Schminck, Crimen laesae maiestatis. Das politische Strafrecht Siziliens nach den Assisen von Ariano (1140) und den Konstitutionen von Melfi (1231), Aalen 1970, S. 117f.

43 MGH Const. IV, 2 Nr. 931/932.

44 Hermann Lange, Recht und Macht. Politische Streitigkeiten im Spätmittelalter, Frankfurt am Main 2000, S. 7f., 25–28; Ernst Schubert, Kaiser und Reich, Göttingen 1979, S. 139–146; Malte Heidemann, Heinrich VII. (1308–1313). Kaiseridee im Spannungsfeld von staufischer Universalherrschaft und frühneuzeitlicher Partikularautonomie, Warendorf 2008, S. 237.

45 Dazu Friedrich Battenberg, Politische Prozesse im mittelalterlichen Römisch-Deutschen Reich, Darmstadt 1995, S. 52–68; Michael Hollmann, Das Mainzer Domkapitel im späten Mittealter (1306–1476), Mainz 1990, S. 213–217.

46 MGH Const. VI, 2, Fasc. 2 Nr. 220; zum Privilegienentzug als Strafe Lindner, Privileg (wie Anm. 10), S. 102.

47 MGH Const. VI, 2, Fasc. 2 Nr. 310.

Auslegung zu einer allgemeinen Regelung werden könne. Aber über den Umfang eines Privilegs könne man im Wege der Auslegung Klarheit verschaffen.[48] Dies war in folgendem Fall notwendig geworden, weil landesherrliche Städte, die ihnen von Ludwig verliehenen Rechte und Freiheiten weit auslegten. Die Stadt Frankfurt, die 1330 ihr Recht, einen zweiten zweiwöchigen Wochenmarkt abzuhalten, erhalten hatte, hatte dem Kaiser mitgeteilt, dass bei Städten, Märkten und Dörfern die Freiheit und Gnade, die diesen erteilt worden seien, *anders verstanden worde, dan wir* (sc. Ludwig) *sie gemeynet hetten oder meynen, ...* In einigen Städten, Märkten und Dörfern war man nämlich der Ansicht, dass man alle Freiheiten und besondere Gnaden habe wie die Stadt Frankfurt und andere Reichsstädte. Ludwig schränkte Ende Februar und Anfang März 1332 die erteilten Freiheiten deutlich ein: Sie beschränkten sich auf das Abhalten von Wochenmärkten und darauf, nach dem Recht der Stadt, das ihnen verliehen wurde, zu urteilen. Hier stand dem Privilegiengeber in dieser Eigenschaft das Recht der authentischen Interpretation zu.[49] Gemeint waren wohl Fälle wie die am 28. Februar 1331 erfolgte Erteilung des Rechts an Gerlach von Nassau, dass sein *staetlin* Gleiberg einen Wochenmarkt abhalten dürfe und *alle diu recht, friung und gut gewonheit, die unser und des Richs stat Franchenfurt habent ist.*[50]

Die Wirksamkeit von Privilegien war unterschiedlich und immer von den konkreten Macht- und Herrschaftsverhältnissen abhängig. Bei den Unverpfändbarkeitsprivilegien ist dies besonders deutlich zu beobachten.[51] Am Beispiel der Städte Zürich und St. Gallen lassen sich die Schutzfunktionen eines solchen Privilegs aufzeigen.[52] Am 6. August 1330 verpfändete Ludwig den Herzögen Albrecht und Otto von Österreich die Städte Zürich, St. Gallen, Schaffhausen und Rheinfelden für 20.000 Mark Silber. Innerhalb von vier Wochen sollten die Pfandobjekte an die Herzöge ausgehändigt werden. Diese Verpfändung, die im Rahmen der Einigung zwischen Ludwig und den österreichischen Herzögen erfolgte, wurde vor allem von Zürich und St. Gallen angegriffen. Die beiden Städte beriefen sich auf ihre alten Unverpfändbarkeitsprivilegien. Damit war die Erfüllung der Vereinbarung durch Ludwig gefährdet. Durch einen Spruch von sieben Schiedsleuten wurde Ludwig verpflichtet, bis zum 1. Mai 1331 die beiden Städte Zürich und St. Gallen zu bezwingen und diese den Herzögen zu übergeben. Sollte dies nicht möglich sein, wurden als Ersatzobjekte

---

48 Lindner, Privileg (wie Anm. 10), S. 87ff.; Potz, Privilegientheorie (wie Anm. 11), S. 54f.

49 Krause, Kaiserrecht (wie Anm. 6), S. 57 Anm. 245; Friedrich Keutgen, Urkunden zur städtischen Verfassungsgeschichte, Berlin 1901, Nr. 399; MGH Const. VI, 2, Fasc. 2 Nr. 235.

50 MGH Const. VI, 2, Fasc. 1 Nr. 36.

51 Götz Landwehr, Die Verpfändung der deutschen Reichsstädte im Mittelalter, Köln/Graz 1967, S. 208–233.

52 Traugott Schiess, Die Gültigkeit königlicher Privilegien und der Schwyzer Freiheitsbrief, in: Archiv des Historischen Vereins des Kantons Bern 31 (1931), S. 7f.; Karl Dändiker, Geschichte der Stadt und des Kantons Zürich, Bd. 1, Zürich 1908, S. 6ff.

Neuenburg am Rhein und Breisach benannt.[53] Ende Februar 1331 widerrief Ludwig in Regensburg die Verpfändung Zürichs,[54] nachdem ihm dessen Privilegien vorgelegt worden waren und er zu der Erkenntnis gekommen war, dass die Verpfändung ihm nicht erlaubt gewesen war. Am 26. und 27. Februar 1331 wurden dann auch mehrere Züricher Privilegien neu bestätigt, auch das Privileg der Nichtverpfändung. Ebenfalls am 27. Februar kam es aber auch zu einem Übereinkommen zwischen Ludwig und Zürich über die Höhe der von Zürich zu entrichtenden Reichssteuer, die 2.500 Haller betragen sollte. Zürich hatte sich im Grunde freigekauft. Allerdings erfolgten die Verpflichtung zur Zahlung der vereinbarten Steuer und der Widerruf der Verpfändung getrennt, so dass rechtlich alleiniger Widerrufsgrund das entgegenstehende Privileg Zürichs war. Am 22. April 1331 erlangte auch St. Gallen den Widerruf der Verpfändung.[55] Die anderen Städte konnten dies nicht erreichen, anstelle Zürichs und St. Gallens wurden Neuenburg und Breisach verpfändet.[56] 1327 wollte Ludwig die Steuer von Nördlingen den Grafen von Öttingen verpfänden. Da das Unverpfändbarkeitsprivileg für Nördlingen sachlich nicht eingeschränkt war, musste Ludwig die Stadt Nördlingen fragen, ob sie dem zustimme.[57]

Es war anerkannt, dass bei einer erbetenen Bestätigung von Privilegien durchaus nicht alle vorgelegten Privilegien bestätigt werden mussten. Der Stadt Aachen wurden 1331 *omnia et singula iura, privilegia, libertates, gracias, donaciones et laudabiles consuetudines* bestätigt, allerdings mit der Einschränkung *quis hactenus usi fuistis.*[58] Privilegien, die nicht mehr in Gebrauch waren, sollten also nicht bestätigt werden. Eine Sichtung und Prüfung wurde deshalb angeordnet. Auch in der Privilegienbestätigung für den Abt Burkhard von Kempten von 1331 heißt es *quibus etiam hactenus usi fuisti.* Der Nichtgebrauch konnte zu einer Verjährung führen. Diese war aber nur dann gegeben, wenn der Privilegieninhaber in seinem Handeln frei war, d.h. er selber darüber bestimmen konnte, ob er das Privileg in Anspruch nahm oder nicht. Bestand der Inhalt des Privilegs z.B. darin, dass er sich vor einem bestimmten Gericht nicht verklagen lassen musste und wurde er dort bisher nicht verklagt, so erlosch das Privileg nicht wegen Nichtgebrauchs. Denn es stand ja nicht in seiner Macht, verklagt

53 RLdB, Heft 6, Nr. 33.

54 Landwehr, Reichsstädte (wie Anm. 51), S. 224.

55 MGH Const. VI, 2 Fasc. 1 Nr. 62.

56 Schiess, Gültigkeit (wie Anm. 52), S. 8; Götz Landwehr, Die rechtshistorische Einordnung der Reichspfandschaften, in: Der deutsche Territorialstaat im 14. Jahrhundert, hg. von Hans Patze, Bd. 1, Sigmaringen 1970, S. 102; Jürgen Treffeisen, Die Habsburger und ihre breisgauischen Städte im späten Mittelalter, in: Die Habsburger im deutschen Südwesten. Neue Forschungen zur Geschichte Vorderösterreichs, hg. von Franz Quarthal/Gerhard Faix, Stuttgart 2000, S. 13–135.

57 Landwehr, Reichsstädte (wie Anm. 51), S. 221.

58 MGH Const. VI, 2 Fasc. 2, Nr. 120, 1331 Juni 26.

zu werden. Dem lag auch eine rechtliche Unterscheidung der Privilegien zu Grunde. Insbesondere die Dekretalistenliteratur[59] unterschied zwischen *privilegium ad agendum* und *privilegium ad excepiendum*. Das *privilegium ad agendum* war dann gegeben, wenn der Privilegieninhaber das Recht hatte, etwas zu fordern. Dies konnte er notfalls mit einer gerichtlichen Klage (*actio*) geltend machen. Das *privilegium ad excepiendum* beinhaltete das Recht, eine geforderte Leistung zu verweigern (z. B. eine Abgabe). Bei diesem konnte der Privilegieninhaber bei gerichtlicher Geltendmachung sich durch die Einrede (*exceptio*) schützen. Weitere Differenzierungen sollen hier außer Betracht bleiben, auch hinsichtlich unterschiedlicher Verjährungszeiten. Aber schon die vorgestellte Zweiteilung der Privilegien hatte Auswirkung hinsichtlich des Wegfalls der Geltung wegen etwaigen Nichtgebrauchs. Daher war im konkreten Fall jeweils eine Prüfung angebracht.

Der besonderen politischen Lage geschuldet war die Vereinbarung zwischen Ludwig und Friedrich vom 5. September 1325 über das Doppelkönigtum.[60] Für die von ihnen jeweils vorgenommenen Rechtshandlungen bestimmten sie: *Swaz auch unser einer furbaz tuot, daz sol der ander stete haben und bestetigen mit seinen briefn.*[61] Für die vergangenen Rechtshandlungen vereinbarten sie dementsprechend: *Swaz aber vor her unser ietweder getan hat mit gabe, mit lehen, mit versetzen, verchuommern und swelherley anders daz ist, ez sei an wertlichen oder an geistlichen sachen, do er gewalt hett, daz sol staete sein iedem manne, ez sei danne daz wir mit gemainem rat und willen dem riche daz gebezzern moegn.* Die jeweils erteilten Privilegien sind hier mit *gabe* bezeichnet, ein für das Privileg eher selten gebrauchter Begriff.[62] Die gegenseitige Anerkennung der erteilten Privilegien war natürlich auch oder gerade für die Privilegienempfänger von größter Bedeutung. Dies war kein theoretisches Problem gewesen, wie sich aus Gutachten von Oldrado da Ponte ergibt.[63] So hatte Oldrado zu erörtern (cons. 180), ob der römische König bereits vor der Kaiserkrönung wirksam

---

59 Lindner (wie Anm. 10), S. 106 ff.

60 Marie-Luise Heckmann, Das Doppelkönigtum Friedrichs des Schönen und Ludwigs des Bayern (1325–1327). Vertrag, Vollzug und Deutung im 14. Jahrhundert, in: Mitteilungen des Instituts für Österreichische Geschichtsforschung 109 (2001), S. 53–81; Gerald Schwedler, Herrschertreffen des Spätmittelalters. Formen – Rituale – Wirkungen, Ostfildern 2008, S. 229–239; Claudia Garnier, Der doppelte König. Zur Visualisierung einer neuen Herrschaftskonzeption im 14. Jahrhundert, in: Frühmittelalterliche Studien 44 (2010), S. 265–290; Michael Menzel, Die Zeit der Entwürfe 1273–1347 (Gebhardt, Handbuch der deutschen Geschichte, 10. Aufl., Bd. 7a), Stuttgart 2012, S. 167 ff.

61 MGH Const. VI, 1 Nr. 105.

62 Belege für die Bedeutung „Privileg“, vor allem aus dem 14. Jahrhundert, Deutsches Rechtswörterbuch, Bd. 3, Weimar 1935–1938, Sp. 1127.

63 Für den Hinweis auf die Relevanz von Oldrado da Ponte in der Privilegienfrage danke ich Prof. Dr. Alois Schütz. Zu Oldrado da Ponte Hermann Lange/Maximiliane Kriechbaum, Römisches Recht im Mittelalter, Bd. 2: Die Kommentatoren, München 2007, S. 602–612.

im Reich regieren könne.[64] Mit der Privilegienerteilung bei zwei gewählten Königen befasste sich Oldrado anlässlich eines an ihn herangetragenen Rechtsstreits (cons. 22 und 23).[65] Die Frage nach der Geltung der erteilten Privilegien, im konkreten Fall ging es um ein Zollprivileg, beantwortete er zunächst dahingehend, dass dies von der (päpstlichen) Entscheidung abhänge, wer rechtmäßig König sei. Das von dem dann unterlegenen erwählten König erteilte Privileg sei keines, also ex tunc ungültig. Diese Rechtsauskunft half natürlich im konkreten Fall nicht weiter, da über die jeweilige Königswahl Ludwigs und Friedrichs vom Papst noch nicht entschieden war. Oldrado wollte wohl vermeiden, mit einer klaren Aussage in der Privilegienangelegenheit einer päpstlichen Entscheidung zur Königswahl vorzugreifen. Schließlich verfiel Oldrado auf eine Lösung, die die Beantwortung der Rechtsfrage aufschob. Solange nicht geklärt sei, wer rechtmäßig König sei, müssen die Untertanen, die Ausübung des Privilegs nicht dulden. Bestandskraft habe das Privileg aber dann, wenn beide gewählten Könige es erteilt haben. Deshalb empfahl Oldrado, sich bei dieser Konstellation das Privileg von beiden Königen erteilen zu lassen. Diese Fälle gab es durchaus. Hagenau ließ sich am 4. März 1315 von Ludwig ein Steuerprivileg erteilen, das dann gleichlautend wenige Tage später am 17. März 1315 auch Friedrich der Stadt gewährte.[66]

Die Münchener Abmachung von 1325 versuchte also mit den Regelungen über die gegenseitige Anerkennung von Rechtshandlungen, insbesondere auch von Privilegienerteilungen, die durch die ungeklärte Frage, wer rechtmäßiger König sei, entstandene Rechtsunsicherheit zu beseitigen. Gerade die Gültigkeit eines Privilegs war angesichts seiner wirtschaftlichen Bedeutung[67] für den Privilegienempfänger von größter Bedeutung, wie auch der von Oldrado zu klärende Rechtsstreit zeigt. Zumindest für diese Bestimmungen der Münchener Vereinbarung von 1325 kann man daher annehmen, dass es Ludwig nicht darum ging, mit einem „dilatorischen For-

---

64 Tilmann Schmidt, Die Konsilien des Oldrado da Ponte als Geschichtsquelle, in: Consilien im späten Mittelalter. Zum historischen Aussagewert einer Quellengattung, hg. von Ingrid Baumgärtner, Sigmaringen 1995, S. 59; Hans-Jürgen Becker, Das Kaisertum Ludwigs des Bayern, in: Kaiser Ludwig der Bayer. Konflikte, Weichenstellungen und Wahrnehmung seiner Herrschaft, hg. von Hermann Nehlsen/Hans-Georg Hermann, Paderborn/München u.a. 2002, S. 121; Alois Schütz, Die Verhandlungen Ludwigs des Bayern mit Benedikt XII. Ein Beitrag zum päpstlichen Anspruch auf Approbation des Römischen Königs 1335–1337, in: Zeitschrift für bayerische Landesgeschichte 60 (1997), S. 267f.

65 Zum folgenden Balduin Alstermann, Beiträge zum Konflikt Johanns XXII. mit dem deutschen Königtum, Bonn 1909, S. 25ff.; siehe auch Chiara Valsecchi, Oldrado da Ponte e i suoi consilia. Un'auctoritas del primo Trecento, Milano 2000, S. 158, 272, 675.

66 RLdB, Heft 4, Nr. 7, S. 6f.

67 Zur vermögensrechtlichen Funktion von Herrschaftsrechten Dietmar Willoweit, Zum Einfluss des gelehrten Rechtsdenkens in Urkunden des 13. Jahrhunderts, in: Studia Gratiana XXVII (1997), S. 589.

melkompromiss“ Zeit zu gewinnen, sondern ein tatsächlich bestehendes Problem zu lösen.[68]

Die vorgestellten Beispiele zeigen, dass in der ersten Hälfte des 14. Jahrhunderts das Privileg, ein schon damals altes Rechtsinstitut, ein rechtliches Instrument der Herrschaftssicherung war. Mit Privilegienerteilung und Privilegienentzug war es möglich, Kräfte an sich zu binden oder zu halten. Die Drohung mit dem Widerruf war geeignet, politisches Verhalten zu steuern. Gleichzeitig gewährte die Rechtsqualität des Privilegs dem damit ausgeübten politischen Handeln Legitimität. Die Verfügung als Rechtsakt war entscheidend für diese Legitimität.[69] Auch besaß das Privileg durch die rechtlich gewährten Möglichkeiten des Widerrufs oder durch Beendigung etwa wegen Verjährung auf Grund von Nichtgebrauch mit den anderen in der Herrschaftspraxis verwendeten Rechtsinstituten Pfandschaft und Lehen die strukturelle Gemeinsamkeit der möglichen Beendigung. Die beiden letzteren Rechtsinstitute Pfandschaft und Lehen führten aber zu einer Verfestigung zu Gunsten des Empfängers, während beim Privileg die Stellung des Privilegiengebers stärker wurde. Götz Landwehr hat für das 14. Jahrhundert eine Herrschaftszersplitterung durch Pfandschaft und Lehen gesehen.[70] Beim Privileg lag dies aus den genannten Gründen anders. Hermann Krause sprach deshalb von der „Geltungsschwäche“ des Privilegs[71], was im Hinblick auf die klassische Gegenüberstellung von Gesetz und Privileg sicher zutrifft. Aber wenn man das Privileg in den Kontext der Herrschaftspraxis stellt, dann ist es gerade diese Geltungsschwäche, die ihm Bedeutung verleiht. Denn es gewährt dem Privilegiengeber die Beendigung, bindet ihn aber doch soweit, dass der Begünstigte nicht nur eine leere Hülle, sondern auch eine rechtlich abgesicherte Position erhält. Für die weitere Zeit spaltet sich die Entwicklung. Es beginnt der „Siegeszug des Gesetzes“[72], das in manchen Bereichen das Privileg verdrängt.

---

68 Der Begriff „dilatorischer Formelkompromiss“ stammt von Carl Schmitt, Verfassungslehre, München 1928, S. 31 f.; zur unterschiedlichen Bewertung der Absichten Ludwigs Heckmann, Doppelkönigtum (wie Anm. 60), S. 54 f.

69 Anders Hagen Keller (für das Hochmittelalter) bei Hagen Keller/Christoph Dartmann, Inszenierung von Ordnung und Konsens. Privileg und Statutenbuch in der symbolischen Kommunikation mittelalterlicher Rechtsgemeinschaften, in: Zeichen – Rituale – Werte, hg. von Gerd Althoff, Münster 2004, S. 211: „Nicht einfach in der königlichen Verfügung, sondern in der rituellen Überhöhung, in die sie integriert ist, liegen die »Rechtsgarantien« des Privilegs.“ Ebenso Hagen Keller, Hulderweis durch Privilegien: symbolische Kommunikation innerhalb und jenseits des Textes, in: Frühmittelalterliche Studien 38 (2004), S. 310. Zu diesem Ansatz aus rechtshistorischer Sicht zu Recht kritisch Jürgen Weitzel, Königsgericht, in: Handwörterbuch zur deutschen Rechtsgeschichte, 2. Aufl., 17. Lfg. Berlin 2013, Sp. 47 ff.

70 Götz Landwehr, Mobilisierung und Konsolidierung der Herrschaftsordnung im 14. Jahrhundert, in: Patze, Der deutsche Territorialstaat (wie Anm. 56), Bd. 2, S. 491 ff., 494 ff.

71 Krause, Dauer und Vergänglichkeit (wie Anm. 7), S. 223; so auch Kroeschell, Deutsche Rechtsgeschichte (wie Anm. 4), S. 163.

72 Lieberich, Ludwig der Bayer (wie Anm. 8), S. 188.

Auf der anderen Seite versuchen die durch ein Privileg Begünstigten, die Bindungswirkung zu verstärken, in dem sie, auch mit der Hilfe der Juristen, den vertraglichen Charakter betonen, also die Flucht in den Vertrag suchen. Bis zum Ende des Alten Reichs hält sich das Rechtsinstitut, wenn auch häufig als leere Hülle obsolet gewordener Rechte. Das katholische Kirchenrecht kennt es noch heute, im weltlichen Recht ist der Verwaltungsakt z. T. Funktionsnachfolger.[73]

73 Heinz MOHNHAUPT, Vom Privileg zum Verwaltungsakt. Beobachtungen zur dogmengeschichtlichen Entwicklung in Deutschland seit der Mitte des 18. Jahrhunderts, in: Wissenschaft und Recht der Verwaltung seit dem Ancien Régime, hg. von Erk Volkmar HEYEN, Frankfurt am Main 1984, S. 41–58; Diethelm KLIPPEL, Das Privileg in der deutschen Staatsrechtslehre des 19. Jahrhunderts, in: DÖLEMEYER/MOHNHAUPT, Privileg, Bd. 2 (wie Anm. 5), S. 285–308; Thorsten LIEB, Privileg und Verwaltungsakt. Handlungsformen der öffentlichen Gewalt im 18. und 19. Jahrhundert, Frankfurt am Main 2004; als landesherrliches Recht des Monarchen hat sich die Privilegienerteilung bei der Verleihung der Rechtsfähigkeit eines Vereins bis 1918 erhalten; dazu Hans-Joachim HECKER, Der Historische Verein von Oberbayern als königlich privilegierte juristische Person, in: Oberbayerisches Archiv 136 (2012), S. 65–68.

„Briga enim principum, que ex nulla causa sumpsit exordium ...“

Die Schlacht bei Gammelsdorf am 9. November 1313
Historisches Geschehen und Nachwirken

Bernhard Lübbers

Der 9. November in der deutschen Geschichte

Der 9. November spielt in der deutschen Geschichte eine gewichtige Rolle, wobei die Hauptbezugspunkte dieses denkwürdigen Tages vornehmlich in der neuesten Geschichte liegen. 1918, 1923, 1938, 1989.[1] Lediglich eine Jahreszahl aus der Zeit vor dem 20. Jahrhundert wird ab und an in Zusammenstellungen genannt: Der 9. November 1848 als der Tag, an welchem Robert Blum in Wien erschossen wurde.[2] Kaum bekannt ist dagegen, dass dieser Aufzählung von gedenkwürdigen 9. Novembern möglicherweise ein weiteres Jahr beigeordnet werden kann, nämlich das Jahr 1313. Am 9. November dieses Jahres wurde die zumindest in Bayern weithin bekannte Schlacht bei Gammelsdorf ausgetragen.[3]

Forschungsstand

Will man sich über die „Schlacht bei Gammelsdorf“ informieren, so stößt man in der einschlägigen wissenschaftlichen Literatur schnell auf zwei unterschiedliche Bewertungen der Ereignisse. Während die bayerische Landesgeschichtsschreibung[4] nahezu

---

1 Vgl. Der 9. November. Fünf Essays zur deutschen Geschichte, hg. von Johannes Willms, München 1995; Hans-Jörg Koch, Der 9. November in der deutschen Geschichte, Freiburg i. Br. 1998. Zum historischen Erinnern allgemein, vgl. den sehr instruktiven Band: Jubiläum, Jubiläum ... Zur Geschichte öffentlicher und privater Erinnerung, hg. von Paul Münch, Essen 2005.

2 Vgl. http://www.bpb.de/politik/hintergrund-aktuell/69545/der-9-november (17. Mai 2013). Vgl. auch die Zusammenstellung bei Wikipedia: http://de.wikipedia.org/wiki/9._November#Politik_und_Weltgeschehen (17. Mai 2013). Dabei ließe sich die Liste noch leicht erweitern. Etwa um den 18. Brumaire VIII des französischen Revolutionskalenders (= 9. November 1799), der auch für die deutsche Geschichte erhebliche Auswirkungen zeitigte. Vgl. etwa die berühmte Studie von Karl Marx, Der achtzehnte Brumaire des Louis Bonaparte, Hamburg [3]1885 (Karl Marx – Friedrich Engels, Werke, Bd. 8, Berlin 1969, S. 111–207).

3 Wenig brauchbar ist die Studie von Wilhelm Hoffmann, Gammelsdorf 1313. Eine kriegsgeschichtliche Studie, in: Verhandlungen des historischen Vereins für Niederbayern 73 (1940), S. 67–84. Vgl. auch Alphons Lhotsky, Geschichte Österreichs seit der Mitte des 13. Jahrhunderts (1281–1358) (Veröffentlichungen der Kommission für Geschichte Österreichs), Wien 1967, S. 222.

4 Joseph von Mussinan, Ludwig der Baier und 1809, Straubing 1809, S. 40; Roman Zirngibl, Ludwigs, des Baiers Lebensgeschichte. Diplomatisch und chronologisch im J. 1811 als eine akademische Preisschrift bearbeitet (Historische Abhandlungen der königlich-baierischen Akademie der Wissen-

einhellig von einer entscheidenden Schlacht spricht,[5] und vereinzelt auch andere, nicht vornehmlich auf bayerische Belange konzentrierte Darstellungen eine ähnliche Bewertung vornehmen, etwa Alphons Lhotsky in seiner österreichischen Geschichte, aber auch weitere renommierte Historiker,[6] beurteilen andere, darunter Friedrich Bock[7] und – als wohl gewichtigste Stimme – der Biograph Ludwigs des Bayern, Heinz Thomas,[8] die Auseinandersetzung bei Gammelsdorf als bloßes, unbedeutendes Scharmützel.[9]

schaften 3), München 1814, S. 65; Andreas Buchner, Geschichte von Bayern, Bd. 5, Regensburg 1831, S. 258f.; Sigmund Riezler, Geschichte Baierns (Geschichte der europäischen Staaten), Bd. 2, Gotha 1880, S. 298–301; Michael Doeberl, Entwickelungsgeschichte Bayerns, Bd. 1: Von den ältesten Zeiten bis zum Westfälischen Frieden, München [3]1916, S. 274; Kurt Reindel, Bayern im Mittelalter, München 1970, S. 136; Gertrud Benker, Ludwig der Bayer. Ein Wittelsbacher auf dem Kaiserthron 1282–1347, München 1980, S. 72; Hans Bleibrunner, Niederbayern, Kulturgeschichte des bayerischen Unterlandes in zwei Bänden, Landshut [2]1982, hier Bd. 1, S. 250; Max Spindler/Andreas Kraus, Grundlegung und Aufbau 1180–1314, in: Handbuch der Bayerischen Geschichte, Bd. 2: Das alte Bayern. Der Territorialstaat vom Ausgang des 12. Jahrhunderts bis zum Ausgang des 18. Jahrhunderts, begründet von Max Spindler, hg. von Andreas Kraus, München [2]1988, S. 7–145, hier S. 145; Barbara Hundt, Ludwig der Bayer. Der Kaiser aus dem Hause Wittelsbach 1282–1347, Esslingen/München 1989, S. 84; Andreas Kraus, Grundzüge der Geschichte Bayerns, Darmstadt [2]1992, S. 55; Benno Hubensteiner, Bayerische Geschichte, München [13]1994, S. 141; Peter Claus Hartmann, Bayerns Weg in die Gegenwart. Vom Stammesherzogtum zum Freistaat heute, Regensburg [3]2012, S. 105; Andreas Kraus, Geschichte Bayerns, München [4]2013, S. 147f.; Ludwig Holzfurtner, Die Wittelsbacher. Staat und Dynastie in acht Jahrhunderten (Urban-Taschenbücher 592), Stuttgart 2005, S. 70; und Gerald Huber, Kleine Geschichte Niederbayerns, Regensburg 2007, S. 84 sowie Michael W. Weithmann, Kleine Geschichte Oberbayerns, Regensburg 2007, S. 45.

5 Zurückhaltend: Friedrich Prinz, Die Geschichte Bayerns, München 1997 [Taschenbuchausgabe München 2006], S. 162. Keine Erwähnung findet Gammelsdorf bei Karl Bosl, Bayerische Geschichte, München 1990.

6 Lhotsky, Geschichte Österreichs (wie Anm. 3), S. 222. Ähnlich: Heinrich Schrohe, Der Kampf der Gegenkönige Ludwig und Friedrich um das Reich bis zur Entscheidungsschlacht bei Mühldorf (Historische Studien 29), Berlin 1902, S. 28; Johann Loserth, Geschichte des späteren Mittelalters von 1197 bis 1492 (Handbuch der mittelalterlichen und neueren Geschichte), München/Berlin 1903, S. 258; Hartmut Boockmann, Stauferzeit und spätes Mittelalter. Deutschland 1125–1517 (Das Reich und die Deutschen 7), Berlin 1987, S. 212; Karl-Friedrich Krieger, Die Habsburger im Mittelalter. Von Rudolf I. bis Friedrich III. (Urban-Taschenbücher 452), Stuttgart/Berlin/Köln 1994, S. 116; Jörg K. Hoensch, Die Luxemburger. Eine spätmittelalterliche Dynastie gesamteuropäischer Bedeutung 1308–1437 (Urban-Taschenbücher 407), Stuttgart/Berlin/Köln 2000, S. 56.

7 Friedrich Bock, Reichsidee und Nationalstaaten vom Untergang des alten Reiches bis zur Kündigung des deutsch-englischen Bündnisses im Jahre 1341, München 1943, S. 155f.

8 Heinz Thomas, Ludwig der Bayer (1282–1347). Kaiser und Ketzer, Regensburg 1993, S. 40–42. Ihm in dieser Bewertung folgend: Karl Borromäus Murr, Schlacht von Gammelsdorf, 1313, in: Historisches Lexikon Bayerns, URL: <http://www.historisches-lexikon-bayerns.de/artikel/artikel_45486> (16.11.2012).

9 Ohne Gammelsdorf zu erwähnen, spricht Malte Prietzel, Das Heilige Römische Reich im Spätmittelalter (Geschichte kompakt), Darmstadt [2]2010, S. 51 expressis verbis von einer „Fehde" zwischen Ludwig und den Habsburgern. Keine Position beziehen etwa Max Vancsa, Geschichte Nieder- und Oberösterreichs, Bd. 2 (Allgemeine Staatengeschichte 3,6,2), Gotha 1927, S. 94 und Alois Niederstätter, Die Herrschaft Österreich. Fürst und Land im Spätmittelalter (Österreichische

Was ist eine Schlacht?

Aber was verstehen wir überhaupt unter einer Schlacht? Die Frage erscheint banal, und doch muss sie gestellt werden. Der berühmte preußische Militärtheoretiker Carl von Clausewitz schreibt in seinem Werk „Vom Kriege": (...) „immer ist Blut ihr Preis und Hinschlachten ihr Charakter wie ihr Name". Und weiter: „Wir mögen nicht hören von Feldherren, die ohne Menschenblut siegen."[10] Damit haben wir eine Grunddefinition vorgegeben. Eine Schlacht ist also „eine große, blutige, militärische Auseinandersetzung."[11] Doch sofort stellt sich die nächste Frage: Warum oder wodurch werden Schlachten zu Kristallisationspunkten des kollektiven Gedächtnisses, wie es offenbar in Gammelsdorf der Fall ist? Wieder findet sich eine Antwort bei Clausewitz, wenn er schreibt: Es „erbebt der Geist des Menschen vor dem Gedanken der mit einem einzigen Schlag gegebenen Entscheidung."[12] Die Schlacht weist mithin Elemente des klassischen Dramas auf. Es geht um Leben und Tod, Sieg oder Niederlage, und gewöhnlich haben Schlachten auch ihre „Heldenfiguren."[13] Es sind „die Kriege, oder genauer die Erzählungen davon, die aus Männern Helden machen. Aus dieser Wechselbeziehung erklärt sich viel von der Faszination, die vom Krieg ausgeht."[14] Ein weiteres Faszinosum ist sicherlich auch durch die kontrafaktische Betrachtung der Ereignisse gegeben, die in der Frage „Was wäre gewesen, wenn ..." ihren Ausdruck findet.[15] Hinzukommt, dass auch bei günstigen militärischen Voraussetzungen immer auch der Zufall ein bestimmendes Element in jeder Schlacht darstellt. So mancher Heerführer kam zu Sieg und Krone, schlicht deswegen, weil er ein „lucky bastard" war, wie Rainer C. Schwinges in einem Artikel über die Schlacht

---

Geschichte 1278–1411), Wien 2001, S. 117f. Nicht erwähnt wird Gammelsdorf in den Darstellungen von Hans Delbrück, Geschichte der Kriegskunst. Das Mittelalter. Von Karl dem Großen bis zum späten Mittelalter. Mit einer Einleitung von Kurt-Georg Cram, Berlin [3]1921 [ND 2000], besonders die chronologische Zusammenstellung von mittelalterlichen Schlachten, S. 767–770; Wilhelm Erben, Kriegsgeschichte des Mittelalters, München/Berlin 1929 und bei Richard Schmitt/Peter Strasser, Rot-weiß-rote Schicksalstage. Entscheidungsschlachten um Österreich, St. Pölten/Wien/Linz 2004.

10 Carl von Clausewitz, Vom Kriege. Vollständige Ausgabe im Urtext, hg. von Werner Hahlweg, Bonn 1980, S. 469f.

11 Schlachten der Weltgeschichte. Von Salamis bis Sinai, hg. von Stig Förster/Markus Pöhlmann/Dierk Walter, München 2001, S. 7. Zu einer Definition des mittelalterlichen Krieges und einer Typologisierung generell vgl. die Ausführungen bei Hans-Henning Kortüm, Kriege und Krieger. 500–1500, Stuttgart 2010, S. 41–78.

12 Clausewitz, Vom Kriege (wie Anm. 10), S. 469.

13 Vgl. Förster/Pöhlmann/Walter, Schlachten (wie Anm. 11), S. 8.

14 Martin Clauss, Ritter und Raufbolde. Vom Krieg im Mittelalter (Geschichte erzählt), Darmstadt 2009, S. 8.

15 Vgl. hierzu Alexander Demandt, Ungeschehene Geschichte. Ein Traktat über die Frage: Was wäre geschehen, wenn ...? (Kleine Vandenhoeck-Reihe 1501), Göttingen [4]2005; ders., Es hätte auch anders kommen können. Wendepunkte deutscher Geschichte, Berlin 2010.

von Hastings 1066 schreibt.[16] Die Schlacht ist also zudem ein „in Zeit und Raum hochkonzentriertes Ereignis“; und in der kollektiven Erinnerung zumeist „weniger wegen ihrer militärischen Signifikanz zur Entscheidungsschlacht geworden als wegen der politischen Prozesse, die sie eher indirekt ausgelöst hat.“[17] Und immer geht es um Sieg oder Niederlage, um töten und getötet werden, das sollte nicht vergessen werden, so banal das klingen mag.[18]

Krieg im Mittelalter

Der Krieg war im Mittelalter ein bestimmendes Element der Lebenswirklichkeit.[19] Krieg war besonders für den Adel von großer Bedeutung, da dieser sich „mit und über den Krieg definierte.“[20] Doch was wir heute vom mittelalterlichen Krieg wissen, basiert zum größten Teil auf chronikalischen Berichten, die nicht zuletzt dem Zweck dienten, zu unterhalten.[21] Maßgeblich war also „weniger die historische Wirklichkeit, als die Darstellungsabsicht des Autors.“[22] Allerdings konnte sich die Historiographie nicht beliebig weit von der Wirklichkeit entfernen, sondern musste sich im „Rahmen dessen bewegen, was die Adressaten als real zu akzeptieren bereit“

16 Rainer C. SCHWINGES, „William the lucky bastard“. Hastings, 14. Oktober 1066, in: FÖRSTER/PÖHLMANN/WALTER, Schlachten (wie Anm. 11), S. 63–78.

17 FÖRSTER/PÖHLMANN/WALTER, Schlachten (wie Anm. 11), S. 9, 11.

18 Martin CLAUSS, Kriegsniederlagen im Mittelalter. Darstellung – Deutung – Bewältigung (Krieg in der Geschichte 54), Paderborn u. a. 2010, passim; KORTÜM, Kriege und Krieger (wie Anm. 11), S. 13.

19 Kelly DE VRIES u. a., Die großen Schlachten des Mittelalters, Stuttgart 2007, S. 6. Insbesondere in den letzten Jahren sind einige wichtige Publikationen zum Thema „Krieg im Mittelalter“ erschienen: Vgl. Nobert OHLER, Krieg und Frieden im Mittelalter, München 1997; Malte PRIETZEL, Kriegführung im Mittelalter. Handlungen, Erinnerungen, Bedeutungen (Krieg in der Geschichte 32), Paderborn u. a. 2006; CLAUSS, Ritter und Raufbolde (wie Anm. 14); ders., Kriegsniederlagen (wie Anm. 18); KORTÜM, Kriege und Krieger (wie Anm. 11) sowie The Oxford Encyclopedia of Medieval Warfare and Military Technology, hg. von Clifford ROGERS, 3 Bde., Oxford 2010, jeweils auch mit weiterführenden Literaturhinweisen.

20 CLAUSS, Kriegsniederlagen (wie Anm. 18), S. 308. Vgl. jetzt auch Malte PRIETZEL, Krieg als Standespflicht. Die militärische Erinnerungskultur spätmittelalterlicher Fürsten und Adliger, in: Militärische Erinnerungskulturen vom 14. bis zum 19. Jahrhundert. Träger – Medien – Deutungskonkurrenzen, hg. von Horst CARL/Ute PLANERT (Herrschaft und soziale Systeme in der frühen Neuzeit 15), Göttingen 2012, S. 29–46.

21 Vgl. CLAUSS, Ritter und Raufbolde (wie Anm. 14), S. 8. Grundsätzlich und ausführlich: ders., Kriegsniederlagen (wie Anm. 18), passim. Zur Kriegsdarstellung in der mittelalterlichen volkssprachlichen Literatur vgl. etwa Peter WUNDERLI, Guillaume d'Orange, der Krieg und der Friede, in: Krieg in Mittelalter und Renaissance, hg. von Hans HECKER (Studia humaniora 39), Brühl 2005, S. 157–194. Ferner Helmut BRALL, Sit Abel starp durch bruoders nit (Wh. 51,30). Bewertungen des Krieges in volkssprachlichen Dichtungen des Mittelalters, in: ebd., S. 125–156.

22 CLAUSS, Kriegsniederlagen (wie Anm. 18), S. 307. Vgl. auch KORTÜM, Kriege und Krieger (wie Anm. 11), S. 13. Ähnlich schon DELBRÜCK, Geschichte der Kriegskunst (wie Anm. 9), S. 341.

waren.[23] Dabei konnte die Distanz zwischen Erzählung und Wirklichkeit mitunter beträchtlich sein.[24] Dies führte im Extremfall dazu, dass Niederlagen in Siege umgedeutet wurden.[25] Mitzudenken ist ferner, dass die Chronisten parteiisch waren. „Helden sollen erschaffen, Niederlagen verarbeitet oder Siege zelebriert werden."[26]

Was bedeutet das alles für die „Schlacht von Gammelsdorf"? War es nun ein Scharmützel oder eine Entscheidungsschlacht? Oder ist das gar die falsche Perspektive, die sich so aus Sicht der mittelalterlichen Chronisten gar nicht stellte?[27] Was passierte tatsächlich in jenem November 1313? Und was macht den Mythos dieser Auseinandersetzung bis heute aus? Wie und warum erinnern wir uns bis heute an diese Ereignisse? Im Folgenden soll versucht werden, diesen hier aufgeworfenen Fragen nachzuspüren.

Die Vorgeschichte

Briga enim principum, que ex nulla causa sumpsit exordium ... Mit diesen Worten berichtete Konrad von Budweis, Abt der niederbayerischen Zisterze Aldersbach, seinem Amtsbruder Volkmar, geistlicher Vorstand des Aldersbacher Tochterklosters Fürstenfeld, von seiner Sicht auf die offen ausgebrochenen Streitigkeiten zwischen Herzog Ludwig IV. von Oberbayern und den Habsburgern in der Frage um das niederbayerische Erbe. Diese Einschätzung erfolgte zu einem Zeitpunkt, als die Schlacht von Gammelsdorf noch nicht geschlagen war.[28] Der Aldersbacher Abt

23 Vgl. Clauss, Kriegsniederlagen (wie Anm. 18), S. 308.
24 Ebd., S. 309.
25 Vgl. hierzu ebd., S. 281–303.
26 Clauss, Ritter und Raufbolde (wie Anm. 14), S. 137.
27 Vgl. hierzu ebd., S. 10 f.
28 Das Schreiben Konrads ist in einem Formelbuch Fürstenfelder Provenienz überliefert, das heute in der Bayerischen Staatsbibliothek München (künftig: BSB) unter der Signatur Clm 7087 verwahrt wird, fol. 152v–153r. Gedruckt bei Henry Simonsfeld, Beiträge zur Bayerischen und Münchener Geschichte, in: Sitzungsberichte der Bayerischen Akademie der Wissenschaften. Phil.-Hist. Klasse 1896, München 1897, S. 257–326, hier S. 294 f. Die Abfassungszeit des undatierten Briefes lässt sich aufgrund der Erwähnung des verstorbenen Aldersbacher Bursars Sifrid (†23. Oktober 1313) und der noch ungeschlagenen Schlacht auf den Zeitraum zwischen dem 23. Oktober und dem 9. November 1313 eingrenzen. Angesichts der erwähnten Ereignisse dürfte der genaue Zeitpunkt wohl auf Anfang November festzusetzen sein. Zur Handschrift: Catalogus Codicum Manu Scriptorum Bibliothecae Regiae Monacensis, Bd. 3,3, München 1873 [ND Wiesbaden 1968], S. 145 und einige Hinweise bei Ludwig Rockinger, Ueber formelbücher vom dreizehnten bis zum sechzehnten jahrhundert als rechtsgeschichtliche quellen, München 1855, S. 179. Zu Abt Konrad von Aldersbach vgl. Michael Hartig, Die Annales ecclesiae Alderspacensis des Abtes Wolfgang Marius (1514–1544), in: Verhandlungen des historischen Vereins für Niederbayern 42 (1906), S. 1–112; 43 (1907), S. 1–113, hier 42 (1906), S. 69–83; Pirmin Lindner, Monasticon Metropolis Salzburgensis antiquae. Verzeichnisse aller Aebte und Pröpste der Klöster der alten Kirchenprovinz Salzburg, Salzburg 1908, S. 332; Ludwig Heinrich Krick, Die ehemaligen stabilen Klöster des Bistums Passau. Chronologische Reihen-

gab in diesem Brief seinen Eindrücken vom Aufmarsch des habsburgischen Heeres Raum, der sich in unmittelbarer Nähe seines Klosters vollzog. 1.000 Krieger, darunter auch Ungarn, unter dem Befehl des österreichischen Marschalls Dietrich von Pillichsdorf[29] hatten sich mit einem Kontingent der Grafen von Hals[30] mit insgesamt 300 Behelmten sowie zwei Kriegsmaschinen, welche sie seit Schärding mit sich führten, vereinigt, so Konrad weiter.[31] Eindrucksvoll genug also, was sich hier in nächster Nähe der niederbayerischen Zisterze abspielte. Es erscheint daher kaum verwunderlich und unterstreicht den Bericht des Aldersbacher Abtes nachdrücklich, dass sich auch die umliegende Bevölkerung aus Angst vor Plünderungen und Übergriffen in den Schutz der Aldersbacher Klostermauern begab.[32] Bemerkenswert auch

folge ihrer Mitglieder von der Gründung der Klöster bis zu ihrer Aufhebung, Passau 1923, S. 225 und zuletzt Bernhard LÜBBERS, Die ältesten Rechnungen des Klosters Aldersbach 1291–1373/1409. Analyse und Edition (Quellen und Erörterungen zur bayerischen Geschichte 46, 3), München 2009, S. 80*–82*, sowie ders., Die Aldersbacher Klosterrechnungen als Quelle für die politische Geschichte des Herzogtums Niederbayern, in: Zahlen und Erinnerung. Von der Vielfalt der Rechnungsbücher und vergleichbarer Quellengattungen. Editionswissenschaftliches Kolloquium 2009, hg. von Helmut FLACHENECKER/Janusz TANDECKI, Torun 2010, S. 117–134, hier S. 117f. Zu Volkmar von Fürstenfeld vgl. Martin MAYR, Zur Kritik der älteren Fürstenfelder Geschichtsquellen, in: Oberbayerisches Archiv für vaterländische Geschichte 36 (1877), S. 75–151, hier S. 87–97 mit einer Zusammenstellung der Quellen; ferner LINDNER, Monasticon (wie Anm. 28), S. 208; Michael MÜLLER, Die Annalen und Chroniken im Herzogtum Bayern 1250–1314 (Schriftenreihe zur bayerischen Landesgeschichte 77), München 1983, S. 184f.; Peter PFISTER, Legende und Wirklichkeit. Gründung und frühe Jahre des Klosters Fürstenfeld, in: In Tal und Einsamkeit. 725 Jahre Kloster Fürstenfeld. Die Zisterzienser im alten Bayern, hg. von Angelika EHRMANN/Peter PFISTER/Klaus WOLLENBERG, Fürstenfeldbruck 1988, Bd. 2, S. 69–90, hier S. 90, sowie zuletzt Große bayerische biographische Enzyklopädie, hg. von Hans-Michael KÖRNER, 4 Bde., München 2005, hier Bd. 3, S. 2024.

29 Vgl. zu seiner Person Gottfried Edmund FRIESS, Dietrich der Marschall von Pilichdorf, in: Programm des k. k. Stiftsgymnasiums Seitenstetten 1881, S. 3–45; Alfred Ritter VON WRETSCHKO, Das österreichische Marschallamt im Mittelalter. Ein Beitrag zur Geschichte der Verwaltung in den Territorien des deutschen Reiches, Wien 1897, S. 73–75 sowie LHOTSKY, Geschichte Österreichs (wie Anm. 3), passim.

30 Die Grafen Alram (†1331) und Albert VII. (†1334) von Hals. Vgl. zu ihnen Franz TYROLLER, Genealogie des altbayerischen Adels im Hochmittelalter, in: Genealogische Tafeln zur mitteleuropäischen Geschichte, hg. von Wilhelm WEGENER, Göttingen 1962–1969, S. 45–524, hier S. 325, 331 sowie Wolfgang WAGNER, Das älteste Salbuch der Grafschaft Hals. Edition und Analyse (Neue Veröffentlichungen des Instituts für Ostbairische Heimatforschung der Universität Passau 50), Passau 2003, S. 27–37. Zu den Ereignissen auch Luitpold BRUNNER, Die Grafen von Hals. Ein Beitrag zur Geschichte Bayerns. Gelegenheitsschrift zum feierlichen Schlusse des Schuljahres an der kath. Studien-Anstalt St. Stephan in Augsburg, in: Jahresbericht über die königliche katholische Studien-Anstalt bei St. Stephan in Augsburg. Im Studienjahre 1856/57, Augsburg 1857, S. 40.

31 SIMONSFELD, Beiträge (wie Anm. 28), S. 294: *Marscalcum suum* (sc. Herzog Friedrich von Österreich) *cum Ungaris quibusdam ad mille viros bellatores paratos ultra Pataviam noveritis processisse, sed quid facere intendant, scribere non possumus, quia ignari sumus, nisi quod ad dominum suum libencius venire dispositi essent, et ipsis daretur copia procedendi; et cum comites de Hals ipsos in suam comitivam et societatem, que ad CCC viros galeatos supputata est, sumpserint, asportantes secum de Schardinga duas machinas quid facere dispontant, in brevi una vobiscum erimus conscii de processibus publicatis.*

32 LÜBBERS, Rechnungen (wie Anm. 28), R1437, S. 141.

die eingangs zitierte Einschätzung Konrads, der Krieg zwischen dem Habsburger Friedrich und dem Wittelsbacher Ludwig sei aus nichtigen Gründen ausgebrochen. Bemerkenswert vor allem deswegen, da Konrad sich diese Meinung aufgrund seiner persönlichen Involvierung in die Geschehnisse bilden konnte. Im September 1313 waren nämlich die verfeindeten Vettern in Aldersbach zu Verhandlungen zusammengetroffen, wie die ältesten Aldersbacher Rechnungen zweifelsfrei belegen.[33] Neben dem bekannten, in der „Chronica de gestis principum" überlieferten Treffen in Landau an der Isar, bei dem Ludwig jähzornig sein Schwert gezogen und Friedrich damit bedroht haben soll, gab es also mindestens eine weitere Zusammenkunft im Vorfeld der militärischen Entscheidung bei Gammelsdorf.[34]

Doch warum ausgerechnet in Aldersbach? Der Abt der niederbayerischen Zisterze konnte auf einschlägige Erfahrungen als Friedensvermittler verweisen. Schon Konrads Vorgänger, Abt Hugo, hatte mehrfach als Mittelsmann zwischen Habsburgern und Wittelsbachern fungiert. Zudem war Aldersbach eines der bedeutendsten Prälatenklöster innerhalb des Herzogtums Niederbayern, des Gegenstands der Auseinandersetzungen, darüber hinaus verkehrsgünstig gelegen und schon von daher ein geradezu prädestinierter Treffpunkt der Fürsten.[35]

Doch wie hatte dieser jetzt eskalierende Konflikt überhaupt entstehen können? Der Waffengang bei Gammelsdorf hatte seinen Ursprung in der Auseinandersetzung um die politische Vorrangstellung der Habsburger einerseits sowie der (oberbayerischen) Wittelsbacher andererseits innerhalb des niederbayerischen Herzogtums. Seit dem Jahr 1255 war das Herzogtum Bayern geteilt, es zerfiel in Ober- und Niederbayern. In Niederbayern herrschte Heinrich XIII., in Oberbayern Herzog Ludwig II., dem die Nachwelt den Beinamen „der Strenge" verliehen hat.[36] Herzog Ludwig IV., der im Mittelpunkt der Ausführungen zur Schlacht steht, wurde wohl 1282 als Sohn dieses eben erwähnten oberbayerischen Herzogs Ludwigs

---

33 Ebd., R1475, S. 144: *Imperatrici, regine nostre, duobus principibus Austrie et Bawarie nobiscum constitutis pro vino latino aliisque necessariis, que in domo non habuimus, XII s. et XI [d.].*

34 Chronica de gestis principum, in: Bayerische Chroniken des 14. Jahrhunderts, hg. von Georg Leidinger (MGH SS rer. Germ. 19), Hannover 1918, S. 1–104, hier S. 65: *Sed ambobus inter se rixantibus dux Ludwicus subito iracundie facibus inflammatus arripuit gladium: si non interceptum fuisset a presentibus, ipsum ducem Austrie manu invasisset.* Vgl. hierzu auch Michael Härtl, Geschichte der Stadt Landau an der Isar, Landshut 1863, S. 59f.; Riezler, Geschichte (wie Anm. 4), S. 296; Lhotsky, Geschichte Österreichs (wie Anm. 3), S. 221, und Spindler/Kraus, Grundlegung (wie Anm. 4), S. 144.

35 Vgl. hierzu Lübbers, Rechnungen (wie Anm. 28), S. 47*–111*.

36 Johann Michael von Söltl, Ludwig der Strenge, Herzog von Bayern, Pfalzgraf bei Rhein. Ein Beitrag zur Aufhellung der inneren Verhältnisse Deutschlands im dreizehnten Jahrhundert, Nürnberg 1857. Vgl. Spindler/Kraus, Grundlegung (wie Anm. 4), S. 72–75; Thomas, Ludwig der Bayer (wie Anm. 8), S. 15.

des Strengen und der Habsburgerin Mechthild geboren.[37] König Rudolf von Habsburg hatte den oberbayerischen Herzog mit seiner Tochter Mechthild am Tage seiner Krönung vermählt.[38] Der Tod des Vaters Ludwigs IV., Herzog Ludwigs II., Anfang Februar 1294 stellte die Weichen neu.[39] Der ältere Sohn, Rudolf, Ludwigs Bruder, heiratete die Tochter König Adolfs von Nassau am 1. oder 2. September 1294 und stellte sich so in das Lager des neuen Königs.[40] Diese Entscheidung dürfte gegen den Willen der Mutter Mechthild gefallen sein, die aus dem Hause Habsburg stammte.[41] Wohl unmittelbar nach dem Tod Ludwigs II. wurde sein Sohn, Ludwig IV., zur Ausbildung nach Wien geschickt und dort gemeinsam mit den Söhnen Herzog Albrechts von Habsburg erzogen. Ludwig und Friedrich der Schöne waren also nicht nur Vettern, sondern hatten auch einige gemeinsame Jahre in Wien verbracht.[42] Neben dieser engen Verwandtschaft des oberbayerischen Wittelsbachers mit den Habsburgern, prägte den Aufstieg Ludwigs vor allem der Konflikt mit seinem Bruder Rudolf. Spätestens seit 1297 wusste der römische König Adolf von Nassau, dass die Habsburger ihn stürzen wollten. Und spätestens seit diesem Zeitpunkt war klar, dass sich die beiden wittelsbachischen Brüder Rudolf und Ludwig in gegnerischen Lagern befanden. Rudolf als Schwiegersohn des Königs und Ludwig „als Spielgefährte seiner Vettern am Wiener Hof."[43] Das Jahr 1298 brachte den offenen Ausbruch des Konflikts zwischen Adolf von Nassau und Albrecht von Habsburg. Am 28. Juni 1298 wurde Albrecht in Mainz zum König gewählt, wenige Tage später kam es zur Schlacht bei Göllheim.[44] Adolf von Nassau fiel in dieser Schlacht, der Streit um die Königskrone war entschieden. Rudolf, der auf Seiten des Nassauers

37 Vgl. Walter Schlögl, Beiträge zur Jugendgeschichte Ludwigs des Bayern, in: Deutsches Archiv für Erforschung des Mittelalters 33 (1977), S. 182–198. Die Datierung Schlögls ist in der Forschung allgemein akzeptiert, auch wenn einige Zweifel bleiben. Vgl. etwa Thomas, Ludwig der Bayer (wie Anm. 8), S. 13.

38 Vgl. hierzu Gabriele Schlütter-Schindler, Regis filia – comitissa Palatina Rheni et ducissa Bavariae. Mechthild von Habsburg und Mechthild von Nassau, in: Zeitschrift für bayerische Landesgeschichte 60 (1997), S. 183–219, hier S. 188; Thomas, Ludwig der Bayer (wie Anm. 8), S. 13.

39 Der Herzog war am 1. oder 2. Februar 1294 in Heidelberg gestorben und wurde etwa Mitte Februar in der oberbayerischen Zisterze Fürstenfeld begraben: Notae Fuerstenfeldenses de ducibus Bavariae, in: MGH SS 24, Hannover 1879 [ND Stuttgart/New York 1964], S. 74–75, hier S. 75; Chronica de gestis principum (wie Anm. 34), S. 46; ferner Riezler, Geschichte (wie Anm. 4), S. 166.

40 Vgl. Schlütter-Schindler, Regis filia (wie Anm. 38), S. 222.

41 Vgl. Thomas, Ludwig der Bayer (wie Anm. 8), S. 17.

42 Vgl. ebd., S. 17f.

43 Ebd., S. 24.

44 Alfred Hessel, Jahrbücher des Deutschen Reichs unter König Albrecht I. von Habsburg (Jahrbücher der deutschen Geschichte), München 1931, S. 51–59; Ernst Schubert, Königsabsetzung im deutschen Mittelalter. Eine Studie zum Werden der Reichsverfassung (Abhandlungen der Akademie der Wissenschaften zu Göttingen. Philologisch-Historische Klasse. Dritte Folge 267), Göttingen 2005, S. 254–273. Vgl. auch Christine Reinle, Adolf von Nassau (1292–1298), in: Die deutschen Herrscher des Mittelalters, hg. von Bernd Schneidmüller/Stefan Weinfurter, München 2003, S. 360–371, und dies., Albrecht I. (1298–1308), ebd., S. 372–380. Speziell zur Schlacht ferner: Die

gekämpft hatte, konnte zusammen mit seinem niederbayerischen Vetter Otto III. entkommen.[45] 1301 konnte auf Druck des habsburgischen Königs Albrechts I. die Mitregentschaft für Ludwig im Herzogtum Oberbayern erreicht werden.[46] Dass das Klima zwischen den Brüdern jedoch nachhaltig belastet war, zeigen die Ereignisse des Jahres 1302. Rudolf versuchte seine Mutter zu entmachten und brachte sie im Juni 1302 zusammen mit ihrem Vertrauten, Konrad von Ettling (der Öttlinger), nach München. Er ließ Konrad hinrichten und zwang seine Mutter zu einer Erklärung, sich auf ihre Witwengüter zurückzuziehen.[47] Auch wenn er dies auf Druck König Albrecht zurücknehmen musste, so überlebte seine Mutter die Vorgänge nicht lange. Im Dezember 1304 ist sie verstorben.[48] Offenbar war es alleine die Existenz des Königs aus dem Hause Habsburg, welche die Eintracht zwischen den oberbayerischen Fürstenbrüdern sicherte.[49] 1308 starb Albrecht I., ermordet von seinem Neffen Johann Parricida.[50] Nicht weniger als 14 Kandidaten für das Amt des römischen Königs sind in den Quellen überliefert, darunter auch Ludwig von Bayern. Gewählt wurde allerdings am 27. November 1308 Graf Heinrich von Luxemburg. Die Kurstimme des Pfalzgrafen bei Rhein hatte sein Bruder Rudolf bei dieser Wahl geführt. Und Rudolf war es auch, der sogleich mit dem neuen König am Tag nach dessen Wahl eine Verlobung zwischen ihren Kindern Ludwig und Maria arrangierte, um seine

Regesten des Kaiserreiches unter Rudolf, Adolf, Albrecht, Heinrich VII., bearb. von Vincenz Samanek (J. F. Böhmer, Regesta Imperii VI, 2), Innsbruck 1948, Nr. 1002, S. 365–372.

45 Hermanni Altahensis Annales. Continuatio Ratisbonensis, hg. von Philipp Jaffé, in: MGH SS 17, Hannover 1861 [ND Stuttgart/New York 1963], S. 416–420, hier S. 419; Ottokars Österreichische Reimchronik. Nach den Abschriften Franz Lichtensteins, hg. von Joseph Seemüller (MGH Dt. Chron. 5), 2 Bde., Berlin 1890–1893 [ND Dublin/Zürich 1974], hier S. 961, v. 72738f.; Johannes Turmair's genannt Aventinus Annales Ducum Boiariae, hg. von Sigmund Riezler, Bd. 2 (Johannes Turmair's genannt Aventinus Sämmtliche Werke 3), München 1884, S. 372. Vgl. hierzu auch Ludwig Häusser, Geschichte der Rheinischen Pfalz nach ihren politischen, kirchlichen und literarischen Verhältnissen, Bd. 1, Heidelberg 1845 [ND Heidelberg 1924], S. 130; Riezler, Geschichte (wie Anm. 4), S. 274, und Spindler/Kraus, Grundlegung (wie Anm. 4), S. 114.

46 Vgl. Thomas, Ludwig der Bayer (wie Anm. 8), S. 25.

47 Aventinus, Annales (wie Anm. 45), S. 377. Vgl. auch ausführlich Schlütter-Schindler, Regis filia (wie Anm. 38), S. 210–212, und Alfons Sprinkart, Kanzlei, Rat und Urkundenwesen der Pfalzgrafen bei Rhein und Herzöge von Bayern 1294 bis 1314 (1317). Forschungen zum Regierungssystem Rudolfs I. und Ludwigs IV. (Forschungen zur Kaiser- und Papstgeschichte des Mittelalters. Beihefte zu J. F. Böhmer, Regesta Imperii 4), Köln/Wien 1986, S. 145f. sowie 606, Nr. 93; ferner Thomas, Ludwig der Bayer (wie Anm. 8), S. 26.

48 Necrologium Fürstenfeldense, hg. von Franz Ludwig Baumann, in: MGH Necr. 3, Berlin 1905, S. 97–103, hier S. 103; vgl. auch Thomas, Ludwig der Bayer (wie Anm. 8), S. 26, und Schlütter-Schindler, Regis filia (wie Anm. 38), S. 218.

49 Vgl. Thomas, Ludwig der Bayer (wie Anm. 8), S. 26.

50 Hierzu Hessel, Jahrbücher (wie Anm. 44), S. 222, und Lhotsky, Geschichte Österreichs (wie Anm. 3), S. 157–159.

Stellung bei dem neuen Oberhaupt des Reiches abzusichern.[51] Dieser Vertrag führte sodann zum endgültigen Zerwürfnis der Brüder.[52] Spätestens ab diesem Zeitpunkt betrieb Ludwig eine eigenständige Politik. Eine der ersten Entscheidungen, bei der wir ihn als Persönlichkeit fassen können, ist seine Heirat mit Beatrix von Schlesien-Schweidnitz, bald nach dem 14. Oktober 1308.[53] Das war ein Zeichen für eine Politik, die sich an die niederbayerischen Vettern anlehnte, ohne dabei seine habsburgische Verwandtschaft vor den Kopf zu stoßen.[54] Wenig später kam es zum endgültigen Bruch mit seinem Bruder Rudolf, der sich in der Herrschaftsteilung manifestierte.[55]

Hinzukam ein neuerlicher Konflikt um das reiche niederbayerische Herzogtum. Dort regierten gemeinsam die Brüder Stephan I. und Otto III. Als Stephan I. im Dezember 1310 starb,[56] übernahm Ludwig zusammen mit seinem Vetter Otto III. die Vormundschaft über Stephans noch unmündige Kinder, Heinrich XIV. und Otto IV.

---

51 Adolf Koch/Jakob Wille, Regesten der Pfalzgrafen am Rhein 1214–1508, Bd. 1: 1214–1400, Innsbruck 1894, Nr. 1598; vgl. auch Schrohe, Kampf der Gegenkönige (wie Anm. 6), S. 9; Thomas, Ludwig der Bayer (wie Anm. 8), S. 36.

52 Vgl. Thomas, Ludwig der Bayer (wie Anm. 8), S. 36.

53 Vgl. hierzu Tobias Appl, Verwandtschaft – Nachbarschaft – Wirtschaft. Die Handlungsspielräume Ludwigs des Bayern auf seinem Weg zur Königswahl, in: Ludwig der Bayer. Wir sind Kaiser! Katalog der Bayerischen Landesausstellung 2014 in Regensburg vom 16. Mai bis 2. November 2014, hg. von Peter Wolf u.a. (Veröffentlichungen zur Bayerischen Geschichte und Kultur 63), Augsburg 2014 [im Druck]. Während bereits Joseph Gottschalk, Schlesische Piastinnen in Süddeutschland während des Mittelalters, in: Zeitschrift für Ostforschung 27 (1978), S. 275–293, hier S. 285, und Gabriele Schlütter-Schindler, Die Frauen der Herzöge. Schenkungen und Stiftungen der bayerischen Herzoginnen an Klöster und Stifte des Herzogtums und der Pfalzgrafschaft von 1077 bis 1355 (Zeitschrift für Bayerische Landesgeschichte. Reihe B, Beiheft 16), München 1999, S. 64–70 darauf hingewiesen hatten, dass Beatrix aus der Linie Schlesien-Schweidnitz stammte, hält sich in der einschlägigen Literatur hartnäckig der ältere Forschungsstand, der die Gemahlin Ludwigs Schlesien-Glogau zuordnet. Vgl. zuletzt etwa Andreas Rüther, Region und Identität. Schlesien und das Reich im späten Mittelalter (Neue Forschungen zur schlesischen Geschichte 20), Köln/Weimar/Wien 2010, S. 145, und Michael Menzel, Die Zeit der Entwürfe 1273–1347 (Gebhardt, Handbuch der deutschen Geschichte, 10. völlig neu bearb. Auflage), Stuttgart 2012, S. 295.

54 Sowohl Stephan I., als auch Otto III. waren mit schlesischen Piastinnen verheiratet. Vgl. Gottschalk, Schlesische Piastinnen (wie Anm. 53), S. 281–284; Schlütter-Schindler, Frauen der Herzöge (wie Anm. 53), S. 84–90.

55 Vgl. Thomas, Ludwig der Bayer (wie Anm. 8), S. 37f.

56 Der Wittelsbacher starb am 21. oder 22. Dezember: Vgl. Johann Friedrich Böhmer, Wittelsbachische Regesten von der Erwerbung des Herzogthums Baiern 1180 bis zu dessen Wiedervereinigung 1340. In Oberbaiern bis auf Rudolfs I. Tod 1319 und Ludwigs des Baiern Königswahl 1314, in Niederbaiern bis auf das Erlöschen der ersten niederbairischen Linie 1340, Stuttgart 1854, S. 104 (21. Dezember); Christian Haeutle, Genealogie des erlauchten Stammhauses Wittelsbach von dessen Wiedereinsetzung in das Herzogthum Bayern (11. Sept. 1180) bis herab auf unsere Tage, München 1870, S. 104 (21. Dezember); Ludwig Schnurrer, Urkundenwesen, Kanzlei und Regierungssystem der Herzöge von Niederbayern 1255–1340 (Münchener Historische Studien, Abteilung Geschichtliche Hilfswissenschaften 8), Kallmünz 1972, S. 41; Spindler/Kraus, Grundlegung (wie Anm. 4), S. 142 (21. Dezember) jeweils mit Nachweis der Quellen. Dagegen setzen die Continuatio Canonicorum Sancti Rudberti Salisburgensis, hg. von Wilhelm Wattenbach, in: MGH SS 9, Hannover 1851 [ND Stuttgart/New York 1963], S. 819–823, hier S. 821 sowie die Notae Altahenses, hg. von Philipp Jaffé, in:

Desgleichen hatte Otto III. Herzog Ludwig als Vormund für seinen, nur wenige Tage vor seinem eigenen Tod geborenen Sohn, Heinrich XV., einsetzen lassen.[57] Ludwig wurde somit im Herbst 1312 die Vormundschaft über den etwa achtjährigen Heinrich XIV., den vier- oder fünfjährigen Otto IV. sowie den neugeborenen Heinrich XV. übertragen.[58] Dagegen wandten sich nun die Mütter der unmündigen Kinder, die Witwen der beiden niederbayerischen Herzöge, Judith und Agnes. Sie wollten die Kinder lieber unter habsburgischer Aufsicht sehen. In ihrem Streben wurden die Herzogswitwen vom niederbayerischen Adel, allen voran von den Grafen von Hals, unterstützt. Ludwig suchte sich jetzt zunächst mit seinen habsburgischen Vettern zu verständigen.[59] Als die niederbayerischen Städte die habsburgerfreundliche Politik des Wittelsbachers zum Anlass nahmen, um dessen Bruder Rudolf zur Hilfe zu holen,[60] vollzog Ludwig einen spektakulären Schwenk. Im Münchner Frieden vom 21. Juni 1313 schloss er nicht nur Frieden mit seinem Bruder, sondern verein-

---

MGH SS 17, Hannover 1861 [ND Stuttgart/New York 1963], S. 421–427, hier S. 423 seinen Todestag auf den 22. Dezember.

57 Chronica de ducibus Bavariae, in: Bayerische Chroniken des 14. Jahrhunderts, hg. von Georg Leidinger (MGH SS rer. Germ. 19), Hannover 1918, S. 137–175, hier S. 154: *(...) predictos pueros et principatum eorum nulli alii committerent quam patruo suo Ludwico tunc principe in superiori Babaria.*

58 Heinrich XIV. war 1304 oder 1305 zur Welt gekommen. Vgl. Böhmer, Wittelsbachische Regesten (wie Anm. 56), S. 105; Haeutle, Genealogie (wie Anm. 56), S. 104f.; zu ihm ferner: Rainer Scharf, Herzog Heinrich XIV. von Niederbayern und sein Verhältnis zu Ludwig dem Bayern, Magisterarbeit Regensburg 1989, sowie zuletzt Körner, Enzyklopädie (wie Anm. 28), Bd. 2, S. 803 jeweils mit weiterführender Literatur. Otto IV. hatte wohl 1308 das Licht der Welt erblickt. Vgl. Schnurrer, Urkundenwesen (wie Anm. 56), S. 48–50; Körner, Enzyklopädie (wie Anm. 28), Bd. 2, S. 1447. Haeutle, Genealogie (wie Anm. 56), S. 106 gibt 1307 Januar 3 an, allerdings ohne verifizierbare Quellenangabe („nach Wünsch (?)") und daher grundsätzlich zu bezweifeln. Nach der Chronica de ducibus Bavariae waren sie etwa acht beziehungsweise vier oder fünf Jahre alt, als Herzog Otto III. starb. Chronica de ducibus Bavariae (wie Anm. 57), S. 154: *(...) et fratris sui Stephani defuncti pueros Heinricum et Ottonem, quorum primus erat circa octo annos, secundus circa quatuor vel quinque (...).* Zu Heinrich XV.: Dieser wurde wenige Tage vor Ottos Tod geboren, Chronica de ducibus Bavariae, S. 154: *Anno Domini MCCCXIIo obiit dominus Otto rex Ungarie et dux Babarie inferioris relinquens filium fere XIII dierum dictum Heinricum (...).* Vgl. auch Haeutle, Genealogie (wie Anm. 56), S. 103 (hier irrig 26. April), S. 107 (26. August); Schnurrer, Urkundenwesen (wie Anm. 56), S. 50 (27. August); Scharf, Herzog Heinrich XIV., S. 9 (27. August). Vgl. zu ihm neben der angeführten Literatur auch Körner, Enzyklopädie (wie Anm. 28), Bd. 2, S. 803.

59 Am 13. November 1312 schlossen die drei minderjährigen niederbayerischen Prinzen mit Friedrich und Leopold von Österreich ein Bündnis, ebenso fasste man eine Eheschließung Heinrichs XIV. mit Guta, der Schwester der österreichischen Herzöge, ins Auge. Vgl. Monumenta Wittelsbacensia. Urkundenbuch zur Geschichte des Hauses Wittelsbach, hg. von Franz Michael Wittmann, Abtheilung II: Von 1293 bis 1397 (Quellen und Erörterungen zur bayerischen und deutschen Geschichte 6), München 1861, Nr. 246, S. 212–214; zum Plan einer Eheschließung vgl. Lhotsky, Geschichte Österreichs (wie Anm. 3), S. 221. Ferner Riezler, Geschichte (wie Anm. 4), S. 294 und Spindler/Kraus, Grundlegung (wie Anm. 4), S. 143.

60 Am 15. Mai 1313 schlossen die niederbayerischen Städte mit Herzog Rudolf einen Bündnisvertrag, der gegenseitige Hilfeleistung im Kriegsfall vorsah. Landshuter Urkundenbuch, bearb. von Theo Herzog (Bibliothek familiengeschichtlicher Quellen 13), Neustadt an der Aisch 1963, Nr. 223,

barte auch eine gemeinsame Regierung. Zugleich trat er auch dem Bündnis Rudolfs mit den niederbayerischen Städten bei.[61] Dies verschaffte ihm Rückhalt gegen die Habsburger und die mit diesen verbündeten niederbayerischen Adeligen. Die herzoglichen Witwen waren ebenso wie ein großer Teil des niederbayerischen Adels weiterhin prohabsburgisch gesinnt. Das Herzogtum drohte an die Habsburger zu fallen. Ludwig und Rudolf rückten im Lande ein und bemächtigten sich der wichtigen Städte Landshut und Straubing.[62] Nun sahen sich auch die Herzogswitwen zum Handeln gezwungen. Da Rudolf und Ludwig *veintlich mit raub vnd mit prande* – wie es wörtlich in der Urkunde heißt – das Land angegriffen und sich überdies auch der herzoglichen Kinder, Heinrichs XIV., und Ottos IV., bemächtigt hätten, übertrugen sie am 1. September 1313 die Vormundschaft über ihre Kinder Herzog Friedrich dem Schönen und riefen ihn gegen die oberbayerischen Herzöge zu Hilfe.[63] Um den Konflikt noch friedlich beilegen zu können, trafen sich Ludwig und Friedrich – wie bereits erwähnt – im Kloster Aldersbach und in Landau. Da eine friedliche Lösung nicht gefunden werden konnte, mussten nun die Waffen sprechen. In dieser Situation beschlossen die Habsburger – vertrauend auf ihre Verbündeten aus dem niederbayerischen Adel – in das Herzogtum Niederbayern einzurücken.

Strategie

Offenbar hatten die Habsburger vor, in einer Art Zangenbewegung von Osten und von Westen anzugreifen. Die Fürstenfelder Chronik berichtet jedenfalls davon.[64] Friedrich der Schöne und sein Bruder Leopold lassen sich tatsächlich Ende Septem-

---

S. 129 f.; hierzu RIEZLER, Geschichte (wie Anm. 4) S. 295, und SPINDLER/KRAUS, Grundlegung (wie Anm. 4), S. 143 f.

61 Monumenta Wittelsbacensia (wie Anm. 59), Nr. 248, S. 217–220; MGH Const. 4, 2, hg. von Jakob SCHWALM, Hannover/Leipzig 1909–1911, Nr. 1232, S. 1292–1293. Hierzu HÄUSSER, Geschichte der Rheinischen Pfalz, Bd. 1 (wie Anm. 45), S. 142; RIEZLER, Geschichte (wie Anm. 4), S. 296; SCHROHE, Kampf der Gegenkönige (wie Anm. 6), S. 26 f.; SPRINKART, Kanzlei (wie Anm. 47), S. 33 f.; SPINDLER/KRAUS, Grundlagen (wie Anm. 4), S. 144; THOMAS, Ludwig der Bayer (wie Anm. 8), S. 39.

62 Chronica Ludovici imperatoris quarti, in: Bayerische Chroniken des 14. Jahrhunderts, hg. von Georg LEIDINGER (MGH SS rer. Germ. 19), Hannover 1918, S. 105–138, hier S. 120; ferner RIEZLER, Geschichte (wie Anm. 4), S. 297; SPINDLER/KRAUS, Grundlegung (wie Anm. 4), S. 144.

63 Monumenta Wittelsbacensia (wie Anm. 59), Nr. 249, S. 220–224; BÖHMER, Wittelsbachische Regesten (wie Anm. 56), S. 106. Vgl. zu den Vorgängen RIEZLER, Geschichte (wie Anm. 4), S. 297.

64 Chronica de gestis principum (wie Anm. 34), S. 66: *(…) nam duces eorum de partibus Swevie cum magno exercitu venientes, volentibus eis ferre auxilium contra Bawaros, ut sic duabus congredientibus possint eandem terram forcius expugnare, expugnatam comodius possidere.* Vgl. auch Alfons HUBER, Geschichte Österreichs, Bd. 2 (Allgemeine Staatengeschichte 1, 2), Gotha 1885, S. 112; RIEZLER, Geschichte (wie Anm. 4), S. 298; SCHROHE, Kampf der Gegenkönige (wie Anm. 6), S. 28, und BENKER, Ludwig der Bayer (wie Anm. 4), S. 70.

ber 1313 in Ulm nachweisen.[65] Ob sie dort tatsächlich ein Heer aufstellten, entzieht sich allerdings unserer Kenntnis. Das hier berichtete strategische Konzept erscheint aber insofern nicht unglaubwürdig, da die Habsburger auch später, nämlich 1319 und 1322, eine ähnliche Taktik anwendeten.[66] Aufhorchen lässt hierbei ein ebenfalls beim Fürstenfelder Chronisten überlieferter Kommentar, in welchem berichtet wird, die aus dem Osten heranziehenden habsburgischen Truppen hätten versucht, den militärischen Zusammenstoß möglichst lange hinauszuzögern, da sie hofften, dass der Gegenseite das Geld ausgehen und sich dann das Heer auflösen würde.[67] Und in der Tat erzählt der Ludwig sehr zugeneigte Chronist an einer anderen Stelle, als er die Königswahl 1314 thematisiert, dass Ludwig mit Geld nur spärlich ausgestattet war.[68] Da sich mittelalterliche Heere oft aus dem Weg gingen, erscheint die hier angedeutete taktische Maßnahme der Habsburger durchaus plausibel. Der Fürstenfelder Annalist berichtet, dass Ludwig sein Heer am Zeitlbach, in der Nähe von Altomünster versammelt hatte,[69] Auch diese vermeintliche Nebensächlichkeit, welche die Lokalkenntnis des Fürstenfelder Chronisten verrät, lässt Rückschlüsse auf die Strategie erahnen. Ludwig erwartete an der Straße zwischen Augsburg und München die aus Westen und Osten heranmarschierenden Aufgebote der Habsburger.[70]

---

65 Johann Friedrich Böhmer, Additamentum secundum ad Regesta Imperii inde ab anno MMCCXLVI usque ad MCCCXIII, Stuttgart 1857, S. 511.

66 Zu 1319 vgl. Annales Matseenses, hg. von Wilhelm Wattenbach, in: MGH SS 9, Hannover 1851 [ND Stuttgart/New York 1963] S. 823–837, hier S. 827; Chronica de gestis principum (wie Anm. 34), S. 87; Riezler, Geschichte (wie Anm. 4), S. 325 f.; Lhotsky, Geschichte Österreichs (wie Anm. 3), S. 259 f., und Alois Schütz, Ludwig der Bayer – König und Kaiser, in: Balduin von Luxemburg. Erzbischof von Trier – Kurfürst des Reiches 1285–1354. Festschrift aus Anlass des 700. Geburtsjahres, hg. von Franz-Josef Heyen (Quellen und Abhandlungen zur mittelrheinischen Kirchengeschichte 53), Mainz 1985, S. 57–88, hier S. 60. Zu 1322 vgl. grundlegend Wilhelm Erben, Die Schlacht bei Mühldorf. 28. September 1322 (Veröffentlichungen des historischen Seminars der Universität Graz 1), Graz/Wien/Leipzig 1923, hier S. 5–20 zum Aufmarsch der Heere; und zuletzt zusammenfassend: Martin Clauss, Art. Mühldorf, Battle of, in: Rogers, Oxford Encyclopedia (wie Anm. 19), Bd. 3, S. 34 f.

67 Chronica de gestis principum (wie Anm. 34), S. 66: *Tamen scientes non esse tutum hostiliter terram ingredi peregrinam, cum comitatu suo tardius incessere, congressum exercituum protelantes, ut ex dilacione Bawari incipient in sumptibus deficere et deficientibus in expensis omnimode dissolvantur et sic hostibus suis dissipates ac imminutis possint terram facilius intrare et tucius rebellare.*

68 Vgl. Chronica de gestis principum (wie Anm. 34), S. 79: *(…) estimans illum, videlicet regem Ludwicum, vix ad annum dimidium vel integrum posse sibi resistere, maxime cum in prompta pecunia et aliis regi necessariis sit tenuis et exilis, ex quo virtutem regni ipsius contingat infirmary cicius et per consequens ipsum iam non pro rege, se pro neglecto ab omnibus reputari.* Ähnlich ebd., S. 78.

69 Chronica de gestis principum (wie Anm. 34), S. 66; hierzu auch Riezler, Geschichte (wie Anm. 4), S. 298, und Benker, Ludwig der Bayer (wie Anm. 4), S. 71.

70 Vgl. auch Riezler, Geschichte (wie Anm. 4), S. 298.

Finanzielle Aufwendungen

Wir können nur ansatzweise erahnen, wie hoch die Summen waren, welche die beiden Kontrahenten aufbringen mussten, um jeweils ein Heer zusammenzustellen. Viele Aussagen ergeben sich erst ex post. Sicher ist auch hier, dass sowohl Ludwig als auch die Habsburger erhebliche Aufwendungen tätigen mussten, um je ein schlagkräftiges Heer aufbieten zu können. Um nur ein in den Quellen belegtes Beispiel anzuführen: Ludwig der Bayer verpfändete im Januar 1314 Rudiger dem Puntzinger für seine Dienste Güter, da er ihm 40 Pfund Regensburger Pfennige schuldete,[71] immerhin etwa ein Zehntel der Jahreseinnahmen eines leistungsfähigen Klosters wie Aldersbach,[72] was einem Gegenwert von etwa 480 Schafen oder 320 Schweinen entsprach.[73] Wohlgemerkt, diese Summen mussten für einen Ritter, der sicherlich mit einigen Gefolgsleuten zum Heer stieß, aufgebracht werden.[74] Diese hohen finanziellen Aufwendungen waren auch der Grund, dass Ludwig sich 1315 von seinen niederbayerischen Vettern zusichern ließ, eine Viehsteuer wegen der entstandenen Kosten für die Vormundschaft erheben zu können.[75]

Die Größe der Heere

Die Chronik Kaiser Ludwigs IV., um 1341/42 vielleicht in Ranshofen entstanden,[76] schildert den Aufmarsch des österreichischen Kontingents: „Der Herzog [Friedrich] brachte mit Hilfe vieler Grafen, Ministerialen, Ritter und sämlicher Edlen Öster-

---

71 Wilhelm ERBEN, Ein oberpfälzisches Register aus der Zeit Kaiser Ludwigs des Bayern, München 1908, Nr. XLIII, S. 134.

72 LÜBBERS, Rechnungen (wie Anm. 28), S. 139*.

73 Ebd., S. 149*f. Als Vergleichswert wurde der in den Aldersbacher Rechnungen aufgeführte Vergleichswert von 30 Regensburger Pfennigen für ein Schwein (1312) bzw. von 20 Regensburger Pfennigen für ein Schaf (1310) herangezogen.

74 Eine systematische Zusammenstellung der erhaltenen Urkunden mit Bezug zu Gammelsdorf fehlt bislang. Dies ist ein Desiderat, das in diesem Zusammenhang nicht geleistet werden kann. Auch auf österreichischer Seite lassen sich wiederholt Urkunden nachweisen, welche die ökonomische Seite der Auseinandersetzung dokumentieren. Vgl. etwa Joseph CHMEL, Zur Geschichte Kaiser Friedrichs des Schönen, in: Archiv für Kunde österreichischer Geschichtsquellen 2 (1849), S. 511–557, passim, hier besonders S. 544: 600 Talente für Konrad von Wird *pro dampno suo quem recepit Bawarie Gavnesdorf*. Hier dürfte wohl Gammelsdorf gemeint sein. Vgl. hierzu auch HUBER, Geschichte Österreichs (wie Anm. 64), S. 113 Anm. 1.

75 1315 Juni 22. Regesten Kaiser Ludwigs des Bayern (1314–1347), Heft 3: Die Urkunden aus Kloster- und Stiftsarchiven im Bayerischen Hauptstaatsarchiv und in der Bayerischen Staatsbibliothek, bearb. von Michael MENZEL, Köln/Weimar/Wien 1996, Nr. 18, S. 12–14 [online: [RI VII] H. 3 n. 18, in: Regesta Imperii Online, URI: http://www.regesta-imperii.de/id/1315-06-22_3_0_7_3_0_18_18 (13.05.2013)].

76 Vgl. hierzu Michael MENZEL, Quellen zu Ludwig dem Bayern, in: Zeitschrift für bayerische Landesgeschichte 60 (1997), S. 71–82, hier S. 78f.

reichs, der Steiermark, Mährens, Kärntens und Niederbayerns ein Heer von mehr als zwölfhundert Reisingen und unzähligem Fußvolk zusammen und entsandte sie in die Rheingegend, um Herrn Ludwig, den erlauchten Herzog von Oberbayern, zu besiegen."[77] Interessant an dieser Passage ist zweierlei. Zunächst fällt auf, dass ähnlich wie in dem bereits erwähnten Brief des Aldersbacher Abtes von 1.200 gut ausgerüsteten Kämpfern die Rede ist.[78] Weiterhin spricht der Abt ohne nähere Angaben von „unzähligem Fußvolk". Das ist aber durchaus nicht ungewöhnlich. Nur in den seltensten Fällen kann über die Größe eines mittelalterlichen Heeres eine verlässliche Angabe gemacht werden. Lediglich die Zahl der erwähnenswerten Kämpfer – hier angeblich 1.200 – gibt annäherungsweise einen Ansatzpunkt. Aber einfache Fußkämpfer oder Stadtbürger, die wohl auf Seiten des oberbayerischen Herzogs fochten,[79] erscheinen in den mittelalterlichen Chroniken nur im Ausnahmefall. Die Geschichtsschreiber interessierten sich dafür nicht. Hier zählten vornehmlich die Ritter.[80]

Selbst wenn wir davon ausgehen, dass die Zahlenangaben in dem Brief des Aldersbacher Abtes annähernd stimmen, können daher keine seriösen Aussagen über die tatsächliche Größe des Heeres getroffen werden. Interessant ist weiterhin eine Passage des Fürstenfelder Chronisten. Hier heißt es: „Es waren nämlich, wie es heißt, ihrer vier gegen einen; der Herzog aber vertraute auf Gott, dem es nicht schwer fällt, der Minderzahl genauso wie der Übermacht den Sieg zu verleihen."[81] Und an einer anderen Stelle gibt derselbe Chronist sogar eine exakte Angabe: Ludwig sei mit nur 400 seiner besten Ritter in den Kampf gezogen.[82] Dieser Aussage ist grundsätzlich zu mißtrauen, da es sich hier aller Wahrscheinlichkeit um ein rhetorisches

---

77 Chronica Ludovici imperatoris quarti (wie Anm. 62), S. 121: *Qui Fridricus collectis comitibus, ministerialibus, militibus et omnibus nobilibus Austrie, Styrie, Moravie, Carintye et inferioris Bawarie plus quam MCC galeatis, exceptis infinitis pugnatoribus, destinans eos ad partes Reni expugnare dominum Ludwicum inclytum ducem superioris Bawarie.* Die Übersetzung folgt: Geschichte Ludwigs des Bayern (Historiker des deutschen Altertums), Bd. 1: Bayerische Chroniken des 14. Jahrhunderts. Nach der Übersetzung von Walter Friedensburg, neu bearb. und herausgegeben von Christian Lohmer, Essen/Stuttgart 1987, S. 156.

78 Siehe oben bei Anm. 27.

79 Das lässt sich zumindest aus der Anwesenheit selbiger schließen. Vgl. schon von Mussinan, Ludwig (wie Anm. 4), S. 40. Vgl. zu den Aufgeboten der Stadtbürger generell Kortüm, Kriege und Krieger (wie Anm. 11), S. 138–143.

80 Vgl. Clauss, Ritter und Raufbolde (wie Anm. 14), S. 93.

81 Chronica de gestis principum (wie Anm. 34), S. 67: *Erant enim, ut aiunt, quasi quatuor contra unum. Et cum tanti essent, dux fidens in Domino, cui indifferens est salvare in multitudine vel in paucis (...).*

82 Chronica de gestis principum (wie Anm. 34), S. 67: *Mox divina gracia inspirante sanum consilium reperierunt, quod dux Ludwicus secutus, elegerunt de omnibus, qui convenerant, CCCCos viros et forciores ad pugnandum optime expeditos, aliis omnibus licentciatis, clam dicens se velle intrare quondam insulam pro expensis, neminem scire volens exceptis paucis, quo processuri essent, quousque ad locum future certaminis devenirent.* Einige Ritter aus Ludwigs Streitmacht werden in Urkunden greifbar. Vgl. die Zusammenstellung bei Riezler, Geschichte (wie Anm. 4), S. 299.

Motiv handelte.[83] Der Chronist macht selbst darauf aufmerksam, da er in der Unterlegenheit des Heeres Ludwigs gleichzeitig ein Gottesurteil erblickte. Dass sich eine vermeintlich kleine Gruppe hier durchsetzen konnte, legte den Adressaten der Erzählung nahe, dass Gott hier sein Wirken entfaltete und der gerechten Sache den Sieg geschenkt hatte;[84] dies unterstreicht der Chronist zusätzlich, indem er für die Passage eine Anlehnung an den biblischen Text des Buches der Könige vornahm.[85]

Entgegen der Schilderung des Fürstenfelder Chronisten darf wohl davon ausgegangen werden, dass Ludwigs Heer seinem Gegner mindestens ebenbürtig, wenn nicht überlegen war.[86] Die habsburgisch-niederbayerischen Truppen hatten offensichtlich geplant, sich mit den aus den oberrheinischen Besitzungen der Habsburger anmarschierenden Truppen zu vereinigen. In wieweit die nur singuläre überlieferte Nachricht aus der ersten bairischen Fortsetzung der Sächsischen Weltchronik ernstgenommen werden kann, die überliefert, dass die Österreicher ihr Heer aufspalteten, sei dahin gestellt. Vielleicht ist das in dieser mehr als ein halbes Jahrhundert nach den Ereignissen verfassten Quelle ein später Nachhall der Sammlungen der Habsburger im Osten und im Westen.[87]

Die Schlacht – Annäherungen

Was sich am 9. November 1313 auf dem sogenannten Streitfeld, südlich von Gammelsdorf abspielte, lässt sich nur mühsam rekonstruieren. Vieles muss im Dunkeln bleiben, vieles von „mythischen Schichten überlagert."[88] Anzumerken ist ferner, dass uns nur schriftliche Quellen zur Schlacht zur Verfügung stehen. Das ist für eine umfassende, neuesten militärgeschichtlichen Methoden genügende Analyse nicht ausreichend. Eine solche umfängliche Beschreibung müsste auch archäologische und andere nicht-literarische Quellen einbeziehen, wie dies jüngst etwa für die Schlacht von Crécy gezeigt wurde.[89] Während die Schlacht von Mühldorf auch archäologische Relikte hinterlassen hat, scheinen solche für Gammelsdorf (noch) gänzlich zu

83 Vgl. hierzu Clauss, Kriegsniederlagen (wie Anm. 18), S. 116.

84 Ebd., S. 313.

85 Vgl. Chronica de gestis principum (wie Anm. 34), S. 67 Anm. 4: *quia non est Domino difficile salvare vel in multis vel in paucis.*

86 Vgl. jedoch Holzfurtner, Wittelsbacher (wie Anm. 4), S. 70, der von einer Überlegenheit des österreichischen Heeres ausgeht.

87 Sächsische Weltchronik. Dritte Bairische Fortsetzung, hg. von Ludwig Weiland, in: MGH Dt. Chron. 2, Berlin 1877, S. 340–348, hier S. 343. Zur Entstehungszeit ebd., S. 341.

88 Murr, Schlacht von Gammelsdorf (wie Anm. 8).

89 Vgl. Andrew Ayton, The Battle of Crécy. Context and Significance, in: The Battle of Crécy, 1346, hg. von dems./Philip Preston Bart, Woodbridge 2005, S. 1–34, und insbesondere Michael Prestwich, The Battle of Crécy, ebd., S. 139–147.

fehlen.[90] Einzig Veit Arnpeck hat einen vagen Hinweis gegeben, wenn er fast zwei Jahrhunderte nach der Schlacht schreibt, *man hat auch noch bei unsern zeiten der selben end eisnhüt in der Iser gefunden und etlich gulden. Man findet auch noch pey unseren zeiten, so man neuakert, sporen, sbert und anderen harnasch. Man hat auch pei unseren zeiten in ainem holz daselb gefunden auf ainer grossen feichten in den östen ainen man in ganzem harnasch verbesen bis an di bayn.*[91] Wir sind also fast gänzlich auf die wenigen urkundlichen Zeugnisse sowie die historiographischen Texte angewiesen, die zwar auf der Wirklichkeit basieren, aber diese nicht exakt abbilden wollen. Vielmehr war es Absicht der Chronisten, „eine (gute) Geschichte zu erzählen."[92] Das gilt es zu berücksichtigen, wenn die Quellen zur Schlacht näher betrachtet werden.

Die Quelle, welche am ausführlichsten über die Schlacht berichtet, ist die etwa 15 Jahre später entstandene so genannte Fürstenfelder Chronik.[93] Ihr großer Vorteil: Sie berichtet nicht nur sehr ausführlich, sondern steht den Ereignissen chronologisch verhältnismäßig nahe. Allerdings sympathisiert der Autor mit dem oberbayerischen Herzog Ludwig, der geradezu der Held der Erzählung ist; entsprechend vorsichtig sind die Aussagen zu werten. Nach diesem Bericht näherte sich Ludwig mit seinem Heer der habsburgischen Streitmacht von Norden her. Die vereinigten Truppen der Habsburger und des niederbayerischen Adels standen südlich von Gammelsdorf. Angeblich verhüllte dichter Nebel die Ankunft Herzog Ludwigs.[94] Anfang November durchaus vorstellbar; es könnte sich jedoch auch hier um ein rhetorisches Motiv handeln, welches das Überraschungsmoment mit dem Verweis auf die Witterung bemänteln oder einen Hinweis auf Gottes Gunst und sein Eingreifen auf Ludwigs Seite geben sollte. Der oberbayerische Herzog habe nach Aufziehen des Nebels den Feinden den Krieg erklärt, damit sie hinterher nicht sagen könnten, sie seien böswillig

90 Freundliche Auskunft von Herrn Dr. Christian Later, Bayerisches Landesamt für Denkmalpflege, an den Verfasser. Die einschlägigen Ortsakten enthalten keine Hinweise auf die Schlacht zu beziehenden Fundstücke. Auch in den Sammlungen des Historischen Vereins für Freising und des Archäologischen Vereins Freising finden sich keine diesbezüglichen Realien. Freundliche Auskunft von Herrn Günther Lehrmann, Freising. Zu den Funden bei Mühldorf vgl. Hans Gollwitzer, Mühldorf oder Ampfing. Der Schauplatz der Schlacht vom 28. September 1322 ist geklärt, in: Das Bayerland 75/2 (1973), S. 32; Rudolf Angermeier/Herbert Matejka, Neue Funde zur Schlacht bei Mühldorf von 1322, in: Das Mühlrad 27 (1985), S. 35–42; Bruno Scherff, Mühldorf 1322 und die Archäologie, in: Die Schlacht bei Mühldorf, hg. von Joseph Steinbichler, Mühldorf am Inn 1993, S. 69–82.

91 Veit Arnpeck, Sämtliche Chroniken, hg. von Georg Leidinger (Quellen und Erörterungen zur bayerischen und deutschen Geschichte N. F. 3), München 1915 [ND Aalen 1969], S. 524.

92 Clauss, Kriegsniederlagen (wie Anm. 18), S. 79.

93 Chronica de gestis principum (wie Anm. 34), S. 1–104. Hierzu Karl Schnith, Die Geschichtsschreibung im Herzogtum Bayern unter den ersten Wittelsbachern (1180-1347), in: Die Zeit der frühen Herzöge. Von Otto I. zu Ludwig dem Bayern, hg. von Hubert Glaser (Wittelsbach und Bayern I/1), München/Zürich 1980, S. 359–368, hier S. 365 f.; Menzel, Quellen (wie Anm. 76), S. 78.

94 Vgl. auch Huber, Geschichte Österreichs (wie Anm. 64), S. 112; Hundt, Ludwig der Bayer (wie Anm. 4), S. 82 f.

getäuscht worden.[95] Selbst wenn es sich so nicht zu getragen hat, verrät diese Passage doch viel über die Sicht auf den Krieg. Die Ehre spielte eine große Rolle, und Ludwig verhielt sich, zumindest nach dem Bericht dieses Chronisten, ehrenhaft; er nutzte demzufolge die Gunst der Witterung und das Überraschungsmoment nicht aus, sondern stellte sich ehrenhaft dem – nach diesem Bericht noch dazu überlegenen! – Gegner zum Kampf.[96] Weiter berichtet uns der Chronist über den Verlauf der Schlacht folgende Details: „Die Mittagsstunde war schon vorüber, als die beiden Scharen sich gegeneinander in Bewegung setzen, unter Anrufung Gottes sich zum Treffen ordnen und den Kampf eröffnen, wobei sie den üblichen Schlachtgesang anstimmen, dessen Schall widerhallend in die Lüfte steigt. Die Schlacht beginnt; auf beiden Seiten wird wacker gestritten, und eine Stunde lang bleibt es offen, wem der Sieg zufallen werde. Als der Herzog, der sich tapfer am Kampf beteiligte, diese Sachlage wahrnahm, rief er die Seinen an und munterte sie zum Streiten auf. Aber einige Edelleute von Schlüsselberg, die eine starke Gruppe ausmachten und sich bisher mit ihren Pferden aus Vorbedacht und absichtlich von den Reihen der Kämpfenden ferngehalten hatten, stürzten sich sogleich kampfbereit mit gewaltigem Nachdruck auf die feindlichen Scharen, als sie bemerkten, daß der Herzog und die Seinen gefährdet seien, und sie durchbrachen die feindlichen Reihen nicht nur an einer, sondern an mehreren Stellen und streckten nicht wenige zu Boden. Bei diesem Anblick jubelten die Herzoglichen, die meinten, der Himmel habe ihnen schnelle Hilfe gesandt, und begannen mit frischen Kräften wie im Anfang der Schlacht zu streiten. Und in kurzer Zeit, um die Zeit des Sonnenuntergangs oder kurz danach, waren die Feinde durch Gottes Fügung geschwächt und der Sieg für den Herzog entschieden."[97] Nach diesem Bericht

---

95 Chronica de gestis principum (wie Anm. 34), S. 67: *Nam cum dux Ludwicus cum suis inferiori exercitui iam appropiaret, ut eos audire vel videre potuisset, si sol suum radium non negasset, quia illa die et eadem hora hiis accidentibus intensus aër luminosum diem obscuravit, quod clare videre non poterant adventantes, indicit eis bellum pariter et conflictum, denuncians eis, quod si velint nolint, oportere eos pugnare, ne dicant postea calumpniose cum eis egisse. Hii vero non segnes, sed parati peroptime ad pugnandum, cum percensuissent ducem cum exercitu suo, iocundati sunt et exhilarati, videntes se multo numero forciores, sperantes nec diffidentes illos ad nichilum redacturos.*

96 Vgl. zur Ehre im Krieg: KORTÜM, Kriege und Krieger (wie Anm. 11), S. 91–95. Allgemein zur Ehre in der Gesellschaft des Mittelalters vgl. Dagmar BURKHART, Eine Geschichte der Ehre, Darmstadt 2006, S. 28–49.

97 Chronica de gestis principum (wie Anm. 34), S. 67 f.: *(...) post horam meridianam ambe turme congredientes invocato nomine Domini instruunt acium, conserunt pugnam, incipientes cantum suum consuetum ante pugnam. Resultantibus in excelsis ambe caterve incipient dimicare. Et cum per aliquod tempus infatigabiliter decertassent, stetit anceps victoria ad unam horam. Quod cum dux cerneret, strennue in certamine se circumferens suos inclamavit monendo et exhortando eos ad pugnam. Sed quidam nobiles de Slůzzelberch non pauci numero industrius agentes aliis pugnantibus ipsi provide sibi et suis equis pepercerunt. Cum vidissent ducem cum suis in bello periclitari, parati ad pugnam mox cum impetus precipitantes se in turbas, non semel, set pluries hostium acies penetrantes et scindentes nonullos solotenus prostraverunt. Quod cum vidisset ducis exercitus, gavisi sunt gaudio magno, tamquam celitus auxilium sibi missum. Receptis viribus iterum*

waren es also vornehmlich die Schlüsselberger, welche die Entscheidung durch ihr beherztes Eingreifen ermöglichten. Leider liegen keine anderen Quellen vor, die das direkt bestätigen. Allerdings urkundete am 1. März 1318 Ludwig der Bayer, dass er dem Schlüsselberger 4.000 Pfund Heller schuldete,[98] davon alleine 1.500 Pfund Heller wegen erschlagener Rösser in der Schlacht bei Gammelsdorf, wegen des *Streits ze Gamelstorf*, wie es in der Urkunde wörtlich heißt.[99] Dieses Vorgehen hatte sich im Spätmittelalter als gängige Praxis etabliert, der Lehensherr entschädigte seine Vasallen für entstandene Verluste.[100] Eine immense Summe, die dem Schlüsselberger als Pfand des Königs die Burg Thurndorf sowie den Markt Eschenbach auf dem bayerischen Nordgau einbrachte. Doch damit nicht genug. Neun Jahre später, in der Schlacht von Mühldorf, agierte Konrad von Schlüsselberg als Bannerträger und wurde dafür vom König ausgezeichnet.[101] Und wenn wir noch in Betracht ziehen, dass Konrad II. von Schlüsselberg auch mit Blick auf andere Quellen Züge „ungestümen Condottieretums" zuzubilligen sind, erscheint der entscheidende Einsatz des Schlüsselbergers in der Schlacht nicht unwahrscheinlich.[102] Zumal es durchaus üblich war, taktische Reserven zurückzubehalten und erst im geeigneten Augenblick einzusetzen.[103] Ähnlich war Rudolf von Habsburg auch in der Schlacht von Dürnkrut gegen den böhmischen

sicut a princiio pugnaverunt, et non multo post sole ruente vel parum post eius occasum procurante Domino hostibus debilitates duci victoria acclamatur. Übersetzung nach Geschichte Ludwigs des Bayern (wie Anm. 77), S. 94f. Vgl. auch Hundt, Ludwig der Bayer (wie Anm. 4), S. 83.

98 Zum Heller, der insbesondere in Franken Verbreitung fand: Vgl. Peter Berghaus, Art. Heller, in: Lexikon des Mittelalters Bd. 4, München/Zürich 1989, Sp. 2122. In Franken war diese Währung viel weiter verbreitet, was sich auch hier zeigt. Vgl. Hans-Jörg Kellner, Die Münzgeschichte des Hochstifts Passau. Ein Katalog der Münzen und Medaillen (Süddeutsche Münzkataloge 6), Stuttgart 1997, S. 28f.

99 Paul Oesterreicher, Beiträge zur Geschichte des Kaisers, Ludwigs IV., 2. Lieferung, Bamberg 1825, Nr. XXXXV, S. 76. Vgl. ferner Johann Friedrich Böhmer, Regesta Imperii inde ab anno 1314 usque ad annum 1347. Die Urkunden Kaiser Ludwigs des Baiern, König Friedrich des Schönen und König Johanns von Böhmen nebst einer Auswahl der Briefe und Bullen der Päbste und anderer Urkunden welche für die Geschichte Deutschlands von 1314 bis 1347 vorzüglich wichtig sind in Auszügen, Frankfurt am Main 1839, Nr. 303, S. 18; auch Chronica de ducibus Bavariae (wie Anm. 57), S. 68 mit Anm. 1. Vgl. hierzu Riezler, Geschichte (wie Anm. 4), S. 300 Anm. 1, sowie Gustav Voit, Die Schlüsselberger. Geschichte eines fränkischen Adelsgeschlechtes (Schriftenreihe der Altnürnberger Landschaft 37), Nürnberg 1988, S. 78.

100 Vgl. Kortüm, Kriege und Krieger (wie Anm. 11), S. 134.

101 Regesten Kaiser Ludwigs des Bayern (1314–1347) Heft 1: Die Urkunden aus den Archiven und Bibliotheken Württembergs, bearb. von Johannes Wetzel, Köln/Weimar/Wien 1991, Nr. 28, S. 15 (1322 Oktober 3) [online: URI: http://www.regesta-imperii.de/id/1322-10-03_1_0_7_1_0_28_28 (17.05.2013)].

102 Rudolf Endres, Konrad von Schlüsselberg, in: Fränkische Lebensbilder, Bd. 4, hg. von Gerhard Pfeiffer (Veröffentlichungen der Gesellschaft für Fränkische Geschichte, Reihe VII A 4), Würzburg 1971, S. 27–48, hier S. 34. Zu ihm ferner: Sprinkart, Kanzlei (wie Anm. 47), S. 148f.

103 Vgl. Delbrück, Geschichte der Kriegskunst (wie Anm. 9), S. 339, und Clauss, Kriegsniederlagen (wie Anm. 18), S. 161–168.

König Ottokar II. vorgegangen.[104] Interessant auch, dass Ludwig nach dem Bericht des Chronisten selbst gefochten haben soll, sein persönlicher Mut ist den Quellen mehrfach bezeugt. In der Sicht der Zeit musste ein Heerführer immer auch zugleich Krieger sein, auch wenn er wohl nur selten wirklich in den Kampf eingriff.[105]

Betrachten wir die Schilderung der Ereignisse durch den Chronisten Johann von Viktring.[106] Dieser Geschichtsschreiber schildert, dass Herzog Ludwig den Sieg über seine Gegner davontrug. Die unter habsburgischer Führung stehenden Truppen hätten zwar insgesamt tapfer gekämpft, aber „einige befleckten ihren Ruhm und verließen furchtsam die Schlacht; die anderen freilich traten den Feinden unerschrocken entgegen." Und er fährt fort: „Graf Ulrich von Pfannberg wurde zum Ritter geschlagen und ihm dafür, daß er seine Sache gut gemacht, die Schwester des überaus vielvermögenden Ulrich von Wallsee zur Gattin versprochen."[107] Implizit lässt Johann von Viktring hier durchklingen, dass das niederbayerisch-habsburgische Heer durchaus eine Chance gegen den Wittelsbacher und sein Aufgebot gehabt hätte, wenn nur alle so tapfer gefochten hätten wie etwa der eigens erwähnte Graf Ulrich von Pfannberg.[108] Dabei ist es durchaus möglich, dass Graf Ulrich sich tatsächlich durch außerordentlichen Mut auszeichnete. Die Tapferkeit des Grafen Ulrich von Pfannberg ist etwa auch Gegenstand der Ehrendichtung Peter Suchenwirts. Dort heißt es: *Vor*

104 Vgl. Karl-Friedrich KRIEGER, Die Schlacht bei Dürnkrut 1278, in: Höhepunkte des Mittelalters, hg. von Georg SCHEIBELREITER, Darmstadt 2004, S. 154–165, hier S. 162f.

105 Vgl. CLAUSS, Ritter und Raufbolde (wie Anm. 14), S. 38. Wenn überhaupt, erfolgte ein Einsatz wohl immer erst dann, wenn die Schlacht bereits entschieden war und ein persönliches Eingreifen verhältnismäßig gefahrlos war. Vgl. auch KORTÜM, Kriege und Krieger (wie Anm. 11), S. 167.

106 Iohannis abbatis Victoriensis Liber certarum historiarum, hg. von Fedor SCHNEIDER (MGH SS rer. Germ. 36, 1–2), Hannover/Leipzig 1909–1910. Vgl. zum Verfasser: Alphons LHOTSKY, Quellenkunde zur mittelalterlichen Geschichte Österreichs (MIÖG Ergänzungsband 19), Graz/Köln 1963, S. 292–305; ferner Urban BASSI/Margit KAMPTNER, Studien zur Geschichtsschreibung Johanns von Viktring (Das Kärntner Landesarchiv 22), Klagenfurt 1997, passim und besonders zu Gammelsdorf S. 84–88; Fritz Peter KNAPP, Die Literatur des Spätmittelalters in den Ländern Österreich, Steiermark, Kärnten, Salzburg und Tirol von 1273 bis 1439, I. Halbband: Die Literatur in der Zeit der frühen Habsburger bis zum Tod Albrechts II. 1358 (Geschichte der Literatur in Österreich von den Anfängen bis zur Gegenwart 2, 1), Graz 1999, S. 395–411, sowie zuletzt zusammenfassend Karl UBL, Art. John of Viktring, in: The encyclopedia of the medieval chronicle, hg. von Raymond Graeme DUNPHY, 2 Bde., Leiden/Boston 2010, hier Bd. 2, S. 940 und Iohannes Victoriensis, Liber certarum historiarum, http://www.geschichtsquellen.de/repOpus_03046.html, 2013-03-04 (17. Mai 2013).

107 Iohannis abbatis Victoriensis Liber certarum historiarum (wie Anm. 106), S. 27f. und 58f. Hier heißt es: *Dux autem audax, animo bullum siciens, superior adversariis est effectus; qui licet fortissime dimicarent, quidam tamen glorie sue maculam ingerentes, vim prelii formidantes, a prelio declinabant, alii cominus egregie hostibus obviabant. Ulricus comes de Phannberch miles efficitur, et pro eo quod res bene gesserat, viri prepotentis soror Ulrici de Walse promittitur in uxorem.* (hier S. 58f.). Übersetzung nach: Das Buch gewisser Geschichten von Abt Johann von Victring, übersetzt von Walter FRIEDENSBURG (Die Geschichtschreiber der deutschen Vorzeit 86), Leipzig 1888, S. 184.

108 Zu ihm vgl. Karlmann TANGL, Die Grafen von Pfannberg. III. Abtheilung, in: Archiv für Kunde österreichischer Geschichtsquellen 18 (1857), S. 221–298, hier S. 221–276.

Gamelsdorf ertzaigen chund er den veinden mutes chraft.[109] Verschwiegen wird allerdings sowohl bei Johann von Viktring, als auch bei Peter Suchenwirt, dass Ulrich von Pfannberg wohl ebenso wie die anderen Ritter des niederbayerisch-habsburgischen Aufgebotes in Gefangenschaft geriet.[110] Die Heroisierung des Grafen hat also in der Erzählstruktur Johanns von Viktring die Funktion, gewissermaßen ein leuchtendes Gegenbeispiel zu der Feigheit eines Teiles der Truppen zu setzen.

Neben den historiographischen Zeugnissen gibt es auch urkundliche Quellen, die nähere Auskunft über die Ereignisse geben und somit gewissermaßen einen Blick auf einige Schlaglichter der Schlacht erlauben. Offenbar wendete sich das Schlachtenglück spätestens mit dem Niederreissen der feindlichen Fahne durch Rudiger den Puntzinger, einen Adeligen des Nordgaus.[111] Das lässt sich zumindest aus einer späteren Urkunde rekonstruieren, die Ludwig eben diesem Rudiger den Puntzinger ausstellte.[112] Die Fahne war im Chaos der Schlacht von großer Bedeutung, diente sie doch als Sammlungs- und Orientierungspunkt.[113] Entsprechend war jede kriegführende Partei bestrebt, die Fahne der gegnerischen Streitmacht niederzureissen,[114] denn das war das Zeichen der Niederlage. Das zieht sich als Thema durch viele mittelalterlicher Schlachtenschilderungen.[115] Und auch in der Schlacht von Mühldorf 1322 soll sich nach dem Bericht des Matthias von Neuenburg mit der Eroberung des Feldzeichens die Schlacht entschieden haben.[116] Wie wichtig die Fahne war, lässt sich

---

109 Alois Primisser, Peter Suchenwirt's Werke aus dem vierzehnten Jahrhunderte. Ein Beytrag zur Zeit- und Sittengeschichte, Wien 1827, S. 37. Zum Werk vgl. Fritz Peter Knapp, Die Literatur des Spätmittelalters in den Ländern Österreich, Steiermark, Kärnten, Salzburg und Tirol von 1273 bis 1439, II. Halbband: Die Literatur zur Zeit der habsburgischen Herzöge von Rudolf IV. bis Albrecht V. (1358–1439) (Geschichte der Literatur in Österreich von den Anfängen bis zur Gegenwart 2, 2), Graz 2004, S. 89–105, und Suchenwirt, Peter, Ehrenreden, http://www.geschichtsquellen.de/repOpus_04338.html, 2013-03-05.

110 Darauf verweist mit Blick auf Peter Suchenwirt auch Claudia Brinker, Von manigen helden gute tat. Geschichte als Exempel bei Peter Suchenwirt (Wiener Arbeiten zur germanischen Altertumskunde und Philologie 30), Bern u. a. 1987, S. 157. Zu den Gefangenen siehe unten bei Anm. 134.

111 Vermutlich stammte er aus der Familie der Puntzinger, die seit Mitte des 15. Jahrhunderts die Hofmark Holztraubach innehatte. Vgl. Günther Pölsterl, Mallersdorf (Historischer Atlas von Bayern, Teil Altbayern 1, 53), München 1979, S. 204. Zur Familie Heinz Lieberich, Die bayerischen Landstände 1313/40–1807 (Materialien zur bayerischen Landesgeschichte 7), München 1990, S. 33.

112 Erben, Register (wie Anm. 71), Nr. XLIII, S. 134. Erstmals hatte hierauf Buchner, Geschichte von Bayern (wie Anm. 4), S. 261 mit Anm. m aufmerksam gemacht, allerdings ohne genaue Quellenangabe. Hier heißt es nur unspezifisch: „aus dem Amberger Archiv". Vgl. hierzu auch Riezler, Geschichte (wie Anm. 4), S. 299 mit Anm. 4.

113 Vgl. hierzu Prietzel, Kriegführung (wie Anm. 19), S. 206. Auch Kortüm, Kriege und Krieger (wie Anm. 11), S. 166.

114 Ebd., S. 210. Vgl. dens., Krieg als Standespflicht (wie Anm. 20), S. 37.

115 Vgl. hierzu Peter Czerwinski, Die Schlacht- und Turnierdarstellungen in den deutschen höfischen Romanen des 12. und 13. Jahrhunderts. Zur literarischen Verarbeitung militärischer Formen des adligen Gewaltmonopols, Diss. Berlin 1975, S. 128–136.

116 Die Chronik des Mathias von Neuenburg, hg. von Adolf Hofmeister (MGH SS rer. Germ. NS 4), Berlin 1924–1940, S. 121.

anhand der Templerregel festmachen. Dort war schriftlich fixiert, dass nicht nur der Fahnenträger bis zu zehn Ritter zum Schutz des Feldzeichens zugeteilt bekommen sollte, sondern auch kein Templer das Schlachtfeld verlassen durfte, solange die Fahne noch stand.[117]

Mit der erwähnten Urkunde, die Herzog Ludwig im Januar 1314 für Rudiger den Puntzinger ausstellte, erhielt dieser nicht nur 40 Pfund Regensburger Pfennige für seinen *dinst an dem streit bei Gamelstorf*, also für seine Gefolgschaft generell, sondern ausdrücklich auch 100 Pfund Regensburger Pfennige dafür, dass er in der Schlacht *der feinde panir niederbrach und den Vdenir viench.*[118] Der siegreiche Feldherr zeigte sich also spendabel und machte den Kämpfer zu einem reichen Mann. 100 Pfund Regensburger Pfennige entsprachen etwa 1.200 Schafen oder 800 Schweinen.[119] Bei Vdenir, ein Name, der sich sonst in den Quellen nicht nachweisen lässt, könnte es sich um den Anführer der ungarischen Truppen gehandelt haben. Eine aus der Reichsstadt Regensburg stammende Chronik des 14. Jahrhunderts bringt hier möglicherweise etwas Licht in das Dunkel. Hier ist von vielen Ungarn die Rede, welche nach Regensburg flüchteten: *vnd der Vnger, der entrvnnen vil gein Regenspurch in di stat, di behilten di purger in der stat, vntz daz si haym mochten chomen.*[120] Ähnlich berichtet auch die Fürstenfelder Chronik: „Die Ungarn machten sich, nachdem sie in der Schlacht ihre Speere und Pfeile verschossen hatten, eilends auf die Flucht und kehrten mit großen Verlusten schimpflich in ihr Heimatland zurück."[121] In der

117 The Rule of the Templars. The French Text of the Rule of the Order of the Knights Templar. Translated and introduced by J. M. Upton-Ward, Woodbridge 1992, Nr. 164, S. 59 f.: „When the Marshal wishes to take the banner on God's behalf from the Under-Marshal, the Under-Marshal should go to the Turcopolier if the Marshal does not retain him. And then the Marshal should order five or six or up to ten knight brothers to guard him and the banner; and these brothers should overwhelm their enemies all round the banner, to the best of their ability, and they should not leave or go away, rather they should stay as near to the banner as they can, so that, if necessary, they may assist it. And the other brothers may attack in front and behind, to left and right, and wherever they thing they can torment their enemies in such a way that, if the banner needs them (...)". Vgl. auch Delbrück, Geschichte der Kriegskunst (wie Anm. 9), S. 345; ferner Prietzel, Kriegführung (wie Anm. 19), S. 210.

118 Erben, Register (wie Anm. 71), Nr. XLIII, S. 134.

119 Lübbers, Rechnungen (wie Anm. 28), S. 149*f.

120 Bernhard Lübbers, Eine unbeachtete deutsche Chronik des 14. Jahrhunderts aus der Reichsstadt Regensburg. Eines der ältesten Zeugnisse geschichtlicher Prosa-Darstellung in deutscher Sprache aus Bayern, in: Zeitschrift für bayerische Landesgeschichte 71 (2008), S. 707–745, hier S. 729. Ergänzend sei hier ein Erratum richtiggestellt: Der *hunt von Peren* (hier S. 737) ist wohl Cangrande I. della Scala (1291–1329), auch wenn die Information, dass er mit einer Tochter Ludwigs des Bayern verheiratet war, damit nicht richtig ist. Vgl. Haeutle, Genealogie (wie Anm. 56), S. 10 f.

121 Chronica de gestis principum (wie Anm. 34), S. 68: *Ungari expensis in prelio suis spiculis et sagittis mature fugam inierunt et cum magno damno et dedecore ad terram propriam redierunt.* Die Übersetzung nach: Geschichte Ludwigs des Bayern (wie Anm. 76), S. 95. Hierzu auch Huber, Geschichte Österreichs (wie Anm. 64), S. 113; Hundt, Ludwig der Bayer (wie Anm. 4), S. 83.

Zusammenschau dieser verschiedenen Quellen scheint das Szenario plausibel. Das Niederreißen des Feldzeichens und die Gefangennahme eines Anführers, wenn auch vielleicht nur der mittleren Führungsebene, kann eine Art Kettenreaktion ausgelöst haben, die zur Flucht eines Teiles und damit zur gänzlichen Niederlage des habsburgischen Heeres führte. Mittelalterliche Heere waren nämlich sehr anfällig beim Ausfall ihres Führungspersonals.[122] Unter dieser Prämisse betrachtet, erscheint damit die Schilderung des Johann von Viktring nicht mehr gänzlich rhetorisch überformt, wenn die erzählerische Absicht des Chronisten auch sicherlich eine andere war.[123]

Flucht

Offenbar setzten die siegreichen Truppen den Fliehenden nach. Veit Arnpeck, der auf gut unterrichteten Quellen beruht, weiß zu berichten, dass in Volkmannsdorf die Brücke über die Isar unter den Flüchtenden zusammenbrach und so zu großen Verlusten führte: *Es begab sich auch, als di Österreicher mit den Niderbairischen in di flucht kamen an di pruk gen Folkmanstorf, da prach di pruk under in, und ir ertrank aus der massen vil zusambt den, di in di Iser gejagt und geschlagen wurden.*[124] Sicher ist, dass generell nach entschiedenen Schlachten die Gewaltspirale keineswegs zuende war, im Gegenteil: in dieser Phase kam es wohl „zu den entscheidenden Verlusten auf seiten der Unterlegenen."[125]

Verluste

Die Passage Arnpecks bringt uns zu einer weiteren Frage. Welche Verluste hatten die habsburgisch-niederbayerischen Truppen zu verzeichnen? Nur wenige Quellen äußern sich hierzu und wenn, dann sehr unbestimmt. In der bereits zitierten, etwa 40 Jahre später in Regensburg verfassten Chronik heißt es lapidar: *und wurden vil volchs erslagen.*[126] Auch in den anderen Quellen finden sich ähnliche Wendungen.[127]

122 Vgl. Clauss, Ritter und Raufbolde (wie Anm. 14), S. 37.

123 Siehe oben Anm. 105; vielleicht ist auch eine Passage in der österreichischen Reimchronik hierher zu beziehen, die sich ursprünglich auf die Tapferkeit der Steyrer bei Dürnkrut bezieht, aber mit den Worten endet: *dâvon man noch deheine lug gelouben sold ûf sin.* Ottokars Österreichische Reimchronik (wie Anm. 45), hier Bd. 1, S. 216, v. 16310.

124 Arnpeck, Sämtliche Chroniken (wie Anm. 90), S. 524.

125 Vgl. Hans-Henning Kortüm, Art. Feldschlacht, in: Enzyklopädie des Mittelalters, hg. von Gert Melville/Martial Staub, 2 Bde., Darmstadt 2008, hier Bd. 1, S. 278–279, hier S. 279.

126 Lübbers, Chronik (wie Anm. 120), S. 729.

127 Etwa: Die Kölner Weltchronik 1273/88–1376, hg. von Rolf Sprandel (MGH SS rer. Germ. NS 15), München 1991, S. 72, die von vielen Toten berichtet (*plurimos interfectos*); auch Chronica Ludovici

Die Verluste bei dieser Klientel mögen in der Tat beachtlich gewesen sein. Wir können sie aber nicht quantifizieren. Tatsache ist jedoch, dass kriegerische Auseinandersetzungen des Mittelalters nur wenig mit unseren Vorstellungen von Ritterlichkeit oder Hollywood-Romantik zu tun hatten. Es ging hier – ähnlich wie bei neuzeitlichen Kriegen – darum, den Gegner zu töten.[128]

Plünderung

Während die Schlacht bzw. die heillose Flucht noch im Gange war, setzte die Plünderung ein. Angeblich sollen die Bürger, welche Ludwig den Bayern unterstützten, reiche Beute auf dem Schlachtfeld gemacht haben. Das jedenfalls weiß abermals die Fürstenfelder Chronik zu berichten. Ob das dann zudem bedeutet, dass die Stadtbürger auch im Kampf an Ludwigs Seite standen, lässt sich nicht belegen, ist aber anzunehmen:[129] „Außerdem wurden die vielen mit Schätzen reich beladenen Wagen der Österreicher und ihrer Bundesgenossen von den Einwohnern der Nachbarstädte Moosburg und Landshut und der umwohnenden Landbevölkerung geplündert, die hier an prächtigen Gewändern, Kostbarkeiten, barem Geld, Gold und Silber eine unermeßliche Beute machten, von der sich noch heute der Reichtum vieler von ihnen herleitet; da nämlich alle mit dem Kampf beschäftigt waren, so war niemand da, der sie am Plündern hätte hindern können."[130] Auch diese Schilderung lässt sich zwar nicht überprüfen, war jedoch nach Schlachten üblich. Alles ließ sich verwerten, auch Schuhe und Unterwäsche der Toten.[131] Was in diesem Bericht auch anklingt: In der Nähe der Heere war gewöhnlich auch das Lager aufgeschlagen, in welchem sich

imperatoris quarti (wie Anm. 62), S. 121. Ähnlich Arnpeck, Sämtliche Chroniken (wie Anm. 91), S. 524.

128 KORTÜM, Kriege und Krieger (wie Anm. 11), S. 27.

129 Vgl. hierzu HUBENSTEINER (wie Anm. 4), S. 141, der den Bürgern sogar eine kampfentscheidende Rolle zuschreibt. KRAUS, Grundzüge (wie Anm. 4), S. 55 sieht in den Stadtbürgern sogar „die Hauptmasse der Truppen". Andernorts waren bürgerliche Aufgebote in der Tat der ausschlaggebende Faktor gewesen, so etwa zu Beginn des Jahrhunderts in der Schlacht von Kortrijk (Courtrai). Vgl. etwa John STONE, Technology, Society, and the Infantry Revolution of the Fourteenth Century, in: The Journal of Military History 68 (2004), S. 361–380, hier besonders S. 368. Zu den Stadtbürgeraufgeboten vgl. auch KORTÜM, Kriege und Krieger (wie Anm. 11), S. 138–140.

130 Chronica de gestis principum (wie Anm. 34), S. 68: *Preterea cum Australes et alii habuissent multos currus et onustos magnis opibus, civitates vicine Mospurga et Lantshůta et cillani circumcirca diripientes inestimabilem predam ditati sunt valde. Acceperunt enim ibi vestes preciosas, xenia prestanciora, nummos, argentum et aurum, ita quod multi ex eo sunt usque hodie diciores. Nemo enim erat, qui prohiberet, omnibus in certamine occupatis.* Übersetzung nach Geschichte Ludwigs des Bayern (wie Anm. 77), S. 95 f.

131 Vgl. KORTÜM, Art. Feldschlacht (wie Anm. 125), S. 279.

idealerweise Beute machen ließ.[132] Angeblich waren bis zum Dreißigjährigen Krieg damals erbeutete Waffen und Fahnen vor dem Hochaltar der Moosburger Stiftskirche zu sehen, dann erst seien diese Beutestücke verschwunden.[133]

Gefangenschaft

Während die einfachen Fußsoldaten, derer man habhaft wurde, oft getötet wurden, war es ein lohnendes Geschäft, die adeligen Kombattanten gefangen zu nehmen und Lösegeld zu fordern.[134] Die österreichischen und niederbayerischen Adeligen gingen zu großen Teilen in Gefangenschaft.[135] Das berichten übereinstimmend nahezu sämtliche Quellen. Allerdings sind hier erhebliche Zahlenschwankungen zu konstatieren: Die Kölner Königschronik berichtet von 800 Gefangenen,[136] die erste bairische Fortsetzung der Sächsischen Weltchronik von 600,[137] die „Vita Ludovici IV. imperatoris" von 500,[138] Petrus von Zittau von etwa 300 Gefangenen.[139] Der Verfasser der Freisinger Annalen hingegen erwähnt nur 70, fügt aber hinzu, das seien besonders namhafte Gefangene gewesen.[140] Feststeht, dass es zahlreiche österreichische und steirische Ritter waren,[141] die sich nun in der Gewalt des oberbayerischen Wittelsbachers befanden.[142] Angeblich waren nahezu alle Burgen des Landes mit diesen

132 Vgl. hierzu Prietzel, Kriegführung (wie Anm. 19), S. 109.

133 Vgl. Maurus Gandershofer, Kurze chronologische Geschichte der Stadt Moosburg in Bayern, Landshut 1827, S. 44; Gustav von Bezold/Berthold Riehl (Bearb.), Die Kunstdenkmale des Regierungsbezirkes Oberbayern, II. Theil: Stadt und Bezirksamt Freising, Bezirksamt Bruck, Stadt und Bezirksamt Landsberg, Bezirksämter Schongau, Garmisch, Tölz (Die Kunstdenkmale des Königreiches Bayern, 1, 2), München 1895 [ND 1982], S. 385. Hierzu allgemein: Klaus Graf, Schlachtengedenken in der Stadt, in: Stadt und Krieg, hg. von Bernhard Kirchgässner/Günter Scholz (Stadt in der Geschichte 15), Sigmaringen 1989, S. 83–104; ders., Schlachtengedenken im Spätmittelalter. Riten und Medien der Präsentation kollektiver Identität, in: Feste und Feiern im Mittelalter. Paderborner Symposion des Mediävistenverbandes, hg. von Detlef Altenburg/Jörg Jarnut/Hans-Hugo Steinhoff, Sigmaringen 1991, S. 63–69; Prietzel, Krieg als Standespflicht (wie Anm. 20), S. 30f.

134 Vgl. Prietzel, Kriegführung (wie Anm. 19), S. 121.

135 Vgl. auch Riezler, Geschichte (wie Anm. 4), S. 300; Hundt, Ludwig der Bayer (wie Anm. 4), S. 84.

136 Kölner Weltchronik (wie Anm. 127), S. 72.

137 Sächsische Weltchronik. Erste Bairische Fortsetzung, hg. von Ludwig Weiland, in: MGH Dt. Chron. 2, Berlin 1877, S. 319–348, hier S. 335.

138 Chronica Ludovici imperatoris quarti (wie Anm. 62), S. 122.

139 Die Königsaaler Geschichts-Quellen mit den Zusätzen und der Fortsetzung des Domherren Franz von Prag, hg. v. Johann Loserth (Fontes Rerum Austriacarum 1, 8), Wien 1875, S. 367.

140 Annales Sancti Stephani Frisingensis, hg. von Georg Waitz, in: MGH SS 13, Hannover 1881, S. 50–60, hier S. 58f.: *nominatissimos*.

141 Für Huber, Geschichte Österreichs (wie Anm. 64), S. 113, müssen es „wenigstens dreihundert Adelige und Ritter" gewesen sein.

142 Vgl. etwa die Ehrenrede Peter Suchenwirts auf Johann von Kapellen, hier heißt es: *vor Gamelstorf er ritter wart: und auch geuangen zu der stunt, da maniger wart mit eren wunt.* Gottfried Edmund

Gefangenen belegt.[143] Aus den Aldersbacher Rechnungen wird deutlich, wie um die Gefangenen gerungen wurde. Der Aldersbacher Abt bemühte sich nun nach Kräften, die Freilassung der Grafen von Hals und einiger anderer, nicht explizit genannter Adeliger zu erreichen.[144] Am 17. April 1314 schloss Herzog Ludwig von Oberbayern mit Friedrich dem Schönen in Salzburg einen Vertrag, der die Auseinandersetzungen beendete.[145] Nach dem Bericht des Chronisten Johann von Viktring sollen Friedrich und Ludwig in einem Bett geschlafen haben;[146] dieses gemeinsame Schlafen sollte öffentlich verdeutlichen, dass die „vollständige Einigung und Ausräumung aller offenen Streitigkeiten zwischen zwei Konfliktparteien erreicht worden war." Das Ritual war wohl sehr weit verbreitet, mit der entsprechenden Selbstverständlichkeit ist es vielfach bezeugt.[147]

Wirkungen

Welche politisch-militärischen Konsequenzen ergaben sich nun aus diesem Aufeinandertreffen? Resultierten hieraus überhaupt Nachwirkungen? Oder war die militärische Auseinandersetzung zu gering, zu unbedeutend? War es wirklich nur ein Scharmützel, was sich hier abspielte?

Sicher ist, dass Ludwig mit dem Erfolg die Habsburger endgültig aus Niederbayern herauszuhalten vermochte. Zugleich machte das Ereignis Ludwig im ganzen Reich bekannt.[148] Die „Chronica Ludovici imperatoris quarti" berichtet davon,

---

FRIESS, Fünf unedierte Ehrenreden Peter Suchenwirts, in: Sitzungsberichte der Kaiserlichen Akademie der Wissenschaften Wien. Phil.-hist. Klasse 88, 3, Wien 1878, S. 99–126, hier S. 107. Vgl. auch BRINKER, Von manigen helden (wie Anm. 110), S. 157.

143 Chronica Ludovici imperatoris quarti (wie Anm. 62), hier S. 121 f.: *Et mirum in modum omnes, ut predictum est, vinculatos recipiens, videlicet comites de Schaunberch, comites de Recz, comites de Hals, de Walse, de Capelly, de Meyssau, de Chuͤnring et breviter dicendo omnes nobiles Austrie, Stirie, Moravie, Carintie et omnes maiores nobiles inferioris Bawarie, qui omnes iurati promiserunt domino Fridrico duci cum universis castri Bawarie, videlicet Schärding, Griespach, Ernek, Iulbach, Winczer et, quod longum enarrare esset, adiunctis aliis bene LXXII castris.* Vgl. hierzu auch HUBER, Geschichte Österreichs (wie Anm. 64), S. 113 mit Anm. 1, der die Angaben mit Blick auf die hier genannten Namen nicht für sehr realitätsnah hält. Zur Beurteilung der Quelle auch SCHNITH, Geschichtsschreibung (wie Anm. 93), S. 365, und MENZEL, Quellen (wie Anm. 76), S. 78 f.

144 LÜBBERS, Rechnungen (wie Anm. 28), S. 82*.

145 MGH Const. 5, hg. von Jakob SCHWALM, Hannover/Leipzig 1909–1911, Nr. 22, S. 19–22.

146 Iohannis abbatis Victoriensis Liber certarum historiarum (wie Anm. 106), S. 59. Vgl. auch BOOCKMANN, Stauferzeit und spätes Mittelalter (wie Anm. 6), S. 212.

147 Vgl. hierzu grundlegend Klaus VAN EICKELS, Vom inszenierten Konsens zum systematisierten Konflikt. Die englisch-französischen Beziehungen und ihre Wahrnehmung an der Wende vom Hoch- zum Spätmittelalter (Mittelalter-Forschungen 10), Stuttgart 2002, S. 368–393, speziell zu Salzburg S. 372, Zitat S. 376.

148 Vgl. etwa Bernhard SCHMEIDLER, Das spätere Mittelalter. Von der Mitte des 13. Jahrhunderts bis zur Reformation (Handbuch für den Geschichtslehrer 4, 1), Leipzig/Wien 1937, S. 69; Peter MORAW,

dass die Kurfürsten Ludwig wegen seines Schlachtenruhms zum König gewählt hätten.[149] Ähnlich äußert sich auch der Fürstenfelder Chronist.[150] Doch nicht nur die bayerischen, Ludwig sehr nahestehenden, Quellen berichten von seiner schlagartig gestiegenen Bekanntheit durch die kriegerische Auseinandersetzung. Matthias von Neuenburgs Bericht – immerhin eine der wichtigsten chronikalischen Quellen der Zeit – stellt ebenfalls einen Zusammenhang zwischen dem Sieg Ludwigs über Friedrich und der Königswahl her,[151] und auch der Eichstätter Chronist Heinrich Taube von Selbach, dessen Schilderung gerade für die Frühphase des Wittelsbachers hoher Quellenwert zuerkannt wird, berichtet, dass Ludwig durch diesen Sieg berühmt geworden sei.[152] Und der böhmische Geschichtschreiber Petrus von Zittau vermeldet, durch den Sieg Ludwigs habe sein Ruhm *in auribus multorum principum* Eingang gefunden.[153] Wenn man damit in Ludwig auch nicht gleich einen „volkstümlichen Helden" vermuten darf,[154] so steht doch außer Zweifel, dass der oberbayerische Wittelsbacher damit in das Bewusstsein der Kurfürsten gelangte. Da nur wenige Monate zuvor der Kaiser, der Luxemburger Heinrich VII., verstorben war, bot er sich so der luxemburgischen Fraktion unter der Führung des Erzbischofs Balduin von Trier als idealer Kandidat an.[155] Er hatte nicht nur gezeigt, dass er den mächtigen Habsburgern gewachsen war; aus der Perspektive der luxemburgischen Partei war er auch deswegen ideal, da er nicht zu mächtig zu werden vermochte, war seine Machtbasis als Mitregent eines Herzogtums doch äußerst schmal. „Er war ein Fürst ohne Land."[156]

Von offener Verfassung zu gestalteter Verdichtung. Das Reich im späten Mittelalter 1250–1490, Frankfurt a. M./Berlin 1985 [ND 1989], S. 229.

149 Chronica Ludovici imperatoris quarti (wie Anm. 62), S. 124: *(…) ut et famam cum tam laudabili victoria audirent (…).*

150 Chronica de ducibus Bavariae (wie Anm. 57), S. 78: *Cum autem fama eius longe lateque crebresceret et ad aures principum devenisset, electores regni non invenientes eo meliorem inter principes et barones ad regimen Romani imperii cogitaverunt eum eligere (…).*

151 Chronik des Mathias von Neuenburg (wie Anm. 116), S. 97. Zur Quelle: Menzel, Quellen (wie Anm. 76), S. 76 sowie Matthias de Nuwenburg, Chronica, http://www.geschichtsquellen.de/repOpus_03378.html, 2013-03-07 (17. Mai 2013).

152 Die Chronik Heinrichs Taube von Selbach, hg. von Harry Bresslau (MGH SS rer. Germ. NS 1), Berlin 1922, S. 32. Zur Quelle: Menzel, Quellen (wie Anm. 76), S. 76 f., sowie Henricus Surdus de Selbach, Chronica imperatorum et paparum, http://www.geschichtsquellen.de/repOpus_02675.html, 2013-03-08 (17. Mai 2013).

153 Die Königsaaler Geschichts-Quellen (wie Anm. 139), S. 367. Zur Quelle: Chronicon Aulae Regiae, http://www.geschichtsquellen.de/repOpus_00995.html, 2013-05-05 (17. Mai 2013).

154 So wörtlich bei Loserth, Geschichte des späteren Mittelalters (wie Anm. 6), S. 258; ähnlich: Doeberl, Geschichte (wie Anm. 4), S. 274, und Hermann Heimpel, Deutschland im späteren Mittelalter, in: Otto Brandt/Arnold Oskar Meyer, Handbuch der deutschen Geschichte, neu hg. von Leo Just, Bd. 1: Deutsche Geschichte bis zum Ausgang des Mittelalters, Konstanz 1957, S. 57.

155 Vgl. auch Reindel, Bayern im Mittelalter (wie Anm. 4), S. 136; Prinz, Geschichte Bayerns (wie Anm. 5), S. 162.

156 Kraus, Geschichte Bayerns (wie Anm. 4), S. 148.

Memoria – Erinnerte Geschichte

Gegen Ende der Ausführungen gilt es noch einen kurzen Blick auf den Umgang mit der Memoria zu werfen. Die Erinnerung an die Schlacht von Gammelsdorf und ihren Sieger, Ludwig den Bayern, gehörte insbesondere in Altbayern während des 19. Jahrhunderts zum Gemeingut und übte eine beträchtliche Faszination aus.[157] Sie wurde zum Mythos stilisiert und entfaltete dadurch im Königreich Bayern eine ähnliche Anziehungskraft wie die Sendlinger „Bauernschlacht" 1705.[158] Ausgehend von der Stadt Landshut[159] entwickelte sich im 19. Jahrhundert eine regelrechte Begeisterung für das Ereignis und den historischen Ort der Schlacht. Damit konnte die historische Kontinuität der Treue und Loyalität der Untertanen zum wittelsbachischen Herrscherhaus dokumentiert werden.[160] Einige Sagen, die sich um die militärische Begebenheit rankten, schienen weit zurückzureichen. So soll der oberbayerische Herzog Ludwig so dankbar über den Einsatz der Stadtbürger in der Schlacht gewesen sein, dass er den Bürgern von Landshut drei Helme für ihr Stadtwappen verlieh;[161] weiterhin sollen die Straubinger die bayerischen Rauten, die Moosburger drei Rosen und die Ingolstädter den blauen Panther zum Dank für ihre Unterstützung erhalten haben.[162] Allerdings lässt sich dieser Wappenmythos zumindest für die drei letztgenannten Städte nicht bis in das Mittelalter zurückverfolgen. Mögli-

157 Vgl. Hans-Michael KÖRNER, Staat und Geschichte in Bayern im 19. Jahrhundert (Schriftenreihe zur bayerischen Landesgeschichte 96), München 1992, S. 115–120. Ausführlich ferner: Karl Borromäus MURR, Das Mittelalter in der Moderne. Die öffentliche Erinnerung an Kaiser Ludwig den Bayern im Königreich Bayern (Schriftenreihe zur bayerischen Landesgeschichte 156), München 2008, S. 363–418.

158 Vgl. KÖRNER, Staat und Geschichte (wie Anm. 157), S. 115–120 sowie Karl Borromäus MURR, Die Entdeckung des authentischen Ortes: Nationalisierung und Historisierung der Landschaft im Königreich Bayern, in: Vom Imperium Romanum zum Global Village. Globalisierung im Spiegel der Geschichte, hg. von Waltraud SCHREIBER, Neuried 2000, S. 193–230. Speziell zur Sendlinger Schlacht: Aloys DREYER, Die Sendlinger Mordweihnacht in Geschichte, Sage und Dichtung, München 1906.

159 Vgl. MURR, Mittelalter in der Moderne (wie Anm. 157), S. 365–377.

160 Karl Borromäus MURR, „Treue bis in den Tod". Kriegsmythen in der bayerischen Geschichtspolitik im Vormärz, in: Der Krieg in den Gründungsmythen europäischer Nationen und der USA, hg. von Nikolaus BUSCHMANN/Dieter LANGEWIESCHE, Frankfurt a. M. 2003, S. 138–174, hier S. 159; ferner ders., Mittelalter in der Moderne (wie Anm. 157), S. 376.

161 Vgl. Karl Borromäus MURR, Ritterhelme im Bürgerwappen? Zur politisch-gesellschaftlichen Bedeutung einer Landshuter Geschichtslegende in der Neuzeit, in: Verhandlungen des historischen Vereins für Niederbayern 129/130 (2003/2004), S. 63–91. Vgl. jedoch auch Landshuter Urkundenbuch, bearb. von Theo HERZOG (Bibliothek familiengeschichtlicher Quellen 13), 2 Bde., Neustadt a. d. Aisch 1963, hier Bd. 1, S. 70*–79*, der eine Wappenneuerung 1313 für Landshut durchaus für möglich hält. Erstmals erwähnt wird die Sage bei Arnpeck, Sämtliche Chroniken (wie Anm. 91), S. 246. Vgl. auch MURR, Mittelalter in der Moderne (wie Anm. 157), S. 398.

162 Vgl. MURR, Mittelalter in der Moderne (wie Anm. 157), S. 364 mit der älteren Literatur.

cherweise entstand diese Sage erst in den ersten Jahrzehnten des 19. Jahrhunderts.[163] Auch die Sage von Seyfried Schweppermann hat mit Gammelsdorf zu tun.[164] Es ist eine Urkunde überliefert, in welcher Ludwig der Bayer Schweppermann die Burg Grünsberg bei Altdorf für die ihm geschuldeten 300 Pfund Regensburger Pfennige für den Schaden von Gammelsdorf ersetzte.[165] Schweppermann hat also an der Schlacht teilgenommen, und auch ein wohl über seinem Grab angebrachtes Wandgemälde mit einer deutschen Inschrift, die allerdings schon im 16. Jahrhundert stark beschädigt war, erwähnt seinen Einsatz bei Gammelsdorf.[166] 1835 genehmigte König Ludwig I. die Wiederherstellung von Schweppermanns Grabmal im Kloster Kastl.[167] Vom örtlichen Pfarrer von Gammelsdorf, Anton Gottstein (1790–1858),[168] initiiert, wurde am Jahrestag der Schlacht 1842 das aus privaten Mitteln finanzierte Denkmal eingeweiht.[169] Pfarrer Gottstein ließ nach der Aufstellung des Denkmals auch eine Lithographie anfertigen, die er u. a. König Ludwig I. übersandte. Es dürfte den Pfarrer wohl sehr gefreut haben, dass der König ihm dafür in einem eigenhändig

163 Vgl. hierzu Murr, Entdeckung (wie Anm. 158), S. 199 und dens., Mittelalter in der Moderne (wie Anm. 157), S. 398–401.

164 Vgl. hierzu auch Hubensteiner (wie Anm. 4), S. 141 sowie Murr, Mittelalter in der Moderne (wie Anm. 157), S. 172–175.

165 Böhmer, Regesta Imperii (wie Anm. 99), Nr. 91: 1315 April 28.

166 Friedrich Hermann Hofmann/Felix Mader (Bearb.), Die Kunstdenkmäler von Oberpfalz und Regensburg, Bd. XVII: Stadt und Bezirksamt Neumarkt (Die Kunstdenkmäler des Königreichs Bayern. Regierungsbezirk Oberpfalz und Regensburg XVII), München/Wien 1909 [ND 1982], S. 174 f. Zur Inschrift auch ausführlich David Popp, Seyfried Schweppermann, und das Geschlecht der Schweppermanne. Denkschrift zur fünften Säkularfeyer des 28. Septembers 1322, Sulzbach 1822, S. 42–59. Die Inschrift überliefert Kaspar Brusch in einer 1551 erschienenen Beschreibung: Kaspar Brusch, Monasteriorvm Germaniae Praecipuorum ac maxime illustrium: Centuria Prima In qua Origines, Annales ac celebriora cuiusque Monumenta, bona fide recensentur, Ingolstadt 1551, S. 35: *Hie leit begraben Herr Seyfrid Schwepperman / Alles thůns vnd wandels ahn / Ein Ritter keck vnd vest / Der zů Gunderstorff im streit thet das best / Er ist nun todt / Dem Gott genodt. Obiit anno 1337 / Jedem ein ey / Dem frommen Schwepperman zwey.* Vgl. auch Johann G. Fichtner, Vetus dictum Teutonicum. Dem Mann ein Ey, dem frommen Schweppermann zwey, Altdorf 1729, hier S. 7 (mit Abweichungen). Als Motto auch zitiert bei Karl Bosl, Das Nordgaukloster Kastl. Gründung, Gründer, Wirtschafts- und Geistesgeschichte, in: Verhandlungen des historischen Vereins für Oberpfalz und Regensburg 89 (1939), S. 3–187, hier S. 5. Zur Schlachtenmemoria in Inschriften vgl. Renate Neumüllers-Klauser, Schlachten und ihre „memoria" in Bild und Wort, in: Bild und Geschichte. Studien zur politischen Ikonographie. Festschrift für Hansmartin Schwarzmaier zum fünfundsechzigsten Geburtstag, hg. von Konrad Krimm/Herwig John Sigmaringen 1997, S. 181–196.

167 Briefwechsel zwischen Ludwig I. von Bayern und Eduard von Schenk 1823–1841, hg. von Max Spindler, München 1930, S. 262 f. (Brief Schenks an Ludwig vom 8. Juni 1835). Vgl. hierzu auch Körner, Staat und Geschichte (wie Anm. 157), S. 117.

168 Zu ihm: Hans Gumberger, Das Denkmal der Schlacht bei Gammelsdorf. Vorgeschichte, Errichtung, Jahrtagsfeiern und sein Begründer Pfarrer Anton Gottstein, in: Verhandlungen des historischen Vereins für Niederbayern 137 (2011), S. 71–192, hier S. 172–184.

169 Vgl. Murr, Mittelalter in der Moderne (wie Anm. 157), S. 377–389, und jetzt Gumberger, Denkmal (wie Anm. 168) passim.

unterschriebenen Brief seinen Dank aussprach.[170] Am Denkmal wurden sodann auch regelmäßig Gedenkgottesdienste für die gefallenen Bürger abgehalten.[171] Insbesondere die Landwehren befeuerten den Mythos um die Schlacht.[172] Die 600-Jahr-Feier im Jahre 1913 fand gar in Anwesenheit des bayerischen Königs Ludwig III. statt,[173] nachdem man bis Ende des 19. Jahrhundert mit Nachdruck darauf geachtet hatte, hier kein gesamtbayerisches Nationalfest entstehen zu lassen.[174] Zur 650-Jahrfeier 1963 kam auch Ministerpräsident Alfons Goppel und hielt eine Rede.[175] Das verwundert wenig, wenn man sich vergegenwärtigt, dass gerade in der Regierungszeit Alfons Goppels (1962–1978) „das geschichtliche Erbe Bayerns in vielfältiger Weise lebendig gehalten" wurde.[176] Und seit 1974 erhob Georg Lohmeier die Ortschaft Gammelsdorf zum „Zentrum des Patriotismus", seither treffen sich in jedem Januar die Königstreuen und ihre Anhänger.[177] Damit hat zu einem Gutteil auch eine Umdeutung des „Erinnerungsorts" Gammelsdorf stattgefunden. Doch diese Spur führt zu weit weg von unseren Ausgangsüberlegungen.

Fazit

Das Aufeinandertreffen von Gammelsdorf, war es nun ein bloßes Scharmützel oder eine „richtige" Feldschlacht? Bei aller Vorsicht gegenüber den Berichten der zeitgenössischen Historiographen kann doch konstatiert werden, dass es eine vernichtende

170 GUMBERGER, Denkmal (wie Anm. 168), S. 111 f. mit Abb. S. 112. Der Text des Schreibens findet sich bereits bei: Die Schlacht bei Gammelsdorf (in Ober-Bayern) am 9. November 1313, in: Kalender für katholische Christen 5 (1845), S. 59–68, hier S. 68, und bei Heinz STREHLER, Gammelsdorf, die Schlacht und das Denkmal in historischen Beschreibungen, in: Gammelsdorf. Die Schlacht, das Denkmal und das Patriotentreffen, Gammelsdorf 1999, S. 7–39, hier S. 27.

171 Werner K. BLESSING, Staat und Kirche in der Gesellschaft. Institutionelle Autorität und mentaler Wandel in Bayern während des 19. Jahrhunderts (Kritische Studien zur Geschichtswissenschaft 51), Göttingen 1982, S. 130.

172 Vgl. MURR, Mittelalter in der Moderne (wie Anm. 157), S. 389–397.

173 KÖRNER, Staat und Geschichte (wie Anm. 157), S. 115. Ausführlich GUMBERGER, Denkmal (wie Anm. 168), S. 153–165.

174 Vgl. KÖRNER, Staat und Geschichte (wie Anm. 157), S. 119.

175 GUMBERGER, Denkmal (wie Anm. 168), S. 166.

176 Edgar WOLFRUM, Geschichtspolitik in Bayern. Traditionsvermittlung, Vergangenheitsbearbeitung und populäres Geschichtsbewußtsein nach 1945, in: Bayern im Bund. Bd. 3: Politik und Kultur im föderativen Staat 1949–1973, hg. von Thomas SCHLEMMER/Hans WOLLER (Quellen und Darstellungen zur Zeitgeschichte 54), München 2004, S. 349–409, hier S. 402. Allerdings scheint Goppel der 650-Jahrfeier keine so große Bedeutung zugemessen zu haben wie anderen, historisch motivierten Festakten im Jahr 1963. In seiner Jahresrückschau wird Gammelsdorf nicht erwähnt. Vgl. Rückblicke 1957–1984 des Bayerischen Ministerpräsidenten Alfons Goppel, hg. von Claudia FRIEMBERGER/Ferdinand KRAMER, St. Ottilien 2005, S. 89 f.

177 Vgl. Hans GUMBERGER, in: Gammelsdorf. Die Schlacht, das Denkmal und das Patriotentreffen (wie Anm. 170), S. 41–96, hier S. 74–78; auch ders., Denkmal (wie Anm. 168), S. 171 f.

Niederlage für die niederbayerischen Adeligen und die Habsburger war. Und man wird auch die chronikalischen Zeugnisse, so unspezifisch sie sich äußern, auch hinsichtlich der Verluste nicht gänzlich gering schätzen dürfen. Es gab sicherlich erhebliche Verluste, auch wenn zuweilen geradezu bedauernd bemerkt wurde, dass kein adeliger Mitstreiter gefallen sei.[178] Stutzig macht jedoch die Tatsache, dass bislang keinerlei Überreste aufgefunden werden konnten.[179] Indes belegt Veit Arnpecks Bericht die Existenz dieser Relikte gegen Ende des 15. Jahrhunderts.[180] Arnpeck ist hier umso ernster zu nehmen, da er über Lokalkenntnisse verfügte.[181] Um nochmals Carl von Clausewitz zu zitieren: „Wir mögen nicht hören von Feldherren, die ohne Menschenblut siegen."[182] Ludwigs und Friedrichs Streitmacht scheint – bei aller Vorsicht gegenüber den chronikalischen Quellen – Menschenblut vergossen zu haben und das in erheblichem Umfang. Nach dieser Definition des preußischen Militärtheoretikers scheint es nicht verfehlt, von einer „Schlacht" zu sprechen. Viel entscheidender aber als die doch eher konstruiert wirkende Frage nach Scharmützel oder Schlacht ist der Blick auf die politische Wirkung: Der oberbayerische Herzog konnte seine Vormundschaft über seine niederbayerischen Vettern sichern und so seinen Einfluss und sein Gewicht im Südosten des Reiches steigern. Das machte ihn zu einem potentiellen Kandidaten für die bevorstehende Königswahl.[183] Der 9. November 1313 war unter dieser Prämisse betrachtet ein bedeutendes Ereignis der Reichsgeschichte, ein „Meilenstein" auf dem Weg Ludwigs zum römisch-deutschen Thron. Offenbar waren auch die Habsburger von der Niederlage nachhaltig beeindruckt, da sie trotz militärischer Überlegenheit erst Jahre später erneut eine kriegerische Auseinandersetzung mit Ludwig suchten.[184] Aber es wirft auch ein bezeichnendes Licht auf die desolate Quellenlage, dass nicht einmal mit Sicherheit gesagt werden kann, ob die Schlacht am 9. November stattfand. Mit ebenso gutem Grund kann der 8. oder auch der 10. November als Tag der Auseinandersetzung bestimmt werden.[185]

---

178 Etwa Murr, Schlacht bei Gammelsdorf (wie Anm. 8).

179 Siehe oben bei Anm. 88.

180 Siehe oben bei Anm. 89.

181 Zu Veit Arnpecks Biographie vgl. Peter Johanek, Art. Arnpeck, Veit, in: Verfasserlexikon. Die deutsche Literatur des Mittelalters, Bd. 1, Berlin/New York ²1978, Sp. 493–498, und zuletzt Stefan Dicker, Landesbewusstsein und Zeitgeschehen. Studien zur bayerischen Chronistik des 15. Jahrhunderts (Norm und Struktur 30), Köln/Weimar/Wien 2009, hier S. 148–150.

182 Carl von Clausewitz, Vom Kriege. Vollständige Ausgabe im Urtext, hg. von Werner Hahlweg, Bonn 1980, S. 469f.

183 Ähnlich Menzel, Zeit der Entwürfe (wie Anm. 53), S. 156.

184 Ebd., S. 159.

185 Wenn auch der 9. November häufiger überliefert ist als die übrigen Datierungen. Vgl. Annales Matseenses, hg. von Wilhelm Wattenbach, in: MGH SS 9, Hannover 1851 [ND Stuttgart/New York 1963], S. 823–837, hier S. 825: *in die quatuor coronatorum martirum* [= 8. November]; Chronica Ludovici imperatoris quarti (wie Anm. 62), S. 121: *in vigilia beati Martini episcopi* [= 10. November]; Iohannis abbatis Victoriensis Liber certarum historiarum (wie Anm. 106), S. 28: *V Idus Novembris* [= 9. November]; mit derselben Datierung auch Continuatio Canonicorum Sancti Rudberti Salis-

Wie auch immer. Ludwig konnte durch den Sieg bei Gammelsdorf Friedrich den Schönen aus Niederbayern hinausdrängen und sich das Herzogtum somit als Einflusssphäre ein für alle mal sichern. Zugleich machte ihn das Ereignis im ganzen Reich bekannt. Das berichten nicht nur ihm nahestehende Chronisten, sondern auch österreichische, böhmische und südwestdeutsche Quellen. Für den bayerischen Raum war es jedenfalls ein gewaltiges Ereignis. Sinnbildlich hierfür können die Mühldorfer Annalen stehen, die zu Beginn des 15. Jahrhunderts angelegt wurden.[186] Der erste und bis 1322, dem Jahr der Schlacht von Mühldorf, einzige Eintrag des Chronisten aus der Exklave des Salzburger Erzbischofs bezog sich auf die Schlacht von Gammelsdorf: *Anno domini 1313 iar hertzog Ludweig von Payrn strait mit dem von Ôsterreich an einz grossem streitz ze Gamelstorff.*[187] Auch wenn es noch viele Jahre dauern sollte, bis Ludwig der Bayer sich endgültig gegen Friedrich den Schönen durchgesetzt hatte: Der Aufstieg des Wittelsbachers ist ohne die Schlacht von Gammelsdorf nur schwer vorstellbar.

---

burgensis (wie Anm. 56), S. 821; Chronica de ducibus Bavariae (wie Anm. 57), S. 155: *in die sancti Theodori* [= 9. November].

186 Zur Quelle vgl. Nikolaus GRILL, Mühldorfer Annalen, http://www.geschichtsquellen.de/repOpus_02512.html, 2013-03-07

187 Mühldorfer Annalen 1313–1428, in: Die Chroniken der baierischen Städte. Regensburg, Landshut, Mühldorf, München (Die Chroniken der deutschen Städte 15), Leipzig 1878 [ND Göttingen 1967], S. 367–410, hier S. 384. Vgl. hierzu auch KRAUS, Geschichte Bayerns (wie Anm. 4), S. 147.

Europas bayerische Jahre
Eine Skizze zum Nordosten und -westen des Reiches im 14. und 15. Jahrhundert

Michael Menzel

Im Mittelpunkt der Forschung über die Zeit Ludwigs des Bayern stehen in der Regel immer die bayerische Landesherrschaft[1] und die Auseinandersetzungen mit der Kirche als Reichsoberhaupt.[2] Lässt man sich auf die Herrschaft im Reich außerhalb Bayerns und jenseits der Kirchenpolitik ein, kann man das Profil wesentlich schärfen. Ludwigs Positionen am Rande des Reiches, im Nordosten und Nordwesten, sind bislang kaum beleuchtet worden.[3] Sie lohnen aber eine Untersuchung, um den Kaiser

---

1 Sigmund RIEZLER, Geschichte Baierns, Bd. 2 (Allgemeine Staatengeschichte 1/20, 2), Gotha 1880, ND Aalen 1994, S. 259–507; Heinz ANGERMEIER, Bayern in der Regierungszeit Kaiser Ludwigs IV. (1314–1347), in: Handbuch der bayerischen Geschichte, hg. von Max SPINDLER/Andreas KRAUS, Bd. 2, 2. Aufl. München 1988, S. 149–195; Ludwig der Bayer als bayerischer Landesherr. Probleme und Stand der Forschung. Festschrift für Walter Ziegler, hg. von Konrad ACKERMANN/Walter JAROSCHKA (Zeitschrift für bayerische Landesgeschichte 60, 1), München 1997; Kaiser Ludwig der Bayer, 1282–1347, hg. von Angelika MUNDORFF/Renate WEDL-BRUOGNOLO, Fürstenfeldbruck 1997; Alois SCHMID, Die Bistumspolitik Ludwigs des Bayern, in: Römische Quartalschrift 94 (1999), S. 55–81.

2 Carl MÜLLER, Der Kampf Ludwigs des Baiern mit der römischen Curie. Ein Beitrag zur kirchlichen Geschichte des 14. Jahrhunderts, Bd. 1–2, Tübingen 1879/1880; Richard MOELLER, Ludwig der Bayer und die Kurie im Kampf um das Reich (Historische Studien 116), Berlin 1914; Hilary Setton OFFLER, Über die Prokuratorien Ludwigs des Bayern, in: Deutsches Archiv 8 (1951), S. 461–487; Karl KROLL, Der Streit Ludwigs des Bayern mit Johann XXII. in seiner Bedeutung für das Verhältnis von Kirche und Staat, Diss. Münster 1952; Hilary Setton OFFLER, Empire and papacy. The last struggle, in: Transactions of the Royal Historical Society 5th Series 6 (1956), S. 21–47; Alois SCHÜTZ, Die Prokuratorien und Instruktionen Ludwigs des Bayern für die Kurie (1331–1345) (Münchener historische Studien. Abteilung Geschichtliche Hilfswissenschaften 11), München 1970; Alois SCHÜTZ, Die Appellationen Ludwigs des Bayern aus den Jahren 1323/24, in: Mitteilungen des Instituts für österreichische Geschichtsforschung 80 (1972), S. 71–112; Jürgen MIETHKE, Kaiser und Papst im Spätmittelalter. Zu den Ausgleichsbemühungen zwischen Ludwig dem Bayern und der Kurie in Avignon, in: Zeitschrift für Historische Forschung 10 (1983), S. 421–446; Jürgen MIETHKE/Arnold BÜHLER, Kaiser und Papst im Konflikt. Zum Verhältnis von Staat und Kirche im späten Mittelalter (Historisches Seminar 8), Düsseldorf 1988; Martin KAUFHOLD, Gladius spiritualis. Das päpstliche Interdikt über Deutschland in der Regierungszeit Ludwigs des Bayern (1324–1347) (Heidelberger Abhandlungen zur Mittleren und Neueren Geschichte 6), Heidelberg 1994; Kaiser Ludwig der Bayer. Konflikte, Weichenstellungen und Wahrnehmung seiner Herrschaft, hg. von Hermann NEHLSEN/Hans-Georg HERMANN (Quellen und Forschungen aus dem Gebiet der Geschichte NF 22), Paderborn 2002.

3 Wolfgang WIESSNER, Die Beziehungen Kaiser Ludwigs des Bayern zu Süd-, West- und Norddeutschland (Erlanger Abhandlungen zur mittleren und neueren Geschichte 12), Erlangen 1932, S. 113–118, bleibt insgesamt schwach; Peter SCHMID, Bayerns Blick nach Westen. Ludwig der Bayer und König Eduard III., in: Bayern mitten in Europa. Vom Frühmittelalter bis ins 20. Jahrhundert, hg. von Alois

als europäisch denkenden Lenker des Imperiums kennenzulernen. Er war nicht nur der bayerische Territorialfürst im Kaisermantel und nicht nur der Herrscher, der partout nicht ins kirchliche Büßergewand passen wollte, sondern er prägte im Norden des Reiches und über die Grenzen hinaus wahrhaft bayerische Jahre. Im Nordosten und -westen setzte er weitergehende Maßstäbe, als man bislang wahrgenommen hat. Die auf Bayern fixierte Landes- und die problematische Kirchengeschichtsschreibung haben das bisher so gut wie verdeckt.[4]

Wenn man sich unter Ludwigs Vorgängern umschaut, muss man bis zum staufisch-welfischen Konflikt des 13. Jahrhunderts zurückgehen, um auf nennenswerte Aktivitäten der Krone in der nördlichen Reichshälfte zu stoßen. Danach sind die Blicke der Könige nicht mehr gen Norden gerichtet gewesen,[5] Friedrichs II. († 1250) Blicke und die seiner direkten Nachfolger sowieso nicht,[6] aber auch Rudolf I. († 1291) überließ nördlich von Thüringen und Hessen die Politik dem dortigen Adel,[7] Adolf († 1298) war fast nur an Mitteldeutschland interessiert,[8] Albrechts I. († 1308) Schwer-

SCHMID/Katharina WEIGAND, München 2005, S. 75–91, hier S. 79, 84 ff. konzentriert alles auf die kirchliche Aussöhnung; ebenso Karsten PLÖGER, Das Reich und Westeuropa. Zur Wende in der Politik Ludwigs des Bayern in den Jahren 1336–1337, in: Regnum et Imperium. Die französisch-deutschen Beziehungen im 14. und 15. Jahrhundert, hg. von Stefan WEISS (Pariser Historische Studien 83), München 2008, S. 41–54; Alois SCHMID, Ludwig der Bayer und der Osten, in: Bayern und Russland in vormoderner Zeit, hg. von dems. (Beihefte zur Zeitschrift für bayerische Landesgeschichte 42), München 2012, S. 39–73, kommt über Klischees vom hilfreichen Kaiser aus Bayern nicht hinaus.

4 Vgl. etwa Andreas KRAUS, Grundzüge der Geschichte Bayerns (Grundzüge 54), Darmstadt 1984, S. 55–59; Ludwig HOLZFURTNER, Die Wittelsbacher. Staat und Dynastie in acht Jahrhunderten, Stuttgart 2005, S. 59–92.

5 Vgl. Max VON DOMARUS, Die Beziehungen der deutschen Könige von Rudolf von Habsburg bis Ludwig dem Bayern zu Dänemark, Diss. Halle-Wittenberg 1891.

6 Vgl. zuletzt Wolfgang STÜRNER, Friedrich II. (Gestalten des Mittelalters und der Renaissance), Bd. 1–2, Darmstadt 1992/2000; Olaf B. RADER, Friedrich II. Der Sizilianer auf dem Kaiserthron, 4. Aufl. München 2012.

7 Vgl. Hartmut STEINBACH, Die Reichsgewalt und Niederdeutschland in nachstaufischer Zeit (1247–1308) (Kieler historische Studien 5), Stuttgart 1968, S. 93–98, 106–112; Thomas VOGTHERR, Rudolf von Habsburg und Norddeutschland. Zur Struktur der Reichsherrschaft in einem königsfernen Gebiet, in: Rudolf von Habsburg. Eine Königsherrschaft zwischen Tradition und Wandel, hg. von Egon BOSHOF/Franz-Reiner ERKENS (Passauer historische Forschungen 7), Köln 1993, S. 139–163; Marie-Luise HECKMANN, Stellvertreter, Mit- und Ersatzherrscher. Regenten, Generalstatthalter, Kurfürsten und Reichsvikare in Regnum und Imperium vom 13. bis zum frühen 15. Jahrhundert (Studien zu den Luxemburgern und ihrer Zeit 9), Warendorf 2002, S. 360 f.; Karl-Friedrich KRIEGER, Rudolf von Habsburg (Gestalten des Mittelalters und der Renaissance), Darmstadt 2003, S. 124 f.; ders., Die Habsburger im Mittelalter. Von Rudolf I. bis Friedrich III., 2. Aufl. Stuttgart 2004, S. 37 f.; Michael MENZEL, Die Zeit der Entwürfe. 1273–1347 (Gebhardt. Handbuch der Deutschen Geschichte 7a), 10. Auflage Stuttgart 2012, S. 93 f.

8 Fritz TRAUTZ, Studien zur Geschichte und Würdigung König Adolfs von Nassau, in: Geschichtliche Landeskunde, Bd. 2, hg. von Johannes BÄRMANN, Wiesbaden 1965, S. 1–45, hier S. 10–21; Winfried LEIST, Landesherr und Landfrieden in Thüringen im Spätmittelalter 1247–1349 (Mitteldeutsche Forschungen 77), Köln/Wien 1975, S. 55–67; Alois GERLICH, Nassau in den politischen Konstellationen am Mittelrhein von König Adolf bis Erzbischof Gerlach (1292–1346), in: Nassauische Annalen 95

punkte lagen im Rheinland und in der Auseinandersetzung mit Böhmen,[9] Heinrich VII. († 1313) verbrachte den größten Teil seiner Amtszeit in Italien und mit den Problemen dort.[10]

Ludwig der Bayer machte das grundlegend anders. Natürlich erbte er die politischen Schwerpunkte mit dem erzbischöflichen Rheinland, dem immer wieder fortschwelenden Konflikt mit Böhmen und den imperialen Aufgaben in Italien.[11] Aber

(1984), S. 1–37, hier S. 19ff.; ders., Adolf von Nassau (1292–1298), in: Nassauische Annalen 105 (1994), S. 17–78, hier S. 46–57 (wiederabgedruckt in: ders., Territorium, Reich und Kirche, Wiesbaden 2005, S. 564–640); Martin Mattheis, Das Verhältnis der deutschen Fürsten und Grafen zu König Adolf von Nassau (1292–1298), in: Mitteilungen des Historischen Vereins der Pfalz 97 (1999), S. 353–399, hier S. 379–383; Jörg Rogge, Herrschaftsweitergabe, Konfliktregelung und Familienorganisation im fürstlichen Hochadel. Das Beispiel der Wettiner von der Mitte des 13. bis zum Beginn des 16. Jahrhunderts (Monographien zur Geschichte des Mittelalters 49), Stuttgart 2002, S. 33–39; ders., Die Wettiner. Aufstieg einer Dynastie im Mittelalter, Ostfildern 2005, S. 84–87; Menzel, Zeit der Entwürfe (wie Anm. 7), S. 114–117.

9 Alois Gerlich, Königtum, rheinische Kurfürsten und Grafen in der Zeit Albrechts I. von Habsburg, in: Festschrift Ludwig Petry, hg. von Johannes Bärmann/Karl-Georg Faber/Alois Gerlich, Bd. 2, Wiesbaden 1969, S. 25–88; Matthias Wallner, Zwischen Königsabsetzung und Erbreichsplan. Beiträge zu den Anfängen der kurfürstlichen Politik im 14. Jahrhundert (1298–1356) (Historische Studien 482), Husum 2004, S. 86–188; Menzel, Zeit der Entwürfe (wie Anm. 7), S. 127–134.

10 William Marvin Bowsky, Henry VII in Italy. The Conflict of Empire and City-State 1310–13, Lincoln 1960; Roland Pauler, Die deutschen Könige und Italien im 14. Jahrhundert, Darmstadt 1997, S. 43–114; Cristiane de Craecker-Dussart, L'expédition d'Henri VII en Italie et les sources liègeoises, in: Le Moyen Âge 106 (2000), S. 513–544; Jörg K. Hoensch, Die Luxemburger. Eine spätmittelalterliche Dynastie gesamteuropäischer Bedeutung. 1308–1437, Stuttgart 2000, S. 32–50; Malte Heidemann, Heinrich VII. (1308–1313). Kaiseridee im Spannungsfeld von staufischer Universalherrschaft und frühneuzeitlicher Partikularautonomie (Studien zu den Luxemburgern und ihrer Zeit 11), Warendorf 2008; Annette Nord, Die Via Francigena – Die mittelalterliche Kaiserstraße? Überlegungen zum Romzug Heinrichs VII. und seiner Nachfolger, in: Vom luxemburgischen Grafen zum europäischen Herrscher, hg. von Ellen Widder (Publications du Centre Luxembourgois de Documentation et d'Études médiévales 23), Luxemburg 2008, S. 147–184, hier S. 151–165; Menzel, Zeit der Entwürfe (wie Anm. 7), S. 145–153.

11 Friedrich von Weech, Kaiser Ludwig der Bayer und König Johann von Böhmen, Diss. München 1860; Müller, Kampf (wie Anm. 2); Julius Priesack, Die Reichspolitik des Erzbischofs Balduin von Trier in den Jahren 1314 bis 1328, Göttingen 1894; Ernst Vogt, Die Reichspolitik des Erzbischofs Balduin von Trier in den Jahren 1328–1334. Ein Beitrag zur Geschichte Kaiser Ludwigs des Bayern, Gotha 1901; Heinrich Tebbe, Kaiser Ludwig der Bayer, Erzbischof Heinrich III. von Mainz und die Beschlüsse des Kurfürstentages von Rense im Jahre 1338, Diss. Breslau 1920; Edmund Ernst Stengel, Avignon und Rhens. Forschungen zur Geschichte des Kampfes um das Recht im Reich in der ersten Hälfte des 14. Jahrhunderts (Quellen und Studien zur Verfassungsgeschichte des Deutschen Reiches in Mittelalter und Neuzeit 6, 1), Weimar 1930; Hermann Otto Schwöbel, Der diplomatische Kampf zwischen Ludwig dem Bayern und der römischen Kurie im Rahmen des kanonischen Absolutionsprozesses 1330–1346 (Quellen und Studien zur Verfassungsgeschichte des Deutschen Reiches in Mittelalter und Neuzeit 10), Weimar 1968; Ulrich Seng, Heinrich II. von Virneburg als Erzbischof von Köln (Studien zur Kölner Kirchengeschichte 13), Siegburg 1977, S. 26ff.; Miethke, Kaiser und Papst (wie Anm. 2); Balduin von Luxemburg, Erzbischof von Trier – Kurfürst des Reiches 1285–1354, hg. von Franz-Josef Heyen (Quellen und Abhandlungen zur mittelrheinischen Kirchengeschichte 53), Mainz 1985; Johann der Blinde, Graf von Luxemburg, König von Böhmen, 1296–1346, hg. von Michel Pauly (Publications de la Section historique de l'Institut G.-D. de Luxembourg 115,

er brachte auch eine ganz neue Note im Nordosten und Nordwesten des Reiches ein. Innerhalb der wittelsbachischen Familie war das gar nicht so neu, um so mehr aber auf der Reichsebene war es das. Ludwig übernahm einiges aus seiner Familientradition.[12] Sein Vater Ludwig II. von Oberbayern († 1294) war in der ersten seiner drei Ehen mit Maria von Brabant († 1256) verheiratet gewesen,[13] in der zweiten mit Anna von Schlesien-Glogau († 1271).[14] Bei Ludwig sah das ziemlich ähnlich aus. Die erste Ehe band ihn an Beatrix von Schlesien-Glogau († 1322), Annas Nichte. Zeitlebens nannte er die schlesischen Herzöge explizit seine lieben Schwäger, noch Jahrzehnte über den frühen Tod seiner ersten Frau hinaus.[15] In der zweiten Ehe hatte er Margarete von Holland († 1356) zur Gemahlin. Die Blickrichtung war die gleiche wie bei seinem Vater. Auch Ludwigs Schwestern Mechthild († 1319) und Agnes († um 1345) waren nach Braunschweig-Lüneburg und Brandenburg verheiratet worden.[16] Seine Kinder verband er unter anderem mit den Wettinern sowie den dänischen, ungarischen und polnischen Königshäusern.[17] Der niederbayerische Zweig der Wittelsbacher machte es zu dieser Zeit mit Bindungen nach Ungarn, Schlesien, Meißen, Böhmen und Jülich nicht anders.[18] Die bayerische Heiratspolitik zeigte starke Tendenzen nach Nordosten und -westen. Die Frage ist, ob das politische Entsprechungen in der Reichsgeschichte unter Ludwig hatte, und die Antwort ist: Ja.

Im Nordosten setzte Ludwig gleich 1323, ein Jahr nach dem militärischen Sieg über den habsburgischen Gegenkönig Friedrich den Schönen († 1330), seinen eigenen Sohn zum Markgrafen in Brandenburg ein, um die seit 1319 dort herrschende

---

Publications du Centre Luxembourgeois de Documentation et d'Etudes médiévales 14), Luxemburg 1997; Michael Menzel, Ludwig der Bayer. Der letzte Kampf zwischen Kaisertum und Papsttum, in: Die Herrscher Bayerns, hg. von Alois Schmid/Katharina Weigand, München 2001, 2. Aufl. 2006, S. 106–117, aktualisiert: ders., Imperiales Beben. Ludwig der Bayer, Italien und der Papst, in: Bayern und Italien. Kontinuität und Wandel ihrer traditionellen Bindungen, hg. von Hans-Michael Körner/ Florian Schuller, Lindenberg 2010, S. 72–87; Balduin aus dem Hause Luxemburg. Erzbischof und Kurfürst von Trier 1285–1354, hg. von Valentin Wagner/Bernhard Schmitt, Luxemburg 2009.

12 Vgl. Schmid, Ludwig der Bayer (wie Anm. 3), S. 47f.

13 Johann Michael Söltl, Ludwig der Strenge, Herzog von Bayern, Pfalzgraf bei Rhein, Nürnberg 1857, S. 95–103; Ludwig Holzfurtner, Herzog Ludwig II. und Maria von Brabant, in: Kloster Fürstenfeld, hg. von Werner Schiedermair, Lindenberg 2006, S. 43–51.

14 Willi Wagner, Die Wittelsbacher der Linie Pfalz-Simmern. Ihre Vorfahren, ihre Familien und ihre Grabdenkmäler (Schriftenreihe des Hunsrücker Geschichtsvereins 34), Mengerschied 2003, S. 37–42.

15 Vgl. Anm. 34.

16 Ehen mit Otto von Braunschweig († 1330) und Heinrich von Brandenburg († 1318).

17 Neben den mit Anm. 22 u. 23 genannten Ehen diejenigen Margaretes († um 1360) mit Stephan von Ungarn († 1354) und Ludwigs des Römers († 1365) mit Kunigunde von Polen († 1357). Vgl. Anm. 41. – Hans Rall, Ludwig der Bayer und die europäischen Dynastien, in: Zeitschrift für bayerische Landesgeschichte 44 (1981), S. 81–91, hier S. 88.

18 Ehen Heinrichs XIII. († 1290) mit Elisabeth von Ungarn († 1271), Ottos III. († 1312) mit Agnes von Schlesien-Glogau († 1361), Katharinas († um 1310) mit Friedrich Tuta von Meißen († 1291), Stephans I. († 1310) mit Judith von Schlesien-Schweidnitz († 1320), Heinrichs XIV. († 1339) mit Margarete von Böhmen († 1341), Ottos IV. († 1334) mit Richarda von Jülich († 1360).

Vakanz nach dem Aussterben der Askanier[19] zu beenden.[20] Ludwig der Brandenburger († 1361)[21], wie dieser Sohn später hieß, wurde mit der dänischen Königstochter Margarete († 1340) verheiratet.[22] Wenig vorher war südlich von Brandenburg schon ein anderes Heiratsbündnis über Ludwigs Tochter Mechthild († 1346) mit den Wettinern, mit Landgraf Friedrich II. von Thüringen († 1349), dem Ernsthaften, errichtet worden.[23] Ein neuer wittelsbachischer Block im Nordosten des Reiches entstand. Im jetzt hauseigenen Brandenburg wurde dem noch kindlichen Ludwig dem Brandenburger als Pfleger einer der bedeutendsten Diplomaten des Reiches an die Seite

19 Markgraf Woldemar († 1319) und sein etwa zehnjähriger Vetter Heinrich von Landsberg († 1320) starben nacheinander. – Johannes Schultze, Die Mark Brandenburg, Bd. 2, 3. Aufl. Berlin 2004, S. 9, 17.

20 Die Urkunde darüber ist erst 1324 Juni 24 ausgestellt, MGH Constitutiones et acta publica imperatorum et regum inde ab a. MCCCXIII usque ad a. MCCCXXIV (1313–1324), Bd. 5, bearb. von Jakob Schwalm, Hannover 1909–1911, ND 1981, S. 776 Nr. 938: *Cum omnium terrarum dispendiose sint viduitates et dominorum omnium vacaciones periculose quam plurimum diuturne, illorum tamen principatuum et terrarum, qui specialiori nexu et prerogativis maioribus inmediacius sacrum respiciunt imperium et quorum incomodum pre aliis ipsum afficit imperium, periculosiores non inmerito iudicantur, expedit eisdem, cum in ipsis maius vertatur periculum, caucius et celerius provideri.* Johann Friedrich Böhmer, Regesta Imperii inde ab anno 1314 usque ad annum 1347. Die Urkunden Kaiser Ludwigs des Baiern, König Friedrich des Schönen und König Johanns von Böhmen, bearb. von Johann Friedrich Böhmer, Frankfurt a.M. 1839; Addit. 1, ebd. 1841, Bd. 2, Leipzig 1846, Bd. 3, Innsbruck 1865, S. 42 Nr. 727; Regesten Kaiser Ludwigs des Bayern, H. 7, bearb. von Michael Menzel, Köln 2003, S. 94 Nr. 214, ebd., H. 8, bearb. von Johannes Wetzel, Köln 2008, S. 43 Nr. 99. – Helmut Assing, Die Landesherrschaft der Askanier, Wittelsbacher und Luxemburger (Mitte des 12. bis Anfang des 15. Jahrhunderts), in: Brandenburgische Geschichte, hg. von Ingo Materna/Wolfgang Ribbe, Berlin 1995, S. 85–168, hier S. 135f.; Michael Menzel, Die Wittelsbacher Hausmachterweiterungen in Brandenburg, Tirol und Holland, in: Deutsches Archiv 61 (2005), S. 103–159, hier S. 110–115, zur Datierung Anm. 32; Jan Winkelmann, Die Mark Brandenburg des 14. Jahrhunderts. Markgräfliche Herrschaft zwischen räumlicher „Ferne“ und politischer „Krise“ (Studien zur brandenburgischen und vergleichenden Landesgeschichte 5), Berlin 2011, S. 64.

21 Friedrich Wilhelm Taube, Ludwig der Aeltere als Markgraf von Brandenburg (1323–1351) (Historische Studien 18), Berlin 1900.

22 Urkunde von 1323 Juli 13 (MGH Const. 5 (wie Anm. 20), S. 592 Nr. 758. Böhmer, RI 1314–1347 (wie Anm. 20), S. 415 Nr. 416). Domarus, Beziehungen (wie Anm. 5), S. 38–43; Bernhard Huesmann, Die Familienpolitik der bayrischen Herzoge von Otto I. bis auf Ludwig den Bayern (1180–1347), Diss. München 1940, S. 74; Rall, Ludwig der Bayer (wie Anm. 17), S. 86; Kai Hørby, Velstands krise og tusind baghold, 1250–1400 (Danmarkshistorie 5), Kopenhagen 1989, S. 190f.; Helmut Schmidbauer, Herzog Ludwig V. von Bayern (1315–1361), in: Zeitschrift für bayerische Landesgeschichte 55 (1992), S. 77–87, S. 79–82.

23 Urkunde von 1323 Januar 24 (MGH Const. 5 (wie Anm. 20), S. 563 Nr. 721. Böhmer, RI 1314–1347 (wie Anm. 20), S. 415 Nr. 413). – von Weech, Ludwig und Johann (wie Anm. 11), S. 20; Emil Klages, Johann von Luxemburg und seine auf Böhmen gerichtete Heiratspolitik (1310–42), in: Mitteilungen des Vereins für Geschichte der Deutschen in Böhmen 50 (1912), S. 309–357, hier S. 330; Hans Patze, Die Wittelsbacher in der mittelalterlichen Politik Europas, Zeitschrift für bayerische Landesgeschichte 44 (1981), S. 32–79, hier S. 51; Michael Menzel, König Johann von Böhmen und die Wittelsbacher, in: Pauly, Johann der Blinde (wie Anm. 11), S. 307–342, hier S. 316; Dieter Veldtrup, Ehen aus Staatsräson. Die Familien- und Heiratspolitik Johanns von Böhmen, in: ebd., S. 483–543, hier S. 496f.

gestellt, Berthold VII. von Henneberg-Schleusingen († 1340)[24], ein von Ludwig mit viel Aufwand[25] engagierter Star unter den damaligen politischen Akteuren.

Das Ganze ist oft als reine wittelsbachische Machterweiterung gedeutet worden, flankiert von einer Heiratspolitik, die in diesem Raum für die Bayern schon Tradition hatte. Doch eine solche Erklärung reicht nicht aus. Was Ludwig hier vorschwebte, war offenbar eine neue Architektur des Reiches im Nordosten, mit bayerischem Impetus, aber eindeutig über die bloßen Hausmachtinteressen hinaus. In der kaiserlichen Erneuerung der Belehnung vom Februar 1328 betonte Ludwig viel deutlicher noch als in der Urkunde vier Jahre zuvor, dass er seinen Sohn *non ex affectu naturali set sacri imperii, cui defiximus cor nostrum, ut super omnia eius augmento et profectui intendamus, utilitatis respectu* [...] *predicte Marchie fecimus et prefecimus marchionem.*[26] Das erschließt sich ganz unpathetisch, wenn man den wittelsbachischen Erwerb Brandenburgs mit der wenig späteren Entschärfung des schon über einhundert Jahre andauernden Nachbarschaftskonfliktes Brandenburgs mit seinen pommerschen Nachbarn zusammen sieht. Diese Entschärfung lief zu Ungunsten Brandenburgs aus und war allein im Reichsinteresse.[27] Die zäh verteidigte Lehensoberhoheit der brandenburgischen Markgrafen über die pommerschen Herzöge, die es seit 1231 gab[28] und auf der Ludwig noch 1328 von Rom aus gegenüber Bogislaw V.

---

24 Urkunde von 1323 August 28 (MGH Const. 5 (wie Anm. 20), S. 605 Nr. 778. BÖHMER, RI 1314–1347 (wie Anm. 20), S. 36 Nr. 620; Reg.LdB 7 (wie Anm. 20), S. 88 Nr. 197). – Julius HEIDEMANN, Graf Berthold VII. von Henneberg als Verweser der Mark Brandenburg von 1323 bis 1330, in: Forschungen zur Deutschen Geschichte 17 (1877), S. 107–161; Georg RUMMEL, Berthold VII., der Weise, Graf von Henneberg 1284–1340. Ein Beitrag zur Reichs- und Territorialgeschichte im 14. Jahrhundert, Diss. Würzburg 1904; Wilhelm FÜSSLEIN, Berthold VII., Graf von Henneberg. Ein Beitrag zur Reichsgeschichte des 14. Jahrhunderts (Mitteldeutsche Forschungen. Sonderreihe 3), Köln/Wien 1905, 3. Aufl. 1983; Ernst SCHUBERT, Berthold VII. (der Weise) von Henneberg, in: Fränkische Lebensbilder, Bd. 5, hg. von Gerhard PFEIFFER, Würzburg 1973, S. 1–22; Günter WÖLFING, Berthold IV. (VII.) Graf von Henneberg-Schleusingen, 1284–1340, in: Herrscher und Mäzene. Thüringer Fürsten von Hermenefred bis Georg II., hg. von Detlef IGNASIAK, Rudolstadt/Jena 1994, S. 99–109.

25 MENZEL, Hausmachterweiterungen (wie Anm. 20), S. 111–116.

26 Urkunde von 1328 Februar 12 (MGH Constitutiones et acta publica imperatorum et regum inde ab a. MCCCXXV usque ad a. MCCCXXX (1325–1330), Bd. 6, 1, bearb. von Jakob SCHWALM, Hannover 1914–1927, ND 1982, S. 290 Nr. 390f. BÖHMER, RI 1314–1347 (wie Anm. 20), S. 58 Nr. 965).

27 SCHMID, Ludwig der Bayer (wie Anm. 3), S. 55f.

28 Pommersches Urkundenbuch, Bd. 1, 1: 786–1253, bearb. von Klaus CONRAD, 2. Aufl. Köln/Wien 1970, S. 340 Nr. 279; Regesten der Markgrafen von Brandenburg aus askanischem Hause, bearb. von Hermann KRABBO/Georg WINTER, Leipzig 1910–1933, S. 132 Nr. 605. – Fritz ZICKERMANN, Das Lehensverhältnis zwischen Brandenburg und Pommern im dreizehnten und vierzehnten Jahrhundert, in: Forschungen zur Brandenburgischen und Preußischen Geschichte 4 (1891), S. 1–120; Oskar EGGERT, Geschichte Pommerns, Bd. 1, Bielefeld 1974, S. 119; Kazimierz BOBOWSKI, Das staatsrechtliche Verhältnis Pommerns zu Brandenburg im 13. Jahrhundert, in: Pommern im Reich und in Europa, hg. von Horst WERNICKE/Ralf Gunnar WERLICH, Greifswald 1996, S. 67–78, hier S. 70f.; Horst WERNICKE, Das Herzogtum Pommern, das Reich und Dänemark zwischen Lehnsstaat, Territorialfürstenstaat und Ständestaat 1348–1468, in: Beiträge zur Geschichte Vorpommerns, hg. von Thomas PORADA, Schwerin 1997, S. 151–168, hier S. 153f.

von Wolgast († 1374) und seinen Brüdern bestanden hatte,[29] wurde 1338 aufgehoben. Die Stettiner Linie unter Otto I. († 1344) und Barnim III. († 1368) wurde aus der brandenburgischen Oberhoheit entlassen und vom Kaiser direkt belehnt.[30] In der Arenga der Urkunde darüber begründete Ludwig seinen Schritt damit, dass er die Pommernherzöge *tamquam columpnas firmissimas in augustalis edificii machyna* festigen wolle.[31] Die Gebäudemetaphorik war gezielt gewählt, die Reichskonstruktion wurde neu austariert. Otto und Barnim sollte eine neue Funktion zuwachsen. Ludwig der Bayer stellte die Weichen für ein reichsunmittelbares Herzogtum an der Ostseeküste. Er hatte damit keineswegs nur die wittelsbachischen Interessen im Sinn, sonst hätte er Pommern unter der Lehensoberhoheit seines Brandenburger Sohnes belassen. Stattdessen entschied er sich für eine ausgeglichene Balance der fürstlichen Mächte, natürlich inklusive des hauseigenen Brandenburg, aber eben nicht nur zum

29 Urkunde von 1328 Januar 27, ed. Pommersches Urkundenbuch, Bd. 7: 1326–1330 (Veröffentlichungen der Historischen Kommission für Pommern 2), bearb. von Hans Frederichs, Stettin 1934, S. 174 Nr. 4361: *Denunciabimus vobis, quod ducatus Stetinensium, Sclavorum, Cassuborum et Pomeranie supradicti immediate descendunt in feodum a marchionatu Brandenburgensi* [...] *et ad illustres marchiones Brandenburgenses, qui sunt pro tempore, pertinent* [...] *iniungentes vobis et vestris heredibus, ut quemadmodum progenitores vestri ducatus ipsos ab antiquis marchionibus Brandenburgensibus in feodum* [...] *possiderunt et recognoverunt, sic a predicto marchione, filio nostro, eosdem in feodum recipiatis*; Böhmer, RI 1314–1347 (wie Anm. 20), S. 58 Nr. 954; Reg.LdB 8 (wie Anm. 20), S. 60 Nr. 129. – Martin Wehrmann, Der Streit der Pommernherzoge mit den Wittelsbachern um die Lehnsabhängigkeit ihres Landes 1319–1338, in: Baltische Studien NF 4 (1900), S. 18–64, hier S. 42; Otto Heinemann, Zur Geschichte Herzog Barnims III., in: Baltische Studien NF 6 (1902), S. 133–148, hier S. 137; Hans Branig, Geschichte Pommerns, Bd. 1: Vom Werden des neuzeitlichen Staates bis zum Verlust der staatlichen Selbständigkeit 1300–1648 (Veröffentlichungen der Historischen Kommission für Pommern 5/ 22, 1), Köln 1997, S. 17. Zu den pommerschen Gegenmaßnahmen Rudolf Benl, Pommern bis zur Teilung von 1368/72, in: Deutsche Geschichte im Osten Europas. Pommern, hg. von Werner Buchholz, Berlin 1999, S. 20–126, hier S. 107–109.

30 Wehrmann, Streit (wie Anm. 29), S. 61 f.; Christoph Schley/Helga Wetzel, Die Greifen. Pommersche Herzöge, 12. bis 17. Jahrhundert, Kiel 1996, S. 13; Branig, Geschichte Pommern (wie Anm. 29), S. 18; Wernicke, Herzogtum Pommern (wie Anm. 28), S. 158; Benl, Pommern (wie Anm. 29), S. 109 ff.; Steffen Schlinker, Fürstenamt und Rezeption. Reichsfürstenstand und gelehrte Literatur im späten Mittelalter (Forschungen zur deutschen Rechtsgeschichte 18), Köln 1999, S. 196–203. Vgl. Kyra T. Inachin, Die Geschichte Pommerns, Rostock 2008, S. 32.

31 Urkunde von 1338 August 14, ed. MGH Constitutiones et acta publica imperatorum et regum, Bd. 7, 1: 1336–1339, bearb. von Michael Menzel, Wiesbaden 2013, S. 286 Nr. 468: *Postquam ergo alto divine dispensacionis consilio universorum auctor, cui debilitatem nostram placuit extollere, monarchie huius mundi presidem nos effecit, mente sollicita radios totalis intencionis nostre iugiter ad hoc extendere volumus, ut, quantum nobis possibile est, commissum nobis regimen feliciter gubernetur. Quod quidem tunc nos salubriter efficere credimus, cum hos, qui generoso et claro semine ex alto stipite propagati multiplici magnalitate operum nostris se student conformare obsequiis, et a quibus veluti a membris pocioribus imperii revelacio imperatorie claritatis status dependet, tamquam columpnas firmissimas in augustalis edificii machyna stabilimus*; Böhmer, RI 1314–1347 (wie Anm. 20), S. 121 Nr. 1924. Verzichtsurkunde Ludwigs des Brandenburgers vom Vortag (MGH Const. 7, 1, S. 285 Nr. 466. Peter Moser, Das Kanzleipersonal Kaiser Ludwigs des Bayern in den Jahren 1330–1347 (Münchener Beiträge zur Mediävistik und Renaissance-Forschung 37), München 1985, S. 132). – Rudolf Hanncke, Pommersche Geschichtsbilder, 2. Aufl. Stettin 1899, S. 81.

Wohl der Markgrafschaft. Ihm war bewusst, dass *marchio* […] *et marchya Brandenburgensis* […] *per premissa gravantur*[32], aber die Mark und Pommern sollten gleichstark neben einander existieren.

Ludwig der Bayer schlug damit neue Seiten auf. Ihm schwebte mehr Reichspräsenz im Nordosten vor.[33] Seine Ideen waren zugespitzt auf die Mark mit der Kurstimme in der Hand der königlichen Familie, auf Ehebündnisse zu den wettinischen und dänischen Nachbarn und auf Pommern in unmittelbarer Lehensabhängigkeit von der Krone. Das Ganze sollte eine ausbalancierte Machtverteilung direkt unter der Reichsspitze sein. Darin eingebettet erschließt sich ein weiterer nordöstlicher Akzent, eine Kleinigkeit, deren Symbolik bisher nicht gesehen wurde. Ludwig stiftete 1339, viele Jahre nach ihrem Tod, mit reichlich materieller Ausstattung ein ewiges Licht in der Münchener Frauenkirche für Königin Beatrix, seine erste Gemahlin, deren Haus Schlesien-Glogau damit Memorialpräsenz am Grab erhielt.[34] Das Interesse am Nordosten schlug sich auch hier nieder.

Den Versuch einer Steigerung der Reichsdominanz sieht man schließlich bei einem Blick über die Grenze. Der Deutsche Orden hatte seit den 1230er Jahren in Preußen und dann im Baltikum bis hinauf nach Livland in einem riesigen Eroberungszug einen eigenen Staat aufgebaut.[35] Der Ordensstaat wurde von Anfang an durch kaiserliche Privilegien garantiert und der Hochmeister einem Reichsfürsten gleichgestellt.[36] Doch Teil des Reiches ist das Ordensland weder lehensrechtlich noch sonstwie je gewesen.

---

32 Wie Anm. 31.

33 Vgl. Heinz ANGERMEIER, Kaiser Ludwig der Bayer und das deutsche 14. Jahrhundert, in: Wittelsbach und Bayern, Bd. 1, 1: Die Zeit der frühen Herzöge, hg. von Hubert GLASER, München 1980, S. 369–378, hier S. 374 f.

34 Urkunde von 1339 September 24 (MGH Const. 7, 1 (wie Anm. 31), S. 408 Nr. 659; BÖHMER, RI 1314–1347 (wie Anm. 20), S. 127 Nr. 2024; Regesten Kaiser Ludwigs des Bayern, H. 3, bearb. von Michael MENZEL, Köln 1995, S. 181 Nr. 399). – Anton MAYER, Die Domkirche zu Unser Lieben Frau in München, München 1868, S. 21, 34; Clemens BÖHNE, Die Totenampel auf dem Kaisergrab in der Münchner Frauenkirche, in: Oberbayerisches Archiv 103 (1978), S. 323–326; Christl KARNEHM, Die Münchner Frauenkirche. Erstausstattung und barocke Umgestaltung (Miscellanea Bavarica Monacensia 113), München 1984, S. 7 f.

35 Hans PATZE, Der Deutschordensstaat 1226–1466, in: Europa im Hoch- und Spätmittelalter, hg. von Theodor SCHIEDER (Handbuch der europäischen Geschichte 2), Stuttgart 1987, S. 468–489; Hartmut BOOCKMANN, Deutsche Geschichte im Osten Europas. Ostpreußen und Westpreußen, Berlin 1992, S. 75–116.

36 Vgl. die Goldbulle von Rimini Friedrichs II. für Hermann von Salza († 1239) von 1226 März, ed. Preußisches Urkundenbuch, Bd. 1, bearb. von Rudolf PHILIPPI, Königsberg 1882, S. 41 Nr. 56: *Nos igitur attendentes* […], *quod terra ipsa sub monarchia imperii est contenta,* […] *auctoritatem eidem magistro concessimus terram Pruscie cum viribus domus et totis conatibus invadendi, concedentes et confirmantes eidem magistro, successoribus eius et domui sue in perpetuum* […] *predictam terram* […]. *Adicimus insuper ex gratia nostra, quod idem magister et successores sui iurisdictionem et potestatem illam habeant et exerceant in terris suis, quam aliquis princeps imperii melius habere dinoscitur in terra,*

Ludwig der Bayer versuchte daran Hand anzulegen. Als der Orden nach der Eroberung Danzigs und der Annexion Pommerellens[37] von 1308–1343 in einen jahrzehntelangen Rechtsstreit mit Polen verwickelt war,[38] suchte der Hochmeister Dietrich von Altenburg († 1341)[39] Ende der 1330er Jahre die Anlehnung beim Reich als der Garantiemacht seines Staates. Im Juli 1338, im selben Jahr der Regelungen für die Pommernherzöge, nahm Kaiser Ludwig die Ordensbesitzungen in Preußen und Livland gegen den polnischen König Kasimir III. († 1370) und Erzbischof Janislaw I. von Gnesen († 1341) als vom Reich rührende Länder in seinen Schutz und unter seine rechtliche Zuständigkeit.[40] Damit wurde eine angebliche kaiserliche Oberhoheit, die es nicht gab, gegen die sich der Hochmeister in seiner bedrängten Lage aber auch

---

quam habet. Johann Friedrich Böhmer, Regesta Imperii, Abt. 5, Bd. 1: Jüngere Staufer 1198–1272. Die Regesten des Kaiserreichs unter Philipp, Otto IV., Friedrich II., Heinrich (VII.), Konrad IV., Heinrich Raspe, Wilhelm und Richard, 1198–1272, Bd. 1, bearb. von Johann Friedrich Böhmer/Julius Ficker, Innsbruck 1881–1882, ND Hildesheim 1971, S. 324 Nr. 1598. – Vgl. Tomasz Jasiński, Die Goldene Bulle von Rimini Kaiser Friedrichs II. für den Deutschen Orden, in: Kruschwitz, Rimini und die Grundlagen des preussischen Ordenslandes, hg. von Udo Arnold (Quellen und Studien zur Geschichte des Deutschen Ordens 63, Veröffentlichungen der internationalen Historischen Kommission zur Erforschung des Deutschen Ordens 8), Marburg 2008, S. 71–130, hier S. 113–124, Forschungen zur Goldenen Bulle ab 1993 – Ein Nachtrag, ebd., S. 131–153, hier S. 132–137.

37 Hartmut Boockmann, Der Deutsche Orden. Zwölf Kapitel aus seiner Geschichte, München 1999, S. 138–150.

38 Vgl. Irene Ziekursch, Der Prozeß zwischen König Kasimir von Polen und dem Deutschen Orden im Jahre 1339 (Historische Studien 250), Berlin 1934; Erich Sandow, Die polnisch-pommerellische Grenze 1309–1454 (Beihefte zum Jahrbuch der Albertus-Universität Königsberg/Pr. 6), Kitzingen 1954; Gotthold Rhode, Kleine Geschichte Polens, Darmstadt 1965, S. 68–72; Zenon Hubert Nowak, Waffenstillstände und Friedensverträge zwischen Polen und dem Deutschen Orden, in: Träger und Instrumentarien des Friedens im hohen und späten Mittelalter, hg. von Johannes Fried (Vorträge und Forschungen 43), Sigmaringen 1996, S. 391–403, hier S. 391 ff.

39 Klaus Conrad, Dietrich von Altenburg 1335–1341, in: Die Hochmeister des Deutschen Ordens 1190–1994, hg. von Udo Arnold (Quellen und Studien zur Geschichte des Deutschen Ordens 40, Veröffentlichungen der Internationalen Historischen Kommission zur Erforschung des Deutschen Ordens 6), Marburg 1998, S. 70–77.

40 Urkunde von 1338 Juli 22, ed. Preußisches Urkundenbuch. Politische Abteilung, Bd. 3, 1: 1335–1341, bearb. von Max Hein, Königsberg 1944, S. 130 Nr. 183: Über das Ordensland wurden Formulierungen verwendet wie *terras, quas a nobis et imperio vobis collatas et* […] *per longiora tempora pacifice possedistis* oder *super terris vobis et ordini vestro ab imperatoribus et regibus, predecessoribus nostris, collatis et donatis et auctoritate summorum pontificum ac imperatorum et regum legittime confirmatis* […]. Mit *verum cum ordo vester sit a dictis principibus imperatoribus et regibus Romanorum, predecessoribus nostris, fundatus, institutus et dotatus pro defensione imperii ac fidei christiane, et nos et imperium principaliter questiones vobis mote per predictum Kasimerum super terris ordinis vestri et vos tamquam menbra nostra et imperii tangere videantur, vos attente requirimus et monemus* […] *sub pena amissionis et privacionis omnium terrarum, iurium, privilegiorum, graciarum et libertatum, que a nobis et predecessoribus nostris imperatoribus et regibus vobis et ordini vestro concesse sunt hactenus et indulte, ne* […] wurde alle anderweitige Gerichtsbarkeit als die kaiserlich genehmigte untersagt. Böhmer, RI 1314–1347 (wie Anm. 20), S. 119 Nr. 1916; Regesten Kaiser Ludwigs des Bayern, H. 1, bearb. von Johannes Wetzel, Köln 1991, S. 124 Nr. 289; Reg.LdB 7 (wie Anm. 20), S. 194 Nr. 452; Reg.LdB 8 (wie Anm. 20), S. 190 Nr. 395; MGH Const. 7, 1 (wie Anm. 31), S. 266 Nr. 451.

nicht wehrte, unter dem Deckmantel des Schutzes gegen den polnischen König und seine kirchlichen Helfer eingeführt. Das Ergebnis gegenüber Polen war schnell erreicht. Das Auftrumpfen des Reiches führte zur Aufnahme von Verhandlungen und zur Anbahnung von Heiratsverträgen keine zwei Monate später; Polen war damit domestiziert.[41]

Der Deutsche Orden hatte allerdings länger daran zu tragen, sich in die fürsorglichen Arme des Kaisers geflüchtet zu haben. Schon im Vorfeld der Schutzgewährung hatte Ludwig im November und Dezember 1337 dem Orden das Land Litauen übertragen.[42] Litauen war alles andere als Reichsbesitz, geschweige denn in deutscher Hand. Mit der Übertragung an den Hochmeister, *felicem nostrum et imperii principem*, sollte dokumentiert werden, falls die Kriegszüge des Ordens gegen Litauen[43] Gewinn einbrächten, dann würde der vom Kaiser an den Orden vergeben. Dem Reich sollte die Oberhoheit zugeschrieben werden.

Etwas später, im März 1339, kam es noch drastischer. Der Kaiser befahl dem Deutschordensmeister Dietrich von Altenburg, Stadt und Bistum Reval sowie Estland einzunehmen und es dann an den dänischen König Waldemar IV. († 1375) auszuliefern.[44] Denn mit der dänischen Königsschwester Margarete war des Kaisers brandenburgischer Sohn verheiratet, und Margaretes Mitgift sollte in estländischen

---

41 Vollmachten für Herzog Rudolf I. von Sachsen-Wittenberg († 1356) und Ludwig den Brandenburger von 1338 September 15, ed. MGH Const. 7, 1 (wie Anm. 31), S. 300f. Nr. 488f., um *inter nos ex una et preclarum Kazymirum Crakovie regem ex parte altera tractandi, placitandi concordie vel amoris tractatus seu placita quelibet terminandi necnon ligarum, confederacionum et unionum vincula uniendi debitisque modis firmandi*, sowie *ad conferendum, tractandum et terminandum de singulis dicti matrimonii circumstanciis et condicionibus et specialiter de subsidio mutuo faciendo, de ligis et confederacionibus, de dote et donacione propter nuptias*; BÖHMER, RI 1314–1347 (wie Anm. 20), S. 121 Nr. 1929f.

42 Urkunden von 1337 November 15 und Dezember 12, ed. MGH Const. 7, 1 (wie Anm. 31), S. 191 Nr. 330, S. 197 Nr. 337: *Ordini memorato* [...] *terram Lythwinorum cum omnibus pertinenciis suis et partibus* [...] *de imperiali auctoritate donamus* [...] *dictumque fratrem Theodericum, felicem nostrum et imperii principem, nomine dicti sacri ordinis investimus de eisdem cum administracione temporalium et iurisdiccione eiusdem plenaria principatus.* BÖHMER, RI 1314–1347 (wie Anm. 20), S. 117 Nr. 1876; Reg.LdB 8 (wie Anm. 20), S. 182 Nr. 379. – Emil SCHAUS, Zur Diplomatik Ludwigs des Bayern, Diss. Berlin 1894, S. 12f.; Albert WERMINGHOFF, Die Urkunden Ludwigs des Bayern für den Hochmeister des Deutschen Ordens vom Jahre 1337, in: Archiv für Urkundenforschung 5 (1914), S. 21–40; Max HEIN, Die Verleihung Litauens an den Deutschen Orden durch Kaiser Ludwig den Bayern im Jahre 1337, in: Altpreußische Forschungen 19 (1942), S. 36–54; SCHMID, Ludwig der Bayer (wie Anm. 3), S. 61–66.

43 Werner PARAVICINI, Die Preußenreisen des europäischen Adels, Bd. 1–2 (Beihefte der Francia 17, 1, 2), Sigmaringen 1989/1995.

44 Urkunde von 1339 März 9, ed. Franz BLATT/Carl Andreas CHRISTENSEN, Diplomatarium Danicum Reihe 2, Bd. 12: 1337–1339, Kopenhagen 1960, S. 120 Nr. 145: *Ludowicus* [...] *fratri Theodorico de Aldenburg ordinis fratrum Teutonicorum magistro generali, principi suo deuoto, gratiam suam et omne bonum.* [...] *Prescriptas etiam diocesin et ciuitatem Reuele ac terram Estlant sepedicto regi Woldemaro aut certo suo nuntio litteras nostras imperiales super hoc exhibenti sine contradictione qualibet, cum requisitus fueris, studeas assignare.* BÖHMER, RI 1314–1347 (wie Anm. 20), S. 286 Nr. 2831; MGH

Besitzungen bestehen.[45] Der Kaiser befahl Dietrich, für die Eheausstattung seiner Schwiegertochter zu sorgen, so als wäre der Hochmeister kein Souverän, sondern ein Reichsministeriale, der Befehle der Krone auszuführen hätte.

Mit dem Frieden von Kalisch 1343[46], in dem sich der Deutsche Orden mit Polen verständigte, war dieser Spuk dann vorbei. Der erbetene Schutz des Reiches gegen Polen entfiel als kaiserliches Druckmittel und konnte nicht mehr zur Dominierung des Ordens eingesetzt werden. Doch Ludwigs Versuche, über die nordöstliche Grenze des Reiches hinaus die kaiserliche Macht zu erhöhen, waren jahrelang bestimmend gewesen. Er wollte in den 1330er Jahren einen größeren Einfluss des Imperiums im Ostseeraum etablieren.

Dass hier ein Konzept vorlag, sieht man der äußeren Aufmachung der Urkunden an. Die Ausfertigung der Reichsbelehnung für die Pommernherzöge und die parallele Litauenurkunde für den Hochmeister aus dem Vorjahr sind in ihren äußeren Übereinstimmungen bemerkenswert.[47] Normalerweise sind Urkunden der ersten Hälfte des 14. Jahrhunderts ohne Miniaturen, hier sind sie es beide Male nicht. In beiden Urkunden findet sich dieselbe Gestaltungsidee der Initiale von *Ludovicus* als Anfangswort, links der übergroße gekrönte Kaiser, rechts die barhäuptig knienden von ihm privilegierten Fürsten mit der Fahne. Zwar ist es bei den Pommern die Lehensfahne, die sie kniend auf den Thronstufen vom sitzenden Kaiser entgegennehmen, und beim Hochmeister die Vorstreitfahne für die künftigen Eroberungen,

---

Const. 7, 1 (wie Anm. 31), S. 338 Nr. 560. Desgleichen an den Landmeister in Livland (Blatt/Christensen, ebd., S. 121 Nr. 146). – Schmid, Ludwig der Bayer (wie Anm. 3), S. 70f.

45 Urkunde von 1339 März 9, ed. Blatt/Christensen, Diplomatarium Danicum (wie Anm. 44), S. 122 Nr. 147: *Scire te uolumus presencium per tenorem, quod dos illustri Ludowico marchioni Brandenburgensi, primogenito nostro karissimo, ex parte conthoralis sue soluenda sibi est super terra Estlant deputata* […]. *Quare deuocionem tuam monemus et requirimus affectiue, quatinus terram eandem, si per te tuosque subditos et confratres capta fuerit et occupata, nemini nisi regi Woldemaro et marchioni Brandenburgensi, primogenito nostro memorato, uel certis eorum nunciis litteras nostras imperiales super hoc habentibus representes quomodolibet uel assignes.* MGH Const. 7,1 (wie Anm. 31), S. 338 Nr. 561. Desgleichen an den Landmeister in Livland (Blatt/Christensen, ebd., S. 123 Nr. 148; Böhmer, RI 1314–1347 (wie Anm. 20), S. 286 Nr. 2832). – Leonid Arbusow, Grundriß der Geschichte Liv-, Est- und Kurlands, 4. Aufl. Riga 1918, S. 64f.

46 Urkunden von 1343 Juli 8, ed. Preußisches Urkundenbuch. Politische Abteilung, Bd. 3, 2: 1342–1345, bearb. von Hans Koeppen, Marburg 1958, S. 445 Nr. 567, zugehörig auch S. 448–453 Nr. 568–573; Scriptores rerum Prussicarum, Bd. 2, bearb. von Theodor Hirsch/Max Töppen/Ernst Strehlke, Leipzig 1863, S. 500 Anm. 324. – Klaus Neitmann, Die Staatsverträge des Deutschen Ordens in Preußen 1230–1449 (Neue Forschungen zur Brandenburg-Preussischen Geschichte 6), Köln 1986, S. 137ff.; Nowak, Waffenstillstände (wie Anm. 38), S. 399f.; Christoph Friedrich Weber, Urkunden in der symbolischen Kommunikation zwischen dem Deutschen Orden und Polen: Friedensschluss und Konfliktführung im 14. Jahrhundert, in: Mittelalterliche Kultur und Literatur im Deutschordensstaat in Preussen. Leben und Nachleben, hg. von Jaroslaw Wenta (Sacra bella septentrionalia 1), Torún 2008, S. 309–329, hier S. 313–320.

47 Vgl. Robert Suckale, Die Hofkunst Kaiser Ludwigs des Bayern, München 1993, S. 37. – Auch Peter Acht, Die Prunkurkunden Kaiser Ludwigs des Baiern, in: Glaser, Wittelsbach und Bayern 1, 1 (wie Anm. 33), S. 398–407, hier S. 401f.

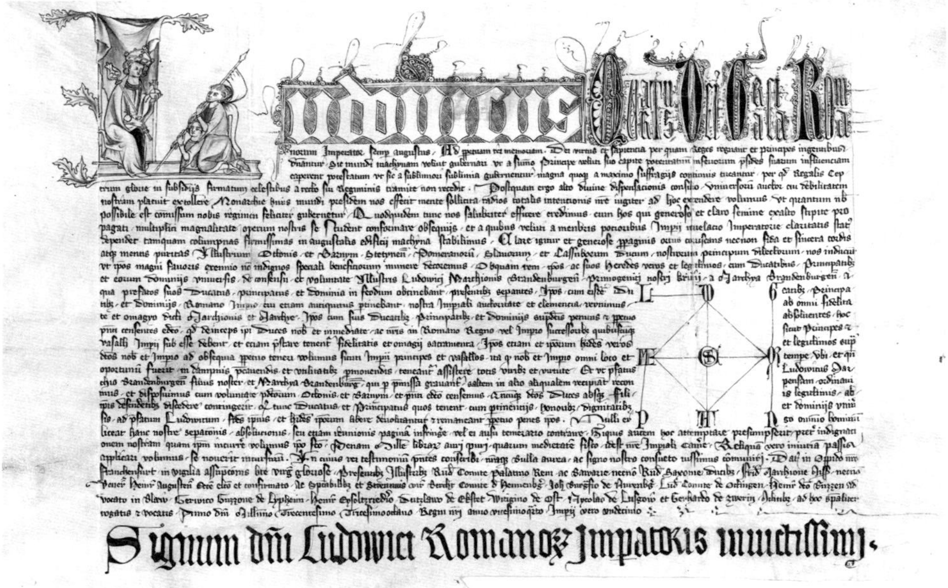

1338 August 14: Kaiser Ludwig löst die Herzöge Otto I. und Barnim III. von Pommern-Stettin aus dem Lehensverband der Markgrafschaft Brandenburg und zieht sie an das Reich

1337 November 15: Kaiser Ludwig überträgt dem Hochmeister Dietrich von Altenburg und dem Deutschen Orden das Land Litauen

die der frei stehende Kaiser vergibt, doch ist die einheitliche Programmatik augenscheinlich.

Gelungen ist Ludwig die Ausführung nicht in dem kühnen Maße, wie es die Illuminationen zum Ausdruck bringen wollten, aber immerhin teilweise hat er bis ins 15. Jahrhundert reichende neue Strukturen der königlichen Machtkonstruktion geschaffen. Wie zündend das Ganze war, wie prägend für diese östliche Austauschregion, sieht man an Ludwigs findigem Nachfolger Karl IV. († 1378). Der übernahm die Ideen. 1348 dehnte er die Reichsbelehnung auf die Wolgaster Linie der Pommernherzöge aus.[48] 1363 heiratete er dort mit der Wahl Elisabeths von Pommern-Wolgast († 1393) ein.[49] 1373 übernahm er Brandenburg von den Wittelsbachern für seine eigene Familie der Luxemburger.[50] Brandenburg in der Hand der königlichen Familie, Pommern als direkter Kronvasall, das blieb bis zum Antritt der Hohenzollern in Brandenburg im Jahre 1415 so und in Pommern bis zum abermaligen Verlust der

48 Klaus CONRAD, Die Belehnung der Herzöge von Pommern durch Karl IV. im Jahre 1348, in: Blätter für deutsche Landesgeschichte 114 (1978), S. 391–406; Horst WERNICKE, 1348 – Karl IV., Pommern und Mecklenburg – Reichspolitik und Nachbarschaft im Konflikt, in: Mecklenburg und das Reich in feudaler und bürgerlicher Gesellschaft. Agrargeschichte, Sozialgeschichte, Regionalgeschichte, hg. von Ernst MÜNCH, Rostock 1990, S. 30–35; Dietmar LUCHT, Die Gesamtbelehnung der pommerschen Herzöge durch Karl IV. 1348, in: Ostdeutsche Gedenktage 1998. Persönlichkeiten und historische Ereignisse, hg. von Peter MAST/Silke SPIELER, Bonn 1997, S. 319–322. – Zur Bestätigung des Status der Stettiner Linie Michael LINDNER, „Theatrum praeeminentiae". Kaiser und Reich zur Zeit der Goldenen Bulle, in: Die Goldene Bulle. Politik – Wahrnehmung – Rezeption, hg. von Ulrike HOHENSEE u. a., Bd. 1 (Berichte und Abhandlungen der Berlin-Brandenburgischen Akademie der Wissenschaften, Sonderband 12), Berlin 2009, S. 169–195, hier S. 179.

49 1363 Mai 21. Dieter VELDTRUP, Zwischen Eherecht und Familienpolitik. Studien zu den dynastischen Heiratsprojekten Karls IV. (Studien zu den Luxemburgern und ihrer Zeit 2), Warendorf 1988, S. 378 ff.; Joachim ZDRENKA, Zur Ehe Kaiser Karls IV. mit Elisabeth von Pommern, in: Akkulturation und Selbstbehauptung, hg. von Eberhard HOLTZ/Michael LINDNER/Peter MORAW (Berichte und Abhandlungen der Berlin-Brandenburgischen Akademie der Wissenschaften. Sonderband 6), Berlin 2001, S. 165–171; Harry BLUMRODT, Die Geschichte Norddeutschlands, insbesondere Pommerns, Berlin 2011, S. 103 f.; Uwe LUDWIG, Elisabeth von Pommern, in: Die Kaiserinnen des Mittelalters, hg. von Amalie FÖSSEL, Regensburg 2011, S. 285–305. Allgemein Gisela WILBERTZ, Elisabeth von Pommern – Eine Kaiserin im späten Mittelalter, in: Bohemia. Zeitschrift für Geschichte und Kultur der böhmischen Länder 28 (1987), S. 45–68.

50 Paul SCHOLZ, Erwerbung der Mark Brandenburg durch Karl IV., Diss. Breslau 1874; Gerd HEINRICH, Kaiser Karl IV. und die Mark Brandenburg, in: Blätter für deutsche Landesgeschichte 114 (1978), S. 407–432; ASSING, Landesherrschaft (wie Anm. 20), S. 145; Ulrike HOHENSEE, Zur Erwerbung der Lausitz und Brandenburgs durch Kaiser Karl IV., in: Kaiser, Reich und Region, hg. von Michael LINDNER/Eckhard MÜLLER-MERTENS/Olaf B. RADER (Berichte und Abhandlungen der Berlin-Brandenburgischen Akademie der Wissenschaften. Sonderband 2), Berlin 1997, S. 213–243; Hans K. SCHULZE, Karl IV. als Landesherr der Mark Brandenburg, in: ders., Siedlung, Wirtschaft und Verfassung im Mittelalter (Quellen und Forschungen zur Geschichte Sachsen-Anhalts 5), Köln 2006, S. 225–258; Roderich SCHMIDT, Brandenburg und Pommern in der Politik Kaiser Karls IV. Das Kräftespiel zwischen Wittelsbachern, Luxemburgern und Greifen, in: ders., Das historische Pommern. Personen, Orte, Ereignisse (Veröffentlichungen der Historischen Kommission für Pommern 5, 41), Köln 2007, S. 226–240.

Reichsunmittelbarkeit 1479 im Vertrag von Prenzlau unter Bogislaw X. († 1523).[51] Beim Deutschen Orden gab es zwar keinen Anschluss Karls an die ludovicianischen Vorgaben, aber bis zum Ende des Mittelalters, besonders unter Friedrich III. († 1493)[52], ist die preußische Option der Reichsmacht immer wieder relevant geblieben. Das Reich wollte an der Ostseeküste wie unter Ludwig als europäische Macht auftreten, die Versuche waren aber nicht von Erfolg gekrönt.

In der entgegengesetzten Himmelsrichtung, im Nordwesten, gestalteten sich die Verhältnisse anders. Seit 1324 war Ludwig in zweiter Ehe mit Margarete verheiratet,[53] der ältesten Tochter des Grafen Wilhelm III. von Holland-Hennegau († 1337), dem auch Seeland und Friesland gehörten. Die Region war im Visier der bayerischen Heiratspolitik. Neben Margarete hatte der holländische Graf noch einen gleichnamigen Sohn und zwei weitere Töchter.[54]

Als Wilhelm III. 1337 starb, folgte ihm sein Sohn Wilhelm IV. († 1345) in der Herrschaft, kam aber acht Jahre später auf einem Feldzug gegen die Friesen ums Leben,[55] ohne Kinder zu hinterlassen[56]. Jetzt trat der Erbfall unter den Schwestern ein. Es herrschte weibliche Erbfolge in den holländisch-hennegauischen Besitzungen, und es kam zu Auseinandersetzungen. Im Hennegau konnte sich Ludwigs Gemahlin als die Älteste der Schwestern durchsetzen. Die Grafschaft ging vom Bistum Lüttich, derzeit Bischof Engelbert († 1364), zu Lehen,[57] und Margarete erreichte ihre Anerkennung durch die Stände. Holland, Seeland und Friesland waren aber Reichslehen. Sie wurden vom Kaiser vergeben, und der vergab sie im Januar 1346 ebenfalls an Margarete. Seine Begründung, dass er die Rechte seiner Getreuen im Reich wahren müsse, zumal dann, wenn sie ihm verwandtschaftlich oder gar ehelich verbunden seien, wandte er direkt auf Margarete als *proximiorem et antiquiorem heredem* ihres Stammhauses Avesnes an.[58] Als Höhepunkt beendete er die Einsetzung

51 Vertrag von 1479 Juni 26 mit Markgraf Albrecht III. Achilles von Brandenburg († 1486). Branig, Geschichte Pommern (wie Anm. 29), S. 62.

52 Vgl. Regesten Kaiser Friedrichs III. (1440–1493), H. 24, bearb. von Elfie-Marita Eibl, Wien 2010, in der Einleitung S. 12–17.

53 Huesmann, Familienpolitik (wie Anm. 22), S. 69f.

54 Eine vierte Tochter Isabella († 1361) spielte vor ihrer Verheiratung 1354 keine Rolle. Jan F. Niermeyer, Henegouwen, Holland en Zeeland onder het huis Wittelsbach, in: Algemene geschiedenis der Nederlanden, Bd. 3 (1951), S. 92–124, hier S. 92.

55 Riezler, Geschichte (wie Anm. 1), S. 490; Petrus Johannes Blok, Geschiedenis van het nederlandsche volk, Bd. 2, Groningen 1893, S. 78; Gertrud Benker, Ludwig der Bayer. Ein Wittelsbacher auf dem Kaiserthron. 1282–1347, München 1980, S. 254; Michael Erbe, Belgien, Niederlande, Luxemburg. Geschichte des niederländischen Raumes, Stuttgart 1993, S. 46.

56 Ein Kind war vorher verstorben.

57 Vgl. Alain Marchandisse, Le prince-évêque et les comtes de Hainaut des maisons d'Avesnes et Wittelsbach (1247–1433), in: Revue du Nord 82 (2000), S. 629–657.

58 Urkunde von 1346 Januar 15, ed. Groot charterboek der graaven van Holland, van Zeeland en heeren van Vriesland, Bd. 2, bearb. von Frans von Mieris, Leiden 1754, S. 702: *Ex augustalis serenitatis officio* [...] *omnes et singulos sacri Romani imperii fideles debeamus in suis juribus conservare, hiis tamen,*

der Kaiserin zur Landesherrin mit einem öffentlichen Kuss, *actum et datum in castro nostro Nurenberch.*

Man bekommt dieses Bravourstück der Wittelsbacher im Nordwesten wiederum nicht richtig in den Blick, wenn man nur die Erweiterung der bayerischen Hausmacht darin sieht. Eiliger als der endgültige wittelsbachische Zugriff, der mit der Erbschaftsregelung zugunsten der kaiserlichen Kinder erst ein dreiviertel Jahr später im September 1346 kam,[59] war am Tag der Belehnung die Festschreibung der territorialen Einheit von Margaretes Besitzungen[60]. Sie wurde die Erbin der von jetzt an unteilbaren Länder ihres Hauses Avesnes. Die wittelsbachische Sukzession war erst der zweite, spätere Schritt. Um das zu verstehen, muss wieder das komplexe Umfeld betrachtet werden und die Strukturen der kaiserlichen Reichspolitik. Der Zugriff des Kaisers war in übergeordnete Weichenstellungen eingebettet.

Der Nordwesten des Reiches war seit den Jahren 1337/38 ein europäischer Brennpunkt, wie schon so oft, wenn es in den seit dem 12. Jahrhundert zwischen Frankreich und England schwelenden Auseinandersetzungen auch um Holland, Geldern, Jülich, Brabant, Hennegau, Flandern diesseits und jenseits der Reichsgrenze, das Artois und die Picardie ging. 1337/38 kamen hier die ersten Koalitionen des Hundertjährigen Krieges zustande. In den Anrainerregionen des Niederrheins breiteten sich die französisch-englischen Spannungen übergreifend auch auf dem Reichsgebiet aus.

---

qui vel consanguinitatis vel matrimonii vinculo nobis junguntur, si sunt bene meriti, ex humane nature inclinatione specialius obligamur. Böhmer, RI 1314–1347 (wie Anm. 20), S. 155 Nr. 2463. – Jacob Reichert, Die politischen Beziehungen Kaiser Ludwigs des Bayern zu England und Frankreich im Jahre 1337–1347, Diss. Heidelberg 1931, S. 37–42; Christa Fischer, Studien zu den Arengen in den Urkunden Kaiser Ludwigs des Bayern (1314–1347) (Münchener historische Studien. Abteilung Geschichtliche Hilfswissenschaften 22), Kallmünz 1987, S. 66, 95; Schmid, Bayerns Blick (wie Anm. 3), S. 87 f.; Joachim Wild, Die Wittelsbacher an der Nordsee (1346–1436), in: Schmid/Weigand, Bayern mitten in Europa (wie Anm. 3), S. 92–106, hier S. 94; Joachim Wild, Die Herzöge von Straubing und Ingolstadt. Residenzstädte auf Zeit, in: Schmid/Weigand, Die Herrscher Bayerns (wie Anm. 11), S. 118–129, hier S. 119.

59 Urkunde von 1346 September 7, ed. Cartulaire des comtes de Hainaut, de l'avènement de Guillaume II à la mort de Jacqueline de Bavière (1337–1436), Bd. 1: (1337–1360), bearb. von Léopold Devillers, Bruxelles 1881, S. 268 Nr. 155. Böhmer, RI 1314–1347 (wie Anm. 20), S. 159 Nr. 2522; Reg. LdB 8 (wie Anm. 20), S. 267 Nr. 555. – Riezler, Geschichte (wie Anm. 1), S. 491; Laetitia Boehm, Das Haus Wittelsbach in den Niederlanden, in: Zeitschrift für bayerische Landesgeschichte 44 (1981), S. 93–130, hier S. 99, 110; Barbara Hundt, Ludwig der Bayer. Der Kaiser aus dem Hause Wittelsbach. 1282–1347, Esslingen 1989, S. 326 f.

60 Urkunde von 1346 Januar 15, ed. Groot charterboek (wie Anm. 58), S. 703: *Promittentes praesentibus et spondentes, quod sine scientia, consensu et voluntate expressa saepedictae conthoralis nostrae praescriptos comitatus Hollandiae, Zelandiae ac dominium Frisiae simul vel divisim cum suis juribus et pertinentiis quibuscunque non vendemus, non permutabimus, neminem alium de his infeodabimus nec in pignus dabimus nec quovis alio alienationis modo in alias transferemus personas. Quod si secus fecerimus in toto vel in parte hoc exnunc decernimus irritum et inane.* Böhmer, RI 1314–1347 (wie Anm. 20), S. 155 Nr. 2464.

Ludwig der Bayer war mit seiner Heirat 1324 in ein politisches Geflecht eingestiegen, das auf eine rheinisch-englische Allianz hinauslief. Ein Jahr vor seiner Hochzeit hatte sein Schwiegervater Wilhelm III. 1323 einen entscheidenden Schwenk gemacht; selbst mit einer Valois verheiratet,[61] ging er auf Distanz zu Frankreich, um sich Freiraum für eine bedeutendere Rolle im Nordwesten des Reiches zu schaffen. Ab sofort orientierte er die Heiratspolitik für seine Töchter neu und bereitete der rheinisch-englischen und später dann deutsch-englischen Allianz den Weg. In dasselbe Jahr der Hochzeit seiner Tochter Margarete mit Ludwig fiel die Verheiratung ihrer Schwester Johanna († 1374) mit Graf Wilhelm V. von Jülich († 1361).[62] 1328 vollendete Wilhelm III. das mit der Ehe zwischen Philippa († 1369) und dem gerade auf den Thron gekommenen englischen König Eduard III. († 1377).[63] Ludwig der Bayer wurde durch diese gezielten Verheiratungen seines Schwiegervaters[64] an eine rheinisch-englische Achse angebunden, eine Ausgangslage, die er nicht mitbestimmt hatte.

Was er als König daraus machte, hat eine erstaunliche Parallelität zum Geschehen im Nordosten. Der Ablauf war nahezu gleichzeitig mit den Ereignissen in Brandenburg, Pommern und im Deutschordensland. Ein Gesamtkonzept für den Osten und Westen der nördlichen Reichshälfte zeichnet sich ab mit fast denselben politischen Konstruktionen. 1323 war Brandenburg wittelsbachisch geworden. 1324 erfolgte die dynastische Anbindung an Holland-Hennegau, wo es zwar nicht gleich zur Territorialherrschaft kam, sondern erst 1346, aber durch die familiäre Anbindung schon einmal zu einer wittelsbachischen Präsenz. Im Osten erfolgte 1338 der nächste Schritt, die Stettiner Herzöge wurden aufgewertet und unmittelbar an die Krone gebunden. Im Westen kam es schon seit 1336 ganz ähnlich. In diesem Jahr erhob der Kaiser Graf Wilhelm von Jülich, seinen Schwager, zum Markgrafen, was er als wachsenden Ruhm des Reiches *per cuncta mundi climata* wertete.[65] 1338 wurde Wilhelm auch

61 Johanna († 1352), Schwester König Philipps VI. († 1350).

62 Wilhelm JANSSEN, Wilhelm von Jülich (um 1299–1361), in: Rheinische Lebensbilder, Bd. 6, Köln 1975, S. 29–54; ders., Wilhelm von Jülich (um 1300–1361). Graf, Markgraf und Herzog, in: Neue Beiträge zur Jülicher Geschichte 19 (2007), S. 123–131.

63 Michael PACKE, King Edward III, London 1983. – Karl PETIT, Le mariage de Philippa de Hainaut, reine d'Angleterre, in: Le Moyen Âge 87 (1981), S. 373–385; Ralf G. JAHN, Genealogische Anmerkungen zu den Herzögen von Jülich, in: Jülich. Stadt – Territorium – Geschichte, hg. von Guido VON BÜREN/Erwin FUCHS (Jülicher Geschichtsblätter 67, 68), Jülich 2000, S. 381–419, hier S. 397.

64 Vgl. RALL, Ludwig der Bayer (wie Anm. 17), S. 84f.

65 Urkunde von 1336 August 21, ed. MGH Const. 7, 1 (wie Anm. 31), S. 77 Nr. 132: *Eos videlicet in suos et sacri imperii principes procreando, per hec ipsius gloria et serenitas per cuncta mundi climata longe lateque claret clarius et refulget.* BÖHMER, RI 1314–1347 (wie Anm. 20), S. 111 Nr. 1785; Regesten Kaiser Ludwigs des Bayern, H. 2, bearb. von Johannes WETZEL, Köln 1994, S. 98 Nr. 229; Reg.LdB 7 (wie Anm. 20), S. 184 Nr. 429. Martha KEUTH/Albert KESSLER, Die Beziehungen Wilhelms V. (I.) von Jülich (1328 bis 1361) zu den großen Mächten, in: Dürener Geschichtsblätter 19 (1959), S. 361–372, hier S. 370; Gisela MEYER, Graf Wilhelm V. von Jülich (Markgraf und Herzog) (1328–1361), Diss. Bonn 1968, S. 55f.; Werner-Dieter KLUCKE, Die Aussenbeziehungen der Grafen von Jülich aus

zum kaiserlichen Marschall bestellt.[66] 1339 folgte für Geldern die Rangerhöhung, Graf Rainald II. († 1343) wurde zum Herzog erhoben; das Zepter des Reiches werde erhöht, wenn es über *digniores in circuitu circumspicit contribules regiones*.[67] Beide, Wilhelm und Rainald, wurden 1337 auch zu Generalvikaren des Reiches in der Stadt und Diözese Cambrai ernannt.[68] Dynastische Präsenz einerseits und unmittelbar daneben der Krone verpflichtete, im Reichsinteresse aufgewertete weitere Territorialfürsten[69], die Parallelität der ludovicianischen Politik in Ost und West dürfte kein Zufall gewesen sein.

Zumal ein dritter Punkt hinzukam, die begehrliche Anbindung von Souveränen außerhalb des Reiches. Der Kaiser legte seine gepanzerte Faust im Osten dem Hochmeister des Deutschen Ordens auf die Schulter und drückte ihn an sich. Im Westen machte er es mit dem englischen König. Die ersten Allianzen zwischen dem Reich und England wurden im Juli und August 1337 geschlossen, explizit eingefädelt durch die Kaiserin und ihre königliche Schwester, assistiert von Jülich und Geldern.[70]

---

dem Hause Heimbach (1207–1361), Diss. Bonn 1994, S. 281 ff.; JAHN, Anmerkungen (wie Anm. 63), S. 382.

66 Urkunde von 1338 Juli 25, ed. MGH Const. 7, 1 (wie Anm. 31), S. 268 Nr. 454: *Decet quidem caput nobile menbris fulciri nobilibus ac gaudere officialibus generositate preclaris, qui magnanimitate preemineant et industrie virtute nitescant, ut per eos imperii potestas exaltacionis suscipiat incrementa eorumque munita presidiis defendatur opportunis temporibus ab adversis.* BÖHMER, RI 1314–1347 (wie Anm. 20), S. 285 Nr. 2823, S. 370 Nr. 3420; Reg.LdB 7 (wie Anm. 20), S. 194 Nr. 453.

67 Urkunde von 1339 März 19, ed. MGH Const. 7, 1 (wie Anm. 31), S. 356 Nr. 582; Gelderse Charters uit München teruggekeerd, bearb. von Petrus Johannes MEIJ/Dirk PETRUS/Marius GRASWINCKEL, s'Gravenhage 1953, S. 104 (Faksimile): *De fulgore throni cesarei velut ex sole radii sic certe prodeunt dignitates. Ut prime lucis integritas aliis communicata minorati luminis non sentiat detrimenta, immo tantomagis imperiale sceptrum extollitur, tanto eciam cura regiminis sui a sollicitudinibus relevatur, quanto tribunal ipsius digniores in circuitu circumspicit contribules regiones.* BÖHMER, RI 1314–1347 (wie Anm. 20), S. 124 Nr. 1977; Reg.LdB 7 (wie Anm. 20), S. 199 Nr. 466. – Jean REAL, Das ehemalige Herzogthum Geldern, seine Entstehung und seine Grenzen (Veröffentlichung des Historischen Vereins für Geldern und Umgegend 3), Geldern 1901, S. 7; Wilhelm JANSSEN, Die Erhebung des Grafen Rainald II. von Geldern zum Herzog und Reichsfürsten im Jahre 1339, in: Van hertogdom Gelre tot provincie Gelderland, hg. von Frank KEVERLING BUISMAN, Nijmegen 1990, S. 1–26; Marie-Luise HECKMANN, Das Reichsvikariat Eduards III. von England „per Alemanniam et Galliam" (1338–1341) – Eine Neuinterpretation, in: Regionen Europas – Europa der Regionen. Festschrift Kurt-Ulrich Jäschke, hg. von Peter THORAU/Sabine PENTH/Rüdiger FUCHS, Köln 2003, S. 167–188, hier S. 176 f.

68 Urkunde von 1337 Juli 7, ed. MGH Const. 7, 1 (wie Anm. 31), S. 152 Nr. 255. BÖHMER, RI 1314–1347 (wie Anm. 20), S. 114 Nr. 1841. – Carl WIETH, Die Stellung des Markgrafen (Herzog I) Wilhelm von Jülich zum Reich von 1345–1361, Diss. Münster 1882, S. 11.

69 JANSSEN, Erhebung (wie Anm. 67), S. 17, betont das Reichsinteresse; vgl. auch Matthias BÖCK/Dieter GEUENICH, Geldern und das Reich (11.–14. Jahrhundert), in: Gelre – Geldern – Gelderland. Geschichte und Kultur des Herzogtums Geldern, hg. von Johannes STINNER/Karl-Heinz TEKATH, Geldern 2001, S. 101–105, hier S. 104.

70 Vgl. die Hilfs- und Zahlungsabmachungen zwischen Juli 20 und August 26, MGH Const. 7, 1 (wie Anm. 31), S. 165, 170, 179 Nr. 277, 286, 304. Friedrich BOCK, Das deutsch-englische Bündnis von 1335–1342, Bd. 1: Quellen (Quellen und Erörterungen zur bayerischen Geschichte NF 12) München

1338 wurde ein Bündnis daraus. Der englische König Eduard III., den Ludwig als künftigen Streiter *ad nostri nominis gloriam sacrique Romani imperii exaltacionem* entdeckte, wurde im September zum Generalvikar *per Alemaniam et Galliam ac universas earum provincias sive partes* ernannt.[71]

Man hat das immer nur als ein Parteiergreifen im beginnenden Hundertjährigen Krieg gesehen.[72] Das war es aber nicht, wie schon der nahezu reichsweit umschriebene Vikarstitel des Engländers andeutete,[73] der nicht nur gegenüber Frankreich galt. Zwar positionierte sich der Kaiser mit dem Bündnis gegen das französische Nach-

---

1956, S. 102 Nr. 507. Ders., Bericht über eine Reise nach Holland, in: Neues Archiv der Gesellschaft für ältere deutsche Geschichtskunde 49 (1932), S. 524–549, hier S. 541 Nr. 49; Böhmer, RI 1314–1347 (wie Anm. 20), S. 263 Nr. 283. Foedera, conventiones, literae et cujuscunque generis acta publica inter reges Angliae et alios quosvis imperatores, reges, pontifices, principes vel communitates 2,4, 4,3, bearb. von Thomas Rymer, 3. Aufl. s'Graavenhage 1739, hier Bd. 4, 3, S. 184: *Affinitatis et amicitiae foedera inter vos et nos disponente domino, nostris conthoralibus meditantibus mutuo et feliciter cosummata* [...] *nostri amplientur honores vestrorumque ac nostrorum ex hoc roborentur et firmentur in posterum iura regnorum*. – Reichert, Beziehungen (wie Anm. 58), S. 1–23; Wilhelm Janssen, Die Geschichte Gelderns bis zum Traktat von Venlo (1543), in: Stinner/Tekath, Gelre – Geldern – Gelderland (wie Anm. 69), S. 13–28, hier S. 19.

71 Urkunde von 1338 September 15, ed. MGH Const. 7, 1 (wie Anm. 31), S. 299 Nr. 486: *Igitur de tua amicicia et strenuitate potencia et legalitate et sincere dilectionis constancia plurimum confidentes, cum te semper ad nostri nominis gloriam sacrique Romani imperii exaltacionem sincere fidei invenerimus zelatorem, te nostrum et Romani imperii per Alemaniam et Galliam ac universas earum provincias sive partes facimus et tenore presencium constituimus vicarium generalem*. Regesten Kaiser Ludwigs des Bayern, H. 5, bearb. von Michael Menzel, Köln 1998, S. 112 Nr. 236; Reg.LdB 7 (wie Anm. 20), S. 196 Nr. 457; Reg.LdB 8 (wie Anm. 20), S. 191 Nr. 398 – Wieth, Stellung (wie Anm. 68), S. 11; Fritz Trautz, Die Könige von England und das Reich 1272–1377. Mit einem Rückblick auf ihr Verhältnis zu den Staufern, Heidelberg 1961, S. 272–277; Heinz Thomas, Ludwig der Bayer (1282–1347). Kaiser und Ketzer, Graz 1993, S. 315 ff.; Heckmann, Reichsvikariat (wie Anm. 67); Angelika Heinricks, Herzog Rainald II. von Geldern und seine Rolle im deutsch-englischen Bündnis zu Beginn des Hundertjährigen Krieges (Libelli Rhenani 6), Köln 2004, S. 74; Schmid, Bayerns Blick (wie Anm. 3), S. 83 f.; Anne Curry, Der Hundertjährige Krieg (1337–1453), Darmstadt 2012, S. 48. – Am selben Tag wurde der Gehorsam der Reichsuntertanen für Eduard eingefordert (ed. Bock, Bündnis (wie Anm. 70), S. 121 Nr. 531. MGH Const. 7, 1 (wie Anm. 31), S. 300 Nr. 487).

72 Vgl. Wieth, Stellung (wie Anm. 68), S. 12; Jonathan Sumption, The Hundred Years War, Bd. 1 (The Middle Ages series), London 1990, S. 198 ff.; Martin Kintzinger, Kaiser und König. Das römisch-deutsche Reich und Frankreich im Spätmittelalter, in: Auswärtige Politik und internationale Beziehungen im Mittelalter (13. bis 16. Jahrhundert), hg. von Dieter Berg/Martin Kintzinger/Pierre Monnet (Europa in der Geschichte 6), Bochum 2002, S. 113–136, hier S. 123 f.; Heinricks, Herzog Rainald (wie Anm. 71), S. 70; Desmond Seward, A brief history of the Hundred Years War. The English in France, 1337–1453, 2. Aufl. London 2003, S. 35; Martin Clauss, Das Ringen zwischen England und Frankreich. Der Hundertjährige Krieg, in: Europa im 15. Jahrhundert, hg. von Klaus Herbers/Florian Schuller, Regensburg 2012, S. 183–203, hier S. 187.

73 Vgl. dagegen das auf die Gebiete westlich der Maas begrenzte Reichsvikariat für den zum Grafen heruntergespielten Herzog Johann III. von Brabant († 1355) nur wenige Tage vorher. 1336 September 6, ed. Bock, Bündnis (wie Anm. 70), S. 118 Nr. 527: *Johannem comitem de Brabantia* [...] *in partibus Germanie inferioris ultra fluvium Mose constituimus vicarium generalem*; MGH Const. 7, 1 (wie Anm. 31), S. 298 Nr. 483.

barland, das unter Philipp VI. († 1350)[74] aber hinsichtlich des Reiches keinen schwierigen Zeiten entgegensah, denn in den Krieg ließ sich Ludwig nicht hineinziehen.[75] Er gab Eduard sogar ein paar Tage vor seiner Ernennung weitgehend freie Hand, sich mit Philipp zu arrangieren.[76] Ludwig wollte einen westlichen Partner, nicht aber eine Kriegskoalition.

Deutlicher wurde das im Januar 1341, als Ludwig die Allianzen wechselte und von der deutsch-englischen zur deutsch-französischen Koalition überschwenkte.[77] Plötzlich war Philipp VI. sein Verbündeter.[78] Schaut man genauer hin, sieht man, dass er Philipp, mit dem er parallel zur englischen Option bereits 1336/37 einmal um ein Bündnis verhandelt hatte[79], wohl eher hinzunehmen wollte. Im April 1341 beendete Ludwig Eduards Vikariat[80], indem er ausdrücklich den englischen und den

74 Bernhard Töpfer, Philipp VI. 1328–1350, in: Die französischen Könige des Mittelalters. Von Odo bis Karl VIII. 888–1498, hg. von Joachim Ehlers/Heribert Müller/Bernd Schneidmüller, München 1996, S. 251–265.

75 Joachim Ehlers, Der Hundertjährige Krieg (Beck'sche Reihe 2475: C.H.Beck Wissen), München 2009, übergeht die Rolle des Kaisers ganz.

76 Urkunde von 1338 September 6, ed. Bock, Bündnis (wie Anm. 70), S. 111 Nr. 523. MGH Const. 7, 1 (wie Anm. 31), S. 297 Nr. 480.

77 Trautz, Könige (wie Anm. 71), S. 305–317.

78 Urkunde von 1341 Januar 24, ed. Johann Daniel von Olenschlager, Erläuternde Staats-Geschichte des römischen Kayserthums in der ersten Helfte des vierzehenden Jahr-Hunderts, Frankfurt a. M. 1755, S. 206 Nr. 78: Ludwig schwor, *quod praeclari Philippi regis Francorum illustris nepotis et affinis nostri carissimi simus ex nunc et esse debeamus et velimus in perpetuum pro toto tempore vitae nostrae bonus, fidelis et perfectus amicus alligatus et confoederatus.* Böhmer, RI 1314–1347 (wie Anm. 20), S. 134 Nr. 2135. Wortgleich umgekehrt die französische Gegenurkunde von 1341 März 15, ed. Nova Alamanniae, Bd. 2, 1, bearb. von Edmund Ernst Stengel, Berlin 1930, S. 451 Nr. 669. Böhmer, RI 1314–1347 (wie Anm. 20), S. 338 Nr. 386. – Reichert, Beziehungen (wie Anm. 58), S. 25–35; Heinricks, Herzog Rainald (wie Anm. 71), S. 93 f. Zur Rolle der Kaiserin dabei Amalie Fössel, Die Königin im mittelalterlichen Reich (Mittelalter-Forschungen 4), Stuttgart 2000, S. 313 f.

79 Vollmachten, Versprechungen und Bestätigungen Ludwigs und Wilhelms von Jülich von 1336 September 24 und Dezember 23 sowie 1337 Februar 1, ed. MGH Const. 7, 1 (wie Anm. 31), S. 92, 113, 118 Nr. 156, 189, 199. Böhmer, RI 1314–1347 (wie Anm. 20), S. 112 Nr. 1812. – Wolf Stechele, Die politischen Beziehungen zwischen England und Deutschland während der ersten Jahre der Regierung König Eduards III. (1327–1337), Diss. Jena 1908, S. 27 ff. – Dem Abbruch der Verhandlungen *de firmanda amicicia, unione et liga* 1337 Juli 7, ed. Bock, Bündnis (wie Anm. 70), S. 101 Nr. 505. MGH Const. 7, 1 (wie Anm. 31), S. 154 Nr. 257, folgten 1338 nur noch Absprachen für Treffen, die nicht mehr zustande kamen: 1338 Juni 18, Juli 23, August 23, September 9, ed. MGH Const. 7, 1 (wie Anm. 31), S. 246, 267, 290, 298 Nr. 418, 452 f., 471, 484. Böhmer, RI 1314–1347 (wie Anm. 20), S. 285 Nr. 2819, 2821 f., 2824, S. 286 Nr. 2827.

80 Urkunde von 1341 April 25, ed. Acta imperii inedita seculi XIII. et XIV. Urkunden und Briefe zur Geschichte des Kaiserreichs und des Königreichs Sicilien in den Jahren 1200–1400, Bd. 2, bearb. von Eduard Winkelmann, Innsbruck 1885, ND Aalen 1964, S. 381 Nr. 629: *Dum enim advertimus grandia* [...] *pericula, que hactenus evenerunt* [...] *ex discordiis* [...] *inter preclaros reges Philippum Francorum ex una et Edwardum Anglie, affines nostros carissimos, ex parte altera* [...], *specialium amicorum et affinium et ipsis adherencium excidia pertimentes, et ideo* [...] *inpendimus operosa persecutione laboris, ut* [...] *inter ipsos pacis integritas* [...] *restauretur. Et cum prefatus rex Francorum consenserit* [...], *ut de concordia ipsius et predicti regis Anglie tractatum assumere valeamus, et propter*

französischen König als *affines nostri carissimi* bezeichnete, zwischen denen er ohne einseitige Unterstützung für einen vermitteln wolle, weil es ihm nicht nur um deren Konflikt, sondern auch um die betroffenen Provinzen und Untertanen des Reiches gehe.

In der Forschung ist das nur als Bündniswechsel und entsprechend nie richtig begriffen worden,[81] eben weil man es immer nur unter den Vorzeichen des Hundertjährigen Krieges gesehen hat. Bei den Zeitgenossen ist es teilweise auch so angekommen.[82] Doch eine rein englische und dann rein französische Parteinahme sollte es nicht sein. Betrachtet man das Ganze aus dem Blickwinkel der kaiserlichen Machtstrategie, fällt die Parallele zum Osten auf, zum Hochmeister. Ludwig suchte Partner jenseits der Grenzen, die er dominieren konnte. Den englisch-französischen Krieg benutzte er dazu unblutig. Er wollte beide Könige an sich binden, was ihm freilich nur mäßig gelang; die englische Karte war erst einmal ausgespielt. Dennoch, als Eduard Ende 1345 nochmals über den Jülicher Markgrafen versuchte, *super ligis et amicitiis perpetuis inter ipsum imperatorem et nos ineundis et de ligis pridem hinc inde contractis innovandis*[83] zu verhandeln, war er ohne Vorwürfe. Er hatte Ludwigs Absichten durchaus begriffen, teilte aber dessen zweigleisige Interessen nicht. Es wurde nichts mehr aus der Erneuerung des Englandbündnisses, Eduard wandte sich seinem Krieg mit Frankreich zu.

Der Kaiser, so muss das Fazit lauten, dachte im Norden des Reiches in europäischen Dimensionen. Die dynastische Präsenz wurde in Brandenburg genauso etabliert wie in Holland-Hennegau, dort allerdings erst nach den Stationen der Anheirat, der weiblichen Erbfolge und der territorialen Verdichtung des Hausbesitzes der Familie Avesnes. Neben diesen beiden wittelsbachischen Pfeilern standen die der Krone verpflichteten Reichsfürsten von Pommern-Stettin, Jülich und Geldern als zweite Säulen der Macht da. Und schließlich zog Ludwig vom Reich dominierte oder zumindest für die Reichsinteressen einsetzbare benachbarte Souveräne an sich, im Osten den Hochmeister, im Westen den englischen und dann den französischen

---

hoc nolimus, ut predictus rex Edwardus causa vel occasione vicariatus Alamannie et Gallie sibi iamdudum per nos conmissi turbationes incitet contra predictum regem Francie procedendo [...], *cum tantis periculis, que ex ipsorum discordiis non solum regnis et suorum regnicolis, verum eciam aliis provinciis et hominibus subiectis imperio indubie inminent, quantum nobis est possibile velimus resistere et obstare, premissum vicariatum sibi per nos conmissum* [...] *revocamus.* BÖHMER, RI 1314–1347 (wie Anm. 20), S. 287 Nr. 2845.

81 Ausgehend von RIEZLER, Geschichte (wie Anm. 1), S. 468–471, reflektiert dazu THOMAS, Ludwig (wie Anm. 71), S. 338–341.

82 Vgl. Ralf MITSCH, Die Bündnispolitik Kaiser Ludwigs des Bayern 1337/38 bis 1341 in der Sicht ausgewählter Geschichtsschreiber, in: BERG/KINTZINGER/MONNET, Auswärtige Politik (wie Anm. 72), S. 371–413.

83 Urkunde von 1345 Dezember 27, ed. RYMER, Foedera (wie Anm. 70), Bd. 2, 4, S. 190. BÖHMER, RI 1314–1347 (wie Anm. 20), S. 268 Nr. 334. – WIETH, Stellung (wie Anm. 68), S. 19.

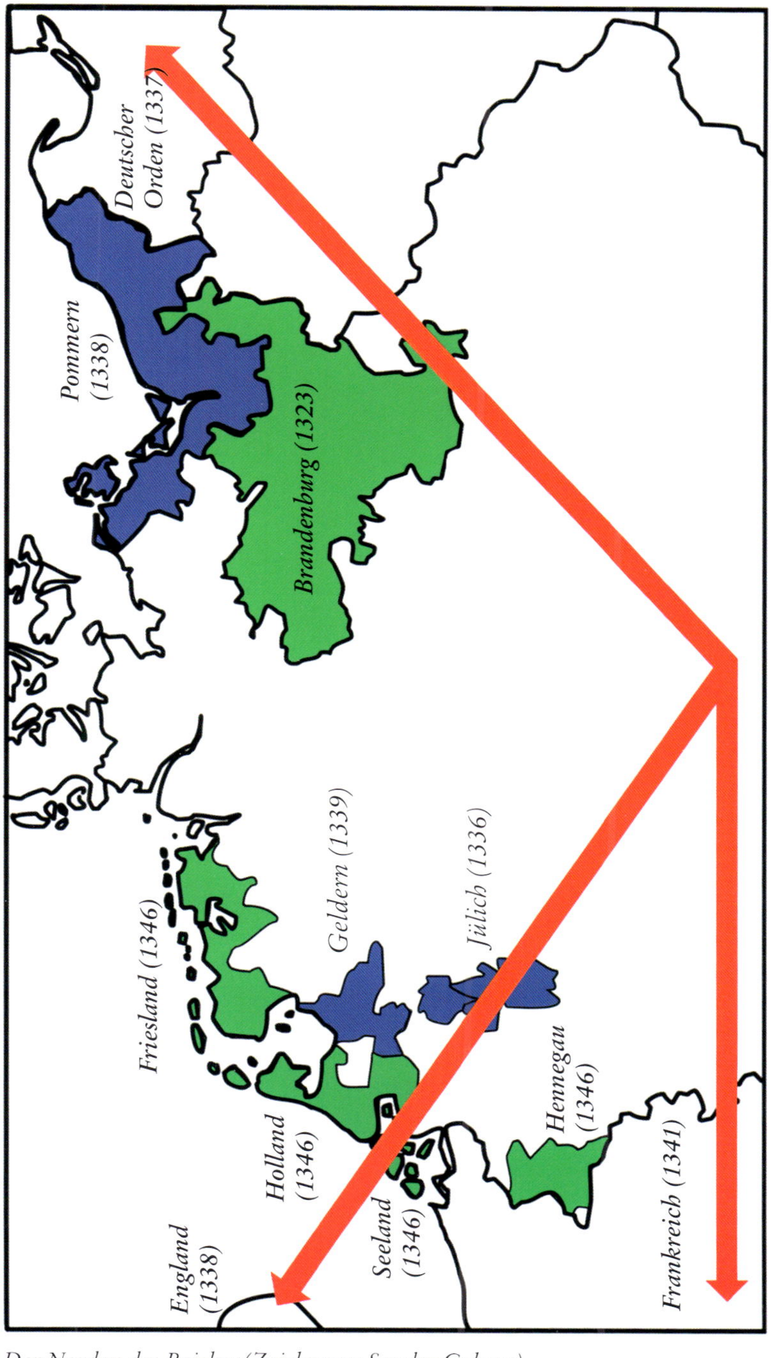

Der Norden des Reiches (Zeichnung: Sandra Cohaus)

König. Die heiße Phase dieser Verbindungen fiel nicht nur in wenige Jahre zwischen 1336 und 1341, sondern Einzelaktionen drängten sich in wenigen Tagen zusammen, wie die Gewährung des Schutzes für den Hochmeister und des Marschallamtes für Jülich[84] oder das Mandat für Estland und die Erhebung Gelderns.[85] Das englische Bündnis und die Einigung mit Polen im Rahmen der Deutschordenspolitik wurden sogar an ein und demselben Tag abgeschlossen.[86] Es ist deshalb nicht übertrieben, von einem einheitlichen Konzept und bayerischen Jahren Europas zu sprechen. Vom Baltikum im Osten bis nach England und Frankreich im Westen schuf der Kaiser ganz parallele Konstruktionen der Hausmacht, der aufgewerteten Territorialfürsten und der angebundenen Nachbarstaaten. Die weitere Entwicklung im Nordwesten sah dann natürlich anders aus als im Osten, aber mit der Umwandlung der wittelsbachischen Präsenz in Holland, Hennegau, Seeland und Friesland in eine wirkliche territoriale Herrschaft war für den Norden letztlich alles umgesetzt. Das war ein Jahr vor Ludwigs Tod.

Die weitere Entwicklung im Westen unterschied sich sehr von derjenigen in Brandenburg, Pommern und im schnell wieder auf Distanz gegangenen Deutschordensstaat. Aber sie steigerte sich in noch weit größerem Maße zu europäischen Dimensionen. Nachdem der Kaiser vom englischen zum französischen Bündnis geschritten war, folgte genauso wenig Engagement im Hundertjährigen Krieg wie zuvor, Ludwig griff nicht ein. Seine Politik war nicht auf den Krieg zwischen Frankreich und England ausgerichtet, sondern auf die Stabilität der Krongewalt mittels der beiden Nachbarn. Mit der wittelsbachischen Territorialmacht direkt an der Grenze war aber für Frankreich ein Faktum geschaffen, das noch Folgen haben sollte. Keine vier Jahrzehnte nach Ludwigs Tod wurden die Wittelsbacher erneut interessant für die Franzosen. Ludwigs Konstruktion wirkte in einer Art fort, die er so nicht im Auge gehabt hatte, die aber ohne ihn nicht zustande gekommen wäre.

Von französischer Seite suchte man Kontakt zu den Bayern in der Nordwestecke des Reiches. Der burgundische Herzog Philipp der Kühne († 1404), der im Windschatten des Hundertjährigen Krieges die Grundlage für das großartige Staatswesen seiner Nachfolger im 15. Jahrhundert schuf,[87] verheiratete im April 1385 in der Doppelhochzeit von Cambrai seine Kinder Johann Ohnefurcht († 1419) und Margarete († 1441) mit den Geschwistern Margarete († 1423) und Wilhelm II. († 1417) aus

---

84 Siehe die Urkunden von 1338 Juli 22 und 25, oben S. 245 u. 253, Anm. 40 u. 66.

85 Siehe die Urkunden von 1339 März 9 und 19, oben S. 246 f. u. 253, Anm. 44, 45 u. 67.

86 Siehe die Urkunden von 1338 September 15, oben S. 246 u. 254, Anm. 41 u. 71.

87 Laetitia BOEHM, Geschichte Burgunds. Politik – Staatsbildungen – Kultur, 2. Aufl. Stuttgart 1998, S. 169 ff.

der holländischen Linie der Wittelsbacher.[88] Gleichzeitig trug er als Mitregent[89] im Kronrat gesamtfranzösische Verantwortung, denn der französische König Karl VI. († 1422)[90] war noch ein Kind. Im Hinblick auf den Thron warf Philipp ein Auge auf die junge Elisabeth von Bayern-Ingolstadt († 1435).[91] Sie sollte Karls Gemahlin werden und damit die künftige Königin Frankreichs.[92] Philipp war erfolgreich, am 17. Juli 1385 heiratete Karl Elisabeth in Amiens.[93] Damit hatte der Burgunderherzog spektakuläre Koalitionen für sein Haus sowie für die französische Krone mit den Wittelsbachern geschmiedet. Als „Isabeau de Bavière" ist die Ingolstädter Prinzessin nach Paris gekommen. Mit der Mündigkeit Karls VI. 1388 brachen vielversprechende Jahre an, doch 1392 verfiel der König in eine Geisteskrankheit, die seine herrscherlichen Aktivitäten zunehmend lähmte.[94]

Das vergrößerte den bayerischen Einfluss am französischen Hof beträchtlich. Isabeau musste, so gut sie konnte, die Zügel in die Hand nehmen und holte als einen der wichtigsten Berater ihren Bruder Ludwig VII. von Bayern-Ingolstadt († 1447) in die Königsresidenz Saint Pol. Ludwig blieb seit 1402 fast ununterbrochen anderthalb

88 1385 April 12. Otto Cartellieri, Philipp der Kühne, Herzog von Burgund (Geschichte der Herzöge von Burgund 1), Leipzig 1910, S. 28f.; Paul Colin, Les ducs de Bourgogne, Brüssel 1942, S. 47–50; Jean Schoos, Der Machtkampf zwischen Burgund und Orléans (Publications de la section historique de l'Institut G.-D. de Luxembourg 75), Luxemburg 1956, S. 55f.; Richard Vaughan, Philip the Bold. The Formation of the Burgundian State, London 1962, S. 86f.; Joachim Ehlers, Geschichte Frankreichs im Mittelalter, Stuttgart 1987, S. 277; Theodor Straub, Bayern im Zeichen der Teilungen und der Teilherzogtümer (1347–1450), in: Spindler/Kraus, Handbuch der bayerischen Geschichte 2 (wie Anm. 1), S. 196–287, hier S. 219; Wild, Wittelsbacher (wie Anm. 58), S. 101; Jean-Marie Moeglin, Kaisertum und allerchristlichster König. 1214 bis 1500 (Deutsch-Französische Geschichte 2), Darmstadt 2010, S. 46f.

89 Ehlers, Geschichte Frankreichs (wie Anm. 88), S. 259ff. – Zur Regentschaft gehörten vor allem die Herzöge Ludwig I. von Anjou († 1384) und Johann II. von Berry († 1416).

90 Heribert Müller, Karl VI. (1380–1422), in: Ehlers/Müller/Schneidmüller, Die französischen Könige (wie Anm. 74), S. 303–320; Georges Bordonove, Charles VI. Le roi fol et bien-aimé (Les rois qui ont fait la France: Les Valois), Paris 2006.

91 Jean Verdon, Isabeau de Bavière (Figures de proue du moyen âge), Paris 1981; Marie-Véronique Clin, Isabeau de Bavière. Die verkannte Königin auf Frankreichs Thron, München 1999; Philippe Delorme, Histoire des reines de France, Bd. 6: Isabeau de Bavière, épouse de Charles VI, mère de Charles VII, Paris 2003; Tracy Adams, Christine de Pizan, Isabeau of Bavaria, and female regency, in: French historical studies 32 (2009), S. 1–32, hier S. 1–17.

92 Vaughan, Philip (wie Anm. 88), S. 41; Theodor Straub, Isabeau de Bavière, Legende und Wirklichkeit, in: Zeitschrift für bayerische Landesgeschichte 44 (1981), S. 131–155, hier S. 146ff.; Straub, Bayern (wie Anm. 88), S. 219.

93 Cartellieri, Philipp (wie Anm. 88), S. 29ff.; Colin, Ducs (wie Anm. 88), S. 50f.; Schoos, Machtkampf (wie Anm. 88), S. 57; Ulrich Rehm, Isabeau de Bavière, Königin Frankreichs, in: Das Goldene Rössl, hg. von Reinhold Baumstark, München 1995, S. 13–35, hier S. 17; Wilhelm Störmer, Königin Isabeau von Frankreich/Bavière, in: Frauen des Mittelalters in Lebensbildern, hg. von Karl Rudolf Schnith, Graz 1997, S. 351–368, hier S. 357; Claudia Märtl, Herzog Ludwig VII. von Bayern-Ingolstadt (1368–1447) und seine Schwester Isabeau am französischen Königshof, in: Schmid/Weigand, Bayern mitten in Europa (wie Anm. 3), S. 107–120, hier S. 107f.

94 Rehm, Isabeau (wie Anm. 93), S. 21f.; Märtl, Herzog (wie Anm. 93), S. 111f.

Jahrzehnte in Paris.[95] Die Bayern redeten in Frankreich bis zu seinem Rückzug im Jahre 1415 mit. Danach geriet Isabeau seit 1417 wieder unter die burgundische Dominanz.[96] Das wittelsbachische Intermezzo endete mit der Bedeutungslosigkeit der Königin seit dem Tod Karls VI. 1422 und mit der Einverleibung Holland-Hennegaus nach Burgund zwischen den Jahren 1425 und 1433.[97]

Damit waren die bayerischen Jahre im Westen vorbei. Das Ganze war ein fast unglaublicher Auftritt der Wittelsbacher im niederrheinisch-europäischen Ballungsraum, wo man sie nicht unbedingt erwartet hätte. Seit der Heirat Ludwigs des Bayern mit der holländischen Prinzessin Margarete im Jahre 1324 spannte sich für ziemlich genau einhundert Jahre ein Bogen. Er führte von den Vorstellungen des Kaisers, die neben der landesherrlichen Präsenz und kronabhängigen Nachbarfürsten auch dominierte Souveräne außerhalb der Reichsgrenzen vorsahen, zu den burgundischen Eheallianzen und zur französischen Krone für eine bayerische Prinzessin. Wie im Nordosten hatte Ludwig hier ganz ähnlich konstruierte Strukturen geschaffen, die sich im freien Spiel der Kräfte nach ihm anders entwickelten, die aber bis ins 15. Jahrhundert als Weichenstellungen die Geschichte mitbestimmt haben.

Ludwig der Bayer hat über die wittelsbachische Präsenz in Brandenburg und Holland-Hennegau hinaus, die nach ihm immerhin 25 Jahre beziehungsweise im Westen sogar 78 Jahre andauerte, eine Reichskonzeption hinterlassen, die man gar nicht anders nennen kann als bayerisch, nicht weil sie auf Bayern fixiert gewesen wäre, sondern weil sie vom bayerischen Throninhaber stammte. Karl IV. rückte im Osten in seine Positionen ein, indem er Brandenburg den Wittelsbachern nahm und an seine Luxemburger zog und die Pommernherzöge weiter förderte und von der Krone abhängig hielt. Beide Mal waren das Ludwigs Ideen, auch wenn Karl das nicht zugegeben hätte. Im Westen sah es ähnlich aus. Hier schaffte es Karl zwar nicht, die Wittelsbacher aus der holländischen Landesherrschaft zu verdrängen, aber 1370 lancierte er seinen Sohn und Nachfolger Wenzel († 1419) in die Ehe mit der holländisch-wittelsbachischen Prinzessin Johanna († 1386),[98] der Tochter von Ludwigs regierendem Sohn Albrecht († 1404). Er wollte ebenfalls eine dynastische

95 Theodor STRAUB, Herzog Ludwig der Bärtige von Bayern-Ingolstadt und seine Beziehungen zu Frankreich in der Zeit von 1391–1415 (Münchener Historische Studien 7), Kallmünz 1965; Theodor STRAUB, Die Bayern in Paris zur Zeit der Königin Isabeau de Bavière, in: Festschrift für Max Spindler zum 75. Geburtstag, hg. von Dieter ALBRECHT/Andreas KRAUS/Kurt REINDEL, München 1969, S. 239–281, hier S. 266–272; Martin KINTZINGER, Westbindungen im spätmittelalterlichen Europa. Auswärtige Politik zwischen dem Reich, Frankreich, Burgund und England in der Regierungszeit Kaiser Sigmunds (Mittelalter-Forschungen 2), Stuttgart 2000, S. 37 f.; MÄRTL, Herzog (wie Anm. 93), S. 113–117; WILD, Herzöge (wie Anm. 58), S. 125.

96 REHM, Isabeau (wie Anm. 93), S. 26; BOEHM, Burgund (wie Anm. 87), S. 172.

97 COLIN, Ducs (wie Anm. 88), S. 155 f.; STÖRMER, Königin (wie Anm. 93), S. 366 f.

98 1370 September 29. – VELDTRUP, Eherecht (wie Anm. 49), S. 418–422; Martin KINTZINGER, Wenzel (1376–1400, † 1419), in: Die deutschen Herrscher des Mittelalters (915–1519), hg. von Bernd SCHNEIDMÜLLER/Stefan WEINFURTER, München 2003, S. 433–445, hier S. 434.

Anwartschaft etablieren,[99] doch es nützte nichts, denn die Eroberung der Prinzessin blieb wirkungslos, weil die Wittelsbacher im Mannesstamm weiterregierten anstatt auszusterben. In Jülich kopierte Karl die ludovicianische Politik in gleicher Weise; er knüpfte an die Erhebung zur Markgrafschaft von 1336 an und erhob die Markgrafen seinerseits 1356 zu Herzögen.[100] Das sind auffallend ähnliche Maßnahmen, Karl setzte die Entwürfe seines Vorgängers fort. Er verlängerte unter luxemburgischen Vorzeichen Ludwigs Vorgaben für die Politik der Krone.

In der Frankreichpolitik konnte Karl viel stärker aus eigenem Fundus schöpfen und hatte es nicht nötig, den Spuren des Wittelsbachers zu folgen.[101] Aber kurze Zeit später griff gerade hier der Burgunderherzog Philipp nicht auf die Luxemburger, sondern auf Ludwigs Nachkommen zurück. Sie schienen ihm in europäischer Sicht die bessere Option zu sein, obwohl sie nach Ludwigs Tod 1347 auf Reichsebene nicht mehr agierten. Die bayerisch-ingolstädtische Elisabeth kam als Isabeau auf den französischen Thron und krönte damit die Weichenstellungen ihres Urgroßvaters.

Europas „bayerische Jahre" waren kein bayerischer Oktroy, geschweige denn angelegt allein auf den Nutzen Wittelsbachs. Sondern es waren Jahre einer durch Ludwig entworfenen Reichspolitik für Kernregionen Europas an den nördlichen Ost- und Westgrenzen des Imperiums, die lange fortgewirkt haben. Sie waren Reichsgeschichte weit über den Rahmen der Territorialgrenzen hinaus, von wittelsbachischem Ingenium, aber nicht nur auf Bayern gemünzt. Es ist eine Überlegung wert, ob die Brandenburg, Preußen, Pommern und die Rheinprovinzen vereinende Geschichte seit dem 17., 18. Jahrhundert oder die für Habsburg, die Niederlande und Burgund etablierte Union im 15., 16. Jahrhundert Adaptionen jener kühnen Konzeptionen Ludwigs des Bayern für den Nordosten und den Nordwesten des Reiches waren. Verwunderlich wäre es nicht.

Ludwig der Bayer ist nicht nur bei seinen Plänen für das Reich nördlich der Mainlinie ein in vielfacher Hinsicht von der Geschichtswissenschaft noch nicht ausgeloteter Virtuose politischer Formgebung gewesen. Was er begann, gewann meistens eine neue historische Gestalt und wurde lange prägend. Die hier gebotene Skizze seiner Strukturierungen für den Nordosten und Nordwesten bietet nur einen Teil

99 Straub, Bayern Teilungen (wie Anm. 88), S. 219.

100 Wieth, Stellung (wie Anm. 68), S. 75 f.; Keuth/Kessler, Beziehungen (wie Anm. 65), S. 371; Meyer, Graf Wilhelm (wie Anm. 65), S. 121 f.; Thomas R. Kraus, Die Grafschaft Jülich von den Anfängen bis zum Jahre 1356, in: Land im Mittelpunkt der Mächte. Die Herzogtümer Jülich, Kleve, Berg (Ausstellungskatalog), Kleve 1984, S. 41–51, hier S. 51; Klucke, Aussenbeziehungen (wie Anm. 65), S. 331 ff.; Jahn, Anmerkungen (wie Anm. 63), S. 383; Michael Lindner, Es war an der Zeit. Die Goldene Bulle in der politischen Praxis Kaiser Karls IV., in: Hohensee u. a., Die Goldene Bulle (wie Anm. 48), S. 93–140, hier S. 94 f.

101 Vgl. Adolf Gottlob, Karls IV. private und politische Beziehungen zu Frankreich, Innsbruck 1883; Ferdinand Seibt, Karl IV. Ein Kaiser in Europa. 1346–1378, München 1985, ND Frankfurt a. M. 2003, S. 346–360.

der Facetten seiner Politik außerhalb Bayerns und jenseits der kirchenpolitischen Problematik. Andere Aspekte wie die Städte-[102] und Landfriedenspolitik,[103] das Doppelkönigtum,[104] die Wahlmonarchie[105] oder die Idee der Hofkunst[106] und der Stiftungslandschaften[107] sind in der Forschung schon mal erörtert oder zumindest angesprochen worden. Für die politischen Strategien im Nordosten und Nordwesten gilt das nicht, aber auch sie zeigen gleich bei der ersten Durchsicht, wie umwerfend neu Ludwig mit seinen Gestaltungen war und von wie langem Atem.

---

102 Fritz TRAUTZ, Ludwig der Bayer und die schwäbischen Reichsstädte, in: Bausteine zur geschichtlichen Landeskunde von Baden-Württemberg, hg. von Günther HASELIER, Stuttgart 1979, S. 203–219; Johann SCHMUCK, Ludwig der Bayer und die Reichsstadt Regensburg. Der Kampf um die Stadtherrschaft im späten Mittelalter (Regensburger Studien und Quellen zur Kulturgeschichte 4), Regensburg 1997; Jörg BAUER, Die Stellung der südwestdeutschen Reichsstädte im Konflikt zwischen Kaiser Ludwig dem Bayern und dem Papsttum, Diss. Erlangen 2003; Bernhard BRENNER, Ludwig der Bayer – Ein Motor für die Urbanisierung Ostschwabens? (Materialien zur Geschichte des Bayerischen Schwaben 27), Augsburg 2005.

103 Gerhard PFEIFFER, Die bayerisch-fränkische Landfriedenseinung Kaiser Ludwigs vom 1. Juli 1340, in: Festschrift für Hermann Heimpel zum 70. Geburtstag, Bd. 2, Göttingen 1971, S. 801–814; Claudia ROTTHOFF, Die politische Rolle der Landfrieden zwischen Maas und Rhein von der Mitte des 13. Jahrhunderts bis zum Auslaufen des Bacharacher Landfriedens Ludwigs des Bayern, in: Rheinische Vierteljahrsblätter 45 (1981), S. 75–111; Martina STERCKEN, Königtum und Territorialgewalten in den rhein-maasländischen Landfrieden des 14. Jahrhunderts (Rheinisches Archiv 124), Köln/Wien 1989; Matthias FAHRNER, Der Landfrieden im Elsass. Recht und Realität einer interterritorialen Friedensordnung im späten Mittelalter, Marburg 2007.

104 Roland PAULER, Friedrich der Schöne als Garant der Herrschaft Ludwigs des Bayern in Deutschland, in: Zeitschrift für bayerische Landesgeschichte 61 (1998), S. 645–656; Marie-Luise HECKMANN, Das Doppelkönigtum Friedrichs des Schönen und Ludwigs des Bayern (1325–1327), in: Mitteilungen des Instituts für österreichische Geschichtsforschung 109 (2001), S. 53–81.

105 MENZEL, Zeit der Entwürfe (wie Anm. 7), S. 176–183.

106 SUCKALE, Hofkunst (wie Anm. 47).

107 Michael MENZEL, Die Memoria Kaiser Ludwigs des Bayern, in: Auxilia historica. Festschrift für Peter Acht, hg. von Walter KOCH/Alois SCHMID (Schriftenreihe zur bayerischen Landesgeschichte 132), München 2001, S. 247–283.

Organisieren von Herrschaft im späten Mittelalter
Ludwig der Bayer und der Nordosten des Reiches

Doris Bulach

In der bisherigen Forschung zu Ludwig dem Bayern stand vor allem sein Verhältnis zur Kurie und zu südwestlichen Reichsteilen im Zentrum. Seine Politik im Nordosten des Reiches wurde nur am Rande sowie meist aus jeweils regionalgeschichtlicher Perspektive beleuchtet. Nur vereinzelt wurden die Beziehungen Ludwigs zu Regionen im Norden und Osten thematisiert[1] oder diese unter dem Blickwinkel der Hausmachtpolitik analysiert.[2]

Im Folgenden steht daher gezielt der europäische Nordosten im Mittelpunkt, wobei zum Reich zählende Gebiete ebenso betrachtet werden sollen wie solche, deren Zugehörigkeit unklar war oder die nicht zum Reich gehörten. Dabei wird anhand ausgewählter aus diesen Regionen überlieferter Ludwigsurkunden der Frage nachgegangen, wie der wittelsbachische Kaiser die Herrschaft des Reiches dort organisierte, sei es mit Hilfe von Heiratsverbindungen oder durch Privilegierungen, und welche mehr oder weniger langfristige Maßstäbe er hier trotz angeblicher Reichsferne setzte.

Bevor der Blick vor allem auf Pommern, Polen und den Deutschen Orden gerichtet wird, sollen zunächst kurz auch wichtige andere Herrschaftsbereiche im nordöstlichen Teil des Reiches gestreift werden: Schlesien, Brandenburg, Thüringen und Sachsen – alles Regionen, in denen Ludwig politisch aktiv wurde und die Herrschaft des Reiches organisierte. Seine diplomatischen Beziehungen in den Nordosten können hier allerdings nur schlaglichtartig beleuchtet werden. Sie standen im Kontext

1 Erhard Schmidt, Die deutschen Könige und der Norden im späten Mittelalter, Diss. masch. Würzburg 1949; Wolfgang Wiessner, Die Beziehungen Kaiser Ludwigs des Bayern zu Süd-, West- und Norddeutschland. Beiträge zur königlichen Innenpolitik (Erlanger Abhandlungen zur mittleren und neueren Geschichte 12), Erlangen 1932; Hans Patze, Die Wittelsbacher in der mittelalterlichen Politik Europas, in: Blätter für deutsche Landesgeschichte 44 (1981), S. 33–80, u.a. S. 51–56. Allgemeine Beschreibung einiger Grundzüge von Ludwigs IV. Politik im Osten bei Alois Schmid, Ludwig der Bayer und der Osten, in: Bayern und Russland in vormoderner Zeit. Annäherungen bis in die Zeit Peters des Großen, hg. von dems. (Zeitschrift für bayerische Landesgeschichte, Beiheft 42), München 2012, S. 39–73.

2 Michael Menzel, Die Wittelsbacher Hausmachterweiterungen in Brandenburg, Tirol und Holland, in: Deutsches Archiv für Erforschung des Mittelalters 61 (2005), S. 103–159; Paul-Joachim Heinig, Gescheiterte Inbesitznahme? Ludwig der Brandenburger und die Mark, in: Vielfalt und Aktualität des Mittelalters. Festschrift für Wolfgang Petke zum 65. Geburtstag, hg. von Sabine Arend/Daniel Berger, Bielefeld 2006, S. 1–26.

Das nordöstliche Reich und angrenzende Gebiete: Politische Einheiten, Landschaften und Orte

von zahlreichen vergangenen und zeitgenössischen Ereignissen, die im Einzelnen im Hintergrund bleiben müssen. Die Schilderung der großen Linien der ludovizianischen Politik in diesen Regionen dient gleichzeitig dazu, die Schwerpunkte der kaiserlichen Urkundentätigkeit und damit die Struktur der in den jeweiligen Archiven vorhandenen Bestände zu verdeutlichen.

Kontakte, dynastische Beziehungen und Privilegienvergabe: Politik im Nordosten des Reiches

Der nordöstlichste Aufenthaltsort Ludwigs im Reich war Arnstadt in Thüringen, südlich von Erfurt gelegen, wo der Kaiser fast drei Wochen des Jahres 1323 zubrachte.[3] 1331 bestimmte Ludwig allerdings einen Reichsvikar für den Fall, dass er entweder über das „lombardische Gebirge", also die Alpen, oder über den *duringer walt* hinaus reisen würde.[4] Beides waren in der Vorstellung der Zeit also gleichermaßen weit von den Zentralorten des Reiches entfernte Regionen. Obwohl der König und Kaiser also nie im äußersten Nordosten persönlich anwesend war, spielten die Regionen in seinem politischen Handeln dennoch immer eine wichtige Rolle, und die dortigen Herrschaftsträger wurden von Ludwig reichlich mit Briefen bedacht. Um die 400 Urkunden Ludwigs sind in den fünf östlichen Bundesländern heute noch überliefert, rund sieben Prozent aller bekannten Ludwigsurkunden.[5] Darunter sind auch Urkunden aus den Beständen des Deutschen Ordens, ehemals in Königsberg (Kaliningrad) archiviert, die nach Auslagerungen in Göttingen jetzt im Geheimen Staatsarchiv in Berlin aufbewahrt werden.[6]

Nach den durch den Staufer Friedrich I. und bedingt durch Friedrich II. erfolgten politischen Eingriffen des Reiches in den nordöstlichen Raum kam es erst wieder unter der Herrschaft Ludwigs IV. zu umfassenden Beziehungen in diese Regionen.[7] Ein Umschwung in der Politik Ludwigs gegenüber dem Osten und Norden lässt sich eindeutig aber erst in den Jahren nach der Schlacht bei Mühldorf im September 1322 in den Urkundenausstellungen ablesen.[8] Die regionalen Herrschaftsträger wurden

3 August 5 bis August 21 (Johann Friedrich Böhmer, Regesta Imperii inde ab anno 1314 usque ad annum 1347. Die Urkunden Kaiser Ludwigs des Baiern, König Friedrich des Schönen und König Johanns von Böhmen, Frankfurt a. M. 1839, S. 35 f. Nr. 605–618).

4 Urkunde von 1331 Mai 4 (Eintrag dt. im jüngeren Reichsregister im Bayerischen Hauptstaatsarchiv München, Kurbayern Äußeres Archiv 1158, pag. 5 Nr. 15. Helmut Bansa, Die Register der Kanzlei Ludwigs des Bayern, Bd. 2 (Quellen und Erörterungen zur Bayerischen Geschichte, NF 24/2), München 1974, S. 298–300 Nr. 495, hier S. 300; Böhmer, RI [wie Anm. 3], S. 80 Nr. 1297).

5 Die Urkunden in den ostdeutschen Archiven werden derzeit von Doris Bulach für Heft 11 (Ostdeutschland) der Regesta Imperii bei der Akademie der Wissenschaften und Literatur in Mainz bearbeitet.

6 Siehe u. a. Kurt Forstreuter, Das Preußische Staatsarchiv in Königsberg. Ein geschichtlicher Rückblick mit einer Übersicht über seine Bestände, Göttingen 1955; Bernhart Jähnig, Die Bestände des historischen Staatsarchivs Königsberg als Quelle zur Bevölkerungs- und Siedlungsgeschichte des Preußenlandes, in: Aus der Arbeit des Geheimen Staatsarchivs Preußischer Kulturbesitz, hg. von Jürgen Kloosterhuis (Veröffentlichungen aus den Archiven Preußischer Kulturbesitz: Arbeitsberichte 1), Berlin 1996.

7 Vgl. dazu ausführlich den Beitrag von Michael Menzel in diesem Band v. a. S. 238–240.

8 Vgl. dazu auch Woldemar Lippert, Wettiner und Wittelsbacher sowie die Niederlausitz im XIV. Jahrhundert. Ein Beitrag zur deutschen Reichs- und Territorialgeschichte, Dresden 1894, S. 17.

für Ludwig nach der Konsolidierung seiner Herrschaft zunehmend wichtiger bei seinen Auseinandersetzungen mit der Kurie und den Luxemburgern.

Die ältesten Beziehungen in den Osten des Reiches knüpfte jedoch schon Ludwigs Vater, indem er seinen gleichnamigen Sohn 1308 mit Beatrix von Schlesien-Glogau verheiratete, die Stiefcousine des jungen Ludwig.[9] Schon er selbst, Herzog Ludwig II. von Oberbayern, hatte in zweiter Ehe eine Herzogstochter von Schlesien-Glogau geheiratet, die Tante von Ludwigs Frau.[10] Schlesien-Glogau war dabei allerdings nur eines der teils bis zu 17 kleinen, durch Familienmitglieder der Piasten regierten Herzogtümer Schlesiens.[11] Zudem begaben sich zwischen 1327 und 1329 fast alle Herzöge Oberschlesiens und ein Großteil derjenigen Niederschlesiens unter die Lehenshoheit König Johanns von Böhmen, womit sie nun mehr indirekt dem Reich untertan waren.[12] Auch Ludwigs Schwager, Herzog Heinrich IV. von Schlesien-Glogau, anerkannte zwar ebenfalls in den gewalttätigen Auseinandersetzungen die Lehenshoheit König Johanns von Böhmen, er stand jedoch bis zu seinem Tod 1342 auf Seiten Ludwigs. Ein weiterer schlesischer Herzog, wohl Bolko I. von Schweidnitz, dessen Schwester ebenfalls mit einem Wittelsbacher, mit Stephan I. von Niederbayern, verheiratet war, begleitete Ludwig auf seiner Romreise.[13]

Zentral für das Reich war im Nordosten die Mark Brandenburg, die im Norden an Pommern, im Osten an Polen grenzte. Mit ihr war seit dem 13. Jahrhundert eine der sieben Kurstimmen verbunden, womit die Mark politisch mitnichten zu den Randregionen des Reiches zählte.[14]

Zu den in der Mark Brandenburg herrschenden Askaniern bestanden ebenfalls verwandtschaftliche Beziehungen der Wittelsbacher: über die ältere Schwester Ludwigs IV., Agnes (1276–1340), die seit 1303 in zweiter Ehe mit Markgraf Heinrich I. von Brandenburg und Landsberg (1256–1319) verheiratet war.[15] Der Sohn des Paares war es, der nach dem Tod Markgraf Woldemars von Brandenburg als Elfjähriger

---

9 U. a. Hans RALL/Marga RALL, Die Wittelsbacher. Von Otto I. bis zu Elisabeth I., Wien 1994, S. 53.

10 RALL/RALL, Wittelsbacher (wie Anm. 9), S. 44.

11 Andreas RÜTHER, Die schlesischen Fürsten und das spätmittelalterliche Reich, in: Principes. Dynastien und Höfe im späten Mittelalter, hg. von Cordula NOLTE u. a. (Residenzenforschung 14), Stuttgart 2002, S. 33–62, hier S. 37f.

12 U. a. Max HEIN, Die Verleihung Litauens an den Deutschen Orden durch Kaiser Ludwig den Bayern im Jahre 1337, in: Altpreußische Forschungen 19 (1942), S. 36–54, hier S. 40; Heinz THOMAS, Ludwig der Bayer (1282–1347). Kaiser und Ketzer, Graz u. a. 1993, S. 226f.; RÜTHER, Fürsten (wie Anm. 11), S. 34, 36, 40f.

13 WIESSNER, Beziehungen (wie Anm. 1), S. 116f.

14 Anders dagegen Peter MORAW, Die Mark Brandenburg im späten Mittelalter: Entwicklungsgeschichtliche Überlegungen im deutschen und europäischen Vergleich, in: Akkulturation und Selbstbehauptung. Studien zur Entwicklungsgeschichte der Lande zwischen Elbe/Saale und Oder im späten Mittelalter, hg. von dems./Eberhard HOLTZ/Michael LINDNER (Berichte und Abhandlungen. Berlin-Brandenburgische Akademie der Wissenschaften Sonderband 6), Berlin 2001, S. 13–36, hier S. 19–21.

15 RALL/RALL, Wittelsbacher (wie Anm. 9), S. 51.

seinem Vetter als Markgraf nachfolgen hätte sollen, durch seinen Onkel König Ludwig IV. 1320 mündig gesprochen.[16] Allerdings starb Heinrich schon einen Monat später, womit die Linie der askanischen Markgrafen von Brandenburg endete. Sofort war die Mark Brandenburg von den Anrainern bedroht: Rudolf I. von Sachsen-Wittenberg, Herzog Heinrich II. von Mecklenburg, die Herzöge von Pommern-Wolgast sowie schlesische Herzöge besetzten Teile der Mark.[17]

Erst nach langen, anderweitigen Überlegungen belehnte Ludwig seinen gleichnamigen Sohn mit der Markgrafschaft.[18] Zu dieser sollten laut der ersten Belehnungsurkunde von 1324 auch die Herzogtümer Stettin und Demmin, das Land Stargard und die Grafschaft Wernigerode gehören.[19] Weitere angrenzende Gebiete hatte Ludwig ebenfalls im Blick, als er seinen Sohn 1324 mit Anhalt belehnte, falls Fürst Bernhard III., der die Nachfolge seines Vaters gerade angetreten hatte und noch unverheiratet war, ohne Erben sterben sollte (was nicht geschah).[20]

Ungefähr gleichzeitig mit den zukunftsweisenden Eingriffen in die Mark knüpfte Ludwig enge Verbindungen in den thüringisch-meißnischen Raum. Hier, in den unter den Wettinern vereinten Herrschaftsgebieten der Markgrafschaft Meißen und der Landgrafschaft Thüringen, vollzogen sich Anfang der 20er-Jahre des 14. Jahrhunderts ebenfalls dynastische Veränderungen. Markgraf Friedrich II. von Meißen folgte als einziger Sohn unter der Vormundschaft seiner Mutter 1323 als Markgraf und Landgraf seinem verstorbenen Vater nach.[21] Diesen dreizehnjährigen Knaben wählte Ludwig IV. im selben Jahr als zukünftigen Ehemann seiner ältesten, zehnjäh-

---

16 Urkunde von 1320 Juni 18 (Orig. Perg. lat. ehemals (Kriegsverlust) im Geheimen Staatsarchiv Preußischer Kulturbesitz (GStA PK) Berlin, Mark als Reichsstand Nr. 3. MGH Constitutiones et acta publica imperatorum et regum inde ab a. MCCCXIII usque ad a. MCCCXXIV (1313–1324), Bd. 5, bearb. von Jakob Schwalm, Hannover 1909–1911, ND 1981, S. 469f. Nr. 585; Böhmer, RI (wie Anm. 3), S. 23 Nr. 401) und u.a. Johannes Schultze, Die Mark Brandenburg, Bd. 2, Berlin ^{2}1989, S. 17; Menzel, Hausmachterweiterungen (wie Anm. 2), S. 109.

17 Wiessner, Beziehungen (wie Anm. 1), S. 114; Schultze, Brandenburg (wie Anm. 16), S. 9–24, Menzel, Hausmachterweiterungen (wie Anm. 2), S. 107f. mit weiterer Literatur; Michael Menzel, Die Zeit der Entwürfe 1273–1347 (Gebhardt. Handbuch der deutschen Geschichte, 10. Auflage Teilband 7a), Stuttgart 2012, S. 162.

18 Ausführlich dazu Menzel, Hausmachterweiterungen (wie Anm. 2), u.a. S. 108–111, 114f., 118f. Anders dagegen Schmid, Osten (wie Anm. 1), S. 53f., der dem langen Zeitraum zwischen dem Tod des Markgrafen und der Belehnung Ludwigs keine Beachtung schenkt.

19 Urkunde von 1324 Juni 24 (Orig. Perg. lat. im GStA PK Berlin, VII. HA Urkunden, Mark als Reichsstand Nr. 4. MGH Const. 5 (wie Anm. 16), S. 776 Nr. 938; Böhmer, RI (wie Anm. 3), S. 42 Nr. 727).

20 Urkunde von 1324 September 26 (Abschrift lat. in Kopialbuch Perg. 14. Jh. im GStA PK Berlin, I. HA, Rep. 78a Kurmärkische Lehenskanzlei Nr. 1 fol. 7r–v Lit. e. MGH Const. 5 (wie Anm. 16), S. 830 Nr. 996; Böhmer, RI (wie Anm. 3), S. 44 Nr. 750).

21 Jörg Rogge, Herrschaftsweitergabe, Konfliktregelung und Familienorganisation im fürstlichen Hochadel: das Beispiel der Wettiner von der Mitte des 13. bis zum Beginn des 16. Jahrhunderts (Monographien zur Geschichte des Mittelalters 49), Stuttgart 2002, S. 48f.

rigen Tochter Mechthild Mathilde aus.[22] Für die Schwiegertochter aus wittelsbachischem Hause hatten die Vormünder des jungen Markgrafen, seine Mutter Elisabeth und Vogt Heinrich II. Reuß von Plauen, die 1322 erfolgte Verlobung Friedrichs mit der Tochter Johanns von Böhmen, Judith, aufgegeben.[23] Ludwig hatte mit seiner Intervention also erfolgreich eine engere Verbindung zwischen Böhmen und der nahegelegenen Markgrafschaft Meißen verhindert.

Von der Heiratsverbindung zwischen Wittelsbachern und Wettinern profitierten beide Seiten langfristig: Ludwig erhielt zeitlebens die Unterstützung Markgraf Friedrichs II., dem Ludwig wiederum gegen Ansprüche des thüringischen Adels zur Seite stand.[24] Friedrichs Treue ließ der Kaiser sich einiges kosten: So erhielt Friedrich zahlreiche Privilegien, Verpfändungen und Belehnungen.[25] Nach dem Tod Ludwigs und der Absage König Eduards III. von England als Kandidat für den Reichsthron bot die wittelsbachische Partei Friedrich II. sogar die Kandidatur an, die dieser aber angesichts der Übermacht Karls IV. ablehnte.[26]

Auch zu Friedrichs zeitweiligem Vormund, Heinrich II. Reuß von Plauen, pflegte Ludwig gute Kontakte. So berief er ihn unter anderem seit 1326 in den Vormundschaftsrat für seinen eigenen Sohn, Markgraf Ludwig von Brandenburg, übertrug

22 Urkunde von 1323 Januar 24 (Orig. Perg. dt. im Sächsischen Hauptstaatsarchiv (SächsHStA) Dresden, 10001 Ältere Urkunden, Nr. 2256. MGH Const. 5 (wie Anm. 16), S. 564 Nr. 722; BÖHMER, RI (wie Anm. 3), S. 355 Nr. 3201).

23 Urkunde von 1323 Januar 24 (Orig. Perg. dt. im Bayerischen Hauptstaatsarchiv München, Geheimes Hausarchiv, HU 130. MGH Const. 5 (wie Anm. 16), S. 563 Nr. 721; BÖHMER, RI (wie Anm. 3), S. 415 Nr. 413). Zu den Gründen u. a. ROGGE, Herrschaftsweitergabe (wie Anm. 21), S. 49; MENZEL, Hausmachterweiterungen (wie Anm. 2), S. 116 f.

24 ROGGE, Herrschaftsweitergabe (wie Anm. 21), S. 54.

25 U. a. Urkunden von 1323 Mai 7 (Orig. Perg. dt. im SächsHStA Dresden, 10001 Ältere Urkunden, Nr. 2266a. MGH Const. 5 (wie Anm. 16), S. 583 Nr. 744; BÖHMER, RI (wie Anm. 3), S. 33 f. Nr. 571), 1323 August 21 (Orig. Perg. lat. im SächsHStA Dresden, 10001 Ältere Urkunden, Nr. 2277. MGH Const. 5 (wie Anm. 16), S. 604 Nr. 777), 1328 März 27 (Orig. Perg. lat. im SächsHStA Dresden, 10001 Ältere Urkunden, Nr. 2433. MGH Constitutiones et acta publica imperatorum et regum inde ab a. MCCCXXV usque ad a. MCCCXXX (1325–1330) 6, 1, bearb. von Jakob SCHWALM, Hannover 1914–1927, ND 1982, S. 318 f. Nr. 417; BÖHMER, RI (wie Anm. 3), S. 276 Nr. 2705), 1329 Juni 23 (Orig. Perg. lat. im Thüringischen Hauptstaatsarchiv (ThürHStA) Weimar, EGA Urkunde Nr. 955. MGH Const. 6, 1 (wie Anm. 25), S. 511 f. Nr. 609), 1329 Juni 23 (Orig. Perg. lat. im ThürHStA Altenburg, Q. Q. IX B 2. MGH Const. 6, 1 (wie Anm. 25), S. 510 f. Nr. 608; BÖHMER, RI (wie Anm. 3), S. 277 Nr. 2711), 1329 Juni 23 (Orig. Perg. lat. ehemals (Kriegsverlust) im SächsHStA Dresden, 10001 Ältere Urkunden, Nr. 2481. MGH Const. 6, 1 (wie Anm. 25), S. 509 f. Nr. 606; BÖHMER, RI (wie Anm. 3), S. 276 f. Nr. 2710), 1330 April 12 (Orig. Perg. lat. ehemals (Kriegsverlust) im SächsHStA Dresden, 10001 Ältere Urkunden, Nr. 2519. MGH Const. 6, 1 (wie Anm. 25), S. 622 Nr. 731/1), dazu auch WIESSNER, Beziehungen (wie Anm. 1), S. 118 f.; MENZEL, Hausmachterweiterungen (wie Anm. 2), S. 120 f.

26 ROGGE, Herrschaftsweitergabe (wie Anm. 21), S. 55.

ihm Reichsburgen und das Bergregal und bestätigte den Vögten von Plauen die Reichsunmittelbarkeit.[27]

Die Beziehungen Ludwigs zum Herzogtum Sachsen und dem ungefähr gleichaltrigen Herzog Rudolf I. von Sachsen-Wittenberg gestalteten sich dagegen schwieriger. Rudolf hatte bei der Königswahl 1314 für Friedrich den Schönen gestimmt und beanspruchte als Askanier 1320 das brandenburgische Lehen, das ihm Ludwig verweigerte.[28] Rudolf fand sich jedoch in verschiedenen Verträgen mit dem brandenburgischen Markgrafen und durch hohe finanzielle Zahlungen bis 1328 mit der wittelsbachischen Belehnung der Mark ab, wechselte nicht in das königfeindliche Lager, sondern betätigte sich fortan als Vermittler.[29]

Auch in Pommern standen die Voraussetzungen für gute Beziehungen zum Reich in den 1320er-Jahren schlecht. Nach dem Tod des letzten askanischen Markgrafen drohte hier die seit dem 13. Jahrhundert bestehende brandenburgische Lehenshoheit über Pommern verlorenzugehen.[30] Denn sofort standen die seit 1295 in zwei Linien geteilten pommerschen Teilherzogtümer gegen die Mark, dessen Lehenshoheit die Herzöge abzustreifen suchten, wobei sie sich mit dem erstarkenden Polen, zu dem zusätzlich verwandtschaftliche Verbindungen bestanden, verbündeten.[31] Das Ziel der pommerschen Herzöge war es, direkt dem Reich unterstellt zu werden. Ludwig IV. sicherte tatsächlich Wartislaw IV. von Pommern-Wolgast noch 1320 die Belehnung zu, sicherlich, um dadurch im Norden Verbündete gegen Friedrich den

27 U.a. Urkunden von 1327 Oktober 17 (Orig. Perg. lat. im ThürStA Greiz, Gemeinschaftliches Hausarchiv der älteren Linie Reuß, I, 1. Teil, Fach 9, Nr. 4a. MGH Const. 6, 1 (wie Anm. 25), S. 261 Nr. 355), und Orig. Perg. lat. im ThürStA Greiz, Gemeinschaftliches Hausarchiv der älteren Linie Reuß, I, 1. Teil, Fach 9, Nr. 3a. MGH Const. 6, 1 (wie Anm. 25), S. 261 Nr. 354; Böhmer, RI (wie Anm. 3), S. 357 Nr. 3244), von 1327 Oktober 29 (ThürStA Greiz, Gemeinschaftliches Hausarchiv der älteren Linie Reuß I, 1. Teil, Fach 1, Nr. 1. MGH Const. 6, 1 (wie Anm. 25), S. 262f. Nr. 358; Böhmer, RI (wie Anm. 3), S. 57 Nr. 950), von 1329 Juni 24 (ThürStA Greiz, Gemeinschaftliches Hausarchiv der älteren Linie Reuß I, 1. Teil, Fach 1, Nr. 2. MGH Const. 6, 1 (wie Anm. 25), S. 514f. Nr. 614; Regesten Kaiser Ludwigs des Bayern (1314–1347) 8: Die Urkunden aus den Archiven und Bibliotheken Österreichs, bearb. von Johannes Wetzel, Köln u. a. 2008, S. 65f. Nr. 144) und Rogge, Herrschaftsweitergabe (wie Anm. 21), S. 49.

28 Ausführlich dazu Lorenz Friedrich Beck, Herrschaft und Territorium der Herzöge von Sachsen-Wittenberg (1212–1422) (Bibliothek der brandenburgischen und preußischen Geschichte 6), Potsdam 2000, S. 202f.

29 U.a. Schultze, Brandenburg 2 (wie Anm. 16), S. 39f.; Thomas, Ludwig (wie Anm. 12), S. 226.

30 U.a. Fritz Zickermann, Das Lehensverhältnis zwischen Brandenburg und Pommern im 13. und 14. Jahrhundert, in: Forschungen zur Brandenburgischen und Preußischen Geschichte 4 (1891), Nr. 1, S. 1–120; Wiessner, Beziehungen (wie Anm. 1), S. 114; Horst Wernicke, Das Herzogtum Pommern, das Reich und Dänemark zwischen Lehnsstaat, Territorialfürstenstaat und Ständestaat 1348–1468, in: Beiträge zur Geschichte Vorpommerns, hg. von Haik Thomas Porada, Schwerin 1997, S. 151–168, hier S. 154–156.

31 Schultze, Brandenburg 2 (wie Anm. 16), S. 39, 44f.

Schönen zu gewinnen.[32] Als Ludwig 1324 seinen Sohn mit der Mark belehnte, wurde Pommern jedoch wieder als brandenburgisches Lehen genannt.[33] Dies führte in der Folge zu gewaltsamen Auseinandersetzungen Pommerns mit Brandenburg, wobei die pommerschen Herzöge auch die Aufforderung Kaiser Ludwigs aus dem Lateran 1328 ignorierten, sich von seinem Sohn mit ihrer Herrschaft belehnen zu lassen.[34] Stattdessen suchten die Herzöge Otto I. und Barnim III. von Pommern-Stettin, auch im Namen ihrer minderjährigen Mündel, der Herzöge von Pommern-Wolgast, 1330 beim Papst um die Verleihung ihres Herzogtums als päpstliches Lehen nach, was der Papst ihnen 1331 gerne zugestand.[35] Prompt reagierte Ludwig auf diesen Affront: Er teilte nun seinerseits den Herzögen Otto und dessen Sohn Barnim von Pommern-Stettin mit, sie belehnen zu wollen, wenn sie vor ihm erschienen.[36] Trotz dieser Aufforderungen zogen sich die teils gewaltsamen Auseinandersetzungen um die Belehnung Pommerns noch bis zum Jahre 1338 hin.[37] Erst jetzt wurden – aber nur an die Linie Pommern-Stettin – die Reichslehen vergeben in einer prunkvollen Urkunde, ausgestellt durch den Schreiber Leonhard von München.[38]

Schon auf den ersten Blick wird die Besonderheit der Urkunde deutlich. Sie war nicht nur mit der Goldbulle besiegelt und wurde mit Ludwigs Signum und Signumszeile beglaubigt – einem äußerst seltenen Vorgang in der ludovizianischen Kanzlei –, son-

32 Urkunde von 1320 Dezember 28 (Orig. Perg. lat. im Landesarchiv Greifswald, Rep. 2, Ducalia Nr. 31 (Alte Signatur: Nr. 25). MGH Const. 5 (wie Anm. 16), S. 487f. Nr. 612; BÖHMER, RI (wie Anm. 3), S. 354 Nr. 3192) und WERNICKE, Pommern (wie Anm. 30), S. 156.

33 Urkunde von 1324 Juni 24 (wie Anm. 19). Ausführlich zur Belehnung Ludwigs mit der Mark HEINIG, Inbesitznahme (wie Anm. 2), S. 5–14; MENZEL, Hausmachterweiterungen (wie Anm. 2), S. 107–110.

34 Urkunde von 1328 Januar 27 (Orig. Perg. lat. ehemals (Kriegsverlust) im GStA PK Berlin, Urkunden Pommern, Beziehungen zur Mark Nr. 9. MGH Const. 6, 1 (wie Anm. 25), S. 289f. Nr. 388; Reg.LdB 8 (wie Anm. 27), S. 60 Nr. 129).

35 Urkunde von 1330 September 18 (ed. Pommersches Urkundenbuch, Bd. 7: 1326–1330, bearb. von Hans FREDERICHS, Stettin 1334–1940 (ND Köln u.a. 1958), S. 367f. Nr. 4587 (Ansuchen der Herzöge)) und von 1331 März 13 (ed. Pommersches Urkundenbuch, Bd. 8: 1331–1335, bearb. von Erwin ASSMANN (Veröffentlichungen der Historischen Kommission für Pommern 2, 8), Köln u.a. 1961, S. 14–16 Nr. 4853 (päpstliche Zustimmung)) und Martin KAUFHOLD, Gladius spiritualis. Das päpstliche Interdikt über Deutschland in der Regierungszeit Ludwigs des Bayern (1324–1347) (Heidelberger Abhandlungen zur Mittleren und Neueren Geschichte NF 6), Heidelberg 1994, S. 156.

36 Urkunde von 1331 August 26 (Regest dt. von 1538 im Landesarchiv Greifswald, Rep. 38f Hs. 1 a Fol. Nr. 53 fol. 184v. UB Pommern 8 (wie Anm. 35), S. 58f. Nr. 4903).

37 Ausführlich dazu ZICKERMANN, Lehensverhältnis (wie Anm. 30), S. 91–113; SCHULTZE, Brandenburg 2 (wie Anm. 16), S. 45; Rudolf BENL, Pommern bis zur Teilung von 1368/72, in: Deutsche Geschichte im Osten Europas: Pommern, hg. von Werner BUCHHOLZ, Berlin 2002, S. 21–126, hier S. 107–111; WERNICKE, Pommern (wie Anm. 30), S. 157f.

38 Abb. siehe S. 248. Urkunde von 1338 August 14 (Orig. Perg. lat. im Landesarchiv Greifswald, Rep. 2, Ducalia Nr. 73 (Alte Signatur: 59a). MGH Constitutiones et acta publica imperatorum et regum, Bd. 7, 1: 1336–1339, bearb. von Michael MENZEL, Wiesbaden 2013, S. 286 Nr. 468, BÖHMER, RI (wie Anm. 3), S. 121 Nr. 1924).

dern die Initiale weist auch eine Zeichnung auf, eine ebenfalls rare Ausnahme dieser Zeit. Bildlich sind hier noch einmal Inhalt und Anspruch der Urkunde verdeutlicht: Der halb stehende, bekrönte Kaiser mit den Reichsinsignien belehnt die vor ihm knienden barhäuptigen Herzöge von Pommern mit der Lehensfahne des Reiches.

Berufung auf kaiserliche Autorität, dynastische Pläne und politische Zusammenarbeit: Beziehungen zu Polen und zum Deutschen Orden

Noch komplizierter und wechselhafter stellte sich die politische Situation jenseits des Reiches, im Deutschordensland und in Polen dar.

In Polen bemühten sich Klerus und Adel vor allem seit der zweiten Hälfte des 13. Jahrhunderts um eine Einigung des in verschiedene Herrschaften geteilten Landes – ein Bemühen, das um 1300 zunehmend unter dem polnischen Teilfürst von Kujawien, Władisław, Gestalt anzunehmen begann.[39] Dieser Einigungsprozess schritt vor allem nach dem Tod des böhmischen Königs Wenzel II. 1305 voran, der 1300 einen Großteil der polnischen Fürstentümer unter seiner Herrschaft vereinigt hatte und sich 1300 ohne Zustimmung des Papstes zum polnischen König hatte krönen lassen.[40] Als 1306 dessen Sohn Wenzel III. ermordet wurde und damit die Přemysliden ausstarben, gelang es Władisław nach heftigem Ringen und damit einhergehenden Kämpfen, sich als neuer König des *regnum Poloniae* durchzusetzen und die Teilfürstentümer Groß- und Kleinpolen sowie Kujawien unter der polnischen Krone zu vereinen.[41] 1320 ließ er sich in Krakau – nicht im traditionell piastischen Krönungsort Gnesen – mit Einverständnis des Papstes zum polnischen König krönen.[42] Władisławs I. Herrschaft, unter der Polen neu geordnet wurde, bedeutete „die Rückkehr eines vereinten Polens in das Geflecht der Mächte".[43] Seinen Plänen zum territorialpolitischen Ausbau seiner Herrschaft standen jedoch in Brandenburg die Wittelsbacher, in Böhmen die Luxemburger und im Norden der Deutsche Orden entgegen.[44] Der böhmische König Johann von Luxemburg beanspruchte seit seiner Krönung in Prag 1311 als Rechtsnachfolger der Přemysliden Polen weiterhin

39 Christian Lübke, Das östliche Europa (Die Deutschen und das europäische Mittelalter), Berlin 2004, S. 417–419.

40 Eduard Mühle, Die Piasten. Polen im Mittelalter, München 2011, S. 93 f.

41 Sławomir Gawlas, Polen – eine Ständegesellschaft an der Peripherie des lateinischen Europa, in: Europa im späten Mittelalter: Politik – Gesellschaft – Kultur, hg. von Rainer Christoph Schwinges u. a. (Historische Zeitschrift. Beiheft NF 40), München 2006, S. 237–261, hier S. 242.

42 Mühle, Piasten (wie Anm. 40), S. 91, 95.

43 Lübke, Europa (wie Anm. 39), S. 417.

44 Mühle, Piasten (wie Anm. 40), S. 97.

Initiale der Urkunde vom 14. August 1338

für sich, was er seit 1314 in seiner Titulatur (*dei gracia Boemie et Polonie rex*) zum Ausdruck brachte.[45]

In die zahlreichen Auseinandersetzungen Władisławs mit Böhmen um die Herrschaft in Schlesien und mit dem Deutschen Orden um das von diesem besetzte Pommerellen griff Ludwig IV. zunächst nicht ein.[46] Erst als Władisław – wohl veranlasst durch Papst Johannes XXII. – im Frühjahr 1326 mit nichtchristlichen litauischen Truppen Teile der brandenburgischen Neumark verwüstete, positionierte sich Lud-

45 Ebd., S. 95 f.

46 Zu den Auseinandersetzungen u. a. Zenon Hubert NOWAK, Waffenstillstände und Friedensverträge zwischen Polen und dem Deutschen Orden, in: Träger und Instrumentarien des Friedens im hohen und späten Mittelalter, hg. von Johannes FRIED (Vorträge und Forschungen 43), Sigmaringen 1996, S. 391–403, hier S. 291 f.

wig als Kaiser (*auctoritate imperiali*) und belehnte 1328 seinen Sohn als brandenburgischen Markgrafen mit denjenigen Teilen Polens, die dieser erobern würde.[47]

Nach dem Tod Władisławs 1333 folgte ihm sein Sohn Kasimir III. nach, der anders als sein auf Konfrontation setzender Vater sofort einen anderen politischen Kurs einschlug und auf Diplomatie baute. Mit Johann von Böhmen kam es dabei endgültig 1348,[48] mit dem Deutschen Orden abschließend 1343 im Vertrag von Kalisz zu einer Einigung.[49]

Auch die Wittelsbacher traten nun mit Polen in engere Beziehung. Mit Brandenburg schloss Kasimir noch 1335 ein Bündnis, in dem er zudem mit Kaiser Ludwig und Markgraf Ludwig die Eheschließung zwischen dem gleichnamigen Halbbruder Markgraf Ludwigs, zu diesem Zeitpunkt fünf Jahre alt, und der Tochter Kasimirs, Elisabeth, vereinbarte.[50] Diese Hochzeit kam aus verschiedenen Gründen aber nicht zustande. Erst 1345 wurden Pläne zu einer piastisch-wittelsbachischen Verbindung erneut aufgegriffen: Kasimir versprach Kaiser Ludwig nun, seine jüngere Tochter Kunigunde innerhalb eines Jahres dem jüngeren Ludwig als Herzog von Bayern zur Frau zu geben.[51] Dieser Ludwig, genannt der Römer, beerbte seinen gleichnamigen Halbbruder auch in der Mark Brandenburg und wäre sicher ein Kandidat für den polnischen Thron gewesen, wäre er nicht fünf Jahre vor Kasimir, der keine männlichen Thronerben hinterließ, gestorben.[52]

Zwischen Ludwig dem Bayern und dem Deutschen Orden bestanden enge Beziehungen. Zwei der Landkomture in Franken (Konrad von Gundelfingen, Heinrich von Zipplingen) und ein Deutschordensmeister (Wolfram von Nellenburg) gehörten zu den engen Beratern Ludwigs und erhielten ebenso wie der Orden während seiner

---

47 Urkunde von 1328 Januar 27 (Abschrift lat. in Kopialbuch Pap. 14. Jh. im GStA PK Berlin, I. HA, Rep. 78a Nr. 3 fol. 6v–7r Nr. 4. MGH Const. 6, 1 (wie Anm. 25), S. 287–289 Nr. 386; Reg.LdB 8 (wie Anm. 27), S. 59f. Nr. 128).

48 Hein, Verleihung (wie Anm. 12), S. 45–48; Lübke, Europa (wie Anm. 39), S. 420.

49 Lübke, Europa (wie Anm. 39), S. 420.

50 U.a. Urkunde von 1335 Mai 16 (Abschrift lat. in Kopialbuch Perg. 14. Jh. im GStAPK Berlin, I. HA, Rep. 78a Nr. 1 fol. 12r–v Lit. m. Adolph Friedrich Riedel, Codex diplomaticus Brandenburgensis. Sammlung der Urkunden, Chroniken und sonstigen Quellenschriften für die Geschichte der Mark Brandenburg und ihrer Regenten, Bd. 2, 2, Berlin 1845, S. 99 Nr. 715). Vgl. dazu Heinig, Inbesitznahme (wie Anm. 2), S. 19f.

51 Urkunde von 1345 Januar 1 (Orig. Perg. lat. im Bayerischen Hauptstaatsarchiv München, Geheimes Hausarchiv, HU 278. Franz Michael Wittmann, Monumenta Wittelsbacensia. Urkundenbuch zur Geschichte des Hauses Wittelsbach, Bd. 2: Von 1293 bis 1397 (Quellen und Erörterungen zur bayerischen und deutschen Geschichte 6), München 1861, ND Aalen 1969, S. 384 Nr. 313). Vgl. dazu Heinig, Inbesitznahme (wie Anm. 2), S. 16f., 22.

52 Schultze, Brandenburg 2 (wie Anm. 16), S. 90f. Anm. 45. Vgl. Regesten Kaiser Ludwigs des Bayern 7: Die Urkunden aus den Archiven und Bibliotheken Ober- und Niederbayerns, bearb. v. Michael Menzel, Köln 2003, S. 290 Nr. 664.

gesamten Herrschaft wichtige Privilegien.[53] Auch die wichtige, an den Papst gerichtete sogenannte Sachsenhäuser Appellation wurde 1324 in der Kapelle des Ordens in Sachsenhausen bei Frankfurt verfasst, ebenso wie 1338 das Mandat „Licet iuris".[54] Schon hier stellte sich der direkt dem Papst unterstellte Orden im Konflikt Ludwigs mit dem Papst eindeutig auf kaiserliche Seite.[55] Das Generalkapitel des Ordens übernahm 1326 gleichfalls gegen den Papst Stellung für Ludwig.[56] Nach Ludwigs Tod wechselte der Orden dann jedoch auch problemlos zu Karl IV., und der Deutschmeister war wieder als Rat des Kaisers tätig.[57]

Das Hauptbetätigungsfeld des Ordens, das sei hier kurz rekapituliert, lag seit der ersten Hälfte des 13. Jahrhunderts nicht mehr im Heiligen Land, sondern in der „Heidenmission" im Baltikum. In der zweiten Hälfte des 13. Jahrhunderts hatte sich der Orden an der Ostsee und im Hinterland soweit etabliert, dass dort mit dem Bau der Marienburg begonnen wurde, wohin man 1309 den Sitz des Hochmeisters von Venedig aus verlegte.[58] Die Leitung dieser Missionen gegen Pruzzen und Litauen, die der als Reichsfürst (*princeps imperii*) bezeichnete Ordensmeister und seine Ordensbrüder vollbrachten, beanspruchte im 13. Jahrhundert Kaiser Friedrich II. für sich und das Reich.[59] Dieser Anspruch des Kaisers auf die Hoheit über den Orden bestand noch im 14. Jahrhundert, auch wenn er nie durchgesetzt werden konnte.[60]

Schon 1237 hatte die Vereinigung mit Resten des Schwertbrüderordens dem Deutschen Orden Gebiete in Livland eingebracht, die Ende des 13. und im 14. Jahrhundert in Auseinandersetzung mit den Rigaer Erzbischöfen weiter ausgebaut wurden.[61] Dabei kam es zu schweren Auseinandersetzungen mit dem Erzbischof, der die Übergriffe des Ordens beim Streben nach der Herrschaft über die Stadt Riga

53 U.a. Patze, Wittelsbacher (wie Anm. 1), S. 54; Thomas, Ludwig (wie Anm. 12), S. 151; Klaus Militzer, Die Geschichte des Deutschen Ordens, Stuttgart 2005, S. 137; Schmid, Osten (wie Anm. 1), S. 59f.

54 Hein, Verleihung (wie Anm. 12), S. 50; Albert Werminghoff, Die Urkunden Ludwigs des Bayern für den Hochmeister des Deutschen Ordens vom Jahre 1337, in: Archiv für Urkundenforschung 5 (1914), S. 21–40, hier S. 39f.

55 Militzer, Geschichte (wie Anm. 53), S. 112, 137.

56 Hein, Verleihung (wie Anm. 12), S. 50.

57 Militzer, Geschichte (wie Anm. 53), S. 137.

58 Ebd., S. 95f.

59 Urkunde von 1226 März (Preußisches Urkundenbuch, Bd. 1, 1, bearb. von Rudolf Philippi, Königsberg 1882, S. 41–43 Nr. 56). Dazu u.a. Hein, Verleihung (wie Anm. 12), S. 36; Tomasz Jasiński, Die Goldene Bulle von Rimini Kaiser Friedrichs II. für den Deutschen Orden, in: Kruschwitz, Rimini und die Grundlagen des preußischen Ordenslandes, hg. von dems. (Quellen und Studien zur Geschichte des Deutschen Ordens 63/Veröffentlichungen der internationalen Historischen Kommission zur Erforschung des Deutschen Ordens 8), Marburg 2008, S. 71–130; ders., Forschungen zur Goldenen Bulle ab 1993 – Ein Nachtrag, in: ebd., S. 131–153.

60 Militzer, Geschichte (wie Anm. 53), S. 113.

61 Manfred Hellmann, Der Deutsche Orden und die Stadt Riga, in: Stadt und Orden. Das Verhältnis des Deutschen Ordens zu den Städten in Livland, Preußen und im Deutschen Reich, hg. von Udo Arnold (Veröffentlichungen der Internationalen Historischen Kommission zur Erforschung des

nicht duldete.[62] Diese Angriffe zogen sich bis ins 14. Jahrhundert, wobei sich Riga seit 1298 immer wieder auch mit den nichtchristlichen litauischen Fürsten gegen die Ordensherren verbündete.[63] 1330 unterwarf der Orden jedoch die Stadt und begann außerhalb der Stadtmauern ein Schloss zu errichten.[64] Diese Unterwerfung ließ sich der Orden in einer nur noch abschriftlich erhaltenen Prachtausfertigung mit Goldbulle und einer hohen Strafandrohung für alle, die gegen diese Urkunde handeln würden, 1332 von Kaiser Ludwig bestätigen.[65] Das Eingreifen Ludwigs erklärt sich hier durch seine Nähe zum Deutschen Orden und zu seinem Berater Heinrich von Zipplingen, zum Dank für dessen Dienste und auf dessen Bitte hin sie ausgestellt war. Die Unterstützung des Ordens war dem Kaiser hier offenbar wichtiger als der Schutz des in der Urkunde nicht genannten Erzbischofs, der die Stadt gegen den Orden verteidigt hatte und beanspruchte. Karl IV. dagegen stellte sich wieder eindeutig auf die Seite des Rigaer Erzbischofs, den er als „lieben Getreuen" bezeichnete und 1356 in der Bestätigung einer Urkunde von 1225 die Erzbischöfe von Riga zu Gliedern des Reichs zählte.[66]

Die Errichtung der „Bayernburg" und Unterstellung unter kaiserlichen Schutz: Verstärkung der Reichsbindung des Deutschen Ordens

Die Versuche des Ordens, Litauen zu erobern, blieben dagegen auch im 14. Jahrhundert weitgehend erfolglos.[67] Litauen war nach der Unterwerfung und Christianisierung der Pruzzen der letzte dem Deutschen Orden verbliebene nichtchristliche

Deutschen Ordens 4/Quellen und Studien zur Geschichte des Deutschen Ordens 44), Marburg 1993, S. 1–33, hier S. 17–21.

62 Manfred Hellmann, Livland und das Reich. das Problem ihrer gegenseitigen Beziehungen (Sitzungsberichte der Bayerischen Akademie der Wissenschaften, Philosophisch-Historische Klasse 6), München 1989, S. 14.

63 Robert Krumbholtz, Samaiten und der Deutsche Orden bis zum Frieden von Melnosee, in: Altpreußische Monatsschrift 26 (1889), S. 193–258, hier S. 251; Hein, Verleihung (wie Anm. 12), S. 53; Hellmann, Livland (wie Anm. 62), S. 14–18; Lübke, Europa (wie Anm. 39), S. 390.

64 Friedrich Georg von Bunge, Die Stadt Riga im dreizehnten und vierzehnten Jahrhundert. Geschichte, Verfassung und Rechtszustand, Leipzig 1878, S. 41–45; Hellmann, Livland (wie Anm. 62), S. 18; Hellmann, Orden (wie Anm. 61), S. 21.

65 Urkunde von 1332 Mai 8 (Notariatsinstrument Perg. lat. von 1333 März 21 im GStA PK Berlin, XX. HA, Schieblade Livländische Sachen 26 Nr. 1. Bansa, Register 2 (wie Anm. 4), S. 489–492 Nr. 614; Reg.LdB 8 (wie Anm. 27), S. 122 f. Nr. 257).

66 Hellmann, Livland (wie Anm. 62), S. 21–26; ders., Orden (wie Anm. 61), S. 22 f.; Bernhart Jähnig, Der Deutsche Orden und die livländischen Bischöfe im Spannungsfeld von Kaiser und Papst, in: Nordost-Archiv 7 (1998), S. 47–64, S. 58.

67 Ausführlich dazu Lübke, Europa (wie Anm. 39), S. 388–396.

Gegner, dessen Bekehrung er sich zu seiner Legitimation zum Ziel setzte.[68] Gleichzeitig war er bemüht, seine Besitzungen von Preußen ausgehend zu erweitern und Gebiete in Litauen für sich zu erobern.[69] 1316 wurde Gedimin litauischer Großfürst, dem es gelang, die litauischen Stämme zu einigen und das überwiegend nichtchristliche Großfürstentum durch ein Ausgreifen nach Osten zu einer weiter wachsenden Macht in der Region auszubauen, so dass Litauen dem Orden im 14. Jahrhundert als etwa gleich starke Macht gegenübertrat.[70]

Nach dem Wegfall Polens als Gegner seit dem Waffenstillstand von 1332[71] verschärfte der Orden mit seinem Hochmeister Dietrich von Altenburg seine Angriffe auf Litauen und den ohne Verbündete dastehenden Gedimin wieder.[72] Diese Angriffe richteten sich in erster Linie gegen das östlich der Memel gelegene Schemaiten, an dessen Grenze auf einem der Memelinseln 1336 eine ebenfalls Marienburg genannte Burg angelegt wurde.[73] 1337 wurde Dietrich von Altenburg bei seinen Angriffen durch König Johanns von Böhmen zweiten Litauenzug unterstützt, an dem sich auch dessen wittelsbachischer Schwiegersohn, Herzog Heinrich XIV. von Niederbayern, beteiligte.[74] Dabei wurde in der Nähe der neuen Marienburg an der Memel auf Betreiben Heinrichs durch Ordensritter mit dem Bau einer weiteren Burg, genannt Bayernburg, begonnen.[75] Zwischen Heinrich, der zuvor in der Regel seinen Schwiegervater Johann gegen seinen Vetter Ludwig unterstützt hatte, und Kaiser Ludwig galt zu diesem Zeitpunkt offenbar noch ein im Frühjahr 1336 vereinbarter Waffenstillstand, wodurch Heinrich ebenfalls in den päpstlichen Bann geraten war.[76] Denn gemeinsam mit dem Ordenshochmeister besiegelte Heinrich eine bemerkenswerte Urkunde, die Ludwig IV. als Aussteller nennt.[77] Dieser Urkundenentwurf wurde

68 MILITZER, Geschichte (wie Anm. 53), S. 115 f.

69 Hartmut BOOCKMANN, Der Deutsche Orden. Zwölf Kapitel aus seiner Geschichte, München 1994, S. 151; MILITZER, Geschichte (wie Anm. 53), S. 115 f.

70 U. a. Uwe ZIEGLER, Kreuz und Schwert. Die Geschichte des Deutschen Ordens, Köln u. a. 2003, S. 154; MILITZER, Geschichte (wie Anm. 53), S. 115 f.

71 NOWAK, Waffenstillstände (wie Anm. 46), S. 392.

72 LÜBKE, Europa (wie Anm. 39), S. 391.

73 U. a. KRUMBHOLTZ, Samaiten (wie Anm. 63), S. 255; HEIN, Verleihung (wie Anm. 12), S. 49; LÜBKE, Europa (wie Anm. 39), S. 391.

74 HEIN, Verleihung (wie Anm. 12), S. 48 f.

75 Ebd., S. 49; Gintautas ZABIELA, Bajerburgo Pilis, in: Lietuvos archeologija 28 (2005), S. 163–174 mit weiterer Literatur.

76 Urkunde von 1336 April 24 (Orig. Perg. dt. im Bayerischen Hauptstaatsarchiv München, Pfalz-Neuburg U, auswärtige Staaten 527 (= KLS 641). Johann Friedrich BÖHMER, Acta imperii selecta. Urkunden Deutscher Könige und Kaiser mit einem Anhange von Reichssachen, Bd. 1–2, Innsbruck 1870, S. 518 Nr. 767; Reg.LdB 7 (wie Anm. 52), S. 179 Nr. 416). Zum päpstlichen Bann HEIN, Verleihung (wie Anm. 12), S. 52.

77 Urkunde ohne Datum (GStA PK Berlin, XX. HA, Urkunden, Schieblade 52 Nr. 12. Friedrich August VOSSBERG, Über die Verleihung der Baierfahne und des baierischen Wappens an die Baierburg, in: Neue preußische Provinzial-Blätter 9 (1850), S. 107–115, hier S. 110–114).

Initiale der Urkunde vom 15. November 1337

wohl im Frühjahr 1337 erstellt, denn im Juni ist Heinrich wieder in Niederbayern nachweisbar.[78] Den Text dieser Empfängerausfertigung übernahm Ludwig dann in einer eigenen, großformatigen Urkunde im November überwiegend wörtlich.[79] Der

78 Ludwig Schnurrer, Urkundenwesen, Kanzlei und Regierungssystem der Herzöge von Niederbayern 1255–1340 (Münchner Historische Studien, Abteilung Geschichtliche Hilfswissenschaften 8), Kallmünz 1972, S. 442.

79 Urkunde von 1337 (November 15) (Orig. Perg. lat. im GStA PK Berlin, XX. HA, Urkunden, Schieblade 20 Nr. 29. Preußisches Urkundenbuch, Bd. 3, 1 (1335–1341), bearb. von Max Hein, Marburg 1944 (ND Aalen 1961), S. 96–100 Nr. 134; Reg.LdB 8 (wie Anm. 27), S. 182 Nr. 379). Zur Ausgestaltung der Urkunde Gudrun Colsman, Die Denkmale der deutschen Kaiser und Könige im 14. Jahrhundert. Geschichte und Deutung, Bd. 2, Diss. masch. Göttingen 1955, S. 137 Nr. 68. Zur Urkunde auch Schmid, Osten (wie Anm. 1), S. 61–66.

lange Zeitraum zwischen Abfassung von Entwurf und Ausstellung der Urkunde durch Ludwig zeigt eventuell, dass der Kaiser zwischenzeitlich Hoffnung auf eine Versöhnung mit dem Papst hatte, sicherlich musste aber auch der Orden eine günstige Gelegenheit für die Ausstellung der kaiserlichen Urkunde abwarten, die dann in München offenbar gegeben war.[80] Ludwig bestätigte dem Reichsfürsten (*princeps noster et romani imperii*) Dietrich von Altenburg in seiner Ausfertigung den Bau der Burg, die sein Vetter nach dem Land Bayern (*terre bawarie, que beyern dicitur*) benannt und ihm dessen Waffenzeichen und Fahne gegeben habe, eine Fahne, die bei Zügen gegen Litauen die erste bei Angriffen und die letzte beim Rückzug sein solle. Ludwig unterstellte das die Burg umgebende Land und die dort lebenden Menschen dem Recht dieser Burg und übertrug dem Orden aus kaiserlicher Machtvollkommenheit (*de imperiali auctoritate*) gleichzeitig das Land Litauen mit allem Zubehör, eingeschlossen die entlang der Memel gelegenen Regionen Schemaiten, Karsowien und Rossienen. Zudem gestattete er dem Orden, in der Bayernburg, wie vom Hochmeister und Heinrich geplant, ein Erzbistum mit Domkapitel, zuständig für ganz Litauen, einzurichten, das ebenfalls auf ewig Bayern heißen sollte. Auch bei dieser Urkunde zeigt sich wie bei der ein Jahr später, 1338, erfolgten Belehnung Pommerns die Außergewöhnlichkeit auf den ersten Blick: Auch sie war mit einer Goldbulle besiegelt, Signum und Signumszeile sind vorhanden, und in der Initiale findet sich eine der wenigen, und daher umso aussagekräftigeren Zeichnungen der ludovizianischen Kanzlei. Ein stehender Kaiser mit den Reichskleinodien tritt auch hier dem barhäuptig vor ihm knienden Hochmeister gegenüber, der die in der Urkunde genannte Vorstreitfahne für Litauen, mit den wittelsbachischen Rauten geschmückt, von Ludwig empfängt.[81]

Diese Urkunde bedeutete einen diplomatischen Triumph für den Orden gegen alle konkurrierenden Ansprüche auf Litauen,[82] auch wenn er seine Herrschaft über die übertragenen Gebiete nie durchsetzen konnte. Ludwig erhielt durch sie für das Reich stärkere Einflussmöglichkeiten im Nordosten an der Grenze des christlichen Europas, in einer Region, die tatsächlich mehr als reichsfern war. Gleichzeitig be-

80 Dazu auch HEIN, Verleihung (wie Anm. 12), S. 51.

81 Abb. siehe S. 248. Während Christa WREDE, Leonhard von München, der Meister der Prunkurkunden Kaiser Ludwigs des Bayern (Münchener historische Studien, Abt. Geschichtliche Hilfswissenschaften 17), Kallmünz 1980, S. 59f., die Illustrationen Leonhard von München zuschreibt, nimmt Robert SUCKALE, Die Hofkunst Kaiser Ludwigs des Bayern, München 1993, S. 36, mit guten Argumenten an, dass sie und weitere Miniaturen von jeweils unterschiedlichen professionellen Buchmalern stammen. Friedrich BOCK, Der älteste kaiserliche Wappenbrief, in: Archivalische Zeitschrift 41 (1932), S. 48–55, hier S. 48, 54f. mit Druck (S. 55) und Faksimile (vordere Umschlagsseite) stellt die Urkunde in Zusammenhang mit einer Wappenverleihung an italienische Große, die als zuverlässige Anhänger mit dem bayerischen Wappen belohnt werden. Zur Ausschmückung von Initialen in Ludwigsurkunden auch Emil SCHAUS, Diplomatik Ludwigs des Bayern, München 1894, S. 12f.

82 LÜBKE, Europa (wie Anm. 39), S. 391.

deutete die Urkunde eine eindeutige Stellungnahme des Ordens gegen den Papst.[83] Vielleicht lässt sich hier am Rande der christlichen Welt auch eine gewisse Trotzreaktion des Kaisers erkennen, dem vom Papst nur noch die Herzogswürde in Bayern zuerkannt und der ihn daher nur mehr als „der Bayer/*bavarus*" bezeichnete.[84]

Die Bayernburg, mit der der Orden entlang der Memel weit nach Litauen vorstieß – das wird aus der Urkunde deutlich –, war als religiöses und administratives Zentrum des Ordens für die Eroberung Litauens vorgesehen. Zwar wurde dieses Bistum nie realisiert, die Burg mit ihrer Benennung existierte allerdings noch längere Zeit weiter. Nachdem der Orden ihren östlichen Standort nicht halten konnte, ließ er die massive Burg 1344 von den eigenen Leuten zerstören und sie entlang der Memel weiter flussabwärts transferieren.[85] Auch diese Burg behielt ihren Namen Bayernburg, bis sie 1384 von Litauen aus zerstört wurde. Allerdings wurde sie 1387 zusammen mit ihrem Namen noch ein drittes Mal, noch weiter flussabwärts verlegt, um dort 1403 endgültig vernichtet zu werden.[86] Auch heute noch sind Reste der gewaltigen drei Burgen im Gelände zu erkennen.[87]

Der Prunkurkunde für den Orden folgte ein Monat später im Dezember eine weitere Urkunde, die heute nur noch abschriftlich überliefert ist.[88] Sie übernahm zwar die Arenga der Goldbulle fast wörtlich, alle Ausführungen zu Heinrich von Niederbayern und der Bayernburg fehlen jedoch. Nur der Kern der Urkunde, die Belehnung des Hochmeisters mit Litauen samt Zubehör blieben bestehen, allerdings an erster Stelle mit der erstmaligen Nennung von Ouchsteten (Auxtote) also Oberlitauen, gefolgt von den drei schon in der Prachturkunde genannten Regionen.[89] Offenbar wurde in der ersten Urkunde das Gebiet Ouchsteten aus unbekannten Gründen übersehen und hier in einer nur mit Wachssiegel beglaubigten Urkunde nachgetragen. Vielleicht wurde die Dispositio der ersten Urkunde zugunsten dieses Nachtrags vernachlässigt. Möglicherweise hing aber die Nichterwähnung Heinrichs auch mit dessen Umschwenken zum päpstlichen Lager zusammen. Denn schon im Oktober 1337 wurde er gegen das Versprechen, den Befehlen der Kirche zu gehorchen, vom Bann durch den Papst befreit. Im November verpflichtete er sich dann

83 Hein, Verleihung (wie Anm. 12), S. 50.
84 Vgl. dazu Patze, Wittelsbacher (wie Anm. 1), S. 55.
85 Krumbholtz, Samaiten (wie Anm. 63), S. 256 mit Anm. 3; Zabiela, Bajerburgo (wie Anm. 75), S. 164.
86 Zabiela, Bajerburgo (wie Anm. 75), S. 164.
87 Ebd. mit Abb.
88 Urkunde von 1337 Dezember 12 (Notariatsinstrument Perg. lat. von 1393 April 28 im GStA PK Berlin, XX. HA, Urkunden, Schieblade 20 Nr. 30. UB Preußen 3, 1 (wie Anm. 79), S. 100f. Nr. 135; Böhmer, RI (wie Anm. 3), S. 117 Nr. 1876).
89 Hein, Verleihung (wie Anm. 12), S. 52.

sogar zu einer militärischen Unterstützung Frankreichs gegen Ludwig IV.[90] Beide Positionierungen gegen den Kaiser dürften diesem nicht unbekannt geblieben sein.

Nach der Übertragung Litauens als Reichslehen gelang Ludwig ein halbes Jahr später im Juli 1338 ein weiterer Schritt bei der Bindung des Deutschen Ordens an das Reich. Offenbar war König Kasimir III. von Polen zuvor in die Länder des Ordens eingefallen.[91] Daher nahm Ludwig nun alle Länder, *omnes terrae*, des Ordens unter kaiserlichen Schutz, da, so die Urkunde, der Orden von seinen kaiserlichen und königlichen Vorgängern im Reich zur Verteidigung des Reiches und zum Schutz der Christen gegründet, eingerichtet und ausgestattet worden sei und wie ein Teil des Reiches (*tamquam membra nostra et imperii*) betrachtet werde. Gleichzeitig untersagte er dem Orden, wegen der Angriffe Kasimirs vor irgendeinem geistlichen oder weltlichen Richter zu erscheinen, da er und das Reich zuständig seien für derartige Klagen. Dieser Befehl richtete sich vor allem gegen den Papst, der im Mai 1338 eine gerichtliche Untersuchung gegen den Orden und seine „Gewalttaten" gegen Polen angeordnet hatte.[92] Nur einen Monat später wurde im Haus des Deutschen Ordens in Sachsenhausen das Mandat „Licet iuris" erlassen, in dem das Mehrheitswahlrecht bei der Königswahl festgelegt und der Approbationsanspruch des Papstes bei der Kaiserkrönung gleichzeitig zurückgewiesen wurde.[93] Das Verhältnis Ludwigs zu Kasimir scheint durch die Urkunde nicht gelitten zu haben, im Gegenteil: Schon zwei Monate später, im September, nahm Ludwig wieder Verhandlungen mit Kasimir wegen der Eheschließung seines Sohnes mit der polnischen Prinzessin und ihrer Mitgift auf.[94]

Die engen Beziehungen zum Deutschen Orden in Preußen zahlten sich zwei Jahre später für Ludwig aus: 1339 forderte der Kaiser den Orden im Namen seines Sohnes, Markgraf Ludwigs von Brandenburg und dessen Frau, der dänischen Prinzessin Margarete auf, das Land Estland zu besetzen und es anschließend dem Bruder Margaretes, dem zukünftigen König Waldemar von Dänemark zu übergeben.[95]

90 Ebd.

91 Urkunde von 1338 Juli 22 (Orig. Perg. lat. ehemals (Kriegsverlust) im GStA PK Berlin, XX. HA, Schieblade 109 Nr. 43. MGH Const. 7, 1 (wie Anm. 38), S. 266 Nr. 451; Reg.LdB 8 (wie Anm. 27), S. 190 Nr. 395).

92 Urkunde von 1338 Mai 4 (UB Preußen 3, 1 (wie Anm. 79), S. 113f. Nr. 157).

93 1338 am August 6 (ausführlich dazu Karl Zeumer, Ludwigs des Bayern Königwahlgesetz „Licet iuris" vom 6. August 1338, in: Neues Archiv der Gesellschaft für ältere deutsche Geschichtskunde 30 (1905), S. 85–112 mit Druck des Weistums (S. 110–112) und Nachtrag S. 485–487; Reg.LdB 7 (wie Anm. 52), S. 195 Nr. 455); dazu auch Werminghoff, Urkunden (wie Anm. 54), S. 40.

94 Urkunden von 1338 September 15 (Abschrift lat. in Kopialbuch Pap. 14. Jh. im GStA PK Berlin, I. HA, Rep. 78a Nr. 3 fol. 17r–v Nr. 18 und fol. 18v–19r Nr. 20. Riedel, CDB 2, 2 (wie Anm. 50), S. 138f. Nr. 753–754; Böhmer, RI (wie Anm. 3), S. 121 Nr. 1929f.).

95 Urkunde von 1339 März 9 (Orig. Perg. lat. im GStA PK Berlin, XX. HA, Livländische Sachen Schieblade 28 Nr. 2. MGH Const. 7, 1 (wie Anm. 38), S. 338 Nr. 560); Böhmer, RI (wie Anm. 3), S. 123 Nr. 1966.

Schon bei der Hochzeit der beiden 1324, so der Hintergrund der Urkunde, waren dem Markgrafen als Mitgift für Margarete nicht näher bezeichnete Güter in Estland verschrieben worden.[96] Die zugesicherte Zahlung von dabei insgesamt 12.000 Mark lötigen Silbers war auch 1333 noch nicht erfolgt, worauf Markgraf Ludwig nun ganz Estland als Mitgift zugesprochen bekam.[97] Nun bestand die Hoffnung, die Summe mit Hilfe des Ordens endlich einlösen zu können: Denn Kaiser Ludwig versprach in der Urkunde von 1339 dem Orden zudem seine Unterstützung bei dem Vorhaben, Estland von Dänemark zu erwerben.[98] 1340 gab Ludwig seinem markgräflichen Sohn die Erlaubnis, mit dem Deutschen Orden wegen des Landes Reval/Estland zu verhandeln,[99] mit Erfolg: Endgültig 1346 verkaufte der nun zum König aufgestiegene Waldemar IV. von Dänemark, der am kaiserlichen Hof ausgebildet worden war,[100] dem Orden das Land.[101] Markgraf Ludwig von Brandenburg erhielt nun die Mitgift für seine allerdings schon 1340 verstorbene erste Ehefrau Margarete.[102]

Alle hier behandelten Urkunden Ludwigs gingen vom Orden selbst aus. Doch nicht nur dieser, auch Ludwig profitierte enorm von den rechtlichen Regelungen der Urkunden. Das Reich erhielt durch die Übertragung der litauischen Regionen an den Orden sowie durch die Unterstellung der Ordensbesitzungen unter den Schutz des Reiches die Option auf entscheidende Einflussmöglichkeiten im Nordosten, an der Grenze des christlichen Europas, Optionen, die sich allerdings durch die weiteren Entwicklungen, darunter die litauisch-polnische Union seit 1386, nicht realisieren ließen.

Aus den Urkunden für den Deutschen Orden in Livland und Litauen und für das Königreich Polen wird deutlich, dass Ludwig mit den aktuellen Entwicklungen in diesen Regionen stets vertraut war. Gerade in seiner zunehmenden Auseinandersetzung mit dem Papst und König Johann von Böhmen sowie dessen Sohn Karl war es zudem wichtig, Nachbarn und Gegner Böhmens an sich zu binden.

---

96 Friedrich Georg von Bunge, Das Herzogthum Estland unter den Königen von Dänemark, Gotha 1877, S. 60; Schultze, Brandenburg 2 (wie Anm. 16), S. 56.

97 Bunge, Estland (wie Anm. 96), S. 60 f.

98 Wie Anm. 95. Dazu auch Patze, Wittelsbacher (wie Anm. 1), S. 55 f.

99 Urkunde von 1340 März 26 (Orig. Perg. dt. im Riksarkivet Stockholm, 1340 26/3, Utländska pergamentsbrev, Estland och Livland. Diplomatarium Danicum 3, 1, bearb. von Carl Andreas Christensen/Herluf Nielsen, Kopenhagen 1958, S. 24 Nr. 17; Böhmer, RI (wie Anm. 3), S. 129 Nr. 2061), und Bunge, Estland (wie Anm. 96), S. 66 f.

100 Bunge, Estland (wie Anm. 96), S. 52.

101 Urkunde von 1346 September 20 (Abschrift lat. im Kopialbuch Pap. 14. Jh. im GStA PK Berlin, XX. HA, OF 72 fol. 338r. Diplomatarium Danicum 3, 2, bearb. von Carl Andreas Christensen/Herluf Nielsen, Kopenhagen 1959, S. 253–255 Nr. 278; Reg.LdB 8 (wie Anm. 27), S. 269 Nr. 559), und Bunge, Estland (wie Anm. 96), S. 73–76.

102 Hein, Verleihung (wie Anm. 12), S. 53; Bunge, Estland (wie Anm. 96), S. 77 f., 79.

Zusammenfassung: Zielgerichtete Politik Ludwigs im Nordosten des Reiches und im Deutschordensland

Wie anhand der bisherigen Ausführungen deutlich wurde, wurde der Nordosten des Reichs im Vergleich zum Nordwesten reichlich mit Urkunden bedacht.[103] Das Wirken Ludwigs IV. im Osten des Reiches, das zeigt sich in allen seinen Urkunden, war von großer Kennerschaft der politischen Situationen vor Ort geprägt und lässt sich ohne weiteres als weitreichend und konzeptionell beschreiben.

Ludwigs politisches Agieren in den östlichen Reichsteilen spiegelt sich zum einen in den dynastischen Bindungen wider. Ludwigs erste Ehefrau stammte wie seine Stieftante aus der Familie der Herzöge von Schlesien-Glogau, die Ludwig auch nach dem Tod seiner ersten Ehefrau zeitlebens eng verbunden blieben. Die Wettiner als Markgrafen von Meißen und Landgrafen von Thüringen band Ludwig durch die Eheschließung seiner Tochter Mechthild mit Friedrich II. eng an die Wittelsbacher und das Reich. Seinen ältesten Sohn Ludwig wiederum verheiratete er als Markgrafen von Brandenburg an das dänische Königshaus, seinen jüngeren Sohn Ludwig gab er als Herzog von Bayern an die polnische Königstochter Kunigunde. Diese dynastischen Verbindungen standen nicht für sich, sondern wurden flankiert durch Bündnisse und teils weitreichende Privilegien.

Zum anderen zeigt sich sein Ziel einer höheren Reichspräsenz im Nordosten in seiner Beurkundung. Ludwig agierte dabei immer über reine Hausmachtsinteressen hinaus mit den Interessen des Reiches vor Augen. Mit der Belehnung seines gleichnamigen Sohnes mit der Mark Brandenburg sicherte er zwar der königlichen Familie, die seinem Ansinnen zufolge auch nach ihm wittelsbachisch sein sollte, neben der pfälzischen eine zweite Kurstimme. Zudem wurde die Mark zusätzlich begünstigt, indem Ludwig sich bemühte, ihre Besitzungen abzurunden und auszudehnen. Dazu kamen Erbverträge mit Pommern und Anhalt, die jedoch nicht eintraten.

Das Ziel der ludovizianischen Politik scheint darüber hinaus in erster Linie gewesen zu sein, die Region zu befrieden und dauerhaft an das Reich zu binden. Ein Vorhaben, das Ludwig langfristig und erfolgreich umsetzte. In Pommern agierte er dabei sogar auf Kosten seines Sohnes und seiner Hausmacht, indem er das Herzogtum Pommern-Stettin aus der Lehenshoheit des Markgrafen zum Vorteil für das Reich einzog. Damit war in der Region wieder ein Gleichgewicht der regionalen Mächte hergestellt, Pommern wurde eng an das Reich gebunden, vorausgesetzt, die Herzöge starben nicht ohne Söhne – was nicht geschah – dann wäre ganz Pommern wieder an die Mark Brandenburg gefallen.

Auch aus den ludovizianischen Urkunden für den Deutschen Orden und für das Königreich Polen wird deutlich, dass Ludwig und seine Berater mit den Entwicklun-

103 Das Folgende nach WIESSNER, Beziehungen (wie Anm. 1), S. 117.

gen in diesen Regionen äußerst vertraut waren. Gleichzeitig gelang es ihm hier auch bei seinen zunehmenden Auseinandersetzungen mit dem Papst und König Johann von Böhmen und dessen Sohn Karl Nachbarn und Gegner Böhmens um sich zu versammeln.

Erfolgreich schaffte es Ludwig dabei, Polen durch eine dynastische Verbindung zwischen Wittelsbachern und Piasten enger an sich und seine Familie, aber auch an das Reich zu binden. Neben seinem Sohn Ludwig VI. gab es weitere wittelsbachische Kandidaten, die die Nachfolge des polnischen Königs Kasimir III. hätten antreten können – doch die genealogische Lotterie entschied anders: Alle starben vor Kasimir, und die polnische Krone fiel an Kasimirs Schwester und damit an die Familie der Anjou.

Zu Ludwigs Glanzleistungen gehörte aber vor allem der geschickte Umgang mit dem Deutschen Orden. Zum einen gelang es ihm dauerhaft, diesen gegen den Papst an sich zu binden und durch seine Berater von dem weitreichenden Wissen der Ordensritter zu profitieren. Zum anderen schaffte er es, die staufischen Ansprüche auf die Oberhoheit des Reiches über die Mission des Ordens nachdrücklich zu erneuern: Zuerst stellte er sich 1330 gegen Riga auf die Seite der Ordensritter, 1337 begabte er sie mit Litauen als Reichslehen, um ein Jahr später alle ihre Besitzungen unter kaiserlichen Schutz zu stellen und damit den Orden in Reichsabhängigkeit zu bringen.

Peter Moraw hat Ludwig einmal als „letzten deutschen Herrscher hochmittelalterlichen Stils" beschrieben, den man „in schon veralterter Weise reagieren und regieren sieht".[104] Dieses Etikett, so scheint es, ist nicht zutreffend, betrachtet man beispielhaft die Politik Kaiser Ludwigs IV. auf den Nordosten des Reiches bezogen. Ludwig und seine Berater agierten im Osten des Reiches wohlüberlegt, planvoll und vorausschauend. Sie machten es auch ohne kaiserliche Anwesenheit möglich, die Reichsherrschaft dort neu zu organisieren, wodurch es gelang, den Nordosten weit über Ludwigs Herrschaftszeit hinaus an die königliche Familie zu binden und die Präsenz des Reiches vor Ort zu stärken. Das Zukunftsweisende der ludovizianischen Politik zeigt sich schon daran, dass sein Nachfolger Karl IV. sie auch im Nordosten in fast jeder Hinsicht fortsetzte, auch wenn Ludwigs Name dabei nie mehr genannt wurde.

---

104 Peter Moraw, Von offener Verfassung zu gestalteter Verdichtung. Das Reich im späten Mittelalter 1250 bis 1490 (Propyläen Geschichte Deutschlands 3), Berlin 1985, S. 229.

Metropolis Bavariae?
Die Bedeutung Münchens für Ludwig den Bayern

Michael Stephan

1. Einleitung

Metropolis Bavariae – dieses Prädikat kam im Herzogtum Bayern vom 8. bis 12. Jahrhundert eindeutig der alten Römer-, Bischofs- und Fernhandelsstadt Regensburg mit seiner Herzogspfalz zu.[1] Bischof Arbeo von Freising verwendete diese Formulierung schon 765 in seiner „Vita Emmerami", und noch 1139 sprach Bischof Otto von Freising in einem seiner Werke von Regensburg als *metropolis ac sedes ducatus*. Wegen der Übernahme der Stadtherrschaft durch die staufischen Könige und wegen der Entwicklung Regensburgs zu einer Reichsstadt im 13. Jahrhundert mussten sich die ab 1180 im Herzogtum regierenden Wittelsbacher – so der Haupttenor der stadt- und landesgeschichtlichen Literatur – „ihre Haupt- und Residenzstadt an einem anderen Ort einrichten".[2]

Nach der Landesteilung von 1255 gewann die noch junge (erstmals 1158 urkundlich erwähnte) Stadt München, in der die Wittelsbacher ihre Stadtherrschaft erst gegen die Freisinger Bischöfe durchsetzen mussten, tatsächlich allmählich Konturen als neuer Zentral- und Vorort – zunächst aber nur des oberbayerischen Landesteils. München kam eine wichtige Bedeutung zu nach 1294 im Kampf der Brüder Rudolf und Ludwig im Ringen um die Vorherrschaft in ihrem Herzogtum und dann im Kampf Ludwigs um die Königskrone. Doch wurde München nach der Königswahl 1314 und der Kaiserkrönung 1328 – wie oft nicht nur in populärwissenschaftlicher Literatur zu lesen ist – dann gar zum „Zentrum des Reiches"[3]?

Es wird zu zeigen sein, dass eine solche Zuschreibung für München äußerst problematisch ist und dass zudem die von Vorstellungen späterer Jahrhunderte bestimmten Begriffe wie „Hauptstadt" oder „Residenzstadt" für die Zeit Ludwig des Bayerns, bei aller Bedeutung, die München tatsächlich für ihn gehabt hat, nur bedingt zutreffend sind.

---

1 Vgl. zum folgenden Alois SCHMID, Regensburg. Metropolis Bavariae im Früh- und Hochmittelalter, in: Schauplätze der Geschichte in Bayern, hg. von Alois SCHMID/Katharina WEIGAND, München 2003, S. 11–25.

2 So SCHMID (wie Anm. 1), S. 25. – Vgl. auch Anm. 6.

3 Reinhard BAUER/Ernst PIPER, München. Die Geschichte einer Stadt, München 1993, S. 41.

2. Münchens Entwicklung seit 1158 und unter den ersten Wittelsbachern

Münchens Eintritt in die Geschichte erfolgte relativ spät. Am 14. Juni 1158 schlichtete der staufische Kaiser Friedrich Barbarossa den bekannten Streit zwischen dem Welfen Heinrich dem Löwen, Herzog von Sachsen und seit 1156 auch von Bayern, und Bischof Otto von Freising (1138–1158) um den vom bayerischen Herzog zerstörten freisingischen Markt Oberföhring und das neue herzogliche *forum Munichen* (so die Erstnennung in der Urkunde). Die Einigung sah vor, dass die Herrschafts- und Marktrechte über München geteilt blieben.[4] Schon 1180 nach der Absetzung Heinrich des Löwen erwirkte Bischof Adalbert von Freising (1158–1184) eine Revision der Urkunde von 1158, die – wenn er sie realpolitisch hätte durchsetzen können – schon wieder das Ende Münchens bedeutet hätte. Dass München damals zerstört worden sei, wie die Schäftlarner Annalen zum Jahr 1180 suggerieren (*Munichen destruitur, Feringen reedificatur*) entsprach wohl eher dem Wunschdenken des Bischofs in dieser politischen Ausnahmesituation. Nach dem Ende eines kurzen Machtvakuums musste sich der Freisinger Bischof mit dem nun als neuen Herzog in Bayern eingesetzten Pfalzgraf Otto V. von Wittelsbach weiterhin die Herrschaft in München teilen.[5]

Für die ersten Wittelsbacher, nach Otto I. (1180–1183) folgten Ludwig der Kelheimer (1183–1231) und Otto II. (1231–1253), waren zunächst andere Orte in Bayern wichtiger, so Wartenberg, Kelheim, Vohburg und vor allem das 1204 von ihnen gegründete Landshut, nach der Erbschaft der Rheinpfalz 1214 auch Heidelberg. Auch Regensburg blieb zunächst noch ein bevorzugter Sitz der bayerischen Herzöge, wo sie mit Vorliebe ihre Hof- und Landtage abhielten (zuletzt noch 1244, ein Jahr vor der Erhebung zur Freien Reichsstadt durch Kaiser Friedrich II.). „Eine Fortentwicklung der Stadt als der unangefochtenen und angestammten Metropole des ganzen Bayernlandes sowie als Ort einer bedeutenden und weitgehend in die Verfügungsgewalt des bayerischen Herzogs übergewechselten Pfalzanlage zu einer herzoglichen Residenzstadt spätmittelalterlicher und frühneuzeitlicher Prägung lag durchaus noch im Bereich des Denkbaren und Möglichen."[6]

---

4 Michael Stephan, „Forum Munichen". Die kaiserliche Bestätigung der Münchner Marktgründung – 14. Juni 1158 (Staatliche Archive Bayerns, Kleine Ausstellungen 31), München 2008.

5 Vgl. die Ergebnisse der ersten Tagung des Arbeitskreises Stadtgeschichte: München, Bayern und das Reich im 12. und 13. Jahrhundert. Lokale Befunde und überregionale Perspektiven, hg. von Hubertus Seibert/Alois Schmid (Zeitschrift für bayerische Landesgeschichte, Beiheft 29), München 2008.

6 Karl-Otto Ambronn, Regensburg die verlorene Hauptstadt, in: Wittelsbach und Bayern I/1: Die Zeit der frühen Herzöge. Von Otto I. zu Ludwig dem Bayern. Beiträge zur Bayerischen Geschichte und Kunst 1180–1350, hg. von Hubert Glaser, München/Zürich 1980, S. 285–294; hier S. 287f. – Zu den späteren Bemühungen Ludwigs des Bayern um eine Rückgewinnung Regensburgs: Johann Schmuck,

In München, für das erstmals um 1215 der für Bischofsstädte übliche Begriff *civitas* (Bürgergemeinde) in den Quellen auftaucht,[7] konnten die Wittelsbacher jedoch um 1240 de facto die alleinige Stadtherrschaft gegenüber den Freisinger Bischöfen durchsetzen.[8]

Nach der Landesteilung des Herzogtums Bayern im Jahr 1255 baute Herzog Ludwig II. der Strenge (1253–1294), der Vater Ludwigs des Bayern, München als neuen Zentralort seines oberbayerischen Landesteils aus.

Ein erster Beleg für eine bereits geregelte Hofhaltung in München ist eine prominente Hochzeit, die hier am 7. Oktober 1259 abgehalten wurde: Elisabeth, die Schwester Herzog Ludwigs II., die in erster Ehe mit Konrad IV., dem Sohn Kaiser Friedrichs II., verheiratet war (also die Mutter des unglücklichen Konradin), heiratete hier in München in zweiter Ehe den Grafen Meinhard IV. von Tirol und Görz.[9]

Diese erste Hofhaltung (dieser Begriff passt besser als „Residenz") hat sich in vielfach gewandelter Form bis heute erhalten: Im so genannten „Alten Hof" an der Nordostseite des älteren, inneren Stadtkerns. Als *castrum* (Burg) wird der Ort erstmals 1319 genannt und behielt diesen Namen (der sich noch heute in der anschließenden „Burgstraße" wiederfindet) bis zum Bau der Neuveste um 1385 im Nordostbereich der heutigen Residenz. Die alte Hofhaltung nannte man jetzt „Alte Veste" (1391), auch „Alte Burg" (1452) und seit 1551 „Alter Hof".[10]

In der Zeit Herzog Ludwigs II. wird auch die große Stadterweiterung geplant und schon weitgehend abgeschlossen, denn in der zweiten Hälfte des 13. Jahrhunderts war die Einwohnerzahl stark gestiegen. Wenn auch genauere Zahlen erst ab 1368 vorliegen, da mit diesem Jahr die Serie der städtischen Steuerbücher einsetzt (ca. 10.000 Einwohner),[11] waren das aber deutlich weniger als in Regensburg (50.000), Augsburg (30.000) oder Nürnberg (28.000).

München wuchs in dieser Zeit um das Sechsfache des welfischen Stadtkerns (*urbs Leonina*) von 1158, und dieser erweiterte Raum von etwas über einem Quadratkilometer sollte für nahezu ein halbes Jahrtausend seiner weiteren Entwicklung genügen.

Ludwig der Bayer und die Reichsstadt Regensburg. Der Kampf um die Stadtherrschaft im späten Mittelalter (Regensburger Studien und Quellen zur Kulturgeschichte 4), Regensburg 1997.

7 Bei einem in Anwesenheit Herzog Ludwigs I. als Klostervogt in München abgeschlossenen Rechtsgeschäft (*in civitate Monaca facta est*) zu Gunsten des Klosters Scheyern; Druck: Die Traditionen des Klosters Scheyern, bearb. von Michael Stephan (Quellen und Erörterungen zur bayerischen Geschichte, Neue Folge, Band 36/1), München 1986, S. 100 Nr. 104a.

8 Michael Schattenhofer, Die Wittelsbacher als Stadtherren von München, in: Oberbayerisches Archiv 109/1 (1984), S. 39–52. – Vgl. auch Richard Bauer, Geschichte Münchens, München 2003 (Sonderausgabe 2008), S. 23 ff.

9 Helmuth Stahleder, Chronik der Stadt München, Band 1: Herzogs- und Bürgerstadt. Die Jahre 1157–1505, München 1995, S. 40.

10 Helmuth Stahleder, Haus- und Straßennamen der Münchner Altstadt. Eine Veröffentlichung des Stadtarchivs München, überarbeitete und erweiterte Auflage, Neustadt a.d. Aisch 2009, S. 50.

11 Vgl. Stahleder (wie Anm. 9), S. 148.

Schon um 1300 gibt es Belege für eine innere und äußere Stadt, auch wenn der neue Mauerring erst in der Zeit Kaiser Ludwigs, 1337 mit der Fertigstellung des Isartors, seinen endgültigen Abschluss bekam.[12]

In einem wichtigen Beitrag wurde die Stadterweiterung unter Herzog Ludwig II. so beurteilt: „Indem er seine bevorzugte Residenzstadt München stadtplanerisch und städtebaulich völlig umkrempelt, macht er sie zum Dreh- und Angelpunkt seines Landesteils und den Münchner Marktplatz zum Fadenkreuz seiner Verkehrs-, Handels- und Landespolitik."[13]

So unbestritten diese Stadterweiterung ein Beleg nicht nur für das Anwachsen der Bevölkerung Münchens ist, sondern auch für die gewachsene Bedeutung Münchens innerhalb des Herzogtums, die Formulierung von der „bevorzugten Residenzstadt München" muss doch kritisch hinterfragt werden. Beliebte Aufenthaltsorte des Herzogs waren neben München auch Grünwald und Neuburg an der Donau. Und schaut man sich seine Urkunden nach dem Ausstellungsort an, so sind nur 10 Prozent der Urkunden in München ausgestellt. Die meisten Urkunden sind von einem Herzog auf Reisen bzw. von einer reisenden Kanzlei ausgestellt: in Dachau, Wolfratshausen, auch Donauwörth und Augsburg, immer noch Regensburg und in Heidelberg (im rheinpfälzischen Teil seiner Herrschaft). München entwickelte sich also zu einem wichtigen Zentral- und Vorort, „der Alte Hof war aber keine Zentrale Oberbayerns, der Status eines Regierungssitzes darf ihm nicht beigelegt werden."[14]

3. München unter den Brüdern Rudolf und Ludwig (1294–1314/17)

Nach dem Tod Herzog Ludwigs II. regierte zunächst sein älterer Sohn Rudolf I. (1274–1319) allein im Teilherzogtum. Am 1. September 1294 heiratete er Mechthild, die Tochter des römischen Königs und Grafen Adolf von Nassau, allerdings nicht in seiner „Residenzstadt" München, sondern in der für eine Königstochter wohl eher standesgemäßen Reichsstadt Nürnberg.

Rudolf regierte zunächst auch als Vormund für den jüngeren Bruder Ludwig (1282–1347), ab 1302 nach erreichter Volljährigkeit Ludwigs regierten sie gemeinsam und führten bis 1310 eine gemeinsame Kanzlei.[15] Am 1. Oktober 1310 teilten

12 Vgl. ebd., S. 72 bzw. 112.

13 Helmuth Stahleder, Stadtplanung und Stadtentwicklung Münchens im Mittelalter, in: Oberbayerisches Archiv 119 (1995), S. 217–283, hier S. 261.

14 Michael Menzel, München. Ludwig der Bayer und der Alte Hof, in: Schmid/Weigand, Schauplätze der Geschichte in Bayern (wie Anm. 1), S. 134–148, hier S. 136.

15 Vgl. zum Folgenden: Alfons Sprinkart, Kanzlei, Rat und Urkundenwesen der Pfalzgrafen bei Rhein und Herzöge von Bayern 1294 bis 1314 (1317). Forschungen zum Regierungssystem Rudolfs I. und Ludwigs IV. (Forschungen zur Kaiser- und Papstgeschichte des Mittelalters, Beihefte zu Johann Friedrich Böhmer, Regesta Imperii 4), Köln/Wien 1986.

die mittlerweile zerstrittenen Brüder das Land in die beiden seit 1280 nachweisbaren Verwaltungseinheiten, in denen je ein Viztum bzw. Rentmeister als Stellvertreter des Herzogs amtierte: Rudolf erhielt als Landesteil das Viztum südlich der Donau mit Sitz in München, das auch sein Hauptort wurde; Ludwig bekam das niedere Viztumamt mit Sitz in Burglengenfeld, seine Hauptorte wurden aber Amberg und Ingolstadt.

Bei dieser Teilung haben die Räte des herzoglichen Rates, die alle aus Adels- und Ministerialengeschlechtern stammten (wohlgemerkt aber keiner aus dem Münchner Patriziat), bei einer Zusammenkunft in München im September 1310 entscheidend mitgewirkt. Mit dem so genannten „Münchner Frieden" vom 21. Juni 1313 führen die beiden Brüder wieder eine gemeinschaftliche Regierung und eine gemeinsame Kanzlei (aber mit speziellen Schreibern). Auffällig ist aber, dass bereits am 4. Juli 1313 Ludwig allein als Aussteller der Stadt München alle von seinem Vater und Bruder gewährten Freiheiten bestätigte.[16]

Die Königswahl von 1314[17], bei der sich Rudolf auf die Seite des Gegenkandidaten Friedrich des Schönen stellte, brachte keine rechtliche Änderung für die herzogliche Gewalt Ludwigs in Bayern und der Pfalz. Das erschwerte Verhältnis der Brüder wurde dann mit dem Friedensvertrag vom 6. Mai 1315 versucht zu klären.[18] Am selben Tag stellte Ludwig auch auf Bitten der Münchner Bürger allen Kaufleuten einen Geleitbrief für das Münchner Stadtgebiet aus.[19] Erst mit dem Ausgleich vom 26. Februar 1317 verzichtete Rudolf aber dann auf die Mitregierung im Herzogtum.[20] Er stirbt am 12. August 1319.[21]

Schauen wir auch hier auf die Ausstellungsorte der herzoglichen Urkunden aus dieser Zeit. München steht in allen Phasen der geschilderten Entwicklung unter den beiden Brüdern an der Spitze der Ausstellungsorte: bei Rudolf allein als Aussteller 30 Prozent, bei den gemeinsam von Rudolf und Ludwig ausgestellten Urkunden 28 Prozent und bei Ludwig allein nur 13 Prozent. Das heißt aber auch hier im Umkehrschluss, dass mindestens 70 Prozent der Urkunden nicht in München ausgestellt wurden. Rudolf urkundete allein noch in Regensburg (5 Prozent), Amberg, Burglengenfeld, Ingolstadt und Nürnberg (je 3 Prozent); zusammen mit seinem Bruder Lud-

16 Stahleder (wie Anm. 9), S. 79. – Druck: Pius Dirr, Denkmäler des Münchner Stadtrechts, Erster Band: 1158–1403 (Bayerische Rechtsquellen 1), München 1934, S. 67 Nr. 39.

17 Michael Menzel, Die Zeit der Entwürfe 1273–1347 (Gebhardt, Handbuch der deutschen Geschichte, Band 7a), zehnte, völlig neu bearbeitete Auflage, Stuttgart 2012, S. 153 ff.

18 Stahleder (wie Anm. 9), S. 83. – Regest: Regesten Kaiser Ludwigs des Bayern (1314–1347) nach Archiven und Bibliotheken geordnet, hg. von Peter Acht/Michael Menzel, Heft 7: Die Urkunden aus den Archiven und Bibliotheken Ober- und Niederbayerns, bearbeitet von Michael Menzel, Köln/Weimar/Wien 2003, S. 16 Nr. 33.

19 Stahleder (wie Anm. 9), S. 83. – Druck: Dirr (wie Anm. 16), S. 77 Nr. 46. – Regest: Menzel (wie Anm. 18), S. 17 Nr. 34.

20 Stahleder (wie Anm. 9), S. 86 mit weiteren Quellenangaben.

21 Ebd., S. 89.

wig taucht er in Burglengenfeld auf (17 Prozent), Amberg (13 Prozent), Regensburg (4 Prozent), Ingolstadt und Neuburg an der Donau (je 3 Prozent); Ludwig allein finden wir in Amberg (12 Prozent) fast so häufig wie in München (13 Prozent), dann folgt Ingolstadt (9 Prozent).[22]

Welche Bedeutung hatte München für die herzoglichen Brüder in diesen wechselvollen 20 bzw. 23 Jahren, wie nutzte die Bürgerschaft die durch den Bruderzwist entstandenen Spielräume?

Schon in den Jahrzehnten vor 1294 hatte sich in der durch den Salzhandel wirtschaftlich prosperierenden und damit selbstbewusst gewordenen Stadt allmählich eine städtische Selbstverwaltung mit einem patrizischen Zwölferrat als Spitzengremium herausgebildet. Das erste Stadtsiegel ist für 1239 belegt, der Stadtrat wird 1286 erstmals allgemein (*consules civitatis Monacensis*) und 1295 in einer Urkunde des Klosters Scheyern erstmals namentlich erwähnt.[23]

Die Emanzipationsbemühungen der Münchner Bürgerschaft gegenüber dem wittelsbachischen Stadtherrn gipfeln in der Urkunde Herzog Rudolfs I. vom 19. Juni 1294, in der er seinen Bürgern (*unser lieben burgaer ze Munichen*) die überlieferten Rechte in Form eines ganzen Katalogs von Stadtrechtsnormen bestätigt. Signifikanter Ausdruck des neuen Verhältnisses von Stadtherr und Stadtgemeinde ist in diesem so genannten „Rudolfinum" die Bestimmung über den Stadtrichter, dem die niedere Gerichtsbarkeit übertragen wird. Er bleibt zwar stadtherrlicher Amtsträger, empfängt aber nun sein Amt nur nach Wahl und Vorschlag der Bürger (*wan nach ir rat und bet*).[24]

Diese Münchner Freiheiten wurden zum Vorbild und Modell für andere Städte: So erhält z.B. Landsberg 1315 das Münchner Stadtrecht, Aibling 1321 und Wasserburg 1334.

Allerdings war das Verhältnis zwischen dem Herzog und München nicht immer so ungetrübt, wie die gegen Ende des Jahres 1294 erfolgte Zerstörung der herzoglichen Münzschmiede auf dem Marktplatz (an der Stelle der späteren Mariensäule) durch aufgebrachte Bürger wegen der Münzmanipulationen des Münzherren beweist. Herzog Rudolf erließ am 13. Februar 1295, auch im Namen seines minderjährigen Bruders Ludwig, dem Rat und der Gemein der Bürger von München gegen Zahlung von 500 Pfund Pfennigen den Wiederaufbau der Münze.[25]

Der offen ausgetragene Zwist unter den herzoglichen Brüdern und die Teilung des Herzogtums 1310 beschleunigten den Prozess der kommunalen Verselbständi-

22 Vgl. SPRINKART (wie Anm. 15), S. 108ff.

23 Die Urkunden und ältesten Urbare des Klosters Scheyern, bearb. von Michael STEPHAN (Quellen und Erörterungen zur bayerischen Geschichte, Neue Folge, Band 36/2), München 1988, S. 97 Nr. 54. – Vgl. auch DIRR (wie Anm. 16), S. 50 Nr. 24.

24 Stadtarchiv München, Zimelie 64. – Druck: DIRR (wie Anm. 16), S. 40 Nr. 22.

25 STAHLEDER (wie Anm. 9), S. 66.

gung. In genau diese Zeit fiel die Entstehung der älteren Ratssatzung in München.[26] Diese ziemlich unsystematische Sammlung von Rechtsaufzeichnungen präzisierte nicht nur die im „Rudolfinum" von 1294 bestätigten Rechte des Rates, sondern enthält auch die neuen Satzungen der Bürger, die nun eine gewisse Satzungsautonomie erlangt hatten, über Verfassungs- und Strafrecht sowie Gewerbe- und Marktbestimmungen zum amtlichen Gebrauch.

Bei den Privilegien, die Rudolf und später dann auch Ludwig für München ausstellten, zeichnete sich die Tendenz ab, die Wirtschafts- und Finanzkraft der Stadt zu stärken, was indirekt über die Steuern wiederum dem Landesherrn zugutekam. München als wichtigstes Handelszentrum im Teilherzogtum zahlte um 1300 schon zwei- bis viermal so viele Steuern wie Ingolstadt, die zweitgrößte Stadt Oberbayerns, und mehr als die 18 übrigen Städte und Märkte dieses Territoriums zusammen.[27]

So erteilte Herzog Rudolf am 3. November 1298 der Stadt das Privileg, dass die Münchner Bürger nicht für die Schulden des Stadtherrn gepfändet werden dürfen.[28] Anscheinend hielten sich dennoch viele in- und ausländische Gläubiger des Herzogs am Handelsgut der Münchner Großkaufleute schadlos, denn bereits am 3. Februar 1301 musste der Herzog sein Pfändungsverbot noch einmal bestätigen.[29] Später bestätigte auch Ludwig als König noch zweimal dieses Privileg (am 25. Juli 1315 und am 5. Oktober 1319), womit er – in zwei kritischen Phasen seines Königtums – vor allem den Interessen des kaufmännischen Patriziats entgegenkam.[30]

München war im Bruderstreit wohl auch in zwei feindliche Lager gespalten, und jeder der Brüder versuchte mit meist politisch motivierten und taktisch eingesetzten Privilegien die finanzkräftige Bürgerschaft auf seine Seite zu ziehen.

Nach der Wiedervereinigung der oberbayerischen Landesteile bestätigte Ludwig der Stadt am 4. Juli 1313 alle von seinem Vater und Bruder gewährten Rechte und Freiheiten, womit er aber auch gleichzeitig seinen Anspruch auf die Stadtherrschaft zum Ausdruck brachte (*unser lieb purger, der rat und die gemain der stat ze Munchen*). Hier fällt auf, dass trotz der einen Monat zuvor beschlossenen gemeinschaftlichen Regierung Ludwig hier allein als Aussteller auftritt.[31]

Nach seiner Königswahl und dem erneut ausgebrochenen Streit mit seinem Bruder gewährte er in seiner ersten Königsurkunde für München, die sich eine Münchner Delegation am 18. Februar 1315 im Hoflager in der Reichsstadt Pfeddersheim (heute ein Stadtteil von Worms) abholen musste, den Bürgern Geleit und Schutz

---

26 Stadtarchiv München, Zimelie 8. – Druck: Dirr (wie Anm. 16), S. 232 ff. – Vgl. auch: Manfred Döbereiner, Residenz- und Bürgerstadt – Münchens Weg zur relativen Selbständigkeit 1294 bis 1356, in: Geschichte der Stadt München, hg. von Richard Bauer, München 1992, S. 61–96.

27 Schattenhofer (wie Anm. 8), S. 42.

28 Stahleder (wie Anm. 9), S. 70. – Druck: Dirr (wie Anm. 16), S. 53 Nr. 27.

29 Stahleder (wie Anm. 9), S. 72. – Druck: Dirr (wie Anm. 16), S. 57 Nr. 30.

30 Stahleder (wie Anm. 9), S. 81 u. 90. – Druck: Dirr (wie Anm. 16), S. 72 Nr. 42 und S. 96 Nr. 60.

31 Stahleder (wie Anm. 9), S. 79. – Druck: Dirr (wie Anm. 16), S. 67 Nr. 39.

im Reich und in den bayerischen Herzogtümern für ihr Gut und ihre Boten.[32] Am 4. Mai 1315 bestätigte Ludwig als König erneut die Rechte *unsrer stat ze Munichen*, wie er überhaupt in diesem Jahr insgesamt neun wichtige Privilegien für München verleiht.[33]

Von diesen Privilegien ist noch das ebenfalls am 4. Mai 1315 ausgestellte Bauverbot für den Münchner Marienplatz zu erwähnen.[34] Es galt immer als erstes weitsichtiges Baugesetz für die Stadt, das für immer Geltung haben sollte (erst Kurfürst Maximilian I. durchbrach 1638 mit der Errichtung der Mariensäule selbst dieses Gesetz). König Ludwig versuchte aber mit diesem Privileg, in dem er auch die Verlegung der Fleisch- und Brotbänke vom Marienplatz auf den späteren Viktualienmarkt gestattete, konkret politisch, den von ihm umworbenen Münchner Großhandelskaufleuten den Hauptplatz der Stadt für ihre großen Geschäfte frei zu halten.

Interessant und wohl auch politisch motiviert ist, dass Herzog Rudolf als alleiniger Aussteller nur wenige Tage später, am 13. Mai 1315, das ausschließliche Recht des Schusterhandwerks erneuerte, Leder auszuschneiden und auf dem Münchner Markt zu verkaufen.[35] Mit diesem Anspruch als Stadtherr versuchte er wohl in der zerstrittenen Bürgerschaft die aufstrebende Gruppe der Handwerker als neue Zielgruppe auf seine Seite zu ziehen.

München erhielt 1316 noch zwei Urkunden des Königs,[36] 1317 nur noch eine, 1318 keine mehr. Eine interessante Studie zu den Beziehungen Ludwig des Bayern zu München in den ersten Königsjahren kommt zu dem doppelten Schluss, „dass sich einerseits der König der Stadt gänzlich versichert weiß, so dass er sie nicht mehr mit Privilegien zu ködern braucht, aber auch andererseits, dass sich die Stadt vorläufig saturiert fühlte, so dass sie keine weiteren Forderungen an den König richtete."[37]

Mit dem Gewinn der Salzhandelsmetropole München vor allem über die Privilegierung Münchner Kaufleute erreichte Ludwig im Jahr 1317 einen wichtigen Schritt zur endgültigen Ausschaltung Rudolfs in Bayern. Danach brachte er auch die Stände auf seine Seite, denen er schon auf dem am 19. Juli 1315 in München abgehaltenen

32 STAHLEDER (wie Anm. 9), S. 81. – Druck: DIRR (wie Anm. 16), S. 72 Nr. 42. – Regest: MENZEL (wie Anm. 18), S. 11 Nr. 25.

33 STAHLEDER (wie Anm. 9), S. 82f. – Druck: DIRR (wie Anm. 16), S. 73 Nr. 43. – Regest: MENZEL (wie Anm. 18), S. 15 Nr. 31.

34 STAHLEDER (wie Anm. 9), S. 83. – Druck: DIRR (wie Anm. 16), S. 74 Nr. 44. – Regest: MENZEL (wie Anm. 18), S. 16 Nr. 32.

35 STAHLEDER (wie Anm. 9), S. 83. – Druck: DIRR (wie Anm. 16), S. 78 Nr. 47.

36 MENZEL (wie Anm. 18), S. 36 Nr. 75 u. S. 41 Nr. 86.

37 Heinrich WANDERWITZ, Die Beziehungen König Ludwigs IV. zu München in den Jahren 1314 bis 1319, in: Oberbayerisches Archiv 107 (1982), S. 165–177, hier S. 171.

Landtag versprochen hatte, ohne sie keine Einigung mit seinem Bruder zu versuchen.[38] Es waren die Stände, die Rudolf zwangen, vor Ludwig in Bayern zu weichen.

Und auch in München selbst, wo sich innerhalb der Bürgerschaft eine oppositionelle Gruppe von Parteigängern Rudolfs gebildet hatte, konnte Ludwig klare Verhältnisse schaffen. Der Richter, der Stadtrat und die Gemeinde verhängten über elf Bürger die Acht, weil sie sich gegen „König Ludwig von Rom" und die Stadt verschworen hatten; König Ludwig bestätigte am 8. September 1317 dieses Urteil.[39]

4. München unter Ludwig dem Bayern (1317–1347)

Nach der politischen Ausschaltung seines Bruders Rudolf im Herzogtum im Jahr 1317 konnte Ludwig sich verstärkt der Sicherung seiner Königswürde gegen die Ansprüche des Habsburgers Friedrich des Schönen kümmern. Da Ludwig München nun sicher hinter sich wusste, setzte er gezielt Boten aus München ein, um habsburgisches Vorgehen in benachbarten Gebieten zu hintertreiben. Die Münchner Stadtkammerrechnungen der folgenden Jahre bis zur entscheidenden Schlacht bei Mühldorf am 28. September 1322 weisen viele Ausgabeposten für solche Boten (*nuntii*) aus, deren Gänge u. a. nach Passau, Augsburg, Schärding, Landshut, auch Regensburg musste bei der Stange gehalten werden, und eben Mühldorf führten; sogar zwei Missionen nach Wien sind 1319 und 1320 verzeichnet. München bzw. der Münchner Rat war in diesen entscheidenden Jahren wohl so etwas wie die „Aufklärungs- und Nachrichtenzentrale" des Königs.[40] Zum Rechnungsjahr 1320/21 finden sich in den Kammerrechnungen Nachweise für ca. 170 Botengänge, für 1321/22 allerdings nur noch 70.[41]

Aus den Rechnungen ergeben sich explizit keine Hinweise auf militärische Unterstützung, obwohl München sicher auch ein Aufgebot stellen musste. Der Legende nach zeichneten sich bei der Schlacht von Mühldorf besonders die Münchner Bäcker aus, die danach den Reichsadler in ihrem Zunftwappen führen durften.[42]

Nach der Schlacht von Mühldorf bzw. Ampfing und der Gefangennahme Friedrichs des Schönen zog Ludwig sicher nicht so triumphal in München ein, wie es

38 Stahleder (wie Anm. 9), S. 84. – Weitere Landtage fanden in München bereits am 12. April 1307 (Stahleder, S. 74) und dann wieder am 16. September 1317 (ebd., S. 87) statt, auch dies Belege für die gewachsene Bedeutung der Stadt.

39 Stahleder (wie Anm. 9), S. 86f. – Druck: Dirr (wie Anm. 16), S. 88 Nr. 55 u. S. 90 Nr. 56 – Regest: Menzel (wie Anm. 18), S. 50 Nr. 112.

40 Wanderwitz (wie Anm. 37), S. 174.

41 Stadtarchiv München, Zimelie 45/I, f. 41r–41v u. 58r; vgl. Wanderwitz (wie Anm. 37), S. 176 Anm. 109.

42 Stahleder (wie Anm. 9), S. 97.

das 1835 an der Außenseite des Isartores angebrachte Freskogemälde vermittelt.[43] Aber Ludwig der Bayer zeichnete München durch andere Entscheidungen mit seiner Wertschätzung aus. Seine bereits am 24. August 1322 mit 32 Jahren in München verstorbene erste Gemahlin Beatrix war in der Frauenkirche bestattet worden,[44] die nach dem Tod Ludwigs zur Grablege der Wittelsbacher werden sollte. Als Kaiser stiftete Ludwig am 22. Januar 1331 noch selbst einen Altar und eine Messe.[45]

Im Jahr 1324 holte Ludwig die Reichskleinodien von Nürnberg nach München, wo sie – in der Hofkapelle bewacht von vier Zisterziensermönchen des Klosters Fürstenfeld – bis zum Jahr 1350 blieben. Die Münchner bemächtigten sich nach dem Tod des Kaisers dieses Heiltumsschatzes, der in den Augen der Bürgerschaft gewissermaßen „das Reich nach München" gebracht hatte, und gaben ihn erst nach der Aussöhnung der Söhne Ludwigs mit dem neuen König Karl IV. heraus.[46]

München spielte dann 1325, als sich Ludwig mit Friedrich wieder einigte und er ihn zum Mitregenten im Reich machte, als Schauplatz eine wichtige Rolle. Anfang Juli fand hier ihre geheime Übereinkunft statt, und bis September regierten sie nun gemeinsam von München aus das Reich.[47] Am 5. September 1325 schließen sie den so genannten Münchner Vertrag,[48] in dem sie sich u. a. auf einen Hofrichter und einen Hofschreiber einigen, damit das Gericht ungeteilt bleibt.[49] Und am 6. September 1325 erneuerte Friedrich den Münchner Bürgern die ihnen von König Rudolf am 12. April 1280 verliehenen Handelsfreiheiten.[50]

Am 20. Dezember 1326 stellte Ludwig seine letzte Urkunde in München vor der Italienreise aus.[51] Nach der Kaiserkrönung in Rom vom 17. Januar 1328 kehrte er erst wieder am 16. Februar 1330 in die Stadt zurück.[52] Es gibt keine Belege, dass Ludwig als Kaiser seine Hofhaltung in München maßgeblich erweitert hätte. Als ihn 1331 sein Schwiegersohn Markgraf Friedrich II. von Meißen (er hatte 1328 Ludwigs Tochter Mechthild geheiratet, übrigens auch nicht in München, sondern in Nürnberg) in

43 Ebd, S. 95.

44 Ebd, S. 93.

45 Ebd, S. 106. – Kein Regest bei MENZEL (wie Anm. 18) zu diesem Datum; vgl. aber S. 309 Nr. 707 (vor 1347 Oktober 11).

46 Richard BAUER, München als Landeshauptstadt, in: Zeitschrift für bayerische Landesgeschichte 60 (1997), S. 115–125; hier S. 120. – STAHLEDER (wie Anm. 9), S. 98.

47 STAHLEDER (wie Anm. 9), S. 99.

48 Regest: MENZEL (wie Anm. 18), S. 102 Nr. 234.

49 Friedrich BATTENBERG, Urkundenregesten zur Tätigkeit des deutschen Königs- und Hofgerichts bis 1451: Die Zeit Ludwigs des Bayern und Friedrichs des Schönen, 1314–1347 (Quellen und Forschungen zur höchsten Gerichtsbarkeit im Alten Reich, Band 5), Köln/Weimar/Wien 1987, S. XIX. – Zu der Vorbildfunktion des Münchner Friedens vom 21. Juni 1313 zwischen den Brüdern Rudolf und Ludwig für den Münchner Vertrag von 1325 vgl. den Beitrag von Gerald SCHWEDLER in diesem Band.

50 STAHLEDER (wie Anm. 9), S. 99. – Druck: DIRR (wie Anm. 16), S. 110 Nr. 72.

51 STAHLEDER (wie Anm. 9), S. 100. – Regest: MENZEL (wie Anm. 18), S. 107 Nr. 245.

52 STAHLEDER (wie Anm. 9), S. 104.

München besuchte, konnte er nicht im Alten Hof untergebracht werden.[53] Ludwig musste auf das Haus des reichen Bürgers Ludwig Pütrich am heutigen Rindermarkt ausweichen, in dem er den Markgrafen auch besuchte. So sparte der Kaiser sich zudem die Kosten, denn auch nach acht Jahren hatte er die Rechnung von 1200 Pfund Heller immer noch nicht beglichen.[54]

Dennoch gibt es einige Beispiele aus der Kaiserzeit, die auf den ersten Blick für besondere Beziehungen Ludwigs zu München sprechen. Noch in Italien, in Pisa, bestätigt der Kaiser am 31. Januar 1329 der Stadt München ihre Freiheiten, die sie von ihm und seinem Bruder, Herzog Rudolf, und allen ihren Vorfahren erhalten haben und bestätigt dies mit einer Goldbulle.[55] In der Formulierung der Adresse (*des rates und der gemein der purger von Munichen von unserer gute und von gewalte, der uns antriffet von dez hertzentums wegen ze Beiern*) ist aber gegenüber der herzoglichen und königlichen Bestätigung von 1313 bzw. 1315 und auch im Vergleich mit Urkunden für andere Städte keine Bevorzugung Münchens zu konstatieren; es dominiert der landesherrliche Bezug.

Am 3. März 1330, kurz nach seiner Rückkehr aus Italien, widerrief Ludwig in München die Sonderrechte der Schuster, die noch Herzog Rudolf letztmals am 3. Mai 1315 während der Auseinandersetzung mit seinem Bruder bestätigt hatte.[56] Ab diesem Zeitpunkt hatte der Rat die alleinige Zuständigkeit bei Handwerksstreitigkeiten. Ludwig kam in gewisser Weise dem Selbständigkeitsstreben der Stadt entgegen, wofür auch die insgesamt 19 Privilegien zu sprechen scheinen, die Ludwig als Kaiser bis 1347 für die Stadt München ausgestellt hat. Doch dass München zu seinem Landesherrn in ein Verhältnis eingetreten sei, „das demjenigen einer Reichsstadt zum deutschen König durchaus ebenbürtig ist",[57] kann so nicht aufrechterhalten bleiben. Denn diese Privilegien sind in keiner Weise mit der gezielten Städteförderung Ludwigs zu vergleichen, die er außerhalb seines eigenen Territoriums, des Herzogtums Bayern, betrieben hat.

In der in München ausgestellten zweiten Goldbulle für München vom 6. November 1332 heißt es ganz schlicht: *unser stat ze München*.[58] Mit dieser Urkunde bestätigte der Kaiser der Stadt das Recht der Salzniederlage und des Salzhandels. Von Wasserburg her durfte Salz *durch unser lant ze Beyern* zwischen Landshut und dem Gebirge nur bei München über die Isar transportiert werden, was ein regelrechtes

53 Ebd, S. 106.
54 Menzel (wie Anm. 14), S. 141.
55 Stahleder (wie Anm. 9), S. 103. – Druck: Dirr (wie Anm. 16), S. 127 Nr. 77. Regest: Menzel (wie Anm. 18), S. 117 Nr. 273.
56 Stahleder (wie Anm. 9), S. 105. – Druck: Dirr (wie Anm. 16), S. 133 Nr. 82. Regest: Menzel (wie Anm. 18), S. 121 Nr. 284.
57 Dirr (wie Anm. 16), S. 53*.
58 Stahleder (wie Anm. 9), S. 107. – Druck: Dirr (wie Anm. 16), S. 139 Nr. 87. Regest: Menzel (wie Anm. 18), S. 153 Nr. 356.

Salzhandelsmonopol bedeutete. Die Urkunde galt das ganze Mittelalter hindurch als wirtschaftspolitische „Magna Charta“ der Stadt.[59]

Aus der Stabilisierung der Wirtschaftskraft der Stadt zog aber letztendlich immer Ludwig als Stadtherr besonderen Nutzen. Wenn es dem Kaiser politisch passte, konnte er auch gegen die Interessen der Stadt handeln und ein so grundlegendes Privileg wieder außer Kraft setzen, so geschehen nach 1336, wohl um 1341.[60] Ludwig ging es immer in erster Linie um die Stärkung seines Territoriums, nie der Stadt allein. Am 28. Juli 1347 erneuerte der Kaiser dann sein Privileg wieder,[61] welches dann aber immerhin bis 1587 Gültigkeit besitzen sollte.

1340 wird in München das neue Stadtrechtsbuch vollendet, das die geltenden Rechte der Stadt zusammenfasst, wie sie sich seit dem „Rudolfinum“ von 1294 entwickelt haben.[62] Auch dieses neue Münchner Stadtrecht, das Kaiser Ludwig mit seinem Siegel bestätigte (daher das „Versiegelte Buch“ genannt), bekam wieder Vorbildfunktion und wurde auch anderen bayerischen Städten wie Aichach[63] oder Pfaffenhofen (beide 1347) verliehen. Auch bei der zweiten wichtigen Rechtskodifikation des Kaisers, beim oberbayerischen Landrecht von 1346, kam der Stadt München eine gewisse Bedeutung zu. Von den zwölf überlieferten Handschriften wird das im Stadtarchiv München verwahrte Exemplar[64] in der Literatur oft als „Archiv- oder Residenzexemplar“ bezeichnet, die in der Bayerischen Staatsbibliothek liegende Handschrift (cgm 1506) dagegen als „Gebrauchsexemplar des Stadtgerichts München“.[65]

Und noch ein letzter Beleg für die Stärkung der Interessen der Stadt durch Ludwig: Mit dem Privileg vom 8. Mai 1342, dem so genannten zweiten Baugesetz, übertrug der Kaiser die volle Entscheidungsgewalt in Bausachen an die Stadt; alle neuen Gebäude sollten von nun an möglichst aus Stein gebaut und mit Dachziegeln bedeckt sein.[66] Dieses Privileg ist auch eine späte Reaktion auf den verheerenden Brand vom 13. Februar 1327, der ein Drittel der Stadt einäscherte, darunter die Peterskirche, das

---

59 Michael Schattenhofer, Wirtschaftsgeschichte Münchens. Von den Anfängen bis zur Gegenwart, hg. u. erweitert von Willibald Karl, München 2011, hier S. 21 f. (mit Abb.).

60 Menzel (wie Anm. 18.), S. 302 Nr. 694 (kein Original oder Kopien im Stadtarchiv München vorhanden). – Zur Datierung vgl. Bauer (wie Anm. 46), S. 118.

61 Stahleder (wie Anm. 9), S. 129. – Druck: Dirr (wie Anm. 16), S. 167 Nr. 109. Regest: Menzel (wie Anm. 18), S. 302 Nr. 695.

62 Stahleder (wie Anm. 9), S. 120. – Druck: Dirr (wie Anm. 16), S. 305–372.

63 Reinhart Heydenreuter, Kaiser Ludwig der Bayer und das Stadtrecht, in: Aichach im Mittelalter, hg. von Wilhelm Liebhart/Rudolf Wagner, Aichach 1985, S. 111–130.

64 Stadtarchiv München, Zimelie 12. – Edition: Hans Schlosser/Ingo Schwab, Oberbayerisches Landrecht Kaiser Ludwigs des Bayern von 1346. Edition, Übersetzung und juristischer Kommentar, Köln/Weimar/Wien 2000.

65 Walter Jaroschka, Ludwig der Bayer als Landesgesetzgeber, in: Zeitschrift für bayerische Landesgeschichte 60/1 (1997), S. 135–142.

66 Stahleder (wie Anm. 9), S. 122. – Druck: Dirr (wie Anm. 16), S. 157 Nr. 101. Regest: Menzel (wie Anm. 18), S. 241 Nr. 558.

Heiliggeistspital, Teile des Alten Hofs sowie das ganze Tal.[67] Von Seiten des Kaisers ist aber in seiner gesamten Regierungszeit keine nennenswerte Bautätigkeit in der Stadt nachzuweisen. Die berühmte gotische Instandsetzung des Alten Hofs in München erfolgte erst im Jahrhundert nach Ludwig dem Bayern.

Auch ein Blick in die Geschichte der Kanzlei unter Ludwig dem Bayern zeigt, dass im Alten Hof, der als vermeintlicher Regierungs- und Verwaltungssitz immer wieder mit der Bedeutung Münchens für Ludwig in Verbindung gebracht wird, keine „Behörde" mit festem Sitz in München installiert war.[68] Es gibt kaum Aufzeichnungen oder schriftliche Hilfsmittel zur Regierung oder Verwaltung, sieht man von einigen fragmentarischen Rechnungen, Güter- und Einkünfteverzeichnissen oder (Urkunden-)Registern ab, die aber zum Teil gar nicht am Alten Hof geführt wurden.[69] Auch eine (Reichs-)Archiv-Funktion kann dem Alten Hof nicht zugeschrieben werden; so ist z. B. eine Urkunde des Gegenkönigs Friedrich des Schönen für Ludwig vom 1. September 1325 der Stadt zur Aufbewahrung gegeben worden und befindet sich deshalb heute im Stadtarchiv München.[70] Kanzlei bedeutet vielmehr die Gesamtheit der Personen, die bei Ludwig Arbeiten im Zusammenhang mit Regierung und Verwaltung erledigten. Von den führenden Personen der Kanzlei, also Kanzler und Protonotare, stammte jedoch keiner aus München. Und nur bei vier der 26 namentlich bekannten Notare ist ein Zusammenhang zu München zu konstatieren.[71]

Meister Martin Frey ist zwischen 1295 und 1314 als Stadtschreiber nachzuweisen und wird 1318 Mitglied des Inneren Rates. Ab 1319 arbeitete er für Ludwig in der Reichskanzlei, hatte aber mit den eigentlichen Beurkundungsgeschäften nichts zu tun, denn es gibt keine Königsurkunde von seiner Hand. „Er begleitete den Hof wohl nicht auf dessen Reisen, sondern diente dem König nur in München mit gelegentlichen schriftlichen Arbeiten, vielleicht auch einmal mit Gesandtschaften."[72]

Leonhard von München war vor seiner Tätigkeit für die Kanzlei Ludwigs für den Gegenpapst Nikolaus V. tätig, der Ludwig in Rom gekrönt hat. Er stellte am 9. Januar 1329 in Pisa drei Urkunden des Papstes für Münchner Empfänger aus, wobei er sich jeweils rechts auf dem Falz der Urkunde nennt (*Leonhardus de Monaco*).[73] Die erste für Ludwig ausgestellte Urkunde ist gleich die Bestätigung der Münchner

---

67 Stahleder (wie Anm. 9), S. 101.

68 Helmut Bansa, Studien zur Kanzlei Kaiser Ludwigs des Bayern vom Tage der Wahl bis zur Rückkehr aus Italien (1314–1329) (Münchner Historische Studien, Abteilung Geschichtliche Hilfswissenschaften 5), Kallmünz 1968, S. 314 ff.

69 Bansa (wie Anm. 68), S. 281 ff. („Akten der Kanzlei").

70 Ebd, S. 302 ff. („Das Archiv").

71 Ebd, S. 103 ff. („Das Personal"). – Vgl. ergänzend zum Zeitraum bis 1347, ohne in der Bewertung über Bansa hinauszugehen: Peter Moser, Das Kanzleipersonal Kaiser Ludwigs des Bayern in den Jahren 1330–1347 (Münchner Beiträge zur Mediävistik und Renaissance-Forschung 37), München 1985.

72 Bansa (wie Anm. 68), S. 103.

73 Stahleder (wie Anm. 9), S. 103. – Dirr (wie Anm. 16), S. 120 Nr. 74, S. 124 Nr. 75 u. S. 126 Nr. 76.

Stadtrechte am 31. Januar 1329.[74] Sein Bezug zu München ist trotz einer eingehenden Monographie nicht genau geklärt.[75] Bansa hält „München" nicht für eine Herkunftsbezeichnung, denn er kann kaum Merkmale des bayerischen Dialekts in den von Leonhard geschriebenen älteren deutschsprachigen Urkunden entdecken.[76] Dem steht entgegen, dass Leonhard in der erwähnten Urkunde für München von 1329 den bayerischen Wochentagsnamen *eritag* für Dienstag verwendet, was aber auch auf das Diktat der Empfänger, der in Pisa anwesenden Delegation der Münchner Bürgerschaft, zurückzuführen ist. Leonhard schrieb dann bis 1345 über 300 Diplome für Ludwig, war einer der aktivsten Schreiber der Kanzlei Ludwigs; mit seinen Prunkurkunden setzte er seinem Landesherrn und Kaiser auch zeichnerisch ein bleibendes Denkmal.[77] Leonhard schaffte den Aufstieg vom einfachen Schreiber zum selbstständig handelnden Gesandten und Vertreter des Kaisers, für den er zuletzt noch 1346/47 in Zürich tätig war.

Merbot von München[78] war kein „Hofschreiber", sondern in erster Linie mit der Güterverwaltung im Viztumamt München beschäftigt. Man kann ihn als „Fachmann für Oberbayern" bezeichnen, deswegen hat er auch einen Auftritt als Zeuge (*unser schreiber*) im Teilungsvertrag von Pavia am 4. August 1329. In einer Privaturkunde vom 10. Oktober 1336, als er dem Spital von München seinen Hof in Schwabing vermacht, wird er so bezeichnet: *lantzschreiber ze obern Bayern und purger ze Münichen*. Wahrscheinlich ist er mit *Merboto notarius (publicus) provincialis* identisch, der am 26. März 1330 in München zusammen mit dem Münchner Stadtschreiber Sieghard Tückl und zwei italienischen öffentlichen Notaren die große Appellation des Minoritengenerals Michael von Cesena gegen Papst Johannes XXII. unterzeichnete.

Auch Simon Noderndorfer[79] taucht wie Merbot von München im Teilungsvertrag von Pavia 1329 als Zeuge auf (*unser schreiber*). Als Zeuge in der Sachsenhäuser Appellation vom 22. Mai 1324 wird seine Herkunft aus München deutlich: *de Monaco clerico Frisingensis dyocesis*.

Aus diesen wenigen Einzelbeispielen lässt sich ein besonderer Einfluss oder eine besondere Bedeutung Münchens nicht interpretieren. Zudem wurden von den Urkunden der Reichskanzlei (mit Majestätssiegel) unter Ludwig dem Bayern nur 19 Prozent in München ausgestellt, d. h. vier Fünftel der Regierungsgeschäfte passierten an anderen Orten. Das gilt auch für die für München ausgestellten Privilegien. Wie

74 Vgl. Anm. 55.
75 Christa WREDE, Leonhard von München. Der Meister der Prunkurkunden Kaiser Ludwigs des Bayern (Münchner Historische Studien, Abteilung Geschichtliche Hilfswissenschaften 17), Kallmünz 1980.
76 BANSA (wie Anm. 68), S. 191.
77 Peter ACHT, Die Prunkurkunden Kaiser Ludwigs des Bayern, in: GLASER, Wittelsbach und Bayern I/1 (wie Anm. 6), S. 398–407.
78 BANSA (wie Anm. 68), S. 261 f.
79 Ebd, S. 264 f.

andere Städte auch musste sich der Münchner Rat seine Urkunden irgendwo im Reich holen und schickte Boten nach Pfeddersheim, Ingolstadt, Nürnberg, Frankfurt, ins Feldlager nach Donauwörth und einmal sogar bis nach Pisa. Als Empfänger erscheint die Stadt (ohne Kirchen, Klöster und Spitäler) bei 37 Urkunden, deren Originale im Stadtarchiv München liegen (bei insgesamt 725 Urkunden in Archiven und Bibliotheken Ober- und Niederbayerns).[80]

Ähnliches wie bei der Reichskanzlei ist auch beim Königs- und Hofgericht zu konstatieren. Der auf Personenbeziehungen und persönlichen Klientel- und Patronatsverhältnissen beruhende Hof in der Zeit Ludwigs des Bayern gewinnt zwar an institutioneller Festigkeit, eine besondere Stellung Münchens ist dabei aber nicht festzustellen.[81] Beim Personal der Hofrichter, die auch Mitglieder des königlichen Rates waren, befand sich unter all den Adeligen nur ein Bürgerlicher, der war aber kein Mitglied des Münchner, sondern des Nürnberger Stadtpatriziats.[82]

Schauen wir auf die Sitzungsorte, kommen wir für die 97 Urkunden des Hofgerichts (mit Hofgerichtssiegel) zu folgendem Ergebnis: Die meisten Schieds- und Rechtssprüche wurden auf den großen königlichen Hoftagen in Frankfurt (39) und Nürnberg (14) verkündet, dann folgt erst München (12)[83]; weitere Sitzungsorte des Hofgerichts in Bayern waren Landshut (10) und Burghausen (2).

Resumée

Nach seinem Itinerar verbrachte Ludwig der Bayer in den fast 33 Jahren seiner Regierungszeit von 1314 bis 1347 allein 2000 Tage in München, 138 Aufenthalte sind zu verzeichnen.[84] München war ohne Zweifel durch den enormen Bevölkerungszuwachs, den topographischen Ausbau der Stadt sowie durch seine wirtschaftliche Potenz und hohe Steuerkraft – unterstützt durch entsprechende Privilegien Ludwigs – in einer bevorzugten Sonderstellung vor anderen herzoglichen Städten. Trotz städtischer Autonomiebestrebungen gab aber Ludwig keine wesentlichen stadtherrlichen Rechte aus der Hand. Sein Kaisertum verschaffte der Stadt sicherlich Glanz und internationales Ansehen. Doch königliche Hoftage oder Reichsversammlungen

80 Menzel (wie Anm. 18), S. 336.

81 Battenberg (wie Anm. 49), S. IX.

82 Ebd, S. XVIII.

83 So saß z. B. Herzog Ludwig von Teck am 4. Juni 1339 als Hofrichter *ze geriht ze München an unsers herren stat dez Römischen keiser Ludwigs* (Familienarchiv Anholt, Bestand Dhaun U 815). – Regest: Battenberg (wie Anm. 49), S. 203 Nr. 337.

84 Martin Berg, Das Itinerar Kaiser Ludwigs des Bayern von der Königswahl bis zum Ende des Romzugs (1314–1330), Diss. Phil. München 1983 (Teilveröffentlichung: Der Italienzug Ludwigs des Bayern. Das Itinerar der Jahre 1327–1330, in: Quellen und Forschungen aus italienischen Archiven und Bibliotheken 67 (1987), S. 142–197).

fanden hier nie statt, da waren Reichsstädte wie Nürnberg oder Frankfurt wichtiger. Der Alte Hof in München war im Zeichen noch traditioneller Reiseherrschaft nicht der zentrale Ort der Verwaltung und der politischen Leitung. Von einer bayerischen Hauptstadt (auch in den Jahren der Wiedervereinigung der ober- und niederbayerischen Landesteile zwischen 1340 bis 1347) oder gar von einem Zentrum des Reiches kann in der Zeit Ludwigs des Bayern nicht gesprochen werden.

Gestaltung von öffentlichem Raum und Ordnung in der Regierungszeit Ludwigs des Bayern

Interaktionen zwischen den vier Reichsstädten der Wetterau und der Krone

Sigrid Oehler-Klein

Die Gründung bzw. Entwicklung der vier Reichsstädte Frankfurt, Gelnhausen, Friedberg und Wetzlar[1] im Gebiet der als königsnah bezeichneten Landschaft Wetterau[2] ist weitläufig untersucht worden – insbesondere für das 13. Jahrhundert.[3] Vor allem in der Zeit Ludwigs des Bayern bildeten diese vier Städte eine im Vergleich zu anderen Städten, die Bündnisse miteinander eingegangen waren oder sich gemeinschaftlich an der Organisation und der Durchsetzung von Landfrieden beteiligten,[4]

---

1 Frankfurt wird im Jahr 794 erstmals erwähnt; die Stadt Friedberg wird zwar erst im Jahr 1219 genannt, ihre Gründung dürfte aber wohl um ca. 1170 liegen, parallel zur Gründung von Gelnhausen; Wetzlar ist 1142 erstmals nachgewiesen – wahrscheinlich bezogen auf einen fränkischen Königshof; 1225 ist Wetzlar als Stadt belegt.

2 Zur Wetterauer Landschaftsbildung vgl. Friedrich BATTENBERG, Einungen mindermächtiger Stände in der hessischen Wetterau. Ein Beitrag zur Identitätsbildung in einer königsnahen Landschaft, in: Regionale Identität und soziale Gruppen im deutschen Mittelalter, hg. von Peter MORAW (Zeitschrift für historische Forschung, Beiheft 14), Berlin 1992, S. 103–125, hier S. 107–110; zur bezeichneten Region vgl. Karl BÜCHER, Die Bevölkerung von Frankfurt am Main im XIV. und XV. Jahrhundert (Socialstatistische Studien 1), Tübingen 1886, S. 463: Unter dem Namen Wetterau verstand man nach Bücher das gesamte Gebiet zwischen der Kinzig und Fulda im Osten, dem Lorsbach und der Weil im Westen. Der Main bildete die südliche Grenze. Im Norden rechnete man ganz Oberhessen, mit Ausnahme des heutigen Kreises Alsfeld, und den Kreis Wetzlar hinzu. Vgl. auch Fred SCHWIND, Art. Wetterau, in: Lexikon des Mittelalters 9 (1998), Sp. 44–46.

3 Vgl. insbesondere Heinrich WERNER, Zur Geschichte der Wetterauer Städtebünde im 13. und 14. Jahrhundert, in: Mitteilungen des oberhessischen Geschichtsvereins 7 (1898), S. 56–76; Fred SCHWIND, Die Landvogtei in der Wetterau. Studien zu Herrschaft und Politik der staufischen und spätmittelalterlichen Könige, Marburg 1972, S. 72: Schwind betont die Bedeutung der uneingeschränkten königlichen Stadtherrschaft in der Stauferzeit aufgrund fiskalischer und rechtlicher Zentralisierung in den Städten und in den Händen der Reichsministerialen sowie in der Folge persönlicher Abhängigkeiten ihrer Bewohner von der königlichen Herrschaft.

4 Die Städte, die in Städtebünden zusammengeschlossen waren, werden nach Eva-Marie DISTLER, Städtebünde im deutschen Spätmittelalter: eine rechtshistorische Untersuchung zu Begriff, Verfassung und Funktion, Frankfurt a. M. 2006, S. 231–243, berücksichtigt. Die erweiterte Vergleichsbasis, die auch die an Landfrieden beteiligten Städte einbezieht, folgt der Argumentation, dass Städtelandschaften nicht mit Städtenetzen kongruent sein müssen und die an Landfrieden beteiligten Städte nicht unbedingt in einem Bund zusammengeschlossen sein müssen; vgl. hierzu Rolf KIESSLING, Städtebünde und Städtelandschaften im oberdeutschen Raum: Ostschwaben und Altbayern im Vergleich, in: Städtelandschaft – Städtenetz – zentralörtliches Gefüge. Ansätze und Befunde zur Geschichte der Städte im hohen und späten Mittelalter, hg. von Monika ESCHER-APSNER u. a. (Trierer historische Forschungen 43), Mainz 2000, S. 79–116, hier S. 81.

einen Bund von singulärer Bedeutung: Sie erscheinen in den Ludwigsurkunden auffällig häufig als Einheit – vorwiegend in Bezug auf gemeinsame Steuerzahlungen sowie militärische und politische Interessen. Während die vier Wetterauer Städte in diesen Urkunden mindestens 45 Mal[5] als feste Einheit angesprochen wurden, kann für alle anderen in einem Bund oder Landfrieden zusammengeschlossenen Städte eine nur sehr viel geringere auf mehr als eine Stadt bezogene Wahrnehmung seitens Ludwigs des Bayern verzeichnet werden. Sie werden lediglich fünf bis 15 Mal zusammen genannt.[6] Die gleichzeitige Erwähnung anderer Städte in einem gemeinsamen Interessenzusammenhang ist fast ausschließlich im Rahmen der Errichtung und Praxis von Landfrieden oder Steuerregelungen festzustellen. Dagegen lässt sich die einheitliche Präsenz der vier Reichsstädte in den Urkunden Ludwigs des Bayern in Hinsicht auf die verhandelten Belange der Wetterau konstant beobachten.[7]

Betrachtet man die zeitliche Verteilung der Urkunden Ludwigs, in denen die vier Wetterauer Reichsstädte gemeinsam angesprochen werden, dann fällt auf, dass sie schon zwischen 1314 und 1327 gemeinsam Beachtung fanden, danach als Machtfaktoren der Wetterau eine größere Rolle spielten, aber offenbar für Ludwig gegen Ende seiner Regierungszeit außergewöhnlich wichtig wurden. Während es bis zum Jahr 1327 nur 12 Urkunden gibt, die für die vier Städte zusammen oder parallel mit nahezu gleichen Inhalten verfasst wurden, waren es in den folgenden Jahren bis 1338 weitere 17 und bis 1345 nochmals elf; doch allein im Jahr 1346 waren die vier Städte in 16 Urkunden gemeinsam vertreten.

Zu fragen ist, ob ausgehend von diesem auffälligen Befund eine qualitative Aussage über die Effizienz des Wetterauer Städtebunds und seiner Interaktion mit der

5 Die Untergrenze ergibt sich aus der Stichwortabfrage innerhalb der Regesten, die in einer Datenbank (Regesta Imperii e.V., Arbeitsstelle Ludwig der Bayer, München) zusammengefasst sind. Die Zahl der Nennungen kann sich durch Analyse der kompletten Urkundentexte erhöhen, insofern in den berücksichtigten Regestentexten der Datenbank untergeordnete Rechtsinhalte z.T. nicht aufgenommen sind. Nimmt man die parallel für jede der vier Städte ausgestellten Einzelurkunden hinzu, erhöht sich die Zahl der Nennungen auf über 55.

6 Den Wetterauer Städten am nächsten kommen in einer solchen rein quantitativen Zusammenstellung die Urkantone Uri, Schwyz und Unterwalden mit 15 übereinstimmenden Nennungen. Ruser rechnet die Bündnisse der Waldstätte zu den oberdeutschen Städtebünden. Konrad RUSER, Die Urkunden und Akten der oberdeutschen Städtebünde vom 13. Jahrhundert bis 1549, Bd. 1: Vom 13. Jahrhundert bis 1347, Göttingen 1979. – Bd. 2: Städte- und Landfriedensbündnisse von 1347 bis 1380. 2 Teilbände, Göttingen 1988, S. 134. Obgleich auch die in Städtebünden oder Landfrieden zusammengeschlossenen Städte, wie z.B. Mainz, Worms und Speyer, mit Privilegien in parallel ausgestellten Urkunden bedacht wurden, sind sie in Bezug auf einheitliche Interessen, Forderungen und Vergünstigungen insgesamt wesentlich seltener in den Urkunden präsent. Für Worms und Speyer wurden z.B. am 4. und 8. Januar 1315 gleich lautende Urkunden mit umfangreichen Privilegien ausgestellt; vgl. Bernhard KREUTZ, Städtebünde und Städtenetz am Mittelrhein im 13. und 14. Jahrhundert (Trierer Historische Forschungen 54), Trier 2005, S. 112.

7 Vgl. hierzu auch Emil DANIEL, Ludwig der Bayer und die Reichsstädte der Wetterau, (masch. Diss.) Frankfurt a. Main 1943.

Krone getroffen werden kann. Im Vergleich zu anderen Städtelandschaften und Städtenetzen ist punktuell zu untersuchen, welche Erfolge einerseits und welche Belastungen andererseits diese vier Städte in der Wetterau zu verbuchen hatten und welche Auswirkungen auf die Gestaltung von öffentlichem Raum und Ordnung zu vermerken sind.

Die Städtepolitik Ludwigs des Bayern – Forschungsstand

Es wurde bereits in mehreren teils komparativ angelegten Studien untersucht, inwiefern sich mit Hilfe der Leitbegriffe „Städtebünde", „Städtelandschaft" und „Städtenetze" die im Spätmittelalter herrschenden Bedingungen für die wirtschaftliche, verfassungsmäßige und territoriale Entwicklung von Städten in ihren räumlichen Beziehungen erhellen lassen.

Peter-Johannes Schuler beleuchtete die Städtepolitik Ludwigs des Bayern im Kontext der Auseinandersetzung mit Karl IV. für den schwäbischen und elsässischen Raum[8] und stellte eine differenzierende Haltung des Kaisers gegenüber den für ihn interessanten südwestdeutschen Reichsstädten je nach politischer Lage und Machtbalancierung fest: zum einen nach Ludwigs Rückkehr aus Italien im Jahr 1330 mit einer Umwerbung der Städte im Rahmen der Abwehr des päpstlichen Einflusses[9] und desjenigen König Johanns von Böhmen[10], zum anderen mit einer konsequenteren Durchsetzung eigener Interessen nach 1338 im Zuge einer Stärkung der kaiserlichen Position nach den Hoftagen in Frankfurt und Koblenz[11] und schließlich ab 1341 mit der Verfolgung einer Hausmachtpolitik[12]. Korrespondierend dazu untersuchte Schuler jeweils die Reaktionen der sich ihrer Situation und ihrer Macht bewussten schwäbischen und elsässischen Städte.

Bernhard Kreutz konnte anhand von verschiedenen Städtebünden am Mittelrhein die Auswirkungen eines politischen Zusammenschlusses auf die Errichtung von Landfrieden, Schiedsgremien, Kommunikationsstrukturen, Strafverfolgung und Kriegsführung aufzeigen.[13] Die Effizienz regionaler Bünde betonend[14] verwies

8 Vgl. Peter-Johannes Schuler, Die Rolle der schwäbischen und elsässischen Städtebünde in den Auseinandersetzungen zwischen Ludwig dem Bayern und Karl IV., mit 2 Karten, in: Blätter für deutsche Landesgeschichte 114 (1978), S. 659–694.

9 Vgl. ebd., S. 660.

10 Vgl. ebd., S. 665.

11 Vgl. ebd., S. 670–672.

12 Vgl. ebd., S. 681.

13 Vgl. Kreutz, Städtebünde (wie Anm. 6), S. 108–167, 377–456.

14 Vgl. ebd., S. 112, 127. Kreutz bemerkt allerdings S. 116, dass es „mit der zwischenstädtischen Solidarität über die Grenzen der jeweiligen Region hinweg schlecht bestellt war." Insgesamt zur Bündnispolitik der Städte vgl. ebd., S. 140f.: „Nach dem Zerfall des ‚Großen Bundes' von 1327 lassen sich in den drei Räumen Mittelrhein, Oberrhein und Wetterau in den 1330 und 1340er Jahren also wieder

Kreutz auf die erfolgreichen Auseinandersetzungen der Städte mit dem niederen Adel unter Mitwirkung Ludwigs des Bayern,[15] wobei dieser seinerseits versucht habe, die Städte durch Privilegien an sich zu binden.[16] Die Städtebünde seien allerdings bestrebt gewesen, eine gewisse Neutralität zu bewahren, um nicht zu äußeren Heerzügen gezwungen zu werden.[17]

Rolf Kießling stellte in einem Vergleich zwischen den Städtelandschaften in Altbayern und Ostschwaben fest, dass Ludwig der Bayer im ostschwäbischen Raum, um die Anbindung der Städte an das Reich zu gewährleisten, großzügiger privilegiert und den Städten einen höheren Grad an Autonomie zugestanden habe als in Altbayern, dessen urbane Zentren sich an Bischofssitzen orientierten.[18] Ludwig der Bayer habe für die Verlagerung der Gerichtsbarkeit, Wehr- und Finanzhoheit in die Hände von Räten ostschwäbischer Städte entscheidende Weichenstellungen gesetzt.[19] Insgesamt bemerkte Kießling eine zunehmende Verdichtung des herrschaftlichen Stadt-Land-Beziehungsnetzes, wobei das „Land" auf die Reichsstädte orientiert gewesen sei[20] und der entscheidende Zentralitätsgewinn im wirtschaftlichen Bereich stattgefunden habe. Ebenso klassifizierte Kießling diese Vorgänge als Kommunikations- bzw. Interaktionsprozesse, indem nicht von einem anonymen Markt, sondern von Prozessen, die von der jeweiligen Stadtherrschaft bzw. Ratsobrigkeit zu regeln waren, auszugehen sei.[21] Kleinstädte und Märkte seien in den Sog der wirtschaftlichen Zentralität einer größeren Stadt (Augsburg) geraten,[22] das Land sei zum Objekt einer gesamtstädtischen Politik avanciert,[23] die teilweise gegen den Adel gerichtet gewesen sei, sich aber dabei stets um Friedenswahrung und Rechtssicherheit bemüht habe.[24]

Gruppen fassen, innerhalb derer die Städte ihre Politik nach außen hin abstimmten. Am Mittelrhein waren dies Mainz, Worms, Speyer und mit Einschränkungen Oppenheim, am Oberrhein Straßburg, Freiburg und Basel, zu denen zeitweise Breisach hinzutrat, und in der Wetterau die vier Reichsstädte Frankfurt, Friedberg, Wetzlar und Gelnhausen. Innerhalb dieser Einheiten wurden die Bünde regelmäßig erneuert, wobei Straßburg durch seine Bündnisse mit den rheinfränkischen Kathedralstädten als Bindeglied zwischen Mittel- und Oberrhein fungierte. Auch die Landfrieden Ludwigs des Bayern orientierten sich an den umschriebenen Einflußsphären, innerhalb derer die entsprechenden Städte sich in die Bündnisse einbrachten."

15 Vgl. ebd., S. 121 u. 134.

16 Vgl. ebd., S. 179.

17 Vgl. ebd., S. 112, 124.

18 Vgl. Kiessling, Städtebünde (wie Anm. 4), S. 85 u.92.

19 Vgl. ebd., S. 94 sowie exemplarisch S. 95: „Mit der Landfriedenspraxis gemäß dem Bündnis von 1331 übertrug Ludwig der Bayer auch Kaufbeuren, Kempten, Memmingen und Ulm die Erlaubnis, Pfändungen auch auf dem Land vorzunehmen […]."

20 Vgl. ebd., S. 96.

21 Vgl. ebd., S. 97.

22 Vgl. ebd., S. 98.

23 Vgl. ebd., S. 100.

24 Vgl. ebd., S. 102.

Im Kontext dieser komparativen Studien wurden auch die vier Wetterauer Reichsstädte als Beispiel für existierende Städtelandschaften und funktionierende Städtenetze aufgrund gemeinsamer Herrschaftsverhältnisse, Wirtschaftsinteressen, Bündnisse sowie einer explizit auf die vier Städte bezogenen Eigen- und Fremdwahrnehmung herangezogen.[25] Allerdings wurde dabei nicht die absolute Sonderstellung der vier Wetterauer Reichsstädte während der Regierungszeit Ludwigs des Bayern berücksichtigt. Zeigt sich die für die ostschwäbischen Reichsstädte günstige Haltung Ludwigs des Bayern noch deutlicher oder in anderer Weise in der Wetterau? Die Frage nach den Entwicklungsfaktoren des öffentlichen Raumes der Wetterau im Zuge des gemeinsamen Handelns der vier Städte und ihrer durchgängig einheitlichen Wahrnehmung durch Ludwig den Bayern umfasst auch die Frage nach der Binnenstruktur und der Interaktion, die zwischen den Städten selbst stattfand, zwischen der wirtschaftsmächtigen Stadt Frankfurt und den kleineren Reichsstädten der Wetterau, Gelnhausen, Friedberg und Wetzlar, hinsichtlich ihrer gemeinsam dem Reich gegenüber vertretenen Interessen. Punktuell analysiert werden sollen die Praxis der Steuererhebungen und -zahlungen, die wirtschaftliche Förderung, beispielsweise in der Ausgestaltung und Sicherung des Messewesens, die Stellung der vier Reichsstädte in den Auseinandersetzungen um die Herrschaft Ludwigs des Bayern, die Friedenssicherung sowie die städtischen Entwicklungen im Rahmen der existierenden regionalen Voraussetzungen.

Regionale Voraussetzungen

Die Wetterau als Landschaft wurde geprägt von den Eigeninteressen der vier Städte,[26] die weder ausschließlich privat motiviert noch vollkommen übereinstimmend waren mit denen des Reiches, sondern sich vorwiegend auf eine vorteilhafte Strukturierung ihres gemeinsamen öffentlichen Raumes bezogen. Unter der Gestaltung eines öffentlichen Raumes ist deshalb nicht nur die aktive Beeinflussung des physischen Charakters von Stadtbildern, Plätzen, äußeren Befestigungen und Straßen in einer spezifischen Region zu verstehen, sondern auch die eines umschriebenen abstrakten Raumes mit seinen allgemeinen rechtlichen, wirtschaftlichen und politischen Ordnungen, die von Nutzern und Betrachtern in Interaktionsprozessen innerhalb einer bestimmten Zeitspanne geschaffen wurden.[27]

---

25 Vgl. Escher-Apsner, Städtelandschaft (wie Anm. 4): Die Wetterau als Fallbeispiel, S. 41–50.

26 Vgl. Schwind, Landvogtei (wie Anm. 3), S. 190, registriert eine „[…] enge Bindung der Städte an die Reichsgewalt, die ihren Bund von Anfang an aus der Sphäre der „privaten", der „staatlichen" Ordnung nicht verpflichteten Vereinbarung heraushob […]."

27 Vgl. Doris Bulach, Handwerk im Stadtraum: Das Ledergewerbe in den Hansestädten der südwestlichen Ostseeküste (13. bis 16. Jahrhundert) (Quellen und Darstellungen zur Hansischen Geschichte

Die vier Wetterauer Städte Frankfurt, Gelnhausen, Friedberg und Wetzlar bildeten mit ihren Reichsgutsbezirken innerhalb einer herrschaftlich vielfältig zersplitterten Landschaft ein Netz wichtiger Knotenpunkte des Handels und strategische Eckpunkte eines politischen Raumes.[28] Inmitten des Einflussbereichs des Erzstiftes Mainz gelegen[29] und umgeben von zahlreichen Territorialherren mit unterschiedlichen Interessens- und Machtpositionen[30] verfügten sie über eine militärisch und wirtschaftlich bedeutende Stellung. Friedberg, in der Mitte der Wetterau, befand sich an mehreren wichtigen Handelsstraßen, darunter der so genannten „kurzen Hessen", die von Mainz über Frankfurt nach Leipzig führte.[31] Die Stadt Wetzlar, an einer Ab-

---

65), Köln u.a. 2013, S. 14–16. Vgl. die Definition des öffentlichen Raums von Gerd SCHWERHOFF, Öffentliche Räume und politische Kultur in der frühneuzeitlichen Stadt: Eine Skizze am Beispiel der Reichsstadt Köln, in: Interaktion und Herrschaft. Die Politik der frühneuzeitlichen Stadt, hg. von Rudolf SCHLÖGL, Konstanz 2004, S. 113–136, auf S. 117f., die hier zugrunde gelegt wird: „Einmal wäre ein öffentlicher Raum ein solcher, der für verschiedene soziale Gruppe zugänglich ist, ein Raum, der nicht-exklusiven und nicht-privaten Charakter trägt. Andererseits soll dieser Raum jedoch kommunikativ und interaktiv relevant und profiliert sein. ‚Öffentlich' wäre ein Raum deshalb auch dann, wenn hier ‚Öffentlichkeit' hergestellt wurde, wenn Meinungsbildungsprozesse betrieben wurden, Verhandlungen stattfanden und Entscheidungen getroffen wurden, die für eine größere Anzahl von Menschen relevant und von Interesse waren." Vgl. auch ebd., S. 117 Anm. 14: „In Anlehnung an die Soziologin Martina Löw (Raumsoziologie, Frankfurt a.M. 2001) wird ‚Raum' hier als ein durch soziale Interaktions- und Kommunikationsprozesse mit Bedeutung aufgeladener geographischer ‚Ort' verstanden."

28 Zur territorialen und wirtschaftlichen Entwicklung der Region vgl. Fred SCHWIND, Königtum, Adel und Städte in der staufischen und spätmittelalterlichen Wetterau und im Vogelsberg, in: Wetterauer Geschichtsblätter 46 (1997), S. 157–204; ders., Landvogtei (wie Anm. 3). Vgl. insbesondere zu Frankfurt Elsbet ORTH, Frankfurt am Main im Früh- und Hochmittelalter, in: Frankfurt am Main. Die Geschichte der Stadt in neun Beiträgen (Veröffentlichungen der Frankfurter Historischen Kommission 17), Sigmaringen 1991, S. 9–52; Konrad BUND, Frankfurt am Main im Spätmittelalter 1311–1519, in: ebd., S. 53–149; Bernd SCHNEIDMÜLLER, Städtische Territorialpolitik und spätmittelalterliche Feudalgesellschaft am Beispiel von Frankfurt am Main, in: Blätter für deutsche Landesgeschichte 118 (1982), S. 115–136; Marianne SCHALLES-FISCHER, Pfalz und Fiskus Frankfurt. Eine Untersuchung zur Verfassungsgeschichte des fränkisch-deutschen Königtums (Veröffentlichungen des Max-Planck-Instituts für Geschichte), Göttingen 1969. Zu Friedberg vgl. Hektor AMMANN, Die Friedberger Messen, in: Rheinische Vierteljahrsblätter 15/16 (1950/51), S. 192–225.

29 Zu den quer durch Hessen verlaufenden Besitzungen des Erzstifts Mainz vgl. Paul-Joachim HEINIG, Die Mainzer Kirche im Spätmittelalter (1305–1484), in: Handbuch der Mainzer Kirchengeschichte, hg. von Friedhelm JÜRGENSMEIER (Beiträge zur Mainzer Kirchengeschichte; Bd. 6,1: Christliche Antike und Mittelalter), Würzburg 2000, S. 416–554, hier S. 425; Ulrich REULING, Die territoriale Entwicklung des Kurfürstentums Mainz, in: Geschichtlicher Atlas von Hessen. Text- und Erläuterungsband, hg. von Fred SCHWIND, Marburg 1984, S. 84–89.

30 Zu den in der Wetterau präsenten Adelsfamilien vgl. u.a. SCHWIND, Königtum (wie Anm. 28), S. 172f. u. 181.

31 In Friedberg liefen 4 Handelsstraßen zusammen; vgl. WERNER, Wetterauer Städtebünde (wie Anm. 3), S. 57; Friedrich KOFLER, Alte Strassen in Hessen, in: Westdeutsche Zeitschrift für Geschichte und Kunst 12 (1893), S. 120–156, Tafel 2. Vgl. auch die Abb. einer Geleitstraßenkarte der Wetterau aus dem Jahr 1530, in: Hessen und Thüringen. Von den Anfängen bis zur Reformation. Eine Ausstellung des Landes Hessen, 1992, S. 234, Abb. 439.

zweigung der Köln-Leipziger-Straße in Richtung Frankfurt gelegen,[32] beherrschte das Lahntal. Frankfurt am Main, Konkurrentin der Stadt Mainz und Umschlagplatz der Waren aus der Nord-Süd-Verbindung, lag zusammen mit Gelnhausen an der Via regia (Verbindung Paris, Breslau, Nowgorod)[33] und war damit zugleich ein wichtiger Stützpunkt für den Handel der Ost-West-Achse. Frankfurt gehörte mit etwa 9.600 Einwohnern[34] keineswegs zu den bevölkerungsreichsten Städten der damaligen Zeit, vermochte allerdings als Aufenthaltsort Ludwigs des Bayern und als aufstrebende Finanz- und Wirtschaftsmacht ihren Vorsprung vor den anderen drei Reichsstädten, die etwa 3.000 (Friedberg) bzw. 3–4.000 (Gelnhausen und Wetzlar) Einwohner[35] zählten, im 14. Jahrhundert auszubauen.

Der für die Wetterau im Zuge der komparatistischen Studien erhobene Befund, dass die Dynamik der vier Reichsstädte Frankfurt, Gelnhausen, Friedberg und Wetzlar im Laufe des 14. Jahrhunderts unterschiedlich verlief,[36] bestätigte frühere Forschungsergebnisse. Diese vermerkten, dass der Wetterauer Städtebund lediglich für Frankfurt als weitaus wirtschaftsmächtigste dieser Städte langfristig vorteilhaft gewesen sei, während die anderen ihre Blütezeit zwar in der ersten Hälfte des 14. Jahrhunderts zu verzeichnen gehabt hätten, dann aber wegen der Einbindung in regionale Konflikte und auch durch die Verpfändungspolitik Ludwigs des Bayern[37] und

32 Abzweigung Butzbach Weinstraße, 1315 und 1349 erwähnt, am so genannten „Wellerweg"; vgl. http://www.altstrassen-in-hessen.de/altstrassen/wellerweg.html; Zugriff: 25.10.2013.

33 Zum Straßenverlauf vgl. ebd., http://www.altstrassen-in-hessen.de/altstrassen/viaregia.html; vgl. auf der website http://www.altstrassen-in-hessen.de/ auch den Verlauf der Köln-Leipziger-Straße; der alten Handelsstraße Frankfurt-Leipzig und „Die kurzen und langen Hessen". Zugriff: 25.10.2013.

34 Vgl. Fred Schwind, Art. Frankfurt, in: Lexikon des Mittelalters 4 (1989), Sp. 735–740, hier Sp. 739.

35 Zu den Einwohnerzahlen der Reichsstädte vgl. Schwind, Frankfurt (wie Anm. 34), Sp. 735–740, hier Sp. 739; ders., Art. Friedberg, in: ebd., Sp. 918; ders., Art. Gelnhausen, in: ebd., Sp. 1206f., hier Sp. 1206. Zu Wetzlar vgl. Friedrich Bernward Fahlbusch, Art. Wetzlar, in: Lexikon des Mittelalters 9 (1998), Sp. 52–53, hier Sp. 53. Vgl. auch die entsprechenden Artikel in: Gerhard Köbler, Historisches Lexikon der deutschen Länder. Die deutschen Territorien und reichsunmittelbaren Geschlechter vom Mittelalter bis zur Gegenwart, 6. vollst. überarb. Aufl. München 1999: Artikel Frankfurt (S. 175f.), Friedberg (S. 182f.), Gelnhausen (S. 195) und schließlich Wetzlar (S. 718f.) mit abweichender Angabe von 6000 Einwohnern zu der Zeit. Danach wäre Wetzlar im Vergleich zu anderen Städten in Deutschland eine sehr große Stadt gewesen.

36 Vgl. Escher-Apsner, Städtelandschaft (wie Anm. 4), S. 50.

37 Zur Verpfändung von Gelnhausen: König Ludwig verpfändete am 24. Dezember 1326 Ulrich (II.) von Hanau für dessen bei seiner Krönung zu Aachen und seither geleistete Dienste um 8000 Pfund Haller die Reichsstadt Gelnhausen (Druck: MGH Constitutiones et acta publica imperatorum et regum (im Folgenden: MGH Const.) 6, 1. Inde ab a. MCCCXXV usque ad a. MCCCXXX, bearb. von Jakob Schwalm, Hannover/Leipzig 1909–1927 (ND Hannover 1981/82), S. 153 Nr. 234; Reg.: Michael Zieg, Gelnhäuser Regesten – zur Geschichte der Reichsstadt in den Jahren 1170 bis 1400 (Studien zur Geschichtsforschung des Mittelalters 22), Hamburg 2008, S. 149 Nr. 272); am 29. März 1330 teilte Kaiser Ludwig den (Reichs-)Burgleuten der Burg und Stadt Gelnhausen mit, dass er Burg und Stadt Ulrich (II.) von Hanau und dessen Erben für ihm geleistete Dienste und des dabei erlittenen Schadens verpfändet hat, und befahl ihnen, den Empfängern Gehorsam zu leisten und die ihm und dem Reich zu leistenden Dienste zu entrichten (Druck: MGH Const. 6, 1, S. 610f. Nr. 714; Reg.:

Karls IV.[38] von einem starken Abschwung betroffen gewesen seien.[39] Wetzlar musste 1370 Bankrott erklären,[40] Gelnhausens Steuerkraft sank bereits unter Ludwig so erheblich, dass der Kaiser mehrfach in die Art der Steuererhebung eingreifen musste,[41] Friedberg geriet zunehmend in Abhängigkeit der Burg und verlor bis zum Ende des 15. Jahrhunderts über die Hälfte seiner Einwohner.

Ein Vergleich der relativen Steuererhebung im 14. Jahrhundert mit der Verteilung der Steuerlast, welche die vier Städte unter Ludwig dem Bayern aushandeln konnten,

---

ZIEG, Gelnhäuser Regesten, S. 156 Nr. 293). Vgl. auch die drei Urkunden vom 25. April 1330, je eine für die Stadt, für Burg und Burgmannen von Gelnhausen sowie eine für beide (Druck: MGH Const. 6, 1, S. 633f. Nr. 745, 1–3; Reg.: ZIEG, Gelnhäuser Regesten, S. 156f. Nr. 295), in denen Ludwig die Empfänger u.a. von ihrem Treueid entband. Am 5. August 1330 wies der Kaiser Ulrich II. von Hanau allerdings die diesem versprochene Summe von 8000 Pfund Haller aus einem neu einzurichtenden Rheinzoll an (Druck: MGH Const. 6, 1, S. 698 Nr. 827; Reg.: Heinrich REIMER, Hessisches Urkundenbuch, 2. Abt.: Urkundenbuch zur Geschichte der Herren von Hanau und der ehemaligen Provinz Hanau, 4 Bde. (Publikationen aus den K. Preussischen Staatsarchiven 48, 51, 60, 69; ND Osnabrück 1965), Leipzig 1891–1897, S. 337 Nr. 360). Am 16. September 1338 teilte Ludwig den Schultheißen, den Räten und den Bürgern von Frankfurt (a. Main) und Gelnhausen mit, dass er Ulrich (II.) von Hanau und dessen Erben aus ihren ab kommenden St. Martinstag (1338 November 11) fälligen Reichssteuern 8400 Pfund Haller bis zur Begleichung der Schuld verschrieben hat (Druck: REIMER, ebd., S. 487 Nr. 509; Reg.: MGH Const. 7 (Dokumente zur Geschichte des Deutschen Reiches und seiner Verfassung, Teil 1: 1336–1339, bearb. von Michael MENZEL, Wiesbaden 2013), S. 305f. Nr. 497).

38 Zur Verpfändung der Städte Friedberg und Gelnhausen vom 2. November 1347 vgl. Johann Friedrich BÖHMER, Die Regesten des Kaiserreichs unter Kaiser Karl IV. 1346–1378, hg. von Alfons HUBER (J.F. BÖHMER, Regesta Imperii 8), Innsbruck 1877, S. 37 Nr. 395.

39 Vgl. vor allem Elsbeth ORTH, Die Reichsstädte der Wetterau, in: Die Geschichte Hessens, hg. von Uwe SCHULTZ, Stuttgart 1983, S. 82–94, hier S. 88: „Auch die Wetterauer Reichsstädte verdankten ihre je eigene Entwicklung nicht oder nur zum geringsten Teil ihrem lange Zeit bestehenden Bündnis oder dem oft bewährten gemeinsamen Vorgehen in Rechts- und Reichsfragen. Für die Erringung und Behauptung ihrer mehr oder weniger eingeschränkten politischen Unabhängigkeit erwies sich vielmehr die wirtschaftliche Entwicklung jeder einzelnen Stadt und das Verhältnis zu den benachbarten Territorialherren als entscheidend."

40 Vgl. Eva-Marie FELSCHOW, Städtische Verschuldungspolitik. Der Wetzlarer „Stadtbankrott" im 14. Jahrhundert, in: Hessische Heimat 39, Heft 3/4 (1989), S. 108–112. Zu den belastenden regionalen Konflikten und zur Zerrüttung des Bündnisses zwischen Wetzlar und den anderen drei Reichsstädten der Wetterau u.a. während der Thronstreitigkeiten zwischen Karl IV. und Günther von Schwarzburg vgl. dies., Wetzlar in der Krise des Spätmittelalters (Quellen und Forschungen zur hessischen Geschichte 63), Marburg 1985, S. 24f. u. 31.

41 Am 9. Juni 1324 setzte König Ludwig die von der Stadt und der Bürgerschaft von Gelnhausen zu zahlende Jahressteuer auf 300 Pfund Haller fest und befahl für den Fall, dass die Stadt auch weiterhin nach Frankfurt (a. Main) die Steuer entrichtete, diese verhältnismäßig (vermutlich anteilig zur Bevölkerung) zu berechnen (Druck: MGH Const. 5, Inde ab a. MCCCXIII usque ad a. MCCCXXIV, bearb. von Jakob SCHWALM, Hannover/Leipzig 1909–1927 (ND Hannover 1981/82, S. 771 Nr. 932; Reg.: Regesten Kaiser Ludwigs des Bayern (1314–1347), Heft 8: Die Urkunden aus den Archiven und Bibliotheken Österreichs, bearb. von Johannes WETZEL, Köln u.a. 2008, S. 42 Nr. 97). Dies Letztere bekräftigte Ludwig am 1. August 1338, nachdem es zwischen Frankfurt und Gelnhausen um das *dritteyl der sture* von Gelnhausen zum Streit gekommen war (Druck: MGH Const. 7 [wie Anm. 37], S. 269 Nr. 457; Reg.: BATTENBERG, Reg. Hofgericht, S. 485 Nr. 316). Die Steuer Gelnhausens betrug 1346 allerdings 326 Pfund Haller, vgl. Anm. 90.

zeigt, dass sich die Kräfteverhältnisse im Laufe des 13. und 14. Jahrhunderts erheblich verschoben haben müssen: Nach einem Steuerverzeichnis der königlichen Kammer aus dem Jahr 1241[42] hatte Frankfurt 250 Mark Silber (also etwa 60 Kilogramm Silber) aufzubringen, Gelnhausen 200 Mark, Wetzlar 170 und Friedberg 120 Mark; damit standen Frankfurt und danach Gelnhausen (mit Hagenau) an der Spitze der Steuerkraft aller in dem Verzeichnis aufgeführten Städte und Ämter. Auf Frankfurt entfielen danach 33,8 Prozent des Steuervolumens der vier Städte der Wetterau; der Anteil von Gelnhausen lag bei 27 Prozent, derjenige Wetzlars bei 23 Prozent und derjenige Friedbergs bei 16,2 Prozent. In der Zeit Ludwigs des Bayern stellte sich die Relation, welche wahrscheinlich auch die verhältnismäßige Wirtschaftskraft der Städte spiegelt, bereits anders dar: Der Anteil Frankfurts am gemeinsamen Steuervolumen lag bei 39,6 Prozent, während Gelnhausen nur noch 10,4 Prozent, Wetzlar und Friedberg jeweils 25 Prozent zu tragen hatten.[43]

Lässt sich somit die in der Literatur vertretene Einschätzung bestätigen, dass der sehr enge Bund der vier Wetterauer Reichsstädte nicht als erfolgreich anzusehen sei, weil andere Faktoren das Geschehen im Wechselspiel der territorialen Mächte zu sehr beeinflussen konnten? Diese Einschätzung ist sicherlich richtig, wenn man die langfristigen Wirtschafts- und Bevölkerungsentwicklungen, die Durchsetzungskraft Frankfurts in der Konkurrenz zu den anderen Städten sieht[44] und wenn man die langfristige Eigenständigkeit der Städte betrachtet. Sobald jedoch der Blick fokussiert wird auf zeitlich begrenzte Interaktionsprozesse, ergibt sich ein differenzierteres Bild von Strategie und Wirkung dieses konstant zusammen agierenden Städtebundes, dessen Ziel es war, den gemeinsamen Handels- und Wirtschaftsraum zu befrieden und zu gestalten.

Seit 1285[45] waren diese vier Städte in einem Bund zusammengeschlossen und wurden, indem sie gemeinsam einen engen Bezug zum Königtum herstellen konnten und auch zu bewahren vermochten, als Machtfaktoren für die Sicherung von Frieden

42 Vgl. die Reichssteuer-Matrikel der königlichen Kammer aus dem Jahr 1241: http://www.koeblergerhard.de/Fontes/Reichssteuermatrikel1241.htm. (Zugriff: 6.11.2013). Die Liste mit steuerpflichtigen Städten und Judengemeinden war unter König Konrad IV. angelegt worden; in ihr nahmen die vier Reichsstädte die Plätze eins bis drei und Platz fünf ein.

43 Zu den Steueranteilen der Städte vgl. Anm. 90.

44 So Orth, Wetterau (wie Anm. 39), S. 88f.

45 Unterbrechungen gab es zwischen 1331 bis 1334 und zwischen 1337 bis 1340; außerdem schied zeitweilig Gelnhausen (1334) aus. Zum Bündnis vgl. Schwind, Landvogtei (wie Anm. 3), S. 185. „Trotz mancher Ergänzungen und Umgestaltungen blieb die Urkunde vom 1. Dezember 1285 die Grundlage für alle Erneuerungen des Bundes, von denen es bis zum Jahre 1364 nicht weniger als acht gab." Die Unterbrechung zwischen 1337 bis 1340 kann möglicherweise auf den in der Wetterau erstrebten Landfrieden von 1337 zurückgeführt werden.

und Stabilität in dieser Region angesehen.[46] Die vier Städte wurden schon vor der Kaiserkrönung von Ludwig als Einheit wahrgenommen, indem er ihnen zusammen weit reichende Privilegien einräumte, sie in den Bacharacher Landfrieden von 1317 einband, ihre Steuern erhob oder anderen zuteilte[47] und auch von ihnen militärische Unterstützung erhielt. Doch erst ab 1332 haben wir verstärkt Kunde von Aufträgen Ludwigs, die sich gezielt an diese vier Städte als mächtige Handlungseinheit in der Wetterau richteten.[48] Möglicherweise hatte daran die Förderung der Stadt Frankfurt, die als beliebter Aufenthaltsort Ludwigs eine von ihm beabsichtigte Aufwertung verzeichnen sollte, entscheidenden Anteil. Wie diese Entwicklung von gemeinsamer Wahrnehmung und Förderung bis zur Indienstnahme oder Einbindung in das strategische Handeln des Kaisers verlief und inwiefern die kleineren Städte in diese Prozesse eingebunden waren und auch davon profitierten, wird im Folgenden zu untersuchen sein.

46 Vgl. dazu den Vortrag von Felicitas Schmieder vom 09.08.2006 auf der Kronberger Burg: Die Wetterau und ihre Städte im Rheinischen Bund: http://www.familia-mercatores.de/wetterau.htm. (Zugriff: 16.8.2011).

47 Vgl. Anm. 86; weiter erhielt am 24. Februar 1321 der Landvogt den Auftrag, die Reichssteuern der vier Städte einzunehmen und teils an die Edlen Philipp (III.) den Älteren und Philipp (IV.) den Jüngeren von Falkenstein, Gottfried (IV.) von Eppstein und Ulrich (II.) von Hanau abzuliefern. (Druck: MGH Const. 5 [wie Anm. 41], S. 489f. Nr. 615; Reg.: Reg.LdB 8 [wie Anm. 41], S. 27 Nr. 59); am 5. August 1321 zeigt eine Steuerquittung, dass alle vier Städte die Steuern zwei Jahre im Voraus bezahlten (Orig. im Institut für Stadtgeschichte Frankfurt a. Main, Privilegien Nr. 32; Druck: MGH Const. 5, S. 500 Nr. 630, Reg.: Johann Friedrich Böhmer, Regesta Imperii inde ab anno 1314 usque ad annum 1347. Die Urkunden Kaiser Ludwigs des Baiern, König Friedrich des Schönen und König Johanns von Böhmen, Frankfurt a. M. 1839; Addit. 1, ebd. 1841; Addit. 2, Leipzig 1846; Addit. 3, Innsbruck 1865 [im Folgenden Böhmer, RI], S. 26 Nr. 448); am 29. Dezember 1322 erhielt der Landvogt der Wetterau, Konrad von Trimberg, den Auftrag, die Einnahmen der Steuern der vier Städte aufzuheben (Reg.: Johann Friedrich Böhmer, Codex diplomaticus Moenofrancofurtanus. Urkundenbuch der Reichsstadt Frankfurt 794–1400, Frankfurt a. Main 1836, S. 161 Nr. 203).

48 Neben den unten im Text aufgeführten Beispielen sind z. B. noch die folgenden Urkunden relevant: Am 21. August 1332 wurden die vier Städte gemeinsam aufgefordert, Konrad von Trimberg, der den geächteten Bürgern von Mainz beigestanden hatte, nicht weiter zu schädigen; im Falle von Ansprüchen ihrerseits sollten sie sich an das kaiserliche Gericht wenden (Druck: MGH Const. 6, 2, Dokumente zur Geschichte des Deutschen Reiches und seiner Verfassung, 1331–1335, Teil 1: 1331, bearb. von Ruth Bork, Weimar 1989 (ND 2002); Teil 2: 1332, bearb. von Wolfgang Eggert, Hannover 1999; Teil 3: 1333–1335, bearb. von Wolfgang Eggert, Hannover 2003; hier Teil 2, S. 223 Nr. 325, Reg.: Böhmer, RI [wie Anm. 47], S. 92 Nr. 1487). Gemeinsame Adressaten sind sie am 23. September 1333 in den Regelungen, die Ludwig bezüglich der Pfahlbürger getroffen hatte (Druck: MGH Const. 6, 2, S. 341 Nr. 481; Reg.: Böhmer, RI [wie Anm. 47], S. 98 Nr. 1572). Am 21. Februar 1336 erging an die vier Städte gemeinsam das Gebot Kaiser Ludwigs, die aus Fulda entlaufenen Mönche weder aufzunehmen noch zu schützen (Orig. im Institut für Stadtgeschichte Frankfurt a. Main, Kaiserschreiben 3; Druck: Johann Friedrich Böhmer, Urkundenbuch der Reichsstadt Frankfurt, bearb. von Friedrich Lau, Bd. 2 (Codex diplomaticus Moenofrancofurtanus), Frankfurt a. Main 1905, S. 417 Nr. 546; Reg.: MGH Const. 7 [wie Anm. 37], S. 4 Nr. 9).

Regionale Förderung – die Entwicklung Frankfurts als dynamisierender Faktor

Bereits ab 1329 lässt sich die bedeutende wirtschaftliche Förderung Frankfurts durch Ludwig den Bayern mit der Gewährung zahlreicher Privilegien vermerken: Neben der Bestätigung allgemeiner Rechte und Freiheiten erhielt Frankfurt am 20. Juni 1329 die Erlaubnis, verpfändete Reichsgüter, darunter Schultheißenamt, Zölle, Bornheimer Gericht, Juden und Ungeld einzulösen;[49] er gestattete am selben Tag Frankfurt den Bau eines neuen Rathauses[50], Gerichtsstandsprivilegien[51] und weitgehende Zollfreiheiten[52]. Ab 1332 erscheint in den Frankfurter Urkunden der Bürgermeister, teilweise allein, vor oder auch nach dem Frankfurter Schultheißen[53], als Ansprechpartner des Kaisers. Am 25. April 1330 genehmigte Ludwig Frankfurt die Einrichtung einer zweiten Messe, die im Frühjahr, zusätzlich zu der Messe im Herbst, abgehalten werden durfte,[54] womit ein elementarer Grundstein für den wirtschaftlichen Erfolg Frankfurts gelegt wurde. Dieses Privileg wurde später[55] durch eine weitere wichtige Urkunde ergänzt: In ihr bestimmte der Kaiser, dass weder in Mainz noch anderswo eine Messe, die den beiden Frankfurter Messen schaden könnte, errichtet werden dürfte. Am 17. Juli 1333 erhielt Frankfurt die Erlaubnis, das Stadtgebiet um

49 Vgl. das Orig. im Institut für Stadtgeschichte Frankfurt a. Main, Privilegien Nr. 37 (Druck: MGH Const. 6, 1 [wie Anm. 37], S. 495 Nr. 593; Reg.: Böhmer, RI [wie Anm. 47], S. 63 Nr. 1030).

50 Vgl. das Orig. ebd., Privilegien Nr. 39 (Druck: Böhmer-Lau, UB Frankfurt 2 [wie Anm. 48], S. 260 Nr. 349; Reg.: Böhmer, RI [wie Anm. 47], S. 63 Nr. 1029).

51 Vgl. das Orig. ebd., Privilegien Nr. 38 (Druck: MGH Const. 6, 1 [wie Anm. 37], S. 495 f. Nr. 594, Reg.: Reg.LdB 8 [wie Anm. 41], S. 64 Nr. 140).

52 Vgl. das Orig. ebd., Privilegien Nr. 36 (Druck: MGH Const. 6, 1 [wie Anm. 37], S. 496–498 Nr. 596; Reg.: Reg.LdB 8 [wie Anm. 41], S. 64 Nr. 141) und die Wiederholung des Privilegs am 23.6.1329, ebd., Privilegien Nr. 36a mit Goldbulle (Druck: MGH Const. 6, 1 [wie Anm. 37], S. 496–498 Nr. 597; Reg.: Böhmer, RI [wie Anm. 47], S. 63 Nr. 1033).

53 Zur Entwicklung des Schultheißenamtes vgl. Friedrich Schunder, Das Reichsschultheißenamt in Frankfurt am Main bis 1372, in: Archiv für Frankfurts Geschichte und Kunst 42 (1954). Zur Erwähnung des Bürgermeisters in den Urkunden Ludwigs des Bayern vgl. Ludwig Heinrich Euler, Über die Verfassungsgeschichte der deutschen Städte, in: Archiv für Frankfurts Geschichte und Kunst Bd. 7 (1855), S. 83–102.

54 Vgl. das Orig. im Institut für Stadtgeschichte Frankfurt a. Main, Privilegien Nr. 43 (Druck: Böhmer-Lau, UB Frankfurt 2 [wie Anm. 48], S. 291 Nr. 386; Reg.: Reg.LdB 8 [wie Anm. 41], S. 77 f. Nr. 171). Anfang der Herbstmesse war der 15. August und ihr Ende der 8. September; die Frühjahrsmesse wurde erst 1349 auf die Zeit zwischen Oculi und Judica, vom 4. bis zum 2. Fastensonntag festgesetzt. Vgl. die Urkunde Karls IV. vom 26. Juni 1349 (Druck: MGH Const. [wie Anm. 37] (Dokumente zur Geschichte des Deutschen Reiches und seiner Verfassung, Bd. 9, 1349, bearb. von Margarete Kühn, Weimar 1974–1983), S. 69 Nr. 97); vgl. auch Michael Rothmann, Die Frankfurter Messen im Mittelalter (Frankfurter historische Abhandlungen 40), Stuttgart 1998, S. 102. Rothmann bemerkt S. 68: „So erhielt Frankfurt als erste Stadt des Reichs eine zweite Messe bei freier Terminwahl verliehen."

55 Am 27. März 1337. Vgl. Orig. im Institut für Stadtgeschichte Frankfurt a. Main, Privilegien Nr. 61 u. 61b (Druck: Böhmer-Lau, UB Frankfurt 2 [wie Anm. 48], S. 458 Nr. 606; Reg.: MGH Const 7 [wie Anm. 37], S. 128 Nr. 213).

das Dreifache zu erweitern und zwar ohne Erhöhung der jährlichen Steuerabgabe.[56] Im Jahr 1336 stellte Ludwig der Bayer ein ganzes Bündel von Urkunden aus, davon allein sieben an einem Tag, dem 31. Mai, die neben wirtschaftlichen[57] auch bedeutende rechtliche Regelungen enthielten, von denen noch zu sprechen sein wird. Am 27. November 1346 wurde der Stadt das Recht erteilt, in einer Münze Kleingeld zu prägen und überall in der Stadt Wechselstuben zu betreiben, ganz so, wie es der Stadt am nützlichsten sei.[58]

Bemerkenswert ist auch die spätestens 1333 gewährte Erlaubnis für Jakob Knoblauch, der seit der Romfahrt und Kaiserkrönung in das nähere Umfeld Ludwigs getreten war, den Rückkauf, die Restaurierung und den Ausbau der verpfändeten ehemaligen Königspfalz, des Saalhofes, vorzunehmen.[59] Die Erhöhung der Pfand-

---

56 Vgl. das Orig. im Institut für Stadtgeschichte Frankfurt a. Main, Privilegien Nr. 48 (Druck: MGH Const. 6, 2 [wie Anm. 48], S. 326 f. Nr. 457; Reg.: Reg.LdB 8 [wie Anm. 41], S. 134 Nr. 282). Zur Bedeutung dieses Privilegs für die Stadt Frankfurt vgl. BÜCHER, Bevölkerung (wie Anm. 2), S. 321; SCHALLES-FISCHER, Pfalz und Fiskus Frankfurt (wie Anm. 28), S. 460; SCHWIND, Landvogtei (wie Anm. 3), S. 132 und Anm. 6; Wolfram HEITZENRÖDER, Reichsstädte und Kirche in der Wetterau: der Einfluß des städtischen Rats auf die geistlichen Institute vor der Reformation, Frankfurt a. Main 1982, S. 100; ROTHMANN, Frankfurter Messen (wie Anm. 54), S. 69.

57 Beliebige Erhöhung des Mahlgeldes: Orig. im Institut für Stadtgeschichte Frankfurt a. Main, Privilegien Nr. 54 (Druck: BÖHMER-LAU, UB Frankfurt 2 [wie Anm. 48], S. 428 f. Nr. 565; Reg.: MGH Const. 7 [wie Anm. 37], S. 53 Nr. 86); weitgehende Aufhebung der Grundruhr: Orig. ebd., Privilegien Nr. 58 (Druck: ebd., S. 427 f. Nr. 563; Reg.: ebd., S. 53 Nr. 83).

58 Vgl. das Orig. im Institut für Stadtgeschichte Frankfurt a. Main, Privilegien Nr. 79 (Druck: BÖHMER, Cod. dipl. Moenofr. [wie Anm. 47], S. 606 f.; Reg.: Reg.LdB 8 [wie Anm. 41], S. 272 Nr. 565). Zur Bedeutung des Privilegs vgl. Ludwig Heinrich EULER, Verzeichnis und Beschreibung der Frankfurter Goldmünzen mit einer geschichtlichen Einleitung über die Reichsmünze zu Frankfurt und das Münzrecht der Stadt, in: Archiv für Frankfurts Geschichte und Kunst 4 (1847), S. 1–43, hier S. 8–10; Heinrich TROE, Münze, Zoll und Markt und ihre finanzielle Bedeutung für das Reich vom Ausgang der Staufer bis zum Regierungsantritt Karls IV. Ein Beitrag zur Geschichte des Reichsfinanzwesens in der Zeit von 1250 bis 1350 (Vierteljahrschrift für Sozial- und Wirtschaftsgeschichte. Beihefte 32), Berlin 1937, S. 22; SCHWIND, Landvogtei (wie Anm. 3), S. 133; BUND, Frankfurt am Main (wie Anm. 28), S. 56; ROTHMANN, Frankfurter Messen (wie Anm. 54), S. 205, 271.

59 Bereits vor dem 12. März 1333 muss Ludwig dem Frankfurter Bürger Jakob Knoblauch und seiner Frau Drude gestattet haben, den am Main gelegenen Saalhof zu Frankfurt mit Zubehör von Graf Rudolf (III.) von Wertheim, dessen Frau Elisabeth, dem Edlen Gottfried (V.) von Eppstein und dessen Frau Lukard einzulösen, wobei kein Gut ohne das andere gelöst werden sollte. Dies ergibt sich aus einer Urkunde Graf Rudolfs (III.) von Wertheim, seiner Frau Elisabeth, Gottfrieds (V.) von Eppstein und seiner Frau Lukard vom 12. März 1333 (Abschrift Pap. 19. Jh. im Institut für Stadtgeschichte Frankfurt a. Main, Fichards Geschlechtergeschichte Nr. 165 fol. 125rv Nr. 8; Druck: BÖHMER-LAU, UB Frankfurt 2 [wie Anm. 48], S. 343 f. Nr. 452). Die genannten Frauen waren die Töchter Eberhards von Breuberg; König Ludwig gestattete mit der Urkunde vom 15. Oktober 1317, dass dessen Lehen, darunter auch der Königssaal in Frankfurt mit Zubehör, nach dem Tod Eberhards von Breuberg und seiner Gattin an die Töchter fielen (Druck: MGH Const. 5 [wie Anm. 41], S. 375 f. Nr. 455; Reg.: BÖHMER, RI [wie Anm. 47], S. 17 Nr. 278). Am 10. August 1333 hatte Knoblauch offenbar schon für 1200 Pfund Haller den Saalhof baulich verändert. Vgl. Kopialbuch dt. Pap. von 1755 im Institut für Stadtgeschichte Frankfurt a. Main, Hausurkunden Nr. 699 pag. 12–14 (Druck: BÖHMER-LAU, UB Frankfurt 2 [wie Anm. 48], S. 354 f. Nr. 469; Reg.: BÖHMER, RI, S. 97 Nr. 1568).

summe für den Saalhof und seine zugehörigen Güter von ehemals 1.800 Pfund Haller im Jahr 1333 auf 5.000 Pfund Haller nach den abgeschlossenen Baumaßnahmen im Jahr 1346[60] lässt darauf schließen, dass die Reichsstadt Frankfurt mit ihrem Saalhof zu einer mächtigen und repräsentativen Residenz ausgestaltet werden sollte.

Die absolute und unter Ludwig weiter ausgebaute Führungsposition Frankfurts innerhalb des Wetterauer Städtebundes ist schon anhand des Itinerars erkennbar. Ludwig urkundete in Frankfurt 699 Mal mit deutlichem Fokus auf die dortigen Belange. Er war an die 50 Mal in Frankfurt; in Friedberg und Wetzlar weilte er je nur einmal, in Gelnhausen immerhin viermal. Aber auch im Vergleich zu weiteren Orten, an denen Ludwig sich aufhielt, rangiert die Reichsstadt Frankfurt bezüglich der Urkundenausstellung ganz weit oben: Nach München (992) und Nürnberg (738) sind in sehr großem Abstand z. B. Landshut (170), Speyer (143), Augsburg (142) oder Mainz (82) zu finden. Betrachtet man zugleich die zeitliche Verteilung der Frankfurt gewährten Vergünstigungen, erkennt man, dass Ludwig offenbar die Stadt bei seinen dortigen Aufenthalten besonders privilegierte. Dort wo Ludwig sich befand, konnten die Städte mit ihm wohl am besten verhandeln; schließlich mussten auch seine Wirte und sonstigen Ausgaben bezahlt werden. Darauf verweisen die zahlreichen Privilegien, welche für diejenigen ausgestellt wurden, die Ludwig in den Städten aushielten, darunter auf einer vorderen Position Jakob Knoblauch[61], vergleichbar mit seinem Wirt in Nürnberg Konrad Groß[62].

Einbindung der drei anderen Städte in die gemeinsame Entwicklung

Allerdings konnten auch die drei kleineren Reichsstädte der Wetterau im Anschluss an Frankfurt als der mächtigsten und bewegenden Kraft der Region an den Vergünstigungen teilhaben, indem Ludwig die vier Städte gemeinsam oder mit nahezu gleich lautenden Urkunden einzeln privilegierte. Bereits in den Jahren 1318 und 1320 muss es schon gemeinsame Verhandlungen der vier Wetterauer Städte mit der Krone

---

60 Vgl. das Orig. im Institut für Stadtgeschichte Frankfurt a. Main, Hausurkunden Nr. 649 (Druck: Böhmer, Cod. dipl. Moenofr. [wie Anm. 47], S. 597–599; Reg.: Böhmer, RI [wie Anm. 47], S. 156 Nr. 2482), 1346 März 10.

61 Zu Knoblauch vgl. Heinz F. Friedrichs, Frankfurter Patrizier im 12.–14. Jahrhundert, Heft 2: Die Familie Weiß v. Limpurg. Die Familie Knoblauch Forschungen zur hessischen Familien- und Heimatkunde), Frankfurt a. Main 1958, S. 21–31 und Stammtafel. Vgl. auch den Artikel zu Jakob Knoblauch in: Frankfurter Biographie. Personengeschichtliches Lexikon. Im Auftrag der Frankfurter Historischen Kommission hg. von Wolfgang Klötzer, bearb. von Sabine Hock/Reinhard Frost. 1. Bd. A–L (Veröffentlichungen der Frankfurter Historischen Kommission XIX/1), Frankfurt a. Main 1994, S. 426.

62 Zu Groß vgl. August Gemperlein, Konrad Groß, der Stifter des Nürnberger Heiliggeist-Spitals, und seine Beziehungen zu Kaiser Ludwig, in: Mitteilungen des Vereins für Geschichte der Stadt Nürnberg 39 (1944), S. 83–126.

unter der Führung Frankfurts gegeben haben. 1318 erhielt Frankfurt das Recht, den Zoll auf ausgeführtes Getreide zu erhöhen.[63] Ludwig stand bei Ausstellung dieser Urkunde im Feld vor Wiesbaden und belagerte die Burg seines Gegners Gerlach I. von Nassau. Zurückgekehrt nach Frankfurt erhielten Friedberg und Gelnhausen im Wortlaut fast identische Urkunden.[64] Allen vier Städten wurde am 14. November 1318 die gemeinsame jährliche Steuer von 1.600 Mark erlassen wegen Schäden, die sie für ihre Dienste, vermutlich bei dieser Belagerung, erlitten hatten.[65]

Am 26. Juni 1329 wurden ihnen allen gemeinsam in Pavia die gewohnten Rechte und Freiheiten bestätigt.[66] Bewirkt hatte dies offenbar die Gesandtschaft aus Frankfurt, die Ludwig nach Italien auf dem Weg zur Kaiserkrönung begleitete, stellvertretend für die anderen drei Bündnisstädte. Bestehende personelle Verbindungen zwischen den Wetterauer Städten begünstigten dieses gemeinsame Vorgehen, was an einem für die Region spezifischen Umstand erläutert werden kann: Über die Hälfte von Frankfurts Neubürgern rekrutierte sich zwischen 1311 und 1350 aus dem Gebiet der Wetterau.[67] Mitglieder der bedeutenden Frankfurter Patrizierfamilie, der Knoblauch, waren nach Wetzlar und wieder zurück nach Frankfurt gekommen.[68]

63 Vgl. das Orig. im Institut für Stadtgeschichte Frankfurt a. Main, Privilegien Nr. 28 (Druck: BÖHMER-LAU, UB Frankfurt 2 [wie Anm. 48], S. 103 Nr. 116; Reg.: BÖHMER, RI [wie Anm. 47], S. 20 Nr. 331): 24. Oktober 1318 im Lager bei Wiesbaden.

64 Für Friedberg: 25. November 1318, vgl. Orig. im Hessischen Staatsarchiv Darmstadt, A 3 Nr. 111/64 (Druck: Max FOLTZ, Urkundenbuch der Stadt Friedberg, Bd. 1 (1216–1410) (Veröffentlichungen der Historischen Kommission für Hessen und Waldeck 3), Marburg 1904, S. 97 f. Nr. 229; Reg.: Johann Philipp DIEFFENBACH, Geschichte der Stadt und Burg Friedberg in der Wetterau, Darmstadt 1857, S. 73 f.); für Gelnhausen: 25. November 1318 (Druck: REIMER, UB Hessen 2 [wie Anm. 37], S. 190 Nr. 199; Reg.: ZIEG, Gelnhäuser Regesten [wie Anm. 37], S. 135 Nr. 237).

65 Vgl. das Orig. im Institut für Stadtgeschichte Frankfurt a. Main, Privilegien Nr. 29 (Druck: MGH Const. 5 [wie Anm. 41], S. 413 Nr. 514; Reg.: BÖHMER, RI [wie Anm. 47], S. 20 Nr. 339); KREUTZ, Städtebünde (wie Anm. 6), S. 138 f. wertet dies als Verhandlungserfolg des Wetterauer Städtebundes. Allerdings hatte Wetzlar 1318 schon Steuern bezahlt (Anm. 86); dies wurde dann offenbar im folgenden Jahr verrechnet.

66 Vgl. das Orig. im Institut für Stadtgeschichte Frankfurt a. Main, Privilegien Nr. 42 (Druck: MGH Const. 6, 1 [wie Anm. 37], S. 500 f. Nr. 600; Reg.: BÖHMER, RI [wie Anm. 47], S. 64 Nr. 1041 Anm.) und am Tag darauf, den 27. Juni (Orig. ebd., Privilegien Nr. 42a mit Goldbulle; Druck: MGH Const. 6, 1 S. 500 f. Nr. 601; Reg.: BÖHMER, RI [wie Anm. 37], S. 64 Nr. 1041). Frankfurt erhielt die Privilegienbestätigungen nochmals separat in zweifacher Ausfertigung an denselben beiden Tagen: Orig. ebd., Privilegien Nr. 41 (Druck: MGH Const. 6, 1 S. 498 f. Nr. 598; Reg.: BÖHMER, RI [wie Anm. 47], S. 64 Nr. 1040 Anm.) und ebd., Privilegien 41a mit Goldbulle (Druck: MGH Const. 6, 1 S. 498 f. Nr. 599; Reg.: BÖHMER, RI [wie Anm. 47], S. 64 Nr. 1040).

67 Karl Büchers Untersuchung der Bürgerbücher ergab, dass die in Frankfurt zwischen 1311 bis 1350 aufgenommenen Neubürger zu über 60 Prozent aus der Wetterau stammten. Vgl. BÜCHER, Bevölkerung (wie Anm. 2), S. 463. Zur Entwicklung des Frankfurter kaufmännischen Bürgertums mit dem Zuzug vom Niederrhein und aus Norddeutschland im 14. Jahrhundert vgl. allerdings Dietrich ANDERNACHT, Einleitung zu: Die Bürgerbücher der Reichsstadt Frankfurt 1311–1400 und das Einwohnerverzeichnis von 1387, hg. von dems., Frankfurt 1955, S. XXVI.

68 Vgl. FRIEDRICHS, Die Familie Knoblauch (wie Anm. 61).

Angesichts dieser Beziehungen ist es nicht verwunderlich, dass Wetzlar im Jahr 1314 anstelle von Frankfurt einen Boten nach Aachen sandte, um die Wahl Ludwigs anzuzeigen und die Huldigung der Stadt Frankfurt mitzuteilen. Diese Stellvertreterrolle Wetzlars schien dem Frankfurter Archivar Johann Friedrich Böhmer so ungewöhnlich zu sein, dass er an eine fehlerhafte Überlieferung glaubte, was sich aber als falsch herausstellte.[69] Jakob Knoblauch gehörte, ebenso wie der langjährige Landvogt in der Wetterau, Gottfried IV. von Eppstein, zu dem Gefolge Ludwigs während dessen Romfahrt, und beide wurden zu engen Vertrauten des Kaisers. Jakob Knoblauch, genannt der Reiche, avancierte zu einer wichtigen Person des städtischen Lebens und zu Ludwigs Interessenwahrer in Frankfurt. Knoblauch, der den Kaiser in Frankfurt häufig bewirtete, wurde von ihm am 27. Juli 1334 in dessen besonderes Hofgesinde aufgenommen.[70] Die persönlichen Bindungen, die es vermutlich nicht nur zwischen Wetzlarer und Frankfurter Familien gab, sondern auch zwischen den Familien aller Wetterauer Städte, mögen ein Grund für das einheitliche Auftreten der Städte gewesen sein.

1332 lässt sich erneut ein Vorgang, der alle vier Städte betraf, registrieren. Am selben Tag, dem 3. März 1332, erhielten Frankfurt, Gelnhausen, Friedberg und Wetzlar separate Urkunden, in denen Ludwig festlegte, dass die Verleihung von Rechten seiner Wetterauer Städte an andere Orte nur an den Wochenmärkten dieser begünstigten Städte gelten sollte. Zwar wurde sehr häufig das Frankfurter Recht verliehen und seltener das der anderen drei Reichsstädte in der Wetterau, doch hatten die vier Städte in diesem Fall wahrscheinlich gemeinsam bei Ludwig interveniert, um ihre Messen davor zu schützen, dass sich in anderen Orten größere Märkte oder Jahrmärkte etablierten.[71] Damit sollte offenbar die Konkurrenz in der Region ausge-

69 Vgl. zur Urkunde vom 25. Oktober 1314 (Druck: Böhmer, Cod. dipl. Moenofr. [wie Anm. 47], S. 409f.; Reg.: Helmut Bansa, Studien zur Kanzlei Kaiser Ludwigs des Bayern vom Tag der Wahl bis zur Rückkehr aus Italien (1314–1329) (Münchener Historische Studien, Abt. Geschichtliche Hilfswissenschaften 5), Kallmünz 1968, S. 306 Nr. 118); die Anm. von Böhmer (ebd., S. 410); vgl. hierzu aber die Bemerkung von Friedrich Lau (Druck: Böhmer-Lau, UB Frankfurt 2 [wie Anm. 48], S. 2f. Nr. 3, hier S. 3, dass Böhmers Bedenken nach Überprüfung des Originals im Geheimen Hausarchiv München gegenstandslos geworden seien. Allen vier Städten gemeinsam war übrigens von König Johann von Böhmen am 22. Oktober 1314 die Wahl Ludwigs des Bayern zum römischen König angezeigt worden (Druck: Böhmer, Cod. dipl. Moenofr. [wie Anm. 47], S. 408).

70 Vgl. das Orig. im Institut für Stadtgeschichte Frankfurt a. Main, Glauburg Urkunden Nr. 7 (Druck: MGH Const. 6, 2 [wie Anm. 48], S. 412 Nr. 590; Reg.: Böhmer, RI [wie Anm. 47], S. 102 Nr. 1630). Zu Knoblauch als Wirt des Kaisers vgl. Schalles-Fischer, Pfalz und Fiskus Frankfurt (wie Anm. 28), S. 492.

71 Vgl. das Orig. im Institut für Stadtgeschichte Frankfurt a. Main, Privilegien Nr. 46 (Druck: MGH Const. 6, 2 [wie Anm. 48], S. 153f. Nr. 235; Reg.: Reg.LdB 8 [wie Anm. 41], S. 121 Nr. 253); Orig. im Hessischen Staatsarchiv Darmstadt, A 3 Nr. 111/77 (Druck: Foltz, UB Friedberg [wie Anm. 64], S. 118 Nr. 279); Vidimus dt. des Dekans des Marienstifts in Wetzlar Henricus Grompel von 1466 Oktober 11 im Stadtarchiv Wetzlar, Urk. sub dato, Druck: Ernst Wiese, Urkundenbuch der Stadt Wetzlar, 1. Bd.: 1141–1350 (Veröffentlichungen der Historischen Kommission für Hessen und Waldeck 1),

schaltet werden. Schließlich sah das Marktverbundsystem in der Wetterau zeitlich aufeinander abgestimmte Jahrmärkte vor. Solche Marktzyklen waren aus anderen Regionen bereits bekannt, so dass die Ausweitung des Messezyklus im Herbst[72] und die Einrichtung eines solchen Systems im Frühjahr unter Ludwig dem Bayern als eine gezielte Gestaltung des Wirtschaftsraums der Wetterau bezeichnet werden kann. Das gemeinsame Vorgehen der vier Städte erwies sich auch für die kleineren Städte der Wetterau als effizient.

Gemeinsame Steuerzahlungen - Steuerfixierung

Die wichtigste alle vier Städte betreffende Vergünstigung stellt ein Privileg aus dem Jahr 1320 dar, das wahrscheinlich ebenfalls als Ergebnis von gemeinsamen Verhandlungen anzusehen ist. Am 30. Mai 1320 erlangten die vier Städte von Ludwig das Privileg, von besonderen Lasten, Abgaben, Beden und Steuern dauerhaft befreit zu sein. Dafür mussten sie dem König allerdings eine gemeinschaftlich zu entrichtende jährliche Abgabe von 1.600 Mark kölnischer Pfennige zahlen, wobei 36 Schillinge auf eine Mark gerechnet werden sollten. Damit wurden die Städte in die Lage versetzt, ihre finanziellen Belastungen auf eine verlässliche Stufe zu stellen;[73] die Erhebung dieser Jahressteuer in den einzelnen Städten lag nun ganz bei ihnen selbst. Derartige

---

Marburg an der Lahn 1911, S. 484 f. Nr. 1190; Reg.: Böhmer, RI (wie Anm. 47), S. 363 Nr. 3330; zu Gelnhausen Druck bei Reimer, UB Hessen 2 (wie Anm. 37), S. 263 Nr. 381 (Reg.: Zieg, Gelnhäuser Regesten S. 160 Nr. 305). Während das Friedberger bzw. Wetzlarer Recht sehr selten, das Gelnhausener häufiger (in der Regierungszeit Ludwigs des Bayern ca. 20 Mal) verliehen wurde, kam es zu zahlreichen Bewidmungen mit dem Frankfurter Recht. Vgl. u. a. Johann Gerhart Christian Thomas, Der Oberhof zu Frankfurt am Main und das fränkische Recht in Bezug auf denselben, Frankfurt a. Main 1841; Schalles-Fischer, Pfalz und Fiskus Frankfurt (wie Anm. 28), S. 454; zur Interpretation dieser Urkunde für Frankfurt vgl. auch Rothmann, Frankfurter Messen (wie Anm. 54), S. 68. Interessant dürfte in dem Zusammenhang die Urkunde vom 28. Februar 1331 sein (Druck: MGH Const. 6, 2 S. 24 Nr. 36, Reg.: Böhmer, RI [wie Anm. 47], S. 321 Nr. 2991), in welcher Kaiser Ludwig Graf Gerlach (I.) von Nassau und dessen Erben der Stadt Gleiberg einen Wochenmarkt gestattete mit allen Rechten, Freiheiten und guten Gewohnheiten der Stadt Frankfurt.

72 Die Frankfurter Herbstmesse fand vom 15. August bis zum 8. September statt, die Gelnhausens vom 14.–28. September, die Friedbergs vom 29. September bis 12. Oktober; die Wetzlars nach dem 16. Oktober acht Tage lang; zu den Messeterminen vgl. Rothmann, Frankfurter Messen (wie Anm. 54), S. 38 und speziell für den Zeitraum des Wetzlarer Marktes die Urkunde Ludwigs vom 27. Oktober 1318 (Orig. im Stadtarchiv Wetzlar, Urk. sub dato; Druck: Wiese, UB Wetzlar [wie Anm. 71], S. 385 f. Nr. 937; Reg.: Böhmer, RI [wie Anm. 47], S. 20 Nr. 333).

73 Zur Bedeutung einer endgültigen Fixierung der Reichssteuer vgl. Friedrich Bothe, Die Entwickelung der direkten Besteuerung in der Reichsstadt Frankfurt bis zur Revolution 1612–1614 (Staats- und sozialwissenschaftliche Forschungen 26, Heft 2), Leipzig 1906, S. 26 sowie zu den besteuerten Gütern S. 29.

Fixierungen der Reichssteuern waren nichts Ungewöhnliches.[74] Die Bedeutung dieser Urkunde von Ende Mai 1320 lag für die Städte vermutlich in der Befreiung von Zusatzbelastungen, und es dürfte auch der festgelegte Wert der Mark wesentlich gewesen sein. Die Mark wurde mit dieser Urkunde als eine nach Schillingen berechnete Einheit fixiert; sie sollte zwar vorwiegend in kölnischen Pfennigen gezahlt werden, konnte aber, wie die Praxis zeigte, an bestimmte Empfänger und in Rücksicht auf den Wirtschaftsraum der Wetterau auch in Wetterauer Pfennigen entrichtet werden. Der Wert dieser Währung, die als Zahlungsmittel der Region mindestens bis 1346 in Umlauf war,[75] entsprach der Hälfte desjenigen der kölnischen Pfennige. Auch für den König mag es wichtig gewesen sein, die Steuer insgesamt einfordern und verwalten zu können.[76]

Wie es zu dieser wichtigen Festlegung gekommen ist, lässt sich nur aus dem Kontext erschließen. Genau einen Tag zuvor, am 29. Mai 1320, erteilte Ludwig allen vier Wetterauer Städten in Einzelurkunden die Bestätigung ihrer von seinen Vorgängern im Reich erteilten Privilegien.[77] Dieser Zeitpunkt ist im Vergleich zum Datum der Privilegienbestätigungen für andere Städte[78] recht spät. Immerhin hatte Frankfurt 1314 nicht dem Habsburger Friedrich, sondern Ludwig dem Bayern die Tore geöffnet. 1320, zum Zeitpunkt dieser Privilegienausstellungen, befand sich Ludwig größtenteils, mit einigen Unterbrechungen, in Frankfurt und zwar von Februar bis Oktober; während dieser Zeit schloss er Bündnisse und Abkommen, wodurch er die politische Lage in der Region zu seinen Gunsten verändern konnte. Dies dürfte umso wichtiger gewesen sein, als sein größter Helfer und Verbündeter, Erzbischof Peter von Mainz, am 5. Juni 1320 starb.

Im Gebiet der Wetterau und im Rhein-Maingebiet um Frankfurt und Mainz hatten bislang auf der Seite Ludwigs neben den Mainzer und Trierer Erzbischöfen vor allem Ulrich II. von Hanau, Gottfried IV. von Eppstein, Eberhard von Breuberg,

74 Vgl. Joseph KNÖPFLER, Die Reichsstädtesteuer in Schwaben, Elsaß und am Oberrhein zur Zeit Kaiser Ludwigs des Bayern, in: Württembergische Vierteljahreshefte für Landesgeschichte NF 11 (1902), S. 287–351, hier S. 290 u. 297.

75 Vgl. dazu die Anm. 89.

76 Vgl. hierzu die unten (bei Anm. 91) aufgeführten Streitigkeiten zwischen den Städten hinsichtlich der Verteilung der Steuerlast.

77 Für Frankfurt: Orig. im Institut für Stadtgeschichte Frankfurt a. Main, Privilegien Nr. 30 (Druck: BÖHMER-LAU, UB Frankfurt 2 [wie Anm. 48], S. 113 f. Nr. 138; Reg.: Reg.LdB 8 [wie Anm. 41] S. 24 Nr. 52); für Friedberg: Orig. im Hessischen Staatsarchiv Darmstadt, A 3 111/66 (Druck: FOLTZ, UB Friedberg [wie Anm. 64], S. 99 Nr. 234; Reg.: BANSA, Studien [wie Anm. 69], S. 141); für Wetzlar: Orig. im Stadtarchiv Wetzlar, Urk. sub dato (Druck: WIESE, UB Wetzlar [wie Anm. 71], S. 394 f. Nr. 961; Reg.: BÖHMER, RI [wie Anm. 47], S. 23 Nr. 396); für Gelnhausen vgl. den Druck bei REIMER, UB Hessen 2 (wie Anm. 37), S. 196 Nr. 209; Reg.: BÖHMER, RI, S. 23 Nr. 398.

78 Zum Beispiel: 1314: Aachen, Köln, Dortmund, Duisburg, Düren, Mainz, Oppenheim; 1315: Freiburg, Worms, Nürnberg, Augsburg, Straßburg, Hagenau, München, Regensburg, Speyer, Wimpfen; 1316: Plauen, Gera, Schwäbisch Hall; 1318: Amberg, Eger, Lübeck; 1319: keine.

die Herren von Falkenstein sowie ein Graf von Katzenelnbogen gestanden.[79] Im März 1320 gelang es Ludwig, mit einem seiner starken Widersacher, Gerlach I. von Nassau, ein Bündnis zu schließen, bei dem jedoch viele Parteien ausgenommen wurden. Es ging in dieser Urkunde nicht nur um militärische Unterstützung im Krieg zwischen Ludwig und Friedrich (dem Schönen) von Habsburg, sondern auch um die Verpflichtung zur Austragung von Streitigkeiten zwischen Ludwigs Partei und derjenigen Gerlachs und seiner Verbündeten auf dem Rechtsweg.[80] Noch 1318 hatte Ludwig Gerlach I. von Nassau bekämpft,[81] nun gewährte er ihm große finanzielle Vergünstigungen, um Gegnerschaften auszuschalten bzw. zu neutralisieren.[82] Auch mit den Grafen Simon II. und Johann II. von Sponheim(-Kreuznach) konnte Ludwig am 14. Mai 1320 ein Neutralitätsabkommen schließen.[83] König Friedrich vermutete zu diesem Zeitpunkt noch alle Genannten ausschließlich auf seiner Seite.[84] Mit den vier Reichsstädten umfasste somit die nun mit Ludwig verbündete oder zumindest

79 Dies geht aus zahlreichen, die Dienste der Genannten erwähnenden Urkunden Ludwigs bis zu diesem Zeitpunkt hervor. Bei den Grafen von Katzenelnbogen hatte Ludwig sich im Kampf gegen den Habsburger Friedrich den Schönen auf Graf Johann II. von der Jüngeren Linie gestützt, während Wilhelm I. noch 1320 auf die habsburgische Partei setzte. Vgl. Dietmar FLACH, Karl IV. und die Grafen von Katzenelnbogen, in: Blätter für deutsche Landesgeschichte 114 (1978), S. 441–455, hier S. 445.

80 Vgl. die Urkunde vom 8. März 1320, in der sich Gerlach I. von Nassau verpflichtete, König Ludwig während des Krieges gegen Herzog Friedrich von Österreich mit ganzer Macht innerhalb und mit 30 Helmen außerhalb des Landes zu dienen, wobei zahlreiche mit Gerlach Verbündete ausgenommen wurden (Druck: MGH Const. 5 [wie Anm. 41], S. 453–455 Nr. 565; Reg.: BANSA, Studien [wie Anm. 69], S. 152, 308). Vgl. dazu auch Heinrich SCHROHE, Der Kampf der Gegenkönige Ludwig und Friedrich um das Reich bis zur Entscheidungsschlacht bei Mühldorf nebst Exkursen zur Reichsgeschichte der Jahre 1292–1322 (Historische Studien 29), Berlin 1902 (ND Vaduz 1965), S. 147f. Schrohe stuft den Verhandlungserfolg Ludwigs als relativ und zeitweilig.

81 Zu den möglichen Beweggründen für die Belagerung Wiesbadens durch Ludwig und durch die Erzbischöfe von Trier und Mainz vgl. SCHROHE, Kampf (wie Anm. 80), S. 136ff.

82 Vgl. ebd.

83 Vgl. das Regest in: Lothar GROSS, Regesta Habsburgica. Regesten der Grafen von Habsburg und der Herzoge von Österreich aus dem Hause Habsburg, 3. Abt.: Die Regesten der Herzoge von Österreich sowie Friedrichs des Schönen als deutschen Königs von 1314–1330, Innsbruck 1922–1924, S. 120 Nr. 950. Zuvor hatte Ludwig zusammen mit Erzbischof Balduin von Trier gegen die Grafen von Sponheim gekämpft. Vgl. SCHROHE, Kampf (wie Anm. 80), S. 149f.

84 Am 18. Februar 1318 bevollmächtigte König Friedrich Gerlach (I.) und Johann (I.), Grafen von Nassau, sowie Simon (II.) und Johann (II.), Grafen von Sponheim, und Gerlach (II.), Herr zu Limburg, Anhänger für ihn zu werben (Druck: MGH Const. 5 [wie Anm. 41], S. 390 Nr. 475; Reg.: GROSS, Reg. Habsburgica [wie Anm. 83], S. 83 Nr. 665). Am 19. April 1320 bestätigte König Friedrich Simon (II.) und Johann (II.), Grafen von Sponheim-Kreuznach, verpfändete Reichsgüter zu Ober- und Niederingelheim (Reg.: ebd., S. 118 Nr. 933). Am selben Tag schlug Friedrich den Grafen Gerlach (I.), Walram (III. von Nassau-Wiesbaden), Heinrich (von Nassau-Hadamar?), Emich (I. von Nassau-Hadamar) und Johann von Nassau[-Hadamar?] und den Herren Gerlach (II.) von Limburg und Luther von Isenburg zur Belohnung ihrer treuen Dienste 1000 Mark Silber auf die Burg Calsmunt und die Stadt Wetzlar samt allen ihm und dem Reich zustehenden Rechten und Einkünften von Christen wie Juden, die innerhalb und außerhalb der Stadt dazugehören, mit Ausnahme des Ungelds (Reg.: ebd., S. 118f. Nr. 935).

abwartend neutrale Fraktion nahezu das gesamte Gebiet der damaligen Wetterau und die Rhein-Main-Region um Frankfurt und Mainz angrenzend an die Landgrafschaft Hessen, die Ludwig erst ab 1323 mit einbeziehen konnte.[85]

Die Suche nach Verbündeten in einer Phase der Unsicherheit und den Fragen, wer nach dem Tod Peters von Mainz zum künftigen Erzbischof ernannt werden würde und wie sich in Zukunft das Mainzer Erzstift mit seinen quer durch Hessen ziehenden Besitzungen gegenüber Ludwig dem Bayern verhalten würde, erscheint im Jahr 1320 verständlich. Die vier Wetterauer Reichsstädte stellten für Ludwig in diesem Moment eine wesentliche Stütze in der Machtbalancierung dar. In diesem Kontext dürften die relativ späten Privilegienbestätigungen und die Abgabenbefreiung unter Festlegung der jährlichen Steuer aller vier Reichsstädte der Wetterau Ende Mai 1320 kein Zufall, sondern Ergebnis von Verhandlungen zwischen Ludwig und den vier Reichsstädten gewesen sein, mit denen der Wetterauer Raum strukturiert und stabilisiert werden sollte.

Inwieweit jedoch erwies sich diese vereinbarte Regelung einer gemeinsamen Steuerzahlung als langfristig tragfähig? Eine genaue Analyse von Urkunden, welche die Steuern der vier Wetterauer Städte betreffen, ergibt, dass während der gesamten Regierungszeit Ludwigs des Bayern diese Summe eine konstante Größe darstellte.[86] Zwar übertrug Ludwig zeitweise die Stadtsteuern an andere Empfänger,

---

85 Am 7. April 1323 belehnte König Ludwig Landgraf Otto von Hessen mit den Reichslehen seines Vaters und Bruders Johannes (Druck: MGH Const. 5 [wie Anm. 41], S. 571 Nr. 733; Reg.: Böhmer, RI [wie Anm. 47], S. 33 Nr. 557), und am 29. Juli 1323 bestätigte er demselben alle Privilegien (vgl. Helfrich Bernhard Wenck, Hessische Landesgeschichte. Mit einem Urkundenbuch und geographischen Charten, 4 Bde., Darmstadt 1783–1803, hier Bd. 2, S. 265 in der Anm.; Reg.: Böhmer, RI, S. 35 Nr. 601).

86 Die unter Ludwig dem Bayern stets eingehaltene Regelung, dass die vier Städte die Summe der Jahressteuern gemeinsam aufzubringen hatten, galt allerdings schon 1315, da Ludwig bereits zu dem Zeitpunkt seine Schulden bei seinem damaligen Landvogt, Eberhard von Breuberg, mit den ihm von den vier Städten zustehenden jährlichen Steuern und Beden bezahlen konnte. Vgl. die Anweisung Ludwigs an die vier Reichsstädte vom 17. März 1315 (Druck: MGH Const. 5 [wie Anm. 41], S. 205 Nr. 233; Reg.: Böhmer, RI [wie Anm. 47], S. 5 Nr. 76), wobei die angeführte Schuldenlast von 1880 Pfund Haller geringer war als die später festgesetzte Jahressteuer von 1600 Mark (in kölnischen Pfennigen), welche zu 2880 Pfund Haller umgerechnet werden können. Ab 1317 ist davon auszugehen, dass die Steuer für alle Wetterauer Städte insgesamt 1600 Mark betragen hat. Denn am 20. Dezember 1317 wies Ludwig die jährliche Steuer der Städte Friedberg und Wetzlar von 800 Mark (in Wetterauer Pfennigen) an Philipp (III.) den Älteren und Philipp (IV.) den Jüngeren von Falkenstein, Gottfried (IV.) von Eppstein und Ulrich (II.) von Hanau (vgl. MGH Const. 5, S. 379 Nr. 462; Reg.: Friedrich Battenberg, Solmser Urkunden. Regesten zu den Urkundenbeständen und Kopiaren der Grafen und Fürsten von Solms im Staatsarchiv Darmstadt (Abteilungen B 9 und F 24 B), im gräflichen Archiv zu Laubach und im fürstlichen Archiv zu Lich; 1131–1913, Bd. 1: Urkundenregesten Nr. 1–1273 (1131–1450) (Repertorien des Hessischen Staatsarchivs Darmstadt 15/1), Darmstadt 1981, S. 47 Nr. 129). Am 26. Februar 1318 ordnete er für Wetzlar die Auszahlung der Reichssteuer an die Genannten an (Orig. Perg. lat. im Stadtarchiv Wetzlar; Druck: MGH Const. 5, S. 393 Nr. 481; Reg.: Böhmer, RI, S. 18 Nr. 301). Die Quittungen derselben im Mai 1318 bestätigen die Zahlung der Stadt Wetzlar von insgesamt 400 Mark (in kölnischen Pfennigen), was dem später genannten Anteil Wetz-

bei welchen er beispielsweise Schulden abzahlen musste; dabei handelte es sich mal um die Steuern der einzelnen Städte, mal um die Gesamtsteuer. Offenbar wurde jedoch stets die ausgehandelte Obergrenze eingehalten. Dieser Befund ergibt sich aus der Analyse der Steuerverschreibungen, deren Grundlage bis zum Ende der Regierungszeit Ludwigs des Bayern die Vereinbarung der Steuersumme und der gemeinschaftlich zu leistenden Abgabe nach dem erwähnten Privileg von 1320 war. Anhand von Steuerquittungen,[87] aber vor allem aus den Verschreibungsurkunden aus dem Jahr 1346, die zugunsten der Kriegshelfer Ludwigs, Gerlachs II. von Limburg und Gerlachs I. von Nassau, ausgestellt wurden, wird die Beachtung dieser 1320 getroffenen Vereinbarung deutlich, und zwar nicht nur aus der Aufteilung der Zahlungsverpflichtungen unter den Städten, sondern auch aus dem Umstand, dass in der Urkunde vom 7. September 1346 zugunsten Gerlachs II. von Limburg die Steuerbefreiung, die Friedberg im März 1346 zum Ausbau der Stadtmauer vom Kaiser für vier Jahre hatte erlangen können,[88] exakt verrechnet wurde.[89] Die in verschiedenen Währungen, aber in genauer Umrechnung, erteilten Zahlungsaufträge an die Städte, differenzierten im Einzelnen, welche Stadt welchen Anteil an welchen Empfänger zu zahlen hatte. Im Endeffekt jedoch entsprach die den Empfängern in Aussicht gestellte Summe genau den fixierten 1.600 Mark kölnischer Pfennige, die entsprechend der

---

lars von 25 Prozent der jährlichen Reichssteuer entsprach. Ulrich II. von Hanau stellte am 7. Mai 1318 eine Quittung über 100 Mark kölnischer Pfennige aus, die Wetzlar am vergangenen St. Martinstag (1317 November 11) an König Ludwig zu zahlen gehabt hätte (Stadtarchiv Wetzlar, Urk. sub dato; Druck, Reimer, UB Hessen 2 [wie Anm. 37], S. 187 f. Nr. 194). Gottfried IV. von Eppstein quittierte am 5. Mai 1318 den Empfang von 100 Mark kölnischer Pfennige (StA Wetzlar, Urk. sub dato; Reg: Wiese, UB Wetzlar [wie Anm. 71] S. 383 Nr. 930, Anm.); die Herren von Falkenstein quittierten am 5. Mai 1318 den Empfang von 200 Mark kölnischer Pfennige (StA Wetzlar, Urk. sub dato; Druck: Wiese, UB Wetzlar, ebd., S. 382 f. Nr. 930).

87 Ein Beispiel ist die Abrechnung Ludwigs vom 22. Juni 1341 mit der Tochter Eberhards von Breuberg, Lukard von Eppstein, der Witwe Gottfrieds V. von Eppstein (Orig. dt. Perg. im Institut für Stadtgeschichte Frankfurt, Privilegien Nr. 68, Druck: Böhmer, Cod. dipl. Moenofr. [wie Anm. 47], S. 573 f.; Reg.: Zieg, Gelnhäuser Regesten [wie Anm. 37], S. 186 f. Nr. 370). In dieser Urkunde wurden Lukard zur Bezahlung von Schulden die Steuern von Frankfurt und Gelnhausen übertragen, wobei dies erst nach der Abgeltung von Forderungen Jakob Knoblauchs vollzogen werden sollte. Die Quittung Lukards von Eppstein vom 16. April 1347 (Orig. Institut für Stadtgeschichte Frankfurt, Reichssteuer sub. dat., Quittanz von Lukard von Eppstein) belegt eine Auszahlung des Frankfurter Anteils der Steuern von 1114 Pfund.

88 Vgl. das Privileg vom 23. März 1346 (Orig. Hessisches Staatsarchiv Darmstadt Best. B 5 Nr. 473; Druck: Foltz, UB Friedberg [wie Anm. 64], S. 150 f. Nr. 354; Reg.: Böhmer, RI [wie Anm. 47], S. 379 Nr. 3527).

89 Vgl. Orig. im Institut für Stadtgeschichte Frankfurt a. Main, Privilegien Nr. 76 (Druck: Foltz, UB Friedberg [wie Anm. 64], S. 156–158 Nr. 362; Reg.: Zieg, Gelnhäuser Regesten [wie Anm. 37], S. 207 Nr. 427): Ludwig übertrug Gerlach II. von Limburg zunächst die Hälfte, abzüglich der Friedberg erlassenen Gelder, d. h. 750 Mark, dann die gesamten Steuern der vier Wetterauer Städte von 1600 Mark in Wetterauer Pfennigen, bis Gerlachs Forderungen erfüllt sein würden.

Anweisung in den Urkunden von 1346 teils in Wetterauer Pfennigen teils in Pfund Haller unter Verwendung einer guten Währung gezahlt werden sollten.[90]

Dass die Steuer allerdings ein ständiger Diskussionspunkt zwischen den zahlungspflichtigen Städten selbst, aber auch zwischen diesen und der Krone gewesen ist, lässt sich anhand zahlreicher Urkunden nachweisen. Offenbar waren sich die Städte untereinander doch nicht ganz einig. Gelnhausen erlangte nach jahrelangem Streit 1338 eine rechtliche Regelung; nämlich, dass es an Frankfurt nur seinen Steueranteil, vermutlich entsprechend der Bevölkerungszahl, entrichten musste.[91] Friedberg und Wetzlar stritten sich ebenfalls über ihre Anteile, so dass der Kaiser 1346 eine Einigung in Anlehnung an die Frankfurter/Gelnhausener Regelung forderte.[92] Der Streit um die Steueranteile kann als Folge eines sich bereits abzeichnenden Verfalls der Finanz- und Wirtschaftskraft der drei weniger begünstigten Städte angesehen werden. Insofern es offenbar um die Verhältnismäßigkeit der Steueranteile nach der Bevölkerungszahl ging, ist bei den drei weniger entwicklungsstarken Städten ein Verlust von Bürgern und damit finanzieller Kapazitäten anzunehmen.

Die Analyse der Steuerurkunden zeigt weiter, dass die Städte sich neben der Fixierung der Gesamtsumme auch auf die in der Urkunde von 1320 ausgehandelte Regelung, von sonstigen Abgaben befreit zu sein, berufen konnten. Es muss Versuche gegeben haben, die Städte zur Unterstützung der Reichsinteressen über das festgelegte Maß steuerlich und militärisch zu belasten. Dies lässt sich anhand der Reaktionen der Städte aus ihren verschiedenen Bündnisverträgen entnehmen: 1325 enthielt der

---

90 Vgl. die – ungedruckte – Urkunde vom 16. September 1346 (Orig. im Institut für Stadtgeschichte Frankfurt a. Main, Privilegien Nr. 77; Reg.: Zieg, Gelnhäuser Regesten [wie Anm. 37], S. 207 Nr. 429), in der die Übertragung vom 7. September wiederholt wurde, aber nun die Anteile nach Pfund Hallern differenziert wurden. Aus dieser Urkunde gehen die jährlichen Steueranteile Frankfurts über 1114 Pfund und die Gelnhausen über 326 Pfund hervor. Beide Städte mussten also zusammen 1440 Pfund entrichten, was den vereinbarten 800 Mark für beide Städte und damit auch der 1320 getroffenen Fixierung der Steuer entsprach. Wetzlar und Friedberg mussten die andere Hälfte, jeweils 400 Mark oder 720 Pfund, zahlen; vgl. für Friedberg die entsprechende Quittung vom 30. Mai 1336 (Orig. im Hessischen Staatsarchiv Darmstadt, B 5, Nr. 469; Druck: Foltz, UB Friedberg [wie Anm. 64] S. 132 f. Nr. 305; Reg.: MGH Const. 7 [wie Anm. 37], S. 52 Nr. 80) Der Anteil von 720 Pfund Haller (d. h. 400 Mark) für Wetzlar kann aus der Urkunde des Kaisers vom 17. Juli 1337 erschlossen werden, die der Bezahlung seiner Schulden bei seinem Nürnberger Wirt Konrad Groß diente (Orig. im Stadtarchiv Wetzlar, Urk. sub dato; Druck: Wiese, UB Wetzlar [wie Anm. 71], S. 533 Nr. 1312; Reg.: MGH Const. 7 [wie Anm. 37], S. 161 Nr. 272). Zu Frankfurt vgl. Gottlieb Schnapper-Arndt, Beiträge zur Frankfurter Finanzgeschichte. Bd. 1. Geschichte der Frankfurter Stadtsteuer; Bd. 2. Die Beiträge Frankfurts zum Reichskammergericht. Aus dem Nachlaß von Dr. G. Schnapper-Arndt hg. von Dr. K. Bräuer, in: Archiv für Frankfurts Geschichte und Kunst, 3. Folge, Frankfurt 1910, S. 29–76, hier S. 43 f.

91 Es wurde um den über 300 Pfund Haller hinausgehenden Steueranteil von Gelnhausen zwischen Frankfurt und Gelnhausen gestritten. Vgl. Anm. 41.

92 Vgl. die Urkunde vom 3. März 1346 (Orig. im Hessischen Staatsarchiv Darmstadt, A 3 111/97; Druck: Foltz, UB Friedberg [wie Anm. 64], S. 148 f. Nr. 349; Reg.: Zieg, Gelnhäuser Regesten [wie Anm. 37], S. 203 Nr. 415).

Vertrag zwischen den Wetterauer Städten einen Passus, der die vier Städte zu einer gemeinschaftlichen Antwort auf steuerliche oder militärische Anforderungen des Königs über das Maß hinaus verpflichtete.[93] Dieser Passus wurde 1334/35 in einem Bündnis erneut bekräftigt.[94] Der Bündnisvertrag von 1340 vermerkte dann allerdings diesbezüglich eine Einschränkung: Jede einzelne Stadt konnte nun auf eine explizite Aufforderung des Kaisers antworten, ohne den Bündnisvertrag damit verletzt zu haben.[95]

Jedenfalls musste die Stadt Wetzlar, die wegen eines Brandschadens durch eine Urkunde Ludwigs vom 26. August 1334 eigentlich auf 10 Jahre von Steuern und Gelddiensten befreit worden war,[96] mehrfach Anforderungen nach einer Zahlung von Sondersteuern anlässlich aktueller Ereignisse entgegennehmen.[97] Allerdings verfügte die Urkunde von 1334 über eine Klausel, die bei Besserung der städtischen Lage dennoch die Möglichkeit zu Sonderzahlungen vorsah. Auf Drängen Wetzlars wurde jedoch dieser Artikel am 30. März 1344 wieder aufgehoben und die Wetzlar gewährte Befreiung um ein Jahr verlängert.[98] Noch 1347 bekräftigte Ludwig in einer für Wetzlar ausgestellten Urkunde, dass er für Friedberg keine Sondersteuer verlange, sondern nur den üblichen Anteil der Stadt an der von Wetzlar und Friedberg gemeinsam zu entrichtenden jährlichen Steuer.[99] Somit lassen sich erfolgreiche Interaktionen zwischen den vier Wetterauer Städten und der Krone erkennen, aber auch zugleich die Interessenwahrung einzelner Städte, wobei die ausgehandelten Einigungen und Verträge stets die Grundlage bildeten oder zumindest berücksichtigt wurden.

---

93 Vgl. die Erneuerungsurkunde des Bundes vom 13. September 1325 (Druck: BÖHMER-LAU, UB Frankfurt 2 [wie Anm. 48], S. 216 f. Nr. 284).

94 Vgl. Erneuerungsurkunde des Bundes vom 28. April 1334 ohne Gelnhausen (Druck: BÖHMER-LAU, UB Frankfurt 2 [wie Anm. 48], S. 379–381 Nr. 493, hier S. 380. Gelnhausen trat erst am 24. März 1335 dem Bund bei (Druck: ebd., S. 398 Nr. 516).

95 Vgl. die Erneuerungsurkunde des Bundes vom 12. Oktober 1340 (Druck: ebd., S. 529–531 Nr. 716, hier S. 530 f.).Vgl. dazu: WERNER, Wetterauer Städtebünde (wie Anm. 3), S. 63–65.

96 Vgl. das Orig. im Stadtarchiv Wetzlar, Urk. sub dato (Druck: MGH Const. 6, 2 [wie Anm. 48], S. 421 f. Nr. 605; Reg.: BÖHMER, RI [wie Anm. 47], S. 102 Nr. 1634).

97 Vgl. die Urkunde vom 17. Mai 1338 (Orig. im Stadtarchiv Wetzlar, Urk. sub dato. Druck: WIESE, UB Wetzlar [wie Anm. 71], S. 537 f. Nr. 1323; Reg.: MGH Const. 7 [wie Anm. 37], S. 241 Nr. 408), Kaiser Ludwig quittierte Schöffen, Rat und Bürgergemeinde zu Wetzlar den Empfang einer Steuer zur Finanzierung seines Zuges gegen Frankreich und die Lombardei. Vgl. auch die Urkunde vom 21. Oktober 1339 (Orig. im StadtA Wetzlar, Urk. sub dato; Druck: WIESE, ebd., S. 552 f. Nr. 1362; Reg.: MGH Const. 7 [wie Anm. 37], S. 412 Nr. 664). Ludwig bestätigte Schultheiß, Rat und Bürgergemeinde von Wetzlar, dass sie seine Bitten und Forderungen, die er an sie wie auch an andere Reichsstädte wegen seines Kindes (*unserer kinde wegen*) gehabt hatte, erfüllt haben, und versprach ihnen, ihre von ihm in früheren Briefen gewährten Freiheiten stets anzuerkennen und nicht zu übergehen.

98 Vgl. die Urkunde vom 30. März 1344 (Orig. im Stadtarchiv Wetzlar, Urk. sub dato; Druck: WIESE, UB Wetzlar [wie Anm. 71], S. 590 Nr. 1460; Reg.: BÖHMER, RI [wie Anm. 47], S. 377 Nr. 3497).

99 Vgl. die Urkunde vom 11. März 1347 (Orig. im Stadtarchiv Wetzlar, Urk. sub dato; Druck: FOLTZ, UB Friedberg [wie Anm. 64], S. 160 Nr. 367; Reg.: BÖHMER, RI [wie Anm. 47], S. 161 Nr. 2559).

Das von Ludwig akzeptierte einheitliche Handeln der vier Städte hatte ihnen also gemeinsame Vorteile gebracht, selbst wenn die wirtschaftliche Dynamik der Städte unterschiedlich verlief. Aber auch Ludwig profitierte von dieser festen Verbindung, wobei allerdings die Städte gegen Ende seiner Regierungszeit außergewöhnlich belastet wurden. Stand nach der Rückkehr des Kaisers aus Italien die Förderung der wirtschaftlichen und verfassungsrechtlichen Entwicklung der Städte als gestaltende Kräfte ihrer Region im Vordergrund und wurden ab 1336 zusätzlich die friedenssichernden Maßnahmen vermehrt in die Verantwortung der Städte gegeben, sollten sie vor allem ab dem Jahr 1344 im Zuge der Auseinandersetzung Ludwigs mit Karl IV. stärker in die strategische Politik des Kaisers eingebunden und auch belastet werden.

Gemeinsame Bündnispolitik – Friedenssicherung

Ludwig zog die vier Wetterauer Städte als regionale Macht, die zum Teil unter der Führung Frankfurts agierte, häufig und gezielt zu seinen Diensten heran und stattete sie dabei zugleich mit weitgehenden Befugnissen aus.[100] Am 24. November 1332 übertrug er im Streit zwischen Stadt und Burg Friedberg den Reichsstädten Frankfurt, Gelnhausen und Wetzlar eine schiedsrichterliche Mission, wobei die Abgesandten der Städte und der Burg paritätisch in der Kommission vertreten sein sollten.[101] Ebenfalls 1332, am 3. März, ging es um einen explizit an die vier Städte und zusätzlich an alle Getreuen in der Wetterau gerichteten Befehl des Kaisers, den von Balduin von Trier 1329 in Flörsheim auf einem Kirchhof errichteten festungsähnlichen Bau[102] gewaltsam zu zerstören, wenn der Erzbischof dies auf Bitten der Beauftragten nicht selbst tue.[103] Dabei spielte möglicherweise die Werbung um die Stadt Mainz vor dem Hintergrund einer feindlichen Haltung der Mainzer Kurie nach dem Tod des Erz-

100 Auch andere Reichsstädte wurden in den Dienst des Reichs gestellt, beispielsweise einige Male die Stadt Nürnberg: Vgl. den Hinweis auf einen Kriegszug im Dienst des Reichs und die dabei erfolgten Zerstörungen in der Urkunde vom 14. August 1325 (Druck: MGH Const. 6, 1 [wie Anm. 37], S. 66 Nr. 96; Reg.: BÖHMER, RI [wie Anm. 47], S. 48 Nr. 828); vgl. den Befehl zur Besetzung der Reichsburg bei Reichsvakanz vom 30. Mai 1341 (Reg.: Reg.LdB [wie Anm. 41], Heft 7: Die Urkunden aus den Archiven und Bibliotheken Ober- und Niederbayerns, bearb. v. Michael MENZEL, Köln 2003, S. 233 Nr. 538).

101 Vgl. Orig. im Hessischen Staatsarchiv Darmstadt, A 3 Nr. 111/79 (Druck: MGH Const. 6, 2 [wie Anm. 48], S. 261 f. Nr. 365; Reg.: BATTENBERG, Reg. Hofgericht [wie Anm. 106], S. 118 Nr. 184).

102 http://www.regionalgeschichte.net/bibliothek/texte/aufsaetze/grathoff-burgen-um-mainz.htmla78: Stefan GRATHOFF, Burgen um Mainz zur Zeit Balduins von Luxemburg (1328–1336), in: Bausteine zur Mainzer Stadtgeschichte. Mainzer Kolloquium, hg. von Michael MATTHEUS/Walter Gerd RÖDEL (Geschichtliche Landeskunde, Veröffentlichungen des Instituts für Geschichtliche Landeskunde an der Universität Mainz 55), Stuttgart 2002, S. 31–46, hier S. 31.

103 Vgl. das Orig. im Institut für Stadtgeschichte Frankfurt a. Main, Privilegien Nr. 47 (Druck: MGH Const. 6, 2 [wie Anm. 48], S. 154 f. Nr. 236; Reg.: Reg.LdB 8 [wie Anm. 41], S. 120 f. Nr. 252). Am selben Tag wurden die vier Städte mit wichtigen wirtschaftlichen Privilegien bedacht. Vgl. Anm. 71.

bischofs Mathias von Bucheck im Jahr 1328 eine Rolle. Der burgähnliche Bau bei Flörsheim war von Balduin als Teil eines Festungsrings um die Stadt Mainz erbaut worden und sollte einem Trierer Chronisten[104] zufolge die Stadt Mainz von der Versorgung abschneiden. In dem nach dem Tod des Mainzer Erzbischofs entbrannten Machtkampf um dessen Nachfolge hatte die Stadt Mainz nicht den von Ludwig dem Bayern als Provisor des Erzbischofstuhls eingesetzten Balduin von Trier, sondern den vom Papst ernannten Gegenkandidaten, Heinrich III. von Virneburg, unterstützt. Die Bemühungen Ludwigs des Bayern um einen Ausgleich bei einem seiner längeren Aufenthalte in Frankfurt ab Dezember 1332 waren, nachdem es zu gewalttätigen Übergriffen der Stadt Mainz gegen die Befestigungen des Trierers gekommen war,[105] vielschichtig und betrafen neben der Verurteilung der Stadt Mainz zu Schadensersatzleistungen auf der einen Seite[106] auch die Beseitigung der innerhalb der burgenfreien Zone[107] der Stadt Mainz errichteten Befestigung Flörsheim. Da Ludwig sich mit diesem Zerstörungsbefehl 1332 zunächst an die Bürgermeister, an die Räte und Bürger der vier Wetterauer Städte und danach erst an andere nicht namentlich bezeichnete Getreue der Wetterau richtete, gebot er offenbar den Städten, diese Getreuen gleich welchen Standes für diese Aufgabe heranzuziehen. Die Wetterauer Städte hatten vermutlich selbst kaum ein Interesse an der Zerstörung der Burg, weshalb dieser Befehl die Verpflichtungen der vier Städte gegenüber Ludwig dem Bayern verdeutlichen kann. Da Erzbischof Balduin von Trier jedoch nicht wie versprochen nach seiner Aussöhnung mit Mainz den burgähnlichen Bau in Flörsheim selbst abgerissen hatte,[108] erneuerte Kaiser Ludwig den Befehl am 2. Juni 1336, indem er dieses Mal aber vor allem Herren, Grafen, Edle und Unedle, Knechte und alle Getreuen der Wetterau und dann erst in zweiter Linie die Reichsstädte zur Zerstörung der Burg aufforderte.[109] Ob dies aufgrund der Wirkungslosigkeit des 1332 ausgesprochenen Befehls geschah, ist nicht zu ermitteln. Jedenfalls wurde auch dieser Befehl Ludwigs

104 Vgl. GRATHOFF, Burgen um Mainz (wie Anm. 102), S. 31.

105 Vgl. ebd., S. 40ff.

106 Vgl. die am 28. Januar 1332 ausgestellten Urteilsbeurkundungen, in denen neben anderen Herren und Städten die vier Wetterauer Städte als Helfer der Anleiter genannt sind (Reg.: Friedrich BATTENBERG, Urkundenregesten zur Tätigkeit des deutschen Königs- und Hofgerichts bis 1451, Bd. 5: Die Zeit Ludwigs des Bayern und Friedrichs des Schönen: 1314–1347 (Quellen und Forschungen zur höchsten Gerichtsbarkeit im Alten Reich, Sonderreihe), Köln/Wien 1987, S. 87ff.).

107 Vgl. GRATHOFF, Burgen um Mainz (wie Anm. 102), S. 43.

108 Vgl. die Urkunde vom 2. Juni 1336 (Orig. im Institut für Stadtgeschichte Frankfurt a.Main, Privilegien Nr. 60; Druck: BÖHMER-LAU, UB Frankfurt 2 [wie Anm. 48], S. 431 Nr. 569; Reg.: MGH Const. 7 [wie Anm. 37], S. 56f. Nr. 93).

109 Vgl. das Orig. im Institut für Stadtgeschichte Frankfurt a.Main, Privilegien Nr. 60 (Druck: BÖHMER-LAU, UB Frankfurt 2 [wie Anm. 48], S. 431 Nr. 569; Reg.: MGH Const. 7 [wie Anm. 37], S. 56f. Nr. 93).

nicht ausgeführt – die Burg stand noch bis mindestens 1354.[110] Beide Urkunden, welche die Zerstörung der Burg geboten, sind in Frankfurt überliefert, also vermutlich dorthin zur weiteren Verfolgung der kaiserlichen Befehle gesendet worden.

Die 1332 erteilten Aufträge Ludwigs des Bayern an die Städte sind möglicherweise als Ersatz für einen nicht existenten das Gebiet der Wetterau kontrollierenden Landfrieden zu sehen.[111] Sie stellten die vier Wetterauer Städte vor hohe und belastende Aufgaben und zeigen, dass den vier Städten eine selbst bestimmende Politik, die Neutralität einfordern konnte, nicht möglich war.[112] Auf der anderen Seite dienten zahlreiche Privilegien, die Frankfurt am 31. Mai 1336 bei einem Aufenthalt des Kaisers in der Stadt gebündelt erhielt, dem Schutz und der Friedenssicherung der Region, was dem Interesse der Städte entsprach. Gerade diese Privilegien können die Funktion des konsequenten einheitlichen Auftretens der vier Städte zugunsten ihres Handels- und Wirtschaftsraumes verdeutlichen: Einmal erhielt Frankfurt das Recht, sich von seinen Bundesgenossen, also von den drei anderen Städten der Wetterau, bei Gericht vertreten zu lassen. Wenn Frankfurt einen Zug aus eigener Not oder zum Schutz des Reichs unternahm, durfte Kost ohne Schadensersatzleistungen genommen werden.[113] Weiter bekräftigte der Kaiser, dass jeder, der die vier Städte in der Not unterstützte, dies mit seiner Zustimmung tue.[114] Auch wies Ludwig allen vier Städten zusammen mit seinem Landvogt beratende und judikative Funktionen zu: Ludwig stattete seinen Vertrauten, Gottfried IV. von Eppstein, Landvogt der Wetterau, mit der Vollmacht aus, alle Angelegenheiten in der Wetterau zu regeln und zudem bis zu seiner Ankunft genau so, wie wenn er selbst zugegen wäre, mit dem Rat der vier Wetterauer Städte Recht zu sprechen.[115] Die Verantwortung für den Wetterauer Raum sah somit ein gemeinschaftliches Vorgehen unter Führung des dortigen Landvogts vor, der genau zu diesem Zeitpunkt, im Mai 1336 von Ludwig

110 Vgl. http://www.regionalgeschichte.net/bibliothek/texte/aufsaetze/grathoff-burgen-um-mainz.html a81. (Zugriff: 5.11.2013).

111 Zwischen 1331 und 1334 fehlen Hinweise auf einen existierenden Landfrieden in der Wetterau. Zur Bewertung der Landfriedenspolitik Ludwigs des Bayern u. a. in der Wetterau vgl. Jacob Schwalm, Die Landfrieden in Deutschland unter Ludwig dem Baiern, Göttingen 1889, S. 43–55; Heinz Angermeier, Königtum und Landfriede im deutschen Spätmittelalter, München 1966, S. 132 u. 164 f.; sowie Schwind, Landvogtei (wie Anm. 3), S. 182.

112 Dies im Unterschied zu anderen in Städtebünden zusammengeschlossenen Städten, vgl. Anm. 17.

113 Vgl. das Orig. im Institut für Stadtgeschichte Frankfurt a. Main, Privilegien Nr. 54 (Druck: Böhmer-Lau, UB Frankfurt 2 [wie Anm. 48], S. 428 f. Nr. 565; Reg.: MGH Const. 7 [wie Anm. 37], S. 53 Nr. 86).

114 Vgl. das Orig. im Institut für Stadtgeschichte Frankfurt a. Main, Privilegien Nr. 56 (Druck: Böhmer-Lau, UB Frankfurt 2 [wie Anm. 48], S. 427 Nr. 562; Reg.: MGH Const. 7 [wie Anm. 37], S. 52 Nr. 82).

115 Vgl. das Orig. im Institut für Stadtgeschichte Frankfurt a. Main, Privilegien Nr. 57 (Druck: Böhmer-Lau, UB Frankfurt 2 [wie Anm. 48], S. 426 f. Nr. 561; Reg.: MGH Const. 7 [wie Anm. 37], S. 52 Nr. 81). Anders 1337 in dem Entwurf eines Landfriedens; vgl. Anm. 119.

erheblich begünstigt wurde.[116] Man kann somit von einer Gesamtkonzeption in den delegierten Verwaltungs- und Exekutivbefugnissen für die Interessen des Reichs im Gebiet der Wetterau ausgehen, die für Ludwig auch eine strategische Entlastung bedeuten konnte.

Die Übertragung von judikativen und exekutiven Kompetenzen wiederholte sich 1337 im Zuge der Errichtung eines Landfriedens, der vermutlich jedoch nie in Kraft getreten ist.[117] Der Landfriede, an welchem sich die vier Wetterauer Städte paritätisch mit Territorialherren der Wetterau beteiligen sollten,[118] war mit der Vollmacht ausgestattet, schädliche Leute, die vor das Landgericht geladen wurden, aber nicht erschienen, zu ächten und aus der Acht zu nehmen wie das kaiserliche Hofgericht;[119] andere Rittersleute und Edelleute sollten von den Beteiligten in den Landfrieden einbezogen werden. Frankfurt sollte übrigens während der Messe nicht mit dem üblichen Aufgebot erscheinen müssen. Schon allein diese Bestimmung weist darauf hin, dass Initiativen der Städte, insbesondere Frankfurts, diesen Entwurf einer Landfriedensordnung in ihrem Interesse beeinflussen konnten.[120]

Die Vertrauensstellung, welche die Städte bei Ludwig genossen, wird durch diese Delegation von Befugnissen deutlich. Die Städte wünschten sich zur Sicherheit ihrer Handelswege in ihrer Region, in der es „keine übergreifende und von allen anerkannten Gerichtsbarkeit“[121] gab, die Errichtung einer allgemein gültigen Ord-

---

116 Vgl. die Übertragung von Rechten, den Wildbann zu Friedberg und die Mörler Mark betreffend: Orig. im Hessischen Staatsarchiv Darmstadt, A 3 Nr. 243/2 (Druck: MGH Const. 7 [wie Anm. 37], S. 48f. Nr. 74; Reg.: Reg.LdB 8 [wie Anm. 41], S. 170 Nr. 350).

117 Vgl. Ruser, Urkunden und Akten (wie Anm. 6), S. 305f.

118 Vgl. die Urkunde vom 4. Mai 1337: Herren und Städte sollten jeweils vier Ritter und vier Bürger und jeweils vier Ersatzleute und zusammen einen neunten Mann wählen. Die fünf Herren sollten mit 50 Helmen auf ihre Kosten helfen und die vier Städte ebenfalls mit 50 Helmen. Vertragspartner des Landfriedens, der bis zum 29. September 1337 und von da an bis in zwei Jahren gemacht werden sollte (mit Widerrufsrecht des Kaisers), waren neben den vier Städten und dem Landvogt Gottfried (IV.) von Eppstein: Luther von Isenburg, Ulrich (II.) von Hanau, Philipp (V.) von Falkenstein, Herr zu Münzenberg, Philipp (VI.) und Kuno (IV.) von Falkenstein-Münzenberg (Druck bei Böhmer-Lau, UB Frankfurt 2 [wie Anm. 48], S. 460–464 Nr. 611).

119 Vgl. dazu Battenberg, Einungen (wie Anm. 2), S. 112: „Die regionale königliche Gerichtsbarkeit der Wetterau sollte weniger an die Person des Landvogts als an die wechselnde, zahlenmäßig und in der Zusammensetzung aber festgelegte Konstellation des Landfriedensgerichts gebunden werden.“ Schwind, Landvogtei (wie Anm. 3), bemerkt S. 208: „Die Verleihung dieses Rechts an ein Landfriedensgericht erfolgte, soweit wir sehen, in unserem Falle zum ersten Male […].“ Vgl. auch Angermeier, Landfriede (wie Anm. 111), S. 168, der eine Stärkung der königlichen Position beobachtet, obwohl der Landfriede nicht dynastischen Interessen unterworfen gewesen sei; die Verleihung von Befugnissen des höchsten Reichsgerichts an die Behörde habe zugleich der Wahrung der königlichen Friedenshoheit gedient und die Instrumentalisierung der Exekutionsgewalt für die Aussprüche des Reichsgerichts intendiert.

120 Als monatlicher Tagungsort war in diesem Landfrieden neben Frankfurt im Übrigen auch Friedberg vorgesehen.

121 Schwind, Landvogtei (wie Anm. 3), S. 210.

nung und die Schaffung einer einheitlichen Gerichts- und Exekutionsgewalt.[122] Die Gestaltung eines übergreifend befriedeten und rechtlich gesicherten Raumes sollte territoriale Grenzen und gesonderte ständische Interessen überwinden. Die Städte präsentierten sich in diesen Urkunden als der verlängerte Arm der Krone und gleichberechtigte Partner anderer wichtiger Territorialherren.

Am 4. Juli 1341 gebot Ludwig den Wetterauer Städten, ein Bündnis mit dem Erzbischof von Mainz auszuhandeln, das dann von anderen Städten, von Edlen und Herren zu beschwören sei.[123] 1343 und 1344 schließlich wandte er sich in mehreren Urkunden an den Städtebund: Am 23. Januar 1343[124] und wiederholt am 2. Januar 1344[125] erlaubte er den vier Reichsstädten sich mit Herren, Edlen, Rittern und Knechten zu verbünden, wobei er die Städte mit dem Schutz und der gerichtlichen Vertretung der gewonnenen Verbündeten beauftragte. Am folgenden Tag, dem 3. Januar 1344, stattete er sie mit weitgehenden Vollmachten aus: Sie durften selbstständig gegen die gemeinsamen Feinde sowohl gerichtlich als auch militärisch vorgehen, wenn diese Feinde das Recht nicht vor dem Frankfurter Schultheißen suchen wollten, wobei sie sich nicht, da sie im Auftrag des Reichs handelten, vor unberechtigten Schadensersatzforderungen fürchten müssten.[126] Wenig später wurde tatsächlich ein Bündnis geschlossen, das, wie es in der Urkunde Johanns I. von Nassau dann steht, auf Geheiß des Kaisers und der besonderen Freundlichkeit der Städte zustande gekommen war.[127] Dass zu diesem Zeitpunkt, 1344, auch bei den Städten ein dringendes Bedürfnis zur Sicherung der Region vorgelegen haben muss, kann man auch an den Ausstellungsorten erkennen: Die entsprechenden Urkunden Ludwigs sind nicht wie überwiegend sonst in Frankfurt, sondern in München und Burghausen ausgestellt worden.

122 Vgl. ebd., S. 201, bezogen auf den Landfrieden von 1328–1331. Zum angestrebten Landfrieden von 1337 vgl. ebd., S. 205 ff., wobei Schwind davon ausgeht, dass er tatsächlich zustande gekommen ist.

123 Vgl. das Orig. im Institut für Stadtgeschichte Frankfurt a. Main, Kaiserschreiben 19 (Druck: Reimer, UB Hessen 2 [wie Anm. 37], S. 573 Nr. 575; Reg.: Zieg, Gelnhäuser Regesten [wie Anm. 37], S. 187 Nr. 372).

124 Vgl. den Druck bei Reimer, UB Hessen 2 (wie Anm. 37), S. 603 Nr. 613 (Reg.: Wiese, UB Wetzlar [wie Anm. 71], S. 578 Nr. 1429); Ausstellungsort Burghausen.

125 Vgl. das Orig. im Institut für Stadtgeschichte Frankfurt a. Main, Privilegien Nr. 72 (Druck: Reimer, UB Hessen 2 [wie Anm. 37], S. 629 Nr. 639; Reg.: Reg.LdB 8 [wie Anm. 41], S. 250 Nr. 516). Ausstellungsort München.

126 Vgl. das Orig. im Institut für Stadtgeschichte Frankfurt a. Main, Privilegien Nr. 73 (Druck: Reimer, UB Hessen 2 [wie Anm. 37], S. 629 f. Nr. 640; Reg.: Reg.LdB 8 [wie Anm. 41], S. 250 f. Nr. 517), Ausstellungsort München. Schwind, Landvogtei (wie Anm. 3) notiert S. 212, dass die Wetterau und die angrenzenden Gebiete 1344 in zwei Lager, Anhänger und Gegner des Kaisers, gespalten gewesen waren. 1341 war es schon nicht zu einem Landfrieden gekommen, obwohl der Kaiser, der Erzbischof von Mainz und die Städte bereits das Interesse daran gezeigt hatten; Teile des Adels waren offenbar zu dem Zeitpunkt nicht mehr willens, die Pläne des Kaisers zu unterstützen.

127 Vg. die Urkunde vom 23. April 1344 (Druck: Böhmer, Cod. dipl. Moenofr. [wie Anm. 47], S. 586 f.).

Im Oktober 1344 verweisen zwei Urkunden auf ein Bündnis der vier Städte mit Ludwig, die nicht mehr nur auf die Machtbalancierung und Friedenssicherung in der Wetterau, sondern auf ein größeres Gebiet bezogen sind. Mit diesen Urkunden, die nun wahrscheinlich auch im Kontext der Auseinandersetzungen Ludwigs mit Karl IV. zu sehen sind,[128] wurden die vier Städte in die unmittelbaren Dienste des Kaisers gestellt. Am 4. Oktober 1344 vereinbarte Ludwig mit dem Edlen Dietrich II. von Runkel und seinen Erben unter Gewährung finanzieller Vergünstigungen, dass sie ihm und den vier Wetterauer Städten mit der in der Nähe von Limburg gelegenen Burg Runkel, die den Lahnübergang auf dem Weg von Koblenz sichern konnte, dienen und ihnen im Bedarfsfall die Burg öffnen sollten.[129] Am 14. Oktober 1344 schloss der Kaiser in Frankfurt mit den vier Städten, dem Mainzer Erzbischof, Heinrich III. von Virneburg, und dem Domkapitel von Mainz, ein Bündnis, das gegen die gemeinsamen Feinde in einem Gebiet, das über die Wetterau hinausging, gerichtet war. Es sollten nicht nur Not, Brand, Mord und Raub verhindert werden, sondern auch weitere Verbündete, Fürsten, Herren, Diener, Dienstleute, Burgleute und Städte, über welche die Vertragspartner Gewalt hatten, einbezogen werden.[130]

In den folgenden beiden Jahren und insbesondere 1346 häufen sich dann die Urkunden, in denen Ludwig die vier Städte in seine Abwehrstrategien gegen die Wahl und Unterstützung eines Gegenkönigs einbezog, entweder, indem er am 22. Februar 1345 seine Gesandten bei den Städten beglaubigte und sie anwies, deren Befehlen zu gehorchen,[131] oder indem er ihre jährlichen Steuern an seine Helfer übertrug,[132] oder auch indem er seinen Verbündeten die Hinzuziehung der vier Städte oder umgekehrt im Bedarfsfall gebot.[133]

Ludwig erklärte gegenüber den vier Städten sein Vorgehen. Am 28. September 1345 berichtete er ihnen, dass er nun in einen Krieg gegen Ulrich II. von Hanau zie-

128 Zu den Thronstreitigkeiten vgl. Schwind, Landvogtei (wie Anm. 3), S. 210; weiter Heinz Thomas, Ludwig der Bayer (1282–1347). Kaiser und Ketzer, Regensburg 1993, S. 351 ff.

129 Vgl. den Druck bei Wiese, UB Wetzlar 2 (wie Anm. 71), S. 594 Nr. 1473 (Reg.: Zieg, Gelnhäuser Regesten [wie Anm. 37], S. 197 f. Nr. 400).

130 Vgl. den Druck bei Reimer, UB Hessen 2 (wie Anm. 37), S. 646–650 Nr. 660 zu Oktober 15; (Reg.: Reg.LdB 8 [wie Anm. 41], S. 250 f. Nr. 517); vgl. auch Ruser, Urkunden und Akten (wie Anm. 6), S. 319–321 Nr. 392.

131 Vgl. das Orig. im Institut für Stadtgeschichte Frankfurt a. Main, Kaiserschreiben 23 (Druck: Reimer, UB Hessen 2 [wie Anm. 37], S. 660 Nr. 671; Reg.: Zieg, Gelnhäuser Regesten [wie Anm. 37], S. 200 Nr. 407).

132 Vgl. Anm. 89 u. 90.

133 Vgl. z. B. zum Schutz des Klosters Retters mit der Urkunde vom 4. März 1346 (Reg.: Wiese, UB Wetzlar 2 [wie Anm. 71], S. 607 Nr. 1502) und des Klosters Engelthal mit der Urkunde vom 10. März 1346 (Druck: Ebd., S. 607 f. Nr. 1503; Reg. Battenberg, Solmser Urkunden [wie Anm. 86], S. 93 Nr. 265).

hen müsse, was er gern vermieden hätte.[134] In einer weiteren Urkunde vom 16. Juli 1346 dankte er ihnen ausdrücklich für ihren Beistand und kündigte sein Kommen zwecks weiterer Beratungen mit ihnen an.[135] Aus allen diesen Urkunden ist zu erkennen, dass er diese vier Städte neben anderen Bündnispartnern nicht nur als wichtige regionale Macht benötigte, sondern, dass er sie, auch als Helfer in der Not, partnerschaftlich behandelte.

Fazit

Eine stärkere Beachtung der (Reichs-)Städte als selbstbewusste und aktiv die Politik bestimmende Verhandlungspartner ist offenbar in der Zeit nach der Rückkehr des Kaisers von Italien nichts Außergewöhnliches; im südwestdeutschen Raum beispielsweise traten die Städte in einem mit der Autorität des Kaisers ausgestatteten, doch von ihnen geprägten Landfrieden nicht einfach als Ausführungsorgane auf, sondern sie verfügten über Selbstverwaltungs- und Selbsthilferechte.[136] Im Unterschied zu den von Ludwig umworbenen Städten im südwestdeutschen und ostschwäbischen Raum stellten die vier Reichsstädte in der Wetterau eine von vornherein auf eine bestimmte Region bezogene Macht dar, die nahezu konstant in Gemeinschaft handelte und verlässlich die Politik des Kaisers unterstützte, aber auch mit divergierenden Interessen der umliegenden kleineren Territorialherren in Einklang zu bringen war. Obwohl Ludwig einige Male Schlichtungen zwischen den Interessen des Adels und der Städte suchen musste,[137] kann man nicht von einem gegen den regionalen Adel agierenden Bündnis der vier Städte sprechen, sondern eher von zeitweiligen Kooperationsverhältnissen, in denen der Städtebund zwar keine dominierende, aber eine mit Handlungsbefugnissen ausgestattete nahezu gleichwertige Stellung einnahm.

134 Vgl. das Orig. im Institut für Stadtgeschichte Frankfurt a. Main, Kaiserschreiben 27 (Druck: Reimer, UB Hessen 2 [wie Anm. 37], S. 667 Nr. 678; Reg.: Böhmer, RI [wie Anm. 47], S. 420); mit Ulrich II. von Hanau hatte er seit 1314 eng kooperiert.

135 Vgl. das Orig. im Institut für Stadtgeschichte Frankfurt a. Main, Kaiserschreiben 24 (Druck: Reimer, UB Hessen 2 [wie Anm. 37], S. 682 Nr. 695; Reg.: Zieg, Gelnhäuser Regesten [wie Anm. 37], S. 205 Nr. 423).

136 Vgl. Schuler, Städtebünde (wie Anm. 8), S. 666. Die Städte besetzten beispielsweise das Schiedsgericht und verfügten über die Stimmenmehrheit im Fall der Aufnahme neuer Mitglieder. Schuler bemerkt, dass die Städte die Politik Ludwigs des Bayern in Bezug auf verfassungsrechtliche Fragen unterstützten und verweist S. 669 auf einen Brief der niederschwäbischen Städte vom Januar 1332, in dem die Städte die Haltung vertraten „die kaiserliche Würde [sei] durch Gott und die Kurfürsten verliehen [...] und keiner päpstlichen Bestätigung" bedürftig.

137 Vgl. z. B. die Vermittlung im Streit zwischen der Burg und der Stadt Friedberg vom 1. Februar 1332 (Orig. im Hessischen Staatsarchiv Darmstadt, A 3 Nr. 111/75; Druck: MGH Const. 6, 2 [wie Anm. 48], S. 146–148 Nr. 225; Reg.: Battenberg, Reg. Hofgericht [wie Anm. 106], S. 100 f. Nr. 152).

Zugleich wurden die vier Städte verstärkt zu Reichsdiensten herangezogen. Ludwig gelang der Ausgleich zwischen den in der Wetterau herrschenden unterschiedlichen Interessen durch die starke Verpflichtung der vier Wetterauer Städte, aber auch durch ihre wirtschaftliche und rechtliche Förderung und eine Politik, die den Adel der Region nach Möglichkeit integrierte.

Frankfurt war der Motor für die den vier Städten gemeinsam gewährten Vergünstigungen, von denen auch die drei kleineren Reichsstädte in der Wetterau profitierten; diese haben sich quasi an das Potential des wirtschaftlichen und repräsentativen Zentrums ihrer Region, der Handelsstadt Frankfurt, angehängt. Punktuell gelang es ihnen, gemeinsam Raum und Ordnung der Wetterau wirtschaftlich effizient zu gestalten, was beispielsweise anhand der Festlegung der jährlichen Stadtsteuern, der Privilegien zur Sicherung des Wetterauer Messezyklus und anhand der vom Kaiser an die Städte delegierten Befugnisse zur Friedenssicherung gezeigt werden konnte. Ludwig seinerseits vermochte den Wetterauer Städtebund gezielt in seine Macht- und Bündnispolitik einzubinden und ihn für seine Interessen zu instrumentalisieren, was in diesem Ausmaß mit anderen untereinander verbündeten Städten nicht geschah. Zwar förderte Ludwig die Wetterauer Reichsstädte nicht explizit in ihrer Eigenschaft als vier miteinander verbundene Knotenpunkte des Handels, aber er reagierte auf die offensichtlich von ihnen gemeinsam vorgebrachten Wünsche. Insofern kann von einer Erfolglosigkeit oder gar von einem Scheitern des sehr engen Verbundes der Wetterauer Städte in der Zeit Ludwigs des Bayern nicht gesprochen werden,[138] sondern vielmehr von einem singulären Fall gemeinsamer städtischer Einflussnahme auf die politische Gestaltung eines spätmittelalterlich geprägten Raumes. Im Unterschied zu anderen Städtenetzen erwies sich der Wetterauer Städtebund als kontinuierlich agierender regionaler Machtfaktor, dessen Bezug zum Königtum zwar teilweise belastend, aber zugleich deutlich fördernd wirkte.

138 Vgl. die Ausführungen vor Anm. 39.

Der herrscherliche Hof als Nachrichten- und Kommunikationszentrum

Mirjam Eisenzimmer

Einleitung

Die Feierlichkeiten zur Krönung Ludwigs des Bayern als *Imperator* am 17. Januar 1328 in Rom waren gerade erst zu Ende gegangen, als die Stadt Regensburg bereits in Eile eine Gesandtschaft nach Italien zusammenstellte, die dem neuen Kaiser ihre Aufwartung machen sollte. Die 25-köpfige, berittene Delegation war allem Anschein nach sehr zügig aufgebrochen, um sich auf den beschwerlichen Weg über die Alpen zu begeben, denn bereits Anfang März erreichte sie Rom, wo sich der Kaiser mit Gefolge und Truppen seit Januar aufhielt. Die Dringlichkeit des Regensburger Anliegens lässt sich nicht nur an der großen Eile der Gesandtschaft ermessen, sondern auch daran, dass die Stadt mit einem Schirmbrief[1] des böhmischen Königs Heinrich ausgestattet und in Begleitung des *ersamen manne[s], maister Heinrich, unsers liben ôheims des edeln künigs Ludowigs von Rome schreiber* war.[2] Magister Heinrich war als Gesandter des Kaisers während dessen Italienaufenthalts nach Deutschland für verschiedene Aufträge geschickt worden und hatte als letzte Station mit der Stadt Regensburg Verhandlungen geführt. Da er auf dem direkten Weg zurück nach Rom war, hatte die Stadt ihm dann auf Anweisung König Heinrichs gleich eine Delegation mitgeschickt.[3] Diese traf Anfang März 1328 in Rom ein und blieb etwas über zwei Wochen, vermutlich in der Nähe der Engelsburg, wohin der Herrscher in diesen Ta-

1 Heinrich von Kärnten gewährte der Delegation Geleitschutz für die Dauer *von hewt ze viertzehen tagen*, Regensburger Urkundenbuch, bearb. von. Fritz Bastian/Josef Widemann, Bd. 1: Urkunden der Stadt bis zum Jahre 1325, München 1912, S. 300 Nr. 538. Die Urkunde ist undatiert, so dass das genaue Aufbruchsdatum der Gesandtschaft nicht feststellbar ist.

2 Bastian/Widemann, UB Regensburg I (wie Anm. 1), S. 300 Nr. 538. Zu Magister Heinrich, über den ansonsten wenig bekannt ist, und zur Urkunde, die noch vor der Kaiserkrönung ausgestellt worden sein muss, da Ludwig dort als König bezeichnet wird, vgl. Helmut Bansa, Studien zur Kanzlei Kaiser Ludwigs des Bayern vom Tag der Wahl bis zur Rückkehr aus Italien (1314–1329) (Münchner historische Studien. Abteilung Geschichtliche Hilfswissenschaften 5), Kallmünz 1968, S. 251f.; Johann Schmuck, Ludwig der Bayer und die Reichsstadt Regensburg. Der Kampf um die Stadtherrschaft im späten Mittelalter (Regensburger Studien und Quellen zur Kulturgeschichte 4), Regensburg 1997, S. 181.

3 Zur Delegation und ihrem Auftrag vgl. Donald Lundeen Keay, The government of Regensburg from 1180–1401, Boston 1971, S. 267.

gen gerade vom Lateranpalast aus hin umgezogen war.[4] Am 20. März allerdings reiste die Gesandtschaft unverrichteter Dinge wieder ab; offenbar war ihr Unternehmen nicht erfolgreich gewesen.[5] Dabei hatten die Regensburger für ihre Angelegenheiten den besten Fürsprecher gewonnen, den es am Hof Ludwigs des Bayern gab: Burggraf Friedrich IV. von Nürnberg hatte versprochen, sich für sie und ihren Auftrag einsetzen zu wollen. Der Burggraf war in dieser Zeit die wohl erfolgversprechendste Adresse als Mittler beim Herrscher; seine militärische und finanzielle Hilfe hatte nicht nur das Königtum Ludwigs ermöglicht[6] und stabilisiert, sondern auch maßgeblich zum erfolgreichen Romzug des Kaisers beigetragen.[7] Doch selbst das Wort des Zollern konnte nicht verhindern, dass die Gesandtschaft ohne positiven Bescheid wieder abreisen musste.

Friedrich übergab der Delegation ein Schreiben an den Rat der Stadt Regensburg, in dem er den Empfängern empfahl, dass sie *niht verzagen, sunder trôstlichen mût habn sollen* [...], dass er ihre *sache schier und kurtzlich in die gevezze bringen* wer-

4 Zwischen Januar und August 1328 hielt sich Ludwig in Rom auf. Ursprünglich residierte er im Lateranpalast. Anfang März tauschte er diesen temporären Sitz gegen die Engelsburg ein, denn in der Stadt war es wegen Versorgungsproblemen zu Aufständen und Aufruhr gekommen, und die Sicherheit des kaiserlichen Hofes war gefährdet. Die Delegation der Stadt Regensburg musste den Kaiser gerade im Umzug angetroffen haben, was für deren Anliegen zusätzlich nicht förderlich gewesen sein mag. Maßgebliche Edition der Urkunden Ludwigs: MGH Constitutiones et acta publica imperatorum et regum, Bd. 4–6: Bd. 4: Inde ab a. MCCXCVIII usque ad a. MCCCXIII, bearb. von Jakob SCHWALM, Teil 1 und 2, Hannover/Leipzig 1906 u. 1909–1911, ND Hannover 1981; Bd. 5: Inde ab a. MCCCXIII usque ad a. MCCCXXIV, bearb. von Jakob SCHWALM, Hannover/Leipzig 1909–1927, ND Hannover 1981/82; Bd. 6,1: Inde ab a. MCCCXXV usque ad a. MCCCXXX, bearb. von Jakob SCHWALM, Hannover/Leipzig 1909–1927, ND Hannover 1981/82; Bd. 6,2: Dokumente zur Geschichte des Deutschen Reiches und seiner Verfassung, 1331–1335; 1. Lf., bearb. von Ruth BORK, Weimar 1989; 2. Lf., bearb. von Wolfgang EGGERT, Hannover 1999; Bd. 7,1: 1336–1339, bearb. von Michael MENZEL, Wiesbaden 2014. – Grundlegend für die Regesten Ludwigs des Bayern: Johann Friedrich BÖHMER, Regesta imperii inde ab anno MCCCXIIII usque ad annum MCCCXLVII. Die Urkunden Kaiser Ludwigs des Baiern, König Friedrichs des Schönen und König Johanns von Böhmen nebst einer Auswahl der Briefe und Bullen der Päbste und anderer Urkunden welche für die Geschichte Deutschlands von 1314 bis 1347 vorzüglich wichtig sind, Frankfurt a. Main 1839. Additamentum primum, Frankfurt 1841. Additamentum secundum, Leipzig 1846. Additamentum tertium, Innsbruck 1865; sowie deren Neubearbeitungen: Regesten Ludwigs des Bayern (1314–1347). Nach Archiven und Bibliotheken geordnet, Hefte 1–9, Köln/Wien u.a. 1991–2012.

5 BASTIAN/WIDEMANN, UB Regensburg I (wie Anm. 1), S. 302 Nr. 543.

6 Zum Sieg bei Mühldorf (29. September 1322) gegen Friedrich den Schönen von Habsburg, der maßgeblich durch die Truppen des Burggrafen erzielt wurde, vgl. u.a. Heinrich SCHROHE, Der Kampf der Gegenkönige Ludwig und Friedrich um das Reich bis zur Entscheidungsschlacht bei Mühldorf nebst Exkursen zur Reichsgeschichte der Jahre 1292–1322 (Historische Studien 29), Berlin 1902, ND Vaduz 1965, S. 171f.; SCHMUCK, Regensburg (wie Anm. 2), S. 161.

7 Ludwig hatte Burggraf Friedrich IV. von Nürnberg für seine Unterstützung im Italienfeldzug zahlreiche Urkunden ausgestellt, zwischen dem 7.–22. September 1328 mehr als 20 Privilegien, davon sieben Stadtrechtserhebungen. Druck: Monumenta Zollerana. Urkunden-Buch zur Geschichte des Hauses Hohenzollern, bearb. von Rudolph VON STILLFRIED/Traugott MAERCKER, Bd. 2, Berlin 1856, S. 409–433 Nr. 628f., 631–637, 642–644, 648–654, 658.

de.[8] Außerdem verlangte er, dass sie mit ihm wegen dieser *sache* in Kontakt bleiben sollen. Über die genauen Details dieser Regensburger *sache* erfährt man allerdings weder etwas aus dem Geleitschreiben Heinrichs von Kärnten noch aus dem Brief Friedrichs von Nürnberg.

Hinsichtlich der politischen Einzelheiten vertraute der Burggraf nicht auf das Pergament, sondern auf die Teilnehmer der Gesandtschaft, die der Stadt Regensburg die im Brief nur angedeuteten Vorgänge dann ausführlich mündlich berichten sollten.

Auch wenn die Reise der Regensburger Delegation mit ihrem Anliegen an den Hof Ludwigs des Bayern im Resultat nicht erfolgreich gewesen war, so illustriert ihr Verlauf doch in mehr als einer Hinsicht, welchen Weg ein Anliegen nehmen musste, um an das Ohr des Herrschers zu gelangen.

Der Hof des Herrschers war der Nachrichtenumschlagplatz des Reiches. Wo sich der Kaiser und seine Kanzlei befanden, dort war das Zentrum des Reiches.[9] Reichsfürsten und andere hochrangige Personen besuchten den Hof für eine unterschiedlich lange Zeit; Boten und Gesandtschaften sprachen vor und überbrachten oder verlangten Nachrichten; in der Kanzlei wurden Briefe und Schriftstücke hergestellt und versandt, in Empfang genommen oder ausgehändigt. Die am Hof Anwesenden hatten untereinander Gelegenheit zum Austausch, der Hof war Mittelpunkt von Reichsversammlungen, Hoftagen und politischen Gipfeltreffen.

Der Hof war die Kommunikationszentrale des Reiches.

Fragen und Quellen

Im Folgenden wird immer wieder der zentrale Terminus „Kommunikation“[10] verwendet, der ohne Frage mehr als nur den Aspekt eines wechselseitigen Informationsaustausches beinhaltet, so wie er hier verstanden werden soll. Das Konzept der

---

8 Bastian/Widemann, UB Regensburg I (wie Anm. 1), S. 313 Nr. 563.

9 Michael Menzel, Ludwig der Bayer und der Alte Hof, in: Schauplätze der Geschichte in Bayern, hg. von Alois Schmid/Katharina Weigand, München 2003, S. 134–148, hier S. 141.

10 Zu Begriff und Bedeutung von *communicatio* grundlegend Sophia Menache, The vox Dei. Communication in the middle ages, New York 1990; allgemein zu „Kommunikation“ Arndt Reitmeier, Außenpolitik im Spätmittelalter. Die diplomatischen Beziehungen zwischen dem Reich und England 1377–1422 (Veröffentlichungen des Deutschen Historischen Instituts in London 45), Paderborn 1998, S. 49–51; Michael North, Kommunikation, Handel, Geld und Banken in der frühen Neuzeit (Enzyklopädie Deutscher Geschichte 59), München 2000; ders., Kommunikation und Raumbildung, in: Neubürger im späten Mittelalter. Migration und Austausch in der Städtelandschaft des Alten Reichs (1250–1550), hg. von Rainer Christoph Schwinges, Berlin 2002, S. 507–525; speziell zur „politischen Kommunikation“ Christina Lutter, Politische Kommunikation an der Wende vom Mittelalter zur Neuzeit. Die diplomatischen Beziehungen zwischen der Republik Venedig und Maximilian I. (1495–1508), Wien 1998; Nicole Petzi, Polit-Kommunikation am Hof Maximilians I., Marburg 2011, S. 19f.

Kommunikation im Sinne von symbolischer wie sozialer Interaktion, als Konstruktion öffentlicher Räume und Inszenierungen, im Hinblick auf Repräsentation, Zeremoniell oder „in der unbefangenen Neukonstruktion von mittelalterlicher Außenpolitik respektive diplomatischer Beziehungen"[11] wird seit den 1960er Jahren disziplinübergreifend diskutiert und geht weit über einen schlichten Informationsaustausch von Angesicht zu Angesicht oder durch Medien hinaus. Für diesen Artikel soll allerdings die auf symbolischer, repräsentativer oder inszenierter Ebene stattfindende Interaktion unberücksichtigt bleiben und Kommunikation primär als sprachlicher Austausch auf mündlicher und schriftlicher Ebene verstanden werden, um den vorgegebenen Rahmen des Aufsatzes einzuhalten.

Neben dieser diskursiven Einschränkung unterliegt auch die Auswahl der Quellen für die folgende Betrachtung einer Begrenzung, denn es stehen vorrangig urkundliche Quellen dieser Zeit im Mittelpunkt. Diese Gattung thematisiert dabei aufgrund ihrer Funktion eher einen „formell-öffentlichen" Bereich und ermöglicht wenig bis keinen Einblick in einen möglichen „inoffiziell-privaten" oder „rituell-symbolischen". Aus diesem Grund können die auf den vorgestellten Quellen basierenden Belege keinesfalls als empirischer Querschnitt zu verstehen sein.[12]

Aufgrund einer Annäherung an das Thema durch die Fragen: „Wer?" kommuniziert „mit wem?" oder „durch wen" und „wie?" oder „wodurch?" bilden sich zwei grobe Bereiche heraus:

(A) Wie traten die Untergebenen in Kommunikation mit dem Herrscher?

(B) Wie kommunizierte Ludwig der Bayer mit seinen Untergebenen, d. h. welcher Personen bediente sich der Herrscher, um mit Anderen – gleichen oder unterschiedlichen Ranges – in Kommunikation zu treten?

Gesandtschaft und Geleit

Zurück zur Regensburger Gesandtschaft. Welche Aufschlüsse gibt das anfangs eingeführte Beispiel auf die Frage: Wie findet ein Anliegen den Weg zum Ohr des Herrschers? Wie kommuniziert man (als Stadt) mit dem Kaiser?

Der Bürgermeister und der Rat der Stadt waren aufgrund des Besuchs von Kaiser Ludwigs Schreiber genau informiert, wo sich der Kaiser mit seinem Hof aufhielt, und

---

11 Rainer Christoph Schwinges/Klaus Wriedt, Gesandtschafts- und Botenwesen im spätmittelalterlichen Europa. Eine Einführung, in: dies., Gesandtschafts- und Botenwesen im spätmittelalterlichen Europa, Stuttgart 2003, S. 9–14, hier S. 11.

12 Durch die Arbeit mit den Urkunden Ludwigs des Bayern für die Regesta Imperii drängt es sich nahezu auf, das Thema von diplomatischer Seite her anzugehen. Für eine umfassende Betrachtung bedürfte es zusätzlich anderer Quellen wie historiografischer Berichte, Rechnungsbücher, Gesandtschaftsberichte, Empfängerschreiben sowie der jeweiligen Quellen der anderen Seiten, die für die Zeit Ludwigs des Bayern bisher nur teilweise erschlossen sind.

hatten auf Anweisung der königlichen Urkunde, die dieser ihnen überbrachte, eine Delegation zusammengestellt. Neben Ludwig dem Straubinger und Ulrich dem Kratzer als Vertreter der einflussreichsten Patrizierfamilien reiste auch der Regensburger Stadtschreiber mit nach Rom. Diesen Leitern der Gruppe wurden außerdem zwölf andere entsprechend ausgerüstete und mit Pferden versehene Personen mitgegeben.

König Heinrich von Böhmen hatte verfügt, dass die Stadtdelegation darüber hinaus um eine zehnköpfige, ausgerüstete Gesellschaft mit dem kaiserlichen Schreiber Heinrich ergänzt wurde: In seinem Schreiben heißt es: *Wir Heinr*[*ich*] *von gots genaden kuenig ze Boeheim und ze Polan, hertzog ze Kaernden und graf ze Tyrol, veriehen an disem brief, daz wir dem ersamen manne maister Heinr[ich], unsers lieben Oeheims des edlen kuenigs Ludow. von Rome schreiber, selb zehent und den bescheiden mannen Ludow*[*ig*]. *dem Strawbinger und Ulr*[*ich*]. *dem Chratzzer, purger ze Regens[purch] selb fuenfzehenden, also mit fuemf und zwaintzich personen und mit als vil pferden* [...] mitgeben. Der hier im Auszug wiedergegebene Brief fungierte gleichzeitig als ein Geleitschutzschreiben für die in Heinrichs Herrschaftsgebiet befindlichen öffentlichen Straßen, welches für die Dauer von 14 Tagen gelten sollte, und ohne das eine Reise nicht möglich war. Da Herzog Heinrich von Kärnten der Aussteller war, ist davon auszugehen, dass die Gesellschaft den Weg durch Tirol nahm. Der Geleitsbrief Heinrichs war vermutlich schon 1327 ausgestellt worden, da Ludwig im Text noch als König bezeichnet wird.[13] Das wiederum kann bedeuten, dass Ludwig selbst oder der Herzog die Gespräche mit der Stadt gesucht hatte. Magister Heinrich, der kaiserliche Schreiber, hatte den Brief nach Regensburg gebracht, weil er im Anschluss an die dortigen Verhandlungen nach Italien zu seinem Herrn zurückkehren würde.

Der schriftliche Geleitschutz für eine Fahrt, auch Taschengeleit genannt, wurde also entweder im Vorfeld als Einladung an die entsprechende Partei gesandt oder per Boten von der Adresse eingeholt, die man besuchen wollte. In jedem Fall musste der Schutzbrief dann mitgeführt werden.[14] Die Dauer des Schutzes variierte, konnte gleichermaßen Hin- wie Rückreise einschließlich der Besuchsdauer umfassen oder für einen nicht konkret definierten Zeitraum gelten, der für den Abschluss von Aufträ-

13 Vgl. Bansa, Studien (wie Anm. 2), S. 252.

14 Zum schriftlichen, auch Taschengeleit genannten Schutz Gerhard Lingelbach, Geleit, in: Handwörterbuch zur deutschen Rechtsgeschichte, Bd. ²1, Berlin 2008, Sp. 83–85. Ein von oberer Instanz ausgestelltes Geleitschutzschreiben schloss zumeist auch die Gebiete und Herren ein, denen Geleite übertragen oder verpfändet worden waren, dazu u.a. Hubert Russ, Die Edelfreien und Grafen von Truhendingen. Studien zur Geschichte eines Dynastengeschlechts im fränkisch-schwäbisch-bayerischen Grenzraum vom frühen 12. bis frühen 15. Jahrhundert, Neustadt a.d. Aisch 1992, S. 43. Neben dem schriftlichen Geleit gab es das personale Geleit, das von einem einzelnen Geleitknecht oder von ganzen Geleitmannschaften wahrgenommen werden konnte. So schickte Ludwig der Bayer am 24. November 1342 Liebhardt von Otmaringen, den Hofmeister der Kaiserin Margarete, nach Regensburg, um dem dortigen Bürgermeister und seiner Delegation für die An- und Abreise an seinen Hof Sicherheit zu gewährleisten. Druck: Schmuck, Regensburg (wie Anm. 2), S. 362 Nr. 7.

gen oder Verhandlungen notwendig war. Herzog Heinrich konnte das Aufbruchsdatum für die geforderte Delegation nicht genau bestimmen, weshalb in seinem Schreiben das Geleit eher allgemein gefasst wird.

Detaillierter als dort ist dagegen ein Schutzbrief Ludwigs des Bayern vom 22. Januar 1331 für eben jene Stadt Regensburg.

Die Regensburger hatten nach der Rückkehr des Kaisers aus Italien versucht, die 1328 gescheiterten Gespräche wieder aufzunehmen. Ludwig war seit Februar 1330 wieder auf deutschem Boden, und die Regensburger bereiteten eine neue Gesandtschaft vor, um ihn aufzusuchen. Im Februar 1331 endlich war der Herrscher bereit, sich mit den Vertretern der Stadt zu treffen und lud sie an den Hof ein, wofür er ihnen Schirm und Schutz für die Fahrt zusagte: *Wan ir zu uns chomen welt un och sůlt, laszen wir iuch weszen, daz wir iuern egenanten burgermaister un iur burger un boten, die ir zu uns sendet, un och ir gesellschaft, diu mit ir vert, in unserm und dez richs schirme und geleitte genomen haben un och mit disem brief nehmen* [...] *zu uns zevaren, swa wir danne sin, bi uns zebeliben un wider heym zevaren gen Regenspurck in die stat.*[15] Dieses Geleit nennt also keinen konkreten Zeitraum, sondern seine Befristung ist an die Erledigung der Angelegenheit geknüpft.

Wurden die Geleitbriefe nicht als Einladungen an die entsprechenden Empfänger versandt, sondern ersuchte man die entsprechenden Instanzen um einen Schutzbrief, konnte dies ausgesprochen kostspielig sein, war das Geleit doch für seine Inhaber eine lukrative Einnahmequelle.[16]

Von einem ebenfalls aus Regensburg stammenden Bürger, Friedrich dem Hilprant, ist bekannt, welch hohen zeitlichen und finanziellen Aufwand es bedeutete, einen schriftlichen Geleitschutz zu bekommen. Dieser Friedrich hatte 1331 die Herzöge von Österreich persönlich um ein Schutzgeleit ersucht. Seinen Auftraggebern berichtete er dann in einem Brief vom 4. Februar 1331, dass er allein drei Audienzen und weitere zehn Tage hatte abwarten müssen, bis Herzog Albrecht ihm bescheinigte, dass das unterbreitete Angebot von *zwain tuechen von Brůhsel* nicht zufriedenstellend wäre, sondern er für sein Siegel und das seines Bruders, Herzog Ottos, 20 Mark fordere. Nach Albrechts Zusage dauerte es aber weitere acht Tage, die Friedrich Hilprant auf die Besiegelung durch Herzog Otto warten musste. Damit hatte er für die gewünschte Urkunde insgesamt fast einen Monat auf eigene Kosten am Wiener Hof zubringen müssen. Nicht verwunderlich also, dass Friedrich dann

---

15 BASTIAN/WIDEMANN, UB Regensburg I (wie Anm. 1), S. 350 Nr. 632.

16 Weil das Geleitgeld eine lukrative Einnahmequelle war, verpfändete Ludwig der Bayer des Öftern Geleitrechte, so z. B. am 17. November 1337 das Geleit in Franken an Lutz von Hohenlohe-Uffenheim für eine Summe von 1.700 Pfund Haller (Orig. Perg. dt. im Staatsarchiv Nürnberg, Rst. Nbg., Urk. Mü.Abg. Nr. 2902; Druck: Hohenlohisches Urkundenbuch, bearb. von Karl WELLER, Bd. 2: 1311–1350, Stuttgart 1901, S. 454 Nr. 530). Im Vergleich: Die jährliche gewöhnliche Steuer der Stadt Nürnberg betrug 2000 Pfund Haller.

gegenüber seinen Auftraggebern klagt: *Der pfarrer, der hertzog Ottens insigel innen [hatte], ist mir gar swaer an den sachen gewesen.* [...] und detailliert aufrechnet: *und wizzet,* [...], *daz ez kostet gen paiden herrn und gen dem rat wol lxvii m[arch]* [...] *und daz ez mit noten zu gangen [ist].*[17]

Vermutlich hatte Ludwig der Bayer die Regensburger in Rom im März 1328 ebenfalls lange hingehalten, solange, bis ihr Geleitschutz auslief und sie zurückkehren mussten. Ihnen hatten dabei weder Umfang und Ausstattung der Delegation noch ihre exklusiven und sicherlich kostspieligen Referenzen etwas genutzt. Während es offenbar häufiger vorkam, dass Gesandtschaften nicht besonders gut darüber informiert waren, wer am kaiserlichen Hof über Einfluss verfügte,[18] hatte der Rat der Stadt Regensburg in den besten Fürsprecher investiert und Friedrich von Nürnberg gebeten, ihr *gelaiter, schirmer und furderer* zu sein. Der Burggraf hatte ihnen zugesagt: *ewer schirm, ewer schilt, ewer letze, ewer kenphe und ewer und ewerr sache furderer* sein zu wollen.[19] Die Regensburger wussten, dass die Erfüllung eines Anliegens beschleunigt werden konnte, wenn man als Bittsteller entweder „hochgestellte Personen um Hilfe" bat oder „denjenigen, die den Zugang zum König oder Kanzler kontrollierten, Geschenke"[20] übergab. Dass aber auch die Vermittlung des Burggrafen den Konflikt zwischen Kaiser und Stadt nicht lösen konnte, lag wohl an den komplizierten politischen Verwirrungen des Konflikts und am Widerstand Ludwigs, aber nicht daran, dass die Regensburger nicht wussten, wie man mit dem Herrscher verhandelte.

Hätte man anfänglich meinen können, die Initiative zu den Verhandlungen ginge von Ludwig dem Bayern aus, der seinen Schreiber Magister Heinrich nach Deutschland und gezielt nach Regensburg geschickt hatte, so vermittelt die Urkunde, die Burggraf Friedrich nach den gescheiterten Unterredungen den Regensburgern mit auf den Weg zurückgab, das Bild, dass Ludwig offenbar kein Interesse an einer Konfliktlösung hatte. Die Aussage des Burggrafen: *in so langen zeiten unsern herrn unberihten gen ew funden* wirkt, als hätte Ludwig die Regensburger nicht einmal zu einer persönlichen Audienz vorgelassen: Friedrich als Mittler zwischen Ludwig und den Abgeordneten der Stadt konnte nur trösten und auf seine unveränderte Förderung verweisen. Sein Brief enthielt das Versprechen, sich für ihre *sache* einzusetzen, die

17 Bastian/Widemann, UB Regensburg I (wie Anm. 1), S. 349 Nr. 620.

18 Arndt Reitmeier, Diplomatischer Alltag im Spätmittelalter. Gesandte in den englischen Beziehungen zu Frankreich und zur Hanse, in: Schwinges/Wriedt, Gesandtschafts- und Botenwesen (wie Anm. 11), S. 135–167, hier S. 149. So auch Moraw: Über die Informationen, die der durchschnittliche Fürstenhof über die Verhältnisse am herrscherlichen Hof hatte, sollte man „eher skeptisch denken". Man war auf Gesandtschaften und Begleiter angewiesen. Peter Moraw, Fürsten am spätmittelalterlichen deutschen Königshof, in: Principes. Dynastien und Höfe im späten Mittelalter, hg. von Cordula Nolte/Karl-Heinz Spiess/Ralf-Gunnar Werlich, Stuttgart 2002, S. 17–32, hier S. 29.

19 Bastian/Widemann, UB Regensburg I (wie Anm. 1), S. 302 Nr. 543.

20 Reitmeier, Alltag (wie Anm. 18), S. 149.

Bitte, ihm in der Angelegenheit zu vertrauen und die Aufforderung, ihn weiterhin zu informieren. Der Brief verlor aber kein Wort darüber, was Inhalt oder Zweck der *botschaft* oder der *sache* und Grund des Streits waren. Stattdessen versicherte der Aussteller den Empfängern in Regensburg: *Waz ew dar uber sagen die vorgenannten ewer purger und schreiben von uns, des solt ir in gelauben.*

Der Brief war also ein Begleitschreiben, eine sogenannte Kredenz,[21] welches die Überbringer als Boten auswies und ihre Glaubwürdigkeit bescheinigte: Das Wichtigste am Brief war demnach der Bote.[22] Bedeutsame oder geheime Nachrichten wurden oft nur mündlich, *viva voce*, mitgegeben, dafür wurden nicht die „gewöhnlichen reitenden oder laufenden Boten eingesetzt, die selbst nicht lesen und schreiben zu können brauchten, sondern Diplomaten"[23], die verstanden, worum es bei den Unterredungen ging. Das Risiko, dass der Bote umkam, die Nachrichten gestohlen wurden oder verloren gingen, war hoch. Die Wege waren unsicher und gefährlich, und selbst mit Schirmbriefen waren die Boten nicht immer geschützt.[24] Ludwig selbst schrieb am 23. Januar 1323 an die Visconti, dass er ihnen schriftlich nicht mehr als das Vorliegende mitteilen könne, *propter viarum pericula et propter nunciorum nostrum prontum adventum, qui ad omnia que scripsistis plene respondebunt ac dicent et facient ad consilium vestrum* [...][25]. Die Botschaft wurde den *nuntii* nicht schriftlich mitgegeben, sondern mündlich, denn „nach damaligem Recht [galt der Bote] als immun, als unverletzlich, der Brief war es nicht."[26]

21 Nach dem diplomatischen Protokoll hatten die Gesandten zwei Dokumente am Hof vorzulegen: Die Kredenz (Beglaubigungsschreiben) und die Prokuration (Verhandlungsvollmacht). Zum Dokumententyp der Kredenz George Peddy CUTTINO, English diplomatic administration 1259–1339, Oxford 1971, S. 110f.; Franz J. FELTEN, Kommunikation zwischen Kaiser und Kurie unter Ludwig dem Bayern (1314–1347). Zur Problematik der Quellen im Spannungsfeld zwischen Schriftlichkeit und Mündlichkeit, in: Kommunikationspraxis und Korrespondenzwesen im Mittelalter und in der Renaissance, hg. von Heinz-Dieter HEIMANN/Ivan HLAVÁCEK, Paderborn 1998, S. 51–89, hier S. 60; REITMEIER, Außenpolitik (wie Anm. 10), S. 49–51; ders., Alltag (wie Anm. 18), S. 148. Zur Prokuration CUTTINO, Administration (wie Anm. 21), S. 108–110; REITMEIER, Außenpolitik (wie Anm. 10), S. 51–54.

22 Hartmut HOFFMANN, Zur mittelalterlichen Brieftechnik, in: Spiegel der Geschichte. Festschrift für Max Braubach zum 10. April 1964, hg. von Konrad REPGEN/Stephan SKALWEIT, Münster 1964, S. 141–170, hier S. 145.

23 Esther-Beate KÖRBER, Der soziale Ort des Briefs im 16. Jahrhundert, in: Gespräche – Boten – Briefe. Körpergedächtnis und Schriftgedächtnis im Mittelalter, hg. von Horst WENZEL (Philologische Studien und Quellen 143), Berlin 1997, S. 244–258, hier S. 255.

24 Dazu u. a. Timothy REUTER, Die Unsicherheit der Strassen, in: Träger und Instrumentarien des Friedens im hohen und späten Mittelalter, hg. von Johannes FRIED, Sigmaringen 1996, S. 169–201, bes. S. 189–198; KÖRBER, Ort des Briefs (wie Anm. 23), S. 244f., 255f.

25 MGH Const. 5 (wie Anm. 4), S. 564 Nr. 723.

26 KÖRBER, Ort des Briefs (wie Anm. 23), S. 255.

Reichsherrscher und Reichsstadt

Während die Reichsstadt Nürnberg bei Ludwig dem Bayern seit dessen Regierungsbeginn eine Favoritenstellung einnahm, war die Beziehung zwischen dem Herrscher und der Reichstadt Regensburg aus verschiedenen Gründen immer wieder ausgesprochen konfliktbehaftet gewesen, wie Johann Schmuck in seiner Arbeit „Ludwig der Bayer und die Reichsstadt Regensburg“ sehr gründlich und ausführlich dargelegt hat.[27] Nach einer Friedensphase zwischen König und Stadt 1322–1326 war es gerade 1327 zu einer erneuten Verhärtung der Fronten gekommen, wobei der Konflikt sich diesmal gleichzeitig auf verschiedenen Ebenen abspielte und mehrere Aspekte in sich vereinte.

Das intensive Bestreben der Stadt, die Position des Rates zu stärken, griff in die Rechtssphären der niederbayerischen Herzöge[28] und der Burggrafen (d.h. der oberbayerischen Herzöge) ein, innerhalb der Stadt schwächten die z.T. blutigen Auseinandersetzungen zwischen Patriziat und Zünften die Basis der Reichsstadt. Die niederbayerischen Herzöge unterstützen die Zünfte und hatten sich zudem mit dem Bischof von Regensburg verbündet. In die Auseinandersetzung innerhalb der alteingesessenen Adligen um die Familien Kratzer und Straubinger gegen die Auer hatte sich Ludwig eingeschaltet, so dass diese der innerstädtischen Ebenen entwachsen und durch die Einmischung von Reichsherrscher und niederbayerischem Landesherrn zu einem Konflikt zwischen Reichsstadt und Reichsherrscher geworden war. Im Zuge dessen unterbanden die niederbayerischen Herzöge Einfuhr und Zolleinnahmen in die Stadt Regensburg und zogen den Konflikt damit auf eine außerstädtische Ebene.[29] Unter diesen Voraussetzungen ist die Eile verständlich, mit der die Regensburger um Unterredung beim Kaiser für eine Beilegung der Kontroverse und eine Verbesserung der Beziehungen nachsuchten. Zu den geschilderten Auseinandersetzungen war aber noch eine andere Problematik getreten. Dass darüber aber keine Nachrichten aus der Zeit vor Ludwigs Romzug vorliegen, könnte darauf schließen lassen, dass die Konflikte erst währenddessen akut geworden waren.

27 SCHMUCK, Regensburg (wie Anm. 2), S. 147. Eine vergleichbare Problematik hatte es bereits nach der Königswahl gegeben, ebd., S. 130f.

28 Zur Stellung Regensburgs im bayerischen Mächtesystem SCHMUCK, Regensburg (wie Anm. 2), S. 145. Die Herzöge hatten seit 1322 versucht, ihre Stellung in der Stadt zu festigen und sich dazu aktiv in die Auseinandersetzungen der Bürgerschaft eingemischt, ebd., S. 171.

29 Der Abt des innerhalb der Stadt liegenden Klosters St. Emmeram äußerte Klagen über die Restriktionen, die Regensburg unter den niederbayerischen Herzögen zu erleiden hatte, Roman ZIRNGIBL, Des St. Emmeramischen Abts Alberts Rechnung von Jahre 1329 bis 1330 allzeit a Crastino S. Jacobi, in: Historische Schriften Teil 1, hg. von Lorenz VON WESTENRIEDER, München 1824, S. 129–180, hier S. 147.

Ludwig hatte von den Städten eine Romzugshilfe eingefordert, mit deren Einbringung Berthold VII. von Henneberg-Schleusingen beauftragt wurde.[30] Es ist zu vermuten, dass Ludwig die Forderung auch an Regensburg gestellt hatte, denn zur Deckung der ungeheuren Kosten des Italienzuges musste er auf alle Ressourcen zurückgreifen. Vielleicht hatte sich Regensburg unter Berufung auf ihren Status als Freie Stadt geweigert, derartige Unterstützung zu leisten.[31] Aus einigen späteren Briefen geht hervor, dass Ludwig und Regensburg über finanzielle Angelegenheiten verhandelt hatten[32], die offenbar als Hindernis der Aussöhnung im Weg standen. Die Stadt war als finanzielle Ressource für den Herrscher immer schon von erheblicher Bedeutung gewesen.[33] Schmuck vermutet daher, dass der Konflikt 1327/28 durchaus einen nicht unerheblichen finanziellen Aspekt einschloss.[34]

Ganz entgegen der Regensburger Hoffnung hatte der Kontakt im Frühjahr 1328 mit dem Kaiser nicht zu einer Klärung der Differenzen beigetragen, sondern eher zu einer Verschärfung der Situation. Im August 1328 kam es mit dem gerade aus Italien zurückgekehrten Pfalzgrafen Rudolf II. zu einem Stellvertreterkrieg gegen die Stadt, der erst Ende des Jahres beigelegt wurde; zu einem kurzzeitigen, dauerhaften Frieden sollte es allerdings erst 1331 kommen.

Trotz Einhaltung des diplomatischen Reglements und trotz des hohen personellen wie finanziellen Einsatzes war es der Gesandtschaft nicht gelungen, gegen den Widerstand des Herrschers ihr Anliegen zu Gehör zu bringen.

Der Hof Ludwigs des Bayern

Der Hof bezeichnet keine feste Größe. Man unterscheidet zwischen dem „inneren" und dem „äußeren" Hof, wobei der innere den „täglichen" Hof meint, also einen mehr oder weniger festen Bestand an Personen: die Familie des Fürsten, die notwendigen, zumeist nichtfürstlichen Angestellten und Bediensteten, Kanzler und Mitarbeiter der Hofkanzlei, sowie weitere, oft geistliche Fürsten sowie eine kleine Anzahl temporär anwesender Grafen oder Herren.[35] In den Zeiten der Reiseherrschaft zogen

30 Z. B. durch die Urkunde vom 11. August 1327 (Druck: MGH Const. 6,1 (wie Anm. 4), S. 241 Nr. 329; Reg.: Reg.LdB 7 (wie Anm. 4), S. 111 Nr. 256). – Zu Graf Berthold VII. von Henneberg maßgeblich Wilhelm FÜSSLEIN, Berthold VII., Graf von Henneberg; ein Beitrag zur Reichsgeschichte des XIV. Jahrhunderts; mit einem Urkundenanhang (Mitteldeutsche Forschungen, Sonderreihe Quellen und Darstellungen in Nachdrucken 3), Hamburg 1905, ND Köln/Wien 1983.

31 Wie später unter Sigmund und Ruprecht, vgl. SCHMUCK, Regensburg (wie Anm. 2), S. 183.

32 SCHMUCK, Regensburg (wie Anm. 2), S. 182.

33 Ebd., S. 172–174.

34 Ebd., S. 183.

35 Aus Moraws zahlreichen Untersuchungen der spätmittelalterlichen Höfe geht hervor, dass Fürsten sich selten außerhalb von Hof- und Reichstagen am Hof des Herrschers aufhielten, MORAW, Fürsten (wie Anm. 18), S. 28. Da sie über eigene Residenzen verfügten, war die Möglichkeit gegeben, dass

sie alle mit dem König von Aufenthaltsort zu Aufenthaltsort. Über die personelle Größe des „inneren" Hofes Ludwigs des Bayern sind aufgrund fehlender Quellen keine genauen Angaben möglich. Etwas besser sind wir über kleinere Höfe informiert: Eine zeitgenössische Hofordnung der niederbayerischen Herzöge[36] zählt für das Personal vom Küchenmeister bis zum Verwalter der herzoglichen Jagdhunde ungefähr 50 Personen auf.[37] Der Hof Ludwigs des Bayern, der sich nach seiner Wahl zum König 1314 aus dem Bestand seines herzoglichen Hofes rekrutierte, wird in den Jahren bis zur Kaiserkrönung vermutlich dieser Größe entsprochen haben.[38] Immerhin ist bekannt, dass der Alte Hof[39] in München, der Sitz der bayerischen Herzöge, bald zu klein für Ludwigs Gefolge gewesen sein muss, weshalb bei größeren Gesandtschaften die Gäste zu Bürgern der Stadt ausgelagert werden mussten.[40]

München war einer der Vor-Orte des Wittelsbachers, wo er sich ungefähr ein Fünftel seiner Regierungszeit aufhielt.[41] Neben dem Stammsitz der bayerischen Herzöge in München[42] traten die Reichsstädte Nürnberg und Frankfurt am Main mit der

---

Ludwig bei ihnen Quartier bezog. Am 12. Juli 1320 traf sich Ludwig mit Bischof Gottfried von Würzburg in Aschaffenburg, wo sich der Bischof aufhielt und wo der König ihn besuchte, während sein Hof in Entfernung einer Tagesreise lagerte. Grund waren Heiratsverabredungen zwischen Gottfrieds Neffen Lutz von Hohenlohe-Uffenheim und Ludwigs Nichte Sophie von Brandenburg (Orig. Perg. dt. im Bayerischen Hauptstaatsarchiv München, Kurbayern Urk. 7656. Druck: WELLER, UB Hohenlohe 2 (wie Anm. 16), S. 118 Nr. 162).

36 Die beiden Hofordnungen von 1293 und 1294, die einen detaillierten Blick auf den Hofstaat der Herzöge erlauben, geben das Abbild eines stationären Hofs wieder, der in manchen Belangen anders strukturiert war als ein mobiler Hof, vgl. Wilhelm VOLKERT, Staat und Gesellschaft. Erster Teil: bis 1500, in: Handbuch der bayerischen Geschichte, Bd. 2: Das alte Bayern. Der Territorialstaat vom Ausgang des 12. Jahrhunderts bis zum Ausgang des 18. Jahrhunderts, hg. von Max SPINDLER/Andreas KRAUS, München ²1988, S. 535–624.

37 VOLKERT, Gesellschaft (wie Anm. 36), S. 555 mit Anm. 19.

38 BANSA, Studien (wie Anm. 2), S. 227–234; zur Kanzlei der oberbayerischen Herzöge: Alfons SPRINKART, Kanzlei, Rat und Urkundenwesen der Pfalzgrafen bei Rhein und Herzöge von Bayern 1294 bis 1314 (1317). Forschungen zum Regierungssystem Rudolfs I. und Ludwigs IV. (Forschungen zur Kaiser- und Papstgeschichte des Mittelalters 4), Köln/Wien 1986, hier S. 109–111, 118f.

39 Zum Alten Hof in München, dem Geburtsort Ludwigs des Bayern, und seiner Funktion als Aufenthaltsort von Herrscher und Gefolge, an dem aber nie Hof- oder Reichstage abgehalten wurden, Alois SCHMID, Der Alte Hof zu München, der Ausgangspunkt der Residenzbildung im Herzogtum Bayern, in: Bayerische Vorgeschichtsblätter 65 (2000), S. 265–278; MENZEL, Der Alte Hof (wie Anm. 9), S. 134–148.

40 1330 hatte Ludwig seinen Schwiegersohn, Landgraf Friedrich II. von Meißen, und dessen Gefolge im Haus des reichen Patriziers Ludwig Pütrich am Münchner Rindermarkt unterbringen müssen, MENZEL, Der Alte Hof (wie Anm. 9), S. 141. Zur Münchener Familie der Pütrichs u.a. Helmuth STAHLEDER, Beiträge zur Geschichte Münchner Bürgergeschlechter im Mittelalter. Die Wilbrecht, Rosenbusch und Pütrich, in: Oberbayerisches Archiv für vaterländische Geschichte 114 (1990), S. 227–281, hier S. 252–281.

41 15–17 Prozent aller Urkunden wurden dort ausgestellt, vgl. Anm. 43.

42 Dazu MENZEL, Der Alte Hof (wie Anm. 9), S. 136.

größten Dichte an Aufenthalten des Herrschers in den Vordergrund.[43] In Frankfurt weilte Ludwig in seiner Regierungszeit 50 Mal, in Nürnberg sogar öfter. Von einer Residenz im eigentlichen Sinne (wie in Prag für Karl IV.) kann aber nicht die Rede sein. Über die Annehmlichkeiten der Unterbringung in den verschiedenen Aufenthaltsorten ist wenig bekannt, dass aber der Wittelsbacher bei seinen Aufenthalten in Nürnberg nicht auf der Kaiserburg logierte, sondern sich bei Bürgern der Reichsstadt vermutlich weit bequemer einquartierte, wissen wir sicher. In den früheren Jahren seiner Herrschaft wohnte der König bei Ulrich Haller[44] oder bei Albrecht Ebener[45], in dessen Haus auch die Nürnberger Appellation im Dezember 1323 verfasst wurde[46].

Später waren er und sein Gefolge in den Gebäuden des Konrad Groß untergebracht, welcher sich auch um die komplette Logistik gekümmert haben muss. Eine vergleichbare Aufgabe hatte Jakob Knoblauch in Frankfurt. Dort logierte der Hof zuerst im Johanniterkloster, später dann im von Knoblauch eigens dazu umgebauten „Saalhof"[47]. In kleineren Reichsstädten, wie Windsheim beispielsweise, wo der König 1317 ein Privileg für das Zisterzienserkloster Heilsbronn ausstellte, kam er in den in der Stadt liegenden Gebäuden der Zisterze, im „Heilsbronner Hof" unter.[48] Diese Aufenthalte waren mit hohen Kosten verbunden. Die gewaltigen Ausgaben,

43 Die in Frankfurt ausgestellte Zahl an Urkunden liegt bei ca. 700, mit Ausstellungsort Nürnberg sind es etwa 40 mehr. Knapp 1000 Urkunden wurden allerdings in München ausgefertigt. Zur Vorrangstellung der Stadt Frankfurt, den Aufenthalten Ludwigs und den dort ausgestellten Urkunden vgl. den Artikel von Sigrid Oehler-Klein, Gestaltung von öffentlichem Raum und Ordnung in der Regierungszeit Ludwigs des Bayern, in diesem Band, bes. S. 311–313.

44 Ludwig bezeichnet Ulrich Haller als seinen Wirt, z. B. in der Urkunde von 15. Mai 1316 (Orig. Perg. dt. im Staatsarchiv Bamberg, Brandenburg-Bayreuth Urk. Nr. 107. Reg.: Reg.LdB 7 (wie Anm. 4), S. 39 Nr. 82). Zu Ulrich II. Haller (1275–1326) Georg Wolfgang Karl Lochner, Kaiser Ludwig der Bayer und die Stadt Nürnberg, Nürnberg 1840, S. 6; Walter von Hueck (Bearb.), Adelslexikon. Bd. 4, Limburg 1978, S. 406–408; Gustav Voit, Der Adel an der Pegnitz 1100 bis 1400 (Freie Schriftenreihe für Familienforschung in Franken 20), Neustadt a. d. Aisch 1979, S. 23.

45 Zum Nürnberger Bürger Albrecht Ebener († 1350) Georg Wolfgang Karl Lochner, König Ludwigs des Bayern Zug gegen Herrieden im Jahre 1316, Nürnberg 1836, S. 27 Anm. 24; Werner Schultheiss, Geld- und Finanzgeschäfte Nürnberger Bürger vom 13.–17. Jahrhundert, in: Beiträge zur Wirtschaftsgeschichte Nürnbergs, Bd. 1, hg. vom Stadtarchiv Nürnberg (Beiträge zur Geschichte und Kultur der Stadt Nürnberg 11,1), Nürnberg 1967, S. 49–116, hier S. 66 f.

46 18. Dezember 1323 (Druck: MGH Const. 5 (wie Anm. 4), S. 641 Nr. 824). Dort heißt es: *in Nurenberg in domo Alberti Ebner*. Albrechts Haus musste Platz für viele Personen bieten, denn in der Urkunde werden allein zehn Personen namentlich genannt und weitere erwähnt, die dort während der Verfassung der Appellation anwesend waren.

47 Zum Ausbau des Saalhofs vgl. Oehler-Klein, Gestaltung (wie Anm. 43), S. 312 ff. m. Anm. 59. – Zu Jakob Knoblauch Heinz Thomas, Ludwig der Bayer (1282–1347). Kaiser und Ketzer, Regensburg 1993, S. 230, u. Oehler-Klein, S. 313 Anm. 61.

48 Georg Muck, Geschichte von Kloster Heilsbronn von der Urzeit bis zur Neuzeit, 3 Bde., Nördlingen 1879–1880 (ND Neustadt a. d. Aisch 1993), Bd. 2, S. 2 u. 394; Miriam Montag-Erlwein, Heilsbronn von der Gründung 1132 bis 1321. Das Beziehungsgeflecht eines Zisterzienserklosters im Spiegel seiner Quellenüberlieferung (Studien zur Germania Sacra NF 1), Berlin 2011, S. 512.

die Herrscher und Gefolge dabei verursachten, konnten selten sofort beglichen werden. Als sich Ludwig im November 1333 für eine Woche in Rothenburg o.d. Tauber aufhielt, rechnete der königliche Hofmeister Johann von Cremona mit der Stadt Rothenburg sehr zeitnah über *kost und alle sache* für den dortigen Aufenthalt des Kaisers ab und stellte fest, dass nach allen Abzügen der Kaiser der Stadt noch 927 Pfund Haller schuldig blieb.[49] Beglichen wurden diese Außenstände tatsächlich erst ein Jahrzehnt später, der Betrag wurde der Stadt auf ihre Steuer angewiesen.[50] Der Aufenthalt des Kaisers im Juli 1346 in Heilsbronn, wo Herrscher und Gefolgschaft im Burggrafenhaus beherbergt wurden, brachte Kloster und Abt Friedrich erhebliche finanzielle Schwierigkeiten. Georg Muck, der Mitte des 19. Jahrhunderts noch Zugriff auf die Klosterabrechnungen hatte, schreibt: „Die Ausgaben für Geschenke an die Trabanten, für Fuhrwerke, in- und ausländische Weine und die Bewirthung überhaupt" waren so hoch, dass die Klosteruntertanen zu einer außerordentlichen Abgabe von 693 Talenten verpflichtet wurden, um das „dem Bursarius erwachsene Defizit zu decken"[51]. Für einen Besuch Karls IV. im Jahr 1356 wurden beispielsweise fünf Fuder Frankenwein, zehn Eimer Bier, 300 Hühner, ein Rind, sieben Kühe und 25 Schafe benötigt, was Abt Gottfried im Rechnungsbuch mit etwas über 300 Denaren vermerkte.[52] Die *Computationes* des Klosters[53] illustrieren durch derartige Details, was diplomatische Quellen verschweigen. Dass beispielsweise beim Besuch eines Kaiserpaares der Herrscher in der Abtei logierte, die Kaiserin mit Gefolge dagegen im Burggrafenhaus, da es Frauen nicht gestattet war, innerhalb der Abtei zu wohnen und zu speisen.[54] Aus diesem Grund wurden auch zwei getrennte Abrechnungen geführt, die belegen, dass der weibliche Hofstaat grundsätzlich höhere Kosten für Diener, Kerzen oder Spezereien verursachte als das Gefolge des Kaisers.[55]

49 15.–21. November 1333 (Orig. Perg. dt. im Staatsarchiv Nürnberg, Rst. Rothenburg, Urk. Mü.Abg. Nr. 181. Reg.: Ludwig Schnurrer, Die Urkunden der Reichsstadt Rothenburg 1182–1400, Bd. 1 (Veröffentlichungen der Gesellschaft für Fränkische Geschichte 3,6), Neustadt a. d. Aisch 1999, S. 214 Nr. 506), zur Urkunde Schwalm, München (wie Anm. 4), S. 680 Nr. 11 Anm. 1.

50 10. Juni 1343 (Druck: Friedrich Weech, Sechzig Urkunden Kaiser Ludwigs des Bayern, in: Oberbayerisches Archiv für vaterländische Geschichte 23 (1863), S. 143–214, hier S. 207 Nr. 52; Reg.: Schnurrer, Urkunden Rothenburg 1 (wie Anm. 49), S. 274 Nr. 656.

51 Georg Muck, Beiträge zur Geschichte von Kloster Heilsbronn; die Verhältnisse vor der Klosterstiftung; die Heilquelle; die Heideckerkapelle; das Kastrum oder Burggrafenhaus und seine Bewohner; der Prediger Hocker, Ansbach 1859, S. 68.

52 Muck, Beiträge (wie Anm. 51), S. 73.

53 Georg Muck, der Mitte des 19. Jahrhunderts alle damals im Kloster Heilsbronn verbliebenen Quellen auswertete, vermerkte für die „Komputationen oder Rationarien", dass diese Rechnungsbände, die nur ab dem Jahr 1338 erhalten waren, von Mönchen und Äbten geführt wurden und manche historische Notiz über fürstliche Personen, mit denen das Kloster Umgang pflegte, enthielten, Muck, Beiträge (wie Anm. 51), S. VIII.

54 Ebd., S. 71.

55 Ebd., S. 72.

Hielt sich Ludwig der Bayer in Nürnberg auf, residierte er oft im Haus von Konrad Groß. Der langjährige Wirt und Finanzier Ludwigs, der als reichster Patrizier der Reichsstadt Nürnberg in der Lage war, den Hof des Herrschers auch für eine längere Dauer zu beherbergen und zu versorgen, wurde viele Jahre lang mit der gewöhnlichen Steuer der Stadt Nürnberg von 2.000 Pfund Haller[56] oder mit der Verpfändung des Schultheißenamtes[57] für die Summe von 6.000 Pfund Haller für die vermutlich sehr hohen Ausgaben entschädigt.

Die größeren Städte waren ein bevorzugtes Ziel des Hofes, da sie die Infrastruktur gewährleisten konnten, die ein mobiler Hof und eine zu erwartende Besucherschaft erforderten. Aber nicht immer wohnte man so komfortabel wie bei Konrad Groß oder Jakob Knoblauch. Ludwigs Itinerar[58] gibt detailliert darüber Auskunft, dass Ludwig als traditioneller Reiseherrscher in den knapp 33 Jahren seiner Regierung an zahllosen Orten ganz verschiedener Art lagerte: in Städten oder Klöstern wie auch *in dem besez* vor Herrieden,[59] *in campis prope Ezzlingen* oder auch *auf dem velde oberthalbe Halle.*[60]

Lagerte der Hof in einer Stadt, nutzten die in Reiseentfernung ansässigen Adligen und Stadtvertretungen diesen Umstand, den Herrscher für Bitten und Bestätigungen aufzusuchen oder vor dem Hofgericht um Recht zu suchen.[61]

---

56 16. März 1339 (Orig. Perg. dt. im Staatsarchiv Nürnberg, Rst. Nbg., Urk. Mü.Abg. Nr. 3264).

57 Zwischen 1341 und 1346 ging die Steuer der Stadt ausnahmslos an Konrad Groß, vgl. beispielsweise die Urkunde vom 19. November 1335, in der Ludwig der Stadt Nürnberg die Steuer von 2000 Pfund quittiert, wovon sie 1000 Pfund für ihn und sein Hofgesinde zur Pfandauslösung und 1000 Pfund seinem Wirt Konrad Groß zu Nürnberg für die Verpflegung des Kaisers gezahlt haben (Orig. Perg. dt. im Staatsarchiv Nürnberg, Rst. Nbg., Urk. Mü.Abg. Nr. 2901).

58 Ein vollständiges Itinerar steht leider noch aus, Martin Berg hat einige Zeiträume bearbeitet: Martin BERG, Der Italienzug Ludwigs des Bayern; das Itinerar der Jahre 1327–1330, München 1987 (Teilabdruck: Der Italienzug Ludwigs des Bayern. Das Itinerar der Jahre 1327–1330, in: Quellen und Forschungen aus italienischen Archiven und Bibliotheken 67 (1987), S. 142–197).

59 1. April 1316 (Reg.: Reg.LdB 3 (wie Anm. 4), S. 20 Nr. 33).

60 Nur als ein Beispiel sei hier der Zeitraum zwischen 11. und 29. September 1316 aufgeführt, in dem die Ausstellungsorte den Weg Ludwigs und seines Hofes von Lager zu Lager dokumentieren: 11. September, im Lager bei Schondorf (Reg.: Reg.LdB 7 (wie Anm. 4), S. 42 Nr. 89), bis 19. September, auf dem Feld bei Esslingen (Reg.: Reg.LdB 5 (wie Anm. 4), S. 11 Nr. 22), bis 24. September, auf dem Feld bei Heilbronn (Reg.: BANSA, Studien (wie Anm. 2), S. 120) und bis 29. September, im Lager oberhalb Schwäbisch Hall (Reg.: Reg.LdB 4 (wie Anm. 4), S. 9 Nr. 11).

61 Zum Hofgericht maßgeblich Friedrich BATTENBERG, Urkundenregesten zur Tätigkeit des deutschen Königs- und Hofgerichts bis 1451, Bd. 5: Die Zeit Ludwigs des Bayern und Friedrichs des Schönen. 1314–1347 (Quellen und Forschungen zur höchsten Gerichtsbarkeit im Alten Reich, Sonderreihe), Köln/Wien 1987.

Zum Ohr des Herrschers

Aus einer Abrechnung[62] des innerhalb der Stadt Regensburg liegenden Klosters St. Emmeram[63] erfahren wir, wie man sich so einen Besuch am Hof des Herrschers vorstellen kann. Der Abt des Klosters, Albert,[64] hatte sich unverzüglich nach der Rückkehr des Kaisers aus Italien im Februar 1330 mit einigen *familiares* nach München aufgemacht, wo Ludwig für einen Monat (vermutlich im Alten Hof) Station gemacht hatte.[65] Der Grund war, wie Roman Zirngibl schreibt: „dem Kaiser zur Krönung und zur glücklich zurückgelegten Römerreise seine herzlichsten Wünsche darzubringen, und für den erteilten kaiserlichen Belehnungsbrief als ein getreuer Vasall den redlichsten Dank abzustatten."[66] Abt Albert hatte Ende des Jahres 1329 eine Delegation nach Trient geschickt, die eine Bestätigung der klösterlichen Privilegien erwirken sollte. Ganz im Gegensatz zur anfänglich eingeführten Regensburger Delegation muss die Gesandtschaft des Klosters St. Emmeram damals umgehend eine Audienz und eine Bestätigung der Urkunde erhalten haben,[67] wofür sich der Abt persönlich bei Kaiser Ludwig bedanken wollte. Albert reiste am 28. Februar zu Pferde an den Hof nach München. Der Abt hatte nach seiner sehr detaillierten Abrechnung dem Kaiser ein Präsent im Wert von 20 Pfund Hallerpfennige[68] gemacht, die Kaiserin erhielt einen kunstvoll gestalteten goldenen Pokal im Wert von sieben Pfund. Die Abrechnung vermerkt: *Item honoravimus dominum imperatorem eodem tempore in XX. lb halen. que faciunt VI. lbr. VI. s. X. dn* sowie [...]

---

62 Zirngibl, Alberts Rechnung (wie Anm. 29).

63 Ebd., S. 129–180. Allgemein zu St. Emmeram, u. a. Franz Fuchs, St. Emmeram (Regensburg), in: Höfe und Residenzen im spätmittelalterlichen Reich. Ein dynastisch-topografisches Handbuch, Teil 1, hg. von Jan Hirschbiegel/Jörg Wettlaufer/Werner Paravicini, Stuttgart 2003, S. 688f. (mit weiterer Literatur); Max Piendl/Roman von Götz (Bearb.), St. Emmeram zu Regensburg: Ehem. Benediktiner- und Reichsabteikirche, Päpstliche Basilika und Stadtpfarrkirche, Regensburg 2002; Josef Staber, Kirchengeschichte des Bistums Regensburg, Regensburg 1966, S. 68.

64 Zu A(da)lbert II. von Schmidmühlen, Abt des Klosters St. Emmeram in Regensburg (1324–1358) Gustl Motyka, Kloster St. Emmeram und seine Äbte, in: Die Oberpfalz 89 (2001), S. 208–217.

65 Ludwig urkundet nach seiner Rückkehr ab 17. Februar 1330 in München (Reg.: Böhmer, RI (wie Anm. 4), S. 67 Nr. 1080).

66 Zirngibl, Alberts Rechnung (wie Anm. 29), S. 155.

67 *It[em] expendim p[er] nuncios n[ost]ros, quos p[er] obtinendis t[em]poralibus Tredentum ad d[omi]n[u]m imp[erato]rem transmisimus*, [...], Zirngibl, Alberts Rechnung (wie Anm. 29), S. 161. Die Benennung von *Tredentum* könnte darauf hinweisen, dass der Abt die Boten gezielt nach Trient geschickt hatte, weil bekannt war, dass der Kaiser Weihnachten dort verbringen wollte. Die angeforderte Urkunde trägt das Ausstellungsdatum 24. Dezember 1329 und ist eine der ersten in Trient ausgefertigten Dokumente der Hofkanzlei; die Gesandtschaft wird demnach nicht lange gewartet haben, vgl. Anm. 75.

68 Zirngibl, Alberts Rechnung (wie Anm. 29) gibt hier die Umrechnung in Regensburger Pfennige an und vermutet, dass es sich um neugeschlagene Tiroler Hallerpfennige handelte.

dedimus domine imperatrici, ciffum comparatum p. VII. lbr. dn.[69] Die Geschenke waren außerordentlich großzügig. Es ist davon auszugehen, dass Albert relativ bald eine Audienz gewährt wurde, denn er weilte nur drei Tage am Hof in München. Jeder Tag am Hof kostete einen Besucher eine beträchtliche Menge Geld, das erfahren wir wiederum aus der Abrechnung. Die je ca. 100 km betragende Hin- und Rückreise zwischen Regensburg und München zu Pferd, die Albert und seine Begleiter vermutlich in anderthalb bis zwei Tagen geschafft hatten, kostete zwei Pfund fünf Schilling und 16 Regensburger Pfennige.[70] Dazu kam der dreitägige Aufenthalt der kleinen Gesellschaft in München mit neun Pfund, sieben Schilling und 21 Münchener Pfennigen. Doch mit diesen Ausgaben und den Geschenken an die Kaiserfamilie war es nicht getan. Offensichtlich musste an verschiedenen Stellen ebenfalls finanziell investiert werden: *Item dedimus ioculatoribus, et vagis* […], *et cursoribus domini imperatoris: I. lbr. X. dn.*[71] Der Abt notierte also außerdem einen umfangreichen Posten von einem Pfund und zehn Pfennigen, der für Hofnarren, Leibwächter, Torhüter und Läufer ausgegeben wurde. Gelohnt hat sich der kostspielige Ausflug nach München aber dennoch: Wenig später schickte Kaiser Ludwig dem Abt einen Boten und erwies ihm die Ehre, seinen neu geborenen Sohn Wilhelm im Herbst in München zu taufen.[72]

Aber auch weniger prominenten Personen war eine Audienz beim Herrscher nicht verwehrt: Die in dieser Hinsicht sonst eher wenig informativen Urkunden enthüllen hin und wieder, ob ein Bittsteller tatsächlich persönlich mit dem Kaiser verhandelt hatte. Dort heißt es dann z. B.: *daz fur uns komen sind die erbern geystlichen lute* […]. Die meisten Bittsteller konnten sich kostspielige Reisen wie Abt Albert aus Regensburg nicht leisten, daher nutzten sie die Gelegenheit, wenn der Herrscher in ihrer Stadt Quartier bezog: 1333 lagerte Ludwig in Rothenburg o. d.Tauber. Die Bürgerin Werntrut Hein erhielt eine Audienz und nach Vorlage zweier Urkunden von beiden eine bestätigte Abschrift der Kanzlei. In Ludwigs Urkunde heißt es: *daz fur uns chomen ist die erber und bescheiden frawe Wentrut die Heinin* […] *und hat*

69 Ebd., S. 161.

70 *Expendimus eundo Monacu ad dominum imperatorem feria IIII post dominicam Invocavit in anno XXXmo, et ibidem stando per triduum et redeundo, coquinalibus, et potalibus II. lbr. V. s. XVI. dn. rat. et VIIII. lbr. VII. s. XXI. den. monac. item expendimus ibidem extraordinar. X. s. XXI. den.* Ebd., S. 161.

71 Ebd., S. 161.

72 Was genau während der Unterredung im März 1330 zwischen Kaiser und Abt besprochen wurde, geht aus den Quellen nicht hervor. Zirngibl vermutet, dass Albert gebeten wurde, das nächste Kind Kaiser Ludwigs und seiner Frau Margarethe zu taufen. In Alberts Abrechnungen ist vermerkt, dass die Nachricht über die Niederkunft der Kaiserin mit der Einladung zur Taufe per kaiserlichen Boten direkt an den Abt zugestellt wurde, dem dieser dafür 160 Regensburger Pfennige aushändigen ließ. Albert reiste ein halbes Jahr später wieder nach München, um die Taufe des Königssohns Wilhelm I. (1330–1388) zu zelebrieren.

uns gezeigt *gût, gantz und gebe brief* [...], und nach der Schilderung des Sachverhaltes erklärt der Kaiser: *so hat si uns gebeten, daz wir ir und iren erben die selben brief bestetten. Und wir haben ir bet erhoret und bestetigen in di selben brif* [...].[73]

Fürsten und Adlige am Hof

Der Austausch und die Begegnung des Herrschers mit den Untergebenen waren gewährleistet, weil das Reich ein Lehensreich war. Die Belehnung durch den König blieb, so Moraw, ein Kernelement fürstlicher Legitimation im Reich[74] und war ein Hauptgrund, weswegen Fürsten und Adlige an den Hof des Herrschers reisten. Ähnlich verhielt es sich mit den Privilegien, die sich die Städte und Institutionen – gerade nach der Kaiserkrönung – bestätigen, erneuern und erweitern lassen wollten und dafür Vertreter an den Hof des Herrschers sandten. Ein auffälliger Anstieg in der Urkundenproduktion der Hofkanzlei macht dies deutlich.

Die Spitzen der Urkundenproduktion präsentieren zentrale Ereignisse: nach 1314 Königskrönung, 1322 Sieg gegen Friedrich den Schönen in der Schlacht bei Mühldorf und nach 1328 Kaiserkrönung. Die Spitze nach 1330–1332 zeigt an, dass die Untertanen die Rückkehr des Kaisers auf deutschem Boden abwarteten, um sich dann ihre Privilegien bestätigen zu lassen. Die Urkundenausstellung war zudem eine wichtige Geldeinnahmequelle für den Herrscher: Der bereits genannte St. Emmeramer Abt Albert hat in seinen sehr detaillierten Abrechnungen die Kosten für eine Privilegienbestätigung festgehalten. Ende des Jahres 1329 – der Kaiser war fast wieder in deutschen Landen – hatte er eine Gesandtschaft mit einem großen Privileg St. Emmerams dorthin geschickt, wo Ludwigs Hof über Weihnachten lagern würde. Die Bestätigung der Urkunde mit kaiserlichem Siegel war für das Kloster vor allem im Hinblick auf die in der Stadt Regensburg andauernden Kämpfe von großer Bedeutung.[75] Die

73 Orig. Perg. dt. im Stadtarchiv Rothenburg, Urk. Nr. 2883; Druck: MGH Const. 6,2 (wie Anm. 4), S. 302 Nr. 428; Reg.: Battenberg, Reg. Hofgericht (wie Anm. 61), S. 123 Nr. 194.

74 Der Herrscher benötigte prinzipiell am Hof Fürsten zum Nachweis seiner herrscherlichen Würde. Fürsten und der König brauchten einander als natürliche und selbstverständliche Hauptpartner im Reich, Moraw, Fürsten (wie Anm. 18), S. 17 Anm. 1 u. S. 20.

75 Vgl. Anm. 67. Diese Urkunde stellt eine klare Positionierung Ludwigs gegen die Stadt Regensburg und für das Kloster dar, denn er bestätigt darin Abt und Kloster für ihre ihm und dem Reich entgegengebrachte Treue alle Regalien, Temporalien, Würden, Nutzen und *commoda*, die ihnen von alters her zustehen, erneuert alle Freiheiten und Urkunden, verbietet allen weltlichen und geistlichen Würdenträgern, auch wenn sie durch bischöfliche oder sonstige Würde hervorragen, Abt und Kloster darin zu beeinträchtigen, bestimmt, dass keine Gesetze, Rechte, Gewohnheiten oder Statuten, Privilegien und Zugeständnisse von ihm selbst, seinen Vorgängern oder wem auch immer für eine Gemeinschaft oder Einzelperson und besonders für die Stadt Regensburg dem entgegenstehen, die ansonsten ungültig sein sollen (Druck: MGH Const. 6,1 (wie Anm. 4), S. 564 Nr. 669; Reg.: Zirngibl, Ludwig (wie Anm. 29), S. 274, Reg.LdB 3 (wie Anm. 4), S. 100 Nr. 213). Die Situation in Regensburg muss

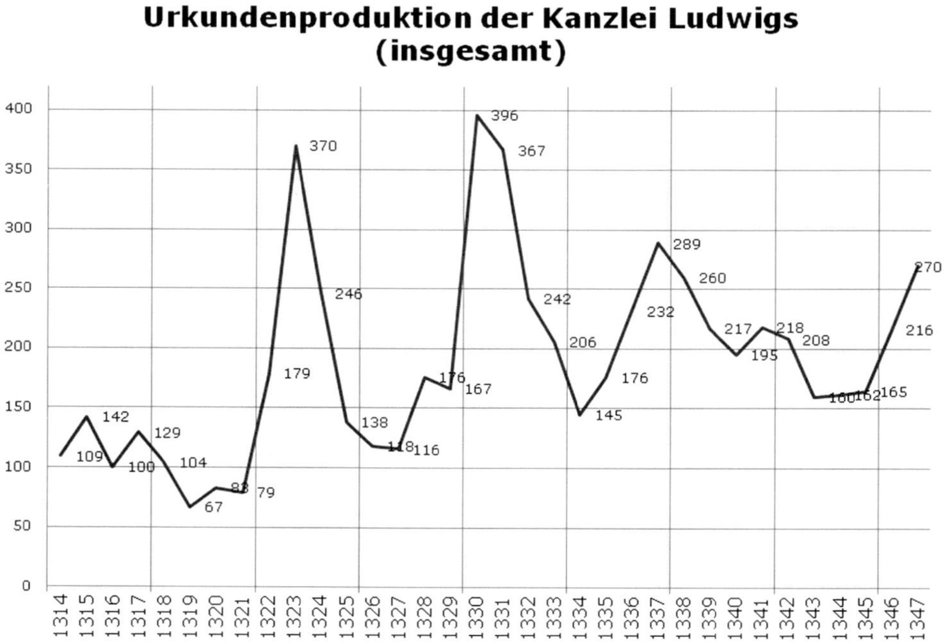

Anzahl der in der Hofkanzlei Ludwigs des Bayern ausgestellten Urkunden (insgesamt)

Delegation wartete nicht lange auf die Bestätigung der Urkunde, die ihnen am Weihnachtsvorabend ausgestellt wurde und die ihnen alle althergebrachten Rechte und Gnaden, Privilegien und Vergünstigungen erneuerte und sie vor Schäden durch die Stadt schützte. Die Urkunde vom 24. Dezember 1329 hatte allerdings ihren Preis. Der Abt notierte: *It[em] expendim p[er] nuncios n[ost]ros, quos p[er] obtinendis t[em]-poralibus Tredentum ad d[omi]n[u]m imp[erato]rem transmisimus, et in honoranciis f[e]cis eidem d[omi]no Imp[er]r[i]i, consiliariis, et officialibus ac notariis eiusdem XX-XIII. lbr IIII s. XXVII dn.* Die Abrechnung listet also neben der wahrscheinlich üblichen „Bearbeitungsgebühr" auch andere Ausgaben auf: Aufwendungen für den Kaiser selbst, die Räte, die Angestellten *(officiali)* und die Notare. Insgesamt kostete

prekär gewesen sein, denn die Notizen des Abtes dokumentieren, dass auch das Kloster schwer unter der von den niederbayerischen Herzögen verhängten Sperre litt. So musste es ein Anliegen des Klosters sein, eine Bestätigung der umfangreichen Privilegien des Klosters St. Emmeram zu erlangen und seinen Status in der Stadt zu erhalten. Aus der Abrechnung geht darüber hinaus hervor, dass das Kloster sich in den Jahren 1328 und 1329 gegen Rat und Bürgerschaft der Stadt stellte, indem es die sonst üblichen Ausgaben für die Ehrungen für Bürgermeister, Stadtkämmerer und andere ansehnliche Bürger einstellte, Zirngibl, Alberts Rechnung (wie Anm. 29), S. 149.

das Privileg 33 Pfund, vier Schilling und 25 Regensburger Pfennige.[76] Zum Vergleich: Im selben Jahr kaufte der Abt vom Alburger Obmann zwei Pferde für fünf Pfund und viereinhalb Pfund Regensburger Pfennige.[77]

Hoftage und Königstreffen

Entscheidend für einen Hofbesuch war grundsätzlich aber die eigene geographische Situation; den großen Aufwand einer mehrwöchigen Reise (wie ihn die Regensburger Gesandtschaft unternahm) rechtfertigte nur ein besonders dringendes Anliegen.

Andere Motive, die die Fürsten an den Hof des Herrschers brachten, waren neben dem Lehensverhältnis Krisen: Familienkrise der fürstlichen Dynastie, fürstliche Krisen der Landschaft oder auch politische Krisen des Reichs.[78] In politischen Krisenzeiten des Reichs lud der Herrscher selbst die Fürsten zu Hoftagen und Reichsversammlungen.

Die großen davon spiegeln sich in der Anzahl der durch die Hofkanzlei ausgestellten Urkunden wider.

An den Spitzen erkennt man die Hoftage 1323 in Nürnberg, 1331/31 und 1338 in Frankfurt am Main und 1338/1339 in Koblenz.

Ludwig der Bayer berief mehrere Hoftage ein, deren zentrales Thema jeweils reichspolitische Anliegen waren und die Mitsprache und Beratung der Fürsten und der geladenen Städtevertreter benötigten. Dabei stand nicht unbedingt das lehensrechtlich einforderbare *consilium* der Fürsten im Mittelpunkt, sondern – gerade in der Auseinandersetzung mit der Kurie – die Demonstration eines Konsens' zwischen dem Reichsoberhaupt und seinen Gliedern, der sich in reichsrelevant verbindlichen Beschlüssen manifestierte.

Die Hoftage waren unterschiedlich gut besucht; zu dem Hoftag in Koblenz 1338 konnte der Herrscher fast alle Großen des Reichs mobilisieren, zudem kam es zu einem Königstreffen mit König Eduard III. von England. Für die Regierungszeit Ludwigs des Bayern waren Königstreffen äußerst rar; aus kommunikationspolitischer Sicht war das Zusammentreffen zweier königlicher Höfe zweifelsohne ein Highlight. Moraw stellt heraus, dass Unterredungen unter Gleichrangigen selten waren, man besuchte sich nicht gern in der Residenz des Anderen.[79] Traf man mit Gleichrangigen

76 Zirngibl, Alberts Rechnung (wie Anm. 29), S. 161. Die Höhe der Ausgaben lässt sich nur in Relation mit anderen Zahlungen einschätzen. An einer anderen Stelle erhält ein Bruder für die Reise in sein Heimatkloster 120 Pfennig Reisegeld, ein Memkofer genannter Ministeriale zwei Pfund (Regensburger) Pfennige zum Ankauf eines guten Reitpferdes, ebd., S. 152.

77 Ebd., S. 141.

78 Moraw, Fürsten (wie Anm. 18), S. 28.

79 Dafür wurden aber oft Söhne und Nachfolger zur Erziehung an andere Höfe gesandt. Vgl. Moraw, Fürsten (wie Anm. 18), S. 22. Ludwig der Bayer erhielt seine Ausbildung auch am Habsburger Hof in

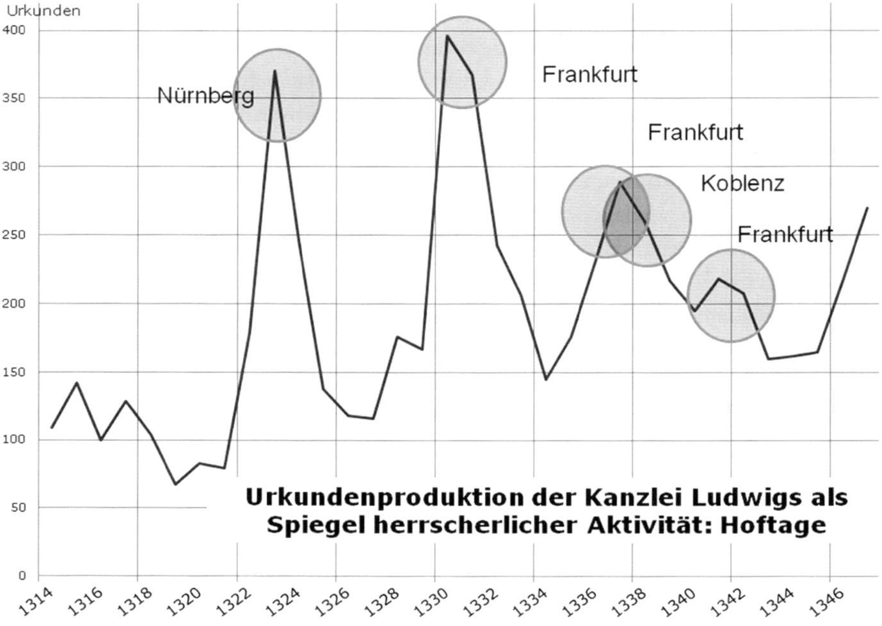

Urkundenanzahl (insgesamt)

zusammen, so geschah das meist an der Grenze oder auf „neutralem Boden“ unter Zurücklassung der Kanzlei, um sich geheim zu besprechen.[80] Wir wissen aus der Feder des Abtes Peter von Zittau von einer Zusammenkunft König Johanns von Böhmen und Kaiser Ludwigs im Jahr 1331, wo es um das fragwürdige Vorgehen Johanns in Italien ging. Beide hätten sich, so Peter von Zittau, mit nur wenigen Räten auf eine Donauinsel zurückgezogen, um dort so geheim wie möglich zu verhandeln.[81]

Eines der Themen dieser geheimen Unterredung war eine geplante Eheverbindung zwischen den Häusern: Ludwig der Brandenburger sollte mit Guta, der Tochter Johanns, vermählt werden.[82]

Wien gemeinsam mit seinem Vetter und späteren Gegner Friedrich von Habsburg, THOMAS, Ketzer (wie Anm. 47), S. 17f.

80 Nach MORAW, Fürsten (wie Anm. 18), S. 22, seien solche geheimen Treffen durch „Löcher“ im Itinerar nachzuweisen.

81 Zu der vom 21. Juli 1331 drei Wochen andauernden, sogenannten Regensburger Konferenz THOMAS, Ketzer (wie Anm. 47), S. 267. Das Ergebnis spiegelt sich in zahlreichen Urkunden zwischen 5.–13. August 1331, dazu Michael MENZEL, König Johann von Böhmen und die Wittelsbacher, in: Johann der Blinde, Graf von Luxemburg, König von Böhmen 1296–1346, hg. von Michel PAULY, Luxemburg 1997, S. 308–342, hier S. 325f.

82 THOMAS, Ketzer (wie Anm. 47), S. 270.

Eheverabredungen waren oft Teil von nichtöffentlichen Gesprächen zwischen Herrschern oder rangähnlichen Verhandlungspartnern, wie das bereits herangezogene Treffen Ludwigs vom 12. Juli 1320 mit Bischof Gottfried von Würzburg zeigt, für das sich der König wahrscheinlich mit nur kleinem Gefolge für einen Tagesritt vom Lagerplatz seines Hofes entfernte, um Gottfried in Aschaffenburg zu treffen.[83]

Insgesamt, so kann man festhalten, bildet der „äußere" Hof des Herrschers personell gesehen ein sehr schwierig zu fassendes Ganzes, dessen Größe und Zusammensetzung von verschiedenen Faktoren wie dem Aufenthaltsort des Hofes, der geografischen Situation der Adligen, der politischen Lage im Reich, und dem Bedürfnis und Anliegen der Untergebenen abhingen.

Heimliche und Berater des Kaisers

Königsnähe bedeutete aber vor allem auch politischer Aufstieg, weshalb kleinere Adlige öfter in der Nähe des Herrschers nachweisbar sind als Reichs- und Kurfürsten.[84]

Der Burggraf Friedrich IV. von Nürnberg war zweifelsohne einer der einflussreichsten und vertrautesten Personen im Umkreis des Herrschers, der vermutlich während seiner Anwesenheit am Hof in konstantem und direktem Kontakt zu Ludwig stand. Vertraute oder Berater wie Friedrich lassen sich allerdings nur in Einzelfällen benennen, wenn sie z. B. in einer Urkunde explizit bezeichnet werden oder in einer Zeugenliste mit Namen auftauchen: 1328 zeigte sich Ludwig der Bayer Burggraf Friedrich *per actus bellicos, sana consilia et alia tue virtutis opera* mit einer Reihe an Privilegien erkenntlich, deren Ausfertigungen mehrheitlich mit Monogramm und Goldbulle versehen sind und prominente Zeugenlisten aufweisen.[85] Für fünf kurz hintereinander ausgestellte Urkunden treten als Zeugen auf: Pfalzgraf Rudolf II. bei Rhein, Herzog Heinrich II. von Braunschweig-Grubenhagen, Herzog Ludwig IV. von Teck, Landgraf Ulrich von Werd in Niederelsass, Graf Meinhard von Ortenburg, Graf Hermann von Castell, Graf Otto VI. von Weimar-Orlamünde, sowie die Edlen Konrad II. von Schlüsselberg, der Marschall des Kaisers, Albrecht genannt Hummel von Lichtenberg, Engelhardt von Weinsberg, Konrad II. von Truhendingen, Andreas

83 Vgl. Anm. 35.

84 Dazu allgemein Moraw, Fürsten (wie Anm. 18), mit umfassender Literatur.

85 Für die Zeit Ludwigs des Bayern sind Zeugenlisten äußerst selten. Lediglich aus der Zeit direkt nach der Kaiserkrönung erscheinen sie öfter. Die Listen spiegeln sehr gut die Anwesenheit bestimmter Personen und ihren Rang untereinander wider, sie bilden dagegen aber nicht den vollständigen Bestand der am Hof weilenden Fürsten ab. Auch der Grund des Aufenthaltes der genannten Fürsten geht aus dieser Art Quelle nicht hervor. Es scheint aber, als ob die Empfänger Einfluss darauf nehmen konnten, ob und welche Zeugen in den Urkunden genannt werden; es gibt ebenfalls Beispiele dafür, dass Empfänger für die Privilegienbestätigungen eigene Zeugen mitbrachten, Bansa, Studien (wie Anm. 2), S. 54–56.

und Gottfried III. von Hohenlohe, genannt von Brauneck und andere Getreue.[86] Für diese hochrangigen Personen kann angenommen werden, dass sie für einen bestimmten Zeitraum das beratende Umfeld des herrscherlichen Hofs bildeten, auch wenn die Zeugenlisten weder Auskunft über die definitive Dauer ihres Aufenthalts noch über die Anwesenheit anderer nichtgenannter Personen geben. Was die Listen ebenfalls nicht verraten, ist der Grund, aus dem diese wichtigen Personen die Nähe des Herrschers suchten. Es kann aber davon ausgegangen werden, dass sie und ihr Rat, ihre Meinung in politischen Belangen und ihre Eingebundenheit in verschiedenste Netzwerke von Ludwig gefragt waren. Der König, der als Reiseherrscher zwar ständig in Bewegung war, aber in manche Teile seines Reichs während seiner ganzen 33 Jahre Regierungszeit nicht ein einziges Mal kam, war auf diese Personen als Informanten angewiesen; ihre Sicht der Lage im Reich prägte das Bild des Herrschers und seine Urteile.

Als es 1320 um die Beschaffenheit des kaiserlichen Landgerichts Hirschberg ging, dessen Ordnung verschriftlicht und Grundlage für andere Landgerichte werden sollte, gab der König einigen seiner wichtigen Leute, den Grafen Berthold III. dem Älteren von Graisbach, Heinrich von Altenmuhr und Siegfried von Oettingen zu Mörnsheim unter Aufsicht Graf Berthold VI. von Marstetten, genannt von Neuffen, den Auftrag, die Rechte von den *elsten und pesten* in der Grafschaft Hirschberg ansässigen Adligen und Rittern durch Befragung in Erfahrung zu bringen und ihm zu berichten.[87] Es ist anzunehmen, dass diese hochrangige Delegation an den entsprechenden Stellen, wo Recht gesprochen wurde, ganz real nachfragte und dokumentieren ließ, wie bisher das Landrecht ausgeübt und gehandhabt wurde; später werden sie Ludwig Bericht erstattet und bei der Abfassung des Hirschberger Landgerichts beratend mitgewirkt haben.

Bis auf wenige Ausnahmen muss es aber Spekulation bleiben, welche Aufgaben diesen Grafen und Herren, die sich länger am Hof des Königs aufhielten, übertragen wurden. Bekannt ist, dass sie mitunter beratende Funktion hatten, dass sie in den Urkunden als *Heimlicher* oder *Rat* bezeichnet wurden. Ludwig profitierte dabei von deren Kenntnis, Erfahrung, ihrem Wissen und ihrem Rang und Ansehen. Diese „Rat-Funktion" wurde *ad-hoc* eingefordert; von einem „Hofrat" und festinstallierten Beratern kann man bis zur Zeit Kaiser Friedrichs III. aber noch nicht sprechen.[88] Es ist bekannt, dass diese oft kleineren Adelsgeschlechtern aus dem königsnahen

86 U.a. die Zeugenliste vom 18. Februar 1328: Belehnung Friedrichs mit der dem Reich gehörenden Stadt Hof mit dem Patronatsrecht der Kirche (Orig. Perg. lat. im Staatsarchiv Bamberg, Brandenburg-Bayreuth Urk.-Nr. 148; Druck: MGH Const. 6,1 (wie Anm. 4), S. 298 Nr. 399; Reg.: Stillfried/Maercker, Monumenta Zollerana 2 (wie Anm. 7), S. 418 Nr. 643).

87 28. Oktober 1320 (Orig. Perg. dt. im Staatsarchiv Nürnberg, Hochstift Eichstätt, Urk. Nr. 218; Druck: MGH Const. 5 (wie Anm. 4), S. 475 Nr. 597; Reg.: Reg.LdB 7 (wie Anm. 4), S. 68 Nr. 151).

88 Moraw, Fürsten (wie Anm. 18), S. 26.

Raum entstammenden Berater von Ludwig selbst ganz gezielt ausgewählt und situativ eingesetzt wurden.

Als ein weiteres Beispiel eines bedeutenden *Heimlichen* ist der schon genannte Berthold VI. von Graisbach und Marstetten, genannt von Neuffen anzuführen. Berthold lässt sich seit den frühen Königsjahren Ludwigs bis zu seinem Tod im Frühjahr 1342 kontinuierlich im direkten Umfeld des Herrschers nachweisen. Der setzte seinen fast gleichaltrigen *Heimlichen* auffällig oft an zentralen Krisenherden ein; so spielte er u. a. eine entscheidende Rolle als Generalvikar in den Jahren 1323/1324 in Italien, als Hauptmann in Oberbayern als Vertreter von Ludwigs Städtepolitik sowie Ende der 1330er, Anfang der 1340er Jahre in den Verhandlungen mit dem englischen König Eduard III.[89]

In zahlreichen Urkunden wird Berthold als Rat und Heimlicher bezeichnet, und im Gegensatz zu anderen wichtigen Männern schien er oft am Hof des Bayern persönlich anwesend gewesen zu sein. Das erschließt sich aus der direkten Nennung in zahlreichen Urkunden als Schiedsmann, Stellvertreter Ludwigs, Zeuge oder Landfriedensteilnehmer und aus dessen eigenem Itinerar.[90] Ludwig setzte diesen Mann auffällig oft in politisch brisanten Situationen ein, und es scheint, dass es Bertholds diplomatische Fähigkeiten waren, die ihn unter anderen Beratern heraushoben.[91] An Bertholds Einsatzgebieten und ihm erteilten Vollmachten wird deutlich, wie viel Spielraum der Herrscher seinen Vertrauten zugestand, wie sehr seine Politik von Entscheidungen derjenigen abhingen, die in seinem Namen agierten.

Ludwig der Bayer beschäftigte in seinem Umfeld neben politisch und militärisch versierten Männern auch zahlreiche gelehrte Berater, häufig aus den Reihen juristisch geschulter Geistlicher. Das war für die damalige Situation bemerkenswert und qualitativ neu.[92] Während aber die in der Forschung gern als „Hofgelehrte"

---

89 Vgl. dazu die für 2014 geplante Dissertation der Verfasserin: Berthold von Graisbach und Marstetten, genannt von Neuffen (1282–1342), ein Berater Ludwigs des Bayern.

90 Oft setzte Ludwig auch mehrere seiner Vertrauten, die untereinander kooperierten, gemeinsam für politische Projekte ein; so z. B. 1323 Graf Berthold von Graisbach, dessen Neffe und Erbe, Graf Berthold von Marstetten, genannt von Neuffen, und Friedrich von Truhendingen als Generalvikare in Italien. Bertholds von Neuffen Frau Elisabeth von Truhendingen war Friedrichs Schwester. Der Neuffener durfte nach ausdrücklichem Befehl des Königs nur nach Rat seiner genannten Kollegen königliche Handlungen vornehmen, so in der Urkunde vom 2. März 1323 (Abschrift 17. Jh. im Notariatsinstrument lat. vom 18. August 1324 in der Biblioteca Comunale di Treviso, Raccolta Scoti tom VI.; Druck: MGH Const. 5 (wie Anm. 4), S. 568 Nr. 729; Reg.: Böhmer, RI (wie Anm. 4), S. 32 Nr. 543).

91 Um nur zwei Einsatzgebiete zu nennen: In Italien wurde Berthold als Vermittler zwischen den italienischen Reichsstädten und dem auf diese Ansprüche erhebenden Papst Johannes XXII. eingesetzt. Später im selben Aufgabengebiet in der Reichsstadt Ulm, deren Loyalität aufgrund ihrer Lage des Öfteren zwischen den Habsburgern und Wittelsbachern wechselte und deren Bürgerschaft jahrelang in z. T. blutige Auseinandersetzungen zwischen Zünften und Patriziat verwickelt war.

92 Jürgen Miethke, Der Kampf Ludwigs des Bayern mit Papst und avignonesischer Kurie in seiner Bedeutung für die deutsche Geschichte, in: Kaiser Ludwig der Bayer. Konflikte, Weichenstellungen und

bezeichneten Franziskaner und Pariser Theologen zu Ludwig kamen, weil dieser ebenfalls mit dem Papsttum in Konflikt war, gab es zahlreiche andere Geistliche, die Ludwig bewusst an seinen Hof holte, dort eine Zeit lang hielt und als Gesandte an andere Höfe schickte. Zur ersten Gruppe zählen die ausführlich in der Forschung behandelten Pariser Gelehrten Marsilius von Padua und Johannes von Jandun, die über das Werk „Defensor Pacis" mit dem Papsttum 1326 in Konflikt geraten waren. Sie kamen noch vor dem Romzug nach Nürnberg zu Ludwig und begleiteten ihn auch nach Italien. Inwieweit die beiden Pariser Theologen Einfluss auf die Idee der Kaiserkrönung unabhängig vom Papst hatten, wird immer noch diskutiert.[93] Nach dem Romzug kam Marsilius mit Ludwig nach Deutschland zurück – Johannes von Jandun[94] war unterwegs verstorben – und blieb bis zu seinem Tod 1343 in München; den herumziehenden Hof des Wittelsbachers wird er dann eher selten gesehen und dementsprechend nicht außergewöhnlich stark beeinflusst haben.[95]

Die andere Gruppe der Gelehrten waren Franziskaner und mit dem Papsttum in den sogenannten Armutsstreit verwickelt. Michael von Cesena, Bonagratia von Bergamo und Wilhelm von Ockham waren 1328 zum Hof des Kaisers gestoßen, als der sich auf dem Rückweg nach Deutschland befand. Das Ergebnis ihres juristischen Einflusses auf die Reichspolitik lässt sich einigen kaiserlichen Schreiben entnehmen; Ludwig schien allerdings ihre Hilfe nur in wenigen Fällen eingefordert zu haben.[96] Da in ihrem Exil aber eine Anzahl von Schriften zur Armutstheorie und zur Trennung zwischen Kirche und Politik entstanden, ist davon auszugehen, dass ihre Anwesenheit dennoch bedeutenden Einfluss auf den Hof und seine geistige Ausprägung hatte. Vor allem im Streit mit der Kurie war der Bayer auf die Unterstützung theologisch und juristisch gebildeter Männer angewiesen.

Neben den oben bereits erwähnten Gelehrten gab es in wechselnden Abständen andere Geistliche am Hof des Kaisers, die bewusst in wichtigen Missionen eingesetzt

---

Wahrnehmung seiner Herrschaft, hg. von Hermann Nehlsen/Hans-Georg Hermann, Paderborn 2002, S. 39–74, hier S. 72.

93 Vgl. dazu den Beitrag von Jörg Schwarz in diesem Band.

94 Johannes von Jandun starb 1328 auf dem Romzug, Marsilius blieb bis zu seinem Tod 1343 in München. Ludwig Schmugge, Johannes von Jandun (1285/1289–1328). Untersuchungen zur Biographie und Sozialtheorie eines lateinischen Averroisten, Stuttgart 1966; Marsilius von Padua. Defensor pacis, ed. Richard Scholz (MGH Fontes Iuris Germanici Antiqui, separatim editi), Hannover 1932/33; Marsilius von Padua. Der Verteidiger des Friedens (Defensor Pacis). Lat.-dt., übersetzt von Walter Kunzmann, bearbeitet und eingeleitet von Horst Kusch, 2 Bde., Darmstadt 1958; Michael Menzel, Weltstadt mit Geist?: Marsilius von Padua, Michael von Cesena, Bonagratia von Bergamo und Wilhelm von Ockham in München, in: Bayern und Italien. Kontinuität und Wandel ihrer traditionellen Bindungen. Vorträge der »Historischen Woche« der Katholischen Akademie in Bayern vom 17. bis 20. Februar 2010 in München, hg. von Hans-Michael Körner/Florian Schuller, Lindenberg 2010, S. 88–102; Frank Godthardt, Marsilius von Padua und der Romzug Ludwigs des Bayern, Göttingen 2011.

95 Dazu Menzel, Der Alte Hof (wie Anm. 9), S. 143.

96 Ebd., S. 145f.

wurden. Als Beispiel sei hier Marquard von Randeck[97] genannt, der in kaiserlichem Dienst insgesamt sieben Gesandtschaften an die Kurie leitete und begleitete, und der schon zu seinen Lebzeiten als einer der „gescheitesten Köpfe" im Umfeld Ludwigs galt.[98] Hier handelt es sich – wie auch bei Berthold von Neuffen – um einen schwäbisch-fränkischen Adligen. Marquard von Randeck war offensichtlich ein so ausgezeichneter Rhetoriker und Berater, dass Karl IV. ihn nach dem Ableben Ludwigs umgehend in seine Dienste als Legat in Italien übernahm.

Man kann also feststellen, dass sich am Hof Ludwigs – zumindest zeitweilig – juristisch und theologisch führende Gelehrte aufhielten, dass Ludwig sie gezielt in sein Umfeld holte und sie nach Maßgabe ihrer besonderen Erfahrungen, Fähigkeiten oder Eigenschaften, ihrem Ansehen und manchmal wohl auch ihrem Wunsch entsprechend in die politischen Entscheidungen des Hofes einband.

Die Kanzlei des Herrschers

Wenn wir – um den Kreis zu schließen – zu unserer Anfangsquelle und zum kaiserlichen Schreiber Heinrich zurückkehren, der in Ludwigs Auftrag vom Hof in Italien aus nach Deutschland reiste, um diverse politische Angelegenheiten für den Kaiser zu regeln, so wird deutlich, dass auch die Mitarbeiter der Hofkanzlei sehr flexibel eingesetzt wurden. Die Schreiber und Notare füllten eine Art Mittelposition zwischen den Beratern und den Kanzlisten am Hof. Einige der Notare wurden ebenfalls als Diplomaten eingesetzt, aus ihrer Arbeit an den großen Diplomen, Verträgen, Appellationen und Streitschriften erwuchs ihnen eine ebensolche Verantwortung an der Gestaltung des Reichs.

Die Kanzlei als Schaltzentrale des Nachrichtenein- und ausgangs war einer der wenigen Institutionen, die einen festen Bestandteil des sonst eher lose zusammengefügten Hofes darstellte.[99] In der Regierungszeit Ludwigs des Bayern entstanden

---

97 Mirjam Eisenzimmer, Marquard von Randeck (1296–1381). Ein Redner für Ludwig den Bayern an der Kurie, in: Rhetorik in Mittelalter und Renaissance. Konzepte – Praxis – Diversität, hg. von Georg Strack/Julia Knödler (Münchner Beiträge zur Geschichtswissenschaft 6), München 2011, S. 267–289.

98 So schreibt der Chronist Johannes von Winterthur (1300–1348/49) über die Gesandten Ludwigs, die bereits im Herbst 1335 einen bleibenden Eindruck in Avignon hinterlassen hatten, Die Chronik Johanns von Winterthur, ed. Friedrich Baethgen/Carl Brun (MGH Scriptores rerum Germanicarum NS 3), München 1924, ND 1982, S. 155.

99 Ganz zentral zur Kanzlei Ludwigs des Bayern sind die Arbeiten von Bansa, Studien (wie Anm. 2) sowie von Peter Moser, Das Kanzleipersonal Kaiser Ludwigs des Bayern in den Jahren 1330–1347 (Münchener Beiträge zur Mediävistik und Renaissance-Forschung 37), München 1985. Zu einzelnen Kanzleimitarbeitern: Wilhelm Erben, Berthold von Tuttlingen, Registrator und Notar in der Kanzlei Kaiser Ludwigs des Baiern; nach seinen Werken (Denkschriften der Akademie der Wissenschaften in Wien, Phil.-hist. Klasse 66,2), Wien/Leipzig 1923, oder Christa Wrede, Leonhard von München.

dort um die 7.000 Schriftstücke. Die Kanzlei war das Herz des Hofs, und somit des Reichs. Bemerkenswert ist die Tatsache, dass Ludwigs Kanzlei einen bedeutenden Einfluss auf die Urkundensprache des 14. Jahrhunderts hatte. Während bis zu Ludwigs Vorgängern die maßgebliche Urkundensprache Latein war, veränderte sich dies unter Ludwig dem Bayern. Die Ausstellung deutschsprachiger Urkunden nahm spätestens seit den 1330er Jahren stark zu, so dass sich im Schnitt ein Verhältnis von 30 Prozent lateinischen zu 70 Prozent deutschen Urkunden ermitteln lässt. Ludwigs Kanzlei war darüber hinaus prägend für das mittelhochdeutsche Rechtsvokabular, indem für die gebräuchlichen lateinischen Termini entsprechende deutsche gewählt und etabliert werden mussten.

Neben der Urkundenherstellung war die Kanzlei auch für Abrechnungen aus Zöllen, Viztumsämtern, Verpfändungen etc. und für andere Arbeiten zuständig.[100] Dabei war der personelle Stamm der Kanzlei, die Ludwig zum Teil aus der ihm früher als Herzog unterstellten Kanzlei übernommen hatte, über seine Regierungszeit um mehr als das Sechsfache angewachsen. Für Ludwigs Königszeit, d.h. im Zeitraum von 1314–1328, sind dort nicht mehr als fünf feste Personen[101] nachweisbar, in den Kaiserjahren, also bis 1347, waren immerhin ca. 30 Personen dort tätig. Trotz ihrer reichsweiten Aufgaben kann Ludwigs Kanzlei als eher klein bezeichnet werden, vor allem im Vergleich mit der kurialen: Papst Johannes XXII. beschäftigte während seiner Amtszeit ca. 110 Personen, davon 70–80 Schreiber.[102] Außer dem Kanzler und dem Protonotar waren die anderen Mitarbeiter weder hierarchisch gegliedert, noch durch Vorschrift oder feste Gewohnheit[103] einem festen Arbeitsbereich zugeordnet; vielmehr wurden Notare neben dem Urkundengeschäft ebenso für Gesandtschaften, Urteilsfindung, Vertretung des Königs in gerichtlichen Verfahren, Abrechnung mit Schuldnern und Gläubigern u.v.m. eingesetzt.[104] Ludwigs Schreiber Heinrich, der als selbstständig handelnder Gesandter Aufträge fern von seinem Herrn abwickelte, stellt ein illustrierendes Exempel dar.

Der Kaiser profitierte von der Erfahrung und dem Bildungshintergrund dieser Notare, weshalb es dazu kam, dass diese – wie der gerade genannte Magister Heinrich – „viel mehr mit Gesandtschaften und Vertretungen des Königs beschäftigt wa-

---

Der Meister der Prunkurkunden Kaiser Ludwigs des Bayern (Münchener Historische Studien, Abt. Geschichtl. Hilfswissenschaften 17), Kallmünz 1980.

100 BANSA, Studien (wie Anm. 2), S. 103–107.

101 Vier Personen, die unter Ludwig als König in der Kanzlei beschäftigt waren, sind auch für die spätere kaiserliche Kanzlei nachweisbar. Kurz nach der Kaiserkrönung kamen innerhalb kurzer Zeit weitere vier Schreiber dazu, so dass am 6. Februar 1330, der Tag, an dem Ludwig auf deutschen Boden zurückkehrte, acht Schreiber für die Kanzlei beschäftigt waren, MOSER, Kanzleipersonal (wie Anm. 99), S. 1–3. Die wenigsten davon sind namentlich bekannt, vgl. ebd., S. 8.

102 THOMAS, Ketzer (wie Anm. 47), S. 145.

103 BANSA, Studien (wie Anm. 2), S. 105.

104 Ebd., S. 105.

ren als mit Lesen und Prüfen von Petitionen, dem Konzipieren, Mundieren und den sonst noch zur Herstellung einer Urkunde notwendigen Arbeiten“[105].

Während manche der Kanzleimitarbeiter aus dem Mitarbeiterstamm der Vorgänger übernommen wurden,[106] wählte Ludwig der Bayer mitunter seine Leute durchaus eigenständig aus, wie an Magister Ulrich Wild[107] zu sehen ist. Ulrich war ursprünglich als Procurator und später als Protonotar des Regensburger Bischofs Nikolaus von Ybbs[108] tätig gewesen. Bischof Nikolaus unterhielt gute Verbindungen zum königlichen Hof, und Ulrich war des Öfteren dessen Gesandter. Es ist anzunehmen, dass Ulrich von der Verbindung zum Hof profitierte, da er aber spätestens seit 1322 in den Diensten Ludwigs des Bayern nachweisbar ist, kann man annehmen, dass der König ihn schlicht abgeworben hatte. Ulrich begann umgehend eine steile Karriere unter den Mitgliedern der Kanzlei.[109] Bereits im Herbst des Jahres reiste der oberpfälzische Magister für den König mit einer Gesandtschaft nach Avignon, am 18. Dezember 1323 siegelte er Ludwigs Nürnberger Appellation, am 5. Januar 1324 die Frankfurter und am 5. Mai die Sachsenhäuser, an deren Verfassung er wohl entscheidenden Anteil hatte und in der er erstmalig *protonotarius regis* genannt wird.[110] Ludwig überließ also die Korrespondenz mit der Kurie keinen unerfahrenen

105 Ebd., S. 103.

106 Aus der Kanzlei Kaiser Heinrichs VII. war nur Johannes Certamen, Bansa, Studien (wie Anm. 2), S. 115–121; Sprinkart, Urkundenwesen (wie Anm. 38), S. 112; Thomas, Ketzer (wie Anm. 47), S. 146, geblieben; aus der Kanzlei der Herzöge von Oberbayern waren vier Schreiber übernommen worden, Bansa, Studien (wie Anm. 2), S. 113–115; Sprinkart, Urkundenwesen (wie Anm. 38), S. 75f.

107 Zu Ulrich Wild (1285–1328), Protonotar Ludwigs u. a. Sigmund Riezler, Kaiser Ludwig der Baier, Meister Ulrich der Wilde und Meister Ulrich der Hofmaier von Augsburg, in: Forschungen zur deutschen Geschichte 14 (1874), S. 1–17; Franz Ehrle, Olivi und der ‚spiritualistische' Excurs d. Sachsenhäuser Appellation Ludwigs d. Bayern, in: Archiv für Literatur und Kirchengeschichte des Mittelalters 3 (1887), S. 540–552; Bansa, Studien (wie Anm. 2), S. 239–241; Mirjam Eisenzimmer, Art. Ulrich Wild, in: Neue Deutsche Biographie (erscheint 2015).

108 Zu Nikolaus von Ybbs, Bischof von Regensburg (1313–1340) u. a. Ferdinand Janner, Geschichte der Bischöfe von Regensburg, Bd. 3, Regensburg 1886, S. 137–208; Marianne Popp, Bischof Nikolaus von Ybbs (1313–1340), in: Lebensbilder aus der Geschichte des Bistums Regensburg, hg. von Georg Schwaiger, Regensburg 1989, S. 197–205; Klaus Hausberger, Nikolaus von Ybbs († 1340). 1313–1340 Bischof von Regensburg, in: Die Bischöfe des Heiligen Römischen Reiches 1198 bis 1448. Ein biographisches Lexikon, hg. von Erwin Gatz, Berlin 2001, S. 629–631.

109 Ulrich Wild trug während Ludwigs Königszeit (1314–1328) als einziger Mitarbeiter der Hofkanzlei den Titel Protonotar, d. h. den nach dem Kanzler höchsten Titel, ohne dass er sich in seinen Aufgaben von den übrigen Notaren abgehoben hätte. Es ist anzunehmen, dass er diesen Titel aufgrund seines Ansehens erhalten hatte. Im Frühjahr 1324 war er maßgeblich an der Redaktion der Sachsenhäuser Appellation beteiligt, die deutliche Kritik an der Stellung des Papstes hinsichtlich der durch die Minoriten aufgeworfenen Diskussion um die Armut Christi enthielt und den Papst der Häresie bezichtigte. Die Antwort des Papstes war die endgültige Verhängung des Kirchenbanns über Ludwig und seine Anhänger; Eisenzimmer, Ulrich Wild (wie Anm. 107).

110 Friedrich Bock, Die Prokuratorien Kaiser Ludwigs IV., in: Quellen und Forschungen aus italienischen Archiven und Bibliotheken 25 (1933/34), S. 251–91; ders., Die Appellationsschriften König

Personen. Im Mai 1325 erscheint Ulrich als Zeuge des berühmten Münchener Vertrages zwischen den Habsburgern und den Wittelsbachern, der ein Doppelkönigtum zwischen Friedrich dem Schönen und Ludwig dem Bayern besiegelte.[111] Zweifellos gehörte er zum engeren Kreis der königlichen Ratgeber und wurde von Ludwig als *familiaris* bezeichnet. Ulrich begleitete Ludwig zur Kaiserkrönung 1327/28 nach Rom, wofür er in Kauf nahm, dass er von Papst Johannes XXII. all seiner geistlichen Würden enthoben wurde. Er starb in der Nähe von Rom im Sommer 1328.

Die Rezeption des Ulrich Wild als Kanzleifälscher soll als Beispiel herangezogen werden, wie sehr der Herrscher auf die Bildung seiner Kanzlisten angewiesen, ihnen z. T. auch ausgeliefert war. Im Zuge der Aussöhnung 1336 mit dem neuen Papst Benedikt XII. hatte Ludwig der Bayer versucht, sich von den Aussagen in der Armutsfrage, die vor allem in der Sachsenhäuser Appellation besonders stark geäußert worden waren, zu distanzieren. Im Zuge dessen beschuldigte er in einem an den Papst gesandten Prokuratorium seinen Notar Ulrich Wild posthum, ihm als Lateinunkundigen diese kritischen Passagen in der Appellation untergeschoben zu haben, um – wie Ulrich ihm angeblich auf dem Sterbebett gestanden hatte – Zwietracht zwischen Herrscher und Papst zu sähen.[112] Der Wahrheitsgehalt des Fälschungsskandals darf bezweifelt werden, wohl aber bezeugt diese Episode den Freiraum, der den Gelehrten in ihrem Amt und aufgrund ihres Könnens zugestanden wurde. Man kann also zusammenfassend sagen, dass die herrschaftliche Kanzlei nicht nur im Hinblick auf die schriftliche Korrespondenz die Kernzelle des Hofes darstellte, sondern auch auf die ihr zugrunde liegende personelle Struktur. Unter den Kanzleibeamten finden wir zahlreiche Beispiele, die dem Herrscher als Berater, Vertreter und Gesandte dienten.

Schlussbemerkung

Die Quellen haben gezeigt, dass es einerseits ein Protokoll und festgelegtes Prozedere gab, wie man in Kommunikation mit dem Herrscher treten musste. Andererseits wurde aber auch deutlich, dass weder die Einhaltung von Regeln noch die Fürspra-

Ludwigs IV. in den Jahren 1323/24, in: Deutsches Archiv 4 (1940/41), S. 179–205; Bansa, Studien (wie Anm. 2), S. 239–241; Alois Schütz, Die Appellationen Ludwig des Bayern aus den Jahren 1323/24, in: Mitteilungen des Instituts für Österreichische Geschichtsforschung 80 (1972), S. 71–112; ders., Die Prokuratorien und Instruktionen Ludwigs des Bayern für die Kurie (1331–1345). Ein Beitrag zu seinem Absolutionsprozess (Münchener Historische Studien. Abteilung Geschichtliche Hilfswissenschaften 11), Kallmünz 1973.

111 5. September 1325 (Druck: MGH Const. 6,1 (wie Anm. 4), S. 72 Nr. 105; Reg.: Reg.LdB 7 (wie Anm. 4), S. 102 Nr. 234; Reg.LdB 8 (wie Anm. 4), S. 46 Nr. 107). Zum Münchner Vertrag vgl. den Artikel von Gerald Schwedler in diesem Band.

112 Sigmund Riezler, Die literarischen Widersacher der Päpste zur Zeit Ludwigs des Baiers. Ein Beitrag zur Geschichte der Kämpfe zwischen Staat und Kirche, Leipzig 1874, S. 316.

che einflussreicher Berater eine Garantie dafür darstellten, dass dem Anliegen stattgegeben wurde. Darüber hinaus wurde ersichtlich, dass Informationsaustausch nur aufgrund der sich am Hof zeitweilig oder länger aufhaltenden Personen möglich war, weshalb der Herrscher Wert auf eine rege Fluktuation legte. Ludwig der Bayer versammelte offenbar ganz gezielt gelehrte Köpfe in seinem Umkreis, deren Rat und Meinung seine politischen Entscheidungen beeinflussten. Zwar kann man wenig über die Qualität der „Beratung“ der ihn umgebenden Gelehrten und Räte aussagen, deutlich wird aber, dass der Herrscher keine Marionette seiner Berater war, sondern gegebenenfalls auch gegen die Fürsprache seiner Leute entschied. In wichtigen Missionen setzte Ludwig der Bayer seine besten Leute strategisch ein, die vor Ort den entsprechenden Gegenstand am besten verhandeln konnten.

Kunst und Hofkunst unter Ludwig dem Bayern[1]

Matthias Weniger

1816 wurde die Lorenzkapelle im Alten Hof, Palastkapelle Kaiser Ludwigs des Bayern und Aufbewahrungsort der Reichskleinodien, „demolirt", um, wie Karl Maria von Aretin, erster Direktor des Bayerischen Nationalmuseums, schrieb, „Platz für einige Bureaus zu gewinnen". Eines seiner ersten Anliegen nach der Gründung des Museums 1853/55 war es, die wenigen erhaltenen Überreste der Kapelle dort wieder zusammenführen. Wenig später hat er die damals bekannten Überreste in der 3. Lieferung seiner „Alterthümer und Kunstdenkmale des bayerischen Herrscher-Hauses" von 1857 ausführlich beschrieben.[2] Es handelte sich um das Stifterrelief mit Ludwig dem Bayern und Margarete von Holland[3] zuseiten der Muttergottes (vgl. Abb. 1), einen Wappenstein[4] sowie jene zwei der einst drei Heiligen Könige, die nach Aretins Worten „durch einen glücklichen Zufall der Zerstörung entgangen" waren.[5] Das Stifterrelief war nach den alten Beschreibungen im Inneren der Kirche gegenüber der Herrscherloge und unter einer Steintafel mit dem Datum 1324 eingemauert gewesen, der Wappenstein über dem Eingang der Kirche eingesetzt, die Könige an den ‚Pfeilern', also den Diensten, zwischen den Fenstern aufgestellt.[6] Mit letzteren kam noch

---

1 Für Diskussion und wertvolle Hinweise bin ich Matthias von der Bank, Markus Huber und nicht zuletzt Robert Suckale zu besonderem Dank verpflichtet, dessen Großzügigkeit ich gerade bei diesem ihm so wichtigen Thema aufs höchste zu schätzen weiß.

2 Karl Maria von Aretin, Die St. Lorenz-Kirche im Alten Hof zu München (Alterthümer und Kunst-Denkmale des bayerischen Herrscher-Hauses, Lieferung 3), München 1857, S. [2]. Zu dieser Publikation siehe jetzt Barbara Six, Denkmal und Dynastie. König Maximilian II. auf dem Weg zu einem Bayerischen Nationalmuseum, München 2012.

3 Dass es sich hierbei nicht um Bildnisse im modernen Sinne handelt, sondern der scheinbare Verismus bestehenden Konventionen folgte, hat Robert Suckale, Die Hofkunst Kaiser Ludwigs des Bayern, München 1993, S. 25–27, ausführlich dargelegt.

4 von Aretin, Lorenz-Kirche (wie Anm. 2), S. [4] u. Anm. 9.

5 Ebd., S. [3].

6 Hier nach von Aretin, Lorenz-Kirche (wie Anm. 2), der seinerseits auf einer Beschreibung von Johann Paul Stimmelmayr aufbaut; siehe zu diesem München um 1800. Die Häuser und Gassen der Stadt. Gezeichnet und beschrieben von Johann Paul Stimmelmayr, hg. von Gabriele Dischinger/Richard Bauer, München 1980 (allerdings ohne Beschreibung des Kircheninneren). Die frühen Abbildungen, auf die sich auch Suckale, Hofkunst (wie Anm. 3), S. 22 f., beruft, entstanden großenteils erst nach dem Abbruch; eine Ausnahme bilden die Ansichten bei Stimmelmayr (im oben zitierten Werk Abb. 15 f.), die bislang leider erst partiell publiziert sind. Ergänzende Angaben in den erst nach

die etwas größere Figur eines Apostels ins Haus, die bei Aretin nicht eigens erwähnt ist. (vgl. Abb. 3) Das Stifterrelief war nach dem Abbruch an der Frauenkirche eingesetzt worden, der Wappenstein kam in einem Bau-Magazin zum Vorschein, und die drei Standfiguren gelangten als Geschenk von Domkapitular Joachim Sighart ins Museum.[7] Den Apostel benennt Robert Suckale in seiner im Folgenden vielfach zitierten Studie von 1993 mit einiger Selbstverständlichkeit als Judas Thaddäus, doch scheint die neutralere Benennung vorerst vorzuziehen.[8] Nach Aretins Tod konnte das Ensemble durch die bis dahin von Herzog Max in Bayern in seinem Park bei Bogenhausen aufgestellten Schlusssteine ergänzt werden.[9] Erst 2004/05 wurden dann nach dem Abriss der späteren Bebauung des Kapellenstocks bei der „Tiefenenttrümmerung" des einstigen Bauplatzes der Kirche noch einmal neue Überreste des Kapellenbaus bekannt. Die Bruchstücke von Fenstergewänden und andere Fragmente werden heute im Infopoint der Landesstelle für Nichtstaatliche Museen im Alten Hof präsentiert.

Die Bildwerke der Lorenzkapelle bilden Mittel- und Ausgangspunkt einer der ambitioniertesten, anregendsten und methodisch bemerkenswertesten Studien, die der deutschen Kunst des Mittelalters nach 1945 überhaupt gewidmet worden sind, der Monographie „Die Hofkunst Kaiser Ludwigs des Bayern" von Robert Suckale aus dem Jahr 1993.[10] Die überaus vielschichtige Schrift imponiert schon wegen ihres

Redaktionsschluss verfassten Beiträgen des Verfassers zum Katalog der Bayerischen Landesausstellung „Ludwig der Bayer – wir sind Kaiser", Regensburg 16.5.–2.11.2014.

7 Matthias Weniger, Skulpturen vor 1550. In: Das Bayerische Nationalmuseum 1855–2005. 150 Jahre Sammeln, Forschen, Ausstellen, hg. von Renate Eikelmann/Ingolf Bauer, München 2006, S. 200–216, hier S. 201 mit Anm. 13. – Philipp Maria Halm/Georg Lill, Die Bildwerke in Holz und Stein vom 12. Jahrhundert bis 1450 (Die Bildwerke des Bayerischen Nationalmuseums. I. Abteilung), Augsburg 1924, S. 20–22, Kat.-Nr. 86–92.

8 Suckale, Hofkunst (wie Anm. 3), führt die Benennung im Text ohne Erklärung ein (S. 24 u. ö.). S. 252 beruft er sich darauf, dass einer der drei Altäre der Kapelle Judas Thaddäus geweiht war; bei von Aretin, Lorenz-Kirche (wie Anm. 2), [S. 2] hingegen heißt es, der Hauptaltar sei dem hl. Laurentius, die Nebenaltäre seien Margareta links und Maria rechts geweiht gewesen. Diese Nachricht wird auch von Suckale zitiert, der aber anfügt, „später, wohl als das Hauptpatrozinium von Margarete auf Laurentius übergegangen war", werde der Hochaltar als Laurentius geweiht genannt, daneben würden Altäre für Margarete und Judas Thaddäus erwähnt; ebd., S. 251. Auf die Glaubwürdigkeit der Quellen und Überlieferungen, die Frage etwa, ob das Margaretenpatrozinium nicht vielleicht erst eine Folge der Hochzeit Ludwigs mit Margarete von Holland im Jahr 1324 ist, kann hier nicht näher eingegangen werden.

9 Weniger, Skulpturen (wie Anm. 7), S. 205 f. mit Anm. 80 auf S. 215.

10 Suckale, Hofkunst (wie Anm. 3). Zu den Bildwerken der Lorenzkapelle selbst siehe u. a. S. 251 f. Das Buch ist aus Suckales Habilitationsschrift hervorgegangen. Suckale hat seine Thesen in der Folge noch mehrfach aufgegriffen, ausgebaut und differenziert: Robert Suckale, Kaiser Ludwig der Bayer und die Kunst. Fragen und Wünsche des Kunsthistorikers an die Geschichtswissenschaft. In: Zeitschrift für bayerische Landesgeschichte 60 (1997), S. 171–181; ders., Die Hofkunst im 14. Jahrhundert. In: Heiliges Römisches Reich Deutscher Nation 962–1806. Von Otto dem Großen bis zum Ausgang des Mittelalters. Kat.Ausst. Magdeburg, Kulturhistorisches Museum, 28.8.–10.12.2006, Bd. 2, Dresden 2006, S. 316–329; ders., Zur Ikonografie der deutschen Herrscher des 14. Jahrhunderts. Rudolf I. – Ludwig IV. – Karl IV. In: Die Goldene Bulle – Politik – Wahrnehmung – Rezeption, hg. von Ulrike Hohensee u. a., Bd. 1, Berlin 2009, S. 327–348.

Versuchs einer Gesamtdarstellung der Epoche. Es war dezidiertes Ziel des Autors, das zu wenig beachtete und in seiner Bedeutung nicht erkannte Wirken des Kaisers allgemein wieder stärker ins öffentliche Bewusstsein zu rücken, explizit auch in jenes der Historiker. Suckale betätigte sich dabei selbst „in ungewohntem Maße als Historiker", während er gleichzeitig für eine „Rehistorisierung der Kunstgeschichte" bzw. gegen die „Enthistorisierung gerade der deutschen Kunstgeschichtsschreibung" ankämpfte.[11] Grundthese Suckales ist es, dass „der kaiserliche Hof Wirkung vor allem durch Skulpturen anstrebte", und zwar nicht durch deren Größe oder Prachtentfaltung, sondern dezidiert durch ihren Stil, ihre künstlerischen Besonderheiten. Er postuliert, dass innerhalb der stark polarisierten deutschen Politik jener Zeit die Parteigänger und Gefolgsleute Ludwigs ihre Kaisertreue durch Kunstwerke zu unterstreichen versuchten, welche die am Hof definierten Stiltendenzen aufgriffen. Obgleich er Tafel-, Buch-, Glas- und Wandmalerei, Urkundenillustrationen, Kunstgewerbe und Textilkunst in sein mit imponierender Denkmalkenntnis und Tiefe der Interpretation weit gespanntes Panorama einbezieht, stehen die Bildwerke für Suckale als wichtigste Zeugen für Ludwigs Kunstpolitik im Zentrum seiner Abhandlung. Zugleich ist die Überlieferungslage in diesem Bereich zwar nicht gut, aber doch immer noch weit besser als in den anderen Gattungen und insbesondere auf dem Feld der Malerei.

Kaum verständlich wäre Suckales Argumentation ohne den Blick auf die zweite Hälfte des 14. Jahrhunderts, aus der sich ungleich umfangreicheres Material erhalten hat. Suckale interpretiert die 33jährige Regierungszeit Ludwigs des Bayern in vielerlei Hinsicht schon als eine Vorstufe zur bewussten herrscherlichen Inszenierung Karls IV., der dann gleich nach der Konsolidierung seiner Herrschaft einen „neuen Reichsstil" geschaffen habe. Wobei sich der neue Stil des Luxemburgers dank der Überwindung der Spaltung in papst- und kaisertreue Gefolgsleute im Reich noch viel effizienter ausbreiten konnte. Die Innovationen unter Karl IV. speisten sich dabei wie die in der Zeit seines Vorgängers nicht zuletzt aus westlichen, französischen Anregungen.[12]

Unzweifelhaft mit Kaiser Ludwig verbunden ist die oben beschriebene Ausstattung der Lorenzkapelle, der Kirche von Ludwigs Münchner Residenz. Jenseits dieser Werke stützt Suckale sein Postulat einer „Hofkunst Ludwigs des Bayern" vor allem auf die unten vorgestellten Arbeiten. Leider kann ihre Aufzählung und die anschließende Diskussion nur exemplarisch mit Abbildungen illustriert werden; für eine umfassende Zusammenstellung von Wiedergaben sei auf Suckales Monographie verwiesen. Um bei den Abbildungen diesem Werk gegenüber dennoch eine gewisse

11 Suckale, Hofkunst (wie Anm. 3), S. 12.

12 Zur Kunst unter Karl IV., ihren formalen und thematischen Neuerungen, der Suche nach einem „neuen Reichsstil" (S. 165), aber auch zur Frage, wie weit sie unter Ludwig dem Bayern gelegte Grundlagen aufgriff, siehe bei Suckale, Hofkunst (wie Anm. 3), S. 161–169.

Variation zu bieten und auch im kleinen Maßstab Vergleichbarkeit zu ermöglichen, konzentriert sich die beigefügte Auswahl auf die Kopfpartien. Gültig können die Bildwerke gleichwohl nur in der Gesamtschau angemessen beurteilt werden, hatte die Durchzeichnung der Gewänder für den zeitgenössischen Künstler mindestens dasselbe Gewicht wie die Wiedergabe der Gesichter. Diese Einschränkung vorausgeschickt, geht es um folgende Arbeiten:

- die so genannte Anger-Madonna, eine Madonna im Bayerischen Nationalmuseum, die nach Aussagen von Carl August Lebschée „bey Abbruch des alten Refektoriums" des ehemaligen Münchener Klarissenklosters und jetzigem Kloster der Armen Schulschwestern am Münchener Jakobsplatz „versteckt unter den Bodendielen" gefunden worden war (Abb. 5),[13]
- die deren Anlage fast exakt wiederholende Madonna im Hochaltar von Stift Wilten in Innsbruck,[14]
- die 1946 im Trümmerschutt entdeckte Christophoruskonsole aus dem Chor der Münchener Frauenkirche im Freisinger Diözesanmuseum,[15]
- die stehende Madonna im Gnadenaltar der ehemaligen Zisterzienserklosterkirche Fürstenfeld (Abb. 10),[16]
- die vier Gewändefiguren (vgl. Abb. 4) und Teile des Tympanons des 1443 vollendeten nördlichen Chorportals, eine Serie von Schlusssteinen sowie die stehende Madonna der Marienkapelle des Augsburger Doms,[17]
- die skulpturale Ausstattung des Kapellenturms in Rottweil mit Jüngstem Gericht, Madonna und Propheten sowie das Tympanon des südöstlichen Portals der Esslinger Marienkirche,[18]
- die Figuren der Epiphanie und den Apostelzyklus in St. Jakob in Nürnberg,[19]
- nur noch sehr fragmentarisch erhaltene Arbeiten aus bzw. ehemals an der Moritzkapelle bei St. Sebald in Nürnberg,[20]

13 WENIGER, Skulpturen (wie Anm. 7), S. 205; nach Aussagen von Maria Theresa Gerhardinger, der Gründerin und Oberin der Armen Schulschwestern, hingegen ohne ihr Wissen aus dem Gebäude entfernt, siehe ebd. HALM/LILL, Bildwerke (wie Anm. 7), S. 22f., Kat.-Nr. 93. SUCKALE, Hofkunst (wie Anm. 3), S. 108–110, 114f., 254.

14 SUCKALE, Hofkunst (wie Anm. 3), S. 110, 114f., 238. Wie zu Suckales Zeiten nach wie vor nicht aus der Nähe zugänglich und weder im Bild noch im Text gut erschlossen. Vgl. Martha FINGERNAGEL-GRÜLL u.a., Die sakralen Kunstdenkmäler der Stadt Innsbruck. Teil 2. Äußere Stadtteile (Österreichische Kunsttopographie, Bd. 52), Wien 1994, S. 20–22. Das Material dort als Sandstein, dies bei Suckale noch nur fragweise. Auch die Höhe von 88 cm entspricht exakt jener der Angermadonna. Zu dieser vergleichend angeführt bereits bei HALM/LILL, Bildwerke (wie Anm. 7), S. 23.

15 SUCKALE, Hofkunst (wie Anm. 3), S. 71f., 234; Münchner Gotik im Freisinger Diözesanmuseum, hg. von Peter B. STEINER, Regensburg 1999, S. 122 Kat.-Nr. 2, Leihgabe der Frauenkirche.

16 SUCKALE, Hofkunst (wie Anm. 3), S. 74f., 234f.

17 Ebd., S. 13, 45, 75f., 83–85, 109f., 206–212.

18 Ebd., S. 59f., 118–123, 227–229, 264–267.

19 Ebd., S. 73, 79f., 83, 86–95, 259f.

20 Ebd., S. 110–112, 256f. Ferner einzelne Bildwerke in St. Sebald selbst.

- die Christusstatue in Karlstadt nördlich von Würzburg,[21]
- die postume Grabtumba Heinrichs I. in St. Emmeram in Regensburg,[22]
- das Grabmal des Kuno von Falkenstein und seiner Gemahlin Anna von Nassau in der Stiftskirche von Lich bei Gießen (vgl. Abb. 7),[23]
- das Grabmal des Deutschordenskomturs Heinrich von Zipplingen in Donauwörth,[24]
- das Grabmal des Deutschordensherren Rüdiger von Halberingen in Herrlingen bei Ulm,[25]
- das Grabmal des Johanniterpriors Berthold VI. von Henneberg im Bayerischen Nationalmuseum (Abb. 15),[26]
- das Grabmal eines meist mit Eberhard I. identifizierten Grafen von Katzenelnbogen in der Zisterzienserklosterkirche Eberbach im Rheingau (Abb. 8),[27]
- die Trumeaumadonna der Frankfurter Stiftskirche St. Bartholomäus, des heutigen Doms,[28]
- die so genannte Weinbergmadonna aus Würzburg im Germanischen Nationalmuseum in Nürnberg, [29]
- eine Madonna in der ehemaligen Benediktinerabtei von Ellwangen/Jagst (Abb. 14),[30]
- die Madonnenstatue aus einem Privathaus in Weiler bei Rottenburg im Württembergischen Landesmuseum Stuttgart,[31]
- die heute in der modernen Kirche von Schernfeld bei Ingolstadt aufgestellte stehende Madonna (Abb. 13)[32] sowie
- die Johannesschüssel im Bayerischen Nationalmuseum in München.[33]

Keines dieser Werke ist als Auftrag Ludwigs des Bayern gesichert, bei einigen von ihnen liegt ein Zusammenhang mit dem Kaiser aber nahe. Im Münchner Klarissenklos-

21 Ebd., S. 79, 84, 239.
22 Ebd., S. 112–114, 263 f.
23 Ebd., S. 56, 64–66, 241.
24 Ebd., Frontispiz, S. 79 f., 84, 224 f.
25 Ebd., S. 236 f.
26 Ebd., S. 78 f., 81, 83, 239, 252 f.
27 Ebd., S. 103–105, 225 f. Siehe jetzt ferner Matthias von der Bank, Studien zur süddeutschen Skulptur der ersten Hälfte des 14. Jahrhunderts im Umkreis des Augsburger Domes, Köln 2013, S. 99 f.
28 Suckale, Hofkunst (wie Anm. 3), S. 74, 76 f., 84, 232–234.
29 Ebd., S. 73, 81 f., 255.
30 Ebd., S. 74, 81, 226 f.
31 Ebd., S. 53–55, 269 u. ö.
32 Ebd., S. 62–64, 112, 268. Suckale stellt eine Verbindung zu einem Christophorus in St. Sebald in Nürnberg sowie zu einer nur noch sehr reduziert erhaltenen Apostelfigur im Eichstätter Diözesanmuseum her, siehe ebd., S. 112.
33 Suckale, Hofkunst (wie Anm. 3), S. 74, 81, 94 f., 253; Halm/Lill, Bildwerke (wie Anm. 7), S. 68, Kat.-Nr. 274 (damals noch um 1400 datiert).

ter lebte nach einer im Kloster schon im 15. Jahrhundert greifbaren Überlieferung zeitweise eine Tochter des Kaisers, Agnes. Für Wilten verweist Suckale darauf, dass sich das Stift nach der Heirat des ältesten Sohnes des Kaisers, Ludwig, mit der später als Margarete Maultasch bekannten Margarete von Tirol-Görz im Jahr 1342 besonderer Förderung seitens des Kaisers erfreute und er ihm 1344 einen umfassenden Schutzbrief verlieh.[34] Die Christophoruskonsole, für Suckale eines der „frühesten und bedeutendsten" Werke „der Hofskulptur des Kaisers", bringt er mit einem unter Ludwig begonnenen Chorneubau der Frauenkirche zusammen.[35] Für Fürstenfeld existiert eine Schenkungslegende,[36] der angesichts der Bedeutung des Klosters, einer Stiftung seines Vaters, für den Kaiser durchaus eine gewisse Plausibilität zukommt. Die Johannesschüssel schließlich wurde dem Bayerischen Nationalmuseum 1869 vom Münchener Steinmetzmeister Georg Westermaier geschenkt.[37] Eine Münchener Provenienz ist damit nahegelegt, angesichts der relativ geringen Größe des Stückes – Durchmesser 46 cm – aber in keiner Weise gesichert.[38] Anders als die vorgenannten Werke wurde die Johannesschüssel als aus Kalk-, nicht aus Sandstein gefertigt identifiziert, doch scheint die entsprechende Angabe nicht verlässlich.[39]

Eine zentrale Rolle in Suckales Argumentation nimmt der Augsburger Dom ein. Die vier Gewändefiguren des Chornordportals interpretiert er aufgrund des Doppeladlers auf den Wappen an den Sockeln der hll. Elisabeth (?) und Ulrich (Abb. 4) als Stiftungen des Kaisers.[40] Er erfuhr dabei noch vor der Veröffentlichung seiner Thesen Widerspruch, namentlich von Friedrich Kobler.[41] 2013 hat Matthias von der

---

34 SUCKALE, Hofkunst (wie Anm. 3), S. 110. Auch VON DER BANK, Studien (wie Anm. 27), S. 231 u.ö., verweist darauf, dass die Tiroler Werke derselben Stilgruppe in die Nachfolge der Hochzeit von 1342 zu setzen sind.

35 SUCKALE, Hofkunst (wie Anm. 3), S. 234.

36 Siehe ebd., S. 235.

37 WENIGER, Skulpturen (wie Anm. 7), S. 204.

38 Dagegen in den Augen Suckales eine kaiserliche Stiftung für München, siehe SUCKALE, Hofkunst (wie Anm. 3), S. 74; vgl. auch S. 84.

39 HALM/LILL, Bildwerke (wie Anm. 7), S. 68. Grundlage der Materialbestimmungen des Katalogs waren meist durch chemische und mikroskopische Untersuchungen vorgenommene Analysen, die für die Steine durch Prof. Max Weber, München, durchgeführt wurden, siehe das Vorwort. Bei mikroskopischer Betrachtung spricht aber wenig dafür, dass sich das Material nachhaltig von jenem unterscheidet, das beim Alten Hof und für die Angermadonna zum Einsatz kam. Entsprechend wurde die Materialangabe in den Veröffentlichungen und Beschriftungen des Museums schon vor einiger Zeit korrigiert; als Sandstein das Werk auch in: Set in Stone. The Face in Medieval Sculpture, hg. von Charles T. LITTLE, New Haven/London 2006, S. 191–193, Kat.-Nr. 79 (Charles T. LITTLE).

40 SUCKALE, Hofkunst (wie Anm. 3), S. 45.

41 Im Aufsatz von Friedrich KOBLER, Baugeschichte des Ostchores, kunsthistorische Beurteilung der Portalskulpturen, in: Das Südportal des Augsburger Domes. Geschichte und Konservierung (Bayerisches Landesamt für Denkmalpflege. Arbeitsheft 23), München 1984, S. 7–29, ist dies allerdings nur zu erahnen, siehe Anm. 48 zu S. 17, S. 27. Suckale hatte seine Thesen 1982 in einem Vortrag „Zur Rekonstruktion der Hofkunst Kaiser Ludwigs des Bayern" vorgestellt. Nach freundlichem Hinweis von Matthias von der Bank nahm Kobler seinerzeit schon Anstoß an der Deutung der Wappenschilde.

Bank, gestützt auf Claus D. Bleisteiner, diese Zweifel aufgegriffen und noch einmal ausführlich dargelegt, dass der Doppeladler erst seit 1433 als kaiserliches Wappen gesichert ist.[42] Gleichwohl bleiben die Doppeladler unter der hl. Elisabeth (?) und unter dem Bistumspatron erklärungsbedürftig. In Antwort auf die frühen Kritiker führt Suckale 1993 aus, dass der Doppeladler zumindest im Umfeld des Kaisers schon zu seinen Lebzeiten durchaus mehrfach Verwendung fand.[43] Für die Arbeiten am Augsburger Dom verweist er zugleich noch darauf, dass die zwischen 1331 und 1348 in Augsburg amtierenden Bischöfe Ulrich II. von Schönegg und Heinrich III. von Schönegg zu den engsten Räten Kaiser Ludwigs gehörten.[44]

Hinsichtlich der großen Komplexe in Esslingen und Rottweil stellt Suckale die Kaisertreue der beiden Städte und ihre städtischen Prätentionen heraus, die sich jeweils auch gegen die örtlich zuständigen Bischöfe von Speyer bzw. Konstanz richteten.[45] Für Eichstätt hebt er die Kaisernähe des Domklerus hervor.[46] Den Auftrag für St. Emmeram rückt er in den Kontext des gegen die Regensburger Bischöfe gerichteten Bemühens der Abtei, ihre Reichsunmittelbarkeit zu behaupten.[47] Die Frankfurter Madonna schließlich wurde für das Hauptportal des unter Ludwig dem Bayer errichteten Neubaus der Bartholomäuskirche geschaffen, der mit Blick auf die neue Bestimmung des Gotteshauses als Wahlkirche der deutschen Kaiser unter Ludwig aufgeführt wurde.[48]

Über die ursprüngliche Bestimmung der Madonna aus Weiler ist hingegen nichts bekannt. Hier macht Suckale jedoch auf die sehr ungewöhnliche Bekleidung des Kindes mit Kapuze (Gugel) aufmerksam, die er vielleicht nicht zu Unrecht auf die liturgischen Gewänder Kaiser Ludwigs[49] sowie auf den unter Ludwig eingeführten Ornat der Deutschherren bezieht und als Indiz für eine Verbindung zum Kaiser wertet.[50]

---

42 von der Bank, Studien (wie Anm. 27), S. 116 u. Anm. 372.

43 Suckale, Hofkunst (wie Anm. 3), S. 45 f. Nicht zu überzeugen vermag hingegen, wenn Suckale zur Abwehr der Kritik auf die Verknüpfung von Kaiserbild und Doppeladler in der Ära Herzog Albrechts IV. verweist. Sein Nachfahr verfolgte mit dieser Verknüpfung eine ganz eigene Agenda.

44 Ebd., S. 81.

45 Für Esslingen siehe ebd., S. 117–121, für Rottweil S. 121–123.

46 Siehe ebd., S. 112.

47 Ebd., S. 113 f.

48 Siehe ebd., S. 233 f. Er lässt offen, ob die Madonna vom Kaiser oder vom Stiftskapitel bestellt wurde, das der Bauherr des Kirchenneubaus war und das Ludwig nach Suckales Ausführungen zwar zunächst feindlich, inzwischen aber freundschaftlich gegenüber gestanden habe.

49 Zum priesterähnlichen Auftreten des Kaisers vgl. auch Franz-Reiner Erkens, *Sol iusticie* und *Regis regum vicarius*. Ludwig der Bayer als „Priester der Gerechtigkeit", in: Zeitschrift für bayerische Landesgeschichte 66 (2003), S. 795–818.

50 Suckale, Hofkunst (wie Anm. 3), S. 57.

Die Darstellung des Heinrich von Zipplingen schließlich stellt Suckale als den wichtigsten erhaltenen Grabstein eines Geheimen Rats Kaiser Ludwigs vor.[51] Für Wilhelm I. von Katzenelnbogen und Kuno von Falkenstein hebt er hervor, dass beide Adlige vom Kaiser reich privilegiert waren.[52] Berthold VI. von Henneberg war ein Verwandter des engsten Rates des Kaisers, Bertholds VII. von Henneberg.[53] Die Auftraggeber des Karlstädter Christus, die Grafen von Rieneck, wiederum waren Lehensleute der Henneberger. Für Suckale sind sie somit als ‚Parteigänger zweiten Grades' einzustufen.[54]

Für die Bildwerke der Deutschordenskirche von St. Jakob in Nürnberg folgt Suckale der umgekehrten Methode, „eine stilkritische Zuweisung vor[zu]nehmen und sie dann historisch [zu] stützen".[55] Eine solche Stütze sucht er in der Gestalt Heinrichs von Zipplingen, der von 1324 bis 1332 als Landkomtur des Deutschen Ordens von Franken mit Sitz in Nürnberg genannt sei und die Nürnberger Deutschordensballei auch später noch durch Zuwendungen unterstützt habe.[56]

Die Madonna in Ellwangen schließlich erklärt er ohne wirklichen Nachweis für eine Stiftung des Kaisers an die seinerzeitige Benediktinerabtei.[57] Hier wie bei der Johannesschüssel und der Würzburger Weinbergmadonna erlaube „die Eindeutigkeit in der Parteizugehörigkeit des Stiles, auch Werke ohne gesicherte Provenienz vermutungsweise in Zusammenhang mit dem Kaiser oder einem seiner Hofleute zu bringen". Ähnlich heißt es von der Madonna in Schernfeld, da „mehrere hohe Eichstätter Kleriker dem Kaiser nahestanden", sei es „müßig zu spekulieren, wem der Auftrag verdankt wird".[58]

Diese Zuversicht in der Subsumierung von Skulpturen der ersten Hälfte des 14. Jahrhunderts unter den Begriff einer Hofkunst Ludwigs des Bayern wäre allerdings noch berechtigter, wenn die beschriebenen Kunstwerke nur einen einzigen einheitlichen Stil zeigten, und wenn es tatsächlich „eine stilistisch homogene Gruppe von Skulpturen in Süddeutschland" gäbe, „die ohne Ausnahme für den Kaiser und seine Hofleute geschaffen wurden".[59]

Innerhalb des skizzierten Materials steht dabei ausgerechnet das Stifterrelief aus der Lorenzkirche abseits und isoliert da (Abb. 1); auch jenseits der Hofkunst Ludwigs gibt es keine Hinweise auf weitere Werke des ausführenden Bildhauers – ein erstaunliches Phänomen, das allerdings mit dem durch den verlorenen Stein mit dem

51 Ebd., S. 79; siehe dort ferner noch S. 80.
52 Ebd., S. 108.
53 Ebd., S. 78 f.
54 Ebd., S. 79.
55 Ebd.; siehe auch S. 80.
56 Ebd., S. 80.
57 Ebd., S. 81 u. 226 f.
58 Ebd., S. 268.
59 Ebd., S. 79.

Datum 1324 suggerierten frühen Datum zusammenhängen mag. Um eine Ahnung von den Traditionen zu bekommen, aus denen ein solches Stück vielleicht letztlich hervorgegangen ist, lohnt ein Blick auf die im Bayerischen Nationalmuseum gleich in der Nachbarschaft ausgestellte Madonna mit dem Rosenstrauch vom Höllerhaus am Markt in Straubing (Abb. 2).[60]

Etwas anders sieht es mit den Standfiguren der Lorenzkirche aus (Abb. 3). Wie Suckale selbst hervorhebt, stammen sie nicht aus derselben Werkstatt wie die Reliefs. Dabei irritiert ihr geringer künstlerischer Anspruch. Suckale notiert zu Recht, dass sie im Vergleich zur gleichzeitigen Nürnberger oder Regensburger Plastik simpel erscheinen und dass die Gestalt des einen Königs „eher einem Baumstamm als einer Figur" ähnelt.[61] Gleichwohl stehen diese drei Figuren offensichtlich in einem Zusammenhang mit einer Gruppe meist deutlich qualitätvollerer Werke, die über einen weiteren geographischen Raum verstreut sind und mit denen Suckale sie unter dem Etikett „Münchnerische Hofwerkstätten" führt.[62] Zu nennen sind hier die Münchener Christophoruskonsole, die Johannesschüssel, die Bildwerke in Sankt Jakob in Nürnberg sowie das Grabmal des Heinrich von Zipplingen in Donauwörth. Soweit die alten Fotos ein Urteil erlauben, standen mit dieser Gruppe auch zwei der Augsburger Gewändefiguren in Zusammenhang, die hl. Elisabeth (?) und der hl. Ulrich (Abb. 4). Hinzu kommen verschiedene Konsolen im Augsburger Dom.[63]

Die Verbindung zwischen diesen Arbeiten lässt sich zunächst bei den Gesichtern und Frisuren greifen. Es handelt sich um vornehmlich längliche Gesichter mit stark ausgreifenden Stirnpartien und deutlich eingezogenen Wangen. Sie werden von Haar- und Bartpartien umfasst, die einerseits üppig ausfallen, gleichzeitig aber doch einen sehr kompakten, wattigen Umriss aufweisen. Bei den massiv stilisierten Lockenwellen begleiten einzelne zartere Linien völlig summarisch angelegte breite Strähnen mit oft dachförmigem Profil. Während die Johannesschüssel recht gut mit den zarteren Köpfen in Nürnberg zusammengeht, schlägt der hl. Ulrich in Augsburg die Brücke zum Münchener Apostel. Mit den als waagerechtes Band über die breite Stirn gelegten Haaren, den stark betonten Brauen über sehr kleinen Augen und dem sprechenden Mund waren hier offenbar einst recht weitgehende Parallelen zu beobachten (Abb. 3–4). In der Anlage der Gewänder wiederholen sich bei keiner anderen Skulptur der Gruppe die beschriebenen baumstammhaften Strukturen der Bildwerke der Lorenzkapelle, doch weist etwa die Drapierung des Petrus in Nürnberg eine gegenüber dem Apostel in München grundsätzlich ähnliche Konzeption

60 Anders, als Suckale, ebd., S. 22, es darstellt, war das Relief aus der Lorenzkapelle selbst nicht datiert. Zur Rosenstrauchmadonna siehe Halm/Lill, Bildwerke (wie Anm. 7), S. 26, Kat.-Nr. 108; damals noch um 1350/60 datiert, während die Entstehung heute bereits um 1300 angesetzt wird.

61 Suckale, Hofkunst (wie Anm. 3), S. 24. Vgl. auch ebd., S. 94f.

62 Vgl. ebd., S. 117. Zu formalen Zusammenhängen vgl. ebd., S. 93.

63 Abgebildet ist bei Suckale ein Konsolkopf im Nordquerhaus, ebd., S. 209, Abb. 167.

auf, wenngleich auf ungleich höherem Niveau. Auch in der Behandlung der Oberflächen, die durch sehr starre, gleichmäßig ausgebildete Grate wie durch die Kanneluren einer Säule strukturiert werden, zeigen sich grundsätzlich Berührungspunkte. Wie man diese Zusammenhänge bei gleichzeitig doch großer Distanz erklären will, ob die Münchener Figuren als erste Manifestation einer Werkstatt anzusehen sind, die später weit komplexere Bildungen hervorbrachte, oder ob die Formen der übrigen Werke in München durch minder begabte Kräfte nachgeahmt wurden, bleibt eine nachrangige Frage; entscheidend ist das merkwürdige Faktum, dass die einzigen sicheren und zugleich die von ihrem Bestimmungsort her bedeutendsten Aufträge Kaiser Ludwigs die in ihrer Formensprache am stärksten reduzierten sind. Bemerkenswert ist ferner, dass die Gestalt des kaiserlichen Rates in Donauwörth ähnlich summarisch angelegt ist. Die Schlichtheit der Formen mag daher nicht nur geringerem Vermögen geschuldet, sondern bis zu einem gewissen Grad bewusst intendiert gewesen sein.

Ein dritter Komplex von Arbeiten ist der umfangreichste und in der Beurteilung schwierigste und umstrittenste. Neben der Angermadonna sowie den hll. Adelheid, Gemahlin Ottos des Großen, und Afra (?) am Nord-Chorportal des Augsburger Domes sind hier zu nennen: eine Reihe von Schlusssteinen im Augsburger Dom, die Figuren aus bzw. ehemals an St. Moritz in Nürnberg, die Madonna in Wilten und weitere Arbeiten in Tirol,[64] die Werke in Rottweil und Esslingen, die Grabmäler in Lich (Abb. 7), Sankt Emmeram und Eberbach (Abb. 8),[65] die Madonna aus Weiler mit der an den Kaiserornat erinnernden Gugel bei dem Christuskind sowie schließlich die Madonna in Schernfeld (Abb. 13). Die Werke in Rottweil und Esslingen hat Hartmann schon 1910 mit dem Augsburger Nordportal zusammengestellt,[66] gemeinsam mit einigen weiteren. In den 1920er Jahren verwiesen Lilly Fischel und Her-

64 Neben der Madonna in Wilten nennt Suckale noch den Schmerzensmann im Kreuzgang des Bozener Franziskanerklosters, SUCKALE, Hofkunst (wie Anm. 3), S. 221, das Fragment des hl. Virgil von der Bozener Heilig-Grab-Kirche auf dem Kalvarienberg, ebd., S. 221 f., den Schmerzensmann in Maria Weißenstein bei Deutschnofen, ebd., S. 242, sowie den Titelheiligen und drei Schlusssteine im Chor der Pfarrkirche St. Nikolaus in Meran, ebd., S. 242 f. SUCKALE, Kaiser Ludwig (wie Anm. 10), S. 177, Anm. 12 auf S. 177 f., führt außerdem die Halbfigur aus St. Leonhard in Branzoll im Bozener Stadtmuseum sowie ein Epitaph in der Bozener Stadtpfarrkirche an. VON DER BANK, Studien (wie Anm. 27), S. 230, verweist noch auf ein Nachfolgewerk in der Wallfahrtskirche Maria Weißenstein. Vgl. auch im Folgenden.

65 Beim von Suckale ebenfalls angeführten Grabmal des Mainzer Domkantors Eberhard von Oberstein in Eberbach scheint der Zusammenhang mit der hier umrissenen Gruppe etwas weniger unmittelbar; siehe SUCKALE, Hofkunst (wie Anm. 3), S. 58 f., 103–105 u. 226. VON DER BANK, Studien (wie Anm. 27), S. 100 f., deutet die Besonderheiten an, macht aber keine klare Aussage über seine Sicht auf den Werkstattzusammenhang. Suckale selbst dachte im Übrigen trotz der Stilverwandtschaft an unterschiedliche Bildhauer (ebd., S. 103).

66 Paul HARTMANN, Die gotische Monumental-Plastik in Schwaben. Ihre Entwicklung bis zum Eindringen des Neuen Stils zu Beginn des 15. Jahrhunderts, München 1910; der gesamte erste Teil (S. 1–38) „Das Auftreten und die Blüte der Rottweiler Schule in der ersten Hälfte des vierzehnten

mann Beenken auf Verbindungen zu Lettner und Chorgestühl der Liebfrauenkirche in Oberwesel.[67] Ferner sind mit dieser Gruppe die Tumbenplatte des hl. Goar in St. Goar[68] sowie Bauplastik aus der Prämonstratenserstiftskirche Rosa Coeli in Kanitz (Dolní Kounice) in Mähren[69] verbunden. Angemerkt sei, dass die Gruppe der Tiroler Nachfolgearbeiten weder bei Suckale noch bei von der Bank in ihrem vollen Umfang beschrieben wird; hingewiesen sei hier noch auf drei 1935 von Theodor Müller publizierte Schlusssteine in der (ehemaligen) Stiftskapelle von Bozen-Gries (Abb. 11).

Im Bestreben, Hartmanns Begriff einer „Rottweiler Schule" zu ersetzen, ordnet Suckale diese Gruppe – ausgehend von den in ihrer Bedeutung wohl überbewerteten Werken um Oberwesel[70] und in Anspielung auf das wittelsbachische Herrschergebiet – unter das Rubrum „rheinpfälzische Werkstätten"; und dies, obgleich er selbst nicht alle mittelrheinischen Arbeiten mit Ludwigs „Hofkunst" assoziiert[71] und obwohl Oberwesel, ebenso wie St. Goar oder Eberbach, nie zur Rheinpfalz gehörte.[72] Matthias von der Bank, der diesem Werkkomplex vor wenigen Monaten eine eigene, sehr umfangreiche Studie gewidmet hat, betont, dass sich in der Rheinpfalz selbst kein stilverwandtes Werk aufzeigen lässt,[73] und spricht statt dessen, in einer etwas unglücklichen Begriffspaarung, von einer „überregionalen mittelrheinischen Werkstatt". An den Anfang von deren Schaffen stellt von der Bank die von mehreren Künstlern gearbeiteten Werke für die Grafen von Katzenelnbogen (Abb. 8) sowie jene in Lich (Abb. 7) und Oberwesel; von Bildhauern dieser Werkstatt, und zwar

---

Jahrhunderts" überschrieben, zu Augsburg dort besonders S. 17–24. Vgl. in der Folge auch Julius Baum, Gotische Bildwerke Schwabens, Augsburg/Stuttgart 1921, vor allem S. 91–94.

67 E[lisabeth] L[uise] Fischel, Mittelrheinische Plastik des 14. Jahrhunderts, München 1923, hier besonders S. 53–69; Hermann Beenken, Bildhauer des 14. Jahrhunderts am Rhein und in Schwaben, Leipzig 1927, besonders S. 118–141 (in die Diskussion einbegriffen dort auch die Madonnen aus Weiler und aus der Nürnberger Moritzkapelle, der Prophet von der Moritzkapelle sowie der in Anm. 64 genannte Nikolaus in Meran). Beenkens Verdienst ist es außerdem, schon eine Verbindung zwischen der Angermadonna und dem Grab in Lich hergestellt zu haben, wie sie später für Suckale so wichtig werden sollte; siehe bei Beenken, S. 108–115. Einbezogen dort ferner die unten genannte Freisinger Verkündigungsmaria.

68 Suckale, Hofkunst (wie Anm. 3), S. 105–107, 267.

69 Ebd., S. 108, 147, 238 f.

70 Ebd., S. 96–102, 260 f. u. ö. Matthias von der Bank stellt die von Suckale angenommene (zeitliche) Priorität Oberwesels in Frage und hebt zugleich sicher zu Recht den ungleich höheren Rang und die weit größere Qualität der Arbeiten hervor, die für die Grafen von Katzenelnbogen und die Herren von Falkenstein entstanden; von der Bank, Studien (wie Anm. 27), S. 93 u. 104 f.

71 Allerdings ist seine Argumentation diesbezüglich nicht völlig eindeutig; so führt er Lettnerfiguren und Chorgestühl von Oberwesel dann doch in seinem Katalog auf, der eigentlich Werken vorbehalten ist, „die mit Ludwig dem Bayern und seinem Kreis zu verbinden sind" (Suckale, Hofkunst, wie Anm. 3, S. 260 f.; Zitat nach S. 205).

72 Suckale, ebd., S. 108, kann zwar keine stilverwandten Werke aus der historischen Rheinpfalz benennen, verweist aber auf die umfangreichen Verluste gerade in dieser Region. Zugleich hebt er die königsnahe Stellung von Wilhelm I. von Katzenelnbogen und Kuno von Falkenstein hervor.

73 von der Bank, Studien (wie Anm. 27), S. 80.

nicht unbedingt ihren besten, seien dann anschließend 24 Schlusssteine im Augsburger Dom sowie Teile des Tympanons des nördlichen Chorportals dort geschaffen worden, außerdem das Westtympanon in Breisach, die Rottweiler Propheten, das Grabmal des Rüdiger von Halberingen, die Bauskulptur in Rosa Coeli, Figuren an St. Moritz und St. Sebald in Nürnberg, das Grabmal in St. Emmeram, die Madonna in St. Moritz in Ingolstadt,[74] die Madonna in Schernfeld sowie weitere Werke in Eichstätt, die Angermadonna und schließlich die Madonna in Stift Wilten sowie verschiedene weitere Werke in Tirol.[75] Neben seine „überregionale mittelrheinische Werkstatt" stellt von der Bank eine Freiburger Werkstatt, die, ausgehend von den Freiburger Oktogonpropheten, unter anderem noch am Augsburger Dom, am Kapellenturm in Rottweil sowie in Eichstätt tätig gewesen sei, eine Esslinger Werkstatt, die er wiederum auch in Rottweil tätig sieht, sowie schließlich eine Ulmer Werkstatt. Die Freiburger Werkstatt hatte Suckale noch unter der Gegenpartei gebucht;[76] nach von der Bank arbeiteten in Rottweil und Augsburg jedoch in Suckales Sinn ‚kaiserliche' und ‚antikaiserliche' Werkstätten nebeneinander.[77] Dabei übernimmt von der Bank im Einzelnen etwa für Augsburg durchaus Suckales Händescheidung.[78]

Kernstück der Monographie von Matthias von der Bank ist eine sehr detaillierte und differenzierte Nachzeichnung der Entstehungsumstände der einzelnen Werkkomplexe. Dabei beschreibt er für Esslingen und Rottweil ganz ähnlich wie Suckale die Emanzipationsbestrebungen dieser (kaisertreuen) Städte gegenüber ihren bischöflichen Obrigkeiten. Zu einer abweichenden Interpretation kommt er hingegen, wie angedeutet, bezüglich der Auftraggeberschaft für die Gewändefiguren des Augsburger Domchor-Nordportals. Die parallele Beschäftigung unterschiedlicher Werkstätten, wie sie schon Suckale beschrieben hatte,[79] ist ihm dabei Beleg, dass es in Augsburg nicht um Parteienstile ging, sondern dass man dort schlicht alle verfügbaren Kräfte anwarb, zumal man, anders als in Regensburg, nicht auf schon am Ort tätige Bildhauer zurückgreifen konnte.[80] Die durch äußere Zufälle entstandene Werkstattgemeinschaft sei dann von Augsburg nach Rottweil weitervermittelt worden, was für von der Bank ebenfalls gegen eine Einflussnahme des Kaisers spricht.[81] Für die mittelrheinisch-hessischen Denkmäler schließlich geht er davon aus, dass sowohl am Lettner in Oberwesel wie bei der Grablege in Lich eine für die Grafen von Katzenelnbogen

74 Auch bei SUCKALE, Hofkunst (wie Anm. 8), S. 237.
75 VON DER BANK, Studien (wie Anm. 27), S. 213–231.
76 SUCKALE, Hofkunst (wie Anm. 3), S. 118 u. ö.
77 VON DER BANK, Studien (wie Anm. 27), S. 290f.
78 Ebd., S. 116 mit Anm. 370. Zum Nebeneinander von „Münchnerischen Hofwerkstätten" und „Rheinpfälzischen Werkstätten" in Augsburg siehe bei SUCKALE, Hofkunst (wie Anm. 3), u. a. S. 117.
79 SUCKALE, Hofkunst (wie Anm. 3), S. 83 u. ö.
80 VON DER BANK, Studien (wie Anm. 27), S. 288; vgl. S. 290f., 295f. u. ö.
81 Ebd., S. 307f. Die Schlüsselrolle Augsburgs bei der Vermittlung von Formideen der „Hofwerkstätten" hatte schon SUCKALE, Hofkunst (wie Anm. 3), S. 83, beschrieben.

tätige Werkstatt zum Zuge kam. Eine „Beeinflussung durch einen wittelsbachisch geprägten Kunststil, sei es von Seiten des Kaiser Ludwigs oder anderer wittelsbachischer Pfalzgrafen“, ist dabei für von der Bank nicht „zu erkennen“.[82] Die Katzenelnbogen könnten für ihn auch die Bildhauer für das mährische Rosa Coeli vermittelt haben.[83] Eine weitere Gelegenheit zur Weiterempfehlung von Werkstätten an neue Auftraggeber ergab sich für ihn auf den von Ludwig dem Bayern einberufenen Hoftagen.[84] Gleichzeitig stellt von der Bank einige der von Suckale skizzierten politischen Loyalitäten in Frage, etwa für Schwäbisch Gmünd.[85]

Resümierend hält von der Bank es für mehr als fraglich, „ob es überhaupt eine besondere Nähe des Kaisers zu den Werkstätten gegeben hat“.[86] Allerdings ist sein Buch nicht frei von Widersprüchen; so sieht er an anderer Stelle einen Zusammenhang zwischen Ludwig dem Bayern und dem Ausgreifen der mittelrheinischen Werkstatt nach Rottweil,[87] und er konzediert, dass deren Wirken in Tirol wohl nur über Aufträge Ludwigs zu erklären sei.[88] An wieder anderer Stelle führt er als Grund dafür, dass in Eichstätt aus seiner Sicht günstige Voraussetzungen für die Entstehung einer – von ihm hypothetisch angenommenen – einst größeren Zahl von Skulpturen der mittelrheinischen Werkstätten gegeben war, an, dass die Eichstätter Bischöfe und das Domkapitel während der gesamten Regierungszeit Ludwigs des Bayern enge Verbündete des Kaisers waren.[89] Darüber hinaus ist hervorzuheben, dass von der Banks Studie auf die Arbeiten um Oberwesel, Augsburg, Rottweil und Esslingen beschränkt bleibt, weshalb sein Vorwurf, Suckales Hofkunstthese sei nur an der Angermadonna festzumachen,[90] zu kurz greift und von der Banks Kritik am „Hofkunst“-Begriff nicht automatisch auf die übrigen von Suckale vorgestellten Werkgruppen übertragen werden darf.

Der Terminus „überregionale mittelrheinische Werkstatt“ ist im Übrigen auch insofern problematisch, als von der Bank selbst zugesteht, die Bildwerke könnten „unmöglich von einem Bildhauer stammen oder einer kleinen Werkstatt“. Obgleich er gelegentlich durchaus Hinweise sieht, dass einzelne Künstler an mehreren der hier skizzierten Kampagnen beteiligt waren, zeigten die Plastiken doch „große Schwankungen in der Qualität und in der individuellen Handschrift“.[91] Suckale ist insofern

82 VON DER BANK, Studien (wie Anm. 27), S. 105. Siehe auch S. 300.
83 Ebd., S. 222f.
84 Ebd., S. 304–306.
85 Ebd., S. 292f. Für SUCKALE, Hofkunst (wie Anm. 3), S. 155, stand die Stadt „nie dem Kaiser nahe“. Löst man sich von dieser Sicht, wäre vielleicht zu fragen, ob nicht auch Schwäbisch Gmünd einen Bezug zur Gruppe um die Christophorus-Konsole aufweist; vgl. bei VON DER BANK, S. 348, Abb. 41.
86 VON DER BANK, Studien (wie Anm. 27), S. 296.
87 Ebd., S. 310.
88 Ebd., S. 307.
89 Ebd., S. 289.
90 Ebd., S. 296.
91 Ebd., S. 233.

vorsichtiger, wenn er im Plural von „rheinpfälzischen Werkstätten" spricht, doch subsumiert er unter diesem Oberbegriff auch Werktrupps, die von der Bank als separate Ateliers aufführt.

In der Tat erweist sich schon die Werkgruppe der mittelrheinischen Werkstatt von der Banks im engeren Sinne als deutlich weniger homogen als die Arbeiten um die Münchener Christophoruskonsole. Problematisch wird dies vor allem dann, wenn es um die Beurteilung der Madonna aus dem Angerkloster geht, der künstlerisch bedeutendsten Skulptur der Gruppe und zugleich der einzigen, die sich halbwegs konkret mit Ludwig dem Bayern selbst verbinden lässt, wenn man von den umstrittenen Augsburger Gewändefiguren einmal absieht. Keine der übrigen von Suckale und durch von der Bank unter der Werkgruppe subsumierten Arbeiten zeigt die Subtilität der Oberflächenbearbeitung, wie man sie im Gewand und in den Inkarnaten der Madonna aus dem Angerkloster beobachtet. Allgemein fallen bei den breiten Gesichtern dieser Gruppe die Betonung der Wangenknochen, der – wie geschwollen wirkenden – Partien unter den Augen, der Grübchen und Fettpolster um die breiten Münder auf – nie aber wohl mit solcher Feinheit der Differenzierung wie bei der Münchner Muttergottes (Abb. 5). Am ehesten wären hier noch, soweit die historischen Fotos erahnen lassen, die hll. Adelheid und Afra (?) in Augsburg anzuführen gewesen; auch die Augsburger Schlusssteine zeigen eine bemerkenswerte Nähe zur Angermadonna. Die Madonna aus Weiler lässt zumindest ansatzweise ähnliche Qualitäten erkennen. Schon in Oberwesel selbst sind die Formen hingegen – bei zugegebenermaßen reduziertem Maßstab – weit stilisierter. Wieder andere Formen der Stilisierung beobachtet man in Rottweil und vor allem Esslingen. Auch in Lich (Abb. 7), bei Eberhard I. von Katzenelnbogen (Abb. 8) oder bei Heinrich I. in St. Emmeram fällt die Zeichnung schematischer, die Modellierung weniger differenziert aus.[92] In noch weit stärkerem Maß gilt dies, schon materialbedingt, für die Madonna in Schernfeld (Abb. 13).[93] Kurz, vom Mittelrhein zur Anger-Madonna führt kein direkter Weg, und es ist überhaupt die Frage, ob man hier wie für einzelne andere Arbeiten der Gruppe nicht eher von Stilparallelen sprechen sollte als von Werkstattgemeinschaften im engeren Sinne. Zudem stößt man in den ersten Jahrzehnten des 14. Jahrhunderts im deutschen Südwesten immer wieder auf ähnlich konzipierte und behandelte Draperien, ähnlich gestaltete Haare, ähnlich sensibel modellierte Gesichter. Verwiesen sei hier etwa auf die stehende Madonna in der Kirche von Mittelzell auf der Reichenau (Abb. 9). Auch die Konzeption der Draperien mit den dünnen Stoffen, die sich an die Struktur der darunterliegenden Gewandpartien anschmiegen und deren Säume eher zeichenhaft auf den Oberflächen spielen, ist dort im Grundsatz schon vorgegeben. Die unter dem

92 Auch von der Bank hält fest, dass die Anger-Madonna „weitaus feiner durchmodelliert ist" als das Gesicht der Fürstin in Lich; ebd., S. 228.

93 In das Umfeld gehört ferner der Grabstein des Deutschordensherrn Rüdiger von Halberingen, siehe oben.

Gürtel flachgedrückten Faltengrate laden ebenfalls zum Vergleich ein. Die Madonna in Mittelzell dürfte deutlich vor der Angermadonna entstanden sein, und letztlich gehen all diese Innovationen auf die Portale der Westfassade des Straßburger Münsters zurück. Von der Bank verweist für die „mittelrheinische Werkstatt" auf das Prophetenportal. Für die zur Anger-Madonna führende Tradition ist daneben auf das noch etwas ältere Portal mit den Klugen und Törichten Jungfrauen zu verweisen (Abb. 6),[94] das Halm und Lill bereits in diesem Kontext angeführt haben. Im Grundsatz nicht zu Unrecht, wenngleich sie in ihrem Urteil sicher zu weit gingen.[95]

Stilistisch kennt man für die Anger-Madonna in München keine Parallele, die größere Sorgfalt erklärt sich schon aus der besonderen Aufgabe. Trotz der gemachten Einschränkungen soll daher keineswegs ausgeschlossen werden, dass die Angermadonna von einem der am Augsburger Domchor beschäftigten Steinmetze in München geschaffen oder in Augsburg gearbeitet und dann nach München geliefert wurde. Näheren Aufschluss könnten bezüglich des Herstellungsorts vielleicht noch exaktere Steinanalysen erbringen – grundsätzlich lässt der verwendete Molasse-Sandstein aus dem Alpenvorland aber beide Lokalisierungen denkbar erscheinen.

Ein weiteres Problem um die Anger-Madonna ergibt sich aus der unbefriedigenden Überlieferungslage zum Aufenthalt der Kaisertochter Agnes im Kloster. Suckale stützt sich auf das Datum 1338, von der Bank – unter Verweis auf Weichselgartner – auf 1349. Nach dieser Lesart wäre Agnes 1352 nur siebenjährig verstorben, was sich wiederum an den von Suckale referierten Überlieferungen stößt.[96] Mit der auf kunsthistorischem Weg zu gewinnenden Datierung der Skulptur ließe sich wohl nur das frühere Datum vereinbaren.[97] Zugleich mag man sich kaum vorstellen, dass der

94 Aus den 1270er Jahren; zu Details der Einordnung und Datierung vgl. Kirsten Fast, Untersuchungen zu Architektur und Skulptur der Westportale des Straßburger Münsters, Inaugural-Dissertation zur Erlangung des Doktorgrades der Philosophischen Fakultät der Ludwig-Maximilians-Universität München, Tübingen 1990, S. 145–178, 213–220 u. ö., sowie Achim Hubel, Zwei Meister, zwei Stile und die Frage nach den Werkstätten, in: Himmelstür. Das Hauptportal des Basler Münsters, Katalog der Ausstellung Basel, 22.10.2011–22.4.2012, hg. von Hans-Rudolf Meier/Dorothea Schwinn Schürmann, Basel 2011, S. 120–141, hier S. 139, Anm. 35 zu S. 138.

95 Für sie hängt die Anger-Madonna stilistisch „aufs engste mit der Straßburger Hütte, vor allem mit den klugen und törichten Jungfrauen des Westportals" zusammen; diese dort noch um 1300 datiert, die Angermadonna um 1330; Halm/Lill, Bildwerke (wie Anm. 7), S. 23.

96 Suckale, Hofkunst (wie Anm. 3), S. 110 (die abweichende Überlieferung dort S. 354 ebenfalls genannt, aber abgelehnt). von der Bank, Studien (wie Anm. 27), S. 228, gestützt auf die 2004 von C. Weichselgartner vorgelegte historische Studie, Carolin Renate Weichselgartner, Kloster und Stadt: Das Angerkloster in München im Mittelalter (Geschichte im Kontext 5), Remscheid 2004.

97 Von der Bank datiert die Figur auch jenseits der Diskussion um diese Daten sehr spät, in die zweite Hälfte der 1340er Jahre. In seiner Monographie beruft er sich dabei vor allem auf die relative Chronologie gegenüber den Tiroler Werken (von der Bank, Studien, wie Anm. 27, S. 239), während er in einem Brief vom Oktober 2012 an den Verfasser insbesondere auf die Verwandtschaft zum Rottweiler Prophetenmeister abhebt, der nach den Augsburger Skulpturen anzusetzen sei. Er schloss seinerzeit eine Entstehung nach dem Tod des Kaisers ausdrücklich nicht aus.

Auftrag für das mit Abstand qualitätvollste Bildwerk, das sich aus der Regierungszeit Ludwigs des Bayern aus München überhaupt erhalten hat, nichts mit dem Kaiser zu tun hätte. Schon vor Bekanntwerden des Klosteraufenthalts der Kaisertochter berichteten Halm und Lill von einer Tradition, nach der es sich um ein Geschenk des Kaisers an das Kloster handele.[98] Solche Traditionen müssen nicht zwangsläufig über das 19. Jahrhundert zurückreichen, doch sei in diesem Kontext noch darauf hingewiesen, dass die Anger-Madonna im Grundaufbau der vielleicht berühmtesten Stiftung Kaiser Ludwigs entspricht, dem Ettaler Gnadenbild aus der Nachfolge des Giovanni Pisano.[99] Der Typus war zwar verbreitet, doch scheint der Gedanke erwägenswert, dass der Kaiser mit einem Geschenk an das Angerkloster auch aus politischen Motiven bewusst an das italienische Vorbild angeknüpft wissen wollte, das seinerseits auf ein ghibellinisches Denkmal in Pisa zurückging. [100]

Eine vierte Gruppe wird vor allem von Madonnenfiguren gebildet, in Fürstenfeld (Abb. 10), Augsburg, Frankfurt, Ellwangen (Abb. 14) und ehemals Würzburg. In seinen Katalogeinträgen schlägt Suckale diese Arbeiten jeweils seinen „Münchener Hofwerkstätten“ zu,[101] doch scheinen sie bis zu einem gewissen Grad gesonderte Betrachtung zu verdienen. Die starke Stilisierung der Locken erinnert in der Tat an die Gruppe um die Christophoruskonsole, war aber in der Zeit allgemein recht weit verbreitet. Immer wieder begegnet sie auch an Werken der ‚mittelrheinischen‘ Tradition. Auf diese verweisen gleichzeitig die reicher ondulierenden Gewandsäume und die subtiler modellierten Gesichter mit den deutlich ausgeprägten Tränensackpartien. Diese größere Differenzierung der Gesichter lässt sich vor allem bei den Figuren in Fürstenfeld, Frankfurt und aus Würzburg beobachten; dagegen schließt sich die Madonna in Ellwangen in ihrer stärkeren Stilisierung vielleicht etwas näher an die Arbeiten in der Lorenzkapelle an (Abb. 14). Dies betrifft auch die Anlage der Draperien und die Ausbildung der Oberflächen der Gewänder mit den wieder stärker an Kanneluren erinnernden Strukturen. Beim grimassenhaft erstarrten Lächeln des Christuskindes, das nicht zuletzt durch die stark ausgebildeten Falten an den Mundwinkeln hervorgerufen wird, wird man sich sogar an das Porträt des Kaisers auf dem Stifterrelief der Lorenzkapelle erinnert fühlen, ein Werk, das, wie betont, sonst etwas abseits steht. Wie Suckale sicher zu Recht hervorhebt, ist der Frankfurter Madonna die ihr in der Grundkonzeption eng verwandte Christusfigur in Karlstadt anzugliedern.[102] Ergänzend wäre diesen Madonnen, die Elemente der Arbeiten um die Christophoruskonsole und der ‚mittelrheinischen‘ Tradition vereinen, noch

---

98 „… gilt als Stiftung Ludwigs des Bayern“, Halm/Lill, Bildwerke (wie Anm. 7), S. 22.

99 Zu ihm vgl. bei Suckale, Hofkunst (wie Anm. 3), S. 39–41, 232.

100 Zur Ettaler Madonna siehe ebd., S. 39–41 u. S. 232, zu den Konnotationen des Vorbilds dort S. 232. Suckale selbst stellt keine Verbindung zur Angermadonna her.

101 Siehe ebd., S. 234 f. (Fürstenfeld), 232–234 (Frankfurt), 255 (Weinbergmadonna), usw.

102 Ebd., S. 84.

die von Suckale nur am Rand erwähnte Verkündigungsmaria im Diözesanmuseum Freising anzufügen, die wohl aus dem Freisinger Andreasstift stammt.[103] Die stark restaurierte Madonna in St. Moritz in Ingolstadt, bei von der Bank im Kontext der mittelrheinischen Gruppe aufgeführt, weist im Aufbau Verbindungen vor allem zum Gnadenbild in Fürstenfeld auf.[104]

Als letztes schließlich bleiben Einzelwerke, die sich keiner dieser Gruppen wirklich sinnvoll anfügen lassen – wie, nach Meinung des Verfassers, der Grabstein des Berthold von Henneberg im Bayerischen Nationalmuseum, den Suckale in seinem Katalog ebenfalls unter die Produktion der „Münchnerischen Hofwerkstätten" einreiht.[105] Suckale verweist hier mit Fritz Knapp auf den Christus in Karlstadt, was m.E. aber nur bedingt zu überzeugen vermag.[106] Vielmehr scheint das Stück von anderen und älteren Traditionen geprägt. Man beachte allein nur die ganz andere Behandlung von Haaren, Augen und Stirn (Abb. 15).

Nur angedeutet werden kann hier, dass Suckale wie von der Bank ihre Thesen durch komplexe ikonographische Überlegungen zu flankieren versuchen – und dass Suckale jenseits der Steinskulptur noch das Entstehen des Bildtypus der Pietà in der Regierungszeit Ludwigs des Bayern diskutiert. Dabei führt er hypothetisch das Vesperbild aus der Münchener Gruftkirche, heute in Salmdorf, auf diese Periode zurück.[107]

Überhaupt können die sich stellenden Fragen und methodischen Probleme im Rahmen dieses kurzen Aufsatzes leider nur angerissen werden, zumal der Autor sich weder mit der Denkmalkenntnis von Robert Suckale noch von Matthias von der Bank messen kann und will. Überhaupt ist nicht einmal das zu diskutierende Material abschließend erfasst – auch Robert Suckale führt seine Sammlung fort und verwies den Bearbeiter namentlich auf einen hl. Bischof im Nikolausmünster in Überlingen, wohl eine Darstellung des Kirchenpatrons.[108] Er scheint in der Tradition der ‚mittelrheinischen Werkstätten' zu stehen, doch ist auch die geographische Nähe

103 Ebd., S. 93; Diözesanmuseum Freising. Christliche Kunst aus Salzburg, Bayern und Tirol. 12. bis 18. Jahrhundert, Freising 1984, S. 26 f. (Hans Ramisch); dort nur vorsichtiger als Heilige Frau.

104 Suckale, Hofkunst (wie Anm. 3), S. 237.

105 Ebd., S. 252 f.

106 Ebd., S. 239.

107 Ebd., S. 144–146.

108 Josef Hecht/Jürgen Kaiser, Überlingen. Stadtpfarrkirche St. Nikolaus (Schnell, Kunstführer Nr. 540), Regensburg [19]2001, S. 8 u. 21. Hingegen offenbar nicht erwähnt: Die Kunstdenkmäler des Kreises Konstanz (Die Kunstdenkmäler des Grossherzogthums Baden, Bd. 1), hg. von Franz Xaver Kraus, Freiburg im Breisgau 1887. Die Figur gilt heute als Konstanzer Arbeit aus der Werkstätte von Meister Heinrich und wird mit um 1300 wohl etwas zu früh datiert (siehe erzbistum-freiburg.de/html/ueberlingen_muenster_st_nikolaus.html, bei Hecht/Kaiser, S. 8, noch als Werk des frühen 14. Jahrhunderts). – In der Stadtpfarrkirche darüber hinaus eine steinerne Verkündigungsgruppe, die der oben erwähnten Muttergottes in Mittelzell recht nahe verwandt scheint; Wiedergabe bei Hecht/Kaiser, S. 20.

zur – noch feiner gearbeiteten und offensichtlich früheren – Madonna im kaum mehr als fünfzehn Kilometer entfernten Mittelzell bemerkenswert (Abb. 9). Wie wenig selbst grundlegende Bezugspunkte gesichert sind, machte niemand anders als Robert Suckale im Sommer 2012 deutlich, als er seine eigene Frühdatierung der Kölner Domchorapostel, die seinerzeit für Furore gesorgt hatte, zurücknahm und die Stücke nun wieder fast ein halbes Jahrhundert später datierte.[109] Dies hat auch Konsequenzen für die ‚mittelrheinische' Gruppe, die Suckale 1993 gestützt auf die Domapostel aus Köln ableiten wollte[110] – in bewusstem Widerspruch zu den traditionellen Verweisen auf den Oberrhein, obgleich entsprechende Verbindungen ja schon durch die Katzenelnbogen nahelägen. Allerdings kann auch Suckale die Straßburger Wurzeln nicht völlig leugnen: anlässlich der Charakterisierung der „Rheinpfälzischen Werkstätten" schreibt er, die „Art der plastischen Hervorhebung einzelner Gesichtszüge wie der Augenbrauen, Münder usw." gehe „letztlich zurück auf die Stilisierung bei den Statuen der Tugenden und der Jungfrauen an der Westfassade des Straßburger Domes".[111] Und schließlich müssen auch bei der Verfolgung der Wanderung einzelner Werkstätten und Bildhauer die von Suckale skizzierten Grenzen immer wieder überprüft werden. So ist zu fragen, ob ein Vergleich der Schlusssteine in Rosa Coeli mit jenen im albertinischen Südchor der Stephanskirche im nur 125 km entfernten Wien wirklich so große Unterschiede aufzeigt, dass man mit Suckale konstatieren kann, die Trennlinie zwischen den Einflussbereichen Habsburgischer und Wittelsbachischer Kunst seien „nie so scharf" gewesen „wie damals" (Abb. 12).[112]

Diese knappen Andeutungen geben eine Ahnung von den Unsicherheiten in dem Koordinatensystem, in das die von Suckale als Hofkunst Ludwigs des Bayern beanspruchten Arbeiten eingebunden sind. Festzuhalten bleibt vor allem, dass schon diese selbst sich in mehrere heterogene Stilgruppen aufgliedern, von denen sich gleichwohl in unterschiedlicher Weise Verbindungen zum Kaiserhof und seinem Umkreis aufzeigen lassen. Dies gilt vor allem für die Arbeiten, die sich an die Standfiguren aus der Lorenzkapelle und die Skulpturen der Nürnberger Jakobskirche anschließen lassen. Es gilt aber auch für das späte Schaffen der Rottweiler bzw. Rheinpfälzer bzw. mittelrheinischen Stilgruppe, konkret die Münchener Anger-Madonna und die

109 Robert SUCKALE, Datierungsfragen sind Verständnisfragen. Zur Einordnung der Kölner Domchorstatuen, in: Die Chorpfeilerfiguren des Kölner Domes. Festschrift Barbara Schock-Werner, hg. von Klaus HARDERING (Kölner Domblatt 77), Köln 2012, S. 256–289. Viele Kollegen, die sich mit der seinerzeit als revolutionär empfundenen Neudatierung inzwischen gut arrangiert hatten, sind Suckale auf der Kölner Tagung von 2012 in der Neubewertung erst einmal nicht gefolgt. Auch VON DER BANK, Studien (wie Anm. 27), S. 263, Anm. 790, wertet sie als „noch [sic] nicht überzeugend".

110 Vgl. SUCKALE, Hofkunst (wie Anm. 3), S. 100f.

111 Ebd., S. 100. Er verweist dabei auch auf Freiburg und darauf, dass diese Formen am gesamten Oberrhein verbreitet seien. Eine Vermittlung für die „Rheinpfälzischen Werkstätten" erwägt er über den Hochaltar der Marburger Elisabethkirche.

112 Ebd., S. 148. Auch bei den jüngeren Schlusssteinen der Werkstatt in der Wiener Minoritenkirche ergeben sich m.E. durchaus noch Anknüpfungspunkte zu der Rottweil-Augsburger Stilgruppe.

direkt oder mittelbar mit dem Kaiser und seiner neuen Einflusssphäre in Tirol zusammenhängende Produktion.

Eine andere Frage ist jedoch, ob dabei der „Stil selbst“ in dieser Epoche tatsächlich „schon eine verläßliche historische Aussage“ ist, wie Suckale es postuliert,[113] oder ob die Wahl der Werkstätten nicht immer wieder auch im Sinne von der Banks der praktischen Verfügbarkeit der Ateliers geschuldet war. Sprich, ob „Ludwig und seine Parteigänger“ sich tatsächlich „mit den Rheinpfälzischen Werkstätten auch deren Stil angeeignet“ haben, sie „ihn geradezu besetzt“ haben[114] – oder ob nicht auch mit Arbeiten dieser Werkstätten für Dritte oder sogar für Gegenspieler Ludwigs zu rechnen wäre. So wie Luther und seine Weggefährten zwar den Stil Cranachs für die Reformation „besetzt“ haben, Cranach aber in exakt demselben Stil doch auch Werke für katholische Auftraggeber liefern konnte. Wobei der Vergleich noch insofern passend erscheint, als Cranach seine Manier analog zur „Rottweiler“ alias „rheinpfälzischen“ alias „mittelrheinischen Werkstatt“ voll entwickelt hatte, bevor sie für die Reformation dienstbar gemacht wurde. Oder wie die Kunst der Parler existierte, bevor Karl IV. sie zu seinen Zwecken einsetzte – und ihr dadurch erst zu ihrer weitreichenden Bedeutung verhalf. Andererseits wird durch einen im Kreis der Parler am Prager Hof entwickelten Skulpturentypus auch deutlich, dass es Bestellern bei Kunstaufträgen offensichtlich nicht nur um künstlerische Qualitäten, sondern in der Tat im Sinne von Suckales Charakterisierung der Parteigänger auch um die Zurschaustellung ihrer Nähe zum Kaiserhof ging. Vesperbilder eines in Prag neu entwickelten Typus von bis dahin nicht gekanntem Raffinement und neuer Ausdrucksfülle wurden bis an die Grenzen des Reiches exportiert – wobei die wenigen erhaltenen Quellen deutlich machen, dass neben der Schönheit in einem Sinn, wie Suckale ihn in der Zeit Ludwigs des Bayern grundgelegt sieht,[115] das Wissen um die Prager Herkunft ganz offensichtlich Teil des Erfolges war. Bei der Verbreitung der neuen Formideen spielte wiederum der Deutsche Orden eine entscheidende Rolle. Die großen Werke, wie sie hier für die Zeit Ludwigs des Bayern besprochen wurden, waren für den Export weniger geeignet, doch lassen sich in den stehenden Madonnenfiguren von Fürstenfeld, Frankfurt und Würzburg oder in den thronenden Madonnen aus dem Angerkloster und in Stift Wilten schon ähnliche Tendenzen einer Normierung beobachten, die wichtiger wird als die individuelle Handschrift des Künstlers. In der Wiederholung einmal gefundener Bildtypen gestattete sie es, auch die auf deren Herkunft verweisenden Inhalte leichter zu transportieren.

---

113 Ebd., S. 81.

114 Ebd., S. 112. Deshalb geht der Stil für Suckale auch mit dem Kaiser unter, während von der Bank, Studien (wie Anm. 27), S. 314, den künstlerischen Umbruch eher mit dem Auseinanderfallen der um die Person des Kaisers entstandenen Netzwerke erklären will.

115 Suckale, Hofkunst (wie Anm. 3), S. 114f. Vorbereitet wurde die neue Bildsprache aber wiederum schon in den letzten Jahrzehnten des 13. Jahrhunderts an der Straßburger Westfassade.

Abb. 1: Stifterrelief aus der Lorenzkapelle im Alten Hof. Detail: Kopf der Maria

Abb. 2: Rosenstrauchmadonna aus Straubing. Detail. Kopf der Maria

Abb. 3: Apostel aus der Lorenzkapelle im Alten Hof. Detail

Abb. 4: hl. Ulrich im Gewände des Chor-Nordportals des Augsburger Doms. Original heute im Inneren des Doms, Detail

Abb. 5: Madonna aus dem Anger-Kloster. Detail: Kopf der Maria

Abb. 6: Straßburg, Kathedrale, Westfassade, Südportal, Kluge Jungfrau, Detail

Abb. 7: Lich, ehem. Stiftskirche, Grabmal des Kuno von Falkenstein und seiner Gemahlin Anna von Nassau, Detail

Abb. 8: Eberbach, ehem. Zisterzienserkloster, Kirche, Grab des Eberhard I. (?) von Katzenelnbogen, Detail

Abb. 9: Reichenau-Mittelzell, ehem. Benediktinerklosterkirche Maria und Markus, Maria mit Kind, Detail

Abb. 10: Fürstenfeldbruck, ehemalige Zisterzienserabtei Fürstenfeld, Klosterkirche, Gnadenbild, Detail

Abb. 11: Bozen-Gries, ehem. Stiftskapelle, Schlussstein, Maria mit Kind

Abb. 12: Wien, St. Stephan, Lapidarium, Schlussstein aus dem Südchor, Einhornjagd (Zustand nach den Kriegszerstörungen)

Abb. 13: Schernfeld bei Ingolstadt, Pfarrkirche, Maria mit Kind. Detail

Abb. 14: Ellwangen (Jagst), Benediktinerklosterkirche, Maria mit Kind

Abb. 15: Grabmal des Berthold VI. von Henneberg

III. Öffentlichkeit und Öffentliche Meinung

Öffentliche Diskurse über die Bildung des Königs

Die Herrscherpersönlichkeit Ludwigs des Bayern im Spiegel der zeitgenössischen Chronistik

Eva Schlotheuber

Als der Konstanzer Domherr Heinrich Truchsess von Diessenhofen (1299–1376) in seiner „Historia ecclesiastica" im Jahr 1346 auf die konkurrierende Königswahl Karls IV. gegen den Wittelsbacherkaiser Ludwig den Bayern zu sprechen kommt, greift er mit der „Untauglichkeit" Ludwigs die päpstliche Begründung für die luxemburgische Gegenkandidatur auf.[1] Der gebildete Domherr, der zwischen 1331 und 1337 an der Kurie in Avignon war und im päpstlichen Auftrag schrieb, wählte damit nicht zufällig einen Rechtsterminus, der seit der Mitte des 13. Jahrhunderts als Begründung für eine Königsabsetzung diente. Mit dem Vorwurf der „Untauglichkeit" wurde der Wittelsbacher in die Reihe der negativen Königs-Typen eingereiht: neben den Tyrannen, die bewusst gegen das *bonum commune*, den gemeinen Nutzen handelten, war der *rex inutilis* sozusagen die minderschwere Variante, ein König, der dem Reich „nicht nützt"[2]. Aber, so heißt es bei Heinrich weiter, Ludwig trat seine Regierungsgewalt (*amministratio regni*) keineswegs ab, sondern schrieb vielmehr das 33. Jahr seines Königtums und das 18. seines Kaisertums fort.[3] Damit verwies der Konstanzer Chronist fast beiläufig auf die entscheidende Schwachstelle der päpstlichen Argumentation gegen den Wittelsbacher: Es war eine Absetzung mit päpstlicher Unterstützung, die keine war, weil ihr der Konsens im Reich und die

1 Heinrich Truchsess von Dießenhofen, Historia ecclesiastica (oder Chronicon), Heinrich von Diessenhofen und andere Geschichtsquellen Deutschlands im späteren Mittelalter, hg. von Johann Friedrich Böhmer/Alfons Huber, Stuttgart 1868 (ND 1969), Bd. 4, S. 51: *Ubi predicti principes convenerunt et Karolum filium regis Bohemie in regem Romanorum elegerunt de consensu et auctoritate pape confisi, qui Ludewicum inutilem ex causis suprascriptis reputavit* […]. Eine Neuedition von Georg Modestin ist in Bearbeitung; vgl. zuletzt Georg Modestin, Heinrich von Diessenhofen, Marquard von Randegg und der Grosse Drache: Avignon, 11. April 1337, in: Schweizerische Zeitschrift für Geschichte 59 (2009), S. 329–341; ders., Eine coniuratio gegen Kaiser Karl IV. und das Schweigen des Chronisten. Heinrich von Diessenhofen als Historiograph Herzog Rudolfs IV. von Österreich (1357–1361), in: Studia Mediaevalia Bohemica 2 (2010), S. 7–24. Der Verfasser bereitet auch eine Autorenbiographie vor. Vgl. insgesamt Michael Menzel, Quellen zu Ludwig dem Bayern, in: Zeitschrift für bayerische Landesgeschichte 60 (1997), S. 71–83.

2 Frank Rexroth, Tyrannen und Taugenichtse. Beobachtungen zur Ritualität europäischer Königsabsetzungen im späten Mittelalter, in: Historische Zeitschrift 278 (2004), S. 27–53.

3 Heinrich Truchsess von Dießenhofen, Historia ecclesiastica (wie Anm. 1), S. 51: […] *quamvis ipse ab amministratione regni non desisteret, sed se XXXIII. anno regni sui scriberet, imperii vero anno XVIII.*

Durchsetzung fehlte. Die *inutilitas* eines Königs war nur dann erwiesen, wenn breite Kreise und die vornehmsten Glieder des Reichs diese Einschätzung teilten, weshalb so Frank Rexroth in seinem Beitrag ‚Tyrannen und Taugenichtse', sich hinter diesem Vorwurf regelmäßig ein ganzes Bündel von Beweggründen und Sinnhorizonten versammelte. Die Beweggründe der Wähler von 1346 verwarf der Mindener Dominikaner Heinrich von Herford († 1370) ganz entschieden[4]: Bei der Wahl sei viel Geld geflossen, Papst Clemens VI. selbst, der Gegenkönig Karl IV. und sein Onkel, Erzbischof Balduin von Trier, hätten sich der Simonie schuldig gemacht. Die bestochenen Wähler wiederum hätten sich vor allem deshalb gegen Kaiser Ludwig zur Rebellion verleiten lassen, weil sie dessen große Macht und Klugheit fürchteten.[5] Diese Verurteilung der konkurrierenden Königswahl führt Heinrich von Herford im Folgenden argumentativ aus: Die Päpstlichen hätten gesagt, dass die Wahl vollständig und gültig sei, die Kaiserlichen aber und Unterstützer Ludwigs erklärten die Wahl für null und nichtig, weil Karl IV. weder am rechten Ort noch zur rechten Zeit oder auf die rechte Art und Weise gewählt worden sei.[6] Dieser traditionellen Begründung einer gültigen oder eben ungültigen Wahl fügte der Mindener Dominikaner aber interessanterweise noch ein weiteres Kriterium hinzu, nämlich dass der Luxemburger auch nicht aus den richtigen Beweggründen (*motiva debita*) gewählt worden sei. Und weil der Dominikaner vielleicht vermutete, dass seine Leser mit den Kriterien für eine gute Regentschaft nicht so vertraut waren, begründet er, was gute und notwendige Beweggründe für Kurfürsten und Reich für die Wahl des zukünftigen Kaisers sind (*Motiva debita ad imperatorem eligendum sunt*): nämlich der gemeine Nutzen (*bonum generale*), eine gute Regentschaft (*bonum regimen*) und Lenkung (*gubernatio*), „Friedfertigkeit, Heil und Schutz des ganzen Erdkreises sowie die Verbreitung des

4 Heinrich von Herford, Liber de rebus memorabilioribus sive chronicon Henrici de Hervordia, ed. August Potthast, Göttingen 1859, S. 270: *Tricesimo secundo anno Lodewici Karolus rex Bohemie contra Ludewicum in regem Romanorum eligitur, et in Bunna non cum consueta sollempnitate per Walrammum archiepiscopum Coloniensem coronatur* [...]. *Item hoc anno in Sosato opido Westphalie natus est agnus cum duobus capitibus.* Heinrich von Herford fehlt leider bei der Übersicht über die Quellen bei Menzel, Quellen (wie Anm. 1). Zu der negativen Einschätzung Karls IV. durch Heinrich von Herford vgl. Peter Johanek, Karl IV. und Heinrich von Herford, in: Institution und Charisma. Festschrift für Gert Melville zum 65. Geburtstag, hg. von Franz J. Felten/Annette Kehnel/Stefan Weinfurter, Köln/Weimar/Wien 2009, S. 229–244; weiter insgesamt zu Heinrich von Herford Annette Baumann, Weltchronistik im ausgehenden Mittelalter. Heinrich von Herford, Gobelinus Person, Dietrich Engelhus, Frankfurt 1995; Klaus-Peter Schumann, Heinrich von Herford: Enzyklopädische Gelehrsamkeit und universalhistorische Konzeption im Dienste Dominikanischer Studienbedürfnisse (Quellen und Forschungen zur Kirchen- und Religionsgeschichte 4), Münster 1996, S. 184–190.

5 Heinrich von Herford, Liber de rebus memorabilioribus (wie Anm. 4), S. 275: [...] *Et ut eligeretur in regem Romanorum, date sunt et per ipsum Karolum et per papam Clementem VI. et per Baldwinum archiepiscopum Treverensem, germanum avi sui imperatoris Henrici, inestimabiles pecunie principibus electoribus, quatenus ad eligendum inclinaretur, et ad rebellandum et resistendum imperatori Lodewico, cuius potentiam magnam et prudentiam horrescentes metuebant, confortarentur et animarentur.*

6 Ebd.

Evangeliums und des christlichen Glaubens"[7]. Obwohl die Dominikaner im Streit mit den Franziskanern auf päpstlicher Seite standen, verneint Heinrich hier entschieden ein Eingriffsrecht des Papstes in die Verfassung des Reichs und folgt damit der Auffassung von „Licet iuris": Die Kurfürsten wählen den zukünftigen Kaiser und diese Wahl ist gültig, wenn sie den genannten Kriterien entsprach.[8] Das genau aber sei bei der Wahl von Johanns Sohn Karl nicht der Fall gewesen, man habe ihn vielmehr um partikularer Interessen willen gewählt.[9] Dazu sei noch übergroßer Ehrgeiz (*ambitio*) und eine einzigartige Novität an Verstrickung hinzugetreten: Gerlach von Mainz sei deshalb zum Erzbischof gemacht worden, damit er Karl nominiere, und diesen Karl habe er, Gerlach, eben deshalb nominiert, damit er Erzbischof werde.[10] Die Erschleichung des Amtes, Gier, Verwandtschaft und Simonie hatten somit zu einer Wahl geführt, die Wähler und Gewählten gleichermaßen diskreditierte. Die unrechtmäßigen Beweggründe zeigten sich dann, so Heinrich von Herford seine anfängliche Argumentation wieder aufgreifend, in den unerfüllten formalen Kriterien: Weder hatte Karl der rechte Ort zur Wahl noch zur Krönung zur Verfügung gestanden, und zudem hatte der Krönung die notwendige Öffentlichkeit gefehlt, so dass sie gleichsam heimlich und ohne die übliche Prachtentfaltung vollzogen wurde (*quasi latenter et sine consueta pompositate*).[11]

In den vielschichtigen Auseinandersetzungen des 14. Jahrhunderts um die Rechtmäßigkeit der Königswahl und die Grenzen der mit dem Amt verliehenen Macht rückte offenbar die Frage in den Vordergrund, *wie* König und Kurfürsten ihr Amt ausfüllten, und, damit verbunden, die Frage nach der Intention politischen Handelns. Der Vorwurf der *inutilitas* begründete eine Absetzung, weil der untaugliche König die *dignitas regalis*, also die abstrakt verstandene königliche Würde verletz-

7 Ebd.: [...] *reipublicae bonum generale, bonum regimen, gubernatio, pacificatio, salus et protectio totius orbis terrarum, ewangelii quoque et fidei cristiane dilatatio.*

8 Vgl. zuletzt Sebastian Krafzik, Licet iuris – Gefecht um die Macht zwischen Kaiser und Papst, in: Journal on European History of Law 2 (2011), S. 6–10.

9 Heinrich von Herford, Liber de rebus memorabilioribus (wie Anm. 4), S. 275: *Karolus autem in regem nominatus est non propter generale bonum, sed propter alicuius aliquam et qualemcumque particularem commoditatem, puta vel propter consanguinitatem, qualiter nominavit eum archiepiscopus Treverensis Baldwinus* [...], *vel propter turpem quandam et symoniacam utilitatem, qualiter nominatus fuit per Rudolfum ducem Saxonie et Walrammum archiepiscopum Coloniensem – vocem siquidem ducis pro 2000 marcarum argenti puri comparavit et emit, archiepiscopi vero Coloniensis, qui pauper et miser erat, quia deses, pro 8000 marcarum argenti et quitatione sex milium clypeatorum auri, que singulis annis ad cameram pape solvere tenebatur.*

10 Ebd.: [....] *vel propter ambitionem et ad promotiones magnas aviditatem et illarum singularem quandam novitatem, qualiter nominavit eum Gerlacus Moguntinus, qui et archiepiscopus factus est, ut Karolum nominaret, et ipsum nominavit, ut archiepiscopus esset.*

11 Ebd. Darauf verweisen die Chronisten mehrfach, vgl. Ernst Schubert, Die deutsche Königswahl zur Zeit Johanns von Böhmen, in: Johann der Blinde, Graf von Luxemburg, König von Böhmen 1296–1346, hg. von Michel Pauly (Publications du CLUDEM 14), Luxemburg 1997, S. 135–166, hier S. 158 f.

te, die Würde des Reichs, das er vertrat. Was genau aber war würdiges königliches Handeln? In dem Band „Die Zeit der Entwürfe" fasst Michael Menzel prägnant zusammen, wie sich die Reichsverfassung im Konflikt mit der Kurie immer mehr verdichtete und in Richtung auf ein säkulares Staatsverständnis entwickelte.[12] Sowohl Ludwig der Bayer als auch die Kurfürsten rangen um klare Positionen, um ihre Würde als Wähler, um die Würde des Reichs und die Wahrung seiner Rechte, in die Clemens V. nach dem Tod Kaiser Heinrichs VII. mit den beiden Bullen „Pastoralis cura" (Anspruch auf die Rechtsnachfolge bei Vakanz des Imperiums) und „Romani principes" (Treueidbindung der Kaiser an die Kurie) nochmals entscheidend eingegriffen hatte.[13] Dieser langwierige, aber mit zunehmender Intensität betriebene Prozess einer Klärung der Zuständigkeiten und Rechte bedurfte gleichsam des Konflikts – erst in der Abgrenzung gegenüber den päpstlichen Ansprüchen schälte sich eine eigenständige Position der einzelnen Glieder des Reichs heraus. Auf dem Frankfurter Hoftag 1339, so Menzel, war die „Serie der Abgrenzungs- und Integrationskämpfe" abgeschlossen.[14]

Die zeitgenössischen Chronisten haben diesen Prozess mit großer Anteilnahme verfolgt und sehr differenziert in ‚öffentlichen Diskursen' verhandelt.[15] Im Einzelnen argumentierten die Autoren – die städtischen oder kirchlichen Chronisten, Dichter wie Dante oder Petrarca oder auch die Verfasser der Streitschriften – sehr unterschiedlich. Dabei sind insbesondere die Argumentationsmuster aufschlussreich, weil sie zeigen, wie die verschiedenen gesellschaftlichen Gruppen die politische Ordnung

---

12 Michael MENZEL, Die Zeit der Entwürfe 1273–1347 (Gebhardt Handbuch der deutschen Geschichte, Bd. 7a, 10. Aufl.), Stuttgart 2012, S. 170–183.

13 Vgl. dazu Friedrich BAETHGEN, Der Anspruch des Papsttums auf das Reichsvikariat. Untersuchungen zur Theorie und Praxis der potestas indirecta in temporalibus, in: ders., Mediaevalia. Aufsätze, Nachrufe, Besprechungen (MGH Schriften 17), 2 Bde., Stuttgart 1960, Bd. 1: Reichsgeschichte und Papstgeschichte, S. 110–185, hier S. 163 f. Vgl. dazu Eva SCHLOTHEUBER/Andreas KISTNER, Kaiser Karl IV. und der päpstliche Legat Aegidius Albornoz, in: Deutsches Archiv 69 (2013), S. 531–579.

14 MENZEL, Die Zeit der Entwürfe (wie Anm. 12), S. 183. Insgesamt grundlegend Heinz THOMAS, Ludwig der Bayer (1282–1347). Kaiser und Ketzer, Regensburg 1993, S. 298–337; Vgl. zuletzt Bernd SCHNEIDMÜLLER, Kaiser Ludwig IV. Imperiale Herrschaft und reichsfürstlicher Konsens, in: Zeitschrift für Historische Forschung 40 (2013), S. 269–302.

15 Martin KAUFHOLD, Öffentlichkeit im politischen Konflikt. Die Publikation der kurialen Prozesse gegen Ludwig den Bayern in Salzburg, in: Zeitschrift für Historische Forschung 22 (1995), S. 435–454. Vgl. die detaillierte Untersuchung zu der Verbreitung der Chroniken und dem „Wissen über Ludwig den Bayern" im Spätmittelalter von Jean-Marie MOEGLIN, Das Bild Ludwigs des Bayern in der deutschen Geschichtsschreibung des Spätmittelalters, ca. 1370–ca. 1500, in: Kaiser Ludwig der Bayer. Konflikte, Weichenstellungen und Wahrnehmung seiner Herrschaft, hg. von Hermann NEHLSEN/Hans-Georg HERMANN (Quellen und Forschungen aus dem Gebiet der Geschichte NF 22), Paderborn u. a. 2002, S. 199–260; Ernst VOLTMER, Deutsche Herrscher in Italien. Kontinuität und Wandel vom 11. bis 14. Jahrhundert, in: Kommunikation und Mobilität im Mittelalter. Begegnungen zwischen dem Süden und der Mitte Europas (11.–14. Jahrhundert), hg. von Siegfried de RACHEWILTZ/Josef RIEDMANN, Sigmaringen 1995, S. 15–26.

verhandelten und in diesem Prozess der öffentlichen Meinungsbildung formten.[16] So griffen die volkssprachlichen Chronisten auf andere literarische Traditionen zurück und reagierten auf eine andere Interessenlage ihrer Leser als die im gelehrten Latein verfasste Geschichtsschreibung der Kleriker. Autoren wie Leser gehörten, wie wir es für das gesamte Mittelalter beobachten können, verschiedenen standesgebundenen Kreisen von „Öffentlichkeit" an, die in der Regel auch über einen anderen Wissensgang verfügten.[17] „Das Neue zur Zeit Ludwigs des Bayern", so Ernst Schubert 2002, „liegt vielmehr darin, dass sich die verschiedenen Öffentlichkeitskreise von der monastischen über die gelehrten, über die adelig-höfischen, bis hin zu denen des gemeinen Mannes miteinander verschränken."[18] Bei aller Tradition der literarischen Form entwickelte sich daraus während der Regentschaft Ludwigs eine neue Qualität der Publizistik. Es ging nicht nur um eine genauere Definition von „Reich", sowohl des *regnum* als auch in seiner Verschränkung mit dem *imperium*, sondern in seiner publizistischen Instrumentalisierung habe der öffentliche Diskurs eine neue Struktur gewonnen. „Die öffentliche Meinung", so Schubert, „kümmerte sich nicht mehr allein nur um Personen, sondern nunmehr auch – wir vereinfachen – um Institutionen."[19] Dieser Grundzug, dem Konflikt jenseits der Mängel oder Vorzüge der Protagonisten auf den Grund zu gehen, weil eine vorbehaltlose Parteinahme für Papst oder Kaiser nicht mehr leicht möglich war, tritt uns in den volkssprachlichen und in den lateinischen Chroniken deutlich entgegen. Doch kann man diesen Prozess der öffentlichen Meinungsbildung vielleicht nicht nur als Dichotomie von Person und Institution, sondern vielmehr allgemein als einen Abstraktionsprozess fassen, der auch den Herrscher und seine Fähigkeiten zur Ausübung des Amtes betraf.

---

16 Vgl. zur Bedeutung der Argumentationsmuster für das Verhandeln politischer Ordnungen Rainer Forst/Klaus Günther, Die Herausbildung normativer Ordnungen: Interdisziplinäre Perspektiven, Normative Orders, Bd. 1, Frankfurt am Main 2011 (theoretischer Zugang des Exzellenzclusters „Die Herausbildung normativer Ordnungen" der Goethe-Universität Frankfurt am Main).

17 Vgl. zum Wissen am Hof zuletzt Johannes Fried, Wissen als soziales System: Wissenskultur im Mittelalter, in: ders., Wissenskulturen: Über die Erzeugung und Weitergabe von Wissen, hg. von Johannes Fried/Michael Stolleis, Frankfurt a. M. 2009, S. 12–42. Fried fügt mit weit gespanntem Ansatz die Beispiele gebildeter Herrscher zu einem Bild des mittelalterlichen Hofes zusammen, der seine integrative Kraft als Wissenszentrum und -knotenpunkt zu einer zunehmenden Etablierung gelehrten Wissens nutzte. Kritisch ist dazu anzumerken, dass der Königshof eine integrative Wirkung für alle maßgeblichen gesellschaftlichen Gruppen entfaltete und somit auch widerstrebenden Tendenzen Raum gab. Eine eigene Institution bei Hofe fehlte dafür; sogar über die königliche Hofbibliothek sind wir auch noch im Spätmittelalter sehr schlecht unterrichtet. Der Hof bot großes Potential für die Rezeption und Verbreitung gelehrten Wissens, aber eine im Grunde als linear begriffene Erfolgsgeschichte würde die komplizierten Prozesse einebnen. Vgl. grundlegend zum Zusammenhang zwischen Rezipientenkreisen und Literatur: Literarische Interessenbildung im Mittelalter. DFG Symposion 1991, hg. von Joachim Heinzle (Germanistische Symposien. Berichtsbände 14), Stuttgart 1993.

18 Ernst Schubert, Ludwig der Bayer im Widerstreit der öffentlichen Meinung seiner Zeit, in: Nehlsen/Hermann, Kaiser Ludwig der Bayer (wie Anm. 15), S. 163–197, S. 194; sowie insbes. S. 175–198 (die verschiedenen Kreise von „Öffentlichkeit").

19 Ebd., S. 197.

Offenbar wurden im ausgehenden 13. und 14. Jahrhundert die Voraussetzungen für das Amt und die Person des Königs in neuer Weise diskutiert, und zwar sowohl in der pädagogischen Hofliteratur, den Fürstenspiegeln, als auch in den erzählenden Quellen. Die Fürstenspiegel wälzen die Frage, welcher Erziehung und Ausbildung, welcher Lehrer und Kenntnisse ein Fürst bedurfte. Für die Laienfürsten galt das Ideal der Ritterlichkeit, das vor allem mit körperlicher Stärke, unerschrockenem Kampfesmut und höfischen Umgangsformen verbunden war.[20] Gelehrte Bildung und somit die Fähigkeit, lesen und schreiben zu können, hingegen war Charakteristikum und Zugangsvoraussetzung des Klerikerstandes. Rittertum und Buchgelehrtheit stand deshalb für die Zeitgenossen im römisch-deutschen Reich noch bis weit in das 15. Jahrhundert in Spannung zueinander und ging nicht gut zusammen. Die Fürstenspiegel lassen en passant erkennen, dass die Fürstenerzieher immer wieder mit dem Unwillen ihrer adeligen Zöglinge zu kämpfen hatten. Offensichtlich desillusioniert klagt der Kartäuser Michael von Prag um 1378, er wisse nicht, wie die heutigen Fürsten so verblendet worden seien, dass sie das Streben nach Weisheit missachteten und stattdessen nur Reichtum, Ehre und Macht im Sinn hätten.[21] Der Rat Graf Wilhelms V. von Holland, Philipp von Leyden (1320/25–1383), wollte zudem einen Unterschied zwischen der französischen und der deutschen Ritterschaft erkennen. In seinem Fürstenspiegel „De cura reipublicae et sorte principantis" formuliert er den Vorteil des französischen Adels als Vorsprung an *urbanitas*, an fürst-

---

20 Vgl. immer noch grundlegend Herbert Grundmann, Litteratus – illiteratus. Der Wandel einer Bildungsnorm vom Altertum zum Mittelalter, in: Ausgewählte Aufsätze, hg. von Herbert Grundmann (MGH Schriften 25, 3), Hannover 1978, S. 1–66. Die moderne Forschung dazu ist vielfältig, vgl. zuletzt Gerrit Deutschländer, Dienen lernen, um zu herrschen. Höfische Erziehung im ausgehenden Mittelalter (1450–1550) (Hallische Beiträge zur Geschichte des Mittelalters und der Frühen Neuzeit 6), Berlin 2012; Princely Virtues in the Middle Ages 1200–1500, hg. von Istvàn Bejczy/Cary J. Nederman (Disputatio 9), Turnhout 2007; weiter Arnd Reitemeier, Adels- und Prinzenerziehung im England des 14. und 15. Jahrhunderts, in: Erziehung und Bildung bei Hofe, hg. von Werner Paravicini/Jörg Wettlaufer (Residenzenforschung 31), Stuttgart 2002, S. 55–69; umfassend Nicolas Orme, The Education of the Courtier, in: English Court Culture in the Later Middle Ages, hg. von Vincent John Scattergood/James W. Sherborne, London 1983, S. 63–85; instruktiv Lutz Fenske, Der Knappe. Erziehung und Funktion, in: Curialitas. Studien zu Grundfragen der höfisch-ritterlichen Kultur, hg. von Josef Fleckenstein (Veröffentlichungen des Max-Planck-Instituts für Geschichte 100), Göttingen 1990, S. 55–127; Klaus Arnold, Mentalität und Erziehung – Geschlechterspezifische Arbeitsteilung und Geschlechtersphären als Gegenstand der Sozialisation im Mittelalter, in: Mentalitäten im Mittelalter, hg. von František Graus, Sigmaringen 1987, S. 257–288.

21 Michael Pragensis, The De quattuor virtutibus cardinalibus pro eruditione principum of Michael the Carthusian of Prague, hg. von William George Storey, Salzburg 1972, S. 130: *Nescio quomodo ita delusa est mens modernorum principum quod postposito sapientie studio querant hodie nihil nisi divicias et gloriam et potenciam* [...]. Vgl. dazu Michael Hohlstein, *Clemens princeps*: *Clementia* as a Princely Virtue in Michaels of Prague's De regimine principum, in: Bejczy/Nederman, Princely Virtues (wie Anm. 20) S. 201–218.

licher Bildung und Rechtskenntnissen.[22] Doch mit der wachsenden Bedeutung des kanonischen und weltlichen Rechts, der Schriftlichkeit insgesamt und der komplexer werdenden Reichsverfassung begannen sich auch die Anforderungen an die Laienfürsten zu wandeln. Seit alters her hatten die Herrscher dafür auf gelehrtes Personal zurückgegriffen, doch erschien das jetzt aus verschiedenen Gründen offenbar als nicht mehr ausreichend.

In den Fürstenspiegeln tritt seit der Mitte des 13. Jahrhunderts das Ideal eines *princeps litteratus* in den Vordergrund, der sich neben dem Besitz der traditionellen Herrschertugenden durch eine umfassende Bildung auszeichnet.[23] Dabei waren die Fürstenspiegel, so Ulrike Grassnick, keinesfalls für die private Lektüre bestimmt, sie fungierten vielmehr als eine Art politischer Informationsaustausch und politische Kommunikation, als eine Basis auch philosophisch-staatstheoretischer Meinungsbildung und -äußerung. Die Fürstenspiegel waren somit ein wichtiger Bestandteil des politischen Dialogs zwischen verschiedenen sozialen Gruppen und griffen aus diesem Grund aktuelle politische Ideen und Modelle auf, die sie exemplarisch mit dem Bild des idealen Herrschers oder auch des Tyrannen verhandelten. Mit den spätmittelalterlichen Fürstenspiegeln greifen wir so etwas wie einen theoretischen höfischen Diskurs.

Neben den körperlichen Voraussetzungen für das Herrscheramt diskutieren die Fürstenspiegel im 13. und 14. Jahrhundert deshalb eingehend Erziehung und Ausbildung. Dass die alte Forderung nach literarischer Bildung des Königs jetzt gleichsam im Alltag der Königspolitik angekommen war, zeigt sich in dem Bemühen der Autoren um Praxisnähe.[24] Bereits die um 1259 von Gilbert von Tournais verfasste „Unterweisung der Könige und Fürsten“ (*Eruditio regum et principum*) propagiert mit biblischen Wendungen die Notwendigkeit einer schriftgelehrten Bildung der Königskinder: „Der König, der auf dem Thron der Gerechtigkeit sitzt, muss die *sacras*

---

22 *Hinc sumas argumentum, multum expedire reipublicae viros habere literatos, qui leges noverint et iura maiorum. Et facit pro regno Franciae et contra Allemannos, qui studia literarum minus frequentant, in ipsius reipublicae magnum incommodum, ruinam et iacturam. Hic violentia magna, publica deformatur urbanitas, praesidet luporum rapacitas, et ipsi principes ignominiae subiacent, nec honorem et statum cognoscunt sibi ipsis et subditis suis imperandi.* Philippus de Leyden, De cura reipublicae et sorte principantis, hg. von Philip Christiaan Molhuysen, s'Grevenhage 1915, S. 39.

23 Ulrike Grassnick, Ratgeber des Königs. Fürstenspiegel und Herrscherideal im spätmittelalterlichen England (Europäische Kulturstudien 15), Köln/Weimar/Wien 2004, S. 62.

24 Vgl. zum Früh- und Hochmittelalter zuletzt Franz-Reiner Erkens, Gebildete Höflinge und ungebildeter König. Gedanken über den Hof Konrads II., in: Zeitschrift für bayerische Landesgeschichte 68 (2005), S. 305–336; Johannes Fried, In den Netzen der Wissensgesellschaft. Das Beispiel des mittelalterlichen Königs- und Fürstenhofes, in: Wissenskulturen. Beiträge zu einem forschungsstrategischen Konzept, hg. von Johannes Fried/Thomas Kailer, Berlin 2003, S. 141–193; Hartmut Hoffmann, Mönchskönig und rex idiota. Studien zur Kirchenpolitik Heinrichs II. und Konrads II. (MGH Studien und Texte 8), Hannover 1993.

litteras kennen."[25] Gilbert fügt interessanterweise hinzu: „Ohne Zweifel, so lesen wir, sind die schriftkundigen Könige (*princeps litteratus*) fast stets vorsorgend bei der Verwaltung der Staatsgüter, scharfsinnig bei den Gerichtsurteilen, bei den Gesetzen vorsichtig, bei Entscheidungen umsichtig."[26] Auch Aegidius Romanus (1243–1316) geht in seinem weit verbreiteten Fürstenspiegel „De regimine principum" detailliert auf die Ausbildung der Fürstenkinder ein.[27] Seine sorgfältig gewählten Worte und vorsichtige Argumentation lassen erkennen, dass er mit der Forderung nach gelehrter Bildung ein durchaus heikles Thema anschnitt, während die Einübung der körperlichen Fähigkeiten wie Reiten und Ritterkampf, Ringen und Jagen in einer langen höfischen Tradition fest verwurzelt war: Aber, so Aegidius, da die Seele adeliger als der Körper sei, müsse man auch entsprechend mehr Sorgfalt auf ihre Ausbildung verwenden wie auf die des Körpers.[28] Auch wenn die Söhne nicht beabsichtigten, sich politisch zu betätigen sondern Ritter zu werden, sollten sie die Schrift beherrschen.[29] Im fortgeschrittenen Alter sei literarische Bildung aber kaum noch wirklich zu erwerben, darin müsse man sich von Kindheit üben.[30] Auch Aegidius versucht

---

25 Gilbert von Tournais, Eruditio regum et principum, hg. von Alphonse de Poorter (Les Philosophes Belges. Textes et Études 9), Louvain 1914; Hans Hubert Anton, Fürstenspiegel des frühen und hohen Mittelalters. Specula principum ineuntis et progredientis medii aevi (Ausgewählte Quellen zur Deutschen Geschichte des Mittelalters. Freiherr vom Stein-Gedächtnisausgabe 45), Darmstadt 2006, S. 300: *Rex qui sedet in solio iudicii* [Prov. 20,8], *ei scire sacras litteras esse necesse. Hiis regnum regitur, ab hiis leges legitimae derivantur.*

26 Ebd., S. 304: *Procul dubio principes litteratos legimus fere semper in amministrationibus rerum fuisse providos, subtiles in iudiciis, in praeceptis cautos, in consiliis circumspectos.*

27 Aegidius Romanus, De regimine principum libri III, hg. von Hieronymus Samaritanus, Rom 1607 (ND 1967); vgl. Francesco Del Punta/Silvia Donati/Concetta Luna, Art. Egidio Romano, in: Dizionario Biografico degli Italiani, hg. von Fiorella Bartoccini, Bd. 42, Rom 1993, S. 319–341; Charles Fairbank Briggs, Giles of Rome's De regimine principum. Reading and Writing Politics at Court and University, c. 1275–c. 1525, Cambridge 1999; The Governance of Kings and Princes: John Trevisa's Middle English Translation of the "De regimine principum" of Aegidius Romanus, hg. von David Covington Fowler/Charles Fairbank Briggs/Paul G. Remley, New York 1997.

28 Aegidius Romanus, De regimine (wie Anm. 27), S. 301: *Quanto anima est nobilior corpore, tanto omnes cives et maxime reges et principes magis solicitari debent, ut proprii filii sint perfecti in anima quam in corpore.* Aegidius Romanus hebt den Vorbildcharakter und die größeren Auswirkungen des Handelns der Fürsten hervor; ebd., S. 303: *Tanto tamen hoc magis decet reges et principes, quanto bonitas filiorum est utilior ipsi regno et quanto ex eorum malitia potest in regno maius periculum imminere.*

29 Ebd., S. 310: *Filii ergo nobilium quantumcumque intendant esse milites et vacare negocio politico, debent insudare, ut sciant idioma literale.*

30 Ebd., S. 303. Vgl. weiter S. 304 zur Entstehung und Bedeutung des Lateins als Schriftsprache und für die Rhetorik: *Videntes enim Philosophi nullum idioma vulgare esse completum et perfectum, per quod perfecte exprimere possent naturas rerum, et mores hominum, et cursus astrorum, et alia de quibus disputare volebant, invenerunt sibi quasi proprium idioma, quod dicitur latinum, vel idioma literale: quod constituerunt adeo latum et copiosum, ut per ipsum possent omnes suos conceptus sufficienter exprimere. Quare si hoc idioma est completum, et alia idiomata non possumus recte et distincte loqui, nisi ab ipsa infantia assuescamus ad illa: ex parte eloquentiae, videlicet ut recte et distincte loquamur idioma latinum, si volumus literas discere, debemus ab ipsa infantia literis insudare.* Darauf kommt Aegidius ein weiteres Mal bei der Erörterung des Grammatikunterrichts zurück, ebd., S. 306.

in seiner Argumentation vor allem durch den Praxisbezug zu überzeugen: Es sei nützlich, wenn die Fürsten schriftkundig seien, damit sie Anderen ihre Geheimnisse schreiben könnten und ohne Wissen der Anderen diese lesen.[31] Vor allem aber diene das Erlernen des gelehrten Lateins der Selbstbeherrschung und der *prudentia*. Niemand, so Aegidius, könne aufgrund natürlicher Anlage ein Herr sein (*naturaliter dominus*), wenn nicht die Klugheit und die Einsichtsfähigkeit in ihm gefestigt seien, niemand über andere herrschen, der sich nicht selbst beherrschen könne: Ohne diese Eigenschaften wende sich die Herrschaft schnell in Tyrannei.[32] Aegidius Romanus verweist auf die *Intention* des herrscherlichen Handelns als Kennzeichen für gute oder schlechte Herrschaft und folgert daraus, dass die Fürstenkinder zur Reflexion des eigenen Handelns und zu Selbsterkenntnis erzogen werden müssten.[33] Die Aussprüche (*dicta*) der Anderen zu verstehen und selbst vieles darin zu finden, ist aber nicht ausreichend, es muss auch die Unterscheidungskraft gewonnen werden, was mit Gewinn aufzunehmen und was zurückzuweisen ist. Denn – in die Wiege gelegt, sind diese Fähigkeiten dem Menschen nicht: *Homo tamen a sui nativitate est male dispositus ad capiendam disciplinam*.[34] Die Fähigkeit zur Reflexion des eigenen Handelns war aber nicht zuletzt eine Frage der Selbstbeherrschung und Disziplinierung, die am leichtesten mit dem Erlernen der Schrift und des Lateins erworben werde, das den Heranwachsenden auch die Welt der Philosophie und gelehrten Literatur eröffne. Und: „Wer klar zu denken vermag, vermag auch klar zu sprechen."[35] Die Fürsten, so Aegidius, müssten in Bezug auf ihr Verhalten gleichsam ‚Halbgötter' sein. Nachlässigkeiten in Bezug auf ihre Regierungsgeschäfte könnten sie nicht zuzulassen. Vor allem aber müssten sie in Bezug auf die ‚Göttlichen Dinge', die *divina*, gut und umfassend unterrichtet sein, damit sie, die über Andere herrschten, sich selbst und die Bürger lenken und regieren könnten.[36]

In der Mitte des 14. Jahrhunderts greift Konrad von Megenberg diese ambitionierten Bildungsanforderungen für die Fürstenkinder bereits als Konsens auf. *Solus enim*

31 Ebd., S. 310: [...] *decet reges et principes scire idioma literale, ut possint secreta sua alii scribere et legere absque aliorum scitu.*

32 Ebd., S. 305: *Nam (ut superius dicebatur) nullus est naturaliter dominus, nisi vigeat prudentia et intellectu.* [...] *Nam nisi princeps vigeat prudentia et intellectu, de facili convertitur in tyrannum.*

33 Ebd., S. 312: *Non enim satis est aliorum dicta intelligere, et de se multa invenire, nisi tam de intellectis quam de inventis noverit iudicare quae sunt tenenda, et quae respuenda.*

34 Aegidius Romanus, De regimine (wie Anm. 27), S. 305.

35 Ebd., S. 312 (*et qui clare intelligit, clare loquitur*).

36 Ebd., S. 310: *Nam cum oporteat eos esse quasi semideos, et debite et absque negligentia negotium regni intendere, non vacat eis subtiliter perscrutari scientias: maxime igitur decet ipsos bene se habere circa divina, et esse instructos et firmos in fide, et illas scientias scire, per quas quis se et alios novit regere et gubernare.* Dabei war die (Selbst)erkenntnis nach mittelalterlichem Verständnis untrennbar mit der Gotteserkenntnis verbunden, vgl. Eva Schlotheuber, Norm und Innerlichkeit. Zur problematischen Suche nach den Anfängen der Individualität, in: Zeitschrift für Historische Forschung 31 (2004), S. 329–357.

sapiens est dominus aliorum („Nur der Weise ist der Herr über die Anderen") beginnt er seine Ausführungen am Beispiel Salomons, des größten Königs, der Weisheit und Wissen über alle Schätze der Welt wertschätzte.[37] Auch Konrad von Megenberg weiß um die Diskrepanz zwischen Bildungsideal und Wirklichkeit: Der Lehrer solle darauf achten, dass, wenn seine erlauchten Schüler die Mühe der Höhe der Wissenschaften verabscheuten – sei es, dass sie sich vielleicht seinen eigenen Anstrengungen oder aber dem elterlichen Befehl widersetzten –, er sie wenigstens in der Grammatik unterweise und die Moralphilosophie lehre.[38] Das Problem stellte sich bei den adeligen Schülern in besonderer Weise, nicht zuletzt weil der Lateinunterricht mit körperlicher Züchtigung verbunden und deshalb mit der ritterlichen Ehre nur schwer vereinbar war. Auch Konrad von Megenberg attestierte bekanntermaßen den deutschen Rittern besondere Bildungsfeindlichkeit.[39] Deshalb betont er in seinem Kapitel über die Fürstenerziehung den praktischen Nutzen der gelehrten Bildung, die allein es den zukünftigen Regenten ermögliche, die Chroniken, Bücher und *Gesta regum* zu lesen, die alten *consuetudines* der römischen Herrscher, die alle in Latein geschrieben seien.[40] Auch Aegidius Romanus erwähnt die Taten der Vorgänger und

---

37 Konrad von Megenberg, Ökonomik/Yconomica, III Bücher, ed. Sabine KRÜGER (MGH Staatsschriften des späteren Mittelalters Bd. 5, 1–3), Stuttgart 1973, Bd. 1, lib. II, cap. 4 S. 178: *Iste rex maximus regum in Iherusalem sapienciam, sciencias rerum pre omnibus commendat thezauris.* Vgl. Konrad von Megenberg (1309–1374): Ein mittelalterlicher Enzyklopädist im europäischen Kontext, hg. von Edith FEISTNER (Jahrbuch der Oswald von Wolkenstein-Gesellschaft 18), Wiesbaden 2011; Konrad von Megenberg: Regensburger Domherr, Dompfarrer und Gelehrter (1309–1374) zum 700. Geburtstag. Ausstellung in der Bischöflichen Zentralbibliothek Regensburg, hg. von Paul MAI, Regensburg 2009; Konrad von Megenberg (1309–1374) und sein Werk. Das Wissen der Zeit, hg. von Claudia MÄRTL u. a., München 2006; Gisela DROSSBACH, Sciencia de regimine domus regie. Der Hof zwischen Ideal und Wirklichkeit in der „Yconomica" Konrads von Megenberg, in: Höfe und Hofordnungen 1200–1600. 5. Symposium der Residenzen-Kommission der Akademie der Wissenschaften in Göttingen (5.–8. Oktober 1996), hg. von Holger KRUSE/Werner PARAVICINI, Sigmaringen 1999, S. 23–35.

38 Konrad von Megenberg, Ökonomik (wie Anm. 37), Bd. 1, lib. II, cap. 4 S. 179: *Oportet autem pedagogum liberorum illustrium attendere, quod, si proceres ipsius discipuli tantos talesque labores altitudinis scienciarum abhorreant aut propriis nisibus aut parentum forsitan ex imperio reluctent, ipse illos saltem in gramatica instruat et moralem philosophiam* [...] *doceat ipsos.*

39 Ebd., S. 170f. Die deutschen Ritter hielten Gelehrte für „Büchermörder" (*librimordes quasi libros mordentes*). Sie ignorieren das Bücherwissen und die Wahrheit und erziehen die Kinder zum Kampf mit den Waffen, aber sie bleiben unwissend, was die Kriegsvorsorge betrifft, weil sie nicht wissen, dass die Klugheit die Körperkräfte überwindet. Vgl. dazu Sabine KRÜGER, Das Rittertum in den Schriften des Konrad von Megenberg, in: Herrschaft und Stand. Untersuchungen zur Sozialgeschichte im 13. Jahrhundert, hg. von Josef FLECKENSTEIN (Veröffentlichungen des Max-Planck-Instituts für Geschichte 51), Göttingen 1977, S. 302–328.

40 Konrad von Megenberg, Ökonomik (wie Anm. 37), Bd. 1, lib. II, cap. 4 S. 173: *Hec veneranda nutrix preambula et preutilis est principibus Alamanie ad intelligendum cronicas, libros et gesta regum atque veteres consuetudines principum Romanorum, que omnia Latino exarantur eloquio* [...]. Nach Megenberg gehörte es zum Amt des königlichen *cancellarius*, die kaiserliche Bibliothek und das Archiv zu betreuen, die möglicherweise in einer Art vergitterter Bücherkisten oder -schränke aufbewahrt wurden, ebd., S. 206: *Aut forte dicitur cancellarius a cancellis, eoquod ipse infra cancellos imperialis*

Gewohnheiten des Königreichs, die *consuetudines regni*, unter den Dingen, die ein Fürst wissen sollte, und benennt interessanterweise – doch offenbar in Anlehnung an die monastische Praxis – die Tischlesung als Ort der Vermittlung. Hier könne man übrigens, so Aegidius, auch mit Gewinn den „Liber de regimine principum" vorlesen, der auch regierenden Fürsten von Nutzen sei.[41] Aegidius' Einschränkung, dass die *consuetudines regni* natürlich nur dann zur Tischlesung herangezogen werden konnten, wenn sie in schriftlicher Form vorlagen, lässt die sich langsam entwickelnde Dynamik des Spätmittelalters erkennen, Herrschafts- und Erfahrungswissen zu verschriftlichen. Vor dem Hintergrund einer zunehmenden schriftlichen Verwaltungspraxis argumentiert auch Konrad von Megenberg nachdrücklich für eine Unterweisung in der Arithmetik: Wenn die Fürsten das Rechnen nicht beherrschten, können ihnen die Amtleute und Hofbeamte bei der Aufstellung der Ein- und Ausnahmen unbemerkt viel Geld entwenden.[42]

In die Erziehungspraxis freilich fand die Forderung nach einer literaten Ausbildung der Laienfürsten im römisch-deutschen Reich offenbar nur zögerlich Aufnahme. Für die Außenwahrnehmung spielten Schriftkundigkeit und Bildung in der Regel nur eine marginale Rolle, wenn die Herrscher nicht, wie Robert der Weise († 1343), Karl V. „le Sage" († 1380) oder Karl IV. († 1378) explizit den ‚weisen König' als Identifikationsmodell aufriefen.[43] Mitunter wird auf die äußere Erscheinung des Fürsten eingegangen und dann nicht selten mit implizitem Verweis auf Einhards berühmte Beschreibung Karls des Großen; die Chronisten nördlich der Alpen heben aber vor allem königliches Auftreten, die Ausübung und die direkten Auswirkungen der Herrschaft hervor.[44] Zu den königlichen Attributen gehörten Schönheit und

---

librarie habeat recondere codices legum imperialium atque privilegia a Romanis pontificibus imperatoribus indulta et augustum instruere in hiis atque ipsum in singulis eorum suis temporibus informare.

41 Aegidius Romanus, De regimine (wie Anm. 27), lib. II, 3, cap. 20 S. 399: *Immo si ad mensas regum et principum aliqua utilia legerentur, ut simul, cum fauces recumbentium cibum sumunt, earum aures doctrinam perciperent; esset omnino decens et congruum. Ordinare igitur deberent reges et principes, ut laudabiles consuetudines regni, si tales sunt in scripto redactae, vel etiam laudabilia gesta praedecessorum suorum, et maxime eorum qui sancte et religiose se habuerunt ad divina, et qui iuste et debite regnum rexerunt, legerentur ad mensam; vel legaretur ad mensam liber de regimine principum, ut etiam ipsi principantes instruerentur, qualiter principari deberent.* Vgl. dazu Briggs, Giles (wie Anm. 27), S. 2.

42 Konrad von Megenberg: Ökonomik (wie Anm. 37), Bd. 1, lib. II, cap. 4 S. 175: *Ignorantibus etenim hanc scientiam per officiales et ministros suos principibus in calculationum involucionibus maxime peccunie subtrahuntur.*

43 Samantha Kelly, The New Solomon: Robert of Naples (1309–1343) and Fourteenth-Century Kingship, Leiden 2003; Eva Schlotheuber, Der weise König. Herrschaftskonzeption und Vermittlungsstrategien Kaiser Karls IV. († 1378), in: Hémecht. Zeitschrift für Luxemburger Geschichte 63/3 (2011), S. 265–279.

44 Vgl. Harald Tersch, Unruhe im Weltbild. Darstellung und Deutung des zeitgenössischen Lebens in den deutschsprachigen Weltchroniken des Mittelalters, Wien/Köln/Weimar 1996, insbes. Kap. VI, 2.b) (Gelehrter, Vater, Kaufmann) S. 162–166. Moeglin, Das Bild Ludwigs des Bayern (wie Anm. 15), S. 220: „Das Bild des Bayern schwankt also zwischen zwei weitgehend komplementären

körperliche Kraft, die seiner Würde entsprechen, große klare Augen als Spiegel der Seele, die alten Tugenden wie Gerechtigkeit und Geduld, Großzügigkeit und Geschicklichkeit im Kampf. Ludwig der Bayer muss, was seine äußere Erscheinung und sein Auftreten betrifft, den Vorstellungen eines idealen Königs recht nahe gekommen sein. Die Quellen heben übereinstimmend seine elegante Erscheinung, Klugheit und Ausgeglichenheit, sein freundliches Wesen, seinen Mut und seine Kampfeskraft hervor. Der Würzburger Domkanoniker Lupold von Bebenburg (um 1297–1363) fasst um die Mitte des 14. Jahrhunderts Ludwigs Regierungszeit in seinem „Ritmaticum querulosum" mit den Worten zusammen: „Nach Heinrich VII. regierte über lange Jahre Ludwig IV., Herzog von Bayern, der eher sanftmütig und geduldig als ein Tyrann war" (*magis mansuetus et patiens quam tyrannus*), womit er elegant sozusagen im Vorbeigehen, den päpstlichen Vorwurf der tyrannischen Herrschaft bei Seite schob.[45] Konrad von Megenberg vergleicht den Kaiser 1337/1338 in seinem für die Kurie verfassten „Klagelied der Kirche über Deutschland" mit Achill und lobt ihn als „Krone der Ritterschaft, leuchtender Edelstein der Tugenden und Herr der Waffen und doch im Umgang mit allen gütig."[46] Wer den Kaiser kennt, so Konrad, fordert für ihn Verzeihung.[47] Anlässlich seines Todes würdigt der Mindener Dominikaner Heinrich von Herford den Kaiser einer ebenso detaillierten wie ungewöhnlichen Beschreibung von Aussehen und Persönlichkeit. Seine Charakterisierung, die dem äußeren Erscheinungsbild, den *mores* und dem Lebenswandel des Kaisers in bewusster Konstrastierung den Kirchenbann als Essenz seines herrscherlichen Wirkens gegenüberstellt, erinnert in dem Bemühen um rhetorische Eleganz und Anschaulichkeit fast an die eindrucksvolle Beschreibung Heinrichs VII., die der italienische Frühhumanist und Poeta laureatus Alberto Mussato († 1329) seiner „Historia Augusta" hinzufügte.[48] Auch Alberto Mussato lässt Heinrich am Ende eines glanzvollen Herrscherlebens – nicht ohne Verweis auf den Stauferkaiser Friedrich II. – durch den

Polen: Einerseits interessiert der Kaiser auf Grund seiner Rolle in den lokalen Angelegenheiten, insofern er im örtlichen Gedächtnis weiterlebte, andererseits war er der Kaiser der ersten Hälfte des 14. Jahrhunderts, ein wichtiges Glied in der Kontinuität der Reichsgeschichte."

45 Lupold von Bebenburg, Ritmaticum querulosum et lamentosum dictamen de modernis cursibus et defectibus regni ac imperii Romanorum, in: Politische Schriften des Lupold von Bebenburg, hg. von Jürgen Miethke/Christoph Flüeler (MGH Staatsschriften des späteren Mittelalters 4), Hannover 2004, S. 516. Vgl. zu Lupold Jürgen Miethke, Mittelalterliche Politiktheorie. Vier Entwürfe des Hoch- und Spätmittelalters, in: Würzburger Vorträge zur Rechtsphilosophie, Rechtstheorie und Rechtssoziologie 35, Baden-Baden 2007, S. 33–40.

46 Konrad von Megenberg, Werke des Konrad von Megenberg. Teil 1: Planctus ecclesiae in Germaniam, hg. von Richard Scholz (MGH Staatsschriften des späteren Mittelalters 2,1), Leipzig 1941, S. 57: *Milicie summa, virtutum florida gemma, armorum dominus, cunctis tractando benignus.*

47 Ebd.: *Ipsum qui noscit, veniam pro principe poscit.*

48 Albertini Mussati Historia Augusta Henrici VII. Caesaris et alia quae extant opera, hg. von Felix Osius/Laurentius Pignorius/Nicolaus Villanus, Venetiis 1636 (Muratori, Rerum Italicarum scriptores 10), Mailand 1727, S. 9–568, lib. Rub. XIII. Sp. 339f.

päpstlichen Bannstrahl zugrunde gehen.[49] Freilich fehlt der Würdigung Heinrichs von Herford die prägnante Kürze, er neigt zu gesuchten Wendungen und bisweilen zur Wiederholung.

Kaiser Ludwig, lässt er seine Leser wissen, „war groß und schön, und – wie wir es von den Bienen kennen – von der Natur von vornherein zum Regieren ausgerüstet, von hoher und aufrechter Gestalt mit biegsamem Nacken und halb rückwärts gebeugt, mit breiter und heiterer Stirn, mit großen, klarsichtigen und munter blickenden Augen, anziehend, mit nach oben gewölbter Oberlippe, mit langem lockigem schwarzen Haar und Bart, die Haut weiß und rosig (*rubicundus*). Kurz und gut: am ganzen Körper voller Schönheit und von gewinnendem Gesichtsausdruck. Doch war er ein wenig kahl an der Stirn und ein bisschen plattnasig, mit mäßig ausgeprägtem Oberkörper, muskulösen Armen und Beinen, beweglich und robust, häufig bewaffnet und wie ein zweiter Romulus einherschreitend."[50] Eine solche königliche Erscheinung spiegelte die ebenso gestalteten *mores*: Der Wittelsbacher, so resümiert der Dominikanerbruder, „war von einzigartiger geistiger Wachheit, scharfsinnig und besonnen im Handeln, in der Hoffnung langmütig und sehr geduldig, unverzagt in Glück und Unglück. Er ließ sich weder vom Glück überheben, noch konnte das Unglück ihn untergraben, vielmehr nahm er wie ein zweiter Demokrit seinen Weg zwischen Glück und Unglück, nämlich stolz, aufrecht und unbeeindruckt."[51] Damit ruft Heinrich von Herford für Ludwig den Bayern eben jene Herzensstärke als zentrale Herrschertugend auf, die Einhard als *magnanimitas* Karl dem Großen zugeschrieben und die diesen vor Überheblichkeit im Glück und Verzagtheit im Unglück bewahrt hatte.[52] Heinrich von Herford wendet sich nach den *mores* dem

---

49 Ebd., Sp. 568: *Cavenda nimis sacrosanctae matris ecclesiae offensa christicolis, cum et huius praedecessorem fuderit apostolica sententia Fridericum, in quem cum prole tota, veluti fulmen iaculata, irreparabile tulit exitium; et hic quoque Henricus faecundae pacis vexillo in Italiam auspiciis ductus ecclesiae, quae voluit, obtinuit simul arridente fortuna. Verum mutatis velis, versis ad oppositum gubernaculis, adverso sidere soluta classis profundum oppetiit.*

50 Heinrich von Herford, Liber de rebus memorabilioribus (wie Anm. 4), S. 271: *Fuit autem Lodewicus imperator corpore magnus et formosus, quem ad regnandum natura preaptasset ut in apibus, statura rectus et altus, cervice flexibilis et ut semisupinus, fronte lata et leta patulus et apertus, oculis claris et grandibus, perspicacibus et comibus allectivus, labro subteriore repando, capillis et barba prolixis niger et diffusus, colore candidus et rubicundus, toto denique corpore perpulcher et vultu gratiosus; sed parum percalvus* [sic!, statt *precalvus*] *et aliquantulum simus, pectore mediocriter elevatus, brachiis et cruribus lacertosis et muscolosis fortis, firmus, agilis et robustus, frequenter hastatus, ut Romulus alter incedens.* Vgl. auch S. 237: *Lodewicus rex, ut erat in occurrentibus sollertissimus et in agendis sagax, prudens et circumspectus.*

51 Ebd.: *Fuit et sollertia singularis et ad quevis agenda sagax et circumspectus, spe longanimis et patientissimus, ad fortunas prosperam et adversam animosus, nec ista nimis elevabatur, nec illa suffodiebatur, ut alter Democritus inter utramque superbus, elatus et contemptor incedens.*

52 Vgl. Bernd Roling, Heroische Askese und aristokratische Inszenierung. Überlegungen zur Tugend der magnanimitas in der Philosophie des Mittelalters und der Renaissance, in: Frühmittelalterliche Studien 45 (2011), S. 349–370.

Lebenswandel des Wittelsbachers zu: Dem Essen war er zugeneigt, aber im Trinken mäßig, in der Ehe treu. Stets munter und zum heiteren Zeitvertreib aufgelegt, liebte er den Tanz fast mehr als es einem Fürsten zusteht.[53] Bisweilen, so Heinrich von Herford, nahm er seine Gemahlin, die von kleiner Gestalt war und die er liebte, im Palast nur im Beisein seiner *familiares*, am Arm und spazierte mit ihr im Tanzschritt (*corizanti et tripudianti*).[54] Gegen niemanden war er hart oder beschwerlich, sondern maßvoll, bescheiden, demütig, freundlich und gütig, weil er ja „von allen offenbar mehr geliebt als gefürchtet zu werden wünschte."[55] Mit der Wendung *plus amari quam timeri* greift der Mindener Dominikaner eine antike politische Maxime für gute Herrschaft auf, die auch die Benediktregel als zentrale Abttugend (cap. 64,15) kennt.[56] Damit ist als vorläufiger Höhepunkt auch der Wendepunkt der Charakterisierung erreicht.

Alle angeführten positiven Eigenschaften und Tugenden des Herrschers dienen letztlich vor allem dazu, die Schwere seines Vergehens zu erweisen, das durch keinen Tugendreichtum wett gemacht werden konnte: „Aber alle diese so sympathischen und erfreulichen Dinge beschmutzte allein sein bockiger Hochmut und seine hartnäckige Rebellion gegen den apostolischen Stuhl, und seine Unterstützung der Häresie über die Armut Christi und der Apostel verdarb, verdunkelte und leerte sie gänzlich aus, machte sie unwirksam und völlig zunichte. Denn als Rebell gegen die römische Kirche wurde er von Papst Johannes XXII. exkommuniziert, von jedem Stand und dem Grad jeglicher Würde entsetzt und schließlich vielfältiger Häresien verdächtigt und bezichtigt, und ausdrücklich aufgrund häretischer Auffassungen über die Armut Christi als Häretiker verurteilt und als Verdammter der ganzen Welt verkündigt."[57]

---

53 Heinrich von Herford, Liber de rebus memorabilioribus (wie Anm. 4), S. 271: *Cibo tantisper deditus, sed potu parco sobrius et temperatus; thorum quoque legitimum non excessit; ludibundus semper et alacer; coreas plus quam ad principem pertineat, non dico frequentavit, sed dilexit.* Dass Ludwig der Bayer gerne tanzte, berichtet auch die Sächsische Weltchronik, vgl. Tersch, Unruhe (wie. Anm. 44), S. 162.

54 Heinrich von Herford, Liber de rebus memorabilioribus (wie Anm. 4), S. 271.

55 Ebd.: *Nec gravis cuiquam erat, nec molestus, sed modestus, humilis, affabilis et benignus, utpote qui plus amari quam timeri cuperet ab universis.*

56 Karl Gross, *Plus amari quam timeri.* Eine antike politische Maxime in der Benediktsregel, in: Vigiliae Christianae 27 (1973), S. 218–229.

57 Heinrich von Herford, Liber de rebus memorabilioribus (wie Anm. 4), S. 271: *Sec hec omnia tam grata et tam leta sola contumax superbia et ad sedem apostolicam rebellio pertinax et fautoria heresis de paupertate Cristi et apostolorum inquinavit, denigravit et totaliter in nychilum redigens evacuavit et exinnanivit. Nam ut rebellis ecclesie Romane per Johannem papam excommunicatur, a quolibet statu et ab omni gradu dignitatis cuiusdam deponitur, et tandem de pluribus heresibus suspectus et notatus, et expresse propter heresim de paupertate Cristi, dampnatur ut hereticus, et dampnatus toti mundo denuntiatur.* Vgl. zur Verdammung Ludwigs durch die Kirche Gerald Schwedler, „dampnate memorie Ludovici de Bavaria" – Erinnerungsvernichtung als metaphorische Waffe im Konflikt zwischen Kurie und Kaiser Ludwig dem Bayern (mit Edition), in: Sterben über den Tod hinaus. Politische, soziale und religiöse Ausgrenzung in vormodernen Gesellschaften, hg. von Claudia Garnier/Johannes Schnocks, Würzburg 2012, S. 165–202.

Ludwig fehlte es somit nicht an den körperlichen oder geistigen Voraussetzungen für das hohe Amt, weshalb sein Scheitern umso schwerer wog. Weil sich in diesem Konflikt dogmatische und politische Fragen untrennbar miteinander verbunden hatten, wird an dieser Stelle Ludwigs ‚Bildungsstand' zu einem entscheidenden Aspekt. Inwiefern war er, der Laie, für seine theologischen Überzeugungen verantwortlich zu machen? Schließlich war es die Aufgabe seiner Beichtväter und Hoftheologen, ihn hierin zu belehren und anzuleiten. Reichte seine Bildung und Unterscheidungskraft für die Einschätzung so diffiziler Fragen aus? Und war der Herrscher nicht gehalten, über den Parteien zu stehen? „Die Verteidigung einiger", so resümiert Heinrich von Herford, „die ihn in Bezug auf die Häresie in Schutz nehmen wollen, ist töricht und gefährlich. Sie sagen nämlich, dass er ein ungelehrter Laie sei und als Ungebildeter über die Armut Christi und der Apostel nichts wissen könne, da diese Frage noch wenige Jahre zuvor weder unter den Kirchenlehrern noch unter den Gebildeten verhandelt worden sei. Er aber glaubte in diesen Dingen jenen, die die Kirche für gute Christen und wahre Katholiken gehalten oder auch toleriert hat, und seinen Beichtvätern, besonnenen und tugendhaften Männern. Solche und ähnliche Dinge sind, wie gesagt, töricht und gefährlich. Ist es etwa nicht töricht, eine Partei zu verteidigen, die du nicht kennst? Die du vielleicht nicht einmal zu widerlegen weisst oder auch am Ende ganz und gar nicht nicht erkennen kannst?"[58]

Angesichts dieser scharfen Kritik ist Klaus Peter Schumann kaum zuzustimmen, dass der Dominikaner unzweifelhaft auf der Seite Ludwigs des Bayern stand.[59] In den Augen des Chronisten disqualifizierte vielmehr der Kirchenbann den Wittelsbacher vollständig als Herrscher. Da Papst Johannes XXII. die Position der Dominikaner gegen die Haltung der radikalen Franziskaner vertrat, berührte der Armutsstreit auch direkt dominikanische Interessen.[60] Umso nachdrücklicher musste Heinrich von Herford Ludwigs Eingreifen in den Streit als unzulässig und für einen Herrscher

---

58 Heinrich von Herford, Liber de rebus memorabilioribus (wie Anm. 4), S. 271: *Dicunt siquidem, quod laycus indoctus et illiteratus de paupertate Cristi et apostolorum eius potuit nichil scire, cum ante paucos annos nec inter doctores et litteratos de hoc etiam questio versaretur* [...]. *Credidit autem in istis eis, quos ecclesia cristianos bonos et catholicos veros vel reputavit vel toleravit, et confessoribus suis viris discretis et virtuosis. Hec et hiis similia, sicut dictum est, fatua sunt et periculosa. Numquid fatuum non est, defendere partem, quam ignorares? de qua fortassis ignorantiam etiam negationis haberes, vel etiam penitus terminos non cognosceres?* Vgl. zum Armutsstreit Menzel, Die Zeit der Entwürfe (wie Anm. 12), S. 206–208, der 1323 mit der „Verketzerung" der Franziskanerspiritualen durch die Bulle „Cum inter nonnullos" Papst Johannes' XXII. eskalierte; auch Diethelm Böttcher, Johannes XXII., Ludwig der Bayer und die *monitia canonica*, in: Zeitschrift der Savigny-Stiftung für Rechtsgeschichte Kanon. Abt. 96 (2010), S. 314–349.

59 Schumann, Heinrich von Herford (wie Anm. 4) S. 128.

60 Jürgen Miethke, Papst Johannes XXII. und der Armutsstreit, in: Angelo Clareno Francescano: atti del XXXIV. Convegno internazionale (Assisi, 5.–7. Ottobre 2006), Spoleto 2007, S. 263–313. Vgl. zur franziskanischen Armut zuletzt: Gelobte Armut: Armutskonzepte der franziskanischen Ordensfamilie vom Mittelalter bis in die Gegenwart, hg. von Heinz-Dieter Heimann u. a., Paderborn 2012.

unangemessen erweisen, ohne im engeren Sinne theologisch-dogmatisch als Partei zu argumentieren. Und so urteilt er, dass Ludwigs Schuld darin bestand, sich in Glaubensangelegenheiten ein eigenes Urteil zu erlauben. In Fragen des Glaubens war allein der Papst die zuständige Instanz.[61] Anders sah es hinsichtlich Ludwigs Kampf um die Reichsrechte aus, die auch der Dominikaner gegen die päpstlichen Eingriffe gewahrt sehen wollte.[62] Unzweifelhaft war Ludwig der Bayer für Heinrich von Herford der rechtmäßige römische König und Kaiser. Heinrichs von Herford Charakterisierung zeigt exemplarisch den Zwiespalt, vor den sich viele Chronisten bei der Würdigung Ludwigs des Bayern gestellt sahen. Interessant ist vor allem, dass der Dominikaner dem Kaiser die klassischen Herrschertugenden zuschrieb, die ihn aber nicht vor unklugen Entscheidungen schützen konnten und vor allem nicht davor, den falschen Ratgebern zu folgen. Auch andere Chronisten beurteilten Regentschaft und Herrscherpersönlichkeit des Wittelsbachers zwiespältig: Alberto Mussato diskutiert aus italienischer Perspektive im „Ludovicus Bavarus" den Herrschaftsantritt des Wittelsbachers und seine Kaiserkrönung mit dem Ergebnis, dass ihm der Kaisername in der Sache und dem Namen nach rechtmäßig zugestanden habe.[63] Seinem exzellenten Ruf stehe aber sein Bann und der Umgang mit Kirchenrebellen entgegen und ebenso, dass er die Herrschaft der Tyrannen in Italien verstärkt und die Freunde der Kirche wie Robert von Anjou unterdrückt habe. Auch Alberto Mussato verweist auf den „schlechten Rat", der Ludwig dazu getrieben habe, einen Gegenpapst und Kardinäle zu kreieren.[64] Und er war gleichermaßen wie Heinrich von Herford der Meinung, dass der Kaiser trotz des großen Einflusses seiner Ratgeber die volle Verantwortung für sein Handeln zu tragen habe: Wenn viele der kaiserlichen Partei Ludwig dadurch zu entschuldigen suchten, dass diese Dinge seinen Begleitern und

---

61 Heinrich von Herford, Liber de rebus memorabilioribus (wie Anm. 4) S. 271 f.: *Numquid periculosum et fatuum non est, cum quis proprium non habeat iudicium vel assensum, quod in crimen transeat alienum? In hiis que fidei sunt, non alteri cuicumque seorsum, sed pape, qui regit ecclesiam, que non potest errare* [...] *credendum est.*

62 MOEGLIN, Das Bild Ludwigs des Bayern (wie Anm. 15), S. 231 f., argumentiert, dass Heinrich von Herford die Frage von Ludwigs königlicher und kaiserlicher Stellung, die in seinen Augen unanfechtbar war, von der schweren moralischen Schuld durch Ludwigs Eingreifen in den Armutsstreit trennte. Die Chronik Heinrichs von Herford wurde von späteren Chronisten vielfach aufgegriffen, vermutlich nicht zuletzt deshalb, weil diese „Lösung" in eine reichsrechtliche und eine kirchenrechtliche Seite des Konflikts überzeugend erschien. Vgl. auch SCHUMANN, Heinrich von Herford (wie Anm. 4), S. 126–128.

63 Albertini Mussati Ludovicus Bavarus, in: Fontes rerum Germanicarum, hg. von Johann Friedrich BÖHMER, (Johannes Victoriensis und andere Geschichtsquellen Deutschlands im 14. Jahrhundert), Stuttgart 1843, Bd. 1, S. 170–189, hier S. 188: *Hec, et nomine et re, dignum cesarem Romanorumque regem nuncupandum vocandum dignumque fecere.* Vgl. Rino MODONUTTI, Il „Ludovicus Bavarus" di Albertino Mussato: genesi e tradizione, in: Italia medioevale e umanistica 50 (2009), S. 179–210.

64 Albertini Mussati Ludovicus Bavarus (wie Anm. 63), S. 189: *Que quidem talia toti mundo horrenda abhominandaque Ludovico huic levitatis parveque prudentie potiusque pauce maturitatis infamiam attulere.*

schlechten Ratgebern zuzuschreiben seien, so könne das die Anklage aber nicht in jeder Hinsicht entkräften.[65] Aufgrund der unterschiedlichen Bewertung, die Ludwig deshalb erfahren habe, bezeichne ihn die Mehrheit als „der Bayer" und halte ihn damit als des Cäsaren- und Kaisernamens für nicht würdig, eine zahlenmäßig weitaus kleinere Minderheit aber nenne ihn Römischer Kaiser.[66] Alberto Mussato bezieht Stellung: Er selbst hänge der *maior pars* an, vor allem aufgrund der enormen Schande, die in der Erhebung des Antipapstes und der Antikardinäle gelegen habe. Das letzte Urteil jedoch, so schließt er versöhnlich, müsse man der Nachwelt überlassen. Alberto Mussato fügt daran noch eine kurze Beschreibung von Aussehen und *mores* seines Protagonisten an: Ludwig war von schlankem und hohem Wuchs und hatte spärliches rötliches (!) Haar. Durch die Frische seines lebhaften Gesichtsausdrucks schien er beständig zu lächeln. In den Waffen tatkräftig und wagemutig zu jeder Entscheidung, war er freilich *praeceps*, also kopfüberstürzend im Handeln und allzu wankelmütig, und ließ bei Widrigkeiten vernünftigen Rat vermissen (*in adversis consilio egens*). Er war witzig und geistreich, sein Gang war schnell; häufig wechselte er den Sitzplatz und den Aufenthaltsort.[67]

Matthias von Neuenburg (1295–1364) beginnt die Geschichte Ludwigs des Bayern mit den schon fast geflügelten Worten an: *Acue, scriba, ingenium, grandis tibi restat labor*, „Schärfe den Geist, Schreiber, große Mühe bleibt dir noch, wenn Du es wagst, diesen mächtigen Adler zu beschreiben, der langsam und lange flog: Töricht ist er und doch weise, den Müßiggang liebend und doch neugierig, träge und trotzdem wild, trübsinnig bei aller Heiterkeit, in der Verzagtheit noch stark, der mit angesengten Flügeln noch (aufwärts) steigt und im Unglück glücklich ist."[68] Die auffällige Serie von Oxýmora bringt eben jene Zwiespältigkeit zum Ausdruck, die Ludwigs Herrschaft bei den Chronisten hervorrief und der mit Worten nicht leicht gerecht zu werden war. Etwas weniger elaboriert, aber doch mit aufsteigender Alliteration

65 Ebd.: *Verum cum per plurimos imperialis factionis hec iam dictis consodalibus pravisque consiliariis, quam ipsi Ludovico ascribi dicerentur, usquequaque tamen ipsa excusatio non levabat.*

66 Ebd.: *Ob quas rerum varietates ii mortalium, qui Ioannem papam uti sacrosancte ecclesie ordinarium caput observatumque veneranbatur, Ludovicum hunc cesarei imperatoriique nominis dignum negabant, Bavarum vocitabant; reliqui quorum longe minor numerus erat imperatorem Romanorum.*

67 Ebd.: *Ducis huius seu principis staturam moresque et quos ipsi vidimus hoc loco describere expediens putavimus. Statura fuit gracili et procera, capillo subruffo raroque, facie vividi coloris semper ridenti simili, oculis caprinis* […] *in armis strenuus et audax ad omne discrimen, sed preceps et nimium lubricus, in adversis consilio egens, iocosus atque urbanus, in incessu citus, frequens sessionum et locorum mutator.*

68 Die Chronik des Mathias von Neuenburg, hg. von Adolf Hofmeister (MGH Scriptores rer. Germ. NS 4), Berlin ²1955, S. 95: *Nota bene. Acue, scriba, ingenium, grandis tibi restat labor, si presumis describere aquilam grandem tarde diuque volantem et stultum sapientem, desidem curiosum, pigrum ferocem, tristem iocundum, in pusillanimitate fortem, adustis alis crescentem et in infortuniis fortunatum.* Vgl. dazu Klaus Arnold, Art. Matthias von Neuenburg, in: Die deutsche Literatur des Mittelalters. Verfasserlexikon Bd. 6 (1987), Sp. 194–197, Bd. 11 (2004), Sp. 981.

(*prudens, paciens, pacem querens*) fasst der Eichstätter Kapellan Heinrich Taube von Selbach († 1364) die Herrscherpersönlichkeit des Wittelsbachers in Worte: „klug, geduldig, den Frieden suchend, tüchtig, glücklich im Kampf und in anderen Taten, aber zögerlich in der Vollstreckung der Gerechtigkeit, saumselig bei der Arbeit, irgendwie gerne die Erholung suchend, regierte er 33 Jahre mit Abzug von acht Tagen."[69] Schon diese Beispiele zeigen: Die Bildung des Herrschers ist sichtlich keine eigene „Kategorie" der Beschreibung. Bei näherem Hinsehen wird das Problem jedoch gerade für Ludwig den Bayern berührt, wenn vielfach auf die entscheidende Rolle seiner Berater und die vom Papst exkommunizierten Franziskaner verwiesen wird. Alberto Mussato betont, dass Ludwigs Berater den Kampf mit dem Papst verschärften, wenn sie seine Manifeste formulierten. Sie erscheinen in der Lesart der Chronisten als selbstständig Agierende, die eigene Ziele verfolgten. Diese Tatsache wurde offensichtlich regelmäßig zu seiner Entlastung in der öffentlichen Auseinandersetzung angeführt, da die Gegner dieses Argument entschieden zurückweisen: Der große Einfluss seiner gelehrten Räte konnte den Herrscher in der Lesart der Papsttreuen nicht entschuldigen, weil ihm bewusst gewesen war, dass er sein Schicksal mit dem von Häretikern verband. Die gelehrten Franziskaner ermöglichten Ludwig im Kampf mit dem Papsttum eine eigenständige theologische Position, die er auch öffentlich vertrat. Darauf zielte wohl auch die päpstliche Kritik in der Exkommunikationsbulle von 1346, wenn es heißt, dass Ludwig sein Versprechen gebrochen habe „nichts dem eigenen Willen vorzubehalten" (*nihil sibi proprii arbitrii reservando*), sondern dem heiligen Stuhl in allem gehorsam zu sein.[70] Damit war die Frage wiederum auf die Urteilskraft des Herrschers reduziert, die in diesem Fall eben auch eine Frage der (theologischen) Bildung eines Laien war.

Das Fehlen gelehrter Bildung wird dann explizit in der um 1370 von einem Oberaltaicher Mönch verfassten „Chronik der bayerischen Herzöge" (*Chronica de ducibus Bavariae*) als ein Problem thematisiert: Nichts habe Ludwig von alldem vermissen lassen, was zu einem klugen Mann und dem Lenker eines Königsreichs gehöre. Das Einzige, was ihm gefehlt habe, sei die Kenntnis der lateinischen Sprache gewesen (*nisi quod linguam Latinam minime intellexit*). Das freilich habe ihm nicht zuletzt die Ungnade Papst Johannes´ XXII. eingebracht, denn sein Kanzler, der Meister Ulrich von Augsburg, dem er für seine lateinische Korrespondenz vertrauen

---

69 Die Chronik des Heinrich Taube von Selbach, hg. von Harry Bresslau (MGH Scriptores rer. Germ. N.S. 1), Hannover 1922, ad annum 1314, S. 31: *Hic* [sc. Ludowicus] *tempore eleccionis [sue] etatis XXX annorum vel circa, elegans persona, prudens, paciens, pacem querens, industriosus, fortunatus in bellis et in aliis factis, sed remissus in execucione iusticie et tardus ad laborem, solacia quodammodo libenter querens, regnavit annis XXXIII minus octo diebus.* Vgl. Katharina Colberg, Art. Taube, Heinrich, von Selbach, in: Die deutsche Literatur des Mittelalters. Verfasserlexikon Bd. 9 (1995), Sp. 628–631. Zu den bayerischen Chronisten vgl. Moeglin, Das Bild Ludwigs des Bayern (wie Anm. 15), S. 240–249.

70 Schwedler, dampnate memorie Ludovici de Bavaria (wie Anm. 57), Anhang S. 196.

musste, war ihm gram, weil er vor dem König von mächtigen Adeligen angeklagt worden war und gezwungen wurde, sich gegen die ungeheuren Vorwürfe entehrenderweise durch den Eid von 45 Klerikern zu reinigen. Aus Rache habe der Kanzler dann die kaiserlichen Briefe verfälscht (*falsa pro veris scribendo*). Während Ludwig dem Papst seinen freiwilligen Gehorsam und vollständige Unterwerfung anzeigen wollte, habe der Magister Ulrich den Papst unter Rückgriff auf Petrus de Vinea als apokalyptische Bestie, die aus dem Meer entsteigt (Apc 13,1), bezeichnet, was dieser übel aufgenommen habe.[71] Tatsächlich war Ludwigs Protonotar Ulrich Hofmaier von Augsburg im Januar 1337 zusammen mit Marquard von Randeck und Heinrich von Zipplingen Teil der hochrangigen Delegation gewesen, die Papst Benedikt XII. die Rekonziliation des Wittelsbachers abringen sollte.[72] Die Vertrauensstellung des Protonotars Ulrich formte der bayerische Mönch zu einer abenteuerlichen Betrugsgeschichte um, die den Wittelsbacher von der persönlichen Verantwortung entlasten sollte. Dabei wies er erstaunlicherweise der fehlenden Sprachkompetenz Ludwigs eine geschichtswirksame Rolle zu und verwies damit auf ein Problem, auf das auch die Fürstenspiegel klar benannten: Wenn der Herrscher Lesen und Schreiben und das gelehrte Latein nicht beherrschte, musste er seinem Kanzleipersonal vertrauen, das es dann gegebenenfalls leicht hatte, seinen Herrn zu hintergehen.

Bei Ludwig dem Bayern wird offenbar erstmals im öffentlichen Diskurs die Frage aufgeworfen, ob ein König schriftgelehrt sein muss, wenn er sich mit dem Papst

---

71 Chronica de ducibus Bavariae (Chronik der Herzöge von Bayern), hg. von Georg Leidinger, Bayerische Chroniken des 14. Jahrhunderts (MGH Scriptores rer. Germ. 19), Hannover 1918, S. 151–175, hier S. 157f.: *Domino itaque Ludwico in regem Romanum confirmato nichil de omnibus, que ad virum sapientem et regni gubernatorem pertinebant, sibi defuit, nisi quod lingwam Latinam minime intellexit, ex quo inter alia, que ei evenerunt, mala indignacionem domini papae, domini Iohannis XXII., incurrit. Quod sumpsit inicium tali modo: Habuit enim quendam cancellarium, qui vocabatur magister Ulricus de Augusta, cui suum sigillum et omnia scribenda et expedienda fideliter commendavit.* [...] *Eodem tempore dominus Ludvicus rex Romanorum festinabat pro gracia sedis apostolice impetranda solempnes ad curiam mittere nuncios una cum litteris voluntariam obedienciam et omnem subieccionem continentibus. Ex quo predictus cancellarius occasione malignandi inventa, ut supra scriptam infamiam suam false vindicaret, litteras apostolico dirigendas viciavit falsa pro veris scribendo, dominum papam bestiam a mare ascendentem* (Apc 13,1) *vocitando et plura similia ad similitudinem illius, qui quondam Petrus de Vineis vocabatur, ponendo, rege penitus ignorante. Quapropter dominus apostolicus provocatus vel pocius deceptus contra ipsum regem excommunicacionis sentencias promulgavit et contra eum reges et principes instigavit.* Offenbar hatte Benedikt, wie eine später redigierte Quelle berichtet, Ludwig den Bayern nach dem Eklat der Verhandlungen im Frühjahr 1337 mit dem großen Drachen der Apokalypse verglichen, Thomas, Ludwig der Bayer (wie Anm. 14), S. 302f. Vgl. auch Moeglin, Das Bild Ludwigs des Bayern (wie Anm. 15), S. 243f., der diese Strategie der Entlastung in der bayerischen Chronistik des Spätmittelalters weiter verfolgt.

72 Ulrich Hofmaier von Augsburg war der Protonotar Ludwigs des Bayern, vgl. Thomas, Ludwig der Bayer (wie Anm. 14), S. 300–303. Schwedler, damnate memorie (wie. Anm. 57), S. 172. In der Bannsentenz Clemens VI. (Avignon 1346 April 13) wird *Ulricus de Augusta* als *familiaris Ludovici* bezeichnet, ebd., S. 196. Vgl. auch Franz Josef Felten, München, Paris und Avignon im Frühjahr 1337. Anmerkungen zur Wirkmächtigkeit von Geschichtsbildern, in: Bayern und Europa. Festschrift für Peter Claus Hartmann zum 65. Geburtstag, hg. von Konrad Amann u.a., Frankfurt 2005, S. 1–16.

auf eine Kontroverse um seine Rechtgläubigkeit einlässt. Da die *divina* in die Zuständigkeit des Klerus fielen, waren das gelehrte Latein und die Kenntnis der theologischen Literatur eine unabdingbare Voraussetzung, um sich in theologischen Fragen und insbesondere zu Fragen des Dogma im öffentlichen Raum zu äußern. Auf dieses Terrain wagte sich Ludwig der Bayer in der eskalierenden Auseinandersetzung. Der Höhepunkt war in dieser Hinsicht der Hoftag in Frankfurt am 6. August 1338 in der Deutschordenskirche in Sachsenhausen, zu dem nicht nur der englische und der böhmische König, sondern auch die Kurfürsten, die Erzbischöfe und Bischöfe, die gesamte Ritterschaft, die Rechtskundigen und Magister in Theologie, sonstige Gelehrten und die Abgesandten der Städte eingeladen waren.[73] Hier schlossen sich die Glieder des Reichs in großer Solidarität mit dem gebannten Kaiser gegen die Forderungen der Kurie zusammen. Nicht nur die Proklamationen „Fidem catholicam" und „Licet iuris" wurden auf dem Hoftag verabschiedet, sondern Ludwig der Bayer trat auch persönlich mit seiner Sicht der Dinge hervor.[74] Johann von Winterthur († 1348/1349) berichtet, dass Ludwig in königliche Gewänder gekleidet, die von Edelsteinen, Gold und Silber wie Blitze leuchteten, und mit dem Zepter und den übrigen königlichen Insignien angetan, sich vor der versammelten Ritterschaft in rechtsgültiger Form von allen Vorwürfen reinigte (*expurgavit se legitime*) und bekannte, dass er selbst und seine Vorfahren, soweit man sich entsinnen könne, von der Wiege auf ergebene Bekenner und die wahrhaftigen Anhänger des katholischen Glaubens gewesen seien.[75] „Nachdem er diesen und ähnlichen Stoff prachtvoll und klar erörtert hatte", gab er den Fall an die Rechtsgelehrten mit der Frage weiter, was von dem Interdikt zu halten sei und wie man im Streit mit dem Papst verfahren solle.[76] Auch Heinrich von Herford berichtet ausführlich von diesem denkwürdigen Ereignis. Die Art und Weise, wie er die Redeweise des Kaisers wiedergibt, kommentiert und dabei auch auf die Reaktion des Publikums eingeht, vermittelt den Ein-

73 Heinrich von Herford, Liber de rebus memorabilioribus (wie Anm. 4), S. 260: *Item hoc anno Lodewicus imperator in Vrankenford sollempnem curiam congregavit, ad quam reges Anglie et Bohemie et principes imperii, id est electores imperatoris, et principes alii, archiepiscopi, episcopi, duces, marchiones, comites, barones et alii ministeriales et milites, necnon et doctores utriusque iuris periti, magistri in theologia et alii litterati et in diversis experti quam plurimi, insuper et civitatum legati et hominum aliorum spectabilium multitudo copiosa convenerunt.* Vgl. zuletzt Menzel, Die Zeit der Entwürfe (wie Anm. 12), S. 182–184.

74 Thomas, Ludwig der Bayer (wie Anm. 14), S. 313–315; Krafzik, Licet iuris (wie Anm. 8), S. 8.

75 Die Chronik Johanns von Winterthur, hg. von Friedrich Baethgen (MGH Scriptores rer. Germ. N.S. 3), Berlin 1924, S. 157: *Insuper regalibus vestibus gemmis, auro et argento ad modum fulguris coruscantibus indutus, sceptro quoque et aliis insigniis regalibus decoratus expurgavit se legittime coram omni multitudine milicie sue ibidem congregate* […] *a viciis illis, que secundum decretalem incipientem 'Venerabiliem'* […] *ipsum impedire vel deicere possent, ostendens se et suos progenitores a tempore, quo non extat memoria, fidei katholice professores a cunabulis devotos et verissimos esse sectatores.*

76 Ebd.: *Hiis et similibus sermonibus ab eo gloriose ac limpide peroratis per se et per suos iuridicos scissitabatur ab eis, quid ultra facere deberet* […].

druck, dass Heinrich von Herford in Frankfurt Augenzeuge der Geschehnisse wurde. Der Chronist berichtet, dass Ludwig zunächst die – wie er meinte – für das Reich notwendigen und nützlichen Entscheidungen erklärte und dann unter Zustimmung und zur Freude der Anwesenden die Gesetze über die Vollmacht kaiserlicher Gewalt verkündete (*Fidem catholicam, Licet iuris*).[77] Anschließend wandte sich der Kaiser zunächst einigen Reichsangelegenheiten zu, ehe er aus freien Stücken, durch niemandem gezwungen und von niemandem überredet (*nullo cogente vel suadente, mente spontanea*), vor den Königen, den Fürsten und Adeligen, den geistlichen wie den weltlichen Vertretern des Reichs, laut, deutlich und fromm Rechenschaft über seinen Glauben abgelegt und erklärt habe, dass er ein treuer Christ sei. Und er bekundete klar und einsichtig, indem er bei jedem Glaubensartikel ein wenig verweilte, dass er an jeden von ihnen treu glaube und allen unzertrennbar anhänge.[78] Und als er zu dem Artikel *Unam, sanctam, catholicam et apostolicam ecclesiam* gelangte, so Heinrich von Herford, habe er bei ihm etwas länger innegehalten und erklärt, dass er fest und unverbrüchlich dazu stehe: „Wir glauben nämlich, was die katholische Kirche lehrt und sagt. Weshalb nämlich haben wir das Evangelium des Matthäus angenommen und nicht das des Bartholomäus,[79] wenn nicht deshalb, weil die Kirche uns lehrt, dass dies zu akzeptieren und das andere nicht zu beachten ist, wie es in den Dekreten der rechtgläubigen Väter gelehrt wird?“ [80] Und dem (seiner Rechtgläubigkeit) stehe nicht entgegen (*nec obstat*), habe er noch hinzugefügt, wenn uns bezüglich der Zwietracht zwischen dem Papst und uns irgendetwas vorgeworfen wird. Heinrich von Herford gibt Ludwigs Abwehr von Einspruch mit *nec obstat* wieder und wählte damit sicherlich nicht ohne Absicht die Einspruch ausschließende Rechtsformel des kurialen

77 Heinrich von Herford, Liber de rebus memorabilioribus (wie Anm. 4) S. 260: *Horum omnium, quorum interesse poterat, consilio studioque Lodewicus imperator capitula plura ecclesie, sicut dixit, et imperio Romano necessaria et utilia declaravit, constituit, auctoritatem, robur et vim legum de plenitudine potestatis imperialis eis indidit, et coram hiis omnibus, eis etiam acclamantibus et aggaudentibus, publice et sollempniter perpetuis temporibus observanda promulgavit.*

78 Ebd. S. 262: *Et ex hinc in eadem curia Lodewicus imperator, nullo cogente vel suadente, mente spontanea coram regibus et principibus et nobilibus omnibus tam ecclesiasticis quam secularibus et aliis universis rationem fidei sue sonore, distincte et devotissime reddidit, et quod fidelis esset cristianus, clare planissimeque declaravit, singulis articulis fidei per aliquantulum temporis immorando, quemlibet eorum fideliter credere et cuilibet in totum inscissibiliter adherere se protestans.*

79 Von dem apokryphen, ursprünglich in Griechisch in Ägypten verfassten „Buch über die Auferstehung Christi des Apostels Bartholomeus“ exisitierte auch eine lateinische Übersetzung, vgl. James K. Elliot, The Apocryphal New Testament (The questions of Bartholomew), Oxford 1993, S. 652–671; Wallis E. A. Budge, Coptic Apocrypha in the Dialect of Upper Egypt, Oxford 1913.

80 Heinrich von Herford, Liber de rebus memorabilioribus (wie Anm. 4) S. 262: *Cumque venisset ad articulum ‚Unam sanctam catholicam et apostolicam ecclesiam', illi paulo plus immorabatur, affirmans, ab eo se nec etiam quantulumcumque declinare vel hesitare, sed in eo se firmissimum et fidelissimum esse; ‚cum propter eum et post eum etiam aliis articulis firmius adhereamus; credimus enim, quod ecclesia catholica docet et predicat. Quare enim reciperemus ewangelium Mathei, et non Bartholomei, nisi quia ecclesia docet istud acceptandum et aliud non attendendum, ut in decretis patrum orthodoxorum docetur'?*

Gebrauchs.[81] Das wirft nicht zuletzt die Frage auf, in welcher Sprache Ludwig der Bayer diese Dinge vor den Vertretern der Reichskirche und den Fürsten verhandelt hat? Die Formulierung *mente spontanea* spricht vielleicht eher gegen eine von seinen Hofgelehrten vorbereitete lateinische Rede, doch wird er die Glaubensartikel vielleicht doch eher lateinisch als bayerisch gesprochen haben?[82] Anschließend fasste der Dominikaner Ludwigs Haltung, rhetorisch wiederum in direkter Rede hervorgehoben, prägnant zusammen: „In allen Dingen des Glaubens, der Gerechtigkeit und der Wahrheit, den guten Sitten und den alten und bewährten Gebräuchen und in allen anderen gerechten und heiligen Angelegenheiten, die irgendwie zum Glauben gehören, haben wir dem Papst und den Kardinälen stets demütig und unverzüglich gehorcht, gehorchen ihnen und werden ihnen immer gehorchen und weder nach rechts noch nach links abweichen – wenngleich wir allerdings die Leidenschaften derer und die neuen gefährlichen Erfindungen (*adinventiones novitatum periculosarum*), wie die Verletzung der Kaiserrechte, ja ihre Zerstörung, die nur alles zum äußerten Schaden des Reichs wenden, zur Demütigung und zum Abfall von der Kirche, nicht anerkennen können.[83] Die Formulierung *non approbemus* wählt Heinrich von Herford für das Urteil Ludwigs des Bayern über den Papst, wohl doch als Anspielung auf eben jene Approbation, die ihm die Päpste nun schon seit mehr als einem Jahrzehnt verweigert hatten. Der Papst habe sich damit des Majestätsverbrechens schuldig gemacht (*crimen lesae maiestatis*), so wie die ganze kaiserliche Rede gleichsam von Rechtsformeln durchzogen ist. Die zentrale Zurückweisung der päpstlichen Position wird mit einem Pauluszitat begründet: „Wir werden ihnen [dem Papst und den Kardinälen] gerne und freudig gehorchen, freilich nicht als ob sie Menschen wären, von denen der Apostel Paulus sagt: ‚Wenn Eifersucht und Streit unter euch herrschen, seid ihr dann nicht wie Menschen und verhaltet euch wie ein Mensch?‘ Deshalb sagen wir: Nicht wie Menschen, die ihren Leidenschaften und ihren gefährlichen Erfindungen folgen, sondern dem Stellvertreter Jesu Christi, unseres Retters, und den Lenkern, den Heilern und Ärzten, nicht des Körpers und nicht der äußeren Dinge sondern unserer Seelen, die wir treu verehren, übergeben wir demütig unsere Köpfe.“[84] Insofern der Kaiser die Pflicht hatte, das Reich und seine Rechte zu schüt-

81 Ebd.: *Et subiuxit: ‚Nec obstat nobis, si de discordia inter nos et papam aliquid nobis obiciatur.‘*

82 Ich danke Fidel Rädle (Göttingen) herzlich für zahlreiche Hinweise und Anregungen.

83 Heinrich von Herford, Liber de rebus memorabilioribus (wie Anm. 4) S. 262: *In omnibus enim ad fidem, iusticiam et veritatem, bonos mores, ecclesie consuetudines antiquas et approbatas, et aliis omnibus quibuscumque iustis et sanctis ad fidem qualitercumque pertinentibus pape et cardinalibus humiliter et prompte semper obedivimus, obedimus et obediemus, nec ad destram nec ad sinistram declinantes, quamquam passiones eorum et adinventiones novitatum periculosarum, ut imperii lesionem, quin immo destructionem, que tandem utique vergent in extremum malum reipublice, humiliationum et dejectionem ecclesie, non approbemus.*

84 Ebd.: *Obediemus igitur eis libenter et gaudenter, non sicut hominibus, de quibus dixit apostolus I. Cor. 1* [3,3]*: ‚Cum contentiones et rixe sint inter vos, nonne homines estis et secundum hominem ambulatis‘ Unde diximus: Non sicut hominibus passiones suas et adinventiones periculosas sequentibus, sed ut*

zen, wurde Ludwigs Haltung so zu einem notwendigen Akt der Verteidigung des *bonum commune*. Und mit einem Horazzitat (Hor, ep. 1,2,14 *quidquid delirant reges, plectuntur et leduntur Achivi*) wandte er sich Heinrich von Herford zufolge dann direkt an die anwesenden Fürsten, „alle seine Überredungen, Versprechungen und Bitten zu einer großen Bitte zusammenfassend, dass sie nämlich, wenn sie nur könnten, den Papst zur Eintracht zurückriefen."[85] Falls diese Darstellung Vertrauen verdient, wollte der Kaiser durch diese gelehrte Form begründeter Argumentation, die Laien ebenso wie Geistlichen angemessen zu begegnen wusste, möglicherweise seine Bildung und damit seine Urteilskompetenz beweisen? Wollte er sich als ein Herrscher präsentieren, der in Kenntnis der weltlichen und geistlichen Traditionen dem Volk zu Recht vorstand? Die (biblische) Autorisierung seiner politischen Haltung war aber offenbar tatsächlich charakteristisch für diese Phase der Auseinandersetzung mit dem Papst. Bereits einige Monate zuvor, auf dem Ständetag in Sachsenhausen am 17. Mai 1338, hatte der Kaiser die Städteboten als Vertreter der universalen Kirche aufgerufen, sich für ihn bei Papst Benedikt zu verwenden und mit den Worten des Matthäus-Evangelium (Mt 18,4) „Wenn er aber auf Euch nicht hört, so wird er mir wie ein Heide sein" eine rechtlich anerkannte Formel zitiert, um ihnen zu signalisieren, dass, wenn der Papst auf das Begehren der Städte nicht angemessen reagiere, sie ihm in legitimer Weise den Gehorsam verweigern konnten.[86] Heinrich von Herford gibt noch eine Äußerung Ludwigs wieder, die sich wie eine unmittelbare Reaktion des Kaisers auf die momentane Situation liest und offenbar seine Entschlossenheit zum Handeln manifest machen sollte: „und dann hat er gesagt, dass er auch jetzt noch nicht so ohnmächtig und gedemütigt wäre, dass er etwa wünschte, von äußeren Gewalten, welcher Art auch immer, wie von Sporen getrieben zu werden, indem er versicherte, dass er neben allem, was zum Reich gehöre, mit seinen Söhnen zu Erbrecht mehr als 800 Städte, Burgen und andere befestigte Orte besitze. Und als sich alle wunderten und mit ihm freuten, hat er noch hinzugefügt, außer den nicht befestigten Orten, aber mit Planken geschützten und vielen anderen sehr guten Höfen."[87] Diese so authentisch gestaltete Redeszene wirft natürlich die Frage auf,

vicario Jhesu Christi salvatoris nostri et rectoribus, curatoribus et medicis, non corporum nec rerum exteriorum, sed animarum nostrarum, capita nostra devote submittimus, eos fidelius venerantes.

85 Ebd.: *Post hec persuasiones, promissa, preces confundit in unum, protestans, se petere et desiderare a principibus omnibus et cristianis quibuscumque, quod papam, si quomodo possent, ad cor et concordiam revocarent, tum quia fidelibus omnibus hoc expediret, ‚quia, quidquid delirant reges, plectuntur' et leduntur ‚Achivi', tum quia veritas, que deus est, nonnisi in pace consuevit habitare* […].

86 Thomas, Ludwig der Bayer (wie Anm. 14), S. 308.

87 Heinrich von Herford, Liber de rebus memorabilioribus (wie Anm. 4) S. 262: […] *tum etiam quia dixit, se non tantum adhuc impotentem et humiliatum, quod velit, extraneis violentiis quibuscumque et quorumcumque sicut calcaribus perurgeri, affirmans preter omnia, que pertinent ad imperium, se cum filiis suis hereditarie possidere civitates, urbes et munitiones alias muratas plus quam 800. Et cunctis mirantibus et aggaudentibus eidem subjunxit: preter munitiones non muratas, sed plancis firmatas et curias alias bene multas.*

was dem Dominikaner und was dem Herrscher zuzuschreiben ist? Heinrich von Herford jedenfalls lässt erkennen, dass Ludwigs Auftritt auf dem Hoftag von den Anwesenden sehr positiv aufgenommen wurde: „Unter großer Zustimmung der Anwesenden las der gebannte Kaiser dann laut und deutlich das ganze Glaubensbekenntnis, das Vaterunser und den englischen Gruß, ehe er die Könige, alle Fürsten und den Adel verabschiedete und erfreut mit seinem großen Heer nach München zurückkehrte."[88]

Das, so Heinrich von Herford, war – ungeachtet des augenblicklichen Erfolgs – ein Wagnis. Bereits Ludwigs Appellation an Papst Johannes XXII. in der Armutsfrage 1324 hatte er, sich mit kritischen Worten direkt an den Leser wendend, kommentiert: „Und beachte in dieser Sache, wie Ludwig, dieser *homo simplex*, mit dieser Appellation – wenn man sie überhaupt so nennen darf – auf schändliche und erbarmungswürdige Weise durch jenen mächtigen Rat hinterlistig [unter dem Fuchsfell] verführt worden ist. Er, der nichts wissen konnte und in Bezug auf diese Dinge zu keinem eigenständigen Urteil fähig war, ist dadurch unglücklich in ein nicht von ihm zu verantwortendes Verbrechen hineingezogen worden."[89] War der König für Heinrich von Herford zu diesem frühen Zeitpunkt noch der Verführte, so wies er ihm in der abschließenden Würdigung die volle Verantwortung für sein Tun zu. Hier spricht der papsttreue Dominikaner gegen die rebellischen Minderbrüder, aber er benennt dennoch eine wesentliche Grenze der klerikalen Kompetenz, die zu überschreiten für einen Laien nicht folgenlos bleiben konnte.

In der besonderen Situation, als sich Ludwigs Kampf um päpstliche Anerkennung seiner Herrschaft mit den theologischen Streitigkeiten der Franziskaner um das Armutsgebot verquickte, rückte in das Gesichtsfeld, was die Fürstenspiegel schon länger, vermutlich meist vergeblich, propagierten: die Notwendigkeit nach gelehrter Bildung für einen Laienfürsten. Ludwig hatte auf dem Hoftag in Frankfurt öffentlich die Lehrautorität der Kirche bestritten, was den Vorwurf der Häresie fast zwangsläufig nach sich zog. Der gebannte Kaiser hatte das Interdikt missachtet und in der Kirche als Laie das Credo ausgelegt, möglicherweise im Anschluss an das sonntägliche Hochamt. Das war ein mutiger Schritt, mit dem er für das Reich Stellung bezog und persönlich die Verantwortung für seine politische Linie übernahm. Aber zugleich hatte er sich dadurch einen möglichen Ausweg verschlossen, die Schuld auf seine gelehrten Berater zu schieben, weil das die Unwissenheit des Fürsten voraussetzte. Der Wittelsbacher hatte diesen Schritt nicht ohne Grund gewagt, sondern

88 Ebd.: *Omnibus hiis actis, sonore legit et distincte simbolum totum: ‚Credo in Deum patrem' etc., orationem dominicam et salutationem angelicam. Et valedicens regibus et princibus omnibus et nobilibus, cum exercitu magno iocunde regreditur in Monacum.*

89 Ebd., S. 241: *Et attendas in hac, si tamen sic dici potest, appelatione, quam nequiter et miserabiliter hic homo simplex, scilicet Lodewicus rex, per consilia magna sub pelle vulpina seductus est, nichil sciens de hiis nec iudicium proprium habere potens, de eis infeliciter in crimen incidit alienum.*

auf einen wichtigen und für den Herrscher zunehmend problematischen Punkt verwiesen, nämlich auf die fehlende Autorität des Königs in Bezug auf die *divina*, für die er auf den Klerus angewiesen blieb. Das ungeschützte Hervortreten des Kaisers gegen die Kirche erwies sich im weiteren Verlauf der Geschichte als schwierig, auch wenn die in Frankfurt anwesenden geistlichen und weltlichen Fürsten diesen Schritt offenbar gutgeheißen und unterstützt hatten. Freilich hatten der Kölner Erzbischof Walram und Balduin von Trier vorsorglich vermieden, Zeugen dieser Demonstration herrscherlicher Autorität in Glaubensfragen zu werden.[90] Als eine Folge wurden die persönlichen Voraussetzungen für das Herrscheramt über die Berechtigung durch Herkunft und Wahl, körperliche Tüchtigkeit und Durchsetzungskraft hinaus konkret in Hinsicht auf Erziehung und Ausbildung nun neu verhandelt. Insofern ist es weder Zufall noch nebensächlich, dass Karl IV. 1356 im 31. Kapitel der Goldenen Bulle die Spracherziehung und Ausbildung auch der Kurfürsten zu fördern und zu systematisieren suchte.[91] Karl IV. selbst reklamierte mit eigenständigen auf Latein verfassten Bibelauslegungen und der weihnachtlichen Evangelienlesung erfolgreich Kompetenzen für sich, die eigentlich dem Klerus vorbehalten waren, und eröffnete sich damit neue Handlungsspielräume.[92] In bedrängter politischer Lage und durch Gegenkönige bedroht, entwickelte der Luxemburger eine ‚Herrschaftstheologie', die seine Macht auf der Basis von ‚Weisheit und Tugend' letztlich im Transzendenten begründete, um eine größere Akzeptanz seines Machtanspruchs zu erreichen.[93] Diese Herrschaftskonzeption wäre ohne einen souveränen Zugriff auf die *divina* nicht möglich gewesen, freilich hat Karl IV. eine offene Auseinandersetzung mit dem Papst stets vermieden. In seiner Autobiographie und in den Proömien seiner Gesetzeswerke hat er sich stets eingehend zur Intention, man könnte sagen zu den *motiva* seines herrscherlichen Handelns geäußert.[94] Wenn es zutrifft, dass der Intention politischen Handelns im öffentlichen Raum zunehmend mehr Gewicht zukam, wurde damit auch die Forderung der Fürstenspiegel zur Reflexion des eigenen Handelns in neuer Weise relevant.

---

90 Thomas, Ludwig der Bayer (wie Anm. 14), S. 313.

91 Die Goldene Bulle vom 10. Januar und 25. Dezember 1356. Lateinisch und frühneuhochdeutsch, Bd. 1, hg. von Wolfgang D. Fritz, Bd. 2, hg. von Karl Zeumer (MGH Constitutiones et acta publica imperatorum et regum 11: Dokumente zur Geschichte des Deutschen Reiches und seiner Verfassung. 1354–1356), Weimar 1988, cap. 31 S. 90.

92 Vgl. dazu Schlotheuber, Der weise König (wie Anm. 43), S. 265–279.

93 Jürgen Miethke, Wissenschaftliche Politikberatung im Spätmittelalter: die Praxis der scholastischen Theorie, in: Politische Reflexionen in der Welt des späten Mittelalters. Festschrift für Jürgen Miethke (Studies in medieval and reformations traditions 103), hg. von Martin Kaufhold, Leiden 2004, S. 337–357.

94 Eva Schlotheuber, Die Rolle des Rechts in der Herrschaftsauffassung Kaiser Karls IV., in: Die Goldene Bulle. Politik – Wahrnehmung – Rezeption, hg. von Ulrike Hohensee u.a. (Berichte und Abhandlungen der Berlin-Brandenburgischen Akademie der Wissenschaften 12), Berlin 2009, 2 Bde., Bd. 1, S. 93–141.

Was genau es für einen Herrscher bedeutete, die Würde des Reichs angemessen zu vertreten, blieb noch lange offen und wurde je nach den Umständen auch unterschiedlich beantwortet. Gleichzeitig wurden jedoch zunehmend die intellektuellen Voraussetzungen und Fähigkeiten derjenigen diskutiert, denen durch Wahl oder Geburt das Herrscheramt zufiel. Im öffentlichen Diskurs um die Person des Königs beginnen neben den traditionellen Eigenschaften der körperlichen Beschaffenheit nun Erziehung und Ausbildung wichtiger zu werden, und zwar nicht *ad personam* wie bei Kaiser Heinrich IV., dessen offenbar zügelloser Lebensstil man bisweilen auf seine schlechte Erziehung zurückgeführt hatte, sondern abstrakt in Bezug auf die Fähigkeiten, derer es grundsätzlich zur Ausübung dieses hohen Amtes bedurfte. Die besondere Situation, in die Ludwig der Bayer durch den Kampf mit der Kurie hineingeraten war, hatte offenbart, dass dabei auch der (gelehrten) Bildung eine durchaus politisch relevante Bedeutung zukommen konnte. Insofern ist Ernst Schubert völlig zuzustimmen, dass sich in den Auseinandersetzungen um Ludwig den Bayern eine neue Qualität der Publizistik entwickelte. Aber diese Abstraktionsprozesse richteten sich nicht nur auf eine genauere Definition von „Reich“, sowohl des *regnum* als auch in seiner Verschränkung mit dem *imperium*, sondern auch auf die Person des Königs, auf seine intellektuellen Voraussetzungen zum Amt und auf seine Fähigkeit, das eigene herrscherliche Handeln in Bezug auf das *bonum commune* zu überprüfen.

Doppelzüngige Phrasendrescherei?
Die Konsistorialansprachen Papst Clemens' VI. gegen Ludwig den Bayern

Georg Strack

Die Predigt wird üblicherweise zu den Medien gezählt, die im Konflikt zwischen Ludwig dem Bayern und den Päpsten eine wichtige Rolle spielten.[1] Folgt man älteren Darstellungen, dann war gerade die Publikation der Prozesse gegen Ludwig von regelrechten Redeschlachten begleitet. Auf Befehl der Kurie seien im Reich „päpstliche Sendlinge, meistens Mönche" umhergezogen, um „die apostolischen Flüche an den Kirchenpforten zu befestigen, hierdurch und durch heftige Reden die Gläubigen einschüchternd und aufhetzend." Auf Seiten des Herrschers agitierten hingegen die Bettelorden: „Sie verweigerten teilweise die Veröffentlichung der Prozesse, und sagten in öffentlicher Predigt dem gemeinen Volke Dinge, die es leicht irre führen konnten."[2] Die neuere Forschung sieht diese Vorgänge allerdings differenzierter.[3] Martin Kaufhold hat gezeigt, dass die „Veröffentlichung der Prozesse" nicht einer „gezielten Mobilisierung" diente, sondern innerhalb der mittelalterlichen „Rechtsordnung einen eigenen Wert" besaß. Auch wenn bei der Verlesung der Schriftstücke, die ähnlich wie Predigten vor einem größeren städtischen Publikum in der Volks-

---

1 Damit sind nicht primär pastorale Vorträge in einem liturgischen Kontext gemeint, sondern Ansprachen, die zwar strukturell wie „Predigten" aufgebaut waren, also theologisch-moralischen Argumentationsmustern folgten und vor allem auf biblische Texte rekurrierten, deren Funktion aber derjenigen einer öffentlichen, politischen Rede entsprach. Die Begriffe „Predigt" und „Rede" lassen sich um die Mitte des 14. Jahrhunderts formal kaum differenzieren und werden im Folgenden synonym gebraucht, ebenso wie „Ansprache" oder „Vortrag" usw. Vgl. in diesem Sinne auch Thomas HAYE, Oratio. Mittelalterliche Redekunst in lateinischer Sprache (Mittellateinische Studien und Texte 27), Leiden/Boston/Köln 1999, S. 6; Johannes HELMRATH/Jörg FEUCHTER, Einleitung – Vormoderne Parlamentsoratorik, in: Politische Redekultur in der Vormoderne. Die Oratorik europäischer Parlamente in Spätmittelalter und Früher Neuzeit, hg. von Johannes HELMRATH/Jörg FEUCHTER (Eigene und fremde Welten. Repräsentationen sozialer Ordnung im Vergleich 9), Berlin 2008, S. 9–22, hier S. 15 und zur Definition der Predigt im engeren Sinne Beverly Mayne KIENZLE, Introduction, in: The Sermon, hg. von ders. (Typologie des sources du Moyen Âge occidental 81–83), Turnhout 2000, S. 143–174, hier S. 151.

2 Julius von PFLUGK-HARTTUNG, Anhang, Gegner und Hilfsmittel Ludwigs des Bayern in seinem Kampfe mit der Kurie, in: Zeitschrift für Kirchengeschichte 21 (1901), S. 186–232, 463–487, hier S. 190, 217f.

3 Martin KAUFHOLD, Öffentlichkeit im politischen Konflikt. Die Publikation der kurialen Prozesse gegen Ludwig den Bayern in Salzburg, in: Zeitschrift für Historische Forschung 22 (1995), S. 435–454; Ernst SCHUBERT, Ludwig der Bayer im Widerstreit der öffentlichen Meinung seiner Zeit, in: Kaiser Ludwig der Bayer, hg. von Hermann NEHLSEN/Hans-Georg HERMANN (Quellen und Forschungen aus dem Gebiet der Geschichte. Neue Folge 22), Paderborn u.a. 2002, S. 163–197.

sprache erfolgte, gelegentlich „ein rhetorischer Funke" übersprang, dürfte das Geschehen mit dem „modernen Begriff der Propaganda" kaum zu fassen sein.[4]

Der predigtartige Vortrag wird damit als Bestandteil einer genau festgelegten Handlung gedeutet, bei der einer bestimmten Gruppe von Personen Inhalte vermittelt und kollektive Emotionen geschürt wurden. Man könnte folglich von einem „Ritual" sprechen, in dessen Rahmen Ansprachen eine kommunikative Funktion erfüllten.[5] Im Anschluss an das Konzept der „Oratorikforschung" lässt sich diese in insgesamt drei Punkten noch etwas genauer bestimmen.[6] Die ohne Störungen vorgetragene Rede zeigte erstens ein Grundeinvernehmen aller Beteiligten über die zur Debatte stehenden Fragen, konnte Akte der Zustimmung evozieren und trug so zur „symbolischen Repräsentation" von Konsens bei. Da auf politischen Versammlungen eher dieser allgemeine Konsens betont wurde, ist – zweitens – die persuasive Ausrichtung der Vorträge „rituell" zu deuten. Der oft sehr komplexe Argumentationsgang zielte nicht primär auf die Überzeugung Andersdenkender in einer offenen Diskussion, sondern auf die Bekräftigung von allgemein akzeptierten Positionen im Rahmen eines festgelegten Rituals.[7] Drittens boten die Ansprachen die Möglichkeit, durch gewisse Akzentsetzungen auch eigenständige oder umstrittene Ansichten zu thematisieren und Ratschläge zu äußern. Analysiert man die politische Redekultur des Mittelalters, sind also stets Aspekte von „symbolischer Repräsentation", „ritueller Persuasion" und mehr oder weniger impliziter „Deliberation" zu beachten.[8]

4 KAUFHOLD, Öffentlichkeit (wie Anm. 3), S. 444, 453f.

5 Vgl. dazu den Definitionsansatz bei Frank REXROTH, Rituale und Ritualismus in der historischen Mittelalterforschung. Eine Skizze, in: Mediävistik im 21. Jahrhundert. Stand und Perspektiven der internationalen und interdisziplinären Mittelalterforschung, hg. von Hans-Werner GOETZ/Jörg JARNUT (Mittelalterstudien 1), München 2003, S. 391–406, hier S. 393 und von den zahlreichen Studien zur Thematik von Gerd ALTHOFF zuletzt: Kommunikation des Königs mit den Fürsten, in: Ritualisierung politischer Willensbildung, hg. von Wojciech FAŁKOWSKI/Bernd SCHNEIDMÜLLER/Stefan WEINFURTER (Deutsches Historisches Institut Warschau. Quellen und Studien 24), Wiesbaden 2010, S. 31–45.

6 HELMRATH/FEUCHTER, Parlamentsoratorik (wie Anm. 1); Jörg FEUCHTER, Deliberation, rituelle Persuasion und symbolische Repräsentation. Zugänge zur Redekultur auf vormodernen französischen Generalständen, in: Politische Versammlungen und ihre Rituale. Repräsentationsformen und Entscheidungsprozesse des Reichs und der Kirche im späten Mittelalter, hg. von Jörg PELTZER/Gerald SCHWEDLER/Paul TÖBELMANN (Mittelalter-Forschungen 27), Ostfildern 2009, S. 207–217; THOMAS WOELKI, Lodovico Pontano (ca. 1409–1439). Eine Juristenkarriere an Universität, Fürstenhof und Konzil (Education and Society in the Middle Ages and Renaissance 38), Leiden/Boston 2011, S. 179–204.

7 Da es im Folgenden vor allem um transformative Akte (Approbation, Absetzung, Exkommunikation) geht, in deren Kontext Ansprachen gehalten wurden, wird in Anlehnung an ALTHOFF, Kommunikation (wie Anm. 5), S. 320 durchgängig von „Ritual" gesprochen, nicht von „Zeremoniell" o.ä. Vgl. die etwas abweichende Begrifflichkeit bei HELMRATH/ FEUCHTER, Parlamentsoratorik (wie Anm. 1), S. 10f.; FEUCHTER, Deliberation (wie Anm. 6), S. 214f.; WOELKI, Lodovico Pontano (wie Anm. 6), S. 197f. und grundsätzlich zu den terminologischen Problemen REXROTH, Rituale (wie Anm. 5).

8 Diese Terminologie nach FEUCHTER, Deliberation (wie Anm. 1).

Im Folgenden sollen die Konsistorialansprachen, in denen Papst Clemens VI. gegen Ludwig den Bayern das Wort ergriff, unter diesen Gesichtspunkten behandelt werden.[9] Sie erlauben schon durch die vergleichsweise günstige Editions- und Überlieferungslage die besten Einblicke in die Redekultur, die einen politischen Konflikt um die Mitte des 14. Jahrhunderts prägte. Die Diskussion dieser Texte erscheint besonders lohnend, da sie bislang noch nie zusammenhängend erörtert wurden und einige in der Forschung noch kaum Beachtung fanden.[10] Es wird vor allem darum gehen, neue Perspektiven der Interpretation aufzuzeigen,[11] doch können auch einige sachliche Irrtümer in älteren Studien geklärt und die Angaben zur Überlieferung ergänzt werden. Am Beginn wird die viel diskutierte Ansprache stehen, die Clemens zur Thronbesteigung Karls IV. hielt (I). Danach werden drei Predigten erörtert, in denen sich der Papst explizit gegen Ludwig den Bayern wandte (II) und schließlich die zwei bislang kaum beachteten Vorträge gegen den Mainzer Erzbischof Heinrich von Virneburg behandelt (III).

9 Nicht berücksichtigt wird im Folgenden von den in der Forschung bekannten Ansprachen lediglich die Rede mit dem Incipit *Nolite errare* (Gal 6,7), die Papst Clemens VI. am 16. Januar 1344 an die Gesandten Ludwigs im Konsistorium richtete. Sie gehört in eine etwas andere Texttradition als die übrigen Ansprachen und liegt zudem nur in einer bis zur Unverständlichkeit gekürzten Version vor: Johann Peter Schunk (Ed.), Beyträge zur Mainzer Geschichte, mit Urkunden, zweyter Band, Mainz/Frankfurt 1789, S. 469–473. Eine Analyse müsste also von der Manuskriptüberlieferung ausgehen, was den Rahmen der vorliegenden Studie sprengen würde. Zu den Handschriften siehe Johann B. Schneyer, Repertorium der lateinischen Sermones des Mittelalters, für die Zeit von 1150–1350. Autoren L–P (Beiträge zur Geschichte der Philosophie und Theologie des Mittelalters. Texte und Untersuchungen 43/4), Münster 1972, S. 764. Nr. 64; die ausführlicheren Angaben allerdings bei Philibert Schmitz, Les sermons et discours de Clément VI, O.S.B., in: Revue Bénédictine 41 (1929), S. 15–34, hier S. 28. Nr. 54. Zu ergänzen noch eine Handschrift in Würzburg Universitätsbibliothek, M. ch. f. 190, fol. 305r–306v. Vgl. dazu Hans Thurn, Die Handschriften der Universitätsbibliothek Würzburg. Band 5: Bestand bis zur Säkularisierung. Erwerbungen und Zugänge bis 1803, Wiesbaden 1994, S. 34-38, hier S. 35.

10 Vgl. zur Erforschung der Konsistorialpredigten Papst Clemens' VI. die grundlegende Monographie von Ralf Lützelschwab, Flectat cardinales ad velle suum? Clemens VI. und sein Kardinalskolleg. Ein Beitrag zur kurialen Politik in der Mitte des 14. Jahrhunderts (Pariser Historische Studien 80), München 2007.

11 Wegweisend hier der methodische Ansatz der Studien von Franz-Josef Felten, Kommunikation zwischen Kaiser und Kurie unter Ludwig dem Bayern 1314–1347. Zur Problematik der Quellen im Spannungsfeld von Schriftlichkeit und Mündlichkeit, in: Kommunikationspraxis und Korrespondenzwesen im Mittelalter und in der Renaissance, hg. von Heinz-Dieter Heimann/Ivan Hlavácek, Paderborn u. a. 1998, S. 51–89; Franz J. Felten, Verhandlungen an der Kurie im frühen 14. Jahrhundert. Spielregeln der Kommunikation in konfliktgeladenen Beziehungsnetzen, in: „Das kommt mir spanisch vor." Eigenes und Fremdes in den deutsch-spanischen Beziehungen des späten Mittelalters, hg. von Klaus Herbers/Nikolas Jaspert (Geschichte und Kultur der Iberischen Welt 1), Münster 2004, S. 411–474, in denen allerdings nicht auf die im Folgenden behandelten Konsistorialansprachen eingegangen wird.

I

Am 6. November 1346 verkündete Papst Clemens VI. die Approbation des neuen römisch-deutschen Königs Karls IV. Als Thema für die Predigt wählte er den Vers „Er soll kommen, sich auf meinen Thron setzen und König werden an meiner Stelle" (1 Kön 1,35).[12] Ludwig der Bayer wurde darin mehrmals erwähnt, doch bietet es sich vor allem deshalb an, zunächst auf diesen Text einzugehen, da sich an ihm exemplarisch die vielschichtige Funktion von Ansprachen für die politische Kommunikation der Zeit aufzeigen lässt. Aus den notariellen Aufzeichnungen zur Approbationserklärung ist in diesem Fall nicht nur die Zusammensetzung des öffentlichen Konsistoriums bekannt, in dem sich Kardinäle und zahlreiche weitere geistliche und weltliche Würdenträger, darunter die Gesandten des neuen Königs, versammelt hatten,[13] sondern man erfährt auch den Ort, bei dem es sich um den Korridor (*deambulatorium*) vor dem *tinellum magnum* im ersten Stock des Ostflügels des Papstpalastes handelte (und nicht um den akustisch ungünstigen Kreuzgang unterhalb des Glockenturms im Westen).[14] Der Papst verglich in seiner Predigt Karl IV. mit Salomon und wählte dafür eine quartäre Distinktionsstruktur, die einen besonders komplexen, dem feierlichen Anlass angemessenen Vortrag erlaubte.[15] Schon im ersten Punkt, in dem er erörtert, inwiefern die Eigenschaften des neuen Königs denen Salomons entsprechen,

---

12 Zu der Predigt mit dem Incipit *Salomon sedebit* siehe Schneyer, Repertorium (wie Anm. 9), S. 765 f. Nr. 77; Schmitz, Les sermons (wie Anm. 9), S. 30 Nr. 66. Edition in MGH Constitutiones et acta publica imperatorum et regum, Bd. VIII: 1345–1348, ed. v. Karl Zeumer/Richard Salomon, Hannover 1910–1926 [unveränderter Nachdruck 1982], S. 143–163. Dazu ausführlich Hans Patze, ‚Salomon sedebit super solium meum'. Die Konsistorialrede Papst Clemens' VI. anläßlich der Wahl Karls IV., in: Kaiser Karl IV. 1316–1378. Forschungen über Kaiser und Reich, hg. von dems., Neustadt/Aisch 1978, S. 1–37; weitere Hinweise bei Diana Wood, Clement VI. The Pontificate and Ideas of an Avignon Pope (Cambridge Studies in Medieval Life and Thought 14), Cambridge 1989, S. 155–158, 182–184 und passim. Vgl. zum Kontext Heinz Stoob, Kaiser Karl IV. und seine Zeit, Graz/Wien/Köln 1990, S. 42–44; Heinz Thomas, Ludwig der Bayer (1282–1347). Kaiser und Ketzer, Regensburg u. a. 1993, S. 375; Ernst Schubert, Königsabsetzungen im deutschen Mittelalter. Eine Studie zum Werden der Reichsverfassung (Abhandlungen der Akademie der Wissenschaften zu Göttingen. Philologisch-Historische Klasse III/267), Göttingen 2005, S. 347 f.

13 MGH Constitutiones VIII (wie Anm. 12), S. 164 Nr. 101 (*instrumentum super approbatione*). Zum Konsistorium in Avignon siehe Lützelschwab, Clemens VI. (wie Anm. 10), S. 20–27; Felten, Verhandlungen (wie Anm. 11), S. 464 f. und grundsätzlich zu dieser Institution und ihrer Entwicklung im späten Mittelalter Thomas Wetzstein, Heilige vor Gericht. Das Kanonisationsverfahren im europäischen Spätmittelalter (Forschungen zur kirchlichen Rechtsgeschichte und zum Kirchenrecht 28), Köln/Weimar/Wien 2004, S. 105-140.

14 Diese Vermutung bei Patze, Konsistorialrede (wie Anm. 12), S. 11. Die Angaben finden sich wieder in MGH Constitutiones VIII (wie Anm. 12), S. 163 Nr. 101. Hinweise zur Verortung und Funktion der Räumlichkeiten gibt die grundlegende Studie von Gottfried Kerscher, Architektur als Repräsentation. Spätmittelalterliche Palastbaukunst zwischen Pracht und zeremoniellen Voraussetzungen. Avignon – Mallorca – Kirchenstaat, Tübingen/Berlin 2000, S. 34 f., 129, 332.

15 Zum Aufbau der Konsistorialpredigten siehe Lützelschwab, Clemens VI. (wie Anm. 10), S. 64–66; Wood, Clement VI (wie Anm. 12), S. 15.

wird Ludwig der Bayer im Absatz über die Frömmigkeit des Herrschers (*latria et devotio*) erwähnt.[16] Er diente als negative „Kontrastfigur“, durch die der Luxemburger ein „noch deutlicheres Profil gewinnen“ sollte.[17] Eigenschaften, in denen Salomon König Karl IV. übertraf, werden im zweiten Punkt behandelt. Dazu gehört die Herrschaft in Friedenszeiten, die Salomon beschieden war. Der neue römisch-deutsche König müsse hingegen seine Feinde bekämpfen, unter anderem Ludwig, der mit Saul, dem Gegner Davids, dessen Haus dem Untergang geweiht ist, verglichen wird.[18] Die kaiserliche Würde, die Karl erlangen soll, wird im Folgenden mit den vier Evangelistensymbolen verglichen (Löwe, Mensch, Ochse, Adler), was mit Reflexionen über die vier Weltreiche und die *translatio imperii* verknüpft wird.[19] Schließlich erwähnt Clemens den exkommunizierten Herrscher noch einmal im letzten Abschnitt, der sich mit *utilitas et efficacia* des neuen Königs befasst. Karl beende nun eine längere Vakanz, da Ludwig von Papst Johannes XXII. verurteilt und abgesetzt worden sei. Wichtig sei nun unter anderem der Kampf gegen die Häretiker, deren Zahl ständig zunehme und mit denen viele kirchliche und weltliche Fürsten „herumhuren“ (*fornicari*), wie am Beispiel Ludwigs und seiner Anhänger deutlich werde.[20] Schließlich leitete der Papst zur Anerkennung Karls IV. über, den er in jeder Hinsicht als geeigneten König bezeichnete.

Der Text fand lange Zeit nur wenig Beachtung, schien er doch wenig Substantielles zu bieten; es werde nur „die scholastische Phrasendrescherei aufs höchste getrieben“[21], so urteilte Werunsky im 19. Jahrhundert. Neuere Deutungen fallen differenzierter aus, sogar ein wenig widersprüchlich. Hans Patze erkennt durchaus die Zeitgebundenheit des Vortrags, der heute „umständlich“ und „fremd“[22] wirke, aber wohl den Erwartungen des damaligen Publikums entsprach. Zudem lobt er einzelne Passagen, in denen „der Papst sein rhetorisches Talent brillieren“[23] lasse und die Zuhörer mitreiße. Andererseits kritisiert er die „Gedankenführung“ als eher schwach und beklagt das Desinteresse an aktuellen Fragen der politischen Theorie und der „politische[n] Wirklichkeit.“[24] Für die „politische Wirklichkeit“ soll die Ansprache aber insofern bedeutsam gewesen sein, als die Gesandten Karl IV. den Text ziemlich sicher zur Kenntnis brachten und ihm folglich „König Salomon als Leitbild deutli-

16 MGH Constitutiones VIII (wie Anm. 12), S. 145 f.; PATZE, Konsistorialrede (wie Anm. 12), S. 14 f.
17 PATZE, Konsistorialrede (wie Anm. 12), S. 11.
18 MGH Constitutiones VIII (wie Anm. 12), S. 148 f.; PATZE, Konsistorialrede (wie Anm. 12), S. 17.
19 MGH Constitutiones VIII (wie Anm. 12), S. 150; PATZE, Konsistorialrede (wie Anm. 12), S. 18 f.
20 MGH Constitutiones VIII (wie Anm. 12), S. 159 f.; PATZE, Konsistorialrede (wie Anm. 12), S. 27.
21 Emil WERUNSKY, Geschichte Kaiser Karls IV. und seiner Zeit. Band 2 (1346–1355), erste Abtheilung, Innsbruck 1882 (Reprint New York 1961), S. 74 Anm. 2.
22 PATZE, Konsistorialrede (wie Anm. 12), S. 1 Anm. 3.
23 Ebd., S. 27.
24 Ebd., S. 30 f.

cher“ vor Augen gestanden haben müsse als „manchem seiner Vorgänger.“[25] Diese Vermutung mag einiges für sich haben, aber wirklich belegen lässt sie sich nicht. Geht man von den eingangs skizzierten kulturgeschichtlichen Interpretationsansätzen aus, ist zunächst einmal nach der Funktion der Ansprache in einem spezifischen rituellen Kontext zu fragen.[26] Auch hierzu hat sich Patze geäußert, geht er doch davon aus, dass es um die „öffentliche und rhetorische Begründung längst gefasster Beschlüsse“ ging, darum, den neuen König „zu feiern.“[27]

Als Akt der symbolischen Repräsentation deuten die Rede auch einige zeitgenössische Quellen, etwa die erwähnten notariellen Aufzeichnungen, in denen es heißt, der Papst habe eine feierliche Ansprache (*collatio solempnis*) vorgetragen, genau wie es der besondere Anlass erforderte (*prout facti qualitas exigebat*).[28] Eine recht ungenaue, ja teilweise unzutreffende Zusammenfassung des Texts findet sich in der Chronik des Franz von Prag, was zeigt, dass es einigen Zeitgenossen weniger auf den genauen Wortlaut, als vielmehr auf die dem Einsetzungsritual angemessene Feierlichkeit des Vortrags ankam.[29] Konrad von Halberstadt, der damals wohl als Kaplan am Hof Karls IV. diente, übernahm die Predigt fast vollständig in eine Neuredaktion seiner „Chronographia“. Er bearbeitete sie ein wenig, um den Vergleich Karls mit Salomon noch deutlicher zu machen, und ließ einige Abschnitte, die „mahnende Worte des Papstes ... über die Stellung von *sacerdocium* und *imperium* [enthielten], weg.“[30] Konrad bemerkte, dass in der Ansprache nämlich keineswegs nur der Konsens zwischen Papst und Königtum „gefeiert“ wurde, und passte sie dementsprechend dem rituellen Anlass an. Auf das eigentliche Konfliktpotenzial des päpstlichen Vortrags macht allerdings nur der Chronist Beneš Krabice von Weitmühl aufmerksam. Beneš verfasste sein Geschichtswerk im Auftrag Kaiser Karls IV. und konnte auf relativ

25 Ebd., S. 32.

26 FEUCHTER, Deliberation (wie Anm. 6), S. 210; Barbara STOLLBERG-RILINGER, Symbolische Kommunikation in der Vormoderne. Begriffe – Thesen – Forschungsperspektiven, in: Zeitschrift für Historische Forschung 31 (2004), S. 489–527, hier S. 499.

27 PATZE, Konsistorialrede (wie Anm. 12), S. 15 und S. 1 Anm. 3.

28 MGH Constitutiones VIII (wie Anm. 12), S. 164 Nr. 101.

29 Chronicon Francisci Pragensis, ed. Františka PRAŽSKÉHO (Fontes rerum Bohemicarum. Series nova 1), Prag 1997, S. 192. *Eodem die dominus papa propria in persona fecit solempnem sermonem ad laudem et honorem Dei et sanctorum eius et in fine famam bonam domini electi extollendo et commendando ultra omnes principes huius temporis ipsum dignitate et honore cunctis preferendo*. Vgl. auch nach der älteren Edition den Ausschnitt bei MGH Constitutiones VIII (wie Anm. 12), S. 143 Nr. 100/4. Zu Franz von Prag siehe den aktuellen Überblick bei www.geschichtsquellen.de/repOpus_02318.html [zuletzt kontrolliert am 3. Mai 2013].

30 Rainer LENG, Konrad von Halberstadt O. P. Chronographia Interminata 1277–1355/59 (Wissensliteratur im Mittelalter 23), Wiesbaden 1996, S. 109 mit der Edition des Texts auf S. 232–241. Weitere Angaben zu Werk und Verfasser bei http://www.geschichtsquellen.de/repPers_118881043.html [zuletzt kontrolliert am 3. Mai 2013].

verlässliche Quellen zurückgreifen.[31] Sein Bericht setzt mit der Zusammenfassung der Ansprache ein, die der böhmische Gesandte, der Prager Erzbischof Ernst von Pardubitz, am 5. November 1346 gehalten hatte. Als Thema wählte er dafür ein etwas gekürztes Zitat aus dem Buch der Könige: „Auf dich … sind nun die Augen ganz Israels gerichtet. Du sollst ihnen bekannt geben, wer … auf dem Thron sitzen wird" (1 Kön 1,20).[32] Im lateinischen Text stand allerdings nicht „auf dem Thron", sondern „auf Deinem Thron" (*in solio tuo*), doch Ernst von Pardubitz übernahm dieses Possessivpronomen nicht in seinen Vortrag. Eine solche Adaption des Themas passte durchaus zum gesamten Inhalt der Ansprache, denn der Gesandte bat den Papst zwar um eine baldige Salbung, Weihe und Krönung des Königs, aber nicht um die umstrittene päpstliche *approbatio*. So machte er für alle aufmerksamen und bibelkundigen Zuhörer von Beginn an deutlich, dass Karl IV. den kaiserlichen Thron nicht als völlig unter der päpstlichen Verfügung stehend betrachtete. Dem Papst, so fährt Beneš von Weitmühl fort, sei als versiertem Theologen die Infragestellung seiner Rechte durch die Verkürzung des Bibelzitats sofort aufgefallen, und er habe in seiner Rede am nächsten Tag genau darauf reagiert. In der Chronik heißt es, Clemens habe das Thema der Ansprache des böhmischen Gesandten aufgegriffen und das fehlende „Dein" ostentativ ergänzt. Seine Verfügungsgewalt über den Kaiserthron habe er mit Ausführungen zur *translatio imperii* untermauert und außerdem mit dem Hinweis darauf, dass die römischen Könige und Kaiser seit jeher dem päpstlichen Stuhl Ehrerbietung, Gehorsam und Treue schwören (*reverencia, obediencia et fidelitas*). Erst nach dieser Klarstellung approbierte er die Wahl des Luxemburgers.

Die überlieferte Textform der Predigt stimmt mit den Angaben bei Beneš nicht ganz, aber weitgehend überein. Papst Clemens VI. wählte zwar ein anderes Thema (1 Kön 1,35) als Ernst von Pardubitz (1 Kön 1,20), doch sprach er tatsächlich von Anfang an von „meinem Thron", auf dem Salomon, also Karl IV., sitzen werde. Zutreffend ist auch die Angabe des Chronisten, Clemens habe mehrfach die päpstliche Verfügungsgewalt über das Kaisertum in Verbindung mit der *translatio imperii* thematisiert.[33] Obwohl sich der Papst – vielleicht ganz bewusst – an keiner Stelle exakt auf das Bibelzitat des königlichen Gesandten bezog, wird doch implizit klar, wogegen er sich mit den Worten wandte: *Et videte, quod non dicit solum, quod ‚sedebit super solium', sed ‚super solium meum'; solium enim imperiale solium meum est.*"[34] In einem späteren Abschnitt der Predigt finden sich ähnliche Aussagen, wobei der Papst

31 Hier kann der Auszug bei MGH Constitutiones VIII (wie Anm. 12), S. 137f. Nr. 99.100. herangezogen werden, da keine neue Edition existiert. Vgl. wieder die Angaben bei http://www.geschichtsquellen.de/repOpus_00599.html [zuletzt kontrolliert am 3. Mai 2013].

32 Vgl. den vollständigen Text der auch unabhängig überlieferten Ansprache in MGH Constitutiones VIII (wie Anm. 12), S. 138–142 Nr. 99.

33 Siehe oben bei Anm. 19.

34 MGH Constitutiones VIII (wie Anm. 12), S. 151 Nr. 100. Vgl. auch ebd. S. 144, 146, 149.

nun auf die Konstantinische Schenkung rekurrierte.[35] Trotz dieser Divergenzen zwischen dem Chronikbericht und dem erhaltenen Predigttext sollte man hier nicht von einer „Anekdote“ sprechen, die nur bei Beneš aber „sonst nirgends belegt“ sei.[36] Vielmehr zeigt diese Quelle, dass die Konsistorialansprachen Papst Clemens’ VI. sehr vielschichtig angelegt waren und diese Ambivalenz auch von den Zeitgenossen verstanden wurde. Dazu trug die auf den ersten Blick so „fremd“ wirkende „scholastische Phrasendrescherei“ sicherlich einiges bei. Die komplex gestaltete Ansprache sollte für alle Nichteingeweihten zunächst einmal den neu gefundenen Konsens von Papst und Königtum in oratorisch ansprechender Form symbolisieren. Bei den Zuhörern im Konsistorium lässt sich diese Wirkung nur vermuten. Doch Franz von Prag vertrat genau diese Deutung, die Hans Patze im 20. Jahrhundert noch fortschrieb. Beneš Krabice von Weitmühl wusste aber, vermutlich von den Teilnehmern der Gesandtschaft, dass in die feierlich-gelehrten Erörterungen Aussagen eingestreut waren, die in wenig wohlwollender Absicht auf das Anliegen Karls IV. Bezug nahmen. Die scheinbar „phrasenhafte“ Gestaltung der ästhetisch ansprechenden und intellektuell anspruchsvollen Approbationsansprache erlaubte es, grundsätzliche Konfliktpunkte zu thematisieren, ohne den Dissens allzu deutlich zu markieren. Das zunehmend schwierige Verhältnis des neuen Königs zu Papst Clemens VI. zeichnete sich nur für Eingeweihte bereits im Verlauf des Approbationsrituals ab.[37]

II

Die Predigten, die Papst Clemens VI. gegen Ludwig den Bayern und Heinrich von Virneburg richtete, lassen sich weniger eindeutig entschlüsseln, fehlen hier doch ähnliche chronikalische und notarielle Aufzeichnungen. Dennoch ist ihre vergleichende Analyse aufschlussreich, da die Texte wohl verschiedene Funktionen erfüllten und die bisherigen Erklärungsansätze der Forschung nicht ganz befriedigen. Die Vortragssituation wird wohl jeweils ähnlich gewesen sein, wie bei dem ersten Beispiel. Clemens VI. sprach im öffentlichen Konsistorium im Rahmen kirchenrechtlich festgelegter Rituale, deren Ergebnis in brieflicher Form festgehalten und verbreitet wurde. Dabei inszenierte der Papst nicht den Konsens, sondern den Konflikt mit Ludwig dem Bayern. Schon in der ersten Predigt vom 10. April 1343 wird das deutlich, in der Ludwig ein Ultimatum zur Abdankung von drei Monaten gesetzt wird.[38] Falls er

---

35 Ebd., S. 156 Nr. 100.

36 Diese Ansicht bei Ferdinand SEIBT, Karl IV. Ein Kaiser in Europa 1346 bis 1378, München 1978, S. 151 f.

37 STOOB, Karl IV. (wie Anm. 12), S. 74 f.; WOOD, Clement VI (wie Anm. 12), S. 168.

38 Zu der Predigt mit dem Incipit *Atrium quod est foris, eice foras* siehe SCHNEYER, Repertorium (wie Anm. 9), S. 758 Nr. 9. Edition und Kommentar bei Hilary Seton OFFLER, A political „collatio“ of

bis dahin nicht die Regierung niederlege, werde er erneut exkommuniziert und mit schwereren Kirchenstrafen belegt. Als Thema wählte der Papst einen Vers aus der Offenbarung, der – wörtlich übersetzt – zunächst etwas schwer verständlich, ja paradox erscheint: „den Vorhof aber, der außerhalb des Tempels ist, nimm ihn heraus" (Offb 11,2).[39] Die ältere Kommentarliteratur habe diese Aussage philologisch erklärt, fährt Clemens fort, analog zu anderen, tautologischen Aussagen der Bibel.[40] Seiner Meinung nach sei darin aber eine tiefere Wahrheit enthalten, denn es könne, was bereits „draußen" sei, durchaus noch einmal „herausgenommen" werden. In einer dreifach gegliederten Distinktion erörtert der Papst Möglichkeiten eines erneuten Ausschlusses, zunächst in allgemeiner Form, dann konkret auf Ludwig bezogen, der bereits außerhalb der Kirche stehe als ein Verbrecher, Exkommunizierter und Häretiker.[41] Durch seine Verbrechen gegen das Papsttum erweise sich Ludwig als schlimmer als Luzifer, der gottgleich werden wollte. Der gebannte Herrscher wolle nämlich über Gott und seinen Stellvertreter gleichzeitig verfügen und übertreffe damit noch die Bosheit der Dämonen. Anschließend werden noch kirchenrechtliche Begründungen für die Exkommunikation und seine häretischen Vergehen aufgezählt, was alles ein strengeres Vorgehen rechtfertige. Ludwigs Ungerechtigkeit müsse überall publik gemacht, das Urteil gegen ihn verschärft und der Kreuzzug gegen ihn gepredigt werden.[42] Dadurch werde er noch einmal ausgeschlossen, genau wie es der eingangs zitierte Vers ja besagt. Nach diesem syllogistischen Schluss erfolgt die Untergliederung des eigentlichen Themas in einer binären Distinktion. Der Papst deutet

---

pope Clement VI, O. S. B., in: Church and Crown in the Fourteenth Century. Studies in European History and Political Thought, hg. von A. Ian Doyle (Collected Studies Series 692), Aldershot 2000, S. 126–144, ausgehend von den bei Schmitz, Les sermons (wie Anm. 9), S. 20 Nr. 7 verzeichneten Handschriften. Zu ergänzen wäre Würzburg Universitätsbibliothek, M. ch. f. 190, fol. 300v–305r, vgl. Thurn, Handschriften (wie Anm. 9), S. 35. Einzelne Aspekte der Predigt werden erwähnt bei Hermann Otto Schwöbel, Der diplomatische Kampf zwischen Ludwig dem Bayern und der römischen Kurie im Rahmen des kanonischen Absolutionsprozesses 1330–1346 (Quellen und Studien zur Verfassungsgeschichte des Deutschen Reiches in Mittelalter und Neuzeit 10), Weimar 1968, S. 312; Wood, Clement VI (wie Anm. 12), S. 182–184; Heinz Thomas, Clemens VI. und Ludwig der Bayer, in: Nehlsen/Hermann, Ludwig der Bayer (wie Anm. 3), S. 75–117, hier S. 93 f.

39 Offler, political „collatio" (wie Anm. 38), S. 130 f. Die Einheitsübersetzung gibt den Text wieder als „Den Hof, der außerhalb des Tempels liegt, lass aus" (Offb 11,2). Es geht an dieser Stelle um die Vermessung des Tempels, in die der Vorhof nicht einbezogen werden soll, da sich hier nur Heiden aufhalten.

40 Nur in diesem erläuternden Zusammenhang bezieht sich Clemens VI., Offler, political „collatio" (wie Anm. 38), S. 131, auf Ps 69,29 und die Streichung aus dem Buch des Lebens; er spricht also nicht „über Ludwig", wie Gerald Schwedler, „dampnate memorie Ludovici de Bavaria". Erinnerungsvernichtung als metaphorische Waffe im Konflikt zwischen der Kurie und Kaiser Ludwig dem Bayern (mit Edition), in: Sterben über den Tod hinaus. Politische, soziale und religiöse Ausgrenzung in vormodernen Gesellschaften, hg. von Claudia Garnier/Johannes Schnocks (Religion und Politik 3), Würzburg 2012, S. 165–201, hier S. 185 annimmt.

41 Offler, political „collatio" (wie Anm. 38), S. 131–136; Wood, Clement VI (wie Anm. 12), S. 27.

42 Offler, political „collatio" (wie Anm. 38), S. 137–139.

im ersten Punkt den „Vorhof" als Bezeichnung für alle Häretiker und Verfolger der Kirche. Danach geht er auf die Aufforderung „nimm ihn heraus" ein, die er als direkten Befehl an sein Amt versteht. Es sei geradezu Pflicht des Papstes, die Feinde der Kirche zu vertreiben, so wie Christus die Wechsler aus dem Tempel vertrieben habe. Lange habe er abgewartet, erklärt Papst Clemens VI. und verweist auf einzelne Gesandtschaften, die ohne jeden Erfolg geblieben waren.[43] Deshalb müsse nun gegen Ludwig, der sich unrechtmäßig als Kaiser und König bezeichnet, vorgegangen werden. Nicht nur gegen ihn selbst, sondern auch gegen alle seine Anhänger sei bereits die Exkommunikation verkündet, über ihre Gebiete sei das Interdikt verhängt und alle Bündnisse seien für nichtig erklärt worden.[44] Kein Mensch solle mit ihm Umgang pflegen, Tiere und Dämonen werden bei ihm wohnen – sofern er nicht innerhalb von drei Monaten „wahrhaft reuig in den Schoß der Mutter Kirche zurückkehre".[45]

Die Forschung beurteilte den Text bislang etwas ambivalent, lobte einerseits den „schwungvolle[n] Eifer" des Vortrags, kritisierte andererseits aber dessen „scholastische(n) Umständlichkeit."[46] Vor allem die Unterschiede zu dem am selben Tag ausgefertigten Papstbrief wurden wiederholt diskutiert. Clemens VI. soll in der Ansprache juristisch so unhaltbare Beschuldigungen erhoben haben, dass sie keinen Eingang in das Schriftstück fanden. Während Schütz diese „Diskrepanz" noch als Ausdruck einer überlegten Strategie deutete,[47] wertete Thomas dieses Vorgehen zuletzt äußerst kritisch. Der Papst habe sich in der „vertraulichen Sphäre des Konsistoriums" doch in wesentlichen Punkten anders geäußert als „in der für alle Welt bestimmten Bulle", was für ihn „gefährlich werden konnte", sollte Ludwig „in den Besitz von unbezweifelbaren Beweisen für die Doppelzüngigkeit seines Anklägers und Richters gelangen."[48] Schon die erhaltenen Handschriften stellen diese Interpretation in Frage. Denn die Predigt ist durchaus breit überliefert, unter anderem in dem Manuskript MS 240 der Bibliothèque Sainte-Geneviève in Paris, das Clemens vermutlich persönlich in Auftrag gab.[49] Sorgen, dass Belege für seine „Doppelzüngigkeit" in breiteren Kreisen bekannt werden könnten, trug der Papst also nicht. Es spricht doch vieles dafür, die Predigt weniger im Hinblick auf derartige „Gefahren",

43 Ebd., S. 140–142.

44 Ebd., S. 143. Hier wird aber nicht, wie SCHWEDLER, Erinnerungsvernichtung (wie Anm. 40), S. 187 meint, das „Hauptthema" formuliert. Auch wird wohl nicht auf die kanonistische Wendung der *excommunicatio latae sententiae* Bezug genommen, sondern einfach nur auf ergangene Urteile (*sunt late sententie excommunicationis … et interdicti*).

45 OFFLER, political „collatio" (wie Anm. 38), S. 143 f.

46 SCHWÖBEL, Kampf (wie Anm. 38), S. 312.

47 Alois SCHÜTZ, Die Prokuratorien und Instruktionen Ludwigs des Bayern für die Kurie (1331–1345). Ein Beitrag zu seinem Absolutionsprozess (Münchener Historische Studien. Abteilung Geschichtliche Hilfswissenschaften 11), Kallmünz 1973, S. 150–155.

48 THOMAS, Ludwig der Bayer (wie Anm. 12), S. 345 f.

49 Zur Überlieferung siehe die Angaben oben in Anm. 38 und zu dem Pariser „Hauptcodex" LÜTZELSCHWAB, Clemens VI. (wie Anm. 10), S. 62 f.

die Möglichkeit einer „glatte[n] Unwahrheit" oder einer „Lüge"[50] zu erörtern, sondern sie vielmehr in den Kontext eines Rituals einzuordnen, das kirchenrechtlich vorgeschrieben war und dazu diente, die Haltung des Kirchenoberhaupts in möglichst weiten Kreisen bekannt zu machen. Schließlich trug Clemens VI. die Ansprache ziemlich sicher im Rahmen eines *consistorium publicum* vor, in dem sich hohe geistliche und weltliche Würdenträger aus ganz Europa versammelten, und nicht in der eher „vertraulichen Sphäre" eines *consistorium secretum*.[51]

Da Ludwig auf die Drohungen allerdings nicht reagierte, erklärte Clemens VI. ihn drei Monate später am 11. Juli 1343 für *contumax* und drohte mit weiteren Maßnahmen.[52] Zu diesem Anlass hielt der Papst erneut eine Predigt, für die er diesmal das Thema wählte „Kommt Frevel, kommt auch Verachtung und mit der Schandtat die Schmach." (Spr 18,3). Sie ist nur in einer einzigen Handschrift erhalten, die noch dazu einen fragmentarischen und interpolierten Text enthält, in den Passagen gegen Wilhelm von Ockham eingefügt wurden.[53] Darüber hinaus dürften die Aufzeichnungen aber authentisch sein. Sofern das zutrifft, ist bemerkenswert, wie wenig der rituelle Anlass, der eigentlich ein schärferes Vorgehen gegen Ludwig in die Wege leiten sollte, und die Tonlage der Predigt einander entsprechen. Gerade im Abgleich mit der zuvor behandelten Konsistorialansprache vom 10. April 1343 fällt das Fehlen eindrucksvoller Bibelzitate, von Vergleichen mit Teufel und Antichrist auf. Stattdessen steht ein naturphilosophisches Erklärungsmuster über die Bewegung von Gegenständen am Beginn, um den Abstieg des Sünders in die Tiefe zu erklären.[54] Besonders deutlich wird die geänderte Tonlage, wenn der Papst erklärt, nur sein eigenes Seelenheil sei ihm so wichtig wie das Ludwigs und dessen Rückkehr in den Schoß der Kirche. Gott selbst sei sein Zeuge, dass er sich ihm gegenüber so barmherzig gezeigt habe, wie

50 So die Ausgangsfrage bei Schütz, Prokuratorien (wie Anm. 47), S. 152.

51 Vgl. zum *consistorium publicum* als wichtigstem Ort der päpstlichen Predigt Lützelschwab, Clemens VI. (wie Anm. 10), S. 26 und die dort im Folgenden besprochenen Konsistorialpredigten. Zu den Problemen, die verschiedenen Formen des Konsistoriums in Avignon terminologisch und hinsichtlich der personellen Zusammensetzung exakt zu fassen siehe Felten, Verhandlungen (wie Anm. 11), S. 464f. Auf die juristische Bedeutung der Publikation weist hin: Kaufhold, Öffentlichkeit (wie Anm. 3), S. 437.

52 Siehe dazu Schwöbel, Kampf (wie Anm. 38), S. 317f.; Schütz, Prokuratorien (wie Anm. 47), S. 162; Thomas, Ludwig der Bayer (wie Anm. 12), S. 346; Schubert, Königsabsetzungen (wie Anm. 12), S. 293.

53 Die Predigt mit dem Incipit *Impius cum in profundum* ist überliefert in Eichstätt Universitätsbibliothek, MS 698, fol. 494r–495v. Vgl. dazu Schneyer, Repertorium (wie Anm. 9), S. 763 Nr. 52; Schmitz, Les sermons (wie Anm. 9), S. 26 Nr. 44 und die Angaben von Karl Heinz Keller, Die mittelalterlichen Handschriften der Universitätsbibliothek Eichstätt, Band 3: Aus Cod. st 471 – Cod. st 699, Wiesbaden 2004, S. 492–518, hier S. 13 mit weiterer Literatur. Edition bei Hilary Seton Offler, An interpolated „collatio" of pope Clement VI, O.S.B.?, in: Doyle, Church and Crown in the Fourteenth Century (wie Anm. 38), S. 111–125. Zur Vermutung der Unechtheit Schwöbel, Kampf (wie Anm. 38), S. 318 Anm. 76.

54 Offler, interpolated „collatio" (wie Anm. 53), S. 122.

keiner seiner Vorgänger.[55] Die Strafen, welche die Verfolger der Kirche treffen sollen, werden weniger grausam und detailliert geschildert als noch in der ersten Predigt.[56] Die problematische Überlieferung verbietet zu weit reichende Schlüsse, doch scheint Clemens VI. in dem Vortrag weniger eine Verschärfung des Konflikts markiert, als vielmehr Aspekte von Barmherzigkeit und Versöhnungsbereitschaft betont zu haben. Hierin korrespondiert die Predigt mit der schriftlich verfassten Erklärung des Papstes, wie sie in der Aktenüberlieferung vom selben Tag erhalten ist. Sie wird in der Forschung ebenfalls als „maßvoll" eingestuft, was sich mit der geänderten politischen Lage erklären lässt.[57]

Schärfer wurde der Ton wieder, als Clemens VI. am 13. April 1346 die endgültige Exkommunikation und Absetzung Ludwigs des Bayern im Konsistorium verkündete.[58] Diese Predigt fand etwas mehr Beachtung in der Forschung, wobei Missverständnisse nicht ausblieben, etwa zum Zusammenhang mit dem am selben Tag ausgefertigten Papstbrief.[59] Die Beurteilung der Argumente, mit denen Papst Clemens die Exkommunikation begründete, als „unbestimmt", wenig konsequent und kaum „berechtigt"[60] zeigt, dass die Funktion der Konsistorialpredigt für die Ausgestaltung eines rechtlich vorgeschriebenen Rituals lange Zeit nicht erkannt wurde. Zuletzt wurde der Text zwar in die Tradition von Ansprachen eingeordnet, die anlässlich von Herrscherabsetzungen üblich waren. Doch der angestrebte Vergleich mit dem „Banngebet Gregors VII. gegen Heinrich VII. [!]"[61] ist methodisch problematisch, da Gebete in einer anderen literarischen Tradition als Predigten stehen.[62] Die Predigt als Beleg dafür zu nehmen, „auf welches Niveau die päpstliche Beredsamkeit und der damit korrespondierende Geschmack der Christenheit ... herabgesunken

55 Ebd., S. 123. Vgl. dagegen noch die etwas weniger emotionale Formulierung in der ersten Predigt OFFLER, political „collatio" (wie Anm. 38), S. 141.

56 OFFLER, interpolated „collatio" (wie Anm. 53), S. 124. Vgl. dagegen OFFLER, political „collatio" (wie Anm. 38), S. 134.

57 Die Einschätzung von SCHWÖBEL, Kampf (wie Anm. 38), S. 318 f. wird von der neueren Forschung überwiegend geteilt. Siehe etwa THOMAS, Ludwig der Bayer (wie Anm. 12), S. 346; THOMAS, Clemens VI. (wie Anm. 38), S. 112 f. Kritisch dazu aber OFFLER, interpolated „collatio" (wie Anm. 53), S. 112.

58 Vgl. dazu SCHWÖBEL, Kampf (wie Anm. 38), S. 417 f.; WOOD, Clement VI (wie Anm. 12), S. 182–184; THOMAS, Ludwig der Bayer (wie Anm. 12), S. 364 f.; SCHUBERT, Königsabsetzungen (wie Anm. 12), S. 343.

59 Die Predigt fand nicht Eingang in den Brief, wie SCHWEDLER, Erinnerungsvernichtung (wie Anm. 40), S. 165 und passim annimmt.

60 SCHÜTZ, Prokuratorien (wie Anm. 47), S. 241 f.

61 Dieses und die folgenden Zitate nach THOMAS, Clemens VI. (wie Anm. 38), S. 115. Sachlicher noch THOMAS, Ludwig der Bayer (wie Anm. 12), S. 365.

62 Ein Vergleich mit den Ansprachen Papst Gregors VII. ist wegen der anders gelagerten Überlieferungssituation kaum sinnvoll durchführbar. Vgl. dazu Georg STRACK, Oratorik im Zeitalter der gregorianischen Kirchenreform. Reden und Predigten Papst Gregors VII., in: Rhetorik in Mittelalter und Renaissance. Konzepte – Praxis – Diversität, hg. von Georg STRACK/Julia KNÖDLER (Münchner Beiträge zur Geschichtswissenschaft 6), München 2011, S. 121–144.

waren", mag nahe liegend scheinen, da Clemens den exkommunizierten Herrscher mit ziemlich drastischen Beschimpfungen bedachte und unter anderem mit einem „stinkenden Bock" verglich. Doch die kommunikative Funktion erschließen solche Urteile nicht, dafür ist zunächst einmal eine genauere Analyse von Aufbau und Gestaltung der Predigt notwendig.

Schon bei der Eröffnung fällt zweierlei auf, erstens, dass Clemens VI. einen Vers als Thema wählte (Tit 3,10-11), den er bereits in der Predigt vom 10. April 1343 zitiert hatte: „Wenn du einen Sektierer einmal und ein zweites Mal ermahnt hast, so meide ihn. Du weißt, ein solcher Mensch ist auf dem verkehrten Weg; er sündigt."[63] Zweitens ist die Distinktionsstruktur nicht mehr ternär, wie in allen früheren Predigten gegen Ludwig, sondern quartär, was für aufmerksame Zuhörer eine neue Stufe des Konflikts anzeigte. Ausgehend von der Aufforderung *devita* werden in der Einleitung vier Gründe dafür genannt, warum etwas oder jemand zu meiden sei (*contagium*, *periculum*, *peccatum*, *interitum*).[64] Sie sprechen alle auch dafür, einem Häretiker wie Ludwig, der sich entsprechender Vergehen schuldig gemacht haben soll (*multos inficiendo, decipiendo, seducendo, occidendo*), mit größter Vorsicht aus dem Weg zu gehen. Danach erfolgt die vierfache Untergliederung des Bibelverses, die gleichzeitig den weiteren Aufbau der Predigt vorgibt. Der Vortrag befasst sich demnach erstens mit dem Häretiker (*hereticus homo*) und seinen Untaten, zweitens mit dem besonnenen Handeln des Papstes, also den mehrfachen Mahnungen (*una et secunda correptio*), drittens erneut mit der Meidung Ludwigs (*devita*) und viertens mit seiner Verkehrtheit (*quia subversus est*).[65]

Am umfangreichsten wird der erste Punkt erläutert, in dem der Papst sieben verschiedene Vergehen des *hereticus homo* anführt. Sie folgen den bereits in der ersten Predigt am Gründonnerstag 1343 formulierten Gründen und reichen von häretischen Ansichten zur Armut Christi, für die Ludwig von Papst Johannes XXII. verurteilt worden war, über irrige Ansichten zum Verhältnis von Papst- und Kaisertum, *contumacia*, die Erhebung eines Gegenpapstes, Unglauben in Sachen der päpstlichen Schlüsselgewalt, bis hin zum Schutz von Häretikern und Vergehen gegen das Ehesakrament (durch die kirchenrechtlich umstrittene Ehe des Sohnes).[66] Diese Taten werden anschließend noch als Ausdruck tierischer Eigenschaften des Häreti-

63 Zur Predigt mit dem Incipit *Hereticum hominem* siehe Schneyer, Repertorium (wie Anm. 9), S. 762 Nr. 42; Schmitz, Les sermons (wie Anm. 9), S. 25 Nr. 35. Zu ergänzen ist Würzburg Universitätsbibliothek, M. ch. f. 190, fol. 306v–311v, vgl. Thurn, Handschriften (wie Anm. 9), S. 36. Den folgenden Ausführungen liegt der leicht gekürzte Druck bei Schunk, Beyträge (wie Anm. 9), S. 341–352 zugrunde. Nachweis des Zitats in der früheren Predigt bei Offler, political „collatio" (wie Anm. 38), S. 136.

64 Schunk, Beyträge (wie Anm. 9), S. 341 f.

65 Ebd., S. 343.

66 Ebd., S. 344–347. Vgl. dazu Schütz, Prokuratorien (wie Anm. 47), S. 242; Thomas, Clemens VI. (wie Anm. 38), S. 115.

kers interpretiert, die, verglichen mit den ersten Ansprachen des Papstes, ein ganz neues rhetorisches Gestaltungsmittel darstellen. Diese Tiervergleiche rekurrieren auf drei der einleitend formulierten Vermeidungsgründe und Anschuldigungen (*multos inficiendo, decipiendo, occidendo*), sind also auf recht komplexe Weise in die Predigtstruktur integriert. Ludwig soll demnach voll von infektiösem Schafsdreck sein (*ovina feditas infectiva*), über die täuschende Verschlagenheit eines Fuchses (*volpina calliditas deceptiva*) und die tödliche Giftigkeit der Schlange (*serpentina venositas consumptiva*) verfügen.[67]

Im zweiten Punkt erklärt Papst Clemens seine lange Zeit abwartende Haltung als Ausdruck von Besonnenheit (*gravitas*). Zweimal habe er diesen „Menschen oder Dämonen" (*homo vel demo*) gemahnt und drei Jahre lang auf ein Zeichen der Umkehr gewartet. Er beschuldigt Ludwig erneut, zwar Gesandte geschickt, aber keine der getroffenen Vereinbarungen eingehalten zu haben. Stattdessen habe er nachträglich Änderungen an früheren Zusagen verlangt und dafür sogar den Herzog von Österreich instrumentalisiert.[68] Die Argumentation bezieht sich an dieser Stelle nicht nur auf den zweiten Abschnitt des Themas (*una et secunda correptio*), sondern implizit auch auf den zweiten Vermeidungsgrund, nämlich die bereits früher unterstellte Täuschungsabsicht, die mit dem zweiten Tier, dem verschlagenen Fuchs, assoziiert wird.

Die Aufforderung, Ludwig zu meiden (*devita*), wird im dritten Abschnitt der Predigt noch einmal wiederholt und darauf verwiesen, dass schon nach dem Urteil Papst Johannes' XXII. alle Personen, die mit ihm Bündnisse schließen, ebenfalls der Exkommunikation verfallen. Damit klingt wieder ein allgemeiner Vermeidungsgrund der Einleitung an, nämlich das *periculum*, das von dem Häretiker ausgeht. Die Zitierung von 2 Tim 3,1–5 greift diesen Terminus wörtlich auf und steigert ihn eschatologisch. In einer weiteren Untergliederung dieses Abschnitts greift der Papst noch einmal die Tiervergleiche aus Punkt eins auf und variiert sie. In diesem Zusammenhang erklärt er, Ludwig sei zu meiden wie ein kranker Krebs, ein wilder Hund, ein reißender Wolf, ein stinkender Bock und eine verschlagene Schlange. Der Abschnitt gipfelt schließlich in der Aufforderung, Ludwig nicht nur zu meiden, sondern gegen ihn vorzugehen. Es sei verdienstvoller, gegen ihn das Kreuz zu predigen, als gegen Türken und Sarazenen, was wiederum eine der Drohungen der Gründonnerstagspredigt von 1343 verstärkt.[69]

---

67 Schunk, Beyträge (wie Anm. 9), S. 347–349.

68 Ebd., S. 349 f. Vgl. dazu oben Anm. 43 und Schwöbel, Kampf (wie Anm. 38), S. 417 f.; Schütz, Prokuratorien (wie Anm. 47), S. 241 f.

69 Schunk, Beyträge (wie Anm. 9), S. 350 f. Vgl. oben bei Anm. 42 und zu den Kreuzzugsaktivitäten des Papstes Alain Demurger, Le pape Clément VI et l'Orient. Ligue ou croisade?, in: Guerre, pouvoir et noblesse au Moyen Âge. Mélanges en l'honneur de Philippe Contamine, hg. von Jacques Paviot/Jacques Verger (Cultures et civilisations médiévales 22), Paris 2000, S. 207–214.

Der vierte und letzte Abschnitt behandelt die „Verkehrtheit“ des Herrschers (*quia subversus est*), der fundamentale Glaubenswahrheiten nicht teile, unbelehrbar und deshalb mit dem Tod zu strafen sei. Ludwig wird als ein *subversus et subversor, adversus et adversor, perversus et perversor, corruptus et corruptor* und *seductus et seductor* bezeichnet. Die Bezeichnung als *seductor* führt zur erneuten Gleichsetzung mit dem Antichristen und zur abschließenden Verkündung der Prozesse und des Todesurteils hin.[70] Damit schließt der vierte Predigtabschnitt mit dem letzten Punkt der einleitend formulierten Vermeidungsgründe, dem *interitum*. Gleichzeitig wird auf die Eigenschaften der verführerischen Schlange rekurriert, die in Punkt eins und drei jeweils als letztes Tier zitiert und mit dem Antichristen gleichgesetzt wurde.[71]

Die Konsistorialansprache, die Clemens VI. anlässlich der endgültigen Verurteilung Ludwigs des Bayern vortrug, war also hoch komplex gestaltet. Für die Zuhörer – und ebenso für die Leser der in den Handschriften häufig zusammen überlieferten Ansprachen gegen Ludwig den Bayern – musste schon die quartäre Distinktionsstruktur dieser letzten Predigt eine Niveausteigerung gegenüber den früheren Ansprachen anzeigen. Auch ist die Verschränkung der eingangs entwickelten Strukturelemente mit späteren Abschnitten in bemerkenswerter Konsequenz durchgehalten. Dadurch sollte sicherlich das Interesse der intellektuell geschulten Zuhörer an dem Exkommunikationsakt, der inhaltlich recht standardisiert ablief, gesteigert werden. Die als Verfallsphänomen kritisierten Tiervergleiche waren in dieses anspruchsvolle Formenspiel auf kunstvolle Weise eingebunden. Sie machten deutlich, dass der Häretiker mit dem Ausschluss aus der kirchlichen Gemeinschaft auf das Niveau eines wilden Tieres zurückgefallen war.[72] Die Erwähnung von animalischer Wildheit, Dreck, Gift und Gestank sollte vermutlich auch gefühlsmäßige Abwehrreaktionen gegen den verurteilten Ketzer hervorrufen. Die Ansprache diente schließlich primär dazu, die Wirkung eines Rituals zu steigern, wozu sie in intellektueller wie emotionaler Hinsicht sicherlich geeignet war. Sie erfüllte aber nicht nur diese symbolisch-repräsentative Funktion, sondern vermittelte wohl auch mahnende Ratschläge an den neuen König. Diana Wood hat gezeigt, wie Clemens ausgehend von Zitaten aus einem Brief des Kirchenvaters Ambrosius subtil andeutet, dass er Ludwig den Bayern jederzeit noch als *imperator* anerkennen könne, sofern er sich dem Papst unterordne.[73] Die entsprechenden Textstellen sind später in der Approbationsansprache für Karl IV. zu finden und als Warnung zu verstehen, keine gegen das Kirchenoberhaupt gerichtete Politik zu betreiben. Diese Predigt korrespondiert mit der endgültigen Verurteilung Ludwigs auch insofern, als wieder verschiedene Le-

70 Vgl. dazu Schwedler, Erinnerungsvernichtung (wie Anm. 40), S. 190.
71 Schunk, Beyträge (wie Anm. 9), S. 351 f. Vgl. ebd., S. 341, 346–348, 350.
72 Wood, Clement VI (wie Anm. 12), S. 183 f.
73 Ebd., S. 152.

bewesen und deren Eigenschaften diskutiert werden, doch handelt es sich dabei um die positiv konnotierten Evangelistensymbole.[74] Die Konsistorialansprachen Papst Clemens VI. waren durch derartige intertextuelle Elemente miteinander verbunden und erweisen sich als ein vielschichtiges, rituelle und deliberative Aspekte integrierendes Medium der politischen Kommunikation.

III

Die Predigten, in denen sich Clemens VI. gegen den mit Ludwig verbündeten Mainzer Erzbischof Heinrich von Virneburg richtete, fanden bislang noch kaum Beachtung in der Forschung.[75] Dabei erlauben auch sie aufschlussreiche Einblicke in die kommunikative Funktion der päpstlichen Konsistorialpredigt. Gerade der erste Vortrag, den der Papst im Rahmen der Suspension Heinrichs am 15. Oktober 1344 hielt, dürfte nicht nur der Verkündung des gefassten Beschlusses im Rahmen eines symbolischen Repräsentationsakts gedient haben.[76] Schon die Adaption des einleitenden Bibelverses weist hier in eine etwas andere Richtung. Clemens wählte als Thema „Unser Sohn hier ist störrisch und widerspenstig, er hört nicht auf unsere Stimme" (5 Mose 21,20).[77] Zunächst erläutert der Papst den Kontext noch etwas genauer, also die alttestamentarische Vorschrift, die besagt, dass Eltern, die mit einem ungehorsamen Sohn nicht mehr fertig werden, diesen dem Ältestenrat und gegebenenfalls dem Tod durch Steinigung überantworten sollen (5 Mose 18–21). Die Bibelstelle behandelt eigentlich den Umgang mit leiblichen Nachkommen, doch könne sie ge-

74 Siehe oben bei Anm. 19.

75 Zu Heinrich von Virneburg siehe Friedhelm H. Jürgensmeier, Heinrich von Virneburg (um 1280?–1353), in: Die Bischöfe des Heiligen Römischen Reiches 1198 bis 1448. Ein biographisches Lexikon, hg. von Erwin Gatz, Berlin 2000, S. 408–409, hier S. 408. Ausführlicher zum historischen Kontext, aber kaum oder gar nicht zu den Predigten: Carl Müller, Der Kampf Ludwigs des Baiern mit der römischen Curie. Ein Beitrag zur kirchlichen Geschichte des 14. Jahrhunderts. Zweiter Band: Ludwig der Baier, Benedikt XII. und Clemens VI., Tübingen 1880, S. 226 f.; Fritz Pfeil, Der Kampf Gerlachs von Nassau mit Heinrich von Virneburg um das Erzstift Mainz, Darmstadt 1910; Schütz, Prokuratorien (wie Anm. 47), S. 245–249; Wood, Clement VI (wie Anm. 12), S. 150; Thomas, Ludwig der Bayer (wie Anm. 12), S. 365 und passim; Paul-Joachim Heinig, Die Mainzer Kirche im Spätmittelalter (1305–1484), in: Handbuch der Mainzer Kirchengeschichte. Band 1: Christliche Antike und Mittelalter, Teil 1, hg. von Friedhelm H. Jürgensmeier (Beiträge zur Mainzer Kirchengeschichte 6), Würzburg 2000, S. 416–554, hier S. 459–476.

76 Zu der Predigt mit dem Incipit *Filius noster* siehe Schneyer, Repertorium (wie Anm. 9), S. 762 Nr. 40; Schmitz, Les sermons (wie Anm. 9), S. 24 Nr. 33. Zu ergänzen wäre Nürnberg, Stadtbibliothek Solg. Ms. 48.2°, fol. 180r–189v, vgl. Karin Schneider, Die Handschriften der Stadtbibliothek Nürnberg, Band 2/1: Die lateinischen mittelalterlichen Handschriften, Teil 1: Theologische Handschriften, Wiesbaden 1967, S. 361–364, hier S. 362. Die folgenden Ausführungen basieren auf dem leicht gekürzten Druck bei Schunk, Beyträge (wie Anm. 9), S. 332–340.

77 Schunk, Beyträge (wie Anm. 9), S. 332–334.

nauso gut auf einen „geistlichen Sohn“ übertragen werden. Clemens erklärt, dass in diesem Sinne seine Vorgänger, er selbst und die Kirche als „Eltern“ anzusehen seien, denen Heinrich die Position als Erzbischof verdanke. Doch da er sich in keiner Weise dankbar gezeigt, sondern sich verschworen habe, sei er vor den Ältestenrat zu bringen, der mit dem päpstlichen *consistorium* gleichgesetzt wird, dem jetzt die Urteilssprechung zustehe. Danach wird wieder der weitere Aufbau der Predigt vorgestellt, die in drei Abschnitte gegliedert wird: erstens soll es um die Gnaden gehen, die Heinrich von Virneburg erhalten hat und seine Undankbarkeit, also um *gratia* und *ingratitudo*, zweitens um die Übeltaten des Unbelehrbaren (*malicia protervi*) und drittens um die *contumacia*, womit die uneinsichtige Haltung gegen die Befehle des Papstes gemeint ist.[78]

Zu Punkt eins führt der Papst die Förderung durch Johannes XXII. an, der Heinrich gegen den Widerstand des Domkapitels als Bischof bestätigte und in Rechtsstreitigkeiten zu dessen Gunsten entschied. Auch Benedikt XII. entsandte eigens *nuntii*, um den Virneburger zu unterstützen. Der zeigte sich aber als undankbar, was mit verschiedenen Vergleichen aus der Bibel unterstrichen wird. Unter anderem wird König Omri, von dem es heißt, er habe getan, „was dem Herrn missfiel“, indem er die Juden zum Götzendienst verleitete, als Negativexemplum zitiert (1 Kön 16,25). Schließlich werde der Name dieses Königs, der im lateinischen Text *Hamri* geschrieben wird, in der Volkssprache (*in gallico*) ganz ähnlich ausgesprochen, wie der des Mainzer Erzbischofs (der auf Französisch „Henri“ heißt).

Sprachliche Strukturen spielen für diese Predigt überhaupt eine wichtige Rolle, auch im zweiten Punkt, in dem Clemens VI. auf die Verbrechen des *protervus* eingeht. Diesen Begriff leitet er im Anschluss an grammatische Lehrschriften (*secundum Grammaticos*) von *pro* und *torvus* ab und nimmt ihn als Ausgangspunkt für eine komplex gebaute Figura etymologica (… *a protervo de protervio protervis protervium protervire* …). Als Hauptvergehen, für die der Mainzer Erzbischof bereits als Eidbrecher exkommuniziert worden war, werden der Treueeid (*homagium*) an Ludwig den Bayern genannt und das Bündnis, das er trotz der laufenden Prozesse mit ihm schloss. Ferner weigerte sich Heinrich, das *servitium commune*, also die Gebühren für die Übernahme des Bistums, an die Kurie zu bezahlen.[79] Menschen wie ihn solle man meiden, was, wie schon an anderer Stelle, mit einem eschatologisch konnotierten Zitat aus 2 Tim 3,1–5 untermauert wird.[80] Damit kommt der Papst zum dritten Punkt, der *contumacia*, die er wieder anhand einer gelehrten Schrift begrifflich genauer fasst, nämlich der Etymologien Isidors von Sevilla (Lib. 10,45). Konkret zeigt sich die hartnäckige Gehorsamsverweigerung in Heinrichs Nichterscheinen an

78 Ebd., S. 334–337.
79 Zu den erheblichen finanziellen Verpflichtungen Heinig, Mainzer Kirche (wie Anm. 75), S. 461.
80 Schunk, Beyträge (wie Anm. 9), S. 336–338, vgl. oben vor Anm. 69.

der Kurie, wohin er schon von Benedikt XII. und erneut von Clemens VI. zitiert worden war. Die Entschuldigungen, die der Mainzer Erzbischof für sein Fernbleiben anführte, haben schon die früheren Päpste als nicht recht ernst zu nehmend (*frivolus*) bezeichnet. Clemens selbst schließt sich dieser Meinung auf den Rat seiner Kardinäle hin (*de fratrum nostrorum consilio*) an. Folglich suspendiert er ihn von Amt und Benefizium und droht mit weiteren rechtlichen Schritten, die er in die Wege leiten werde.[81]

Die erste Predigt gegen den Erzbischof von Mainz fiel damit vergleichsweise milde aus. Düstere Anspielungen auf das Jüngste Gericht finden sich kaum, häufiger rekurriert der Papst auf sprachliche Erklärungsmuster, also auf Grammatik, Etymologie und Phonetik. Der einleitende Bibelvers hätte dabei das Potenzial, die Vernichtung des Gegners zu thematisieren, schließlich rechtfertigt er die (tödliche) Steinigung eines „störrischen Sohnes". Darum macht Clemens VI. aber nicht viele Worte. Ihm ging es zu diesem Zeitpunkt offensichtlich darum, dass sich der „störrische Sohn" vor dem Rat der „Ältesten", also dem *consistorium*, verantworten soll. In keiner anderen Predigt findet sich so häufig der Verweis auf den Rat und das Mitbestimmungsrecht der Kardinäle, was kirchenrechtlichen Vorschriften geschuldet sein mag. Aber es war wohl auch ein Fingerzeig für Heinrich, dass in der ganzen Angelegenheit vieles noch in der Diskussion war, der Papst selbst jedenfalls noch kein abschließendes Urteil gefällt hatte.[82] Damit trug diese Ansprache weniger zur besonders eindrücklichen Ausgestaltung der Suspension bei, eher scheint sie in ihrer Funktion mit der (sehr viel schlechter überlieferten) *contumax*-Erklärung vom 11. Juli 1343 gegen Ludwig vergleichbar zu sein. In beiden Fällen lief der eher maßvolle Vortrag dem rituellen Sprechanlass ein Stück weit zuwider.

Im Frühjahr 1346 hatte sich die Lage grundlegend gewandelt, und knapp eine Woche bevor Ludwig der Bayer endgültig verurteilt wurde, widerfuhr dieses Schicksal Heinrich von Virneburg. Am 7. April erklärte Clemens VI. die endgültige Absetzung und wählte als Predigtthema den Vers „Aus dem Gericht gehe er verurteilt hervor, selbst sein Gebet werde zur Sünde. Nur gering sei die Zahl seiner Tage, sein Amt soll ein andrer erhalten" (Ps 109,7–8).[83] Der Papst bezog den Vers nach Apg 1,15 ff. auf Judas, den er mit Heinrich von Virneburg gleichsetzte, der in ähnlicher Weise zum Verräter an Gott und der Kirche geworden sei. Schon in der ersten Distinktion wird – wie schon in der letzten Ansprache gegen Ludwig – die rhetorische Steigerung

81 Ebd., S. 338–340.

82 Vgl. dazu auch die Hinweise bei FELTEN (wie Anm. 11), S. 420, 466; LÜTZELSCHWAB, Clemens VI. (wie Anm. 10), S. 26.

83 Zu dieser Predigt mit dem Incipit *Cum judicatur* siehe SCHNEYER, Repertorium (wie Anm. 9), S. 759 Nr. 18; SCHMITZ, Les sermons (wie Anm. 9), S. 21 Nr. 14 und zu ergänzen Würzburg Universitätsbibliothek, M. ch. f. 190, fol. 294v–300v, vgl. THURN, Handschriften (wie Anm. 9), S. 35. Als Textgrundlage dient im Folgenden der leicht gekürzte Druck bei SCHUNK, Beyträge (wie Anm. 9), S. 352–375.

deutlich, da diese nicht nur drei- sondern vierfach untergliedert ist. Judas und Heinrich von Virneburg werden hinsichtlich der gemeinsamen Berufung (*vocatio*), ihrer herausragenden Stellung (*prelatio*), ihres Vergehens (*transgressio*) und ihres Starrsinns (*obstinatio*) miteinander verglichen, was in zwei weiteren Vierergruppen noch in Bezüge von *mos Juda* und *exemplum Jude* differenziert wird.[84] Die Vorwürfe, die danach zur Sprache kommen, sind inhaltlich nicht neu. Unter Punkt eins (*vocatio*) verweist der Papst nochmals darauf, dass Heinrich von seinen Vorgängern „berufen“ wurde, Johannes XXII. habe ihn letztlich eingesetzt, und Benedikt XII. habe ihn zunächst nach Kräften unterstützt.[85] Die Ausführungen zur *prelatio* sind eher theoretischer Art, während in dem Abschnitt zu den Vergehen (*transgressio*) wieder explizit die Treue zu Ludwig dem Bayern negativ erwähnt wird. In dieser Treue zeige sich, wie schon in der ersten Predigt ausgeführt wurde, der Undank (*ingratitudo*) Heinrichs, was (zusammen mit der *cupiditas*) nun als Gemeinsamkeit mit Judas erklärt wird.[86] Der letzte Punkt (*obstinacio*) wird auf die Weigerung bezogen, der Vorladung an die Kurie Folge zu leisten, wobei die einzelnen Stationen des Konflikts noch einmal sehr viel detaillierter erläutert werden.[87]

Die nächste Distinktion nimmt das gesamte Thema in den Blick und ist ebenfalls quartär aufgebaut. Demnach soll der folgende Hauptteil erstens die Verkündung des Verdammungsurteils (*prolacio sententiae condempnantis*) enthalten, zweitens auf Maßnahmen gegen Heinrichs flehentliches Gebet (*execucio instancie supplicantis*), sein verkürztes Leben (*abbreviacio vite*) und den Verlust seiner erzbischöflichen Würde (*amissio glorie sublimantis*) eingehen. Ausgeführt werden vor allem die drei Voraussetzungen eines rechtmäßigen Verdammungsurteils im ersten Punkt. Dazu bedürfe es eines Richters, der über entsprechende Vollmachten (*judiciaria potestas et auctoritas*) verfügt, eines auf Gerechtigkeit und Wahrheit basierenden Verfahrens (*processus justicia et veritate vallatus*) und schließlich eines Angeklagten, dessen ungerechte Vergehen festgestellt werden (*reus nequicia et iniquitate notatus*). Gerade auf diesen letzten Aspekt, die vier Hauptanklagepunkte gegen Erzbischof Heinrich, geht der Papst ausführlich ein, also auf dessen *adhesio*, *praesumptio*, *pejoracio* und *rebellio*.[88] Die *adhesio* bezieht sich auf die Anhängerschaft an Ludwig den Bayern, was als Vergehen gegen den Status des Bischofs gedeutet wird. Wie in der bald darauf verfassten Predigt gegen Ludwig vom 13. April bezog sich Clemens auch hier auf Ambrosius von Mailand, in diesem Fall auf dessen beispielhaftes Vorgehen gegen

84 Ebd., S. 353 f.
85 Ebd., S. 354 f.
86 Ebd., S. 355–358.
87 Ebd., S. 358–360.
88 Gliederung ebd., S. 365.

Häretiker.[89] Zudem erinnert der Papst an seinen Vorgänger Nikolaus I., der die Bischöfe von Köln und Trier absetzte, weil sie König Lothars II. Scheidung gegen den Willen des Papstes gebilligt hatten.[90] Heinrich wird seine *cathedra pastoralis* im folgenden Abschnitt wegen seiner Vermessenheit (*praesumptio*) abgesprochen, die noch mit anderen Lastern assoziiert wird (*inobediencia, superbia*).[91] Weitere Vorwürfe betreffen leichtsinnige Meineide (*pejoracio stupida*), da Heinrich gegenüber dem Papst das Treueversprechen (*fidelitas*) gebrochen und die Zusage, die beim Amtsantritt fälligen Servitien zu bezahlen, nicht eingehalten habe.[92] Trotz der Suspension übte er weiterhin das Amt des Erzbischofs aus, bestätigte etwa gegen hohe Geldzahlungen Albert von Hohenlohe als Bischof von Würzburg. Deshalb erhebt Clemens – viertens und letztens – den Vorwurf einer unerhörten Auflehnung gegen die Kirche (*rebellio horrida*), was einen weiteren Grund für die Absetzung darstellt.[93]

Nun erst werden die folgenden drei Punkte des eigentlichen Hauptteils behandelt. Die Maßnahmen gegen das flehentliche Gebet (*execucio instancie supplicantis*) werden nur kurz erörtert. Im Hinblick auf das verkürzte Leben (*abbreviacio vite*) wird eine Unterscheidung zwischen körperlicher und spiritueller Existenz getroffen und von der verkürzten Wirkungszeit als kirchlicher Würdenträger differenziert. In Punkt vier wird noch einmal der Eidbruch als Anlass für die Absetzung genannt (*amissio glorie sublimantis*) und die Eigenschaften Heinrichs mit denen des neuen Kandidaten verglichen, der nun das Erzbistum erhalten soll. Abschließend verkündet der Papst die Absetzung in juristisch präziser Form und ernennt Gerlach von Nassau zum neuen Erzbischof von Mainz, dem er gleichzeitig aus verschiedenen Gründen Dispens gewährt.[94]

Damit gehört diese letzte Predigt wieder eher zu den symbolisch repräsentativen Ansprachen, in der ein gefasster Beschluss noch einmal feierlich verkündet wurde. Sie ist eine der längsten Reden, die Clemens VI. gegen seine Gegner im Reich gehalten hat, und geriet wohl nicht nur aus stilistischen Gründen so „weitschweifig"[95]. Viele der Anklagepunkte hatte der Papst anlässlich der Suspension Heinrichs von

89 Ebd., S. 365–368. Auf den Kirchenvater Ambrosius rekurrierte Clemens VI. durchaus häufiger, vgl. WOOD, Clement VI (wie Anm. 12), S. 16; LÜTZELSCHWAB, Clemens VI. (wie Anm. 10), S. 96,123, 293.

90 SCHUNK, Beyträge (wie Anm. 9), S. 368. Siehe dazu die Angaben bei Rudolf SCHIEFFER, Die Zeit des karolingischen Großreichs (714–887) (Gebhardt. Handbuch der deutschen Geschichte, Band 2), 10. völlig neu bearbeitete Auflage, Stuttgart 2005, S. 144 f.

91 SCHUNK, Beyträge (wie Anm. 9), S. 368–370.

92 Ebd., S. 370 f.

93 Ebd., S. 371–373. Sie wird zusätzlich mit einer Reihe von biblischen Zitaten begründet, unter denen das Thema der Predigt gegen Ludwig vom 11. Juli 1343 (Spr 18,3), sowie Verweise auf die einschlägigen kirchenrechtlichen Bestimmungen aus dem Decretum (C. 11 q. 3 c. 6) und dem Liber extra (Lib. 1, tit 6, lib. 5, tit. 27) zu finden sind.

94 Ebd., S. 373–375.

95 PFEIL, Kampf (wie Anm. 75), S. 2 f.

Virneburg vor der kurialen Öffentlichkeit noch kaum explizit gemacht, was es nun nachzuholen galt. Zudem markierte der Umfang den endgültigen Bruch in besonderer Deutlichkeit. Möglicherweise können weitere Quellen und die Beschäftigung mit den Handschriften, dem Anlass ihrer Aufzeichnung und möglicherweise vorhandenen Glossen noch mehr Aufschluss über Funktion und Interpretation dieser und weiterer Ansprachen durch die Zeitgenossen bringen. Im Fall der Rede, die Papst Clemens anlässlich der Anerkennung Karls IV. hielt, ließen die chronikalischen Berichte gut erkennen, wie ein und derselbe Vortrag von vielen als rein demonstrativer Akt der Anerkennung gedeutet wurde, während ein Chronist bereits die Argumente für weitere Konflikte heraushörte. Tatsächlich war beides in dem Predigttext angelegt. Vermutlich war die zuletzt besprochene Rede zur Absetzung des Mainzer Erzbischofs hier weniger ambivalent ausgerichtet, genauso wie die erste gegen Ludwig den Bayern. Sie gestalteten ein Ritual performativ aus, markierten den endgültigen Bruch, der intellektuell anspruchsvoll und emotional wirksam inszeniert wurde. Immerhin zwei der Konsistorialansprachen zeigen aber ein anderes Bild. Die *contumax*-Erklärung Ludwigs des Bayern ist zugegeben problematisch überliefert, doch ähnlich wie die Ansprache zur Suspension Heinrichs von Virneburg steigerte die gemäßigte Tonlage kaum die Wirkung des Rituals, sie relativierte sie eher. Möglicherweise enthielt sogar die endgültige Verfluchung Ludwigs am 13. April 1346 noch ein verklausuliertes Angebot, Ludwig als Kaiser anzuerkennen – was allerdings eher als Druckmittel gegenüber Karl IV. zu verstehen war.[96] Die häufig als phrasenhaft, doppelzüngig und niveaulos charakterisierten Konsistorialansprachen Papst Clemens' VI. erweisen sich damit als ein außergewöhnlich vielschichtiges Medium in der politischen Kommunikation zwischen *regnum* und *sacerdotium*.

96 Die königliche Seite griff diese Warnung im November 1346 auf und kehrte den Spieß kurzerhand um. Ernst von Pardubitz mahnte den Papst zur Eile bei der Anerkennung Karls IV., da dem Hl. Stuhl allerhand Gefahren drohten, solange Ludwig der Bayer nicht durch einen neuen König ersetzt sei. Vgl. MGH Constitutiones VIII (wie Anm. 12), S. 142 Nr. 99; Patze, Konsistorialrede (wie Anm. 12), S. 11.

IV. Erinnerung und Mythos

Vergessen und Erinnern

Das Verhältnis der Kirche zum gebannten Kaiser Ludwig im späten Mittelalter

Martin Kaufhold

Wie erinnerte sich die Kirche an den gebannten und verstorbenen Ludwig den Bayern, oder wie verhinderte die Kirche diese Erinnerung in den eineinhalb Jahrhunderten nach dem Tode Ludwigs, nachdem sie den lebenden König und Kaiser zwischen 1324 und 1347 über zwei Jahrzehnte erbittert bekämpft hatte?[1]

Die Frage fällt etwas leichter als die Antwort – obwohl es auch eine einfache Antwort gäbe. Es gibt nicht sehr viele Quellen, die es erlaubten, die Spur dieser negativen Memoria nachzuzeichnen.[2] Aber diese Spuren sind bereits Teil einer Antwort auf eine weitere Frage, die sich aus der Eingangsfrage ergibt. Tatsächlich ergeben sich drei Folgefragen, die jede für sich auf ein eigenes Forschungsgebiet führt. Das würde den Rahmen dieses Beitrages sprengen. Daher können wir diese Perspektiven nur andeuten. Aber sie lassen erkennen, in welch vielfältige Bezüge die Frage nach der kirchlichen Erinnerung an Ludwig den Bayern hineinführt.

Es sind folgende drei Fragen, die dieser kleine Beitrag aufgreifen soll, um so einen Zugang zur spätmittelalterlichen Erinnerungskultur zu gewinnen:

1. Wie verfuhr die Kirche mit einem Exkommunizierten, nachdem er sich allen Möglichkeiten der Besserung in seinem irdischen Leben entzogen hatte? Immerhin

1 Für eine Übersicht über den Kampf der Kirche mit Ludwig dem Bayern vgl. Martin KAUFHOLD, Gladius Spiritualis. Das päpstliche Interdikt über Deutschland in der Regierungszeit Ludwigs des Bayern (1324–1347) (Heidelberger Abhandlungen zur Mittleren und Neueren Geschichte, NF Bd. 69), Heidelberg 1994; für die ältere Forschung mit immer noch wertvollen Hinweisen vgl. Carl MÜLLER, Der Kampf Ludwigs des Bayern mit der römischen Kurie. Ein Beitrag zur kirchlichen Geschichte des 14. Jahrhunderts, 2 Bde., Tübingen 1879–1880; zu neueren Interpretationen vgl. zuletzt die verschiedenen Beiträge in: Kaiser Ludwig der Bayer. Konflikte, Weichenstellungen und Wahrnehmungen seiner Herrschaft, hg. von Hermann NEHLSEN/Hans-Georg HERMANN (Quellen und Forschungen aus dem Gebiet der Geschichte, NF Bd. 22), Paderborn u. a. 2002.

2 Zur positiven Ludwig-Memoria im Mittelalter vgl. vor allem Michael MENZEL, Die Memoria Kaiser Ludwigs des Bayern, in: Auxilia Historica. Festschrift für Peter Acht zum 90. Geburtstag, hg. von Walter KOCH/Alois SCHMID/Wilhelm VOLKERT (Schriftenreihe zur bayerischen Landesgeschichte, Bd. 132), München 2001, S. 247–283; vgl. nun auch Gerald SCHWEDLER, „dampnate memorie Ludovici de Bavaria" – Erinnerungskultur als metaphorische Waffe im Konflikt zwischen der Kurie und Ludwig dem Bayern (mit Edition), in: Sterben über den Tod hinaus. Politische, soziale und religiöse Ausgrenzung in vormodernen Gesellschaften, hg. von Claudia GARNIER/Johannes SCHNOCKS, Würzburg 2012, S. 165–201 (Der Beitrag erschien nach der Fertigstellung der hier vorgestellten Überlegungen).

war die Exkommunikation eine medizinische, also eine therapeutische Maßnahme zu Lebzeiten, die den Exkommunizierten auf den Weg der Besserung bringen sollte.

2. Wie ging die Themensetzung innerhalb der mittelalterlichen Kirche vor sich, wie entstand eine Agenda für „die Kirche" – wenn es die denn überhaupt gab –, auf die Ludwig hätte gesetzt werden können?

3. Die Memoria ist ein großes Thema der mittelalterlichen Kultur. Die Forschung hat uns das sehr klar gemacht.[3] Aber was bedeutete das konkret, wie lange konnte man das religiöse oder persönliche Profil eines Menschen in der Erinnerung bewahren, und wie dynamisch war diese Erinnerung?

Quum medicinalis sit excommunicatio, non mortalis, disciplinans, non eradicans, dum tamen is, in quem lata fuerit non contemnat ...[4] So begann Innozenz IV. eine Dekretale über die Exkommunikation, die er auf dem Konzil von Lyon vorstellte und die in den „Liber Sextus" aufgenommen wurde. Die Exkommunikation schloss die Zielperson aus der Kirche und von den Sakramenten aus, um sie durch den Entzug der Gnadengaben zur Besserung zu bewegen, nicht um sie der Verdammnis anheimzugeben.[5] Es war eine harte Pädagogik, aber sie hatte erzieherische Ziele: „I am cruel only to be kind" (Shakespeare, Hamlet). Da der Gründonnerstag als Tag des letzten Abendmahls der Tag der Einsetzung der Eucharistie war, durch deren gemeinsame Feier die kirchliche Gemeinschaft ihren Zusammenhalt als *Corpus Christi Mysticum* kräftigte und erneuerte, war dieser Tag auch besonders geeignet, den Ausschluss der Sünder aus dieser Gemeinschaft öffentlich kund zu geben. So geschah es auch bei Ludwig dem Bayern.[6]

Johannes XXII. hatte bei seinen Prozessen das Leitbild der Besserung des Exkommunizierten durchaus im Auge gehabt, wie er etwa im fünften Prozess im Juli

3 Vgl. etwa „Memoria". Der geschichtliche Zeugniswert des liturgischen Gedenkens im Mittelalter, hg. von Karl SCHMID/Joachim WOLLASCH (Münstersche Mittelalter Schriften 48), München 1984; Memoria in der Gesellschaft des Mittelalters, hg. von DIETER GEUENICH/OTTO GERHARD OEXLE (Veröffentlichungen des Max-Planck-Instituts für Geschichte 111), Göttingen 1994; Memoria als Kultur, hg. von Otto Gerhard OEXLE (Veröffentlichungen des Max-Planck-Instituts für Geschichte 121), Göttingen 1995.

4 VI.V.XI, cap. 1, ed. EMIL FRIEDBERG, Corpus Juris Canonici, tom. 2: Decretalium collectiones. Decretales Gregorii P. IX., Liber sextus decretalium Bonifacii P. VIII., Clementis P. V. Constitutiones, Extravagantes tum viginti Ioannis P. XXII. tum communes, Leipzig 1879, ND Graz 1954, Sp. 1093f.

5 Zur Exkommunikation im Mittelalter vgl. X.V.XXXIX De Sententia Excommunicationis, ed. FRIEDBERG, Corpus Juris Canonici (wie Anm. 4), Sp. 889–913, und VI.V.XI De Sententia Excommunicationis, Suspensionis et Interdicti, ed. FRIEDBERG, Sp. 1093–1107, mit den entsprechenden Glossen und Kommentaren; vgl. dazu vor allem die Studie von Elisabeth VODOLA, Excommunication in the Middle Ages, Berkeley/Los Angeles/London 1986.

6 KAUFHOLD, Gladius Spiritualis (wie Anm. 1), S. 64f.; ders., Öffentlichkeit im politischen Konflikt: Die Publikation der kurialen Prozesse gegen Ludwig den Bayern in Salzburg, in: Zeitschrift für Historische Forschung 22 (1995), S. 435–454.

1324 mehrfach betonte.[7] Es hatte nicht geholfen. Aber wenn die Exkommunikation dazu diente, den Sünder zu Lebzeiten zu bessern, musste die Therapie dann nicht mit dem Tod des Patienten enden? Nach dem Tod konnte der Sünder sein Verhalten nicht mehr bessern. Es ist nicht so einfach, Positionen der spätmittelalterlichen Theologie zu der Frage auszumachen, welches der Ort des Exkommunizierten nach seinem Tod war oder welchen Status er hatte. Das Supplement zur „Summa Theologiae" des Thomas von Aquin etwa enthält vier Quaestiones zur Exkommunikation und zum Umgang mit Exkommunizierten.[8] Die Frage, was nach ihrem Tod mit den Gebannten geschieht, verfolgte Thomas nicht. Die Kirchenrechtler interessierten sich stärker für die Lebenden und noch Handlungsfähigen als für die Toten. Aber die zeitgenössischen Dichter geben uns einen Fingerzeig. In den Jahren unmittelbar bevor Ludwigs Konflikt mit Johannes XXII. sich zuspitzte, ließ Dante den Staufer Manfred im 3. Gesang des Purgatoriums klagen:

„Gewißlich muß, wer in der heiligen Kirche
Verbannung stirbt, wenngleich er auch bereute,
Noch außerhalb von diesem Strande bleiben,
für jeden Tag, den er in Sünden lebte,
Das Dreißigfache …".[9]

Ludwig wurde nach wiederholter Androhung schließlich am 23. März 1324 von Johannes XXII. exkommuniziert.[10] Er starb am 11. Oktober 1347 auf der Bärenjagd bei Fürstenfeld, ohne von der Kirche aus dem Bann gelöst worden zu sein.[11] Damit hatte Ludwig dreiundzwanzig und ein halbes Jahr im Stande der Exkommunikation gelebt. Nach der Berechnung Dantes musste der Bayer daher mit 705 Jahren im Purgatorium rechnen. Das bedeutete eine Buße bis zum Jahre 2052. Und das galt für den, der im Moment des Todes seine Sünden bereute, während etwa der zeitgenössische Chronist Heinrich Taube von Selbach Ludwigs Ende als unbußfertig schildert:

---

7 MGH Constitutiones et acta publica imperatorum et regum, Bd. 5, hg. von Jakob Schwalm, Hannover/Leipzig 1909–1913, Nr. 944 (S. 779): *Sicut ad curam periti medici pertinent adhibere fomenta fortia, cum levia non prodesse cognoscit, sic profecto presidentis officio congruit, cum ad correctionem perversorum inflictas penas non sufficere percipit, ut adiciat graviores*; vgl. auch ebda, S. 787.

8 Thomas von Aquin, Summa Theologiae Supplementum Tertiae partis, quaestio 21–24, in: Opera Omnia iussu impensaque Leonis XIII P. M. edita, Bd. 12, Rom 1906, S. 42–48.

9 Dante Alighieri, Die Göttliche Komödie, Der Läuterungsberg, III, V. 136–140, übers. von Hermann Gmelin, 2. Aufl. Stuttgart 1974, S. 41.

10 MGH Const. 5 (wie Anm. 7), Nr. 881.

11 Vgl. für die Todesnachrichten und für eine interessante Einschätzung seiner Person Siegmund Riezler, Geschichte Baierns, Bd. 2, Gotha 1880, S. 499–507.

subitanea morte decessit sine omnia penetencia et signo contricionis.[12] Was hatte die Seele des hartnäckigen Bayern da zu erwarten?

Papst Clemens VI., der das Verfahren der Exkommunikation nach den Prozessen Johannes' XXII. im Frühjahr 1343 wieder aufnahm, zeigte sich unduldsamer als sein Vorgänger Johannes XXII. Johannes hatte dem Bayern wiederholt Fristen gesetzt, hatte dann aber erst Wochen nach Ablauf der Frist zur angedrohten Sanktion gegriffen. Clemens hatte Ludwig vor seiner Exkommunikation am 11. Juli 1343 eine dreimonatige Frist gesetzt, und ihn bei Ablauf dieser Frist am 10. Juli in Avignon förmlich ausrufen lassen und nochmals einbestellt. Als die Frist ereignislos verstrich, war Clemens direkt zur Exkommunikation Ludwigs geschritten.[13] Die Zeit für Geduld, ohne die es keine erzieherische Wirkung gibt, war vorbei. Clemens VI. sah den Bayern schon zu Lebzeiten deutlich außerhalb der Kirche:

„Es erscheint mir nämlich so, dass jener ruchloseste, exkommunizierte, schismatische Begünstiger der Häretiker und [selber] wahrer Häretiker, Ludwig von Bayern, auf drei Arten außerhalb der Kirche ist".[14] Einmal hatte er sich ungeheurer Verbrechen und tyrannischer Vergehen schuldig gemacht. Dann war er mit den schwersten Kirchenstrafen und Exkommunikationen belegt. Schließlich war er ein äußerst gefährlicher Häretiker, Begünstiger der Häretiker und Schismatiker. *Ergo foris est.*[15]

Ludwig befand sich außerhalb der Kirche, wo es kein Heil gab. Und unter Berufung auf Augustinus stellte Clemens klar, dass derjenige, der auf Erden von der Kirche exkommuniziert worden war, auch im Himmel exkommuniziert sei.[16] Für die irdischen Hinterbliebenen galt der Satz Papst Leos I. (440–461), dass man diejenigen, mit denen zu Lebzeiten kein Umgang möglich war, auch nach ihrem Tod meiden müsse.[17] Für Ludwig den Bayern galt das in verschärfter Form. Als Clemens VI. Ludwig am Gründonnerstag 1346 noch einmal in aller Form exkommunizierte, da machte er sehr klar, dass er die Hoffnung auf Heilung aufgegeben hatte:

„Er gerate in Fallstricke, die er nicht kenne und komme darin zu Fall. Sein Eingang sei verdammt und verdammt sei sein Ausgang. Der Herr schlage ihn mit Ver-

12 Die Chronik Heinrichs Taube von Selbach, hg. von Harry BRESSLAU (MGH Scriptores Rerum Germanicarum NS, Bd. 1), Berlin 1922, S. 68.

13 Vatikanische Akten zur Deutschen Geschichte in der Zeit Kaiser Ludwigs des Bayern, Innsbruck 1891, Nr. 2151.

14 Der Text entstammt einer Predigt Clemens VI. vom Gründonnerstag 1343, die Hilary S. Offler ediert hat, Hilary Setton OFFLER, A political „collatio" of pope Clement VI, O.S.B., in: Revue Benedictine 65 (1955), S. 127–144, S. 132. Zu Clemens VI. und Ludwig vgl. KAUFHOLD, Gladius Spiritualis (wie Anm. 1), S. 272–287; Diana WOOD, Clement VI. The Pontificate and Ideas of an Avignon Pope, Cambridge u. a. 1989, bes. S. 142–176.

15 OFFLER, A political „collatio" (wie Anm. 14), S. 132.

16 *Cum excommunicat ecclesia, in celo ligatur excommunicatus*, ebd., S. 135.

17 Epistola 167, ed. Jacques Paul MIGNE, Patrologiae Latinae cursus completus, Bd. 54, Paris 1881, Sp. 1205–1206: *Nos autem quibus viventibus non communicavimus, mortuis communicare non possumus*; vgl. dazu auch VODOLA, Excommunication (wie Anm. 5), S. 156–158.

rücktheit und mit Blindheit und mit der Raserei des Geistes. Der Himmel schicke Blitze auf ihn herab. Der Zorn des allmächtigen Gottes und der Heiligen Petrus und Paulus, von denen die Kirche angenommen hat und annimmt, dass sie sich nach ihren Möglichkeiten miteinander verbinden, entbrenne in diesem und im kommenden Zeitalter gegen ihn. Der Erdkreis kämpfe gegen ihn. Es öffne sich die Erde und verschlinge ihn lebend. In einer Generation sei sein Name gelöscht, und die Erinnerung an ihn verschwinde von der Erde. Alle Elemente seien ihm entgegengesetzt. Seine Behausung falle wüst und die Verdienste aller ruhenden Heiligen verbinden sich gegen ihn und zeigen ihm noch in diesem Leben die offene Rache, seine Söhne werden aus ihren Wohnstätten geworfen und er sehe mit eigenen Augen, wie sie in die Hände ihrer Feinde fallen".[18]

Das waren starke Worte, und sie zeigten, dass das Tuch zwischen Ludwig und Papst Clemens zerschnitten war. Die Schärfe dieses Bannes war nicht allein eine Folge der Exkommunikation. Sie ging vielmehr darauf zurück, dass Ludwig nicht nur hartnäckig und uneinsichtig in dem Bann verharrte, sondern dass er trotz der päpstlichen Sentenzen weitere feindliche Schritte gegen die Kirche unternommen hatte, so dass er schließlich zum Förderer der Häretiker, zum Häretiker selber und zum Schismatiker geworden war. Für Clemens war Ludwig ein kirchenfeindlicher Intensivtäter, vor dem man die Christenheit schützen musste. Seine Worte richteten sich in die Zukunft, aber sie waren für die Gegenwart gesprochen. Solche starken Worte für die Zukunft halten dem Test der Geschichte selten stand. Zu schnell ändern sich die Verhältnisse, und sie erfordern eine Anpassung der eigenen Haltung. Worte, die eine Wirkung in einem „kommenden Zeitalter" und für die Dauer „einer Generation" beanspruchen, haben zumeist eine begrenzte Lebensdauer. Ludwig wurde nicht lebendig von der offenen Erde verschluckt, sondern er schlug im Jahr nach dieser Verwünschung tot auf dem festen bayerischen Boden auf. Seine Söhne und Erben, deren unheilvollen Niedergang er noch zu Lebzeiten verfolgen sollte, wurden im September 1359 durch den neu ernannten Bischof Paul von Freising im Auftrag von Papst Innozenz VI. aus der Exkommunikation gelöst.[19] Der Chronist nennt diese Nachkommen ausdrücklich „Erben" Ludwigs; die Enterbung, die Innozenz III. für alle Häretiker obligatorisch festgestellt hatte, und die Gregor IX. in seinen „Liber Extra" aufnehmen ließ – auch wenn die Söhne rechtgläubig waren – wurde hier nicht thematisiert.[20]

18 Cesar Baronius (Hg.), Annales ecclesiastici, Bd. 25, bearb. von August Theiner, Bar-le-Duc 1872, ad 1346, § 7.

19 Heinrich Taube von Selbach, Chronica (wie Anm. 12), S. 86: *Anno LIX de mense Septembris idem papa de ecclesia Freysingensi tunc vacante providit domino Paulo episcopo Gurcensi ac committit absolucionem heredum Ludwici supra scripti, videlicet marchionis Brandenburgensis, ducis Stephani et aliorum heredum … .*

20 X.V.VII, cap. 10 Vergentes in senium, ed. Friedberg, Corpus Juris Canonici (wie Anm. 4), Sp. 782f.

Schon Innozenz III. hatte die Härte dieser Maßnahme gesehen und in Hinblick auf den zu erwartenden Widerstand betont, dass das göttliche Urteil in vielen Fällen die Söhne für die Sünden der Väter strafe.[21] Wie sich bei den Söhnen Ludwigs zeigte, der die Päpste seiner Zeit hartnäckig provoziert hatte, konnte selbst eine solche Herkunft und Vergangenheit neu beurteilt werden, wenn die Gegenwart neue Forderungen stellte. Allerdings galt diese Neubewertung im Jahre 1359 für Ludwig selber nicht. Der Bischof von Freising weigerte sich, Ludwig ebenfalls aus dem Kirchenbann zu lösen, dafür reichten seine Vollmachten nicht. *Ipse vero Ludewicus iam in anno XII mortuus et sepultus Monachi in parrochia sancte Marie non fuit tunc absolutus, quia predictus episcopus dixit se non habere auctoritatem.*[22] Der Bischof riet den Söhnen, zur Erreichung der Absolution ihres Vaters neue Gesandte an die Kurie zu schicken, er selber wollte den in der Frauenkirche bestatteten Häretiker exhumieren lassen. Das allerdings verhinderten Ludwigs Söhne.[23] Angesichts einer möglichen Bußdauer von mehr als 700 Jahren, war es bemerkenswert, dass der Bischof von Freising eine solche Bitte um Absolution schon nach 12 Jahren für möglich hielt. Er mochte sich an der Kurie nicht auskennen, aber er hatte doch Erfahrung als Bischof mit der Kirche seiner Zeit.[24]

Die Spannungen zwischen Norm und Realität waren kaum zu übersehen. Der gebannte Kaiser, der als Häretiker aus dem Kreis der Gläubigen ausgeschlossen war, war seit zwölf Jahren in der Münchener Frauenkirche begraben, und er blieb es, auch wenn die Bemühungen um seine Absolution in Rom kein Gehör fanden.

Hier taucht die wichtige Frage auf, wie eine so traditionsreiche Institution wie die katholische Kirche mit ihrer Tradition verfuhr? Welche Rolle spielten die Verpflichtungen der Vergangenheit angesichts der Herausforderungen der Gegenwart? Und wenn, wie die Absolution der Söhne Ludwigs nahelegte, die Themen der Gegenwart die Auseinandersetzungen mit der Vergangenheit bestimmten, wer bestimmte diese Themen der Gegenwart, also der Agenda, in deren Licht die Vergangenheit gesehen wurde?

Das sind die Fragen, die den Umgang der Kirche mit der Erinnerung an den toten Kaiser bestimmten, der als exkommunizierter Häretiker gestorben war und dessen Erinnerung nach den Worten von Papst Clemens VI. innerhalb einer Generation von der Erde getilgt werden sollte.

Dabei konnte man nüchtern feststellen, dass die Sorge um das Gedenken an Ludwig die Amts- und Lebenszeit von Papst Clemens offenbar überstanden hatte. Wo-

21 Ebda.

22 Heinrich Taube von Selbach, Chronica (wie Anm. 12), S. 87.

23 Ebd.: *Sed pro absolutione sua consuluit de novo mittere nuncios ad papam et voluit ipsum exhumasse; sed prohibuerunt heredes.*

24 Vgl. zu Bischof Paul von Jägerndorf: Josef MASS, Das Bistum Freising im Mittelalter, München 1986, S. 267–272, bes. S. 268f.

mit wir bei der Frage wären, wer denn diese Themen im kirchlichen Leben eigentlich setzte?

Michael Menzel hat in einer akribischen Untersuchung die Formen und Träger des liturgischen Gedenkens, der Memoria, an den Verstorbenen umfassend zusammengestellt und einer subtilen strategischen Exegese unterzogen.[25] Dabei geht es um die bayerischen Schauplätze, um die wittelsbachischen Klöster, in denen Ludwigs Präsenz gepflegt wurde. Das ist eine andere Frage, aber Antworten zeigen doch, dass das Andenken an Ludwig bewahrt wurde.

Die Absolution Ludwigs, und das zeigte auch die Reaktion des Freisinger Bischofs, war eine exklusive Angelegenheit der Kurie und damit durchaus eine Angelegenheit der großen Kirchenpolitik. Allerdings galt das bereits zu Ludwigs Lebzeiten mit erheblichen Vorbehalten. So hat auch eine jüngst in Fribourg gehaltene, differenzierte Tagung zu Johannes XXII. gezeigt, wie bescheiden die initiativen Möglichkeiten dieses Papstes waren, dessen Vorgehen gegen Ludwig in ein komplexes europäisches Problem- und Konfliktszenario eingebettet war, in dem der schon sehr alte Johannes ein eindrucksvolles Pensum zu bewältigen hatte.[26] Johannes XXII., der Ludwig den Bayern exkommunizierte und bekämpfte, verfolgte in dieser Auseinandersetzung kaum strategische Pläne oder gar ein politisches Programm. Er beanspruchte die Entscheidungsgewalt in Fragen, die man ihm vorlegte, oder bei Personalentscheidungen, bei denen die konkurrierenden Kandidaten von anderen ausgewählt worden waren. Johannes beanspruchte das letzte Wort, aber die Themen wurden von anderen gesetzt. Die Kurie hatte keine operative Agenda.[27] Die Agenda wurde von den jeweiligen Herausforderungen vor Ort bestimmt. Es war eine Sache, in einer strittigen Frage das letzte Wort zu beanspruchen, aber eine andere, die vorangehende Auseinandersetzung zu bestimmen. Dazu hatte die Kurie nicht die Mittel.

Alle Anliegen, die in dieser Zeit in Avignon vorgebracht wurden, verlangten einen langen Atem. Das Heiligsprechungsverfahren liefert dafür anschauliche Beispiele. Die Heiligenmemoria verlangte Hartnäckigkeit und Opferbereitschaft von ihren Vertretern an der Kurie.[28] Dass ein Papst *motu proprio* ein solches Anliegen über die nötige lange Wegstrecke verfolgt hätte, ist sehr selten. Als Johannes XXII. mit der Frage der *visio beatifica* ein heikles Thema auf seine Agenda hob und gegen man-

25 Menzel, Die Memoria Kaiser Ludwigs (wie Anm. 2).

26 Die Beiträge des Freiburger Colloquiums „Johannes XXII.: Voraussetzungen und Wirkungen seines Pontifikates“ vom März 2012 werden von Hans-Joachim Schmidt und Martin Rohde in der Reihe Scrinium Friburgense herausgegeben.

27 Vgl. zu dieser Frage etwa Martin Kaufhold, Die Kurie und die Herausforderungen der europäischen Politik: Standardverfahren oder abgestimmte Handlungsstrategien, in: Schmidt/Rohde, Johannes XXII. (wie Anm. 26).

28 Vgl. etwa Thomas Wetzstein, Heilige vor Gericht. Das Kanonisationsverfahren im europäischen Spätmittelalter (Forschungen zur kirchlichen Rechtsgeschichte und zum Kirchenrecht, Bd. 28), Köln 2004.

chen Ratschluss hartnäckig verfolgte, nahm die Geschichte keinen guten Ausgang.[29] Im Falle Ludwigs des Bayern war es noch schwieriger. Es ging im Grunde um eine negative Memoria, um das Befördern des Vergessens. Man kann es dramatischer als *damnatio memoriae* bezeichnen, aber das Problem blieb dasselbe.[30] Wie löschte man einen Herrscher aus der Erinnerung, wenn sich die meisten Erinnerungsträger dem eigenen Zugriff entzogen und wenn die Lage vor Ort das Bedürfnis nach einer verklärten Erinnerung an die verdammenswerte Person beförderte?[31]

Im späten 13. Jahrhundert hatte der Franziskanergeneral Bonaventura eine Korrektur der Franziskusmemoria im Orden vorgenommen, indem er alle erreichbaren Lebensbeschreibungen des Heiligen vernichten ließ und eine neue, selbstverfasste Lebensbeschreibung in Umlauf brachte.[32] Die Umdeutung der Erinnerung war eine sehr aufwendige Angelegenheit, die Löschung der Erinnerung war unter den vielgestaltigen Umständen, unter denen das 14. und das 15. Jahrhundert die kulturelle Erinnerung bewahrte, kaum möglich.[33] Angesichts der Vielzahl der Erinnerungsträger, die jeweils ein eigenes Interesse an der Wahrung der Tradition hatten, ließ sich kein Schweigen verordnen. Wenn der Arm des Papstes, dessen alleiniges Entscheidungsrecht über die Absolution Ludwigs kein Zeitgenosse in Frage stellte, nicht stark genug war, den verstorbenen Kaiser aus seinem Grab in der Münchener Frauenkirche entfernen zu lassen, obwohl die Rechtslage ganz eindeutig war, wie sollte die Kurie da die Erinnerung an Ludwig zum Schweigen bringen? Zumal die Päpste selber keine einheitliche Linie verfolgten.

Es war ja nicht untypisch, dass mit dem Wechsel auf dem Papstthron auch ein Wechsel in den Schwerpunkten der päpstlichen Politik einherging. So hatte bereits der Nachfolger Johannes' XXII., Benedikt XII., einen versöhnlicheren Kurs gegenüber Ludwig eingeschlagen. Wenn es auch nicht zur Aussöhnung kam, so verzichtete Benedikt doch auf eine Erneuerung der Prozesse.[34] Und der Nachfolger Cle-

---

29 Marc DYKMANN, Les sermons de Jean XXII sur la vision beatifique: texte précédé d'une introduction et suivi d'une chronologie avec la liste des écrits pour et contre le pape, Rom 1973; ders., Pour et contre Jean XXII en 1333: deux traits avignonnais sur la vision beatifique, Cittá del Vaticano 1975.

30 Vgl. dazu auch SCHWEDLER, dampnate memorie Ludovici de Bavaria (wie Anm. 2).

31 Zu den landesgeschichtlichen Motiven für die Ludwigs Memoria (etwa die bayerischen Landesteilungen, die den Anspruch auf die Vertretung der gesamtbayerischen Identität durch einzelne Familienzweige beförderten, die Ludwigs Erinnerung instrumentalisierten), vgl. etwa MENZEL, Die Memoria Kaiser Ludwigs (wie Anm. 2), S. 268.

32 Vgl. dazu Martin KAUFHOLD, Die Rhythmen der Reform. Institutioneller Wandel in Deutschland, England und an der Kurie 1198–1400 im Vergleich (Mittelalter-Forschungen, Bd. 28), Ostfildern 2008, S. 150–153.

33 Vgl. dazu etwa Mary CARRUTHERS, The Book of Memory. A Study of Memory in Medieval Culture, 2. Aufl. Cambridge 2008; Medien der Erinnerung in Mittelalter und Renaissance, hg. von Andrea VON HÜLSEN-ESCH (Studia Humaniora, Bd. 42), Düsseldorf 2009.

34 Vgl. zu Benedikt XII. etwa KAUFHOLD, Gladius Spiritualis (wie Anm. 1), S. 183–263; Jan BALLWEG, Konziliare oder päpstliche Ordensreform: Benedikt XII. und die Reformdiskussion im frühen 14. Jahrhundert (Spätmittelalter und Reformation, Neue Reihe, Bd. 17), Tübingen 2001.

mens VI., der so scharf gegen Ludwig vorgegangen war, zeigte sich in Hinblick auf eine mögliche Lösung aus dem Bann offenbar gesprächsbereiter.

Die päpstliche Politik gegenüber den europäischen Herrschern wurde nicht allein von den jeweiligen Päpsten bestimmt. Es gab Kardinäle, Kuriale und Verbündete in vielen Bistümern der Christenheit. Gab es auf diesen Ebenen päpstlicher Politik so etwas wie eine Position gegenüber dem zu Lebzeiten so hartnäckigen Kuriengegner Ludwig? Tatsächlich ist diese Position nicht erkennbar. Einschlägige Schriftstücke über den Umgang mit dem toten Kaiser, etwa Gutachten für oder gegen eine Absolution des Bayern, sind nicht bekannt.

Das ist nicht unbedingt überraschend. Der Konflikt zwischen Johannes XXII. und Ludwig hatte einen wichtigen Auslöser in der italienischen Politik gehabt.[35] Zu einer solchen Kontroverse, die das Bild Ludwigs erneut heraufbeschworen hätte, bot sein Nachfolger Karl IV. mit seiner zurückhaltenden Italienpolitik keinen Anlass, und nach dem Ende seiner Herrschaft führte das große Abendländische Schisma die kirchennahe Intelligenz auf andere Felder als auf das des Kampfes mit einem Reichsoberhaupt, das die Kaiserkrone gar nicht trug.[36] Als Ludwigs Erinnerung im frühen 15. Jahrhundert bei verschiedenen Gelegenheiten in den Fokus der Päpste rückte, war die Frage ihrer politischen Dimension entkleidet. Die römischen Könige des ausgehenden Mittelalters hatten keine italienischen Ambitionen mehr, die Ludwig als warnendes Beispiel dafür auf die Bühne zurückgerufen hätten, was aus Herrschern wurde, die die Kirche in Italien bekämpften. Und da auch die Wittelsbacher selber sich im 15. Jahrhundert von der großen politischen Bühne zurückzogen, war der Fall Ludwigs des Bayern in der Gegenwart des 15. Jahrhunderts in der Tat zu einer bayerischen Frage geworden. Und zu einer Frage der Memorialkultur, an der sich zeigte, wie die Kurie mit der Erinnerung an einen Kaiser verfuhr, den sie zu Lebzeiten erbittert bekämpft, verwünscht und dem Vergessen empfohlen hatte.

Eine Gelegenheit zum praktischen Test, wie sehr das finstere Bild Ludwigs an der Kurie noch präsent war, bot sich angesichts von Anfragen, in denen auf sein Wirken Bezug genommen wurde. So etwa die Bitte des Klosters Scheyern, die der Abt und der Konvent dem am 7. Juli 1409 ins Amt gelangten Papst Alexander V. vortrugen.

---

35 Vgl. neben der Literatur in Anm. 1 und den Beiträgen in dem neuen Sammelband (wie Anm. 26) vor allem die kluge Interpretation von Hilary Setton Offler, Empire and papacy: the Last struggle, in: Transactions of the Royal Historical Society, 5th Ser., 6 (1956), S. 21–47.

36 Zur Italienpolitik Karls IV. vgl. etwa Ellen Widder, Itinerar und Politik. Studien zur Reiseherrschaft Karls IV. südlich der Alpen, Köln u.a. 1993; Zdenek Kalista, Karel IV. a Itálie, Prag 2004; Martin Bauch, Öffentliche Frömmigkeit und Demut des Herrschers als Form politischer Kommunikation: Karl IV. und seine Italienaufenthalte als Beispiel, in: Quellen und Forschungen aus italienischen Archiven und Bibliotheken 87 (2007), S. 109–138; zum Großen Abendländischen Schisma vgl. etwa die Übersicht in: Die Geschichte des Christentums, Bd. 6: Die Zeit der Zerreissproben (1274–1449), hg. von Michel Mollat du Jourdain/André Vauchez, Freiburg u.a. 1991, S. 75–106; vgl. auch S. 717–740; Bernhard Schimmelpfennig, Das Papsttum. Grundzüge seiner Geschichte von der Antike bis zur Renaissance, 6. Aufl. Darmstadt 2009, S. 242–255.

Es ging um die Bestätigung einer Schenkung von Patronatsrechten, die Alexander V. am 15. Dezember 1409 gewährte.[37] Dabei übernahm die Kurie die Formulierung der Antragsteller, die dargelegt hatten, dass die Schenkung auf eine Entscheidung Ludwigs des Bayern – *clare memorie Ludovicus Romanorum rex* – zurückging, der die bedrängte Lage des Klosters „fromm" bedacht habe (*pie considerans*). Somit gestand ein päpstliches Mandat dem Ketzer gut sechzig Jahre nach seinem Tod zu, in frommer Erwägung rechtsgültige Entscheidungen getroffen zu haben. Dem Geist des strengen Kirchenrechts entsprach das nicht. Eine knappe Generation später wiederholte sich der Vorgang unter dem Pontifikat Eugens IV., als dieser am 24. März 1436 dem Kloster Ettal eine Reihe von Patronatsrechten bestätigte. Ettal war eine Gründung Ludwigs, und so erschien Ludwig in routinierter frommer Erinnerung – *pie memorie Ludovicus rex* – in dem päpstlichen Text.[38] Ebenso routiniert war der päpstliche Vorbehalt: *Nos itaque, qui de premissis certam notitiam non habemus.*[39] Es ist sicher angebracht, diese beiläufigen Integrationen des Bayern in den kurialen Geschäftsgang nicht allzu bewusst zu veranschlagen. Indessen zeigt der Vorgang, dass der Name Ludwigs und sein ehemaliges Umfeld keine Aufregung in Rom mehr verursachte. Einen gewissen Reiz hat die Frage, inwieweit die Titulatur als *rex* – anstelle eines fast programmatischen *imperator* – ein Zugeständnis der Antragsteller war, das das päpstliche Zugeständnis erleichterte. Die Frage führt zur Rezeption der Goldenen Bulle an der Kurie und im Reich, nach der der römische König nach seiner Wahl nicht der päpstlichen Approbation bedurfte, um den Titel rechtmäßig zu führen. Um diese Frage hatte sich ja der Streit Ludwigs mit der Kurie bewegt, und die Goldene Bulle war zu Beginn des 15. Jahrhunderts zu einer Grundlage juristischer Auseinandersetzung mit dem römischen Königtum geworden.[40] Ludwigs Königtum war auf der Grundlage dieser Theoriebildung eigentlich unstreitig, und so verloren die frühen Prozesse Johannes XXII. im Nachhinein ihre Berechtigung. Anders war das mit Ludwigs Kaisertitel, den er nicht ganz regulär erlangt hatte.[41] Die Integration von Ludwigs Kaisertitel in die Formulierung päpstlicher Privilegien wie *dive memorie Ludovici Romanorum imperatoris* ließ etwas länger auf sich warten und ist erst im ausgehenden Mittelalter seit etwa 1480 fassbar.[42] Das bedeutet, dass etwa 130

37 Das Mandat Alexanders V., das sich im Bayerischen Hauptstaatsarchiv München (Gericht Pfaffenhofen, RB V, 144) befindet, wird von Gerhard Pfeiffer, Um die Lösung Ludwigs des Bayern aus dem Kirchenbann, in: Zeitschrift für bayerische Kirchengeschichte 32 (1963), S. 11–30. S. 21f. ausführlich zitiert.

38 Monumenta Boica 7, München 1766, S. 280f., Zitat S. 280.

39 Ebd.

40 Vgl. dazu etwa Kaufhold, Die Rhythmen politischer Reform (wie Anm. 32), S. 302–312.

41 Zu Ludwigs Kaisertitel vgl. etwa Hans-Jürgen Becker, Das Kaisertum Ludwigs des Bayern, in: Nehlsen/Hermann, Kaiser Ludwig der Bayer (wie Anm. 1), S. 119–138.

42 Die Zusammenstellung einschlägiger Urkundenzitate aus archivalischen Quellen des Stadtarchivs München und des Vatikanischen Archivs bei Pfeiffer, Um die Lösung Ludwigs des Bayern (wie Anm. 37), S. 22f.

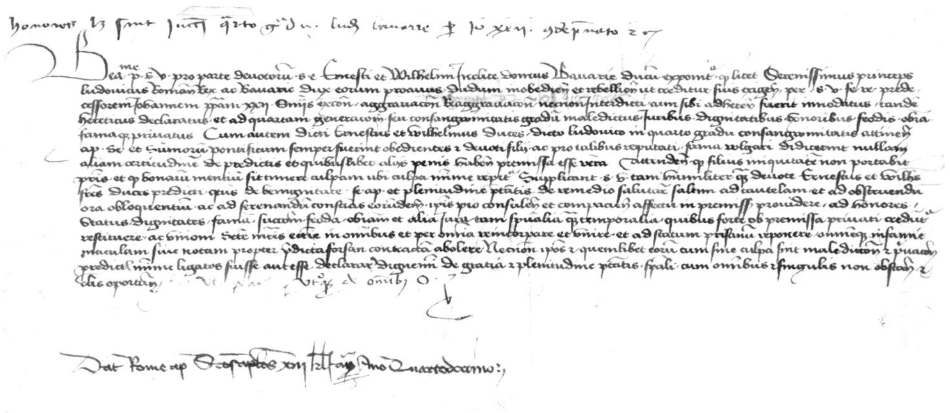

Supplik der Herzöge Ernst und Wilhelm von Bayern-München an Papst Martin V., 20. Dezember 1430

Jahre nach dem Tod Ludwigs der Bayer auch an der Kurie wieder Kaiser genannt werden konnte. Wir berühren hier das Thema der zeitlichen Erstreckung von Phasen des historischen Wandels.[43] Und es ließe sich darauf verweisen, dass die Spanne von ca. 120 Jahren, oder etwa vier Generationen, für den Abschluss einer historischen Entwicklung – in diesem Fall die Stigmatisierung des wittelsbachischen Kaisers als exkommuniziertem Häretiker – einige Parallelen hat.[44]

Bislang haben wir Belege dafür, dass im kurialen Geschäftsgang seit 1409 das fromme Gedenken an Ludwig zu keinem Skandal mehr führte. Ein Beleg für die Absolution Ludwigs durch die Kurie ist das nicht. Und es muss auch daran erinnert werden, dass der „Liber Extra“ mit den Worten Innozenz' III. ausdrücklich feststellt, dass der päpstliche Gruß an einen Exkommunizierten in einem Brief keinesfalls bedeute, dass der Betroffene nun aus dem Bann gelöst sei, „weil es durch Unwissenheit oder Unachtsamkeit oder übermäßige Beschäftigung [i.e. Überlastung] oder auch durch Unterschieben vorkommt, dass solche Briefe erlangt werden.“[45] Eine Absolution war nur dann eine Absolution, wenn sie vom Papst selber ausdrücklich vorgenommen wurde. Bei Ludwig dem Bayern trat dieser Fall, soweit wir wissen, niemals ein, und man mag sich fragen, inwieweit sich die Päpste der zitierten Routineformulierungen bei der Ausstellung der Urkunden bewusst waren. In einem Fall jedoch haben wir einen Beweis dafür, dass der Papst sich etwa 100 Jahre nach dem

43 Vgl. dazu etwa das Abschlusskapitel von Kaufhold, Die Rhythmen politischer Reform (wie Anm. 32), S. 313–327.

44 Vgl. dazu ebd, passim.

45 X.V.XXXIX, cap. 41, ed. Friedberg, Corpus Juris Canonici (wie Anm. 4), Sp. 907.

letzten Prozess Johannes' XXII. gegen Ludwig den Bayern Ende des Jahres 1430 persönlich mit der Angelegenheit befasste.

In diesem Jahr richteten die Herzöge Ernst und Wilhelm von Bayern-München eine Supplik an Papst Martin V.[46] Darin ersuchten sie den Papst, dass er sie von dem Makel befreie, der auf sie falle, weil sie die Nachkommen Ludwigs seien, den die Kirche für seine Rebellion mit Exkommunikation und Interdikt bestraft habe und zum Ketzer erklärt habe. Diese Sanktionen gegen ihren Urgroßvater fielen auch auf sie, weil sie die Nachkommen des Bestraften bis in die vierte Generation bänden. Die Supplik wird im Hauptstaatsarchiv München verwahrt.

Es ist nicht untypisch für Suppliken des 15. Jahrhunderts, dass die Bittschrift im Original mit den Bearbeitungsvermerken erhalten ist, bzw. anstelle der ausgefertigten päpstlichen Bulle in das Archiv des Bittstellers überging.[47] Das hat in diesem Fall den Vorteil, uns vor Augen zu führen, dass Papst Martin V. die Bitte der bayerischen Herzöge um die Lösung aus der Infamie der Nachkommenschaft eines Ketzers in eigener Person positiv beschied. Denn der kuriale Arbeitsgang sah vor, dass die Bittschriften mit Informationen über den Bittsteller von den Referendaren der päpstlichen Kanzlei vorbereitet und dem Papst persönlich vorgetragen wurden.[48] Wenn der Papst beschloss, der Bitte zu entsprechen, erhielt die Supplik den Vermerk *Fiat, ut petitur,* der mit dem ersten Buchstaben des päpstlichen Taufnamens abschloss. In diesem Fall war das ein „O" für Odo (Colonna), den Namen Martins V. vor seiner Erhebung zum Papst.[49] Damit beweist diese Überlieferung, dass der Fall Ludwigs des Bayern in seiner ungeglätteten, kirchenrechtlichen Problematik auch hundert Jahre nach dem Abschluss der Prozesse Johannes' XXII. noch von einem Papst erwogen wurde. Dabei ist die Frage, warum die Herzöge diese Supplik an den Papst richteten, eine Frage der bayerischen Geschichte. Denn das Nachwirken der Vergehen des Vorfahren bis in die vierte Generation ist kirchenrechtlich nicht fassbar, auch die Prozesse Johannes' XXII. weisen ein solches Verdikt nicht auf. Dass die Supplik sie dennoch anspricht, ist wohl ein Hinweis auf die spezifische mittelalterliche Erinnerungskultur.[50] Ludwigs Vorgehen gegen die Kirche bot in Bayern offenbar noch immer Stoff für politische Auseinandersetzungen, aber mit der vierten Generation

---

46 Bayerisches Hauptstaatsarchiv München, Haus- und Familiensachen, Urkunde 1430 Dez. 20; die Supplik wurde bereits von Franz Xaver GLASSCHRÖDER im Historischen Jahrbuch 12 (1891), S. 542–544 kurz vorgestellt; dort auch der Text (mit sehr kleinen Auslassungen).

47 Zu den Suppliken des 15. Jahrhunderts vgl. Harry BRESSLAU, Handbuch der Urkundenlehre für Deutschland und Italien, Bd. II, 3. Aufl. Berlin 1958, S. 1–31, S. 22f.; Thomas FRENZ, Papsturkunden des Mittelalters und der Neuzeit (Historische Grundwissenschaften in Einzeldarstellungen, Bd. 2), 2. Aufl., Stuttgart 2000, S. 86–91, S. 89.

48 FRENZ, Papsturkunden (wie Anm. 47), S. 89.

49 BRESSLAU, Handbuch der Urkundenlehre (wie Anm. 47), S. 105.

50 Vgl. dazu etwa Anm. 33 und KAUFHOLD, Die Rhythmen politischer Reform (wie Anm. 32), S. 313–327.

kamen die Nachwirkungen der scharfen Verurteilung tatsächlich an ein Ende. Die Gegenwart brachte neue Herausforderungen, und es war nicht sinnvoll, in den neuen Kämpfen die alten Lasten weiterzutragen. Über Ludwig selber sagte die Supplik nichts, und auch der Papst absolvierte ihn nicht. Aber Ludwig war lange tot. Es ging um die Erinnerung an ihn. Sie war ein Anliegen der Lebenden. Hier zeigte sich die Kurie beweglich.

Tatsächlich waren die verschiedenen Hinweise auf eine Abwendung von der harten Haltung Clemens VI. gegenüber dem gebannten Kaiser seit dem Jahr 1409 eingebettet in eine Diskussion über den Umgang mit der Exkommunikation auf dem Konstanzer Konzil, die besonders von den Deutschen vorangetrieben wurde und der Martin V. offen gegenüberstand.[51]

So zeigt uns der Umgang der spätmittelalterlichen Papstkirche mit dem exkommunizierten und als Ketzer verurteilten Ludwig den Bayern die enormen Schwierigkeiten einer gelenkten Erinnerungskultur angesichts der vielfältigen Interessen der Akteure. Tatsächlich war sie unter den Kommunikationsbedingungen der Zeit nicht steuerbar. Die päpstliche Kurie war kaum in der Lage, eigene Themen zu setzen, sie musste möglichst mit Augenmaß auf die Herausforderungen der Gegenwart reagieren. Mit Ludwig verfuhr sie, wie sie mit vielen großen Streitfragen verfuhr und wohl auch verfahren wird. Man ließ ihn ruhen und ließ nach einer angemessenen Zeit eine allmähliche Neubewertung zu. Dahinter stand kein Plan, sondern einfach die spezifische Dynamik der Traditionsbildung.

Eine andere Erklärung ist noch möglich, die den Erklärungsrahmen eines wissenschaftlichen Vortrages etwas strapaziert. Das bereits angeführte Dante-Zitat, indem Manfred die Wirkungsdauer einer Exkommunikation bezifferte, war nicht ganz vollständig.[52] Tatsächlich sprach Dante von der dreißigfachen Dauer der Lebensjahre in der Exkommunikation. Das würde, wie gesagt, bedeuten, dass Ludwig erst im Jahre 2052 mit dem Ablauf seiner 705-jährigen Bußzeit rechnen dürfte. Aber diese Dauer gilt nur – „wenn die guten Bitten ihm dieses Urteil nicht verkürzen würden."[53] So haben die vielen Fürbitten bei der Pflege der Ludwigs-Memoria vielleicht doch eine Wirkung gezeigt.

51 Vgl. dazu Vodola, Excommunication in the Middle Ages (wie Anm. 5), S. 140–145, S. 142: „The Constance Council failed to enact any comprehensive reform. But the German nation was particularly insistent. Bound by a 1377 constitution of Charles IV correcting the secular courts' abuse of permitting lawsuits even by publicly denounced excommunicates, the Germans pressed to obligate a new pope by conciliar reforms. They did not succeed, but Martin V (1417-1431) evidently shared their belief that excommunication in particular needed reform."

52 Vgl. oben Anm. 9.

53 Dante, Die Göttliche Komödie, Der Läuterungsberg, III, v. 141f. (wie Anm. 9), S. 41.

Das Ringen um den mittelalterlichen Kaiser
Rezeptionen Ludwigs des Bayern in Deutschland in der Neuzeit

Karl Borromäus Murr

Der Jesuit Daniel Stadler deutete in seiner 1759 veröffentlichten „Bayrischen Geschichte“ die großen Konfliktlinien an, die sich bei der historischen Behandlung des mittelalterlichen Kaisers Ludwig IV. ergaben: „Die Feder muß dabey von der Bescheidenheit sich leiten lassen, damit weder der Päpstl[ichen] noch Kaiserl[ichen] Authorität zu nahe getretten werde: jedoch zugleich die Wahrheit ihren Platz habe.“[1] Diese von Stadler benannten politischen Empfindlichkeiten, die dialektisch betrachtet, jeweils auf politische Potentiale verweisen, lassen sich jedoch nicht allein für die Historiographie-, sondern für die gesamte Rezeptionsgeschichte Ludwigs des Bayern bis zum Ende des „langen“ 19. Jahrhunderts konstatieren. Ganz gleich, unter welchen weltanschaulichen Prämissen man sich dem kirchlich gebannten Kaiser aus dem Haus Wittelsbach näherte – die beiden großen, aus dem Mittelalter bekannten Machtzentren, nämlich das Kaiser- und das Papsttum, luden über die Jahrhunderte hinweg zu zahlreichen Identifikationen *mit* und Distanzierungen *von* Ludwig dem Bayern ein. Seit der Aufklärung schöpften diese unterschiedlich motivierten Bezugnahmen ihre politische Bedeutung zunehmend aus dem vielfach umkämpften Spannungsfeld von Staat und Kirche.

Die folgenden Ausführungen widmen sich der öffentlichen Erinnerung an Ludwig den Bayern in Deutschland von der Frühen Neuzeit bis zum Zusammenbruch der Monarchie 1918.[2] Die Fülle der vorzufindenden Rezeptionsphänomene gebietet, eine exemplarische Auswahl zu treffen. Die Konzentration auf fürstliche Erinnerungsakte respektive auf ein Erinnerungsgeschehen, das zentral um den Staat kreiste, rückt das bürgerlich-kommunale Gedächtnis an Kaiser Ludwig in den Hintergrund.[3] Inhaltlich geht es vornehmlich darum, die politische Dimension des betrachteten Erinnerungsgeschehens herauszuarbeiten. Mit Blick auf ihre politische Indienstnahme werden Denkmäler, Gemälde, Literatur, Feste, das Theater, die Geschichtsschreibung und Publizistik untersucht. Gattungsgeschichtliche Fragestellungen, wie sie

---

1 [Daniel STADLER], Bayrische Geschichte zu bequemen Gebrauch verfaßt und an das Liecht gestellet, München o.J. [1759], S. 250.

2 Vgl. Karl Borromäus MURR, Das Mittelalter in der Moderne. Die öffentliche Erinnerung an Kaiser Ludwig den Bayern im Königreich Bayern, München 2008.

3 Vgl. dazu MURR, Mittelalter (wie Anm. 2), S. 294–425, 448–463, 473–494.

etwa eine genuine Historiographiegeschichte aufwürfe, bleiben jedoch ausgeklammert, falls sie nicht mit einer erkennbaren Politisierung einhergehen.[4] Der Natur des historischen Gegenstandes ist es geschuldet, dass die meisten um Ludwig den Bayern sich rankenden Rezeptionsphänomene in den wittelsbachischen Territorien anzutreffen sind, wodurch als Untersuchungsgebiet Bayern – sei es als Herzogtum, Kurfürstentum oder Königreich – in den Mittelpunkt der Untersuchung rückt. Doch blieb die Erinnerungsgeschichte Kaiser Ludwigs keineswegs auf Bayern beschränkt, worauf wiederholt hinzuweisen sein wird.

Dass bei aller Politisierung der Geschichte Ludwigs des Bayern durch die Jahrhunderte auch noch „die Wahrheit ihren Platz" fände, wie dies der Jesuit Stadler gehofft hatte,[5] sollte in dem so vielfältigen Ringen um den mittelalterlichen Kaiser ein frommer Wunsch bleiben. Steht aber die Wahrheit historisch zur Disposition, ist der rezeptionsgeschichtlich interessierte Historiker auf eine Reflexion der untersuchungsleitenden Methodologie zurückgeworfen. In der Analyse von Geschichtskultur hat sich der wissenssoziologische Ansatz des Konstruktivismus als besonders fruchtbar erwiesen. Der originelle italienische Gelehrte Giambattista Vico (1668–1744) hat mit seiner These *verum esse ipsum factum*[6] gleichsam die konstruktivistische Epistemologie der Moderne vorweggenommen, die auch die Methodologie der vorliegenden Untersuchung leitet. In jüngerer Zeit haben Peter L. Berger und Thomas Luckmann den Konstruktivismus zum Fundament ihrer Wissenssoziologie erklärt, dass nämlich Wirklichkeit ein gesellschaftliches Konstrukt darstellt[7] – eine Erkenntnis die von dem französischen Soziologen Maurice Halbwachs mit Blick auf die mit der „mémoire collective" ins Gedächtnis gerufene Wirklichkeit der Vergangenheit bereits 1925 konstatiert worden war.[8] Auf Halbwachs ebenso wie auf Aby Warburg gründet der Ägyptologe Jan Assmann sein viel zitiertes Konzept des „Kulturellen Gedächtnisses",[9] dessen Ansatz sich mit Hilfe der von Jörn Rüsen vor-

---

4 Andreas Kraus, Das Bild Ludwigs des Bayern in der Bayerischen Geschichtsschreibung der Frühen Neuzeit, in: Zeitschrift für bayerische Landesgeschichte 60 (1997), S. 5–69.

5 [Stadler], Geschichte (wie Anm. 1), S. 250.

6 Giambattista Vico, Liber Metaphysicus (De antiquissima Italorum sapientia liber primus), 1710, Riposte 1711, 1712, Aus dem Lateinischen und Italienischen ins Deutsche übertragen von Stephan Otto/Helmut Viechtbauer, München 1979, S. 34f. Vgl. Ferdinand Fellmann, Das Vico-Axiom. Der Mensch macht die Geschichte, Freiburg/München 1976.

7 Peter L. Berger/Thomas Luckmann, Die gesellschaftliche Konstruktion der Wirklichkeit. Eine Theorie der Wissenssoziologie, Frankfurt/M. [5]1989 (Erstauflage im englischen Original 1967). Vgl. Mathias Berek, Kollektives Gedächtnis und die gesellschaftliche Konstruktion der Wirklichkeit. Eine Theorie der Erinnerungskulturen, Wiesbaden 2011.

8 Maurice Halbwachs, Les cadres sociaux de la mémoire, Paris 1925; ders., Das kollektive Gedächtnis, Stuttgart 1967.

9 Jan Assmann, Das kulturelle Gedächtnis. Schrift, Erinnerung und politische Identität in frühen Hochkulturen, München 1992.

geschlagenen Dimensionen der Geschichtskultur sinnvoll erweitern lässt.[10] Damit wäre ein Methodengerüst gewonnen, das die vorliegenden Rezeptionsphänomene in ihrer Breite untersuchen lässt.

Ludwig der Bayer: Heros oder lubricum in omnem partem thema?

Unter Herzog/Kurfürst Maximilian I.

Mit dem Herzog und späteren Kurfürsten Maximilian I. (1597–1651) ragt unter den bayerischen Herrschern der Frühen Neuzeit eine Figur heraus, die sich das Andenken an Ludwig den Bayern in besonderem Maß angelegen sein ließ[11] – nicht zuletzt mittels Geschichtsschreibung, die am Hof des bayerischen Herrschers eine in ihrer Epoche in Deutschland beispiellose Förderung erfuhr.[12] Legte Maximilian größten Wert auf den Nachweis der Abstammung des Hauses Wittelsbach von den Karolingern, mithin von Karl dem Großen,[13] hegte er daneben eine besondere Sympathie für Ludwig den Bayern. Stellte jedoch Karl der Große das unumstrittene Idealbild eines abendländischen Herrschers dar, so provozierte die Auseinandersetzung mit dem im Kirchenbann verstorbenen Kaiser Ludwig immer wieder scharfe Kontroversen. Gleich drei der von Maximilian beauftragten Autoren, die Jesuiten Matthäus Rader

10 Jörn Rüsen, Geschichtskultur als Forschungsproblem, in: Geschichtskultur, hg. von Klaus Fröhlich (Jahrbuch für Geschichtsdidaktik 3,1991/92), Pfaffenweiler 1992, S. 39–50; ders., Was ist Geschichtskultur? Überlegungen zu einer neuen Art, über Geschichte nachzudenken, in: Historische Faszination. Geschichtskultur heute, hg. von Klaus Füssmann u. a., Köln u. a. 1994, S. 3–26; ders., Geschichtskultur, in: Geschichte in Wissenschaft und Unterricht 46 (1995), S. 513–521.

11 Vgl. zum Interesse von Maximilians I. Vater, Wilhelm V. an Ludwig dem Bayern: Klaus Neumaier, Ius publicum. Studien zur barocken Rechtsgelehrsamkeit an der Universität Ingolstadt, Berlin 1974, S. 144–159, hier S. 145; Dorothea Diemer/Peter Diemer, Das Antiquarium Herzog Albrechts V. von Bayern, Schicksale einer fürstlichen Antikensammlung der Spätrenaissance, in: Zeitschrift für Kunstgeschichte 58 (1995), S. 55–104, hier S. 69 f.; Hubert Glaser, Schwierige Erinnerung – Über das „Kaisergrab" in der Münchner Frauenkirche und andere Denkmäler Ludwigs des Bayern, in: Kaiser Ludwig der Bayer. Konflikte, Weichenstellungen und Wahrnehmung seiner Herrschaft, hg. von Hermann Nehlsen/Hans-Georg Hermann, Paderborn u. a. 2002, S. 1–38, hier S. 17 f.

12 Vgl. Alois Schmid, Geschichtsschreibung am Hofe Kurfürst Maximilians I. von Bayern, in: Wittelsbach und Bayern, hg. von Hubert Glaser, Bd. II, 1, München 1980, S. 330–340; ders., Von der Reichsgeschichte zur Dynastiegeschichte. Aspekte und Probleme der Hofhistoriographie Maximilians I. von Bayern, in: Späthumanismus. Studien über das Ende einer kulturhistorischen Epoche, hg. von Notker Hammerstein/Gerrit Walther, Göttingen 2000, S. 84–112; Dieter Albrecht, Maximilian I. von Bayern 1573–1651, München 1998, S. 277–283; Kraus, Bild (wie Anm. 4), S. 25–42; Johannes Friedrich, Über die Geschichtsschreibung unter dem Kurfürsten Maximilian I., Akademierede, München 1872.

13 Vgl. Andreas Kraus, Tassilo und Karl der Große in der bayerischen Geschichtsschreibung des 17. Jahrhunderts, in: ders., Bayerische Geschichtswissenschaft in drei Jahrhunderten. Gesammelte Aufsätze, München 1979, S. 34–53.

und Andreas Brunner sowie der Ingolstädter Jurist Nikolaus Burgundus, scheiterten in ihrer Bearbeitung der Geschichte Kaiser Ludwigs entweder an der jesuitischen Ordenszensur oder aber an der Kritik Maximilians.[14] Erst die „Annales Boicae Gentis" aus der Feder des Jesuiten Johannes Vervaux, Maximilians langjährigen Beichtvaters, der die kurfürstlich geforderte Würdigung Ludwigs des Bayern einmal als *lubricum in omnem partem thema* bezeichnete,[15] schienen endlich die vom Regenten so lange gewünschte Behandlung dieses Teils der bayerischen Geschichte zu liefern. Doch lange sich hinziehende Querelen mit der Ordenszensur führten dazu, dass Autor und auftraggebender Kurfürst das Erscheinen des Werkes nicht mehr erlebten; es konnte erst 1662/63 unter dem Pseudonym des bayerischen Kanzlers Johann Adlzreitter veröffentlicht werden.[16]

Dass für Maximilian I. die Behandlung der Geschichte Ludwigs des Bayern ein hoch sensibles Thema darstellte, war nicht zuletzt von einer Publikation des Dominikaners Abraham Bzovius in den Jahren 1617/18 ausgelöst worden, die zum Gegenstand eines langwierigen diplomatischen Ringens zwischen dem bayerischen Kurfürsten und der römischen Kurie wurde.[17] Bzovius hatte als Bearbeiter des 14. Bandes der von Cäsar Baronius begründeten „Annales Ecclesiastici" – ein kirchengeschichtliches Werk offiziösen Charakters – scharfe Kritik an Ludwig dem Bayern geübt, dessen Rechtgläubigkeit in Zweifel gezogen und vor allem die Rechtmäßigkeit von dessen König- respektive Kaisertum in Frage gestellt.[18] Maximilian sah mit diesen Angriffen von Seiten eines Mannes, den Papst Paul V. selbst mit der Weiterführung der Annalen des Baronius betraut hatte, die Ehre der wittelsbachischen Dynastie zutiefst angegriffen, deren Ruhm er doch mittels seiner Hofhistoriographie seit Jahren mit großem Aufwand zu heben suchte. In einem Zeitalter, in dem der „Ruhm", die „gloire", einen „Bestandteil der Staatsräson" bildete, musste für Maximilian I. die Desavouierung seines kaiserlichen Vorfahren einen großen Affront bedeuten, der

14 Vgl. SCHMID, Geschichtsschreibung (wie Anm. 12), S. 331 f.

15 Zitiert nach: Ludwig ROCKINGER, Ueber ältere Arbeiten zur baierischen und pfälzischen Geschichte im geheimen Haus- und Staatsarchive, in: Abhandlungen der königlich bayerischen Akademie der Wissenschaften, 3. Klasse, 15, 3, München 1880, S. 151.

16 Johannes Adlzreiter [Johannes VERVAUX], Annales Boicae Gentis, 2 Bde., München 1662/63.

17 Vgl. Andreas KRAUS, Die Annales Ecclesiastici des Abraham Bzovius und Maximilian I. von Bayern, in: Reformata Reformanda. Festgabe für Hubert Jedin, hg. von Erwin ISERLOH/Konrad REPGEN, Münster 1965, S. 253–303; Gerhard PFEIFFER, Um die Lösung Ludwigs des Bayern aus dem Kirchenbann, in: Zeitschrift für Bayerische Kirchengeschichte 32 (1963), S. 11–30. Vgl. auch: NEUMAIER, Ius (wie Anm. 11), S. 144–159.

18 Abraham BZOVIUS, Annalium Ecclesiasticorum Post Illustriss. Et Reverendiss. D.D. Caesarem Baronium S.R.E. Cardinalem Bibliothecar, Bd. 14: Rerum In Orbe Christiano Ab Anno Domino 1300. usque ad Annum Dom. 1378. gestarum narrationem complectens – Opus nunc primum in lucem editum, Köln 1618. Zu Bzovius: Viola TENGE-WOLF, Bzovius (Bzowski), Abraham, in: Lexikon für Theologie und Kirche, Bd. 2, Freiburg ³1994, Sp. 868 ff. Zu Baronius: Hubert JEDIN, Kardinal Cäsar Baronius. Der Anfang der katholischen Kirchengeschichtsschreibung im 16. Jahrhundert, Münster 1978.

umso schwerer wog, als mit der Kritik an Ludwig dem Bayern eine Kritik an der Kaiserwürdigkeit der Wittelsbacher Dynastie überhaupt zum Ausdruck gekommen zu sein schien.[19] Mit der ihm eigenen Entschlossenheit strebte Maximilian seither die Rehabilitation des gebannten Kaisers an. Zum einen ließ er eine Verteidigungsschrift anfertigen: zuerst von seinem Archivar und Geheimen Ratssekretär Christoph Gewold, der jedoch die Erwartungen des Kurfürsten nicht erfüllte,[20] sodann vom Rektor des Münchner Jesuitenkollegs Jakob Keller, dessen Werk „Ludovicus Quartus Imperator defensus" unter dem Namen des bayerischen Landschaftskanzlers Johann Georg Herwart von Hohenstein veröffentlicht wurde, um die Ordenszensur zu umgehen.[21] Zum anderen setzte Maximilian I. alle diplomatischen Hebel in Bewegung, um einen sofortigen Widerruf des Werkes von Bzovius zu erreichen.[22] Damit begannen jahrelange, zähe diplomatische Verhandlungen des bayerischen Herrschers mit dem Dominikanergeneral als dem Ordensoberen von Bzovius, mit der römischen Kurie und mit Papst Urban VIII. selbst – mit dem vorläufigen Ergebnis, dass 1624 der in Kritik stehende Band der „Annales Ecclesiastici" in einer dem bayerischen Kurfürsten weithin gefälligen Revision erschien. Obgleich Maximilian I. trotz seines diplomatischen Erfolgs davor zurückschreckte, in Rom die Lösung Kaiser Ludwigs vom Kirchenbann zu fordern,[23] manipulierte er persönlich den bislang vereinbarten Untertitel der revidierten „Annales Ecclesiastici", indem er beim Namen des Kaisers das schlichte *Bavari* durch *4ti Caesaris* ersetzte. Dieser sinnverändernde Eingriff, der neben weiteren textlichen Nachbesserungen nicht mit der Kurie abgestimmt war, sorgte in Rom für großen Unmut. Denn dort hegte man den Verdacht, der geänderte Titel solle Kaiser Ludwig die zu Lebzeiten versagte kirchliche Approbation a posteriori verschaffen. Das daraufhin zwischen Rom und München neuerlich einsetzende diplomatische Ringen zog sich in nun deutlich verschärfter Tonart bis Ende 1627 hin,

---

19 Heinz Dollinger, Kurfürst Maximilian I. von Bayern und Justus Lipsius. Eine Studie zur Staatstheorie eines frühabsolutistischen Herrschers, in: Archiv für Kulturgeschichte 46 (1964), S. 227–308, hier S. 243.

20 Gewolds Verteidigungsschrift „Vindiciae Ludovici IV. imperatoris contra Abrahami Bzovii, Lazii, Cuspiniani et aliorum historiographorum calumnias" wurde zwar gedruckt, aber vom Kurfürsten, der alle vorhandenen Exemplare einzog, der Öffentlichkeit vorenthalten. Vgl. Christoph Gewold, Defensio Ludovici IV. Imp. ratione, electionis contra Abrah. Bzovium, Ingolstadt 1618.

21 Die jesuitische Ordenszensur zu umgehen, erschien nötig, da Keller auch vor einer Kritik an Papst Johannes XXII. nicht zurückscheute. Vgl. Johann G. H. von Hohenstein [Jakob Keller], Ludovicus Quartus Imperator defensus; Bzovius iniuriarum postulatus, quod eundem Divae memoriae Imperatorem Serenissimorum Bavariae Ducum progenitorem contra ius, fas, aequum, verum in mendosissimis Annalibus suis insectatus, gravissimis calumniis oneravit, München 1618.

22 Diese diplomatischen Auseinandersetzungen werden mit Blick auf deren historiographiegeschichtliche Dimension konzise nachgezeichnet von Kraus, Annales (wie Anm. 17), S. 253–303; vgl. auch Pfeiffer, Lösung (wie Anm. 17), S. 11–30.

23 Vgl. ebd., S. 28. Noch um die Jahreswende 1615/16 muss sich Kurfürst Maximilian I. beim Ettaler Abt um die Möglichkeit der Loslösung Ludwigs des Bayern vom Kirchenbann erkundigt haben. Rockinger, Arbeiten (wie Anm. 15), S. 151.

als von Seiten der Kurie endlich die Freigabe des Bandes erteilt wurde. Damit kam ein viele Jahre währender diplomatisch-literarischer Kampf um das Ansehen Ludwigs des Bayern zu einem Ende – ein Kampf, der 1628 ein letztes Echo in dem Maximilian I. gewidmeten Werk „Bona Opera Ludovici IV., Rom. Imp." des Scheyerner Benediktiners Erhard Niggel fand, der den Wittelsbacher Kaiser als einen makellosen Tugendhelden schilderte.[24]

Will man Maximilians Auseinandersetzungen mit Rom resümieren, ist zu betonen, dass es dem bayerischen Kurfürsten zu keinem Zeitpunkt darum ging, die Erinnerung an Ludwig den Bayern politisch gegen die Kurie im Sinne eines Widerstandes gegen päpstliche Machtansprüche zu instrumentalisieren. Auf Seiten des Papsttums, das, wie Dieter Albrecht festgestellt hat, im Lauf des 16. Jahrhunderts „seinen Autoritätsanspruch in weltlichen Dingen – die ‚potestas in temporalia'"[25] verstärkt zum Ausdruck gebracht hatte, herrschte eine hohe Empfindlichkeit gegenüber dem exkommunizierten Wittelsbacher, der mit seinen literarischen Streitern wie etwa Wilhelm von Ockham oder Marsilius von Padua die Reichweite päpstlicher Herrschaft radikal herausgefordert hatte.[26] Der Streit um Bzovius dokumentiert demnach den Standpunkt der Kurie, die auch auf dem Feld der Historie, die nur allzu leicht mit Rechtsansprüchen in Verbindung gebracht werden konnte, kein Stück ihrer behaupteten Autorität preiszugeben bereit war. Als die Kurie schließlich gegenüber Maximilian I. nachgab, war dies weniger der besseren Einsicht als dem politischen Kalkül geschuldet, da Papst Urban VIII. Bayern und die katholische Liga für seine Politik benötigte.[27]

Seitens des bayerischen Kurfürsten ist das bereits angedeutete Motiv, die von Bzovius verletzt geglaubte Ehre Ludwigs des Bayern wiederherstellen zu wollen, in seiner Bedeutung nicht zu unterschätzen. Dies umso weniger, als die von bayerischer Seite angestrengten diplomatischen wie historisch-literarischen Aktivitäten vor dem Hintergrund des aufziehenden Dreißigjährigen Krieges unternommen wurden, in dessen Auseinandersetzungen Maximilian I. bekanntermaßen stark involviert war. Mit dem Angriff auf Ludwig den Bayern sah der Kurfürst im hohen Maße die kaiserliche Herkunft seines Hauses diskreditiert, die einen wesentlichen Bestandteil in Maximilians I. *repraesentatio majestatis* darstellte. Ludwig dem Bayern die

24 Eduard NIGGEL, Bona Opera Ludovici IV., Rom. Imp. D.M.S.A.P.E.P.P. Ex Monumentis Bibliothecae Schyrensis eruta, Ingolstadt 1628.

25 Dieter ALBRECHT, Der Heilige Stuhl und die Kurübertragung von 1623, in: Quellen und Forschungen aus italienischen Archiven und Bibliotheken 34 (1954), S. 236–249, hier S. 238.

26 Pfeiffer verweist darauf, dass etwa der Wiener Hof im Streit um den Regierungsantritt Ferdinands I. als Römischer Kaiser 1558 auf die berühmten Appellationen Ludwigs des Bayern zurückgegriffen hatte, von denen man sich eigens in München beglaubigte Abschriften fertigen ließ. PFEIFFER, Lösung (wie Anm. 17), S. 26.

27 Vgl. Dieter ALBRECHT, Die auswärtige Politik Maximilians von Bayern 1618–1635, Göttingen 1962, S. 202f.

München, Frauenkirche, Mausoleum Ludwigs des Bayern von 1622

Rechtmäßigkeit seines Kaisertums abzusprechen, bedeutete, die Kaiserfähigkeit der wittelsbachischen Dynastie generell in Zweifel zu ziehen, die Maximilian ansonsten nur noch auf die kaum zu beweisende Abkunft seiner Familie von den Karolingern zurückführen konnte.[28]

Die Kaiserherrlichkeit des wittelsbachischen Hauses akzentuierte Maximilian I. insbesondere auch mit dem 1622 über dem spätgotischen Kaisergrab in der Münchner Frauenkirche entstandenen Mausoleum Ludwigs des Bayern.

28 Diese von Karl dem Großen zu Ludwig dem Bayern führende Traditionslinie ließ Maximilian I. zum Zwecke der eigenen Herrschaftsdarstellung auch künstlerisch umsetzen. So bestimmte der Kurfürst zur Flankierung der monumentalen, 1616 vollendeten Kaisertreppe, die als repräsentativer Aufgang zu den Festsälen der von Maximilian in Teilen neuerbauten Münchner Residenz führte, die von Hans Krumper gefertigten Statuen Karls des Großen, Ludwigs des Bayern und des ersten Wittelsbacherherzogs Otto. Vgl. Dorothea Diemer, Hans Krumper, in: Glaser, Wittelsbach und Bayern II, 1 (wie Anm. 12), S. 279–311, hier S. 289 und Tafel 56 (Abbildung).

Diese Denkmalserrichtung kann überdies als monumentale Antwort Maximilians auf die Angriffe des Bzovius auf seinen kaiserlichen Vorfahren gesehen werden.[29] Die Wappen Karls des Großen, Ludwigs des Frommen, Karls des Dicken und Ludwigs des Bayern sind an den vier äußersten Enden der Grabanlage aufgestellt, in deren Zentrum auf einem Kissen über dem stilisierten Katafalk die Kaiserkrone ruht; diese Darstellung der Krone ist zusätzlich umrahmt von zwei Genien, welche die kaiserlichen Insignien präsentieren. Da das maximilianeische Mausoleum diese allgemeinen kaiserlichen Bezüge so stark hervorhebt, während die spätgotische Grabplatte Ludwigs des Bayern unter seinem Katafalk nahezu verschwindet, erscheint die gesamte Anlage nicht mehr wie das Grabmonument eines individuellen Kaisers, sondern wie ein Denkmal für das wittelsbachische Kaisertum an sich.[30]

Maximilians Neugestaltung des Grabmonuments Ludwigs des Bayern in der zentralen Kirche des Herzogtums blendete zudem die Exkommunikation des Wittelsbachers völlig aus – mehr noch: sie suggerierte mit ihrer gesamten Ikonographie die Rechtgläubigkeit sowie Kirchen-, wenn nicht sogar Romtreue des kaiserlichen Ahnen. An zentraler Stelle im Chorraum der Frauenkirche aufgestellt und vom eindeutig gegenreformatorisch konnotierten Bennobogen eingerahmt, gab das Grabmonument den Blick auf den von Maximilian I. in Auftrag gegebenen Hochaltar frei, den der bayerische Fürst nach seinem Erfolg in der Schlacht am Weißen Berg zum „Siegesmonument" im Religionskrieg erklärte.[31] Aber nicht nur die solchermaßen erweiterte Ikonographie lässt das Kaisergrab als Monument der Treue zur Römischen Kirche erscheinen. Eine propäpstliche Bedeutung verleihen der gesamten Anlage vor allem die zu beiden Seiten des Kenotaphs platzierten Statuen der Wittelsbacher Herzöge Wilhelm IV. und Albrecht V., die ihrerseits für eine ausgesprochen gegenreformatorische Politik stehen.[32] Zieht man zudem noch ins Kalkül, dass der prokatholische Standpunkt von Maximilian I. als dem Stifter des Ludwig-Mausoleums außer Zweifel stand, so erscheint die gesamte Anlage wie ein wittelsbachisches Manifest der Romtreue, die auf Kaiser Ludwig dem Bayern gründete.

Die bereits seit 1619 zu erwartende Kurwürde Maximilians I. mag zudem einen aktuellen Anlass geboten haben, mit Verweis auf Ludwig den Bayern die unzweifelhafte Kaiserwürdigkeit des Hauses Wittelsbach zu demonstrieren. Obwohl Maximi-

29 So Dorothea Diemer, Das frühbarocke Grabdenkmal für Kaiser Ludwig den Bayern, in: Das Grabmal Kaiser Ludwigs des Bayern in der Münchner Frauenkirche, hg. von Hans Ramisch, Regensburg 1997, S. 51–90, hier vor allem S. 58 f. Vgl. auch Glaser, Erinnerung (wie Anm. 11), S. 1–38; Christl Karnehm, Die Münchner Frauenkirche. Erstausstattung und barocke Umgestaltung, München 1984, S. 54–64, 148–152.

30 Vgl. Glaser, Erinnerung (wie Anm. 44), S. 33.

31 Ebd., S. 25.

32 Michael Menzel, Die Memoria Kaiser Ludwigs des Bayern, in: Auxilia Historica. Festschrift für Peter Acht zum 90. Geburtstag, hg. von Walter Koch/Alois Schmid/Wilhelm Volkert, München 2001, S. 247–283, hier S. 276 f.; Diemer, Grabdenkmal (wie Anm. 29), S. 59.

lian selbst eine Kaiserkandidatur wiederholt abgelehnt hatte, formulierte er mit dem prunkvollen Ludwigs-Mausoleum auch für sich selbst einen kaiserlichen Anspruch, der die Anlage „gewissermaßen auch" – so Dieter Albrecht – „als Ersatzhandlung" erscheinen lässt.[33]

Betrachtet man die Monumentalisierung des Kaisergrabes jedoch in der weiteren Perspektive der von Maximilian I. initiierten Geschichtspflege, zu der verschiedenste künstlerische Darstellungen genauso wie die Landeshistoriographie gehörten, stellt sich die kurfürstliche Bemühung um Ludwig den Bayern als genuiner Bestandteil einer barocken Hofkultur dar, die die einzigartige Stellung des absolutistischen Landesherrn herausheben sollte. Eine glanzvolle Dynastiegeschichte mit einem ungetrübten kaiserlichen Höhepunkt in der Person Ludwigs des Bayern sollte dabei auf den Kurfürsten Maximilian I. abstrahlen. Der historische Bezug diente somit – wie die Hofkultur überhaupt – der „Kultisierung", „Charismatisierung" und „Distanzierung" eines Fürsten, der damit nicht zuletzt seine Herrschaft demonstrierte und zugleich befestigte.[34] So lässt sich in der „auffallenden Geschichtspflege" Maximilians I. letztlich „ein Beitrag dieses Kurfürsten zur Ausbildung des frühabsolutistischen Staates"[35] sehen.

Unter Kurfürst/Kaiser Karl (VII.) Albrecht

Unter den wittelsbachischen Fürsten der Frühen Neuzeit unternahm nach Maximilian I. lediglich sein Urenkel, der Kurfürst und spätere Kaiser, Karl (VII.) Albrecht, noch merkliche Erinnerungsanstrengungen, die sich auf Ludwig den Bayern bezogen. In der Erinnerung an den mittelalterlichen Wittelsbacherkaiser suchte Karl Albrecht, seine eigenen kaiserlichen Ansprüche vor allem gegenüber Österreich historisch zu untermauern.[36] Deshalb räumte er Ludwig dem Bayern eine prominente Stellung in seiner Ahnengalerie ein, die er in der Münchner Residenz wohl zwischen 1726 und 1729/30 errichten ließ. Diese legitimatorische Indienstnahme stand jedoch in der ihrer Tragweite, ihrer politischen Stoßrichtung, in ihrer Öffentlichkeitswirksamkeit wie auch in ihrer (künstlerischen) Bedeutung deutlich hinter dem sehr dezidierten Zugriff Maximilians I. auf Ludwig den Bayern zurück. Karl Albrecht, dessen kurzzeitiges Kaisertum (1742–1745) unter einem unglücklichen

33 Vgl. ebd., S. 58: „Das Kaisergrab in der Frauenkirche ist unter anderem ein Ausdruck jener Hochstimmung, in der Maximilian, die Kurwürde unmittelbar vor sich, auch die alten Träume, Ansprüche und Aussichten seiner Familie auf noch höhere, kaiserliche Würden näher gerückt fand."

34 Schmid, Geschichtsschreibung (wie Anm. 12), S. 338.

35 Ebd.

36 Lorenz Seelig, Die Ahnengalerie der Münchner Residenz. Untersuchungen zur malerischen Ausstattung, in: Quellen und Studien zur Kunstpolitik der Wittelsbacher vom 16. bis zum 18. Jahrhundert, hg. von Hubert Glaser, München 1980, S. 253–327.

Stern stand, war zugleich der letzte Wittelsbacher Fürst in der Epoche des Alten Reiches, der die Erinnerung an Ludwig den Bayern sichtlich in seinen politischen Dienst nahm.

Kaiser Ludwig – ein aufgeklärter bayerischer Herrscher?

Ging mit Karl Albrechts Tod nicht nur die bayerische Kaiserherrlichkeit, sondern auch eine höfisch dominierte Erinnerung an Kaiser Ludwig zu Ende, so eröffnete sich mit der Hinwendung des Kurfürsten Max III. Joseph (1745–1777) zu einer inneren Reformpolitik ein völlig neues Feld für den öffentlichen Umgang mit der Geschichte Ludwigs des Bayern. Eine wesentliche strukturelle Voraussetzung hierfür war die Rezeption der Aufklärung im Kurfürstentum,[37] die den Reformgeist von führenden Persönlichkeiten in Bayern, sei es in der Politik, Wissenschaft oder Kunst, anregte und beflügelte.[38] Mit einem selbstbewussten bayerischen Beamtentum trat mithin ein neuer Akteurskreis auf den Plan, der die Erinnerung an Kaiser Ludwig in bis dato unbekannter Weise politisieren sollte. Der Aufklärer, Konvertit und erklärte Jesuitenfeind Peter von Osterwald entdeckte 1766 Ludwig den Bayern als historische Argumentationsfigur für eine bayerische Staatskirchenpolitik, die sich von päpstlich-kurialen Ansprüchen zu emanzipieren suchte.[39] In seiner unter Pseudonym veröffentlichen staatskirchenpolitischen Programmschrift verwies Osterwald darauf, dass kirchliche Anmaßungen weltlicher Gerechtsame im Mittelalter zu „entsetzlichen Zerrüttungen, Tumult, Aufruhr und Blutvergießen" geführt hätten, „wovon die Geschichte K. Heinrichs IV., Friedrichs II. und Ludwigs von Baiern (...) höchst traurige Beyspiele gewähren"[40]. Herrscher wie Ludwig der Bayer hätten schon damals richtig erkannt, „daß dem Papste keine Macht über ihre Temporalien zustünde."[41] Osterwald nutzte damit den Wittelsbacher Kaiser als historische Argumentationsfigur zur Unterstützung einer Staatskirchenpolitik, durch die sich der Staat im Zeitalter der Aufklärung nicht nur gänzlich von der Kirche frei zu machen versuchte, sondern zugleich die rechtsverbindliche Verfügungsgewalt über die Kirche reklamierte. An dieser historischen Wende im Verhältnis von Staat und Kirche wurde Ludwig der Bayer erstmals als historische Referenzfigur einer etatistischen

37 Vgl. Ludwig HAMMERMAYER, Die Aufklärung in Wissenschaft und Gesellschaft, in: Handbuch der bayerischen Geschichte, hg. von Andreas KRAUS, Bd. II, München ^{2}1988, S. 1135–1197.

38 Vgl. ders., Landesherr und Kirche, in: KRAUS, Handbuch II (wie Anm. 37), S. 1267–1283.

39 Vgl. Hans GRASSL, Aufbruch zur Romantik. Bayerns Beitrag zur deutschen Geistesgeschichte 1765–1785, München 1968, S. 48–53.

40 [Peter VON OSTERWALD], Veremunds von Lochstein Gründe sowohl für als wider die geistliche Immunität in zeitlichen Dingen. Herausgegeben mit Anmerkungen begleitet von F. L. W., Straßburg 1766, S. 62.

41 Ebd., S. 112.

Politik angeführt und somit als gleichsam aufgeklärter Geburtshelfer des „modernen“ Bayern beschworen.[42]

Ein jüngerer Zeitgenosse Osterwalds war Michael Adam von Bergmann, dessen entschieden staatskirchenrechtlich argumentierende Dissertation schon bei ihrem Erscheinen 1754 für Aufsehen gesorgt hatte und noch acht Jahre später Anlass zu einer heftigen literarischen Kontroverse bot.[43] Bergmann, Gründungsmitglied der Bayerischen Akademie der Wissenschaften, seit 1762 Stadtoberrichter und später Bürgermeister von München, rekurrierte auf Ludwig den Bayern jedoch nicht so sehr im Kontext der Staatskirchenpolitik, sondern sah in dem Wittelsbacher Kaiser einen Vorreiter einer anderen politisch-gesellschaftlichen Modernisierungsbewegung: nämlich der bürgerlichen Emanzipation. Er stilisierte den Kaiser geradezu zum Mitbegründer des von bayerischen Aufklärern angestrebten Staates, der auf bürgerlichen Rechten und Freiheiten basieren und vom patriotischen Geist der Bürger getragen sein sollte. Bergmann nutzte seine auf einem Akademievortrag von 1780 basierende „Beurkundete Geschichte der Churfürstlichen Haupt- und Residenzstadt München von ihrem Entstehen, bis nach dem Tode Kaiser Ludwigs des Vierten“ in weiten Teilen dazu, Ludwig den Bayern als ausgesprochenen Förderer der Münchner Bürgergemeinde herauszustellen.[44] Im Anschluss an seine Schilderung Ludwigs als aufgeklärten Bürgerkaiser für die Stadt München, dessen politische Bemühungen vor allem die städtisch-bürgerlichen Elemente der Gesellschaft gestärkt hätten, ging Bergmann am Ende seiner Darstellung zu einer expliziten Apologie des Wittelsbacher

42 Osterwald verweist darauf, wie der Luxemburger Karl IV. „unrühmlich“ das, „was sein Vorfahrer Ludwig von Baiern zur Erhaltung der Kaiserl. Würde und des Reichs so großmüthig aufgebauet hatte, gleichsam auf einmal wieder niedergerissen habe.“ Ebd., S. 279.

43 Michael Adam Bergmann, De ducum Boioariae iure regio praesertim succedendi in nobilium patriae feuda activa gentilitia extinctis masculis dissertatio, München 1754. Vgl. Ludwig Hammermayer, Geschichte der bayerischen Akademie der Wissenschaften: 1759–1807, Bd. 1: Gründungs- und Frühgeschichte 1759–1769, München ²1983, S. 292ff.; Hans Rall, Kurbayern in der letzten Epoche der alten Reichsverfassung 1745–1801, München 1952, S. 260f.

44 Michael Adam Bergmann, Beyträge zur Geschichte der Stadt München, von deren Entstehung bis zur Regierung Kaiser Ludwig des IVten, München 1780; ders., Beurkundete Geschichte der Churfürstlichen Haupt- und Residenzstadt München von ihrem Entstehen, bis nach dem Tode Kaiser Ludwigs des Vierten, München 1783, hier vor allem die Vorrede (unpaginiert), S. 1–53. Bergmann war im Mai 1782 kurz vor der endgültigen Fertigstellung des Manuskriptes verstorben. Die Herausgabe des Werkes besorgte deshalb sein Schwager Joseph Felix von Effner, der auch die Widmung des Werkes an Kurfürst Karl Theodor verfasste. Vgl. Ludwig Hammermayer, Geschichte der Bayerischen Akademie der Wissenschaften 1759–1801. Bd. 2: Zwischen Stagnation, Aufschwung und Illuminatenkrise 1769–1786, München 1983, S. 197ff.; Andreas Kraus, Die historische Forschung an der Churbayerischen Akademie der Wissenschaften 1759–1806, München 1959, S. 46ff.; ders., Vernunft und Geschichte. Die Bedeutung der deutschen Akademien für die Entwicklung der Geschichtswissenschaft im späten 18. Jahrhundert, Freiburg u. a. 1963, S. 388f.; ders., Der Begründer der Münchner Stadtgeschichte. Die erste „Beurkundete Geschichte der Churfürstlichen Haupt- und Residenzstadt“, in: Unser Bayern 7/10 (1958), S. 76f.

Kaisers über.[45] Bergmann, dem es ausdrücklich um eine „Rechtfertigung Ludwigs" zu tun war, sang eine einzige Lobeshymne auf den Wittelsbacher Kaiser, der, von allen Vorwürfen freigesprochen, als eine makellose Verkörperung herrschaftlicher Tugenden erscheint. Aber dem Redner ging es nicht vorrangig darum, einen zeitlosen Tugendhelden zu schildern, er wollte vielmehr eine historische Figur präsentieren, die seine Zeitgenossen zur patriotischen Identifizierung einlud. Bergmanns apologetische Erinnerung an einen um „Aufklärung" bemühten Ludwig den Bayern, der in seiner Epoche den Zeitgenossen die „Vaterlandsliebe tiefer" eingeprägt habe, „um durch sie desto schneller die Kräfte des Staats zu den Nationalabsichten in Thätigkeit zu setzen"[46], war dazu angetan, den Patriotismus der reformorientierten Kräfte in Kurbayern anzusprechen und zu mobilisieren.

Der in der Karl-Theodor-Zeit bedeutendste und zugleich einflussreichste Fürsprecher Kaiser Ludwigs begegnet jedoch in der Person des Münchner Weltgeistlichen Lorenz Westenrieder. 1777 als Mitglied in die Münchner Akademie der Wissenschaften aufgenommen, entwickelte sich Westenrieder, der 1779 die Korrespondenz der Historischen Klasse übernommen hatte, schon bald zur „Seele der Historischen Klasse"[47] und stieg ob seiner publizistisch-literarischen Tätigkeit zum „wirkungsmächtigsten Exponenten"[48] der Aufklärung in Bayern auf. Der Weltgeistliche verfolgte als Autor das Ziel, Ludwig den Bayern als große Persönlichkeit zu zeichnen, der „durch seine kühne und aufgeklärte Denkungsart weit über sein Zeitalter erhaben war"[49].

Ludwig erscheint bei Westenrieder ähnlich wie Karl der Große als Verkörperung eines aufgeklärten Herrschers, als „ein seltner Helldenker"[50], der „sein Zeitalter geärgert, aber künftige Jahrhunderte"[51] vorbereitet habe. Ähnlich wie Bergmann stilisierte Westenrieder Ludwig den Bayern zu einem reformaufklärerischen Regenten, der sich insbesondere die Förderung des städtisch-bürgerlichen Elements angelegen sein ließ. Das höchste Lob fand Westenrieder jedoch für Kaiser Ludwig als dem „Schöpfer einer berühmten Reichsverordnung."[52] Gemeint sind die rechtlichen Proklamationen von 1338, „wodurch die deutsche Freyheit, die seit so vielen Jahrhunderten durch erzwungene Verträge und mißverstandene Grundsätze gedrückt wurde, ge-

45 Bergmann, Geschichte (wie Anm. 44), S. 48–53 u. passim.
46 Ebd., Vorrede, unpaginiert.
47 Kraus, Forschung (wie Anm. 44), S. 99.
48 Andreas Kraus, Aus der Frühzeit der Bayerischen Akademie der Wissenshaften. Lorenz Westenrieders „Geschichte von Baiern für die Jugend und das Volk" (1785) (Bayerische Akademie der Wissenschaften, Philosophisch-Historische Klasse, Sitzungsberichte 1993, Heft 1), München 1993, S. 6.
49 Lorenz Westenrieder, Geschichte von Baiern, für die Jugend und das Volk. Auf höchsten Befehl Seiner kurfürstl. Durchlaucht hg. v. d. baierischen Akademie der Wissenschaften, Bd. 2, München 1785, S. 303. Vgl. Kraus, Bild (wie Anm. 4), S. 57.
50 Lorenz Westenrieder, Historische Schriften, Bd. 1, München 1824, S. 306.
51 Westenrieder, Geschichte 2 (wie Anm. 49), S. 305.
52 Ebd., S. 294.

Kaiser Ludwig IV. erklärt die deutsche Krone für unabhängig, Kupferstich v. 1785

rettet (...) wurde."[53] Diese „Bemühung für Freyheit, und gänzliche Unabhängigkeit des deutschen Reichs" machte für Westenrieder „das Andenken Ludwigs allen Deutschen vor vielen andern Kaisern stets ehrwürdig und unvergeßlich."[54] Die nationale Wertschätzung Westenrieders für Ludwig den Bayern war letztlich keineswegs frei von einem antikurialen Affekt, insofern sie einem „aufgeklärten" Kaiser Lob zollte, der mit seiner „kühnen Denkungsart"[55] die Unabhängigkeit der deutschen Königswahl von der römischen Kurie behauptet hätte.

In seinem Münchner Akademievortrag „Von den Nominalisten" zog Westenrieder 1786 schließlich mit zum Teil beißendem Spott gegen einen vor allem im 14. Jahrhundert wahrgenommenen Scholastizismus ins Feld – eine ätzende Kritik, die nur dazu diente, die Größe des „aufgeklärten" Kaisers Ludwig „umso strahlender hervortreten zu lassen."[56] Vollends enthüllte Westenrieder sein Eigeninteresse als Aufklärer, als er Ludwig den Bayern als Herrscher beschrieb, der doch den „Werth großer Köpfe, und brauchbarer Gelehrter" wie Marsilius von Padua oder Wilhelm

53 Ebd., S. 295.
54 Ebd., S. 305.
55 Ebd., S. 294.
56 Lorenz Westenrieder, Von den Nominalisten, München 1786. Zitat: Kraus, Forschung (wie Anm. 44), S. 100.

von Ockham – „Sterne der ersten Größe“ – erkannt habe.[57] In offensichtlicher Anspielung auf die Bayerische Akademie der Wissenschaften seiner eigenen Zeit schilderte Westenrieder, wie der Wittelsbacher Kaiser mit diesen Gelehrten in München eine „thätige Akademie errichtete, deren Endzweck war, die grauenvollen Finsternisse der damaligen öffentlichen Begriffe zu zerstreuen“[58]. In dieser „tapfern, und gelehrten Gesellschaft“[59], die Ludwig der Bayer um sich sammelte, sah Westenrieder zweifellos den volkspädagogischen Bildungsauftrag seiner eigenen Akademiegeneration gespiegelt, die sich als Erzieherin der bayerischen Nation begriff.

Eine extreme Steigerung und Überzeichnung erfuhr die Politisierung des Wittelsbacher Kaisers schließlich in der literarischen Gattung der Dramatik, die auch Westenrieder zu fördern trachtete. Dieser hatte 1779 in seinen „Baierischen Beyträgen“ ein patriotisches Geschichtsschauspiel gefordert, das „der Welt um uns“ zeigt, „wer wir waren, und seyn könnten.“[60] Ein Jahr später trat ein gewisser Johann Nepomuk Längenfeld mit einem Kaiser-Ludwig-Schauspiel an die Öffentlichkeit, das von einem bis dahin beispiellosen bayerischen Patriotismus zeugte. Davon ausgehend entfaltete der Autor eine harsche Kritik in verschiedene Richtungen.[61] Die offensichtlichste Stoßrichtung des Stücks wandte sich gegen Österreich, weshalb der österreichische Gesandte Ludwig Konrad Graf von Lehrbach sofort bei den kurfürstlichen Behörden in München ein Verbot des Dramas zu erreichen suchte.[62] Lehrbach beanstandete das von Längenfeld gewählte Sujet, „wo sich ein reichhaltiger Stof darbot, gegen das Hauß Oesterreich seine Bosheit auszulassen.“[63] Das anti-austriazistische Stück bezog seine politische Brisanz aus den 1778 öffentlich gewordenen Tauschplänen des bayerischen Kurfürsten Karl Theodor, der sich gegenüber Kaiser Joseph II. bereit erklärt hatte, Bayern gegen die österreichischen Niederlande abzutreten. Der 1778/79 folgende Bayerische Erbfolgekrieg, in dem österreichische Truppen bayerische Gebiete besetzten, ließ die Bedrohung durch den mächtigen Habsburger Nachbarn unmittelbar spürbar werden. Aus dieser Atmosphäre österreichischer Bedrohung, die in München die so genannte „Patriotenpartei“ in Opposition zu den Tauschplänen Karl Theodors und Josephs II. ins Leben rief, nährte sich der patriotische Enthusias-

57 WESTENRIEDER, Geschichte 2 (wie Anm. 49), S. 305 f.

58 Ebd., S. 306.

59 Ebd.

60 Lorenz WESTENRIEDER, An unsere lieben Landsleute, in: Baierische Beyträge zur schönen und nützlichen Litteratur I, 2 (1779), S. 1115–1134, hier S. 1122.

61 [Johann N. LÄNGENFELD], Ludwig der Vierte, genannt der Bajer. Ein Nationalschauspiel in 5 Aufzügen, München 1780. Vgl. Silvia WIMMER, Die bayerisch-patriotischen Geschichtsdramen. Ein Beitrag zur Geschichte der Literatur, der Zensur und des politischen Bewußtseins unter Kurfürst Karl Theodor, München 1999, S. 78–82 u. passim; Werner KONRAD, Patriotendrama – Fürstendrama. Über Anton Nagels „Bürgeraufruhr in Landshut“ und die bayerischen Patriotendramen in der frühen Karl-Theodor-Zeit, Frankfurt/M. u. a. 1995, S. 32–42.

62 WIMMER, Geschichtsdramen (wie Anm. 61), S. 80, 111, 152.

63 Zitiert nach ebd., S. 152.

mus des Längenfeld'schen Stücks. Dieses nutzte die mittelalterlichen Ereignisse um die Schlacht bei Mühldorf von 1322 als Szenario, um dem Leser nicht nur einen militärischen, sondern auch einen moralischen Sieg Bayerns über Österreich zu demonstrieren. Indem Längenfeld dabei – wie schon seine aufgeklärten Zeitgenossen – Kaiser Ludwig als idealen, tugendhaften Herrscher zeichnete, der alles für sein Volk gab und der zugleich dessen volle Sympathie genoss, kritisierte er implizit Kurfürst Karl Theodor, der bereit war, Altbayern Österreich preiszugeben. Diese gegen Österreich und die Politik Karl Theodors gleichermaßen gerichtete Kritik ließ beinahe die antiklerikalen und bisweilen sogar antipäpstlichen Töne überhören, die Längenfeld in Sturm-und-Drang-Manier seinem Drama beigemengt hatte. Der ideologische Kern und Ausgangspunkt von Längenfelds Stück waren jedoch ein glühender, von unverhohlener Xenophobie durchdrungener bayerischer Patriotismus, der allein schon im Personenverzeichnis seinen Niederschlag fand, das sorgfältig Inländer (Bayern) von Ausländern (Österreichern) unterschied.[64] Gegenüber einem Patriotismus alter Prägung, der häufig kaum über einen Lokalismus hinauskam,[65] besaß der von Längenfeld angestimmte bayerische Patriotismus eine völlig neue politische Qualität. Denn dessen Patriotismus verband sich mit einer ins 14. Jahrhundert projizierten Sozialutopie, in der sich alle Bayern gleich welchen Standes im Kampf gegen Österreich vereinigten. Ob Kaiser, Ritter, Bürger oder Bäckergesellen – allesamt ließ Längenfeld in einem bayerischen Gemeinsinn übereinkommen, der in der kriegerischen Auseinandersetzung gegen Habsburg sein besonderes Profil gewann. Aber nicht nur hinsichtlich der Aufhebung der Ständegesellschaft erreichte der von Längenfeld vorgetragene Patriotismus eine neue Dimension, sondern auch in seiner gesellschaftlichen Reichweite: er umfasste vom Anspruch her alle Bayern, hatte mithin eine bayerische Nation im Blick. Angesichts eines solchen Patriotismus, den Längenfeld mit seinem Stück nicht nur formulieren, sondern den er bei seinen Landsleuten auch provozieren wollte, erschließt sich der Titel des Schauspiels in seiner vollen Programmatik: „Ludwig der Vierte, genannt der Bajer. Ein Nationalschauspiel". Dass das von der Gattung her als Lesedrama angelegte Längenfeld'sche Schauspiel in München auf ein großes Publikumsinteresse stieß, belegt allein schon die Tatsache, dass der Erstauflage von 1780 zwei Jahre später drei weitere Auflagen folgten.[66]

64 [Längenfeld], Ludwig der Vierte (wie Anm. 61), unpaginiert.

65 Vgl. Rudolf Vierhaus, „Patriotismus" – Begriff und Realität einer moralisch-politischen Haltung, in: Deutschland im 18. Jahrhundert. Politische Verfassung, soziales Gefüge, geistige Bewegungen, hg. von dems., Göttingen 1987, S. 96–109.

66 Wimmer, Geschichtsdramen (wie Anm. 61), S. 79.

Königreich Bayern 1806–1918

Unter Max I. Joseph

Mit den genannten Bergmann, Längenfeld und Westenrieder erhielt im letzten Viertel des 18. Jahrhunderts auch die Vorstellung von einer bayerischen Nation ihre Konturen, die noch weit ins 19. Jahrhundert hinein wirkte. Im frühen 19. Jahrhundert trat Bayern im Zeichen der Napoleonischen Kriege in ein neues Zeitalter ein, das mit einer staatsrechtlichen Fundamentalzäsur, mit einer erheblichen Vergrößerung des eigenen Territoriums und 1806 mit der Erhebung des Kurfürstentums zum Königreich einherging – allesamt Veränderungen gipfelnd in der Rangerhöhung, die mit einer erheblichen Legitimationsproblematik verbunden waren. Auf der Suche nach den geschichtlichen Wurzeln des neuen bayerischen Königreichs entdeckten die Propagandisten bayerischer Staatsideologie die Figur Ludwig den Bayern, die sich hervorragend in die legitimationsbedürftige Situation des jungen Königreichs fügte. Bereits 1806, im Jahr der Erhebung Bayerns zum Königreich, trat Karl Kristian von Mann anlässlich der Namenstagsfeier König Max I. Josephs mit einem Festvortrag an der Bayerischen Akademie der Wissenschaften hervor, in dem er Kaiser Ludwig über alle Maßen pries.[67] Drei Jahre später erschien dann die flammende Eulogie Joseph von Mussinans mit dem sprechenden Titel „Ludwig der Bayer und 1809"[68]. Im selben Jahr ergriff die Münchner Akademie ganz offiziell die Initiative zur Erforschung der Geschichte des wittelsbachischen Kaisers. Unter der Federführung des Sekretärs der Historischen Klasse, Lorenz Westenrieder, schrieb die Akademie 1809 deutschlandweit eine Preisaufgabe zur Erarbeitung einer neuen Biographie Ludwigs des Bayern aus.[69] Den ersten Preis trug der aus Franken stammende, protestantische Historiker Konrad Mannert davon, der seit 1807 an der Landshuter Universität lehrte.[70] Mit einem weiteren Preis honorierte die Akademie außer der Reihe auch die Einsendung

67 Karl Kristian MANN, Kaiser Ludwig IV., genannt der Baier, und Maximilian I. Kurfürst von Baiern, München 1806. In der Druckversion zählte Manns nach dem Vorbild von Plutarchs berühmten Parallelbiographien gearbeitete Akademierede 73 Seiten. Vgl. KRAUS, Forschung (wie Anm. 44), S. 155 f., 228, 258 (Anm. 1485); Heinz GOLLWITZER, Vom Funktionswandel politischer Traditionen. Zum Bild Kurfürst Maximilians I. und Tillys in der bayrischen Überlieferung, in: Land und Reich, Stamm und Nation. Probleme und Perspektiven bayerischer Geschichte. Festgabe für Max Spindler zum 90. Geburtstag, hg. von Andreas KRAUS, Bd. 2: Frühe Neuzeit, München 1984, S. 51–80, hier S. 58.

68 Joseph VON MUSSINAN, Ludwig der Baier und 1809, Straubing o.J. [1809].

69 Vgl. Denkschriften der Königlichen Akademie der Wissenschaften zu München für die Jahre 1809 und 1810, München 1811, S. XXXIX–XLI.

70 Konrad MANNERT, Kaiser Ludwig IV. oder der Baier, Landshut 1812. Vgl. auch den Abschnitt über die Geschichte Ludwigs des Bayern in Mannerts bayerischer Geschichte: ders., Die Geschichte Bayerns, Bd. 1, Leipzig 1826, S. 313–334. Zu Mannert: Fritz LOSCHGE, Conrad Mannert. Leben und Wirken eines Nürnberger Gelehrten in Franken und Altbayern (1756 bis 1834), Diss. Erlangen-Nürnberg 1970.

des vormaligen Emmeramer Benediktiners Roman Zirngibl, eines der produktivsten Historiker der 1769 gegründeten Bayerischen Akademie der Wissenschaften.[71] Unter den Preiswettbewerbern befand sich auch der zu seiner Zeit ungemein populäre Dramatiker, Publizist und russische Staatsrat, August von Kotzebue – ein Zeichen auch dafür, wir eng Literatur und Geschichtswissenschaft damals noch beieinander lagen.[72]

Unter den zeitgebundenen politischen Interpretationen der Geschichte Ludwigs des Bayern aus dem Kreis der genannten historiographischen Arbeiten ragen neben der geschichtlichen Rechtfertigung der als Wiedererlangung der Königswürde stilisierten Rangerhöhung Bayerns zwei inhaltliche Aspekte deutlich hervor, die zugleich als zentrale ideologische Leitmotive des 1806 entstandenen bayerischen Königreichs gelten können: Erstens eine pointiert antipäpstliche Haltung, die sich zu einem generellen Antiklerikalismus steigern konnte, und zweitens ein an Schärfe kaum mehr zu überbietender Anti-Austriazismus.

Das antipäpstliche Moment der genannten Ludwig-der-Bayer-Schriften diente bis zum lange umstrittenen Konkordat Bayerns mit der römischen Kurie 1817 vornehmlich dazu, die bayerische Staatskirchenpolitik historisch zu begründen. Nach dem tatsächlichen Abschluss des Konkordats riefen jedoch die darin erfolgten Zugeständnisse an die Kurie Protestanten wie auch liberale Katholiken in Bayern auf den Plan. Zu den prominentesten Widersachern des Konkordats zählte der bayerische Kronprinz und Thronfolger Ludwig, der sich in seinen Meinungsäußerungen offenbar unentwegt auf seinen gleichnamigen kaiserlichen Vorfahren berief, wie der preußische Gesandte von Zastrow berichtete: „Obgleich der Kronprinz von Bayern ein eifriger Katholik ist, so hat er sich doch sehr deutlich gegen das abgefaßte Concordat ausgesprochen und wünschet, daß dasselbe nach den Grundsätzen, wonach das Concordat zur Zeit von Ludwig dem Baier mit dem päpstlichen Stuhl abgefaßt worden, welches weit gemäßigtere Bedingungen enthalten soll, normirt werde. S. k. Ht. scheinen sich diesen ihren Vorfahren bei jeder Gelegenheit zum Vorbild zu nehmen und möchten daher auch gerne im vorliegenden Falle darnach verfahren."[73] Auch wenn in der Folge das Religionsedikt von 1818 und die Tegernseer Erklärung

71 Roman Zirngibl, Ludwigs, des Baiers Lebensgeschichte, München 1814. Zu Zirngibl: Andreas Kraus, P. Roman Zirngibl von St. Emmeram in Regensburg. Ein Historiker der Alten Akademie (1740–1816), in: Studien und Mitteilungen zur Geschichte des Benediktiner-Ordens und seiner Zweige 66/67, Sonderdruck (1956), S. 61–316.

72 August von Kotzebue, Geschichte Kaiser Ludwig des Vierten, Leipzig 1812. Zu Kotzebue: Peter Kaeding, August von Kotzebue. Auch ein deutsches Dichterleben, Stuttgart 1988.

73 Gesandtschaftsberichte aus München 1814–1848. Abteilung III: Die Berichte der preußischen Gesandten, Bd. I: Die Berichte aus der Zeit nach dem Rieder Vertrag bis zum Tod König Max Josephs von Bayern (Vom Anfang des Jahres 1814 bis Oktober 1825), bearb. von Anton Chroust, München 1949, S. 165 (Zastrow an Hardenberg, 18.02.1818). Vgl. zum Hintergrund: Heinz Gollwitzer, Ludwig I. Eine politische Biographie, München 1986, S. 236–242.

von 1821 die wechselseitigen Anspruchshaltungen von bayerischem Staat und römischer Kurie beschwichtigen sollten, schwelte im wittelsbachischen Königreich der letztlich rechtlich wie politisch ungelöste Staats-Kirchen-Konflikt weiter, der sich im weiteren Verlauf des 19. Jahrhunderts in Bayern immer wieder entzünden sollte. Und nicht selten führten die Vertreter einer staatskirchlichen Haltung Bayerns bis ins bayerischen Parlament hinein Ludwig den Bayern als historischen Patron ihrer etatistischen Position ins Feld.

Die anti-austriazistische Haltung, die so pointiert in der bayerischen historischen Publizistik und dem genannten Preiswettbewerb von 1809 vorgetragen wurde, zielte unmissverständlich auf die Abgrenzung von dem ebenso mächtigen wie bedrohlichen Nachbarn Österreich, der Bayerns Integrität vom Spanischen Erbfolgekrieg bis in die jüngste Zeitgeschichte der napoleonischen Kriege hinein wiederholt existentiell bedroht hatte. Im Rekurs auf Ludwig den Bayern als siegreichen Feldherrn, der seinen Habsburger Thron-Konkurrenten Friedrich den Schönen zwei Mal im Felde bei Gammelsdorf und bei Mühldorf geschlagen hatte, feierten die bayerischen Gedächtnis-Protagonisten im Geiste der bellizistischen Erinnerungskultur der napoleonischen Ära nicht nur einen militärischen, sondern auch einen moralischen Sieg über das Haus Habsburg, das für Bayern, solange man an der Seite des kriegerischen Korsen kämpfte, als der eigentliche „Erbfeind" erschien.[74] Ganz im Zeichen dieser „Erbfeindschaft" entbrannte im letzten Drittel des Jahres 1813 in der Wiener Allgemeinen Literaturzeitung ein offiziös geführter Streit zwischen Bayern und Österreich, ausgelöst von der preisgekrönten Ludwig-der-Bayer-Biographie Konrad Mannerts, die man in Wien zum Anlass nahm, Bayerns politische Haltung seit den Tagen Kaiser Ludwigs als „undeutsch" zu diskreditieren. „Was man dem Systeme der baierischen Regierung anheften wollte, das fand man alles in der Regierung Kaiser Ludwigs des Baiern"[75], so kommentierte Karl Heinrich von Lang, dem bayerischerseits die Replik auf die österreichische Invektive aufgetragen war, um die gegen die Regierung Max I. Josephs gerichteten Anwürfe aus Wien zurückzuweisen. Es war offensichtlich kein Geringerer als der 1808 in den österreichischen Staatsdienst getretene Friedrich Schlegel, der sich als Wortführer der literarischen Kontroverse hergab. Die Gegendarstellung des genannten Ritters von Lang, die im Dezember 1813 gleichfalls in der Wiener Allgemeinen Literaturzeitung erschien, lief trotz all ihrer Verve politisch ins

74 Vgl. zum Begriff des „Erbfeindes" mitsamt seinen theologischen Konnotationen: Manfred Rauchensteiner, Erbfeinde. Überlegungen zu einem weltgeschichtlichen Thema, in: Bericht über den Einundzwanzigsten Österreichischen Historikertag in Wien, Wien 1998, S. 47–55. Vgl. zur bayerischen historiographischen Wahrnehmung Österreichs als „Erbfeind" Bayerns: Ferdinand Seibt, Die bayerische „Reichshistoriographie" und die Ideologie des deutschen Nationalstaats 1806–1918, in: Zeitschrift für bayerische Landesgeschichte 28 (1965), S. 523–554, hier S. 536 f. Vgl. allgemein Reinhart Koselleck, Feindbegriffe, in: Deutsche Akademie für Sprache und Dichtung, Jahrbuch 1993, 1993, S. 83–90.

75 Karl Heinrich Ritter von Lang, Memoiren, Erlangen 1984 (ND von 1842), S. 190.

Kaiser-Ludwig-Monument bei Puch v. 1809

Leere, da Max I. Joseph bereits am 8. Oktober 1813 offiziell die Fronten gewechselt hatte und fortan mit Österreich Seit an Seit gegen Napoleon kämpfte.

Wie all die genannten historischen Schriften so diente auch das Kaiser-Ludwig-Monument bei Puch, wo Ludwig der Bayer 1347 seinen Tod gefunden haben soll, zur Legitimitätsstiftung des neuen bayerischen Königreiches.

Zwei zentrale ideelle Botschaften fanden sich in dem 1809 errichteten Obelisken, dessen langwierige Entstehungsgeschichte hier nicht referiert werden muss, petrifiziert: eine etatistisch-antikuriale und eine national-bayerische. Die in der lateinischen Denkmalsinschrift zu lesende Würdigung Ludwigs als *libertatis Germaniae defensoris* nimmt Bezug darauf, dass der Wittelsbacher Kaiser im Gefolge des Rhenser Weistums 1338 die deutsche Königswahl von der päpstlichen Approbation für unabhängig erklärte.[76] Übertragen auf die Gegenwart des frühen 19. Jahrhunderts ist sie deshalb als versteckter Ausdruck antikurialer bzw. auch antikirchlicher Gesinnung zu interpretieren und steht als solche im Einklang mit der teilweise rigoros durchgeführten Staatskirchenpolitik Max Josephs. Denn je mehr der bayerische Monopolstaat des 19. Jahrhunderts die katholische Kirche und Religion unter seine

76 Dieser Bezug wird eindeutig hergestellt in BayHStA, MK 14605. Vgl. auch die weiteren Inschriftenvorschläge ebd.

säkulare Kuratel zwang, desto mehr verweigerte und entzog er sich der Einflussnahme durch den Heiligen Stuhl.[77] Die weitere Attributierung Ludwigs als eines Mannes von *fortitudo* und *constantia* verweist schließlich auf Tugenden, die unzweifelhaft auch von einem Kurfürsten respektive König, der sich mit Bayern nolens volens seit Jahren in die Auseinandersetzungen der verschiedenen Koalitionskriege verwickelt sah, gefordert waren. Nicht zuletzt sollten diese genannten Tugenden im Sinne einer aus dem Klassizismus sich speisenden politisch-pädagogischen Ästhetik auch den (bürgerlichen) Denkmalsbetrachter zur Nachahmung anregen.

Die deutsche Denkmalsinschrift hingegen, die davon spricht, dass der Kaiser bei Puch in den Händen eines Bauern verstorben sei,[78] suggeriert eine für Bayern neuartige politisch-gesellschaftliche Ordnungsvorstellung, in der das noch junge Königreich nicht nur seine Volksnähe zu vermitteln suchte, sondern letztlich beim Volk sogar um Sympathie für die Regierungsform der Monarchie warb, die sich, staatsrechtlich gesehen, am Beginn des 19. Jahrhunderts nicht mehr „absolut" begründen ließ. Das Kaiser-Ludwig-Monument stellt folglich kein barockes Fürstendenkmal mehr dar, sondern eröffnet den politischen Raum des Vaterlandes. Am Kaiser-Ludwig-Monument lässt sich mithin beobachten, was Thomas Nipperdey als die seit dem späten 18. Jahrhundert einsetzende Moralisierung und Patriotisierung der Denkmalsidee bezeichnet hat: die Aufforderung zur Nachahmung der Tugendleistungen des Geehrten und die Weckung des Patriotismus.[79] Letztlich scheinen in dem Kaiser-Ludwig-Monument über den geehrten Fürsten hinaus die bayerische Nation respektive das bayerische Vaterland als eigenständige politische Größen auf, weshalb sich die Kaisersäule als das erste bayerische Nationaldenkmal im Sinne des von Nipperdey vorgeschlagenen Typus' eines nationalmonarchischen bzw. nationaldynastischen Denkmals bezeichnen lässt.[80]

77 Vgl. Winfried MÜLLER, Zwischen Säkularisation und Konkordat. Die Neuordnung des Verhältnisses von Staat und Kirche 1803–1821, in: Handbuch der bayerischen Kirchengeschichte, hg. von Walter BRANDMÜLLER, Bd. 3, St. Ottilien 1991, S. 85–129; Karl HAUSBERGER, Staat und Kirche nach der Säkularisation. Zur bayerischen Konkordatspolitik im frühen 19. Jahrhundert, St. Ottilien 1983; vgl. Werner K. BLESSING, Staat und Kirche in der Gesellschaft. Institutionelle Autorität und mentaler Wandel in Bayern während des 19. Jahrhunderts, Göttingen 1982, S. 34–38.

78 „Hier starb in den Händen / eines Bauern / vom Tode überrascht / den 11. Oktober 1347 / Ludwig der Bayer / römischer Kaiser". Vgl. Franz S. HARTMANN, Aktenmäßige Darstellung über die wahre Todesstätte des deutschen Kaisers Ludwig des Bayern auf dem Kaiseranger bei Fürstenfeldbruck, in: Oberbayerisches Archiv 33 (1874), S. 217–229, hier S. 222. Allein schon das Faktum, dass diese Inschrift nicht mehr auf Latein, sondern auf Deutsch verfasst war, offenbart eine politische Intention, die nicht mehr nur auf ein engeres Bildungspublikum, sondern bewusst auf eine breitere Öffentlichkeit zielte.

79 Thomas NIPPERDEY, Nationalidee und Nationaldenkmal in Deutschland im 19. Jahrhundert, in: Historische Zeitschrift 206 (1968), S. 529–585, hier S. 534.

80 Vgl. ebd., S. 533–546.

Im weiteren Verlauf des Regnums von Max I. Joseph führte vor allem der bayerische Bündniswechsel am 8. Oktober 1813 auf die Seite der antinapoleonischen Koalition und damit auf die Seite Österreichs zu einer politisch-ideologischen Umwertung der in jenen Jahren sehr prominenten Rezeption Kaiser Ludwigs. Dabei verschob sich lediglich der Fokus der Erinnerung. Während Ludwigs des Bayern militärische Erfolge über Friedrich den Schönen in den Hintergrund traten, die nach dem Bündniswechsels von Max I. Joseph auf die Seite der antinapoleonischen Koalition 1813 nicht mehr opportun waren, rückte nun die Versöhnung des Wittelsbacher Kaisers mit seinem Habsburger Vetter in den Vordergrund, die romantisch überhöht wurde. Zwei zeitgebundene Aufführungen von Geschichtsschauspielen in Augsburg[81] und München[82] in den ersten Monaten des Jahres 1814 machten den Anfang in der Konstruktion dieses neuen Geschichtsbilds. Der Mythos der „Befreiungskriege", der in der Einigung der deutschen Nation die notwendige Voraussetzung für den Sieg gegen Napoleon sah, bot den Anlass, mit der Versöhnungsgeschichte Ludwigs des Bayern und Friedrichs des Schönen dem neuen Zusammenstehen Bayerns und Österreichs ein historisches Fundament zu geben. Um die fragliche Versöhnung noch besser herauszuarbeiten, fügte die Inszenierung des Münchner Isartortheaters in das ursprüngliche pro-österreichische Stück Friedrich W. Zieglers zahlreiche Anspielungen und vor allem eine veränderte Schlussszene ein, um die im Zeichen des Krieges gegen Frankreich neu gewonnene Freundschaft zwischen Bayern und Österreich feiern zu können. Die Theaterzuschauer goutierten offensichtlich diese Adaption, wie ein Rezensent über die Premierenvorstellung zu berichten wusste: „Der Beifall des Publikums folgte rauschend jeder beziehenden Stelle, und steigerte sich am Ende zum jubelnden Enthusiasmus, als sehr richtig berechnet und zeitgemäß die baierischen Fahnen sich zu den österreichischen neigten, und die Ritter beider Länder sich freundschaftlich die Hände reichend abgiengen."[83] Die im Historienschauspiel öffentlich gefeierte Freundschaft Bayerns mit Österreich darf allerdings nicht zu der allgemeinen Schlussfolgerung verleiten, dass mit dem gemeinsam erfochtenen Sieg gegen das napoleonische Frankreich plötzlich ein in weiten Bevölkerungsteilen Bayerns über viele Jahrzehnte tief eingewurzeltes Misstrauen gegenüber dem mächtigen Nachbarn Österreich überwunden gewesen wäre.[84]

81 Zu Beginn des Jahres 1814 gab man in Augsburg das 1810 uraufgeführte Geschichtsschauspiel „Deutsche Treue" von Ernst. A. Klingemann, das erst 1816 im Druck erschien. Vgl. Ernst A. Klingemann, Deutsche Treue. Ein historisches Schauspiel in 5 Aufzügen, Helmstädt 1816. Vgl. dazu Münchner Theater-Journal, Nr. 2 (1814), S. 25 f.

82 Ende April spielte das Münchner Isartortheater das Historienstück „Fürstengröße" von Friedrich W. Ziegler. Vgl. Friedrich Wilhelm Ziegler, Fürstengröße. Ein vaterländisches Schauspiel in fünf Acten. Für das k. k. Hoftheater, Wien 1793. Vgl. dazu Münchner Theater-Journal, Nr. 5 (1814), S. 125 ff.

83 Ebd., S. 127.

84 Dieses Misstrauen gegenüber Österreich wurde beispielsweise gezielt geschürt in einer bayerischen Flugschriftenaktion zur Unterstützung der Territorialverhandlungen im Gefolge des Wiener Kon-

Neben der geschichtskulturellen Annäherung an Österreich erfolgte in der bayerischen Kaiser-Ludwig-Rezeption nach dem Wiener Kongress zugleich ein vorsichtiges Entgegenkommen der katholischen Kirche, wie es sich symbolhaft – gleichsam negativ – bei der feierlichen Eröffnung des neu erbauten bayerischen Nationaltheaters in München 1818 zeigte. Mit einem patriotischen Stück, geschöpft aus der bayerischen Geschichte, das in einem deutschlandweiten Preiswettbewerb ermittelt wurde, sollte das Nationaltheater gebührend eröffnet werden.[85] Die literarisch anspruchvollste Einsendung stammte – wie sich später herausstellte – von Ludwig Uhland, einer damals in Deutschland literarisch wie politisch aufstrebenden Persönlichkeit. Das von Uhland erarbeitete Ludwig-der-Bayer-Drama, das die Versöhnung Ludwigs des Bayern mit Friedrich dem Schönen als deutsches Ereignis feierte, stieß beim Münchner Preisgremium jedoch auf Ablehnung, weil die in dem Stück zugleich enthaltenen papst- bzw. kirchenkritischen Töne die laufenden Konkordatsverhandlungen Bayerns mit der römischen Kurie nicht beeinträchtigen sollten. Vor dem aktuellen kirchenpolitischen Hintergrund leuchtet ein, dass ein exkommunizierter Kaiser wie Ludwig der Bayer, der mit drei aufeinander folgenden Päpsten im Streit gelegen und der als „kulturkämpferische" Argumentationsfigur in Bayern bereits etabliert war, als staatlich preisgekrönter Dramenheld auf der prominenten Bühne des Münchner Nationaltheaters als eine offiziöse Provokation katholischer Kirchenkreise hätte verstanden werden können. Wie um die katholisch-christliche Haltung der bayerischen Regierung herauszustreichen, prämierte in dem besagten literarischen Wettbewerb die Münchner Preisjury dann ein augenscheinlich mit dramaturgischen Mängeln ausgestattetes Märtyrerdrama mit dem Titel „Heimeran", das von der Christianisierung Bayerns im Frühmittelalter durch den heiligen Emmeram handelte – ein Stück, das bei seiner Uraufführung sowohl beim Publikum als auch bei den Kritikern zum völligen Misserfolg geriet.[86] Der antikuriale Aspekt der Ludwig-der-Bayer-Rezeption hingegen hielt sich das ganze 19. Jahrhundert über durch, den verschiedenste liberale Historiker, Autoren, Abgeordnete und Literaten wie etwa Oskar Panizza bis hin zu katholischen Kritikern des Ersten Vatikanischen Konzils immer wieder bemühten.[87]

---

gresses. Vgl. Wolfgang PIERETH, Bayerns Pressepolitik und die Neuordnung Deutschlands nach den Befreiungskriegen, München 1999, S. 248–254.

85 Vgl. Karl Borromäus MURR, Bayerische Geschichte auf der Bühne: Das Münchner Hof- und Nationaltheater zur Zeit Max I. Joseph, in: Münchner Theatergeschichtliches Symposium 2000, hg. von Hans-Michael KÖRNER, München 2000, S. 112–128.

86 Vgl. ebd., S. 117–122.

87 Vgl. MURR, Mittelalter (wie Anm. 2), passim; Oskar PANIZZA, Der teutsche Michel und der römische Papst. Altes und Neues aus dem Kampfe des Teutschtums gegen römisch-wälsche Überlistung und Bevormundung in 666 Tesen (sic) und Zitaten, Leipzig 1894, S. 218, 228–236.

Unter Ludwig I.

Als Ludwig I. 1825 seinem Vater auf den bayerischen Thron folgte, hätte man vermuten können, dass dieser ebenso geschichtsbegeisterte wie monumental veranlagte König seinen kaiserlichen Namensvetter mit allen zu Gebote stehenden kulturellen Mitteln seine Reverenz erweisen würde. Dass Ludwig jedoch seinen prominenten Vorfahren schon zur Kronprinzenzeit wieder aus dem Großprojekt der Walhalla, also aus dem Olymp deutscher Helden, verbannte, ist als erster Hinweis auf ein getrübtes Verhältnis dieses Königs zu Ludwig dem Bayern zu werten.[88] Ludwig I. wollte gleichwohl nicht auf die Erinnerung an den kaiserlichen Ahnen verzichten, die er allerdings in ihrer ideellen Reichweite streng begrenzte. Die Bezugnahme des Kronprinzen Ludwig auf den wittelsbachischen Kaiser im Zusammenhang mit der bayerischen Staatskirchenpolitik ist bereits erwähnt worden. Wenn nun aber Ludwig als König den in Bayern aufgehobenen Franziskanerorden wieder einzusetzen gedachte mit der historischen Begründung, dass Ordensmitglieder wie „Ockam Kaiser Ludwig den Bayern sogar gegen des Papstes Bannstrahlen vertheidigt“[89] haben, stellte das geradezu eine Inversion der liberalen Argumentationsfigur dar, wonach die Erinnerung an den wittelsbachischen Kaiser im kirchengeschichtlichen Kontext doch vor allem der Emanzipation von katholischer Kirche und dem Papst diente. Joseph von Hormayr, der ansonsten mit der Kulturpolitik Ludwigs I. sympathisierte, sie teilweise sogar mit gestaltete, konnte die Klosterrestitution nur schwer nachvollziehen. Indem er die historische Argumentation des Königs umkehrte, bemerkte er: „Karl der Große und Ludwig der Bayer würden sich im Grabe umkehren, wenn sie sähen, daß man einer gesunkenen Sache mit Krücken aufzuhelfen für das Beste erachtet und bei den herrlichen Schöpfungen von Metten und anderen Kapuzinaden ihre großen Namen eitel nennt.“[90] Bei näherer Betrachtung erhellt, dass es Ludwig I. gar nicht um die Erinnerung an den Wittelsbacher Kaiser ging, sondern vielmehr um das Gedächtnis an den loyalen Dienst der Franziskaner für ihren fürstlichen Schutzherrn.

Um Loyalität bzw. Treue sollte es auch in der prominentesten geschichtspolitischen Maßnahme Ludwigs I. für seinen kaiserlichen Vorfahren gehen: bei der Um-

---

88 Der bayerische Kronprinz ging sogar soweit, noch 1810 die von dem Bildhauer Joseph Kirchmayer bereits fertig gestellte Büste Kaiser Ludwigs in verdeckter Weise an seinen Vater Max I. Joseph verkaufen zu lassen. Vgl. Briefwechsel zwischen Ludwig I. von Bayern und Georg von Dillis 1807–1841, hg. von Richard Messerer, München 1966, S. 116 (Kronprinz Ludwig an Dillis, 19.10.1809), S. 127 (Kronprinz Ludwig an Dillis, 09.11.1810), S. 129 (Dillis an Kronprinz Ludwig, 14.11.1810).

89 Zitiert nach: Briefwechsel zwischen Ludwig I. von Bayern und Eduard von Schenk: 1823–1841, hg. von Max Spindler, München 1930, S. 17f. (Ludwig I. an Schenk, 24.09.1826).

90 Zitiert nach: Michael Doeberl, Entwicklungsgeschichte Bayerns, Bd. 3: Vom Regierungsantritt König Ludwigs I. bis zum Tode König Ludwigs II. mit einem Ausblick auf die innere Entwicklung Bayerns unter dem Prinzregenten Luitpold, hg. von Max Spindler, München 1931, S. 17 (Hormayr an Schenk, 27.04.1831).

gestaltung des baufällig gewordenen Münchner Isartors in ein Ludwig-der-Bayer-Denkmal in den Jahren 1833 bis 1835 – eines mittelalterlichen Stadttores, das in seiner Entstehung in die Zeit des Wittelsbacher Kaisers zurückreicht.

Folgte Ludwig I. mit dieser Maßnahme zunächst einmal einem denkmalpflegerischen Impuls, zielte die Umgestaltung jedoch weit über den bloßen Erhalt des abbruchgefährdeten Stadttores hinaus, das er mit einem umfangreichen Bildprogramm versehen ließ.[91] Das Zentrum dieses Bildprogramms bietet ein monumentales Fresko, das, auf der prominenten Ostseite des Tores angebracht, den triumphalen Einzug Ludwigs des Bayern nach München nach der Schlacht bei Mühldorf zeigt. Dem mit kaiserlichen Insignien ausstaffierten Ludwig folgen in der Darstellung seine wichtigsten Vasallen, darunter König Johann von Böhmen, Burggraf Friedrich IV. von Nürnberg und Herzog Heinrich XIV. von Niederbayern. Das Ende des Zuges bildet eine Gruppe von Münchner Bäckergesellen, die sich der Überlieferung nach bei Mühldorf mit ihrem Einsatz für Ludwig den Bayern besonders hervorgetan hätten. Das komplexe Bildprogramm sah neben dem Einzug Kaiser Ludwigs des Bayern eine Darstellung der Wappen derjenigen adeligen Familien vor, die sich gleichfalls bei der Mühldorfer Schlacht ausgezeichnet hatten, und erfuhr schließlich mit der Darstellung des Stadtpatrons Benno, der Jungfrau Maria, dem Erzengel Michael und dem Ritterheiligen Georg eine religiöse Erweiterung.[92]

Mit dem künstlerisch überarbeiteten Stadttor war ein Denkmal entstanden, das mittels der Geschichte Ludwigs des Bayern zentrale Momente der monarchischen Herrschaftsauffassung Ludwigs I. mit Zuschnitt auf die Stadt München wiedergab. Der Wittelsbacher Kaiser bildet dabei das ikonographische Zentrum einer harmonisch geschilderten Gesellschaftsordnung, die den Monarchen in Einigkeit mit seinen fürstlichen Bundesgenossen, mit dem Adel, dem Bürgertum und selbst mit unterbürgerlichen Schichten (Bäckergesellen) zeigt. Der siegreiche Feldherr Ludwig der Bayer zieht auf einem Schimmel reitend der Stadt entgegen, wo er nicht etwa

91 Vgl. Heinrich Habel, Das Isartor im Wandel der Jahrhunderte, in: Isartor in München. Geschichte und Konservierungsarbeiten, hg. von Zdzislaw Backiel u. a., Gdansk 1972, S. 5–27; Hans-Michael Körner, Staat und Geschichte im Königreich Bayern 1806–1918, München 1992, S. 118; Manfred F. Fischer, „Creator et Conservator": Der Denkmalpfleger, in: Friedrich von Gärtner. Ein Architektenleben 1791–1847, hg. von Winfried Nerdinger, München 1992, S. 164–167, hier S. 167f.; Frank Büttner, Peter Cornelius: Fresken und Freskenprojekte, Bd. 2, Wiesbaden 1999, S. 54ff.; ders., Gärtner und die Nazarener, in: Nerdinger, Gärtner, S. 123–134, hier S. 130; Anette Faber, Restaurierung des Isartors, München, 1831–1835, in: Romantik und Restauration. Architektur in Bayern zur Zeit Ludwigs I. 1825–1848, hg. von Winfried Nerdinger, München 1987, S. 195f.; Johannes Erichsen, „Vorwärts, vorwärts sollst du schauen…", Katalog, München 1986, S. 112f., 301f.; Oswald Hederer, Friedrich von Gärtner 1792–1874. Leben, Werk, Schüler, München 1976, S. 218ff.; Hans Reidelbach, König Ludwig I. von Bayern und seine Kunstschöpfungen, München 1888, S. 259.

92 Kunst-Blatt, Nr. 23 (19.03.1833), S. 90. Vgl. auch Nerdinger, Gärtner (wie Anm. 91), S. 322 (Gärtner an Wagner, 08.09.1833).

München, Isartor, Fresko von 1833–1835

Wappenfelder für das Isartor, Friedrich von Gärtner

von der Fürstenfamilie vor der Residenz, sondern von der Münchner Bürgerschaft am Isartor empfangen wird, das als ein Zeichen alter Stadtfreiheit den bürgerlichen Aspekt der dargestellten Szenerie besonders hervorhebt. Die so angedeutete Hommage an den bayerischen Adel und an die Bürger Münchens gilt letztlich jedoch nicht deren militärischer Leistung per se, vielmehr werden Adel und Bürgertum für ihre Treue zu Ludwig dem Bayern ausgezeichnet. Das monarchische Pendant für die solchermaßen beschworene Untertanentreue ist in der königliche Gnade bzw. Huld zu sehen, die Ludwig I. selbstverständlich für sich in Anspruch nach. Dieser König leistete selbst einer gegenwartsbezogenen Deutung des Isartorfreskos, wie sie hier angedeutet wurde, Vorschub, indem er auf dem Fries dargestellten Magistratspersonen die Gesichtszüge von Neher, Gärtner, Ringseis, Eberhard und anderen vormärzlichen Zeitgenossen verleihen ließ.[93] Allein deshalb liegt es nahe, in dem dargestellten Kaiser Ludwig entsprechend den bayerischen König Ludwig I. zu erkennen. Diese Folgerung erscheint um so plausibler, wenn man die von Letzterem seit seiner Thronbesteigung mit hohem Einsatz praktizierte monarchische Reisetätigkeit in Betracht zieht, die den bayerischen König im Stile von Huldigungsreisen in zahlreiche bayerische Städte führte.[94] Die Kommunen empfingen dabei den König mit einem Zeremoniell, das in vielen Details an das klassische Motiv des Adventus, des Einzugs des Königs in die Stadt, erinnert[95] – eines Adventus, wie ihn das Isartorfresko im Kleid des 14. Jahrhunderts zur Darstellung gebracht hatte. Das angedeutete geistliche Bildprogramm des Isartors verwies zudem auf die Katholizität der Haupt- und Residenzstadt – mit dem Stadtpatron Benno und mit Maria als der Patrona Bavariae wurden die Münchner Stadtgemeinde und das gesamte Königreich unter den geistlichen Schutz dieser beiden Heiligen gestellt – eine Schutzfunktion, die mit dem Erzengel Michael und dem Ritterheiligen Georg eigens akzentuiert wurde, insofern die beiden, im wehrhaften Harnisch angetan, als „Vertheidiger der Stadt"[96] den zentralen Eingang des Isartors gleichsam bewachten.[97]

---

93 Vgl. Kunst-Blatt, Nr. 15 (23.02.1836), S. 59.

94 Vgl. Katharina WEIGAND, Monarchische Reisepolitik im 19. Jahrhundert: Die Tagebuchaufzeichnungen König Ludwigs I. von Bayern über seine Reisen nach Unterfranken, in: Wittelsbach und Unterfranken. Vorträge des Symposions: 50 Jahre Freunde mainfränkischer Kunst und Geschichte, hg. von Ernst-Günter KRENIG, Würzburg 1999, S. 183–197; Theodor ROLLE, Die Reise König Ludwigs I. von Bayern durch den Oberdonaukreis und nach Augsburg im Jahre 1829, in: Zeitschrift des historischen Vereins für Schwaben 80 (1986/87), S. 9–65; Stefan FISCHER, Die Reise König Ludwigs I. durch den Oberdonaukreis 1829 und ihre staatsintegrierende Funktion, in: Zeitschrift für bayerische Landesgeschichte 55 (1992), S. 179–189.

95 Vgl. Klaus TENFELDE, Zur historischen Ikonologie des Festzugs, in: Historische Zeitschrift 235 (1982), S. 45–84.

96 NERDINGER, Gärtner (wie Anm. 91), S. 322 (Gärtner an Wagner, 08.09.1833).

97 Vgl. Elisabeth LUCCHESI PALLI u.a., Art. „Georg, Erzmart.", in: Lexikon der christlichen Ikonographie, Bd. 6, Rom 1974, Sp. 365–390. In der Geschichte der Georgsverehrung gibt es einen Traditionsstrang, der den Heiligen speziell als Beschützer von Städten fasst. Vgl. Sigrid BRAUNFELS-

Die bewusste Reduktion der ideellen Reichweite des Gedächtnisses Ludwigs des Bayern, das im überarbeiteten Isartor keinen gesamtbayerischen Standpunkt vertrat, sondern stark auf die Bürgerstadt München rückgebunden blieb, zeugt von dem grundlegenden Vorbehalt Ludwigs I., den er gegenüber seinem Vorfahren hegte. Die Erklärung für diesen Vorbehalt liefert an entlegener Stelle der königliche Architekt Leo von Klenze, dem Ludwig I. einmal auseinandersetzt hat, warum er Kaiser Ludwig aus der den deutschen Heroen reservierten Walhalla ausgeschlossen hatte. „Ludwig d. Bayerns Bild wolle er aber nicht darin haben denn dieser sei in seinen Augen gar kein großer Monarch – da er sein Wort – die Kaiserkrone nicht anzunehmen gebrochen habe.“[98] Diese Anspielung bezieht sich auf einen Überlieferungsstrang, wonach Ludwig der Bayer vor der Königswahl 1314 seinem Habsburger Vetter Friedrich versprochen habe, selbst künftig auf keinen Fall die Reichskrone anzustreben, sondern Friedrich in seinem Werben um den deutschen Königsthron zu unterstützen.[99] Diese Überlieferung disqualifizierte Ludwig den Bayern in den Augen seines Nachfahren als großen Monarchen – eine Größe, die er vielmehr Friedrich dem Schönen zugestehen wollte, den er wiederum in die Walhalla aufnahm.[100] Denn Friedrich der Schöne habe seinerseits – der Überlieferung zufolge – sein Wort gehalten, und sei freiwillig in die Gefangenschaft zurückgekehrt, nachdem es ihm misslungen war, seine Brüder zum Waffenstillstand zu bewegen. Von daher erklärt sich das größere Interesse Ludwigs I. für genau diese Szene des treuen Worthaltens Friedrichs des Schönen – ein Interesse, das dazu beitrug, dass der Monarch 1830 die vom Verfall bedrohte Burg Trausnitz im Thal für sich erwarb;[101] ein Anlass außerdem dafür, dass Ludwig I. auch das Schiller-Gedicht „Deutsche Treue“, das das Worthalten Friedrichs des Schönen besonders hervorhebt, diesem Worthalten aber eine ebenbürtige Tugendleistung Kaiser Ludwigs zur Seite stellt, neben vielen anderen „klassischen“ Gedichten in seiner Münchner Residenz illustrieren ließ.[102]

Esche, Sankt Georg. Legende, Verehrung, Symbol, München 1976, S. 104–115. Vgl. zur Ikonographie des Erzengels Michael: o.A., Art. „Michael, Erzengel“, in: Lexikon der christlichen Ikonographie, Bd. 3, Rom 1971, Sp. 255–265.

98 BSB, Klenzeana XIII/1. Zitiert nach: Leo von Klenze. Architekt zwischen Kunst und Hof 1784–1864, hg. von Winfried Nerdinger, München u. a. 2000, CD-ROM, S. 92f.

99 Vgl. zur Überlieferungsgeschichte Murr, Mittelalter (wie Anm. 2), S. 222f. Anm. 146.

100 Ludwig I., Walhalla's Genossen, München 1842, S. 99f.

101 Vgl. Johann B. Schütz, Chronik des königlich bayerischen Schlosses Trausnitz im Thal, Trausnitz im Thale 1890, S. 137ff.

102 Vgl. Eva-Maria Wasem, Die Münchener Residenz unter Ludwig I. Bildprogramme und Bildausstattungen in den Neubauten, München 1981, S. 124f., 306, 308; Das Wittelsbacher Album. Interieurs königlicher Wohn- und Festräume 1799–1848, hg. von Hans Ottomeyer, München 1979, S. 108.

Unter Maximilian II.

Anders als sein Vater sympathisierte König Maximilian II. (1848–1864) vorbehaltlos mit seinem kaiserlichen Vorfahren.[103] Als programmatisch darf man ansehen, dass sich Maximilian II. bei seiner Abbildung im Staatsornat der historischen Patenschaft durch Ludwig den Bayern versicherte, der im linken Hintergrund des Gemäldes als Statue aus dem Thronsaal der Münchner Residenz zu sehen ist.[104] Selbst wenn man die eher privat-persönlich gehaltenen Erinnerungen Maximilians II. an Ludwig den Bayern beiseite lässt, ist noch eine eindrucksvolle Reihe von geschichtspolitischen Maßnahmen zu verzeichnen, die bewusst auf öffentliche Wirkung zielte. So entstanden im Kontext der Literaturförderung Maximilians nicht weniger als 13 Ludwig-der-Bayer-Dramen, die jedoch nur teilweise veröffentlicht und noch seltener gespielt wurden.[105] So hatte König Maximilian etwa auch Paul Heyse, den von ihm 1854 nach München berufenen Dichter und Novellisten, dazu gedrängt, sich der Figur Kaiser Ludwigs literarisch anzunehmen.[106] 1860 beugte sich der Schriftsteller diesem königlichen „Lieblingswunsch"[107], nachdem er dieses Sujet noch ein Jahr zuvor noch vergeblich Theodor Fontane angetragen hatte.[108] Die Aufführung des Anfang 1862 fertig gestellten Stückes, das am 29. April dieses Jahres unter der Regie von Emanuel Geibl im Münchner Nationaltheater uraufgeführt wurde, geriet sowohl beim Publikum als auch in der Kritik zu einem vollkommenen Misserfolg. Die patriotisch gesinnten Rezensenten kritisierten vor allem Heyses blasse Charakterzeichnung des Wittelsbacher Kaisers, den man sich nicht zögerlich zurückhaltend, sondern viel heroischer gewünscht hätte. Auch Maximilian II. war offensichtlich enttäuscht von Heyses Behandlung der Figur Ludwigs des Bayern, was sich der Dichter im Nachhinein selbst eingestehen musste: „Nun aber hatte der

---

103 Vgl. MURR, Mittelalter (wie Anm. 2), S. 426–442.

104 Das Gemälde von 1850 schuf Max Haider 1850. Stadtmuseum München Nr. Z 5.

105 Vgl. Morgenblatt zur Bayerischen Zeitung, Nr. 108/109 (05.05.1862), S. 410. Vgl. auch Heinrich RUSTIGE, Kaiser Ludwig, der Baier. Historisches Schauspiel in fünf Akten, Stuttgart 1860; Carl HUGO, Ludwig der Baier und Friedrich der Schöne. Schauspiel in fünf Akten, Düsseldorf 1861.

106 Karl-Heinz FALLBACHER, Literarische Kultur in München zur Zeit Ludwigs I. und Maximilians II., München 1992, S. 178 ff. König Maximilian II. erkundigte sich offensichtlich immer wieder nach den literarischen Fortschritten, die Paul Heyse mit „Ludwig dem Bayern" machte. BSB, Heyse-Archiv 39, 3 (Eintrag vom 22.05.1860).

107 Paul HEYSE, Jugenderinnerungen. Crone Stäudlin. Gegen den Strom (Paul HEYSE, Gesammelte Werke, Dritte Reihe, Bd. 1), Stuttgart/Berlin-Grunewald 1924, S. 264.

108 Beim Versuch, Fontane davon zu überzeugen, dem Münchner Dichterkreis des bayerischen Königs beizutreten, trug Heyse seinem Dichterfreund an: „Machst Du ihm (Maximilian II., Anm. d. Verf.) die Freude, Ludwig den Bayern oder die Sendlinger Schlacht à la Hemmingstedt zu illustrieren, so wäre nichts zu wünschen übrig." Der Briefwechsel von Fontane und Heyse 1850–1897, hg. von Erich PETZET, Berlin 1929, S. 41 (Paul Heyse an Theodor Fontane, 11.02.1859).

München, Maximilianeum: Kaiserkrönung Ludwigs des Bayern 1328, Gemälde von Augustin v. Kreiling

König wohl eine Verherrlichung seines Ahnherrn erwartet, die von Anfang an die stärksten Töne anstimmte."[109]

Anders als seine Literaturförderung konnte Maximilian II. die ikonographischen Programme des von ihm aus der Taufe gehobenen Maximilianeums und des Alten Bayerischen Nationalmuseums weit besser in seinem Sinne steuern.

Allerdings gingen das Bild von Ludwigs Kaiserkrönung im Maximilianeum, das dort das Bild der Kaiserkrönung Karls des Großen parallelisierte, dann die Thematisierung Ludwigs des Bayern im Alten Bayerischen Nationalmuseum inhaltlich kaum über schon bekannte Rezeptionsweisen hinaus. Maximilian II. jedenfalls verehrte seinen kaiserlichen Vorfahren als einen mit Großmut und Klugheit ausgestatteten makellosen Tugendhelden, der die historische Größe des Hauses Wittelsbach verbürgte. Die bayerisch orientierten Berater aus dem königlichen Umfeld wie Carl von Spruner und Franz Löher erkannten in Ludwig den Bayern jedoch

109 Heyse, Jugenderinnerungen (wie Anm. 107), S. 264.

nicht nur einen Tugendhelden, sondern sahen den Kaiser – und darin lag ein hohes Integrationspotential – hineingestellt in den gesellschaftlichen Entscheidungskampf „zwischen Aristokratie und Demokratie, dem Adel und den Gemeinden, den Fürsten und den Städten“[110]. Denn in dem politisch-gesellschaftlichen Streit, den dieser „große sociale Gegensatz“ entfachte, habe sich Ludwig der Bayer an die „Spitze des Bürgerthumes“ gestellt.[111] Die beiden Siege, die Ludwig über den Habsburger Friedrich errungen hatte, stellten für Spruner und Löher nicht nur militärische Siege, sondern gesellschaftliche Entscheidungsschlachten dar, in denen das bürgerlich-demokratische Prinzip der „Moderne“ das obsolete aristokratische Prinzip des Ancien Régime bezwang. Löher erwies sich noch mehr als bürgerliches Kind seiner Epoche, wenn er Kaiser Ludwig als „Freund und Beschützer jenes Volksbestandtheiles“ beschreibt, „den wir die mittleren Classen nennen“[112], deren Interessen der Wittelsbacher besonders anerkannt und gefördert habe. Und als wollte Löher das bürgerliche Zeitalter des 19. Jahrhunderts geradezu heraufbeschwören, fuhr er fort. Vor allem diese mittleren Klassen seien in Deutschland „so groß und bedeutend zu nennen, und aus [ihnen] ist das meiste Gute hervorgegangen, was unserer Nation ehrt und tüchtig macht.“[113] Wenn Spruner und Löher Ludwig den Bayern endlich als „volksthümlichen“ Charakter bezeichnen, der eine „Volkspolitik“ betrieben habe, die ihn mit den „Gefühlen und Bedürfnissen der grossen Menge übereinstimmen“[114] ließ, wird man endgültig an König Maximilian II. erinnert, der mit seiner groß angelegten Kulturpolitik die „Hebung des monarchischen nationalen Volksgeistes“[115] verfolgte.

Geschichtsschreibung im Zeichen des Kulturkampfes

Auch wenn König Ludwig II. (1864–1886) und Prinzregent Luitpold (1886–1912) im Bemühen um das Gedächtnis Ludwigs des Bayern sich nicht sonderlich hervortaten, lässt sich auf der anderen Seite im Zeitalter des Kaiserreichs in München eine besondere Politisierung der Geschichtsschreibung um Ludwig den Bayern ausmachen, die insbesondere mit der dortigen Bayerischen Akademie der Wissenschaften ver-

---

110 Carl VON SPRUNER, Characterbilder aus der bayerischen Geschichte zur Erläuterung der Wandbilder des Bayerischen Nationalmuseums, München 1878, S. 436.

111 Zitate: Franz LÖHER, Bayerns Stellung und Politik in der Geschichte (V. Kaiser Ludwig der Bayer), in: Bayerische Zeitung, Nr. 10 (10.01.1863), S. 74; SPRUNER, Characterbilder (wie Anm. 110), S. 436.

112 Franz LÖHER, Bayerns Stellung und Politik in der Geschichte (V. Kaiser Ludwig der Bayer), in: Bayerische Zeitung, Nr. 11 (11.01.1863), S. 82.

113 Ebd.

114 Ebd.

115 Zitiert nach: Lothar ALTMANN, Kaiser Ludwig der Bayer auf Gemälden des Maximilianeums, in: Amperland 33 (1997), S. 208–211, hier S. 208.

bunden war. Den Zeitgeist auch innerhalb der akademischen Geschichtsschreibung bestimmte zu jener Zeit der Kulturkampf, in dessen Gefolge die Geschichte Ludwigs des Bayern als eines prominenten Widersachers des Papsttums eine neue Aktualität erfuhr. So nahm sich auch der nationalliberal gesinnte und zugleich der katholischen Kirche kritisch gegenüber stehende Sigmund Riezler, der Bismarcks Reichsgründung euphorisch begrüßt hatte, der Geschichte des Wittelsbacher Kaisers an.[116] Der ganz im Geist der historisch-kritischen Schule ausgebildete Riezler beschäftigte sich im zweiten Band (1880) seiner achtbändigen Geschichte Bayerns ausführlich mit der Geschichte des wittelsbachischen Kaisers.[117] Bereits 1874 hatte er einen Band über „Die literarischen Widersacher der Päpste zur Zeit Ludwig des Baiers" vorgelegt.[118] Im Auftrag der Historischen Kommission bei der Bayerischen Akademie der Wissenschaften gab er schließlich 1891 die „Vatikanischen Akten zur deutschen Geschichte in der Zeit Kaiser Ludwigs des Bayern" heraus, zu deren Bearbeitung der Münchner Historiker mehrfach das neu erschlossene Vatikanische Archiv in Rom besucht hatte.[119] Bemerkenswert ist, dass Riezler aus einer nationalliberalen Haltung heraus, die bei einer Reihe seiner Zeitgenossen zu einer positiven Einschätzung Ludwigs des Bayern führte, ein negatives Urteil über den Wittelsbacher Kaiser fällte: „Zieht man die Summe seines Wirkens, so findet sich, dass er für seine Familie das beste, vieles auch für sein Land, für das Reich aber am wenigstens geleistet hat."[120] Riezler, dem es in seinem historiographischen Schaffen bei aller Sympathie für Bayern doch immer auch darum ging, die „Nothwendigkeit der politischen Einheit der Nation und einer starken Zentralgewalt"[121] zu betonen, konnte Ludwig dem Bayern, der für den Münchner Historiker vielmehr dem geschmähten „Partikularismus" anhing, keine positive Würdigung angedeihen lassen. Bei der näheren Untersuchung

---

116 Zu Sigmund von Riezler siehe: Katharina Weigand, Der Lehrstuhl für bayerische Landesgeschichte an der Universität München und sein erster Inhaber Sigmund von Riezler, in: Im Dienst der bayerischen Geschichte. 70 Jahre Kommission für bayerische Landesgeschichte, 50 Jahre Institut für Bayerische Geschichte, hg. von Wilhelm Volkert/Walter Ziegler, München 1998, S. 307–350; Andreas Kraus, Ein großes Jahrhundert bayerischer Geschichtsschreibung. Sigmund von Riezler und Michael Doeberl zum Gedächtnis, in: ders., Geschichtswissenschaft in drei Jahrhunderten. Gesammelte Aufsätze, München 1979, S. 234–259; Karl-Ludwig Ay, Sigmund von Riezler – Seine Geschichte Baierns als Dokument seiner Entwicklung, in: Zeitschrift für bayerische Landesgeschichte 40 (1977), S. 501–514.

117 Sigmund Riezler, Geschichte Baierns, Bd. 2: Bis 1347, Gotha 1880, S. 259–585.

118 Sigmund Riezler, Die literarischen Widersacher der Päpste zur Zeit Ludwig des Baiers. Ein Beitrag zur Geschichte der Kämpfe zwischen Staat und Kirche, Leipzig 1874.

119 Vatikanische Akten zur deutschen Geschichte in der Zeit Kaiser Ludwigs des Bayern, hg. von Sigmund von Riezler, Innsbruck 1891. Vgl. auch Sigmund von Riezler, Art. „Ludwig der Baier", in: Allgemeine Deutsche Biographie, Bd. 19, Leipzig 1884, S. 457–476; ders., Art. „Johann von Jandun", in: ebd., Bd. 14, Leipzig 1881, S. 458 ff.; ders., Art. „Marsilius von Padua", in: ebd., Bd. 20, Leipzig 1884, S. 441–445.

120 Riezler, Geschichte Baierns 2 (wie Anm. 117), S. 506.

121 Zitiert nach: Weigand, Lehrstuhl (wie Anm. 116), S. 330.

von Riezlers Negativurteil über Ludwig den Bayern zeigt sich, dass der Münchner Historiker seine Bewertung vor allem aus der Einschätzung des Kampfes bezog, den der Wittelsbacher mit dem Papsttum ausgetragen hatte. Hierbei griff Riezler auf den immer wieder bemühten Wankelmut von Ludwigs Charakter zurück, auf die „Wandelbarkeit seiner Stimmungen“[122], die den zaudernden, kleinmütigen und von religiösen Skrupeln befangenen Wittelsbacher nicht entschieden genug die deutsche Sache gegenüber der Kurie habe vertreten lassen. Das Ludwig-der-Bayer-Bild von Riezler, der mitnichten als ein „Verfechter des katholisch-patriotischen Standpunktes im Kulturkampf“[123] agierte, war keineswegs nur von historischer Kritik, sondern vielmehr auch von einer nationalliberalen Haltung diktiert. Seinen weltanschaulichen Standpunkt im Zugriff auf die Epoche Ludwigs des Bayern hatte Riezler jedoch bereits in seiner Monographie über „Die literarischen Widersacher der Päpste zur Zeit Ludwig des Baierns“ offenbart, die den bezeichnenden Untertitel trug: „Ein Beitrag zur Geschichte der Kämpfe zwischen Staat und Kirche“.[124] In diesem Werk sang Riezler ein Loblied auf Marsilius von Padua und Wilhelm von Ockham, die im Gegensatz zu Ludwig dem Bayern letztlich die Kurie in ihre Schranken verwiesen hätten. In der Würdigung der beiden mittelalterlichen Gelehrten erscheint Riezler ganz als Aufklärer, der letztlich sogar das Papsttum als solches in Frage stellt: „Mit Marsiglio und Ockam dringt der frische, schneidige Luftzug klarer Gedanken in die moderige Atmosphäre denkfauler Ueberlieferung oder des mühsam erkünstelten, der Vernunft Hohn sprechenden Systems; in die unbesiegbar scheinende Zwingburg des Geistes wird die erste Bresche geschossen und der Gedanke wird wach, ob denn diese mittelalterliche Weltordnung, die sich selbst als eine für alle Ewigkeit gegründete hinstellte, von der allgemeinen Vergänglichkeit der irdischen Dinge befreit, ob sie nicht am Ende auch nur ein Durchgangspunkt sei und auf demselben natürlichen Wege, wie sie entstanden, auch altern und vergehen werde.“[125] Riezler musste dann allerdings einräumen: „Recht aufgegangen ist die Saat der Gedanken, welche Ludwigs gelehrte Bundesgenossen ausgestreut haben, erst zur Zeit der Reformation.“[126] In der positiven Würdigung der Reformation gab Riezler endgültig die von seiner eigenen Gegenwart geprägte Anschauung preis: „So haben Marsiglio und Ockam nicht umsonst gedacht und gewirkt. Sie sind die Vorläufer einer Bewegung, die im sechzehnten Jahrhundert, als sich eine religiöse und nationale Strömung mit der

---

122 Riezler, Geschichte Baierns 2 (wie Anm. 117), S. 505.
123 Weigand, Lehrstuhl (wie Anm. 116), S. 327.
124 Riezler, Widersacher (wie Anm. 118). Vgl. in diesem Sinne auch den Nekrolog Riezlers von Hermann Oncken, in: Jahrbuch der bayerischen Akademie der Wissenschaften 1927, 1928, S. 18–26.
125 Riezler, Widersacher (wie Anm. 118), S. 295 f.
126 Ebd., S. 297.

wissenschaftlichen verband, die größten Erfolge, aber selbst in unseren Tagen noch keinen völligen Abschluß erreicht hat."[127]

Ein kulturkämpferisches Ansinnen leitete auch den protestantischen Theologen und Historiker Wilhelm Preger, der bereits 1870 in einer anonymen Schrift über die „Unfehlbarkeit des Papstes und die Schwäche der kirchlichen Opposition in Deutschland" geklagt hatte.[128] Preger – seit 1875 ordentliches Mitglied der Historischen Klasse der Bayerischen Akademie der Wissenschaften – nutzte die Akademie wiederholt als Forum, um eine Neubewertung der politischen Leistung Ludwigs des Bayern vorzunehmen.[129] Pregers Studien aus den Jahren 1880, 1883 und 1886 erhielten zusätzliches Gewicht, da er in ihnen zahlreiche, bislang unveröffentlichte Quellen, nämlich Urkundenauszüge aus dem vatikanischen Archiv von 1315 bis 1334 mitteilen konnte.[130] Preger musste also an diese Quellen geraten sein, noch bevor Papst Leo XIII. das Vatikanische Archiv 1881 der Forschung öffentlich zugänglich gemacht hatte.[131] Im Jahr 1886 lüftete Preger das Geheimnis der Provenienz dieser päpstlichen Regesten. Sie waren aus dem Umfeld der katholischen Konzilsopposition auf ihn gekommen – darunter Augustin Theiner, der 1870 geschasste Präfekt des Vatikanischen Archivs, dann der spätere erste altkatholische Bischof Joseph Hubert

127 Ebd., S. 298.

128 [Wilhelm Preger], Die Unfehlbarkeit des Papstes und die Schwäche der kirchlichen Opposition in Deutschland. Von einem Theologen der evangelischen Kirchen in Bayern, München 1871.

129 Von 1877 bis 1885 hatte Preger sechsmal über die Geschichte Ludwigs des Bayern in den Sitzungen der Historischen Klasse vorgetragen. Vgl. Gesamtverzeichnis der Schriften der bayerischen Akademie der Wissenschaften in den ersten beiden Jahrhunderten ihres Bestehens 1759–1959 (Geist und Gestalt. Biographische Beiträge zur Geschichte der bayerischen Akademie der Wissenschaften vornehmlich im zweiten Jahrhundert ihres Bestehens, Ergänzungsband, zweite Hälfte), bearb. von Wolf Bachemann, München 1970, S. 417, 423, 426, 429, 433 f. Vgl. Wilhelm Preger, Der kirchenpolitische Kampf unter Ludwig dem Baier und sein Einfluß auf die öffentliche Meinung in Deutschland (Abhandlungen der Königlich Bayerischen Akademie der Wissenschaften, Historische Klasse 14, 1), München 1878, S. 1–70; ders., Beiträge und Erörterungen zur Geschichte des deutschen Reichs in den Jahren 1330–1334 (Abhandlungen der Königlich Bayerischen Akademie der Wissenschaften, Historische Klasse 15, 3), München1880, S. 1–82; ders., Über die Anfänge des kirchenpolitischen Kampfes unter Ludwig dem Baier. Mit Auszügen Urkunden des vatikanischen Archivs von 1315–1324 (Abhandlungen der Königlich Bayerischen Akademie der Wissenschaften, Historische Klasse 16, 2), München 1883, S. 113–284; ders., Die Verträge Ludwigs des Baiern mit Friedrich dem Schönen in den Jahren 1325 und 1326. Mit J. H. Reinken's Auszügen aus Urkunden des vatikanischen Archivs von 1325–1334 (Abhandlungen der Bayerischen Akademie der Wissenschaften, Historische Klasse 17, 2), München 1886, S. 103–338; ders., Die Politik des Papstes Johann XXII. in Bezug auf Italien und Deutschland (Abhandlungen der Königlich Bayerischen Akademie der Wissenschaften, Historische Klasse 17, 3), München 1886, S. 499–594.

130 Vgl. Preger, Beiträge (wie Anm. 129); ders., Anfänge (wie Anm. 129); ders., Verträge (wie Anm. 129). Julius Ficker hatte 1853/54 noch vergeblich versucht, das vatikanische Archiv zu benutzen, um neues Aktenmaterial zur Geschichte Kaiser Ludwigs des Bayern zu heben. Vgl. Julius Ficker, Urkunden zur Geschichte des Römerzuges Kaiser Ludwig des Baiern und der italienischen Verhältnisse seiner Zeit, Innsbruck 1865, hier S. V, XIIIff.

131 Vgl. Owen Chadwick, Catholicism and the opening of the Vatican Archives, Cambridge/UK 1978.

Reinkens, sowie der englische Historiker Lord John Emerich Edward Dalberg Acton und schließlich Ignaz Döllinger, bei dem das Material letztlich gelandet war.[132] In seiner papstkritischen Haltung fand sich der protestantische Preger also einig mit prominenten Katholiken, die gegen das Unfehlbarkeitsdogma aufbegehrten.

Wie sah nun Pregers Neubewertung Kaiser Ludwigs aus, die sich vor allem gegen die genannten Arbeiten Riezlers richtete?[133] Preger suchte zu zeigen, dass die im diplomatischen Verkehr mit der Kurie entstandenen „Procuratorien" Ludwigs des Bayern, die bis dato immer nur als eindeutige Belege für Kaiser Ludwigs Unentschlossenheit und Wankelmut im Umgang mit dem Papsttum gewertet worden waren, im Verein mit den kaiserlichen „Instructionen" als ein im Grunde äußerst raffiniertes Instrument ludovizianischer Machtpolitik zu bewerten seien, das einzig darauf abzielte, die kuriale Position ins Unrecht zu setzen.[134] Preger zufolge sei Ludwig generell kein unschlüssiger Zauderer gewesen, den – so der Vorwurf vieler nationalliberal gesinnter Historiker – seine Gewissensangst vor den Folgen der päpstlichen Verurteilungen zu erbärmlichen Erniedrigungen gegenüber der Kurie gezwungen habe, sondern eine politisch ungemein geschickte Herrscherfigur, die in seiner Auseinandersetzung mit dem Papsttum alle diplomatischen Winkelzüge auszuspielen wusste.

Preger hatte in seinen Studien zu Ludwig dem Bayern die historisch-kritische Methode bis in subtilste Verzweigungen hinein angewandt. Seine Einschätzung der Leistung des Wittelsbacher Kaisers ist jedoch auch in anderer wissenschaftsgeschichtlicher Hinsicht aufschlussreich. Hatte die Geschichtsschreibung doch lange Zeit mit eindeutigen moralischen Zuschreibungen bei der Charakterisierung von Herrscher-

---

132 Ignaz VON DÖLLINGER, Briefwechsel mit Lord Acton 1850–1890, Bd. 2: 1869– 1870, bearb. von Victor CONZEMIUS, München 1965, S. 412 (Acton an Döllinger, 06.06.1870). Weitere Nachweise: PREGER, Verträge (wie Anm. 129), S. 159f.; Joseph Hubert Reinkens. Briefe an seinen Bruder Wilhelm (1840–1873). Eine Quellenpublikation zum rheinischen und schlesischen Katholizismus des 19. Jahrhunderts und zu den Anfängen der Altkatholischen Bewegung. Teil III, hg. von Hermann Josef SIEBEN, Köln/Wien 1979, Nr. 1548 (08.02.1868); Ignaz VON DÖLLINGER, Briefwechsel mit Lord Acton 1850–1890, Bd. 1: 1850–1869, bearb. von Victor CONZEMIUS, München 1963, S. 480 (Döllinger an Acton, 03.04.1867); Franz LÖHER, Vatikanische Urkunden zur Geschichte Kaiser Ludwig des Bayern, in: Archivalische Zeitschrift 5 (1880), S. 236–273, hier S. 236f.; ders., Vatikanische Urkunden zur Geschichte Kaiser Ludwig des Bayern, in: Archivalische Zeitschrift 6 (1881), S. 212–243.

133 Daneben richtete sich Preger vor allen noch gegen: Carl MÜLLER, Der Kampf Ludwigs des Baiern mit der römischen Curie. Ein Beitrag zur kirchlichen Geschichte des 14. Jahrhunderts, 2 Bde., Tübingen 1879/1880.

134 Vgl. PREGER, Kampf (wie Anm. 129); ders., Anfänge (wie Anm. 129); ders., Verträge (wie Anm. 129). Vgl. die Rezension Riezlers von Pregers Schrift „Über die Anfänge des kirchenpolitischen Kampfes unter Ludwig dem Baier", in: Historische Zeitschrift 49 (1883), S. 292–298. Vgl. auch die Kritik an Pregers Thesen durch die Göttinger Dissertation von Adolf ROHRMANN, Die Procuratorien Ludwigs des Baiern, Nordhausen 1882.

persönlichkeiten gearbeitet, so vollzog Preger in seinen Untersuchungen zur Geschichte Kaiser Ludwigs eine deutliche historiographiegeschichtliche Wende. Denn er folgte in seinen historischen Urteilen nicht mehr allein moralischen, sondern vor allem machtpolitischen Kriterien. Es lässt sich nur vermuten, dass für einen solchen Wandel im historischen Urteil der politische Stil des deutschen Reichskanzlers Otto von Bismarck das Vorbild abgegeben hat. Zieht man etwa dessen Emser Depesche oder auch dessen Haltung in der Schleswig-Holstein-Frage in Betracht, so war dieses so erfolgreiche Agieren auf dem politischen Parkett vielen Zeitgenossen wie das Werk eines machiavellistischen Machtmenschen erschienen, der allein dem Gebot der Realpolitik folgte. Politisch klug zu handeln, bedeutete demnach nicht, nur das zu tun, was einem tugendhaften Charakter geziemte, sondern diplomatisch so vorzugehen, wie es allein dem preußischdeutschen Machtzuwachs diente. Geheimverhandlungen zu führen, seinen politischen Gegner zu täuschen oder diesen öffentlich ins Unrecht zu setzen – was für Bismarck eine legitime Politik darstellte, konnte aus der Perspektive von Preger auch von einem mittelalterlichen Herrscher wie Ludwig dem Bayern für sich in Anspruch genommen werden, selbst wenn der Preis dafür in Lügen oder im Bruch von Eiden und Verträgen bestand. Jedenfalls war Pregers Neubewertung des politischen Charakters Ludwigs des Bayern dazu angetan, auch aus historisch-kritischer Perspektive heraus ein positives Bild vom Wittelsbacherkaiser zu zeichnen. Mit August Kluckhohn oder Henry Simonsfeld – beide Mitglieder der Bayerischen Akademie der Wissenschaften und in der historisch-kritischen Methode geschult – ergriffen durchaus namhafte Historiker öffentlich Partei für Pregers Geschichtsauffassung und wandten sich damit gegen Riezlers fundamentale Kritik an Ludwig dem Bayern[135] – dies jedoch mit nur geringem Erfolg. Auch im katholisch-kurialen Lager regte sich Widerspruch gegen Pregers Thesen. Wilhelm Felten etwa warf dem Münchner Historiker vor, dieser würde alles daran setzen, damit Ludwig der Bayer als „ein großer, schlauer Fürst“ erscheine, der „in den schwierigsten Ver-

135 August Kluckhohn, Zur Beurtheilung Ludwigs des Bayern, in: Beilage zur Allgemeinen Zeitung, Nr. 363 (28.12.1880), S. 5329 ff.; Henry Simonsfeld, Zur Beurteilung Ludwig des Bayern, in: Blätter für das Bayer. Gymnasialschulwesen 17 (1881), S. 241–253; vgl. auch Simonsfelds Besprechung von Pregers oben genannten „Beiträgen und Erörterungen zur Geschichte des Deutschen Reichs in den Jahren 1330–1334“, in: Mitteilungen aus der historischen Litteratur 9 (1881), S. 22 ff. – Ein positives Ludwig-der-Bayer-Bild zeichnete auch der Münchner Hofkaplan Wilhelm Schreiber, der sein Geschichtswerk als eine dezidiert katholische Antwort auf Riezlers als kirchenfeindlich wahrgenommene „Geschichte Baierns“ verstanden wissen wollte. Methodisch allerdings fiel Schreiber weit hinter Riezler zurück. Vgl. Wilhelm Schreiber, Geschichte Bayerns in Verbindung mit der deutschen Geschichte, Bd. 1: Von den Agilofingern bis zum Ausgang des Spanischen Erbfolgekrieges, Freiburg 1889, S. V, 204–260.

hältnissen die Pläne seiner Gegner sich zum Guten wendet und alles überwindet"[136], wie man in Bayern im Kaiserreich überhaupt darauf bedacht sei, den Wittelsbacher „zu einem großen Manne [zu] machen, der die Personen und Zeiten beherrscht"[137].

Die 600-Jahrfeier der Schlacht bei Gammelsdorf 1913

Erst 1913 anlässlich der 600-jährigen Wiederkehr der Schlacht bei Gammelsdorf ergriff die bayerische Monarchie wieder die Gelegenheit, dieses Datum politisch für sich zu vereinnahmen. Im Vormärz hatten die altbayerischen Bürgerstädte Landshut, Moosburg, Ingolstadt und Straubing am vermeintlichen Ort der Gammelsdorfer Schlacht ein schlichtes Denkmal errichtet, mit dem sie an ihre „treue" Unterstützung Ludwigs des Bayern erinnerten, und mit einem Jahrestag das Gedenken an die 1313 gefallenen Bürger der beteiligten Städte verstetigt.[138] Im Sommer 1913 nahm dann Prinzregent Ludwig, der spätere König Ludwig III. (1912–1918), an einer öffentlichen Feierlichkeit mit Tausenden Festgästen im ländlichen Gammelsdorf teil.

Hatte die bürgerliche Trägerschicht anlässlich des Schlachtgedenkens seit dem Vormärz stets ihre Treue zum Haus Wittelsbach betont, so hob 1913 auch der Prinzregent einen Treuebund von Fürst und Volk hervor, wie er sich in der Schlacht von 1313 bewährt habe. „Seit diesen 600 Jahren hat sich die Treue der Bayern noch öfters erprobt, Fürst und Volk seien treu zusammen gestanden."[139] Die entscheidende konzeptionelle Erweiterung des bisherigen Treue-Verständnisses, die in den Worten des Prinzregenten zum Ausdruck kam, lag jedoch darin, dass Treue nicht mehr als eine einseitige Angelegenheit betrachtet wurde, die nur vom Volk gegenüber dem Haus Wittelsbach zu erbringen war. Prinzregent Ludwig, der von sich selbst und den Bayern in der Wir-Form sprach, betonte vielmehr eine gemeinsame, wechselseitige Treueverpflichtung von Fürst und Volk. Er lieferte sogleich auch noch eine Begründung für die starke wechselseitige Treuebande von Fürst und Volk in Bayern: „Es komme ja auch hier hinzu, daß Fürst und Volk in Bayern von einem Blute seien und daß das Fürstentum aus dem bayerischen Volke entstanden sei."[140] Auf der Grund-

---

136 Wilhelm FELTEN, Die Bulle Ne pretereat und die Reconciliations-Verhandlungen Ludwigs des Bayers mit dem Papste Johann XXII. Ein Beitrag zur Geschichte des 14. Jahrhunderts. Mit einem Anhange von Urkunden aus Trier, Koblenz und dem Vaticanischen Archive, Bd. 2, 1887, S. 115.

137 Ders., Die Bulle Ne pretereat und die Reconciliations-Verhandlungen Ludwigs des Bayers mit dem Papste Johann XXII. Ein Beitrag zur Geschichte des 14. Jahrhunderts Mit einem Anhange von Urkunden aus Trier, Koblenz und dem Vaticanischen Archive, Bd. 1, 1885, S. VII.

138 Vgl. Karl Borromäus MURR, Die Entdeckung des authentischen Ortes: Nationalisierung und Historisierung der Landschaft im Königreich Bayern, in: Vom Imperium Romanum zum Global Village. „Globalisierung" im Spiegel der Geschichte, hg. von Waltraud SCHREIBER, Neuried 2000, S. 193–230.

139 Landshuter Zeitung, Nr. 190 (18.08.1913).

140 Ebd.

Postkarte zur Erinnerung an die Feierlichkeiten in Gammelsdorf 1913

lage einer Volksideologie machte sich also der Prinzregent samt seiner Dynastie mit allen Bayern gemein, weshalb er hinsichtlich der Gammelsdorfer Schlacht auch von den gemeinsamen „Heldentaten unserer Vorfahren“ sprechen konnte. Mit seinen Worten suggerierte Ludwig somit eine bayerische Egalität, die Fürst und Volk im gemeinsamen Volkstum vereinte. Wenn solchermaßen der Unterschied zwischen Fürst und Volk aufgehoben wurde, konnte folglich die Treue keine unilaterale Verpflichtung mehr darstellen. Treue war vielmehr Fürst und Volk gleichermaßen auferlegt. In diesem Sinne projizierte die „Moosburger Zeitung“ das Gedächtnis an die Schlacht von 1313 auf die Gegenwart von 1913: „Auch heute steht wieder ein Ludwig an der Spitze der bayerischen Lande, wiederum treubesorgt für das Gedeihen des Bürgertums, wie ihm nicht minder das Gedeihen des Bürgertums, wie ihm nicht minder das Wohl der bayerischen Bauern am Herzen liegt. Und wenn sich in diesen Tagen zum feierlichen Gedächtnis des Sieges von 1313 Adel, Bürger und Bauern um ihn scharen, so wissen wir, es ist die alte in Krieg und Frieden erprobte Treue, welche Wittelsbach mit seinen Bayern verbindet und heute wie im Jahre 1313 in ungeschwächter Kraft Fürst und Volk erfüllt.“[141] Dass mit dem das ganze 19. Jahrhundert hindurch

141 Zur 600jährigen Erinnerungs-Feier an die denkwürdige Schlacht bei Gammelsdorf. Fest-Beilage zur Moosburger Zeitung, Nr. 96 (1913).

beschworenen Treuebund zwischen Fürst und Volk weitgehend eine politisch-gesellschaftliche Ordnungsvorstellung zum Ausdruck gebracht wurde, die die Bewegung vom linken zum rechten Nationalismus nachvollzog, sei hier nur kurz angedeutet. Es sind schließlich auch Zweifel angebracht, ob die konservative Konzeption einer bayerischen „Volkstreue“ dem enormen politischen, gesellschaftlichen und wirtschaftlichen Wandel, den Bayern seit den 1890er Jahren durchlief und in dem die Forderungen nach einer Parlamentarisierung und Demokratisierung des politischen Systems immer lauter wurden, gerecht werden konnte. Die Arbeiterbewegung etwa, die sich vor dem Ersten Weltkrieg auch in Bayern zu einer Massenbewegung entwickelte, ließ sich nur schwerlich in die Erinnerung an die Schlacht bei Gammelsdorf integrieren. In einem Punkt jedoch mutet die auf dem Schlachtfeld von Gammelsdorf erfolgte Beschwörung bayerischer Treue in der Rede des Prinzregenten von 1913 unverhofft wirklichkeitsnah an: in der Aussicht auf einen künftigen Krieg. Das öffentliche Gelöbnis des Prinzregenten, dass „wenn ein Krieg uns überziehen sollte und sei es auch mit einer gewaltigen Uebermacht, wir treu – Volk und Fürst – zusammenhalten werden, um den Sieg zu erringen“[142], sollte mit dem Ausbruch des Ersten Weltkrieges schon bald seine schmerzliche Realitätsprobe erfahren.

Im Zeichen des Ersten Weltkriegs

Wie die Rezeptionsgeschichte Ludwigs des Bayern selbst noch im Zeichen des Ersten Weltkrieges eine neuerliche politische Vereinnahmung erfuhr, sei abschließend skizziert. Als Beispiel dient das Theaterstück „Könige“, das der begabte Wiener Autor Hans Müller 1916 vollendet hat – ein Schauspiel, das noch im Laufe des Weltkrieges auf zahlreichen deutschsprachigen Bühnen wie etwa in Wien, Berlin, Leipzig, Dresden, Straßburg, Köln, Essen und München mit großem Erfolg gespielt wurde.[143] Das Stück verfolgte – unschwer zu erkennen – den Zweck, am historischen Beispiel der Versöhnung der ehedem verfeindeten Fürsten, Ludwig der Bayer und Friedrich der Schöne, nicht nur die „Nibelungentreue“ zwischen Österreich und Deutschland zu beschwören,[144] sondern auch die Moral der kriegsgeplagten deutschen wie österreichischen Bevölkerung zu heben. Müller hatte überdies mit dem

142 Landshuter Zeitung, Nr. 190 (18.08.1913).

143 Der Berliner Börsen-Courier, Morgen-Ausgabe, Nr. 493 (20.10.1916) berichtet davon, dass zum damaligen Zeitpunkt bereits 35 Bühnen das Stück angenommen hätten, das erst ein Jahr später publiziert wurde. Vgl. Hans Müller, Könige. Ein Schauspiel in drei Aufzügen, Stuttgart/Berlin 1917. Vgl. Arthur Maibach, Hommage an Hans Müller Einigen. Ein Schriftsteller zwischen Wien, Hollywood und Einigen, Neckenmarkt u. a. 2008, S. 32–37, 94 f., 99–103.

144 Vgl. Nikolaus Buschmann, Die Erfindung der deutschen Treue. Von der semantischen Innovation zur Gefolgschaftsideologie, in: Treue. Politische Loyalität und militärische Gefolgschaft in der Moderne, hg. von dems./Karl Borromäus Murr, Göttingen 2008, S. 75–109; Susanne Frembs,

mittelalterlichen Burggrafen Friedrich von Nürnberg, einem verbürgten historischen Bundesgenossen Ludwigs des Bayern, eine Hohenzoller'sche Identifikationsfigur in den Personenkreis seines Schauspiels eingefügt, die ganz unverhohlen an einen preußisch-deutschen Nationalismus appellierte. Insgesamt hatte der Autor das historische Thema aus dem einzelstaatlich-bayerischen Kontext herausgelöst und in einen übergeordneten deutschen Zusammenhang gestellt, verknüpft mit der Absicht, die verbindenden deutsch-österreichischen Dimensionen der gemeinsamen Geschichte Ludwigs des Bayern und Friedrichs des Schönen hervorzuheben.

Die allermeisten Theaterrezensionen der „Könige" störten sich nicht an der platten Politisierung von Müllers Bühnenstück und feierten die Premieren auf den verschiedenen deutschen Bühnen als nationalpolitische Errungenschaft. Es ist deshalb auch nicht verwunderlich, dass Kaiser Wilhelm II. sich persönlich in den Kreis der zahlreichen Bewunderer des besagten Stückes einreihte, was dem Autor sogar eine Privataudienz eintrug.[145] Den feinsinnigeren Kritikern allerdings stieß das Müller'sche Schauspiel mit seiner ebenso berechnenden wie eindimensionalen Kriegsbotschaft allzu übel auf. Dazu gehörten etwa der österreichische Satiriker Karl Kraus[146] und ein gleichermaßen wortgewandter Münchner Journalist, der in einer bissigen Kritik die Premiere des Müller'schen Stückes in der bayerischen Haupt- und Residenzstadt vom 2. März 1917 aufs Korn nahm.[147] Wie Karl Kraus so warf auch der Münchner Rezensent dem Bühnenautor Müller vor, auf Patriotismus heischende Art den schrecklichen Krieg für einen billigen Bühnenerfolg zu nutzen, den dieser sich mit Tantiemen obendrein teuer bezahlen ließ.[148] Denn, so Kraus im Januar 1917 mit Blick auf den von ihm kritisierten Ersten Weltkrieg: „Wenn ich aber der Urheber solchen Kriegs wäre, so würde ich die jämmerlich zerschlagene Welt nicht mit Hilfe des Hans Müller aufbauen, sondern, unbewegt von millionenfachem Tod, nur vor Reue darüber vergehen, daß solch gesunde Null daran Tantièmen verdienen kann."[149]

Nibelungenlied und Nationalgedanke nach Neunzehnhundert. Über den Umgang der Deutschen mit ihrem „Nationalepos", Stuttgart 2001.

145 Vgl. Michael A. Förster, Kulturpolitik im Dienst der Legitimation. Oper, Theater und Volkslied als Mittel der Politik Kaiser Wilhelms II., Frankfurt/M. u. a. 2009, S. 237–247. Siehe zur Audienz Neue Freie Presse, Morgenblatt, Nr. 18851 (14.02.1917).

146 Karl Kraus sollte vor allem aufgrund der „Könige" dessen Autor Hans Müller über Jahre mit beißendem Spott überziehen. Dieser suchte sich, mit Beleidigungsanklagen zu wehren, die Kraus jedoch neuerliche Gelegenheiten zur Satire boten. Vgl. Karl Kraus, Das Glück des Hans Müller, in: Die Fackel, Nr. 445–453 (18.01.1917), S. 60ff.; ders., Ein junger Sonnenmoriz, beleuchtet von einem älteren Sonnenmoriz, in: Die Fackel, Nr. 462–471 (09.10.1917), S. 53–56. Vgl. zu dem juristischen Streit: Die Fackel, Nr. 521–530 (01.1920), S. 24–47.

147 Münchener Post, Nr. 52 (03./04.03.1917). Vgl. auch Münchner Neueste Nachrichten, Nr. 112 (03.03.1917); Münchener Zeitung, Nr. 60 (03.03.1917).

148 Kraus demonstrierte sein Einverständnis mit dem besagten Münchner Kritiker, indem er Teile von dessen Premierenbesprechung in der Fackel wortwörtlich abdruckte. Vgl. Die Fackel, Nr. 454–456 (01.04.1917), S. 8.

149 Kraus, Glück (wie Anm. 146), S. 62.

Dass sich Müller darüber hinaus öffentlichkeitswirksam in feldgrauer Uniform präsentierte, ohne sich selbst an die Front zu wagen, machte in den Augen der Kritiker die hohle Anbiederung des propagandistischen Stücks umso offensichtlicher.

Der besagte Münchner Rezensent mokierte sich zunächst über eine zu schwülstige Poesie, über eine übertrieben pathetische Sprache und über viele verfehlte Metaphern des fraglichen Schauspiels. „In diesem Zusammenhang wird (sc. vom Bühnenautor, KBM) auch die ethnologisch-anatomische Beobachtung angebracht, daß der Arm der Deutschen, mit dem sie einerseits Berge sprengen, der andererseits manchmal auch grimmig wehe tut, zum Herzen doch zurückläuft als zu der Wurzel. Da dieser Arm läuft, und zwar zurück zu seiner Wurzel, handelt es sich also wohl, sofern der deutsche Mensch, und wäre es selbst Hans Müller, kein Vierhänder ist, um eine Art Fußarm." Und, so fuhr der Rezensent mit seinem satirischen Ton fort: „Auch die erotische Sprache hebt ihre Schwingen: Friedrich von Österreich sagt zu seinem blinden Weibe: ‚An deinem weißen Halse / Versinkt die Welt – und mit ihr auch die Schuld.' Es muß ein außergewöhnlich gut entwickelter Blähhals gewesen sein."[150] Der Münchner Kritiker, so lässt er seine Leser wissen, hatte die ihn langweilende Premiere sogar vor dem letzten Akt verlassen. Dadurch, so der Kritiker, „gewann ich zugleich Zeit, reuig dem Karl Rößler" (der 1917 das wenig anspruchsvolle Lustspiel ‚Die beiden Seehunde' verfasst hatte, KBM) „abzubitten, daß ich sein Fürstenspiel von den zwei Seehunden nicht zu schätzen vermochte; ich kannte damals die ‚beiden Seehunde' von 1325 noch nicht."[151] Mit der verfehlten Sprache und dem heuchlerischen Pathos kritisierte der Rezensent wie auch Karl Kraus vor allem die gefällig wirkende monarchistisch-konservative Ideologie, die das auf ein „großdeutsches Bekenntnis" berechnete Schauspiel zu einem „bundesbrüderlichen Kriegsstück" verkommen ließ.[152] Der besagte Münchner Kritiker war kein Geringerer als Kurt Eisner, der nach dem Zusammenbruch der Monarchie und im Gefolge der Novemberrevolution als erster sozialistischer Ministerpräsident die Regierungsgeschäfte in dem zum Freistaat ausgerufenen Bayern übernahm.[153] Mit dem Wegfall der monarchischen Regierung in der Weimarer Zeit verpuffte indes weitgehend das politische Potential, das in der Geschichte Ludwigs des Bayern steckte, der zweifellos die bedeutendste bayerische Erinnerungsfigur des 19. Jahrhunderts darstellte. Die weitere Rezeptionsgeschichte büßte deshalb deutlich an Produktivität ein, verlor sich häufig in romantischer Folklore und geriet zum fast exklusiven Gegenstand der mediävistischen Wissenschaft.

---

150 Münchener Post, Nr. 52 (03./04.03.1917).

151 Ebd.

152 Zitate: ebd.

153 Vgl. Bernhard GRAU, Kurt Eisner 1867–1919. Eine Biographie, München 2001.

Schlussreflexion: Gesetzmäßigkeiten der Geschichtskultur

Betrachtet man die zahlreichen Rezeptionsphänomene, wie sie in der Erinnerung an Ludwig den Bayern in der Neuzeit in Deutschland entstanden, im zeitlichen Längsschnitt, so lässt sich zunächst eine Säkularisierung des Gedächtnisses beobachten, das sich immer stärker aus dem Kontext einer religiösen Memoria emanzipierte. War das von Kurfürst Maximilian I. im Chor der Münchner Frauenkirche errichtete Kenotaph noch an eine religiöse Gedächtnisfunktion gebunden, so zeigt die räumliche Marginalisierung dieses Grabmals, das im 19. Jahrhundert schrittweise aus dem Zentrum der Kirche gerückt wurde, wie die Kraft der religiösen Erinnerung an Kaiser Ludwig zunehmend verblasste. Bot Ludwig der Bayer, den Kurfürst Maximilian I. nur zu gerne aus dem päpstlichen Bann gelöst gesehen hätte, lange Zeit Stoff für innerkatholische Auseinandersetzungen, so geriet er im 19. Jahrhundert zum Streitfall einer konfessionell gespaltenen Geschichtsschreibung, wobei die protestantische Historiographie, geprägt im Geist der historisch-kritischen Schule, aus einem mehr oder weniger dezidierten deutschen Nationalismus heraus Stellung gegen den Wittelsbacher Kaiser bezog. Durch die Jahrhunderte hat sich gezeigt, dass der Zugriff auf die Geschichte Ludwigs des Bayern unentwegt standortgebunden und interessengeleitet war. Diese Einsicht tritt umso stärker ins Bewusstsein, wenn inhaltlich völlig widersprüchliche Rezeptionsweisen nicht nur diachron, sondern in ein und derselben Zeit auftreten konnten – ob man Ludwig den Bayern nun als moralischen Tugendhelden oder als politischen Versager charakterisierte. Im Zusammenhang einer derart konträr sich darbietenden Geschichtskultur stellt sich die Frage, wie es im Umgang mit der Historie Kaiser Ludwigs letztlich mit der Wahrheit bestellt war, der doch der eingangs zitierte Jesuit Stadler trotz aller machtpolitischer Rücksichtnahmen einen notwendigen Platz in der Behandlung der Vergangenheit zuweisen wollte. Mit der Einschränkung, der päpstlichen wie auch der kaiserlichen Autorität nicht zu nahe treten zu wollen, hat Stadler bereits selbst einen Relativismus der Wahrheit ausgedrückt, die in dem interessengeleiteten Spannungsfeld der herrschenden politischen Kräfte immer schon Einschränkungen erfährt.

Letztlich muss man für den untersuchten Zeitraum festhalten, dass keine offensichtliche Wahrheitsinstanz bemüht wurde, die eine Geltung für die gesamte Breite der vorhandenen Geschichtskultur Geltung beansprucht hätte. Der akademischen bzw. universitären Geschichtsschreibung kam mitnichten eine Korrektivfunktion zu, die sich auf andere Gedächtnisgattungen ausgewirkt hätte. Herzog bzw. Kurfürst Maximilian I. hatte seine Erinnerungen an seinen kaiserlichen Vorfahren völlig unverbrämt nach eigenem Gutdünken zu steuern versucht. Seine politischen Vorstellungen regierten die Hofhistoriographie wie auch das von ihm in Auftrag gegebene Kenotaph in der Münchner Frauenkirche gleichermaßen. Aber auch die geistliche Zensur der Frühen Neuzeit vermochte mit der ihr eigenen „potestas", der Geschichtsschreibung ihren politischen Stempel aufzuprägen – mit der möglichen

Konsequenz, dass Abhandlungen zur Geschichte Ludwigs des Bayern gar nicht oder nur nach Durchführung von Korrekturen erscheinen durften. Die Geschichtsschreibung wirkte selbst dann nicht als Korrektiv für andere Rezeptionsformen, wenn sie sich – wie im Lauf des 19. Jahrhunderts – der historisch-kritischen Schule verschrieb. Paul Heyses Ludwig-der-Bayer-Drama etwa profitierte nicht im Mindesten von seiner inhaltlichen Nähe zu der damals als modern geltenden Historiographie eines Heinrich von Sybel, den der Autor zur Zeit der Abfassung des Stückes regelmäßig konsultiert hatte. Im Gegenteil: diese Nähe führte letztlich zum Scheitern des Dramas bei seiner Uraufführung, das der Autor nicht auf die politischen Bedürfnisse Bayerns zuzuschneiden in der Lage war. So schienen letztlich eine national-deutsche Historiographie mit ihrem negativen Ludwig-der-Bayer-Bild und eine bayerische Staatsraison wittelsbachischer Prägung politisch kaum miteinander vereinbar. Die national-deutsche Geschichtsschreibung, die in der Periode des Spätmittelalters lediglich eine Epoche der Niedergangs, ein Zeitalter der Auflösung des deutschen Staatswesens in einzelstaatliche Partikularismen erkannte, kritisierte jedweden Herrscher, dem es in ihren Augen nicht gelang, einen deutschen Zentralstaat zu bilden oder der Verlockungen eines Italienzuges respektive der Einmischungen der Kurie in heimische Belange zu entsagen. Die enge Liaison der historisch-kritischen Schule mit dem National-Liberalismus blendete politisch eine Reihe von Historikern in einem Maße, dass dadurch die zahlreichen neuen Früchte ihrer Erkenntnis, die doch mit unverkennbarer methodischer Fortschrittlichkeit gewonnen wurden, zu verderben drohten. Lassen sich allein schon innerhalb der Historiographiegeschichte Ludwigs des Bayern vielfache Wahrheitskollisionen feststellen, so stellt sich die Wahrheitsfrage mit Blick auf andere Gattungen der Geschichtskultur nochmals neu. Scheiterte etwa Uhlands Ludwig-der-Bayer-Drama 1818 noch an der Rücksichtnahme auf katholisch-päpstliche Belange, so trat ein solches Problem bei Müllers Theaterstück, den „Königen", ein knappes Jahrhundert später gar nicht mehr zutage. Müller wiederum brachte in seinem Schauspiel ein Ludwig-der-Bayer-Bild zum Ausdruck, das – auf der Wahrheitsebene – mit den gleichzeitigen Erkenntnissen und Positionen der akademischen Geschichtsschreibung schlechterdings nicht vereinbar war. Denn vom Bild des treuherzig-versöhnlichen Miteinanders Ludwigs des Bayern und Friedrichs des Schönen hatte sich die akademische Geschichtsforschung in der Zeit des Kaiserreichs längst schon verabschiedet. Dass eine gattungsübergreifende Wahrheitsprobe nicht einmal bemüht wurde, führt zu der Annahme, dass in jedem Genre der Erinnerungsgeschichte je eigene Plausibilitätskriterien bzw. je eigene narrative Gesetzmäßigkeiten galten. Diese stellten sich im Geschichtsschauspiel ganz anders dar als in der Historiographie oder Publizistik. Und sie unterlagen durch die Jahrhunderte zudem einem geschichtlichen Wandel, der unterschiedlich schnell verlaufen und auch deshalb schon, inhaltlich betrachtet, veritable Ungleichzeitigkeiten hervorbringen konnte.

Ein Plausibilitätskriterium allerdings, mit dem – wenn nicht die Wahrheit, so doch – die Wahrhaftigkeit einer historischen Persönlichkeit ermessen wurde, blieb über die verschiedenen geschichtskulturellen Gattungen hinweg für Jahrhunderte fast unverändert: die Vorstellung von geschichtlicher Größe. Solcherart Größe wollte man historischen Herrscherpersönlichkeiten wie Ludwig dem Bayern allerdings nur dann zuerkennen, wenn sie in ihren Augen eine heldenhafte Natur ebenso wie einen moralisch makellosen Charakter besaßen. Angeregt vom klassischen Tugendkanon, gehörte die charakterliche Beurteilung einer historischen Fürstenperson noch zum selbstverständlichen Programm barocker Panegyrik und Hofhistoriographie, wie es z. B. der dynastische Zugriff des bayerischen Herzogs und Kurfürsten Maximilian I. auf seinen kaiserlichen Vorfahren zum Ausdruck brachte. Der Kanon des tugendhaften Herrschers nährte selbst noch die historische Wahrnehmung von Fürstenpersonen im Zeitalter der Aufklärung, wenngleich in einer merklich versachlichten Form, so dass an die Stelle der überkommenen Panegyrik nun eine eher nüchterne Darstellung der herrscherlichen „Leistungen" trat.[154] Der aus dem Sturm und Drang erwachsene Geniekult hatte seinerseits das Interesse an großen Persönlichkeiten belebt,[155] das in der Romantik mit ihrer Entdeckung der ‚Individualität' weiter vertieft und im Medium des Gefühls verinnerlicht wurde. Die romantische Vorstellung von einem tugendhaften Helden, den eine zweifelsfreie Moral zum Handeln antrieb, ließ König Ludwig I. den Stab über Ludwig den Bayern brechen, den jener eines unverzeihlichen Wort- und damit Treuebruchs verdächtigte. Einhergehend mit dem nationalen Zeitalter entwickelte sich schließlich das 19. Jahrhundert zu einer neuen Epoche der Heldenverehrung, die nun in der heroischen Leistung für die eigene Nation gründete.[156] Wer allerdings wie Ludwig der Bayer kaum die national-deutschen Bewertungskriterien erfüllen konnte, fiel allzu leicht einem moralischen Verdikt zum Opfer. Von daher zeigten sich selbst skrupulöseste Vertreter der historisch-kritischen Methode wie Sigmund Riezler oftmals nicht in der Lage, sich moralischer Charakterurteile zu enthalten. Zu sehr sah man in Ludwig dem Bayern eine charakterschwache Figur, die sich in höchst ungebührlicher Weise von kurialer Seite hatte erniedrigen lassen – ähnlich der schmählich empfundenen Demütigung Heinrichs IV. bei Canossa. Wilhelm Preger war indes der erste Historiker, der in der Beurteilung von Ludwig dem Bayern nicht mehr den überkommenen moralischen

154 Siehe den Abschnitt „Der Held der Geschichte" bei Kraus, Vernunft und Geschichte (wie Anm. 44), S. 94–411, S. 83–86. Vgl. allgemein: Jerzy Topolski, Helden in der Geschichte und Geschichtsschreibung (theoretische Überlegungen), in: Die Helden in der Geschichte und Historiographie, hg. von Jerzy Strzelczyk, Poznań 1997, S. 11–19.

155 Jochen Schmidt, Die Geschichte des Geniegedankens in der deutschen Literatur, Philosophie und Politik, 2 Bde., Darmstadt ²1988.

156 Siehe etwa das Urteil von Franz Schnabel, Die Denkmalskunst und der Geist des 19. Jahrhunderts, in: ders., Abhandlungen und Vorträge 1914–1965, hg. von Heinrich Lutz u. a., Freiburg 1970, S. 134–150, hier S. 135: „Ohne Helden und Heldenverehrung war der Aufstieg der Nationen nicht möglich". Zur Revision des Bildes von der schrankenlosen Heldenverehrung im 19. Jahrhundert Jens Nordalm, Der gegängelte Held. „Heroenkult" im 19. Jahrhundert am Beispiel Thomas Carlyles und Heinrich von Treitschkes, in: Historische Zeitschrift 276 (2003), S. 647–675.

Kategorien folgte, sondern stattdessen die reine Machtpolitik als politische Maxime gelten ließ – eine Machtpolitik, die sich – jenseits von Gut und Böse – fragwürdiger Täuschungsmanöver bediente, um an das gewünschte Ziel zu gelangen.

Um all den Motiven einer interessengeleiteten Geschichtskultur, wie die vorstehende Studie exemplarisch herauszuarbeiten suchte, auf die Spur zu kommen – dazu eignet sich die konstruktivistische Methode im Besonderen, da sie selbst im Blick auf lange Zeit unveränderlich geglaubte Werte wie die Wahrheit eine vertiefte Historisierung im Sinne einer „Genealogie der Moral" (Friedrich Nietzsche) erlaubt. Heutzutage sind es bei der historischen Erinnerung an das Mittelalter nicht mehr das Kaiser- und das Papsttum, auf die es politische Rücksicht zu nehmen gilt, wie das noch der Jesuit Stadler empfohlen hatte – allein die Wahrheit, ganz gleich wie sie im Einzelnen verstanden wird, stellt nach wie vor einen wichtigen Referenzwert dar für den Umgang mit der Vergangenheit, dessen Motive die historische Rezeptionsforschung aufzudecken sucht.

Die Vereinnahmung Ludwigs des Bayern durch die Nachwelt
Memoria und Repräsentation am Beispiel Münchens und der Abtei Fürstenfeld

Markus T. Huber

Vom ausgehenden Mittelalter an etablierte sich eine kontinuierliche Erinnerungskultur um Ludwig den Bayern als eine der markantesten Gestalten der bayerischen Geschichte. Sie manifestiert sich in zahlreichen Denkmalsetzungen ganz unterschiedlichen Anspruchniveaus. Sechs Projekte aus München und der ehemaligen Zisterzienserabtei Fürstenfeld illustrieren beispielhaft sechs Jahrhunderte Erinnerungskultur mit den Mitteln der bildenden Kunst. An ihnen werden zudem die verschiedenen Anliegen evident, die an solche Denkmalsinitiativen geknüpft sein konnten.

Herzog Albrecht IV. und die spätgotische Rotmarmortumba in der Frauenkirche

Den Rang eines zentralen Erinnerungsorts für den Kaiser nahm naturgemäß seine Ruhestätte ein. Ludwig fand diese im Chor der Münchner Frauenkirche an der Seite seiner 1322 verstorbenen ersten Gemahlin Beatrix von Schlesien-Glogau. Reste dieser Grablege wurden 1946 bei Grabungen in den Ruinen des im Zweiten Weltkrieg zerstörten Bauwerks geborgen.[1]

Im Jahr 1468 war der Grundstein zum spätgotischen Neubau der Frauenkirche gelegt worden. In der Wahl von Baugestalt und Ausstattung drückt sich das Streben nach einer besonderen Betonung von deren Funktion als Hof- und Stiftskirche aus.[2] Herzog Albrecht IV. (reg. 1465–1508), der nicht nur die Überwindung der baye-

---

1 Claudia List, Die mittelalterlichen Grablegen der Wittelsbacher in Altbayern, in: Wittelsbach und Bayern, Bd. I, 1. Die Zeit der frühen Herzöge. Von Otto I. zu Ludwig dem Bayern, hg. von Hubert Glaser, München u.a. 1980, S. 521–540, hier S. 530f.; Hubert Glaser, Schwierige Erinnerung – Über das „Kaisergrab" in der Münchner Frauenkirche und andere Denkmäler Ludwigs des Bayern, in: Kaiser Ludwig der Bayer. Konflikte, Weichenstellungen und Wahrnehmung seiner Herrschaft, hg. von Hermann Nehlsen/Hans-Georg Hermann (Quellen und Forschungen aus dem Gebiet der Geschichte NF 22), Paderborn u.a. 2002, S. 1–38, hier S. 4–7; Helga Czerny, Der Tod der bayerischen Herzöge im Spätmittelalter und in der frühen Neuzeit 1347–1579. Vorbereitungen, Sterben, Trauerfeierlichkeiten, Grablegen, Memoria, München 2005, S. 56–60, 658–662.

2 Czerny 2005 (wie Anm. 1), S. 676–679.

rischen Landesteilungen zum Ziel hatte, sondern hinter dessen politischem Handeln wohl eigene Ambitionen auf die Kaiserwürde vermutet werden dürfen – so sei auf die ohne das Einverständnis des Schwiegervaters geschlossene Ehe mit der Kaisertochter Kunigunde, seine energischen Bemühungen um die Rückgewinnung verlorener Landesteile und den von ihm betriebenen Kult um seinen kaiserlichen Vorfahren Ludwig erinnert – ließ im Hochchor eine Tumba aus Adneter Rotmarmor als Dynastengrablege errichten.[3] Die Lage im Zentrum des Chors stellte sicher, dass das Gebet der Kanoniker des 1495 errichteten Kollegiatstifts das Angedenken an die verstorbenen Familienmitglieder einschloss.[4] Über den weiteren ursprünglichen Aufstellungskontext des Grabmals gibt ein Blatt von Nikolaus Solis aus dem Jahr 1568 Aufschluss.[5]

Die Radierung, die Teil einer Serie ist, welche detailreich die Festlichkeiten anlässlich der Hochzeit Herzog Wilhelms V. mit Renata von Lothringen schildert, zeigt den Blick vom Kreuzaltar auf den Hochaltar. Um der noblen Hochzeitsgesellschaft und dem Betstuhl mit dem neuvermählten Fürstenpaar den gebührenden Raum zu geben, verzichtete Solis zwar auf die Darstellung der zentral hinter dem Kreuzaltar situierten Tumba,[6] nicht jedoch auf die große bayerisches Fahne und den 1490 von Albrecht IV. gestifteten Marienleuchter, die den Ort des Grabmals weithin sichtbar auszeichneten. Der Leuchter wurde ergänzt durch einen von schwebenden Engeln gehaltenen, mit der Kaiserkrone bekrönten Wappenschild.[7]

Von dem spätgotischen Grabdenkmal ist die den Blicken heute weitestgehend entzogene 1,55 Meter breite und 3,11 Meter in der Länge messende Deckplatte erhalten geblieben.[8]

---

3 Vgl. Arthur SCHLEGEL, Das Grabmal Ludwigs des Bayern in der Münchner Frauenkirche und Porträts der bayerischen Herzöge der Renaissance, in: Oberbayerisches Archiv 93 (1971), S. 207–222, hier S. 210.

4 CZERNY 2005 (wie Anm. 1), S. 677.

5 Der erste Hinweis auf diese Bildquelle bei: Georg HAGER, Das mittelalterliche Grabdenkmal des Kaisers Ludwig des Bayern in der Liebfrauenkirche zu München, in: Monatsschrift des historischen Vereins von Oberbayern 3 (1894), S. 70–73, 90–99, hier S. 72.

6 Vgl. HAGER 1894 (wie Anm. 5), S. 72f.

7 Otto HARTIG, Münchner Künstler und Kunstsachen, in: Münchner Jahrbuch der Bildenden Kunst N.F. 3 (1926), S. 273–370, hier S. 337, Nr. 330; Christl KARNEHM, Die Münchner Frauenkirche. Erstausstattung und barocke Umgestaltung (Miscellanea Bavarica Monacensia 113), München 1984, S. 59–61; CZERNY 2005 (wie Anm. 1), S. 674f.

8 Maße nach Markus HUNDEMER, Die spätgotische Grabplatte, in: Das Grabmal Kaiser Ludwigs des Bayern in der Münchner Frauenkirche, hg. von Hans RAMISCH, Regensburg 1997, S. 91–97, hier S. 92. Abweichende, weil zumeist nur auf das Relieffeld bezogene Maßangaben bei Philipp Maria HALM, Erasmus Grasser, Augsburg 1928, S. 150; Karl GRÖBER, Die Grabplatte Kaiser Ludwigs des Bayern in der Frauenkirche in München, in: Pantheon 11 (1933), S. 92–95, hier S. 93; Georg LILL, Das Grabmal Kaiser Ludwigs des Bayern in der Frauenkirche, in: Das Bayerland 44 (1933), S. 186–192, hier S. 187; SCHLEGEL 1971 (wie Anm. 3), S. 208; Volker LIEDKE, Die Haldner und das Kaisergrabmal in der Frauenkirche zu München (Ars bavarica 2), München 1974, S. 128. Ein Gipsabguss der Platte befindet sich im Bayerischen Nationalmuseum München (Inv.-Nr. R 2481), aktuell ausgestellt in Saal 14.

München, Frauenkirche, Chor; ehemaliger Standort des spätgotischen Kaisergrabmals, bezeichnet durch Marienleuchter und Wittelsbacherfahne. Ausschnitt aus einer Radierung von Nikolaus Solis, 1568

In sie ist ein zweiteiliges Relieffeld eingetieft: Dessen obere Hälfte nimmt der frontal gegebene thronende Kaiser auf einem breiten, hexagonal gebrochenen Postament ein. Der Souverän ist in feierlichem Ornat dargestellt, ausgestattet mit den Insignien seiner Würde. Dabei wird das geistliche Amt des Gebannten durch Mitrenkrone, Albe, Stola und Pluviale besonders betont. Ein Ehrentuch, ausgebreitet von zwei Engeln, hinterfängt die würdevolle Herrschergestalt. An der Stirnseite des Postaments prangt der Reichsadler mit den bayerischen Rauten als Herzschild. Er wird von den Wappen Bayerns und der Pfalz flankiert.[9] Bei der unteren Darstellung bedeuten reliefierte Fußbodenfliesen und der brokatierte Wandbehang als Versatzstücke gehobener Wohnkultur dem Betrachter, dass er hier die überirdische Sphäre

9 Die Gewölbeschlusssteine unmittelbar über dem Grab wiederholten die Wappendarstellungen der Deckplatte, Dorothea DIEMER, Das frühbarocke Grabdenkmal für Kaiser Ludwig den Bayern von Hans Krumper, in: RAMISCH 1997 (wie Anm. 8), S. 51–90, hier S. 75.

München, Frauenkirche, Deckplatte des spätgotischen Kaisergrabmals

verlässt, in die der mächtige Ahnherr erhoben scheint,[10] und er nun gewissermaßen einer Familienszene – wenngleich einer im höchsten Maße bedeutungsgeladenen – beiwohnt.[11] Die Entschlüsselung der Darstellung gelang einem mit dem wohl in Ernst Förster aufzulösenden Kürzel „ef." bezeichneten Rezensenten in Schorn's Kunstblatt 1839:[12] Es handelt sich um die Versöhnung zwischen Herzog Ernst (reg.

10 Hans RAMISCH, Die spätgotische Tumba für Kaiser Ludwig den Bayern aus dem Jahre 1468, ein Werk des Münchner Bildhauers Hans Haldner, in: ders. 1997 (wie Anm. 8), S. 41–49, hier S. 42; GLASER 2002 (wie Anm. 1), S. 12–14.

11 Nach RAMISCH 1997 (wie Anm. 10), S. 42; CZERNY 2005 (wie Anm. 1), S. 670.

12 S.n. (Kürzel ef.), Rezension zu: GSELL, Die Metropolitan- und Stadtpfarrkirche zu Unserer Lieben Frau in München. München 1839, in: Kunst-Blatt 20 (1839), H. 30, S. 119f., hier S. 120; Ernst

1397–1438) – dem Urenkel des Kaisers – und seinem Sohn Albrecht III. (reg. 1438–1460) nach der schwerwiegenden Krisensituation, die aus der Ermordung der Agnes Bernauer 1435 erwachsen war. Albrecht IV. wählte das unkonventionelle Thema offenbar, weil dieser Akt entscheidend war für die anschließende Ehe seines Vaters mit Anna von Braunschweig und folglich für den Fortbestand des Münchner Herzogshauses.[13] Das Bildprogramm appelliert darüber hinaus an die Einheit der gesamten Dynastie; Ludwig der Bayer wird gewissermaßen zum Patron dieser Einheit erhoben.[14] Ein einträchtiges Auftreten aller Wittelsbacher, wie es hier beschworen wird, hätte eine den Habsburgern deutlich überlegene reichspolitische Wirkungsmacht zur Folge gehabt. In ebendiese Richtung zielten auch die nicht erhaltenen Reliefs der Seitenwände, die nach einer Beschreibung des Hofmusikers Massimo Traiano von 1568 die Kampfhandlungen im Thronstreit zwischen Ludwig dem Bayern und dem Habsburger Friedrich dem Schönen zeigten.[15] Damit wurde zum einen die Legitimität von Ludwigs Kaiserwürde vor Augen geführt, zum anderen aber auch der Triumph Bayerns über Habsburg und damit die grundsätzliche Kaiserfähigkeit des Hauses Wittelsbach untermauert.[16] Ob den Wappendarstellungen, die, einem Schreiben des herzoglich bayerischen Archivars und Hofkaplans Dr. Michael Arrodenius von 1592 zufolge, ebenfalls die Seitenwände zierten, ähnlich propagandistische Funktion zukam, ist nicht mehr zu ermitteln.[17]

Bemerkenswert ist auch die Epigraphik der Deckplatte: Zwei Minuskelinschriften umziehen den Bildgrund. Die äußere – wie bei einem Hochgrab üblich, auf die abgeschrägte Plattenkante gesetzt – lautet: *Anno . d(omi)ni . m . ccc . xlvii . an (dem) . dritt(e)n . tag . nach //. dionisy . starb . der . allerdurchleuchtigist . Romisch . Kayser . Ludwig . zu . alln . zeit(e)n . mer(er) (des) . Reichs . pfaltzg(ra)f // bei . Rein . hertzog . in . Bair(e)n . et c(etera) . Hie . begrabn . mit // den. nachgn(ann)t(e)n . fu(er) ste(n) . h(er)zog . Joha(nne)s . Ernst . Wilhalm . Adolf . Albrecht . d(er) . jung(er) . all. fu(er)st(e)n . vo(n) Bairen.*[18] Neben dem Kaiser waren in der Grablege also Herzog

Förster, Denkmale deutscher Baukunst, Bildnerei und Malerei von Einführung des Christenthums bis auf die neueste Zeit, Bd. 4, Leipzig 1858, S. 23–26, bes. S. 25; siehe auch Joachim Sighart, Die Frauenkirche zu München. Landshut 1853, S. 34–37; Hager 1894 (wie Anm. 5), S. 71.

13 Karnehm 1984 (wie Anm. 7), S. 57; Czerny 2005 (wie Anm. 1), S. 671, 677.

14 Vgl. Siegmund von Riezler, Agnes Bernauerin und die bairischen Herzoge, in: Sitzungsberichte der philosophisch-philologischen und historischen Classe der k. b. Akademie der Wissenschaften zu München 1885, H. III, München 1885, S. 285–354, hier S. 324f.

15 Hager 1894 (wie Anm. 5), S. 71; Hinweis bereits bei Sighart 1853 (wie Anm. 12), S. 38 Anm. 2.

16 Karnehm 1984 (wie Anm. 7), S. 55 Anm. 172; Glaser 2002 (wie Anm. 1), S. 14.

17 Hager 1894 (wie Anm. 5), S. 98; Halm 1928 (wie Anm. 8), S. 150; Diemer 1997 (wie Anm. 9), S. 81; Czerny 2005 (wie Anm. 1), S. 672.

18 Nach Ramisch 1997 (wie Anm. 10), S. 41 und Hundemer 1997 (wie Anm. 8), S. 93; vgl. auch Sighart 1853 (wie Anm. 12), S. 34f.; Hager 1894 (wie Anm. 5), S. 93; Halm 1928 (wie Anm. 8), S. 151; Rudolf M. Kloos, Die Inschriften der Stadt und des Landkreises München (Die Deutschen Inschriften 5, Münchener Reihe 1), Stuttgart 1958, S. 65, Nr. 121; Liedke 1974 (wie Anm. 8), S. 130.

Johann II. (reg. 1375–1397) – der Begründer der seit der bayerischen Landesteilung von 1392 bestehenden Linie Bayern-München –, seine Söhne, die Herzöge Ernst und Wilhelm III. (reg. 1397–1435) sowie dessen mit sieben Jahren verstorbener Sohn Adolf († 1441) und schließlich Albrecht IV. selbst bestattet.[19]

Die zweite Inschrift zieht sich über ein gerolltes Spruchband, das in eine Hohlkehle eingebettet ist. Die freistehenden, hinterschnittenen Teile der Banderole sind vielfach beschädigt, teilweise sogar gänzlich verloren, wodurch der Text nur stark fragmentiert vorliegt.[20] Er begann mit dem Aufstellungsdatum des Grabmals: *Anno . / d(omi)ni . m . ...*, wobei der für die kunstgeschichtliche Forschung entscheidende Teil der Jahresangabe bereits fehlt. Das Folgende konnte anhand der erhaltenen Teile zumindest sinngemäß ergänzt werden: „... ist gestiftet worden dieser Begräbnisstein und aufgerichtet durch den durchleuchtigen hochgebornen Fürsten Herren Albrecht den Jungen Pfalzgraf bei Rhein Herzog in Ober- und Niederbayern". Hierauf folgte wohl eine Devise, die „mutig alle Zeit" oder ähnlich gelautet haben dürfte,[21] und schließlich die Nennung von Albrechts Mutter sowie seines Sterbedatums: „Geboren von Frau Anna von Braunschweig der auch hier begraben liegt und starb... ."[22] Der Nachtrag des Todestages unterblieb jedoch. Erst im Kontext der Versöhnungsszene auf der Deckplatte, wird verständlich, warum der Herzog hier mit so merkwürdigem Nachdruck seine legitime Abkunft aus der zweiten, nun standesgemäßen Verbindung seines Vaters betont.[23]

Datierung und Zuschreibung der Tumbaplatte wurden in der Forschung vielfältig diskutiert.[24] Das Fehlen zeitgenössischer Quellen, die unmittelbar die Aufstellung des Grabdenkmals betreffen, führte zunächst zu dem Versuch, eine im Original verschollene Münchner Notiz, nach der im Jahr 1438 ein Steinmetzmeister Hanns ein

19 Lill 1933 (wie Anm. 8), S. 188. Mit „Albrecht dem Jungen" glaubte man zunächst, sei Herzog Albrecht III. gemeint (Sighart 1853 [wie Anm. 12], S. 36), bis Georg Hager mit einer gründlichen Untersuchung der zweiten Inschrift auf der Platte nachwies, dass Albrecht IV. das Grabdenkmal in Auftrag gab und auch selber darunter beigesetzt wurde (Hager 1894 [wie Anm. 5], S. 94–96).

20 1782/83 bemühte man sich anlässlich einer anstehenden Instandsetzung vergeblich um die Ermittlung des originalen Wortlauts (Hager 1894 [wie Anm. 5], S. 93f.; Halm 1928 [wie Anm. 8], S. 154; Kloos 1958 [wie Anm. 18], S. 66f.; Liedke 1974 [wie Anm. 8], S. 132). Die älteste, durch Josef Anton Aettenkhover 1736 überlieferte Abschrift zeigt bereits die heute vorhandenen Lücken (Franz Hoheneicher, Über den Grabstein Kaiser Ludwigs des Bayern in der Metropolitan-Kirche zu München, in: Oberbayerisches Archiv für die vaterländische Geschichte 1 (1839), S. 387–396, hier S. 393. Abbildung und Transkription der fragmentierten Inschrift bei Hundemer 1997 (wie Anm. 8), S. 94–96.

21 Hundemer 1997 (wie Anm. 8), S. 95.

22 Nach Ramisch 1997 (wie Anm. 10), S. 41f. und Hundemer 1997 (wie Anm. 8), S. 93–97; vgl. auch Sighart 1853 (wie Anm. 12), S. 35f.; Hager 1894 (wie Anm. 5), S. 94–96; Halm 1928 (wie Anm. 8), S. 155; Gröber 1933 (wie Anm. 8), S. 94; Kloos 1958 (wie Anm. 18), S. 66–68, Nr. 121; Liedke 1974 (wie Anm. 8), S. 132–136.

23 Glaser 2002 (wie Anm. 1), S. 13.

24 Vgl. Übersicht bei Liedke 1974 (wie Anm. 8), S. 136.

kayser pildt fertigte, auf das Grabmal in der Frauenkirche zu beziehen.[25] Diese These musste jedoch bald wieder verworfen werden, da die Platteninschrift keinen Zweifel daran lässt, dass die Errichtung während der Regierungszeit Albrechts IV. erfolgte, also zwischen 1467 und 1508. Volker Liedke, der sich eingehend mit der Datierungsfrage auseinandersetzte, gelang es indes, eine Indizienkette zu knüpfen, die eine Entstehung in den Jahren zwischen 1485 und 1490 plausibel macht.[26] Dazu passen auch waffen- und kostümkundliche Details, wie der Plattenharnisch Albrechts III. und der pelzverbrämte Tappert, mit dem Herzog Ernst bekleidet ist.[27] Auf jeden Fall aber musste die Tumba 1491/92 bestanden haben, da zu diesem Zeitpunkt erstmals Ausgaben für deren Wartung und Reinigung verzeichnet werden.[28]

Hans Ramisch dagegen vertritt einen ausgesprochen frühen Zeitansatz, wenn er die Platte in das Jahr 1468, also mit der Grundsteinlegung der Kirche datiert. Seine Feststellung, bei der Abtragung des Chors der alten Marienkirche müsse die neue Gruft für die Umbettung der Gebeine bereits zur Verfügung gestanden haben, ist für sich genommen überzeugend; nicht nachvollziehbar ist jedoch, inwiefern dies das ausschlaggebende Argument gegen eine Entstehung der über der Grablege aufgestellten Tumba nach Fertigstellung des Rohbaus und gemeinsam mit der übrigen Ausstattung liefern soll. Da Ramischs Studie keine weiteren Argumente für die Frühdatierung liefert, wird auch nicht plausibel, warum diesem Zeitansatz der Vorzug zu geben sei.[29]

Noch weniger Gewissheit als über den Entstehungszeitpunkt herrscht über die Identität des Schöpfers. Wolfgang Leb – der Bildhauer des Ebersberger Stiftergrabs – aber auch der Münchner Erasmus Grasser wurden zunächst in Betracht gezogen.[30] Georg Lill meinte dagegen, es müsse sich um einen noch unbekannten Zeitgenossen Grassers gehandelt haben, welcher unter dem Einfluss Niclas Gerhaerts von Leyden stand, der ab 1467 an dem Grabmal von Albrechts Schwiegervater Kaiser Fried-

25 Georg Kaspar Nagler, Beiträge zur älteren Topographie der Stadt München III, in: Oberbayerisches Archiv für vaterländische Geschichte 12 (1851/52), S. 234–261, hier S. 251; Sighart 1853 (wie Anm. 12), S. 36f.; Anton Mayer, Die Domkirche zu Unser Lieben Frau in München, München 1868, S. 29.

26 Liedke 1974 (wie Anm. 8), S. 136–141; vgl. auch Hager 1894 (wie Anm. 5), S. 98.

27 Hager 1894 (wie Anm. 5), S. 91f.; Schlegel 1971 (wie Anm. 3), S. 213.

28 Hartig 1926 (wie Anm. 7), S. 337, Nr. 330; Liedke 1974 (wie Anm. 8), S. 140; List 1980 (wie Anm. 1), S. 532; Czerny 2005 (wie Anm. 1), S. 675 beziehen die Notiz auf das Jahr 1491; nach Karnehm sei der Eintrag jedoch auf 1492 zu datieren (Karnehm 1984 [wie Anm. 7], S. 60).

29 Ramisch 1997 (wie Anm. 10), S. 41.

30 Georg Hager wies die Platte Wolfgang Leb zu und datierte sie gegen 1490 (Hager 1894 [wie Anm. 5], S. 97–99). Berthold Riehl und Artur Weese schlossen sich der zeitlichen Einordnung an, sprachen sich jedoch für eine Zuschreibung an den Münchner Bildhauer Erasmus Grasser aus: Berthold Riehl, Die Münchener Plastik in der Wende vom Mittelalter zur Renaissance, München 1904, S. 404f.; Artur Weese, München. Eine Anregung zum Sehen, Leipzig 1906, S. 47–49. Auch Philipp Maria Halm sprach sich für Grasser aus, datierte jedoch in das erste Jahrzehnt des 16. Jahrhunderts. (Halm 1928 [wie Anm. 8], S. 46–53, 152–157).

Tegernsee, ehem. Abteikirche, Deckplatte des Stiftergrabs

rich III. im Wiener Stephansdom arbeitete.[31] Dieser Unbekannte wurde in dem 1486 in München nachweisbaren Passauer Meister Martin Kriechbaum gesucht,[32] doch steht von Kriechbaums nachweisbaren Werken – den Altären für die Stiftskirchen in Göttweig und Waldhausen sowie für die Pfarrkirche St. Paul in Passau – keines mehr

31 LILL 1933 (wie Anm. 8), S. 189. Lill plädierte wegen der Bezeichnung Albrechts IV. in den Inschriften des Grabdenkmals als „Albrecht dem Jungen" für eine Datierung nach dessen Regierungsantritt 1467 und nach Beginn des Neubaus der Frauenkirche – zwischen 1470/75 und 1480. Schon allein aus diesem Grund komme der erst ab 1477 in München nachweisbare Grasser nicht mehr als Schöpfer in Betracht.

32 Hans RAMISCH, Meister von Kefermarkt (Martin Kriechbaum?), in: Ausst.-Kat. Gotik in Österreich, Krems a. d. Donau 1967, S. 219–221, Kat.-Nr. 187f.

zum Vergleich zur Verfügung.[33] Liedke und Ramisch nahmen zuletzt Mitglieder der Münchner Bildhauerfamilie Haldner in Anspruch.[34] Immerhin war Hans Haldner um 1460 mit dem Hochgrab für Herzog Albrecht III. und Anna von Braunschweig in der Kirche des von Albrecht III. begründeten Benediktinerklosters Andechs beauftragt worden.[35] Dass Haldners Werkstatt Arbeiten von bemerkenswerter Qualität hervorbrachte, belegt die für ihn archivalisch gesicherte Deckplatte des Tegernseer Stifterhochgrabs aus dem Jahr 1457.[36]

Es fällt jedoch nicht leicht, an dem Tegernseer Stein dieselbe Hand wie am Kaisergrab zu erkennen. Das Andechser Grabmal, das das entscheidende Argument liefern könnte, wurde 1669 bei einem Einsturz des Kirchengewölbes zertrümmert,[37] und auch von den übrigen nachweisbaren Werken der Haldner existiert keines mehr.

Herzog Maximilian I. und das frühbarocke Grabmal in der Frauenkirche

Von 1619 bis 1622 ließ Herzog Maximilian I. (reg. 1597–1651; ab 1623 als Kurfürst) das Grabmal durch einen aufwendigen architektonischen Aufbau in der Art eines Katafalks auszeichnen. Dabei verknüpfte er die Memoria seines kaiserlichen Vorfahren, um dessen Rehabilitierung er bemüht war,[38] mit den testamentarischen Verfügungen seiner Väter.

Der fromme und kunstsinnige Wilhelm V. (reg. 1579–1597) – Vater Maximilians – hatte zunächst für sich und seine Gattin Renata von Lothringen ein monumentales Stiftergrabmal in der von ihm errichteten Münchner Jesuitenkirche St. Michael geplant. Nachdem er jedoch angesichts der prekären Finanzsituation das ganze Projekt aufgeben musste – und dies, obwohl bereits der Großteil der dafür vorgesehenen Bronzefiguren fertig war – setzte er sich stattdessen, wie er 1597 in seinem Testament anlässlich der Abdankung ankündigte, für die Errichtung eines Grabdenkmals für seinen Vater und Großvater ein.[39] Damit erfüllte er zugleich den testamentarischen Wunsch seines Vaters, Herzog Albrecht V. (reg. 1550–1579), ein Epitaph für sich und

33 Ebd., S. 219.

34 Liedke 1974 (wie Anm. 8), S. 144; Ramisch 1997 (wie Anm. 10), S. 45–48.

35 Liedke 1974 (wie Anm. 8), S. 60–62.

36 Ramisch 1997 (wie Anm. 10), S. 45f.

37 Liedke 1974 (wie Anm. 8), S. 62.

38 Diemer 1997 (wie Anm. 9), S. 58f.; Glaser 2002 (wie Anm. 1), S. 26f.; Karl Borromäus Murr, Das Mittelalter in der Moderne. Die öffentliche Erinnerung an Kaiser Ludwig den Bayern im Königreich Bayern, München 2008, S. 41–46 mit älterer Literatur.

39 Schlegel 1971 (wie Anm. 3), S. 218; Diemer 1997 (wie Anm. 9), S. 70–72; Dorothea Diemer, Hubert Gerhard und Carlo di Cesare del Palagio. Bronzeplastiker der Spätrenaissance, 2 Bde., Berlin 2004, Bd. 1, S. 308–312; Czerny 2005 (wie Anm. 1), S. 687f.

Wilhelm IV. (reg. 1508–1550) in der Frauenkirche zu errichten[40] – in unmittelbarer Nähe zu den Reliquien des heiligen Benno, die er 1576 aus Meißen nach München geholt hatte und die er vier Jahre später auf Bitten des Stiftskapitels in die Frauenkirche überführen ließ.[41]

Von dem abgedankten Wilhelm V. gingen daher auch die entscheidenden Impulse zu jener tiefgreifenden Umgestaltung des Binnenchors der Frauenkirche aus, die Maximilian I. ab 1601 vornehmen ließ.[42] Entwurf und Projektleitung lagen in der Hand von Wilhelms Privatarchitekt, dem aus Weilheim gebürtigen „Possierer" Hans Krumper.[43] Den Anfang nahm die Maßnahme mit der Errichtung des 1604 geweihten Bennobogens. Es folgten der Einbau von Emporen, die den Binnenchor verstärkt vom übrigen Kirchenraum separierten, sowie 1620 die Aufstellung des Hochaltars mit der monumentalen Himmelfahrt Mariä des Münchner Hofmalers Peter Candid.[44] Die Umgestaltung des Kaisergrabmals sollte den glanzvollen Schlusspunkt setzen.[45] Maximilian beabsichtigte wohl zeitweise, seine persönliche Memoria mit dem Kaiserdenkmal zu verknüpfen. Eine entsprechende, um 1617/18 entstandene Entwurfsvariante Krumpers, der 1609 von Maximilian zum Hofbildhauer berufen worden war,[46] hat sich erhalten. Sie zeigt die gotische Tumba, ergänzt durch einen hohen Sockel und eine Balustrade sowie Bildwerke und Kandelaber, die man sich wohl in Bronze ausgeführt vorzustellen hat. Auf einem gesonderten Postament erkennt man den knienden Herzog in ewiger Anbetung dem Hochaltar zugewandt.[47] Die Darstellung der Justitia an der Längsseite, die – wie Dorothea Diemer plausibel machte – um eine gegenüberliegende Figur der Fides zu ergänzen ist, kann auf den gebannten Ludwig den Bayern hin gedeutet werden, der durch seinen treuen Glauben vor Gott gerechtfertigt gestorben sein soll.[48]

Schließlich entschied sich der Herzog aber doch zur Kombination eines Epitaphs für Wilhelm IV. und Albrecht V., wie es sein Vater wünschte, mit einem gleichsam universellen Monument für den kaiserlichen Anspruch des Hauses Bayern.[49] Krum-

40 Schlegel 1971 (wie Anm. 3), S. 217; Diemer 1997 (wie Anm. 9), S. 72; Czerny 2005 (wie Anm. 1), S. 685.

41 Diemer 1997 (wie Anm. 9), S. 75f.; Czerny 2005 (wie Anm. 1), S. 685f.

42 Czerny 2005 (wie Anm. 1), S. 691.

43 Diemer 1997 (wie Anm. 9), S. 63–65, 72f.

44 Ebd., S. 76, 82; Czerny 2005 (wie Anm. 1), S. 691f.

45 Nach Vollendung des Bennobogens trugen sich die Herzöge kurzzeitig sogar mit dem Gedanken, im Chorscheitel der Frauenkirche einen Kapellenanbau zur Aufnahme von Choraltar und Grablege zu errichten (Diemer 1997 [wie Anm. 9], S. 77–80; Czerny 2005 [wie Anm. 1], S. 689).

46 Diemer 1997 (wie Anm. 9), S. 65.

47 München, Stadtmuseum, Inv.-Nr. 36/1897; Diemer 1997 (wie Anm. 9), S. 80–82; Glaser 2002 (wie Anm. 1), S. 24f.; Czerny 2005 (wie Anm. 1), S. 695f.

48 Diemer 1997 (wie Anm. 9), S. 82f.

49 Karnehm 1984 (wie Anm. 7), S. 152; Glaser 2002 (wie Anm. 1), S. 33; Murr 2008 (wie Anm. 38), S. 47.

per arbeitete für das Monument, das zugleich sein letztes Werk in Bronze sein sollte,[50] mit dem Münchner Bronzegießer Dionys Frey zusammen.[51]

Das Grabmonument ist als 3,84 Meter hohes, reich gegliedertes Gehäuse in den Formen des frühen Barocks um die spätgotische Grabplatte herum konzipiert.

Der schwarze italienische Kalkstein hierfür war noch von dem verworfenen Projekt für St. Michael vorhanden. Die Seitenflächen rhythmisieren mit Todessymbolen aus Bronze gezierte Pilaster. Zwischen ihnen tun sich Öffnungen auf, die den Blick auf die spätgotische Deckplatte gestatten. Die von Traiano beschriebenen Seitenteile des Hochgrabs wurden jedoch nicht in die Anlage übernommen und gelten seither als verschollen.

Bekrönt wird das Gehäuse weithin sichtbar von der auf ein Präsentationskissen gebetteten kaiserlichen Mitrenkrone.[52] Daneben sitzen auf den Schmalseiten die Personifikationen des guten Herrschers in Krieg und Frieden.[53] Vor einer niedrigen Balustrade mit Kandelabern an den vier Ecken knien geharnischte Standartenträger als Grabwächter. Ihre aufwändig gestickten Banner, die die beiden Seidenstickermeister Hans Menzinger und Georg Früchtl 1595 und vielleicht auch noch 1599 gefertigt hatten, tragen die Wappen und Namen von vier deutschen Kaisern, die nach zeitgenössischer Meinung aus dem bayerischen Herrscherhaus hervorgegangen waren: Neben Ludwig dem Bayern sind dies Karl der Große (reg. 800–814), Ludwig der Fromme (reg. 814–840) und Karl der Dicke (reg. 881–888); dazu die Wappen ihrer Gemahlinnen.[54] Diese Wächterfiguren waren bereits 1597 für das Stiftergrab-Projekt Wilhelms V. gegossen worden. Sie sind Werke der aus dem künstlerischen Umfeld Giambolognas hervorgegangenen Plastiker Hubert Gerhard und Carlo di Cesare del Palagio.[55] Der eine Generation jüngere Hans Krumper, der durch sie nicht nur wesentliche Einflüsse auf seine eigene Handschrift als Bildhauer erhielt, sondern unter ihnen auch die besonderen handwerklichen Fertigkeiten und die technischen

50 Diemer 1997 (wie Anm. 9), S. 65.

51 Ebd., S. 67.

52 Vgl. ebd., S. 63.

53 Ebd., S. 63, 79, 83; Czerny 2005 (wie Anm. 1), S. 697.

54 Kloos 1958 (wie Anm. 18), S. 69, Nr. 121; Karnehm 1984 (wie Anm. 7), S. 150; Diemer 1997 (wie Anm. 9), S. 60, 69; Sylvia Hahn, Die Standarten des Kaisergrabmals, in: Ramisch 1997 (wie Anm. 8), S. 103.

55 Diemer 1997 (wie Anm. 9), S. 68. Die übrigen Bildwerke des aufgegebenen Projekts wurden auf verschiedene Orte verteilt: In St. Michael befinden sich ein Weihbrunnenengel von Hubert Gerhard, ein Kruzifixus von Giambologna, eine hl. Magdalena von Hans Reichle sowie vier Kandelaber und die für die Seitenwände bestimmten Reliefs. Die vier wappenhaltenden Löwen wurden vor der Residenzfassade aufgestellt, die Figur Herzog Ottos I. von Wittelsbach bekrönte den Wittelsbacherbrunnen, und die Mondsichelmadonna, die über dem Stiftergrab schweben sollte, fand, nachdem sie zwischenzeitlich den Hochaltar der Frauenkirche zierte, 1638 ihren Platz auf der Mariensäule (Diemer 1997 [wie Anm. 9], S. 70; dies. 2004 [wie Anm. 39], S. 312–320).

München, Frauenkirche, frühbarockes Grabdenkmal für Kaiser Ludwig den Bayern

Kenntnisse erlangte, die die Kunst des Bronzegusses erforderte,[56] fertigte sodann die überlebensgroßen Figuren, die mittig vor den Längsseiten stehen. Sie stellen die Herzöge Wilhelm IV. und Albrecht V. dar – ersterer in reicher Renaissance-Tracht, letzterer dargestellt als Ritter des Ordens vom Goldenen Vlies – in den er 1546 als erster Wittelsbacher aufgenommen worden war.[57] Der Bildhauer orientierte sich bei den Plastiken eng an authentischen Portraits.[58] Puttenpaare an den Gesimsecken präsentieren die Wappen beider Herzöge und ihrer Gemahlinnen Jakobäa von Baden und Anna von Österreich.[59]

Eine den Katafalk umlaufende lateinische Kapitalis-Inschrift unterrichtet, Herzog Maximilian I., Kurfürst des Heiligen Römischen Reiches, habe 1622 im Auftrag seines Großvaters Albrecht V. und seines Vaters Wilhelm V. dieses Denkmal für Ludwig den Bayern setzen lassen.[60]

56 DIEMER 1997 (wie Anm. 9), S. 64f.

57 SCHLEGEL 1971 (wie Anm. 3), S. 218f.; KARNEHM 1984 (wie Anm. 7), S. 151; CZERNY 2005 (wie Anm. 1), S. 697.

58 SCHLEGEL 1971 (wie Anm. 3), S. 219–222.

59 DIEMER 1997 (wie Anm. 9), S. 63; GLASER 2002 (wie Anm. 1), S. 27; CZERNY 2005 (wie Anm. 1), S. 697.

60 LVDOVICO . QVARTO . IMPERATORI . AVGVSTO . MAXIMILIANVS // BAV: DVX . SAC: ROM: IMP: ELECTOR .// IVBENTIB . ALBERTO . QVINTO . AVO . GVLIELMO . QVINTO .

In Wirklichkeit war die Umgestaltung des Kaisergrabmals jedoch wohl seine eigene Idee, denn in den Testamenten Albrechts und Wilhelms ist nur die Rede von Epitaphien für ihre Väter sowie für andere Vorfahren im Allgemeinen. Auch das Führen des Kurfürstentitels war 1622 strenggenommen nicht legitim, da ihm die Kurwürde erst im darauf folgenden Jahr verliehen wurde. Immerhin hatte er das Versprechen Kaiser Ferdinands II. hierzu bereits 1619 erhalten.[61]

Bis 1860 stand das Grabmal, sich unmittelbar an den Bennobogen anschließend, in vergleichsweise beengter räumlicher Situation in der Mitte des Hochchors. Mit der Purifizierung des Kircheninneren 1858–1861 wurde es um ein Joch nach Westen versetzt, ehe es 1891 am hinteren Ende des mittleren Langhausschiffes Aufstellung fand. Ab 1932 stand es in der Südturmhalle, wo es – geschützt von den mächtigen Turmmauern – die schweren Bombardements der Jahre 1943 und 1945 überdauerte. Schließlich kam es 1964 an den gegenwärtigen Platz am Westende des südlichen Seitenschiffs. Die fehlende Einbindung in die Architektur und der Verlust des historischen Kontexts mindern hier seine Wirkung jedoch erheblich.[62]

Abt Georg Menhart und das Fürstenfelder Stiftergrab

Eine zweite Stätte des intensiven Gedenkens an Ludwig den Bayern ist die Zisterzienserabtei Fürstenfeld. Ludwig II. (reg. 1253–1294), nach der ersten bayerischen Landesteilung Herzog von Oberbayern – der Vater des Kaisers –, gründete das Kloster 1263 zur Sühne einer Bluttat, die sich knapp acht Jahre zuvor zugetragen hatte und die ihm den Beinamen „der Strenge" einbrachte. Mutmaßlich infolge der Verwechslung zweier Briefe ließ er, auf den bloßen Verdacht der ehelichen Untreue hin, seine Gemahlin Maria von Brabant auf Burg Mangoldstein bei Donauwörth hinrichten. Als Buße für dieses ungeheure Vergehen gründete Ludwig – nicht ohne politisches Kalkül – die Zisterze Fürstenfeld, stattete sie großzügig aus, erhob sie in den Rang eines Hausklosters der Münchner Wittelsbacher und erwählte sie schließlich zu seiner Ruhestätte.[63] Neben ihm wurden hier auch seine beiden späteren Ehefrauen Anna von Glogau (1240–1271) und Mechthild von Habsburg (1251–1304) sowie

PARENTE . // POSVIT . ANNO SAL. MDC . XXII. (Kloos 1958 [wie Anm. 18], S. 68, Nr. 121; Schlegel 1971 [wie Anm. 3], S. 217; Diemer 1997 [wie Anm. 9], S. 55; Markus Hundemer, Das frühbarocke Kenotaph, in: Ramisch 1997 [wie Anm. 8], S. 97–102, hier S. 102; Czerny 2005 [wie Anm. 1], S. 696).

61 Schlegel 1971 (wie Anm. 3), S. 217; Diemer 1997 (wie Anm. 9), S. 55, 58.

62 Schlegel 1971 (wie Anm. 3), S. 207f.; Diemer 1997 (wie Anm. 9), S. 54; Czerny 2005 (wie Anm. 1), S. 707f.

63 Peter Pfister, Legende und Wirklichkeit. Gründung und frühe Jahre des Klosters Fürstenfeld, in: In Tal und Einsamkeit. 725 Jahre Kloster Fürstenfeld. Die Zisterzienser im alten Bayern, hg. von Angelika Ehrmann/Peter Pfister/Klaus Wollenberg, Bd. 2, Fürstenfeldbruck 1988, S. 69–90.

seine Tochter Agnes (1262–1269), sein erstgeborener, bei einem Turnier in Nürnberg verunglückter Sohn Ludwig (1267–1290) und einige totgeborene Kinder bestattet.[64]

Auch Ludwig der Bayer bedachte das Kloster mit zahlreichen Privilegien und Schenkungen, nachdem es ihn in der Schlacht bei Mühldorf 1322 durch das Abfangen habsburgischer Boten möglicherweise sogar kriegsentscheidend unterstützt hatte.[65] Als die Reichsinsignien ab 1323 in München aufbewahrt wurden, waren es die Zisterzienser von Fürstenfeld, denen er die Sorge um diese kostbaren Heiltümer anvertraute.

Nach seinem überraschenden Tod auf einer Bärenjagd unweit des Klosters am 11. Oktober 1347[66] wurde Ludwigs Leichnam zunächst in der Abteikirche aufgebahrt, schließlich aber zur Beisetzung nach München überführt. Das kaiserliche Herz jedoch – so will es die Überlieferung wissen – bestattete man in Fürstenfeld.[67]

Ludwig wurde in der Abtei durch alle Zeiten als Wohltäter und Garant für die Würde des Klosters sowie zum Zeichen der besonderen Verbundenheit mit dem bayerischen Herrscherhaus in hohen Ehren gehalten. Daher beschloss man im 16. Jahrhundert, im Mönchschor der dreischiffigen Abteikirche eine freistehende Tumba als repräsentatives Stiftergrabmal aufzustellen.[68] Die reliefierte Deckplatte zeigte, einer Beschreibung des Abts Leonhard III. Treuttwein von 1591 zufolge,[69] Ludwig den Strengen mitsamt seiner drei Frauen und Ludwig den Bayern als Fundatoren. Kurios im Vergleich dazu wirkt die Gestaltung der Seitenwände, auf denen nach dieser Deskription Reliefs mit Szenen aus dem Leben Christi angebracht waren. Sie hatten Geburt, Anbetung der Könige und seinen Abschied von Maria zum Gegenstand. Eine solche, mit dem Stiftergedenken in keiner Weise übereinzubringende Ikonographie ist ohne Parallelen.[70] Die vierte Seitenfläche zeigte das Bild des Auftraggebers, den Treuttwein mit Johannes Scharb – zwischen 1505 und 1513 Abt

64 LIST 1980 (wie Anm. 1), S. 527; Angelika EHRMANN, Das gotische Kloster Fürstenfeld, in: EHRMANN/PFISTER/WOLLENBERG 1988 (wie Anm. 63), S. 164–190, hier S. 182; CZERNY 2005 (wie Anm. 1), S. 643.

65 Siehe auch Birgitta KLEMENZ, „Denkmal väterlicher Bußgesinnung“, Kaiser Ludwig der Bayer und Fürstenfeld, in: Ausst.-Kat. Kaiser Ludwig der Bayer 1282–1347, Fürstenfeldbruck 1997, S. 34–52.

66 GLASER 2002 (wie Anm. 1), S. 1–4; CZERNY 2005 (wie Anm. 1), S. 36–50.

67 Wolfgang LEHNER, Die Zisterzienserabtei Fürstenfeld in der Reformationszeit 1496–1623 (Münchener Theologische Studien 1. Hist. Abteilung 36), Weißenhorn 2001, S. 365; CZERNY 2005 (wie Anm. 1), S. 50–54, 643f.

68 EHRMANN 1988 (wie Anm. 64), S. 182f.; dies. in: In Tal und Einsamkeit. 725 Jahre Kloster Fürstenfeld. Die Zisterzienser im alten Bayern, hg. von Angelika EHRMANN/Peter PFISTER/Klaus WOLLENBERG, Bd. 1, Fürstenfeldbruck 1988, S. 34f., Kat.-Nr. B.II.4; CZERNY 2005 (wie Anm. 1), S. 645; siehe auch Clemens BÖHNE, Das Grabmal Herzog Ludwig des Strengen in der Fürstenfelder Klosterkirche, in: Amperland 2 (1966), S. 41–43, hier S. 42f.

69 Das Folgende nach einem Schreiben des Abts an Hieronymus Nagler vom 15.02.1591; zit. bei LIST 1980 (wie Anm. 1), S. 528; EHRMANN 1988 (wie Anm. 64), S. 184; dies. 1988 (wie Anm. 68), S. 45–47, Kat.-Nr. B.III.8.

70 Vgl. EHRMANN 1988 (wie Anm. 64), S. 186.

von Fürstenfeld – identifizierten wollte. Um das Grabmal führte ein Gitter mit sechs Leuchterengeln und vier Löwen, die wappengeschmückte Banner präsentierten.

Bemerkenswert erscheint ferner, dass die beschriebene Anlage nicht, wie man erwarten würde, aus Marmor oder Bronze angefertigt wurde. Man ließ sie vielmehr aus Holz schnitzen und entschied sich damit für eine „Sparversion".[71]

Als schwedische Söldner 1632 das Kloster plünderten, brachen sie das Grabmal auf und beschädigten es dabei wohl schwer.[72] Zwischen 1661 und 1668 fand ein Umbau der alten Kirche von 1284 statt. Dabei rückte man den Hochaltar nach Westen über die Grabstelle. Die Bruchstücke der demolierten Tumba wurden ergänzt und – nun aufrecht stehend – mit weiteren Resten der spätgotischen Kirchenausstattung an der Altarrückwand zusammengesetzt.[73] Abt Gerard Führer band seiner Klosterchronik eine dem 1748 angelegten Fürstenfelder Nekrologium entnommene Abbildung dieses Arrangements bei, die sich ihrerseits auf eine ältere, inzwischen verlorene Darstellung zu beziehen scheint:[74]

Die Stifterfiguren, wie sie Abt Treuttwein beschrieben hatte, sind in der Mitte zu identifizieren, ergänzt um die Liegefigur des toten Herzogssohnes Ludwig sowie um ein Paar leuchtertragender Putten, bei denen es sich um zwei der Leuchterengel vom Hochgrab handeln könnte. Sechs kleine Mönchsdarstellungen in der Art von Pleurants – ursprünglich wohl einem anderen Grabzusammenhang zugehörend –[75] umgeben in kleinen Nischen die zentrale Gruppe. Auf dem oberen Teil der Miniatur ist eine Scheintumba wiedergegeben, die an dieser Stelle jedoch höchst ungewöhnlich wäre. Helga Czerny sah daher in der Zeichnung gewissermaßen zwei unterschiedliche Zustände des Grabmals dokumentiert: oben ein gotisches Hochgrab, unten die Neuanordnung der Bruchstücke als Wandepitaph nach dem Dreißigjährigen Krieg.[76] Weitere Blätter des Nekrologiums überliefern zwei figürliche Dreiergruppen, die durch erklärende Wappen und Beischriften ergänzt werden. Gerard Führer beschreibt sie als „große Tafel(n) von erhabner Holzschnittarbeit", die sich in der ersten Klosterkirche „zunächst am Chor der Mönche" befunden hätten.[77] Wie die durch den Miniaturmaler akribisch kopierte Inschrift *Renovatum MDXVI* nahelegt, wurden sie 1516 offenbar als Ersatz für ältere Darstellungen geschaffen, bei denen es

71 Vgl. ebd., S. 183.

72 List 1980 (wie Anm. 1), S. 528; Ehrmann 1988 (wie Anm. 64), S. 189 f.; Czerny 2005 (wie Anm. 1), S. 650.

73 Ehrmann 1988 (wie Anm. 64), S. 167; dies. 1988 (wie Anm. 68), S. 35f., Kat.-Nr. B.II.5; Czerny 2005 (wie Anm. 1), S. 645, 650.

74 Bayerische Staatsbibliothek München, Cgm 3920, S. 36, § 51, Bildteil, Taf. VI; List 1980 (wie Anm. 1), S. 528; Ehrmann 1988 (wie Anm. 68), S. 54, Kat.-Nr. B.III.15.

75 Ehrmann 1988 (wie Anm. 64), S. 190.

76 Czerny 2005 (wie Anm. 1), S. 652.

77 Bayerische Staatsbibliothek München, Cgm 3920, S. 34f., § 50, Bildteil, Taf. III und IV; Ehrmann 1988 (wie Anm. 68), S. 54–57, Kat.-Nr. B.III.16f. mit Abb.

Fürstenfeld, ehem. Abteikirche, barocke Aufstellungssituation des Stiftergrabmals. Miniatur aus Gerard Führer, Chronik des Klosters Fürstenfeld, 1803

sich um Wandbilder gehandelt haben könnte, die im Zuge von Umbaumaßnahmen weichen mussten. Auf der ersten Tafel ist Ludwig der Strenge als Stifter mit dem heiligen Bernhard und dem Prior eines Zisterzienserkonvents zu identifizieren, auf der zweiten Ludwig der Bayer mit dem Fürstenfelder Abt Caspar Harder (1513–1522) und einer Madonna mit Kind. Die lateinischen Inschriften, sind jeweils als Konversation angelegt. Es wurde versucht, die beiden Figurengruppen an den Seitenwänden des Wandepitaphs zu verorten,[78] doch stellt sich die Frage, ob sie nicht eher separat vom Stiftergrab im Mönchschor standen oder hingen.

78 EHRMANN 1988 (wie Anm. 64), S. 189; CZERNY 2005 (wie Anm. 1), S. 653.

Czerny zufolge wurde das Grabmal nach dem Abbruch der alten Klosterkirche 1717 in den barocken Neubau transferiert und erst nach dem Einsturz des Langhausgewölbes 1727, der es wohl schwer beschädigte, endgültig abgebaut.[79] Die Überreste verblieben jedoch weiterhin im Kloster und sollten im sogenannten Antiquariumszimmer aufgestellt werden. Die Verwirklichung dieses Plans wurde zunächst durch Kriegsunruhen verzögert, ehe die Auflösung des Klosters sie gänzlich verhinderte.[80]

Die verbliebenen Skulpturen überwies König Maximilian II. (reg. 1848–1864) 1857 in das gerade im Aufbau befindliche Bayerische Nationalmuseum.[81]

Über diesen Weg sind die aus Eichenholz geschnitzten Darstellungen des Kaisers und Ludwigs des Strengen mit seinen drei Ehefrauen von der ursprünglichen Deckplatte auf uns gekommen.[82]

Sie zeigen eine einfache, wohl Steinmaterial imitierende Fassung aus der Zeit um 1700. Sämtliche Attribute, so das Zepter und die Kaiserkrone, die einst auf dem Haupt des Bayern saß, sind in Verlust geraten. Auch das Modell der gotischen Abteikirche, das die beiden Fürstenfiguren nach einer Ansicht aus den „Monumenta Boica"[83] gemeinsam präsentierten und das gemeinsam mit den Bildwerken an das Bayerische Nationalmuseum gelangte, fehlte zwischenzeitlich. Es war vielleicht erst nach 1857 um die Andeutung zweier sich seitlich anschließender, zu je vier Fensterachsen gegliederter Gebäudeflügel ergänzt worden.[84] Im August 2013 identifizierte Rudolf Göbel, BNM, das verschollene Modell im Holzornamente-Depot des Museums.[85] Es soll künftig wieder zusammen mit den Stifterdarstellungen gezeigt werden.

---

79 Czerny 2005 (wie Anm. 1), S. 645. Ehrmann geht dagegen davon aus, dass das Grabmal nicht in den Neubau übernommen wurde (Ehrmann 1988 [wie Anm. 64], S. 190).

80 Bayerische Staatsbibliothek München, Cgm 3920, S. 37, § 51; List 1980 (wie Anm. 1), S. 529; Ehrmann 1988 (wie Anm. 64), S. 190.

81 Matthias Weniger, Herzog Ludwig II. der Strenge mit seinen Gemahlinnen Maria von Brabant-Lothringen, Anna von Schlesien-Glogau und Mechthilde von Habsburg, in: Die Wittelsbacher am Rhein. Die Kurpfalz und Europa (Ausstellung der Länder Baden-Württemberg, Rheinland-Pfalz und Hessen in den Reiss-Engelhorn-Museen Mannheim und im Barockschloss Mannheim, 08.09.2013–02.03.2014), 2 Bde., Katalog hg. von Alfried Wieczorek/Bernd Schneidmüller/Alexander Schubert/Stefan Weinfurter, Regensburg 2013, Kat.-Nr. B1.03; vgl. Karl Riedl, Miscellen zur Geschichte von Fürstenfeld und seiner Umgebung, in: Oberbayerisches Archiv für vaterländische Geschichte 17 (1857), S. 214–222, hier S. 216; List 1980 (wie Anm. 1), S. 527.

82 Bayerisches Nationalmuseum München, Inv.-Nr. R 157 und R 157a; Ehrmann 1988 (wie Anm. 68), S. 47–49, Kat.-Nr. B.III.9f.

83 Monumenta Boica, Bd. 9, München 1767, S. 86; Ehrmann 1988 (wie Anm. 68), S. 57f., Kat.-Nr. B. III.18 mit Abb.

84 Eine zwischen 1885 und 1914 entstandene Fotografie dokumentiert die Figuren mit dem so erweiterten Kirchenmodell. Siehe Bildarchiv Foto Marburg, Aufnahme Nr. 111341. Hinweis bei Weniger 2013 (wie Anm. 81).

85 Bayerisches Nationalmuseum München, Inv.-Nr. H 1576; H = 53,5 cm; L = 86 cm.

Museum Fürstenfeldbruck, Holzskulpturen von der Deckplatte des ehem. Stiftergrabs aus der Abteikirche Fürstenfeld

Die Figuren sind von durchschnittlicher künstlerischer Qualität – sie wirken „hölzern" im wahrsten Sinne des Wortes, wobei wohl umfangreiche Reparaturen und die entstellende Fassung diesen Eindruck noch verstärken. Die Tracht mit den vielfach geschlitzten Ärmeln und dem in strengen Parallelfalten fallenden Waffenrock, die Harnische sowie Haar- und Bartmode lassen sich jedoch schwer mit einer Entstehung unter Abt Johannes Scharb zwischen 1505 und 1513 in Einklang bringen.

Sie weisen vielmehr auf die Zeit um 1525/30.[86] Auf diesen Widerspruch wird noch zurückzukommen sein.

In Fürstenfeldbruck haben sich ferner zwei der Pleurants – ebenfalls aus Eichenholz – erhalten.[87] Die kleinformatigen ungefassten Bildwerke rühren von einer zweiten Hand und wurden – wie bereits beschrieben – erst bei der Neuzusammenstellung nach dem Dreißigjährigen Krieg in das Denkmal integriert.[88] Noch später – wohl im ausgehenden 17. Jahrhundert ergänzte man das Ensemble um eine neu angefertigte, heute ebenfalls in Fürstenfeld gezeigte Liegefigur des tragisch ums Leben gekommenen Prinzen.[89]

Im Juni 1859 schenkte der Hofkaplan Karl Riedl dem König für das Museum ein Holzrelief, „Ludwig den Strengen zwischen zwei Mönchen darstellend" aus seinem Besitz.[90] Dabei handelt es sich um die erste der beiden Dreiergruppen von 1516, die in den Illustrationen der Klosterchronik überliefert sind (s.o.). Die Lindenholzreliefs der beiden Zisterzienser – auf der Miniatur als „Bernhard" und „Prior" bezeichnet – befinden sich heute als Dauerleihgaben in Fürstenfeldbruck.[91] Die Mittelfigur galt dagegen als verschollen, bis sie zuletzt vom Verfasser im Depot des Bayerischen Nationalmuseums wiederaufgefunden wurde.[92] Eine Zusammenführung der Gruppe ist damit wieder möglich.

Die drei Figuren waren ursprünglich durch ihr symbolisches Handeln, durch Blicke und Gesten eng aufeinander bezogen: Nach Ausweis der Miniatur[93] hielten der als Ordensgründer Bernhard von Clairvaux ausgewiesene linke Mönch und Ludwig der Strenge gemeinsam ein Modell der Klosterkirche. Beide wenden sich dem „Prior" – gemeint ist natürlich der erste Prior des Fürstenfelder Konvents – zu. Der Herzog gemahnt ihm mit seiner erhobenen Linken an seine Pflichten. Der Prior, in dessen Hände sogleich die fürstliche Stiftung übergehen wird, wiederholt mit demütig gesenktem Haupt den Zeigegestus, nun auf sich bezogen, und versichert dem Stifter die Gebete der Brüder.

Bereits zu einem frühen Zeitpunkt musste das Kirchenmodell abhandengekommen sein. Die offensichtliche Modifizierung am linken Arm des hl. Bernhard konnte erst nach diesem Verlust stattgefunden haben. Die gestikulierenden Hände des Bay-

---

86 Weniger 2013 (wie Anm. 81).

87 Museum Fürstenfeldbruck, Inv.-Nr. 234 und Inv.-Nr. 02080 (freundliche Auskunft von Angelika Mundorff, Fürstenfeldbruck); Ehrmann 1988 (wie Anm. 68), S. 49–51, Kat.-Nr. B.III.11f. mit Abb.

88 Ehrmann 1988 (wie Anm. 64), S. 188.

89 Bayerisches Nationalmuseum München, Inv.-Nr. D 1716; List 1980 (wie Anm. 1), S. 528; Ehrmann 1988 (wie Anm. 64), S. 188f.; Ehrmann 1988 (wie Anm. 68), S. 51, Kat.-Nr. B.III.13.

90 Bayerisches Nationalmuseum München, Erwerbungsakten Kasten 38.

91 Bayerisches Nationalmuseum München, Inv.-Nr. R 6839 und R 6841; Ehrmann 1988 (wie Anm. 64), S. 189; dies. 1988 (wie Anm. 68), S. 52, Kat.-Nr. B.III.14.

92 Bayerisches Nationalmuseum München, Inv.-Nr. R 6845.

93 Siehe Anm. 77.

Stifterrelief aus der ehem. Abteikirche Fürstenfeld, Rekonstruktion, v. l. n. r.: Bernhard von Clairvaux, Ludwig der Strenge und der Prior von Fürstenfeld.

ernherzogs fehlen ebenso wie die identifizierenden Wappen und die den Personen in den Mund gelegten Texte, sodass sich die beabsichtigte Aussage des Bildwerks nicht mehr ohne weiteres erschließt.

Bisherige Forschungen zum Fürstenfelder Stiftergrab konzentrierten sich auf die Rekonstruktion und die Überlieferungsgeschichte, sie gingen jedoch kaum auf die unkonventionelle Materialwahl ein, sodass die Gründe für die Anfertigung aus Holz bislang nicht überzeugend geklärt werden konnten.[94] Der in der jüngeren Literatur kritiklos vertrauten Beschreibung Leonhard Treuttweins, wonach Abt Johannes Scharb als Auftraggeber fungierte,[95] lässt sich, wie bereits angedeutet, kaum mit den auf eine etwas spätere Entstehung weisenden Kostümdetails in Einklang bringen. Im Folgenden sei ein möglicher Ansatz zur Klärung dieses Widerspruchs vorgestellt.

Es gibt neben der Tracht der Dargestellten noch weitere Indizien, die eine spätere Datierung plausibel erscheinen lassen.

94 CZERNY 2005 (wie Anm. 1), S. 649f.
95 LIST 1980 (wie Anm. 1), S. 529.

Die Miniatur aus dem Nekrologium, auf der die Aufstellungssituation als Wandepitaph dokumentiert ist, zeigt zwar am Sockel das Wappen eines Fürstenfelder Abts, jedoch nicht das des Johannes Scharb, sondern das Georg Menharts. Menhart stand dem Konvent von 1522 bis 1531 vor. Gerard Führer nennt daher in seiner Klosterchronik ihn anstelle Johannes Scharbs als Erbauer des Grabmals.[96] Anders als unter Menhart wäre unter Abt Scharb der Konvent nämlich durchaus in der Lage gewesen, ein repräsentatives Stiftergrab zu finanzieren. Immobilienerwerbungen, die Vergabe eines Kredits an den Abt von Aldersbach sowie die Anschaffung wertvoller Reliquiare und Paramente für die Klosterkirche belegen, dass es um die Finanzen des Klosters während seiner Amtszeit vergleichsweise gut bestellt war.[97] Wolfgang Lehner suchte daher zuletzt etwas gewollt die Erklärung für das Knausern am Stiftergrab in einer Art „Trotzhaltung" des Konvents, weil sich das Fürstenhaus seinerseits nicht an den Kosten des Grabmals beteiligt und auch sonst mit Stiftungen eher zurückgehalten habe.[98]

Unter Abt Georg Menhart trat jedoch eine Situation ein, die die Wahl einer bescheidenen Lösung sowohl hinsichtlich des Materials als auch der künstlerischen Qualität wie von selbst erklären würde: Er stürzte das Kloster in eine handfeste Wirtschaftskrise. Die Akten einer 1529 durchgeführten Visitation zeichnen ein geradezu verheerendes Bild der Zustände, sowohl was die geistliche Disziplin als auch die Wirtschaftsführung des Abtes anging.[99] Danach war der Prälat den Tafelfreuden und dem Wein zugeneigt, unterhielt eine Konkubine und kam seinen monastischen Pflichten nur höchst unzureichend nach. Schwerer wog in einer Zeit allgemein lockerer Moralvorstellungen im Klerus jedoch, dass er sich großzügig aus dem Klostervermögen bediente, Besitzungen nach Belieben und Tageslaune verschrieb und verkaufte, ohne die Einnahmen abzurechnen, Gelder unterschlug, bei Stellenbesetzungen Nepotismus und Willkür walten ließ, im weiten Umland als wortbrüchig galt und sich taub gegenüber allen guten Ratschlägen zeigte. Die wirtschaftliche Situation Fürstenfelds verschlechterte sich unter Menhart erheblich – dabei mögen die herzoglichen Sondersteuern zur Türkenabwehr das ihre dazu beigetragen haben. Seit 1525 war das Kloster gezwungen, reihenweise Immobilien zu veräußern oder zu verpfänden. Letztlich wurde Menhart die Verfügungsgewalt über die Temporalien entzogen und die Geschäfte der Abtei einer landesherrlichen Administration übertragen. 1531 wusste man sich nur noch mit der Absetzung des renitenten Abts zu helfen.[100]

Georg Menhart hätte also allen Grund gehabt, sich mit der Errichtung eines Wittelsbacher-Stiftergrabmals in der Kirche seines Klosters dem Fürstenhaus anzudie-

---

96 Ehrmann 1988 (wie Anm. 64), S. 182f.; Lehner 2001 (wie Anm. 67), S. 61.
97 Lehner 2001 (wie Anm. 67), S. 62.
98 Ebd., S. 62f., 448f.
99 Das Folgende nach ebd., S. 79–87.
100 Ebd., S. 88–90.

nen und den Herzog gnädig zu stimmen. Dabei gestattete die wirtschaftliche Lage der Abtei nicht mehr als die Aufstellung eines hölzernen Kastens, den man mit den Skulpturen eines vermutlich ortsansässigen Bildschnitzers ausstattete.[101] Die Reliefs der Seitenwände wurden vermutlich – wie die merkwürdige Themenwahl nahelegt – sogar zweitverwendet.[102]

Der Konvent von Fürstenfeld und die Stifterfiguren des Roman Anton Boos

Ab 1700 entstand anstelle der alten Abteikirche der imposante barocke Neubau des Münchner Hofbaumeisters Giovanni Antonio Viscardi. Die Ausstattung des Innenraums, an der auch Cosmas Damian und Egid Quirin Asam maßgeblich beteiligt waren, zog sich jedoch noch bis weit in die zweite Jahrhunderthälfte hinein.

Auch in der neuen Kirche sollte das Gedenken an die Stifter tradiert werden. Nachdem das Hochgrab aus dem 16. Jahrhundert schwer beschädigt war und durch seine einfache Ausführung dem mit dem Neubau erhobenen Anspruch ohnehin nicht entsprochen hätte, entschied man sich – veranlasst offenbar durch das 500-jährige Gründungsjubiläum 1763 – zur Aufstellung zweier monumentaler Figuren zuseiten des Chorbogens.

Der Bildhauer Roman Anton Boos lieferte mit diesem Skulpturenpaar eine erste Probe seines Könnens ab. Boos, 1733 auf einem Bauernhof in Bischofswang im Allgäu geboren, ging zunächst bei Anton Sturm in Füssen in die Lehre, arbeitete anschließend neun Jahre in der Werkstatt Johann Baptist Straubs in München, ehe er, wie vor ihm bereits Straub und Ignaz Günther, die Wiener Akademie besuchte. 1765 kehrte der nun 32-Jährige nach München zurück mit der Intention, sich hier niederzulassen. Im selben Jahr noch kam aus Fürstenfeld der Auftrag über die beiden Riesenfiguren.[103]

Bereits ein Jahr später wurden die etwa 3,75 Meter hohen, aus Holz geschnitzten und weiß-gold-gefassten Stifterbildnisse aufgestellt. Sie zeigen noch eine gewisse Nähe des Bildhauers zum Werk seines ersten Lehrherren Anton Sturm. Ruth Johnen verwies auf dessen von 1725 bis 1727 für den Kaisersaal des Klosters Ottobeuren

101 Die von Claudia List vertretene Verbindung mit der Landshuter Kunst (LIST 1980 [wie Anm. 1], S. 527; Ausst.-Kat. Wittelsbach und Bayern, Bd. I, 2. Die Zeit der frühen Herzöge. Von Otto I. zu Ludwig dem Bayern, hg. von Hubert GLASER, München [u. a.] 1980, S. 111f., Kat.-Nr. 143) wird nicht geteilt.

102 Vgl. EHRMANN 1988 (wie Anm. 64), S. 186.

103 Ruth JOHNEN, Roman Anton Boos. Kurfürstlicher Hofbildhauer zu München 1733–1810, in: Münchner Jahrbuch der Bildenden Kunst N.F. 12 (1937/38), S. 281–320, hier S. 281f., 305; Uta SCHEDLER, Roman Anton Boos (1733–1810). Bildhauer zwischen Rokoko und Klassizismus, München (u. a.) 1985, S. 9.

Fürstenfeld, ehem. Abteikirche, Statue Herzog Ludwigs des Strengen am Chorbogen

Fürstenfeld, ehem. Abteikirche, Statue Kaiser Ludwigs des Bayern am Chorbogen

geschaffene Standbilder, die Boos gekannt haben musste. Die barocke Bewegtheit Sturms ist bei seinem Schüler jedoch bereits stark reduziert, die Proportionen der Figuren sind merklich gestreckt.[104]

In der linken der beiden geharnischten Gestalten ist Ludwig der Strenge dargestellt.

Ein Herz, durchstoßen mit einem Dolch, spielt zwar auf seine lieblose Tat an, doch lässt die barocke Pose des Fürsten nichts von Zerknirschung und Sühne erkennen – die Verherrlichung des Hauses Wittelsbach steht hier unverhohlen im Vordergrund. Dazu passt auch der Putto zu seinen Füßen, welcher, den Grundrissplan

---

104 Johnen 1937/38 (wie Anm. 103), S. 293; siehe auch Schedler 1985 (wie Anm. 103), S. 15–17.

der Abteikirche präsentierend, mit ekstatischer Geste auf den Klostergründer weist. Darüber hinaus sind ihm eine Inschrifttafel und der geradezu obligatorische Wittelsbacher Löwe zugeordnet.[105]

Gegenüber ist Ludwig der Bayer mit weit ausholender Gebärde gegeben.

Die Kaiserkrone auf der mächtigen Lockenperücke, das Zepter in der Rechten, ein Putto mit dem goldenen Reichsapfel sowie ein Löwe mit dem Wittelsbacherwappen, das den Reichsadler als Herzschild zeigt – eine Umkehrung der für Ludwig den Bayern geläufigen Heraldik –, sind ihm als Insignien zugewiesen. Die lateinische Inschrift auf der mit reicher Rocaille-Ornamentik gerahmten Kartusche unterrichtet, Fürstenfelds dankbare Gemeinschaft habe dieses Monument ihrem frommen Wohltäter, Kaiser Ludwig, geweiht.[106] Die Inschriften beider Statuen enthalten jeweils zwei Chronogramme, die sich stets in die Jahreszahlen 1765 und 1766 – also das Jahr der Auftragserteilung sowie das der Aufstellung – auflösen lassen.[107]

Die Stifterfiguren verweisen damit nicht nur auf die Gründungsgeschichte, sondern künden auch von einer aufrichtigen Dankbarkeit, die die Mönche noch nach Jahrhunderten ihrem kaiserlichen Wohltäter entgegenbrachten. Die traditionelle Verbindung zwischen Herrscherdynastie und Hofkloster erfuhr damit eine weitere Festigung.

Dem Schöpfer der Skulpturen gelang es, sich mit seinem Einstandswerk einen gleichermaßen prominenten wie umfangreichen Folgeauftrag zu sichern, nämlich die Ausführung des figürlichen und ornamentalen Schmucks für die Fassade der Münchner Theatinerkirche.[108] Bereits ein Jahr nach seiner Niederlassung in München gründete Boos eine Zeichenschule, die Kurfürst Maximilian III. Joseph (reg. 1745–1777) ab 1770 als öffentliche Zeichenschule oder „Maler und Bildhauer Academie“ förderte.[109] Zum ersten Professor der Zeichenklasse berief man den Maler Franz Ignaz Oefele, Boos dagegen wurde mit der unbezahlten zweiten Professur für Bildhauerei abgefunden.[110] Im Jahre 1775 erhielt er den Rang des kurfürstlichen Hofbildhauers, zwei Jahre später heiratete er die Tochter seines alten Meisters Straub und zog in dessen Haus in der Hackenstraße.[111] Seine bereits auf den Klassizismus hinweisende Kunst stieß in der Folge bei kirchlichen Auftraggebern auf wenig Wertschätzung – sie gaben Straub und Günther zumeist den Vorzug.

105 Lothar ALTMANN in: Katalog Fürstenfeld 1988 (wie Anm. 68), S. 187, Kat.-Nr. F.IV.17; SCHEDLER 1985 (wie Anm. 103), S. 15; Georg PAULA, Der Innenraum der Klosterkirche, in: Kloster Fürstenfeld, hg. von Werner SCHIEDERMAIR, Lindenberg i. A. 2006, S. 158–163, hier S. 163.

106 Im Wortaut: LVDoVICo IMperatorI / pIo nobIs BenefaCtorI / HanC / gratItVDo FIIrstenfeLDen / DICaVIt.

107 ALTMANN 1988 (wie Anm. 105), S. 187f., Kat.-Nr. F.IV.17.

108 JOHNEN 1937/38 (wie Anm. 103), S. 282; SCHEDLER 1985 (wie Anm. 103), S. 21–30.

109 Nach SCHEDLER 1985 (wie Anm. 103), S. 9; vgl. JOHNEN 1937/38 (wie Anm. 103), S. 283.

110 JOHNEN 1937/38 (wie Anm. 103), S. 283f.

111 JOHNEN 1937/38 (wie Anm. 103), S. 286; SCHEDLER 1985 (wie Anm. 103), S. 9f.

Abt Gerard Führer, König Maximilian I. Joseph und das Kaisermonument bei Puch

Der letzte Abt von Fürstenfeld, Gerard Führer (1796–1803), erinnerte sich jedoch 1796 an den Bildhauer Boos in München. Er ließ einen Block Ettaler Marmor in dessen Atelier liefern – mit dem Auftrag, ein Reliefbildnis Ludwigs des Bayern sowie dessen Wappen für ein Monument zu Ehren des Kaisers zu meißeln.[112]

Dieses sollte auf der vom Volksmund „Kaiseranger“ genannten Wiese nahe der Ortschaft Puch jenen Ort markieren, an dem Ludwig 1347 tot zusammengebrochen war. Bereits Führers Vorgänger, Abt Tezelinus Katzmaier (1779–1796), hatte 1794 einen entsprechenden Plan ins Auge gefasst und zwischen dem Kloster und dem projektierten Standort eine Sichtschneise anlegen lassen.[113]

Die besorgniserregenden Entwicklungen dieser Jahre mussten die Errichtung eines solchen Monuments seitens des Klosters besonders geboten erscheinen lassen. Die in der zweiten Hälfte des 18. Jahrhunderts gegenüber der Kirche restriktive staatliche Innenpolitik war längst auch in Fürstenfeld spürbar geworden – die Anzeichen auf eine mögliche Aufhebung des Konvents mehrten sich. In dieser Situation bot der 450. Todestag Ludwigs des Bayern 1797 einen willkommenen Anlass, noch einmal ein Zeichen der Verbindung mit dem Herrscherhaus zu setzen – vielleicht auch in der Hoffnung, durch diesen Appell den Fortbestand der Abtei zu sichern.[114] Gerard Führer hatte zu diesem Unternehmen aus seinem Privatvermögen die erhebliche Summe von nahezu 800 Gulden beigesteuert.[115] Den benötigten Marmor und Tuffstein hatten die Klöster Ettal und Dießen bereitgestellt.[116] Obwohl Boos seine Arbeit termingemäß fertigbrachte und 1797 dafür bezahlt wurde,[117] kam das Denkmal infolge der Koalitionskriege vorerst nicht zur Aufstellung; die zum Versatz vorbereiteten, bereits mit den Inschriften versehenen Werkblöcke blieben unverbaut auf dem Kaiseranger liegen.

Auch der vermeintliche Sonderrang als Herrschaftskloster zeitigte nicht die erhoffte Rettung; die Säkularisation brach am 18. März 1803 unerbittlich über Fürstenfeld herein.[118] Angeregt durch den geradezu berüchtigten Aufhebungskommis-

---

112 Franz Seraphin Hartmann, Aktenmäßige Darstellung über die wahre Todesstätte des deutschen Kaisers Ludwig des Bayern auf dem Kaiseranger bei Fürstenfeldbruck, in: Oberbayerisches Archiv für vaterländische Geschichte 33 (1874), S. 217–228, hier S. 218; Johnen 1937/38 (wie Anm. 103), S. 314; Fritz Scherer, Die Kaisersäule in Puch, in: Amperland 33 (1997), S. 211–214, hier S. 213.

113 Hartmann 1874 (wie Anm. 112), S. 218; Murr 2008 (wie Anm. 38), S. 71.

114 Zu den Beweggründen zur Errichtung des Denkmals siehe Murr 2008 (wie Anm. 38), S. 71–78.

115 Hartmann 1874 (wie Anm. 112), S. 218; Murr 2008 (wie Anm. 38), S. 71.

116 Hartmann 1874 (wie Anm. 112), S. 218; Murr 2008 (wie Anm. 38), S. 72.

117 Johnen 1937/38 (wie Anm. 103), S. 314.

118 Winfried Müller, Die Aufhebung von Kloster Fürstenfeld im Jahr 1803, in: Ehrmann/Pfister/Wollenberg 1988 (wie Anm. 64), S. 141–163.

Puch, Monument für Kaiser Ludwig den Bayern, Medaillon mit dem Reliefbildnis des Kaisers

sar Christian Adam Heydolph machte sich jedoch Kurfürst Maximilian IV. Joseph (reg. 1799–1825; ab 1806 als König) das auf Eis liegende Denkmalprojekt umgehend zu Eigen.[119] Weiter verzögert durch die Kriegsereignisse stellte man schließlich 1808/09 – nun unter dem Patronat eines bayerischen Königs – das Monument auf, jedoch nicht auf dem „Kaiseranger", sondern an der Landstraße von München nach Augsburg. Der königliche Posthalter Ludwig Weiß in Bruck hatte zur Wahl dieses Standorts angeregt.[120] Ringsherum plante der Münchner Hofgartenintendant Friedrich Ludwig von Sckell eine kleine Parkanlage im englischen Stil mit einer in einem künstlichen Felsen gefassten Quelle.[121]

119 MURR 2008 (wie Anm. 38), S. 78–80.
120 HARTMANN 1874 (wie Anm. 112), S. 219f.; MURR 2008 (wie Anm. 38), S. 80.
121 SCHERER 1997 (wie Anm. 112), S. 213.

Puch, Monument für Kaiser Ludwig den Bayern mit umgebender Parkanlage

Die abschließende Inaugenscheinnahme des unter Verwendung der von Kloster und Abt bezahlten Werkstücke errichteten Denkmals fand 1812 durch den Staatsminister Maximilian Graf von Montgelas statt.[122]

Das eigentliche Monument ist als etwa 13 Meter hoher Obelisk gestaltet. Etwa in der Mitte des Schafts sitzt der Block, mit der Reliefbüste und dem kaiserlichen Wappen, den Boos gemeißelt hatte. Das Bildnismedaillon war einer Beschreibung Franz Seraphin Hartmanns von 1874 zufolge ursprünglich vergoldet und mit einem Laubkranz eingefasst.[123]

Das Postament trägt zwei Inschriften, die der bayerische Jurist und Historiker Felix Joseph von Lipowsky anstelle der bereits ausgeführten Widmungen entworfen hatte: Der lateinische Text auf der Vorderseite würdigt den Kaiser als Verteidiger der Freiheit Deutschlands, als Geber der bayerischen Gesetze sowie als tapferen und standhaften Mann [124] – was, wie Karl Borromäus Murr darlegte, durch die Zeitge-

122 Hartmann 1874 (wie Anm. 112), S. 219, 221.

123 Ebd., S. 222. Hartmann hielt die Reliefs wegen ihrer Vergoldung für in Metall gegossene Arbeiten (ebd.).

124 Im Wortlaut: PIIS . MANIBUS . / DIUI . LUDOVICI . / BAUARI . / ROMAN: IMPERAT: / LIBERTAT: GERMAN: / DEFENSORIS / LEGUM . BOICARUM . / CONDITORIS . / VIRI . FORT: ET . CONSTANT: / MONUMENTUM . / POSUIT . / MAXIMILIANUS .

nossen ebenso auf den gegenwärtigen König Maximilian I. Joseph bezogen werden konnte.[125] Dieser habe ihm – wie die Inschrift weiter unterrichtet – das Denkmal 1808 gesetzt; vom Abt von Fürstenfeld, der das Projekt initiiert hatte, ist dagegen keine Rede mehr. Der deutsche Text auf der Rückseite lautet: *Hier starb in den Armen / eines Bauerns* (sic!) */ vom Tode überrascht / den 11ten Ocktober 1347. / Ludwig der Baier / Römischer Kaiser.*[126]

Die nüchterne Form des Obelisken atmet bereits in vollen Zügen den nüchternen Geist der neuen Zeit. Der Prachtstil des Barock ist längst überwunden, auch das Unverbindlich-Verspielte des Rokoko ist abgelegt – die klare, antikische Form ist von aller Dekoration befreit. Die Kunst diente nicht mehr der Repräsentation, sondern war „Instrument der Aufklärung und Bildung".[127] Boos selbst hatte mit seinem Werk zu diesem Wandel beigetragen, wurde nun jedoch regelrecht von ihm überrumpelt, gab es doch nunmehr kaum noch Bedarf an Bildhauerarbeiten. Boos verstarb 1810. Er hatte ein Alter von 77 Jahren erreicht.[128]

Der Freistaat Bayern und das Kaiser-Ludwig-Denkmal im Münchner Hofgraben

Erst 2013 wurde das bronzene Reiterstandbild des Münchner Bildhauers Hans Wimmer im „Hofgraben" neben dem nördlichen Eingang zum Alten Hof als Baudenkmal in die bayerische Denkmalliste aufgenommen.[129]

Das zusammen mit dem aus vier Muschelkalkblöcken geschichteten Steinsockel knapp sechs Meter hohe Monument war im Juni 1967 aufgestellt worden.[130] Der Auftrag zur Errichtung ging von der Oberfinanzdirektion München im Zusammenhang mit dem Wiederaufbau des Alten Hofs zur Beherbergung der Finanzverwaltung aus.[131] Finanziert wurde das Denkmal als „Kunst am Bau".[132]

/ REX . BOIARIÆ . / MDCCCVIII. Vgl. SCHERER 1997 (wie Anm. 112), S. 213f.; MURR 2008 (wie Anm. 38), S. 81 Anm. 58.

125 MURR 2008 (wie Anm. 38), S. 81–83.

126 Vgl. SCHERER 1997 (wie Anm. 112), S. 213f.; MURR 2008 (wie Anm. 38), S. 83. Zur politischen Bedeutung der Inschrift ebd., S. 83–85.

127 SCHEDLER 1985 (wie Anm. 103), S. 101.

128 JOHNEN 1937/38 (wie Anm. 103), S. 292.

129 Cornelia SAFFARIAN, Vor der Haustür des Landesamts: Das Reiterstandbild „Kaiser Ludwig der Bayer" von Hans Wimmer, in: Denkmalpflege Informationen Nr. 154, März 2013, S. 36–38.

130 Günter BUSCH, Statt eines Katalogvorworts, in: Ausst.-Kat. Hans Wimmer, das große Pferd, Bildwerke und Handzeichnungen, Bremen 1967, S. 5–17, hier S. 10; Uta KUHL, Hans Wimmer. Das plastische Werk, Göttingen 1999, S. 361, Nr. 298.

131 KUHL 1999 (wie Anm. 130), S. 84, 361, Nr. 298.

132 Ebd., S. 361, Nr. 298.

München, Hofgraben, Kaiser-Ludwig-Denkmal von Hans Wimmer

Die Planungen und Besprechungen mit Hans Wimmer fanden ab 1957 statt, wobei offenbar von Anfang an Einigkeit bestand, dass das Monument als Reiterstandbild gestaltet werden sollte.[133] Gegen eine zunächst vorgesehene Platzierung im Innenhof setzte der Künstler jedoch den Standort vor dem Ensemble durch und erreichte somit eine bessere Eingliederung in den übergeordneten Raumzusammenhang.[134] Der endgültige Vertrag mit ihm wurde 1964 geschlossen.

---

133 Ebd., S. 85, 361, Nr. 298.

134 Busch 1967 (wie Anm. 130), S. 9f.; Hans Konrad Röthel, Der Bildhauer Hans Wimmer, 1964–1976, Bd. 2, Skulpturen und Zeichnungen, Ergänzungsband von 1964–1975, München 1976, S. 9; Kuhl 1999 (wie Anm. 130), S. 86f.

Hans Wimmer – geboren 1907 im niederbayerischen Pfarrkirchen, Studium an der Akademie der Bildenden Künste in München, ab 1949 selbst Professor an der Nürnberger Akademie[135] – war damit vor eine heikle Aufgabe gestellt: Die Zahl von Reiterstandbildern, die nicht zuletzt das 19. Jahrhundert ins nahezu Endlose vermehrt hatte, musste zu einer Überbeanspruchung dieses Typus führen. Durch diese Inflationierung verlor das Thema jene Bedeutung, mit der es ursprünglich besetzt war. Der Guss eines Reiterstandbildes erschien in der zweiten Hälfte des 20. Jahrhunderts geradezu anachronistisch.[136]

Der Künstler, in dessen Œuvre das Pferd eine zentrale Rolle spielte und der zudem ein passionierter Reiter war,[137] reagierte darauf, indem er bei seinem Kaiserdenkmal Ross und Reiter jeweils mehr Eigengewicht zubilligte. Tier und Mensch sind zwar aufeinander bezogen, bleiben für sich jedoch autonom. Wimmer hatte sich bereits seit 1940 mit der Verbindung von Mensch und Pferd zu einer künstlerischen Einheit beschäftigt. Den Ausgangspunkt bildete das Reitermonument des Marc Aurel auf dem Kapitolsplatz in Rom, mit dem er sich über Jahrzehnte hinweg auseinandergesetzt und das er 1942 sogar von einem eigens zu diesem Zweck errichteten Gerüst aus vermessen hatte.[138]

Bei seinem Münchner Standbild gestaltet Wimmer das Pferd mit seinem wachsamen Standmotiv und den angriffslustig zurückgelegten Ohren ausgesprochen individuell.[139] Der Kaiser, mit herrscherlich ausgreifender Geste agierend, sitzt – vom Künstler bewusst so intendiert – auf dem Tier wie auf einem Thron.[140] An die Stelle der geläufigen Insignien tritt nur eine als Stirnreif skizzierte Langobardenkrone.[141] Das Antlitz Ludwigs entwickelte Wimmer zunächst aus Studien an der spätgotischen Tumbaplatte in der Frauenkirche; in der ausgeführten Form verzichtete er jedoch auf alles Individualisierende.[142] Zwischen dem Betrachter und der so stilisierten historischen Gestalt bleibt damit eine natürliche Distanz.

135 Ein ausführlicher Lebenslauf des Künstlers in: Erich STEINGRÄBER/Erich FRANZ/Herbert PÉE, Hans Wimmer, zum 70. Geburtstag, München 1977, S. 15–17.

136 Bettina PAUST, Ross und Reiter, Pferde- und Reiterdarstellungen im plastischen Werk Hans Wimmers, in: Hans Wimmer, Das Atelier, Original-Modelle, Bronzen, Zeichnerische Studien, Dokumente, hg. von Heinz SPIELMANN/Uta KUHL, Schleswig 1993, S. 43–54, hier S. 50; KUHL 1999 (wie Anm. 130), S. 84.

137 Vgl. Hans WIMMER, Über das Reiterstandbild, in: Ausst.-Kat. Hans Wimmer 1967 (wie Anm. 130), S. 18–32; PAUST 1993 (wie Anm. 136).

138 BUSCH 1967 (wie Anm. 130), S. 11; PAUST 1993 (wie Anm. 136), S. 50f.; KUHL 1999 (wie Anm. 130), S. 85.

139 KUHL 1999 (wie Anm. 130), S. 85.

140 BUSCH 1967 (wie Anm. 130), S. 14; RÖTHEL 1976 (wie Anm. 134), S. 9; PAUST 1993 (wie Anm. 136), S. 51f.; KUHL 1999 (wie Anm. 130), S. 85; SAFFARIAN 2013 (wie Anm. 129), S. 37.

141 PAUST 1993 (wie Anm. 136), S. 52.

142 Wimmers Profilskizze abgebildet bei BUSCH 1967 (wie Anm. 130), S. 13.

Hans Wimmer blieb bis 1972 Professor an der Nürnberger Akademie und verstarb 1992 mit 85 Jahren in München – jener Stadt, deren öffentlichen Raum neben dem Kaiserdenkmal noch zahlreiche weitere seiner Werke prägen. Besonders prominente Punkte im Stadtbild besetzen beispielsweise der Richard-Strauss-Brunnen vor der Michaelskirche von 1960/62 und das Trojanische Pferd vor der Alten Pinakothek von 1984.

Zusammenfassend lässt sich festhalten, dass je nach Auftraggeber und Zeitumständen mit Denkmalsetzungen für Ludwig den Bayern ein anderes Anliegen verbunden sein konnte: Die Wittelsbacher beschworen damit die dynastische Einheit oder betonten die Kaiserwürdigkeit der eigenen Familie, der Konvent von Fürstenfeld diente sich dem Fürstenhaus an, verehrte den kaiserlichen Wohltäter oder unterstrich die traditionelle Verbindung mit den Wittelsbachern und den vermeintlich damit einhergehenden herausragenden eigenen Status. Die Bauverwaltung im Nachkriegsbayern verband mit ihrem Denkmal offenbar keine tiefere Absicht mehr. Die Figur des Kaisers hatte inzwischen ihre identitätsstiftende Funktion verloren. Daher begnügte man sich mit einem ganz allgemeinen historischen Nexus des Standbilds zur alten Münchner Kaiserburg.

Abbildungsnachweis

Jörg Schwarz
Abb. 1: © Biblioteca Laurenziana Cod. Redi 77, fol. 7v–8r
Abb. 2: © Institut für Kunst- und Bildungsgeschichte, Berlin
Abb. 3: © Stadtarchiv München, Zimelien 65

Gerald Schwedler
Abb. 1: © Haus-, Hof- und Staatsarchiv Wien, Österreich

Michael Menzel
Abb. 1: © Landesarchiv Greifswald, Rep.2 Ducalia 73
Abb. 2: © Geheimes Staatsarchiv Preußischer Kulturbesitz, XX. HA Hist. StA Königsberg U, Schieblade 20 Nr. 29
Abb. 3: Michael Menzel

Doris Bulach
Abb. 1: Doris Bulach
Abb. 2: © Landesarchiv Greifswald, Rep. 2, Ducalia Nr. 73
Abb. 3: © Geheimes Staatsarchiv Preußischer Kulturbesitz, XX. HA Hist. StA Königsberg U, Schieblade 20 Nr. 29

Mirjam Eisenzimmer
Abb. 1, 2: Mirjam Eisenzimmer

Matthias Weniger
Abb. 1–3, 5, 7–10, 13–15: Matthias Weniger
Abb. 4: Robert Suckale
Abb. 5: Matthias Weniger
Abb. 6, 11, 12: © Bayerisches Nationalmuseum, Archiv

Martin Kaufhold
Abb. 1: © Bayerisches Hauptstaatsarchiv München, Haus- und Familiensachen

Karl B. Murr
Abb. 1–3, 7: Karl. B. Murr
Abb. 4: © Bayerisches Landesamt für Denkmalpflege, München
Abb. 5: Winfried Nerdinger (Hg.), Romantik und Restauration. Architektur in Bayern zur Zeit Ludwigs I. 1825–1848, München 1987, S. 196.
Abb. 6: © Bildarchiv des Bayerischen Landtages, München

Markus T. Huber
Abb. 1: © Staatliche Graphische Sammlung München, Inv.-Nr. 1910:226-04 D
Abb. 2: © Bayerisches Landesamt für Denkmalpflege, Karl Gröber 1933
Abb. 3, 4, 6, 8–12: Markus T. Huber
Abb. 5: © Bayerische Staatsbibliothek München, Cgm 3920
Abb. 7: K.-M. Vetters, Markus T. Huber, Fotomontage: Bastian Krack

Namenregister

Wegen seiner Häufigkeit ist der Begriff *Ludwig der Bayer* nicht im Register verzeichnet.

Abkürzungen:
B. = bei; bayer. = bayerisch; bibl. = biblisch; Bf. = Bischof; Bfe. = Bischöfe; bfl. = bischöflich; Bt. = Bistum; Burggf. = Burggraf; d. = der/das; Ebf. = Erzbischof; Ebfe. = Erzbischöfe; Ebt. = Erzbistum; Ft. = Fürst; Ften.: Fürsten; Ftm. = Fürstentum; Gem. = Gemahlin; gen. = genannt; Gf. = Graf; Gfen. = Grafen; Gft. = Grafschaft; Großft. = Großfürst; Hl. = Heilige/Heiliger; Hz. = Herzog; Hze. = Herzöge; hzl. = herzoglich; Hzt. = Herzogtum; Kf. = Kurfürst; Kg. = König; Kge. = Könige; kgl. = königlich; Kgn. = Königin; Kl. = Kloster; Ks. = Kaiser; ksl. = kaiserlich; Ksn. = Kaiserin; Ldgf. = Landgraf; Ldgft. = Landgrafschaft; M. = Mutter; Mgf. = Markgraf; Mgfen. = Markgrafen; Mgft. = Markgrafschaft; myth. = mythisch; österr. = österreichisch; Pfgf. = Pfalzgraf; Pfgft. = Pfalzgrafschaft; preuß. = preußisch; röm. = römisch; S. = Sohn; Schw. = Schwester; T. = Tochter; ungar. = ungarisch; v. = von.